PORT-ROYAL

PAR

C.-A. SAINTE-BEUVE

TROISIÈME ÉDITION

TOME SEPTIÈME

(TABLE)

PARIS
LIBRAIRIE HACHETTE ET Cie
BOULEVARD SAINT-GERMAIN, 79

1871.
Tous droits réservés

PORT-ROYAL

IMPRIMERIE GÉNÉRALE. — LAHURE
Rue de Fleurus, 9, à Paris.

TABLE
ALPHABÉTIQUE ET ANALYTIQUE
DES MATIÈRES ET DES NOMS
CONTENUS
DANS LES SIX VOLUMES DE LA TROISIÈME ÉDITION
DE PORT-ROYAL
PAR M. ANATOLE DE MONTAIGLON.

Les chiffres romains indiquent les volumes; les chiffres arabes, les pages. — L'astérisque avant un article indique qu'il s'agit d'un nom géographique. — L'astérisque après un chiffre renvoie aux notes des bas de pages. — Les crochets [ ], enfermant un ou plusieurs chiffres, renvoient aux Appendices.

A. (Le petit), nom du P. Quesnel, V, 335*.
Aaron, I, 447.
Abain (Le marquis d'), élevé à P.-R., III, 576.
Abbaye (L'); ce que Quesnel entend par là, V, 336.
Abbé, qualification précise à P.-R., V, 105*; — (Notre révérend Père), désignation d'Arnauld, 336, 336-7*, 472.
Abbesses de P.-R. au seizième siècle, V, 47-51.
Abbeville (Bibliothèque d'), II, 291; V, 114. — Voy. Bouilli.
ABC (L') à P.-R., III, 511-3.
Abdiquent (Sentiments de ceux qui), I, 326.
Abeilles, V, 6-7.
Abel, I, 224.
Abélard, drame de M. de Rémusat, V, 3-4.
Abilly, II, 184*; — sa biographie de saint Vincent de Paul, I, 506, 508*, [534*, 544*]; réfutée par M. de Barcos, 506-7, [532-3]; II, 216; —

ses œuvres, V, 487; — cité dans le Lutrin, 499.
Abimelech (Les gens d') et Sara, III, 224*.
Abjuration, IV, 445.
Ablancourt (Nicolas Perrot d'), II, 283*; — et Balzac, 60; — son opinion sur l'éloquence de M. Le Maistre, I, 372.
Abner. Voy. Racine, Athalie.
Abraham, I, 278, 447; IV, 198; VI, 151*; — (Le dieu d'), III, 452; — (L'espérance d'), V, 117; — (Le cas d') et de Sara, III, 224-5*; — (Le sacrifice d'), I, 235; — tragédie, 122.
Abraham, solitaire, II, 286.
Abraham (Le saint homme), nom de guerre, VI, 179.
Abrantès (La duchesse d'), I, [558-9].
Abrégés (Moyens) de discussion, IV, 451, 453.
Absalon, III, 562*; V, 457.
Absence (Supériorité de l') sur la présence, IV, 302-3, 309.
Absolution (Ce qui est nécessaire

pour l'), VI, [287] ; — (Valeur de l') dans le sacrement de pénitence, I, 444-5*, [535] ; — refusée à un blasphémateur, IV, [551*] ; — (Délais d'), II, 175, 189; IV, [551*] ; — demandée par lettres, II, 346*.
Abstrait, au sens de distrait, IV, 416*, 516*.
Absurde (Des degrés jusque dans l'), VI, 79.
Académiciens (Doute des), II, 389 ; — (Le point de vue des), V, 361*.
Académie française, postérieure à celle de S.-F. de Sales, I, 270 ; — Premier noyau chez Conrart, II, 456, [523] ; — fondée par Richelieu, [523] ; III, 67 ; — (Souveraineté de l'), II, 77 ; — Ses choix soumis à l'agrément du roi, V, 90 ; — Premiers discours académiques, 212.
= et Balzac, II, [526] ; le prix fondé par Balzac devient celui d'éloquence, II, 72-3, 79 ; détails sur ce prix, V, 212 ; — (Lettre de Fénelon à l'), IV, 164 ; — M. de Harlay excellent académicien, V, 169* ; — Racine excellent orateur académique, VI, 120, 133-4 ; le fauteuil de Racine, [261] ; — et M. de Tréville, V, 90.
= n'a personne de P.-R., III, 510 ; a des Jansénistes, mais pas de Port-Royalistes, II, 88 ; pourquoi P.-R. n'y a pas été représenté, V, 90 ; — et Arnauld d'Andilly, 90 ; — consultée par Arnauld pour sa Grammaire, III, 537-8 ; Arnauld veut lui faire revoir le *Nouveau Testament* de Mons, II, 375-6* ; — Du Guet n'y pense pas, VI, 47 ; — et Pascal, V, 90* ; louée par Pascal dans les *Provinciales*, III, [603, 604] ; VI, 119 ; raillerie indirecte qu'en fait Pascal , III, 66 ; met au concours l'Éloge de Pascal, 2 ; — (En quoi P.-R. en grammaire se distingue de l'), 536-9.
= ses statuts, II, 279 ; — Solennité des réceptions, III, 41 ; — Discours de réceptions, V, 10 * ; — et la langue française, III, 566 ; (Langue un peu arriérée de l'), 67 ; — constate le bel usage sans vouloir s'en rendre compte, 536 ; — Dictionnaire, I, 71* ; — agréments de son style, II, 365-6 ; — (Histoire de l'), 61*, 375* ; — Histoire de d'Olivet, V, 169 ; Recueil des pièces d'éloquence, 212* ; — Voy. Dubois. La Chaise, etc.

Académie des inscriptions (Racine et Boileau de l'), VI, 114 ; — (Question d'), IV, 400*.
Académie des sciences, III, 439* ; V, 357* ; — Premier noyau, II, 456, 461.
Académie des sciences morales. Discussion sur Domat, V, 523*.
Académie (Petite) de controverse chez Nicole, IV, 511.
Académies (Collèges traités d'), IV, 101, 101-2*. Voy. *Juilly.
Académique (La théorie) condamnée par Saint-Cyran, II, 42 ; — (École), III, 462 ; — (Scrupules de la langue), II, 449* ; — (Différences du style régulier et du style), III, 53 ; — (Académicien affectant le contre-pied de l'), V, 469.
Académiques (Arnauld contre les philosophes), V, 356*.
Académiser (Dangers de s'), III, 464.
Académistes (Les), II, 20, 278 ; III, 282*, 462. — Voy. Balzac.
Accents (L'usage moderne pour les), IV, 208*.
Accès (Le don de libre), V, 467.
Accommodants (Le côté des), V, 66.
Accommodement de M. de Comminges (1663) ; Voy. Arnauld, et Choiseul (M. de), évêque de Comminges.
Accommodements (Doctrine des), III, 110 ; — (Morale est-elle à la merci des) ? IV, [568].
Acedia (L'), I, 185-6*, 195.
Achab (L'armée d'), IV, 175.
Achille (L') d'Homère, III, 339 ; — (Les coups d'), V, 515 ; — (Blessures de la lance d'), I, 66 ; — (Les armes d') de chaque grand esprit, II, 410, 461*.
Ackersdyck (M.), V, 306 *.
Acrostiches. I, 248 *.
Actes de l'Église primitive, IV, 97.
Acta sincera (les) de P.-R. des Ch., IV, 407 ; VI, 225*.
Actes écrits de P.-R., IV, 157 ; — et Journaux de P.-R., 285-6.
Actes des Apôtres. Voy. Apôtres.
Acteur (L') doit-il être ému ou dominer son émotion ? I, 148, 150, 158-9*.
Action (L') qualité suprême de l'orateur, I, 382*.
Actions volontaires et involontaires. Leur source, III, 431 ; — (Causes de l'erreur dans les), V, 388.
Adam, III, 104 ; — (La notion individuelle d'), V, 370 ; — dans l'Éden, II, 102, 114, 135-42, 143-4, 160 ; — Livre de l'*Augustinus*, sur Adam

avant la chute, 135-40 ; — primitif (L') dans Malebranche, V, 386-7, 393 ; — (L')de Jansénius et celui de Milton, II, 136-7, 141-2 ; — Celui de Milton, III, 426 ; V, 393 ; de Buffon, 393 ; — a eu la science parfaite, 359 ; libre dans l'Éden, II, 137-8 ; — (Liberté d') III, 237, 238 ; V, 372, 386 ; — (La complaisance d'), 495-6 : — (La désobéissance d'), VI, [276] ; — (Péché d'), I, 449 ; — chassé du Paradis, III, 439 ; V, 469 * ; — sa sortie du Paradis terrestre, 205 ; — (Si) n'eût point péché, le Verbe ne se serait pas fait homme, 423 ; Malebranche est contraire à cette opinion, 422-3 ; — (Le mal d'), le mal de tout mortel, II, 423* ; — (Être enfant d'), crime de l'homme, III, 444*, 481* ; — (L'état des filles d'), V. 120.

Adam de Perseigne, I, 353.

Adamas (Le druide), II, 278.

Addison définit la propreté une demi-vertu, III, 325 *.

Additions marquent souvent le défaut de la cuirasse, V, 431.

Adelphes (Les). Voy. Térence.

Adhérents à P.-R., V, 12.

Admettre (N') que ce qu'on entend clairement, V, 368.

Admirateurs (Relais d') pour les poëtes, V, 515*.

Admiration réciproque, V, 33.

Adoration (Sens du terme d'), VI, [366].

Adorées (Les femmes) autrefois trouvent tout rude, V, 66.

Adrien (Martyre d'), joué au naturel par S. Genest, I, 154, 155, 156, 157, 158, 159.

Adrien VI (Le pape), né à Utrecht, V, 304*, 311* ; — précepteur de Charles-Quint, V, 311*.

**Adrumète* (Moines d') en Afrique, II, 116, 117, [534].

Adry (Le P.)de l'Oratoire. Bibliothèque manusc. des écrivains de l'Oratoire, V, 334* ;— Notice sur Juilly, IV, 101-2* ; — Ses notes sur P.-R., III, 564, 583* ; — avait préparé une histoire littéraire des Petites Écoles, III, 504*.

Adultère spirituel, IV, 151.

Adversaire (Mettre les arguments de son) en forme pour le réfuter, V, 398, 401-2.

Adversaires (La meilleure réfutation des) est la production de la vérité, VI, [300] ; — prompts à découvrir leur peu de loyauté, III, 476* ; — considérés comme n'ayant pas le droit de se faire écouter, IV, 451-2, 455, 456, 458.

Affabilité du ton et des manières, V, 169.

Affaires (Ne point se faire d'), la grande maxime, V, 329 ; — faciles à terminer à leur naissance, 156.

Affaires étrangères (Département des), V, 198.

Affiliés à P.-R., V, 12.

Affliction (Valeur de l'), IV, 306.

**Afrique* (L), V, 493 ; — moisson de triomphes pour les Romains, II, [519] ;—Voy. *Adrumète, Conciles.

Agamemnon, I, 122.

Agathe, I, 242.

Agathonphile, I, 242.

**Agde.* Séminaire (Le P. du Breuil au) d', V, 344 ;— (Évêché d').Voy. Fouquet.

**Agen*, patrie de l'abbé Boileau de l'Archevêché, VI, 59*.—Voy. Joli.

Aglaé, la plus jeune des Grâces, III, 121.

Agneau sur le livre aux sept sceaux, III, 116.

Agnès de Saint-Paul (Jeanne-Catherine-Agnès Arnauld, en religion *la Mère*), fille de M. Arnauld l'avocat, née en 1593, I, 129, 130, 180, 189, 204, 346, 360 ; II, 11 ; IV, 226, 237, 409 ; — nourrie à P.-R. des Champs, 280 ; — Sa jeunesse à l'abbaye de Saint-Cyr, I, 88 ;—nommée abbesse à sept ans, 74-6 ; — Privée de l'odorat dès l'âge de 18 ans, II, 208*, IV, [580] ; V, 62 ; — Fixée à P.-R. par la M. Angélique ; son caractère, I, 100-1 ;—diffère de sa sœur la M. Angélique, IV, [575] ; — la seconde de la M. Angélique, [575] ;— à la journée du Guichet, I, 109, 129 ; — restée à P.-R. pour remplacer la M. Angélique, 192 ; — envoyée dans des abbayes à réformer,188 ; — envoyée à l'abbaye du Tard, 326 ; — abbesse du Tard, 333, 375 ; — revient à P.-R., dont elle est élue abbesse, 333, 334 ; — Affaire de son petit écrit du *Chapelet secret* (1633), 330-1, 376 ; — cesse d'être abbesse (1642), II, 26 ; — reste à P.-R. de Paris (1648), 302 ; — abbesse de P.-R., 297, 307 ; — abbesse en 1661, IV, 114 ; — Par qui remplacée (décembre 1661), 149 ; — et le miracle de la sainte Épine, III, 175, 187 ; — sa crainte du triomphe de

P.-R. comme dissipation, V, 144 ; — au moment de l'interdiction des sacrements aux religieuses, IV, 202 ; — du premier enlèvement des religieuses, 208, 210, 218 ; — rédige les instructions pour la résistance des religieuses (1663), 152-3 ; — mortifiée de l'affaire des chaises renversées, 285-6* ; — et la signature, 246, [577] ; — son opinion sur la signature, 144 ; — Sa signature et son repentir. 315 ; — n'empêche pas sa nièce de signer, 274-7 ; — Son indulgence pour sa nièce qui a signé, [577] ; — reléguée à la Visitation de Sainte-Marie dans la rue Saint-Jacques, [583] ; V, 13 ; — réunie à la M. Angélique de Saint-Jean, IV, 255-6 ; — se déguise en sœur converse pour recevoir les sacrements, 283 ; — morte en 1661, V, 10* ; — Son service funèbre, I, 26, [518], V, 10* ; — enterrée dans l'église même de P.-R. des Champs, 10* ; — Portrait peint, 276 ; — son portrait par Philippe de Champagne, IV, 148, [577] ; — Ses portraits gravés, VI, 227 ; — L'article du Nécrologe sur la Sœur Anne-Eugénie est d'elle, IV, 316* ; — Ce qu'en dit la S. Briquet, 277-8.

= et Arnauld d'Andilly, 206-7 ; — Lettre à son neveu Arnauld, II, [530] ; — et Bossuet, IV, 276 ; — Ses relations avec Camus, I, 243 ; — Sa neuvaine pour la fille de Philippe de Champagne, IV, 146, 149 ; — Remercîments au prince de Condé, 408* ; — et son neveu M. Le Maitre, II, 305 ; La lettre à son neveu M. Le Maitre sur l'annonce de son mariage, I, 375-77, 482* ; IV, [578-9] ; — travaille à la ceinture brodée de Pavillon, 372 ; — et l'archevêque de Paris (M. de Péréfixe), [577, 583] ; — et son neveu M. de Saci, II, 328 ; — eût pu se passer de Saint-Cyran, IV, [577] ; délie sa ceinture pour apprendre sans parler l'élargissement de Saint-Cyran, I, 27 ; II, 28 ; — visitée à P.-R. par saint François de Sales, I, 206 ; garde beaucoup de saint François de Sales, IV, [577] ; — Ce qu'elle écrit de M. Singlin, I, 473* ; ce qu'elle dit de la mort de M. Singlin, V, 108* ; ce qu'elle écrit sur la mort de M. Singlin, I, 475 5*.

= Du complot pour copier les lettres de la M. Angélique, II, 209-10* ; — et sa nièce la M. Angélique de Saint-Jean, IV, [577] ; — et Jacqueline Pascal, [579-80] ; et les vers de Jacqueline Pascal, [579-80] ; — Ce qu'elle écrit à l'arrivée de Mlle de Pomponne comme pensionnaire, V, 185 ; — et Mme de Sablé, II, 207, 208* ; V, 60, 61-2, 73, 74, 75 ; — Conduite touchante avec la Sœur Sainte-Euphémie dans l'affaire de la dot, II, 490-1, 498 ; — Ce qu'elle dit de Mme de Sévigné, IV, [583] ; — Lettre de Mlle de Vertus, V, 110-1.

= Son caractère, I, 118, 119 ; — Caractère doux et gai de son esprit ; IV, [576-7] ; — aurait été précieuse dans le monde, [576] ; — Sa douceur, 316 ; — Sa douceur aimable, II, 300, 305 ; — Son coin de curiosité d'esprit, IV, 133 ; — Sa haine des impressions des sens, 323* ; — tolérante et raisonnable, 275, 276-7 ; — Sa tolérance indulgente, [577] ;

= Lettres, II, 210*, 303, 304*, 305, 309*, 328 ; IV, 275*, 285-6* ; V, 60, 61-2 ; — On recueille ses lettres plus tard que celles de la M. Angélique, IV, [575] ; — On prépare l'édition de ses lettres au XVIIIe siècle, [575-6] ; — Sa lettre au roi à propos du renvoi des novices, 128 ; — à M. Le Maitre, I, 375-7, 482* ; II, 305 ; IV, 578-9 ; — Ses lettres au chevalier de Sévigné, [581-2] ; V, 143 ; — Lettres à la reine de Pologne, IV, [575] ; — Ses lettres à Jacqueline Pascal, II, 484-6 ; — Lettre à la Mise d'Aumont, IV, [579] ; — Ses lettres à Mme de Sablé, [580-1] ; V, 73, 74, 75 ; — Lettres conservées à Amersfoort, 307-8* ; — (Lettres inédites de la M.), 95, 108* ; — Lettres de la M. Agnès, publiées par M. Faugère en 1858, I, 186, 377-8* ; III, [633] ; IV, 284* ; — Article sur les deux volumes de lettres publiées par M. Faugère, [574-83] ; — Embarras de son style, II, [530] ; — Défauts de forme de sa spiritualité écrite, IV, [576].

Agnès de Jésus-Maria (La M.) ; — prieure des Carmélites, IV, [532] ; *Agnès de Sainte-Thècle Racine* (la M.) prieure et abbesse de P.-R. des Ch., VI, [251, 253, 258, 259-

60] ; — fille de Marie Desmoulins, 84 ; — souvent bénie dans sa jeunesse par Saint-Cyran, 161* ; — prieure de P.-R. des Ch., V, 246 ; — nommée abbesse en 1690, VI, 132 ; — Fait fermer les portes de P.-R. aux visites, V, 270 ; — Lettres à elle adressées sur les projets de M. de Harlay contre P.-R. des Ch., 281*, 282-3* ; — et Jacques II, 278* ; — et M. Le Maitre, VI, 88 ; — et son neveu Racine le poëte, V, 86*, 169 ; VI, 99. 132, 154, 155, 156, 157 ; — abbesse de P.-R. et son neveu le poëte, V, 279-80 ; — Lettre de rupture avec Racine, encore bien tendre, VI, 105-6 ; — Tante de la sœur Marie de Sainte-Geneviève Racine, 86* ; — Lettre de Racine sur les dispositions de M. de Noailles, V, 285-6 ; — Grand'tante de Mlle Racine, VI, [251] ; — Sa mort en 1700, V, 161* ; ce qu'en écrit M. Vuillart, 161* ; — avant-dernière abbesse de P.-R., VI, 162.

Agreda ; — V. Marie d'Agreda.

Agrément (Ce qui fait l') dans le style, III, 459.

Agrigente, III, 326.

Agrippa (L'aqueduc d'), VI, 101.

Agrippa (Corneille), I, 277.

Aguesseau, V. Daguesseau.

Aguirre (Le cardinal d'). Son éloge public d'Arnauld, V, 477.

Agurto (M.), gouverneur des Pays-Bas, protège Arnauld, V, 459.

Aide-toi, le ciel t'aidera, II, 353*.

Aïeux (Jésuites flagornent volontiers les) des gens, III, 552.

*Aigues-Mortes, I, 46.

Aiguillon (La duchesse d') ; — nièce du cardinal de Richelieu, II, 467, 468 ; III, 71 ; — et Pavillon, IV, 356 ; — et Saint-Cyran, III, 12* ; s'entremet pour Saint-Cyran, I, 493-4* ; — et Mme de Chavigny, II, [556, 561].

Aînés de grande maison, IV, 458.

Air (Le bon), III, [612].

*Aire ; — V. Le Bouthillier.

Aisés (Edit des), III, 159*.

Aix (Parlement d') condamne les Provinciales à être brûlées, III, 211-2 ; variantes sur la date de l'arrêt, 212 ; — Place des Prêcheurs, 212 ; — Archevêques : V. Du Plessis (Alphonse), Grimaldi, Vintimille.

Aix-la-Chapelle, VI, [332] ; — (Paix d'), III, 264, 282 ; IV, 394.

Ajax, III, 14.

Akakia, médecin du XVIe siècle, III, 76*.

Akakia (M.), IV, 409* ; — mis à la Bastille, 269-70.

Akakia de Vaux (M.), homme d'affaires de P.-R., III, 76.

Akakia du Lac (M.), IV, 14 ; — ami de P.-R., III, 76 ; — savait l'hébreu, 248*.

Akakia du Lis (M.), ami de P.-R., III, 76*.

Akakia du Mont (M.), ecclésiastique, IV, 14 ; — Confesseur ordinaire de P.-R., 134, 137, VI, [310] ; — et M. de Pontchâteau, V, 252 ; VI, [310, 311].

Akakia du Plessis (M.), homme d'affaires de P.-R., III, 76* ; — logé à P.-R. de Paris, 194 ; — accompagne le corps de M. de Pontchâteau, VI, [339*] ; légataire universel de M. de Pontchâteau, [338].

Akakia, pseudonyme de Voltaire, III, 76*.

A-Kempis et Boileau, III, 112.

Alacoque (Marguerite-Marie) fonde la dévotion au Sacré-Cœur, I, 236*

Alain, personnage du *Lutrin.* Voy. Boileau.

* *Alais dans les Cévennes ;* — dernier lieu d'exil du P. Du Breuil, IV, 70* ; V, 340, 344 ; — (La citadelle d'), 332 ; — honneurs funèbres rendus au P. Du Breuil, 345 ; — V. Bausset.

Alaric, I, 107.

Albert (D'), V. Luynes ; — (Mlle d') V. Luynes.

Albigeois (Épisode de la guerre des), I, 41-3.

Albizzi, assesseur du Saint-Office, III, 9 ; — fait à Saint-Amour des difficultés pour imprimer à Rome des traités de saint Augustin, 16 ; — décide Innocent X à la bulle contre l'Augustinus, 18.

Albret (Le maréchal d') et M. de Liancourt, V, 47 ; — ami de Mme Du Plessis-Guénégaud, III, [599].

Alcestes (Caractère des), III, 13*.

Alchimie, II, 183 ; III, 369*.

Alcibiade, IV, 465 ; — avide de nouveau, 342 ; — (Un) sorti des mains de Lancelot, III, 563.

Alcidiane (La jeune), roman de Gomberville, II, 265, 266*.

Alcipe (Ode à), II, 414.

Alcoran, traduit et réfuté par le P. de Byzance, II, [576] ; — M. Le

Camus le préfère aux mauvais casuistes, IV, [554*].
Alcoran (L') de l'Évêque de Poitiers, I, 282.
Alembert (Jean Le Rond d'); V. D'Alembert.
Alençon en Normandie, VI, [286*]; — (Point d'), IV, 367 *.
Alençon (M. d') l'un des confesseurs de P.-R., IV, 134 ; VI, [285].
Aleth, I, 438 ; IV, [520] ; VI, [318] ; — Filles régentes (Communauté des), V, 36 ; — Séminaire, I, 203, [608] ; — (Le P. Comblat à), [608] ; — (Évêque d'); V. Pavillon ; — (Le pèlerinage d'), une dévotion de P.-R., IV, 372; — Voyages de M. Hamon, 338 ; de Lancelot et de Brienne, III, 372 ; de M. Le Camus, IV, [548]; de Nicole, 478 ; — Voy. Brienne, Conti (Prince et Princesse de), Du Vaucel, Lancelot, Ragot, Rituel ; — (Diocèse d'), VI, [293].
Alexandria, IV, 330.
Alexandre le Grand, I, 145* ; II, 57; III, 448; — « le feu roi de querelleuse mémoire, » V, 493*; — (Déception des), III, 278 ; — (Saint François-Xavier, comparé à), 138 ; — V. Racine.
Alexandre Sévère, I, 135.
Alexandre de Tralles, médecin, IV, 339.
Alexandre VII (1655-1667), I, 448 ; III, 21, 167, 210*; — Conclave de sa nomination, V, [562] ; — L'affaire du marquis de Créquy, [574]; — Son bref contre l'Apologie des Casuistes, [565] ; — hostile au Jansénisme, [592] ; — lit de ses yeux les cinq propositions dans Jansénius, II, 110 ; — fort ombrageux sur la question du Jansénisme, V, [561-3] ; — (Formulaire d'), I, [531, 545] ; IV, 353 ; — (Mandement des grands vicaires de Retz sur le Formulaire d'), V, [569-70] ; — Bulle (16 oct. 1656) confirmant le décret d'Innocent X contre les cinq Propositions, III, 26, 80, 83, 92 ; V, [563] ; — Le Parlement forcé par le Roi d'enregistrer sa bulle, III, 26 ; — (Bulle d'), mars 1657, 344 ; Voy. Mandement des vicaires généraux, à l'article Paris ; — Bulle du 1er juin 1657, 195* ; — Bref de 1664, IV, 272 ; — Bulle (15 février 1665), 362 ; — Bref contre les Mandements raisonneurs (1665), 363, 388 ; — prétend avoir le droit de juger les cardinaux par commissaires, V, [570] ; — et la deuxième Lettre d'Arnauld, III, 32 ; — et Mazarin, V, [560-3] ; — et Rancé, [583] ; — et Retz, [559-60, 560*, 570, 571, 572, 573, 581] ; — ne veut pas laisser accuser un prince de l'Église, [560] ; — Retz le mécontente, [562-3] ; — sa mort, IV, 364; Voy. Chigi.
Alexandre VIII (1689-1691) donne à M. de Noailles ses bulles gratis, V, 283*.
*Alexandrie, I, 392, 374 ; — (Miracles de saint Antoine à), III, 188.
*Alexandrie (Siège d') en Piémont, V, 33-4.
Alexis, I, 244.
Aliénations du bien d'Église, IV, [552].
Aligre (M. d') le chancelier, V, 359.
Aligre (M. d'), le fils, abbé de Saint-Jacques-de-Provins, III, 578 ; — et son approbation du livre de Malebranche, V, 359-60 ; — ami de P.-R., 359*.
Ἀλίζω, Ἄλω, III, 525*.
Allégresse (La déesse de l'), II, 423.
Alleluia (Chants des), I. 434.
Allemagne, II, 294 ; III, [619]; VI, 127 [306]; — (Couvents d'), I, 93* ; — (Éducations en), III, 49 ; — V, 95 ; — Retz (Voyages de). Voy. Retz ; — (Savants d'), IV, 99 * ; — (Effet de la critique Scripturale en), 509*.
Allemagne du Rhin. Voyages de Nicole, IV, 418-9, 424.
Allemand (Un) peut-il avoir de l'esprit ? V, 443.
Allemand (L') et M. de Pontchâteau, VI, [325].
Allemands (Craintes d'une invasion des), I, 360 ; — leur estime pour Tillemont, IV, 40.
Allen (Mme) et la M. Angélique, II, 211.
Allençon (M. d'). Voy. Alençon.
Alliance (La triple), IV, [536].
Alliances naturelles, III, 205.
— d'esprits (Inégalité des), IV, 476.
Allitération (Raisonnement par), II, 384 *.
Allobroges, IV, [547] ; — au sens de barbares, III, 503.
Almanach brûlé à la place des Provinciales, III, 212 ; — des Jésuites (1653), II, 333-4 ; III, 21, 470*.
Almanachs (Les) de l'an passé, II, 401.
Alpes (Les), I, 259 ; IV, [542, 551].

Alphabet (L') à P.-R., III, 511-3; — (Méthode de montrer l') à P.-R., 512-3.
Alphabétique (Défauts de l'ordre), IV, [621].
Alphabets de Tillemont enfant, IV, 7-8.
Alphonse (Dom). Voy. Du Plessis (Alphonse).
*Alsace. Voy. Harcourt.
Altesses (Religieuses traitées d'), VI, [354].
Altitudo (L'), raison pour certaines gens, V, 372.
Ἀλύω, III, 526*.
Alvarès; La Grâce suffisante, IV, 418.
Amadis de Gaule (Les), IV, 413; — Vogue sous Henri II, 380*.
Amalthée, nom de Mme Du Plessis-Guénégaud dans la Clélie, II, 272.
Aman, V, 455; Voy. Louvois et Racine.
Amande, femme de saint Apre, II, 318.
**Amanguchi au Japon*, III, 139.
Amants La marque des), II, 501*.
Amateurs de livres ne rendent pas toujours, IV, 414*.
Ambiguïté (Jusqu'où dure l'), II, 427.
Ambitieux futur (Caractères de l'), III, 496.
Ambition (Éloge de l'), III, 499; — réglée, compatible avec le service de Dieu, VI, [305]; — absolue au dehors, caractère des Jésuites, III, 135, 137-8.
Ame, pense toujours, même dans le ventre de la mère, V, 351-2; — selon Malebranche répand ses sensations sur des figures d'idées, 405; — est-elle immortelle ? IV, 241; — (Immortalité de l'), III, 303*, 338, 437-8, V, 350*; — (Immortalité de l'), Pascal en repousse les preuves métaphysiques, 420; — (De l'immortalité de l'), traité de Nicole, IV, 476; — (Traité de la mortalité de l'), III, 303*; — (Tout un monde dans une), I, 413, 452; — (Une seule) vaut des mondes, V, 424; — parfaitement héroïque (Nouvel idéal, depuis le Christ, d'une), III, 451*; — (Le régime de l') guérit le corps, II, 508; — chrétienne (Obéissance et détachement de l'), I, 352; — (Tout est-il grand dans une grande)? III, 185; — (Fuites et refuites de l'), I, 451, 454. — Voy. Ames.
Ame des bêtes, II, 316, 317*; — Voy. Animaux, Descartes, Machinisme, Malebranche.
Amélie, sœur de René, I, 185.
Amelot, président de la Cour des Enquêtes, IV, [584].
Amelot (Mlle), mariée à M. de Bernières, IV, [562].
Amelot (M.). Son voyage à Rome, en 1714, V, [612].
Amelot de la Houssaye; — Mémoires historiques, III, 171-2*, 265; IV, 381*; — ce qu'il dit de Camus, I, 244-5*.
Amelotte (Le P.), de l'Oratoire; — premier maître de M. de Noailles, VI, 64*; — et le N. Testament de Mons, IV, 379; — Son Nouveau Testament français, II, 357*, 359; — Le livre de Nicole contre lui, IV, 432; Nicole lui fait visite pour le mieux peindre, 431.
Amendes employées pour aider la conversion des gens, V, 321*.
Amérique (Méthodisme en), I, 294-5; — (Projet de P.-R. dans une île d'), IV, 374.
*Amérique du Sud (Jésuites aux îles de l'), III, 129, [610].
*Amersfoort, V, 307; — (Du Guet à), 307; VI, 69; — (Séminaire d'), I, vi.
Ames (Respect des), III, 502; — (Avoir égard aux instincts des), IV, [595-6]; — fermes (Des), III, 238; — stoïques (Tentation des), IV, 243*; — pénibles et douloureuses, I, 461*; — partout douloureuses, IV, 493*, 497; — tendres (Frayeurs des), V, 108; — fortes ou débiles ont des tentations différentes, IV, 241; — restées vierges et prêtresses, III, 358; — (Cuisine médicinale des), V, 33; — (Petits moyens bons pour avoir prise sur les), III, 502*; — (Massacre journalier des) par les Démons, IV, 472; — Voy. Ame.
Ameublements (Luxe des), V, 213.
Ami de la Religion (L'), II, 192.
Ami d'outre-mer (L'); M. d'Aubigny, IV, [562].
Amiens, II, 186*, 197*; — (Citadelle d'), III, 256*; l'abbé Brigode y est enfermé, VI, 181*; — Un Jésuite y assiste un soldat hérétique passé par les armes, IV, 331*; — Lieu d'exil des religieuses de P.-R., VI, 221-2. — Voy. Caumartin.
Amies de P.-R., V, 25, 41.
Amilcar, nom de Sarrasin dans la Clélie, II, 270, 271.

Aminte, nom fictif, II, 71; — Voy. Tasso.
Amiot (M.), curé de Saint-Merry; — Ses dissentiments avec son collègue M. Du Hamel, II, [545, 547]; — persécuteur de M. Feydeau, VI, [286-8]; — et Jansénius [294]; — (Le vice de M.), [294*]; — Histoire de l'enlèvement de l'*Adopté* de M. Amiot, 294*, [364]; — et Anne d'Autriche, [364]; — Bon témoignage en sa faveur de la Mère Jeanne de Jésus, Carmélite, [364]; — circonstances de sa mort, [293-4].
Amiot (Histoire du neveu), VI, [294*].
Amire, masque de Mlle de Vertus, V, 100, 121.
Amis; — ce qu'en dit Arnauld, II, 289-90*; — (La Compagnie des), V, 292; — (Différence entre écrire ou parler sur ses), VI, 123*; — voient moins bien que les indifférents, III, 379; — (Excès de zèle des), IV, 480, 485-6, 487-8; — (Les anciens) terribles comme ennemis, V, [613]; — (Les) et les ennemis, 98; — chrétiens ne doivent pas se brouiller pour des dissentiments d'opinion, 377.
Amis de P.-R. (Ce qu'on accorde de prières aux), V, 78; — (Morts des) successives et rapprochées, 247.
Amis du dehors, III, 562*, 581, 586*.
Amitié (De la sûreté en), III, 413; — (Comment l') s'en va à la suite de divergences d'opinions, V, 379-80; — chrétienne, IV, [543]; —(*Portrait de l'*) *chrétienne*, I, 393-4; — conjugale (Modèle de l'), V, 44; — du monde (De l'), II, 493-7.
Amitiés (Distinction entre les) et les créances, IV, [525]; — (Le régime des) du monde, V, 7; — (Caprice exigeant des), 61; — qui masquent l'amour, III, 286; — infidèles, IV, 476.
Ἀμνος, III, 526*.
Ἀμω;, III, 525*.
Amour et lumière s'engendrent l'un l'autre, II, 122.
Amour (Du bon et du mauvais), III, 286; — fort comme la mort, II, 372; — (Nécessité et variétés de l'), IV, 36; — (Pensées sur l') et la dévotion, III, 587-8; — (Dévotion, le dernier). 587; — (Nécessité de l') dans la pénitence, I, 336; — (S. Jean l'Apôtre de l'), III, 451;

— le vrai fonds de Ste Thérèse, IV, [532].
Amour divin (L'), V, [622]; — (Excès et excuse de l'), I, 413; — (Dégout humain, fonds de l'), V, 57; — V. Dieu (Amour de).
Amour humain (Questions sur l'), IV, 268; — excité par la comédie, III, 114.
Amour de soi (L'), d'après S. Jean Climaque, II, 286.
Amour-propre (L'), IV, 495*; — (Pays de l'), II, 141; — le contraire de la charité, VI, 51-2; — (L'homme naturel va dans le sens de l'), [346*]; — (L') n'aime pas à être régenté fièrement, IV, 475; — (Part de l') dans ce qui concerne la justice, II, 473-4, 495; — comparé au vif-argent, V, 34; — (Métamorphoses et raffinements de l'), 132*; — (Ruses de l'), V, 127, 130-1; — (Sophismes d'), II, 402; — (L') se caresse aux précautions de retraite solitaire, VI, 25, 26; — (L') se glisse dans l'excès d'humilité, V, 258*; — (Portrait de l') habile, VI, 52; — (De l') dans Pascal et dans La Rochefoucauld, III, 429-30.
Amour pur (L'), V, 230.
Ampère (André-Marie), le père; — sa valeur dès l'enfance, II, 458.
Ampère (Jean-Jacques), I, 65*; — Histoire littéraire, 383*; — Sa lettre à M. Sainte-Beuve sur le discours d'ouverture de P.-R., [517-9]; — Son article sur le premier volume de P.-R., [548].
Amphithéâtre (Origine des spectacles de l'), II, 478.
Amsterdam, II, 359; III, 196, 564, [631]; IV, 377*, 454*; V, [581*]; — (Séjour de Descartes à), II, [527]; — et M. de Neercassel, V, 305; — (Le P. Quesnel à), VI, 185; — et Utrecht, V, 304*. — Voy. Arnauld, Elzevir.
Amyot, III, 221; — traducteur de Plutarque, I, 172, 239; — Son mérite de traducteur, II, 282; — (Langue d'), [518]; — Bien loué par Montaigne, 447; — (S. François de Sales raproché d'), I, 215, 239; — mis par Vaugelas au-dessus de Montaigne, 449.
Anacréon; ce qu'il dit de la marque des amants, II, 501*; — édité par Rancé, IV, 45.
Anagrammes, I, 246*; — fréquents à P.-R., 401. — Voy. Chatou.

ANALOGIE — ANGÉLIQUE 9

Analogie (L') en fait de langues, III, 539.
Analyse (Moment où l') est impuissante, V, 133.
Analyse morale (L'), V, 69; — le meilleur de Pascal, III, 450.
Anatomie réelle et anatomie psychologique, III 422-3*.
Ancien Testament, IV, [519]; — (Exégèse morale de l'), III, 444;. — pour Pascal, 445-50; — Voy. Bible, Écriture. Saci.
Ancienne loi, figurative, III, 445, 446.
Anciens (Goût des), III, [612-3]; — aimaient la richesse, 326; — (Culte des) pour l'émulation, 499; — (Chances d'altérations pour les auteurs), 380 ; — (Quels auteurs) sont à expliquer dans les différentes classes, 518; — (Mode d'explication des auteurs), 510; — (Études des auteurs) prépare aux professions diverses, 519 ;— (Comment rendre la vie aux auteurs), 514; — (Jeux de mots des auteurs) utiles pour la prononciation, 526*; — (Les) méprisaient-ils les traductions du grec? 521-2;— (Les) et les tombeaux, VI, 19 ;—(Froides épitaphes des) sur la mort des enfants, IV, 330 ; — (Les citations des) écrasent ce qu'on met à côté, V, 444 5 ; — (Imitation des), 516*; —(Grands lecteurs des), 85 ;—(Belles hardiesses du style dans le goût des), VI, 127*; — (Portrait du sectateur entiché des), V, 391; — (Les) et les modernes, 354; —(Méré l'un des premiers persécuteurs des), III, [612] ; — (Querelle des) et des modernes, II, 36-55*; III, 202; IV, [600]; Voy. Boileau, Ch. Perrault; — (Infériorité des) en philosophie et en science, soutenue par Arnauld, V, 356 * ; — (Ressemblance de Pascal et des), III, 110-1 ; — Comment les aimait Nicole, IV, [598-600].
Ancre (Le maréchal d'), I. 307*; — visite Antoine Arnauld, 73.
Ancre (La maréchale d'), I, 307 *; — Son procès, 297.
* *Andelys* (Les), VI, 173 *.
* *Andilly* (Séjour de la jeune Mère Angélique à), I, 94 ; — (Séjour de saint François de Sales à), 1 , 207 ; — Voy. Arnauld d'Andilly.
Andrienne (L'); Voy. Baron, Térence.
Andrieux. Le meunier de Sans-Souci, I, 80.
Andromaque, I, 133, 374 * ; — craint pour Hector la valeur des Grecs), IV, 493 * ; — mère d'Astyanax et de Molossus, III, [626].
Ane (Honorabilité de l') en Orient, III. 463 * ; — (De l') à la naissance du Christ, IV, 28 ; — (L') de M. Hamon, IV, 297, 351;— (Histoire de l') de M. de La Petitière, II, 235 *; — (Éloge de l'), I, 277; — (Jeu de *sangler* l'), 400.
Anecdote (Sens propre du mot), VI, [260 *].
Anecdotes de P.-R. par Brienne, manuscrit à retrouver, III, 14-5*.
Anesse (L') de Balaam, I, 92 * ; IV, 145 ;—de l'entrée à Jérusalem, 297.
Ange (Idée de Malebranche sur la création d'un), V, 393; — (A quoi l'on connaît un), VI, [275]; — (Orgueil de l'), I, 356 ; — (L') de la porte du Paradis. III, 439; — (L') de Loth, VI, [2-7] ; — (Duel de l') et du centurion, V, 410; — inférieur au prêtre en un point, 447-8; — (L') et l'Enfant, IV, 329*.
Angélique (L') de l'Arioste, VI, [267].
Angélique de Sainte-Madeleine (Jacqueline-Marie Arnauld, 2ᵉ fille de M. Arnauld, l'avocat, née en 1591, dite la Mère Marie), I, 11, 12, 38, 129, 183; 346, 360, 370, 375, 476*; II, 11; III, 351, [633]; IV, 226 ;— Commencement du sujet, I, 45 ; — Nommée coadjutrice à sept ans, 74-6 ; — De qui lui vient son second nom d'Angélique, 76 ; — Son noviciat à Maubuisson, I, 190; — Coadjutrice à P.-R. en 1599, 52 ; — Sa profession en 1600, 81; — Abbesse de P.-R., II, 297, à douze ans, III, 167*; — Son installation à P.-R., I, 83 ; — Bénie comme abbesse et fait sa première communion à onze ans, 84 ; — Confirmée à Bertaucour, 76 ; — lit dans sa jeunesse l'histoire romaine, des romans et Plutarque, 86, 88 ; — Jeux et passe-temps, 84-7 ; — Mélancolie et angoisses, 87-90 ; — Projets périlleux, 89 ; — Maladie (1607) qui la fait aller chez son père, 89 ; — Retour au monastère, 90 ; — Sermon du P. Basile, première lueur divine, 90-1 ; — Transes mortelles, excès ascétiques, 92-3 ; — Elle va à Andilly ; son père la chapitre ; elle retourne à P.-R., 94 ; — Dépositions des religieuses sur ses premiers temps, 84 ;
=(1ʳᵉ Confession générale de la

M.), I, 99 ; — (Confession générale de la M.), 331-2 ; — Second coup de la grâce à la Toussaint, 1608, I, 98-9 ; — fixe près d'elle à P.-R. sa sœur Agnès,100 ; —réforme ses sœurs une à une, 187 ; — se munit de longue main pour arriver à la clôture, 101 ; Sa fièvre quarte, 94, 99, 100 ; — Sa lettre à ses parents sur sa résolution de clôture, 106-7 ; — Journée du Guichet, 96, 98, 106-13, 114, 124, 126-7, 129 ; II, 487 ; V, 270 ; — revoit sa mère pour la 1re fois un an après la journée du Guichet, I. 113-4 ; — Son raccommodement avec son père, 177-8 ; — se retranche de demander des secours d'argent à son père, 176 ; — sollicite et obtient un changement de juridiction ecclésiastique (1627), 323-4 ; — sa réforme de P.-R., VI, 228 ; — la grande réformatrice du monastère, IV, [575] ; — et le changement d'habit, II, 298 ; — sa réforme présidée et terminée par deux abbesses du nom de Boulard, VI, 188-9 * ; — va en personne dans les abbayes qu'elle veut réformer, I, 188 ; — rétablit la réforme à Maubuisson, 187 *, 192-3, 196, 283, 321 ; sa scène avec l'ancienne abbesse, I, 197-206 ; pourquoi elle est allée réformer Maubuisson, 194* ; ramène à P.-R. trente filles de Maubuisson, 202-3, 304, 359 * ; — supérieure des religieuses du Saint-Sacrement, 329-33 ;

= Aspire aux déserts, I, 179 ; — veut toujours résigner son abbaye, 468 ; —pour ne plus être abbesse, veut entrer dans l'Ordre de la Visitation, 208 *, 235, 323 ; —rentre à P.-R. (1636), 333 ; — obtient que l'abbaye de P.-R. soit mise en élection, 324 ; —Ses sentiments quand elle donne sa démission d'abbesse, 326-8 ; —Élue abbesse (fin de 1642), II, 26 ;

= et les travaux de P.-R. des Champs, II, 314*, 315 ; —Ses noms pour les tours de l'enceinte de P.-R. des Champs, 314 * ; — Son mot sur les cordonniers et les maçons de P.-R., 315 ; — Son désir de retourner à P.-R. des Champs, 300-1 ; — songe à ramener les religieuses aux Champs, III, 471 ; — ramène les religieuses aux Champs (jer 1653), II, 311 ; — Ce qu'elle écrit de la dispersion des Solitaires,
1656, III, 167-9 ; —vient des Champs à Paris soutenir le choc (1661), 344 ; — morte abbesse de Paris en 1661, 344;

= Son récit du miracle de la sainte Épine, III, 173-6 ; — (Songe de la M.), I, 131*; — On lui fait de son vivant son dossier de sainte, 85 ; IV, [575] ; —appelée la Thérèse de l'Ordre de Cîteaux, I, 205 ; — de quel parti à P.-R., IV, 347 ; reste en dehors de la direction de P.-R., III, 23 ; — ne sépare pas S. Pierre et S. Paul, II, 314*; —bonne royaliste, 314.* ; — Entretiens ou conférences, III, 324*, 331* ; — Conversations, II, 210-1 ; — Son caractère énergique, IV, 316 ; — Son abord sévère, II, 300 ; — Ses qualités mâles et sobres, IV, 115, 122 ; — comparable aux femmes héroïques de l'antiquité, I, 88 ; — Son ascétisme exagéré aux tout premiers commencements, III, 322 ; — Son amour de la pauvreté, IV, 323 * ; — Ce qu'elle dit de la pauvreté, III, 330 ; — Ses remarquables sentiments d'humilité, IV, 153-6, 157 ; — Sa simplicité évangélique, III, 175 * ; — Sa sévérité, II, 304-5 ; — Sa charité, 305-7 ; — demande de la critique dans la vie des saints, 283-4 * ; — Ce qu'elle dit de l'Église et de la Cour de Rome, I, 210-3 ; — Sur la corruption de la Cour de Rome, III, 19*; — Ce qu'elle pense des rois et des reines, II, 210-1 ; des puissants, 306*; — (Beau mot de), IV, 724 ; — ennemie de faire des livres, I, 85 * ;

= Sa terreur exagérée de l'idée de la mort, IV, 158-61 ; — Ses terreurs au lit de mort, 318 ; — mourante s'applique à peu parler et à ne rien faire de remarquable, 157; — Ses dernières paroles simples et mâles, 153-7 ; — Sa mort, III, 559 ; — Portrait peint de la M. Marie-Angélique, V, 276 ;

= Supérieure à son frère le grand Arnauld, III, 359 ; sa conversation avec le grand Arnauld sur la condamnation des cinq propositions, I, [542-3] ; ce qu'elle dit à Arnauld de la bulle d'Innocent X, III, 18-9 * ; — Mémoire écrit pour M. Jér. Bignon contre la direction des religieuses par des moines, I, 323-4 * ; — Ses justes plaintes contre le libelle du P. Brisacier,

III, 8 ; — Son opinion sur Camus, I, 244, 245 * ; — et les deux capucins en visite à P.-R. des Ch., VI, 111 ; — et le lieutenant civil Daubray, III, 581 ; son interrogatoire par le lieutenant civil Daubray, 171 ; — et M. Feydeau, VI, [299*]; — et M. Hamon, IV, 293-4 ; — Ce qu'elle écrit à M. Hecquet, 341 ; — Son désintéressement dans les chicanes de Pascal à propos de la dot de sa sœur, II, 487-99 ; — Ce qu'elle dit de M. de Pomponne, IV, 265* ; — prie pour la conversion de M. de Pontchâteau, V, 251; VI, [312] ; — Son influence sur l'Esther de Racine, 140 ; railleries de Racine, 112, 129; rapprochée de Racine, IV, 44 ; — et le cardinal de Retz, II, 301 ; — obtient quelque chose des reliques de S. Bernard, V, 243 ; — ses rapports avec Saint-Cyran, I, 283-4 *, 304; II, 42; et Saint-Cyran, 201 ; dernière lettre de Saint-Cyran, 201-2 ; Ce que lui dit Saint-Cyran des causes de sa prison, I, 486 ; Sentiment stoïque à la mort de Saint-Cyran, II, 206 ; On lui donne les entrailles de Saint-Cyran, 205 ; rapprochée de Saint-Cyran, IV, 160 ; — et S. François de Sales, [577] ; ses rapports avec S. François de Sales, I, 206-10 ; ce qu'elle en dit, 237 *, 257-8 ; — injuste pour S. Vincent de Paul, I, 509-10 ; — et le chevalier de Sévigné, V, 97*; — ce qu'elle dit de M. Singlin, I, 468, 469, 470 ; — relations avec Zamet, l'évêque de Langres, 322-3, 325-9, 331, 333, 377-8 * ;

= Sa nièce Angélique de S.-Jean est sa vraie fille, IV, 228 ; celle-ci écrit sa vie sous l'inspiration de M. Le Maître, 227 ; — reçoit sa mère religieuse, I, 129-30 ; — Ce qu'en disent Mmes d'Aumont et de Saint-Ange, II, 300 ; — Son amitié pour Mlle de Bagnols, IV, 127 ; — Ses rapports avec Mme de Chantal, I, 207, 211 ; — et Mme du Fossé, II, 230 ; — Liaison avec Marie de Gonzague, 206-11, 312 ; — et Mme de Guéméné, 207 ; — et Mlle Hamilton, 108 ; — son affection pour Mlle de Luynes, l'aînée, IV, 121-2, 127 ; — modèle de la Mère Marie des Anges, I, 442 ; — (Mme de Mondonville en face de la M.), V, 453 ; — et Jacqueline Pascal, II, 484 ; — Ce qu'elle écrit de la grand'mère de Racine, VI, 85 ; — et Mme de Sablé, II, 207 ; III, 428 ; V, 58-9, 61, 61 *. 66 *, 69, 69 *, 77, 79 * ;

= Lettres. I, 385 *, 466-7, 468, 470, 509, [543] ; II, 265*, 283-4 *, 306 *, 310 *, 311 *, 314 *; V. 66 *, 69 * ; — Lettres (Ms. de ses), III, 176 * ; — *Lettres de la M. Angélique*, Utrecht, 1742-4, III, 633 ; — Sa lettre à son *petit frère* Arnauld sur sa condamnation, 152 ; — Lettres à M. Le Maître, VI, 85 ; — Sa lettre à la Reine mère sur la signature, IV, 133 ; — Sa dernière lettre à la Reine mère pour disculper le couvent d'hérésie, 158 ; —, Lettres à la reine de Pologne, II, 209-10, 211, 289, 301, 302 *, 303, 306 * ; III, 167-8, 172-3, 174-6, 180 *, 322*, 324-5*, 472-3 ; V, 45*, 58 ; VI, 88*; — Lettres à Mme de Chantal, I, 244 ; — Lettres à Mme de Guéméné, 361-2 ; — Relation de sa vie commencée par elle, 85*, 192*; — *Mémoires pour servir à l'histoire de sa vie*, 84 *, 85 * ; — *Vie de la R. Mère Marie-Angélique de Sainte-Madeleine Arnauld*, Utrecht, 1742, III, [632] ; — (Neuvaines à la M.), VI, 234 *.

Angélique de Saint-Jean (La Mère), fille d'Arnauld d'Andilly et nièce de la première Mère Angélique. I, 85 *, 88, 129, 193 *, 370 ; VI, 233 ; — fille d'Arnauld d'Andilly, IV, 226 ; — Sa profession, 227 ; — Phases de son état moral, 242-9 ; — maîtresse des enfants au couvent de Paris, 117, 227 ; — maîtresse des novices, IV, 227 ; — sous-prieure du couvent de Paris (1661), III, 346 ; — Prieure, IV, 409 ; date de sa nomination de prieure à P.-R. des Ch., V, 110-1; son gouvernement comme prieure (1669-1678), IV, 261 ; Lettre d'une religieuse sur son gouvernement comme prieure, 261-2 * ;

= Succède comme abbesse à la M. du Fargis, V, 162-3 ; son gouvernement comme abbesse (1678-1684), IV, 261-3 ; la plus spirituelle des abbesses, V, 172-3 ; — devait être remplacée comme abbesse par la sœur de Colbert, 200 * ; — Sa réélection, 206-8 ; — sa ligne de conduite énergique, VI, 211 * ; — Personne, sauf Pascal, n'a plus de génie qu'elle dans la seconde génération de P.-R.,

IV, 266 ; — vaillante contre la lutte, 196 ; — encouragée à la résistance par son père, 198 ; — Sa répugnance pour la signature, 260, 403 ; — L'âme de P.-R. dans les nouvelles épreuves, 133 ; — demande qu'on puisse recommencer à recevoir des novices, V, 217-8 ; — et les instructions pour la résistance des religieuses (1663), IV, 152 ; — Pourquoi elle fait raser Vaumurier, II, 320 ; — Requête à Jésus-Christ confiée à une morte, V, 177-8 ; — à l'affaire des chaises renversées, IV, 285 * ;

= Du premier enlèvement des religieuses, IV, 208, 209-10 ; — fait écrire à la Sœur Anne-Eugénie sa captivité, 315 ; — Dureté de sa captivité, 236-7 ; — réunie à la sœur Christine Briquet, 254-5, 274 ; à la M. Agnès, 255-6 ; — a eu quelques assauts de doute, 241 ; — Son doute analogue à celui de Pascal, 243 ; — Sa période de tentations et de doutes, 237-40 ; — Son agonie morale touchante, 237-41 ; — fait une église de sa prison, 244-5 ; — Ses larmes, 246-8 ; — revient à la foi aveugle, 246 ; — n'espérait guère pour P.-R., 260-1 ; — Songe symbolique et prophétique, II, 299 ; IV, 925* ; — Sa mort (29 janvier 1684), V, 245, 246 ; VI, 157 ; — meurt trois semaines après M. de Saci (1684), III, 371-2, 373-4 ; IV, 263 ; — P.-R. perd avec elle sa dernière grandeur, V, 245 ; — Portrait peint, 267 ;

= Écrit à son frère Arnauld d'Andilly pour le presser de revenir à P.-R. des Ch., V, 5 * ; — et Arnauld, IV, 127 ; V, 290, 291, 302 ; (Lettres d'Arnauld à la M.), II, 319* ; V, 219 *, [614] ; dans l'affaire d'Arnauld, IV, 174-5, 176 ; aussi inébranlable qu'Arnauld, 260 ; — et M. Bail, 141-3 ; — et M. Daubray, 231 ;— Entretien avec M. Fromageau (1679), V, 162-6 ; — et M. Grenet, 191-3 ; — et M. de Harlay, 189, 208, 209 ; ce qu'elle dit des confesseurs de M. de Harlay, 188-9 ; Sa lutte contre M. de Harlay, IV, 262 ; Sa conversation avec M. de Harlay sur le renvoi des pensionnaires, V, 170-5 ; Sa réélection et M. de Harlay, 206-8 ; — Lettre de Lancelot sur la mort de M. de Saci, III, 86* ; — M. Le Maître l'engage à écrire la vie de la M. Angélique, IV, 227 ; le portrait de M. Le Maître fait par Champagne sur un plâtre d'elle, 253 ; — Lettre d'adieu de M. Lemoine, V, 205 ; — et M. Le Tourneux, 209 ; le demande comme, confesseur régulier, 217 ; — et M. de Neercassel, 302-3 ; — et Nicole, IV, 494 ; veut faire aller Nicole à Rome pour l'affaire des Casuistes, 485 ; — et Pascal, 227 ; met par écrit la méthode de Pascal pour apprendre à lire, III, 155 ; penche pour le *parler fort* de Pascal, IV, 227-8 ; — et M. de Péréfixe, 249-50 ; son interrogatoire par M de Péréfixe, 188, 189-92 ; — supérieure à son frère M. de Pomponne, III, 359 ; et la chute de son frère M. de Pomponne, V, 199 ; — et M. de Pontchâteau, VI, [325, 352] ; — auteur de l'article Pontis dans le Nécrologe, II, [571, 574] ; — et M. de Roannez, V, 210 * ; — cousine germaine de M. de Saci, II, 371 ; la pareille de M. de Saci au dedans de P.-R., IV, 263 ; M. de Saci chargé de lui apprendre l'ordre de renvoi des pensionnaires, V, 168, 169 ; préside le service de M. de Saci, II, 371 ; — et la cuculle de saint Bernard, V, 242 ; — et Saint Cyran, IV, 227 ; son souvenir profond de Saint-Cyran, IV, 191 ; ne continue pas l'esprit de Saint-Cyran, I, 437 ; — son peu de goût pour M. de Sainte-Marthe, IV, 347 ; — reproche à M. Singlin d'avoir contribué par son sentiment mitigé à faire signer les religieuses, I, 475 ;

= Nièce de la M. Agnès et de la M. Angélique, IV, 226 ; — et sa tante la M Agnès, [577] ; — vraie fille de la M. Angélique, 228 ; — et la Sœur Catherine, V. 64* ; — la lettre de la Sœur Euphémie sur ses angoisses de la signature lui est adressée, III, 346 ; — et la Sœur Flavie, 354* ; — et la Dsse de Lesdiguières, V, 187 ; — ce qu'elle dit de la Sœur Marie Claire, I, 354 ; — et Mme de Rantzau, IV, 232-3 ; prises de doctrine avec la M. de Rantzau, 239-54 ; — et Mme de Sablé, V, 61, 62-3, 63-5, 75 ;

= Ses *conférences* et discours, III, 266 ; — conférences sur un chapitre des Constitutions de P.-R., 324 ; sur les auteurs et sur les correcteurs du Nouveau Testament de Mons, IV, 378-9 * ; — l'hagiographe de P.-R., 227 ; — Relation de la journée du Guichet. I, 112-3, 114 ; — devait fondre et ré- rire les Relations des religieuses, 180* ; — son récit de son enlèvement, IV, 231-2 ; — sa Relation, 257, 259 * ; Relation citée, I, 195-6, 200-1, 203-4 ; caractère de sa Relation, IV, 288-9 ; analyse et citation, 230-40, 244-60 ; son impression (1693) est interrompue par les religieuses de P.-R., 229-30 * ;

= Lettres, IV, 264, 265 *, 378-9 * ; V, 5 *, 61, 62-3, 63-5, 75 ; — sa lettre à Arnauld sur ses doutes, IV, 240 ; — lettres à Henri Arnauld, V, 169 *, sur la reprise de la persécution, 178-9 ; — lettres à M. de Harlay, 217-8 ; lettre au pape Innocent XI, 179 ; lettre à Mme de Sablé sur la signature, [605-6] ; — ses phrases interminables, [607] ;

= De la seconde génération de P.-R., III, 351 ; — sa définition aux yeux du second P.-R., IV, 255 ; — précocité de son esprit, 226-7 ; — son génie varié, 262, 263 ; — son tour ferme et juste, V, 217 ; — son esprit de repartie, 189 ; — sa pointe de raillerie, IV, 143 ; — nature scientifique de son esprit, I, 179 ; IV, 228 ; — son imagination et sa forme de bon sens prudent, II, 299-300 ; — et le Saint-Sacrement, IV, 235 ; — ce qu'elle dit de l'interdiction de la communion, 206 ; — caractère de sa dévotion à la Vierge, 233-4 ; — ses qualités d'artiste, le sculpteur de P.-R. au dedans, 252-3 ;

= Ce qu'en dit son père Arnauld d'Andilly, IV, 265 ; — ce qu'en dit Du Guet, 263, 264 ; son éloge par Du Guet, VI, 3 ; — ce qu'en pensait Nicole, III, 359 ; — ce qu'en dit Racine. IV, 227-8, 228 ; — ce que dit son frère M. de Pomponne de sa réputation d'esprit, 228 ; — ce qu'en dit Mme de Sévigné, 264-5, 266.

Angélique de Sainte-Thérèse d'Andilly (La Sœur Marie), fille d'Arnauld d'Andilly ; — au couvent de Sainte-Marie du faubourg Saint-Jacques, V, 13 ; — sa signature, 13 ; — exhortée à la signature par Bossuet, IV, 274-6 ; — Ses remords d'avoir signé, 277 ; — Sa Relation, 276.

Angéliques (L'armée des), VI, 234-5 *.
Angélocratie (Théocratie changée en) par Malebranche, V, 435 *.
Angelus (L'), IV, 285 *.
Angennes (Mlle d'), première femme de M. de Grignan, III, 570 *.
*Angers, I, 472 ; II, 194 ; V, 439 * ; VI, [318] ; — (Faculté d'), IV, [594*] ; V, 150 ; — Saint-Maurille, IV, [594*] ; — Saint-Nicolas (Abbaye de), I, 384 ; — Université, V, 150 ; — Visitation, 151 ; — (Catéchisme d'), VI, [322] ; — (Voyage de Nicole et d'Arnauld à), IV, 477-8 ; — V. Arnauld (Henri).
*Angers (Diocèse d'), IV, 399 ; — Déchirements intérieurs, V, 157 ; — L'affaire de la signature, 150-1.
Anges (Les), I, 353 ; III, 30 *, 391 * ; V, 508 ; — (Liberté des), II, 135, 136, 138, 139 ; — (La Grâce relativement aux), 100 ; — (Mérite des), IV, 58 ; — (Compagnie des), II, 301* ; — (Les sentiments des) sont éternels, 329 ; — (Les) ne rient pas, 335 ; — à la crèche de J. C., III, 477 * ; — (Dieu doit être vengé à la vue des), IV, 308 ; — gardiens de P.-R., V, 144.
Anges (La M. Marie des) ; Voy. Marie des Anges.
Anglais (Catholiques) et P.-R., III, 581* ; — en France au quinzième siècle, 58 * ; — (Ce que les) appellent *broken-heart*, VI, 190*.
Angleterre, III. 560 ; — (MM. de Bernières et Taignier s'occupent du soulagement des catholiques d'), IV, [556] ; — (Catholiques) accusés de conspiration sont défendus par Arnauld, II, 199 ; V, 317 ; — (Difficultés religieuses en), I, 314-5, [522-3] ; — Émigration sous Cromwell, V, 184* ; — Évêques anglais (Cause des), 308 ; — (Gants d'), [538] ; — (Gouttes d'), IV, 512* ; — (Jésuites en), [557-8] ; — (Leibniz a vu l'), III, 302 ; — (Mémoires de la Cour d'), V, [607] ; — (Méthodisme en), I, 295* ; — (Persécution des Jésuites en), III, 129 ; — (Le Procès d'), V, [613] ; — (Retz en), [571] ; — (Rubans d'), VI, [360] ; — (Saint-Évremond en), V, 480 ; — (Savants d'), IV, 99* ; — Sectes protestantes, V, [571] ; — Voyage de Madame, duchesse d'Orléans, IV, [536] ; — Voyage de l'abbé d'Aubigny, 359* ; — V. Bénédictins, Jésuites.

Anglicans (Évêques) ; — V. Burnet.

Anglois (Le remède de l'); — V. Quinquina, Retz et Tabor.

Angoulême, II, 46, 51 ; — (Capucins d'), II, 72 ; — Saint Paul, II, [524] ; — V. Balzac, Castaigne, Marie de Médicis, Péricard.

Angran (M.), III, 244.

Angran (Les), VI, [252] ; — et l'affaire du Nordstrand, IV, 375.

Angran (Le licencié) va à Rome défendre le livre de Jansénius, III, 13, [593] ; — joueur d'échecs, [593] ; — et les comptes du Nordstrand, VI, [331] ; — et M. de Pontchâteau, [331].

Angran (Jacques), seigneur de Fontpertuis, Lailly, etc. ; — conseiller au Parlement de Metz, IV, 489-90*, [589] ; — mari de Mlle Angélique Crespin Duvivier, [589] ; — et M. Arnauld, VI, [316].

Angran (Note pour distinguer les deux Mmes), IV, [586-9].

Angran de Fontpertuis (Mme Angélique), fille de M. Crespin Duvivier, IV, [589] ; — amie d'Arnauld, 489-90* ; et Arnauld, [585, 587, 589, 590] ; V, 476 ; VI, 11 ; Correspondante d'Arnauld, IV, 373* ; III, 265* ; IV, 301* ; V, 200-1, 329 ; VI, 15 ; (Lettres d'Arnauld à), IV, 489-90 ; V, 200-1, 279*, 321*, 329, 846 ; VI, 15 ; court après M. Arnauld, IV, 490* ; visite Arnauld à l'étranger, V, 324 ; la seule pouvant être appelée l'*intimissime* d'Arnauld, IV, [589] ; légataire universelle d'Arnauld, [589] ; — et Du Guet, VI, 11, 20 ; Lettres de Du Guet, V, 22 ; VI, 13-7 ; — a M. Eustace pour précepteur de son fils, V, 237 ; — a un moment le P. La Tour pour confesseur, IV, [590*] ; — et le cœur de M. Le Tourneux, V, 227 ; — Mot de Louis XIV sur elle, IV, [589-90] ; — et Nicole, 478, 494-5 ; cache Nicole, 424-5, et le fidéicommis de Nicole, 513* ; — et M. de Pontchâteau, VI, [331] ; accompagne le corps de M. de Pontchâteau, [339*] ; — et le convoi de M. de Saci, II, 369* ; IV, 501 ; — et les comptes du Nordstrand, VI, [331] ; — brouillée avec sa cousine, Mme Angran, à cause du second mariage de celle-ci avec le marquis de Roucy, IV, [588-9] ; — Ses austérités, VI, 14, 15-6.

Angran (M.), conseiller à la cour des Aides ; — épouse Marie Aubery, IV, [589] ; — Service que fait dire sa veuve à P.-R. des Ch., [588].

Angran (Mme), femme du conseiller à la cour des Aides, de son nom Marie Aubery, IV, [589] ; — épouse en secondes noces le marquis de Roucy (voir ce nom).

Angran (Mlle Catherine), épouse M. de Bélisi, IV, [586] ; V. ce nom.

Anillet. V. La Croix Christ (Anillet de).

Animaux ; — sont-ils des automates ? III, 105 ; — ce qu'ils sont pour Montaigne, II, 437 ; — ce qu'ils sont pour Descartes et P.-R., II, 437 ; un machinisme selon Descartes, V, 352 ; — (Malebranche pour le machinisme des), en théorie et en fait, 395 ; — (Comparaison de l'homme aux), II, 437-8 ; — (Le livre des quatre), III, 133.

Anisson, directeur de l'Imprimerie royale, II, [575].

Anjou ; — V. * Verger.

Anjou (Le duc d'), depuis Philippe V ; — Anecdote relative à son éducation et à saint Augustin, II, 133-4*.

Annat (Le P.), Provincial de l'ordre des Jésuites, III, 24 ; — Confesseur du Roi, 21, 221 ; peu important comme tel, 264-5 ; — Son livre contre Arnauld, 111 ; Sa réponse à Arnauld sur l'affaire de M. de Liancourt, 32 ; (Réponse d'Arnauld au P.), 79 ; — et M. de Bernières, IV, [561] ; — Ce qu'il aurait dit sur le livre de Claude contre Nicole, IV, 448* ; — Ses essais avec le P. Ferrier, pour un accommodement entre le Jansénisme et le Molinisme, 164 ; — Comment il traite Godeau, IV, 354* ; — lasse Mazarin, III, 26 ; — Reproches au Nonce sur la paix de l'Église, IV, 391 ; — et le Nouveau Testament de Mons, 384, 386 ; — sa correspondance avec le P. Oliva sur les Jansénistes, I, (544-6) ; III, 11, 15 ; — et Pascal, III, 81 ; son duel avec Pascal, 264, 309, 313 ; l'un des battus des Provinciales, 220 ; — rouvre le feu contre P.-R., 28 ; — Écrit imprimé à Rome, 16 ; — Comment il fut reçu par la reine Christine, 264* ; — *Bonne foi des Jansénistes sur la citation des auteurs ;* III, 125, 126*, 211-2*, 220, 221 ; est un essai de réponse aux Provinciales, 74-5 ; — *Rabat-Joie des Jansénistes,* 🕮, 186. III

Anne, mère de Samuel, V, 449.

Anne d'Autriche, II, 6, 9, 209,

[542]; III, 10*; — (Dévotion d'), I, 119 ; — Son horreur des nouveautés, V, [552] ; — Son conseil de conscience, I, 508 ; — et la M. Agnès, IV, 133 ; — et M. Amiot, VI, [364] ; — Lettre de la M. Angélique mourante, pour disculper le couvent de P.-R. d'hérésie, IV, 158 ; — et Arnauld d'Andilly, II, 248 ; III, 161, 162, 163-4, 165, 166, 168 ; V, 9 ; Arnauld d'Andilly lui envoie des fruits de P.-R. des Champs, I, 500-1 ; II, 262 ; III, 165 ; — Son acharnement à faire condamner Arnauld, III, 39 ; — Nomme M. de Barcos à l'abbaye de Saint-Cyran, II, 215 ; — marraine de Mlle de Brégy, IV, 272, 279 ; — Visite aux Carmélites de Pontoise, VI, [364] ; — à propos des restitutions de M. de Chavigny, II, [566] ; — et Mme de Chevreuse, IV, 121 ; VI, [361] ; — et Christine de Suède, II, 264* ; — et le P. Ciron, V, 29 ; — et le prince de Condé, VI, [360] ; — Visite à Dampierre, [362] ; — et les Députés Augustiniens, III, [593] ; — et les petites Écoles, 473 ; — Sa visite à la M. Eugénie à P.-R. de Paris, IV, 222-3 ; — et le livre de la Fréquente Communion, II, 130*, 184*, 185-6, 185*, 186*, 187 ; — demande à M. de Gondi de faire recevoir la Bulle, III, 25 ; — et les Jansénistes, II, 262*, 289, 309* ; III, 173 ; V, [567] ; VI, [364] ; son aversion pour eux, III, 264* ; son acharnement contre le Jansénisme, 160, 166 ; — croit tout ce qu'on lui dit des Jansénistes, II, 248, 276, 309* ; — et la M. Jeanne de Jésus, carmélite, VI, [364] ; — et l'abbé de la Rivière, V, [540*] ; — exile l'abbé Le Camus, IV, [529'] ; — (Maison d'), 314 ; — et Mazarin, V, [553 ; VI, [360] ; Lettres de Mazarin à la Reine, V, [530*], 534, 536 ; ce que Mazarin lui écrit de Retz, [532] ; — Allusions contre elle dans Mirame, II, 10* ; — et Jacqueline Pascal, II, 467 ; Vers sur sa grossesse par Jacqueline Pascal, II, 466 ; — et l'arrêt de condamnation des Provinciales, IV, 214 ; — et M. de Pontchâteau, VI, [307] ; — et la cause de P.-R, V, 29 ; — et Retz, V, [530, 533, 535. 552, 559, 565, 567-8, 571, 581]; et les sermons de Retz, [533] ; ce qu'elle dit de Retz, [536] ; un moment réconciliée avec Retz, [535] ; et le cardinalat de Retz, [551] ; VI, [360, 361] ; — s'adresse à Rome pour faire définir la foi sur la Grâce, III, 12 ; Lettres à Rome contre les cinq propositions, 19* ; — se fait informer par le curé de Saint-Jacques du Haut-Pas de ce qui se passe dans sa paroisse, II, [539] ; — adoucie par le miracle de la sainte Épine, III, 188 ; — son nom chiffré de Séraphin, IV, [536] ; — au Val-de-Grâce, IV, 269 ; — sa pompe funèbre, 163* ; — sa mort affaiblit la cabale dévote, III, 281.

Anne de Bretagne (Le frère naturel d'), V, 99.

Anne-Cécile (La Sœur), V, 115*.

Anne-Eugénie (la Sœur), quatrième fille de M. Arnauld l'avocat, née en 1594; I, 346, 360 ; II, 11 ; — Sa jeunesse et sa conversion, I, 180-1 ; — Sa profession, 181-2, 192; — soutenue par S. François de Sales et Saint-Cyran, 184 ; — à la scène du retour de Mme d'Estrées à Maubuisson, 199* ; — Actif lieutenant de la Mère Angélique, 187 ; — et le changement d'habit, II, 298 ; — Écure les chaudrons du monastère, III, 322 ; — Une des premières enlevées par M. de Péréfixe, IV, 315 ; — mise à la Visitation de Chaillot, 272 ; — Relation de sa captivité, I, 180, 243 ; IV, 315 ; — Sa signature et son repentir, 315 ; — Son admirable mort, pleine de douceur et de charité, 314-9 ; — Belle épitaphe par M. Hamon, 348 ; — Son article dans le Nécrologe est de la M. Agnès, 316* ; — plus tendre que la race directe de dévotion à P.-R., 315-6, 318, 319 ; — Son opinion sur Camus, I, 243, 245*.

Anne-Eugénie (La Sœur) ; Voy. Saint-Ange (La baronne de).

Anne-Julie de Sainte-Synclétique de Remicourt (La Sœur) ; Voy. Remicourt.

Anne-Marie (La S.) ; Voy. Épernon.

Anne-Marine (La S.), exilée à Saint-Denis, VI, 222.

Anne de Sainte-Cécile (La S.); Voy. Boicervoise.

Anne de Sainte-Thècle (La S.) défend la M. Angélique contre Mme d'Estrées, I, 198-9.

*Annecy, I, 258, 438 ; IV, 343 ; —

(Académie d'), I, 269, 270 ; — (Lac d'), 229 ; — (Nicole à), IV, 478; — La S. Rose s'y retire, VI, 58.
Année (*Le pain quotidien de l'*), VI, [326].
Année chrétienne (L') ; Voy. Le Tourneux (M.).
Annette, III, 192.
Annibal, II, 24.
Annonciades ; Voy. *Paris, *Saint-Denis.
Annonay, dans le Vivarais ; — M. Feydeau y meurt. VI, [300].
Annonciation (Fête de l'), VI, [306].
Anonyme (Comment P.-R. entend l'), II, 85-6.
Ans (Mr d'). V. Ruth d'Ans.
Anse (Comparaison de l') restée après la chute, II, 118, 143*.
Anselme (Le P.), rival de l'abbé Boileau le prédicateur, VI, 59*.
Antechrist (L'), III, 495 ; V, 157, 198 ; — ce qu'en dit Jansénius, I, 297, 298.
Antée, V, 438.
Antérieures (Les œuvres) se résument dans une œuvre supérieure, I, 143-5.
Anthime, dans S. Genest, I, 165, 166.
Anthologie (P.-R. et l'), III, 529, 531 ; — grecque ; épitaphes d'enfants, IV, 230 ; — latine, III, 530*; — palatine, 584*.
Anthropologies, expressions à la portée des hommes, V, 364* ; — (L'Écriture pleine d'), 425-6.
Anthropologique (Le sens) cède au sens philosophique, V, 437.
Antichrétiens (Manque des) absolus, III, 451*.
Antienne des Saints, V, 207.
Antiennes (Chant des) à P.-R., V, 143.
Anti-Espagnol (L'). ouvrage d'Antoine Arnauld, I, 69.
Antigone, III, 358 ; — chez les Grecs, I, 138.
Antioche, I, 392, 394.
Antiphon, rhéteur grec, II, [524].
Antipodes, condamnés par le pape Zacharie, III, 77.
Antiquaire (Portrait de l'), par Malebranche, V, 391 ; — Voy. Scott (Walter).
Antique (Ce que le libre examen peut renverser d'), III, 432-3.
Antiquité (Avec quoi l') fait des hommes, III, 357 ; — (Différences dans le culte de la belle), IV, 416; — (Les sœurs dans l'), III, 358.
Antithèse (Raisonnement par), II, 384* ; Voy. Balzac.

Antoine, le jardinier de Boileau ; — et Racine, V, 511 ; — et le P. Bouhours, 511-2 ; — Son maître lui dédie son épître XI, 505, 511.
Antoinette (La Sœur), IV, 462.
Antonin ; V. Marc-Aurèle.
Anvers ; — « Annales antuerpienses », I, [521*] ; — (Arnauld à), V, 460 ; — (Bible française d'), II, 357*.
Apelles, le peintre grec, III, 68* ; — (Vénus d'), I, 294 ; II, 97.
Apennins, III, 340.
Aphorismes, IV, 289.
Apion (Le grammairien), inventé par le P. Rapin, III, [626, 627].
Apocalypse, prête aux interprétations infinies, IV, 299.
Apocalyptique (L'esprit de Saint-Cyran), I, 345.
Apollon, II, 247* ; — (Bel hymne homérique à), 423* ; — identifié avec Moïse, 419*.
Apologétique chrétienne. Appréciations du jeune protestantisme contemporain, III, [614-9].
Apologie des Saints Pères, VI, 87.
Apologie pour les Religieuses de P-R. (1665), III, 345*, 348*, 351 ; V, 194, [613] ; — Nicole y travaille, III, 345* ; IV, 345, 432 ; — Arnauld y travaille, III, 345* ; IV, 345 ; — désapprouvée par certains, 345 ; — attaquée par Desmaretz. 442 ; — Voy. Arnauld, Chamillard, Desmaretz, Nicole.
Apologie (Première). Le livre de M. de Vabres contre elle approuvé par le Dr de Sainte-Beuve. IV, [572*].
Apologie pour les Casuistes, condamnée par Alexandre VII, V, [565] ; — Nombreuses lettres pastorales contre elle, [565].
Apologies pour les Catholiques, saisies, V, 240*.
Apologies, IV, 492 ; Voy. Arnauld.
Apologistes chrétiens (Pascal l'un des grands), III, 392 ; — Faiblesse de ceux du XVIIIe siècle, III, 392.
Apoplexie, IV, 512*, [572-3*] ; V, 40, 138*, 227, 245*, 283* ; — Voy. Saint-Cyran.
Apostasier (Recevoir la Constitution, c'est), VI, 76*.
Apôtres (Les), III, 232, 569 ; — Actes des), 573 ; Ier chapitre, V, 444 ; Commentaire de Du Fossé, II, 360 ; traduits par le P. Bouhours, [574, 575] ; — (Épitres des), III, 573 ; traduites par le P. Bouhours, II, [574, 575] ; — (Perfection des), IV, 58 ; — (Histoire des), IV, 11 ;

— (Rôles des) parmi les Gentils, III, 447-8 ; — (Évêques, successeurs des). IV, 358* ; — La messe des), VI, [339*]; — Voy Épîtres.
Appel (Singulier Relief d') des Religieuses de P.-R., V, 178 ;— Liste du renouvellement d') en 1721, VI, 67.
Appelant (Gens qui tiennent à sentir l'), VI, 74*.
Appelantes Les Religieuses de P.-R. se portent toujours). IV, 260.
Appelants (Les), se prennent pour l'Église, VI, 73 ; — et Du Guet, VI, 68* ;—prédits par David, III, 448*.
Appeler, employé pour « épeler », III, 512.
Appels comme d'abus, IV, [544].
Applications personnelles; Nicole s'en défend, IV, 462-3.
Apreté des doctrines ne nuit pas à la maternité des soins, II, 40.
Apulée, livre II ; V, 46*.
Aquin (D'). Voyez Daquin (Antoine) et saint Thomas.
Arabe (Langue), IV, 454* ; — conteur, II, 407 ;— du désert, III, 413.
Aragon (Filles d'), postulantes à P.-R., I, 501.
Aranthon (M. d'), évêq. de Genève ; — et Nicole, IV, 478.
Arbitrages (Les), traité de Nicole, IV. 462*, 498.
Arbitre (Le libre), III, 231-3 ; VI, [282] ; — et la Grâce, II. [532-4] ; — Champ de bataille de Mme de Sévigné et de sa fille, III, 231-3 ; — Voy. Liberté.
Arbre (Successions de la semence et de l'), II, 122 ; — (L') se juge-t-il par les fruits? III, 413, 454.
Arbres (Ce que disent les) à M. Hamon, IV, 334-6.
Arc-en-Ciel (Théorie de l'), trouvée par Marc-Ant. de Dominis avant Descartes, I, 291*.
Archange (le P), né Pembroke, directeur de P.-R., I, 177, 214 ; — remet le bon accord entre la Mère Angélique et son père. 177-8 ; — de la famille d'esprits de S. François de Sales, 178-9, 214 ; — Marie-Claire lui révèle ses désirs de profession, 181.
Arche (L') de Noé, V. 515.
Arche (L') juive, IV, 313 ; —(Chérubins et propitiatoire de l'), III, 286.
Archéologue (Enthousiasme d'), V, 233.
Archers, III, 192 : IV, 207, 212 ; — pour garder P.-R. des Ch., V, 133 ; — (300) sur pied pour la dernière expédition contre P.-R., VI, 230 ; — à pied, 223, 224-5* ; — à cheval, 223 ; — (Les) du Chancelier, III, 35, 39 ; — du Guet, VI, 227 ; — du Lieutenant de police, 218, 219 ; — du Prévôt de l'Hôtel, chargés du blocus de P.-R. des Ch., IV, 283.
Archevêque (Les ordres du roi transmis par l') ne peuvent donner lieu à Remontrances, V, 171.
Archevêques (Les), — et P.-R., VI, 109 ; Voy *Évêques* ;—Approbations de la Grande Perpétuité, IV, 444.
Archiloque (Fragments d'), javelots brisés qui sifflent encore, III, 437.
Archimède, III, 314 ; — le prince des esprits de la terre, 452 ; — admirable éloge de Pascal, 319*, 457*.
Ardennes (Nicole dans les), III, 155*.
Ardillières (Notre-Dame des), Charente-Inférieure, IV, [562].
Ardoise (Losanges d'), dans le cimetière des religieuses, V, 275.
Ἀρήν, ἀρνειος, ἄρς, III. 526*.
Argenson (René de Voyer, comte d'), ambassadeur à Venise, III, [594].
Argenson (Marc-René d'), lieutenant de police, fils de l'ambassadeur — et Du Guet, VI, 67 ; — et M Eustace, 173 ; — et Mlle de Joncoux, 198-9 ; — et le cardinal de Noailles. 217-8 ;— à la dispersion définitive de P.-R. des Ch., 217-27 ; — Son ordonnance pour la vente des matériaux de P.-R. des Ch., 237 ; — fait saisir les planches de P.-R. des Ch., 236 ;— et les papiers de P.-R., 224*.
Argenson (René-Louis, marquis d'); son Journal, III, 142*.
Argent (Il faut de l'), dicton d'un archevêque de Constantinople, IV, 492 ; —(Vaisselle d'), V. 113.
Argenterie (Luxe de l'), IV, [581].
Argentré. V. Du Plessis d'Argentré.
Arguib-l, neveu de Saint-Cyran, I, 289.
Arguments (Mettre les) en bataille pour les réfuter, V, 398, 401-2.
Arianisme (Le temps de l'), VI, 73
Arien (Au quatrième siècle, l'univers catholique presque), II. 131.
Ariennes (Opinions), II. 112, 125.
Arioste, I, 143, 144*; III, 218*; IV, 180 ; — (Ovide est l') antique, II, 409 ; — rapproché de Montaigne, 445 ; — lu par Racine, VI, 96, 99.
Aristarque et *Ariste*, personnages de Malebranche, V, 361.
Aristée; identifié avec Moïse, II, 419*.
Aristippe (Philosophie d'), V, 92.

Aristippe. Voy. Balzac.
Aristocratès (Épitaphe d'), III, 584.
Ariston, II, 405*.
Aristote, I, 220; III, 111; — précepteur d'Alexandre, V, 493 ; — (Méthode d'), II, 384* ; — (Catégories d'), III, 549; — n'était pas toujours sérieux, 379 ; — (Parallèle de Platon et d'), III, [625] ; — (S. Augustin est l') de la subtilité, IV, 303 ; — son hymne à la vertu, III, 357 ; — son autorité usurpée dans l'Église, II, 338 ; — sa physique enseignée dans les Collèges et à l'Oratoire, V, 334 ; — (Portrait du sectateur entiché d'), 391 ; — (Le *sens* d'), allusion au *sens* de Jansénius, III, 554* ; — attaqué par Jansénius, II, 121, 125, 163* ; — opposé à Descartes, 317 ; — Estime tiède de P.-R., III, 549-50* ; — son rôle dans la Logique de P.-R., 549-50 ; — ce qu'en dit Pascal, V, 391*; — (Ce que dit M. de Saci du remplacement d') par Descartes, II, 338 ; — Ce qu'en dit Malebranche, V, 391* ; — et l'Arrêt burlesque de Boileau, 491, 493* ; — (Leibniz en face d'), 448 ; — familier à de Maistre, III, 252.
Arithmétique (Machine). Voy. *Pascal, Leibniz.*
Arius, III, 13*.
Armagnac (Le comte d'), grand écuyer de France, neveu de M. de Pontchâteau, VI, [336] ; — Ce qu'il dit d'Arnauld, V, 347 ; — et M. de Harlay, 265* ; — et Louis XIV, VI, [348-9] ; — parle au roi pour son oncle M. de Pontchâteau, V, 265*; au service de M. de Pontchâteau au Val-de-Grâce, VI, [342] ; et son oncle M. de Pontchâteau, [348-9] ; — Chevalier du Saint-Esprit, [344].
Armand (Le grand), nom donné à Rancé dans le monde monastique, IV, [527].
Arménie (Patriarche d'), IV, 454.
Armes (Les) sont journalières, III, [623] ; — (*Les ecclésiastiques peuvent-ils recourir aux*)? I, 278-9.
Armide, VI, [267] ; — (Maîtresse de Louis XIV représentée en), III, 266; — V. Gluck.
Arminiennes (Opinions), II, 106*.
Arminius (Doctrines d') condamnées par le Synode de Dordrecht, I, 291.
Armoiries (Conseil pour l'enregistrement des), III, 578.

Armorique, nom poétique de la Bretagne, V, 100.
Arnaldins, IV, 443.
Arnaldistes (Les) zélés, IV, 487 ; — ne peuvent s'empêcher d'écrire, 173.
Arnaud, abbé de Cîteaux, et les Albigeois, I, 41-2.
Arnauld (Famille des), I, 15, 33, 113, [557] ; — orthographe de ce nom, 53* ; — originaires d'Auvergne, I, 53-60, 384-5* ; II, 454 ; — (Arbre généalogique des), 7* ; — (Haute bourgeoisie de la), I, 177* ; — (Armoiries des), 384-5* ; — (Les premiers) sont protestants, 59, 60*, 180 ; — (Famille bourgeoise des) noyau et souche de P.-R., II, 231, 232 ; — (La branche de cour des), VI, 237 ; — (Chapelle des) à Saint-Merry, I, 181, 465 ; — (L'étoile des), V, 200; — (Le péché originel des), I, 69 ; — (Orgueil naturel des), 181 ; IV, 231-2 ; V, 8 ; — (Opiniâtreté des), III, 577* ; — leur esprit de fermeté entêté, IV, 145 ; — ne perdent jamais de vue leur idée, III, 166 ; — leurs grands esprits acceptent certaines bornes, IV, 227 ; — (Défauts de la langue des), III, 49-50 ; — leurs rapports avec saint François de Sales, I, 207 ; IV, [577] : — M. Daubray s'étend sur eux dans l'interrogatoire de M. de Saci, II, 347 ; — (Corps de la famille) ôtés de P.-R. des Ch. sur la demande du marquis de Pomponne, VI, 237 ; — (Papiers de la famille), III, 577*, [598] ; IV, 261, 386* ; V, 4*, 12*, 57* ; — (*La vérité sur les*) ; erreurs et qualités du livre, III, 576-7* ; Voy. Varin.
Arnauld (M. de La Mothe-), grand-père d'Arnauld d'Andilly, I, 53-5, 59, 69*.
Arnauld (La Mothe-), 1er fils de La-Mothe-Arnauld, voyageur et capitaine, I, 55-6.
Arnauld (Antoine) l'avocat, second fils de La Mothe-Arnauld, I, 54, 84, 177, 372 ; II, 231, 251 ; — épouse la fille de M. Marion, avocat, I, 60 ; — son opinion sur l'éloquence de Du Perron, 61 ; — son plaidoyer contre les Jésuites en 1594, 10, 69-72, 375, [546] ; II, 475 ; condamné à Rome, I, 101* ; — Trois discours sur le rétablissement demandé pour les Jésuites, 71-2* ; condamnés à Rome, 101* ; — pamphlets politiques dans le sens

français, 69 ; — veut rester avocat, 73 ; — Son éloquence emphatique, 64-73 ; — pensions données à des enfants de sa famille rayées par la Chambre des comptes, 82, 83 ; — reçoit Henri IV à P.-R. en 1602, 86 ; — diplomatie pour les bulles de ses filles, 73-5 ; — sa conduite dans l'affaire des bulles de sa fille, 74, 76, 81* ; — fait signer par surprise à sa fille la Mère Angélique le renouvellement de ses vœux, 89-90 ; — postule de Rome en 1609 des bulles nouvelles pour sa fille, 101* ; — opposé à la réforme de sa fille, 104 ; II, 484, 487 ; — Journée du guichet (25 septembre 1609), 106-13, 126, 129 ; — comment il lui est permis d'entrer dans une partie de P.-R., 113 ; — aidait de son argent P.-R., 176 ; — ne voudrait pas que sa fille, Marie-Claire, fût religieuse, 182 ; — consent à ce que la Mère Angélique aille réformer Maubuisson, 192 ; — son rôle dans l'affaire de sa fille Mme le Maître avec son mari, 368-9 ; — connaît Pascal, II, 453 ; — lettre de saint François de Sales sur sa mort, I, 235* ; — voir ses filles aux noms : *Agnès, Angélique, Anne-Eugénie, Mme Le Maître, Marie-Claire, Madeleine Sainte-Christine.*

Arnauld (Messire Antoine) différent de ceux de P.-R. *Le triomphe de saint François de Sales*, I, 246.

Arnauld (Louis), septième fils de M. de La Mothe-Arnauld, dit Arnaud le péteux, I, 56-7.

Arnauld Du Fort, 8e fils de M. de La Mothe, huguenot converti et mestre de camp des carabins, I, 57-8, 60, 89, 120, 399, [557].

Arnauld, l'intendant des finances, frère de l'avocat, oncle d'Andilly, I, 89 ; II, 251, 252.

Arnauld d'Andilly, fils aîné d'Antoine Arnauld l'avocat, né en 1588 ; I, 54, 55, 59, 117, 131, 142*, 202*, 206, 207, 249, 346, 388* ; II, 9, 11, 16, 42, 228, 455 ; III, 185, 466 ; IV, 100*, 137, 141, 237 ; VI, 158*.
= Né à Paris, II, 250-1 ; — Ses débuts, ses charges, 250-4 ; — assiste tout jeune au Conseil des finances, 251 ; — attaché à la Maison de Monsieur, 253-4, 257-8*, 275, 279 ; — intendant d'armée (1634), 254 ; — pouvait être aux conférences de Bourg-Fontaine, I, 288-

9* ; — son mariage, II, 261-2 ; — se prête par avance à la vente de l'hôtel patrimonial commun, 18 ; — Journée du Guichet, I, 107, 108, 109, 111, 112, 118, 129 ; — sa loge à P.-R. de Paris, VI, [284] ; — son séjour à Fresnes, III, 166* ; — à Pomponne, 560* ; IV, 210* ; V, 8* ; se retire deux fois à Pomponne, II, 289, 290 ; son exil à Pomponne, 290 : III, 165-6 ; IV, 210 ; V, 5 ; s'y oublie, 5-7 ; ses passe-temps à Pomponne, II, 264-5 ; quitte Pomponne, V, 10 ; — On lui permet de revenir (1656), III, 179 ; — resté le dernier à la dispersion des solitaires [1656], 168.

= Son projet et ses préparatifs de retraite, II, 237-8, 248-9, 257-8 ; — premier séjour aux Champs, 238 ; — sa visite à P.-R. des Champs en 1671, V, 6 * ; — à P.-R. des Champs, III, 559 * ; — sa maison aux Granges, V, 277 ; — son séjour à P.-R. des Champs, II, 258-60, 302 ; — Assainissement et dépense à P.-R. des Champs, 260-1, 301 ; — Travaux d'assainissement à P.-R. des Champs, IV, 282 ; — ses dépenses à P.-R. des Champs, III, 164 ; — Fait pâtir son fils aîné de ses dépenses à P.-R. des Champs, II, 261 ; — et le jardin de P.-R. des Champs, V, 5-6 * ; — surintendant des jardins, II, 258, 291 ; — se retire à P.-R. des Champs et y cultive des espaliers, I, 500-1 ; — (Arbres d'), II, 31* ; — et ses espaliers, 260, 261, 262-3, 280, 305 ; — et ses fruits, III, 165 ; ses cadeaux de fruits, II, 262, 275 ; cadeaux à la d'Andilly, V, 210* ; — Visites et relations une fois aux Champs, II, 263-4 ; — Le patriarche et le doyen de P.-R., 250, 287 ; — reste longtemps à retourner à P.-R. des Champs, V, 5-6 ; — retourne à P.-R. des Champs, 10 ; — Derniers honneurs, II, 282, 200 ; — à Versailles, V, 8-10 ; — revient au désert de P.-R. des Champs et meurt, IV, 410 ; V, 10-1 ; — sa mort (27 septembre 1674), V, 15 ; — son service dit par Arnauld, 15 ; — son oraison funèbre par Arnauld, 6, 15.

= Son rang dans la renaissance chrétienne du XVIIe siècle, V, 16* ; — Propos divers sur lui, II, 255-7 ; — Ce qu'en dit Saint-Cyran, 257,

278*; — Ce qu'en écrit Balzac, II, 69-70, 255 ; — Ce qu'en disent Conrart, V, 12*, le cardinal Le Camus, 16, Tallemant, II, 256; — loué dans la Clélie, III, [603] ; — son portrait, sous le nom de Timante, dans la Clélie, 259-60 ; par Fontaine, 269-74 ; en vers par Fontanes, 261-2 ; dans les *Mémoires* de Fontaine, 246.

= Traits constants de son caractère, II, 257 ; — Sentiments de fidélité royaliste, 198 ; son dévouement au roi, III, 158, 159; son royalisme, VI, [289] ; ses effusions de royalisme, V, 9-10 ; sa fidélité au roi, 8 ; — abondant sur sa famille et tous les siens, II, 251 ; — Conversations de six heures, V, 7*, 11 ; — Longueur et liaison de ses phrases, 7*; — soigneux de sa toilette, III, 322*; — Ses ambassades, II, 274, [548] ; — s'inquiétant plus du salut des jolies que des laides, V, 7 ; — Spiritualité de ses amours. I, 360; II, 256, 256-7*; — aime la gloire, 254, 257-8 ; — Son amour-propre se paye de louanges, IV, 129; — peut-être flatté de la traduction de Pomponius en M. de Pomponne, III, 533; — plutôt dupe que Tartuffe, V, 12*; — Éloge de son amitié, II, 273-4; — sa douceur aimable, 300 ; — sa curiosité, IV, 133; — effleuré par Montaigne, II, 421 ; — Nombreuses machines de sa politique, III, 164 ; — Avec lui il s'agit fort de l'honneur du pavillon, 162 ; — ne hait pas les rôles pragmatiques, IV, 210 ; — des natures qui gagnent en vieillissant, V, 16 ; fait pour les grands rôles, III, 157 ; — sans autre autorité que le respect qu'il inspire, 23.

=Avait des amis partout. I, 485; 238 ; — et Claude Auvry, l'évêde Coutances dans la censure d'Arnauld et la dispersion des Solitaires (1656), III, 158, 160-1, 161-2, 163, 164 ; — et Balzac, II, 49, 61, III [529] ; — et M. de Bartillat; 161 ; — et Chapelain, II, 270* ; correspondant de Chapelain, III, 531, 559-60, [604, 605] ; — Ses rapports avec M. de Chavigny, II, 20*; dupé par Chavigny, V, 12*; — et la Cour, III, 56*; — et le lieutenant civil Daubray, IV, 117*; — Sa correspondance avec le maréchal de Fabert, sur les Provinciales, III, 62*, [596-8]; — et Godeau, IV, 353-4* ; — et M. de Gondi, le père, V, [556] ; — répond à une calomnie du président de Grammont, II, 257-8 ; — et La Fontaine, V, 23; — et Louis XIII, 9 ; — et Louis XIV, IV, 210*; Bonne grâce de Louis XIV à son audience de Versailles, V, 8-10 ; va remercier Louis XIV de la nomination de M. de Pomponne, 5 ; — et le connétable de Luynes, II, 252 ; — et M. de Luynes, le fils, 252 ; — et Mazarin, III, 158, 161, 162, 163, 164, 165, 166; s'entremet près de Mazarin, 28 ; Justification du Jansénisme adressée à Mazarin, II, 288-9 ; — va voir Monseigneur à l'étude, III, 486* ; — et M. de Péréfixe, IV, 208 ; — et M. de Pontchartrain, II, 291 ; — et Rancé. IV, [518, 519]; (Lettres de Rancé à), 50 ; — et Retz, V, 14, [569] ; — et Richelieu, II, 253, 257 ; — rapproché de Rollin, 284 ; — et M. de Schomberg, surintendant des finances, 253, 254; III, 29*; — et Scudéry, II, 269 ; — s'effarouche des corrections de M. de Tréville, V, 81.

= Ses amies du monde, V, 6-7 ; — ses amies et *les Provinciales*, III, 62 ; — et Anne d'Autriche, II, 215, 248; III, 161, 162, 163-4, 165, 166, 168 ; V, 191 ; — et Mademoiselle, II, 275-6, 277, 278*; — et Mme de Chavigny, [569]; — et Mme de Chevreuse, III, 162, 164 ; — et Mme de Choisy, V, 72* ; — et Mme Clément, 186* ; — et Mme Du Plessis-Guénégaud, II, 272, 269 ; — Ses rapports avec Mme de Guéménée, I, 359, 360, 361*, 362, 363, 466, 467*; III, 162, 165 ; — Dédicace manuscrite à sa belle-fille, Mme de Pomponne, V, 7*; — et Mme de Sablé, II, 262-3, 269 ; V, 73-4* ; son estime de Mme de Sablé, 69 ; — Ses relations avec Mme de Saint-Ange, II, 6 ; IV, 314 ; — et Mme de Sévigné, II, 213*, 256; IV, 241 ; V, 12-3 ; — et Mlle de Vertus, 102.

= Doyen et protecteur des Solitaires et du désert, III, 157-8, 165 ; — Supérieur de P.-R. dans les intérims. IV, 130 ; — Son rôle de conciliation, II, 288-9 ; — Sa conciliation des querelles, V, 10*; — Son rôle de défenseur extérieur de P.-R., III, 194* ; — obtient (1656) de changer l'expulsion des solitaires et des enfants de P.-R. des Champs, en départ volontaire. 161-6 ; — Sa conduite pour défendre le Jansénisme d'avoir une imprimerie secrète, 193 6 ; — et la Signature, V, 13; — Ses rapports avec le grand Arnauld, II, 16,187; différences avec Arnauld, V, 10* ; son entremise après la censure d'Arnauld (1656), III, 158. 160 ; dans l'accommodement d'Arnauld, IV, 166, 169 ; dissentiments avec Arnauld, II, 289-90*; ce qu'il dit à Balzac du style de son neveu, le docteur Arnauld, II,61-2; — et l'abbé d'Aubigny,IV, 359*;— Ses rapports avec M. de Bernières, I, 478*;—et la guérison miraculeuse de la fille de Champagne, IV, 1478-; — et M. de Choiseul, évêque de Comminges, 162, 163, 163 * ; — attribue à tort à M. Dubois les corrections du N. Testament de Mons, 379*; — correspondant de Fabert, III, 577*;— et M.Feydeau, VI, [288-9, 293]; — et Fontaine, II, 243, 260* ; — et M. Hillerin, 242 ; — au service de M. Le Maitre, 237*; — et le duc de Liancourt, V, 44 ; — Sa propagande pour les Provinciales de Pascal, III, [598] ;— et Pavillon, IV, 356 ; — et M. de Pontis, II, [571]; — Ses rapports avec Saint-Cyran, I, 283-6 ; II, 67*. 253, 257; se donne de plus en plus à Sa nt-Cyran, I, 285-6, 484; fait un moment faiblir Saint-Cyran, II, 19-20 ; fait connaître Saint-Cyran à M. Hillerin, I, 465 ; rencontre Saint-Cyran qu'on conduit à Vincennes, 485 ; ses visites à Saint-Cyran, à Vincennes, V, 44 ; fait agir la duchesse d'Aiguillon en faveur de Saint Cyran, I, 493-4 * ; va chercher Saint Cyran à Vincennes, II, 27-8 ; Saint-Cyran lui lègue son cœur, 205 ; (Lettres de Saint-Cyran à), I, 285-7; II, 20, 49 ; publie les lettres de Saint-Cyran, 214* ; fait graver le portrait de Saint-Cyran, 212; — et M Singlin, VI, [293] ;—Erreur de M. Varin sur sa conduite envers son fils, M. de Villeneuve, III, 576-7*; — et les médecins de P.-R., IV, 292.

= A la scène de l'enlèvement des religieuses, IV, 207-8, 212,231-2;— et sa sœur la M. Agnès, 206-7;— sa conversation avec sa sœur la M. Angélique, 153; (Lettre de la M. Angélique à), I,466 ; — encourage la résistance de la Sœur Angélique de Saint-Jean, IV, 198 ; ce qu'il dit de sa fille la M. Angélique de Saint-Jean, 265 ; — ce qu'il dit d'une de ses filles, V. 13.

= Écrivain, II. 278-87 ; — le plus académiste des MM. de P.-R., II, 278 ; — Ses services à la langue, 279 ; — refuse l'Académie, 278-9 ; V, 90; — Pureté de son style, II, 478 — n'a pas le style triste, III, 541.

= Édition de ses œuvres, II, 281 * ; — Œuvres chrétiennes, V, 7*; — Recueil de lettres, II, 258, [529]; — Lettres, V, 81, [569] ; — Ses traductions, II , 260 ; — Sa prose dans les traductions, 281-7 ; —Ses traductions revues par M. Le Maitre, IV, 14*; — Traduction des 4e et 6e livres de l'Énéide, III, 507; — Traduction de Josephe, II, 281 , 283-3 ; offerte à Louis XIV, 282, 290.; Josèphe (Préface du), V, 8 ; — Confessions de St Augustin II, 279, 281, [531]; — Vies des saints Peres des Déserts, I, 26 ; II, 281, 283-7 ; V, 10*, 16; inspirent La Fontaine, II, 287; Les vies des Pères du Désert et M. de Pontchâteau, VI, [303, 304. 345] ; — Traduction de Sainte Thérèse, II, 266-70 * , 276 , 277 . 281 ; — Traduit la Réformation de l'homme intérieur de Jansénius, 478 ; —ses journaux historiques, 250-1*; — Mémoires, publiés par Petitot, I, 17 ; cités, I, 52, 54, 56*, 57, 58, 65, 120, 283, 322 ; II, 198, 250, 252, 254 ; III, 166 ; racontent, mais abrègent, 164 ; — Ses vers sacrés, II, 259 , 268 , 279-81, — Vie de son beau-père, en vers, 252 ; — Ode sur la solitude, 259, 280 ; — Stances sur les Vérités chrétiennes; y est aidé par Saint-Cyran, 280-1; — ses poésies lues par Racine, VI, 93.

= Voy. l'abbé Antoine Arnauld, MM. de Luzanci, de Pomponne, de Villeneuve, ses fils, Angélique de Saint-Jean (la Mère) et Sainte-Therèse d'Andilly (la Mère), ses filles.

Arnauld (Henri), deuxième fils d'Arnauld l'avocat, d'abord nommé M. de Trie, puis abbé de Saint-Nicolas d'Angers, évêque de Toul et d'Angers, né en 1597, I, 200,

212-3, 384-5*; II, 11, 220*; — étant abbé de *Saint-Nicolas*, est chargé d'affaires du roi à Rome, 297 ; — ses négociations à Rome, pour Mazarin, III, 10-1* ; ses *Négociations*, I, 384* ; — un des quatre évêques patrons de P.-R., IV, 353-5, 390 ; — son ordonnance de 1676, V, 156 ; — son ordonnance sur la signature blâmée par M. le Camus, 151-2* ; condamné pour avoir voulu ne recevoir de signatures qu'avec explication, 150-2 ; jugement de M. Le Camus sur sa maladresse, 151-2* ; — coadjuteurs proposés quand il devient aveugle, VI, 32.
= et Balzac, II, 62 ; — et Chapelain, III, 559 ; — et Godeau, IV, 354*; — ce qu'il dit d'Innocent X, III. 17 ; — sa lettre à Innocent XI, VI, 322 ; — sa lettre à Louis XIV, IV, 353-4*; — et M. de Pontchâteau, VI, [322] ; — et Rancé, IV, [518] ; — prévient Saint-Cyran de quelque danger. I, 484 ; — et le Dr de Sainte-Beuve, IV, [570-1] ; — sa correspondance avec sa nièce, la Sœur Angélique de Saint-Jean, 133-4 ; — lettres de la M. Angélique de Saint-Jean, V, 169*, 178-9 ; — belle lettre de Nicole sur sa mort, IV, 507-8.
Arnauld (Simon), troisième fils de M. Arnauld l'avocat, né en 1603, militaire, II, 11 ; — mort à Verdun, 12.
Arnauld, chanoine de Verdun, jeune frère de Henri Arnauld, évêque d'Angers, I, 388*.
Arnauld (Monsieur), neveu d'Arnauld Du Fort, mestre de camp et surpris à Philisbourg, I, 58-9; II, 8-9, 12 ; — Voy. Feuquières (Mme de), sa sœur.
Arnauld (l'abbé Antoine), fils aîné d'Arnauld d'Andilly, né en 1616, mort en 1698, II, 7* ; — pâtit des dépenses de son père à P.-R. des Champs, 261 ; — va chercher M. de Saci à la Bastille, 354, 355 ; — *Mémoires*, I, 360*, 400 ; II, 7, 9*, 10*, 12*, 254-5, 291*, 353*, 354*.
Arnauld (Antoine), dit le grand Arnauld, vingtième enfant, quatrième et dernier fils d'Arnauld l'avocat, frère de Mme Lemaître, I, 21, 22, 54, 55, 59*, 129, 131, 207, 275, 289*, 337, 385*, 391 ; II, 11, 317, 455; III, 70, 76, 230, 244, 258 ; IV, 137, 138, 140, 160, 216, 261*, 269, 274.
= Sa jeunesse et ses premières études, II, 12-3 ; — n'était pas aux conférences de Bourg-Fontaine, I, 288* ; — sa conversion, II, 11, 12-3, 16-7 ; — ses débuts, 12-6 ; — passion et vocation doctorales, 13, 14-5, 17 ; — sa Licence, III, 567 ; — sa thèse de tentative (nov. 1635), II, 13 ; — caractère du cours de sa Licence, 14, 18; — son cours de philosophie au collège du Mans, 14-5 ; III, 567 ; — ses quatre thèses (1638-41), II, 16 ; — son estime pour le doctorat, III, 69 ; — sa chantrerie et son canonicat de Verdun, II, 13-4* ; — ses scrupules à propos de son sous-diaconat, 16-7 ; — n'est pas dans la Fronde, I, 18, 19 ; — membre de la société de Sorbonne seulement en 1643, II, 23* ; — reçoit la prêtrise, 19 ; — donation de son bien à P.-R. avant sa première messe, 18 ; — se refuse à être directeur, I, 441*.
= Semble le chef d'un parti, II, 301*; — comme chef de parti, V, [613-5] ; — son plus grand crime politique, 313 ; — armée de ses partisans, 440 ; — son affaire en Sorbonne, III, 28, 32-40, [597]; IV, [569, 591] ; — procès en Sorbonne, III, 45-7 ; IV, 417 ; — et la grande affaire de Sorbonne, en 1655, II, 220, 289, 290 ; — ne peut qu'écrire dans son affaire, III, 34-5 ; — ses essais de satisfaction et de désaveu dans son affaire, 36-7 ; — s'engage un moment (1654) à ne plus écrire, II, 289 ; — et les cinq propositions, III, 46-7 ; — dans son affaire, condamne les cinq propositions où qu'elles soient, 37 ; — le *côté gauche* et le *côté droit* dans son affaire en Sorbonne, 38-9 ; — défendu par Vialart en Sorbonne, 191 ; — son affaire ; les docteurs ses amis se retirent de l'assemblée, 38-9, 45, 68* ; — seconde lettre, censurée par la Sorbonne, 14 ; — sa condamnation en Sorbonne (1656), 37-8, 41, 152-5 ; — censure de 1656, 75* ; IV, 46, 344 ; — son affaire ; appel de Saint-Amour rejeté, III, 34 ; — son affaire finit par un coup

d'État, 39 ; — sa radiation en Sorbonne, 151, 189, 191; V, [559]; VI, [367]; — éliminé de la Sorbonne (1656), II, 173*, III, 40 ; — se cache après sa condamnation, 153, 153*, 154, 155-6 ; — suite de l'affaire de la *Censure*, 193-4 ; — les 70 docteurs qui le soutiennent, VI, [367] ; — 65 docteurs, ses partisans, exclus de la Faculté, IV, [598] ; V, 152*; — le jugement de la Sorbonne contre lui, cause première des *Petites Lettres*, V, 46 ; — sa condamnation définitive, sujet de la troisième Provinciale, III, 68 ; — les Provinciales gagnent dans le public son affaire perdue en Sorbonne, 39 ; — (Derniers docteurs fidèles à), VI, [367] ; — lui être resté fidèle un titre d'honneur, VI, [367-8]; — ses motifs de retraite, V, 289-91, 292.

= et la signature du formulaire, III, 82 ; — dans l'affaire de la signature, II, 217 ; — sa première obstination contre la signature, IV, 406* ; — dans l'affaire de la signature, était pour qu'on discutât, I, 476* ; — ne se convertit point au formulaire, II, [551] ; — sa censure du formulaire, VI, [360] ; — auteur de la restriction au second mandement sur le formulaire (1661), III, 355 ; — dissidence avec Pascal sur cette restriction, 355-6 ; — sa thèse d'avocat de la question du fait et du droit, 29 ; — et la distinction du fait et du droit, IV, 418 ; du fait, III, 45-7 ; du droit, III, 45 ; — (Ceux qui ne veulent signer que comme M.), V, [614]; — se refuse au mot *subjicimus*, IV, 165, 167 ; — dangers de son entêtement pour l'Église et les religieuses, 170-2 ; — ses soutiens dans son refus d'accommodement, 174-5 ; — derniers sentiments sur la signature, III, 573 ; — (Si M.) faisait quelque avance, on donnerait la paix à l'Église, V, [615] ; — amène la paix de l'Église par sa modération, IV, 401 ; — et la signature des religieuses après la paix de 1668, 404, 405 ; — signe dans le diocèse d'Angers, IV, 399*.

= et les assemblées chez lui, V, 173 ; — et le projet plaisant d'une paix des Jansénistes, traitée avec le comte d'Avaux, VI, 178-9 ; [268]; — (Position fausse d') et du Jansénisme, III, 90-7 ; — toujours entre le premier et le second Jansénisme, IV, 401-2 ; — — redevient libre en 1669, III, 283; — (Messe d') à son retour, I, 27 ; — et l'affaire du Norstrand, IV, 375, 376, 490-1, veut vendre sa part, 377.

= Se refuse à un accommodement particulier, V, 346-7 ; — et sa part dans les discussions de la Régale, 290, 311, 313, 313-4 ; — se retient sur les 4 articles, 314-5 ; sa doctrine déclarée dans l'affaire des quatre articles, 314-6 ; — (Histoire du faux), 464-5 ; — sa longue vie sans soleil, 470-1 ; — la vieillesse sans prise sur son esprit, 437 ; — ses derniers combats, 288; — son dernier ouvrage, 469 ; — ses derniers désirs, 502 ; — malade d'un asthme, 294* ; — préparation à la mort, 473-4 ; — testament, III, 253 ; IV, [589] ; V, 476.

= Fin paisible (8 août 1694); 472-3 ; — sa mort, II, 188 ; V, 440, 520; VI, 158 ; — meurt à Bruxelles, V, [621] ; — assisté à sa mort par M. Van den Nesle, curé de Sainte-Catherine de Bruxelles, 472, 474; — on répand le bruit qu'il est mort près de Liège, 474 ; — récit de sa mort par le P. Quesnel, V, 340, 472-4 ; — lettre de Rancé sur sa mort, IV, 76-7 ; V, 478; querelle de Rancé et des Jansénistes sur la mort d'Arnauld. IV, 76-8 ; — mort avant Domat, V, 520 ; avant Nicole, IV, 508 ; — difficultés de son enterrement, III, 309 ; — enterré secrètement à Sainte-Catherine de Bruxelles, V, 474.

= Son cœur porté à P.-R. des Ch., IV, 513 ; V, 474-5, [622]; par qui, 324 ; célébré par Santeul, 505 ; — son bout de l'an, 281 ; — jour de sa fête, II, 351 ; — vers et prose sur sa mort, IV, 512*; — a bien inspiré les poëtes, V, 477* ; — la belle épitaphe de Boileau, II, 24 ; V, 475, 475-6*, 483, 504-5 ; VI, 126 ; — Quatrain sur lui attribué à Ménage, V, 477*; — l'épitaphe de Racine, V, 475-6 ; VI, 126; — épitaphe de Santeul, V, 475; VI, 126 ; histoire de son épitaphe par Santeul, V, [622-3].

= Éclat posthume, V, 477-8 ;

— retentissement de sa mort dans la catholicité, 477-9 ; — ses ennemis ne sont pas de ceux qui pardonnent à la mort, 478-9 ; — lui enterré, bien des choses l'étaient avec lui, 478 ; — son nom disparu de la lutte, la dignité de la persécution elle-même baisse d'un degré, 478.

= (Portrait d'), II, 11-25, 174-5; — son portrait par Guy Patin, 175 ; — (Les portraits d'), V, 476 ; VI, [368] ; — ses portraits par Ph. de Champagne, V, 476, et par J. B. Champagne le neveu, 476-7* ; — ses portraits gravés, VI, 227.

= Abandonne l'hébreu, III, 520*; — comparé à Moïse, V, 474*; — son petit psautier, 473 ; — et les Psaumes, 471, 473 ; — sait peu de grec, III, 519-20 ; — Annibal et Mithridate chrétien, II, 24 ; — admire la mort de Caton, III, 357 ; le Caton du christianisme, V, 477* ; — (L'exemplaire d'Horace d') et de Nicole, IV, [598, 599]; — possédait ses poètes latins, V, 470 ; — son opinion sur les vers latins dans les études, III, 518-9 ; — polémique sur la légitimité des traductions de l'Écriture, II, 358 ; — aux conférences sur la version de Mons, 360; VI, [317]; sa part au N. T. de Mons chez Mme de Longueville, [317]; et la Préface du Nouveau Testament de Mons, II, 348 ; — le docteur de l'Augustinianisme, [533*]; saint Augustin est son oracle, V, 448; invoque singulièrement l'autorité de saint Augustin, 321* ; ne voit pas la vraie différence entre Arnauld et saint Augustin, 354-5 ; défend l'éloquence de saint Augustin, 470*; sa parabole du portrait de saint Augustin dans un bloc de marbre, 406-8, 412 ; — réfute Pélage, V, 476* ; — comparé à saint Jérôme, VI, 14 ; — fait en théologie l'œuvre de Malherbe, I, 519*; — sa défense du Mercure Galant, V, 322*.

= (Renom d'), III, 7 ; — traité de plus grand génie de son siècle, VI, 84 ; — son génie au propre, III, 535 ; — ce qu'il a dit de lui même, V, 450; — le fond de sa grandeur morale, V, 314 ; — catholique et royaliste plutôt que chrétien, 20 ; — mêle en lui Saint-Cyran, Descartes et les Stoïciens, III, 357 ; — craint peu les présages, V, 219* ; — sa valeur lui est nuisible et à son parti, III, 171 ; —. (La vertu d'), IV, 432 ; — comparé à un vieux lion, V, 318 ; ce qu'il a eu du lion, II, 172, f73*; III, 144 ; — ses bouillonnements, II, 322, 326;' — ses courageuses indignations, V, 455, 457 ; — ses impulsions généreuses, 470; — sa générosité d'honnête homme, 463; — infatigable comme athlète, IV, 260 ; — son ardeur pas toujours adroite, V, 311 ; — peu propre aux manèges, même utiles, 296 ; — ses maladresses imprudentes, 312-3; — son opiniâtreté, II, 375 *; — trop entêté, V, 464* ; (Entêtement d'), III, 361* ; — son inflexibilité, IV, 390, 403 ; son obstination d'inflexibilité, V, 452-3* ; — moins énergumène que d'autres Jansénistes, III 156* ; — beau sentiment moral, V, 293-4; — tient à la bonne renommée autant qu'à la conscience, 467, 470 ; — ses qualités charmantes, III, 155-6 ; — sa loyauté, V, 441, 442 ; — sa candeur, IV, 329 ; V, 19, 21*, 22*; sa chaude candeur, II, 15-6 ; — sa simplicité naïve, III, 156*; IV, 398-9* ; — sa délicatesse d'argent, 425 ; — sa patience, 429; pureté de ses mœurs, [540] , — belles pensées qui sentent l'homme de cœur et de conscience, V, 322-3 : — charitable et vrai ami, IV, [587, 588-9]; — l'avocat des orphelins, V, 455 ; — accusé d'humeur chagrine, 383; — son amour pour les enfants, III, 155-6, 156*; — sa fidélité à ses amis, V, 346-7 ; — sa tendresse pour ses amis, V, 467, 480; — bon sens ingénieux, III, 548*; — sa qualité est l'ordonnance, non l'invention, III, 557; — sa force dans un sujet restreint, 535; — sa portée générale inférieure, II, 154; — bornes de son esprit, III, 94; ses petitesses d'esprit, V, 448-9; esprit muré par certains côtés, 445 ; — bouillant soldat, mais pas général, III, 23 ; — incapable de se contraindre, V, 466 ; — son désir de liberté digne, 292 ; — ne peut s'empêcher d'écrire, IV, 173, 176 ; ne peut s'engager à ne plus écrire, V, 467 ; incapable de garder le silence, IV, 175-6 ; — ce qu'il dit ne lui échappe pas et est toujours voulu, V, 455 ; — trop impatient pour contenir ses ripostes, 363* ; — n'est pas resté neutre, 313 ; — choque et froisse de tous les côtés, 313-4 ; — tout à la vérité, 348-9.

= Surtout logique, V, 373 ; son admirable esprit logique, 351 ; — son détail net et lucide dans les discussions, 406 ; — sa méthode de réfutation puissante, 411-2 ; — sa méthode géométrique, II, 169-71 ; emploie familièrement la méthode géométrique, V, 441 ; — excelle dans l'ordre logique et démonstratif, 449 ; — sa manière de développer les sujets, 398 ; — puissant logicien et réfutateur, III, 535 ; — son exactitude logique, V, 350 ; — son amour de la démonstration logique et géométrique, III, 421 ; — son idéal de méthode en manière de réfutation V, 449 ; — échafaude et démontre en bonnes formes, 397 ; — son surcroît de raison en fait d'escrime logique, 402 ; — n'est clairvoyant que dans le détail, 316 ; — esprit raisonneur plus que souverain, 380 ; — faible à force d'appareil logique, III, 96 ; — trop logique et absolu, IV, [591] ; — n'est pas un philosophe, V, 448-9 ; — est plus un talent qu'un esprit philosophique, III, 535 ; — pas inventeur en philosophie, V, 351 ; aime la philosophie s'accordant avec la religion, 349 ; — justifie la raillerie en matière sérieuse, III, 146-7 ; — son goût pour les sciences, III, 557* ; — n'était qu'un géomètre élémentaire, V, 446 ; — s'arrête dans les ambages, III, 85 :— craint à tort l'invasion philosophique dans les hauteurs métaphysiques, V, 409.

= Ses qualités de forme, II, 170, 177-8 ; — son style tient de sa famille, 61-2 ; — valeur de son style, IV, [567] ; — sa plume d'or selon le Nonce, 395 ; — beaux accents, V, 297-300 ; — sa fermeté de plume le décèle, 491* ;— sa parabole du sculpteur, 406-8, 412 ;— sa langue passe dans la diplomatie. par Pomponne, IV, 410 ; — son mauvais goût, V, 198 ; — défauts de son style, III, 49-50 ; — son style blâmé sur des points par M. de Saci, II, 326, 327 ; — (Infériorité d') écrivain, 170-1, 173 ; — sa forme vieillie du coup par celle des Provinciales, III, 69-70 ; — pourquoi sa valeur a disparu de ses écrits, II, 172-3 ; — un peu suranné, V, 296 ; — l'œuvre de sa vie, 473 ; — incertitude de son triomphe posthume, 481.

= Le grand docteur honnête homme, V, 476* ; — donne la souveraineté du docteur, 369-70 ; — se désigne sous le nom de le Docteur, 376 ; — n'est pas un chrétien intérieur, 424* ; — n'entre dans des sujets d'ouvrages que par la contradiction et la polémique, 376* ; — centre de la controverse théologique, 162 ; — prêtre et docteur, IV, 446 ; —disant la messe, V, 471, 472 ; — docteur et controversiste, I, 441, 477 ; — aime la controverse, V, 349 ; — contradicteur de quelques-uns des défauts de son rôle, 411 ; — grand avocat de Sorbonne, II, 172 ; — sa passion de la publicité, 289-90* ; — son amour des Conférences, IV, 370-1 ; — expédients polémiques, II, 129*, 130* ; — fait souvent office d'avocat, 130*, 217 ; — aime la dispute solennelle et le parlementarisme en théologie, 14 ; — son amour de la bataille, V, 10* ; — s'engage de plus en plus dans les disputes, III, 32 ; — sa ligne, IV, 488-9 ; — (Les maximes d'), V, 313* ; — on le fait hérétique à toute force, III, 58, 69-70 ; — mort hérésiarque, V, [622].

= Maître spirituel, VI, [271] ; — admet des lumières naturelles, V, 524* ; — se confie à la raison humaine au point de vue intellectuel, 356* ; — sens qu'il donne à objectif et à formel, 400* ; — se préoccupe de faire concorder la substance cartésienne avec la présence réelle, 374 ; — croit la vérité démontrable, II, 422 ; — tient à mettre le plus de monde possible en Enfer, V, 461-2 ; — ce qu'il dit de la Grâce à propos de S. Pierre, III, 42 ; — et la Grâce suffisante, IV, [572*] ; — fait profession de Thomisme en acceptant la division des deux Grâces, II, 129-30 ; — incline un moment au Thomisme, IV, [522] ; — n'admet pas la chute en vue du Christ, V, 423 ; — pour la spiritualité de l'âme, 356* ; — et le terme d'adoration, VI, [366] ; — son imprévoyance inconséquente entre le Christianisme et le Cartésianisme, V, 356*; — accusé d'être aussi cartésien que catholique, 352 ; — inconséquence et conscience, 311-3 ; — ses inconséquences comme chrétien, nobles, mais réelles, III, 357-8; — son mot sur la valeur d'une seule âme, V, 424*; — de son sentiment sur les reliques, VI, [351]; — et la morale relâchée, V, 473, 476*; — fait une réforme dans la pénitence. II, 154, 156, 189-91 ; — sa marque sur la religion en France, IV, 332 ; — sa doctrine déclarée dans l'affaire de la Régale, V, 311-4; — réformateur en style théologique, II, 170, 510; — Malherbe en théologie, II, 170; — son jugement injuste envers les femmes, V, 502; — ce qu'il dit des amis, II, 290*; — donne en philosophie la prééminence aux modernes, V, 356*; — pour le droit divin des rois, 457; — limites de son royalisme, 9-10*; — Anti-orangiste, 456-8; — son opinion sur les abbés commendataires, II, 222*; — ne croit pas à l'âme des bêtes, 316; — écrase les romans, la comédie et l'opéra, V, 502; — sa réponse sérieuse sur l'inutilité de régler par Arrêt les opinions en physique et en métaphysique, V, 491-2.

= Logements à Paris, VI, [316]; — logé à l'hôtel de Longueville, IV, 394, 395, 398*, 425; — logé chez Mᵉ Angran, rue Sainte-Avoie, IV, [586, 587*] ; — logé dans l'Ile, VI, [318] ; — rue des Postes, [310]; — rue S.-Jacques, V, 443; logé au faubourg Saint-Jacques, 76; logé chez Mme de Saint-Loup, au faubourg Saint-Jacques, 160-1; logé au faubourg S.-Jacques en face la paroisse, VI, [322]; — se cache à Paris, III, 75*; — forcé de se tenir strictement caché, IV, 487; — (Retraites d') à Paris, 417, 424-5, [586-7]; — ses retraites ignorées des Jésuites, [587]; — manque d'être arrêté pour un banqueroutier du même nom, 366-7*; — caché à l'hôtel de Longueville, 366*, 389; — caché par M. Hamelin, II, 187, 472*; — caché à Châtillon près Paris, IV, 425; — à Fontenay-aux-Roses, V, 291 ; — Visite à la Trappe (vers 1673), IV, 89*, [519]; — à P.-R. des Ch., V, 164, 294*, 352; — à P.-R. des Champs, 1648, II, 188, 302, 311 ; — sa maison aux Granges, V, 277; — se retire à P.-R. des Champs pendant son affaire en Sorbonne, III, 32, 34; — caché loin de P.-R. des Ch., IV, 286; — caché trente-quatre ans sur cinquante, II, 187-8; — sort de France pour n'y plus rentrer, V, 188; — son jugement sur la France, 457; — son amour pour la France, 468, 480; — le plus Français des hommes à l'étranger, 457; — nobles lettres quand il quitte la France, 292-3.

= A l'étranger, V, 291; — se réfugie en Flandre, 291; — en sûreté aux Pays-Bas, 459; — Relation de sa retraite dans les Pays-Bas, 326-7*; — à Anvers, 460; — à Bruxelles, 196, 220*, 292, 294, 302, 324, 325, 332, 335, 347; VI, 179, [330]; ses compagnons de Bruxelles, V, 460; son petit jardin à Bruxelles, 471*, 473-4; forcé de quitter momentanément Bruxelles, 459-60; — à Courtrai, 294; — à Gand, 294; — ira-t-il à Liége? V, 459*; à Liége, 464; — à Maëstricht, 464; — à Malines, 460; — à Mons, 292, 294, 295; ses amis de Mons et de Flandre, 300; — à Tournai, 294; — en Hollande, IV, 20*; V, 300-1, 317-8, 324, 427, 460; VI, 69, [324]; premier voyage en Hollande, V, 300; second séjour en Hollande, V, 300; — (Séjour d') en Hollande, 294, 309; — à Delft, 300, 324; V, 460; — à Harlem, Leyde, Moerdyk, Rotterdam, 460; — derniers voyages, 337*; — son dernier retour à Bruxelles, 302, 324-5, 464, 470; dernière demeure à Bruxelles, 470, 471*; — on croit un moment qu'il pourra rentrer en France, 466-8; — retour en France entrevu et fermé, 465-8.

= Protégé dans son exil par M. Agurto, V, 459; — et Alexandre VII, III, 32; — et M. Angran, VI, [316]; — livre du P. Annat contre lui, III, 111; — ce qu'en dit M. d'Armagnac, V, 347; — différences avec Arnauld d'Andilly, 10*; ses dissentiments avec Arnauld d'Andilly, II, 289-90*; fait le service d'Arnauld d'Andilly, V, 15; son oraison funèbre d'Arnauld d'Andilly, 6, 15-6; —

coadjuteurs proposés par lui pour l'évêque d'Angers, Henri Arnauld, VI, 82 ; — et l'évêque d'Aulone, 1674, V, [608-9].
= Ce qu'en dit Balzac, II, 61 ; ce qu'il en écrit, 67-9 ; — et M. de Barcos, II, 216, 217, 218-9 220, 222* ; son opposition habituelle à M. de Barcos, 219, 220 ; ce qu'en pense M. de Barcos, [541] ; — et le nonce Bargellini, IV, 395 * ; présenté au nonce Bargellini , 394, 395 * ; — et M. Barré, VI, [367] ; — (Bayle et), V, 442 ; Discussion avec Bayle sur les plaisirs, 442 ; ce qu'en dit Bayle, 297 ; loué par Bayle, 398 ; — et M. de Beauvilliers, VI, 136* ; — inconnu à M. Bellot, V, [614] ; — et Boileau, II, 170, 175 ; V, 483, 489, 490, 498, 511, 512, 520 ; VI, 129-30 ; convenance entre lui et Boileau, V, 490 ; goûte les vers de Boileau, 470 ; estime qu'en fait Boileau, 13 ; les éloges de Boileau, 494-5 ; mot de Boileau sur Malebranche et Arnauld, 365 * ; mot de Boileau sur lui et le roi, 525 ; Boileau met Bourdaloue à côté de lui, 500 * ; la 3ᵉ épître de Boileau lui est adressée, 493-8 ; son admiration pour la 10ᵉ satire de Boileau, 501, 502, 503-4 ; Boileau sait où il est enterré, 474* ; Boileau a les mêmes ennemis, 489-90 ; — et Bossuet, V, 328-9 ; VI, 136 * ; en face de Bossuet, V, 463-4 ; estimé de Bossuet, II, 151* ; IV, 459 ; ce qu'en dit Bossuet, II, 173, IV, 170-1 ; Bossuet ne veut pas s'expliquer à son sujet, V, 463 *, le jugement de Bossuet, I, [530 *] ; V, 464 ; son jugement de Bossuet, 463 ; — et le P. Bouhours, V, 462, 462* ; se préoccupe et profite des critiques de langage du P. Bouhours, II, 375 * ; — son portrait par Bourdaloue, 168-9* ; ce qu'il dit de Bourdaloue, 169 * ; — le seul qui prenne Brienne au sérieux, V, 19, 20-1 * ; son bon souvenir de Brienne, 21-2 * ; héros et favori de Brienne, 21 ; — et M. Burlugai, VI, [367] ; sa défense de M. Callaghan, III, 50 * ; — protégé dans son exil par M. de Castanaga, V, 459 ; — a un crucifix et un S. Charles de Ph. de Champagne, 476 ; — et Chapelain, III, 559 ; — M. de Choiseul veut le faire rentrer en France, V, 323 ; — et M. Codde, 309, 460* ; — et Colbert, IV, 398 ; — et M. de Comminges, 391 ; V, 67 ; et l'accommodement de M. de Comminges, 66-7 ; son refus dans l'accommodement de l'évêque de Comminges, IV, 7 * ; sa condition d'intraitable dans la tentative d'accommodement de M. de Comminges fait tout manquer, 162 ; — et le prince de Condé, 396 ; — « Considérations sur l'entreprise de maître Nic. Cornet, » II, 150 *, 173 *.
= Encore vivant quand la réponse du P. Daniel aux Provinciales s'imprimait, III, 222* ; — présenté au grand Dauphin, IV, 397 ; — et le P. de Cort, 376 ; — et Descartes, III, 567-8 ; estime de Descartes, V, 351, 351 * ; et la philosophie de Descartes, II, 311 ; séduit par Descartes, 396 ; son cartésianisme, 317 ; parmi les rares cartésiens de P.-R., V, 491 * ; introduit Descartes à P.-R., II, 383 ; le premier des cartésiens disciples, V, 449 : fidèle à Descartes, 349-50 ; et le doute méthodique de Descartes, 350-1 ; aurait dû s'effrayer de la méthode même de Descartes, 354 ; en adoptant le cartésianisme garde son intrépidité, 356 ; se tient sans crainte au cartésianisme, 353 ; applique la méthode de Descartes à la grammaire et à la logique, 357 ; défend les raisons naturelles de Descartes, 349-50* ; veut concilier la *substance* de Descartes avec la *présence réelle*, 350, 352, 492 ; ne voit pas là parenté de Descartes avec Spinosa, II, 396 ; — et l'Exempt Des Grès, V, 325, — et M. Des Lions, IV, [591-3] ; VI, [367, 368] ; — et le médecin Dodart, V, 315 *, 502 ; — son estime pour Domat, 521-2 ; — et l'arrestation du P. Du Breuil, 328 ; et le P. Du Breuil, V, 336 ; sa préoccupation du P. Du Breuil, 329-30 ; s'intéresse toujours au P. Du Breuil, 467 ; — et Du Guet, 332, 335, 347, 483 ; VI, 3, 5, 11, 14 *, 15, 17 *, 32 ; (Du Guet voisin de Nicole plus que d'), 30 ; — son éloge de M. Du Hamel, II, [543-4] ; et M. Du Hamel, lorsque celui-ci signe le Formulaire, [546-7, 549] ; son estime pour M. Du Hamel malgré sa défection, [549] ; — et M. Du

Vaucel, V, 313, 314, 315, 316 *; VI, [294]; lettres de M. Du Vaucel, V, 457, 462; visité à l'étranger par M. Du Vaucel, 324.

= Défendu par Ellies Du Pin, VI, [366]; — et le prince Ernest de Hesse-Rheinfelds, V, 123, 370-1; — son jugement sur M. Eustace, VI, 169 *; — loué par les Évêques, [366]; — réfutation du P. Ferrier, II, 289-90 *; — et M. Feydeau, VI, [294]; — directeur de Fontaine, II 330; — et M. Fouillou, VI, 172 *; — se donne un moment un faux air de P. Garasse, V, 456; — loué en Sorbonne par les docteurs Gobillon et Roulland, VI, [366]; — protégé dans son exil par le Mis de Grana, V, 346, 459; — et M. Guelphe son secrétaire IV, 488 *, [593 *]; V, 200, 324, 326-7, 460.

= et M. Habert, IV, [565 *]; — caché chez M. Hamelin après la Fréquente Communion, III, 472*; — et M. Hamon, IV, 290, 295*; engage M. Hamon à écrire, 300, 312; comment il juge les traités de M. Hamon, III, 301*; sa critique sur les ouvrages de M. Hamon, IV, 301*, 502*; — et M. de Harlay, [597]; V, 174, 175, 314, 323, 325, 346, 347; éloges qu'en fait M. de Harlay, [613]; ce qu'en dit M. de Harlay, [613-4]; variation des dispositions de M. de Harlay vis-à-vis de lui, [613]; mal avec M. de Harlay, 157; ce qu'il écrit de M. de Harlay, IV, 489; ce qu'il dit de M. de Harlay, V, 333-4, 338*; ne veut pas avoir affaire à M. de Harlay, 466; — ami de M. Harmant, II, 27 *; — contre Huet et Gassendi, les sceptiques et les épicuriens, V, 356 *; — et Innocent XI, 291, 312; Innocent XI voulait le faire cardinal, 477.

= Ce qu'il appelle des Jansénistes sauvages, V, 174; — lancé par Jansénius à la défense de l'Augustinus, II, 97; — et les Jésuites, V, 461-2, 476*, 478-9, 503, 504; sa méfiance des Jésuites, IV, 165; ouvrages contre la morale des Jésuites, III, 216; Jésuites ne sont pas en mesure de répondre à sa *Fréquente Communion*, 221; se refuse à l'accommodement avec les Jésuites, IV, 165 70; la fourberie de Douai ou du faux Arnauld bien réellement l'œuvre des Jésuites, V, 464-5; sa prophétie sur la suppression des Jésuites, 455-6.

= Loue les Fables de La Fontaine, V, 24; bonne histoire de La Fontaine voulant lui dédier un conte, 24; — écrit avec M. de Lalanne la contre-requête contre l'attaque de l'archevêque d'Embrun, IV, 383; bonnes scènes de cour à ce propos, 384 7; — fausses lettres fabriquées par le P. Lallemand, V, 465*; — rapproché de La Mennais, II, 174; — et M. de Lamoignon, V, 491; — M. de la Petitière lui donne 1500 livres de rente, II, 542; — et M. Le Blant, l'intendant de Rouen, V, 326; — et le cardinal Le Camus, IV, 92, [539,540, 541, 549]; V, 6; ce qu'en dit le cardinal Le Camus, 376 *; correspondant de M. Le Camus, IV, [528]; consulté par M. Le Camus, [540, 542, 550, 552]; — et M. Le Clerc, VI, [367]; — et M. Le Fèvre, syndic de Sorbonne, VI, [366]; sa querelle théologique avec M. Le Fèvre, V, 319-20; — visité par Leibniz, III, 362; relations avec Leibniz, II, 390*; V, 369-70; ses relations avec Leibniz, peu de chose, vues du côté d'Arnauld, 442 9; le vrai de leurs relations, 442-7; singulière appréciation de Leibniz, III, 361; sa réflexion singulière sur la prière universelle de Leibniz, V, 443-4; trop occupé pour entrer réellement dans l'examen des vues métaphysiques de Leibniz, 445-7; trouve surtout important pour Leibniz de rentrer dans l'Eglise, 371; ne voit d'important que la conversion de Leibniz, 445, 447; renvoie à Leibniz ses papiers sans les examiner, 445, 447; opinion de Leibniz sur lui, III, 361; différence radicale avec Leibniz, V, 444*, 455*; — lettre au P. Le Jeune de l'Oratoire, I, 468*; — oncle de M. Le Maitre, II, 12; aidé dans ses écrits par son *neveu*, M. Le Maitre, I, 392; au service de M. Le Maitre, II, 237; — sa réfutation d'un M. Le Moine qui attaquait Descartes, V, 355-6*, 374; examen du Traité de l'essence des corps de M. Le Moine, 355-6*; — et M. Le Nain le père, II, 7; — et M. Le Peletier, VI, 136*; — ce qu'il dit du P. Le Porc, V, 334*; — et l'abbé Le Roi, IV, 51, 62, 63*, 65;

— et le chancelier Le Tellier, 396*, 397; V, 292, 297; ce qu'il dit à M. Le Tellier pour le faire arriver au roi, 328 ; — admire M. Le Tourneux, 470 ; — et M. Le Verrier, VI, [367] ; — et le duc de Liancourt, V, 44, 46, 47; — et M de Ligny, IV, 399 ; — et Louis XIV, IV, 479 ; V, 151, 173, 289, 290, 292, 295*, 312, 313, 328, 329, 330, 455, 466-8, 504; ce qu'il dit de Louis XIV, [617]; sa bonne opinion de Louis XIV, 201 ; son affection pour Louis XIV, 468 ; ses sentiments de fidélité à Louis XIV, 458; VI, 134; et son projet de requête à Louis XIV (1677) pour défendre le Nouveau Testament de Mons, 175 ; ses *Remontrances* au roi, 314, 315, 323-4; leur manuscrit perdu, 315*; (Présentation à Louis XIV, IV, 395-7; V, 10*; son embarras avant la visite, IV, 398*; audience de Louis XIV, 402; Louis XIV demande de ses nouvelles, V, 201, 467; et le confesseur de Louis XIV, 466; — et M. de Louvois, IV, 397-8; — et M. de Luynes, II, 319*; — et M. de Lyonne, IV, 395-6, 396*.

= Sa liaison avec Malebranche, V, 348; Conférence avec Mal. chez M. de Roucy, 363*; d'abord favorable à Mal., 374*; ce qu'il dit de l'air magnifique de Mal., 377, 378, 384; d'abord favorable au livre de la Recherche de la vérité, 361 ; — s'appuie d'un passage de la Recherche de la vérité de Mal., 374-5; informé par Quesnel de ce que prépare Mal., 376; désapprouve le système de Mal. sur la Nature et la Grâce, 377 ; conseille à M. de ne pas publier le Traité de la Nature et de la Grâce, 375, 376; engagé par Bossuet à réfuter M., 375, 376 ; ami de M. devenant adversaire, 377, 379-80; les motifs de sa réfutation de M., 437 ; se prépare à réfuter M., 376-8; déclare la guerre à M., 363*; entrée en campagne contre M., 376-9 ; — sa guerre avec Mal., III, 96; V, 347, 348, 363, 371*, 397-435; (Beau duel d') et de Mal., 437 ; sa querelle avec Mal., son dernier grand exploit, 451 ; caractère de la dispute entre lui et Mal., 409-12; Mal. (Comment) s'en plaint, 412 ; ne tient pas compte des variations de Mal. sur la Signature, 382-3*; se refuse à intervenir dans l'examen des livres de Mal. à Rome, 462-3 ; Examen des écrits contre Mal., 397-402, 405-12; combat dans Mal. le développement de Descartes, II, 396; ce qu'il dit de la Méthode de Mal., V, 450; ses critiques de Mal., 381-2 ; met, pour réfuter Mal., tous ses arguments en bataille, 398, 401-2; critique le style de Mal., II, 446 ; relève les expressions inexactes de Mal., V, 419*, 420*; ses objections à Mal., 427 ; ce qu'il oppose au « tout voir en Dieu » de Mal., 404-5, 406 ; résumé de ses arguments contre Mal., 433-5 ; est, pour son parti, vainqueur de Mal., 440 ; ce que dit Fontenelle de sa querelle avec Mal., 379-80 ; Mal. le trouve terre à terre, 438; Mal. lui répond encore après sa mort, 440 ; (Parallèle d') et de Mal., 449-50; — ses livres contre M. Mallet, V, [613]; défend le Nouveau Testament de Mons contre M. Mallet, 295-7; son livre contre le Dr Mallet ; saisie d'exemplaires, 326 ; — et le P. Mersenne, 350 ; — et les Molinistes, [366] ; — présenté à Monsieur (1668), IV, 397; — contre Montaigne, II, 412 ; prévoit dans les Essais de Montaigne les écrits inspirés par le *Moi*, 404-5; emploie Montaigne sur les inconvénients de l'esprit de dispute, 422; — et M. de Montausier, V, 291.

= et M. de Neercassel, V, 300, 306, 312 ; — et Nicole, III, 558; IV, 411, 476, 477-8, 486-7, 488-91, [597] ; vis-à-vis de N., 513* ; supérieur à N., IV, 513*, 514 ; Différence de nature avec N., V, 323; fait de N. un Janséniste, IV, 516*; réfute l'Abrégé de théologie de N., 504 ; comment aidé par N., 417 ; compromis comme N. dans la lettre des Évêques au Pape, V, 289; écrit avec N. la lettre de soumission des 4 Évêques, IV, 389 ; comment, selon N., les Jésuites auraient pu le tuer, III, 557*; N. (Conseils pacifiques de), V, 451-2 ; tempéré par N., III, 548; influence adoucissante de N., IV, 227-8 ; on craint que N. ne l'affaiblisse, 485, 486; on se décharge sur N. de ce qu'on reproche à Arnauld, 424; son différend avec N., V, 292; N. s'en sépare, I, 440-1 ; IV, 427-8, 480-5

[597] ; 1re lettre de N. après leur séparation, [593-6] ; lettres de N., 507-8 ; (N. se mêle de projets d'accommodement pour), V, 323 ; N. se souvient de lui en mourant, IV, 512 ; lettre de N, V, 383.

= Méconnaît et injurie le prince d'Orange, V, 456-7 ; résultat de sa levée de boucliers anti-orangiste, 460 ; — ce qu'il dit de l'Oratoire, 333-4.

= Plaide l'orthodoxie du Pape, III, 91, 92, 93, 95* ; sa singulière manière de conserver le respect du Pape, III, 93* ; — loué par les papes, VI, [366] ; — en face de Pascal, III, 432 ; et Pascal à P.-R. des Champs, II, 381 ; et les Provinciales, 220-1* ; sa part aux Provinciales, III, 75*, 76 ; en quel sens il a aidé aux Provinciales, 147 ; expédients industriels pour l'impression des Provinciales, 59 ; parle des Petites Lettres données à la reine Christine, 264* ; préoccupé d'appliquer la méthode de Pascal pour apprendre à lire, 155-6 ; en lutte avec Pascal, 95-6 ; polémique avec Pascal en 1661 et 1662, 97 ; en guerre avec Pascal sur le sens des bulles, 90-7 ; essaye de réfuter Pascal sur la signature, 91 ; sa réfutation de Pascal, 96-7 ; a t-il été blâmé par Pascal ? 369 ; visite Pascal au lit de mort, 368 ; un de ceux qui ont le plus conseillé de changer dans les Pensées de Pascal, 387 ; travaille à l'édition des Pensées de Pascal, 371*, 374, 375*, 376, 378, 378-9, 390 ; fait supprimer des *Pensées* de Pascal celle sur la justice, 380-1 ; et les *Approbations* des *Pensées* de Pascal, 378-9 ; — et Pavillon, IV, 362 ; désire la venue de Pavillon pour calmer les religieuses, 373 ; — et Pellisson, V, 462* ; — et M. de Péréfixe, IV, 399 ; mémoire justificatif à M. de Péréfixe, 182 ; — sa lettre à Perrault sur la xe satire de Boileau et remercîments de celui-ci, V, 502-3. 504 ; réconcilie Perrault et Boileau, III, 202 ; suppression et rétablissement de son article dans les Hommes illustres de Perrault, V, 479 ; — et son neveu M. de Pomponne, IV, 453* ; V, 200-1, 289, 290, 291, 293, 315* ; VI, 136 ; canal pour arriver à M. de Pomponne, IV, [541] ; M. de Pomponne n'ose pas parler au roi de sa rentrée, V, 466-8 ; ne comprend pas les timidités de son neveu, 466-7 ; — et M. de Pontchartrain, VI, 136* ; — et M. de Pontchâteau, [310, 322, 324, 325, 327, 328, 330, 333] ; ce qu'il écrit de la famille de M. de Pontchâteau, [302-3*] ; trouve excessive l'humilité de M. de Pontchâteau, V, 258* ; M. de Pontchâteau lui fait porter ses livres, VI, [316] ; inquiétudes de M. de Pontchâteau sur son lieu de séjour, V, 459* ; lettres de M. de Pontchâteau, [620*] ; visité à l'étranger par M. de Pontchâteau, 324 ; M. de Pontchâteau lui lègue ses livres, VI, [338] ; paraît croire aux miracles de M. de Pontchâteau après sa mort, V, 268* ; — père de la deuxième génération de P.-R., III, 94 ; confesseur à P.-R., IV, 344 ; dit la messe de la levée de l'interdit, 406-7 ; conduit tout de sa retraite, 219 ; ses talents ôtent le calme et l'ensemble à la direction de P.-R., I, 477 ; sa nature trop combattante fait dévoyer P.-R., II, 25 ; pousse P.-R. dans la voie des procès-verbaux et des Relations, IV, 157 ; l'histoire de P.-R. se soutient par sa seule présence, VI, 242 ; son esprit survit jusqu'au bout dans P.-R., 184.

= et Quesnel, IV, 70* ; V, 312-3, 332, 335, 337-8, 347, 460, 482, 483 ; VI, 272, 274] ; le P. Quesnel remplace Nicole près de lui, IV, 504 ; lettres du P. Quesnel, V, 196-8 ; et le livre du P. Quesnel sur la mort chrétienne, 474 ; le P. Quesnel présent à sa mort, 483 ; ce qu'en écrit le P. Quesnel, 336 ; transmet ses relations hollandaises à Quesnel, 309 ; Quesnel le remplace comme oracle, VI, 185-6 ; son « Histoire » par le P. Quesnel, II, 14.

= et Racine, VI, 136-7* ; (Le sérieux d') raillé par Racine, II, 336 ; Racine (Admiration de), V, 297 ; approuve le théâtre de Racine, I, 172 ; trouve que Racine loue trop Louis XIV, VI, 133-4 ; son opinion sur la Phèdre de Racine et sur l'amour d'Hippolyte, 136-1 ; et Esther, V, 461, 470 ; ne tarit pas sur l'éloge d'Esther, VI, 136-7* ; met Athalie au-dessus d'Esther, 136 ; a peine à pardonner à Racine de s'être moqué de la M. Angélique, 112, 129 ; touchante réconciliation avec Racine, 129-31; — et Rancé, III, 165* ; son estime pour Rancé, IV, 79, 80*, 90* ; assez favorable à l'opinion de Rancé contre les études monastiques, 69; Rancé veut rester neutre dans son affaire, 78*; visite à l'abbé de Rancé, [519] ; — le P. Rapin le brouille avec Pascal, III, [601]; Rapin lui attribue les trois premières Provinciales et depuis la quinzième, [601] ; — apologie de la conduite du cardinal de Retz, V, [569]; nie être l'auteur de la Lettre du cardinal de Retz, IV, 112 ; — et M. Robert, V, 292, 294 ; — exagération dans l'estime qu'en fait Rollin, III, 535 ; — (Inconséquence d') vis-à-vis de la Cour de Rome, III, 90 ; — et le marquis de Roucy, V, 376-7, 378, 379 ; — et M. Ruth d'Ans, V, 460, 475 ; M. Ruth d'Ans, un de ses fidèles, 324; visité par M. Ruth d'Ans à l'étranger, 327*.

= Oncle de M. de Saci, II, 12; élevé avec M. de Saci, 323 ; aidé dans ses écrits par son neveu, M. de Saci, 326 ; directeur avec Saci de P.-R., IV, 341; différences avec M. de Saci, II, 325, 326 ; ce qu'il dit des Lettres de M. de Saci, II, 373*;— blâmé par Saint-Amour de tant insister sur la séparation d'avec les Protestants, III, [595] ; V, 320 ; — sa comparaison de saint Charles Borromée et de saint François de Sales, II, 176-8 ; — ses premiers rapports avec Saint-Cyran, II, 12-3, 13*, 17-8 ; voit Saint-Cyran à Vincennes (1642), 25 ; (Lettres de Saint-Cyran à). I, 45 ; II, 486 ; son rôle à la messe d'actions de grâces pour la sortie de Saint-Cyran, 29 ; intervient en faveur de la « Théologie familière » de Saint-Cyran, 200 ; fils spirituel de Saint-Cyran, III, 567; n'a que des parties de Saint-Cyran, III, 357 ; sort souvent de l'esprit de Saint-Cyran, V, 9*; ne continue qu'à moitié Saint-Cyran, I, 437 ; — Saint-Évremont en face de lui, V, 479-80 ; — et saint François de Sales, 321* ; — et M. de Saint-Gilles, II, 293 ; — et M. Sainte-Beuve, IV, [569-70] ; — visité à l'étranger par M. de Sainte-Marthe, V, 324 ; — son neveu, M. de Séricourt, copie ses ouvrages, I, 404 ; — son admiration pour M. Singlin, 473-4 ; sa lettre à M. Singlin sur la signature, 476 * ; prépare la matière des prônes de M. Singlin, 471, 474 ; relève M. Singlin de trouver les Provinciales trop railleuses, 475.

= Pactise avec les opinions des Thomistes plus que Jansénius et Saint-Cyran, II, 127, 129-30*; — à la première messe de Tillemont, IV, 19* ; comment Tillemont l'estime, 81, 82 ; visité à l'étranger par Tillemont, V, 324; — et M. de Tréville, III, 520*; V, 87, 296, 479*; accepte les corrections de M. de Tréville, 81 ; — et la conversion de Turenne, IV, 396* ; — et M. Vallant, III, 537 ; — et M. Van Erkel, V, 309, 460 ; — et M. Van Heussen, 309, 460 ; — et M. Vuillart, VI, 136* ; — et M. Walon de Beaupuis, V, 351 ; préside en Sorbonne la thèse de M. Walon de Beaupuis, III, 567; sa conduite pleine d'humilité dans l'affaire de la thèse de M. Walon de Beaupuis, II, 15-6*.

= et les Huguenots, V, [613] ; — et les Protestants, 312, 316-21 ; — son calvinisme secret est une chimère, II, 180*, 184* ; — écrit contre le calvinisme, IV, 410 ; — veut écrire contre les Protestants, II, 195 ; — occupé à se séparer des Protestants, V, 318-9 ; — accusé d'incliner au calvinisme à l'endroit de la Grâce, 318 ; — réfute Calvin, V, 476*;— sa méthode contre les Calvinistes, la même que celle de Bossuet, IV, 457 ; — exagère le calvinisme, V, 319 ; — et la Révocation de l'Édit de Nantes, V, 320-2 ; sa doctrine déclarée dans l'affaire de la Révocation de l'Édit de Nantes, 320-1 ; approuve Rome de ne pas faire de réjouissance pour la Révocation de l'Édit de Nantes, V, 321-2*; — prend son parti de l'incendie du Palatinat, V, 458* ; — ne condamne pas les Dragonnades, I, 262* ; — son injustice envers les Protestants des Cévennes, V, 346 ; — et Jurieu, 352, [623] ; sa discussion avec Jurieu, 317-20 ; aux prises avec Jurieu, 317-8 ; ne veut pas être l'écuyer du Goliath Jurieu, V, 320 ; (L'Esprit de M.), par Jurieu, I, 344*; V, 198*, 317-

8, 329*; — et le ministre Claude, V, [623]; réfute le ministre Claude, IV, 396; querelle avec le ministre Claude sur la transsubstantiation, II, [541]; — et le ministre Daillé, VI, [366]; — outré contre les Protestants, V, 316; — aussi intolérant que les Protestants, 320-1; — proscrit, applaudit aux Édits contre le calvinisme, III, 310; — blâmé par S. Amour de sa campagne contre les Protestants, [595]; V, 320; — Santeul explique que sa victoire est non sur les Jésuites, mais sur les Protestants, V, [623].

= Les religieuses de P.-R. sont bien ses filles, VI, 192; — le vrai archevêque des religieuses de P.-R., V. 195; — un moment confesseur des religieuses, II, 302; — revoit les instructions pour la résistance des religieuses (1663), IV, 152; — officie au service de la M. Agnès, V, 10*; — et la M. Angélique, IV, 229*; — (Le grand), inférieur à sa sœur la M. Angélique, III, 359; — ce que lui dit la M. Angélique sur la bulle d'Innocent X, 18-9*; sa conversation avec la M. Angélique sur la condamnation des cinq propositions, I, (542-3); console la M. Angélique contre les terreurs de son idée de la mort, IV, 159, 161; revoit la dernière lettre de la M. Angélique, 158; au service funèbre de sa sœur, I, 26; — et la M. Angélique de S.-Jean, IV, 378*; V, 290, 291, 302; son influence sur la M. Angélique de S.-Jean, 227; veut faire imprimer la Relation de la M. Angélique de Saint-Jean, IV, 229-30*; — et la S. Briquet, V, 279*; — lettre de la M. Du Fargis sur la signature (1661), III, 351; — reçoit le premier la lettre de la S. Ste-Euphémie sur ses doutes pour la signature, 346, 350, 352; — et les Filles de Liesse, V, [614]; — et les Filles de l'Enfance, 467.

= et Mme Angran de Fontpertuis, IV, 301*; [586, 587]; V, 476; VI, 11; dévouement de Mme de Fontpertuis, IV, [589-90]; suivi en Flandres par Mme de Fontpertuis, [590*]; visité à l'étranger par Mme de Fontpertuis, V, 324; — et Mme Angran de Roucy, IV, [587]; — influence sur lui des dernières paroles de Mme Arnauld, sa mère, II, 24, 25*; veut, sans l'obtenir, officier à l'extrême-onction de sa mère, 23-4; — et Mme de Belisi, IV, [586, 587*]; — grand-oncle de Mme Du Bosroger, VI, 160*; — et Mlle Bourignon, IV, 377*; — condamné par Mme de Choisy, V, 72*; — et la princesse de Conti, 330; — et Mme de Guise, 330; — dans l'affaire des biens de Mlle Perrette Des Lions, IV, [591-3]; — et la présidente Le Coigneux, [587]; — et sa servante Jupine, 400; V, —; et Mme de Longueville, IV, 176*, 368, [597]; ce que pense M. de Barcos de sa liaison avec Mme de Longueville, II, [541]; au service du cœur de Mme de Longueville, V, 139*; ce qu'il écrit de Mme de Longueville, 123-4; — et Mme de Maintenon, V, 330; — et sa cousine, Mme de Roucy, IV, [587] V, 476; lettres de Mme de Roucy, V, 22*, — et Mme de Sablé, IV, 176*; V, 54*, 66-7; Discours préliminaire de la Logique soumis à Mme de Sablé, 54*; — et Mme de Saint-Loup, [322].

= Lettres, II, 129-30, 171, 217, 220, 222*, 268-9, 373*; III, 154, 264*, 265, 357*, 378*, 390*; IV, 498*, [540, 587, 587*, 588-9, 589]; V, 66-7, 123, 157, 198*, 220*, 258*, 292, 293, 302, 312, 313*, 314, 315-6*, 328, 329, 334, 336, 338*, 346-7, 376, 377, 378, 462*, 490; VI, 136-7*; — lettres imprimées, IV, [539, 545]; erreurs de leurs éditeurs, IV, [541*]; — sa lettre à l'archevêque de Paris, V, 292; — sa lettre à l'évêque de Saint-Brieuc (déc. 1656), III, 36-7, 38, 54; — sa lettre à M. Des Lions, IV, [591-2]; — lettre à M. Dodart, V, 329; — lettres à M. Du Vaucel, III, 578*, 581*; V, 21-2*, 221-2, 279, 321*, 322*, 350*, 353, 379, 448, 462, 505*, 521; VI, [302-3*]; — lettres au landgrave de Hesse-Rhintels, V, 227*, 445, 446, 447; — lettres à Nicole, IV, 488-9; V, 380-2; — lettres au P. Quesnel, 384*; — lettre à Racine, 10*; — lettres au duc de Roannez, 346-7; — lettre au marquis de Roucy, 398, 399; — lettres à M. Ruth d'Ans, 461; — ses dernières lettres pour réconcilier Boileau et Perrault, 508; — sa correspondance avec les religieuses, IV,

281 ; — lettre à la M. Angélique de Saint-Jean, II, 319*; V, 219*, [614] ; — lettres à Mme Angran de Fontpertuis, IV, 489-90; V, 200-1. 279*, 321*, 329, 346 ; VI, 15 ; — lettres à Mme Perier, IV, 408; — ses lettres interceptées, V, 325.

= (Œuvres d'), III, 79, 91*, 501*; — ses quarante-deux volumes, II, 172 ; — œuvres, t. XXI, préface, IV, 424*; — œuvres, t. XXV, V, 138* ; — (Les quarante volumes d'), supplément de viatique du Jansénisme, I, 295* ; — méchants ouvrages qu'on lui attribue, V, 174.

= Livre de la Fréquente Communion, I, 50, 237*, 247, 248, 507, [524*, 535] ; II, 19, 61, 156, 221, 283, 301*, 326, 478, [531, 543] ; III, 154, [598]; V, 10*, 194, 331, 498 ; VI, [281-2] ; — son origine, II, 166-8 ; — poussé par Saint-Cyran à écrire ce livre, 167*; bonheur de Saint-Cyran à son apparition, 203 ; — lue aux Eaux de Forges, 179, 225, 225*; — M. de Montchal un de ses « approbateurs, » III. 12*; — Approbations imprimées en tête, II, 180-2 ; VI, [296]; — préface de M. de Barcos, IV, 415 ; (Rôle de M. de Barcos dans l'affaire du livre de la), II, 188, 215-6 ; — orage à l'apparition, 232-3 ; — attaquée par les sermons du P. Nouët, II, 139, 179-80, 181*, 183*, 200 ; IV, 234 ; — le livre de la F. C., le Parlement et la Sorbonne, II, 185-6*, 186 ; — ce que font les Jésuites contre le livre, 179-85 ; — réfutée par le P. Petau, 182-3 ; — réfutée par le P. Lombard, 183-4 ; — réfutée par Raconis, 184-5 ; — réfutée par le prince de Condé le père, 185 ; — reçoit l'ordre d'aller défendre à Rome son livre de la F. C. (mars 1644), y veut aller et en est empêché, 185-7. 217 ; — voyage de M. Bourgeois à Rome, III, 38*; — absoute par le Saint-Office, II, 188, 218, 309; — éditions nombreuses, 183 * ; — une proposition en est censurée isolément, 186; — sa clarté cause du succès, 179, 183 ; — succès du livre dans le monde, même auprès des femmes, 179, 225 * ; — multiplie les Solitaires, 223, 232-3, 235, 238, 239, 293 ; — et M. Ch. Hersent, V, 272*; — et M. de Pontchâteau, VI, [303-4] ; — son effet sur M. Walon de Beaupuis, III, 567 ; — n'était pas donnée aux religieuses, IV, 133 ; — ancienne admiration de M. de Péréfixe, VI, [296-7]; — est une date, [300]; - livre de la F. C. (Doctrine du), II, 175-6 ; — (Principes de la), VI, [285]; — triomphe réel de la doctrine, II, 188-92 ; — ses éclaircissements sur son livre de la F. C., IV, [534-5]; — (Recueil du P. Quesnel sur le livre de la), II, 67.

= Tradition de l'Église sur la pénitence et la communion, II, 68, 188 ; — *Perpétuité de la foi sur l'Eucharistie*, IV, 396, 410; V, 443, 493, 494-5, [623] ; — Bossuet en est le censeur, II, 359 ; — louée en Sorbonne, VI, [366] ; — épître dedicatoire à Clément IX de la Grande Perpétuité, IV, 445, 445-6; — la controverse de la *Grande Perpétuité* se fait sous son nom, IV, 446, 453* ; — peut-être auteur de la préface de la Grande Perpétuité, IV, 454*.

= *Réponse à la lettre d'une personne de condition*, II, 87, 334-5; III, 146-7 ; — 1° *Lettre à une personne de condition*, III, 81-2; provoque neuf réponses, 32 ; — 2° *Lettre à un duc et pair* (M. de Luynes), III, 32 ; dénoncée à la Sorbonne, 32; Points attaqués et condamnés ; question de fait ; l'orthodoxie d'Arnauld téméraire et injurieuse au Saint-Siége ; question de droit ; la grâce ayant manqué à saint Paul est une hérésie, 34 ; sa Lettre à un duc et pair sur M. de Liancourt le fait rayer de la Sorbonne, V, 46 ; — défend Jansénius dans sa 2° lettre à un duc et pair, III, 32 ; — réponse au P. Annat sur les cinq propositions, 79 ; — *Apologie pour Jansénius*, VI, [282] ; son tort de vou oir persuader que Jansénius n'a pas été condamné, I, [530 *]. V, 464 ; — Première *apologie pour les catholiques*, V, 445 ; — *Apologie des catholiques*, surtout d'Angleterre, 317 ; défend les catholiques d'Angleterre accusés de conspiration, 199 ; Arnauld s'étonne du silence de Bossuet, V, 328-9 ; — *Apologie pour les catholiques* (Saisie de l'), 326 ; louée par l'abbé Maury,

317*, — *Apologie pour le Clergé*, VI, [366]; — collabore à l'*Apologie des religieuses*, 1661, III, 345*; IV, 345-6; — Écrits apologétiques (Peu de portée de ses) sur le public, III, 43; — *Dissertatio quadripartita*, 69; — sa part aux Requêtes des curés, 207; — un des auteurs du Nouveau Testament de Mons, IV, 379*; — défense des Versions de l'Écriture sainte, V, 229*, 376; — réfutation du docteur Mallet, 876; son livre contre le docteur Mallet; éloquente conclusion, 295-300; — est forcé de défendre la légitimité catholique des Enluminures, II, 334-6; défend les Enluminures, III, 146; — *Le calvinisme convaincu de dogmes impies*, V, 319; — *Impiété de la morale des Calvinistes*, 319; — *Renversement de la morale par les Calvinistes*, 319; — pamphlet contre le roi Guillaume, II, 199; *Le véritable portrait de Henri de Nassau*, (1689), V, 456-7, 459; — sa traduction des petits traités de saint Augustin, II, [531, 534]; — son livre de la théologie morale des jésuites, III, 109; *Morale pratique des Jésuites*, IV, 224*; — *Lettre d'un chanoine à un évêque*, 1680, V, 313; — Considérations sur les affaires de l'Église, 1681, V, 313, 313*; —*Quatrièmes objections aux Méditations* de Descartes, V, 350; — auteur de la lettre d'un anonyme à Descartes sur plusieurs difficultés, V, 351-2; — *Traité des vraies et des fausses idées* contre Mal., V, 379, 380, 383, 384, 397-402; son chef-d'œuvre logique, 409, 412; — *Réflexions philosophiques et théologiques sur le Traité de la Nature et de la Grâce* (1685-6), 380; continuent la réfutation de Malebranche, 437, 438; — *Avis et Dissertation* sur les plaisirs, 442; — ses deux lettres sur *les Idées et les plaisirs*, publiées après sa mort (1699), 440; — derniers Factums, 450-6; — *Sur l'éloquence des prédicateurs*, lettre à M. Du Bois, 469-70.

= Ses livres imprimés en frais sont une de ses ressources, V, 327-8; — habile pour le succès des livres, 296*; — Perquisitions de la Police chez ses amis, 325-6; — Affaire des ballots, 326-8; — saisie des ballots de ses livres, 220*.

= Logique, V, 490; — auteur du premier fonds de la Logique de P.-R., III, 543; auteur de la Logique, 156; principal auteur de la Logique, II, 402, III, 504; — la Logique composée pour le duc de Chevreuse, II, 422; — envoie à Mme de Sablé la préface de la Logique, 208; — Logique, moins de lui que de Nicole, IV, 415; — Logique (Chapitres à ajouter à sa), V, 354-5.

= Grammaire générale, I, 428; V, 490; — auteur principal de la Grammaire de P.-R., III, 504; consulte indirectement l'Académie pour sa grammaire, 536-8; sa nouveauté originale, 535-6; objections de fond, 540-2; comment Arnauld la crée au sens de Descartes, 535-6; y cherche la raison des irrégularités, 536-7; V, 290; aussi hasardée que la Physique de Descartes, III, 541; est trop dans l'abstraction pure, 542; 2ᵉ partie, ch. VII, 536, 538; ch. X, 536, 538; analysée par Saint-Hyacinthe, 536; critique de M. de Tracy, 540.

= Règlement des études dans les lettres humaines, III, 511, 518, 519, 520; IV, 102; n'est pas fait pour les Petites Écoles, III, 501; son programme d'études non réalisé, 511*; — ses Éléments de géométrie et ceux de Pascal, 556; — Dissertation selon la méthode des géomètres, II, 170*.

= Désigné sous le nom d'abbé, V, 336, 336-7*, 472; — Son pseudonyme d'Astein, III, 537; de M. Davy, II, 244*; V, 324*, [620*]; — son nom déguisé de Ruth d'Ans, IV, 503*; — son pseudonyme de M. de Saint-Denys, III, 537; — son pseudonyme enjoué d'abbesse de *Sanlieu*, VI, 15.

= Estime qu'en fait Voltaire discutée, III, 535; — ce que disent de sa mort Voltaire et de Maistre, 253; — comment traité par M. de Maistre, 244, 246; — admiration de Grosley pour lui, V, 481; — éloge qu'en fait Reid, 400-1*; — demeure encore pour nous « le grand Arnauld, » 347.

Arnauld (Les fils d') se reconnaissent à une même marque, VI, [359].

Arnauld (Mme), femme de Antoine Arnauld, l'avocat, I, 87, 89, 90,

284, 346*, 368 ; — visite sa jeune fille à P.-R. , 86 ; — s'oppose à la réforme de sa fille, 104 ; — Journée du Guichet, 106, 108, 109, 111, 113, 129 ; — (Serment téméraire de Mme) à la journée du Guichet, 113-4 ; — donne le P. Archange comme directeur à P.-R., I, 177 ; — et la conversion de sa fille Marie-Claire, 181-2 ; — amène des carrosses pour amener à P.-R. les religieuses de Maubuisson, 203, 304 ; — veuve en 1619 ; 321 ; — fait bâtir un petit logis à P.-R. de Paris, pour ses fils, 432 ; — entre à P.-R., 129 ; — à P-.R. de Paris, 369 ; — Ses sentiments sur la mort de son fils Simon, II, 12 ; — pousse son fils, le grand Arnauld, vers la théologie, 12-3 ; — en religion Sœur Catherine de Sainte-Félicité, I, 129 ; II, 23 ; — Testament spirituel la veille de sa profession, I, 29-30 ; — sa conduite une fois religieuse ; 130 ; — Dernières paroles à son fils, le grand Arnauld, II, 24, 25* ; — sa mort, I, 130-1 ; II, 23-4, 26.

Arnauld (Anne), quatrième fille d'Antoine Arnauld, l'avocat, I, 107, 109, 129. Voy. Anne-Eugénie (La S.).

Arnauld (Jacqueline), en religion la M. Angélique de Sainte-Madeleine, 2° fille de M. Arnauld, l'avocat, née en 1591. Voy. Angélique (La Mère).

Arnauld (Jeanne), 3° fille de M. Arnauld, l'avocat, née en 1593, en religion la Mère Agnès de Saint-Paul. Voy. Agnès (La Mère).

Arnauld d'Andilly (Mme), fille de M. Le Fèvre de la Boderie, I, 177* ; II, 251 ; — sa mort, I, 376-8*, 388*, 403, 424 ; II, 190.

Arnauldistes, sobriquet des Solitaires, II, 248.

* Arnheim en Hollande, V, 303*.

Arnould (M.), chan. de Saint-Victor ; — et Pascal, II, 501*.

Arnould de Chartres, I, 353.

Arouet. Voy. Voltaire.

Arpajon, I, 304. — Voy. *Châtres.

* Arques (La bataille d'), I, 276.

Arquins (M. Des), sobriquet de M. de Harlay, V, 198.

*Arras, II, 10 ; — (Le siége d'), III, 585 ; — (Étudiants du diocèse d'), V, [610] ; — Voy. Rochechouart (M. de).

Arrêts, Voy. Châtelet, Conseil, Parlement.

Arriéré (On paraît) sur un sujet quand on est venu de bonne heure, III, 416.

Arrigone (Le cardinal), I, 254.

Arschot (Le duc d'), I, 300.

Arsène, masque de M. de Tréville, V, 83.

Art (Secret intérieur du bel), VI, 117-8 ; — (L') est une exception à P.-R., III, 461, 463 ; —(L') à P.-R. sert tout à la religion, I, 25-6 ; — (De l') dans l'ordre chrétien, II, 88-91.

Art divin (Infini mystérieux de l'), IV, 263.

Art de penser. Voy. Logique de Port-Royal.

Art de parler. Voy. Grammaire générale.

Artagnan (D'), II, [573].

Arthenay (Mlle Célène d'). Voy. Célène.

Articles (Les) au point de vue grammatical, III, 536-7*.

Articles (Les quatre), V, 315-6* ; — Voy. Assemblée de 1682, Arnauld.

Articles (Auteurs des cinq), IV, 421, 422.

Artillerie (Grand-Maître de l'). Voy. Schomberg.

Artiste (Enthousiasme d') , V , 233.

Arts (Point d'excellence dans les), VI, [262] ; — ajoutent des charmes à la tentation, IV, 253.

Asacramentaires (Religieuses de P.-R. traitées d'), V, 276.

Ascension (Fête de l'), I, 483, 484 ; VI, 161*.

Ascètes de l'Orient, IV, 333 ; — des anciens déserts, V, 166.

Ascétisme de S. Jean Climaque, II, 286 ; — (Exagération de l'), III, 320-4 ; — (Utilité de l') de P.-R., III, [613-4] ; — (Excès de l') à P.-R., I, 24. Voy. Pontchâteau (M. de).

Ascétismes (Tous les) se ressemblent, III, 323, 325.

Asfeld (Jacques-Vincent Bidal d'), abbé de Vieuville (1667-1743) ; chef des Réappelants contre la Bulle Unigenitus , VI, 75-6* ; — et les convulsionnaires, 76* ; — et son interrogatoire par M. Baudry, 76* ; — et Du Guet, 75-6 ; et les Conférences de Du Guet sur l'Ancien-Testament, 39, 56 ; — et M. d'Etemare, 76* ; — et Rollin, 39,

— Comment arrangé par Mme de Vieuxbourg, 76*.
Aspalathus (L'épine), I, 226.
*Asie, II, 209 ; *III. 138; V, 493 ; — (Gouvernement de l'), III, 506.
Asile (Abus du droit d', IV, [550].
Aspects (Les) d'un homme changent en s'éloignant. III, 388*, [614].
Assemblée Constituante, III. 205 ; — abolit les vœux religieux , V , [528].
Assemblée Législative, V, 150.
Assemblées du Clergé ; (Assemblée générale du), I, 314, 319, 335, 336*; IV, 353, 434; — et Louis XIV, 358 ; — et Retz, V, [565, 567] ; — ce qu'en dit M. le Camus, IV, [552]; M. le Camus évite d'y venir, [552-3]; — menées par M. de Harlai,* 359; — à Mantes en 1641, I, 320; II, [511-3]; III, 12*; — de 1645, I, 320 ; V, [532]; — en 1651, III, 11-2 ; — de 1654-1655-1656, occupées à ôter les échappatoires à la bulle d'Innocent X, 25 ; — de 1655 et M. de Ciron, V, 28, 29*; — de 1656, I, 320; III, 173, 193 ; IV, 46, 91 ; V, [617] ; indifférence de Mazarin, III, 158 ; — le chancelier Séguier y assiste, 165-6; et la Requête des Curés, 204-10 ; retranche dans le Gallia l'éloge de Saint-Cyran, 149 ; — censure d'Arnauld (Affaire de la), III, 152-3, 155, 158 ; — attaquée par le *Belga procontator* de Nicole, IV, 418; décrète le Formulaire, III. 26 ; 1657, II, 187; IV, 109 ; demande au roi une déclaration enjoignant la signature du Formulaire, III, 26 ; — de 1660-1, IV, 109-11, 212, 353*, 359 ; — de 1682, III, 214; IV, 67 ; V, 316*; VI, 138; les fameux quatre articles, V, 312; — de 1695, 283* ; — de 1700, III, 217-8; V, [610] ; — condamne les maximes des Casuistes, III, 214 ; censure plus les Jésuites que les Jansénistes, 215 ; — de 1705, V, [611]; — et la Bulle de 1705, VI, 184 ; — de 1710, V, [611]; — de mars 1714, V, [610].
*Assise Voy. saint François.
Associés libres (Les) de P.-R., V, 520
Assomption (Fête de l'), I, 347 ; V, [598].
Asson (Famille Baudri d'), II, 292 ; — Voy. Saint-Gilles.
Assonance (Raisonnement par), II, 384*.

Assuérus (Louis XIV comparé à), V, 455 ; — Voy. Racine (Esther).
Astein Mme d'), pseudonyme d'Arnauld, III, 537.
Asthme, V, 294.
Astié (M), — disciple de M. Vinet, III, 401* ; — son édition des Pensées de Pascal (1857) et les débats qu'elle a suscités dans le protestantisme au sujet de l'Apologétique chrétienne, [614 9]; renverse l'économie du plan des Pensées en mettant les preuves morales avant la démonstration positive, [615-6]; dédie son édition des Pensées à la mémoire de M. Vinet, [616]; tire Pascal à lui, [616]; son édition systématique des *Pensées* de Pascal est toute dirigée contre les *naturalistes*, 401*.
Astyanax, fils d'Andromaque et d'Hector, III, [626].
Athalie. Voy. Racine.
Athée (Déiste. homme qui n'a pas eu le temps de devenir), III, 412* : — (Anecdote de la supériorité de l') sur le Janséniste, 255 ; — (L'abbé de Lacordaire accusé d'être), V, 529] ; — inoffensif aux yeux de Condorcet, III, 412.
Athées ; attaqués par Garasse , I, 312*; — combattus par Pascal, II, 197*; — confondus par le miracle de la sainte Épine, III, 185 ; — (Arnauld contre les philosophes), V, 356*; — mot plaisant de Roquelaure, VI, 178 ; — Mot plaisant de Louis XIV sur le) et les Jansénistes, IV, 490* ; — dévoilés. Voy. Hardouin (le P.).
Athées (Doctrines), II, 115*; 392.
Athéisme ; — (Jansénius accusé d'), III, 150 ; — selon Pascal, marque d'esprit mais jusqu'à un certain point seulement, 411-2 ; — (Plainte des contemporains contre l') du XVIIe siècle, 302-4 ; — (L') d'hier, déisme de demain. 397*.
*Athènes (Homère expliqué dans les écoles d'), III, [626] ; — (Ceux qui s'occupent d'), 241.
Athéniens (Rites hébraïques chez les), II, 419*.
*Athos (Le mont), VI, 145.
Atomes (Système des), III. 272.
Atrie (Mlle d'); son logement à P.-R. de Paris, IV, 134; — voisine de Mme de Sablé, [581].
Atrides (La famille des) au théâtre, I, 122.
Attaque (Méthode d'), II, 113.

Attend (On ne s') jamais à tout, V, 482*.
Atticisme (Le fond d') de Fénelon, VI, 47.
Atticus (Des) dans toutes les doctrines, IV, 49.
Attila, I, 107.
Attrition (De l'), V, 508; — (Affaire de l'), I, 487, 488; II, 20 ; — (Insuffisance de l'), I, 336.
Aubenton (M d'), notaire; son procès verbal de la non-acceptation de M. Feydeau, VI, [291].
Aubertin (Le ministre); son livre sur l'Eucharistie et Nicole, IV, 446, 449.
* *Aubervilliers*, ou Notre-Dame des Vertus ; maison de l'Oratoire, V, 239 ; — (Duguet à), VI, 6.
Aubery (Marie), fille d'un maître des Comptes, femme en premières noces de M Augran et en deuxièmes du Mis de Roucy. Voir ces noms.
Aubignac (L'abbé d'); sa Pratique du théâtre, I, 141.
Aubigné (Théodore-Agrippa d'), I, 68*; — Histoire universelle, II, [517]; — Mémoires, I, 78; — sa prose n'est pas nette, II, [519].
* *Aubigny*, châtellenie de Berry, donnée à Jean Stuart par Charles VII, III, 582*.
Aubigny (M. l'abbé d'), IV, 171*; — parent du roi Charles II, [556] ; — élevé à P.-R., III, 582, 583*, 584, 588; — élève de M. Walon de Beaupuis, 586, 588; — chanoine de Notre-Dame de Paris, IV, 52 ;— et la Cour de France, [558].
= et la cause de S. Augustin, IV, [558]; — comment disciple de S. Augustin, [556]; — comment infidèle à P.-R., III, 582, 583, 584, 586, 588 ; — Janséniste de circonstance, 584, 586*; — ses vues sages et modérées sur les affaires du Jansénisme, IV, [558-9]; — son opinion sur la *cabale* des Jansénistes, 83 ; — son opinion sur l'Assemblée du Clergé de 1661, IV, 359-60*.
= Son amitié pour M. de Bernières, IV, [555]; loge avec M. de Bernières au cloître Notre-Dame, III, 581*, 582; inquiétudes morales de M. de Bernières à son propos, IV, [559-60]; cause indirecte de la disgrâce de M. de Bernières, [556] ; s'entremet pour lui, [559, 561, 562] ; réussit trop tard à obtenir l'ordre de rappel de M. de Bernières, [562]; — M. Brunetti lui est attaché, III, 560*; — et Charles II, IV, [558, 561];— ami de M. Feydeau, III, 586; — amené à défendre en Angleterre les Jésuites, IV, [557-8]; — et M. de Pontchâteau, VI, [312]; — et Retz , V, [565]; ami de Retz, [566]; sa fermeté en faveur de Retz, III, 585 ; pourquoi il n'est pas persécuté à ce propos, 585-6*; — ami de Saint-Evremond, III, 584 ; IV, 359*, [556] ; V, 92; amitié extrême et jugement de Saint-Evremond sur lui, III, 583-4, 588, 589; a-t-il fini par être de l'avis de Saint-Evremond sur la religion ? 586-7, 588 ; — et M. Taignier, IV, [558].
= Son chapeau de cardinal, IV, [559] ; V, [578] ; — mort (1665) au moment d'être cardinal, III, 583 ; — Lettres, IV, 359-60*; — charme exquis de sa conversation, III, 583-4, 587, 588, 589 ; — l'homme aimable par excellence entre les Jansénistes, 582-8 ; VI, (555-6); — le Saint-Evremond de P.-R., III, 588.
Aubineau (M. Léon) éditeur des Mémoires du P. Rapin, I. VI-VII, 275*; V, 481, [534]; — ses notes aux Mémoires du P. Rapin, II, 31*, 181*, [540, 552]; III, 19*; IV, [586, 587, 588, 590-1]; — peu de loyauté de ses annotations aux Mémoires du P. Rapin, III, 476*; — trouve Arnauld un docteur impertinent et traite de prélats tarés les plus saints évêques du XVIIe siècle, V, 481-2*; — note malveillante sur M. Le Camus, [528]; — publie les lettres de la comtesse de Maure, V, 73*; — repris sur ce qu'il dit du chevalier de Méré; III, [611]; — tient à confondre les deux pseudonymes de Saint-Val et de Sombreval (Saci et Fontaine), II, 374*; — et le docteur Jacques de Sainte-Beuve, IV, [591].
Aubry (Mlle), de Troyes ; ce que Nicole lui écrit des funérailles de M. de Saci, IV, 501-2 ; — directrice d'une communauté de régentes pour l'éducation des jeunes filles, 501*.
Aubusson. Voy. La Feuillade.
Aucourt. Voy. Barbier d'Aucourt.
* *Aude* (L'), rivière, IV, 357.
Augias (Etables d'), III, 215-6.

*Augsbourg (Confession d'), I, 7; V, 319.

Auguste (Romains du temps d'), IV, 514; — (Phèdre, affranchi d'), III, 505.

Augustin (Le F.), convulsionnaire enthousiaste, VI, 79; — se met au-dessus d'Elie et à côté de la Trinité, 79.

Augustinianisme, IV, 421; — (Du soi-disant) de Rome, III, 92; — et M. Habert, IV, [565*]. — Voy. saint Augustin.

Augustinien (Être) au sens jansêniste, V, 334*: — (Doctrine), IV, [569]; — (Grâce), V, 432, 433, 434.

Augustiniens (Anecdotes sur le séjour des députés) à Rome, III, [592-5]; — (Docteurs) et moines Mendiants, IV, [565-6]; — (Certains défenseurs de P.-R. ne sont pas), III, 586*; — secte de Convulsionnaires, VI, 79.

Augustins (Morale des), I, [523].

Augustins déchaussés du diocèse de Grenoble, IV, [543, 544].

*Aulnay (Orne, arrond. d'Alençon), maison de Huet, II, 418 : IV, 52.

*Aulone, évêché in partibus, VI, [298].

Aulone (Jean, évêque d'), suffragant de Clermont ; — et Arnauld (1674) V, [608-9] ; — ce qu'il dit du P. Comblat, [608-9] ; — favorable à M. Feydeau, (1676), IV, [297-8]; — lettre à M. de Harlay et à M. de Pomponne en faveur de M. Feydeau, VI, [298] ; — son approbation des Pensées de Pascal, (1669), III, 458*.

Aulu-Gelle, II, 415.

*Aumale (Serge d'), VI, [319].

Aumale d'Haucourt (Mlle Suzanne d') ; sa lettre, III, 71, 579* ; — épouse M. de Schomberg, VI, [289]. Voy. Schomberg (Mme de).

Aumale-Ventadour (Mlle d'), — d'abord protestante, VI, [289]; — regrette l'Écriture. III, [595].

Aumône (L'), II, 18, 284, 293 ; — doit aller jusqu'au bout, 40.

Aumône chrétienne (L'). Voy. Feillet ou Le Maitre.

Aumônerie de France (Grande), VI, [307].

Aumônes du dehors (Les), VI, 198-9.

Aumônier, employé au sens de charitable, V, 283*.

Aumônier (La charge de Grand-), V, [536].

Aumont (Le Mis d'), lieutenant général, II, 300.

Aumont (La marquise d'), née de Chiverny, I, 396* : IV, 134 ; — tante de Mlle de Monglat, IV, 119 ; — amie de P.-R., III, 8 ; — bienfaitrice de P.-R., IV, [579] ; — lettres de la M. Agnès, IV, [579] ; — se retire à P.-R. de Paris, II, 300 ; IV, 579 ; — son aversion pour P.-R. des Champs, II, 304* ; — son jardin à P.-R. de P.; IV, 218 ; — meurt à P.-R. de P., II, 300.

Aurélie (La Sœur); exilée à Saint-Denis, IV, 222.

Aurelius, masque de Saint-Cyran, IV, [565*] ; — ouvrage ainsi nommé à cause d'un des noms de S. Augustin, I, 316-7; Voir Saint-Cyran; — (Lettre d') au P. Sirmond, 316-7*.

Aurore (Pleurs de l'), VI, 90.

Ausanville (Mlle), VI, [364-5].

Ausone, I, 383, 384*; — (Épigrammes d'), III, 507.

Austérités excessives, V, 134 ; VI, [300]; — Nicole n'y donne pas, IV, 432 ; — s'accordant avec le relâchement, IV, [544].

Autel (L' est une solitude, I, 449; — (Royauté de l'), 447, 454; — (S'interdire l') par scrupule, V, 211.

Auteuil, V, 489; — en reputation pour son air sain, 63; — Chanoines réguliers de Sainte-Geneviève, 489 ; — la maison de Boileau, V, 503; VI, [265]; Boileau y passe toute la belle saison, 512*; (Ce qu'est de dîner à chez Boileau, 513 ; — (Le pèlerinage d'), à propos de l'épitre de Boileau sur l'amour de Dieu, 508, 511-3; vendu par Boileau, V, 514, 518 ; — (Molière à), III, 277 ; — Racine y craint la foule des visiteurs de Boileau, V, 511.

Auteur (Chaque) qui pense a son esprit et son atmosphère, II, 428-9, 430*; — (Chacun ajoute à son), II, 384.

Auteurs (Concurrences et rivalités des), III 416-7; — se louant eux-mêmes, 65-6.

Auteurs anciens. Voy. Anciens.

Autingues (M. d') et M. de Pontchâteau, VI, [312].

Automate (L') incliné incline l'esprit, III, 400 : — (Bêtes traitées d'), II, 316. Voy. Animaux.

Automne, préféré par Saint-Cyran, I, 285.

Autorité (L') en face de la raison, IV, 198-9 ; — (Le respect de l'), VI, 74-5* ; — (De l') d'une suite de grands noms, IV, 449 ; — n'est pas juge des choses de fait, 437 ; — (Méthode d') commune à toute église établie, 457 ; — mélangée de douceur, 458* ; — (La controverse d'), 445 ; — caractère de P.-R., I, 22-3 ; — (Mépris de l'), caractère de P.-R., III, 253.

Autrui (Ne point bâtir sur les fondements d'), III, 417.

*Autun; — Séminaire, V, 238 ; — lieu d'exil des religieuses de P.-R., VI, 221, 224. — Voy. Roquette (L'abbé de).

Auvergnats opiniâtres, III, 377.

Auvergne, IV, [594] ; — (Couvents d'), I, 93*. Voy. *Clermont, *Montferrand ; — (Montagnes d'), 384* ; — pays originaire des Arnauld, 53, 54 ; II, 454 ; et des Pascal, II, 454, 485 ; III, 175 ; — (La famille Périer en), 568.

Auvry (Claude), évêque de Coutances ; — remet à Mazarin une lettre d'Arnauld d'Andilly, III, 158 ; — lettre de celui-ci à Auvry, 160-1 ; — autres lettres sur la dispersion des Solitaires, 161-2, 163, 164 ; — va voir M. Daubray à propos de la recherche d'une imprimerie janséniste, III, 194-6 ; — et Retz, V, [35]. — s'entremet pour M. de Saint-Gilles, 59-60.

*Auxerre (Dominicains d'), V, 238 ; — (Abbaye de religieuses des Iles d'), I, 188, 324. Voy. Caylus.

*Auxonne (Possédées d'), IV, 142.

*Avallon, V, 239, 240 ; — lieu de naissance de M. Bocquillot, 238 ; M. Bocquillot à Avallon, 270.

Avares (Les) et la Grâce, V, 429-30, 432.

Avaux (Le comte d'), VI, [268] ; — et la trêve qui suit la paix de Nimègue, 178, 179 ; — et le projet plaisant d'une paix des Jansénistes traitée avec lui, 178-9, [268].

Avent (L'), IV, [554*] ; VI, [299,320] ; — (Temps de l'), IV, 244.

Avents prêchés par Massillon, III, [607, 608].

Avertissement de la 3º édit., I, v-viii.

Aveugle (L') de l'Oratoire. Voy. Lejeune.

*Avignon, I, 438 ; III, [62] ; VI, 98, [294] ; — (Nicole à), IV, 478. — Voy. Richelieu.

Avila (Abbaye d'), II, 277. Voy. Jean et Sainte Thérèse.

Avis donnés aux religieuses de P.-R. sur la conduite à tenir par elles... (1663), IV, 152-3.

Avocat (L'éloquence de l'), V, 522* ;

Avocats (Faculté des) pour le pour et le contre, I, 374 ; — (Estime de Racine pour les), VI, [252] ; — (Jolie histoire de deux), 196-7*.

Avocats généraux. Voy. Bignon.

Avocats au Parlement. Voy. Nicole.

Avoye (M. d'), I, 60.

Avranches, II, 470 ; III, 574*. — Voy. Huet.

Avrigny (Le P.), Jésuite ; — ce qu'il dit de Retz, V, [585] ; — Histoire d'Europe depuis 1600, II, 292* ; — ce qu'il dit des Mémoires de Pontis, [572].

Azzolini (Le cardinal) : lettre de Mme de Longueville, IV, 367.

B

B. (Monsieur). Voy. Boullier.

Babel (La tour de), IV, 139.

Babylone (Captivité de), IV, 153 ; — (Fleuves de), I, 104 ; IV, 255 ; — (Les habitants de), VI, [358] ; — en face de Jérusalem, 51 ; — (Ce que Racine appelle), 89.

Barhaumont (Voyage de Chapelle et), VI, 96 ; — paraît vers le temps des Provinciales, V, 487.

Bachelier (Le), pseudonyme de Guyot, III, 575.

Bacon, II, 112 — (Méthode de), 113 ; — ce qu'il dit de la mort, III, 343 ; — ce qu'il dit des enfants, IV, 80* ; — Leibniz en face de), V, 448 ; — Thèses de de Maistre sur), III, 249 ; (Son livre contre), II, 113 ; (Sur) De Maistre prend le contre-pied du commun, III, 245 ; — (Le *christianisme* de), éventé par M. de Maistre, II, 428.

Baculus (Perinde ac), III, 136, 137*, 144*, 145*.

*Baden, en Suisse. III [593].

Bagatelles (Agitation sur des), IV, 434.

Bagnols (M. Du Gué de), III, 169 ; 172 ; IV, 127* ; — un des agents de P.-R., II, 320 ; — meneur politique du Jansénisme, III, 585 ;

son honnêteté et sa discrétion, II, [554] ; — sa retraite, [554] ; — et son parent le capucin, VI, 111 ; — neveu de l'abbé Charrier, V, [154] ; — chargé de restitutions par M. de Chavigny, II, 20*, 264* ; M. de Chavigny lui confie l'exécution de ses dernières volontes, [554] ; suite de cette affaire, [556, 557, 558, 559, 560, 561, 563, 564, 565, 566, 567-8, 569] ; — a le P. Labbe pour précepteur, III, [622] ; IV, [569] ; — intendant de M. Le Camus, [546*] ; — sa part aux constructions de P.-R. des Champs, II, 296, 310, 315 ; — et Retz, V, [558, 566] ; — et M. Singlin, II, 296 ; — le P. Labbe fait pour lui sa conférence sur la Grâce avec le Dr de Sainte-Beuve, III, [622, 623] ; IV, [569] ; — sa mort, II, 14 ; — son corps porté au village des Trous, VI, 238*.

Bagnols (Mme de), VI, [250] ; — ses enfants, II, 554 ; III, 467 ; élevés à P.-R., 577 ; leur renvoi à Lyon, IV, 14.

Bagnols (M. Du Gué de), le fils, conseiller d'État, III, 577.

Bagnols (Mlle Du Gué de), pensionnaire à P.-R., IV, 127 ; — et M. de Harlay, V, 184-5 ; — reste fidèle à P.-R., IV, 127 ; — son corps porté au village des Trous, VI, 238*

Bagues, I, 181 ; V, [538] ; — d'abbesse, I. 187-8*.

Baïanisme (Histoire du), II, 147*.

Baïf (Lazare de, suivi par Lancelot dans ses Racines grecques, III. 527.

Bail (M.), nommé d'office Supérieur à la place de M. Singlin, IV. 129, 130-1 ; — directeur imposé à P.-R., 284* ; VI, 97 ; — éloigne les confesseurs ordinaires de P.-R., IV, 134 ; — sa grossièreté, V, 166, 189 ; — plus grossier et maladroit que malveillant, IV, 141, 143 ; — visite régulière de P.-R. de P., 136-43 ; de P.-R. des Ch., 143-4 ; — et les religieuses de P.-R., VI, 194 ; — son peu de tact vis-à-vis des religieuses de P-R., IV, 139-43 ; — et la Sœur Angélique de S.-Jean, 141-3 ; — et la S. Jacqueline de Sainte-Euphémie, 143.

Baillet (Adrien), Bibl de Lamoignon, III, 301 ; — ami des Jansénistes, 301 ; — son horreur pour Molière, 302 ; — *Vie de Descartes*, 105* ; V, 351* ; — *Jugements des savants*, IV, 302.

Bailli de Chevreuse (Le), VI, 97.

Bain (Le P.) de l'Oratoire, prêtre grand missionnaire, V, 29*.

Baïus, I, 275, 276, 283, [531, 534, 536] ; V, 300 ; — lit neuf fois saint Augustin, I, 293 ; — (Sentiments de) repoussés par l'Oratoire, V, 334 ; — et les Jansénistes, III, 527 ; — (La bulle contre), V, [611] ; — condamné, II, 133*, 134, 144, 146, 147 ; II¹, 9 ; — *Histoire du Baïanisme*, II, 147*.

Bal non interdit par saint François de Sales, I, 234 ; — donné par une abbesse au parloir de son couvent, VI, 165.

Balaam (Anesse de), I, 92* ; IV, 145.

Balle. Ses vers latins, II¹, [625].

Bâle. Cours de M. Vinet, I, [514, 514*.]

Ballanche (M.), I, [518] ; IV, 331 ; — chez Mme Récamier, V, 105*.

Ballet de la prospérité des armes de France, II, 10.

Ballets au Palais-Cardinal, II, 9-11, [512].

Ballies (Conversion de M.), IV, [546*].

Ballots (Affaire des), V, 220*.

Balthasard, maître des requêtes, commissaire pour l'examen des Provinciales, III, 213.

Balzac (Terre de) sur les bords de la Charente. II, 51, 53.

Balzac (Jean-Louis-Guez, seigneur de), né à Angoulême en 1597, mort en 1654, I, 215, 285 ; II, 394 ; — vraie date de sa naissance, [524*] ; — son père. Voy. Guez ; — (Prénoms de), II. [524*] ; — filleul du duc d'Épernon, [524*] ; — ne se rajeunit pas ; (rectification de la note II, 48), [524*] ; — cède ses droits d'aînesse, [524*] ; — son expression de bonhomme à propos de la mort de son père, [587*] ; — (Voyages de). 51 ; — son léger rôle politique, 51 ; — sa guerre avec les moines, 60 ; — eût été un évêque littéraire, 64-5 ; — à quelque sentiment de la campagne, 72* ; — scène du miroir, 50 ; — (Conversion finale de), 70-2, [526] ; — sa mort (1654), 60, 72-3 ; — mort avant les Provinciales, III, [604] ; — au physique, II, [525-6] ; — (Portraits de), [525] ;

= Son rôle dans l'Académie française, II. [526] ; fonde un prix à l'Académie française, 72-3, 79 ; détails sur ce prix d'éloquence, V, 212 ; son éloge obligatoire dans les discours pour le prix d'éloquence, 212 ; — ses rapports avec dom André de Saint-Denis, II, 70-2 ; — son éloge d'Arnauld d'Andilly, 255; — ses relations avec la famille Arnauld et avec P.-R., 61-70 ; — son admiration pour Arnauld, 188; — épigramme de Bautru, 53*, [527] ; — et Boileau, III, 67 ; pastiché par Boileau, 458*; V, 515 ; — (Lettres de Chapelain à), I, 388*; III, 559 ; — et la Cour, II, [527] ; — jugement de d'Aguesseau, 81 ; — accompagne le duc d'Épernon dans ses voyages, [525]; — estimé par Fléchier, 80-1 ; — ami du P. Hercule, IV, 63*; — jugement de La Bruyère, II, 80, 81; — et M. Le Maître, 62-4, 69; ce qu'il dit de sa retraite, 67*, 70 ; — et Malherbe, 76, 77 ; horoscope de Malherbe, [520] ; fait pour la prose plus que Malherbe, [520] ; — M. de Plassac-Méré et le chevalier de Méré ses correspondants, III, (612] ; — qu'a-t-il pensé de Montaigne, II, 400*; comprend mal Montaigne, 78 ; son erreur en demandant l'indulgence pour le style de Montaigne, 448 ; fait remarquer Montaigne apprenant qu'il a eu un page, 403 ; — ne tient à P.-R. que par la curiosité littéraire, 70; — odieux en parlant des Protestants, 65 ; — ce qu'il dit de Retz, 75 ; — et Richelieu, 51-3, 60, 64, 75, [527]; connu par Richelieu à Angoulême, [525] ; comment loué par Richelieu, [523] ; — rapproché de Ronsart, 80 ; — ses analogies avec Rousseau, 56 ; — et Saint-Cyran, 46-50, 83, [526] ; se rajeunit-il vis-à-vis de Saint-Cyran? 48*, [524*]; — jugements et témoignages sur lui, 79-80.

= Son existence littéraire, II, 53-4 ; — (Succès de), 54-8 ; — (Vanité de), 42, 50, 53, 60, 71. 82, [527] ; — ses querelles littéraires, [526] ; — ses critiques contemporains, 53*; 58-9 ; — son espèce de grandeur, 76-8 ; — et la langue française, III, 509 ; — élève de Malherbe, II, [515, 516]; le Malherbe de la prose, 76 ; — (Prose de), 178 ; — son œuvre d'épuration, 279 ; — initiateur en fait de langage, (522 3]; — réformateur de la prose française, I, 62-3; II,

55, 76-8; — héros de la réforme de la prose, [523] ; — nouveauté, à son temps, de la phrase balzacienne, [523] ; — vrai professeur de rhétorique, [524] ; — jamais négligé dans sa prose, [516-7]; — empereur de l'éloquence, [525] ; — se rend compte de sa méthode et de son mérite, [529] ; — fait école dans le genre des lettres, [529-30] ; — n'est qu'un lettré accompli, [526, 528]; — rhéteur et déclamateur, 74-5 ; — rhétorise sans Montaigne, 449 ; — vanité du fond, [527] ; — place les pensées et les mots des autres, 66; — l'académiste par excellence, 42, 44, [526]; — ni le chrétien ni l'honnête homme ne trouvent son compte avec lui, [526, 527]; — homme de masque plus que de visage, [526]; — (Procédé du style de), 47*; — uniformité de son procédé, 56-7, 58; — sa phrase, [523, 526]; — défauts de son style, 79-80; — son défaut principal, 90-1; — procède par antithèses, III, 460; — grand hyperboliste, II, [527]; — son habitude de l'hyperbole et de la métaphore, 56-60, 69, 80 ; — laps et relaps pour la métaphore, [514]; — près de Trissotin, [527] ; — facile à pasticher, III, 458; — pastiches de son style, II, 79, 79-80*; — n'est, malgré ses allusions, ni latin ni italien, [529]; — réponse aux critiques de sa manière, [529] ; — prosateurs dérivant de lui, [524]; — analogies de son art pour l'art en littérature avec celle de notre temps, 45-6.

= Le Socrate chrétien, II, 72, 74-6; — Aristippe, 76; sa dédicace, 61*; — son Romain, I, 121; — le Prince, II, 72*, 76; III, 109*; et Richelieu, II, 53, [527]; — petit discours en l'honneur de l'insurrection et de la Réforme, [525*]; — trop grand épistolier, 46, 52-3*, 61*, 63*; — inférieur à Pline le Jeune, [528]; — premier recueil paru en 1624, [517]; — réimprime les lettres écrites par lui pour le duc d'Épernon, [525]; — recueil de 1624, [525]; — sa lettre sur la mort de son père, 63-4; — ce que dit Sorel de ses lettres, 54; — à Chapelain, 72*; sur Saint-Cyran, 65-6 ; — à Conrart, 69-70 ; au même sur Saint-Cyran, 66*; — à Costar, 69; — à Saint-Cyran, [524*];

emphatique à Saint-Cyran (1626) 46-9; — éloge qu'en fait Descartes, [526-7]; — ses *Pensées* publiées sous l'Empire, 82*.

Balzac (Honoré de); *Recherche de l'absolu*, I, (549); — *le Lys dans la vallée*, [549-50]; — ses personnages, [551]; — *Revue parisienne*, [549]; — réponse à sa critique du premier volume de P.-R., [549-59]; — ne comprend pas Pascal, [557-8].

*Ban-de-la-Roche. Voy. Oberlin.

Baptême ; — défendu par saint Augustin contre les Donatistes, II, 125; — (Du) selon P.-R., III, 480-1, 484; — (Les promesses du), IV, [531]; — (Damnation des enfants morts sans), I, 222; II, 39, 40; — (Le) matériel non essentiel, IV, 310 ; — la pénitence un second baptême, V, 252-3 ; — la fille de Mme Des Houlières baptisée à 29 ans, III, 304*.

Baptiste (M.), nom donné au P. Du Breuil, V, 335*, 336.

Barail (M.) major de la Bastille. Sa bienveillance pour les prisonniers, II, 348, 349.

Baralipton, II, 421 ; — maltraité par Montaigne, III, 543.

Barante (M. de), l'historien, III, 529*. — Voy. Brugière.

Barbares (Langues compliquées des peuplades), III, 542.

Barbazan (Recueil de), I, 80; III, 128.

Barbe-Bleue (La clef dans le conte de), II, 441.

Barbereau (Mlle) et M. de Pontchâteau, VI, [324].

Barberini (Le cardinal), II, 94 ; III, [594] ; — et le P. Comblat, V, [608-9] ; — et Retz, [572].

Barberini (Le cardinal Antoine), archev. de Reims, interdit le Nouveau Testament de Mons, IV, 381*.

Barberins (Les cardinaux), I, 384; — (Népotisme des), III, 9 ; — (Mazarin favorable aux), 10*.

Barbier (Antoine-Alexandre); — Dictionnaire des Anonymes, III, 386; — avait travaillé à une histoire littéraire des Petites Écoles, 504*; — notice sur Thomas Guyot, 506*.

Barbier (Auguste), I, 149.

Barbier d'Aucourt, de l'Académie française, II, 88*, 334; — Entretiens de Cléandre et d'Eudoxe, III, 129; — le P. Bouhours défendu contre lui par l'abbé de Villars, 395*; — réponse à la petite lettre de Racine contre P.-R., II, 270; III, 267 ; IV, 443; VI, 113, 114.

Barchmann (Mgr), évêque d'Utrecht ; — et M. Du Guet, VI, 69.

Barcos (Mme de), sœur de Saint-Cyran, II, 215.

Barcos (M. Martin de), neveu de Saint-Cyran, I, 289, 303, 307*, 320, 430*, 440* ; IV, 164, 167, 168 ; — abbé de Saint-Cyran, I, 430*, 438, 439; IV, 294; V, 105*; — abbé commendataire, II, 222* ; — fait prêtre une fois abbé, 215*; — réforme de son abbaye, V, 162.

= et Arnauld, II, 216, 217, 218-9, 220; adresse à Arnauld cinq cents remarques pour engager P.-R. au silence, 218-9; dissuade Arnauld d'aller à Rome, 187 ; — n'est jamais pour qu'on aille à Rome, 217, 218*; — visité à son abbaye par M. de Beaumont, 315*; — M. Des Touches se retire près de lui, III, 193 ; — se cache chez M. de Guéméné, II, 187* ; — demeure avec M. Guillebert, IV, [560] ; — partage la vie et les études de Jansénius et de Saint-Cyran, II, 215; héritier de Jansénius et de Saint-Cyran, 220; — renvoie de l'argent à M. Molé, 194*; — et Nicole, IV, [595] ; ses dissentiments avec Nicole, 423-4; — où il logeait à Paris, III, 193 ; — et Pascal, 184 ; — ce qu'en dit le P. Rapin, II, 222*, 540-2 ; — n'a pas de confiance dans le cardinal de Retz, IV, [560].; — et M. de Saci, II, 326 ; (Lettres de M. de) et de M. de Saci, 366*, 367*; décide M. de Saci à accepter la prêtrise, 330; — ce qu'il dit des propositions faites à Saint-Cyran avant sa prison, I, 486; avec Saint-Cyran au moment de son arrestation, 485; brûle les papiers de Saint-Cyran, 492-3 ; recueille à Paris, dans le logis de Saint-Cyran, ses jeunes neveux et M. de Saci, 498; estime qu'en fait Saint-Cyran, II, 215 ; veut continuer Saint-Cyran, 129, 129*; fidèle à l'esprit de Saint-Cyran, I, 437 ; II, 367*; III, 87 ; l'esprit de Saint-Cyran s'embrouille chez lui, 86; — sa déférence pour M. Singlin, I, 473 ; il décide M. Singlin à rester le directeur de P.-R., 468 ; — ce qu'il dit des rapports de saint Vincent de Paul et de Saint-Cyran, [532-3]; juste pour

saint Vincent de Paul, 510; défense de M. Vincent contre M. Abelly, 506, 532-3]
= Son rôle dans l'affaire du livre de la Fréquente Communion, II, 186-7, 215-6, 217 ; — désapprouve la conduite de ses amis de Paris, [541-2] ; — désapprouve le ton de l'Apologie des religieuses de P.-R., IV, 345, [595] ; — embarrassant pour le Jansénisme, II, 215-9 ; — son autorité sur P.-R. trop incomplète, III, 23 ; — cesse à un moment d'être consulté par le parti, II, [541-2] ; — sa cordiale union avec le monastère des Champs, V, 161 ; — sa mort (1678), II, 221-2 ; V, 161 ; — le dernier abbé de Saint-Cyran, 161.
= Son esprit de dépouillement, I, 493 ; — sa sincérité, II, [540, 541] ; — ne sépare pas saint Pierre et saint Paul, 186, 215-6, 314* ; — a la vue de l'ensemble, 327 ; — personne ne se démentit moins, 222; — prédestiné aux contradictions, 219 ; — désapprouve les discussions publiques, 217-8 ; — sa séparation des discussions du dehors, V, 161-2 ; — ses adversaires amis, II. 219, 220 ; — son étude des Pères, [541-] ; — attaché à l'histoire de l'Église, [541] ; — long dans ses écrits, 43* ; — lettre à M. de Liancourt sur la signature, 217-8* ; — sentiments de l'abbé Philérème sur l'Oraison dominicale, 219 ; réfutés par Nicole, 219 ; — son *Exposition de la Foi* publiée en 1696, V, 287 ; seconde infraction à la paix de l'Église, 152-3 ; motive une ordonnance de M. de Noailles, archevêque de Paris, 287-8, VI, 58-9, qui est soutenue par Du Guet, V, 59-63; — son livre sur la Grâce et la Prédestination censuré, II, 219 : — son traité de la *Grandeur Romaine*, réfuté par Nicole, IV, 415.

Bareith (La margrave de), comme sœur du grand Frédéric, III, 359*.
Bargellini, nonce à Paris de Clément IX ; — et la paix de l'Église, IV, 369, 388, 389, 390, 391, 402 ; — et la médaille de la paix de l'Église, 400 ; — et Arnauld, 395*; présentation d'Arnauld, 394, 395*; — et M. de Pontchâteau, VI, [318] ; — son éloge de la scolastique, IV, 423.

Barillon, l'aîné, ami de Mme Du Plessis-Guénégaut, III, [599] ; — conseiller d'État et ambassadeur en Angleterre, [600]. Voy. Morangis.
Barnabites. Voy. La Combe.
Baro (Balth.). S. *Eustache*, I, 122.
Baroco, II, 421; maltraité par Montaigne, III, 543.
Baron ; son *Andrienne*, I, 173.
Baronius (Le card.), IV, 405 ; — Annales ecclésiastiques, 10, 11.
Barral (M. de), év. de Troyes, IV, 103*.
Barré (M.), curé de Saint-Merry, VI, [286] ; — clerc au Parlement, puis conseiller, [367] ; — oncle de M. Barré, le D^r, [367].
Barré (le D^r), neveu de M. Barré, le curé, IV, [286].
Barré (M.), doyen d'Orléans, VI, [367].
Barreau (Défauts du style du), III, 50.
Barrière (Pierre), veut tuer le roi Henri IV, I, 69.
Barrière, éditeur des Mémoires de Brienne, IV, [585*] ; V, 21*, 129*.
Barry (Le P.) jésuite ; sa dévotion galante , III , 127 ; — cité par Pascal, III, 118*.
Bartet, attaché au Cabinet d'Anne d'Autriche ; — ami de P.-R., III, 160* ; — est pendant sa disgrâce en rapport avec M. de Barcos, II, [540-1].
Barthélemy (Le sieur), pseudonyme de Nicole, IV, 444.
Barthélemy des Martyrs (Dom), archevêque de Braga, de 1555 à 1590; — Sa Vie par M. de Saci, II, 374, 375*.
Bartillat (M. de) et Arnauld d'Andilly, dans l'affaire de la dispersion des Solitaires, (1656), III, 161.
Bas de chausses en toile blanche, VI, [337].
Bas-relief, (Comparaison de certains styles avec le), III, 113.
Bascle Étienne de), gentilhomme de Querci , le 3e des premiers Solitaires de P.-R., I, 477, [557] ; — Ses visions, I, 477-8* ; — Ses services dans la conduite des enfants, 478*; — baise les pieds du cadavre de Saint-Cyran, II, 204; se croit guéri, 204-5; — à P.-R. des Champs, 228 ; — maître pour la religion aux Petites Écoles, III, 469; — chargé de l'instruction religieuse des enfants à P.-R. des Champs, II, 230 ; — à la réception de M. Manguelen, 241 ; — a Guénaud pour médecin, [535].

Basile, ami de S. Jean Chrysostome. I, 461-3.
Basile (Le P.) I, (557) ; — (Sermon du P.), capucin, première lueur divine pour la jeune Mère Angélique, I, 90-1 ; — son rôle dans le coup de la Grâce sur la M. Angélique, 103-4, 233.
Basile (Le métier de), II, [547]*.
Basilisse (La S.), exilée à S.-Denis, VI, 222.
Basoche (Tribunal de la), III, 206.
Basse (M.), n'a pas publié son travail de collation sur les premières éditions des *Provinciales*, III, 59*.
Bassins, au sens du soin des malades. V, 65*.
Bassompierre (M. de) à la Bastille, II, 354*; — Son incrédulité et sa mort subite, VI, [365].
Bassompierre (L'abbé de) ; son voyage à Rome, en 1646, III, 15.
Bastie (Mr C.), pasteur protestant. II, [514].
Bastille. Voy. Paris.
Bâton, employé au XVIIe siècle pour dire une canne , III , 319 ; — (Jésuites sont le) dans la main du vieillard, III, 136. 137*, 144*, 145*;— employé par Balzac, II, 60.
Bâton blanc, VI, 196*.
Baucis, V, 51. Voy La Fontaine.
Baudelot (Pierre); ses *thèses*, dédiées à la mémoire de Saint-Cyran, le font mettre à la Bastille, III, [630].
Baudrand [La M. Françoise-Madeleine de Sainte-Julie),, prieure de P.-R. des Champs ; — résiste au mandement de 1705, VI, 113 ; — sa mort (1705), 187.
Baudry, lieutenant de police ; — et M. d'Asfeld. VI, 76*.
Baudry d'Asson (M. Antoine). Voy. Saint-Gilles (M. de).
Baumel, artisan, VI, [291].
Bauny (Le P.) , jésuite, II, 167 ; — (Les œuvres de), V, 487; — La *Somme* de), II, 184*; III, 112 ; — Sa morale relâchée, IV, [545] ; — Propositions de morale condamnées par la Faculté de théologie, III, 109;—et Pascal, 109*, 111; attaqué par *les Provinciales*, 125 — dans le *Lutrin*, de Boileau, 112 ; V, 499.
Bausset (Le cardinal de); Histoire de Bossuet, II, 155* ; — exagère la perspicacité de Bossuet , V, 369 ; — Histoire de Fénelon, III, [609-10] ; — son parallèle des Jésuites et des Jansénistes, 258, [609-10];—M. Émery lui reproche sa partialité pour les Jansénistes, [610].
Bautru; son mot sur Balzac, II, 53*, 79.
Bauyn (Bonaventure), évêque d'Uzès de 1737 à 1779, I, [524*].
Baville, terre de M. de La Moignon, IV, 17*.
Baville (Les dragons de M. de) et les Filles de l'enfance, V, 454*.
Bayard, le dernier des chevaliers, I, 145*,322; — l'anecdote des deux jeunes filles de Brescia, III, 335 ; — (Le surnom du chev.), II, [572]; — sa vie par M. Bocquillot, V,239.
Bayle, I, 46*, 71*, [554]; II, 17 *; III, 47, 304 ; — de complexion frêle, 328 ; — sa candeur, IV, 435; — sa haine des subtilités, 296 ; — (Pointe gasconne de), I, 274 ; II, 448 ; — gaieté de son point de vue, IV, 441 ; — son amour du Pyrrhonisme, 436*; —son scepticisme, III, 365, 366 ; V, 441 ; — sceptique pur, II, 392 ; — sceptique officiel, 451 ;— (Méthode de), 113, 148 ; — ses façons de dire les choses, III, 422 * ; — (Malices de), IV, 377* ; — sur les questions de la Grâce et de la liberté, II, 104* ; — (Rôle de) à propos des Manichéens, 434 * ; — et sa mauvaise opinion des femmes, V, 501.
= Nouvelles de la République des Lettres, III, 48*, 365* ; IV, 377* ; V, 435*. 441 ; — Lettres, IV, 436*; — *Nouvelles lettres critiques sur l'histoire du Calvinisme*, III, 406 * ; — Pensées à l'occasion de la Comète, IV, 40*, 437 ; — *Dictionnaire*, III, 299 *, 365 * ; Dictionnaire (Son) et le chancelier Boucherat, IV, 437 * ; — (Tout est dans), II, 384 * ; — ses courses sur toutes sortes d'auteurs, 417.
= Ce qu'il dit d'Arnauld, V, 297 ; son éloge d'Arnauld, 398 ; discussions avec Arnauld sur les plaisirs, 442 ; entre Arnauld et Malebranche, 441-2 ; — ce qu'il dit de Balzac, II, 76-7 ; se trompe sur la date de la naissance de Balzac, [524*] ; — et la Xe satire de Boileau, V, 501 ; — ce qu'il écrit sur la réponse du P. Daniel aux Provinciales, III, 222-3 ; — rattache Mme des Houlières à Spinosa, 303; — Article Garasse, I, 310*, 311, 312, 312*; —et les Jansénistes, IV, 436-7* ; — et les Jésuites, 436*; — raillerie de Malebranche, V,

435*; témoin et railleur vis-à-vis de Malebranche, 441-2; — critique le style de Molière, III, 299*; — continue Montaigne, II, 396, 427; — son éloge de Nicole, IV, 459; jugé sévèrement par Nicole, 435-6; (Nicole est le) chrétien, 507; Nicole rapproché de lui, 435-6; — le contraire du ton tranchant de Pascal, III, 365; ce qu'il dit de Pascal, 365; — vis-à-vis de M. de Pontchâteau, V, 250; — ce qu'il dit du P. Rapin, III, [624, 625]; — est de l'avis de S.-Cyran sur la rareté des élus, mais sur un autre ton, 365; — son éloge de Tillemont, IV, 40; — en correspondance avec le P. Tournemine, V, 465*; — (Un chapitre à la) VI, [359].

Bayonne, I, 11, 308; — (Séjour de Saint-Cyran et de Jansénius à), 280, 281; — patrie de M. de Barcos, II, 215; — patrie de Saint-Cyran, I, 274; III, 12; — (Cérémonie singulière à), I, 282*.

*Bayonne (Évêché de); Voy. d'Eschaux.

*Bazas, II, 197; — Séminaire, 239; — (Voyage à) de MM. Manguelen et Walon de Beaupuis, III, 568; — (Évêché de) refusé par l'abbé Le Camus. VI, [365]; — Voy. Maroni, Martineau.

Bazin (M.); notice sur Balzac, II, 51.

*Béarn, V, 80, 89; — M. de Tréville en est originaire, 88, 89; — Voy. Calvaire.

Béatifications (Nicole n'approuve pas les), IV, 501.

Beatrix (Type de), VI, [267].

Beau (Rapports du saint et du), II, [514]; — (S. François de Sales, sentait le). I, 238; — moral antique et chrétien, III, 357.

Beaubrun le peintre. IV, 512*.

Beaubrun (L'abbé de), fils du peintre; — exécuteur testamentaire de Nicole, III, 33*; IV, 512*; vie manuscrite de Nicole, 516*, [587*]; V, 307*; — sa vie de M. de Pontchâteau, VI, [300]; — (M. de) termine le Commentaire de la Bible de M. de Saci, II, 360; — Recueil manuscrit, III, 76*; — Mémoires manuscrits, 31*. 33*, 39, 117*, 153, 158*; — Mémoires (Pièces annexées aux), 58; — son récit à propos de la première Provinciale. 56-7*.

*Beauce, II, [543].

Beauchâteau (Mlle de) et les billets galants de Racine, VI, 96.

Beauchêne, domestique de Retz, V, [581].

Beaufort (Dom Eustache de), abbé de Sept-Fonds; — sa réforme dans le sens de Rancé et de la Trappe, IV, [526-7]; — ce qu'en dit l'évêque Le Camus, [526]; — son aversion pour les éloges, [526].

Beaufort (Le Comte de), correspondant de La Mennais, V, 458*.

Beaumarchais (Pierre-Antoine Caron de); enfant de Paris, III, 306; — Mariage de Figaro, 61; — se rattache aux Provinciales, 291; — Mémoires, 61; — Procès, 61.

Beaumesnil (M. de), prêtre; logé à P.-R. de Paris, III, 194.

Beaumont-sur-Oise, III, 571; VI, [252].

Beaumont (M. de), solitaire, I, 406; II, 315; — son joli mot sur les oiseaux de l'abbaye de Saint-Cyran, 315*.

Beaumont (Christ. de), arch. de Paris; lettre de J.-J. Rousseau, III, 61, 203.

Beaumont (L'abbé de); Voy. Perefixe.

*Beaune (Le Dr Petitpied exilé à), VI, 171.

Beaupuis (M. de); Voy. Walon de Beaupuis.

Beauté (De la vraie et de la fausse) dans les ouvrages de l'esprit; Voy. Nicole.

Beauvais, II, 27; III, 567, 576; IV, 74, 147; VI, [318]; — (Auteurs nés à), III, 567, 575; — chapelle S.-Nicolas en bénéfice à Nicole, IV, 479, 480; — Chapitre, VI, [299]; — (Chapitre de), janséniste, IV, 355; — (Doyen de), VI, [299]; — (Collège de la ville de); Racine y fait ses premières études, 87; — (Église de), III, 568; — (L'hérésie de) et la Cour, 568-9, 571; — (Nicole à), IV, 477, 479, 480; — Séminaire, II, 214; IV, 15-7; — groupe des amis d'Arnauld, 165, 174; — Walon de Beaupuis (M.) à, III, 568-9, 671; V, 270; — Évêques; Voy. Choart de Buzanval, Forbin de Janson; — Voy. Feydeau, Haslé, Hermant, Potier.

Beauvais (Diocèse de), III, 301.

Beauvais (M. de, précepteur du fils de Mme de Guémené, III, 581.

Beauvais (M.), ou Beauvoir, remplace un moment M. Feydeau à Saint-Merry, II, [548].

Beauvilliers (Le duc de), VI, 227*; — et Arnauld, 136*; — le correspondant de Fénelon, 133*, 176.
Beauvoisis, VI, [262].
Beaux esprits (Crédulité des), IV, [551].
Bécon (Le P.), I, [546].
Bégard(M.), I, 99*; — Voy. Vauclair.
Begon (Antoinette), femme d'Étienne Pascal et mère de Blaise; II, 455.
Belay (M.), médecin, V, [599].
Bel esprit (Défauts du), IV, [593]; — (Incurabilité du), II, 60; — chrétien, VI, 13.
Belial, IV, [578].
Bélisaire, II, 196.
Belisi (M. de) conseiller au Grand Conseil; — épouse Mlle Catherine Angran, IV, [586].
Belisi (Mme de) I, 471*; — et P.-R., IV, [590]; — offre à M. Arnauld de le cacher, [587*]; — n'est pas l'amie intimissime d'Arnauld, [587, 589]; — ne figure pas dans le testament d'Arnauld, [589]; — et M. Feydeau, [590]; loge M. Feydeau, [296, 298]; — et Nicole. V, 259, 267*; (Lettres de Nicole à Mme de), 267-8*; — et Mme de Roucy, IV, [590]; — son cœur à P.-R. des Ch., [590].
Bellanger, boulanger, accusé à tort du meurtre de Jean Prost, I, 66.
Bellarmin (Le cardinal), I, 417, [546]; IV, 405.
Bellefond (le Maréchal de), II, 153; — rappelé à la Cour, IV, [523]; — lettres de Bossuet, V, 83*, 85; — lettres de Rancé, IV, 76, 79-80*, [517, 520*, 523*].
Bellegarde (M. Octave de), archevêque de Sens de 1623 à 1646; — I, 328, 330; II, [512]; — et M. Du Hamel, [543, 544.
Belles Cousines (La dame des), IV, 72*.
Belles-Lettres (P.-R. en), III, 513.
Bellesme (Orne), III, 192; — lieu d'exil de M. Du Hamel, II, [546].
Belleville, annexe de la Paroisse Saint-Merry, VI, [283].
Belleville, le maitre à danser ou le comédien, II, [516].
Belley, IV, 343; — (Collège des Jésuites à), III, 131; —(S. François de Sales à), I, 229; — Voy. Camus.
Bellièvre (M. de', premier Président; — meneur politique du Jansénisme, III, 585; — et les Provinciales, 212*; et la 2e Provinciale, 57; loué dans la 8e, 57; — comment jugé par Guy-Patin,

57-8*; — ami de Retz, V, [566]; pivot de la défense de Retz comme archevêque de Paris, IV, 191; et la démission de Retz, [556].
Bellot (M), ecclésiastique habitué à Saint-Louis, V, [613]; — ne s'occupe que de sa paroisse Saint-Louis, [615]; — ne connait pas M. Arnauld, [614]; — et M. de Harlai, [613, 614].
Belzunce, évêque de Marseille, peu sympathique à P.-R., I, 215, 505.
Bénédictines; réfugiées à P.-R. pendant la Fronde, II, 310*; — Voy. *Boran, *Montargis.
Bénédictins, III, 148; IV, 43, 137; — question de l'hémine de vin, I, 439*; — ont en Angleterre un Général Anglais, IV, [558]; — (Missionnaires) en Angleterre, I, [523]; — Voy. *Breuil, *Caen, *Melun, *Pontoise, *Saint-Mihiel, *Saint-Vanne, *Solesmes.
Bénédictins de Saint-Maur, II, 236; — défense de leur érudition, IV, 67, 68-71; — Voy. Doms Clémencet, De l'Isle, Desgabets, Robert, Hennezon, Gerberon, Mabillon, Pommeraye, Purban, Tassin, Thiroux, Toustain, Viaixne.
Bénéfice (Signature en vue d'un), III, 573; — il faut y entrer canoniquement, VI, [365]; — à simple tonsure, IV, 479*.
Bénéfices, I, 386; IV, 51, 52; VI, [269]; — donnant le domicile fictif dans un diocèse, IV, 399; — ce qu'en fait le pape, VI, [354]; — considérés comme bien héréditaire dans les familles, [305, 343]; — (Question des), V, [534-5]; — Voy. Coislin le père, Pontchâteau.
Bénéfices (Pluralité des), V, 219-20; VI, [306-7]; —ce qu'en dit M. Singlin à M. de Pontchâteau, [304-5]; — opinions de M. de Pontchâteau contre leur pluralité, [353, 354]; M. de Pontchâteau lui est très-opposé, IV, [532]; [343].
Bénitier, VI, [351].
Benjamin Constant; — son admiration pour les Memoires de Retz, V, [595].
Benoise (La famille) et P.-R. des Ch., III, 580*; — (Quelque confusion dans les), 579*.
Benoise, conseiller au Parlement, 578, 579-80*.
Benoise (M.), conseiller à la Grand'-Chambre; — ami de P.-R., III, 71; — et le cardinal de Noailles,

VI, 231 ; — et M. de Pontchâteau, [321] ; — M. de Péréfixe empêche un temps de porter son cœur à P.-R. des Ch. (1677), III, 579*.
Benoise (M.) son frère, porte enfin son cœur à P.-R. des Ch., III, 579*.
Benoise (Un autre M.) ; — Lettre de M. Vuillart sur sa mort en 1699, III, 579*.
Benoise (Mme); son cœur enterré à P.-R. des Ch., III, 580*.
Benoise (Mlles), élevées à P.-R., VI, [321].
Benoise (La Sœur Catherine de Sainte-Célinie), religieuse à P.-R. des Ch., III, 580* ; — exilée à Meaux, VI, 222.
Benoist (René); sa Bible française, II, 357*.
Benoît XII; bulle sur le capuchon des Cordeliers, IV, 438.
Benoît XIII (Le pape); I, [535]; VI, 57 ; — croit au miracle de la Sainte-Épine, III, 183* ; — Homélies sur l'Exode, 183.
Benserade et Jacqueline Pascal, III, 183;— son sonnet de Job, II, 54 ; IV, 268.
Bentivoglio (Le cardinal), I, 384* ; — et Balzac, II, 62.
Béotie, II, 83; — (L'air épais de), III, 254.
Béranger (Guillaume); son livre pour Montaigne contre la Logique, II, 404*.
Béranger (J.-P. de);—(Chansons de), III, 61 ;—rapproché de Des Portes, I, 227* ; — n'approuve guère le sujet de P.-R., [550-1] ; — bon conseil à La Mennais, IV, 493*.
Bercy (M. de), nom déguisé de Nicole, IV, 498.
Bérenger; son interprétation de l'Eucharistie condamnée au onzième siècle, IV, 446, 449.
Bérénice. Voy. Racine.
Bergerac. Voy. Cyrano.
Bergeret (M.), secrétaire du cabinet du roi; reçu à l'Académie par Racine, V, 10* ; VI, 133.
Bernard (Opinion du P.), capucin, sur les désirs de réforme de la jeune Mère Angélique, I, 92-3, 104 ; — porte les nouveaux règlements pour les faire autoriser à Cîteaux, 93.
Bernard (M. Auguste); les d'Urfé, I, 232*.
Bernard (Claude), dit le Pauvre Prêtre; sa Vie par Camus, I, 414-5*.

Bernard (Jacques) ; Nouvelles de la République des Lettres, III, 529*.
Bernardin (Le confesseur) de Maubuisson, I, 195.
Bernardin de Saint-Pierre, I, 179, 219-20*, 228, 231, 246*;— est pour les causes finales, II, 339* ; — le fraisier, IV, 334.
Bernardines (Religieuses), I, 325*; — leur scapulaire noir, II, 298.
Bernardins réformés (Couvent des), V, 242*.
Bernay (L'abbé de); la conférence du P. Labbe et de M. de Sainte-Beuve se tient chez lui (1652), III, [622] ; IV, [569].
*Berne, I, 259, 260.
Berne (Le jeu de) permis aux écoliers, III, 475-6.
Berni; Orlando innamorato, III, 218*.
Bernia; Éloge de la peste, I, 277.
Bernier, condisciple de Molière, III, 272.
Bernières (M. de), le père, IV, 13*; —second président au Parlement de Rouen, [562].
Bernières (M. Maignart de), II, 295; III, 467, 468; — maître des requêtes, IV, [562] ; — maître des requêtes, et du Conseil du roi, II, [556] ; — un des agents de P.-R., 259, 320 ; — se retire à P.-R. des Champs, 295 ; — choisit le soin des pauvres et des petits, IV, [562] ; — son rôle charitable dans la Fronde bien mis en lumière par M. Feillet, [562-3] ; — ses emplois de charité, [556] ; — ses Relations imprimées pour organiser la charité, [563] ; — et la Signature, [561] ;— sa douceur, II, 296.
= Sa disgrâce imméritée, IV, [556-7] ; — son exil, III, 583* ; V, 63 ; VI, [289*] ; — exilé à Issoudun, IV, 171*, [556-7] ; — ses sentiments sur son exil, [559-61].
= Sa femme une Amelot, IV, [562];— et le P. Annat, [561];—son amitié pour M. d'Aubigny, [555]; loge au cloître Notre-Dame avec l'abbé d'Aubigny, III, 581*, 582, 586; ses inquiétudes morales à propos de M. d'Aubigny, IV, [559-60] ; lettres de l'abbé d'Aubigny, III, 583*; M. d'Aubigny s'entremet pour lui, IV, [556, 561, 562] ; — ce qu'il dit de M. de Bascle, I, 478* ; — s'occupe du soulagement des Catholiques anglais, III, 581; IV, 556 ; — Charles II s'entremet pour lui, [561] ; — et

M. Guillebert, [560-562] ; — lettre à M. Hermant, [557] : — et Mme de Longueville, [558] ; — et Louis XIV, [558, 562] ; — et le duc de Montmouth, [556] ; — à la translation processionnelle des religieuses, II, 307 ; IV. 7 ; — loge pendant la Fronde les religieuses de P.-R. de Paris, II. 307 ; — accusé de conspirer pour le cardinal de Retz. IV, [556] ; — et saint Vincent de Paul, [563] ; — voyage avec M. Taignier, III, 192 ; lettre à M. Taignier, IV, [557-8, 559-62].

= Sa maison du Chesnai, IV, [556] ;—enfants transferes à sa maison du Chesnai, III, 168, 172 ; — et les Petites Écoles, 467-8, 474 ; — sa mort, IV, 171*, [562] ; —meurt en exil à Issoudun, III, 467-8 ; — son cœur porté à P.-R. de Paris, IV, [562] ; — l'ordre de son rappel arrive après sa mort, [562].

Bernières(Les MM.de), élevés à P.-R., III, 577.

Bernières (M. de), le fils aîné, Camarade de Tillemont aux Petites Écoles, IV, 7 ; — enterré à P.-R. des Champs, 96 ; — Tillemont veut être enterré à côté de lui à P.-R. des Champs, III, 572.

Bernières (Mlle de), religieuse à P.-R., IV, [561[; VI, 187.

Bernières (M. de), ami de Voltaire, III, 577.

Bernières-Louvigni, de Caen, ennemi des Jansénistes, II, 295-6* ; et P.-R., III, 31 ; — attaqué par Nicole, IV, 442.

Bernin (La Daphné du), II, 162*.

Berriat Saint-Prix (M), préfère Pothier à Domat, V, 523* ; — son édition de Boileau, 484.

Berry, I, 282 ; II, [540] ; III, 582* ; — (Famine en), V, 38 ; — (Pauvreté causée en) par les guerres de la Fronde, 37 ; — Voy *Brenne, *Issoudun, * Saint-Cyran.

Berry (Le duc de), petit-fils de Louis XIV, II. 134.

Bernier (M. Eugène), II, 51* ; — Ce qu'il dit de l'auteur de P.-R., [514].

*Bertaucourt (Abbaye de), près d'Amiens, I, 76. 77, 80.

Berthier (Pierre de), évêque de Montauban ; — dans l'affaire d'Arnauld, III, 35.

Berthier (Antoine-François de), évêque de Rieux, de 1657 à 1705, VI, [294].

Bertin (M.) retiré à Palaiseau, VI, 206* ; — auteur des lettres anonymes à M. de Noailles, 206.

Bertrand (Dom Laurent) ; La petite ourse de la navigation de saint François de Sales, I, 246*.

Bertrand (La S. Marie-Madeleine de Sainte-Cécile) exilée à Amiens, VI, 221.

Bertrand. Voy. D'Eschaux.

Bérulle (Le cardinal de), I, 211, 213, 257, 268, 284, 329, 508, [518] ; II, 175,* ; III, 244 ; V, [528] ; — se prépare au sacerdoce par un jeûne de 40 jours, 446 ; — fondateur de l'Oratoire, 9, 10, 415 ; — et le P. Chappuis, VI, [324] ; — ses rapports avec Saint-Cyran ; — I, 305-6, 307-8, 315 ; II, 66 ; — «Grandeurs de Dieu,» I, 306 ; — sa canonisation, V, 332*.

Berwick (Le duc de) et les Provinciales, III. 223.

Besançon (Séjour de Vauvenargues à), I, 410 ; — Voy. Rohan.

Besicles, V, [582].

Besmaus (M. de) ; Voy. Bezemaux.

Besoigne (Le docteur) ; Histoire de l'Abbaye de P.-R. (1752), I, 117-8*, 375 ; II, 7, 473* ; III. [632] ; IV, 464* ; V, 164*, 250-1* ; —n'a pas ignoré les Lettres de la M. Agnès, IV, [575] ; —erreur de son article sur M. Feydeau, VI, [290*] ; — Vie de Nicole, IV, [597] ; — s'autorise de Bayle sur Pascal, III, 365 ; — erreur de détail sur Mme de Sévigné, V, 11*.

Besse (Pierre de), méchant prédicateur, I, 468.

Bessi (M. de), solitaire, I, 406 ; II. 315.

Besson (M.), curé de Magny ; son désespoir de l'affaire du cas de conscience, VI, 173.

Bête (Le signe de la), IV, 403.

Bêtes (De l'âme des), II, 316, 317*.

*Bethléem (Désert de), I, 22, 186.

Bethsabée, III, 562*.

*Béthulie (Deuil de), IV, 309.

Betincourt (M. de), pseudonyme de Nicole, IV, 425*,499, 500 ; V, [520*].

Bétise et Bonhomie, III, 495*.

Beuil (Le Sieur de), pseudonyme de M. de Saci, II, 374 ; VI, 226.

Beurier, curé de Saint-Étienne du Mont, assiste Pascal, III, 368 ; ses déclarations et rétractations à ce sujet, 369-70, 389-90.

Beurnonville (Le prince de), épouse une Mlle de Luynes, V, 247 ; — Voy. Henin.

Beurnonville (Mme de) ; visites à P.-R. des Ch., V, 269.

Beurre de Bretagne, IV, [582]; V, 96*.

Beuvron (Mme de), tente de faire faire un nouveau partage entre P.-R. de P. et P.-R. des Ch., VI, 165.

Bévues (Il faut ne pas écrire pour ne jamais faire de), III, [627].

Beyle (Henri); Voy. *Stendhal*.

Bèze (Théodore de), I, 217; — (Conférences de saint François de Sales avec), 262-3; II, 197*; — son Sacrifice d'Abraham, I, 122; — Juvenilia, 235.

Bezemaux (M. de), gouverneur de la Bastille; ses duretés, II, 349*; — et M. de Saci, 349, 353*; III, [630, 631].

Beziers; Voy. Esprit (M.).

Bible (La), I, 497; — suffit au missionnaire méthodiste, 295*; — ses versets viennent aux mémoires religieuses pour exprimer leurs sentiments, IV, 256; — (Sorts tirés de la), 256-7; — (Caractère littéraire propre à la), II, 362; — en diverses langues, V, [575]; — en hébreu, IV, 419*; — étudiée en grec et en hébreu à P.-R., II, 233; — version de Luther, IV, 380*; — se vend peu en Italie, [550]; — Histoire des traductions françaises, II, 357-8*; — différences de traduction entre Bossuet et Saci, 362-3; — (Croyance directe de M. de Saci à la) sans autre tradition, II, 331-2; — Explications de M. de Saci et autres, II, 360; — (Nombreuses) dans la bibliothèque de M. de Saci, 388*; — courtes notes de M. du Fossé, VI, 159*; — (Figures de la), II, 243, 374*; (Les Figures de la) et M. de Pontchâteau, VI, [345, 348]; — (Amour de M. Hamon pour la), IV, 295; — Voy. Ancien Testament, et les articles des livres séparés de la Bible.

Bibliographie des ouvrages de P.-R. et des Solitaires, III, [632].

Bibliophiles; rarement des ennemis ardents, III, 212*.

Bibliothèque critique; Voy. Simon (Richard).

Bibliothèque intérieure, II, 18.

Bibliothèque Janséniste (Catalogue d'une petite), III, [631-4]; VI [368].

Bibliothèque Port-Royaliste, IV, [583].

Bibliothèque spirituelle, publiée par Téchener, VI, 45*.

Bibliothèque de campagne, V, 230*.

Bibliothèque de l'École des Chartes, II, 481*; III, 562*; V, 105.

Bibliothèque universelle de Genève, III, [616-7].

Bibliothèques; Voy. *Bourges, *Paris, *Troyes, etc.

Bidal; Voy. Asfeld.

Bien-assis, maison de campagne de la famille Pascal, III, 318.

Bienaymé (M.) de l'Académie des Sciences, fait une grande part chez Pascal à l'application du calcul à la question de la destinée humaine, III, 439*.

Bienheureux; voient l'essence de Dieu, V, 404; — (État des) vis-à-vis de la Grâce, II, 103; — (Dieu loué par les), IV, 306; — (Les Iles des), IV, 330.

Biens d'Église (Aliénation des), IV, [552].

Biens ecclésiastiques (Édit d'avril 1639 sur les), II, [512*]; — abus et restitutions du prince de Conti, V, 36, 37.

Biens temporels de l'Église, V, [533].

Bièvre (Bons mots du M{is} de), I, 241.

Bignon (Famille des), I, 15; III, 578, 579; IV, 214; — embranchement de P.-R. au dehors, II, 232, 297; IV, 192.

Bignon (Jérôme I) le père, I, 433, (556); II, 298, 578; — ami de Saint-Cyran, I, 306, 316, 504; — avocat général dans un procès entre des religieuses de l'ordre de Cîteaux, 323-4*; — s'entremet pour Saint-Cyran, I, 493, 494; — Saint-Cyran écrit pour son fils la « Théologie familière, » II, 200, 202; — et Arnauld, 187; — beau-père de M. Briquet, 372.

Bignon (M.), maître des Requêtes; — créancier du curé de Saint-Séverin, IV, [573*].

Bignon (Les deux petits messieurs), élevés à P.-R. de Paris sous la conduite de Saint-Cyran, à Vincennes, I, 501; — élevés à P.-R., II, 109, 230; III, 532; IV, 102*; — (Les fils de M.), élevés à P.-R., III, 469, 475; — élèves de Lancelot, 469; — Vitart, le cousin de Racine, élevé avec eux. VI, 84; — et Saint-Cyran, 84; — la S. Briquet leur nièce III, 273.

Bignon (M. Thierry) le fils, premier président du Grand Conseil, III, 469-70, 578; — élevé à P.-R., 469-70.

Bignon (Jérôme II), le fils, élevé à P.-R., III, 578; aux petites Écoles, I, 433; IV, 192; — ses emplois, III 578; avocat général, etc., 578.

Bignon (L'abbé J.-P.), grand maître de la Bibliothèque du Roi, 578.
Bijoux, V, [538].
Billard (Jeu de), IV, 8.
Billettes (Des) ; son éloge par Fontenelle, IV, 9.
Billy (M. de) a une de ses filles en pension à P.-R. des Ch., V, 154*.
Billy (Mlle de), pensionnaire à P.-R., V, 186*.
Biographes (Jansénistes), III, 247.
Biographies, brusquées en portraits, suppriment trop les intervalles, IV, [529].
Biron (Le maréchal de), I, 68.
Biscuit de deux liards, IV, [334]
Bissy (Le cardinal de), évêque de Meaux, protecteur de la Constitution, V, [611] ; — et l'acceptation de la Constitution, [609-10] ; — et M. Targni, [611].
Blache (L'abbé) ; son récit des relations de M. de Harlai et de Mme de Lesdiguières, V, 284*.
Blague (Mlle), II, 108.
Blaise; Pascal ainsi désigné par son prénom, III, 177.
Blampignon (L'abbé); Étude sur Malebranche, V, 363*, 396* ; — son erreur de faire intervenir Arnauld dans l'examen à Rome des livres de Malebranche, 462-3*.
Blanc (Habit) des religieuses de P.-R., II, 298-9 ; V, [619].
Blanc au noir (Aller du), IV, [571*].
Blanchefort. Voy. Lesdiguières.
Blancmesnil (Le président de), II, [544] ; — bienfaiteur de P.-R. des Ch., IV, 481*.
Blandine (La Sœur), exilée à Saint-Denis, VI, 222.
Blasphémateur (Aventure d'un) et d'un serpent, IV, [551]; — (Absolution refusée à un), [551*].
Blasphémateurs (Ordonnances de saint Louis contre les), V, [553].
Blois, III, 8 ; VI, 29 ; — (États de), I, 55; II, 448 ; — Jésuites, III, 8 ; — (Ursulines de), VI, 233; — lieu d'exil de la M. Du Mesnil, 221, 224.
Blouin, receveur de rentes en 1574, I, 51.
Bobadilla, d'abord choisi par saint Ignace pour les Indes, III, 138.
**Bocage Vendéen* (Le), V, 252.
Boccace, II, 407; — (Contes de), 422; —La Logique doit être rendue aussi agréable que ses Contes, III, 543.
Bochart (Samuel), maître de Huet, II, 418.

Bocquillot (M.), le père, aubergiste Avallon, V, 238.
Bocquillot (Le P.) le frère aîné, religieux Minime, V, 239.
Bocquillot (Lazare-André), 1649-1728; — né à Avallon, V, 238 ;—vicissitudes de sa jeunesse plus que dissipée, 238-9 ; — ses fredaines et son repentir, 238-9 ; — sa conversion, 239 ; — sa surdité, 239 ; brusque et honnête figure ; janséniste non mortifié, 240 ; — disciple de Du Guet, 239 ; — un moment curé de Chastellux, 239 ; — ecclésiastique du dedans, VI, 237-8; — confesseur à P.-R. deux ou trois ans, V, 237, 239 ; — et M. Hamon, 239 ; — et Nicole, 240 ; —.au service de M. de Pontchâteau, VI, [339*]; — chanoine de Montréal, puis d'Avallon, V, 239 ; — fidèle aux souvenirs de P.-R, 240, 241*; — appelant et réappelant, 240 ; — très-peu *romain* en fait de rits, 241* ; — ses homélies, 239 ; suit les traces de M. Le Tourneux dans l'homélie, 237 ; — dissertations sur la liturgie, 239 ; — ses travaux comme savant provincial, 239-40 ; — son bric à brac d'érudition, 240-1*;— ce qu'en dit l'abbé Papillon, 240 ; — sa vie imprimée, 240-1* ; — à Avallon, 270 ; — visites à P.-R. des Ch., 270.
Bœufs d'airain dans le Temple, VI, 145.
Boicervoise (La Sœur Anne de Sainte-Cécile), exilée à Amiens, VI, 221 ; — sa mort, 222.
Boichevel (M. du) et M. de Pontchâteau, VI, [311].
Boileau (Gilles), frère aîné de Nicolas, né en 1631, mort en 1669 ; — son mot sur les *bottes* de Pascal, I, 500*; — son article dans l'abbé D'Olivet, V, 519*.
Boileau (Jacques), dit le petit Docteur, frère de Nicolas, né en 1635, mort en 1716 ; — doyen de Sens, IV, 62; VI, 59 ; — chanoine de la Sainte-Chapelle, 59*, [264] ; — conduit son frère chez le P. de la Chaise, V, 509 ; — et les journalistes de Trévoux, 516-7*; — de plus d'humeur que de goût, 517*; ce qu'il dit des lettres de cachet, VI, [269*] ; — Histoire des Flagellants, V, 517*.
Boileau-Despréaux (Nicolas), né en 1636, mort en 1711; I, 154, 157,

500*, 506, [557] ; II, 38, 55*, 309, 325 ; V, 519 ; — (La génération de), III, 510 ; — orphelin en naissant, V, 501 ; — sa bravoure à la guerre, VI, [260] ; — a l'Académie des Inscriptions, 114 ; — douleurs intellectuelles de sa vieillesse, V, 514 ; — renouvellement de sa vogue des beaux jours, 511 ; — amis de sa vieillesse, VI, 122* ; — vieilli, devient chagrin et injuste, V, 519 ; — découragement final, 517-20 ; — ses infirmités dernières, V, 504 ; — sa surdité, VI, [260, 263] ; — sa mort (17 mars 1711), V, 518 ; — meurt au cloître Notre-Dame chez son confesseur, le chanoine Le Noir, 518 ; — son article dans le Nécrologe, 518.

= (Demeures de) à Paris, VI, [263, 264] ; — voisin de la Sainte-Chapelle, V, 498 ; — logé au cloître Notre-Dame, V, 518 ; — et sa maison d'Auteuil, 503, 514, 518 ; VI, [265], passe toute la belle saison à Auteuil, V, 512* ; ce qu'est de dîner chez lui à Auteuil, 513 ; vend Auteuil, 514, 518.

= et Aristote, V, 491, 493* ; — et sa défense des anciens, 516* ; — son Art poétique et celui d'Horace, 516* ; — ses imitations des anciens, 516* ; d'Horace, 516*, de Juvénal, 516* ; — dans la querelle des anciens et des modernes, III, 202 ; — et l'Écriture, VI, [265].

= et son jardinier Antoine, V, 505, 511-2 ; — et Arnauld, 483, 489, 490, 498, 511, 513. 520; VI, 129-31 ; (Première rencontre de) et d'Arnauld, V, 489-90 ; ses vers goûtés par Arnauld, 470 ; Arnauld (Convenance entre lui et), 490 ; le poëte selon P.-R. et Arnauld, 520 ; ami d'Arnauld et de P.-R., 483 ; son amitié pour Arnauld, II, 170, 175, 189, [515] ; son estime d'Arnauld, V, 13 ; son estime pour l'ouvrage d'Arnauld sur les études, IV, 102 ; ses éloges d'Arnauld, V, 494-5 ; son mot sur Malebranche et Arnauld, 365* ; a les mêmes ennemis qu'Arnauld, 489-90 ; réconcilie Arnauld et Racine, VI, 129-30 ; (Arnauld réconcilie Perrault et), V, 502 ; Arnauld (Boileau appelle son Apologie la lettre d') sur sa dixième satire, 502-4 ; sa belle et ferme épitaphe d'Arnauld, II, 24* ; V, 475, 475-6*, 483, 504-5; VI, 126; ne publie pas son épitaphe d'Arnauld, V, 475* ; sait où Arnauld est enterré, 474 ; — ses pastiches du style de Balzac, II, 79 ; V, 515 ; et Balzac, III, 67 ; se moque de Balzac et de Voiture, 458* ; imite Balzac et Voiture, V, 515 ; — et son frère le docteur Boileau qui l'excite à la riposte, 516-7* ; — et M. Boivin, 516* ; — et Bourdaloue, 506 ; son amitié pour Bourdaloue, II, 189 ; son estime pour Bourdaloue, V, 13, 500* ; — et Brossette, 474* ; 514 ; — et l'article malveillant du P. Buffier, 516-7* ; — et l'abbé Cassagne, 20 ; — et Chapelain, III, 560 ; V, 488, 519 ; — et Chapelle, 513* ; —.Cheminais (Bonne scène avec le P.), 508* ; — ce qu'il dit du ministre Claude, 494-5 ; — et Colbert, 489 ; — et le collège Louis-le-Grand, 514 ; — sera de l'avis de M. le Prince quand il aura tort, III, 551 ; — et M. Le Duc, fils du grand Condé, VI, 129 ; — et le Confesseur de Louis XIV, V, 494* ; — son opinion de Polyeucte et d'Athalie, I, 132-3 ; — et l'abbé Cotin, V. 487 ; — méprise les nouveaux, Crébillon, Regnard, Le Sage, La Fare, Chaulieu et Saint-Aulaire. 519 ; — et M. Daguesseau, 511, 513 ; son estime pour Daguesseau, 85 ; — et d'Assoucy, 487 ; — son éloge du P. Des Mares, le prédicateur, I, 472 ; V, 501 ; — et le médecin Dodart, 502 ; — et l'abbé de Pure, 487 ; — et Des Maretz de Saint-Sorlin, 489 ; — et l'abbé d'Olivet, 503* ; — ce qu'il dit de Domat, II, 510 ; son estime pour Domat, V, 521 ; — et le P. Ferrier, jésuite, 493, 494* ; — et M. de Fleury, 513 ; — et Gibert, 519-20* ; — et son petit-neveu Gilbert, fils du Président, VI, [263] ; — chez Mme de Grammont, 35* ; — ses vers pour M. Hamon, IV, 340 ; — et les Jésuites, III, 112 ; V, 475* ; 493, 503, 503*, 506-7, 509, 544, 516-7*; harcelé par les Jésuites, III, 458* ; (Querelle de) et des Jésuites du journal de Trévoux, V, 514, 516-7* ; excité par son frère le docteur à répondre aux Jésuites, 516-7*; aux prises avec les Jésuites, 1706, 517* ; et les Jésuites du collège Louis-le-Grand, 514 ; triste du triomphe des Jésuites, 514 ; —

cite M. Joli comme prédicateur, IV, [585*]; — et le P. La Chaise, V, 494*; 504; conduit par son frère le docteur chez le P. de La Chaise, 509; — et La Fontaine, 513*; empêche La Fontaine de dédier un conte à Arnauld, 24; — et M. de Lamoignon, 489, 491, 492, 498, 506; son estime pour Lamoignon, 85; la scène du diner chez M. de Lamoignon (1690), racontée par Mme de Sévigné, 506-7; — et son confesseur, M. Le Noir, 518; — son jugement sur l'éloquence de M. Letourneux, 213-4; — et Louis XIV, 504, 514, 517, 518; VI, 127-8*, [262, 263]; ce qu'il dit de la jeunesse de Louis XIV, V, 82*; son mot sur Louis XIV et Arnauld, 325; nommé historiographe du roi en 1677, VI, 133; historiographe du roi, [260-1, 263]; son histoire des campagnes du roi, 127*; ce que Louis XIV lui dit de Racine, [260]; — et Madame de Maintenon, V, 501*; — et Malebranche, 365*; ce qu'il dit à Malebranche, III, 96; — et Molière, V, 513*, 514; son estime pour Molière, III, 300; son rôle satirique au début à côté de Molière, V, 484-9; vient en aide à Molière comme satirique et comme critique, 484-5, 488; assure en détail le succès d'emblée des *Précieuses*, III, 270, 271; stances à Molière (1663), V, 488; en face de Molière, 484, 485; — et le docteur Morel, 489-90, 492-3; — son estime pour Nicole, IV, 510; — son estime pour Pascal, III, 202; dans le même courant moral que Pascal, V, 498-9; Provinciales bien antérieures à lui, 485; et les Provinciales, 498-9; son admiration pour les Provinciales, III, 121; V, 503-4, 506-7; a Pascal en vue comme idéal de perfection, 498; Pascal (Influence de) sur lui, 498-9, 500; veut un moment faire une lettre à la manière des Provinciales, 514-5; ne peut pas imiter le style de Pascal, 514-5; sa rhétorique conforme à celle de Pascal, III, 460; — et Perrault, 560; d'accord avec Perrault sur un point de la querelle des anciens et des modernes, V, 506*; réconcilié avec Perrault par Arnauld, III, 202; — (Les Pradons et), V, 518-9; — et Quinault,

487; — et Racine, 475-6, 502, 505, 511, 513*; VI, 155; Racine (Liaison avec), 105; différence de nature première avec Racine, 90; différences avec Racine, 114, [262-6]; Racine (Son jugement sur le tempérament de), 106, 114; ne traite pas Racine de génie, mais de très bel esprit, I, 151; VI, 122-3*; reconnait en lui l'esprit de satire, I, 250; le maître de Racine, II, 44; (Racine sans), VI, 43; dégage Racine des Cotins, 105*; Racine (Action efficace sur), 121-2; empêche Racine de publier sa *seconde Lettre* antijanséniste, III, 267; V, 490; VI, 113; sa défense de la Phèdre de Racine, 130-1; mêlé à la querelle de Racine et du duc de Nevers à propos de Phèdre, 128-9; moins augustinien que Racine, V, 510; dissuade un moment Racine d'écrire pour Saint-Cyr, VI, 135; trouve Athalie le chef-d'œuvre de Racine, 142; son admiration pour Athalie, 151; lettres de Racine, 152; au mariage de la fille de Racine, [252, 253]; survit à Racine, 157; — et Retz, V, [576]; — et Rollin, 520; — son éloge de Saint-Cyr, 501*; — cite le docteur Jacques de Sainte-Beuve, IV, [574]; — et Scarron, V, 487; — et Scudéry, 487; — et le P. Tellier, 517; — son estime pour Tréville, 85; — et M. de Toulon, 1690, 506; — et M. de Troyes (1690), 506; — et M. de Valincour, VI, 35, [260-1, 262, 263]; — ses pastiches de Voiture, V, 515; — et M. Vuillart, 512*.

= Facile aujourd'hui d'être juste à son égard, V, 484; — nature une et fixe, VI, [265]; le bon sens pratique, V, 484; — naturel et sincère, VI, [263]; — peu courtisan, [265]; — cesse d'aller à la Cour, V, 504, 513; — son mail et son jeu de quilles, 518; — excellent ami, VI, [263, 265]; — causes multiples de son peu de sentiment pour les femmes, V, 501; — sa verve et son humeur, 503; — droit et adroit, 494*; — son franc parler avec les partis contraires, 494*; — adresse et justice de ses doubles hommages, 494*, 501*, 503*, 504; — sa demande d'être jugé plus que loué, 510; — son talent à réciter, 510; — son goût du monde et de la con-

versation, 513*; — comment il aime à recevoir, 513*; — se levait fort tard. 496*; — ses scènes de comédie dans la conversation, 513*.
= N'entre pas dans les querelles de la Grâce, V, 514; — ses opinions sur la Grâce, 13; — entre à quelque degré dans le dogme théologique, 498; — cite saint Augustin, 13; — plus régulier que dévot, 513; — chrétien, mais vif à la blessure, VI, [263-5]; — chrétien gallican. V, 498; — sa part de rationalisme. 510*; — (L'idéal de la dévotion de), IV, 511; — sa foi fervente et sérieuse, V, 507; — l'amour de Dieu, une des sources de son inspiration, 505; — mord plus à la morale qu'au dogme janséniste, 510*; — ami de P.-R., III, 112; IV, 410; V, 25; — exemple de l'ami de P.-R., 12, 13; — par excellence l'ami de P.-R. et des Jansénistes, 505; — l'ami indépendant, 494*; l'ami littéraire de P.-R., 475-6, 483, 489-518; — influence morale de P.-R sur lui, 500; ses partialités pour P.-R., 499, 500*; — son jansénisme, 500*, 513-4; — janséniste amateur, III, 34, 560; —son jansénisme poétique, V, 509-12; —janséniste pas sombre, 498;— fort peu janséniste en fait de lit, 496; — le plus mordant des Jansénistes amateurs. III, 201; — et les Jansénistes outrés, V, 510-1; — sa raillerie du relâchement et du casuisme, 499; — les Casuistes sont ses adversaires favoris, 515; — tout au plus molino-janséniste, IV, 13-4; V, 514; — mis dans les Jansénistes, III, 244; — mesure de son jansénisme, V, 518; — n'est pas d'accord avec P.-R. sur la comédie, 514; — et les cinq propositions, 499; et la paix de l'Église, 499; — comment les Jansénistes en font un solitaire, III, 189; — (Lire du), la seule gaieté littéraire des Jansénistes, V, 513*; — devenant à la fin aussi janséniste qu'il lui est possible, 513-4; — ce qu'il dit des religieuses de P. R., 518; — ce qu'il dit de l'éducation des filles à P.-R., IV, 116; — ses louanges de l'éducation de P.-R., V, 185; — et la ruine de P-R., 514; — connaît le saccage de P.-R. des Ch., 517.

= Surtout un poëte, non un homme de parti, V, 500*;—le poëte honnête homme, 476*, 483; — son imagination réglée par l'honnête, 490; — se tient l'un des trois génies de son siècle, VI, 122-3*; — (Le) de la première époque, V, 488-9; — à un moment, le poëte le plus vif de la place Dauphine et du Palais, 489; —(Le démon de) avait des quintes, VI, 123*; — son idée générale d'une grande pièce n'est guère qu'un thème pour encadrer des tableaux, V, 494, 495, 496; — procède volontiers par morceaux, 495; — peine de ses transitions, 495; — cherche avant tout les beaux vers, 494, 495, 496; — la poésie du critique, 498; — le second des Satiriques français, 498; — sa réforme en littérature, II, 510; — règle et resserre notre poésie, IV, 332; — (originalité de), I, 22; — écrivain au complet, III, 101; — (Goût exquis de), 408; — son goût grave et fin, IV, [568]; — son goût critique excellent et libéral, III, 300; — méthode sévère, IV, 420; — guerre contre le burlesque, V, 487-8; — n'aime pas les poëtes négligés, 519;— sa mesure, 490, 518; — originalité de son style, III, 53; — fonde le style exact sans devenir académique, 53; — tient pour le mot propre, fût-il rude, VI. 128*; — (Poétique de), II, 85; — le juge intègre et sourcilleux, VI, 120;— ennemi déclaré des extravagances, IV, 442; — et la comédie, V, 514; — anathème contre l'Opéra, 501; — anathème contre les romans, 501; balaye la queue des mauvais romans, 486; — et les mauvais auteurs, 487; — son opinion sur les pastiches d'un style, III, 458-9*; — le rimeur tient bon dans le chrétien, V, 517; — sa tristesse de la chute du goût, 514; — s'attriste en vieillissant, 513; — son esprit devient à la fin un peu sec et triste, 519; — finit par être presque un solitaire, 518; — sa tristesse finale et morose, 514; — mort découragé littérairement, 518-9; — (Ceux qui aiment tout de), 515; — ses dernières antipathies littéraires, 519; — sans postérité littéraire immédiate, 518.
=Édition de Hollande de 1703, V,

516* ; — édition de ses œuvres de 1710, 517 ; — édition posthume de 1713, 517 ; — édition Saint-Marc, 491*, 518 ; — (Les éditions de) et les Jésuites, 517 ; — édition de Daunou, 519 ; — édition de M. Berriat Saint-Prix, 484 ; — une de ses préfaces, 516*.

= Satires, III, 390 ; — supérieur dans la satire, VI, [264]; — premières satires (1660-1665), V, 487, 488-9 ; — deuxième satire, III, 300 ; — satire III, vers 182, I, 141* ; — satire IV, IV. [585*] ; — satire V, sur la vraie noblesse, V, 516* ; — satire VI, des Embarras de Paris, VI, 90 ; — satire VIII, sur l'homme, III, 406 ; V, 516* ; — satire IX, à son esprit, 516* ; — satire X, sur les Femmes, IV, 116 ; V, 500-4, 516*; admiration d'Arnauld, 501, 502, 503-4 ; de Bayle, 501; critique de Bossuet, 501-2, 508; remerciments à Arnauld pour sa réponse à Perrault, 503-4 ; réponse d'Arnauld à la réfutation de Perrault, 502-3 ; réponse de Perrault, 502 ; — satire XI, sur l'honneur, 500 ; — satire XII, sur l'équivoque (1705), III, 459*; V, 494, 508. 514-8; comment est née la satire XII, III, 458-9* ; table rimée des Provinciales, V, 515-6 ; la satire XII et M. de Noailles, l'archevêque de Paris, 517, 517* ; admirée de Bossuet, 508 ; les Jésuites en empêchent l'insertion dans l'édition de 1710 et dans celle de 1713. 517 ; Louis XIV fait défense de l'imprimer, 517.

= Supérieur dans l'Épître, III, 390; VI, [264]; — épître 3ᵉ, de la mauvaise honte, V, 493-8; l'épître III, adressée à Arnauld, a dû l'être au P. Ferrier, III, 266 ; — détails sur le 3ᵉ épître, la mauvaise honte, adressée à Arnauld, [1673], V, 493-8 ; — épître IV sur le passage du Rhin, 498 ; — épître VI à M. de Lamoignon, 498 ; — sa belle épître à Racine au lendemain de Phèdre, épître VII, V, 498 ; VI, 123*, 129 ; — épître X, à ses vers, V, 500, 504-5, 513 ; — épître XI à son jardinier, II, 84; V, 500, 505, 513; louée par le poète Le Brun, 505; — épître XII sur l'amour de Dieu, (1695), III, 133 ; V, 500, 505-12, 513, 515*, 516*; VI, 155, [264]; Renaudot (dédié à l'abbé) la XIIᵉ épître, V, 505; dépendance directe de la 10ᵉ Provinciale, 505, 507-8; et M. de Noailles, 502-3, 512*; et le P. de La Chaise, 509-10; admiration de Bossuet, 510, 512*; anecdotes sur son succès, 511-2; prosopopée du Jugement dernier, 507-8, 512*; — ses ennemis réveillés par ses trois dernières épîtres, 513.

= Art poétique, III, 300; V, 516*; — vient heureusement après les chefs-d'œuvre du siècle, III, 390; — le Lutrin, II, 13*; III, 69 ; IV, 343 ; V, 498-500 ; VI, [267] ; (M. de Lamoignon arbitre dans l'affaire du), IV, [592]; M. de Lamoignon lui en donne le sujet, V, 499 ; (Noms antijansénistes du), V, 499; égayé des souvenirs de Pascal et de P.-R., 498 ; Chant VI, 505; portrait d'Alain, II, 184*; III, 112; V, 499; dissertation du P. Cahours (1857), 500*; citation, VI, 66.

= Ode sur Namur, V, 500 ; — Arrêt burlesque en faveur des Péripatéticiens, VI, 179 ; histoire de l'arrêt burlesque (1671-73), V-490-3 ; le style de greffier est son grimoire de famille, 492. 493; — parodie de Chapelain, III, 69 ; — parodie la Sorbonne, 112 ; — épigramme contre La Chapelle, VI, [263-4]; — vers devenus proverbes, III, 49 ;.— citations, II, 68*, 465 ; — Lettres, V, 494*, 511; — ses deux lettres à M. de Vivonne, III, 453*; — lettres à Racine. V, 509-10; — Lettre à Perrault, 85 ; — lettres à Brossette, IV, 420*; V, 13; — Conversations, IV, 180*; recueillies par Brossette, V, 82*.

= Jugement de M. Vuillart, VI, [263--5]; — détails donnés par M. Vuillart, V, 512*, 513* ; — ce qu'en dit M d'Étemare, 513*; — ceux qui en aiment tout. 515 ; — ce qu'en dit Mathieu Marais, 515*; — J. B. Rousseau son disciple, 519; — et Voltaire, 520; — qu'eût-il pensé de Voltaire ? 520 ; — ce qu'en dit Voltaire, 498 ; — fausseté des critiques de Condillac, III, 53; — Étude dans les *Causeries du lundi*, tome 6, V, 489.

Boileau (Distinction des trois abbés), VI, 59*.

Boileau (L'abbé Charles), le prédicateur, mort en 1704, né à Sens, VI, 59*; — de l'Académie française comme prédicateur, 59*.

Boileau (L'abbé Jean-Jacques), né à Agen en 1649, mort en 1735 ; — dit de l'Hôtel de Luynes et de l'Archevêché, V, 469* ; VI, 59* ; — logé à l'hôtel de Luynes, IV, [592*] ; V, 469* ; — chanoine de Saint-Honoré. à Paris, III, 363* ; VI, 59* ; — du groupe des Jansénistes honnêtes gens. V, 509 ; — et l'Écriture, VI, 59* ; — et Bossuet, V, 508, 509 ; — et M. du Charmel, VI, 57* ; — ami particulier de Du Guet, VI, 59, 60, 62 ; directeur de Du Guet, 17, 18 ; ce qu'il dit de Du Guet, 76 ; — ce qu'en dit Fénelon; 176 ; — ses relations avec M. de Gondrin, archevêque de Sens, IV, 392-3* ; — et Madame Guyon, 430* ; — et le cardinal de Noailles, III, 362-3* ; VI, 56-7 ; attaché à sa personne, 59* ; son conseil, 176 ; — le seul qui parle de *l'abîme* de Pascal, II, 503 ; discussion de son témoignage unique et tardif sur *l'abîme* de Pascal, III; 363-4 ; — assiste Racine, VI, 59*, — et la Sœur Rose, 56-7 ; — ce qu'il dit de la mort de M. de Saci, II, 373 ; — lettres, III, 363*.
Boindin et Boileau, VI, 122*.
Boisbuisson (M. Pierre de), s'appelait Pied-de-Vache, aussi dit de Bourgis ou Le Chevalier, IV, 218* ; confesseur forcé des religieuses, est pour elles plein de bontés ; 218-9* ; — meurt en Poitou, 219*.
Boisdanemets; Mémoires sur le duc d'Orléans, II, 253.
Boisdauphin (Henri-Marie Laval de), évêque de La Rochelle de 1661 à 1693. V, 67 ; — visite à P.-R. des Ch., V, 75.
Boisdauphin (Le Mis de), petit-fils de Mme de Sablé; — élevé à l'école de Sevran, III, 577-8 ; — sa mort, V, 75.
* *Bois-Guillaume près Rouen*, V, [615].
* *Bois-le-Duc* (Siége de), I, 300*.
Bois-Robert et Balzac, II, 53-60, [527, 529].
* *Boissy-Saint-Léger*, V, [587].
Boîte (La) à Perrette, IV, 513*.
Boileau (M. Paul) ; annotateur de Bussy, V, 129* ; — et les lettres de la M. Agnès, IV, [575*].
Boivin (Jean), B^{re} à la B^e du roi, V, [612] ; — et Boileau, 516* ; — et l'abbé de Louvois, [612] ; — traduit en vers le *Santolius pœnitens* de Rollin [623] ; — et M. Targni, [612].

Bolingbroke (Un Dieu à la), V, 427.
* *Bologne*, VI, [311].
Bon pasteur. — Voy. Champagne Sévigné (Le Ch. de).
Bon plaisir divin (Le), V, 118.
Bon sens (Les gens de) ne donnent pas dans les extrêmes, VI, 76* ; — humain (Le) se peut personnifier dans Voltaire, III, 361*.
Bonald (Louis-Gabriel-Ambroise de) . — cite Nicole, IV, 432 ; — injurieux pour les Protestants, 458 ; — veut que le déiste soit odieux III, 412*.
Bonaparte déclare qu'il n'aurait pas laissé jouer le *Tartuffe*, III, 283* ; — n'aime pas ceux qui restent en dehors de lui, I, 307, 381*.
Bonaparte (Joseph), III, 432.
Bongars (Lettres de) traduites par l'abbé de Brianville, III, 507.
Bonhomie et Bélise, III, 495*.
Bonhomme (L'expression de) n'implique que l'âge avancé, II, [537*] ; V, 8 ; VI, [252].
Boniface (Le pape), II, 147.
* *Bonn* (Université de), I, [514].
Bonnac (M. de) ambassadeur en Hollande ; — et Racine, VI, 154,
Bonneuil (M. de), introducteur des ambassadeurs, I, 206.
* *Bonneville* (Prieuré de), I, 282.
Bonnin de Chalucet (Armand Louis), 1684-1712, évêque de Toulon ; au dîner chez M. de Lamoignon, V, 506.
Bonrepaux (M. de) ambassadeur en Hollande, VI, [251] ; — (Lettre de Racine à M. de), 35-6*.
Bons (L'esprit des) n'est pas inflexible, V, 452.
Bons mots, gaieté de l'esprit, IV, [555].
Bonté (La) du monde reste la même, III, 261-2.
Bontemps (M. de) parle à Versailles des projets de M. de Harlay contre P.-R., V, 232, 282*.
Booz, II, 250.
Bopp et la Méthode naturelle des langues, III, 542*.
* *Boran près Beaumont-sur-Oise* (Bénédictines de), III, 570-1*.
* *Bordeaux*, III, 544 ; VI, [295] ; — (Le prince de Conti à), V, [26, 34] ; — Collége de Guyenne, II, 409 ; — (Fronde à), V, 26, 34 ; — Faculté de théologie déclare les *Provinciales* exemptes d'hérésie, III, 212 ; — (M. de Longueville à), V, 128* ; — (Mairie de), II, 410 ;

— Parlement ne veut pas condamner les Provinciales, III, 212 ; — (Le retour a), II, 443* ; — Voy. Bourlemont.

Boré (M. Eugène), III, 493 *.

Borel (M.); sa sortie de P.-R. des Ch. V, 186.

Borgnes (L'épigramme des deux), III, 434.

Borromée (Le Cardinal) et Retz, V, [572].

Bosquet, évêque de Lodève, III, 18.

Bosroger (M. de), frère de Du Fossé, VI, 158 *, 159 *, 160 * ; — au convoi de M. de Saci, II, 369 *, 370 *.

Bosroger (Mme Le Maistre de), petite-nièce d'Arnauld, VI, 160 * ; — son mérite, 160 * ; — sa lettre sur la mort de son beau-frère M. Du Fossé, 158-9 ; — et M. de Pretot, 158 * ; — au convoi de son oncle, M. de Saci, II, 369 *.

Bossuet (Jacques Bénigne) évêque de Meaux, I, 8, 14, 21, 22, 217. 247, 263, 358, 364, [554. 555] ; — II, 54, 149, 167, 171, 173 *, 400 ; III, 15, 246; IV. 58, 172*, 332 ; V, [528].

= Déjà oracle, quoique simple prêtre, IV, 444 ; — le dernier grand théologien reconnu. V, 369 ; — comment Père de l'Église, 369 ;— (Où le génie de) a fait loi, IV, 458 ; — son esprit une sphère, 435 * ; — surtout autoritaire, V, 373 ; — hostile au libre examen, 368 ; — sa franchise militante, 366 ; — esprit monarque plus que guerrier, 380 * ; — le grand politique chrétien, III, 448 ; — sa douceur et sa raison, IV, 277 ; — l'idée de malice s'attache-t-elle à lui ? III, 202* ; — est-il toujours utile chrétiennement ? VI, 51 ; — son étendue d'horizon, 55 ; — ce qu'il a d'onction, IV, 125-6 ; — (Flamme de), II, [521] ; — on en voudrait un peu partout, V, 15 ; — (Le Dieu de), III, 397 ; — ce qu'il y a de politique chez lui, I, 342 ; — comment il se sert de l'histoire, 344.

= et la Grâce, IV, 475 ; matières de la Grâce, ténèbres et abîmes selon lui, V, 375 ; derniers écrits sur la Grâce, III, 306* ; — ce qu'il dit de la chute, II, 138* ; — déclare la philosophie impuissante à réformer l'homme, 386 ; — craint à tort l'invasion philosophique dans les hauteurs métaphysiques, V, 409 ; — ni jésuite ni janséniste, IV, 276 ; — ce qu'il accepte et ce qu'il repousse du jansénisme, II, 154 ; — son rôle d'arbitre, IV, 67 ; — l'oracle gallican, III, 214 ; — donne la théorie religieuse du règne, IV, 111 ; — trop déférent aux pouvoirs établis, V. 464* ; — reste courtisan, VI, [265] ; — tient la balance dans le procès de la morale chrétienne gallicane, III, 216 ; — ce qu'il pense des Casuistes, IV. 67 ; — ce qu'il pense des cinq propositions, II. 153 4 ; — et la signature, IV, [577] ; — son rôle dans l'Assemblée de 1700, III, 214-6 ; — a-t-il vu les progrès de l'incrédulité ? 305-6 ; — écrit contre la comédie, V, 28, — ce qu'il dit de l'enfance, III, 481*, 496.

= Capable de traduire la Bible, II, 360-1, 362-3 ; — comparé à Moïse, 362 ; — aux conférences sur la version de Mons, 360 ; — censeur de la version de Mons, 359-60 ; — favorable aux traductions vulgaires, 359 ; — loue le style rude de saint Paul, III, 463* ; — a certaines choses de saint Augustin, I, 421 ; s'inspire de saint Augustin, II, 143* ; — imite saint Chrysostome, I, 404.

= A-t-il le cachet complet du style chrétien ? III, 463 ; — (Prose de), II, 56 ; — (Style périodique de), V, [607] ; — trouve l'élégance continue contraire à la simplicité de l'Esprit divin, II, 361-2 ; — la grandeur de sa parole a besoin de sujets grands, 151* ; — ses brusqueries d'écrivain, VI, 150.

= Lettres, IV, 67*, 508-9* ; — lettres au maréchal de Bellefonds, II, 153 ; V, 83*, 85 ; — lettres à l'abbé Le Roi à propos de sa contestation sur les humiliations, IV, 63-5 ; — lettres à M. de Neercassel, V, 307, 375 ; — sa correspondance avec Mlle de Luynes, IV, 122 ; — son ancienne lettre aux religieuses sur la signature, publiée sans effet après sa mort par le cardinal de Noailles, en 1709, 275* ; VI, 207-8 ; — lettre au P. Caffaro contre les spectacles (1694), III, 307-8.

= Exposition de la foi, IV, 396* ; — Traité du libre arbitre, VI, 131* ; — Élévations, II, 138* ; septième semaine, troisième et quatrième élévation, IV, 444* ; quatrième élévation de la septième semaine, III, 481*; — Panégyrique de saint Paul, 463* ; — Traité de la concupiscence, II, 143*, 478; V, 502*; — Discours de la vie cachée, écrit pour une des Mmes de Luynes, II, 314; IV. 123 ; — Instruction sur la spiritualité des Quiétistes, 93 ; — sa *Logique* publiée en 1828, III, 548 ; — Discours sur l'Histoire universelle, II, [521]; III, 104; VI, 7 ; très-visiblement devancée par un chapitre des Pensées de Pascal, III, 447,448.; conversation avec Du Guet, 447 ; ce qu'elle doit à Du Guet, 447; un des trois plus beaux monuments d'art chrétien du dix-septième siècle, VI, 150-1 ; — Histoire des variations, V, 463; devancée par la Perpétuité de Nicole ; — Oraisons funèbres: du prince de Condé, III, 305; du docteur Cornet, IV, [566*], (Détails contemporains sur son),VI, [363-4]; publiée en Hollande en 1698, II, 150-3; de Michel Le Tellier,V, [585, 593] ; d'Henriette d'Angleterre, 36, III, 290 ; habileté d'une de ses phrases, IV, [537*] ; de Madame, III, 390; de la princesse Palatine, II, 208 ; III, 167*, 305 ; — Sermons, 305-6*; pour l'Avent, II, 386; — *Réflexions sur la Comédie*, III, 308 ; — Instructions à des religieuses, I, 355.

= et Arnauld, VI, 136*; son estime pour Arnauld, IV, 459 ; détermine Arnauld à réfuter Malebranche, 508 ; V, 375, 376 ; disciple d'Arnauld pour l'article de la Pénitence, II, 190 ; ce qu'il dit d'Arnauld, 173; III, 535 ; IV, 170-1 ; comment jugé par Arnauld, V, 463 ; son jugement sur le grand Arnauld, I, [530*] ; ne veut pas s'expliquer sur Arnauld, V, 464*; —et les Assemblées du Clergé, IV, 359 ; — pourquoi il blâme justement la satire X de Boileau contre les Femmes, V. 501-1, 508 ; son admiration pour la satire XII de Boileau, 508 ; Boileau et la douzième épître, 510, 512*; —et l'abbé Boileau, 508 ; — et l'accommodement de M. de Choiseul, évêque de Comminges, VI, [363-4] ; — disciple du Dr Cornet, 65*; — l'un des maîtres du Dauphin, III, 486*; — aurait dû s'effrayer de la méthode même de Descartes, V, 354 ;

se tient sans crainte au cartésianisme, 353 ; en adoptant le cartésianisme garde sa stabilité, 365; — valeur vraie de la conversation de Du Guet avec lui sur une vue d'histoire universelle, VI, 53, 55 ; — ce qu'en dit le P. Esprit, [364] ; — critiqué par l'abbé Faydit, IV, 38 ; — Fenelon est d'abord sous son influence, V, 372, 373* ; ce qu'en dit M. Cousin, 373*; ce que Fénelon lui doit, 373* ; sa guerre avec Fénelon, I, [553, 555]; III, 392* ; V, 380 ; — conversation chez l'abbé Fleury avec Du Guet sur l'idée première de l'Histoire universelle, III, 447-8; VI, 7 ; — connaît les origines de la querelle Janséniste, IV, [565-6]; — points de contact avec Jansénius, II, 138*, 143* ; moins préoccupé des dangers de l'avenir que Jansénius, 154, 155 ; — traite les Jansénistes de fauteurs d'hérétiques, I, [530*]; — est du côté des Jésuites contre les Jansénistes, [522] ; opposé aux Jésuites, III, 218; — ami de M. de La Brunetière, IV, 186*, 275 ; — et l'abbé Ledieu, V, 463* ; — commence avec Leibniz une ébauche de la réunion des Chrétiens, III, 310; — et M. Le Tellier, l'archevêque de Reims, V, 229 ; — et Louis XIV, V, 83*, 86, 329, 369 ; faible devant Louis XIV, I, 350*; n'a pas le courage de rien représenter au roi, V, 463 ; l'homme du roi contre le pape, IV, 358*; — et Malebranche, V, 363 ; est pour que Mal. ne publie pas le Traité de la nature et de la grâce, 375 ; contre Mal., III, 392*; se révolte contre le système de Mal., V, 426 ; son soulèvement contre Mal., 437 ; son effroi des principes de Mal., 366-9 ; colère et lettre éloquente contre Mal., 365-67 ; vigoureuse lettre à un malebranchiste, 365-6 ; — doyen du chapitre de Metz, IV, 275 ; — Molière se rapproche de lui pour l'ampleur du jet, III, 300 ; a pris personnellement Molière à partie avec violence, 301, 307-8 ; — et M. de Neercassel, V, 300, 309 ; son estime pour Nicole, IV, 459, 508-9 ; *censeur* équitable de la *Perpétuité de la foi* de Nicole, II, 359 ; son approbation de la Grande Perpétuité, IV, 445; d'accord avec Nicole contre Richard Simon, 508-9; détermine Nicole à écrire contre le Quiétisme, 508 ; — sa part dans l'Ordonnance de M. de Noailles, VI, 64-5* ; — ne cite pas Pascal parce qu'il est janséniste, III, 392 ; digne de sentir le style de Pascal, 389; éloge qu'il fait des *Provinciales*, 202 ; rapproché des Provinciales, 150 ; comble des lacunes des Pensées de Pascal, IV, 444* ; au point de vue de sa cause, aurait bien plus retranché aux Pensées de Pascal que leurs éditeurs, III, 389 ; — et M. de Péréfixe, IV, 275 ; — lié d'estime avec P.-R., II, 151*; réserve toujours le point de la Grâce vis-à-vis de P.-R., IV, 459 ; garde des mesures avec P.-R., I, [554] ; compagnon d'armes de P.-R. contre les Calvinistes, IV, 459 ; son jugement sur le style de P.-R., 333 ; la méthode de P.-R. contre les Calvinistes la même que la sienne, 457 ; traite P.-R. au passé, V, 193-4 ; — et l'expulsion des Protestants, IV, 508-9* ; — ses grandeurs bibliques égalées par Racine, VI, 150 ; — imprime un ouvrage de Rancé, IV, 67 ; — et l'abbé Renaudot, V, 508 : — ce qu'il dit de Retz, [580, 593] ; connaît le vrai Retz, [536] ; son portrait de Retz dans l'oraison funèbre de Le Tellier, [543-4, 585] ; les sermons de Retz précurseurs des siens, [531] ; — objections à la Bible de M. de Sacy, II, 366* ; — ce qu'il pense du recueil des Lettres de Saint-Cyran, II, 213-4*; raille Saint-Cyran, I, 273 ; (Poétique de) analogue à celle de Saint-Cyran, II, 164 ; permet à M. d'Albert la lecture des lettres de Saint-Cyran, IV, 126 ; — près de la mort, pense à réfuter le cardinal Sfondrate, III, 306*; — et Tillemont, IV, 93 ; ce qu'il dit de Tillemont, 74 ; son estime pour Tillemont, 38 ; — et M. de Tréville, V, 83*, 86, 87 ; mot sévère de M. de Tréville sur lui, 464* ; — et la conversion de Turenne, IV, 396*.

= et la princesse Palatine Anne de Gonzague, V, [536] ; fait l'épitaphe d'une des Mmes de Luynes, religieuses à Jouarre, III, 314 *;— prépare des lettres et des discours aux religieuses de P.-R., IV, 144 ; — ses bons conseils aux religieuses de P.-R., 184 ; — dans l'affaire de la signature des religieuses, 275-7 ; — et la signature des religieuses, 405 ; — et la M. Agnès, 276 ; — et la lettre à une Protestante, par la S. Anne-Marie de Jésus, 12 * ; — exhorte à la Signature Marie Angélique de Sainte-Thérèse d'Andilly, 274-6.

= (Pourquoi Voltaire attaque Pascal et non pas), III, 398 ; — ce qu'en dit de Maistre par rapport au Jansénisme, II, 155 ; attaqué par M. de Maistre, III, 242*; — son Histoire par M. de Bausset, II, 155 * ; — sa perspicacité exagérée par M. de Bausset, 369 ; — Études sur sa vie par M. Floquet, IV, 275 * ; — resté vivant, II, 172.

Bossut (L'abbé) ; Discours sur Pascal, II, 472, 473, 473* ; — son Discours préliminaire n'est pas une autorité, III, 245 ; — son histoire du concours de la roulette, 316 ; son édition des œuvres de Pascal (1779), 394 ; son texte de Pascal, 83*.

Bouchard de Marly, I, 42.

Bouchardon (Edme), sculpteur, et le P Tournemine, V, 465*.

Boucher (M.), I, 178.

Boucher (Le P.), Jésuite, familier du prince de Condé et ennemi de Retz, V, [541].

Boucherat (Nic.), Général de l'ordre de Cîteaux, I, 50, 51, 86, 190, 203, 233 ; — fait enlever de Maubuisson l'abbesse Mme d'Estrées, 191 ;— établit la M. Angélique pour réformer Maubuisson, 192, 197 ; —permet l'entrée dans une partie de P.-R. à M. Arnauld le père, 113.

Boucherat (Louis), Chancelier de France ; veut remplacer le Tellier, V, 157* ; — et le Dictionnaire de Bayle, IV, 437* ; — intervient pour empêcher les attaques de Faydit contre Tillemont, 39 ; — et Tillemont, 29.

* *Bouchet* (La princesse de Conti dans sa terre du), V, 39 ; — (Mme de Sévigné au), 111*.

Boudhisme (Mysticité du), IV, 307 ; — (L'idée de la sainteté dans le Boudhisme), III, 339 ;—son grand bien relatif, 342*;— (Histoire du), 323*.

Boué (M.), marguillier à Saint-Gervais ; loge M. de Ponchâteau, IV,

[325, 327, 331, 333, 334] ; et M. de Pontchâteau, [337] ; M. de Pontchâteau meurt chez lui, [335] ; lettre sur les circonstances de la mort de M. de Pontchâteau, [336-8].

Boufflers (Le chev. de) parle de l'Augustinus, II, 98.

Bougeant (Le P.), Jésuite, III, 130.

Bouhier (Le Président) et M. Bocquillot, V, 246 ; — relate des bons mots du cardinal Le Camus, IV, [555*] : — lettres de Mathieu Marais, III, 303* ; — (Un chapitre à la), VI, [359].

Bouhours (Le P.), Jésuite, I, [553-4] ; III, 310 ; IV, 130 ; — et Arnauld, V, 462, 462* ; — défendu contre Barbier d'Aucour par l'abbé de Villars, III, 395* ; — et la bonne réponse du jardinier de Boileau, V, 511-2 ; — correspondant de Bussy-Rabutin, 468-9* ; — ce qu'en dit le P. Daniel, III, 220 ; — acharnement des Jansénistes contre lui, II, [576] ; — traite à tort Malebranche de copiste de Pascal, V, 390 ; — son épitaphe de Molière, II, [575] ; III, 267 ; — son portrait par Nicole, V, 462* ; — et Ch. Perrault, 479 ; — fait en détail la guerre aux mots de MM. de Port-Royal, II, 375* ; et les locutions de P.-R., VI, [297*] ; — fournit ses propres extraits à Richelet, I, 483* ; — et Mme de Sablé, V, 80* ; — son jugement sur Saint-Cyran, II, 163 ; raille Saint-Cyran, I, 247, 273.

= Son peu de considération ecclésiastique, II, [574-5] ; — religieux dameret, V, 462* ; — légèreté de sa pointe, II, 164 ; — ne savait bien que le français, III, [624] ; sans philosophie du discours, III, 539 ; — dit que le goût littéraire ne tient pas à la concupiscence, II, 162-4 ; — caractère de son goût, 375 ; — demande si un Allemand peut avoir de l'esprit V, 443.

= et son Nouveau Testament, II, 375* ; ses mésaventures à ce propos, 376* ; [574-6] ; l'archevêque de Noailles ne veut pas qu'il y mette son nom, [574-6] ; cartons de l'édition [575] ; retards de l'examen de sa seconde partie, [575-6] ; — Vies de S. Ignace et de S. François Xavier, II, 375* ; IV, 134-5, 138, 139 ; — Entretiens d'Ariste et d'Eugène, II, 375* ; V, 443* ; — Doutes d'un gentilhomme breton sur la langue, II, 375* ; — Remarques nouvelles, 375* ; — Manière de bien penser, I, 247 ; II, 162-3.

Bouillerot (Joseph), libraire, I, 310*.

Bouilli (M.) ancien chanoine d'Abbeville et solitaire, II, 291 ; — sa conversion, VI, [283] ; — solitaire vigneron aux Granges, III, 170-1 ; — sa mort, II, 350.

Bouillier (M. Francisque); son *Histoire de la philosophie cartésienne*. V, 441*.

Bouillon (Emmanuel-Théodose de La Tour d'Auvergne, cardinal de) ; ami de Retz, V, [576] ; — et l'examen des livres de Malebranche à Rome, 462 ; — rebénit l'Église d'Utrecht, 304*.

Bouillon (Famille de). Voy. La Fontaine, *Paris (Hôtel de Bouillon), la Tour d'Auvergne, Turenne.

Boulanger, le philosophe du XVIIIe siècle, II, 115*.

Boulard (La Mère Élisabeth de Sainte-Anne), dernière abbesse de P.-R. des Ch., VI, 167 ; — et M. de Noailles, 186 ; — sa mort, 187-8.

Boulehart (Jeanne de), abbesse de P-R., I, 51-2 ; — son carrosse sert à aller chercher la jeune mère Agnès à Saint-Cyr, 88 ; — prend la petite Jeanne Arnauld pour coadjutrice, 75 ; — meurt en 1602, 81, 83 ; — dernière abbesse avant la M. Angélique, VI, 188*.

Boullier (M.); Protestant métaphysicien et chrétien, III, 403 ; — bel esprit protestant, 361, 410 ; — *Pièces philosophiques et littéraires* 403* ; — défend Descartes contre d'Alembert et les Encyclopédistes, 403 ; — éloges jansénistes de sa défense de Pascal, 409-10.

Boullongne (Mlle), peintre, I, 25-6, 405 ; — le peintre de P.-R. au dehors, IV, 252-3.

* *Boulogne-sur-Mer*, V, 334* ; — (Mr. C. A. Sainte-Beuve, né à), IV, [564*].

Boulogne (M. de) père de Mme de Saint-Ange, IV, 314. Voir Saint-Ange et Anne-Eugénie.

Boulogne (Étienne-Ant. de), évêque de Troyes, mort en 1825, IV, 104*.

Boulonnais, V, 334.

Bouloyer. Voy. *Le Camus* (La Sœur).

Bouquets (Pas de) sur l'autel à P.-R., IV, 149.

Bourbon (Eaux de) en Auvergne,

III, 319 ; — (Mme Guyon aux), IV, 430*.
Bourbon (Nicolas); ses vers latins, III, [625].
Bourbon-Conti (Jansénisme de M. de), III, 244.
Bourbon (Mlle Anne de); premier nom de Mme de Longueville, V, 126*. Voy ce nom.
Bourbonnais, IV [526].
Bourdaloue. I, 247, 404, 471*, [553, 554] ; II, 171 ; IV, 332 ; V, 470 ; — (Le Dieu de), III, 397 ; — le plus Janséniste des Jésuites, II, 189 ; — profite de la réforme janséniste de la pénitence, 154, 155-6 ; — en quoi il se sépare du jansénisme, 155 6 ; — (Prédécesseurs de), I, 469 ; — succès de ses sermons, III, 390 ; — ses attaques contre les personnes dans ses sermons, V, 40 ; — ses sermons égayés de portraits, II, 168-9* ; — grondé pour un sermon, V, 40; — sermon sur la relig on et la probité, III, 275 ; — exhortation sur le crucifiement, II, 156 ; — sermon sur la sévérité évangélique, V, 40, est dirigé contre M. de Tréville, 82-3 ; — sermon sur la sévérité chrétienne, II. 168-9*; sur la sévérité de la pénitence, V, 40 ; sur la médisance, 40 ; sur le petit nombre des élus, II, 190 ; — *Avent* de 1671, V, 82.
= Son portrait sévère d'Arnauld, II, 168-9*, 190 ; disciple d'Arnauld sur l'article de la pénitence, 190; mis à côté d'Arnauld par Boileau, V, 500*; — sur l'Augustinus, II, 149, 155-6 ; — et Boileau, II, 189 ; V, 506; loué par Boileau, 13, 500; — la princesse de Conti lui lave la tête, 33*, 40; — sévère pour Corneille, I, 173 ; — ses attaques contre les Jansénistes, V, 40 ; — ce qu'en dit M. Le Camus, IV, [545] ; — balancé par M. Letourneux, V, 214 ; — attaque Molière en chaire, III, 301 ; anathématise *le Tartuffe*, dans son sermon sur l'hypocrisie, 267, 306-7; — satisfait les lecteurs de Nicole, II, 156 ; traité de Nicole éloquent, 189 ; — ses attaques contre Pascal, V, 40; allusions de ses Sermons aux Provinciales, III, 219-20* ; — et Santeuil, V, [623] ; réconcilie Santeuil avec les Jésuites, [625] ; — sa rancune contre Tréville, 40, 80, 82-3, 89.

= Resté vivant, II, 172; — de second ordre pour La Mennais, III, 258 ; — article des Causeries du lundi, V, 83*.
Bourdelot (L'abbé), médecin ; essaye de brûler un morceau de la vraie croix, III, 303.
Bourdin (M.), prêtre, condamné aux galères, V, 327*, 328*.
Bourdoise (M. Adrien) fonde la communauté de S.-Nicolas du Chardonnet, I, 9, 10, 414, 415, [518, 557] ; VI, [283] ; défauts de son esprit, I, 419 ; — (Communauté de M.), IV, 350 ; — ses efforts pour relever la *cléricature*, I, 414-5 ; — (Vie de M.), 414*; — fait connaître Saint-Cyran à M. Ferrand et à Lancelot, 421-2 ; — et M. Feydeau, VI, [283] ; — reste jusqu'à la fin l'ami de Lancelot, I, 429.
Bourg-Fontaine (Chartreuse de), près Villers-Cotterets, I, 288-9*, 395 : — (Conférences de), 295* ; — (*Réalité du projet de*), 245-6* ; — M. Le Maitre s'y retire, VI, 87.
Bourgeois M), Dr de Sorbonne; — relation de son voyage à Rome, II, 188; — va à Rome pour la Fréquente Communion, III, 38* ; — dans l'affaire d'Arnauld en Sorbonne, 38 ; — aux premières messes de Tillemont, IV, 19*; — sa sortie de P.-R. des Ch., V, 186.
Bourgeoisie; P.-R. s'y recrute, II, 231-2, 247.
Bourgeoisie (La haute) et les Écoles de P.-R., III, 497.
Bourges ; Bibliothèque, V, 272* ; — École de droit, 238 ; — lieu d'exil de M Feydeau, II, [551] ; IV, [594*]; VI, [299]; — (Lycée de), II, [521*]. — Voy. Poncet, Phélippeaux.
Bourges (Grottes voisines de), II, 180.
Bourges (M. de), et le père de Pascal. II, 465*.
Bourgis (M. de). Voy. Boisbuisson.
Bourgogne, IV, [594*] ; — (Possédées en), 140, 142 ; — (Voyage littéraire en), V, 240*.
Bourgogne (Hôtel de). Voy. * Paris.
Bourgogne (Le duc de), II, 134*; — ce que dit Fleury de son éducation, 156; — Fénelon veut le préserver du jansénisme, VI, 176-7; — fait lui-même un mémoire contre le jansénisme, 177*; — sa *Vie*, par l'abbé Proyart, 177*.

Bourgogne (La duchesse de), I, 256; — et Racine, VI, [248-9].

Bourgoing (Le P.), Général de l'Oratoire, I, 306 ; — sous lui, semblant d'accord avec les Jésuites, 469*.

Bourguignon (Un Janséniste), V, 240.

Bourigaud (M). Voy. Bourricaut.

Bourignon (Antoinette). — Le P. de Cort entre dans ses fantaisies mystiques, IV, 376 ; — lettre à Arnauld, 377* ; — Mémoire favorable imprimé par Bayle, 377*.

Bourlemont (Louis d'Anglure de), archevêque de Bordeaux de 1680 à 1697, V, [615].

Bourlon (Charles), évêque de Soissons de 1656 à 1685 ; — et M. Le Tourneux, V, 222, 225.

Bourreau (Livres brûlés par la main du), III, 14*.

Bourriraut (M.), exilé à Semur, IV, [594*].

Boursault. Lettres *imprimées*, III, 183* ; — et Jacqueline Pascal, 183-4.

Bourse (Vers de M. de Saci sur une), II, 324.

Boursier (M.), le directeur du jansénisme central, VI, 79 ; — et Du Guet, 68*, 72 ; — ce qu'en dit Mme Mol, 80* : —forcé à la fin de réagir contre les Convulsions, 79.

Boursers (L'abbé de), de l'Académie française, II, 88* ; — logé chez M. de Liancourt, III, 27-30* ; IV, [592*] ; V, 44 ; — hôte familier de Liancourt, 44 ; — s'entremet près de Mazarin, III, 27*, 28, 28* ; — son écrit appelé *In nomine Domini*, III, 79.

Bousquet (Le P.) de l'Oratoire, Supérieur du grand Séminaire de Troyes, VI, 77.

Bouteville (François de Montmorency, comte de), I, 359.

Boutigny (Roland Le-Vayer, seigneur de), intendant de Soissons de 1682 à 1685 ; et l'affaire des ballots, V, 220*.

Boutigny-Le-Vayer (Mlle de), pensionnaire à P.-R., V, 185*.

Bouvard, médecin, III, 180, 181.

Bouvines (Bataille de), I, 278 ; — (Vœu de Philippe Auguste à), 39.

Brabant (Conseil de), I, 35 ; — séjour de Retz, III, 191.

Bracciano (Fille de Noirmoutier, puis Mme de Chalais, duchesse de), enfin princesse des Ursins, V, [598] ; — et Retz, [598].

Bradamante, VI, [267].

Bradwardin (Thomas), archevêque de Cantorbéry, mort en 1348 ; « Cause de Dieu contre les Pélagiens, » II, [532].

Brahmes (Les), IV, 307.

B aillon, médecin du seizième siècle, III, 76*.

Brancas (M. de), opposé aux Jansénistes, IV, 265.

Brandebourg (L'Électeur de), VI, [248].

Branle du Poitou, IV, 366*.

Bras séculier (Appel au), V, [532-3].

Bras (Le P.), jésuite, blâmé à tort par M. Le Camus, IV, [546].

Brayer (M.), médecin, soigne M. Feydeau, IV, [291].

Brebis égorgée présentée dans l'Office des morts à Bayonne, I, 282*.

Brégy (Le comte de), IV, 270.

Brégy (La comtesse de), dame d'honneur d'Anne d'Autriche, amie de P.-R., III, 160* ; — précieuse qualifiée, IV, 267-8 ; — pour le sonnet de Benserade sur Job, 268 ; — propose à Quinault cinq questions d'amour, 268 ; — comment aux prises avec sa fille, 269 ; — ses compliments à Mme de Sablé, V, 55* ; lettre *précieuse* à Mme de Sablé, 76-7 ; — lettres et poésies imprimées, IV, 267* ; — sa lettre en faveur de P.-R. menacé, 266-7*.

Brégy (La Sœur Eustoquie Flexelles de), IV, 181 ; — orthographe de son nom, 208* ; — peut-être parente de l'abbé de Flexelles, III, 479* ; — fille d'une préc euse, V, 76 ; — filleule d'Anne d'Autriche, IV, 272, 279 ; — sa nature de *précieuse*, 267, 269, 274 ; — de la deuxième génération, III, 351 ; — lit Jansénius dans le texte, IV, 269 ; — chevalière de la Grâce, 269 ; — aide de camp de la M. Angélique de Saint-Jean, 266 ; — et M. de Sainte-Marthe, 348 ; — et la signature, 269 ; — intrépide sans hésitation, 241 ; — et la réélection de la M. Angélique de Saint-Jean, IV, 207* ; — ses conversations avec M. de Péréfixe, IV, 269-71 ; — n'est pas du premier enlèvement, 208, 266, mais du second, 219, 220, 270 ; — rédige une relation de l'enlèvement des religieuses, 215 ; — relation de sa captivité, 266-7, 272 ; — défauts de sa relation, 270 ; — Nicole dresse sur ses mémoires la

vie de la M. Marie-des-Anges, 502 ;
— jugée par P cine, 271 ; — sa mort, V, 246.
*Brenne (Solitudes de la), V, 162 ; — (Étangs de la), II, 221 ; — Voy. *Méobec et * Saint-Cyran.
*Brescia (Bayard à), III, 335.
Brescou (Le fort de), près d'Agde (Hérault), V, 332 ; — (Le P. Du Breuil au fort de), 343, 344.
Bresson (Le P.), jésuite ; discordances de ses sermons, IV, [545].
*Brest, V, 248, 332 ; — (Château de), [615] ; — Voy. Coislin (Le marquis de).
Bretagne, II, 293, 295 ; VI, [302] ; — (Beurre de), IV, [582] ; V, 96* ; — descendance de ses anciens souverains, 99, 100 ; — (Les filles de) s'enquièrent comment leur futur mari a le vin, IV, 465 ; — (Provinciales envoyées en), III, 62 ; — (Voyage de la Cour en), II, 252 ; — (États de), VI, [310-1] ; — (Exécutions en), III, 297* ; — offerte comme refuge aux religieuses de P.-R., I, 360.
*Bretagne (Basse), V, 238, 248 ; — Voy. Coislin (Le marquis de).
Bretagne (Claude de). Voy. Anne (La reine), Vertus (Le comte de).
Bretons (Toast des Gallois et des), I, 317-8.
Bretonvilliers (Mme de) et M. de Pierrepont, V, 197-8 ; — et M. Thaumas. [614] : — et M. de Harlay, 197*.
Bretonvilliers. Voy. Le Ragois.
*Breuil, petite abbaye de Bénédictins à la porte de Commercy, V, [574, 593].
Brevet de retenue, V, 4*.
Bréviaire (Le), I, 500 ; IV, 350 ; — suffit au missionnaire jésuite, I, 295* ; — surpasse pour les Jésuites l'Écriture, III, 139.
Bréviaire de Cluny, V, 219.
Bréviaire de Paris, V, 219 ; VI, [319] ; — son gallicanisme traité d'hérésie, V, 232-3.
Bréviaire romain (Traduction du), II, 358 ; — sa traduction condamnée, V, 228-9.
Bréviaire (Hymnes du) traduits par Racine, I, 25 ; V, 229*.
Bréviaires (Les) des courtisans, du barreau, des gens de bien et des halles, I, 231-2.
Brezé (Le maréchal de), I, 359 ; II, 254.
Brial (Dom), I, 281*.
Brimville (L'abbé de) ; traduction des Lettres de Bongars, III, 507.

Brice (Mlle), de la famille des Kaergrek ; M. de Pontchâteau veut un moment l'épouser, V, 254 ; VI, [313-4].
Brice (Le frère de Mlle) ; M. de Pontchâteau lui fait donner un prieuré, V. 254 ; VI, [315].
*Brie, II, [561].
*Brie-Comte-Robert, (Miracles de la Sainte-Épine à), III, 192.
Brienne (Le comte de), le jeune, secrétaire d'État, III, 20 ; IV, 354* ; — Secrétaire des Commandements du roi, V, [553] ; — Secrétaire d'État, 18 ; — ennemi de Retz, [560, 562] ; — dépêche de Lyonne sur Retz, [572-3].
Brienne (La comtesse de), IV, 129.
Brienne (Louis-Henri-Loménie de) ; un moment de l'Oratoire, I, 438 ; II, 279*, 289 ; — filleul de Mme de Longueville, V, 18 ; — avait épousé Mlle de Chavigny, 18 ; — bizarreries de son caractère, 18 ; — sa tête un peu dérangée, III, 372 ; — et ses frasques, V, 18-22 ; — fâcheuse aventure de jeu, 18, 22 ; — se jette dans l'Oratoire, 18-9 ; — se retrouve dans toutes les affaires d'infidelité, II, 357 ; — plus que léger vis-à-vis du secret des lettres. V, 19* ; — ses indiscrétions III, 160* ; V, 257* ; — sa manie de rimer, 22-3 ; — sa facilité à faire les vers dangereuse aux yeux des Jansénistes, III, 532 ; — signe le Formulaire, puis se rétracte, V, 19 ; — renvoyé de l'Oratoire, 19 ; — homme à se faire Jésuite, 19* ; — ses parents le font enfermer, 20, 21-2* ; — sa détention à Saint-Lazare, 20, 21-2 ; — meurt fou et enfermé, IV, 420*.
= Ce qu'il dit de sa mère, V, 22* ; — voyage à Aleth, III, 372 ; IV, 372 ; V, 21* ; — son admiration pour Arnauld, 21, 21* ; Arnauld le prend un peu au sérieux, 19 ; bon souvenir que lui garde Arnauld, 21-2* ; — et l'abbé Cassagne, II, 55* ; cause de la mort de l'abbé Cassagne, V, 20 ; — et la princesse de Conti, 22 ; — et Mme Des Houlières, 19 ; — se trompe sur les Petites Écoles, IV, 101 ; — et les Jansénistes. V, 18-23 ; son appellation de confrère, 19, 20, 21* ; — et La Fontaine, 16, 18, 23 ; — et Lancelot, 19 ; va à Aleth avec Lancelot, 19 ; ce qu'en dit Lancelot, 20 ; — ugement sé-

vère de l'abbé Le Camus, V, 19*; — à l'hôtel de Longueville, 19 ; — et Louis XIV, 22* ; — et le duc de Meckelbourg, 20 ; — pénétré par Nicole, 19 ; pourquoi il n'aime pas Nicole, IV, 429 ; son portrait de Nicole, 413, 418. 419-20, 443 ; V, 21 ; — sa part dans l'édition des *Pensées* de Pascal, III, 372; ses lettres à Mme Périer à ce sujet, 372-7 ; et les Approbations des Pensées, 376 ; — et Pavillon, IV, 356 ; V, 19, 20, 21*; — et M. de Pontchâteau, 257*; lettres de M. de Pontchâteau, 261* ; — et Mme de Roucy, 22.

= Traduction des quatre premiers livres de l'Énéide, III, 507; — et le Recueil des poésies chrétiennes, V, 22-3 ; — Mémoires inédits publiés par M. Barrière, IV, 420*, [585*] ; V, 21*; indiscrétions sur Mme de Longueville, 129 ; — Mémoires sur le jansénisme, IV, 398*; — Anecdotes de P.-R., ouvrage manuscrit dont on n'a que quelques extraits, III, 14-5 * ; Anecdotes, [591] ; IV, 366-7* : — son Histoire secrète du jansénisme, II, 55* ; V, 20-1 ; donne la forme du dialogue à une partie de son Hist. sec. du jans., 20.

Brièveté achève les pensées, IV, 436.

Brigode (Mme) la mère, marchande, à Lille. — Vauban intercède pour elle, VI, 181*.

Brigode (M.) arrêté à Bruxelles avec le P. Quesnel, VI, 175.

Brigode (L'abbé Anselme), frère du compagnon du P. Quesnel, emprisonné pour jansénisme, VI, 181*.

Brillac (M. de), beau-frère de M. Benoise, III, 579*.

Brinon (Mme de), Supérieure de Saint-Cyr ; comparée à M. Le Tourneux, V, 229.

Brinvilliers (La), fille de M. Daubray, II, 346 ; — empoisonne son père, III, 171*, 172*.

Brionne (' e chev. de), neveu de M. de Pontchâteau, fait chevalier du Saint-Esprit, VI, [344].

Briotte (M. de), nom de M. de Arnauld de Pomponne, II; 238.

Briquet (Famille des), II, 232, 297.

Briquet (M.), avocat général, gendre de Jér. Bignon, II, 297, 372 ; IV, 192.

Briquet (La Sœur Christine), I, 179 ; II, 297 ; IV, 181, 256 ; — nièce de M. Bignon, 192, 194, 273 ; — sa grande fortune quand elle entre au noviciat, V, 142* ; — de la seconde génération, III, 351.

= Vraie élève de la M. Angélique de Saint-Jean, IV, 196 ; — ce qu'elle dit de la M. Agnès, 277-8 ; — aide de camp de la M. Angélique de Saint-Jean, 266 ; — et Arnauld, V, 279* ; — et Nicole, IV, 494 ; — intrépide sans hésitations, 241 ; — l'ardeur même, 272, 273 ; — et M. de Péréfixe, 274 ; son interrogatoire par M. de Péréfixe, 193-6 ; — omise dans le premier enlèvement des religieuses, 208 ; — comprise dans le second enlèvement, 219-20, 272 ; — sa discussion avec M. Chamillard sur la raison et l'autorité, 198-200 ; — a réponse à tout, 273 ; — ses communications secrètes pendant la captivité des religieuses, 218 ; — mise au Filles de Ste-Marie, 272 ; — réunie à la M. Angélique S. Jean, 254-5, 274 ; — de quel parti à P.-R., 347 ; — et Mlle de Joncoux, VI, [279] ; — rédige une relation de l'enlèvement des Religieuses, IV, 214-5 ; — sa relation, 272, 274, — comment l'appréciait Royer-Collard, 195-6 ; — met en ordre les lettres de M. de Saci et meurt, II, 372-3 ; — sa mort (1689), V, 279.

Brisacier (Le P.), Jésuite de la maison de Blois, — prêche contre le curé de Cour-Cheverny, III, 8 ; — « Le Jansénisme confondu dans l'avocat du sieur Callaghan, » 8 ; censuré par l'archevêque de Paris, 8 ; — son attaque contre M. de Callaghan, 50 ; — (Les Pères) ne manquent jamais, 281;— ses attaques contre Pascal, 309.

Brissac (Le comte de) ; son mariage avec Jeanne de Schomberg rompu juridiquement, V, 41.

Brives (M. Ragot exilé à), IV, [594],

Broc (Pierre de), évêque d'Auxerre de 1640 à 1671, II, [512].

Brodeau (Remarques de), II, [556]

Broglie (Le duc de); reproche aux Jésuites d'être un gouvernement III, 144*.

Broglie (La duchesse de), II, 90*.

Broglio (L'abbé de) et la Constitution, V, [611] ; — et M. Targni, [611].

Brossette et Boileau, V, 474*, 514; lettres de Boileau, IV, 420*; V, 13 ; conversations de Boileau, IV, 180*; V, 82*; son journal, 474*,

475*; Mémoires sur Boileau,516*; Anecdotes sur Boileau, III, 458-9; — ce qu'il raconte de M. de Gondrin, IV, 392-3*; — et J. B. Rousseau, V, 474*; Lettres de J. B. Rousseau, III, 267* ; VI, 113 ; — et le P. Tournemine, V, 516*.

Brossins (Le chevalier de Méré n'est pas de la famille.des), III, [611-2].

Brou (M. de), conseiller d'État, VI, [280].

Brou. Voy. Feydeau.

Brouette du vinaigrier, inventée par Pascal, II, 501..

Brouillons .Les font souvent beaucoup de mal, II, 344*.

Brousse (M.) est envoyé à Rome pour défendre le livre de Jansénius, III, 13.

Broussel (Le conseiller) fait le rapport au Parlement sur le premier essai de censure des cinq propositions, III, 11.

Brückmann. IV, [586].

Brugiere de Baranie, traduit la préface de Nicole sur l'épigramme dans son Recueil des plus belles épigrammes françaises, III, 529-30*.

*Brühl (Mazarin retiré à), V, [534].

Bruit (Beaucoup de) pour rien, V, 499.

Brunck ; *Analecta*, IV, 47.

Brune (Être) reputé un défaut au dix-septième siècle, V, 41.

Bruneau (Jules); — ses *Pensées*, V, 439*; son admiration pour Malebranche, 439*.

Brunet (M. Gustave) de Bordeaux : *Nouv. Lettres de la Palatine*, V, 136*.

Brunetti (M.), gentilhomme siennois, attaché à M. d'Aubigny, IV, [558] ; — sa part dans la *Méthode italienne*, III, 560*.

Brunswick (Histoire de la Maison de), V, 447.

Brusseau (M.) ; le dernier confesseur de M. de Pontchâteau, V, [335, 337, 339].

Brutalité naturelle de l'homme, III, 382*.

Brutus, IV, 243*; — son image absente aux funérailles de Junie, V, 479*.

Bruxelles, III, [613] ; IV, 381 ; — (Arnauld à), 480 ; V, 10*, 196. 220*, 292, 294, 324, 325, 332, 335, 347, 459* ; VI, 11, 13, 16, 179, [330]; le petit jardin d'Arnauld, V, 471*, 473-4 ; (Éloignement momentané d'), 460; dernier séjour d'Arnauld, 470 : mort d'Arnauld, III, 253 ; V, [622] ; — (Du Guet à), VI, 11, 13, 16 ; — (Imprimeurs de) IV, 229; — (Nicole à), 480, 498, [594]; V, 292 ; — (M. de Pontchâteau à), VI, [327]; — Prisons de l'archevêque de Malines 175; — arrestation du P. Quesnel, 175 ; — (J. B. Rousseau à), V, 474*; — Sainte Catherine (Arnauld enterré secrètement à); Voy. Van den Nesle. — Voy. Gazette, Quesnel (Le P.).

*Buau (Seigneurie de) en Touraine, II, 224.

*Buc (Seine-et-Oise), V, 273.

Buchanan ; ses vers latins, III, [625]; — Tragédies latines, II, 410.

Buckingham. — Allusions dans Mirame, II, 10*, [512].

Budé, suivi par Lancelot, III, 526 ; — Lancelot s'en sert pour sa Méthode grecque, 522.

Buffier (Le P.), jésuite, III, 130; auteur d'articles du journal de Trévoux contre Boileau, V. 516-7* ; caractère de sa Grammaire française, III, 566.

Buffon, I, 246* ; — (Noble fierté de), 365* ; — sa science sereine, III, 401* ; — sa compréhension de l'univers, II, 480* ; — recule Dieu si loin qu'il s'en passe, 440-1 ; — (L'Adam de), V, 393 ;—antagoniste de Pascal, III, 105* ; ne nomme jamais Pascal et le réfute plus que personne, 414*;— belles pages physiologiques sur la mort, 343*, 414*; — opposé à la considération de la terreur de la mort, IV, 161 ; — ce que dit Voltaire de sa santé, III, 327 ; — (Le style de), II, 81, 82*; — de l'école de Balzac, [524]; — son mot fameux sur le style, 87; — « Époques de la nature, » III, 105*.

Bulle (Affaire de la), III, 99.

Bulles (Dans le style des) l'année part du 25 mars, II, 96 ; — 1223 ; *Honorius III* accorde des priviléges à P.-R., I, 46 ; — *Urbain VIII*, juin 1627, fait passer P.-R. sous la juridiction de l'Ordinaire, I, 323 ; juin 1643, contre l'Augustinus, II, 149 ; — *Innocent X*, 15 mai 1653, condamne les cinq Propositions, III, 17-25 ; — *Alexandre VII*, 16 octobre 1656, confirme, III, 26; 15 février 1665, ordonne la signature du Formulaire avec serment, IV, 362 : — *Clément X*. Partage de 1671 entre les deux P.-R., VI, 209 : — *Innocent XI*, 2 mars 1679. réordonne la signature avec serment, IV, 362 ; — *Clément XI*, 12 février 1703, condamne le cas de conscience, VI, 170 ; 15 juillet 1705, *Vineam*, exige que l'on reconnaisse les faits, 174; résistance des Religieuses de P.-R., 184; 27 mars 1708, prononce l'extinction de P.-R. et le transport des religieuses, 203.

Bulles sur le capuchon des Cordeliers, IV, 438, 440.

Bulles expresses atteignant saint Augustin, II, 134-5.

Bulles. Voy. *Unigenitus*, *Vineam Domini*.

Bulles (Histoire des) de la Mère Angélique. I, 74-6, 81-3.

Bulles fausses, V, [539].

Bulletin du Bibliophile, III, [602].

Bullus (Le savant), III, 410*.

Buon (Nicolas), libraire, I, 297.

Buonarotti (Leonardo). neveu de Michel-Ange, IV, 329.

Bureau (Le) d'adresse, c'est-à-dire la première Gazette de France, IV, 77*.

Bureau (M.) et Nicole, IV, 492.

Burges (Philippe de), 1re femme du marquis de Coislin et mère de M. de Pontchâteau, VI, [302].

Burges (La M. Marie de Saint Benoît de), carmélite, tante de M. de Pontchâteau, VI, [315-6, 321] ; — et sa nièce, la duchesse d'Épernon, [321].

Burlesque (Guerre de Boileau contre le), V, 487-8.

Burlugai (M.), docteur de Sorbonne; théologal de Sens, VI, [367] ; — fidèle à Arnauld, [367] ; — curé de Saint Jean-des Trous, IV, 14* ; — et Tillemont, 14.

Burnet (Gilbert), évêque de Salisbury, son voyage en France en 1683. V, 320* ; — ce qu'il dit de M. de Tréville, 88-9.

Burnet (Thomas). correspondant de Leibniz, III, 362.

Burnouf (Eugène), et la méthode naturelle des langues, III, 547* ; — *Histoire du Bouddhisme*, 323.

Burrhus, dans le *Britannicus* de Racine VI, 120.

Bus (César de) fonde les PP. de la Doctrine chrétienne, I, 10.

Busenbaum (Le P.); sa Somme de théologie morale, I, [527].

Bu iris (Éloge de), I, 277.

Bussy-Rabutin, II, 162, 413 ; III, 202 ; — de la débauche de Roissy, IV, [529] ; — sa liaison avec Mme de Monglat, 119 ; ses vilenies à son égard, 120 ; — à la Bastille, II, 353* ; III, 221 ; — ce qu'il dit de l'abbé Le Camus, IV, [529*] ; — négociations pour le faire répondre aux Provinciales, III, 221-2; — ce qu'il dit de Rancé, V, [598]; — ce qu'il dit de Retz, [596, 597, 598] ; — ce qu'il dit de Tréville, 83-4 ; — son goût fin, 485 ; — sa concision juste sur les choses qu'il sait bien, III, [627] ; — ses mérites de critique et d'Aristarque, [628] ; — *Mémoires*, 221* ; — *Histoire amoureuse des Gaules*, IV, 120, 121 ; V, 129 ; — correspondant du P. Bouhours, 468-9* ; — lettre à M. de Mouchy d'Hocquincourt, évêque de Verdun, [586] ; — en correspondance avec le P. Rapin, III, [627-8] ; — lettre à M. de Tricbâteau, V, [587-8] ; — lettres à Mme de Scudéry, 83-4, [585-6, 596, 598] ; lettres de Mme de Scudéry, [584*, 586] ; — lettres à Mme de Sévigné [5 7] ; lettres de Mme de Sévigné, [578*, 599, 602*] ; — Voy. *Rabutin*.

Bussy fils de Rabutin, évêque de Luçon, V, 283* ; — ce que Bossuet lui dit sur les Provinciales, III, 202 ; — et M. de Harlay, V, 283*.

But (Le) de ce livre est historique et philosophique, II, 419-20*.

Buxtorf, professeur en langue hébraïque, visité par Saint-Amour, III, [595*].

*****Buzanval** près Rueil, VI, [286].

Buzanra (M. Choart de), évêque de Beauvais, IV, 15 ; — ancien paroissien de Saint-Merry. VI, [294] ; — un des quatre évêques patrons de P.-R., IV, 355, 390 ; — et M. Feydeau, VI, [299] ; — ami de Nicole, IV, 480 ; — son estime pour Tillemont, 16-17 ; — force M. Walon de Beaupuis à accepter la prêtrise, III, 568 ; — sa mort, IV, 480, 482 ; — traité de prélat taré, V, 482.

Buzanval (Mlle de), pensionnaire à P.-R., V, 185*.

Buzay (Abbaye de), possédée par Retz, V, [577, 580].
Byron (George Gordon, lord) ; en Suisse, I, 2 ; — (Tristesse de), III, 436 ; — mélancolie de sa passion, 121 ; — (Vers de) viennent à la mémoire pour exprimer des sentiments modernes, IV, 256 ; — (Le principe de), III, 239.
Byzance (Le P. de), Turc devenu Oratorien. Sa traduction et sa réfutation de l'Alcoran, II, [576].
Bzovius, IV, [586].

C

Cabale (L'esprit de), V, 128* ; — (Le jansénisme traité de), 554.
*Cabaret, I, 42.
Cabinet du Roi (Secrétaire du), VI, 133*.
Cachet de Pascal, III, 106*, 184 ; — de Nicole, IV, [495-7*] ; — de M. de Pontchâteau, VI, [351] ; — du chevalier de Sévigné, IV, [582] ; V, 95, 96*.
Cachets des lettres, V, 19*.
Cadaver (Perinde ac), III, 136, 137*.
Caderousse (Mme de) et sa sœur, V, 6.
Cadets (Condition des), V, [528].
Cadran (Enseigne du), II, 339.
Caen, I, 288 ; II, 296, 470* ; — (Bénédictins de), VI, [295*] ; — (Jésuites de), III, 21-2.
Café (Le), V, 240 ; VI, 22.
Caffaro (Le P.), Théatin. La lettre de Bossuet sur les spectacles contre lui, III, 307-8.
Cahiers de théologie, IV, [568].
*Cahors, lieu d'exil de M. Feydeau, VI, [288] ; — (Pensions de M. de Marsan sur l'archevêché de), [354] ; — Voy. Solminihac (Alain de).
Cahours (Le P. Arsène), jésuite ; dissertation sur le Lutrin de Boileau, V, 500 ; — de la famille de Bourdaloue, 500* ; — et M. Sainte-Beuve, 500*.
Caïn, I, 224.
Caïphe, IV, 207.
Caïus Antonius, I, 67.
Çakya-Mouni, VI, [355-6].
Calais, II, 7.
Calderon de la Barca, I, 163.
Calèche, V, 8 ; VI, 154.
Calembours, V, 22 ; — leur mauvais effet en littérature, IV, [567].
Calendriers jansénistes, III, 135.
Calenus, ami de Janséniüs, II, 94.
Calice de M. d'Aleth, II, 371*.
Caligula (Caïus), IV, 9.
Callaghan (M.), prêtre irlandais, solitaire à P.-R. ; II, 107 ; — curé de Cour-Cheverny et ami de P.-R., attaqué par les Jésuites, III, 8.
Calmet (Dom) ; sa Bible, II, 360 ; — ce qu'il dit de Retz, V, [582, 591, 600].
Calomniateurs (Lois contre les), VI, [270] ; — s'il est permis de les tuer, III, 118* ; — (Race des), II, [549].
Calomnie (De la), IV, 78*.
Calotte de taffetas noir, VI, [274].
Calvaire (Le), III, 239, 383, 453 ; IV, 160 ; — sous la garantie de P.-R., III, 186* ; — (Le niveau du), V, 436 ; — (Les croix du), IV, 307.
Calvaire (Fondation des prêtres du) en Béarn, I, 10.
Calvaire (Religieuses du), I, 308.
Calvi (Collège de). Voy. *Paris.
Calvimont (Mme de) et le prince de Conti, V, 34*.
Calvin, I, 3, 7, 217, 366, 343*, 417, 493, [538] ; II, 65, 94*, 131, 131*, 179, 197*, 333 ; IV, 413 ; — *Institution chrétienne*, II, 105-6 ; — (Contradictions de), 131* ; — est pour la Grâce contre la liberté, [533] ; — (Sens de) sur l'Eucharistie, III, 83 ; — (La secte de), VI, 231* ; — (L'Eglise gallicane pressée entre) et le bon sens philosophique, III, 215 ; — et Jansénius sur la liberté, II, 105 6* ; rebouilli (Jansénius traité de), 96 ; — mot qu'on prête à Saint-Cyran sur lui, I, 510, [535, 536] ; — foudroyé par Arnauld, V, 476* ; — et le docteur de Sainte-Beuve, IV, 414 ; — (Pascal sépare l'interprétation des Jansénistes de celle de), III, 80.
Calvinisme, I, 502 ; II, 181, [513*] ; III, 302 ; — (Différences profondes du Jansénisme et du), I, 446-7, 510 ; — ses rapports avec le Jansénisme, IV, 199, 222 ; — en quoi il s'approche et s'éloigne de P.-R., II, 195 ; — et P.-R., voisins tout au moins, V, 230 ; — inconscient des religieuses de P.-R., IV, 248 ; à l'endroit de la grâce, V, 318 ; — Arnauld l'exagère, 319 ; (Le) secret d'Arnauld est une pure chimère, II, 580* ; (Arnauld proscrit applaudit aux édits contre le), III, 310 ; Arnauld et Nicole

écrivent contre lui, IV, 410; — Voy. Bayle.
Calviniste, V, 13 ; — (Point de jonction des doctrines), luthérienne et janséniste, II, 106*.
Calvinistes ont au moins l'unité, III, 208 ; — appelés du nom de Sacramentaires, V, 353 ; —(Société des) sans les marques de la vraie Église, IV, 451-2 ; — leur interprétation de l'Eucharistie, 446 ; — Richelieu fait traduire la Bible pour eux, II, 357* ; — Parallèle entre eux et les jansénistes, III, 207-8 ; — accord de Rome et de P.-R. contre eux, IV, 459 ; — P.-R. veut écrire contre eux, 368 ; — la Méthode de P.-R. et de Bossuet contre eux est la même, 457 ; — (Les) et Nicole, 445-6 ; — (*Préjugés légitimes contre les*), 446 ; — leur persécution traitée de juste, VI, 138.
Calvinistes de Hollande acceptent l'Augustinus, II, 94.
Calvinistes convertis, II, 184* ; — nouvelles converties (Instruction des), V, [619].
Calvitie (Éloge de la) I, 277.
Cambiac (L'abbé de), frère de M. Du Perrier, VI, [296*] ; — et M. Feydeau, [295-6].
Cambout (Famille Du), II, 295.
Cambout (François Du), frère de M. de Pontchâteau pour lequel il se démet de ses bénéfices, VI, 303*.
Cambout (Jérôme Du), VI, [302.
Cambout (Marguerite Du), sœur de M. de Pontchâteau, d'abord duchesse de Puylaurens, puis comtesse d'Harcourt, VI, [353*].
Cambout (Du). Voy. Coislin, Harcourt, Pontchâteau.
Cambray. Voy. Dubois, Fénelon.
Camisards (Les) des Cévennes, V, 46*.
Campagne de 1672, V, 83.
Campiprat près de Bayonne, I, 280, 281.
Campistron, I, 241 ; — pâle imitateur de Racine, VI, 126.
Camus (Jean-Pierre), évêque de Belley, II, 215 ; — Jansénisme de), I, 19 ; — attaqué pour ses relations avec P.-R. et accusé de déisme, 245-6* ; — visite à P.-R. des Champs, 243 ; — ce qu'il dit de M. Bourdoise, 414*—sa conversation avec le cardinal F. Borromée, 212 ; — (Garasse est un esprit dans le genre de), 311 ; — et Nicole, IV, 413 ; — vers latins à saint François de Sales, I, 208 ; ce qu'il dit de l'opinion de saint François de Sales sur la Grâce, 255* ; a été l'Élisée de saint François de Sales, 241 ; exagère les défauts de son style, 241 ; — loué par Naudé et Guy Patin, 244* ; — ses Sermons, 244, 244*, 245*; — (École de) dans la chaire, 468 ; — acheminement à la dévotion civile, 244* ; — *L'esprit de saint François de Sales* en 6 vos lumes, extrait des ouvrages de Camus, 229*, 232*, 255*, 256 ; V, [584] ; — a écrit sa vie au VI° de son *Alexis*, I, 244*, 245* ; — sa Vie de Claude Bernard, dit le pauvre prêtre, 414-5 ; — son opinion sur ses ouvrages, 231-2 ; — veut être un d'Urfé chrétien, 242 ; son mauvais goût, III, 127 ; — lettres inédites, I, 241*, 245 ; — Imitateurs de ses romans, II, 265 ;
Camus (Le représentant), III, 205.
Camusat. Mélanges de littérature tirés des lettres manuscrites de Chapelain, III, 559-60*, 561*.
**Canada*, III, 293 ; VI, 20 ; — (Jésuites au), 129, 130.
Canaples (le Mis de) et Saint-Évremond, V, 480.
Canaye (Le P.), Jés.; (Conversation du P.) et de M. d'Hocquincourt, III, 47-8*, 584. — Voy. Saint-Évremond.
Candale (M. de) a dû épouser Marie-Anne Martinozzi, nièce de Mazarin. V, 26 ; — et Mme de Saint Loup, IV, 482* ; — *Conversation avec Saint-Evremond*, 482*.
Candélabre à sept branches (Le), I, 448.
**Candie* (Expédition de), II, 315 ; V, 238.
Canonisations dans la primitive Église, VI, 4.
Canonisées (Créatures) peuvent-elles être *adorées*? VI, [366].
Canons sur le nombre des religieuses, V, 171.
Cantiques des Cantiques, I, 225* ; IV, 263, 297*, 308 ; — (L'Époux du) [579] ; — (Sermons de saint Bernard sur le), 27 *; — commentaire de M. Hamon, 299, 300-1 ; — prête aux interprétations infinies, 299 ; — livre de Mme Guyon, 431*.
Cantiques (Chants de), I, 434 ; II, 352 ; IV, 232, 333 ; — comment chantés par les religieuses, II 351.
**Capoue* (Corruptions de), V, 3 4.

Capuchon (Querelles sur le) des Cordeliers, IV, 438, 440 ; V. 499.
Capucins, III, 148 ; — exclus par Ant Arnauld de la prédication à P.-R., I, 98 ; — ne peuvent parler avec les religieuses de P.-R., 179 ; — se moquent des travaux manuels des Solitaires, 500; — ce qu'ils font avant de prendre l'habit, V, [586] ; — (Confesseurs), IV, [537] ; — des Provinciales et ceux des Petites Lettres de Racine, VI, 110-2 ; — Voy. *Angoulême, *Coulommiers, Poultier (Le P.).
Carabins (La mestre-de-camp des), II, 12-3.
Caractère (On change de direction, non de), V, 33 ; — (Chacun porte son) jusque dans la foi ou les doctrines, 356.
Caramuel, auteur casuiste, III, 117*, 119.
*Carcassonne, VI, [294].
Carcavi (M. de), ami du père de Pascal, II, 456 ; — l'un des juges du concours de la Roulette, III, 316.
Cardinal Infant, I, 301 * ; — l'édition de l'Augustinus lui est dédiée, II, 94.
Cardinalat (Le) inhérent à la personne, V, [585] ; — Raisons de ne pas en permettre la démission, [590-1] ; — nécessaire au premier ministre, [530].
Cardinaux ne peuvent résider dans d'autres abbayes que les leurs, V, [597] ; — (Prétention du pape de juger les) par commissaires, [570]; — pensionnaires de la France et de l'Espagne, [538]; — mauvaise réputation d'un cardinal à Rome, III, 171-2*.
Cardinaux ; Voy. Arrigone, Aubigny, Barberini, Beliarmin, Bérulle, Bissy, Borromée, Bouillon, Casanata, Chigi, Coislin, Colloredo, Commendon, Contarini, Cusani, Deti, Du Bois, Du Plessis, Du Perron, Furstemberg, Gabrielli, Grimaldi, Le Camus, Noailles, Pancirolo, Retz, Richelieu, Rohan, Sfondrate, etc.
Careil; Voy. Foucher.
Carême (Le), V, 36, 164; VI, [305, 320, 327, 330]; — (Temps de), IV, [547, 548]; V, 144; — (Mortifications du), IV, [535]; — (Épitres, Évangiles et Prières du), 212 ; — prêché par le P. Maur, III, [608]. Voy. Massillon.

Carême chrétien, V, 212.
Carême-Prenant. (Gaietés du) au Palais, III, 206.
Carheil (Marie de), marraine de M. de Pontchâteau, VI, [302].
Carlier (M.), secrétaire de Le Tellier, III, 157*.
Carmélites, I, 306 ; — affection de la princesse de Conti pour cet ordre, V, 37, 41; — et Mme de Choisy, 72* ; — Voy. Burges ; Épernon (Mme d'); Jeanne de Jésus (La M.); *Pontoise ; *Paris (Val-de-Grâce).
Carmes. Querelles avec M. de Bérulle, I, 306 ; — passionnés pour les religieuses, 297. Voy. *Paris, Saint-Louis (le P. de).
Carmes déchaussés. Délais d'absolution, IV, [551].
Carottes, nourriture des religieuses de P.-R., V, 244*.
Carnage spirituel, IV, 472.
Carpes de Liancourt (Les), V, 47.
*Carpzow, IV, [586].
Carré de Montgeron (M.), apologiste des Convulsions, VI, 73.
Carreau, honneur à l'Église, V, 304*.
Carret (Armand), élève des Provinciales, III, 203.
Carrosse, V, 47, 96, 251 ; VI, [297, 365]; —(Luxe d'un), IV, [581]; — (Voyages en), 478 ; — (Prisonniers conduits en); Voy. Saint-Cyran, Saci ; — à quatre chevaux, V, 228, 242; - à six chevaux, 139*; VI, 291.
Carrosses, III, [591, 594]; V, 343, [589] ; VI, 217, 218, 219, 223, 224, [339, 339*]; — à plusieurs chevaux, II, 380; — drapés, V, [600] ; — à cinq sous au dix-septième siècle, II, 501*.
Cartes historiques (Jeu de), IV, 8.
Cartes de géographie, VI, [319].
Cartésianisme, II, 317 ; — (Disputes sur le), V, [5t3] ; — ménage la théologie, 353 ; — et Jansénisme, inconséquence, 349-57 ; — fièvre passagère à P.-R. des Ch., 352 ; — (La philosophie du discours de P.-R., une branche du), III, 539 ; — (Pascal pressent les conséquences du) dès 1658, V, 369 ; — de Retz, III, 189 ; V, [593] ; — de Mme de Grignan, III, 231. Voy. Arnauld, Bossuet, Daguesseau, Descartes, Jansénistes.
Cartésien (Peut-on être) et catholique ? V, 353.
Cartésienne (Conséquences de la philosophie), V, 369 ; — (Causes occasionnelles dans la philoso-

phie), 428*; — (La philosophie) et l'Église. 367 ; — *Histoire de la philosophie*, par M. Francisque Bouillier, 441*.
Cartésiens (Dieu des), III, 396; — quidams factieux, V, 493*.
*Carthage, I. 39; III, 108.
Cas de conscience, IV, 431 ; V, 60*; — triomphe des Jésuites, IV, [545]. Voy. Filluccius. Jeûne.
Cas de conscience (Affaire du) de 1702, VI, [278] ; — (Histoire de la consultation du), 168-72; — cause de la chute dernière de P.-R., 174.
*Casal, II, 10.
Casanata (Le cardinal). Son éloge public d'Arnauld, V, 477.
Cassagne (L'abbé) et Balzac, II, 54-5 ; — moqué par Boileau, V, 20 ; — enfermé à Saint-Lazare, II, 55; V, 20; — et l'Histoire secrète du jansénisme de Brienne, 20; — sa mort singulière, II, 55*; V, 20.
Casse, prise comme remède, V, [599, 600, 604].
Cassien, II, 246 ; — disciple de Pélage, 117 ; — Vies des pères ermites, 284 ; — De institutis cœnobiorum, I, 185-6*.
Cassius ; son image absente aux funérailles de Junie, V, 479*.
Castaigne (M. Eusèbe), bibliothécaire d'Angoulême, rectifie la date de naissance de Balzac, II, [524*].
Castalion (Sébastien), Dauphinois, I, 417.
Castanaga (M. de), gouverneur des Pays-Bas, protége Arnauld, V, 459.
Castel (Le P.), Jésuite. Ses distractions de savant, III, 248* ; — *Le Clavecin des couleurs*, 248*.
Castillon (Le P.), Jésuite, Provincial de France, I, [546, 547*] ; — ami de Gomberville, III, 63.
*Castorie (L'évêque de). Voy. Neercassel (M. de).
Casuisme, III, 132; — (Du au dix-septième siècle en France, 259 ; — (La moelle du), 111 ; — accommodant, 288; (*Elixir du*), 287; — en morale tué par P.-R., 524 ; — les traits des Provinciales et du Tartuffe vont au delà, 269; — (En attaquant le), Pascal atteint la confession, 290.
Casuiste (Le) est légiste et non confesseur, ni directeur, I, [525, 526*] ; — (Cas soumis à un), III, 224-5* ; — (Inégalité des balances du), IV, [573] ; — (Le P.) des Provinciales, III, 110-2.
Casuistes, II, 265*, 269 ; III, 141* ; — peu différents des théologiens, 128 ; — (Ouvrages des), 117* ; (Morale relâchée des), [601] ; — (Requête des Curés contre les), 204-11 ; — (Condamnations des Maximes des), 214-5 ; — (Ordures des) jetées hors du temple, 215 ; — ce qu'en pense Bossuet, IV, 67 ; — (L'affaire des) et Innocent XI, 484-5 ; — (M. Le Camus préfère l'Alcoran aux mauvais), [554*] ; — et Pascal, III, 122;—atteints par Pascal, V, 487 ; — les adversaires favoris de Boileau, 515. Voy. Pirot, Sainte-Beuve (Jacques de).
Casuistes relâchés (Affaire de la lettre de Nicole à Innocent XI sur les), IV, 479, 480, 484; — de cour, III, 109*.
Casuistique (Morale), IV, [568].
Catacombes, II, [577] ; — de P.-R., I, 434.
*Cateau-Cambrésis (Paix de), I, 259.
Catéchisme, V, 120 ; — (Comment saint François de Sales faisait le) aux enfants, I, 222*; — (Malebranche contraire au), V, 426.
Catéchisme d'Angers, VI, [322].
Catéchisme de la Grâce, VI, [292].
Catéchisme des Jésuites, III, 116*.
Catéchisme des Petites Écoles, III, 470; — employé dans les Écoles de P.-R., II, 232.
Catéchismes manuscrits destinés aux enfants à P.-R., III, 348*.
Catelan (Mlle de) aux Filles de l'Enfance de Toulouse, V, 454.
Cathédrale (Beauté d'une vieille), V, 232.
Catherine de Médicis, I, 53, 54, 60, [556].
Catherine de Navarre, sœur de Henri IV, V, 99.
Catherine de Portugal, reine d'Angleterre, femme de Charles II, III, 583.
Catherine de Russie, I, [559].
Catherine (La sœur) ; Voy. Le Maitre (Mme).
Catherine de Sainte-Célinie (La Sœur); Voy. Benoise.
Catherine de Sainte-Félicité (Sœur), nom en religion de Mme Arnauld. Voir ce nom.
Catholicisme gallican (Caractère du). IV, 332-3 ; — jésuitisé, III, [595*].

Catholicité (Réputation publique de), IV, 422.
Catholicon d'Espagne (Le), IV, 434.
Catholique (Église) accusée de pélagianisme, III, 91 ; — (Attitude française), IV, 457-9 ; — (Ce qui n'est plus l'Église), 199 ; — (Peut-on être) et cartésien ? V, 353 ; — romain (On n'est pas) malgré Rome, III, 230
Catholiques (En étant sévère, il n'y a plus de) dans l'Église, III, 367*; — gardent la scolastique et laissent l'Écriture aux Calvinistes, [595] ; — ont horreur de la doctrine de la Grâce à nu, [595*].
Catholiques anglais, secourus par MM. de Bernières et Taignier, IV, [556]. Voy. Anglais, *Angleterre.
Catholiques romains ; ce qui est accepté par eux, III, 456*; — (Les Jésuites) par excellence, [619].
Catholiques non Romains, VI, [300].
Catholiques romains à Nordstrand, IV, 378*.
Cathos, II, 47* ; — (Les), V, 487.
Catilina, V, [581] ; — (Conjuration de), I, 67.
Catilinaires. Voy. Cicéron.
Caton désespère des dieux, IV, 243* ; — (La mort de), III, 357 ; IV, 487 ; — (Arnauld, le) du christianisme, V, 477*.
Catulle, 144* ; — (Épigrammes de), III, 507 ; — et P.-R., 529-30, 531 ; — parmi les livres de M. de Saci, II, 388* ; —loué par Fénelon, 164.
Catulliens (Vers), V, [625].
Cauchy (M.), V, 418.
Caulet (M. François de), abbé de Foix, puis évêque de Pamiers, I, 430* ; — disciple de Vincent de Paul et de M. Olier, IV, 355 ; — abbé de Foix, charge Saint-Cyran dans son procès, I, 502, [536, 538], IV, 355 ; — un des quatre évêques patrons de P.-R., 355, 390 ; — très-compromis dans l'affaire de la Régale, V, 153-4 ; sa résistance à la Régale, 203, [613] ; saisie de son temporel, 203, 204 ; reçoit 6000 livres de M. Le Pelletier Des Touches, 204 ; — traité de bienheureux par Arnauld, 449 ; — on invoque son intercession pour avoir un enfant, 449.
Caumartin (M. Le Fèvre de), conseiller d'État ; a Fléchier pour précepteur, IV, 63* ; — ami intime de Retz, V, [538, 558, 576, 580, 587] ; — les Mémoires de Retz lui sont dédiés, [594] ; — et Mme de Sévigné, [594] ; — ses peurs en passant le Wendrock en fraude, IV, [598] ; — son château de Gros-Bois, V, [587].
Caumartin (Mme de), amie de Retz, V, [550, 576].
Caumartin (M. de), évêque de Blois, fils du conseiller, IV, [598].
Caumartin (M. de), évêque d'Amiens, II, 95, [544].
Cause (La bonne et la mauvaise), IV, [566].
Causes (Petites), III, 104 ; — (Petites) produisant de grands effets, IV, 434-5.
Causes finales (Théorie des), II, 339*, 436.
Causes grasses, III, 206.
Causes occasionnelles, V, 364* ; d la Grâce, 428-30.
Caussin (le P.), jésuite, confesseur de Louis XIII, I, 488-9.
Cavé, pris dans le sens d'approfondi, III, 531*.
*Caux (Pays de), III, 498.
*Caraillon. Voy. Hallier.
Cavalier (Jean). Voy. Sue.
Cavaliers ; n'admettent pas le *machinisme* des bêtes, V, 352.
Caroye (M. de) et Racine, VI, 35*, [256*].
Coyet (Palma) ; cité, I, 56*.
Caylus (Mme de) et M. Le Tourneux, V, 229, 231 ; — ce qu'en dit Racine, VI, 35* ; — ce qu'elle nous apprend sur l'origine de l'Esther de Racine, 134-5 ; — lettre de Mme de Maintenon, V, 483 ; — compare Mme Brinon à M. Le Tourneux, 229 ; — Mémoires, II, 109 ; III, 563* ; V, 229.
Caylus (M. de), évêque d'Auxerre, et Du Guet, VI. 78.
Ceinture (Formules en revêtant la), V, 113 ; — déliée, langage muet, I, 27 ; II, 28 ; — brodée, IV, 372.
Ceinture de fer-blanc percée en forme de râpe, IV, 98*.
Ceintures de fer, V, 124, 134.
Céladon, I, 232.
Célène d'Arthenay (Mlle), pensionnaire à P.-R., V, 185*.
Célestin (Le pape), II, 147 ; IV, [549].
Célestins. Voy. *Colombier.
Célestius, disciple de Pélage, II, 113.
Celius, ami de Cicéron, IV, 425*.
Celles (M.). Voy. Selles (De).
Cellini (Benvenuto), I, 145*.
Celtiques (Anciens idiomes), III, 542.
Cendres (Le mercredi des), V, 257 ;

VI, [276, 329, 330] ; — (Recevoir les) nu-pieds, [327].
Cène (La), tableau de Ph. de Champaigne, I, 26 ; V, 274.
Cénobites, IV, 67 ; — Voy. Solitaires.
Cénobitisme (Image du), V, 24.
Centralisation de l'État et de l'Église, IV, 358*.
Centurion (Duel de l'Ange et du), V, 410.
Centurions (Les) de P.-R., I, 406.
Cercueil de plomb, V, 267 ; VI, [339].
Cérémonies de l'Église (Historique des), V, 219.
Cerf (Chasse au), V, 278.
Ceri (La duchesse) ; devait épouser Santinelli, VI, [312*].
Cerisantes (Vers latins de), III, [625].
Cernai. Voy. *Vaux de Cernay.
Certitude (Voies communes de), III, 421, 423, 434 : — humaine, attaquée par Montaigne, II, 435 ; — métaphysique, repoussée par Pascal, III, 424.
Cervantès ; Don Quichotte, traduction de Filleau de Saint-Martin, III, 561-2* ; — Don Quichotte, le livre de Saint Évremond, 589.
Cerveau (Capacité du) de Saint-Cyran, II, 205.
César, III, 506 ; — passant le Rubicon, IV, [565, 566*] ; — et Cicéron, 487 ; — met un collier à un cerf qu'il lâche ensuite, I, 225 ; — ses mauvaises mœurs, III, 563* ; — homme de goût, II, 89 ; — ne craint pas les répétitions de mot, III, 460* ; — (Rendre à) ce qui est à César, V, 60*.
Césars (Triomphe des), IV, 297.
Cessac (M. de), oncle de Mme de Sévigné, V, 6.
Cévennes, V, 340 ; — (Injustice d'Arnauld pour les Protestants des), 346 ; — (Les) et les Camisards, 46* ; — lieu d'exil du P. Du Breuil, [615].
Chabannes (La Maison de), I, 373.
Chablais (Duché de), I, 267 ; — (Mission de saint François de Sales dans le), 258, 259-62.
Chabrol (Les), produits par l'Oratoire, IV, 102*.
Chactas ; a vu Louis XIV, VI, 20.
Chaillot. Visitation (Couvent de la), IV, 272, 315.
Chaîne de fer autour des reins, V, 266.
Chair (Concupiscence de la), II, 478.

Chaire (Influence de la) sur le peuple, II, 96 ; — transformée en tribune politique, V, [533] ; — (Périls de la), I, 449 ; — (École de Camus dans la). 468 ; — (La), parisienne et provinciale, à propos du livre de la Fréquente Communion, II, 186*.
Chaise à porteurs, V, 106.
Chaise de poste, V, [611].
Chaises de paille, I, 432.
Chaises (Prix exceptionnel des) dans les églises à la fin du dix-septième siècle, III, [607].
Chaises renversées (Journée des), IV, 284-6*.
Chalais (Procès de), II, 253*.
Chalais (Mme de). Voy. Bracciano.
Chalcédoine (Évêché de). Voy. Smith.
Châlons-sur-Marne en Champagne, VI, [316] ; — séminaire, [298] ; — miracles au tombeau de M. Vialart, [257]. — Voy. Noailles, Vialart.
Châlons (Diocèse de) en Champagne, IV, 51*.
Châlon-sur-Saône, VI, [311] ; — lieu d'exil de M. Du Hamel, II, [546].
Chaluret. Voy. Bonnin.
Cham, I, 224.
Chambéry, III, 251*, 252 ; V, [586*] ; — Jésuites y dominent, IV, [541, 545, 550, 554 ; — (M. Le Camus à), IV, [544] ; — (Retz et Nicole à), 478 ; — (Sénat de), I, 258, 270 ; IV, [540] ; — (Sorciers brûlés à), [550-1].
Chambord (Louis XIV à), IV, 394, 395, 402.
Chambre (Valeur de la charge de gentilhomme de la), VI, [259].
Chambre des comptes (Querelle de M. La Motte-Arnauld à la), I, 54.
Chambre rouge (La) ; infirmerie à P.-R., I, 45.
Chambre de 1815, III, 36*, 61.
Chambres réactionnaires de la Restauration, III, 61.
Chamier (Daniel) et Nicole, IV, 413.
Chamillart (M. Gaston), Dr de Sorbonne, IV, 218, 218*, 258*, 273, 276 ; — aux prises avec P.-R., VI, 109, 110 ; — l'un des plus violents persécuteurs de P.-R., V, 74* ; — comment il connaît la dissidence de Pascal et de MM. de P.-R. sur le second mandement, III, 354* ; — réponses (1665), 354-5* ; — préposé par l'archevêque à la pacification du monastère, 347* ; — directeur imposé à P.-R., II,

[573] ; — la M. Du Fargis refuse de le recevoir, IV, 223-4 ; — et les religieuses de P.-R. des Ch., VI, 194. ; — imposé pour confesseur aux religieuses, IV, 197, 198-200 ; — viole par ses dénonciations son devoir de confesseur, 346 ; ce qu'en dit la M. Agnès, V, 73 ; — Conversations de la Sœur Eustoquie de Brégy avec lui, IV, 267 ; réponse à ses libelles contre les religieuses de P.-R , 345 ; — réponse aux raisons des religieuses de P.-R. (1665), III, 347 ; — Mme de Sablé reste bien avec lui, V, 73, 73-4*.

Chamillardes (Les), II, 334 ; III, 355 * ; VI. 110.

Chamilly (Le Maréchal de) gouverneur de Strasbourg, VI, 7 ; — et Du Guet, 8 *.

Chamilly (La Maréchale de) et Du Guet, VI, 8 * ; — une des mères de l'Église, 8 *.

Chamois (Camisole de), VI, [274].

*Champagne, IV, [696] ; — et la Fronde, II, 293 ; — (Famine en), V, 38 ; — (Régiment de), IV, 314.

Champagne J.-B. de), le neveu, peintre, I, 26 ; VI, [638] ; notes ses portraits d'Arnauld, V, 476-8 *

Champagne (Philippe de) le peintre de P.-R., I, 26 ; II, 248 : V, 476 ; VI, [638] ; — chez M. de Péréfixe, IV, 186 * ; — remet à l'archevêque une première signature des religieuses, 201 ; — avec M. de Saci, II, 340 ; — guérison miraculeuse de sa fille, religieuse à P.-R., IV, 146-8 ; son tableau au Louvre, 148 ; — son tableau du Bon Pasteur fait pour le Chr de Sévigné, [582] ; V, 95 (aujourd'hui au musée de Tours) ; — Cène et statues feintes à P.-R des Ch., 274 ; — Grand crucifix et Saint Charles légués par Arnauld à Mme de Roucy et à Mme de Fontpertuis. 476 ; — Christ au tombeau dans le cloître de P.-R. des Ch., 275-6 ; — son portrait d'Arnauld, 476 ; — portrait de Jansénius, I, 302 ; — son portrait de M. Le Maistre fait sur un plâtre de la M. Angélique de Saint-Jean, IV, 253 * ; — portrait de Saint-Cyran, I, 286 ; — son portrait de la M. Agnès, IV, [577] ; — portraits de religieuses chez Nicole, 511 ; — ami — la vérité comme P.-R., 149 ; de sa peinture ressemble au style de P.-., 148-9.

Champagne (Catherine). Voy. Sainte-Suzanne.

Champlatreux (Château de), II, 82.

Champmeslé (La) et Racine, VI, 104*, 132.

Champollion (M. Aimé). Son édition des Mémoires de Retz, V, [538*, 572*].

*Champré, près de Bayonne, I, 280, 281.

Champs (Le P. Étienne de), Jésuite : « Quæstio facti. » 1659, III, 126.

*Chanaan (La Terre de), IV, 298.

Chancelier (Cortége de cérémonie du), III, 35, 39.

Chanceliers de France. Voy. Boucherat, Le Tellier, Seguier.

Chances (Raisonnement basé sur les) mathématiques, III, 439 ; — (Des) dans la *Logique* de P.-R., 554-5.

Chandenier (Le Mis de) et Du Guet, VI, 31 ; — et Racine, 31 ; — se retire près de Nicole, V, 14*. — Voy. Rochechouart.

Changer. Quand est-ce une marque de force et de grandeur ? V, 452-3.

Changy (Françoise-Madeleine de) ; Vies des religieuses de la Visitation. I, 205-6*.

Chanoine (Le métier et le ministère de), VI, 66 ; — (Aventure burlesque d'un) déguisé en femme, V, 262 *.

Chanoines plaisantés depuis le Lutrin. III. 69.

Chansons de geste (La communion dans les), IV, 449 *.

Chant d'église, II, 371 ; — aimé par Tillemont, IV, 21 ; — (Le) à P.-R., IV, 149 ; V, 142-3 ; VI, [326].

Chant royal, II, 471 *.

Chant d'Oiseau en Poitou, IV, 342.

Chantal (Jeanne-Françoise Fremiot de Rabutin), I, 106.*, 210, 211, 238, 256* ; IV, 159, 212 ; — fonde la Visitation de Sainte-Marie, I, 10, 233 ; — et saint François de Sales, IV, [577] ; (Lettre de saint François de Sales à Mme), I, 252-3* ; — ses rapports avec la M. Angélique, 207-8, 211, 323 ; (Lettres de la M Angélique à), 244 ; — sa postérité hostile à P.-R., 509.

Chantal (Marie de Rabutin), épouse Henri de Sévigné, V, [604] Voy. Sévigné (Mme de).

Chantelauze (M. de . Ses découvertes sur le cardinal de Retz, I, VII ; — annonce de son travail sur Retz et les Jansénistes, III, [607] ; — Mémoire sur « Le Cardinal de Retz et les Jansénistes », V, [516-605]; VI, [287*, 360] ; — recueil manuscrit de pièces sur Retz, V, [545*, 549] : — lettres manuscrites de l'abbé Charrier, [549*].

Chanteresne, pseudonyme de Nicole, IV, 462.

*Chantilly (Le sublime de la vie privée dans la retraite de M. le Prince à , III, [628].

Chantre (Un) de Louis XIV, V, [614].

Chantrerie, grande dignité, II, 13-4.

Chanut (M. l'abbé), II, [551].

Chapelain (Jean), V, 519 ; — premier commis de la littérature, III, 558; — sa valeur, 531 ; — ne se dégage jamais des Cotins, VI, 105*; — intermédiaire entre l'Hôtel Rambouillet et P.-R., III, 559; — janséniste amateur, 560.
= et Arnauld d'Andilly, II, 270*; — et Arnauld, III, 559 ; — et Balzac, II, 59, 61*, 62, 64 ; se trompe sur la naissance de Balzac, [524*] : — et Boileau, III, 560 ; V, 488, 519; (La calotte de), parodie de Boileau, III, 69 ; — lettre à Colbert sur les pièces sur la guérison du roi, VI, 104-5*. — et La Mesnardière, V, 54 ; — et M Le Maître, III, 559 ; — son estime pour la préface mise par Nicole à l'Epigrammatum delectus, 531 ; — doit être l'auteur du premier billet élogieux de l'Académicien, inséré dans la réponse au Provincial, en tête de la troisième Provinciale, 68*, [604, 606] ; — et Racine, VI, 121 ; et l'ode de Racine sur le mariage du roi, VI, 93-4 ; — et Mme de Sablé, V, 54.
= Son « Cabinet, » II, [523] ; — la Pucelle estimée par M. de Saci, 337* ; insuccès de *la Pucelle*, III, 269, 270 ; ce qu'il écrit à Godeau sur les douze derniers chants, 270*; — son éloge des préfaces, 561 ; — sa part dans la Méthode espagnole, 558, 561, et dans la Méthode italienne, 558, 560, 561 ; sa correspondance, II, 65-7, 72*; IV, 53 ; — correspondant de d'Andilly, III, 531, 559-60 [604, 605]; de Lancelot, 531, 560, 561 ; d'Henri Arnauld, l'évêque d'Angers, 559; de Mme de Sablé, 559 ; de Balzac, 559 ; — cinq volumes de Lettres manuscrites possédés par M. Sainte-Beuve, moins l'année 1656, I, 387-8*; III, 559*, [605-6] ; — Camu-

sat en publie un choix sous le titre de Mélanges de littérature, 559-60*, 561*; — ce qu'il y dit de la retraite de M. Lemaître, I, 338*; — lettres à Lancelot, 479 ; — lettre sur Saint Cyran, II, 65*, 66-7*; — lettres au père de Nicole, IV, 412.

Chapelet, I, 498 ; — de la sainte Épine, III, 187.

Chapelet secret (Affaire du), petit écrit mystique de la M. Agnès (1633), I, 330-1, 376.

Chapelets, II, 276 ; IV, 501.

Chapelle domestique, 1, 367;— particulière, VI, 68*.

Chapelle (Charles-Emmanuel Lhuillier, dit) ; élève de Gassendi, III, 272;— et Boileau, V, 513*; — ami de Molière, III, 272 : conversations de Molière avec lui, 277 ; — buvait et se noyait toujours en causant, V, 513*; — (Voyage de) et Bachaumont, VI, 96; paraît vers le temps des Provinciales, V, 487.

Chapitres (Affaire des trois) sous Justinien, III, 35 ; — (Les cinquième et sixième Conciles sur les trois), IV, 2.0.

Chopruis (Le P.), procureur général de l'Oratoire à Rome ; attaché à la doctrine de saint Augustin sur la grâce, VI, [324] : — et le cardinal de Bérulle, [324] ; — accusé d'être lié avec M. de Pontchâteau, [324].

Chapuis (M. Samuel), professeur à Lauzanne, I, [514*].

Chardon (M.), théologal de Saint-Maurille d'Angers, exilé à Riom, IV, [594*].

Charente (La), rivière, II, 51, 53, [525].

Charenton (Cure de), I, 419 ; — (Temple de) ; Voy. Claude; — (Estampes du temple de), VI, 236.

Chariclée. Voy. Héliodore.

Charité : sœur jumelle de la Pauvreté, III, 324 ; — chez saint Paul, 453 ; selon saint Paul, VI, 50, 51 ; — (De la), II, [531] ; — compagne de la vérité. VI, 62; — (Méthode de) de Jansénius, II, 122-3, 127*; — (Ordre de la), V, 69* ; selon Pascal, III, 423 ; en quoi il consiste, 424 ; — son rôle dans le grand livre de Pascal, IV, 452 3 ; — (Degrés de), 304-5 ; — (Distance des esprits à la), III, 407 ; — (Les convois de la), V, [338] ; — (Le royaume de la), VI, [359] ; — se confond avec la grâce surnaturelle, I, [537*] ; — (Les courants de la grâce et de la) se confondent, III, 337* ; — (Union de la), V, 177 ; — (Parfaite liaison de), IV, [531] ; — (Lien de la) ne suffit pas pour un r les chrétiens, III, 348* ; — (La flamme de , V, 117 : — chrétienne et charité chevaleresque, III, 335 ; — sentiments de Saint-Cyran à ce sujet, I, 304-5, 448 ; — (Deux sortes de), VI, [287] ; — (Subterfuges de la), V, 65 ; — et son ennemi l'amour-propre, VI, 51-2 ; — commencée (Une) ne doit pas être abandonnée, I, 501 ; — mal comprise, IV, [537] ; — (Les persécutes doivent conserver la) contre leurs persécuteurs, VI, 74-5 ; — (La) à P.-R., I, 104*, 358-9 ; — (Délicatesses de la) de Pascal, III, 334-5, 364 ; — (Sœurs de), I, 508, [532] ; — moderne, 359 ; — sociale, V, 395 ; — (Tout est-il de) là où est la gloire ? VI, 51.

Charités domestiques (Les), IV, 495*.

Charités (Prêter des) près de quelqu'un, le desservir, V, 509.

Charlatans (Les) en grammaire, III, 523.

Charlemagne, I, 278 ; II, 117 ; — (Reliques de saint), VI, [332].

Charles le Chauve, IV, 387*.

Charles V, roi de France, II, 357 ; — commencements bourgeois de la morale des honnêtes gens, III, 262.

Charles VI ; Écossais à son service, III, 582*.

Charles-Quint, I, [556] ; — (Adrien VI, précepteur de), V, 311* ; — détruit Térouenne, 458* ; — abdication, I, 326.

Charles II, roi d'Espagne ; privilège du Nouveau Testament de Mons, IV, 379.

Charles Ier, roi d'Angleterre, I, 314.

Charles II (Cour de), II, 106 ; — parent de M. d'Aubigny, IV, [556] ; et M. d'Aubigny, [558, 561] : l'abbé d'Aubigny, aumônier de sa femme, III, 583 ; donne de l'argent à Retz pour le cardinalat de l'abbé d'Aubigny, V, [578] ; — s'entremet pour M. de Bernières, IV, [561] ; — et le cardinal de Retz, V, [571] ; — influence de Madame sur lui, IV, [536] ; — Voy. Catherine de Portugal, Monmouth.

Charles X, ou Charles-Gustave, roi de Suède, III, 167.

Charles III, dit le Bon, duc de Savoie, I, 258.

Charles-Emmanuel I, duc de Savoie, 1, 364 ; — veut exterminer l'hérésie dans le Chablais, 259, 260, 261, 262, 264, 265, 266, 267, 270 ; — griefs de saint François de Sales contre lui, 257, 264-6.

Charles-Emmanuel II, duc de Savoie. Prodiges qui présagent sa mort, IV, [551].

Charles IV, duc de Lorraine, achète de Retz la terre de Commercy, V, [577].

Charles (M.), nom de M. Charles Du Chemin. Voy. ce nom.

Charleval; vers sur l'Amour, III, 587.

Charlevoix (Le P.), jésuite. IV, 130.

Charlotte, domestique des Granges, IV, 313*.

Charme (Le), le propre de Mme de Sévigné et de La Fontaine, V, 507.

Charmel (Le comte de), retiré à l'Oratoire ; légataire de Nicole, IV, 512*.

Charmettes (Les), IV, 101.

Charon. Voy. Colbert et Ménars.

Charpentier (Ce que dit la femme d'un) à M. Hamon, IV, 276.

Charpentier (M.), fondateur d'ordres religieux, I, 10 ; — Supérieur des prêtres du Mont-Valérien et Saint-Cyran, II, 193-4.

Charpentier, éditeur, V, [538*].

Charrier (L'abbé), oncle de M. Du Gué de Bagnols, V, [554] ; — et Chigi, [543] ; — présent à la conférence sur la Grâce, entre le P. Labbe et le docteur de Sainte-Beuve (1652), III, [622] ; — et Retz, V, [538, 574, 576, 580] ; l'âme damnée de Retz, [537] ; surnommé le Diable, [537] ; va à Rome pour le chapeau du cardinal de Retz, VI, [360] ; instructions de Retz, V, [539-41, 550] ; et les blancs-seings du coadjuteur Retz, [542-3] ; détruit la lettre que Retz lui écrit sur le jansénisme, [549, 550] ; — ordre de rappel écrit par le duc d'Orléans, [544, 548] ; — Retz lui donne son abbaye de Quimperlé, [580] ; — sa correspondance chez M. de Chantelauze, [549*].

Charron (Pierre), I, 311 ; — et Montaigne, II, 451 ; — De la Sagesse, III, 517*, 546* ; la « Sagesse » paraît en 1601, II, [517] ; n'est pas dans les livres de M. de Saci, 388* ; — recommande de laisser

les enfants parler à leur tour, III, 517*; — *Les trois vérités* parmi les livres de M. de Saci, II, 388*, — lourdeur de son style, [519] ; — défendu par Saint-Cyran contre Garasse, 383.
Chars (Mlle de). Voy. Luynes.
Charte (L'article 14 de toute), I, 264.
Charlon (M.), docteur de Sorbonne; Consultation sur les restitutions de M. de Chavigny, II, [557, 560].
Charton (M.), grand pénitencier, VI, [280-1].
Chartres, I, 187, 415 ; IV, 163*; — (Auteurs nés à), 411, 419 ; — Chambre ecclésiastique, 412* ; — (Diocèse de), I, 414 ; — (Le P. Du Breuil à), V, 331 ; — Filles-Dieu, VI, 234*; — (Nicole à), IV, 477, 479, 490, 498 ; — (Pèlerinage de Notre-Dame de), VI, 8 ; — prononciation chartraine, IV, [598] ; — (Religieuses de P.-R. exilées à), VI, 221, 224, 232 ; — Voy. Arnauld, Étampes de Valençay, Fulbert.
*Chartreuse (Grande), I, 438 ; IV, [554] ; VI, [319] ; — voyage de Nicole, IV, 478 ; — la M. Angélique de Saint-Jean en donne une image à M. de Pontchâteau, VI, [330, 353].
Chartreuses. Voy. *Bourg-Fontaine, *Paris, *Val Saint-Pierre.
Chartreux (Le chrétien doit-il être un)? IV, [531] ; — (Réponse d'un) sur la mort, 46 ; — effrayés de bonne heure par le jansénisme, I, 412; — Voy. Du Plessis (Alphonse), Étienne (Dom), Ciron, *Orléans, *Paris.
*Charybde, II, 19.
Chasse, ennemie de l'oisiveté, II, 6.
Chasse-avant, synonyme de maçon au dix-septième siècle, II, 315.
Chassebras (M.), curé de la Madeleine à Paris, janséniste déclaré, V, [560-1] ; — grand vicaire janséniste de Retz, III, 160*; V, [562] ; — et la Fronde ecclésiastique, [562].
Chasses (Sculptures de), IV, 253-4.
Chasses princières et royales dans les bois de P.-R. des Ch., V, 277, 278, 279 ; VI, 220.
Chasseurs n'admettent pas le *machinisme* des bêtes, V, 352.
*Chastellux (La cure de), V, 239.
Chasteté (Péché mortel contre la), destitue l'évêque, I, 318*.
Chasuble blanche, II, 371*.

Chat (Ce que dit Saint-Cyran d'un petit), I, 491*.
Châtaignier (Le) de M. Hamon, IV, 334-6, 337.
Chateaubriand (M. de); (Sentiment chrétien d'après), IV, 323* ; — cherche l'effet plus que la vérité, III, 218*; — sur les enfants, IV, 327-8 ; — ce qu'il dit des Jésuites, III, 218* ; — ce qu'il dit de P.-R., VI, 80* : — belle phrase sur Pascal, III, 413, 414 ; ce qu'il dit des Provinciales, III, 218* ; — son admiration pour Athalie, VI, 151* ; — « Génie du Christianisme, » II, 459*; III, 413 ; — « René, » I, 185, 426-7; René (La sœur de), III, 359 ; — « Atala, » IV, 327-8 , — traduction du Paradis perdu, II, 112*, 137*, 141 ; — « Vie de Rancé, » IV, 43, 45* ; — s'intéresse au livre sur P.-R., I, [550] ; ce qu'il pense du Discours préliminaire, I, [518].
Châteaudun, IV, 215.
**Châteauneuf de Randon* (Les clefs de) mises sur le cercueil de Duguesclin, V, 481.
Châteauneuf (M. de), secrétaire d'État ; son interrogatoire de M. Lemoine, V, 203, 204.
Château-Renaud (le Maréchal de), oncle de Mme. de Château-Renaud, VI, 211*.
Château-Renaud (Mme de), abbesse de P.-R. de P.; ses rapports avec la dernière Prieure des Champs, VI, 209-14 ; — sa prise de possession de P.-R. des Ch., 214 ; — et Mme de Maintenon, 214-6 ; — ses flatteries pour Saint-Cyr, 215 ; — ne veut pas de la translation à P.-R. des Ch., 235 ; — (Les notaires de Mme de), 209, 212-3, 216 ; — ce qu'en dit le P. Le Tellier à Louis XIV, 217 ; — sa mort, 235.
Château-Renaud (Mme de), religieuse bernardine, sœur de l'abbesse de P.-R. de P., VI, 209.
Châteaux en Espagne, V. 92.
Chateignier de La Rocheposay (Henri-Louis), évêque de Poitiers, I, 282, 304, 307*, 503* ; — S. Cyran lui dédie un livre, 278.
Châtel (Jean) veut tuer Henri IV, I, 72; — (Apologie de Jean), 69*.
Châtelain (M.) pastiche le style de Balzac, II, 80*.
Châtelet. Voy. *Paris.

Châtellerault (Ellies Du Pin exilé à), VI, 174-5.
Châtillon-sur-Seine (Côte-d'Or). S. Bernard s'y retire, IV, 48.
Châtillon près de Sceaux et de Paris, IV, 257; — retraite d'Arnauld et de Nicole, 425; — voy. Golfer (L'abbé), et Pontchâteau (M. de).
Châtillon-sur-Marne (Nicole à l'abbaye de), IV, 480.
Châtillon (La duchesse de) depuis duchesse de Meckelbourg, V, 129*.
Châtiment. (Parties grossières du), V, 28.
Châtiments (Douceurs des) aux Petites-Écoles, III, 486-7; — (Dureté des) dans l'éducation du Dauphin, 486*.
Chatou (M.), anagramme du nom de P. Vachot, I, 401*.
Châtres, aujourd'hui Arpajon, I, 304.
Chaulieu (L'abbé de), III, 304; — tient de Montaigne, II, 451; — pièce sur Fontenay, 414; — méprisé par Boileau, V, 519.
Chaulnes (M. de); trahison de M. de Harlay envers lui, III, 580*.
Chaulnes (Mlle de) aux Filles de l'Enfance de Toulouse, V, 454.
Chaumont (M. de) et les ambassadeurs de Siam, VI, 24.
Chaumontel (M. de), I, 299*.
Charannes (M. Ernest) résume (1859) la discussion protestante sur la valeur de l'apologie de Pascal, III, [619].
Chavannes (M. Frédéric). Article sur le miracle de la sainte Épine, III, 180*.
Chavigny (Louis Le Bouthillier, comte de), II, 27, 27*, 28*; — gouverneur, puis prisonnier à Vincennes, 20*; — mérite qu'on fasse sur lui le verbe *enchaviner*, V, 129; — son rôle dans la Fronde, II, 20*.
= Ami de Mme d'Aiguillon, II, [571]; — et Arnauld d'Andilly, V, 12*; — et le livre de la Fréquente communion d'Arnauld, II, 180, 187; — et M. de Barcos, 215; — et Bassompierre, VI, [305]; — et M. de Liancourt, V, 45; — visite à P.-R. des Champs, II, 264; — cousin germain de Rancé, IV, 45; — confident de Richelieu, II, 20*; — soutien de Saint-Cyran, 203, 265*; fait un moment faiblir Saint-Cyran, 19, 19-20*.
= Causes de sa dernière maladie, II, [553*, 570]; — charge MM. Singlin et Du Gué de Bagnols des restitutions, 20, 264-5*; ses restitutions *in extremis*, 20*; — détails sur sa mort (1652), [553-4]; — confie l'exécution de ses dernières volontés à M. de Bagnols, [554]; — Relation de M. Hermant sur ce qui se passa à sa mort et touchant l'écrit confié à MM. Singlin et Du Gué de Bagnols, [552-69]; — discussions sur les arbitres relativement à ses restitutions, [559-60]; — composition proposée pour ses restitutions, [557-8, 563, 566, 567, 568] : n'est pas même exécutée, [570*]; — (Les enfants de M. de), [556], 557, 561, 562, 567, 568.
Chavigny (Mme de), trop grande dame avec Saint-Cyran, II, 28; — conteste les restitutions de son mari, 20*, 265*; — arrive à se soustraire aux restitutions de son mari, [552, 555, 556, 557, 558, 559, 560, 561, 562, 563, 564, 565, 567, 568, 569, 570*].
Chavigny (Mlle de), femme du comte de Brienne, V, 18.
Chavigny (Denis-François I Bouthillier de), évêque de Troyes de 1679 à 1697; au dîner chez M. de La Moignon 1690, V, 506.
Chef de parti sans le vouloir ni le savoir, V, 285*.
Chefs-d'œuvre (Deux espèces de), VI, [266-7].
Chelles (Abbaye de); voy. Ste Bathilde.
Chemin (Esprits qui demeurent à mi-), III, 491*.
Cheminais (Le P.), Jésuite; bonne scène avec Boileau, V, 508*.
Cheminées (Un désert avec beaucoup de), VI, 14-5.
Chemise prise à un cadavre, VI, 239*.
Chêne (Le), IV, 337; — à P.-R. des Ch., 279.
Chênes, IV, 482.
Chenets de fer et de cuivre, V, 131.
Chénier (André), l'ami de Le Brun, V, 504; — citation d'un vers, 349.
Chénier (Marie-Joseph); « Épître à Voltaire », III, 310; — « La promenade », IV, 98.
Chennevières (M. de); volume venant de M. de Pontchâteau, V, 256.
Cherbourg (Auteurs nés à), IV, [598].

Chérette (Nicole prononce) au lieu de *charrette*, IV, [598].
Chéron (M.), docteur de Sorbonne, IV, 277.
Chéron (Mlle Élisabeth-Sophie), peintre ; son portrait de Nicole, IV, 513, [289].
Chéronée (Bataille de), III, 151.
Chertemps (M), chanoine de Saint-Thomas du Louvre ; — mis à la Bastille, V, 325-6 — parent de Mme Colbert, 326.
Chérubin (Le) de la porte du Paradis, IV, [582] ; V, 98.
Chérubins de l'Arche, III, 286.
Chéruel (M.) ; édition des Mémoires de Mademoiselle, II, 275* ; — « Saint-Simon comme historien de Louis XIV », IV, 51*.
* *Chesnai* (Le), maison de M. de Bernières, près Versailles, III, 582 ; — les enfants y sont transférés, 168, 172 ; — les petites Écoles des Champs y sont un moment, II, 232, 295 ; IV, 8 ; — (Écoles du), III, 566, 568, 580, 581* ; — (Les Petites Écoles au), 467, 471, 474-5, 477, 478* ; — (Prix de la pension au), 475, 497*. — (M. de Walon de Beaupuis maître des Petites Écoles du), 474, 475 ; M. Walon de Beaupuis y conduit quelques enfants. VI, 87 ; — (Le duc de Monmouth au), IV, [556] ; — visite de Daubray, III, 475 ; — dispersion, 581*.
Chesnay (Le), maison de M. de Bernières près d'Issoudun, I, 478*.
Cheval (Le), peu employé à P.-R., III, 570 ; — (Voyages à), VI, [316].
Chevalier (M.), grand vicaire janséniste de Retz, V, [562].
Chevalier du Guet (Le), IV, 207, 210.
Chevalier (Le). Voy. Buisbuisson.
Chevaux, V, [589] ; — (Luxe des) dans l'ancien régime, II, 380* ; — à qui on coupe la queue par vengeance, VI, [312*] ; — d'Espagne, [362].
*Cheverny. Voy. *Cour-Chiverny.
Cheverny (Famille de). Voy. Aumont (La marquise d').
Chevigny (Le P. de), de l'Oratoire, va à Strasbourg avec Du Guet, VI, 7.
*Chevreuse, I, 11, 36, [557] ; II, 296 ; III, 168 ; IV, 18 ; VI, 218 ; — (Route de), II, 31 ; — (Racine et les travaux de), VI, 95 ; — (Le fils Vitart souvent à), 84 ; — (Bois de) menacés d'être joints au parc de Versailles, V, 279 ; — (Le Bailli de), VI, 97 ; — (Huissier de) employé par les religieuses de P.-R., 195 ; — Voy. *Trous (Château des).
Chevreuse (Mme de), mère du duc de Luynes, II. 320 ; — demi-sœur de la seconde femme de son fils, 319* ; — amie de P.-R., III, 162, 163*, 164 ; — et M. de Laigues, IV, 210*, — et le cardinal de Retz, V, [529, 564] ; VI, [301] ; amie de Retz. V, [534] ; sa confidente, [536] ; — s'entremet en vain pour faire rester sa petite-fille à P. R., IV, 121 ; vient reprendre ses petites-filles, 121-2.
Chevreuse (Le premier duc de) ; son mot au siege de Montauban, IV, [535] ; — a 50 000 francs de bénéfices sur Saint-Denis, VI, [354].
Chevreuse (Le second duc de), II, 288 ; IV, 123 ; — fils du duc de Luynes, V, 277 ; — élevé par Lancelot, I, 438 ; — Lancelot, son precepteur en titre, III, 562 ; — La Logique de P.-R. d'abord faite pour lui, II, 442 ; III, 542-3, 547*, 551 ; — élève de P.-R. qui s'en guérit, VI. 232 ; — ses raisonnements subtils, IV, 124 ; — un *bon esprit faux*, III, 547 ; — abjure P.-R. à la Cour, 563 ; — et Fenelon, II, 313 ; VI, 231-2 ; sa correspondance avec Fénelon, III, 547* ; — et M. Le Tourneux, V, 241 ; — ce qu'il devint dans les voies du Guyonisme, III, 563-4* ; — et Louis XIV, VI, 227* ; — Malebranche écrit à sa sollicitation les Conversations chrétiennes, V, 361 ; — reste de P.-R. par la vertu, III, 563 ; — à Vaumurier, VI, 87.
Chien roux (Le petit) de saint Bernard, V, 244*.
Chienne (Ce que dit Du Guet à propos d'une petite), VI, 26-7.
Chiens (Histoire de deux) et du tournebroche, II, 316, 317* ; — disséqués vivants, 316 ; — (Pain de) mangé par humilité, III, 322.
Chiffre (Secrétariat du) à Rome, [591*] ; VI, [322] ; — de Jansénius et de Saint-Cyran, I, 288, 296.
Chigi (Fabio), secrétaire d'État à Rome, V, [541] ; — nonce à Cologne, [541] ; — promu au cardinalat (1652), VI, [548] ; — et l'abbé Charrier, V, [543, 544, 545] ; — fait condamner les cinq Propositions par Innocent X, [562*] ; — ami des Jésuites, [541] ; — et Retz,

[544, 545]; — devient pape sous le nom d'Alexandre VII, [541]; voir ce dernier nom.
Chigi (Un autre cardinal) et Retz, V, [572].
Chillon en Suisse, I, 2.
Chimène. Voy. Corneille.
Chimer, désignation cachée des Jésuites, I, 296.
Chimie des grands esprits, II, 390*.
Chine, I, [535]; — (Religion de la), III, 442 ;— missionnaires jésuites, 130, 349, [610] ; — (Inutile d'aller en) pour faire du bien, IV, [543].
Chinoise (Langue) parlée par saint François-Xavier sans avoir été apprise, III, 139.
Chio (Ile de), IV, 256.
Chirurgien des pauvres à P.-R., I, 105*.
Chirurgiens (Préventions de Guy Patin con re les), III, 181* ; — donnant des attestations de miracles, V, 265, 268*; — Voy. Félix, Maréchal.
Chives (Le prieur de), II, 60*.
Chloé (Daphnis et), V, 23.
Choart. Voy. Buzanval.
Chocolat (Le), VI, 22, [255].
Choiseul Du Plessis Praslin (M. Gilbert de , évêque de Comminges, III, [599]; VI, [294]; — frère du maréchal de Plessis-Praslin et cousin germain de M. Du Plessis-Guénegaud, IV, 163, 164* ; — ami des jansénistes, 50 ; — négociations, III, 265 ; — projets de conciliation, II, 289 ; III, 14*; IV, 7*; — accommodement (Projet d') de M. de Comminges ; Arnauld le fait manquer, 162-76 ; — accommodement de 1663, V, 60, 67 ; VI, [363] ; — et Arnauld d'Andilly, IV, 162, 163 ; — et Arnauld, 391; V, 67 ; dans l'affaire d'Arnauld, IV, 164-6, 167, 168, 169, 175, 176 ; veut faire rentrer Arnauld en France, V, 322; — (L'accommodement de M.) et Bossuet, VI, [363-4] ; — l'un des dix-neuf signataires de la lettre à Clément XI, IV, 365 ; — et Pavillon, 390 ; — et Rancé, 50 ; — défend le miracle de la sainte Épine, III, 181*, 183*, 186*; — devient évêque de Tournai, V, 323 ; — ses ouvrages d'apologétique, IV, 162-3* ; — Mémoires touchant la religion, III, 186*; — fragments de ses lettres imprimés par Arnauld, II, 289-90*.
Choisy (Mme de), la mère, et Arnauld d'Andilly, V, 72*; — sa condamnation d'Arnauld, 72*;—et les Carmélites, 72*; — et les Jansénistes, 72*; — logée au Luxembourg, 72*; — et Pomponne, 199*; — lettre à Mme la comtesse de Maure sur Mme de Sablé, 72-3*.
Choisy (L'abbé de), cousin de l'abbé Le Roi, IV, 51 ; — autorité légère, V, 199*.
Choses (Importance des petites), IV, 325.
Chouin (La), II, 320*.
Chrétien (Définition du), III, 337*; — (Ce qui constitue le), IV, 249 ; — (Vrai) se place en dehors de l'humanité, III, 366; —(Le thème) en face de l'homme, 240 ; — encore hébraïque, V, 426 ; — selon saint Paul, 418 ; VI, 47 ; — (Sens du nom de) selon saint Augustin, I, [529] ; VI, 47 ; — (Le vieil esprit), IV, [554*], — (Être), état de MM. de P.-R., III, 247*, 248*; — (L'homme à P.-R. se confond dans le), 545 ; — (Le janséniste est un redoublement de), V, 233*; — (Être) à la française, 234 ; — (On est surtout) par la Foi, III, 383; — (Le) enfant et aveugle, 480, 482-4 ; — (Croyance du) voit un obstacle dans les lois de l'univers, II, 479* ; — doit-il être chartreux ? IV, [531] ; — pénitent (Le) ne doit pas être pris au mot, V, 100 · — se refuse à voir ses mérites, VI, [346] ; — (Être) sans rougir, V, 16*; — (Un) c'est un homme qui a besoin de peu de choses, [355] ; — (Un) est-il obligé d'aimer Dieu ?. 506-7 ; — (Sentiment du) sous l'injustice, VI, [299*] ; —(Idées du) sur la mort, IV, 161 ; — (Le) doit garder du lion, III, 143-4 ; — (Ce que ne fait pas un) selon Saint-Cyran, [628] ; — (L'enfer, l'un des points principaux de la foi du), IV, 413; — (Analogie du) et du sceptique non sûr de son doute, II, 420*;— (Le) doit se défier de tout ce qui est du Montaigne, 417-20 ; —(Le) accoste les adhérents de Hobbes sans se confondre avec eux, III, 432 ; — tempéré (Le point de vue) hostile à Pascal, 395*; — (La littérature et l'esprit), II, [514] ; — (Du goût et de l'art dans l'ordre), 88-91 ; — (Le style), III, [613].
Chrétienne (La sévérité), III, 220* ; — (Doctrine) épiscopale, IV, 358-

64; — (Si l'argumentation) a faibli, III, 240 ; — (Idée) de l'enfance, 480-91 ; — (Modèle de satire), V, 501.
Chrétiennes (Mœurs) primitives, V, 212*; —(Joies), III, 275; —(Choses) dites grossièrement, V, 254*; — (Recueil de Poésies), 16-7, 17-8*, 22-3.
Chrétiens (Le nom de), appliqué à des croyants tout différents, III, 456*; — (Les stricts), selon saint Paul, V, 116 ; — (Vie juste des premiers), 212*; — (Crime des premiers), IV, 81 ; — (Du vrai lien des), III, 348*; —(Immutabilité des vrais), IV, 342 ; — n'ont de repos que dans la solitude, V, 253;— (Maladie, état naturel des), III, 327, 340, 365 ; — la mort, grand moment de leur vie, 343 ; — humbles (Comment les) trompent sur eux-mêmes, IV, 356*; — (L'amour-propre des) est à rebours, V, 132 ; — rigoureux, IV, [546*]; — (Faut-il rendre tous les) spirituels? [533] ; — (Vrais) en dehors du catholicisme jesuitisé, III, [595*] ; — (Contradictions et inconséquences des), II, 433; — relâchés, IV, [546*] ; — (Écrivains) manquent de grâce, III, 121.
Chrismation (Question de la), I, 317*.
Christ au tombeau, tableau de Ph. de Champaigne, V, 275-6 ; — (La nature ennemie du), II, 480*; — janséniste aux bras étroits, 156; — borné (Un) qui ne pense pas à tout, V, 433-5; — (Faiblesse du) de Malebranche, 436-7 ; — Voy. Fils, Jésus-Christ, Verbe.
Christianisme (Y a-t-il dans la nature humaine une condition double qui force de recourir au)? III, 402 ; — est-il un et immuable ? II, [534-5] ; — (Rareté du vrai), III, 365 ; — se sépare du Paganisme en ce qu'il vit en vue de la mort, 329 ; — selon saint Paul et saint Augustin, VI, [282-3*]; — (Pline le Jeune, voisin du), III, 328-9; — a été le remède à une décadence, mais en faisait partie et en a gardé, 342*; — assemblage des contradictions, V, 117 ; — (Que le) rende compte de la nature humaine, ne démontre pas sa partie surnaturelle, III, 402; — antagonisme entre deux de ses esprits, IV, 221-2 ; — (Besoin et caractère différents du) selon les esprits, III, 383 ; — (Ce qu'il y a de nominal dans le), III, 365, 366, 367*; — (Deux façons d'entendre le), l'orthodoxe, ruine de la nature, l'autre phase de la nature, V, 435-6 ; — (Marche des hérésies et des discussions dans le), III, 13*; — essais successifs de démonstration par les preuves naturelles, II, 432.
= (Dogmes fondamentaux), II, 125-6 ; — (Le strict nécessaire du), IV, 249 ; — positif (Sévérités du), [546*]; — (Point de vue moral de l'austère), III, 260 ; — rigide (Frontières absolues du), II, 416-7 ; — austère (Le) opposé à l'émulation, III, 499; — (Raison vigilante au sein du), II, 358 ; — son idée du *saint* plus profonde, III, 340-1; — Conscience, Moralité, Poésie, Idéal, en dépendent-ils ? [615] ; — intérieur. I, [516] ; — (La sensation dans le), IV, 323*; — se tourne dès l'abord vers la pauvreté, III, 326 ; — a une politique à côté de la religion, II, [535] ; — ne défend pas d'être fou, V, 245*; — (Effets derniers et rentrés du), III, 342*; — de sens commun, V, 439 ; — (Les hommes échappent par la tangente à l'exact), II, 419; — (Ce qui reste du) dans la morale des honnêtes gens, III, 261 ; — (Sophistication du), IV, [554*]; — sa tendance à se modifier selon la nature, I, 348*; — (Adoucissement du), IV, [546*] ; — son adoucissement moderne, III, 455-6*; — (D'un) général, I, 221-2 ; — général formé de transactions insensibles. II, 131 ; — (Gibbon, ennemi froid du), III, 290 ; — les Déistes sont-ils ses héritiers présomptifs ? 412.
= en France ; sa période de langueur, comment guérie, III, 216 ;—(Qualité mâle du) de P.-R., 135; (P. R. ôte toute joie au), IV, 263*; — facile (Le), triomphe des Jésuites. [545] ; (Jésuites ont souvent procédé vis-à-vis du) comme s'il était faux, III, 141; — (Demi), ce qu'en dit Bourdaloue, II, 190 ; — et la bulle Unigenitus, VI, 73 ; — Malebranche veut l'élargir, V, 412-3 ; — Voy. Croyance et Siècle (17e).
Christine de Suède (La reine), II, 211 ; — (Le monde de la reine), III, 269 ; — et Balzac, II, 61*; —

et les Provinciales, 220-1*; — lit les Petites Lettres, III, 264; — comment elle reçoit le P. Annat, 264; — et Anne d'Autriche, 264*; — ses querelles à Rome avec la princesse Rossane, VI, [312*].

Chronologique (Méthode) en histoire, IV, 11; — L'ordre) répugne aux dialecticiens, 455, 456 7.

Chrysale (Le bonhomme), IV, 181.

Chute, volonté viciée, racine de concupiscence, II, 142-4; — (Dogme de la), III, 443, 461, 480 1; — d'Adam, II, 137-42; — de l'homme, III, 237; V, 515; — (Effets de la), II, 160; — (L'idée de la) explique-t-elle tout? III, [617, 618]; — méconnue des Stoïciens et des Épicuriens, II, 390; — en vue du Christ, V, 422-3; — (La) et la Grâce, II, [532]; — (Deux sortes de Grâce avant et après la), 100; — (La) exposée par M. Le Tourneux, V, 212; — (La théorie de la) dans Malebranche, 385-7, 387-8*.

Chutes (Il faut se relever doucement de ses), I, 458.

Chypre (Ile de), IV, 454.

Cicéron, I, 61, 275*, 382*; II, 77 162; III, 148, [612]; IV, 10; — vis-à-vis de Caton, 487; — son désir de la solitude, 425*; — eaux minérales de sa villa, III, 530*; — son éloge de l'émulation, 499; — passage favorable à l'idée le chute, II, 114; — amoureux de bien dire, 415; — sa haine des répétitions de mots, III, 460*; — ne dédaigne pas de traduire les Grecs, 522*; — (Parallèle de Démosthènes et de), [625]; — sa philosophie en face de P.-R., 325; — Offices; traduction de Le Maitre et opinion de Saint-Cyran, II, 34 5; — le Songe de Scipion, III, 506; — (Paradoxes de), traduits par M. de Saci, 507; — Verrines et Catilinaires, 110; — (Traduction des Petites Lettres de), 502, 511, 512*, 514; — Lettre à Sulpicius, 532-3; — Lettres, traduites par Guyot, 575; — (Lettres de) à Atticus, traduites par Tho. Guyot, 506; — Lettre à Quintus, traduites par Guyot, 506; — Lettres à ses amis, traduites par Guyot, 506; — Lettres familières, 56; traduites par l'abbé de la Victoire, V, 70; — (Défauts de la mauvaise imitation de), II, [518, 521]; — aux Petites Écoles, III, 485, 488.

Cicéronien (Latin), V, [590*].

Cid (Le). Voir Corneille.

Cidre, VI, [320].

Ciel (Le, de trop selon Voltaire, III, 409.

Cieux (Le royaume des), VI, [299*].

Cigale (Les) et saint François d'Assise, VI, 102*.

Cigongne (M.); son exemplaire des Œuvres chrétiennes d'Arnauld d'Andilly, V, 7*.

Cilice, III, 321, 323, 340; V, 35, 121; VI, [319, 329]; — (Interdiction du), V, 28.

Cilicie, province romaine, IV, 425.

Cimetière (Être enterré dans un), acte d'humilité, V, 52*.

*Cimmérienne (Region), II, 128.

Cinq-Mars, II, 206.

Cire (Figures de, IV, 252-3.

Ciron (M. de), le père, conseiller du Parlement de Toulouse, V, [617].

Ciron (M. de), le fils, voulait épouser Mlle de Juliard, depuis Mme de Mondonville, V, [617]; — veut se faire chartreux, [617]; — logé à l'Oratoire, 30*; — ses premières liaisons avec les Jansénistes, [617, 620]; — et son rôle à Paris, VI, [361]; — aux Assemblées du Clergé, V, 28-9; — ses instructions aux laquais et aux pages de l'Assemblée de 1655, 29*; à l'Assemblée du Clergé de 1656, [617]; — menacé de la Bastille et renvoyé à Toulouse, 29; — chancelier de l'Église et de l'Université de Toulouse, 28. [617]: sa charité dans une peste de Toulouse, [620]; fonde à Toulouse l'Institut des Filles de l'Enfance, 29*; — le Saint-Cyran des Filles de l'Enfance, 453; — sa mort (1680), [621].

— et le P. Bain, V, 29*; — son effroi d'être chargé de la direction du prince de Conti, 29-30*; directeur du prince de Conti, 29-30*, [618]; lettres du prince de Conti, 33-4; Pavillon le charge de la direction du prince de Conti, 28-9; — pourquoi blâmé par M. Pavillon, [620]; — et M. Pinette, 30*; — et la princesse de Conti, 31, 32, [361]; lettres de la princesse de Conti, 35-6; — et Mme de Longueville, VI, [361]; — et Mme de Mondonville, V, [618, 620]; — singularités de sa dévotion, 30*, [620]; — son attrait aux emplois des pauvres abandonnés, 29*; — son amour pour

Jésus-Christ, 30* ; — caractère de sa spiritualité, 29-30* ; — lettres, 29-30*.

Cirque (Origine des spectacles du), II, 479.

Citat on des auteurs (*Bonne foi des Jansénistes dans la*), III, 125.

Citeaux (Ordre de), I, 75, 76 ; IV, [526] ; VI, [303] ; — (Saints de l'ordre de), [347] ; — (Abbayes de l'ordre de), [332] ; — (Voyage de Rancé à), IV, 519] ; — (Divertissements de), I, 83 ; — (Réforme de l'ordre de), V, (583) ; — (Ordre de), supérieur de P.-R., I, 44, 45, 48, 49, 323-4, 325, 335, et de l'abbaye du Tard, 325 ; — (La règle de) à Orval, VI, [328, 329] ; — *Bibliotheca Cisterciensis*, IV, 322*.

Civil (Dieu s'est figuré dans l'ordre), II, 35.

Civilisation (L'effet et le but de la), V, 394-5 ; — (Ce que la) exclut en théologie, III, 406 ; — (Trop de) emporte la foi dogmatique, VI, 151*.

Civilité (Comment la) est garantie dans l'éducation, III, 492 ; — (Traité de) militaire, II. [573] ; — puérile et honnête, III, [613].

Cizeron-Rival ; « Récréations littéraires, » I, 232*.

Clairement (N'admettre que ce qu'on entend), V, 368.

Clairon (Mlle), II. 77.

Clairvaux (Ordre de), IV, 51 ; VI, [327] ; — tombeau de saint Bernard, III, 192 ; IV, 201 ; — (Filiation de), [526] ; — (Divertissements de), I, 83.

Clairvaux (L'abbé de), I, 93* ; — visite de M. Hamon, IV, 338 ; — Voy. Rigobert (Dom).

Clarke (Livre de) sur la religion, II, 432.

Clarté (Nécessité de la) dans le style, II, [519].

Classes moyennes (Morale des), III, 261.

Classique (Caractère de la période), VI, [166] ; — (La théorie), 44 ; — (Théorie du style, III, 101.

Clauberg, philosophe allemand, III, 550.

Claude, ministre protestant ; homme d'esprit et poli, IV, 448* ; — et Arnauld, V, [623] ; réfuté par Arnauld, IV, 396 ; — sa querelle avec Arnauld et Nicole sur la transsubstantiation, II, [541] ; désaccord avec Nicole sur l'Écriture et les Pères, IV, 453, 455, 456 ; *désorienté* par Nicole, 454 ; réponses à la petite Perpétuité de Nicole, 444, 445* ; valeur de ses raisonnements contre Nicole, 446-8 ; — ce qu'en dit Boileau, V, 494-5 ; — succès de son livre près de certains catholiques, IV, 448* ; — sa juste idée des métamorphoses graduelles, 446-8, 454.

Claud- (M.) de la Bibliothèque impériale. Communication de documents, V, 78*, [605].

Claudien, I, 168 ; — (Romains de Rotrou vont au), I, 153.

Clause restrictive emportant la ruine de P.-R., VI, 183, 200 ; son auteur, 183-4* ; Quesnel l'approuve, 185-6 ; M. Issali la blâme, 186.

Claville ; Voy. Le Maître de Claville.

Cléandre ; Voy. Daniel (Le P.).

Cléante, personnage du Tartuffe, l'*honnête homme* de son moment, III, 288-9.

Cléanthe (Hymne de), III, 357.

Clef (Fenêtres fermées à), V, 59.

Clélie ; Voy. Scudéry (Mlle de).

Clémence (De la) des rois, V, [533].

Clémencet (Dom), I, 205* ; — Histoire générale de P.-R. (1755-7), 38, 220*, 281* ; II, 468* ; III, [632] ; IV, 111 ; — Histoire littéraire de P.-R., manuscrite, I, 280-1*, 310* ; III, 56*, 361*, 410* ; IV, 30*, 62, 367* ; V, 268* ; — Vie manuscrite de M. Hamon, IV, 295* ; — Vie manuscrite de Tillemont, 39* ; — va trop loin à propos du traité avec le comte d'Avaux, VI, 178-9 ; — blâme les réserves de Nicole sur les miracles modernes, V, 268* ; — n'a pas ignoré les lettres de la M. Agnès, IV, [575] ; — ce qu'il dit de l'imprimerie, III, 60*.

Clément V ; bulle sur le capuchon des Cordeliers, IV, 438.

Clément VIII ; dans la question de la grâce, I. 254 ; — mission qu'il donne à saint François de Sales, 262-3 ; — arbitre pour le marquisat de Saluces, 261.

Clément IX (Rospigliosi) ; devient pape (1667), IV, 364 ; — enclin à la modération, 369 ; — essais de conciliation, 364-9, 388-9 ; — négociations de la paix de l'Église, 368-70 ; — lettre de Mme de Longueville, 367-8 ; — et les quatre évêques (1668), 399 ; — (Lettre des dix-neuf évêques à), 365 ; — et sa Paix de l'Église (1668), V,

[581]; VI, 5, 183, [268];—Bref sur la Paix de l'Église (1668), IV, 391 ; — Bref contre la Version de Mons. II, 359 ; — la grande Perpétuité lui est dédiée, IV, 445.

Clément X, favorable à la Paix de l'Église, V, 153 ; — Lettre des évêques d'Arras et de Saint-Pons, V, 418*.

Clément XI (Le pape), III, 21, 92; VI, 57 ; — la bulle « Vineam Domini, » 174 ; la bulle « Vineam Domini » infraction à la paix de l'église, V, 153; — et le Jansénisme français, 310 ; — bulle Unigenitus, III, 92 ; — fait attendre sa bulle contre P.-R., VI, 201-2, 203 ; — première bulle d'extinction de P.-R. remplacée par une autre encore plus sévère, 203-4 ; — (Bulle de) contre Quesnel, II, 98 ; — condamne le Cas de conscience, VI, 170 ; — et M. de Noailles, 170, 171 ; — et Ellies Du Pin, 175 ; — et le Jansénisme hollandais, V, 310.

Clément XIII, I, [528*]; III, 130*.

Clément XIV, I, [528*]; III, 130*; — abolit les Jésuites, I. [555] ; V, 311*, 481 ; — moquerie de Pasquin, 311*.

Clément (Mme Hippolyte-Antoinette) ; parente des Pomponne et l'une des Dames de P.-R., V, 10, 186*; — hôtesse de Pomponne, 217 ; — et M. de Saci, 217.

Clément (M.), garde de la Bibliothèque du Roi, V, [612].

Clément (M. Pierre); publie la correspondance de Colbert, V, 31*.

Clénard (Nicolas) ; Lancelot s'en sert pour sa Méthode grecque, III, 522.

Cléomène, III, 339.

Cléopâtre (Le nez de), III, 104.

Cléopâtre (La) de Garnier jouée par des religieuses, I, 393*.

Cléophas, époux d'une sœur de la Vierge, IV, 28.

Clérambault (Le maréchal de), gouverneur d'Ypres, IV. 178 ; — charme de sa conversation, III, 588.

Clérambault de Palluau (Gilbert III de), évêque de Poitiers, et la S. Eustoquie de Brégy, IV, 271.

Clergé de France ; — Voir Assemblées ; — moyens de Richelieu pour le faire contribuer aux charges publiques, II, [512] ; — du dix-septième siècle, V, [528] ; —

(Grossièreté moyenne du) sous Louis XIV, IV, 350 ; — (Déclaration du), V, 315 ; — et Retz, [559]; (Retz s'élève contre les subsides qu'on demande au), [533]; (Lettre de Retz au), [571] ; — (Réforme civile du), I, 16 ; — français au dix-huitième siècle, III, 403 ; — français devant la Révolution (Mot de M. Royer Collard sur le), IV, [554*] ; — français (Absence en France d'un), III, 145*.

Clergé de Savoie (Mauvaises mœurs du), IV, [550].

Clermont-Ferrand en Auvergne, III, 318 ; — (Auteurs nés à), V, 521 ; — (Brienne à), III, 372 ; V, 20; — Cour des aides, II, 455; — patrie de Domat, V, 521 ; — (Les Grands Jours de), 521 ; — (Jésuites de) et Pascal, III, 49 ; — (Manuscrits de), 373; — Messe annuelle de la Sainte-Épine, 187 ; — Pères de l'Oratoire, II, 485 ; — (La famille Pascal à), 455 ; — séjour de Jacqueline Pascal, 485 ; — Mlle Périer s'y retire, 382*;— (Saint-Cyran proposé pour l'évêché de), I, 308 ; — (Suffragant de); Voy. *Aulone (L'évêque d') ; — Voy. Périer (Marguerite), Massillon, *Mont-Ferrand.

*Clermont en Beauvoisis, VI, [262].

*Clermont (Collège de); Voy. *Paris.

Clermont, ami de Théophile, I, 312*.

Clerson (M.), chargé un instant de la direction des religieuses de P.-R., IV, 284*.

*Cléry, III, 544.

Clèves (La princesse de) ; Voy. La Fayette (Mme de).

Climène, églogue de Segrais, V, 100*.

Clisson (Mlle de), fille du comte de Vertus, V, 104*.

Cloches à P.-R., IV, 285*, 309 ; — de P.-R. de Paris, I, 27 ; IV, 19*; de P.-R. des Champs, I, 124 ; VI, 214, 219.

Clochette (Bataille des enfants pour la), IV, 496.

Cloître ; favorise le mysticisme, IV, 322*; — (Le) paye pour le Monde, II. 510*.

Clorinde, VI, [267].

Clous de la Passion, V, 342, 436 ; — sur le cachet de M. de Pontchâteau, VI, [351].

Clovis, poëme de Desmaretz, IV, 443.

*Cluny, I, 438.

Cluny (Ordre de); « Bibliotheca Clu-

niacensis, » IV, 322*; —Voy. Bréviaire, Vert (M. de).
Coadjuteur *de Paris* (Le); Voy. Retz.
*Coblentz (La cocarde de), III, 252.
Cochers *du corps* (Distinction des) et des cochers ordinaires, III, [591].
Cochon *de lait* (Baptême d'un), IV, [529].
Codde (M.), archevêque de Sébaste et successeur de M. de Neercassel comme évêque d'Utrecht, V, 310, 400*; — et Arnauld, 309; — suspendu par Clément XI, 310; — sa mort, 310.
Code *civil,* I, [525]; — criminel, [525].
Coeffeteau, évêque de Dardanie, II, 65; — a part au progrès de la langue, I, 61, 62, 68*, 270; II, 55, [519] ; — ses scrupules sur les mots nouveaux, 449*; — estime qu'en fait Vaugelas, 449; — son « Cabinet, » [523].
Cœur (Ordre du) selon Pascal, III, 423-4 ; — de l'homme (Corruption naturelle du), 481*; V, 133 ; — (Les jours de plénitude du), III, 277 ; — chrétien redevenant naturel, IV, 237 ; — humain (Contradictions métaphysiques du), III, [617, 618]; — humain (Études du) au sein d'un groupe religieux, IV, 138; — humain (Le) et Nicole, 466-7.
Cœurs (Différences dans le point de vue du jugement des), V, 69*: — (P.-R. met les) au-dessus des esprits, III, 494-5 ; — (Dissidence des pensées, charité des), I, 506-11.
Coffin ; seulement clerc tonsuré, IV, 416*; — maître de la lignée de P.-R., 103.
Coffrets, V, [538].
Cognot (Plaidoyer pour Marie),I,374.
Cogito (Le), *ergo sum,* de Descartes vient de saint Augustin, V, 350.
Coiffe (Une) met au-dessus des affaires, VI, 199.
Coislin, village, VI, [353].
Coislin (Château de), VI, [302].
Coislin (Goût des) pour les collections, v, 256.
Coislin (Charles du Cambout, marquis de), le père, VI, [302] ; — cousin germain du cardinal de Richelieu, [302*, 303] ; — gouverneur de Brest et lieutenant général en Basse-Bretagne, [302] ; — marié deux fois, [302] ; — père de M. de Pontchâteau, V, 248-9 ;

— ne veut pas que les bénéfices sortent de sa famille, 249 ; — et M. de Pontchâteau, VI, [335].
Coislin (Le marquis de) le fils aîné, frère de M. de Pontchâteau, VI, [302*] ; — épouse la fille aînée du chancelier Séguier, [302*] ; — ses trois fils, [303*].
Coislin (Le duc de), fils aîné du marquis et neveu de M. de Pontchâteau, V, 248 ; VI, [303*, 335, 336] ; — veut faire enterrer son oncle, M. de Pontchâteau, dans sa chapelle de Saint-Sauveur, [338] ; — comment il conduit le deuil de M. de Pontchâteau, V, 266, 267 ; VI, [339] ; — au service de M. de Coislin au Val-de-Grâce, [342] ; — fait chevalier du Saint-Esprit, [344].
Coislin (La duchesse de), nièce de M. de Pontchâteau, VI, [335, 336].
Coislin (César Du Cambout, chevalier de), troisième fils du marquis de Coislin ; neveu de M. de Pontchâteau. VI, [303*, 367]; —et son oncle, M. de Pontchâteau, [321] ; — frère de l'évêque d'Orleans. [367] ; — veut être enterré à P.-R. des Ch., aux pieds de son oncle, V, 269*; VI, [367] ; — enterré à P.-R. des Ch. et porté en 1711 à Magny-l'Essart, 238*, [342].
Coislin (M de), évêque d'Orléans, second fils du marquis de Coislin; neveu de M. de Pontchâteau, IV, [532] : V, 248; VI, [303*, 336]; — chevalier du Saint-Esprit, [344] ; — chargé de bénéfices, IV, [532]; ce que lui dit son oncle, M. de Pontchâteau, contre la pluralité de ses bénéfices, VI, [343] ; ce que dit M. de Pontchâteau de ses bénéfices nombreux , [353] ; — abbé de Saint-Gildas, [315] ; — craintes à son endroit de M. de Pontchâteau, V, 260, de M. Le Camus, 260*; — son oncle, M. de Pontchâteau, se retire un moment chez lui, VI, [313] ; loge son oncle, M. de Pontchâteau, au cloître Notre-Dame, V, 253, 255 ; parle pour son oncle, M. de Pontchâteau, 201 ; — et Louis XIV, 269*; — et M. de Noailles, 269*; — cardinal, VI, 367].
Coislin; Voy. Cambout, Pontchâteau.
Colant; « Revue de Théologie, » III, 453*.
Colbert (J.-B.); beau-frère du prési-

dent de Ménars, VI, 28 ; — homme de confiance de Mazarin, V, 31*; — favorable à la conciliation, IV, 363, 389 ; — a-t-il ordonné la médaille de la paix de l'Église? 400*; — et P.-R. (1680), II, 31*; reçoit une justification de P.-R. (1663), 198; — et les pensions des prisonnières de P.-R., IV, 280 ; — (Arnauld et), 308 ; — et Boileau, V, 409 ; — et Chapelain, III, 558 : — et l'abbé de Lavau, V, [572]; — et Louis XIV, [571] ; — ambassadeur de Louis XIV à Rome, chargé d'accuser Retz, [571] ; — ce qu'il dit à M. de Luynes sur ce que ses filles sont à P.-R., 181 ; — notes secrètes sur le Parlement à lui adressées, III, 578-9*; — et Racine, VI, 94 ; — et Retz, V, [571]; — et le jardin des Tuileries, III, 41 ; — (Correspondance de), V. 31*; — Lettre de Chapelain, VI, 104-5*.

Colbert: Voy. Croissi.

Colbert (Marie Charon, femme de J.-B.) et sœur du président de Ménars, VI, 28 ; — parente de M. Chertemps, V, 326.

Colbert (Mme), sœur du ministre ; abbesse du Lys. II, 319 ; V, 196 ; de Maubuisson, I, 205*; — on veut réunir les deux P.-R. sous elle, V. 196, 200*.

Colbert (L'abbé); prêche à la prise d'habit de Mlle de Soubise, V, 196.

Colbert (Charles-Joachim), évêque de Montpellier. mort en 1738, I, 205; — juste pour saint Vincent de Paul, 510; publie son interrogatoire, 505; — et le Jansénisme, V, 200*; — (Le Grand), nom janséniste de l'évêque de Montpellier, VI, 84*; — sa résistance au Formulaire, V, 68 ; — forcé à la fin de tonner contre les convulsionnaires, VI, 79 ; — Arrêt du Conseil (1724) contre lui, 68*; — ce qu'il dit d'Arnauld, II, 172 ; — son blâme de M. Du Guet, VI, 78 ; — publie des Pensées de Pascal sur les Miracles (1727), III, 393; — Lettres à l'évêque de Soissons, III, 29 ; Troisième lettre à l'évêque de Marseille, II, 172 ; — lettre de félicitation de Du Guet (1724), V. 68. — Œuvres 1, 505*

Colbert (Jacq. Nic.), archevêque de Rouen, mort en 1707 ; donne un prieuré à M. Le Tourneux, V, 219.

Colère (Honnêteté de la), III, 149 ;

— (Être en), le tiers parti entre Héraclite et Démocrite, V, 523.

Coligny (Mémoires de), II, 470.

*Colimonre, abbaye de l'ordre de Fontevrault, I, 50, 51.

Collard (M.), garde la tradition de P.-R., III, [633] ; — port-royaliste attardé, VI, 242*; — son ascétisme, I, 24 ; — au village de Sompuis, 106; — l'un des derniers jansénistes ; grand-oncle de M. Royer-Collard, III, 632 ; — Lettres spirituelles, [634].

Collège (Défauts du), III, 483; — (Bel esprit de), caractère des auteurs jésuites, 258, [624] ; — (Comédies de), 21.

Collèges ; traités d'Académie, IV, 101, 101-2*; — (Méthode des), 10 ; — (Le Despautère des), III, 518*; (Émulation dans l'éducation des), 497 ; — (Inconvénients des, pour l'éducation, 492, 494 ; — (Protestations individuelles contre la méthode des), 515* ; — (Milieu entre les et l'éducation domestique. 491-4; — (Les élèves des Petites Écoles se passent très-bien des), 470* ; — (Principaux et Régents de) doivent signer le Formulaire, IV, 112 ; — Voy. *Belley, *Fribourg, *Juilly, *Paris, *Oratoire, *Troyes.

Collet, « Vie de saint Vincent de Paul, » I, 506, [534*].

Collier vendu pour les pauvres, V, 38.

Collombet (M. F.-Z.), éditeur des Lettres de M. de Maistre, III, 242*.

Colloredo (Le P.) de l'Oratoire romain ; nommé cardinal, V, 319*.

Collot (Le docteur); « Abrégé de l'esprit de saint François de Sales, » I. 229*.

Cologne, I, [257] ; II, 294 ; IV, 419 ; — Marie de Médicis y meurt, II, 53* ; — (Nonciature de), V, [541].

Colombes (Comparaison des), I, 226-7.

Colombet (Marguerite), mère de Du Guet: sa sainteté, VI, 4.

*Colombier (arrond. de Tournon, Ardèche); — Célestins: M. Feydeau y est enterré, VI, [300].

Colonna (Le prince), VI. [312*].

Coloriage de gravures, V, 6.

Combat spirituel (Le), ouvrage sans nom d'auteur. I, 230-1*

Comblat (Le P. Vincent), prêtre, de l'Ordre des Frères Mineurs, et le cardinal Barberin, V, [608-9] ; — et l'abbé Le Camus, [608] ; — et Pavillon, [608] ; — ami de P.-R, [608-9] ; — (Visite du P.) à P.-R., I, 44*; — Mémoire des Récollets de Rome contre lui, V, [608] ; — omis dans le Nécrologe, [607] : — ce qu'en dit l'évêque d'Aulone, [608-9] ; — son ardeur de missionnaire, [608, 609] ; — ses maximes ultra-évangéliques sur la pénitence, [608] ; — ses deux disciples paysans, [609] ; — Lettre intéressante à un évêque sur le monastère de P.-R. (en 1678). III, [633] ; V, 141-3 ; sa relation ne peut pas être adressée à Pavillon, 141* ; excès d'expressions de sa Relation, 141-2.

Comédie; en matière de religion, V, 159*; — (Traités de P.-R. contre la), I, 172-3 ; — (La) et Arnauld, V, 502 ; — (Traité contre la) du prince de Conti, 28 ; — Voy. Bossuet ; — Lancelot n'y veut pas conduire ses élèves, I, 438 ; III, 562 ; — ce qu'en dit Pascal, 113-4, 276.

Comédie française (L'exemple le plus haut de la) est Tartuffe, III, 301 ; - (La) en Hollande, V. [566].

Comédiens excommuniés, III, 301, 302, 309 ; - anathèmes de Bossuet. 307-8 ; — ce qu'en écrit la M. Agnès de Sainte-Thècle Racine, VI, 105 G ; — et le prince de Conti, V, 33, 35.

Comédies; n'ont rien à faire avec le Jansénisme, VI, 109 ; — (Auteurs de). anathème de Nicole, III. [602] ; - italiennes et Montaigne, II, 410 ; — sacrées des Espagnols, I, 122 ; — jouées par les religieuses à Maubuisson, 195 ; — de collèges, III, 21.

Comète; Voy Bayle.
Comité de salut public, II, 196.
Comitolo (Le P. Paolo). jésuite. a attaqué le premier la probablité, III. 126.

Commandements (D'eu a-t-il fait des) impossibles ? IV, 141 ; — (Les) ne sont pas impossibles, III, 470 ; — insuffisants, I, [524-5] ; — de Dieu. (Parodie des), V, [619].

Commandent (Mme de Sablé de celles qui) en conseillant, V, 53.
Commendes (Question des), II, 222*.
Commendon (Vie du cardinal), II, 375*.

Commentateur (Portrait du) par Malebranche, V. 391.
Commerce (Un des sens du mot) au dix-septième siècle, V, 40.
Commercy ; embellissements du château par Retz, V, [575-6] ; — (Rancé à), [583] ; — (Retz à), [526, 573, 574, 575, 576, 577, 578, 579, 580, 581, 582, 583*, 589, 591, 593, 596, 597] ; VI, [322] ; — (Terre de), vendue par Retz au duc de Lorraine, Charles quatre, V. [577] ; — Voy. *Breuil, *Saint-Mihiel.

*Comminges ; Voy. Choiseul-Praslin. Ribeyran.

Commire (Le P.), jésuite, III, 130 ; — et Santeul, V, [623, 624-5] ; — sa pièce latine, « le Baillon de Santeul, » [624-5].

Commissaire, VI, 218, 220.
Commissions pour l'autre monde, IV, 284.
Commode (L'empereur). I. 311 ; IV, 9.
Communauté chrétienne (La grande), IV, 353*.
Communautés (Différences entre les), IV, [543] ; — (L'intérêt des) passé à l'état d'idole. 308-9 ; — hostiles aux disciples de saint Augustin, VI, 309-10 ; — dégénèrent toujours, V, [620. 621].

Communion (Mystère du sang et du corps de J. C. dans la) ; Voy. Eucharistie. Nicole. Perpétuité.
Communion (Bal et), II, 186-7 ; — fréquente, IV, [584] ; — (La fréquente) et P.-R., 141 ; — (Saint-Cyran accusé de détourner les âmes de la), I, 333 ; — (Le livre de la Fréquente), II, 465-92 ; Voy. Arnauld ; — (Tradition de l'Église sur la), 188 ; Voy. Saci, Saint-Sacrement ; — (Effets du dogme de la non Fréquente), IV, 332. — générale faite à l'intention de quelqu'un, V, 79* ; — (Exclusion de la), IV, 205-6, 223, 225 ; — (Privation de la), 310, 311, 317 ; — des mourants, 311 ; — administrée en secret, VI, 197-8, 199 ; — laïque, II, 349 ; — Voy. Hosties.

Communions nombreuses, IV, [541] ; — passées (Grâce et force des), 311 ; — de contrebande, 283.
Communions (Ce qui pourrait réunir différentes), III. [595*].

Commynes (Ph. de) ; historien de Louis XI, III, 495* ; — loué par

Montaigne, II, 447 ; — parmi les livres de M. de Saci, 388*.

Comparaisons, I, 353, 357, 376, 377*; II, 33, 36, 38, 44, 143, 143*, 183, 233, 237, 281, 291, 294*, 314*, 327, 331, 338, 339, 359, 389, 390*, 391, 405*, 479-80*, [532] ; III, 137*, 142-3, 143, 145, 155-5, 155-6, 156*, 158-9, 200, 206, 216, 219, 230, 231*, 232, 235, 243, 244, 245, 246, 249, 254, 262*, 286, 290, 291, 298, 304, 326, 327, 328, 337*, 340, 349, 350, 352*, 361, 364, 383, 398, 401, 405, 409, 413, 414*, 426, 427, 431, 436, 437, 439, 446, 448, 451, 458*, 461-2, 463-4, 468, 483-3, 489, 491, 514, 517-8, 527, 528*, 532, 548*, 550, 554* ; IV, 32, 33, 35, 125, 183, 234-5, 235, 237, 239, 242, 243-4, 247, 252, 255, 262, 263, 265*, 272, 273, 277, 278, 286, 291, 303, 304, 305, 310, 311, 313, 314, 321, 322, 323, 324, 325, 326, 327-8, 329, 330, 333, 426, 427, 430*, 435*, 445, 452, 460*, 464, 469, 470, 472-3, 475, 481, 483, 485, 495, 496, 503*, 506, 507-8, 515, [530, 533, 534, 536, 537*, 539, 542, 544, 565, 566*, 570, 580, 582, 599, 600]; V, 4, 6, 7, 11-2, 16, 23-4, 34, 76, 83, 85, 93, 101*, 119, 120, 131-2, 144, 173, 178, 185, 190, 191, 204, 205, 210*, 232, 279, 318, 323, 335, 339, 342, 344, 348-9, 356*, 362, 362*, 387, 393, 403, 404-5, 409, 410, 413, 417, 422-3, 424, 430, 433, 434, 435, 437, 438, 440, 452, 469*, 471, 473, 474*, 481, 485, 501, 515, [591, 605, 606, 624] ; VI, 19, 30, 39, 44 5. 46, 51, 52, 73, 80*, 107, 121, 123, 125, 126, 127, 161*, 184, 185, 193, 211, 216, 235, [261, 273, 276, 297, 299*, 300, 300-1, 309, 346*] ;—Voy. Saint François de Sales, Saint-Cyran.

Compartiments (Les) n'existent que dans un esprit qui les respecte, V, 355.

Compelle intrare (Le) pratiqué par le prince de Conti, V, 34.

Compiègne (Richelieu à), I, 493 ; IV, 190 : —, lieu d'exil des religieuses de P.-R., VI, 227, 224.

Compilations (Différence de valeur entre des), IV, 33-4*.

Complexion frele (Avantages d'une), III, 327-8.

Complies, I, 495 ; II, 352 ; V, 143, 273 ; VI, [331].

Composition (La) littéraire selon Saint-Cyran, II, 36-8.

Conception de la Vierge (Vers de Jacqueline Pascal sur la), I, 117-8 ; II, 470-1 ; — Les Jansénistes y sont opposés, I, 118* ; — (Comparaisons sur la), 353 ; — (Puys en l'honneur de l'immaculée), II, 471* ; — Voy. Immaculée Conception.

Conception (Fête de la), II. 503.

Conchodunum (Casa), VI, [329].

Concile ; article de Voltaire, IV, 434.

Concile général (Supériorité du) sur le Pape, V, 312 ; (Appel au futur), 310.

Concile gallican (L'Assemblée de Sorbonne de 1655-6, vrai), III, 25; — national (Projet de), V, [540].

Concile œcuménique au-dessus du Pape, I, 211.

Conciles, I, 11, [534] ; II, 37, 201 ; III, 54, 104 ; IV, 8, 269 ; V, 375 ; — seuls juges des évêques, IV, 359 ; — nationaux, 359 ; — provinciaux, 359 ; — (Les Assemblées du Clergé ne sont pas des), 358 ; — généraux (Les), I, 366 ; ce qu'en dit Santeul, V, 244*.

Conciles (Collection des), VI, 87-8 ; — IVe et Ve, IV, 250 ; — général (5e), III, 35 ; V, 250 ; — d'Afrique, II, 134; — d'Espagne, IV, [548] ; — de France (Nouvelle édition des), V, [610] : — de Nicée, I, [524*] ; — d'Orange, 317* ; —d'Orange (Second), II, 134, 158* ; — de Séville, IV, 263 ; — de Trente, I, 109, 315, 447, 490*, 502, 507, [536, 546] ; — œcuméniques, IV, 437.

Conciliation (La) met tout le monde contre vous, IV, 503.

Concision (De la), IV, 514-5.

Concordat de Léon X, I, 366.

Concorde (Méditations sur la), IV, [292].

Concours (A quoi on s'expose par le), III, 317.

Concupiscence (De la), III, 428, 480 ; — source des actions volontaires, 431 ; — cause du péché, II, 140, 142-3, [532] ; — (Sortes de), selon Jansénius, 160-1, 478-80 ; — (La) de l'esprit, III, 250 ; — Voy. Bossuet, Bouhours, Goût littéraire, Pascal.

Condé (Le prince de), le père ; Remarques sur le livre de la Fréquente Communion (1643), II, 185 ; — altercation avec M. de Chavigny (1653), [553*, 570*] ; — s'informe si Saint-Cyran est mort sans sacrements, [537]; — peu favorable aux Jansénistes, [537].

Condé (Le prince de), II, 20*; — dans le Midi, V, [553]; — avec les Espagnols à Valenciennes, III, 159*; — à Vincennes, I, 501; — (Procès de M. le prince de), 65; — sa prison, V, [541, 548]; — son œil d'aigle sur le champ de bataille, III, 448; — à Rocroy, 102*; — sa modestie héroïque, IV, 468; — protecteur des hardiesses d'esprit, III, 280; — essaye de brûler un morceau de la vraie croix, 303; — « Le sublime de la vie privée dans la retraite, » [628]; = et Anne d'Autriche, VI, [360]; — et Arnauld, IV, 396; — Boileau sera de son avis quand il aura tort, III, 551*; — ami de Mme Des Houlières, 304*; — sa haine contre son neveu, le comte de Dunois, V, 137; — frère de Mme de Longueville, 112; et le nez de Mme de Longueville, IV, 387; ses pages et ses valets au convoi du cœur de sa sœur, V, 139; — ce que Louis XIV lui dit sur P.-R., V, 154*; — ce que lui dit Mazarin du Jansénisme, IV, 111; — fait jouer Tartuffe au Raincy (1664), III, 271; — (Maison de) déclarée tout entière pour le Nouveau Testament de Mons, IV, 387; — le Nouveau Testament de Mons, et ses saillies contre l'archevêque d'Embrun, IV, 384-7; — et l'éducation militaire de son petit-fils, III, 578; — lit les Mémoires de Pontis, II, 292*; — et P.-R. des Champs pendant la Fronde, 307; ses recommandations dans le procès du temporel de P.-R., IV, 408*; — ce que dit le P. Quesnel de sa mort, V, 337*; — et Retz, [549]; emprisonné sur les conseils de Retz, [535]; ennemi de Retz, [541]; envoie des animaux de ménagerie au cardinal de Retz, [575]; — ce que lui dit Richelieu de Saint-Cyran, II, 23; — Saint-Évremond perdu près de lui par son esprit railleur, III, 589; — et saint Vincent de Paul, I, 509.

Condé (Princesse douairière de), VI, 234*.

Condé (Le prince de), le fils, et le dîner de noces de la fille de Racine, VI, [253].

Condillac s'applique à la philosophie des langues, III, 541*; — continue P.-R. en grammaire philosophique, 539; — critique puérile du style de Boileau, 53; — ses remarques sur la prolixité du style, II, 43*.

Condoléance (Ce qui sort des termes ordinaires de), V, 114-5*.

Condorcet, II, 442*; — reprend la pointe de Voltaire contre Pascal, III, 411; — son édition des Pensées de Pascal, 261*, 394, 395; sa valeur au point de vue franchement philosophique, 388*; *Éloge de Pascal*, II, 461*; III, 411, 412, 413; caractère de ses notes sur Pascal, 411; l'amulette de Pascal date de lui, 412; méconnaît la supériorité morale de Pascal, 412-3; force réelle de ses objections contre Pascal, 413-4; — ce qu'il dit de la liberté de la presse, 60*; — prétend que l'athée est inoffensif, 412*; — son système de perfectibilité morale, 261*; — le « composé supérieur le plus complet » de la doctrine du dix-huitième siècle, 411.

Condren (Le P. de), Général de l'Oratoire, I, 305, 315, 329, 335; II, 175*; — sa conversation avec Mme d'Aiguillon sur les nouveautés de Saint-Cyran, I, 494*; sa conduite relativement à Saint-Cyran avant et après son arrestation, 489-90.

Conférences; Voy. Des Mares, Gache, Labbe, Sainte-Beuve (Jacques de).

Confesser (Interdiction de), V, 115.

Confesseur (J. C. le) du cœur, IV, 310-1; — inférieur au directeur, III, 29*; — (Différences du), du directeur et du casuiste, I, [525, 526*]; — (Devoirs du), IV, 346; — des rois (Esprit) des Jésuites, III, 140.

Confesseurs (Rareté des vrais), I, [539]*; V, 189; — (Avertissements aux), III, 128; — à la douzaine, V, 189; — (Les) de Louis XIV, III, 264-6, 291; V, 156; — Jésuites, 39*; — de couvents, I, 324*; — inférieurs à la Supérieure, V, [619].

Confesseurs des religieuses, II, 302; — (Nombre des) à P.-R. des Ch., 167; — réguliers (Révocation des), IV, [547]; — (Racine et les changements de), VI, 132; — (Renvoi des) de P.-R. des Ch., V, 176, 186-8; — ordinaires de P.-R. éloignés, IV, 134; — dernière disper-

sion, 262; — difficultés de les remplacer, V, 186, 188-90, 193; — donnés à P.-R., 202-3; — imposés (Derniers), VI, 194; — Voy. Akakia du Mont, Alençon (D'), Boisbuisson, Chamillart, Eustace, Havart, Le Moine, Le Tourneux, L'Hermite, Marignier, Poligné, Saci, Sainte-Marthe. Singlin.
Confession, I, 447; — (Sacrement de la), III, 124-5; — instrument d'influence IV, [546]; — (Abus de la), VI, [365]; — (Privation de la), IV, 310, 317; — atteinte par les attaques de Pascal contre le casuisme, III, 290; — divulguée, V, [530, 532]; — (Morts sans), III, 563 *.
Confession d'Augsbourg, V, 319.
Confessionnal (Dispositions du), I, 48-9; — (Esclavage du), III, 340; — ce qu'en dit Courier, 290.
Confessions inutiles, IV, [541]— envoyées par lettres, 217 *.
Confessions (Contagion des), II, 403-4 *, 404-5; — Voy. Rousseau (J.-J.), Saint Augustin.
Confirmation, V, 139 *; — (Du sacrement de), I, 317 *.
Confitures, V, 55.
* *Conflans*, maison de M. de Harlay, archevêque de Paris, V, 281, 283 *.
Confrère, appellation de Brienne, V, 19, 20, 21 *.
Confréries, IV, [541].
Confucius; sa croyance en la sainteté en elle-même. III, 338-9.
Congrégation de Notre-Dame, IV, 189*.
Congrégation (La) sous la Restauration, I, 17*.
Congrégations, IV, [541].
Connu (Aller du) à l'inconnu, V, 394.
Conquérants empressés se contentent de peu, III, 139.
Conques (Le désert de), près de l'abbaye d'Orval, VI, [329, 330, 331]; — M. de Pontchâteau s'y retire, [328, 331].
Conrart; son « Cabinet, » II, [523]; — et l'Académie française, 456; ce qu'il dit d'Arnauld d'Andilly, V, 12*; — et Balzac, II, 58; (Lettres de Balzac à), 69-70; — (Lettres manuscrites de), 529*; IV, 53; — (Papiers de), II, 251*.
Conrius (Florent), archevêque irlandais; *De statu parvulorum*, I, 298.
Conscience (La) dépend-elle du christianisme? III, [615]; —(Réputation à conserver autant que la), V, 467, 470; — (Droits de la liberté de) en France, I, 369; — publique se personnifie dans un homme, IV, 362.
Conseil (Distinction du précepte et du), I, [524-5*].
Conseil de conscience, IV, 134*, 354*; V, [529]; — Voy. Lorraine (Marie de).
Conseil d'en haut (Le) défavorable à P.-R., II, [564].
Conseil (Grand), I, 371; III, 578, 579*; VI, [294*]; — Arrêts sur la Signature. V, 150-1; Voy. Bélisi, Bignon.
Conseil d'État, III, 578, 580; — favorable à la réception de la bulle d'Innocent X (1653), 24; — (Arrêt du) supérieur au Parlement, IV, 215; — (Arrêts du), III, 88; IV, 132; — condamne la traduction latine des Provinciales. III, 88*; — son jugement dans la question du temporel de P.-R., IV, 408; — (Arrêt du) sur la Signature (1661), 359-60; — (Arrêt du) révoquant le premier mandement des vicaires généraux sur la Signature, III, 352; — (Arrêt du) contre les mandements raisonneurs (1665), IV, 363; — (Arrêt du) sur la paix de l'Église (1668), 392; — (Arrêt du) sur l'ordonnance de Henri Arnauld, V, 156; — (Arrêt du) défendant de prendre des novices, VI, 186-7; — (Arrêt du) pour l'extinction définitive de P.-R., 216, 217; — (Premier et second arrêt du) contre P.-R. des Ch., V, 190-1; — ordonnant la destruction des bâtiments de P.-R. des Ch., VI, 236-7; —(Arrêt du) (1724) contre M. Colbert, évêque de Montpellier, 68*; — Arrêt sur l'affaire du cas de conscience, 173; — Arrêt, mai 1686, qui casse les Filles de l'Enfance, 453, 454, 455, 456; — Arrêt condamnant le Journal de Saint-Amour, III, 14; — Voy. Du Gué de Bagnols, Morangis.
Conseil des finances, II, 251, 252.
Conseil du Roi, V, 200; — Voy. Bernières; — condamne les Provinciales, III, 213.
Conseil pour l'enregistrement des armoiries, III, 578.
Conseil général qui doit se tenir à Fontainebleau, V, [572].
Conseillant (Celles qui commandent en), V, 53.

Conseiller-clerc; Voy. Barré.
Conseils (Les donneurs de faciles), IV, 485.
Conseils. Voy. *Brabant.
Conseils de l'État (L'étude des auteurs prépare aux), III, 519.
Conseils du Roi; III, 559*, 560*, 581*; — Voy. Morangis.
Conséquences (Esprits qui reculent devant les, III, 491*.
Consonnes ne se doivent prononcer qu'avec des voyelles, III, 512.
Conspiration d s poudres, III, 406.
Constance, I, 152 ; — (Entêtement n'est pas), V, 453*.
Constance (La M.), Supérieure de la Visitation d'Angers, V, 157.
Constant: nom de la mère de Nicole, qui a écrit quelquefois sous ce nom, I, 401*.
Constant: Voy. Benjamin Constant.
Constantinople (Dicton d'un archevêque de), IV, 492 ; — (Patriarche de). 454*; — Ambassade de M. de Nointel, V, 238 ; Voy. Gallard, Nointel.
Constituant, une des grandes injures de Napoléon, III, 256.
Constitution (Les mystères de la), V, [611]; — et Fontainebleau, [611] ; — (Protecteurs de la), [611] ; — et l'abbé de Broglio, [611] ; — sentiments opposés du cardinal de Noailles, [611] ; — et le cardinal de Rohan, [611] ; — et l'abbé Taigni, [610-1] ; — et M. Targni, V, [612] ; —(Instruction des 40 Evêques en faveur de la), [609] ; — (Recevoir la), c'est apostasier, VI, 76*; — très en cause en 1726. V, 262*; — *Unigenitus* (*Réflexions morales sur la*). [612*] ; — (Histoire de la); Voy. Louail.
Constitution de 1791, V, 150.
Constitutionnel, VI, [247, 268*] ; — (Le) de la Restauration, III. 217.
Constitutions, III, 84 ; — de P.-R., III, 324*; — des Papes (Consultations sur les) et le fait de Jansénius, VI, 168-9.
Consulat (Moins de liberté sous le) que sous Louis XIV vers 1669, III, 283*.
Contarini (Le cardinal) défend saint Augustin du reproche d'exagération, II, 133.
Contemplation, troisième degré de la vérité, IV, 322.
Contemporains (Politesses entre), III, 413.

Contentieux (Volonté d'être), IV, 184.
Contes (Sots) pour perdre les gens, IV, 393*.
Contes de Fées, IV, 278*.
Contes (M. de), grand vicaire et doyen de Notre-Dame; visite de P.-R., IV, 139, 141, 143 ; — sa bienveillance pour les religieuses, 139, 144 ; — son mandement permettant à P.-R. de signer, 131 ; il est révoqué, 132 ; — ce qu'écrit M. de Pontchâteau à sa mort, 131.
Contestations: nuisibles à l'Eglise, V, 152*; — réglées (Nicole est pour qu'on évite les), 383 ; —sont, plus qu'on ne croit. bien jugées de leur temps, IV, 433; — (Craindre tout dans les), 462*.
Conti (Le prince et la princesse de); caractère de tous deux, V, 25-41.
Conti (Armand de Bourbon. prince de), frère cadet du grand Condé, II, 185; — à peu près bossu, V, 26 ; — a pour professeur le P. de Champs. 28 ; — faiblesses et contrastes de son caractère, 27-9 ; — aurait épousé Mlle de Vertus sans la disproportion d'âge, 103*; — sa part dans les guerres civiles, 26, 30*, 36, 38 ; et sa part dans les guerres de la Fronde en province, 26, 30*, 36 ; — enlève la femme d'un conseiller de Bordeaux, 34 ; — et son abus des biens ecclésiastiques, 36, 37 ; — rongé de débauche, 27, 31 ; — épouse Anne Marie Martinozzi, nièce de Mazarin, 26 ; —jaloux de sa femme, 26, 27 ; — sa conversion. 27-9, 35*; —son appellation de Paulin, 35 ; — converti aux influences jansénistes, [617-8] ; — nécessité de sa pénitence publique pour en faire un honnête homme, 28 ; — toujours excessif, IV, 33-5 ; — gouverneur du Languedoc, V, [617] ; son zèle dans son gouvernement de Languedoc, 34-5 ; pend les pilleurs d'églises, 34 ; — et les troupes de comédiens, 33, 35 : — se reproche d'avoir été brave, 33-4 ; — la discipline et le cilice, 28, 35 ; — deuxième et troisième retraites à Aleth, 38 ; — confessions écrites, 33 ; — et les restitutions que ses directeurs lui imposent, 28, 30*, 34, 36, 38, 39*; — pratique le *compelle intrare*, 34 ; — meurt à sa terre de la Grange (1666),

38-9 ; — ce que dit le P. Rapin de sa résipiscence à sa mort, 39*.
= et Bossuet, VI, [364] ; — et son directeur, M. de Ciron. V, 28-30, [618] ; Lettres à M. de Ciron, 33-4 ; — et Cosnac, 26, 27 ; son remords d'avoir fait Cosnac évêque, 33* ; bien connu depuis les Mémoires de Cosnac, 25-6 ; — et M. Esprit, VI, [361] ; M. Esprit de l'Académie française attaché à sa maison, V, 31* ; — et le P. Esprit, VI, [364] ; — a-t-il été secouru d'argent par les Jansénistes? V, 35* ; — et Mazarin, 26 ; — et Molière, III, 267 ; retire son nom qu'il avait donné à la troupe de Molière, V, 33 ; — le Traité du P. Noël contre Pascal lui est dédié, II, 474-5 ; — et Pavillon, V, 27-9 ; et la direction de Pavillon, 39* ; beau côté de la direction de Pavillon, 37-8 ; engage Pavillon à la prudence, IV, 361 ; — et Mme de Sablé, V, 71-2 ; — (Sarasin commensal du prince de), 26, 27.
= Lettres sur la Grâce, V, 28 ; —Traité contre la Comédie, IV, 28.

Conti (La princesse de) ; Italienne de pure race, V, 32* ; — de son nom Anne-Marie Martinozzi, nièce de Mazarin, 25 ; — son premier caractère, 26-7, 32* ; — sa rigueur à propos d'une dette de jeu, 33 ; — son manque de savoir vivre, 32-3* ; sa fierté, 32 ; — point naturellement libérale, 32-3 ; — rejoint son mari en Languedoc, 27 ; — et ses maladies précoces, 31* ; — sa conversion, 31-2 ; — ses mérites sérieux, 35-41 ; — deuxième et troisième retraites à Aleth, 38 ; — confessions écrites, 33 ; — vend ses pierreries pour les pauvres, 38 ; — son appellation de Fabiole, 35, 36, 39* ; — son amour pour la vérité, 39-40 ; —dans sa terre du Bouchet, 39; —veut décorer l'église de l'Île-Adam, 37 ; —la discipline et le cilice, 35; — l'une des princesses de Port-Royal, 99; protectrice inébranlable de P.-R., 41 ; l'une des *Mères de l'Église*, V, 41 ; défend P-R. des Ch. auprès du roi, VI, 166 ; — modèle de la veuve chrétienne, V, 39 ; — sa mort (1672), 25 ; — son cœur aux Carmélites de la rue Saint-Jacques, 41 ; —ses entrailles à P.-R. des Ch., 41 ; transportées à Saint-André-des-Arcs, VI, 238* ; — son article dans le Supplément au Nécrologe, 26*, 52*.
· = et Arnauld, V, 330 ; — lave la tête à Bourdaloue, 33*, 40 ; — et Brienne, 22 ; — devait épouser M. de Candale,26 ; — son affection pour les Carmélites, 37, 41 ; — et M. de Ciron, 31, 32 ; VI, [361] ; lettres à M. de Ciron, V, 35-6 ; — a M. Dodart pour médecin, VI, 166* ; — et Mme de La Meilleraye, V, 32* ; — et l'abbé Le Camus, VI, [365] ; — et Mme de Longueville, V, 71 ; — repousse les avances du jeune Louis XIV, 27 ; estime qu'en fait Louis XIV, 40 ; — et Pavillon, 25, 31, 39 ; Pavillon s'oppose à ses intentions de dévotion magnifique, 37 ; beau côté de la direction de Pavillon, 37-8 ; — ce qu'en dit M. Valot, le médecin, 31* ; — courtisée par Vardes, 26 ; — Lettres, 39.
= Ses fils élevés par Lancelot, I, 438 ; III, 562-3.

Conti (Les jeunes princes de) ont Lancelot pour précepteur, I, 438 ; III, 562-3 ; leur éducation mêlée à celle du Dauphin, 562 ; un d'eux casse, en jouant, le nez du grand Dauphin, 562* ; leur esprit seul fait honneur à Lancelot, V, 39.

Conti (Louis-Armand de Bourbon, prince de) l'aîné, meurt sans confession, III, 563*.

Conti (Mlle de Blois, princesse de), femme de l'aîné; fille naturelle de Louis XIV et de Mme de La Vallière, VI, 166* ; — donne la petite vérole à son mari, III, 563*.

Conti (François-Louis de Bourbon, prince de) le plus jeune ; d'abord prince de La Roche-sur-Yon, III, 562 ; — débauché *délicieux*, 563 ; — son portrait par Saint-Simon et Mme de Caylus, 563 ; — élève de Lancelot, 562 ; de l'abbé Fleury, 563 ; ce qu'il aurait pu apprendre à Lancelot, 566 ; — La Fontaine lui dédie le Recueil de poésies chrétiennes, V, 16-7.

Contradiction (La) insupportable aux grands et aux riches, III, 551.

Contradictions dans l'homme, III, 443 ; — (C'est par les) que Pascal attaque l'homme, 420.

Contre (Le Pour et le), caractère des gens de bon sens, V, 14.

Contre-lettres en matière de religion, IV, 166.

Contrition (De la), V, 508* ; —

(Nécessité de la), I, 273, 336, 485, 489, 490 ; II, 20.
Controverse (L'ancienne manière de), V, 296 ; — (La) d'autorité, IV, 445 ; — énervée (Un des signes d'une), III, 392.
Controverse (Académie de) chez Nicole, IV, 511.
Controversiste ordinaire (Le) de P.-R., IV, 514.
Conventions ; énormes dans les débats métaphysiques, V, 349.
Conversation (Charme de la) aussi rare qu'exquis, III, 583-4, 588, 589 ; — (Maximes à l'usage de la), V, 69.
Conversations (Longues), VI, 7*, 11 ; — brillantes (Danger des), IV, 481-2 ; — (Pascal en garde contre les), III, 318-9, 320, 321, 330 ; — Voy. Bossuet, Du Guet, Fontaine, Le Maître, Pascal, Saci, Saint-Cyran, Singlin.
Converses (Sœurs), VI, 203, 204, 222 ; — n'assistent pas au chapitre, 220 ; — les sacrements ne leur sont pas interdits, IV, 283 ; — (Les) à la journée des Chaises renversées, IV, 285*.
Conversion (Ce qu'on nomme) à P.-R., II, 12, 477* ; — intérieure nécessaire avant l'extérieure, 175.
Conversions, IV, 79, 233, [533] ; — (Ce qu'il y a dans les), III, 587 ; — incomplètes, II, 190 ; — des courtisans, IV, 445 ; — en masse par ordre du roi, III, 304* ; — (Les) dans les provinces, V, 322*.
Converti de la veille (Zélé comme un), V, 305*.
Convertis ; regrettent l'*Écriture*, III, [595] ; — (Les) célèbres du dix-septième siècle, IV, [528] ; — devenant convertisseurs, 233 ; — (Les) facilement ultramontains, 249.
Convulsionnaires (Sectes dans les), VI, 79 ; — dans le vallon de P.-R. des Ch., 79.
Convulsions, III, 448* ; — (Aurore des), V, 267 ; — (Présages du délire des), VI, 188 ; — eussent commencé plus tôt à P.-R. avec des gens comme M. de Bascle, I, 478* ; — jugements par les règles, et sur les secours, VI, 79 ; — à Troyes, 77 ; — (Paroxysme des), 240* ; — (Ignominie des), III, 135 ; — désapprouvées par M. d'Asfeld, VI, 76* ; — (Du Guet se prononce contre la divinité des), 71 ;

Du Guet y est très-opposé, IV, 341* ; (Du Guet témoin dégoûté des), VI, 58 ; — combattues par M. Hecquet, IV, 341* ; — Voy. Carré de Montgeron.
Copernic, III, 105.
Cophte, IV, 454*.
Copies ; inférieures aux originaux, IV, 420.
Copin (M.), docteur de Navarre et curé de Vaugirard, VI, [290].
Copistes par piété, I, 354, 404-6.
Coq (Le) ; du reniement de saint Pierre, I, 98.
Coq (Le) ; Voy. Le Coq.
Coquerel, membre du Parlement, travaille aux statuts de l'Université de 1600, III, 508.
Coqueret, Principal du collège des Grassins, I, 430.
Coquetterie béate (La), V, 61.
Corbeil (Abbaye de), II, 263* ; — (Hermitage de Nicole à), IV, 510.
Corbeville, près d'Orsay ; M.. de Sainte-Marthe s'y retire, IV, 348 ; VI, [324, 331, 333] ; M. de Pontchâteau l'y visite, [331, 333].
Corbie, II, 10.
Corbin (Jacques) ; sa Bible françoise, II, 357*.
Corbinelli ; tranche plus que personne, V, [593] ; — ami de Retz, [576, 580, 599, 600] ; — raconte à Mme de Sévigné la scène du diner chez M. de Lamoignon, 506, 507 ; — Généalogie de la maison de Gondi, [596*, 600, 601*].
Cordelières réformées, I, 425.
Cordeliers, IV, 70 ; — de l'Ordre de saint François, VI, [306] ; — (Querelle des) sur la forme de leur capuchon, IV, 438, 440 ; (Histoire du pain et du capuchon des), V, 499 ; — Frères spirituels, IV, 436 ; de communauté, 438 ; — dans l'affaire d'Arnauld, III, 39 ; appelés pour faire majorité, 54 ; — Voy. Comblat (Le P.). Rocheblanche (Le P. de). Marie d'Agreda.
Cordon bleu (Le), V, 267 ; VI, [339].
Cordonniers à P.-R., II, 315 ; — Voy. Souliers.
Corelli (Cantates de), II 81.
Corinthe (Sac de), III, 340 ; — évêché *in partibus* de Retz ; Voy. Retz, Régiment.
Corinthiens (Épitres aux) ; Voy. Saint Paul.
Cornaro (Diète de), II, [553] ; V, 239.
Corneille (Pierre), I, 149 ; II, 214 ;

III, 185, 276*; V, 519; VI, [260*]; — avait son démon, 123 ; — (Génie de). III, 408;— (Réforme de) en tragédie, II, 170 ; — (Style de), I, 157*; — son atmosphère toute fortifiante, II, 430* ; — tenu par Boileau pour l'un des trois génies du siècle, VI, 122-3*, — en face de Racine, 117, 119 ; — (Les héros de la génération de , V, [587]; — et Retz, [576] ; — n'est jamais vulgaire, I, 161 ; — ses amants de théâtre, II, 501* ; — Tragi-Comédies, I, 114 ; — et Rotrou, 147 ; loué par Rotrou dans le S. Genest, 153-4 ; (Défauts de) grossis dans Rotrou, 153.

= OEdipe, I, 173* ; — Horace, 119, 120, 132, 133 ; II, 471*; VI, 117 ; — Pompée, I, 133 ; loué dans S. Genest, 154 ; — Cinna, 120, 132, 133, 134 ; VI, 117 ; — Rodogune, I, 134 ; — étudié ici dans la tragédie sacrée, II, [515*]; Polyeucte, I, 161, 163, 171, 387 ; II, 36; III, 267, 284 ; VI, 117 ; Polyeucte sort du goût de son temps, I, 123 ; (Polyeucte rattaché) à P. R., III, 267 ; est de P.-R. par Polyeucte, I, 124; Polyeucte, un des trois plus beaux monuments d'art chrétien au dix-septième siècle, VI, 151 ; Polyeucte (Jugements de P -R sur), I, 172-4 ; rapprochement des personnages de la journée du Guichet avec ceux de Polyeucte, 114-5 ; Polyeucte blâmé par le prince de Conti, 173*; Polyeucte (Citations de), 111, 112, 123, 134, 135, 136, 139, 159, 160, 163 ; Polyeucte (Jugements divers sur), 132-5 ; Pauline, III, 276*; Polyeucte (Postérité de) au théâtre, I, 145 ; — Théodore, 141, 173 ; — Molière s'appuie de ses pièces saintes pour le Tartuffe, III, 284 ; — Le Cid, I, 117, 118, 119, 120. 132, 133, 147, 334*, 336, 487 ; II. 471*; citation du Cid, III, 16 ; Cid (Succès du), VI, 117 ; Chimène, I, 118; III, 114, 276*, 531 ; — Le Menteur, III, 77; — son Imitation, I, 141-2, 183* ; II, 280 ; — Office de la Vierge, 142*.

= Comment traité de bonhomme, II, [537*]; — estimé des Jésuites, I, 173; — et les questions de la Grâce, 173-4*; — subtil à la Normande, 150*; — non approuvé par P.-R., 172-3 ; — et Jacqueline Pascal, II, 470-1 ; son compliment à la petite Pascal, 471*.

Corneille (Thomas), I, 133 ; — reçu à l'Académie par Racine, V, 10* ; VI, 133.

Cornélie, mère des Gracques, I, 88.

Cornet, Dr de Navarre et syndic de la Sorbonne, III, 53 ; — originaire d'Amiens, II, 149 * ; — docteur moliniste, III, 13, 14 ; général des armées Moliniennes, IV, [566*]; — dénonce, en qualité de syndic de la Faculté de théologie, sept propositions de l'Augustinus, II, 149, 151-2, 157 ; III, 11 ; c'est bien lui qui a condensé et extrait les cinq propositions, IV, [565]; dénonce les cinq propositions, 416, [569]; ne pense qu'à Jansénius en attaquant les cinq propositions, [565]; scène de la présentation à la censure des cinq propositions, [565-6]; — comparé à César, [566*];

= et M. Amiot, VI, [364] ; — «Considérations sur l'entreprise de maître Nic C. » par Arnauld, II, 150*, 173* ; — premier maître de Bossuet, VI, 65 *, [363] ; et Bossuet sur l'Augustinus, II, 149-54 ; son oraison funèbre par Bossuet, 150-3 ; IV [565-6, 566*]; details contemporains sur son oraison funèbre par Bussuet, VI, [363-4] ; — et la 1re Provinciale, III, 56* ; et le docteur de Sainte-Beuve, IV, [569].

Cornet d'Incourt, député sous la Restauration, défend les Jésuites, II, 149*.

Cornouaille (Mlle de), nièce d'un avocat I, 482*.

Cornuau (La Sœur), II, 213-4.

Cornuel (Mme) ; — (Bon mot de), V, 480 ; — son mot sur Bourdaloue, II, 189* ; — son mot sur M. Du Bois, V, 469*.

Corporels (Difficulté pour l'esprit de connaître les objets), V, 402.

Corps (Le régime de l'âme guérit le), II, 508 ; — mort (Frayeurs d'un), V, 108.

Corps matériels (Ce que dit M. Hamon des), IV, 303-4 ; — (Distance des) aux Esprits, III, 407 ; — glorieux (Agilité des) , V, 60.

Corps établi (Importance d'avoir un) pour soi, I, 297 ; — sans tête, toujours dangereux dans un État, V, 173, 174 ; — (Les) abusent quand ils sont les maîtres, III, 130*.

Correction (De la) et de la Grâce, II, [531, 534].

Correspondances (Nom des personnes, principal intérêt des), IV, 324, 348 ; VI, 12-3 * ; — privées, crime d'État, [250] ; — interceptées, IV, [556].

Corruption humaine, III, 463-4 ; — (Tableau de la) le meilleur de Pascal, 4 0.

Corses (Affaire des) à Rome, IV, 151.

Cort (Le P. de), Supérieur de l'Oratoire de Malines ; — et les Jansénistes dans l'affaire de Nordstrand, IV, 375-7 ; — entre dans les fantaisies mystiques d'Antoinette Bourignon, 376 ; — son arrestation à la requête du mandataire des Jansénistes, 377 *.

Cortez (Fernand), III, 138.

Cosconus (Épigramme contre), V, 450.

Cosnac (M. de), évêque de Valence ; — et le P. de Conti, V, 25, 27 ; le prince de Conti se repent de l'avoir fait évêque, 33 * ; — et M. Le Camus, IV, [552, 553] ; bon témoignage de l'évêque Le Camus, [553] ; V, 33 * ; — *Mémoires*, IV, [552, 553] ; V, 25, 126 * ; — exactitude de ses recits, 33 *.

Cospeau (Philippe), évêque de Lisieux, I, 28 * ; évêque de Nantes de 1621 à 1635. VI [302] ; — s'entremet pour Saint-Cyran, I, 493, 494.

Costar et Balzac, II, 60 ; correspondant de Balzac, 69.

Coteaux (Profès dans l'Ordre des), V, 29.

Coterie (L'air étouffé de) fait mal au cœur, V, 57.

Cotillon (Le) de Mlle de Joncoux, VI, 198-9.

Cotin (L'abbé) ; Madrigal et discours sur la guérison du roi, VI, 104 ; — et Boileau, V, 487 ; — (Chapelain ne se dégage jamais des), VI, 105 *.

Cotton (Le P.), I, 68 *, [540] ; — son éloge de la « Question royale, » 277 ; — *l'Anti-Cotton*, [546].

Couaën (Mme de), I, [550 *].

Coucher sur la dure, V, 134.

Couet (L'abbé), légataire de Nicole, IV, 512 *.

Cougny (M. Ernest) ; son étude sur Du Vair, II, [521].

Coulanges (Mémoires de), V, 9 *.

Coulanges (Mme de) et les Règles chrétiennes de M Le Tourneux, V, 2 0, 231 : — et Retz, [586] ; — son estime pour M. de Tréville, 87 ; ce qu'elle écrit de Tréville, 84 ; — Lettres à Mme de Sévigné, 84.

Coulanges (L'abbé de), guéri par le médecin anglais, V, [599].

Couleur (Les lunettes de), VI, 102 * ; — (Comparaison du dessin et de la), II, 327.

Couleur locale, moins importante que la générale, VI, 145-6.

Couleurs (Clavecin des), III, 248 *.

Coulle (La) opposée au froc, V, 242 * ; — manteau particulier aux religieuses de P.-R., I, 47, 49.

* *Coulommiers* (Capucines de), VI, [361].

Cour (Charmes de la), VI, [265-6] ; — (Air amollissant de la), III, 199 ; — (La servitude volontaire de la), IV, [536] ; — peu favorable à la vérité, V, 39-40 ; — (On s'affaiblit à la), IV, [552] ; — (Les cordes qui offensent la), [552] ; — (Les bons amis de), II, 35 * ; — *libertine* et même indifférente aux *Mystères* selon Bossuet, III, 305 * ; - (Le Prince rend la) pieuse, 263, 291 ; — (Le Phebus et le Galimathias de la vieille), H, [528-9] : — (La bonne langue de la), IV, [541 *] ; — centre du bel usage de la langue, III, 566 ; — (Voyage de la) dans le Midi et sur la Loire ; V, [553] ; — à Péronne, III, 585 ; — (Voitures de la) [591] ; — enlève les prédicateurs à la Ville, [608] ;

= et les affaires religieuses, IV, 75, 88, 91 ; — dans l'affaire d'Arnauld, III, 34, 56 * ; — et M. d'Aubigny, IV, [558] ; — et l'hérésie de Beauvais, III, 568-9 ; — et l'école du Chesnai, 581 ; — et les Petites Écoles, 473 ; — et les Jansénistes ; V, [567] ; — et le miracle de la Sainte Épine, III, 176 ; — et le Parlement, 579 * ; — (La) et P.-R., 160 *, 164 ; IV, 353 ; — et Racine, VI, [256, 259] ; — et les Religieuses de P.-R., IV, 144, 281 ; — sa préoccupation du cardinal de Retz, III, 196 ; veut en finir avec la faction de Retz et le Jansenisme, 344, 352 ; — (Embarras de la) entre Rome et P.-R., IV, 363 ; — à un moment favorable à la conciliation, 388 ; — se défie toujours du D'r de Sainte Beuve, [571 *] — et M. de Tillemont, 100 * ; — (Pensions de la, V. 101.

Cour des Aides ; Voy. * Clermont-Ferrand.

Courage d'esprit de la jeunesse, IV, [570].

Courbé (Le fonds de) acheté par Joly, III, 270 *
Cour-Chiverny (Cure de) près Blois, III, 8.
Courier (Paul-Louis), III, 217 : — élève des Provinciales, 203 ; ce qu'il dit des trois premières Provinciales, 44-5 * ; ce qu'il dit du confessionnal, préparé par Pascal, 290 ; — Pamphlets, 61 ; — préface de sa traduction d'Hérodote, 45 *.
Couronne d'épines de N. S., III, 174, 180; — sur le cachet de Nicole. IV, 459 * ; de Pascal, III, 184 ; de M. de Pontchâteau, VI, [351].
Courriers dévalisés, IV, [556].
Cours d'amour (Arrêts des), IV, 269.
Courtin, ambassadeur dans les Cours du Nord ; ami de M. Du Plessis-Guénégaud, III, [600].
Courtisan (Caméléonisme du), III, 263-4.
Courtisans (Les) et les questions de la Grâce, V, 72 * ; — (Conversion des), IV, 445 ; —(Ceux qui restent), VI, [265-6].
Courtrai (Arnauld à), V, 294.
Cousin (Le président); dirige le Journal des savants, IV, 24 *.
Cousin (M. Victor) ; sa philosophie moins franche que celle de Jouffroy, V, 356 * ; — et M. Royer-Collard, I, [551] ; — joli mot de M. Thiers sur lui, V, 396 ; — son mot sur les querelles des auteurs, III, 416 * ; — petitesse littéraire, V, 68 * ; — exagère ce qu'il traite, III, 420 ; — trouve avec le nom d'Arnauld un manuscrit de la réponse à l'Arrêt sur la liberté de penser, V, 491 * — Fragments de philosophie Cartésienne, [593 *] ; — ce qu'il dit de Domat, [523], et discussion sur Domat à son propos, [523 *] ; — ce qu'il dit de Fénelon comme débiteur de Bossuet, 373 * ; —son opinion sur Gomberville, II, 267 * ; — « Jeunesse de Mme de Longueville, » I, 205 *, 396 * ; ses exagérations à propos de Mme de Longueville, V, 129 ; — s'est bien rendu compte d'un jugement singulier de Nicole sur Pascal, III, 385 * ; —travaux sur Pascal, *, 2-3 ; leur éclat, I. [515] ; rapport sur le texte de Pascal, 411 * ; dénonce les changements du texte des Pensées de Pascal, 387, 388 ; scepticisme de Pascal, I, [515] ; va trop loin quand il fait sortir les Pensées de Pascal des Maximes de La Rochefoucauld, et les Caractères de La Bruyère du recueil des Portraits de Mademoiselle, III. 419-20 * ; dur pour Pascal, 360 ; pièces inédites sur Pascal, 481 * ; — « Jacqueline Pascal, » III, 360 ; — ce qu'il pense du discours préliminaire de ce livre de *Port-Royal*, I, [518] ; — sur le Cartésianisme de Retz, III, 189 ; — son étude sur Mme de Sablé, 114 * ; V, 52 *, 68 * ; quelquefois à côté sur Mme de Sablé, IV, [580] ; — se trompe en qualifiant d'abbé M. Singlin, V, 105 * ; — publie les lettres de Mlle de Vertus à Mme de Sablé, 105 *.
Coustel ; un des maîtres à P.-R., III, 574, 575-6 ; — Maître aux Petites Écoles, 471, 491 ; — élève les neveux du cardinal de Furstemberg, III, 575 ; lui dédie ses *Règles de l'éducation des enfants*, III, 575-6 ; — *Règles de l'éducation des enfants*, II, 422 * ; III, 491-2 ; IV, 6 *.
Coutances ; lieu d'exil de Mme de Mondonville, V, 454, [621] ; —Religieuses Hospitalières, [621] ; — Voy. Auvry.
Coutume (L'homme aux prises avec la), III, 431, 432 ; — (Force de la), 490, 432-3, 434 ; — (Supériorité de la raison sur la) dans l'enseignement, 494.
Coutumes mauvaises (L'apparence du respect est seule due aux), III, 383.
Couvent (Les gens de P.-R. n'emploient pas le mot de) pour leur maison, I, 51 *.
Couvents (Débauches des), IV, [543-4] ; — donnent des personnages aux *Provinciales*, III, 268.
Cowper (William), poète anglais, I, 29.
Coysevox moule la tête de Nicole après sa mort, IV, 513.
Cracher, traité d'action de penser, V, 522 *.
Craindre (Il ne faut pas toujours), VI, 309].
Crainte (De la) en religion, IV, 331, 332, 333 ; — (La) est dans la dévotion de P.-R., I, 234 * ; — de Dieu (La), traité de Nicole, IV, 471-2 ; — excessive des jugements de Dieu est orgueilleuse, V, 132-3 ; — servile (Amour de Dieu opposé à la), VI, 145.
Cramail (Le comte de) et Saint-Cyran, I, 276, 503 *.

Cramoisi, libraire des Jésuites ; sa faillite, III, 57 *.
Crantor, philosophe grec, I, 67.
Crapauds (L'allée des) dans le jardin de P.-R des Champs, V, 271.
Cravatte, marque d'habit séculier, VI, [311].
Craven (Mme), née de La Ferronnays ; — « Le récit d'une sœur, » I, [550].
Créance morale commune (Pascal se tient aux termes de la), III.424.
Création (La) ; IV, 139 ; — Malebranche veut la raconter de première main, V, 359 ; — en vue du Christ, 422-3.
Créature (Les contradictions et les désordres ne sont imputables qu'à la), III, [618].
Crébillon, I, 149 ; — méprisé par Boileau, V,519.
Credo quia absurdum, V, 117.
Crédule (On n'est pas croyant sans être un peu), IV, [550].
Crédulité des gens d'esprit est de tous les temps, IV, [551].
Créqui (Le maréchal de) et Saint-Evremond, 583 *.
Créqui (Le duc de), II, [540-1] ;— son affaire à Rome, IV, 151 ; V, [574] ; — (Les goûts de M. de) et de son école, VI, 130*.
Créquy ; Voy. Lesdiguières.
Crès (M.) ou *Des Crès*, chapelain à Saint-Jacques de l'Hôpital de Paris ; — donne secrètement la communion aux religieuses de P.-R., VI, 198 ; n'évite la Bastille qu'en se cachant, 198.
Crespin Du Vivier(M.) président aux enquêtes ; père de Mme Angran de Fontpertuis, IV, [589].
Cressi (M.), chirurgien, et le miracle de la Sainte Épine, III, 176.
Crèvecœur (La Mse de) née Saint-Simon ; son vilain rôle vis-à-vis de P.-R., IV, 224.
Critique; peu de goût de Malebranche pour elle, V, 358, 359 ; — au XIXe siècle, VI, [267] ; — (L'école) et l'école Sentimentale, III, [619] ; — contemporaine courante (Défauts de la) [605] ; — grammaticale (Puérilités de la), 52-3 ; — ses changements de points de vue, VI, [266-7];—moderne(De la), II, [577], — scripturale (Effets de la), IV, 509 * ; — (La poësie du), V, 498.
Critiques (Jansénistes), III, 248 *.
Critus, fils de Phédon, IV, 47.
Croisades (Les), V, 84.
Croissy (M. de), frère de Colbert, V, 200 * ; — présent à la conférence sur la Grâce entre le P. Labbe et le Dr de Sainte-Beuve(1652); III, [622] ; — succède à Pómponne, V, 200 *.
Croix (La) de J. C., V, 352, 436, 437 ; — (Idée de la), IV, 307 ; — (Importance de la) dans la foi, II, 111, 115 * ; — (Puissance absolue de la), IV, 90 * ; — (L'arbre de la), III, 106 ; — (Recours véhément à la), II, 120, 132 * ; — (La folie de la), III, 13, 337 *, 365 ; V, 133 ; — (L'embrassement de la), IV, 318 ; — (Alliance sous la) des sentiments de nature et de Grâce, III, 152 * ; — (Machiavélisme à l'ombre de la), 133 ; — (La vraie), 239 ; — (Brûlement d'un morceau de la vraie), 303* ; — (Fête de l'exaltation de la), I, 425 ; — chasse les démons, II, 314 * ; —(P.-R. et la), 421 ; — (Recours de Pascal à l'idée de la), 387 ; amour de Pascal pour elle, 279 ; — (Les richesses de la) dans Du Guet, VI, 38 ; — sur le cachet de Nicole, IV, 495 * ; de M. de Pontchâteau, VI, [351] ; — miraculeuse dans la main de Mme de Saint-Loup, V, 951*; — (Hommes vivants comme si la) n'était pas, II, 416 ; — rouge sur les habits des religieuses de P.-R., II, 298-9 ; IV, 257, 259 ; VI, 224*.
Croix (M. De La), nom donné au P. Du Breuil, V, 335 *.
Crommius (Le P. Adrien), jésuite, I, [521 *].
Cromwell, V, 457 * ; — (Émigration anglaise sous), 184 * ; — (Catholiques Irlandais dépouillés sous), IV, [556] ; — (Jansénistes accusés d'être d'intelligence avec), III,[592] ; — (Le grain de sable de), 104 ; — (Pascal a médité sur), 432 ; (Pensées de Pascal sur), II, 437.
Cromwellistes, V, 457.
Croyance (Diverses espèces de), VI, [256] ; — (Ce qui a été) devient fétichisme, 241 ; — (Noblesse et bonne compagnie jusque dans la), IV, 449 ; — (État vrai de la) sous Louis XIV, III, 302-6.
Croyant (On n'est pas) sans être un peu crédule, IV, [550].
Croyants (Les) tirent Dieu à eux dans le sens de leurs passions, III, 477*.
Crucifix (Le), IV, 242 ; — peint par Champagne, V, 476.
Cruels (Les Habiles tenus de ne pas être cruels), V, 338 *.

Crusius, IV, 492.
Cuculle (La) opposée au froc, V, 242.
Cuisiniers (Pénitents), V, 166.
Cuivre (Plumes de) inventées à P.-R., III, 513*.
Culte (L'amour de Dieu est l'essence du), II, 444.
* *Cumano*, III, 533.
* *Cumes*, IV, 425 *.
Cupidité (La) commune et la volontaire, V, 120.
Cureau de la Chambre (Marin), et les questions d'Arnauld pour sa Grammaire, III, 538.
Cureau de la Chambre (Pierre), curé de Saint-Barthélemy; mot plaisant sur le P. Rapin, III, [624-5].
Curé marié au XVIIe siècle, IV, [543].
Curés; Saint-Cyran les rapproche des Évêques, I, 318 *; — sont pour P.-R. contre les Jésuites, III, 205; — (Requêtes des) contre les Casuistes, 204-11; — empruntent les meilleures plumes de P.-R., 207; (Requêtes des); le second Factum est de Pascal, III, 207-8; le VIe a sa marque, 209-10.
Curiosité, III, 250 *; — (Concupiscence de la) selon Jansénius, II, 460, 478-80; — (De l'esprit de), IV, 35, 36; — (Le démon de la), III, 385*, 495; — de l'esprit blâmée, V, 86, 87; — du savoir, IV, 35.
Cusani, Milanais; — Nonce en France, VI, 57*; — comme cardinal, n'est pas favorable au jansénisme, 57 *.
* *Cyclades* (Archipel des), III, 429.
Cygne, devise d'Arnauld d'Andilly, II, 260.
Cymodorée (La) de Fénelon, VI, 47.
Cyrano de Bergerac; condisciple de Molière, III, 272.
Cyropédie; Voy. Xénophon.
Cyrus, III, 348; — (Le grand); Voy. Scudery (Mlle de).
Cythérée, III, [627].

D

D'Ablancourt (Nic. Perrot d'); a part au progrès de la langue, I, 62.
Dacier: sa défense d'Épictète, II, 386.
Dacier (Mme). fille de Tanneguy Le Febvre, III, 515 *, [625].
Dacquin (M.); Voy. Daquin.
Daguesseau (M.) le père; pourquoi il n'a pas été chancelier, V, 454-5*.
Daguesseau (Mme), mère du Chancelier, VI, 12-3*, [252]; — lettre de Du Guet sur la mort de ses petits-fils, 37-8.
Daguesseau (Mlle); aux Filles de l'Enfance à Toulouse, V, 453.
Daguesseau; élève éclectique de P.-R., IV, 104; — Gallican et non Janséniste, V, 155; — devient chancelier, 455 *; — fait enregistrer la Bulle de Clément XI au Parlement, VI, 204; — et les affaires du Parlement, V, 513;
= et Boileau, V, 85, 511, 413; dînant chez Boileau, 513; et l'épitre XII de Boileau, 511; — ce qu'il dit du Cas de conscience, VI, 168-9; — en adoptant le Cartésianisme garde sa placidité, V, 356; — son estime pour Domat, 523*; Domat d'accord avec lui, 523 *; — son portrait de M. de Harlai, 155-6*; — ce qu'il dit des Jansénistes, 285-6*; — et Louis XIV, 513; mal reçu de Louis XIV, 513; — son estime pour Nicole, IV, 462; (Nicole mène à) 476; — son estime pour les Provinciales, 148; — son refroidissement pour P.-R., II, 202*;
= Sa valeur en jurisprudence, V, 523 *; — grand lecteur des Anciens, 85; — Œuvres, 153*; — Discours sur la vie de son père, VI, 12 *; — Instructions à son fils, III, 148; — Mémoire sur les affaires de l'Église de France; V, 153, 286 *; VI, 171 *.
Dailli (Le Ministre); opinion réfutée par Arnauld, VI, [366].
* *Dainville ou Damville*; Voy. Paris (Collèges) et Targni.
Dais (Porter le), VI, [317].
D'Alembert (Jean Le Rond); ses doctrines naturistes, II, 392; — ton désintéressé, III, 585; — littérateur et géomètre ne se ressemble pas, 317 *; — raconte le jugement de Boileau sur Racine, VI, 123*; — M. Boullier défend Descartes contre lui, III, 403; — éloge de l'abbé Houteville, 411 *; — son estime pour Malebranche, V, 313 *; — éloge de Massillon, III, 200 *; — ce qu'il écrit des Provinciales et des Pensées de Pascal, 411; dispose des phrases de Pascal dans un ordre qui sent l'athéisme, 411*.
Dalencé, chirurgien, III, 181*; — et le miracle de la Sainte Épine, 175-6, 179, 180.
Dames (Jeu de), IV, 8.

Dames (Belles) plus ou moins retirées du monde, IV, [575]; — de qualité, favorables au Jansénisme, V, [534-5]; — (Les) de P.-R., 186*; — de la Grâce au XVIIIe siècle, VI, 72*.
Damiens (Attentat de), II, 199.
Damnation (La) au fond de toute la doctrine janséniste, I, 234.
Damné (Est-on) pour ne pas croire à J.-C.? IV, [546*].
Damon (Stances de) pénitent, V, 23.
* *Dampierre*, VI, 218; — visite d'Anne d'Autriche, [361].
Danaïdes (Les), II, 446.
* *Danemark* (Royaume de), IV, 378.
Dangeau (Le Mis de), II, 10; — Extraits publiés par Lemontey, III, 303*; — « Journal », III, 304; VI, 152*, 164; additions de Saint-Simon, IV, 374*; V, 89, 156-7; (Passages de) qui commentent l'Onuphre de La Bruyère, III, 291*.
Dangeau (L'abbé de), grammairien passionné, III, 566.
Danger moral (Chacun pourvoit comme il l'entend à son), V, 28.
Daniel (Le P.); Défense de saint Augustin contre Jansenius, II, 138; — son estime du P. Bouhours, III, 220; — contre Descartes et le Jansénisme, II, 317; — prouve que les Dominicains ont, autant que les Jésuites, soutenu la Probabilité, III, 126-7; — attaque Fontaine, II, 243-4; — défend les Jésuites de corrompre la morale, III, 131; — maltraite Nicole, IV, 510; — sur les Provinciales, III, 102: son jugement des Provinciales, 255; sa réponse tardive aux Provinciales, 51 ; pauvreté de sa critique grammaticale des Provinciales, 52-3 ; ses critiques des Provinciales portent peu, 115 ; — son livre contre les Provinciales fait traduire en français les dissertations latines de Wendrock, 226 ; — répond à la Réponse de Don Mathieu Petit-Didier, 224-5 ; — ce qu'il dit des papiers du P. Quesnel, VI, 178*; — ce qu'il raconte de Mme de Sablé et de Pascal, V, 79*.
= Entretiens de Cléandre et d'Eudoxe, III, 62*, 98-9, 115 ; vraie date de leur composition, 222* ; répondent aux Provinciales, 219-20 ; V, 79* ; son livre contre les *Provinciales* les fait relire, III, 223 ; Ve Entretien, 125; VIe Entretien, 115 ; page émue à propos des Provinciales, 128-9 ; son livre contre les Provinciales pourquoi supprimé, IV, 510 ; — Opuscules (I, 299*; — Recueil de divers ouvrages théologiques, philosophiques, etc., II, 243* ; III, 225 *; VI, 178 * ; — *Voyage du monde de Descartes*, II, 317, 473*; — Lettre à une dame de qualité, I, 506 ; VI, 178*; — Lettre au P. Serry, III, 127 *; — Histoire de France, II, 253*; IV, [585 *].
Daniel (Le P.); Études de philosophie et d'histoire (1859), III, 31*.
Danser(Maître à); Voy. Du Bois (M.).
Danseur (Beau), III, 582.
Danseurs de corde, V, [566].
Dante; I, -138; II, 88, 90, 97 ; — (Beauté de), V, 232 ; — symbolisme de sa théologie, IV, 297-8; — l'horrible s'admet chez lui parce qu'il est passionné, 473 ; — citations du *Paradiso*, I, 103, 217.
Daphné (La) du Bernin, II, 162*.
Daphné (Le portrait de) dans Tartuffe, III, 297.
Daphnis (Apothéose de), III, 477 *.
Daphnis et Chloé, V, 23.
Daquin (Antoine), médecin, II, [553-4] ; — et M. Bocquillot, V, 240*.
* *Dardanie*; Voy. Coeffeteau.
Darès (Le) de Virgile, V, 438.
Darius, III, 448.
D'Assoucy et Boileau, V, 487.
Datta (Le chevalier), éditeur des lettres de S. François de Sales, I, 207-8*, 238*, 260*, 265*.
Daubray (M.), Lieutenant-civil, II, 334*; — en danger à Rome de paraître trop lié avec un cardinal, III, 171-2*; — sa bonhomie naïve, II, 347; — arrête lui-même M. de Saci, 344; interrogatoire qu'il lui fait subir, 345-7; — visite aux Petites-Écoles, 1648, III, 472-3 ; 1656, 475 ; 1660, 467-8, 477 ; — chargé de l'exécution de la condamnation des Provinciales, 213-4; — visite à Vaumurier, 172; aux Trous, 172, 475; au Chesnai, 475; — descente à P.-R. des Ch., 1656, 581; visite matérielle des dehors du couvent, (1661), IV, 134, 135, 153; — son ordre de murer une porte à P.-R. de P., V, 60; — visites à P.-R., avril et mai 1661, III, 344; — fait sortir les pensionnaires de P.-R., (1661), IV, 114, 116; sa conduite en cette affaire, 117*; — seconde visite

VII — 7

pour faire sortir les pensionnaires faites novices, 128; — troisième visite pour faire sortir les dernières pensionnaires, 129; — va à P.-R. des Ch. voir si les Solitaires sont partis, III, 169-72; — enlèvement des religieuses, IV, 207, 210; — et la M. Angélique de Saint-Jean, 231; — sa conversation avec l'évêque de Coutances sur les impressions des Jansénistes, III, 194-6; — empoisonné par la Brinvilliers, sa fille, 171*.

D'Aulnoy (Mme); *Mémoires de la Cour d'Angleterre*, V, [607]; — *Conseils pour bien écrire les lettres*, [607].

Daunou, II, [513*]; — a été de l'Oratoire, V, 374*; — de l'extrême XVIIIe siècle, 374*; — (Clarté à la', II, 361*; — son édition de Boileau, V, 519; — son admiration pour Malebranche, 374*; — son estime pour Nicole, IV, 432; — nie l'existence de M. de Pontis, II, 292*, [572]; — son estime pour Tillemont, IV, 40; — renseignement, V, 334*; — *Cours d'études historiques*, II, 292*; IV, 40*; V, 374*; — sur la méthode d'apprendre à lire aux enfants, III, 513*.

Dauphin (La naissance du), 1661, IV, [558]; — a, en jouant, le nez cassé par un des jeunes princes de Conti, III, 562*; — la maréchale de La Mothe, sa gouvernante, IV, 386; — son éducation mêlée à celle des jeunes princes de Conti, III, 562; — dureté de M. de Montausier pour lui, 562; — châtiments matériels trop employés dans son éducation, 486*; — visite d'Arnauld d'Andilly, 486; — et Arnauld, IV, 397; — de quelle façon Fontaine lui dédie les Figures de la Bible, III, 247*; — trouve qu'il manque à Néron d'avoir été Janséniste, III, 257*; — veut mettre sa maîtresse à Vaumurier, II, 320.

Dauphine (La grande), II, 320*; — ce qu'elle dit de Polyeucte, I, 139.

Dauphine (La) de Bavière; a Mlle de Grammont pour fille d'honneur, V, 184.

Dauphine (La nouvelle); Louis XIV va au-devant d'elle (février 1680), V, 595.

* Dauphiné, II, 292*; IV, 343; — (Récollets de), V, [608].

Daurat (M.), ami intime de Retz, V, [538].

Davantage que [De la locution], III, 53*.

David (Le roi), I, 490; II, 6, 427; III, 446; IV, 221, 292; — et Bethsabée, III, 562*; — et Jonathas, VI, [273]; — et Saül, 63; — le roi prophète, IV, [557]; — (Joug de), II, 363; — ce que Saint-Cyran dit de sa pénitence, I, 350; — (Morale de), III, 444; — (La race de), VI, 148; — cité par Nicole, IV, 427; — prédit les Appelants, III, 448*; — (Enseigne du roi), 60; — Voyez Psaumes.

David (M. Paul), éditeur des lettres de Mme Récamier, I, [518*].

Davoust (Le Maréchal), IV. 66*.

Davy (M.), pseudonyme d'Arnauld (C'est l'ancienne prononciation de David), II, 244*; V, 324*, [620*].

Deage (M.), gouverneur du jeune S. François de Sales, I, 233*.

Débats (*Journal des*), II, [577]; III, 360*.

Débora (Une nouvelle), III, 226*.

De Champs (Le P. Étienne Agard), Jés., ancien professeur du prince de Conti, V, 28.

Décius (L'empereur), I, 134, 135.

Décoration (Conseils sur la peinture de) au théâtre, I, 154.

Décorations (Peinture de); ce qu'en dit Rotrou, III, 293.

Décorations de théâtre, II, 9-10.

Découvre (Tout se), V, 60*.

De Crès (M.); Voy. Crès.

Dédain magnifique (Le) ne prouve rien, III, 413.

Dédicace (Hymne de la), IV, 232.

Dédicace, I, 1.

Déesses (Les) et le berger Pâris, V, 76.

Défauts (Les) des écrivains s'accusent dans leurs imitateurs, I, 241.

Défense des Religieuses de P.-R.... (1667); — œuvre de M. de Sainte-Marthe, IV, 345-6, 346*.

Defontis, Chevalier du Guet, I, 200.

Dégoût humain, fond de l'amour divin, V, 57.

Déguisements, V, 105-6; — nécessités par les circonstances; de M. Singlin en médecin, I, 474.

Déisme (Du) des Jansénistes, III, 149; — (P.-R. accusé par les Jésuites de vouloir fonder le) en France, I, 245*; — (P.-R. opposé au), 358; — (Leibniz, en face de l'athéisme, se rabat sur le souhait

du), III, 303 ; — (Le) de demain Athéisme d'hier, 397*.
Déiste; homme qui n'a pas eu le temps de devenir athée, III, 412*; — (Un Janséniste n'a rien du), V, 233 ; — (M. de Bonald proscrit le) comme odieux, III, 412*.
Déistes; sont-ils les héritiers présomptifs du Christianisme ? III, 412; — se passent du Rédempteur, II, 114-5*; — (Doctrines), 392 ; — (Erreurs des) de croire aux puissances intérieures de l'homme, 385.
De La Tour (Le P.) ; Voy. La Tour.
Delavigne (Casimir); Le Paria, pâle imitation de Racine, VI, 126.
Délectation prévenante méritée pour nous par J.-C., V, 388.
*Delft (Arnauld à), V, 300, 460.
Délibération (De la), III, 235*.
Délicatesse (De la); Voy. Villars (L'abbé de); — littéraire (Revirement de la), II, 362.
Délicats (Malheur des), III, 416*; — ont le dégoût prompt, IV, 464; — vantent les avantages d'une complexion frêle, III, 327-8 ; — (Difficultés particulières aux), 583.
Delille; le P. Rapin de son temps, V, 43; — (Vers de) cités, I, 253*.
De l'Isle (Dom Léopold), abbé de Saint-Mihiel ; ce qu'il dit de Retz, V, [591, 598], son récit de la mort et de l'enterrement de Retz, [600, 601]; — Histoire de l'abbaye de Saint-Mihiel, [591, 596*, 598, 598*, 600, 601*].
*Délos (Ile de), V, 93.
Delphine, personnage fictif d'un ouvrage du P. Le Moine, III, 285.
Déluge (Le), IV, 139; V, 515; — son explication, 366.
Démétriade (Lettre à) sur la virginité, I, 181.
Demi-dieux (Montrer qu'on est du sang des), V, 126.
Démocratiques (Sentiments) de P.-R., I, 466-7.
Démocrite (L'humeur de), V, 523 ; — [École de], IV, [551].
Démon (Le), III, 484; — (Orgueil du), I, 356 ; — traité d'auteur des miracles, III, 183; — (Idées qu'on attribue au), IV, 242, 243 ; — son sens dans Homère, III, 495*.
Démoneries (Les) de Socrate, III, 341.
Démoniaques (Femmes), IV, 140, 142.
Démons (Les), V, 508*; — (Esprits-), III, 495-6; — (Les) faisant le massacre des Ames, IV, 472 ; — (Croyance de P.-R. aux), II, 222, 314*.
Démonstration (Tout fait général et prolongé est une) insensible, III, 405 ; — logique et géométrique (De la), 421.
Démosthène, III, 111, [612]; — Philippiques, 110; — de son improvisation, 441*; — (Parallèle de) et de Cicéron, [625] ; — (De) et de Pascal, 148, 150, 151 ; — ce qu'en dit Fénelon, 458.
Demoustier (Le fade), V, 501.
*Denain (Victoire de), VI, 205.
Denys (M.) peut être l'auteur du Recueil de diverses choses par Nicole, IV, [597].
De Pleix, jeune avocat forcé de faire des excuses à Antoine Arnauld, I, 82.
Depping (M.) le père ; Correspondance administrative sous Louis XIV, VI, 202*.
Dérivés (Des) en face des racines, III, 525-6*.
Déroute (La) et confusion des Jansénistes, almanach satirique, II, 333-4.
Deruptis, commissaire de M. de Citeaux, mis en prison par l'abbesse de Maubuisson, I, 190.
Dervis (Les) de Louis XIV, III, 203.
Desargues ; utile au Traité de Pascal sur les sections coniques, II, 462.
Desaugiers, III, 277.
Des Barreaux, esprit fort, III, 303.
Des Billettes (M.), frère de Filleau de La Chaise, III, 386*; — Voy. Filleau.
Desbillons (Le P.), jésuite, III, 130.
Desbordes-Valmore (Mme); Poésies, II, 442-3* ; — ce qu'elle dit de Montaigne, 442-3*.
Descartes, II, 456*, [521]; — sa vie philosophique à Amsterdam, [527]; — à Paris en 1644 et 1648, V, 351 ; — réformateur en métaphysique, II, 170 ; — génie novateur, mais religieux, 396 ; — ne passe point lui-même certaines limites, V, 355 ; — en philosophie, III, 535 ; — (Révolution produite par), II, 120 ; — tue la scolastique en philosophie, III, 259; — met à part les vérités de la foi, 422* ; — rejoint les solutions métaphysiques conformes au christianisme, II, 396 ; — spiritualité de sa philosophie, V, 356*; — bâtit toute une philosophie sur un premier fait antérieur, III, 544; — (Méthode

de), II, 384*; — depuis lui toute psychologie commence par une exposition de méthode, V. 398 ; — (Contradiction de méthode) entre lui et saint Augustin, V, 354-5 ; — le seul vrai principe de sa philosophie est sa méthode, 356 ; — son principe est l'examen, 368 ; — influence de la méthode de Descartes en tous les sens, 357; — son *je pense, donc je suis*, et ses quatre règles, suffisent à la Logique de P.-R., III, 548-9 ; — c'est sa méthode même, plus que sa doctrine, qui est un danger pour la religion, V, 354 ; — a des arguments analogues à ceux de saint Augustin, 350 ; — distinction de l'âme et du corps commune avec saint Augustin, 353 ; — conséquences anti-eucharistiques de sa philosophie, 492;— et la transsubstantiation, 353 ; — son influence sur l'esprit humain, 354;— l'homme qui l'a vu et qui ne peut pas le croire un grand philosophe, 391*; — ne s'occupe pas de la philosophie du discours, III, 539 ; — ses preuves de l'existence de Dieu, V, 352, — son explication du témoignage des sens, 352 ; — l'homme de Descartes est celui du cabinet, III, 422*; — n'a pas eu de succès mondain, V, 373; — n'a pas eu de son temps de réputation autre que philosophique, 373*; — sa politique dans ses *Réponses*, 351*.

= Oppose à Aristote, II, 317; — (A propos d'Aristote M. de Saci compare) à un voleur qui vient d'en tuer un autre, 338 ; — d'abord bien disposé pour Arnauld, 462*; son estime pour Arnauld, V, 351, 351*; séduit Arnauld, II, 396 ; Arnauld en a quelque chose, III, 357 ; son doute méthodique et Arnauld. V, 350; Arnauld fait en grammaire ce qu'il fait en philosophie, III, 535-6; *Le tr- d'un anonyme* (Arnauld) *sur plusieurs difficultés*, V, 351-2 ; ses raisons naturelles défendues par Arnauld, 349-50*; défendu par Arnauld contre l'attaque d'un M. Le Moine, 355-6*; 374 ; (Arnauld fidèle à), 349-50; visité de la part d'Arnauld par M. Walon de Beaupuis (1644), III, 567-8 ; Arnauld veut concilier sa définition de la substance avec le dogme de la présence réelle, V, 350, 352, 492 ;

son développement combattu par Arnauld dans Malebranche, II, 396 ; — son éloge des Lettres de Balzac, [526-7]; — et les Docteurs de l'École, V, 351*; — répond aigrement à Fermat, à Hobbes et à Gassendi, 351*; — observations de Gassendi, 350 ; — le *père* de Mme de Grignan, III, 232; — objections de Hobbes, III. 548-9; V, 350 ; — (Le Jansénisme se met à la suite de). II, 120 ; — sa méthode, non son système, entre dans la littérature janséniste, II, 317; — eût donné de l'ombrage a Jansénius et à Saint-Cyran, 396; malheur de Jansénius de l'avoir ignoré, 121; — et les Jésuites, V, 351 *; — et Malebranche, 374; — son rationalisme absolu, III, 421-2, produit Malebranche et Spinosa, 423 ; sa métaphysique poussée plus loin par Malebranche, V, 357; sa doctrine developpée par Malebranche dans le sens de l'idéalisme, 354 ; (Malebranche, expliquant le monde, se trompe à la suite de), 417; — et le P. Mersenne, 350;— et Nicole, 352 ; — repoussé par l'Oratoire, 334; — semble peu bien disposé pour le jeune Pascal, II, 462; (Rapports de) et de Pascal, 473 *, 483; Pascal n'était pas Cartésien, III, 396; Pascal en complète contradiction avec lui, 421-2; n'obtient pas grâce devant Pascal, II, 396; (Pascal prévoit les conséquences du système de) dès 1658, V, 369 ; sa philosophie et P.-R., II, 311, 321, 389; malgré son absolutisme est accueilli à P.-R., 396-7; — Le P. Rapin n'en veut pas, I, 483 *; — (Le système de) et Retz, V, [593]; — ce que dit M. de Saci de ses nouvelles opinions en physique, II, 338-9; — Saint-Cyran et Pascal auraient fait d'autres objections qu'Arnauld, V. 350; — sa parenté avec Spinosa, II, 396 ; — et M. Walon de Beaupuis, V, 351;

= Son style, III, 49 ; (Style périodique de). V, [607]; — n'a pas eu d'influence comme écrivain, 373 *; — *Discours sur la méthode*, II, 119-20, 121, [521]; V, 350 ; n'est pas pour son temps une époque de la langue, 373 *; (Valeur et inconséquences de son), III, 422-3 *; la *Logique de P.-R.* en vient, III, 543; en quoi elle en diffère, 544.

la « Recherche de la vérité » de Malebranche n'en est qu'une reprise plus étendue, V, 389 ; — *Méditations*. II, 119, 462 *; V 350; Deuxième Méditation ; objection de Hobbes, III, 548-9 ; V, 350 ; quatrièmes objections d'Arnauld, 350, traduites en français par le duc de Luynes, II, 318 ; V, 352 ; — son livre *de l'Homme*, IV, 9, et Malebranche, V, 358-9 ; — *Principes*: Profession de foi du premier livre, 356 * ; — sa physique. III, 541 * ; V, 352 ; — (Physique de), III, 535 ; ce qu'en dit Pascal, 422 ; et ses tourbillons, II, 316 ; théorie de l'arc-en-ciel, I, 291 * ; — ce qu'il pense des animaux, II, 437; les animaux sont des automates, III, 105; le machinisme des bêtes, V, 352 ;
= Sa Vie par Baillet, V, 351*, et les remarques de Leibniz. V, 351*; — ce qu'en dit Fontenelle, 354 ; — défendu au XVIII° siècle par M. Boullier contre d'Alembert et les Encyclopédistes, III, 403 ; —Voy. Cartésianisme, Daniel (Le P.), Luynes (le duc de).

Des *Champs des Landes* (M.) gentilhomme du pays de Caux : — élevé à P.-R., III, 498 ; — condisciple de du Fossé ; ses aventures de précepteur et de militaire, 578; *Relation des dernières campagnes de Turenne*, 498*, 578 ; meurt pénitent à Provins, 578 ; — son frère, solitaire, 578 ; — autre frère religieux à la Trappe, 578 ; Voy. Des Landes.

D'*Eschaux* ou *Déchaud* (Bertrand); — évêque de Bayonne, I, 275, 281-2; archevêque de Tours, 282, 307*.

Description (Abus de la), VI, 145-6.

Desdémone, I,-138.

Désert (Pères du), imités par P-.R , I, 22 ;—(Le) à P.-R., IV, 340* ; — (Floraison chrétienne du), 291 ; — défendu par Arnauld d'Andilly, III, 165 ; — se repeuple après 1668. IV, 409 ; — ce qu'en dit Mme de Sévigné, V, 11 ; — (Les fidèles du),164.

Désert (Le) *de Conques*, VI, [329, 330, 331].

Déserts (Ascètes des anciens), V, 166.

Désespoir (Par où l'on va au), IV, 239.

Des Fontaines ; S. Alexis, I, 143.

Desgabets (Dom Robert), bénédictin, prieur de Breuil ; — et la philosophie de Descartes, V, [593, 594].

Des Grès (L'Exempt), à la recherche d'Arnauld, V, 325.

Des Hayettes (L'abbé); sa signature, VI, [278].

Des Houlières (Mme); esprit fort, III, 303 ; — plaisante histoire du baptême de sa fille à 29 ans, 303-4*; — et Brienne, V, 19 ; — amie de Condé, III, 304*; — et l'abbé Le Roi, IV, 62* ; — vers à Mme de Pontcarré, I, 325 *; — son sonnet contre la Phèdre de Racine, VI, 128.

Désir (Le) doit attendre et se refréner, IV, [579].

Desjardins (?), I, [555].

Des Landes (M.), gentilhomme médecin ; — soigne le père de Pascal, II, 474-8 ; — son influence sur la conversion de Pascal, 481.

Deslandes (M.), le fils, médecin et chirurgien ; — solitaire à P.-R., II, 477 *.

Des Landes (M.), solitaire, frère de M. Des Champs des Landes, III, 578; — sa mort, II, 350; — en Hollande ; 94.

Des Landes (M. Des Champs des); Voy. Des Champs.

Deslions (M.), doyen de Senlis, IV, [591] ; VI [367] ; — exclu pour l'affaire d'Arnauld, IV, [591] ; factum contre Arnauld. [591] ; revient de ses sentiments contre Arnauld, [593]; fidèle à Arnauld, VI, [367-6] ; — ce qu'en dit M. Vuillart, IV, [593] ; — directeur de sa nièce, [591] ; — et Mme de Longueville, VI, [363] ; — Journal, IV, [571-2*, 591] ; VI, [288, 294, 295*] ; —(Journaux manuscrits de), I, 319 *; II, 218*, 345-6*, [542, 548, 550*] ; III, 160*; V, [550] ; — Extrait de ses Journaux sur le voyage à Rome des députés jansénistes, III, [591-6] ; — (Extraits des Journaux de), VI, [359-68].

Des Lions (M.), le frère, procureur du roi à Pontoise, IV, [591].

Des Lions (Mlle Perrette), fille du procureur du roi, VI, [368] ; — ses directeurs, IV, [591] ; — son esprit bizarre, [591, 592] ; — arbitrage à propos de ses biens, [591-3].

Des Marais ; Voy. Godet.

Des Mares (Le Père), de l'Oratoire, II, [542] ; — ami des jansénistes, III, 156*; — son talent de prédicateur, II, 309 * ; — interdit com-

me prédicateur, I, 472; II, 308-9*; III, 248*; — Conférence pour Mlle d'Aumale, VI, [289]; — assiste à des Conférences de M. Olier, III, 31; — son peu de succès dans sa Conférence sur la grâce avec Dom Pierre de Saint-Joseph, [623]; — son voyage à Rome, [593]; va à Rome défendre le livre de Jansénius, 13; plaide à Rome pour la Grâce efficace, 17; reçu en audience par Innocent X, I, [542]; — sa ferme doctrine suspectée, III, 306; — accusé de doctrines calvinistes, [592]; — mort et enterré à Liancourt, V, 50*;
= Son admiration pour la contre-requête d'Arnauld, IV, 387; = son éloge par Boileau, V, 501; — prédécesseur de Bourdaloue, I, 469; — éloge qu'il fait des Calvinistes, III, [595]; — continué par M. Le Tourneux, V, 214; — logé chez M. de Liancourt, III, 29; hôte familier de Liancourt, V, 44; — assiste Mme de Liancourt, 49; — croit que Retz n'a pas demandé le chapeau, [550].

Des Maretz de Saint-Sorlin, III, [603]; — sa bizarre spiritualité, IV, 442-3; — aux prises avec P.-R., VI, 109, 112; espion bénévole de P.-R., II, 343-4*; sa haine active contre P.-R., IV, 442; — accuse les jansénistes de lever une armée de 144 000 hommes, 387 *; — se donne à tâche de poursuivre personnellement les Solitaires, 442; — et Boileau, V, 489; — mis en face de M. Le Maître, VI, 112, 113; — Les *Visionnaires* de Nicole dirigées contre lui, IV, 541-2; Nicole l'attaque pour avoir fait des romans et du théâtre, VI, 107-8*; — attaque l'*Apologie des religieuses*, IV, 442; — la fin de son *Clovis* inspirée par Dieu, 443; — ballet de la Prospérité des armes de France, II, 10, 11; — les *Visionnaires*, comédie, IV, 442; — (Romans de), I, 373 *; VI, 114; — *Réponse à l'insolente apologie des religieuses de P.-R.*, (1665), III, 348 *; — Office de la Vierge Marie, traduit en vers, IV, 329 *; — sa traduction de l'hymne des Saints-Innocents, 328-9 *.

Des Marets (Roland); Lettre à Pierre Hallé sur les méthodes d'éducation, III, 515*.

Des Molets (Le P. Pierre-Nicolas),
de l'Oratoire, V, [615]; *Mélanges de littérature et d'histoire*, III, 393; — continuation des Mémoires de littérature. II, 382*; III, 89*; — et les *Pensées* de Pascal, 89*; appendice aux Pensées de Pascal, 411; — publie la conversation entre Pascal et Saci, (1728), 393.

Des Moulins (Bible française de Guiart), II, 357*.

Des Moulins (Marie), grand'mère de Racine; Voy. Racine (Mme Jean).

Des Moulins (La Sœur Suzanne), sœur de la grand'mère de Racine, VI, 84; — cellerière, I, 498, 499; VI, 84; — tante du petit Vitart, 85; — grand'tante de Racine, I, 498, 499.

Des Moulins (..., fille de Marie), tante de Racine et abbesse de...., I, 599.

Despautère, III, 524; — (Le pays de), III, 517; — sa valeur, 518*.

Desplaces (M. Auguste); lettre sur la Brenne, V, 162*.

Despontis (Le S.) homme d'affaires des Dames de P.-R. à Paris, VI, 227.

Des Portes (Philippe), abbé de Tiron, II, [529]; — le poëte de saint François de Sales, I, 227; — le Racine de l'école de Ronsard, VI, 103*; — (Mauvais goût de), I, 240.

Des Portes, religieuse à P.-R., choisie pour gouverner à la place de la jeune abbesse, I, 75.

Despréaux; Voy. Boileau (Nicolas).

Desprez, libraire de P.-R., II, 388 *; III, 57. 573; — et M. de Montpezat, II, [551]; — et la vente des *Provinciales*, III, 59; — éditeur des *Pensées* de Pascal, 389; — sa fille a pour marraine Mlle de Vertus, V, 114*.

Des Rieux (Mme); Lettres de Du Guet, V, 21, 22, 23, 24; — est peut-être la même que la duchesse d'Epernon, 21.

Dessaux (M.), ami de P.-R., III, 153; — homme de confiance de P.-R. des Ch., VI, [339*]; — au convoi de M. de Saci, II, 370.

Desseaux (Le jeune), élevé à P.-R.; III, 497 *.

Dessin (Le) primitif se sent mieux dans les premières *éditions*, II, 413*.

Dessin (Comparaison du) et de la couleur, II, 327.

Destinée humaine (Applications du

calcul à la question de la), III, 439*.
Destouches (Philippe Néricault), loué par De Maistre, II, 335.
Des Touches (M. Le Pelletier), I, 430, [557]; — ses relations avec Port-Royal, 430*; — des dernières générations de P.-R., VI, 161; — et M. Hamon, IV, 294; — et M. Lemoine, V, 203-4; — Beau mot de Louis XIV à son propos, 206; — et l'affaire de Pamiers, 203-4, 206; — au convoi de M. de Saci, II, 370*; — secrétaire de Saint-Cyran, I, 430*; écrit sous la dictée de Saint-Cyran ses *Points sur la mort*, II, [536]; ce que Saint-Cyran lui écrit sur sa retraite, I, 434; va avertir le curé pour administrer Saint-Cyran, II, [539]; continue l'esprit de Saint-Cyran, I, 437; — sa charité, V, 203-4, 206; — sa maison du faubourg Saint-Marceau, III, 472; visitée pour y rechercher une imprimerie, 193; — premier possesseur du Chesnai, II, 295; III, 471; — les Petites Écoles des Champs un moment à sa terre de Chesnai, II, 232, 295; — retiré dans l'abbaye de M. de Barcos, III, 193; — solitaire à l'abbaye de Saint-Cyran, II, 221; V, 203, 204*.
Détail (Défauts du triomphe du) en littérature, VI, 117-8, 145-6.
Détails (Certains) oiseux pour la postérité, IV, [564].
Deti (Le cardinal); sa méchante réputation comme mœurs, III, 171-2.
Détraquer (Se), employé pour « se dissiper », V, 251.
Dettes (Payer les) des autres, II, 509-10*.
Dettonville (Amos), anagramme de Louis de Montalte et pseudonyme de Pascal dans le concours sur la Roulette, III, 316.
Deus, qui corda (L'oraison), IV, 19*.
Deutéronome; ch. xxx, v. 6, II, 427.
De Vaux (M. Akakia); Voy. Akakia.
De Vienne (Dom), s'aventure à soutenir le christianisme de Montaigne, II, 428*.
Devise de Nicole, IV, 495*.
Devises, II, 260.
Devoir (La jalousie du), V, 48; — (Différence du) et du métier, III, 308.
Devoirs des hommes bien connus d'Épictète, II, 385; — individuels, IV, 401.

Dévot (Le vrai) rompt avec la nature, III, 586-7; — (Mélange du) et du fleuri, III, 131.
Dévotes (Exagérations), IV, 501; — (Les) de P.-R., III, 206; V, 12.
Dévotion (La) à P.-R., IV, [532]; — (La vraie et la fausse), III, 289; V, [532]; — doit être simple, V, 128*; — (La) du retardement, IV, [579]; — succédant aux galanteries, V, 103*; — (La) le dernier des amours, III, 587-8; — (Puérilités dans la), II, 260*; — (Patelinage de), IV, [543]; — galante, III, 127; — mondaine, IV, 268; — aisée (La), I, 244; II, 167; III, 284; Voy. Le Moine (Le P.).
Dévotions raffinées, V, 127-8*; — (Les) de parti, 128*.
Dévots à P.-R., V, 12; — (Témoigner beaucoup d'estime aux), un grand point de la piété, [529]; — (La galanterie des) surannée dans sa forme, III, 287*; — (Faux) donnent plus de force à la morale des honnêtes gens, 262-3; leur lutte, 263-4.
Diable (Le), connu des seuls chrétiens, II, 34; — attaque déjà les enfants, 41; — se promène plus à la ville que dans les champs, 33; — est dans les livres hérétiques, 195, 388; — (Apparitions du) à Mme de Guéménée, I, 360; — auteur du Jansénisme, III, 235; — (Louis XIII a surtout peur du), I, 336*; — (Le) selon Nicole, IV, 439; — (Rapin croit que Pascal a cherché à avoir commerce avec le), II, 500*; — (Rage du) contre les religieuses, IV, 139, 142; — (Ce que M. de Saci dit des voyages du), II, 338, 416.
Diaconesses des premiers siècles, V, [618].
Dialogue (Conditions du), III, 113, 116; — (Le) naturel, 111; — d'art, 111; — (Règles du), 115; — (Comparaison littéraire des ouvrages écrits en), II, 393-4; — forme en partie de l'Histoire secrète du jansénisme de Brienne, V, 21; — socratiques, III, 122; — entre deux paroissiens de Saint-Hilaire-du-Mont, IV, 381-3; Voy. Bouhours, Fontaine, Montesquieu, Pascal, Platon, Saci, Villars (L'abbé de).
Diane, II, 247*.
Dictionnaire (Premier) grec-français, III, 525.

Diderot, I, 148; — ses doctrines panthéistes, II, 392; — et le mot d'*écraser l'infâme*, IV, 473; — ses dithyrambes sur les femmes, V, 501; — emprunte à Nicole, I, 21; — remarque sur les portraits, III, 116; — *Neveu de Rameau*, I, [558].

Didon, IV, [542*]; — chez les Latins, I, 138; II, 405; — (Saint Augustin se reproche d'avoir pleuré sur), 161.

Didot (Firmin), II, 501*.

* *Dieppe*; Visite des vaisseaux de Hollande, V, 326.

Diète; Voy. Cornaro.

Dieu (Différences des idées de), III, 396-7; — (Existence de) prouvée par des preuves naturelles, II, 432; — son essence ne se révèle qu'aux Bienheureux, V, 404; — actif et vivant, IV, 307; — personnel et vivant, III, 395-6; — rendu impuissant par sa sagesse, V, 427; — (Retardements de) dans ses grandes œuvres, II, 486*; — créateur (Idée chrétienne du), V, 414; — (Sentiment de) après la création, IV, 139; — son but dans la création du monde, V, 414; — (Doigt de) partout sensible pour un croyant, 418-9; — se trouve partout, VI, 221; — (Immensité de), I, 451; — (Océan de), II, 329*; — dans la nature, III, 103-4; — univers (Le), V, 403; — les corps sont-ils en lui par leurs essences? 403; — cause des mouvements de la matière et des inclinations des esprits, 392; — les proportions des nombres, vérités subsistantes en lui, III, 420; — (Les contrastes en), 396*; — permet de grands troubles pour des choses de néant, IV, 437; — seul concilie en lui toutes choses, I, 510; — (Océan infini en), 452; — (Perdre les choses en), 356; —(Voir les choses en), V, 364*; — (Le principe de voir tout en), 379; — (Portrait du métaphysicien qui voit tout en), 392-6; — s'est figuré dans l'ordre naturel et l'ordre civil comme dans la loi de Moïse, II, 35; — (Jugements de) sur son peuple, III, 447; — (Parole de), fondement de la foi, IV, 246; — (L'homme peut-il compter sur soi pour arriver à)? II, 385; — (Dispense de l'amour de), IV, [554*]; — (Inutilité de l'amour de), III, 110; — (L'amour de), V, 376*, essence du culte, III, 444; — (Nécessité d'aimer) pour être justifié, V, 509;—(Amour de) opposé à la crainte servile, VI, 144; — senti par le cœur, non par la raison, III, 423-4; — on ne peut l'honorer que par ses propres dons, V, 116, 118; — (Comment il faut toujours louer) seul, III, 497; — (Le soin de louer) le seul important, IV, 305-6; — c'est sa volonté *qui sanctifie, V, 36; — (L'esprit de) passe et ne revient pas, I, 481; — sa justice est-elle seulement sa volonté? III, 233-4; — et le libre arbitre, 231-2; — et le salut des hommes, IV, 504; — veut-il sauver tout le monde? V, 510; — veut que tous les hommes soient sauvés, 423; — entre nous et les saints, IV, 303; — (Union en), 303-4, 304-5; — (Crainte des jugements de, V, 115; — (Meilleur d'obéir à) qu'aux hommes, III, 89; V, 50*; — (Les abandonnés se rapprochent de), IV, 306;—(La bonté de), 474; — (La miséricorde de), [536, 537]; — son métier est de pardonner, 161; — (Comment il faut que) Dieu soit vengé, IV, 308; — (Loi de) dans les empires, III, 448; — (Qui sert bien) sert bien son roi, V, 8; — masqué en roi, plus puissant sur les âmes des grands, IV, 445; — des bonnes gens (Réaction du), IV, 473;

= (L'amour de) une des sources de l'inspiration de Boileau, V, 505-8; — (Un) à la Bolingbroke, 427; —(Existence de); preuves de Descartes, 352; — (Le) de l'Évangile, III, [615]; — ses paroles à Job, 426, 427; — (Le) de Malebranche, V, 363-4, 387-8; Malebranche en exige une révélation nouvelle à chaque accident nouveau, 403; Malebranche est contraire chez lui à des volontés particulières, 424, 425, 426; (Ce que Malebranche entend par tout voir en), 402-4, 405-6; Malebranche se met en son lieu et place, 394-5; — (La crainte de), traité de Nicole, IV, 471-2; (De l'existence de), traité de Nicole, 476; — (Pascal repousse les preuves métaphysiques de l'existence de), III, 420; Pascal ne croit pas à sa démonstration par la raison, 411; — abstrait des philosophes, 396; — (Omni-présence de) dans l'Athalie de Racine, VI,

146-0; — comparé par S. Bernard à un écrivain qui conduit la main d'un enfant, II, 36-7; — (L'Amour de), recommandé par S. François de Sales, est commandé par le Jansénisme, I, 234; — (S. Jean l'Aumônier, sur la bonté de), II, 284-6; — Voy. Christ, Fils, Jésus-Christ, Père, Saint-Esprit, Verbe.

Dieux (Dons incorruptibles des), II, 423; — (Les) d'Épicure, III, 422*; — païens (Les grands) dans l'Énéide, IV, 310; — (Les douze grands), tableau d'Euphranor; III, [626]; — grecs, plus adorés dans leurs plus belles images, IV, 323*; — (On croit aux) quand on est malade, III, 328.

*Digne; Voy. Le Tellier (François).

Dijon, I, 17. 325-6; III, 394; — (Chanoine de); Voy. Foucher (Simon); — Jésuites, V, 238, 461; — (M. de Pontchâteau à), VI, [311]; — (Parlement de), V, 238; — Saint-Bénigne, I. 439*; — S. François de Sales ne peut pas prêcher le carême à), 284; — Voy. *Tard (Abbaye du).

Diligences au XVIIe siècle, VI, 27.
Dimanche (Monsieur), V. [578].
Dimanches (Considérations sur les) par Saint-Cyran, III, 379.
Dinet (Le P.), jésuite; correspondance avec Rome sur les cinq propositions, III, 11.
Dinocrate, frère de sainte Perpétue, IV, 26.
Diocèses (Différences des), IV, [549].
Dioclétien, I, 151, 152, 153, 163, 165*, 166*, 167, 168; IV, 114.
Diphile; Voy. La Bruyère.
Diphtongues (Prononciation des), III, 512-3.
Diplomatique (Nouveau traité de), VI, 49.
Dire sans en avoir l'air, IV, 186*.
Directeur; supérieur au confesseur, III, 29*; — (Différences du), du confesseur et du casuiste, I, [525, 526*]; — (Distinction du) et du docteur, II. 337*.
Directeurs; canal de la Grâce, IV, 248; — sont les mains de Dieu, III, 314; — (Privation des), IV, 302; — (Rareté des bons), I, 273, 445-6, [539*]; — (Les) des religieuses et des dames, IV, 501, 502*; — de conscience; Voy. Ciron, Du Guet, Malebranche, Saci, Saint-Cyran, Sainte-Marthe, Singlin.
Directeurs (Les) à P.-R., VI, 3; — placés haut à P.-R., III, 135, — obstinés au siège d'une âme, 138; — à P.-R. modèrent les excès des Pénitents, 323; — (Pas de superstition à P.-R. pour les), IV, 154;
Direction (On change sa), non son caractère, V, 33, 131.
Direction de conscience, V, 331; — des âmes, IV, 43; — (La) d'intention, III, 287-8.
Directions des consciences, I, 273, 308; — Voy. Du Guet, Saci, Saint-Cyran, Singlin.
Directoire (Le) et les Mémoires de Retz, V, [595].
Dirois (Les trois MM.), maîtres à l'École de Sevran, III, 574*.
Dirois (M.), chanoine d'Avranches, III, 574*.
Dirois (Le petit); son influence sur M Du Hamel, II, [546].
Dirois (François); anecdote sur sa thèse de tentative, IV, [569].
Disciple; mis en face du maître, IV, [526].
Disciples (Traîtresse des), III, 384*; — de P.-R., V, 12.
Discipline, instrument de pénitence, IV, 180*; V, 35, 124, 134; —(Interdiction de la), V, 28; — Conte des disciplineuses de Saint-Merry, II, [548].
Disciplines, I, 327, 329.
Discordes (Des) entre grands hommes, III, 306-10.
Discours du Trône (Les réponses au), III, 25*; — (La philosophie du) aux XVIIe et XVIIIe siècles; III, 539-40.
Discours (Le), image de la pensée, III, 539.
Discussion de haut en bas, IV, 455-9; — de près et dans le détail (Inconvénients de la), IV, 450-2.
Dispersion et fuite des amis de P.-R., IV, 286-7.
Dispute (Inconvénients de l'esprit de), II, 422.
Disputer (Prétendre ne rien savoir, excellent pour ne pas), IV, 250-1.
Disputes (Animosité des). V, 128*; — (Petits tours de passe-passe dans les), 411; — Un moment où il faut finir, IV, 173.
Dissimulation polie (La), V, 67.
Dissyllabe; déjà un dérivé, III, 25.
Distinguer (Il faut), V, 506-7.
Distiques (Épigramme contre les longs), V, 450.
Distractions, III, 248*.
Divers actes, Lettres et Relations

des Religieuses de P.-R. touchant, etc.; Voy. Relations.

Divertissement (Besoin de) qui est dans l'homme, III, 407.

Divertissements (Danger des), III, 113.

Divorce (Conduite de Saint-Cyran dans l'affaire du) de Monsieur, I, 335-6.

Docilité absolue, V, 21.

Docteur (Le) est supérieur au prêtre, I, 450; — (Distinction du) et du directeur, II, 337 *; — Arnauld offre la souveraineté du), V, 369-70; — (*Le*), nom de guerre d'Arnauld, 376.

Docteurs (L'Hymne des), la plus belle de Santeul, V, 245 *; — de l'Église grecque (Vies des quatre), IV, 16; — (Foudres et tonnerres des), V, 445; — (Les) à mâchoire d'âne, 489; — rayés de Sorbonne; Voy. Arnauld, Retz; — (Soixante-cinq) exclus de la Faculté à cause d'Arnauld, IV, [593]; fidèles à Arnauld, VI, [367]; — Approbations de la grande *Perpétuité*, IV, 444; — Réappelants appelés le régiment d'Asfeld, VI, 76 *; — de l'École (Les) et Descartes, V, 351 *; — de Sorbonne; Voy. Arnauld, Augustiniens, Boileau, Cornet, Duval; Ellies Du Pin, Gamaches, Isambert, Le Fèvre, Sainte-Beuve (Jacques de), Targni, etc., etc.

Doctorat (La carrière du), VI, [305]; — (Pavillon résiste aux gloires du), IV, 355.

Doctrinaire (Souche), IV, 278.

Doctrine (Faut-il juger de la) par les miracles? III, 449; — transformations graduelles, IV, 447-8; — (La bouche rend suspecte la), III, 306; — (La) plus importante que les mœurs, IV, [554 *].

Doctrine chrétienne (PP. de la), I, 10; IV, 63.

Doctrines (Chacun porte son caractère jusque dans ses), V, 356; — relâchées condamnées, par des Papes, 153, 176, 174.

Dodart, IV, 334; — sa thèse de médecine, [584]; — médecin de P.-R., II, 228; IV, 341; — et Arnauld, V, 315 *, 329, 502; — et M. Bocquillot, 240 *; — et Boileau, 502; — médecin de la princesse de Conti, VI, 566 *; — et Gomberville, II, 265-6, 269; — ami de M. Hamon, IV, 334, 338, 339, 339 *; — l'épitaphe de M. Jenkins, 211; — médecin de Nicole, 511; — et Perrault, V, 602; — ami et médecin de M. de Pontchâteau, VI, [342]; auteur de l'épitaphe de M. de Pontchâteau, [342]; — soigne Tillemont, IV, 98 *; — son éloge par Fontenelle, [584].

Dodart (M.) fils; sa thèse présidée par M. Hamon, IV, 338.

Dodart (Mlle), pensionnaire à P.-R., V, 186 *.

Dogmatiques (Les jeux de l'esprit tirent plus à conséquence chez les) que chez les sceptiques, III, 252.

Dogmatisme (Le), III, 440.

Dogme (Transformations graduelles du), IV, 447.

Dogmes contestés, IV, 233, 234 *.

Dol en Bretagne (Coadjutorerie à), VI, [507].

D'Olivet (L'abbé) et Boileau, V, 519 *; — correspondant de Racine le fils, VI, 127 *; lettre de Racine le fils, 127 *, 156; — *Histoire de l'Académie française*, V, 169 *, 519 *, [572].

Domat (Jean); né à Clermont, V, 521; — petit-neveu du P. Sirmond, II, 510; — avocat du roi à Clermont et magistrat gallican, V, 521; — appelé à Paris par Louis XIV, 521; — sa vivacité et ses paroles énergiques, 522-3; — bizarreries de son humeur, 522, 523; — sa mort (1696), 520; VI, 158; — meurt de la pierre, V, 523; — son article dans le Nécrologe, 523 *;

= *Les lois civiles dans leur ordre naturel*, V, 521-2, 523-4 *; — les critiques légères de Du Guet, 522; — ses « *Pensées* », 522, 523; — admet des lumières naturelles, 524 *; — réformateur en jurisprudence, II, 170, 510; restaurateur de la raison dans la jurisprudence, V, 321, 523 *; — fonde le droit naturel sur une base à la fois chrétienne et philosophique, 524 *; — le premier qui institue les généralités en droit, 523 *; — le jurisconsulte des magistrats, 523 *;

= Un des associés libres de P.-R., V, 520; relations avec P.-R., II, 510; ses liaisons intimes avec P.-R., V, 521; — estime d'Arnauld pour lui, 521-2; sa Réponse à Arnauld, III, 96, mort après Arnauld, V, 520; —

estimé de Boileau, 521 ; — d'accord avec Daguesseau, 523 * ; estime de Daguesseau pour lui, 521, 523 * ; — applique la méthode de Descartes aux lois civiles, 357 ; — consulte Du Guet pour ses *Lois civiles*, 522 ; — et Homère, IV [600]; — réfuté par Nicole, III, 96 * ; — ses liaisons avec la famille Pascal, V, 521 ; — ami de Pascal, III, 355, 356; IV, [600]; — son amitié pour Pascal, III, 89, 96 ; sa conversion amenée par celle de Pascal, II, 509 ; en face de Pascal, V, 523-4 * ; estimé de Pascal, 521 ; différence de son principe avec celui de Pascal, 533-4 * ; présent à la mort de Pascal, 521 ; — Pavillon le réconcilie avec la famille Périer, 521 ; sa liaison avec les Périer, 521 ; ce qu'en dit Mlle Périer, 521 ; — opinion de Portalis et de Berriat-Saint Prix sur lui, 523 * ; — en face de Pothier, 523 * ; — discussion à son propos à l'Académie des sciences morales, 523 *.

Domenech (L'abbé) publie un manuscrit du P. Rapin, I, 275 *.

Domestique (Éducation), II, 487 * ; 506 ; — (Milieu entre les colléges et l'éducation), 401-4.

Domestiques ; ce qu'en dit Tillemont, IV, 21-2 ; — pénitents et solitaires, II, 8 ; — de P.-R., IV, 313 * ; — de P.-R. des Ch., V, 258 ; VI, 191, 192, 214, [258] ; traités de *frères* à P.-R. des Ch., VI, [320] ; la M. Issali veut leur faire distribuer ce qui lui reste d'argent, VI, 223-4. Voy. Jenkins ; — du dehors à P.-R. des Ch., V, 239 ; VI, 223 ; — du dedans, 223 ; — filles de P.-R. des Ch., V, 275 ; — des religieuses, 166 ; — des Petites Écoles, III, 486.

Dominicains, III, 132 ; IV, 136 ; — (Morale des), I, [523] ; — (Casuistes), III, 141 ; — leur opinion sur la grâce, I, 253-4 ; — inclinaient plus vers les jansénistes que vers les jésuites, II, 129 ; — effet sérieux de l'Augustinus, 149 * ; — dans l'affaire d'Arnauld, IV, 153-4 * ; — Voy. *Auxerre.

Dominis (Marc-Antoine de), archevêque de Spalatro, I, 289-90, 291 * ; — son livre *De Republica christiana*, imprimé à Londres, 290.

Domitille; Voy. Sainte-Domitille (La Sœur Jeanne de).

Don gratuit, IV, [552].

Don [Il est juste que chacun agisse selon son), IV, 491.

Donat, ami de S. Cyprien, IV, 48.

Donatistes; attaquent le baptême, II, 125 ; — (Édits des empereurs contre les), V, 321.

Doralice, personnage de l'Arioste, VI, 96.

Dorat (M.), docteur en Sorbonne, curé de Massi près Palaiseau, II, 199 * ; III, 156 * ; — ami de M. Feydeau, II, [550 *].

Dorat, le poëte petit maître, III, 309 *.

* *Dordrecht* (Synode calviniste de), I, 291 ; V, 87, 319.

Doria (André), I, 65.

Dorine; voy. Molière.

* *Dormillouse*, I, 106.

Dormir (Recette de Nicole pour), IV, 491-3.

Dorothée, I, 242.

Dorothée (La M.), Supérieure du nouveau couvent de P.-R. de Paris, IV, 409 ; V, 75, 97 ; — Lettre sur la mort de Mme de Sablé, 78-9 * ; — se refuse à donner sa démission (1680), 195-6 ; — Mme de Harlay lui succède, 280.

Dorothée (La Sœur); Voy. Perdreau.

Dorothée de l'Incarnation (La Sœur); Voy. Leconte.

* *Douai* (La fourberie de), ou du faux Arnauld, inventée par les Jésuites, V, 464-5 ; — (Université de), 465.

Douane (La) de Rouen et les livres d'Arnauld, V, 326.

Doucereux (Les violents après les), III, 285.

Douleur (La) est-elle un mal ? II, 386 ; — pour les Stoïciens et pour Pascal, III, 327 ; — physique vaincue par le travail intellectuel, 324 ; — pénitente (De la) et du temps, IV, [535].

Douleurs étouffées agissent plus fortement, III, 356-7.

Doute (Le grand), IV, 241-2 ; — (Le sel du) corrige du dogmatique et du décisif, 475-6 ; — méthodique (Le), III, 421, 422 ; clef de la doctrine de Descartes, V, 350; — Voy. Académiciens, Montaigne.

Doux (Fermeté des), IV, 359 ; — (Caractères supérieurs de la race des), I, 217-8 ; — de la fin du XVIIe siècle, 253 ; — (La race des

n'est point favorable à P.-R., 214-5 ; — (Race des) aigre pour P.-R., III, 31.
Dragonnades (Les), II, 196 *; V, 321-2 * ; — non condamnées par Arnauld, I, 262*.
Dragonne (Réformes à la), V, 35.
Dragons (Les) de M. de Baville et les Filles de l'Enfance, V, 454.
Dramatique (Marque du génie), III, 295-6.
Dramatiques (Poëtes) ; III, 113*; — (Famille des génies semi-), 113.
Drame (Racine satisfait-il à toutes les conditions du) ? VI, 124.
Drames intérieurs, II, 488.
*Dreux (Mort de Rotrou à), I, 171.
Dreux du Radier ; Bibliothèque du Poitou, IV, 100*.
Drevet; portrait d'Arnauld, V, 476-7*.
Droit (Le fait se recouvre de) comme il peut, III, 433 ;—naturel (Le), Domat et Pascal, V, 524*; — romain (Travaux des frères Pithou sur le) IV, 34-5 ; — canon, [567*] ; — selon Hobbes et Pascal, III, 382, 430, 431, 432 ; — Domat en institue le premier les généralités, V, 523 *.
Droit (Question du fait et du), III, 45, 83 *, 87 ; IV, 405-6, [570, 571]; V, 150, 156, [569] ; VI, [291-2] ; — (Distinction du) et du fait, à propos de l'Augustinus, II, 128-9 ; due à Nicole, IV, 418 ; — (Constitutions sur le fait et sur le), V, 39 *.
Drouet de Maupertuy ; « Histoire de la réforme de Sept-Fonds, » IV, [527].
Druey (M.), conseiller d'État à Lausanne, I, [517].
Dryden, I, 171.
Dubédat (M.), conseiller à la Cour de Limoges ; — et le catalogue d'une petite bibliothèque janséniste, III, [631-4] ; VI, [368] ; — voudrait une iconographie de P.-R., [368].
Du Bellay (Guillaume et Martin) ; Mémoires, II, [522];
Du Bellay (Joachim) ; sa langue ; II, 448.
Dubner (M.); son opinion sur les Racines Grecques de P.-R. et sur les défauts de l'enseignement moderne du grec, III, [619-21].
Du Bois (M.) de l'Académie française, II, 88 * ; V, 469-70 *; — son nom complet est Goibaud du Bois, III, 386 * ; — d'abord maître à danser, puis précepteur du duc de Guise, V, 469 *; — logé à l'hôtel de Guise, IV, [592 *]; — reçu à l'Académie française, V, 469 * ; — sa conversation, IV, 482 ; — ne veut pas qu'on soit éloquent en chaire, VI, 113 ; — sa mort, V, 469, 470 ; — ses relations avec P.-R., 469 ; — Arnauld veut lui faire revoir le Nouveau Testament de Mons, II, 375-6 * ; la lettre d'Arnauld sur l'éloquence des prédicateurs est une réfutation de lui, V, 469-70 ; — et Nicole, 469 ; — sa part dans l'édition des Pensées de Pascal, III, 371, 374, 386 * ; V, 469 ; on lui attribue le Discours sur les Pensées de Pascal, qui est de Filleau de la Chaise, III, 375*, 386 *; — mot de Mme Cornuel sur lui, V, 469 *; — recommence les traductions de P.-R., 469 ; —n'est pas l'auteur des corrections au N. Testament de Mons, IV, 379 *; on lui attribue les corrections de M. de Tréville, V, 81 ; — sa réponse à la Petite lettre de Racine, III, 267 ; IV, 443 ; VI, 113, 114 ; — traductions de S. Augustin, IV, 18 * ; traduit les Sermons de S. Augustin, V, 469-70.
Dubois, le valet de chambre de Louis XIII, (Mémoires de), III, 562 *, 486*.
Dubois, chapelain de l'hôpital de Saint-Denis, V, 326.
Dubois (L'abbé); Histoire de Rancé et de sa réforme, V, [583] ; —gravité de sa liaison avec M. Le Noir, 328*; — mis à la Bastille, 327-8, mis à la Bastille et condamné aux galères, 326, 327 *.
Du Bois de La Cour, pseudonyme de Filleau de La Chaise et non de Goibaud du Bois, III, 386*.
Dubois (Le card.), arch. de Cambray, I, 364 ; — Massillon lui donne son certificat de vie et mœurs, III, 199.
Du Bosc ; ami de M. Feydeau, II, [550*].
Du Bosc (Profession de Mlle), II, [550*].
Du Bray (Toussaint), libraire, I, 277*.
Du Breuil (Le P.) de l'Oratoire ; distingué dans l'Oratoire, V, 331; — son mérite et son rang dans l'Oratoire, 331-2 ; — prêche l'avent à Chartres, 331 ; — a été à Rome, 340 ; — curé de Ste-Croix-Saint-Ouen de Rouen, 326, 331-2 ; — se démet de sa cure, 339 *; — M. de Harlai l'empêche d'être élu Général de l'Oratoire, 331, 332 ; — ses

tribulations, IV, 70 * ; — et la saisie des livres d'Arnauld, V, 327 * ; — son emprisonnement, 328 ; — son arrestation et Arnauld, 328 ; — mis à la Bastille comme Janséniste, III, 256 * ; V. 332, 333, pour voir reçu des ballots de livres d'Arnauld, V, 220 * ; — sa lettre au Général de l'Oratoire, [615-7] ; — comment exclu de l'Oratoire, 333, [616] ; — duretés inqualifiables à son égard, 338-9 ; — ses exils successifs 330, 332 ; — les sept stations du prisonnier, 332, 338-46 ; — ses noms de guerre, 335 ; — à Oléron, 332 ; [615] ; — au château de Brest, [615] ; — exilé dans les Cévennes, [615] ; — Alais, son dernier lieu d'exil, VI, 340, 344 ; — son testament, V, [615] ; — mort à Alais en 1696, III, 256 * ; IV, 70 * ; V, 332 ; — sa belle mort, 345 ;
= Beau mot de l'évêque d'Agde sur sa mort, V, 345 ; — et Arnauld, 336 ; Arnauld préoccupé de lui, 329-30 ; — les lettres de Du Guet, 335, 341-3, 436 ; — et M. Fouquet, év. d'Agde, 343-4 ; — et M. Le Camus, IV, [544] ; — et le P. de La Chaise, V. 345 ; — ce qu'en dit Mme de Longueville, 331 ; — et Louis XIV, 345 ; — correspondant du Père Quesnel, IV, 70 ; (Lettres du Père Quesnel au Père), II, 134 ; V, 310 *, 335-41, 472 ; — ami de Richard Simon et de Nicole, IV, 509 * ;
= Sa touchante physionomie, V, 343-5 ; — partout entouré de vénération, 343-4 ; — bon prédicateur, 331 ; — charme de sa conversation, 331 ; — caractère de sa direction, 331 ; — clémence et douceur, mort édifiante, 343-5 ; — beauté de ses sentiments à la mort de M. de Harlai, 344-5 ; — ses scrupules de chasteté, 345 ; — fragment de lettre, 344 ; — son neveu, 345.

Duc (M. le), fils du prince de Condé, V, 154 * ; — prend sous sa protection Racine et Boileau dans leur querelle avec le duc de Nevers, VI, 129.

Duc (M. le), petit-fils de Condé ; — son éducation militaire faite par M. Des Champs, III, 578 ; très-favorable au Nouveau Testament de Mons, IV, 386, 387.

Du Cange ; « Glossaire, » I, 185.

Du Cerceau (le P.) Jésuite, III, 130 ; — régent à Rouen, V, [623] ; — sa pièce de vers, Santolius vindicatus, [623, 624] ; — on lui attribue la chanson sur l'aventure de M. de Montempuys, 262 * ; — Lettres d'Eudoxe, III, 225.

Du Charmel (M.), ami des Jansénistes, VI, 57 ; — et l'abbé Boileau, 57 * ; — et Saint-Simon, 57.

Du Chemin (M. Charles), prêtre de Picardie ; — s'occupe du soin de la ferme des Granges, III, 169-70 ; VI, [319] ; — note sur sa vie cachée et ses bienfaits, 170 ; — prêtre à P.-R. sous le nom de M. Charles, V, 188 ; — et M. de Pontchâteau, VI, [319] ; — au convoi de M. de Saci, II, 370 *.

Durhéne, serviteur de Pascal, II, 507.

Duchesne (Le Dr) et la première Provinciale, III, 63.

Du Chesne (M.), maître de philosophie du duc de Luynes, II, 317-8.

Du Chesne (Le P.) ; « Histoire du Baïanisme, » II, 147 *.

Duchesses ; persuadées par M. Le Tourneux, V, 213.

Ducis (J. F), I, 37 *, 149, 169, 170 ; — Abufar, 185 *.

Duclos, médecin charlatan, IV, 292.

Duclos (Charles Pineau) ; son esprit, II, 78 ; — raconte le jugement de Boileau sur Racine, VI, 23 * ; — continue P.-R. en grammaire philosophique, III, 539 ; — Mémoires, IV, 490 *.

Du Deffant (Mme) ; son erreur de croire La Rochefoucauld le seul esprit fort du xvii siècle, III, 302 ; — son admiration pour Athalie, VI, 150.

Duels (Les), V, [528] ; — (Acharnement des) sous Louis XIII, II, 12, 234 ; — (Édit sur le), V, 43 ; — (Association contre les), III, 30.

Du Fargis (M.), le père, IV, 223.

Du Fargis (Mme), la mère, persécutée par Richelieu, VI, [313].

Du Fargis (La M. Henriette-Marie de Sainte-Madeleine), VI, 233 ; — nièce du cardinal de Retz, [322] ; — tante de la duchesse de Lesdiguières, V, 187 ; — prieure de P.-R. des Ch., IV, 196, 223 ; V, 187, 279 ; — sa nomination d'abbesse de P.-R. des Ch., 110-1 *, 245-6, 279-80 ; — abbesse de P.-R. des Ch., IV, 261, 409 ; — réélue abbesse de P.-R., VI, [332] ; — élue trois fois abbesse, V, 162-3 ; — remplacée comme abbesse par la

M. Racine, 279 ; — de quel parti à P.-R., IV, 347 ; — comment elle reçoit les trente-six religieuses de Paris, 259-60 ; — sa conduite au moment de l'enlèvement des Religieuses, 223-5 ; —sa mort (1691), V, 279 ;
= Sa lettre sur la signature de M. Arnauld (1661), III, 351 ; — — et M de Harlai, V, 170 ; — et le cœur de M. Le Tourneux, 227 ; — et M. de Pontchâteau, VI, [332] ; prie pour la conversion de M. de Pontchâteau, [312-3] ; — et M. de Sainte-Marthe, V, 269 ; — et la réélection de la M. Angélique de Saint-Jean, 207*.

Du Ferrier (M.), frère de M. de Cambrai, VI, [296*] ; — grand vicaire de Narbonne, [296*] ; — et les Jésuites, [296*] ; — rapporte le mot de M. de Solminihac sur les Jésuites, [296*] ; — meurt à la Bastille, [296].

Du Fort ; Voy. Arnauld du Fort.

Du Fossé (Famille *Thomas*), II, 295 ; — sa conversion, 228, 229, 231, 232.

Du Fossé (M. Gentien *Thomas*), maître des comptes à Rouen, II, 228-9 ; VI, 160* ; —converti par Saint-Cyran, 229-31 ; — protége l'enfance de M. Le Tourneux, V, 210 ; — père de M. Du Fossé, 210.

Du Fossé (Mme) ; sa conversion, II, 230.

Du Fossé (Mlles) ; élevées et plus tard religieuses à P.-R. de Paris, II, 229, 231.

Du Fossé (Les trois jeunes), élevés à P.-R. des Ch., II, 229-30 ; III, 469, 471.

Du Fossé (Pierre *Thomas*), le plus jeune des trois fils, I, 118 ; II, 230 ; III, 170 ; V, 210 ; — son éducation à P.-R. des Ch., II, 232-3 ; — reçoit enfant les leçons de M. Le Maitre, I, 394-5 ; élève de M. Le Maitre, III, 574 ; — disciple de M. Walon de Beaupuis, 572 ; — ses deux frères élevés à P.-R. meurent jeunes, 577 ; — solitaire à P.-R., II, 231 ; — à P.-R. des Ch., V, 164 ; — (Arrestation de), 1666, II, 344 ; — le Lieutenant-civil qui l'arrête lui conseille de se marier, 347 ; — reste un mois à la Bastille, 347 ; — sa mort (1698), III, 572 ; IV, 98 ; VI, 156, 158 ; détails sur sa mort (1698), 158-61* ; — enterré à Saint-Étienne-du-Mont, 160* ; — son cœur à P.-R. des Ch., 160* ; — son humilité, 160* ;
= Ce qu'il dit d'Arnauld, II, 175 ; — Mme du Bosroger sa belle-sœur, VI, 160* ; — le meilleur guide sur les Petites Écoles, III, 469, 474, 498 ; — et Mlle Hamilton, II, 108 ; — ses travaux pour M. Le Maitre, IV, 12-3*, 14*, 15* ; — Lettre de Mme Le Maistre du Bosroger sur la mort de M. du Fossé, VI, 158-9* ; — M. Le Tourneux loge à Paris avec lui, V, 211 ; visite à Villers M. Le Tourneux, 220-1 ; sur M. Le Tourneux, V, 228 ; — va voir l'Entrée de Louis XIV, IV, 14-5 ; — ce qu'il dit de la visite de M. de Noailles à P.-R. des Ch., VI, 163 ; — et M. de Pomponne, 158* ; — rédige les *Mémoires* de Pontis, II, 291-2*, [571-2, 573, 574] ; y fait des inexactitudes, 292*, [572] ; — et son neveu, M. de Pretot, VI, 158* ; — et Racine, 156 ; ne nomme pas Racine, IV, 5 ; — caché avec M. de Saci (1666), II, 343 ; son récit de l'arrestation de M. de Saci, 345 ; aide Saci dans la Vie de Dom Barthélemy des Martyrs, 374 ; ce qu'il dit de M. de Saci, 323*, 323-4 ; Lettre sur la mort de M. de Saci, 373 ; son récit de la mort de M. de Saci, 368 ; au convoi de M. de Saci, 370* ; continue les Explications de M. de Saci, 360 ; — et Tillemont, VI, 156 ; élevé avec Tillemont aux Petites Écoles, IV, 7 14, 14* ; VI, 160* ; ce qu'il dit de Tillemont, IV, 12 ; ce qu'il dit de l'*Histoire ecclésiastique* de Tillemont, 30 ; —caché chez M. Vitart, V, 105, 108* ; — ce que M. Vuillart dit de sa mort, VI, 160* ;
=*Mémoires pour servir à l'Histoire de P.-R.*, (1738), I, 38, 85, 394-5, 396*, 405, 469 ; II, 229, 230-1, 233, 234-5, 236, 260, 261, 316, 354* ; III, 170*, 560*, 574, 576, [632] ; IV, 12*, 98 ; V, 211, 220, 228 ; — étudie l'hébreu, III, 248* ; — ses courtes notes sur la Bible et le Pentateuque, VI, 159* ; — ses Explications de la Bible pour continuer celles de M. de Saci, 160* ; — Histoire de Tertullien et d'Origène, IV, 17.

Du Fossé, son frère puîné, mari d'une nièce de MM. Le Maitre et de Sacl ; VI, 160* ; — Voy. Bosroger (M. de).

Du Fossé (La Sœur Melthilde), sœur de Thomas ; ses signatures et rétractations, IV, 216-7.

Dufournet (M.), professeur à Lausanne, I, [514].

Du Gué de Bagnols ; Voy. Bagnols.

Du Guesclin ; les clefs de Châteauneuf de Randon mises sur son cercueil, V, 481.

Du Guet (M.), le père, avocat au Présidial de Montbrison, VI, 4, 5.

Du Guet (M.), le fils aîné ; précède son frère à l'Oratoire, VI, 5 ; — Lettres de son frère, 9, 10.

Du Guet (Jacques-Joseph), de l'Oratoire (1649-1733), I, 22 ; III, 21, 185 ; IV, 6 ; V, 418 ; — né à Montbrison, VI, 4 ; — appelé quelquefois Du Guet-Ménars, 59* ; — élevé à l'Oratoire de Montbrison, 4 ; — délicatesse de sa santé ; 7, 22, 27 ; — son éducation, 4-5 ; — à la maison de l'Institution, 7 ; — son noviciat, 5 ; — au Séminaire de Saint-Magloire, 6-7 ; — à Aubervilliers, 6 ; — conférences de Saint-Remy de Troyes, 48 ; — Conférences ecclésiastiques, IV, 358* ; VI, 6-8, 12 ; — sa vogue dans l'Oratoire, 5-6 ; — son beau et long moment, 29-32 ; — sa fuite de Saint-Magloire, 8-9 ; — forcé de sortir de l'Oratoire, V, 115 ; — quitte l'Oratoire, 332, 334-5 ; — sa sortie de l'Oratoire, VI, 21 ; — ses explications sur son départ, 9-11 ; — sorti de l'Oratoire, 47 ; — retranché du service ecclésiastique autant qu'on pouvait, V, 115 ; — interdiction de confesser, 115 ;

= Fuites et retraites, VI, 67*, 68-9 ; — passe sa vie à se dérober, V, 16 ; — complaisant pour le demi-travestissement et la figure, VI, 15, 27 ; — cadeaux qu'on lui fait, 23-4, 27 ; — son nom déguisé de Mlle Flachère, 27 ; — découvert par un exempt dans une de ses retraites, 68-9* ; — son retour en France ; années ensevelies, 16-21 ; — rentrée dans le monde, 28-9 ; — à Amersfoort, V, 307 ; — sa retraite à Bruxelles auprès d'Arnauld, 332, 335, 347 ; VI, 10-6, 21, 179 ; — fait le pèlerinage de Notre-Dame de Chartres, 8 ; — voyage en Hollande, 68-9 ; — visite à la Trappe, 29-30* ; — à Lyon, 27 ; — à Montbrison, 27 ; — logé à l'hôtel de Ménars, 26-30 ; — caché au Faubourg Saint-Marceau, 68 ; — venu incognito à Paris, 27 ; — rentre en France, V, 335 ; — retour à Paris, VI, 28 ; date de son retour à Paris, 67* ; le quitte de nouveau, 68 ; — y revient mourir, 69 ; — à Saumur, 5 ; — en Savoie, 29, 58 ; — se réfugie à l'abbaye de Tamied en Savoie, 67 ; — à Troyes, 5, 68 ; sa vieillesse à Troyes, 39 ; quitte définitivement Troyes, 80 ; — et les Appelants, 68* ; — soupçonné d'affaiblissement d'esprit, 75-7 ; — sa tête fort bonne jusqu'au bout, 76-7 ; — enterré dans le cimetière de Saint-Médard, 80 ; — et sa famille pendant ses années de retraite, 8-9, 10-1, 17, 25, 27 ; — et les lettres de ses frères, 18 ;

= Ses trois dons, VI, 76-7 ; — admirable catéchiste, 5 ; — au rang des maîtres excellents, 5 ; — charme de son goût naturel, 4-5 ; — charme de sa parole, 6, 29-30* ; — ses conversations, 7 ; — consulté de tous ; esprit universel, 32-8 ; — vraiment chrétien, 47-8 ; — et la doctrine de la Grâce, 36-8 ; son opinion sur la Grâce, 60-4 ; sa doctrine de la Grâce pure, V, 117 ; — admet les lumières naturelles, 524* ; — est pour les causes finales, II, 339* ; — aime l'ordre et l'unité, VI, 74 ; — lumière et mesure, 69-71 ; — sa modestie, 5-6, 20, 39 ; — sa modestie grave, 47 ; — comme directeur, 11-3, 22 ; — sa sagacité morale, V, 330 ; qualités particulières et fermes de sa direction, VI, 32-8 ; — sa puissance de consolation, 38 ; — caractère tout chrétien de sa direction, 32, 35-6, 37 ; — son austère doctrine, V, 116-21 ; — son sentiment sévère de la justice, VI, 36 ; — rigueur consolante, 38 ; — sa modération sensée, IV, 401, n'est pas du relâchement dans le dogme, VI, 65 ; — sa fermeté dans la tolérance, 69 ; — l'*Histoire abrégée du Jansénisme* est une réponse à la modération de Du Guet, V, 64-5 ; — ce qu'il dit des richesses de la Croix, VI, 38 ; — ce qu'il dit de la souffrance, V, 342 ; ce qu'il dit de la mort des enfants, VI, 37-8 ; — ce qu'il dit des Évêques, IV, 358* ; — son analyse pénétrante du cœur, VI, 42 ; — sa poursuite de la vanité sous l'aspect chrétien, V, 132-3 ; — son amour de la retraite, VI, 8-10 ; — sauvagerie et solitude, 16-18 ; — sa misanthropie avec des sentiments chrétiens, V, 16-7 ; — sa soi-disant paresse, VI, 18, 30-1 ; — son sacrifice constant du goût au devoir, 5 ; — son public intérieur, 49-53, 82 ;

= Ce qui lui a manqué pour la gloire, VI, 43-5 ; — brille moins par ce qu'il a plus, 107 ; — défauts et légers travers, 41, 53-5 ; — sait faire de la tapisserie et tricoter, 26 ; — idées étranges sur la future conversion des Juifs, III, 448*; VI, 53, 54, 55 ; — ses illusions sur les présages contemporains trouvés dans les Prophéties de l'Écriture, 53-5 ; — son plan de l'Écriture, 53-5 ; — sa clef particulière des figures et des prophéties, 54-5 ; — veut appliquer le surnaturel et le prophétique à bout portant, 55 ;

= Série de témoignages, VI, 49 50 ; — justice de son portrait dans une histoire de P.-R., V, 524 ; — et le jugement de M. de Tréville, VI, 21 ; — ce qu'en dit M. Vuillart, V, 30* ; — ce qu'en dit Saint-Simon, VI, 29-30* ; — ce qu'en dit l'abbé Boileau, 76 ; — ce qu'en dit M. Colbert, év de Montpellier, 78 ; — ce qu'en dit Fénelon, 176 ; — ce qu'en dit M. d'Etemare, 17*, 81 ; — ce qu'en dit la marquise de Vieuxbourg, 72* ; — précieux témoignage de Grosley, 77 ; — son portrait par Rollin, 5, 38 ; ce qu'en dit Rollin, 50 ; — ce qu'en dit Dom Toustain, 49 ; — ce qu'en dit Voisenon, 82* ; — ce qu'en dit Voltaire, 48 ; — ce qu'en écrit Mme Élisabeth, 50 ;

= et M. d'Argenson, le Lieutenant de police, VI. 67 ; — et M. d'Asfeld, 75-6 ; — ses explications de l'Écriture à l'abbé d'Asfeld et à Rollin, 33-9, 56 ; — et le projet plaisant d'une paix des Jansénistes traitée avec le comte d'Avaux, 178-9, [268] ; — maître de M. Bocquillot, V, 239 ; — conversation avec Bossuet sur son Histoire universelle, III, 447-8 ; VI, 7 ; sa valeur vraie, 53, 55 ; — et M. Boursier, 68*, 72 ; — et M. de Chamilly, 8* ; — et le marquis de Chandenier, 31 ; — ses espérances dans le Milanais Cusani, 56 ; — consulté sur les lois par Domat, V, 522 ; ses critiques des Lois civiles de Domat, 522 ; — mis en face de Fénelon, VI, 41-2, 46-7, 51, 52, 55 ; — et le cardinal de Fleuri, 80 ; — et M. de Harlai, 28 ; — et le P. La Chaise, 29-30* ; — et le P. Lami, 5 ; — et le P. La Tour, 70-1* ; sa lettre au P. La Tour, 9-10 ; — et Louis XIV, 66, 67* ; — et le président de Ménars, 30*, 67 ; — et M. de Noailles, 68*, 176, 276 ; — sa lettre à l'abbé Boileau sur l'Ordonnance de M. de Noailles, 60-3 ; — maître du docteur Petitpied, 172* ; — et M. Pinette, 7 ; — ami de Racine, 82 ; auditeur d'Athalie, 31-2 ; son admiration pour Athalie, 144, 151 ; — et Rollin, 5, 38-9 ; — et Saint-Simon, 57-8 ; — et M. de Saint-Louis, 58 ; — et le marquis de Sévigné, 54 ; — et le P. Tellier, 66 ; — son estime pour Tréville, V, 85 ; — et M. de Vintimille, VI, 80 ;

= et Mme Angran de Fontpertuis, VI, 11, 20 ; lettres à Mme Angran de Fontpertuis, V, 22 ; VI, 13-7 ; — et Mme de Chamilly, 8* ; — et Mme Daguesseau, mère du chancelier, 12-3* ; lettre à Mme Daguesseau la mère sur la mort de ses petits fils, 37-8 ; — et la duchesse d'Épernon, sœur de M. de Pontchâteau, V, 115 ; VI, 12* ; lettre à la duchesse d'Épernon, 13, 20, 21, 23, 25, 26, 27, 28 ; — écrit pour Mlle d'Épernon une lettre à une protestante, 12* ; — et Mme d'Harcourt, abbesse de Soissons, 12* ; — et Mme de La Fayette, 5 ; aide Mme de La Fayette à mourir, V, 121 ; sa lettre à Mme de La Fayette, VI, 32-6 ; assiste Mme de La Fayette, V, 68 ; — a pu connaître Mme de Longueville, VI, 12 ; — et la présidente de Ménars, V, 29 ; — et Mme Mol, sa nièce, VI, 68*, 72 ; — lettres à Mme Des Rieux, 21, 22, 23, 24 ; — et la Sœur Rose, 55-8 ; et Mme de Saint-Loup, 27* ; — et Mlle de Vertus, V, 115-21 ; VI, 3, 20 ; lettres à Mlle de Vertus, V, 132-3 ; VI 49*, 50 ; sottise des méchants propos sur ses rapports avec Mlle de Vertus, V, 121* ;

= Entaché d'augustinianisme et de jansénisme, VI, 24* ; — sa vie se rattache à P.-R., V, 483 ;

comment il se rattache à P.-R., VI, 3-4; degré exact de parenté avec P.-R,, 80-2; sa vraie qualité de cousin germain de P.-R., IV, 502; VI, 81: son jansénisme sympathique, 32; garde la tradition de P.-R., III, [633-4]; comment il ne relève pas de P.-R., VI, 17*; — et Arnauld, V, 332, 335, 347, 483; VI, 3, 5, 11; hôte d'Arnauld, mais hôte passager, 17*; plus juste pour les femmes qu'Arnauld, V, 502; — et M. Barchmann, évêque d'Utrecht, VI, 69; — et M. de Barcos, II, 219; — et l'abbé Boileau, son directeur, VI, 17, 18,. 59; — et M. Boursier, 68*, 80*; — félicite, par une lettre publiée, l'évêque Colbert sur sa résistance au Formulaire (1724), VI, 68; — correspond avec le Père Du Breuil, 335, 341-3; lettre au P. Du Breuil, 436; — son amitié pour M. d'Etemare, IV, 500*; et son disciple l'abbé d'Etemare, VI, 54, 68*, 72*, 73, 74, 75; — et M. Grosley le père, 77; — ce qu'il dit des avis de M. Hamon, 22; — et Lancelot, 5; — à côté de M. Le Tourneux, 4; — et M. Louail, 64-5; — et Nicole, 5, 17; ce qu'il dit de Nicole, IV, 506; sa réfutation de la grâce générale de Nicole, 504; VI, 65; rapproché de Nicole, 71; plus voisin de Nicole que d'Arnauld, 30; — et Quesnel, 10; ses différences avec le P. Quesnel, V, 341-2; — trouve les lettres de Saint-Cyran un peu sèches, VI, 32; — en face de Saci et de Singlin, 32; — à côté de Tillemont, 4; — le directeur des consciences pendant la dispersion, V, 524; — et les religieuses de P.-R., VI, 81; — ce qu'il dit de la M. Angélique de Saint-Jean, IV, 253*, 263, 264; son éloge de la M. Angélique de Saint-Jean, VI, 3;
= Son action dans le Jansénisme, 58, 65-6; — influence modératrice du dernier jansénisme, 64 : — n'est pas du jansénisme extrême, 73-4; — réappelant, 67; — sa conduite par rapport à la bulle *Unigenitus*, 66-7; — Ordonnance de M. de Noailles (1696) acceptée et défendue par lui, 58-63; — et Mlle de Joncoux, 64*, 65; — ne croit pas aux miracles du diacre Pâris, 71; — opposé aux Convulsions, IV, 341*; témoin dégoûté des Convulsions, VI, 58; sa lettre sur les Convulsions, 78; — éclat de sa lettre sur les *Nouvelles Ecclésiastiques* (1732), 77, 78-9; — le charivari de Troyes, 77, 80*; — sa condamnation des Convulsions empêche qu'on ne lui fasse faire de miracles, 82;
= lit l'Astrée dans sa jeunesse, V, 121 : VI, 4, 13, 43; — roman qu'il écrit à douze ans, 4; — agrément et bel esprit, 19-23; — son reste du goût de Fléchier, 42; — caractère de son style, V, 116; — son talent de peintre, VI, 41, 44-5; — avait peu à faire pour être un écrivain, IV, 305; — son art des citations et applications, VI, 61*; — son style a du nombre, 43; — rien de trainant ni de sec dans son style, 22-3; — voisin de La Bruyère, 22; — ce qu'il dit du thé, 22; — la fine fleur de l'Oratoire, 23; — son savoir universel, V, 29-30*; — sa bibliothèque, VI, 25; — et le Grec, 47; — se sèvre de bonne heure du développement littéraire, 45-6; — fuit l'originalité, 53; — sa prolixité, II, 43; — en face de l'*Imitation*, VI, 42*: — excelle dans les lettres spirituelles, 42, 46; — sa lettre sur les études, 43; — son éloge des poésies grecques de S. Grégoire de Nazianze, 46; — ce qu'il dit des Héroïdes d'Ovide, 43; — sa lettre sur *Athalie*, 42*; — sévère pour la musique, 43; — ce qu'il dit de la peinture à propos du traité de De Piles, 43-4; — et l'*Écriture*, 38-9; — son *Ouvrage des six jours*, 41, 44-5, 46, réimprimé par M. de Saci, 45*; — commentaires sur la Genèse, Job et les Psaumes, 39; — son commentaire d'Isaïe, 48; — ne distingue jamais J.-C. de Dieu, V, 436; — son commentaire du XIIIe ch. de la 1re Épître aux Corinthiens, VI, 50 : — paraphrase un passage de l'apôtre S. Jacques, 63; — plein de S. Augustin, 60-1, 61*; rapproché de S. Augustin, 74, 75; — *Traité de la prière publique*, V, 121; VI, 66; — *Caractères de la Charité*, 51, réimprimés par M. Gonthier, 50; — *L'Institution du Prince*, II, 43; VI, 46; — *La conduite d'une dame de qualité*, 12-3; — ses écrits ne causent pas de zizanies nouvelles, V, 483; — Lettres, V, 115-20; VI, 50; — *Lettres*

sur divers sujets de morale et de piété, III, [633] ; — sa correspondance imprimée et manuscrite, VI, 12-3*, 13* ; — édition de ses Lettres, 21 ; — lettres manusc. à la Bibl. de Troyes, V, 21 ; VI, 13, 24* ; — sa correspondance mériterait un éditeur, 24* ; — (*L'Esprit de M.*), III, [633] ; — ignoré des illustres du XVIIIe siècle, VI, 82 ;— oublié par le XVIIIe siècle, 81-2 ;—. Extraits faits par M. Gonthier, IV, 288-9.

Du Hamel (M.), docteur de Sorbonne, II, [543] ; — à la cure de Saint-Maurice près Sens, VI, [281-2] ; ce qu'il y fait, II, [543-4] ; — curé de Saint-Merry à Paris, I, 237*, 465 ; VI, [367] ; — à la cure de Saint-Merry, [283-6] ; — ses ennemis, II, 547-8 ; — calomnié à Saint-Sulpice, VI, [296] ; — histoire de la femme subornée pour le tenter, II, [547-8*] ; — exilé à *Langres* pour sa défense de Retz, II, 546 ; II, 27* ; — ses lieux d'exil, II, [546] ; — cède dans l'affaire de la signature, II, 242* ; sa chute dans la signature du Formulaire, [546-7] ; et sa signature du Formulaire, [550*, 551] ; — ne se sépare pas sans bruit de ses amis, [551] ; — revient à Saint-Merry et ne s'y trouve plus à sa place, [547-9] ; — quitte sa cure de Saint-Merry pour un canonicat de Notre-Dame, [550-1] ; — revient mourir à sa cure de Saint-Maurice, [551] ; — visité à Saint-Maurice par M. Feydeau, [551] ; — sa Vie par M. Treuvé, [545*, 547-8*] ; — (Appendice sur M.), [543-52] ;

= Son éloquence touchante, II, [545] ; — Conférences (Célébrité de ses), [544] ; — (Le Prône de M.), VI, [284] ; — avait plus de cœur que de prudence, II, [545] ; — coin de faiblesse dans son caractère, [544] ; — pureté de ses mœurs [547-8] ; — son désintéressement, [548-9] ; — son extrême charité dans la guerre de Paris, [544-5] ;

= Consulté dans l'affaire des restitutions de M. de Chavigny, II, [555] ; — et le jeune M. Dirois, IV, [569] ; cède à l'influence de M. Dirois, II, [546] ; — et M. Feydeau, VI, [281-7, 296] ; — veut en vain se faire remplacer à Saint-Merry par M. Feydeau, II, [548] ; ce qu'en dit M. Feydeau, [544] ; sentiments d'estime que lui garde M. Feydeau, [550-1*] ; — comment il est reçu par M. Feydeau à son retour, [549-50] ; sa visite à Vitry à M. Feydeau, [550*] ; — et M. Hamon, IV, 290 ; — estime qu'en fait Mazarin, III, 27-8 ; — et M. de Pontchâteau, VI, [304] ; — comment transfuge de P.-R., V, [612] ; garde ses amis à P.-R., même après sa séparation, II, [552] ; — se met à la fin sous la direction de Rancé, [551] ; — calomnies du P. Rapin contre lui, [547-9, 550-1*] ; — dévoué au coadjuteur, II, 199* ; son dévouement pour le cardinal de Retz le fait exiler, [545-6] ; son prône sur l'évasion du cardinal de Retz, VI, [287] ; — dirigé par Saint-Cyran, II, [543] ; (Lettre de Saint-Cyran à M.) sur la prêtrise, I, 445* ; réserves du jugement de Saint-Cyran, II, [544] ; Saint-Cyran ne l'a pas vu à Saint-Merry, [544].

Du Lac (M.) ; Voy. Akakia.

Dulaure, II, 110.

Du Lis (M.) ; Voy. Akakia.

Du Marsais, III, 217, 513 ; — continue P.-R. en grammaire philosophique, 539 ; — sa haine des subtilités, IV, 296.

Du Martrai ; Voy. Pinon du Martrai.

Dumas (L'abbé) ; « Histoire des cinq propositions », III, 38*, 78-82 ; IV, 392* ; — sa dénégation erronée à propos de Galilée et des Provinciales, III, 140*.

Du Mesnil (La Mère Louise de Sainte-Anastasie), dernière prieure de P.-R. des Ch., VI, 187-8 ; — ne signe jamais, 232-3, 234* ; — sa dernière conversation avec l'abbesse de P.-R. de P. venant prendre possession, 209-14 ; — sa signature au procès-verbal d'extinction des notaires, 213 ; — sa ferme attitude à la dernière dispersion des Religieuses de P.-R., 224-5* ; — exilée à Blois, 221 ; — son départ pour Blois, 224 ; — morte sans sacrements, VI, 233 ; — et M. d'Argenson, 218, 219-20 ; — et M. d'Étemare, 197-8 ; — et Mlle de Joncoux, 199* ; lettre à Mlle de Joncoux, 211* ; lettres de Mlle de Joncoux, [275] ; — Mme de Longueville assiste à sa profession, 234 ; — et M. de Noailles, 188, 233 ; — avait dû épouser M. de Pontchartrain, 234.

Du Mesnil (Mlle), la sœur, inter-

vient pour la M. Du Mesnil, VI, 234.
Du Mont ; Voy. Akakia.
Dumouriez (Le général), I, 19.
Dunois (Le comte de), fils aîné de Mme de Longueville ; son imbécillité, V, 137 ; — entré aux Jésuites, 137.
Duparc (Mlle) ; — et Racine, VI, 104*.
Du Périer ; ode latine sur la guérison du Roi, VI, 104*.
Du Perron [Le cardinal], II, [529] ; IV, 413 ; V, [540] ; — surtout controversiste ; I, 417 ; — et la grâce, VI, [282] ; — sa conférence avec Duplessis Mornay, III, [622] ; — son opinion sur l'éloquence de M. Marion, I, 60-1 ; — appelle Montaigne le Bréviaire des honnêtes gens, II, 421 ; — son mot sur Raconis, 184* ; — ce qu'il dit de saint François de Sales, II, 178 ; — ses poésies, 252 ; — a part aux progrès de la langue, I, 61, 68* ; II, 55, 68, [519].
Du Pin (Le D^r) ; Voy. Ellies Du Pin.
Dupin (M.) ; sa distinction du jansénisme et du gallicanisme, V, 155*.
Du Plessis (Alphonse), frère du cardinal de Richelieu ; évêque de Luçon, VI, [307] ; — un moment chartreux, [307] ; — cardinal et archevêque de Lyon, II, 185* ; — ses grands bénéfices, VI, [307] ; — oncle à la mode de Bretagne de M. de Pontchâteau, [306, 336] ; et M. de Pontchâteau, V, 251 ; — sa mort, 251, 254* ; — sa mort et son testament, VI, [306-7].
Du Plessis (M.) — et M. Feydeau, VI, [290].
Du Plessis (Mlle), marraine de M. Feydeau, VI, [288].
Du Plessis ; Voy. Choiseul.
Du Plessis Akakia ; Voy. Akakia.
Du Plessis d'Argentré ; « Collectio judiciorum de novis moribus », II, 244*.
Du Plessis-Bellière (Mme), employée par Fouquet, V, 102.
Du Plessis-Guénégaud (M.), secrétaire d'État, II, [553*] ; III, [599, 600].
Du Plessis-Guénégaud (Mme), I, 198 ; — appelée Amalthée dans la Clélie, II, 272 ; — ses amis, III, [599] ; — amie d'Arnauld d'Andilly, II, 272, 289 ; — et M. de Chavigny, II, [555, 556, 560, 561, 567, 568-9] ; — cousine germaine et amie de M. de Choiseul, évêque de Comminges, IV, 162, 163* ; et l'accommodement de M. de Comminges, VI, [363] ; — fait de l'opposition à Mazarin, III, [600] ; — et les *Provinciales*, 62 ; — et Mme de Sévigné, V, 6 ; — sa maison de Fresnes, III, [599] ; son salon de Fresnes, V, 6 ; — l'hôtel de Nevers et le succès des Petites lettres, III, [599-601] ; — sa réputation d'esprit, 359 ; IV, 228 ; — Voy. *Fresnes, et *Paris, au mot Hôtels.
Du Plessis-Mornay ; sa conférence sur le cardinal Du Perron, III, [622] ; — traité de l'Eucharistie, II, [517].
Du Plessis-Praslin (Le maréchal), frère de M. de Choiseul, évêque de Comminges, IV, 162.
Du Plessis de La Brunetière (M.), grand vicaire de Paris, IV, 258*, 259-60 ; — vicaire général de Paris, 186* ; — évêque de Saintes, 186* ; — sa visite à P.-R. des Ch., 224 ; — et l'affaire des chaises renversées, 286* ; — ami de Bossuet, 275.
Duplicité de la nature humaine, III, 402, 406.
Du Pont (La M.), Prieure de P.-R. en 1609, I, 99 ; — gouverne à la place de la jeune Mère Angélique, 86 ; — la calme dans ses désirs de réforme, 86.
Dupré (La Sœur Marguerite de Sainte-Gertrude) ; son interrogatoire par M. de Péréfixe, IV, 187-8 ; — ses remords d'avoir signé, 188-9* ; — sa mort, V, 177.
Du Puy (Les), I, 316.
Du Puy (MM.) ; *Traité des libertés gallicanes*, II, 157-8*.
Duras (M. de) ; son abjuration, IV, 445.
*Duretal, maison du duc de Liancourt, IV, 478.
Dureté cédant à la charité, IV, 317.
Duretés des écrits (Effet des), V, 383.
D'Urfé, ami de saint François de Sales et de Camus, I, 61, 231, 232*, 270 ; — *Astrée*, 231, 232*, 242 ; V, 121 ; son *Astrée* et Du Guet, 121 ; VI, 4, 13, 43.
Durillon, nom caché de Saint-Cyran, I, 296.

D'Urval (M.), nom déguisé de M. Guelphe; Voy. ce nom.

Du Ryer: Saül, I, 122.

Du Saugey (M), confesseur imposé aux religieuses de P.-R., IV, 258, 283, 284*; — et l'histoire des chaises renversées, 284-6*.

Du Saussay, official de Paris; n'est pas un très-vif adversaire des Jansénistes, VI, 287; — et le miracle de la Sainte Épine, III, 182.

Du Saussay; — grand vicaire de Paris, supérieur de P.-R., IV, 135; — fort hostile à P.-R., [562, 563*]; — grand vicaire de Paris destitué par Retz, [562]; — évêque de Toul, III, 182*; IV, 135.

Du Tour: Voy. Maupas.

Du Trouillas (M.), V, [606].

Du Vair (Guillaume), garde des sceaux, I, 369; II, [517]; — a part au progrès de la langue, I, 61, 62; 68*; II, 55; — sa valeur littéraire surfaite, [520-2]; — Dialogue de trois habitants de Paris pendant le siége, [525]; — Traité de l'éloquence française, [521]; — Études sur lui, par M. Sapey, I, 397*; par M. Cougny, II, [521*].

Du Val (M. André), doct. de Sorbonne, I, 200, 279; III, 133; IV, 173*; — consultation sur les restitutions de M. de Chavigny, II, [557, 560].

Du Valois (La Sœur Madeleine de Sainte-Gertrude); — élève de la M. Angélique de Saint-Jean, 234*; — guérison miraculeuse, VI, 234*; — et M. de Noailles, 234*: — exilée à Chartres, 221, 232; — ne signe jamais, 232, 234*.

Du Vaucel (M. du), II, 175*, 269; — voyage à Aleth, V, 21*; — correspondant d'Arnauld, III, 578*, 581*; IV, 92*; (Lettres d'Arnauld à M.), V, 21-2*, 350*; lettres à Arnauld, 457, 462; visite à l'étranger M. Arnauld, 324; — désapprouve le mélange du cartésianisme et de la foi, 352-3; — à Haute-Fontaine, VI, [273]; — ce qu'il dit de la conversion de Henri IV, V, 457; — lettres de M. de Pontchâteau, IV, 431*; — et l'affaire de la Régale, VI, [294]; — chargé des affaires du parti à Rome, V, 314, 325; va à Rome pour l'affaire des casuistes, IV, 485.

Du Verger (Jean), pseudonyme de Saint-Cyran, I, 288*, 310*.

Du Vergier de Hauranne; Voy. Saint-Cyran.

Du Vergier de Hauranne (M.), député sous la Restauration, II, 149.

Duvergier de Hauranne (M. Prosper), possède un portrait de Saint-Cyran, I, 285*.

Du Vivier; Voy. Crespin Du Vivier.

Du Vivier (M.), nom déguisé de M. de Pontchâteau, V, 256; — nom déguisé de M. de Sainte-Marthe, IV, 490.

Du Vivier (François), pseudonyme de Dom Gerberon, I, 288*.

E

Eau (M. de L'); — un des noms de M. de Saci pour ses correspondances, II, 346.

Eau bénite, VI, [351]; — (Aspersion d'), IV, 245.

Eau-de-vie (Le petit verre d') de M. Bocquillot, V, 240.

Eaux minerales (Épigramme sur des), III, 530*; — Voy. *Sainte-Reine.

Eaux sacrées (Comparaison des), II, 331.

Eblouissement (L') saisit les plus sages, III, 448.

Ecarlate (Croix) sur l'habit des religieuses de P.-R., II, 298-9.

Ecclesiaste (L'); ch. II, vers. 24, II, 399*; — ch. VII, verset 26, II, 29*; — ch. XXXVIII, v. 17-8, II, 318*; — ch. XL, III, 444*.

Ecclésiastique (L'), chapitre IV, V, 293.

Ecclésiastique (Un) qui voit des femmes est à demi marié, IV, 515; — (Introduction de la critique dans l'histoire), III, 139.

Ecclésiastiques (Les) peuvent-ils recourir aux armes? I, 278; — (Tous les) doivent signer le Formulaire, IV, 112; — (Renvoi des) de P.-R. des Ch., V, 176-7.

Echecs (Jeu des), III, [593]; IV, 8.

Echelles (Théorie des) de l'âme, II, 118-9.

* Eclaron (Haute-Marne), VI, [252].

Eclectisme; est un système, III, 556.

Eclectisme à propos de P.-R., V, 14.

Ecluse (L'); Voy. L'Écluse.

École critique encore dans l'enfance, IV, [551].

Ecole des Chartes, II, 481 *.
Ecoles (Toutes les) outrent la pensée du maître, III, [616].
Ecoles de Port-Royal (*Petites*), I, 21, 105 *, 222 *, 363 *, 394, 428, 438, 478 *; II, 40 ; III. 157, 582 ; IV, 7, [100, 101] ; — livre quatrième, III, 465-589, [620] ; IV, 5—105 ; — un des deux caps du sujet, 105 ; — premier dessein de Saint-Cyran, III, 172 ; — origine, 468-72 ; — (Premier commencement des Petites), I, 433, 436; — installation. III, 471-2 ; — organisation à Paris (1646), 172 ; — ne reçoivent les enfants que jeunes, 497 ; — on n'y prend pas des enfants de toutes mains, 497 ; — pension des élèves riches, 475, 497 * ; — (Nombre vrai des enfants élevés aux), 474-5 *, 478 ; — Règlement des études, 479 ; — éditions élaguées par M. de Saci, II, 374 ; — (Les maîtres des), III, 471-2, 474-5, 484-5, 493, 493, 574*; Voy. Coustel, Lancelot, Nicole, Walon de Beaupuis; — leur enseignement mitoyen, II, 361 * ; — le « Règlement des études dans les lettres humaines » d'Arnauld n'est pas fait pour elles, III, 501 ; — les maîtres y sont plus précepteurs que professeurs, 501-2 ; — sans brillant ni émulation, 499-500, 502 ; — douceur des châtiments, 486-7 ; — pas de rigueur physique, mais point de gâteries, II, 422-3 ; — jeux divers, IV, 8 ; — leur éducation resta conséquente aux doctrines de P.-R., III, 482 ; — « la théologie familière » de Saint-Cyran sert de catéchisme, II, 232; — leur enseignement étranger aux querelles et aux discussions du dehors, 232; — pourquoi le tutoiement y est proscrit, III, 502; = Vicissitudes, III, 172, 472-9 ; — portent ombrage aux Jésuites, 472, 473, 475, 482 ; — premières accusations, 469-73 ; — à Paris, II, 295 ; — au cul-de-sac de la rue Saint-Dominique d'Enfer, à Paris. III, 471, 472 ; — première persécution de 1656, 507 ; — quittent Paris, IV, 417 ; — renvoi aux Champs (1650, 1656), III, 172 ; — leur dispersion, I, 478 * — (Dispersion des), 1656, VI, 87 ; — (Entière destruction des), mars 1660, III, 172, 467-8, 477-8, 491, 575; IV, 100 *, 109; — sentiments à ce propos, III, 487 , — plus d'écoles de garçons après 1608. IV, 409 ; — les livres classiques de P.-R. imprimés après leur ruine, III, 507-8 ; - destruction totale, 503 ; — résumé de leur histoire, 468-79 ; — passage à la fois dans la *Défense des religieuses* par M. de Sainte-Marthe et dans le *Supplément au Nécrologe*, 482 ; IV, 346 * ; — leur histoire littéraire travaillée par le P. Adry et Barbier, 504 ; — Tillemont leur parfait élève, 500 ; — (Plumes de cuivre aux), 513 * ; — (Domestiques des), 486; — ce qu'en dit M. de Beaupuis, 485-6 ; — se seraient modifiées si elles avaient duré, 498, 501. — Voy. Education, Enseignement.
Ecoles (*Petites*) *de P.-R. des Champs*, II, 230, 232 ; — (Enfants des premières petites), emmenés à P.-R. des Champs, 1638, sont interrogés par Laubardemont, I, 495 ; — chassées de P.-R. des Ch. par le retour des Religieuses, III, 471 ; — transportées un moment au Chesnai, II, 232, 295 ; à Saint-Jean des Trous, 296 ; derniers restes à Sevran et à Vaumurier, III, 479.
Ecoles (Petites); Voy. *Granges, *St-Jean des Trous, *Paris (Rue Saint-Dominique), *Magny, *Sevran, *Vaumurier.
Ecolier (Méthode pour conduire un) dans les lettres humaines, III, 506.
Ecoliers (Mascarade d'), III, 21*.
Ecossais au service des rois de France, III, 582*; — (Grands seigneurs) amis de P.-R., 581, 582.
Ecossaises (Doctrines), II, 392.
Ecrire (Toutes les religieuses de P.-R. ne savaient pas), I, 327 ; — en liberté tient lieu de tout. III, 253 ; — les idées qui tourmentent en débarrasse, IV, 492.
Ecrit à trois colonnes (L'), défense du Jansénisme présentée à Innocent X (mai 1653), II, 103*; III, 17.
Ecrits (Moralité relative des), II, 405-6.
Ecriture (Perfectionnement de P.-R. pour le matériel de l'), III, 513*.
Ecriture (L'), I, 392, [538] ; II. 18, 83, 127*, 163, 166, 167, 243, 244*, 306, 306*, 319*, 329, 352 ; III, 54, 104, 488, 555, 573 ; IV, 11, 37, 71, 207, 235 ; VI. [254, 271, 287]: — et le peuple juif, III, 442-4 ; — son importance pour le Christianisme,

IV, 249; — son étude la seule saine, VI, 46; — faite pour tout le monde, V, 425; — (Les promesses de l'), VI, 37-8; — (Strict examen des textes de l'), III, [618]; — (La *critique* de l'), IV, 580*; — Portée de la critique scripturale, 509*; —(Morale de l'), III, 444;— mène au Protestantisme, IV, 274; — (Style de l'), III, 462-3; — (Bien des obscurités de l'), 446; — (Difficultés de l'), II, 365-7; — pleine d'anthropologies, V, 425-6; — Expressions qui doivent être évitées par les théologiens, 416; — (Exemples de raillerie tirés de l'), II, 335;—(La défense de l'),V, 295; — doit-elle être traduite en langue vulgaire, II, 358; — Question des traductions en langue vulgaire, V, 294-5;—(MM. de P.-R. pensent de tout temps à traduire l'), IV, 378; — (Défense des versions de l') en langue vulgaire, V, 229*, 376; — (*Sentences tirées de l'*), III, 473; — (*Sentences de l'*) appropriées aux fêtes des Saints, V, 256*;
= et l'abbé Boileau, VI, 59*; — et Boileau, [265]; — et Bossuet, II, 360-1, 362-3; — laissée aux Calvinistes par les Catholiques, III, [595]; — désaccord à son sujet de Claude et de Nicole, IV, 453, 455, 456; — et M. Du Guet, VI, 38-9, 46; — et le dogme de l'Eucharistie, IV, 446; — et M. Fouillou, VI, 172*; — peu lue en France, V, 232; — et M. Hamon, III, 302; IV, 297*, 299, 308, 312, 320-1, 336, 463; — claire pour les Huguenots, obscure pour les Catholiques, II, 358-9*; — et les Jansénistes, IV, [519]; — passe après le Bréviaire pour les Jésuites, III, 139;—La Fontaine en tire un conte, V, 24; — et Malebranche, 388*; moyen de l'accorder avec la Raison selon Malebranche, 426; — Emploi qu'en fait Massillon, III, [607-9]; — et Nicole, IV, 463; — et Pascal, III, 85; ce qu'en dit Pascal, 442-3, 444*; — et Pavillon, IV, 355;—et M. de Pontchâteau, VI, [319, 348]; — est pour les Protestants le sacrement universel, I, 447; — et Racine, VI, 31, 136*; — et M. de Saci, IV, 413; — Ce qu'elle est pour M. de Saci, II, 331-2, 337, 365-7, 381; (M. de Saci y cherche l'idée de Dieu, 328; Éloge plein de crainte qu'en fait M. de Saci, 366; — Saint-Cyran y remonte, 99; Saint-Cyran nourri de l'), I, 344, 345, 480, 484, 490; — Voy.: Bible, Nouveau Testament.

Ecritures (Les), I, 450; II, 37, 122, 126; — (Ce qu'on appelle le don de l'intelligence des), III, 448*; — (Défiances contre la traduction des), II, 358*; — M. Le Tourneux en est nourri, V, 214; — (Montaigne contre la lecture et la traduction des), II, 426; — Pascal y voit des figures, quand le sens littéral ne le contente pas, III, 449; — remises en honneur par P.-R., I, 418; — prédisent la Bulle *Unigenitus*, III, 448*.

Ecrivain (Être) sans effort pour l'être, V, 374*; — (Danger pour un) d'être d'un parti, III, 380; — (Vanité de la gloire de l') qui n'est souvent qu'un prétexte et un point de départ pour d'autres, IV, 469; — chrétien (Scrupules de l'), III, 461-2; — involontaire (Du grand), 457, 463-4.

Ecrivains; ont une écritoire dans la cervelle, IV, 493*; — qui craignent les aperçus nouveaux des autres dans les sujets traités par eux, III, [604]; — qui ont eu part au progrès de la langue, I, 61-3.

Ecrouelles guéries par M. de Pontchâteau après sa mort, V, 266.

Ecuyer de France (Grand); Voy. Armagnac, Harcourt.

Edelinck (Gérard), graveur; portrait d'Arnauld, V, 476*, 477*; — son portrait de Tillemont, IV, 95.

Eden (L'), II, 102, 112, 114, 135, 136, 137; — (Liberté dans l'), 137-8; III, 237.

Edifier (Différence entre contenter et), II, 366-7.

Edit de Nantes (Révocation de l'), [I, 555, 556]; IV, 445, 509*; V, 230*, 312; — (Arnauld et la révocation de l'), 320-3.

Editeurs (Les entorses des), IV, [541*]; — (Querelle d'), III, 523; — (Modestie des) à P.-R., IV, 30*.

Edits arrêtés par la levée du siége de Valenciennes, III, 159*;—Voy. Aisés, Édit de Nantes.

Education; doit réparer la chute, III, 481, 482-4; — (Voie moyenne d'Érasme pour l'), 492-3; — (Ce qui peut s'appeler une), 386*; — (Les trois parties d'une) complète au XVIIe siècle, 492, 493-4, 496-7;

— (Pédantisme en) tué par P.-R., 524 ; — (P.-R. sécularise l'), 524; — (Esprit de l') de P.-R., 479-94; — (Part de P.-R. dans l'histoire de l'), IV, 99-104 ; — à P.-R., louée même par les ennemis, V. 173, 181-2 ; — (En) P.-R. s'arrête à mi-chemin, III, 531-2 ; — (Les trois quarts des chrétiens pélagiens en fait d'), 482 ; — celle des Jésuites transige avec le siècle, 482 ; — Voy. Colléges, Écoles (Petites), Enseignement.

Education des filles, V, [620-1] ; — Voy. Fénelon ; —excellente à P.-R., IV, 115-6 ; — éloge de celles des jeunes personnes qui en sortaient, V, 163 ; — quand elle reçoit son coup de mort, 185.

Education des filles du peuple (Communauté pour l'éducation des) fondée par Nicole, IV, 501*.

Education gratuite des jeunes filles, V, [619].

Educations (Trois sortes d'), pieuse, scientifique, civile, III, 492.

Effets (Grands) sortis de petites causes, IV, 434-5.

Églantier, I, 353.

Église ; l'épouse du Cantique des Cantiques, IV, [578-9] ;—et J.-C., V, 428 ; — seule église de J.-C., IV, 451 ; — union avec J.-C., VI, [254] ; — (Marque de la vraie), IV, 451-2 ; — primitive, III, 348 * ; — sa prétention de n'être tributaire de rien, V, [533] ; — autorité souveraine dans les choses de la foi, IV, 451 ; — (Toute) établie n'a que la méthode d'autorité, 457 ; — (Croire comme l'), V, 128 * ; — (Pour l'), aucune vertu sans la soumission, III, 244 ; — (On doit être du sentiment *actuel* de l'), II, [534] ; — (L'idée d') diminuée par la sévérité pour accepter des chrétiens dignes de ce nom, III, 367 * ; — étrangère aux notions physiques et physiologiques, IV, [551] ; — souffre des contestations à contre-temps, V, 152* ; — (Les mouvements dans l'), plutôt causés par de grands esprits que par de petits, II, 152 ; — (Le danger de l') est en dehors des hauteurs métaphysiques, V, 369 ; — (Interruption de la tradition et corruption ancienne de l'), III, [619] ; — (Personne ne peut être retranché de l') malgré soi, 347 ; — transformations graduelles, IV, 447-8 ;— (Faut-il se déclarer dans les affaires de l')? VI, 69-71 ; = (Aliénation du bien d'), IV, [552] ; — (Sermon de Bossuet sur l'), III, 305-6* ; — (L') n'est plus dans l'Église par la bulle *Unigenitus*, VI, 73 ; — (L') et la philosophie cartésienne, V, 367 ; — (Centralisation de l'), IV, 358 * ; — (Dieu doit être vengé à la face de l'), IV, 308 ; — deux traditions distinctes et orthodoxes sur la grâce, 505 ; — (Histoire de l') : Voy. Barcos, Fleury, Tillemont ; — invisible (L'), III, 348 ; — d'Italie au-dessous de celle de France, IV, [550] ;— (Les Jansénistes sont-ils en dehors de l') ? [524] ; — (L') vis-à-vis du latin et de la langue vulgaire, V, 231 ; — (De l'unité de l'), traité de Nicole, IV, 498 ; — (On n'a pas toute la pensée de Pascal sur l'), III, 453-4 ;—(Maximes de l') sur l'administration de la pénitence, IV, [551*] ; — (Gens pendus pour avoir pillé une), V, 34 ; — sa définition à P.-R., III, 347. 348* ; — (Régénération de l'), IV, 401 ;—(L') et Rome sont deux, 151-2* ; — (Tradition de l') sur le Saint Sacrement, poëme, II. 336-7*; — (Etat de l') au commencement du XVIIe siècle, I, 7-12 ;— (Déplorable état de l'), 210-3 ; — Voy. Grecque (Eg.), Romaine (Eg.), Jésus-Christ.

Église catholique (Vérité de l') selon saint Augustin, II, 125 ; — (Mœurs de l'), [531].

Églises (Immunités des), IV, [550] ; — (Des) trop belles, 323* ; — gothiques, 323*.

Églises Réformées de France, III, [619].

Églogues, III, 476, 477*.

Égoïsme, le résidu de tout sentiment, III, 239-40.

Égoïste (Désir), source des actions volontaires, III, 431.

Égypte (La sortie d'), VI, 89 ; — (Solitudes de la Basse-), IV, 61.

Égyptiens (Religion des), III, 442.

Ekenfort, général allemand, prisonnier à Vincennes, II, 8-9 ;—assiste à un ballet au Palais-Cardinal. 10.

Elbène (Alphonse d'), évêque d'Orléans de 1647 à 1665, II, [561] ; — dans l'affaire d'Arnauld, III, 39.

Elbeuf (Le duc d'), d'abord prince d'Harcourt, V, 45*.

Elbeuf (Mlle d'), petite-fille de Henri

IV ; novice, raccommode les souliers des religieuses, III, 322 ; — morte novice à P.-R., I, 436*.
Élection (Pascal reste fidèle à la doctrine de l') et de ses suites, III, 454 ; — éternelle, II, 106* ; — gratuite (S. François de Sales formel contre l'), I, 223.
Électre, III, 358.
Élégance (École d'), V, 53.
Élégies, III, 477.
Éléphant blanc (Histoire d'un), IV, 434-5.
Élévation et scrupule, IV, 313-4 ; — spirituelle au XVIII° siècle, I, 409-10.
Élève (Type du parfait) de P.-R., IV, 5-7.
Élèves (Gravité des ruptures entre) et maîtres, VI, 108 ; — (Les) de P.-R., III, 557, 563, 576-88, qui se dissipèrent, 580-9.
Élie (Le prophète), I, 241, 440 ; — et le Frère Augustin, VI, 79.
Élie (Le marquis', nom sous lequel voyage M. de Pontchâteau, VI, [311].
Élie de Crète ; Commentaires sur S. Jean Climaque, IV, 12-3*.
Élisabeth de Sainte-Agnès (La S.); Voy. Le Feron.
Élisabeth de Sainte-Anne (La M.); Voy. Boulard.
Élisabeth (Mme) près de Louis XVI, III, 359* ; — ce qu'elle écrit de Du Guet à Mme de Raigecourt, VI, 50.
Élise, personnage d'*Esther*, IV, 115.
Élisée (Le prophète), I, 241, 440 ; II, [535].
Ellies Du Pin, V, 329 ; — docteur de Sorbonne, VI, [367] ; — plus gallican que janséniste, 174 ; — son gallicanisme, [366] ; — exilé à Châtellerault, 174-5 ; — champion d'Arnauld, [366] ; ses louanges d'Arnauld en Sorbonne, [366 7] ; — et Clément XI, 175 ; — se sert de Launoi, III, [596] ; — et Louis XIV, VI, 175 ; — cousin de Racine, [365] ; à la réconciliation de Racine et de Nicole, 129 ; a le ms. de la 2° Lettre de Racine, 113 ; — neveu de M. Vitart, [367] ; — « H'stoire ecclésiastique du XVII° siècle, » I, 277, 278 ; II, 100*, 101, 132.
Elmire, personnage du Tartuffe, III, 285, 287.
Éloge (Faste et néant de l'), II, 54.
Éloges singuliers, I, 277-8.
Éloignement (L') change incessamment les aspects et les perspectives, III, 388*, [614].
Éloquence (Vraie', V, 213 ; — (Le caractère de celui qui écrit confirme l'), 300 ; — ce qu'en dit Pascal, II, 79* ; III, 10*; (Tromperies de l'), II, 389 ; — du Palais, I, 372-3 ; — judiciaire au XVII° siècle, 396*. Voy. Lemaître ; — dans le sens de style, élocution, II, [519].
Éloquents (Les prédicateurs sont-ils dispensés d'être) ? V, 469-70.
Élus (Les), V, 364 ; — (Gloire des) acquise par la grâce de J.-C., 421 ; — (Petit nombre des), III, 232 ; — L'opinion sur la rareté des), un des écueils du Jansénisme, III, 366-7.
Elrire, I, 231.
Élysée, idéal des grands hommes, III, 309-10.
Élyséennes (Prairies), IV, 330.
Elzévier (Daniel), IV, 488*, [593] ; — et le Jansénisme, III, 196* ; — imprime le Nouveau Testament de Mons, IV, 379 ; — veut en vain obtenir de Lancelot une Grammaire française, III, 564-5 ; — et M. de Pontchâteau, V, 256 ; VI, [317, 318].
Elzévirs (Les), II, 70 ; — leur édition des Provinciales, V. [565].
Emblèmes (M. Hamon a le sens des), IV, 297.
Embrun; Voy. La Feuillade, Tencin.
Emery (L'abbé), Supérieur de Saint-Sulpice, III, 380; — et M. de Bausset, [609] ; — sa Vie, par M. Gosselin, [609 *].
Emery (M. d'), I, 361.
Emétique (L'), VI, 70-1*, [265] ; — (Vin), II, 296*.
Émile (Un) du XVI° siècle, II, 409 ; — Voy. Rousseau (Jean-Jacques).
Emmanuel-Philibert et le Chablais, I, 259.
Empédocle ; sa mort, IV, 47.
Empereur d'Allemagne (Élection de l'); Voy. Leopold I°'.
Empereurs romains, IV, 8 ; — Voy. Tillemont ; — (Édits des) contre les Donatistes, V, 321*.
Emphase de l'éloquence d'Antoine Arnauld, I, 64-72 ; — (L') étrangère à l'enseignement de P.-R., III, 5.3.
Empire (Moins de liberté sous le premier) que sous Louis XIV vers 1669, III, 283 * ; — pas de

place pour un Molière ni un La Bruyère, 283 *.
Empires (Loi de Dieu dans les), III, 448 ; — (Fortunes des) inférieures à la sanctification d'une âme, V, 424 *.
Émulation; louée par Cicéron, III, 499 ;—(Saint-Cyran craint l') sans moralité, 496-7 ; — (L') à P.-R., 518, 519 ; — (Du plus ou moins d'), 496-500 ; — (L'), reine du XIX° siècle, 499.
Encapuchonnée (L'expression), VI, 99.
Enchavigner ; sens du mot, V, 129 *.
Encre; refusée à Saint-Cyran dans sa prison, I, 494* ; — sympathique (Billets en), IV, 273.
Encyclopédie (L'ère de l'), III, 410-1.
Encyclopédistes ; M. Boullier défend Descartes contre eux. III, 403 ; — (Querelle des) et de la Sorbonne, I, 148 ; —(Pamphlets des), III, 217.
Énée, II, 405; IV, 310, [542].
Enfance (idée chrétienne de l'), III, 480-91; — idée qu'en a P.-R., IV, 26 ; — (Respect de l'), III, 502 ; — (Rien de trop minutieux à propos de l'), 513 * ; — ce qu'en disent Lucrèce et Pline, 482* ;—ce qu'en dit Bossuet, 481*, 496 ; — charmée par Royaumont et Rollin, 247* ; — ce qu'en dit M. de Sainte-Marthe, 482-4 ; — (Pensées graves de Saint-Cyran sur l'), I, 222* ; (Respect de Saint-Cyran pour l'), 491-2*; —(Institut des Filles de l') à Toulouse, V, 29*, [617-21]; Voy. *Toulouse.
Enfant ; le Saint-Esprit y habite, III, 503 ; — comment la grâce du baptême doit y être traduite en raison, 480-1, 482-4 ; — (L') abrégé de l'homme, 496.
Enfant prodigue (L'), IV, [536] ; VI, [313].
Enfants (Innocence des), IV, 326-7; — (Bataille d'), 496 ; — en quoi ils asservissent l'homme, 80 * ; — (De l'éducation chrétienne des), III, 486* ; — leur mémoire des mots et des formes, 521 ; — ne doivent pas toujours écouter, mais parler à leur tour, 516, 517 ; — (Avis touchant la conduite des), 506 ; - l'article des châtiments, 486-7*;— rigueurs ordonnées par l'Écriture, 487* ; — difficultés premières pour apprendre à lire, 511-3; — la logique doit leur être rendue aussi agréable qu'un conte, 543;— Grammaire générale mise à leur portée, 540; — (Les) vis-à-vis du grec, 520-1 ; — (Éducation des); Voy. Coustel.
= (Choix de pensées sur la mort des petits), IV, 326-31 ; — (Mort des); ce qu'en dit Du Guet, VI, 37-8 ; — morts sans le baptême (Question des). II, 144 ; — non baptisés doivent être condamnés aux peines sensibles, I, 298 ; — morts sans baptême damnés, IV, 331-2.
, = (P.-R. et Montaigne se réunissent contre la scolastique dans l'éducation des), II, 326-2;—(Saint François de Sales et les), I, 222-3* ; — amour, soins et charité de Saint-Cyran pour eux, II, 39-41; — (Ce que dit M. de Saci de faire voyager les), 338 ; — amitié de Tillemont pour eux, IV, 22-3 ; Tillemont y voit l'ange, Saint-Cyran l'Adam prêt à renaître, 23 ; ce que dit Tillemont de leur mort et de leurs funérailles, 25-6 ; (Athalie, qui a un enfant pour héros, est composée pour eux), VI, 149; — (Résolution de la Cour d'écarter les) de P.-R. (1656), III, 160 ; changée en départ volontaire, 161, 168, 172 ; Voy. Petites écoles ; — de sept ans (Signature d'), V, [620*] ; — Voy. Angélique de Saint-Jean.
Enfants (Les) de Dieu, II, 123 ; — des saints, VI, [254].
*Enfer, III, 338; — (Les portes d'), IV, 239, 240 ; — (L'), un des points principaux de la foi du chrétien, 473 ; — Arnauld tient à y mettre le plus de monde possible, V, 461-2 ; — (L') dans Nicole, IV, 472-3, 474.
Enghien (La duchesse d'); l'évêque de Chartres lui sert de maître d'hôtel, II, [512].
Enjoué, mot inventé par Montaigne, II, 468*.
Enluminures de l'Almanach des Jésuites, I, 437; — défendues par Arnauld, III, 146 ; — Voy. Saci.
Ennemi (La perspicacité d'un), V, [534].
Ennemis (Les amis et les), V, 98 ; — (Les anciens amis terribles comme), [613] ; — (Prier pour ses), V, 345.

— (Les) vaincus par la douceur et la charité, IV, 317, 318.
Ennius (Le vers d') sur Fabius, III, 17*.
Ennui (De l'), VI, 26.
Ennuyer (Savoir s'), partie de la sagesse, II, 20*.
Ensaboté, VI, 99.
Enseignement (L') au XVIIe siècle avant P.-R., III, 508-11; — supériorité de la raison sur la coutume, 494; — (Influence de P.-R. sur l'), IV, 101.
Enseignement à P.-R.; modestie et justice de son esprit novateur, III, 522; — juste milieu entre l'Université gothique et les Jésuites brillantés, 523-4; — fait tout commencer par le français, 515; — décrasse les pédants et instruit les gens du monde, 509; — (En fait d') P.-R. n'a pas de théorie précipitée, 508; — concilie le solide avec le poli, 510; — ses Catéchismes, 348*; — lettre et opinion de M. Dübner, [619-21]; — Voy. Écoles (Petites), Éducation.
Enseignes, III, 60; V, 238.
Ensemble (Supériorité de la perfection de l'), VI, 117-8.
Ensorcelant (Ce qui fourvoie en), II, 84, 417.
Entelle (Arnauld comparé à), V, 410.
Entendement pur, cause des erreurs de l'homme, V, 388.
Entendement humain (Distinction de l') et de l'univers, III, 105-6.
Enterrements (Simplicité des) à P.-R., II, 26.
Entêtement n'est pas constance, V, 453.
Entrailles; enterrées à part, V, 247.
Entre-deux (L') de la majorité des esprits, III, 491*; — Voy. Pascal.
Entrer (Permission d') à P.-R. malgré la clôture, I, 113.
Éons (Les) nés de Porphyre, V, 410.
Épaminondas, I, 249; III, 254; — sa mort sublime, III, 339, 357.
Épernon (Jean-Louis de la Valette, duc d'), II, 51; — parrain de Balzac, [524*]; — Balzac l'accompagne et lui prête sa plume, [525]; — répond de la fidélité de M. de Pontchâteau, VI, [311]; — sa mort, [313].
Épernon (La duchesse d'), sœur de M. de Pontchâteau, IV, 473; V, 115, 134, 248; VI, 12*, [302*, 336]; — sa santé délicate, 23; — et son frère M. de Pontchâteau, [321, 322,

323, 335, 346, 349, 353, 354, 355]; et son frère au moment de la mort de son mari, [313]; M. de Pontchâteau se réconcilie avec elle, [315]; et l'exil de son frère M. de Pontchâteau, V, 265*; — et Du Guet, 115; VI, 12*; lettres de Du Guet, V, 13, 20, 21, 23, 25, 26, 27, 28; — et l'archevêque de Paris, M. de Harlay (1682), VI, [325]; — et Mme de Longueville, V, 140*; — et Mlle de Vertus, VI, [323]; — visite à P.-R. des Ch., V, 140*; — logée aux grandes Carmélites, VI, 12*; — demeure au Val-de-Grâce, 21, [336]; fait faire un service à son frère au Val-de-Grâce, [342]; quitte le Val-de-Grâce, [323]; — se retire à P.-R. des Ch., [323]; — se retire au Val-de-Grâce, V, 140*; VI, [321-2]; y meurt et y est enterrée, V, 141*; — Mme Des Rieux n'est peut-être pas une autre personne, VI, 21.
Épernon (Mlle d'), en religion Sœur Anne-Marie de Jésus, carmélite, VI, [274]; — et Du Guet, 12*; — sa lettre à une protestante, 12*; — et M. de Pontchâteau, V, [335].
Épictète, I, 220; — (L'humilité dans), II, 386; — chef de file de ceux qui maintiennent la nature humaine suffisante, 391-2; — ignore son impuissance et se perd dans la présomption, 385; — connaît bien les devoirs des hommes, 385; — (Montaigne contre-pied d'), 386; — une des grandes lectures de Pascal, 383; (Conversation de Pascal et de M. de Saci sur) et Montaigne, I, 396*; II, 254, 340, 381-93, 440; III, 111; Pascal l'a-t-il exagéré? II, 386; — Nicole y cherche les faussetés, IV, 416*.
Épicure (Philosophie d'), V, 355; — (Les dieux d'), III, 422*; — (Le demi-délire d'), II, 423-4; — (Pensées d') citées par Sénèque, IV, 324*.
Épicuréisme des poètes, II, 415; — (Fonds d') de M. de Tréville, V, 90, 93.
Épicurien (L') en face de la vie, IV, 47.
Épicuriens; méconnaissant la Chute, II, 390; — disent immatérielle l'immensité de l'espace au delà du monde, V, 408*; — pensent à la mort en vue d'aiguiser la vie, III, 343; — aimables et la mort, 438; — au XVIIe siècle, III, 272, 303-4;

— (Arnauld contre les philosophes), V, 356*.
Epigrammatum Delectus, III, 503, 506-7 ; — Voy. Nicole.
Épigramme (Une bonne) suffit à un poëte, III, [625]; —(Une) a toujours chance de vivre en France, VI, 157 ; — (Valeur de Racine dans l'), 114, 115.
Épigrammes, III, 434* ; — (Scrupules de P.-R. vis-à-vis des), 529 ; — injustes, V, 121* ; — françoises (Recueil des plus belles), III, 529-30*.
Épinay (Lettres de Galiani à Mme d'), III, 131*.
Épine ; Voy. Sainte Épine.
Épingle ; usage qu'en fait Pascal, [IV, 599].
Épiphanie (Fête de l'), IV, 95 ; V, 281*.
Épiscopat (Difficultés de l'), IV, [554] ; — (Prérogatives de l'), V, 308 ; — (Anciens désordres de l'), [528] ; — (Faste dans l'), IV, [547] ; — apprend la prudence, [547] ; — (Saint-Cyran défend l') contre les moines, I, 316, 321; — Voy. Évêques.
Épisode dramatique, I, 116-74.
Épistoliers à la suite de Balzac, II, [529].
Épitaphes latines, IV, [590] ; — de M. Hamon, III, 248* ; IV, 290, 318.
Épîtres ; Voy. Boileau, Horace.
Épîtres des Apôtres (Explication des), V, 234 ; — (Réflexion de Nicole sur les), IV, 510.
Épîtres du carême, V, 212.
Épîtres dédicatoires, III, 247, 247*.
Éponge (L') de Lœmelius, I, 318*.
Époque (Chaque) connaît mal celle qui l'a précédée, III, 302.
Épouse (Attente de l'), IV, 311 ; chrétienne (Perfection de l'), V, 43-4.
Époux (Misères et vanités cachées derrière le divin), V, 57 ; — vivant comme frère et sœur en J.-C., II, 318.
Équité (P.-R. a besoin d'), III, 550, 552-3.
Équivoque (Histoire de la satire de Boileau sur l'), V, 514-7 ; — Voy. Boileau.
Équivoques du style, III, 52.
Éragny (Famille d'), II, 233.
Érasme, IV, 413 ; — de complexion frêle, III, 328 ; — sa mauvaise prononciation du grec, adoptée par P.-R., 526* ; — et les Pères latins et grecs, I, 417 ; — (Jansénius l'opposé d'), II, 145 ; — son système de voie moyenne pour l'éducation, III, 492-3 ; —Traité du mariage chrétien, 492* ; — « Éloge de la Folie, » I, 277 ; — « Dialogues, » 49.
Éraste, personnage de Malebranche, V, 361, 439*.
Ératosthènes (Apologie pour le meurtre d'), I, 372*.
Erdmann ; son édition de Leibniz, V, 364*.
Érèbe (L'), IV, 47.
Eremberge, première abbesse de P.-R., I, 45.
Ermite (Anecdote de l') de la Foire, V, [584, 591].
Ermites, I, 431 ; II, 283.
Ernest (M.) nom de M. Ruth d'Ans ; Voir ce nom.
Ernest (Le prince), premier Landgrave de Hesse-Rhinfels (1623-1693), V, 295* ; — correspondant d'Arnauld, VI, 136* ; et Arnauld, V, 123, 370-1 ; lettres d'Arnauld, V, 327*, 445, 446, 447 ; — et Leibniz, 370, 371* ; correspondant de Leibniz, 443 ; lettres de Leibniz, 371*, 444*, 445*.
Érotion (La petite), III, 530*.
Erreur ; a créé et entretient le mal, V, 384 ; — (Causes de l') dans les jugements et les actions, 388 ; — doctrinale (Gravité de l'), IV, [554*].
Erreurs (Analogie des) et des maladies, IV, 447.
Érudition (De l') chez les Religieux, IV, 67-71.
Érudits (Jésuites), III, 130.
*Erzgebirge (Mineurs du), III, [620].
Ésaü, I, 474 ; IV, 283.
Esclaves (Gouvernement où l'on ne veut que des), I, 486.
Escobar, II, 167 ; — trop sévère aux yeux de l'Inquisition, III, 117* ; — (Théologie d'), 133 ; — éditions diverses, 116, 117* ; — sa réimpression, 205 ; — son effet sur Pascal, 47, 108 ; lu tout entier deux fois par Pascal, 143 ; pris comme verre grossissant par Pascal, 133 ; voit les Provinciales, 117* ; — Tartuffe en est le fils, 284 ; achevé par Tartuffe, 301 ; traduit sur le théâtre dans Tartuffe, 268 ; — ballade moqueuse de La Fontaine (1664), 271 ; V, 24 — meurt en 1669, 117*.

Esculape; identifié avec Moïse, II, 419*.
Esdras (2ᵉ livre d'), VI, [345] ; — liv. II, chap. IV, vers. 17 ; II, 310*.
Eslinghen, I, 399.
Espace (Immensité de l') au delà du monde, immatérielle selon les Épicuriens, V, 408*.
Espagne (Rudesse des conciles d'), IV, [548] ; — (Aleth voisin de l'), 356 ; — ambassade de l'archevêque d'Embrun, 381 ; — (Cardinaux pensionnaires de l'), V, [538] ; — (*Le Catholicon d'*), IV, 434 ; — (Chevaux d'), VI, [362] ; — (Flottes d'), V, 343* ; — (Guerre d'), III, 255* ; — (Guerre entre la France et l'), V, 459* ; (Campagne d') en 1708, IV, 490*, [589].
Espagnol, III, 542 ; — (L') et M. Hamon, IV, 297 ; — (L') et M. de Pontchâteau, VI, [325, 333] ; — Voy. Méthode.
Espagnole (Religion trop), V, 482* ; — (Lenteur), III, 10* ; — (Langue), II, 233, 267, 281 ; — (Traité de poésie) par Lancelot, III, 505.
Espagnols (Galanteries des), V, 53 ; — (Jésuites), III, 141 ; — (Poëtes), lus par Racine, VI, 96 ; — et Retz, V, [538].
Espagny (Mme d'), femme de chambre de la Dauphine, II, 320*.
Espalier (Allée de l') à P.-R. des Ch., V, 271.
Espaliers; inventés par Arnauld d'Andilly, II, 262* ; — (Livre sur l'art de cultiver les), par Arnauld d'Andilly, I, 501.
Espèce « Femme » (L'), V, 501.
Espèces : inférieures aux généralités, V, 523*.
Espérance (*De l'*), II, [531] ; — (Mot de saint Paul sur l'), *Ad Romanos*, ch. I, verset 18, V, 117 ; — chrétienne (L'), 116-7 ; VI, 38 ; — (Motifs de l'), 49.
Espérance (*L'*), journal protestant, II, [512].
Espinose (L'abbé d') et M. de Pontchâteau, VI, [311].
Espinoy (M. d'), second fils de Mme de Saint-Ange ; élevé à P.-R., IV, 315 ; — y devient solitaire, 315, 319 ; — ce que dit M. de Pontchâteau de sa mort, V, 260* ; — apporté à P.-R. des Ch., 260*.
Esprit (Ordre de l') selon Pascal, III, 423-4 ; — intérieur (Nécessité de l'), I, 318* ; — (Plus on ôte aux sens, plus on donne à l'), IV, [580] ; — (Tempêtes de l'), I, 455 ; — (L'office de pasteur la plus redoutable tempête de l'), IV, [554] ; — chrétien Vrai, 78* ; — (La santé de l') n'admet qu'un régime sain, V, 488 ; — (L') incliné par l'automate, III, 400 ; — (Crédulité des gens d'), IV, [551] ; — (Défauts de l'), 403 ; — (Crainte de l'), 226 ; — (Confusion de l'idée du mal et de celle d'), III, 495* ; — cause de perte, IV, 274 ; — (Le grand) gâte tout, 225 ; — (Bons mots, gaieté d'), [535] ; — (Nécessité pour l') de sortir de chez soi, III, 589.
Esprit (*L'*) *de* . . . . ; Voy. Arnauld, Du Guet, Hamon, Nicole, Saint François de Sales, Tillemont.
Esprit humain (L') éveillé va au bout des conséquences, III, 290-1 ; — (Progrès de l'), II, 479-80* ; — Descartes en fait un instrument de précision, V, 354 ; — (Actualité de l') selon Nicole, IV, 435* ; — (Humiliation de l') dans la croyance au miracle de la sainte Épine, III, 117.
Esprit de Dieu (Les choses de l'), III, 407-8 ; — divin (Simplicité de l'), II, 361.
Esprit de parti ; le vrai philosophe n'en a pas, III, 535 ; — donne deux noms à chaque chose, 181*.
Esprit (Jacques) de l'Académie française, frère cadet de l'oratorien, IV, 200 ; — dit *de l'Oratoire* d'où il était sorti, V, 31* ; — attaché à la maison du prince de Conti, 31* ; VI, [361] ; — et Mme de Longueville, V, 69 ; — et Mme de Sablé, 69 ; — retiré à Béziers, 69 ; — ce qu'en dit le P. Rapin, 31* ; — *Fausseté des Vertus humaines*, 69* ; — *Maximes*, 71.
Esprit (Le P.), prêtre de l'Oratoire, III, 63 ; — frère aîné de l'académicien, IV, 200 ; V, 31* ; — ce qu'il dit de Bossuet, VI, [364] ; — et le prince de Conti, [364] ; — ce qu'il d t de l'oraison funèbre du docteur Cornet, [364] ; — tâche de disposer les religieuses à la signature, IV, 200-1.
Esprits (P.-R met les cœurs au-dessus des), III, 494-5 ; — (Amour des sentences, caractère des moindres), IV, 289 ; — (Deux lignées d') dans le christianisme, I, 214, 216-8 ; — peu flexibles sur la li-

berté de penser, V, 491 ; — (Inégalité des alliances d'), IV, 476; — (Le tour des) change, III, 414 ; — Esprits-Démons, 495-6 ; — Esprits forts amis de Molière, 272 ; — lents ont besoin qu'on s'appesantisse, 216 ; — lettrés, IV, [551]; — (Les purs), III, 391 ; — religieux (Des), 491 ; — (Les) secs et un peu tristes, V, 519 ; — sincères, mais étroits, IV, [537]; — superbes, 437; — théologiques, [551]; — vifs et sensés se refusent à tout en face d'un système, V, 401 ; — vigoureux doivent aller aux sources, III, 234.

Estaing (Louis d'), évêque de Clermont de 1651 à 1664, I, 308.

Estampe satirique, II, 333-4.

Estampes (Recueil d') de l'abbé de Marolles, V, 256*; — de P.-R. saisies, VI, 236.

Estelle, VI, 91.

Esther et Mardochée, VI, 137* ; — Voy. Racine.

Estienne (Henri), I, 44*, 46, 49 ; III, 288; — apprend le grec avant le latin, 520* ; — *Conformité du langage français avec le grec*, 520*, 521 ; — Lancelot se sert de lui pour sa méthode grecque, 522 ; — les lettres capitales de son Dictionnaire indiquent les racines et les mots simples, [620]:

Estienne (Robert); fait apprendre le grec avant le latin, III, 520; — imprime Despautère, 518*.

Estius, V, 300 ; — sa *Théologie*, VI, 11.

* *Estrée* (Abbaye de l') au diocèse d'Évreux, VI, 234 *.

Estrées (Mme Angélique d'), abbesse de Bertaucourt et de Maubuisson, sœur de la belle Gabrielle, I, 76, 78; — comment nommée à Maubuisson, 78-81 ; — (Les douze enfants de Mme d'), 190*; — enlevée de Maubuisson par le Général de Citeaux, 191 ; — retour et invasion de Mme d'Estrées à Maubuisson, 197-200 ; — (Vieillesse et mort de Mme d'), 202 *.

Estrées (Gabrielle d'), I, 76 ; III, 322 *; — comment elle fait nommer sa sœur à Maubuisson, I, 78-80 ; — sa mort, 322 *.

Estrées (Le maréchal d'), leur frère, I, 190-1, 202 *.

Estrées (Le duc d'), ambassadeur de France à Rome ; — et M. de Pontchâteau, VI, [323-4]; — et M. Metayer, [323, 324].

Estrées (Le cardinal d'), VI, [305] ; — et la démission du Cardinalat de Retz, V, [591*].

Étampe de Valençay (Léonor d'), évêque de Chartres; son vilain rôle à l'Assemblée du Clergé de février 1641, II, [511-3]; — contraste de sa conduite à la Cour et de la prison de Saint-Cyran, [511, 512-3] ; — nommé archevêque de Reims (1641), [513].

Étangs de la Brenne, V, 162 *.

État (Le pouvoir est dans le corps de l') et non ailleurs, V, 457 ; — (De l'Église et de l'), IV, 191 ; — (Unions dangereuses dans un), V, 181-2 ; — (Centralisation de l'), IV, 358 *.

États (Comment on vit dans tous les), IV, 483.

États Généraux de 1593, III, 61 ; — de 1614 profitent des conseils d'Arnauld, I, 69 ; — Chambre Ecclésiastique, V, [540, 541]; — promis pendant la Fronde, [540, 541].

Été (Fin de l'), V, 4 ; — calamiteux de 1682, 218 ; — de la Saint-Denis, VI, [265] ; — de la Saint-Martin, [265].

Étemare (L'abbé d'); ordonné prêtre en 1709, VI, 197 ; — offre de donner les sacrements aux religieuses de P.-R. des Ch., 197-8 ; — son séjour à Rhynwick, V, 308 *; il y fonde une école, 308 *; — et M. d'Asfeld, VI, 76 * ; — ce qu'il dit de Boileau, V, 513*; — ses Souvenirs mentionnent la conversation de Du Guet avec Bossuet, III, 448*; et Du Guet, VI, 54, 68*, 72*, 73, 74, 75 ; ce qu'il dit de Du Guet, 17*, 76, 81 ; son amitié pour Du Guet, IV, 500*; — et la M. Du Mesnil, VI, 197 ; — anecdote sur M. de Harlay, V, 283*; — ce qu'il dit de la conversation de Malebranche, 439-40 *; — son jugement sur M. de Noailles, 284-5 ; — anecdote sur Pascal et le P. Thomassin, III, 85 * ; — et Mlle Périer, II, 383 *; — son estime pour le Dr Petitpied, VI, 172 *; — et le Mis de Sevigné, 54 ; — veut que ses ouvrages sentent le Janséniste et l'Apelant, 74 *; — Explication de quelques prophéties sur la conversion future des Juifs (1724), 54 ; — « Conversations », V, 197 ; VI, 81 ; leur prix, VI, 76*; — *Anecdotes recueillies près de lui à Rhynwick*

en Hollande, III, 199*; V, 197*, 283*; VI, 234.
Étendue intelligible infinie (L') de Malebranche, V, 405, 406, 408.
Éternel (Le dessein premier de l'), V, 359 ; — (L') le seul réel, IV, 264 ; — (Amour ardent de l'), V, 133.
Éternité (L'idée d') en elle-même, IV, 46-8 ; — (Idée du chrétien sur l'), 161 ; — (Perspective de l'), 227, 231 ; — (Préoccupation de l'), III, 199, 555, 573-4 ; IV, 93, 263, 264 ; — (Ames avides d'), II, 312 ; — (Effroi de l'), IV, 318 ; — (Terreur de l'), [536, 537]; V, 73, 78.
Éther (Demeures immortelles de l'), IV, 330.
Étienne (Dom), chartreux; prieur d'Orléans, VI, [307] ; — et M. de Pontchâteau. [304, 307-8, 312]; – et M. Singlin, [308]; — sa lettre sur P.-R., [308-10].
Étienne (M.) ; le Molière du premier empire, III, 283 *.
*Etna (Le mont), IV, 47.
Étole portée sur le manteau à la communion devient un grief contre Saint-Cyran, II, 29.
Étrennes, V, 61.
Étude (Il faut rendre la première) agréable, III, 511-2 ; — (Moyens d'arriver au goût de l'), 516, 517 ; — (Rancé blâme l') chez les Religieux, IV, 67 ; — (L') pour Dieu, 12, 13 * ; — (L') pour l'étude, 13*; — désintéressée (Sur l'), 12-3*, 14* ; (Une des douceurs de l') est de voir le passé, V, 513*.
Études (Malignité des), VI, 46 ; — (Des) par rapport aux mœurs, III, 506 ; — Statuts de l'Université de 1600, III, 508 ; — (Innovation de P.-R. dans les). tout expérimentale et de bon sens, 508 ; — (Règlement des) dans les Lettres humaines, par Arnauld, 479, 501, 511 ;— (Lettre de Du Guet sur les), VI, 43 ; — monastiques (Discussion de Rancé et de P.-R. sur les), IV, 67-72.
Études de philosophie et d'histoire, III, 31*.
Étymologies (Les) de plusieurs mots français (1661), III, 526*.
Eucharis, la grâce heureuse, VI, 47.
Eucharistie, I, 446-7; II, 167, 184; III, 83, 97 ; — (J.-C. dans l'), V, 352;— dogme générateur de la piété catholique, IV, 458*;—(Le dogme de l') et le Moyen-âge, 446, 449;—(Sens de Calvin sur l'), III, 83 ; — (Foi du jansénisme à l'), I, 295*, 343, 366 ; (*Perpétuité de la foi catholique dans l'*), IV, 443-57 ; — (Privation de l'). 310, 311 ; — retournée (Le monde est l'), II, 338 ; — Voy. Arnauld, Aubertin, Bérenger, Calvinistes, Chansons de geste, Claude, Grecque (Église), Hostie, Moyen-âge, Nicole, Pères.
Euclide, II, 457*; III, 557; IV, 8 ; — Pascal va seul jusqu'à sa 32ᵉ proposition, II, 460-1.
Eucrate (*Dialogue de Sylla et d'*), II, 393.
Eudes de Sully, év. de Paris, père de P.-R. des Ch., V, 242*.
Eudes (Le P.), I, 10 ; — et P.-R., III, 31.
Eudistes, I, 10.
Eudoxe, II, 162, 163* ; — Voy. Bouhours, Daniel, Du Cerceau.
Eugénie (La M.) ; Voy. Fontaine.
Eumène (Panégyriques d'), I, 65*.
Euphémie (La Sœur), nom de Jacqueline Pascal à P.-R., I, 116 ; — Voy. Sainte-Euphémie.
Euphranor, peintre grec, s'inspire d'Homère pour peindre son Jupiter, III. [626].
Euphuisme du style dévot, I, 240.
Eure (La rivière d') à Uzès, VI, 101, 101.
Euripide, I, 395, 404 ; — son *Andromaque* et le P. Rapin, III, [626]; — sa *Phèdre*, I, 22, 463.
Europe, V, 493 ; — (Corruption de l'), 458;— trop étroite pour saint Ignace, III, 138.
Euryale, III, 64.
Eusèbe (Lettres d') à Polimarque, II, 183-4.
Eustace (M.), curé de Fresnes en Vexin, diocèse de Rouen, V, 237 ; VI, [325] ; — ecclésiastique du dedans, V, 237 ; — confesseur des religieuses, 287; VI, 169, 173, 182-3 ; — confesseur pendant 22 ans, V, 237 ; — contribue à faire fermer P.-R. des Ch. aux visites, 270 ; — on comptait le prendre à la dernière dispersion de P.-R. des Ch., VI, 229 ; — se retire à l'abbaye d'Orval, 173.
= Mandé par M. d'Argenson, VI, 173 ; — jugement de M. Arnauld sur lui, 169* ; reçoit à P.-R. des Ch. le cœur d'Arnauld, 475 ; — précepteur de M. de Fontpertuis le fils, IV, [589] ; V, 237 ; — visité par MM. Métayer, Pontchâteau, Ruth d'Ans et Sainte-

Marthe, VI, [325]; — et le système de Nicole sur la grâce générale, 169*; — et M. de Noailles, V, 288; — sa réponse en recevant à P.-R. des Ch. le corps de M. de Pontchâteau, VI, [339*, 341]; — n'est pas proprement de P.-R., V, 237; — son discours sur la tombe de Racine, VI, [261]; — son article dans le Nécrologe, 170; — très-peu théologien, 169; — son regret de l'affaire du cas de conscience, 173.

Eustache de Saint-Paul (Le P.), feuillant, directeur de P.-R., I, 177, 182, 214.

Eustathe, III, 526*.

Eustochie (Lettre de S. Jérôme à), I, 181.

Eustoquie (La Sœur); Voy. Brégy.

*Euville (Principauté d'), appartenant au card. de Retz, V, [575, 577, 582].

Évangélistes (La Cène de J.-C. dans les), IV, 38; — Voy. S. Jean, S. Luc, S. Matthieu.

Évangile, I, 377, 417-8; II, 353*; III, 82, 208*, 448; IV, 60, 187, 199, 221, 256, 354*; V, 73; — (Citations de l'), IV, [560]; — Paraboles, [578]; V, 73; — (L'enfant prodigue de l'), IV, [536]; — (L'ordre de l'), V, 69*; — (Le Dieu de l'), III, [615]; — (Les promesses de l'), V, 299; — (Vérités de l'), III, 470; — (Majesté de l'), V, 211; — (Rigueur de l'), 40; VI, [358]; — sa simplicité, II, 361; — (Les règles de l'), IV, [542]; — (Règles générales de l'), 37; — (Maximes de l'), III, 483, 485; VI, [357]; — (Préceptes humains de l'), IV, 90*; — (L'adresse humaine sans l'), III, 133; — (Esprit de l'), 365; — ne fût-il pas vrai, serait encore respectable, [618]; — très-ignoré à un moment, V, 211; — sa lecture défendue, VI, [363]; — heureusement portatif, I, 294; — (Divulgation de l'), V, 234; — dans le gallicanisme, IV, 434; — (Prêcher l'), une nouveauté, V, 213; = Textes choisis par Balzac pour le prix d'éloquence, V, 212*; — (Équité infaillible de l'), selon Bossuet, II, 386; — et M. de Chavigny, VI, [365]; — (Jansénisme accusé de ruiner l'), III, 149; — négligé par les Jésuites, I, 471*; comment l'emploient des Jésuites, III, 209; (Esprit jésuite adultère de l'), 140; — son explication populaire, le talent de M. Letourneux, V, 213, 225; — et Malebranche, 374*; — comment il inspire l'éloquence de Saint-Cyran, I, 480; remarque de Saint-Cyran sur sa simplicité, IV. 157; — (Règle de saint Paul dans la prédication de l'), III, 416*, 417; — (Ceux qui ont de l'esprit avec l'), VI, [275].

Évangiles (Réflexions de Nicole sur les), IV, 510; — expliqués en Homélies, [547]; — du Carême, V, 212; — du jour, sujet ordinaire des prédicateurs, III, [606-7].

Évasion de M. Arnauld Du Fort et de M. de Séricourt, I, 400; — Voy. * Nantes, Retz.

Ève, II, 131, 160*; V, 359; — et le serpent, 515; — (Tentation d'), 515; — (L') de Milton, II, 135, 136-7.

Évêchés (Difficultés des) à la tête de Provinces, IV, [549].

Événements singuliers ou Nouvelles de Camus, I, 243.

Éventails, V, [538].

Évêque, le vrai docteur en J.-C., IV, 358; — (Devoirs de l'), 356-7, [541-4]; — (Droits de l'), 358-61; — (De la vie d'un), [540]; — (Qualités nécessaires à l'), I, 464; — doit veiller à la conservation de la foi, V, 368; — n'a de juge que les Conciles, IV, 359; — (Un) au XVIIe siècle, 355-62, 371-2.

Évêques (Comparaison des prêtres et des), I, 448; — successeurs de saint Pierre, IV, 358; — (Continence des premiers), 11*; — dès premiers âges, V, 302; — (Élections populaires des anciens), I, 462-3; IV, 17; — (Élection des) par les chapitres, I, 366; — doivent garder le dépôt de la foi, VI, [362]; — (Autorité des), IV, 358*; — (De l'obéissance aux), 270*; — (Puissance de juridiction des), I, 290; — (Bornes du respect dû aux), III, 347; — doivent se soutenir, IV, [549]; — (Les) en face du Pape, [549]; — résidant exactement, 359, 382; — leurs ordonnances souvent inappliquées, [541]; — (Saints) selon P.-R., II, 239; — (Idée que Jansénius a des), I, 318-9, [539]; — selon Saint-Cyran, II, 215*; — omis dans la définition de l'Église des Catéchismes de P.-R., 348*; — ce qu'en dit Pascal, 89; — ce qu'en dit la S. Sainte-Euphémie, 347, 350; — (Ce qu'on appelle les) dévots, V, 152*; — de cour, IV, 359, 382; — des grands siéges les plus timides, VI, 60; — au xixe siècle, IV, 358*.

Évêques de France; favorables au Jansénisme, III, 210; — les plus réguliers hostiles aux Jésuites, 210-1; — sont pour les Jesuites contre P.-R., 205; — nombreuses lettres pastorales contre l'Apologie des casuistes, V, [565]; — Jansénistes, I, [545]; — (Les) et P.-R., IV, 353, 407, 487, [521]; — à l'enterrement de Saint-Cyran, II, 208; (Arnauld d'Andilly dédie les lettres de Saint-Cyran aux) de France, 214*; — leurs louanges d'Arnauld, VI, [366]; Approbations de la grande Perpétuité, IV, 444; — (Cause des), II, 157*; — (Visites d') nuisibles à P.-R., V, 151*; — (Les quatre) patrons de P.-R., IV, 352-5, 362, 364, 367, 370, 388-9; V, 154; — (Les quatre) et le Pape, IV, 399; leur déclaration au Pape, 404; (Projets de paix des quatre), VI, [318]; (Accommodement des quatre), IV, 402, (Angers, Aleth, Beauvais et Pamiers); — (Cinq) dénoncent les erreurs du cardinal Sfondrate, V, [611]; — (Réclamation des dix-neuf) près du Pape, 67; (Lettre des dix-neuf) à Clément XI, IV, 365; (Les dix-neuf) veulent écrire au Roi, 368-9; (Projet de la lettre des) au Pape écrit par Nicole, V, 153, 170, 174; — (Instruction pastorale des quarante) en faveur de la Constitution, [609]; — et les cinq propositions, III, 83; les signatures contre les cinq propositions ne sont qu'individuelles, 11; — et le Formulaire, IV, [518]; — (Résistance de deux) à la Régale, V, 203; — Molinistes, III, 22; Molinistes (Requête des) à Rome, 13; — (Intervention des) gallicans dans les affaires anglaises, I, [523].

Évêques (Cause des) de Hollande et d'Angleterre, V, 308; — (État des) en Savoie, IV, [550].

Évreux (M. Métayer curé à), VI, [325]; — Pontchâteau (M. de) à, [325]; — (Diocèse d'), 234; — Voy. Maupas du Tour.

Exactitude (Difficulté de l') dans le détail, III, 476*, 479*; — chrétienne (L') menant au sacrifice littéraire, 379.

Exagération (Grands caractères tendent à l'), III, 249.

Examen (L'), principe de la philosophie de Descartes, V, 368; — (Force du libre) pour renverser, III, 432-3.

Exclusse (Alexandre de l'), pseudonyme de Saint-Cyran, I, 310-1.

Excommunication et séquestre de P.-R. des Ch., VI, 194-6.

Exégèse (L'), II, 358*; — et Richard Simon, V, 358.

Exégétique (La science), III, [617].

Exempt du Grand Prévôt et Arnauld, IV. 366-7*.

Exempts, III, 192; IV, 207; — du Lieutenant de police, VI, 218, 219, 220, 224*, 225*, 227.

Exhumations de P.-R. des Ch. (Horreurs des), VI, 237-40.

Exil (Sentiment de Nicole sur l'), IV, [594-5].

Exode; Explications de M. de Saci, II, 360; — Voy. Benoît XIII.

Expérience (Ne pas philosopher contre l'), V, 393; — (Malebranche l'inverse de l'), 395.

Explication chrétienne (Subtilité de l'), IV, 243.

Expurgées (Des éditions) d'auteurs latins, III, 503.

Extravagances (Esprits ennemis des), IV, 442.

Extrême-Onction, V, 138*, 227; VI, [290, 291, 336, 337]; — (Privation de l'), IV, 310, 311.

Extrêmes (Le milieu meilleur que les), V, 13; — reniés par les gens de bon sens, VI, 76*.

Extrémités (Toutes les) sont violentes, III, 549.

Ézéchias, roi de Juda, VI, 26.

Ézéchiel, chap. XIII, versets 6 et 8; chap. XXII, v. 28; II, [540*].

F

F. (M. de) et Nicole, IV, 492.

Fabert (Le maréchal de), II, 7*; — sa correspondance avec Arnauld d'Andilly sur les Provinciales, III, 62*, 577*, [596-8]; — ce qu'il dit de M. de Villeneuve, 577*.

Fabian dans Polyeucte, I, 135.

Fabiole, sainte veuve romaine, V, 39*; — appellation de la princesse de Conti, 35, 36, 39*.

Fabius (Vers d'Ennius sur), III, 17*.

Fabliaux, III, 128; — leurs auteurs,

288 ; — ont leur suite dans les Contes de La Fontaine, I, 144.

Fabrian (Le Code), ou du président Fabre, I, 232*.

Faculté de théologie de Paris, III, 13, 34*, 153, 213 ; IV, 173* ; — tribunal permanent de la doctrine, III, 32 ; — docteurs expu'sés à la suite de la fourberie de Douai ou des fausses lettres d'Arnauld, V, 465 ;—Assemblée du 1er juillet 1649. II, 149, 151-2 ; — condamne en 1641 la Morale du P. Bauny. III, 109 ; en 1644 celle du P. Héreau, 109 ; — et l'Arrêt burlesque de Boileau, 492 ; — sa décision sur la bulle d'Urbain VIII, III, 9 ; — reçoit la bulle d'Innocent X, 25 ; — et la bulle de 1705, VI, 184 ; — les quarante docteurs signataires de la consultation du cas de conscience. 168, 170, retirent leur signature. 171 ; Voy. Petitpied (Le Dr) ; — le Dr Cornet lui dénonce les cinq propositions, 11 ; — veut faire renouveler un arrêt contre les nouveautés en enseignement pour proscrire Descartes et consac er de nouveau Aristote, V, 491 ; — Exclusion des docteurs. III, 87 ; — et le Formulaire, VI, [360] ; — sa censure de Le Febvre d'Etaples, II, 357* ; — décision contre l'infaillibilité du Pape, IV, 152 ; censure l'Apologie des Casuistes du P. Pirot, III, 207 ; — Voy. Arnauld. Cornet, Docteurs, Grandin, Guyart, Hallier, Le Fèvre, Sorbonne.

Facultés. — Voy. *Angers.

Facultés spéciales, maîtresses plutôt que servantes, II, 458.

Fagon. collègue du P. de La Chaise, II, 176.

Fagot (Le) de M. Walon de Beaupuis, III, 570.

Fai (Innocent), charretier, devient solitaire, II, 8.

Faibles ; pires que les méchants, III, 64 ; plus à craindre que les méchants, VI. 231 ; — leur moyen de vaincre est dans la fuite, IV, [539*].

Faiblesse (La cause de notre) plus en nous que dans les choses extérieures, IV, 483.

Faiblesses (Sincérité n'exclut pas les), V, 58.

Faillon (L'abbé), sulpicien ; « Vie de M. Olier », I, VII ; III, 32* ; VI, [285, 296].

Faisanderie (La) du cardinal de Retz, V, [575].

Fait (Empire du). III, 431 ; — (Le), fondement de l'édifice social, 433 ; — (Tout) général et prolongé est une démonstration insensible. 405 ; — (Choses de) ne se jugent que par la raison, IV, 437 ; — (L'erreur de) est un malheur et non un mal, VI, 61 ; — (Dieu ne conduit pas l'Église sur les points de), III, 77-8 ; — (Distinction du) et de la foi, IV, 152* ; — (La question de), III, 45-7 ; IV, 367-8 ; — (Distinction du) et du droit, III, 83*, 87, 345 ; IV. 185, 194-5, 249, 275*. 405-6, [570, 571] ; V, 150, 156, [569] ; VI, [291-2] ; due à Nicole, IV, 418 ; — (Constitutions sur le) et sur le droit, V, 39*.

Faits (Les méditatifs se croient à tort le droit de mépriser les), V, 393.

Falconnet et Boileau, VI, 122*.

Falloux (M. de) ; « Mme Swetchine », VI, 216*.

Famille (Esprit de) passant les bornes, V, 81 ; — (Inconvénients et avantages de la) pour l'éducation, III, 492, 493-4.

Familles (Les) naturelles des esprits ne sont pas nombreuses, I, 55 ; — considérables du royaume (Ramifications de P.-R. dans les) V, 174.

Famine et misère dans les provinces, V, 38.

Fanatique (L'inhumanité ne se conçoit que chez un), V, 338*.

Fanatisme (Ce qui pousse au), VI, 206 ; — dans tous les sens V, 483 ; — brutal (Jansénius accusé de), III, 150.

Farces et moralités du Moyen Age déclinant, I, 121, 122.

Fargis (La M.) ; Voy. Du Fargis.

Farine (Miracle de la), III, 139.

Fatalisme (Caractère du) de la doctrine de la Grâce, III, 490-1.

Faugère (M. Prosper) ; son édition des Lettres de la M. Agnès, I, 377* ; III, [633] ; V, 98* ; — Article sur cette publication, IV, [574-83] ; — Son édition des Pensées de Pascal, I, [558] ; III, 88*, 89*, 261*, 494* ; IV, [576] ; — édition des Pensées appréciée dans un article des « Portraits contemporains », III, 388* ; — Lettres et opuscules de Jacqueline Pascal, III, 349, 352*, 360* ; sa réimpression des Pensées

édifiantes de la sœur de Pascal, 331*.
Faure (M.), Principal du collège de Dainville, V. [610]; — grand vicaire de M. Le Tellier, [610]; — très-gallican, [610]; — et M. Targni, [610].
Fauriel, éditeur de la Chronique des Albigeois, I, 42*.
Faust (Le) de Goethe, III, 239*; — (Type de), VI, [267]; — (Ce qu'est la passion de), II, 160.
Fauste, disciple de Pélage, II, 117; — réfuté par saint Augustin, III, 225*.
Fautes (Il faut supporter ses), I, 458; — (Puérilité des soi-disant) des grands écrivains, III, 53.
Faveur (La) a raison des philosophes, V, 92.
Favier (L'abbé); précepteur de Rancé, IV, 57*; — correspondant de Rancé, 48*.
Favorin, I, 277 ; — (Mot du philosophe) V. 440.
Favoriti, secrétaire des chiffres du Pape, VI, [322, 323].
Favre (Le Président), I, 232*, 265*, 268*, 269; — père de Vaugelas, 270.
Favre (Guil.), de Genève, ou l'étude pour l'étude, II, 13*.
Faydit (L'abbé); critique Homère et Virgile, IV, 39, Bossuet et Fénelon, 38 ; — Joli vers, digne de Voltaire. sur Malebranche, V, 397 ; — ses deux ouvrages contre Tillemont, IV, 38-9; va jusqu'à appeler Tillemont falsificateur, 39*.
Fées (Contes de), III, 41.
Feillet (M.); « La misère pendant la Fronde », II, 306-7*, et « l'Aumône chrétienne » de M. le Maître, IV, [562] : — met en lumière la charité de M. de Bernières dans la misère de la Fronde, [562].
Féli (M.), nom de M. de La Mennais, III, 493*.
Félibien mis dans le Jansénisme, III, 244.
Félicité religieuse (Explication humaine de la), III, 587.
Félix dans « Polyeucte », I, 128, 131, 135
Félix, premier chirurgien du Roi, III, 476 ; — Maréchal lui succède, VI, 166.
Feller; odieuse insinuation contre la sincérité de M. Le Tourneux, V, 233*.

Femme (Vengeance de) à femme, VI, [312*].
Femmes (Des), V, 92; — intéressées à « l'affaire » d'Arnauld en Sorbonne, III, 39 ; — (Point de conversation avec les), I, 393 ; — (Esprits extrêmes des), V, 131*; — (Hommes se ternissent et se dissipent plus que les), III, 358 ; — et l'Immaculée Conception, IV, 234*; — (Injustice des grands esprits vis-à-vis des), V, 501-2; — (Mots comme les seules femmes en trouvent sur les), 129*; — (Natures de) singulières, 125-6; — ont la netteté naturelle dans le tour, IV, 515 ; — dans le succès des N. Testaments de Mons, 379-80, et de Luther, 380*; — Œuvres de charité en leur faveur, V, 37 ; — du monde (Succès des Provinciales auprès des), III, 62, 65, 71; — Saint-Cyran se défie de leur société, II, 34 ; — (S. François de Sales facile dans la conduite des), I, 234-5 ; — (Influence de S. François de Sales sur les), I, 231, 234 ; — (Style des), V, [607]; — de qualité faisant les théologiennes, II, 268*.
Fénelon, I, 154, 172, 217, 221, 257, 397*, 404, [524*, 555]; II, 54, 104, 173*; III, 309 ; V, [528];
= (Idéal du monde pour), VI, 118 ; — (Le Dieu de), III, 397 ; — a certaines choses de S. Augustin, I, 421 ; — est pour les causes finales, II, 339*; — son *delenda Carthago*, VI, 177 ; — Contradiction à son honneur, 232 ; — (Onction de), IV, 126 ; — sa mysticité affectueuse, V, 373 ; — toujours humain et délicat, VI, 232 ; — son excellence dans les lettres spirituelles. 46 ; — est-il toujours utile chrétiennement ? 51 ; — méritait d'avoir une sœur digne de lui, III, 359 ; — « fort connu par ses romans, » VI, 84*; — (Ce qu'on appelle la Religion de), III, 290 ; — sent le XVIIIe siècle, I, 14 ;
= et M. de Beauvilliers, VI, 176 ; — d'abord sous l'influence de Bossuet, V, 372, 373*: ce qu'en dit M. Cousin, 373*; (Ce que) doit à Bossuet. 373* ; attaqué par Bossuet, III, 392*; guerre avec Bossuet, I, [553, 555]; V. 380 ; — veut préserver le duc de Bourgogne du Jansénisme, VI, 176-7 ; — et le duc de Chevreuse, II, 313 ; VI, 231-2 ; — regrette la Cour, I,

364 ; — (Du Guet en face de), VI, 41-2, 42*, 46-7, 51, 52, 55 ; — son Mémoire latin sur le Jansénisme au cardinal Gabrielli, 231*; — critiqué par l'abbé Faydit, IV, 38 ; — l'abbé Gerbet a de lui, 458*; — et la comtesse de Grammont, II, 109 ; — ce qu'il dit de la *Théologie* de M. Habert, VI, 232 ; — sa situation vis-à-vis du Jansénisme, 175-7; très-ennemi du Jansénisme, 59, 65-6 ; — très-hostile aux Jansénistes comme théologie, 231 ; de près, doux pour les personnes, mais sévère pour la secte, 176, 177 ; — et l'abbé de Langeron, 175 ; — son estime pour M. Le Tourneux, V, 230 ; — réfutation du Traité de la Nature et de la Grâce de Malebranche, 364*, 372 ; — et Nicole, IV, 508 ; — ce qu'il dit de l'Ordonnance de M. de Noailles, VI, 59 ; son jugement sur M. de Noailles, V, 285 ; le blâme, 288 ; — ne cite pas Pascal parce qu'il est Janséniste, III, 392 ; veut refaire en sens inverse des sortes de *Provinciales*, VI, 65 ; — peu sympathique à P.-R., I, 214-5 ; — le P. Quesnel pris un moment pour lui, VI, 155; — ce qu'il écrit sur l'arrestation du P. Quesnel, VI, 175 6 ; — ce qu'il nous apprend du dévouement de Racine à P.-R., 133 ; — et M. Robert, président du Conseil de Hainaut, 175 ;

= Son culte délicat pour la belle antiquité, IV, 416 ; — son fonds d'atticisme et d'hellénisme, VI, 47 ; — sa réminiscence d'Homère, 47 ; fait pour traduire Homère, II, 362 ; — ce qu'il dit de Démosthène, III, 458 ; — et saint Paul, VI, 47 ; — pourquoi on le lit, 52 ; — a la grâce, III, 121 ; — (Poétique de), II, 164 ; — éloge et critique de Molière, III, 298, 300 ; — préfère *Athalie* à Sophocle, VI, 150*;

= Traité de l'existence de Dieu, II, 432 ; VI, 46 : — *Dissertatio de amore puro*, V, 230 ; — *Maximes des Saints* (M. de Chevreuse et les', III, 563-4* ; Bulle condamnant les Maximes, VI, [255] ; — Discours pour l'Épiphanie, I, [535*]; — Éducation des filles, I, 236; devancée par P.-R., III, 512 ; et le *Règlement* de Mme de Liancourt, V, 47 ; — *Avis à une dame de qualité sur l'éducation de sa fille*, 131*; —*Télémaque*, II, [573] ; VI, 46 ; — « Lettre à l'Académie, » II, 164 ; — Lettre sur l'éloquence, III, 298-9 ; — Lettres, VI, 133*, 231-2 ; — sa correspondance avec le duc de Chevreuse, III, 547* ; — Lettres spirituelles, 352*, 355 ; — son Histoire par M. de Bausset, [609-10].

Fenêtres fermées à clef, V, 59.
*Fenouillèdes, VI, [294].
Feret (M.), curé de Saint-Nicolas du Chardonnet, II, 345* ; — et M. Le Camus, IV, [539].
Fermat; d'une mauvaise santé, III, 318 ; — son génie mathématique, 317* ; — réponses aigres de Descartes, V, 351* ; — correspondance avec Pascal, II, 501 ; traité par Pascal de premier homme du monde, III, 319 ; lettre de Pascal (1660), 317-9.
Ferrand (M.), ecclésiastique, I, [557]; — son amitié pour Lancelot, 419 ; — parle le premier de Saint-Cyran à Lancelot, 419, 420 ; — ne demeurait pas à Paris, 422 ; — entre en rapport avec Saint-Cyran par M. Bourdoise, 421-3.
Ferrand (Le poëte) ; ses infamies païennes, III, 304.
*Ferrare VI, [311].
Ferrier (Le P.), jésuite, professeur de théologie à Toulouse ; ses rapports avec M. de Choiseul pour un accommodement entre le Jansénisme et le Molinisme, III, 265 ; 163-4; — sincérité de ses efforts, 164 ; — dans l'affaire d'Arnauld, 164, 165 ; réfuté par Arnauld, II, 289-90* ; — et Boileau, V, 493, 494*, ami de Boileau, III, 266 ; — confesseur de Louis XIV, V, 493, 494* ; — son habileté et sa convenance comme confesseur du Roi, III, 265-6 ; — son règne comme confesseur du Roi, 283 ; — son caractère juste et respectable, 265-6.
Ferrières en Gâtinais (Le pêcher cultivé au IXe siècle dans l'abbaye de), II, 263.
*Ferté Milon (La), I, 393 ; — (Les Solitaires à la), 1638, 498-9, 501 ; II, 33-4.
Férules (Les) de M. de Montausier, III, 486*.
Ferveur créée par l'oppression, V, 304.
Festin de pierre; Voy. Molière.

Fête-Dieu (La), III, 570; IV, 447, [582*]; VI, [317]; — (Procession de la, II, 350; — (Octave de la), V, 272.

Fête aux Normands (La), I, 117.

Fêtes (Considerations sur les) par Saint-Cyran, III, 379.

Feu, peine des enfants morts sans baptême, I, 298.

Feuillants (Querelle des) et de Balzac, II, 60*; — Voy. Saint-Joseph (Pierre de, Saint-Mesmin).

Feuille-morte (Habit) de religieuses, V, [619].

Feuillet (M.); au lit de mort de Madame, IV, [537].

Feuillet de Conches; sa collection d'autographes, VI, 35.

Feuquières (M. de), cousin germain par alliance de d'Andilly, I, 59; II, 8; — gouverneur de Verdun, 13*; — sa mort, 9.

Feuquières (Mme de), sœur de M. Arnauld de Philipsbourg et cousine germaine d'Arnauld d'Andilly, II, 8*; — (Lettre du grand Arnauld à, 13-4.

Feuquières (Mlle de), pensionnaire à P.-R., V, 185*.

Feydeau (M. Mathieu), ecclésiastique de Saint-Merry, puis curé de Vitry, II, 199*; — a M. Molé pour parrain, VI, [288]; — ses premiers maîtres, [280-1]; — docteur de Sorbonne, [280-281]; — (M.) à Richelieu, [296]; — vicaire à Saint-Merry, [283-8]; — disciple de M. Singlin en prédication, I, 470-1*; — son talent de catéchiste, VI, [284, 287]; — ses catéchismes à Saint-Merry, II, [545]; IV, [594*]; refuse de remplacer à Saint-Merry M. Du Hamel, [548]; — accepte la cure de Vitry, VI, [296]; curé a Vitry, IV, [590, 594*]; M. Du Hamel l'y visite, II, [550*]; difficultés de la cure de Vitry, VI, [297-8]; résistances qu'il rencontre à Vitry sur la question de la Grâce, II, [534-5]; — et M. de Harlai, [534]; — au Séminaire de Châlons, 298]; — théologal de l'église de Beauvais, IV, [594*]; VI, [299];

= Janséniste avéré et noté, VI, [298]; — saisie de ses papiers et de ses manuscrits, [292]; — ses exils, [280]; — sa vie errante, [288-90]; — exilé à Bourges, II, [551]; IV, [594*]; VI, [299]; — reste quatre années à Saint-Paul-de Fenouillèdes, [293-4, 295]; — ses austerités dernières, [300]; — son dernier exil à Annonay où il meurt, [300]; — sa maladie et les obsessions dont on l'entoure, [290-2]; — lettre de M. Flambart sur sa mort, [300]; — enterré aux Célestins de Colombier (Ardèche), [300]; — (Vie manuscrite de M.) renvoyée au VIe volume, V, [625-6]; VI, [280-300];

= Un bon esprit et un grand juste, VI, [300]; — sa timidité, [281]; — ses sentiments de fidélité royaliste, II, 199*; — ses ennemis et ses calomniateurs, VI, [283-4]; — se préoccupe plus de la grâce que de la liberté, II, [533*]; — la doctrine de la Grâce expliquée dans un passage de ses Mémoires, [531-5]; — ses arguments sur la Grâce, tous contre Pélage et non contre Calvin, [533*]; — accusé de s'être fait protestant, [289]; — son langage un peu suranné, [297*]; — le mot d'un vigneron sur lui, [297-8, 299];

= Persécuté par M. Amiot, VI, [286-8]; — et Arnauld d'Andilly, [288-9]; — et M. Arnauld, [294]; — l'abbé d'Aubigny et M. de Lalane le vont visiter dans son exil, III, 586; — lettres en sa faveur de M. d'Aulone à M. de Harlai et à M. de Pomponne, VI, [297-8]; — et M. Bourdoise, [283]; — et M. de Buzanval, évêque de Beauvais, [299]; — et l'abbé de Cambiac, [285-6]; — et M. Du Hamel, [281-7, 296]; raffermit quelque temps M. Du Hamel, II, [550*]; comment il reçoit M. Du Hamel à son retour, [549-50]; sentiments d'estime qu'il garde pour M. Du Hamel, [550-1*]; sa visite à M. Du Hamel à Saint-Maurice, [551]; et son vicaire, M. Flambart, VI, [298]; — et M. de Harlai, [293]; — la bulle contre Jansénius et le Mandement des grands vicairs, [291-2]; — son récit de la conférence du P. Labbe et du docteur de Sainte-Beuve, I, I, [621-3]; IV, [569*]; — son amitié pour M. Le Maitre, II, 237*; ce qu'il dit de la retraite de M. Le Maitre, I, [519-20]; — loge chez l'abbé Le Roi, VI, [288-9]; — son récit de la visite des Jansénistes à Mazarin, III, 27-8*; — et M. Molé, VI, [287-8]; — visite à M. Pavillon, [295]; — et M. de Péréfixe, [296-7];

— et M. de Pomponne, [298] ; — et M. Phélippeaux, archev. de Bourges. [299, 300] ; — et M. Poncet, archev. de Bourges, [299] ; — invariable ami de P.-R., [300] ; torts de P.-R. à son égard, [285, 289, 293] ; — prêche un Avent à P.-R. des Ch.. [299]; — froideur du Dr de Sainte-Beuve, [29s] ; — et M. Sinalin, [283, 284-5] ; — peu défendu par M. Vialart, l'év. de Châlons, [297, 298] ;
= et la M. Angélique, VI, [299*] ; — et Mme de Belisi, IV, [590] ; logé chez Mme de Belisi, VI. [296, 298] ; — et Mme Gorge, [284, 292-3] ; — et son ennemie Mme Nolin, [297] ; — et Mlle Catherine de la Planche, [290] ; — belle lettre de consolation aux Religieuses de P.-R., [299*] ; — et Mme de Saint-Loup, [296-7] ;
= Ses lettres, VI, [289] ; — traduit Jérémie, [293] ; — « Mémoires », I, VII, 237*, 471* ; II, 214*, 237*, 309*, [548*, 550*], III. 27-8, [595, 621] ; IV, 165* ; V, 18-9* ; VI, [280*, 286] ; écrits à Bourges, [298] ; — « Vies des Religieuses de P.-R. », I, [520*].

Feydeau de Brou (La branche des), VI, [280].

Feydeau (Le Président de), VI. [280].

Fictions, en style ascétique, IV, 53-4*, 54, 55, 66, [522*, 527].

Fidèles (Tous les) sont ministres de J.-C, IV, 311.

Fidélité trop humaine, V, 9-10*.

Fiesque (Le comte de), le héros favori de Retz, V, [526].

Fieubet (Mlle de) ; aux Filles de l'enfance de Toulouse, V, 454.

Fièvre continue, V, [598, 599] ; VI, [337] ; — lente, IV, [534] ; — tierce, V, 59 ; — double tierce, II, [553] ; — quarte, VI, [312] ; — (Éloge de la), I, 277.

Figaro ; Voy. Beaumarchais.

Figures (Les) pour Pascal, III, 445 ; — preuves positives pour Pascal, [616] ; — et Du Guet, VI. 54.

Figures de la Bible, II, 243, 374*.

Filesac, doyen de la Faculté de théologie, I, 319.

Filleau, avocat du roi à Poitiers, oncle des trois suivants, I, 288* ; — fauteur des Jésuites, III, 562* ; — auteur de la *fable* de Bourg Fontaine, 562*.

Filleau de La Chaise (M.), IV, 482 ; — était de Poitiers, III, 386* ; — frère de M. des Billettes, 386* ; — ami de P.-R., 562* ; — dans l'affaire de Perrette Des Lions, IV, [592] ; — logé à l'hôtel de Longueville, IV, [592*] ; — travaille à l'édition des *Pensées* de Pascal, III, 371, 374 ; préface pour les *Pensées* de Pascal, d'abord supprimée, 313*, 375*, 386-7 ; son discours sur les Pensées de Pascal paraît sous le pseudonyme de Du Bois de La Cour, 386* ; — ami de M. de Roannès 386* ; — son Histoire de S. Louis faite sur les mémoires de Tillemont, III, 386* ; IV, 14, [592, 600].

Filleau de Saint-Martin ; ami de P.-R., III, 582* ; — sa traduction de Don Quichotte, 562*.

Filleau des Billettes, III, 386* ; — ami de P.-R. 562* ; — son éloge par Fontenelle, 386*.

Filles ; Voy. Éducation, Fénelon.

Filles (Éducation gratuite des jeunes), V, [619].

Filles Bleues ou *Célestes* ; Voy. *Paris.

Filles-Dieu ; Voy. *Chartres.

Filles Régentes ; leur établissement par M. Pavillon, V, [620-1] ; Voy. * Aleth.

Filles de l'enfance ; Voy.* Toulouse.

Filluccius, III, 117* ; — Morales quæstiones de casibus conscientiæ, 123-5 ; — sur l'exemption du jeûne, 123-4.

Fils (Rabaissement du), du Verbe incarné, V, 431-2, 433-5 ; — (Justification du *Père* aux dépens du), 364-5.

Fins de non recevoir, IV, 456.

Flachere (Mlle), nom sous lequel se cache Du Guet, VI, 27.

Flaix (La comtesse de), fille de M. de Senecé ; ennemie de P.-R., III, 163 *.

Flamands (Jésuites), III, 141, 219*.

Flambart (M.), le vicaire de M. Feydeau, VI, [298] ; — lettre sur la mort de M. Feydeau, [300].

Flambeaux allumés portés par les cavaliers du convoi du cœur de Mme de Longueville, V, 139*.

* *Flandre*, I, 306 ; IV, 189 ; — (Arnauld en), 590] ; — (Jésuites de), III, 141, 219* ; — séjours de Nicole, IV, 418, 491, [594] ; — (M. de Pontchâteau en), VI, [327, 327-8] ; — voyage de M. de Sainte-Marthe, IV, 348 ; — bulle d'Urbain VIII mal reçue en Espagne, III, 9.

* *Flandre Espagnole*, V, 291 ; Voy. * Bruxelles, *Liège, *Ypres, etc.

* *Flandre (Guerre de)*, II, 294 ; — en 1633, I, 299-300 ; (Campagne de) en 1654 ; III, 48 * ; (Guerre de) en 1692, V, 336-7 * ; — L'armée de), 151 ; — (Voyage de Louis XIV en), VI, [348] ; — (Poste de), V, 19 *.

Flatteries (Certaines, ne sont que la date d'un livre, III, 55*l*.

Flavie (....Passart, Sœur), sous-prieure de P.-R. ; — sa signature, IV, 216, 217 ; sa conduite après avoir signé, III, 354 ; - communique à M. Chamillard les petits écrits de Pascal, sur le Formulaire qu'elle doit aux Dlles Périer, 354 * ; — maîtresse des enfants, 354 * ; — et le miracle de la Sainte Épine, 174 *, 177, 179, 354 *.

Flavien (L'évêque) contraint saint Jean Chrysostome à la prêtrise, I, 464.

Flavius, personnage dans Saint-Genest, I, 157 *, 158, 162, 163.

Flécelles (L'abbé de), frère de Mme de Brégy, IV, 270 ; — Voy. Fléxelles.

Fléchier (Esprit) évêque de Nîmes, II. 162, 400 ; — ni Augustinien, ni Janséniste, IV, 63 * ; — son estime pour Balzac, II, 80-1 ; — précepteur de M. de Caumartin, IV, 63 * ; — singulier éloge qu'en fait l'abbé Du Javry, II, 158-9 ; — et l'abbé Le Roi, IV, 62-3 * ; — et Nicole, 510 ; — ce qu'en dit M. Vuillart, 62-3 * ; — sa visite à Ypres, 62.

= (Le goût de), VI, 42 ; — (Style de), II, 81 ; — lettres, IV, 62 * ; — Panégyriques, — Vie de Théodose, II, 375 * ; revue par Tréville et Nicole, IV, 510 ; — Vie du cardinal Commendon, II, 375 * ; — poëme latin sur la guérison du roi. VI, 104.

Fleuri (M.), nom déguisé de M. de Pontchâteau, V, 256, 264 * ; VI, [328, 329, 342].

Fleurs (Cadeau de), IV, [582] ; V, 96 * ; — (Pas de) sur l'autel à P.-R., IV, 149.

Fleurs morales et épigrammatiques des anciens et des nouveaux auteurs, III, 506.

Fleury (L'abbé), II, 363 ; III, 310 ; — peu sympathique à P.-R., I, 215 ; — opposé au Jansénisme, III, 235 ; — et les Gallicans à propos de l'Augustinus, II, 149, 156-8 ; — son discours sur les libertés gallicanes mis à l'index, 157 ; — précepteur après Lancelot du prince de Conti, III, 563 ; — (Conversation chez) de Du Guet et de Bossuet sur l'idée première de l'*Histoire universelle*, 447-8 ; VI, 7, 53, 55 ; lettre sur M. de Gaumont, 235 * ; — son sentiment de la critique, 139 ; — « Histoire ecclésiastique », III, 503 ; IV, 34 ; —comparé à Tillemont, 34 ; — Méthode des Études, 101.

Fleury (M. de) et Louis XIV, V, 513 ; — et les affaires du Parlement, 513 ; — et Boileau, 513.

Fleury (Le cardinal André Hercule de) ; peu sympathique à P.-R., I, 215 ; — et Du Guet, VI, 80 ; — et Mme Mol, la nièce de Du Guet, VI. 80 * ; — veut faire réfuter les Provinciales par Voltaire, III, 142 *.

Fléxelles (L'abbé), licencié de la Faculté de Théologie ; abrite à Sevran le dernier reste des Petites-Écoles, III, 479 ; — peut-être parent de la Sœur de Brégy, 479 * ; — Voy. Flécelles.

Fléxelles (La S. Madeleine de Sainte-Sophie de), exilée à Autun, VI, 221.

Floquet ; « Études sur la vie de Bossuet, » IV, 275 * ; — publie la Logique de Bossuet, III, 548.

Flora (La déesse), II, 423.

Florat (M. de) sénéchal d'Auvergne, I, 56 *.

* *Florence*, VI, [311] ; — (État de), III, [592] ; — (La route de), [593].

Florentin (Ce que c'est que d'être vraiment), V, [542].

Florian (Héliodore une sorte de) grec, VI, 91 ; — « Estelle et Némorin, » 91.

Florimontane (Académie), I, 269-70.

Floriot (M.) ami de P.-R., I, 365, 489 *, [557] ; — ce qu'il dit du P. Des Mares, II, 309 ; — sa discussion avec Rancé, IV, 89-90 * ; — préfet des études aux Granges, III, 574 * ; IV, 89 * ; — sa *Morale chrétienne*, VI, [282] ; — *la Morale du Pater*, IV, 89-90 *.

Flottes (L'abbé) ; nie à tort que le second billet de la réponse aux Provinciales soit de Mlle de Scudéry, III, [604-5] ; — s'est trompé sur le jugement de Nicole par Pascal, 385 * ; — esquisse de son portrait, [605 *].

Fludd (Robert) ; critiqué dans la « Logique » de P.-R., III, 556.

Flûte douce, IV, 366 *, 367 * ; — d'Allemagne, II, 351.

Fluxion de poitrine, IV, [535] ; V, 472.

Foi (Deux sortes de mauvaise), III, 249.

Foi (De la), II, [531]; — (Parole de Dieu, fondement de la), IV, 246 ; — (La), c'est Dieu sensible au cœur, III, 423-4 ; — (La) communique un caractère d'éternité, VI, [255] ; — (Le juste vit de la), V. 117 ; — (C'est surtout la) qui fait le Chrétien, III, 383 ; (Union dans la), IV, 303 ; — (Lien de la), indispensable pour unir les Chrétiens, III, 348* ; — (La moindre vérité de la) doit être défendue comme J.-C., 350 ; — (Article de), IV, 234 ; — (Choses de la), où l'on doit soumettre son jugement, V, 491-2 ; — (Chacun porte son caractère jusque dans sa), 356 ; (La charité dépend de la), I, 305 ; — (La) doit se réjouir toujours. II, 318 ; — des simples la vraie, VI, [256] ; — (Distinction du fait et de la), IV, 152* ; — (Dieu conduit l'Église sur les points de), non sur ceux de fait, III, 77 ; — moins importante que la doctrine, IV, [554*] ; — (Physiologie de la), 303 ; — (Effet des sens dans la), 323* ; — (Point de contact de l'Imagination et de la), 310* ; — en face de la philosophie, V, 356 ; — (De la raison en matière de), II, 433-4 ; — (La Raison en face de la), V, 360* ; — (Insuffisance de la) sans la raison d'après Montaigne. II, 433-4 ; — (La) des quatre premiers siècles, IV, 455 ; — (La) une fois troublée n'a plus de défense, 240 ; — (Vérités de la), mises à part par Descartes, III, 422* ; — à l'aveugle des Jésuites, III, 140 ; — (La) définie par Pascal, II, 122 ; — (*Exposition de la*) ; Voy. Barcos (M. de), Bossuet, Nicole.

Foi divine, IV, 185 ; — dogmatique emportée par trop de civilisation, VI, 151* ; — humaine, IV, 185-6, 186*, 200 ; — religieuse et foi littéraire, III, 388*.

Foins (Les) de P.-R. des Ch., IV, [537-8].

Foire (Historiette de l'ermite de la), V, [584, 591].

Foisset (M. Th.), I, 17*, 189*, 326*.

Foix (L'abbé de) ; Voy. Caulet.

Foix (Mme de), coadjutrice de Saintes, I, 476* ; V, 108*.

Folie, un des caractères de l'héroïsme chrétien, I, 382-3, 386 ; — (La prétendue) de Pascal, II, 503-8 ; III, 360-3, 369* ; — (*Éloge de la*), I, 277.

Fondation de P.-R., I, 36-40.

Fondeurs de Cloches (Étonnés comme des), V, 72*.

Fonds (Du) et de la forme, IV, 436, 441.

Fonds (Placement des), de P.-R., II, 18-9*.

Fontaine, maître écrivain de Paris, II, 242.

Fontaine (Mme) sa femme, II, 242.

Fontaine (le fils), I, 35, 375, 381 ; — des dernières générations de P.-R., VI, 161* ; — son rôle secondaire et actif à P.-R., II, 243-4 ; — un des maîtres de P.-R., III, 574 ; maître aux Petites Écoles, 488 ; — et les plumes de cuivre, 513* ; — à P.-R., des Ch., V, 164 ; — son explication de la Paix de l'Église, 109 ; — (Arrestation de), 1666, II, 344*, 344-5 ; — plaisanté par le Lieutenant-civil, 347 ; — conduit à la Bastille, 347 ; à la Bastille, 232*, 243 ; sa résolution de se faire par la retraite une Bastille intérieure, 356 ; reste trois mois séparé de M. de Saci, 347-8 ; son désir ardent de sortir de la Bastille, 353-4 ; — sa vieillesse à Melun, 244-5 ; = Ses souvenirs d'Arnauld d'Andilly, II, 258-60 ; — lettres à M. Hamon, 351-3 ; — et le jeune M. Lindo, 247 ; — ses souvenirs de la réception de M. Manguelen, 241 ; — recueille dans ses Mémoires la conversation de Pascal et de M. de Saci sur Epictète et Montaigne, 382, 383* ; III, 393 ; — doit traduire un recueil de passages des Pères fait par Pellisson, 364 ; — et M. de Pontchâteau, V, 255, 258 ; — ne nomme pas Racine, IV, 5 ; — ne dit rien de Mme de Sablé, V, 52* ; — et M. de Saci, III, 135 ; secrétaire de M. de Saci, II, 232*, 243, 244, 260* ; M. de Saci tout pour lui, V, 109 ; hésite à accepter M. de Saci comme directeur, II, 330 ; conversation avec M. de Saci sur sa Bible, 363-7 ; — entretien de M. de Saci avec lui sur l'éducation des enfants, III, 488-90, 497, 503 ; caché avec M de Saci (1666), II, 343 ; ses récits de l'arrestation de M. de Saci, 344*, 345, 345* ; ne peut pas vivre séparé de M. de Saci, 348 ; ce qu'il dit de M. de Saci, 327, 328-9 ; ce qu'il dit de la mort et du convoi de M. de Saci, 368, 369*, 370-2 ; IV, 262 ; inconsolable de la mort de M. de Saci, II, 372 ; — logé avec le chevalier de Sévigné, V, 96 ; —

veille M. Singlin mourant, 108 ; — ce qu'il dit de l'enfance et de la mort de Tillemont, IV, 97-8 : — ce qu'il dit de Mlle de Vertus, V, 109-10, 111 ; — caché chez M. Vitart, 105, 108*.
= (Modestie et bonté de), II, 246 ; — sa joie en religion, IV, 333 ; — son désintéressement, II, 364 ; — sa belle écriture, 346 ; — n'a pas le style triste, III, 541* ; — ses « Figures de la Bible », III, 247* ; prend le nom du sieur de Royaumont, prieur de Sombreval, pour les Figures de la Bible, II, 243, 734* ; son épitre dédicatoire des Figures de la Bible défendue, III, 247* ; comment malmené par M. de Maistre sous le nom de Royaumont, 247, 247* ; — « Vies des Saints », II, 245 ; — traduit les Homélies de saint Chrysostome sur saint Paul ; ses désagréments à ce propos, 243-4 ; — « Vies des religieuses de P.-R. », 344* ; lettres, V, 109* ; — *Mémoires pour servir à l'histoire de P.-R.* (1738), I, 396, 402, 403, 405, 440*, 454, 455-61, 465, 469, 471, 474, 480*, 496*, 497 ; II, 13*, 32*-41, 234, 238, 240, 258-60, 260*, 310, 315*, 319*, 331, 332, 344*, 351, 503* ; III, 325, 468, 574, [630-1, 632] ; IV, 7-8, 292, 366*, 367* ; V, 38, 87, 105, 107, 108 9, 109*, 255 ; manuscrit de ses Mémoires, I, 403*, 455* ; II, 382 ; valeur et caractère de ses Mémoires, 242, 245-8 ; ils sont revus par M. Tronchai, 245-6, 338 * ; jugement de M. Tronchai leur éditeur, 245 ; IV, 20.

Fontaine (Mlle) vit avec son frère, II, 364.

Fontaine (La Mère Louise Eugénie de), de l'ordre de la Visitation, IV, 220-1, 222-3, 247*, 276 ; — préposée au gouvernement de P.-R. de Paris ; ses difficultés, 212-4 ; — (La M.) visitée par Anne d'Autriche, 222-3 ; — et la M. Angélique de Saint-Jean, 252 ; — sa vie, 222*.

Fontainebleau, II, 57, 258 ; V, 102, 326, [572, 587] ; VI, 152, 158* ; — du diocèse de Sens, IV, 392* ; — conférence de Duplessis-Mornay et du cardinal Du Perron, III, [622] ; — (La Cour à), VI, [292] ; — pourquoi Louis XIV l'abandonne un moment, IV, 392* ; — et la Constitution, V, [611].

Fontanes (M. de), I, 68* ; — inclinait vers le Jansénisme, 17 ; — et l'Université, III, 523* ; — caractère de sa prose, 101 ; — remarque qu'on ne peut imiter le style de Pascal, 458 ; — jugement sur Corneille, I, 119* ; — pâle imitateur de Racine, VI, 126 ; — Maison rustique ; son portrait d'Arnauld d'Andilly, II, 261-2.

*Fontenay-aux-Roses (Arnauld à), V, 291 ; — et Chaulieu, II, 414.
Fontenay-sous-Bois, II, 570.

Fontenelle, I, 142*, 365* ; II, 159, 471* ; III, 304 ; IV, 62 ; — qualités de son esprit, V, 357* ; — (Il y a déjà du) dans Montaigne, III, 273 ; — ce qu'il dit de l'homme, III, 406 ; — sa morale calculée, 274 ; — n'a pas d'évanouissements par cause morale, 356 ; — (Le ton d'un), VI, 23 ; — plus qu'observateur ironique, I, 409 ; — qualité de son style, V, 360 ; — (Importance en France des mots à la), 359* ;
= Ce qu'il dit de la querelle d'Arnauld et de Malebranche, V, 379-80 ; — préfère Polyeucte dans Corneille, I, 133-4 ; — Éloge de M. des Billettes, III, 386* ; IV, 9 ; — ce qu'il dit de Descartes, V, 354 ; applique la méthode de Descartes à la critique des arts et des lettres, 357 ; — Éloge de Dodart, IV, [586] ; — son estime pour Malebranche, V, 373* ; son Éloge de Malebranche, 357*, 358-9, 360, 361-2, 440 ; ce qu'il dit de la Recherche de la Vérité de Malebranche, 360 ; sa louange et sa critique indifférentes de Malebranche, 369 ; son opinion que le *raccourci* n'est pas favorable à Malebranche, 412 ; — aide à l'invasion du Socinianisme, 369 ;
= Doutes sur le système physique des causes occasionnelles, V, 428* ; — *Digression sur les Anciens et les Modernes*, 354.

*Fontenoy (Les quatre pièces de canon de), III, 40.

Fontevrault (Ordre de), VI, [262].
*Fontevrault (Abbaye de), V, 184.
* Fontpertuis, seigneurie, IV, [589].
Fontpertuis (Mme de) ; Voy. Angran de Fontpertuis (Mme).
Fontpertuis (M. de) le fils ; a eu M. Eustace pour précepteur, IV, [589] ; V, 237 ; — mot plaisant de Louis XIV sur les athées et les Jansénistes, IV, 490*, [590].

Forbin de Janson, évêque de Beau-

FORBIN DE JANSON — FOUQUET 137

vais, puis cardinal ; sa conduite de prélat mondain vis-à-vis des Port-Royalistes de Beauvais, III, 568-9 ; — son jugement sur M. de Noailles, V, 285 *.

Force (La) source des actions involontaires, III, 431 ; — (Empire de la), 432*, 433 ; — (On ne passe point de la) humaine à la force chrétienne sans un milieu, IV, 264.

Forêt noire (Monastère de la), I, 93 *.

* *Forges*, VI, 160* ; —(Eaux de), II, 108, 179 *, 225, 225 *.

Forme (Une) maîtresse en chacun de nous, II, 429 ; — (Du fonds et de la), IV, 436, 441.

Formel (Du sens de) chez Arnauld, V, 400 *.

Formont, consulté par Voltaire sur son projet d'attaquer Pascal, III, 398.

Formulaire (Le), III, 40 ; IV, 39¹, [518] ; V, 518 ; — imaginé par M. de Marca (1655), III, 25-6 ; — et la Faculté, VI, [360] ; — (Débats du), I, 35 ; — décrété par l'Assemblée générale de 1656, III, 25 ; — condamne formellement l'Augustinus, 26 ; — les deux mandements des vicaires généraux ; Voy. * Paris ; —(Ce que condamne la signature du), III, 84 ; — (Signature du), 157*, 573 ; IV, 52, 114, 131-2, 172, 399 ; — signature pure et simple, V, 150 ; — Refus de signer le), III, 256 * ; —(Les restrictions à propos du) sont condamnées, I, [531] ; — rétractations de signature, IV, 122 ; — tentative pour le laisser de côté, 163 ; — (Signature du), par quels papes facilitée, V, 153 ; — extension de sa signature, IV, 112 ; — (Persécution du), II, 221 ; — de 1657, IV, 109 ; — (Le) et la signature dorment de 1656 à 1660, III, 27 ; — pourquoi on le laisse sommeiller, IV, 152 ; — de 1661, III, 82 ; sa signature, 82-4 ; IV, [571 *] ; — de 1693, 229 ; — Malebranche rétracte la signature qu'il lui avait donnée, V, 382-3 * ; — (Le) et la sœur de Pascal, III, 343-52 ; — et Rancé, IV, 76 ; — et les religieuses, VI, [316] ; — Voy. « *Apologie des religieuses*, »Alexandre VII, Arnauld, Bossuet, Du Hamel, Pavillon, Rancé, « Recueil de pièces qui, etc. » Sainte-Beuve (Jacques de), Signature, Tillemont, Walon de Beaupuis, etc.

Formulaires (Les), VI, 169, 174.

* *Fornoue*, Bataille de), I, 65.

* *Fort-Louis*, élevé pour prendre la Rochelle, I, 57.

Forta-sis (Le) et le *forte* ne sont pas le fait de Jansénius, I, 298.

Fortin (M.), proviseur du collège d'Harcourt, et l'impression des Provinciales, III, 61 *.

Fortunat, I, 384 *.

Fortune (Des biens de la), V, 91 ; — (Fausse confusion entre la) et la personne, III, 551-2 ; — (Ceux qui n'espèrent rien de la) embarrassent les rois, V, 469 *.

* *Fossé* (Le), VI, 160*.

Foucher (Simon), chanoine de Dijon ; — Critique de la Recherche de la Vérité de Malebranche (1675), V, 360-1 *.

Foucher de Careil (M) ; — *Lettres et opuscules inédits de Leibniz*, V, 351*, 370*.

Fouet, non employé dans les Petites Écoles, III, 422 *.

Fouillou (M.) ; d'une petite famille de la Rochelle, VI, 173 * ; — de la dernière génération de P.-R., II, 245 ; — l'Écriture et les Pères, VI, 172* ; — et saint-Augustin, 172* ; — et Arnauld, 172 * ; — et Nicole, 172* ; — prêche à P.-R. des Ch., 172* ; — son portrait charmant par M. Vuillart, 172-3 * ; — — travaille à l'*Histoire du cas de conscience*, 172.

Foulques de Neuilly, I, 36.

Fouquet (Le Surintendant) ; — dans l'affaire d'Arnauld, III, 34 : - a Pellisson pour secrétaire, [600] ; — — et Mme du Plessis Bellière, V, 102 ; — et Mlle de Vertus, 102 ; — à la Bastille, II, 353 * ; — papiers de sa cassette, V, 101-2 ; — P.-R. accusé d'écrire pour lui, II, 198-9* ; IV, 112 ; — M. de Pomponne atteint par sa disgrâce, V, 18*.

Fouquet (L'abbé) ; âme damnée de Mazarin, V, [537, 556, 559] ; — propose à Mazarin d'assassiner Retz, [537] ; — son vilain métier d'espion, IV, [556].

Fouquet ; (M. Louis), évêque d'Agde (1658-1702) ; — son estime pour le P. du Breuil, V, 343-4 ; son beau mot sur la mort du P. du Breuil, 345 ; — mémoire politique à M. de Pomponne, V, 343.

Fouquet (M. François), archevêque

de Narbonne (1658-1673); — (Exil de M.), VI, [296 *].

Fouquet (Le P.), prêtre de l'Oratoire, légataire de Nicole, IV, 512 *.

Fouquet; Voy. La Varenne.

Fourcault (M.), secrétaire du Chapitre de Notre-Dame de Paris, IV, 232.

Fourches Caudines, III, 84.

Fourmis (République des), dans saint Jérôme et dans La Fontaine, V, 234.

Fra Bartolomeo, II, 248.

Fra Paolo (Profonde conduite de), I, 291 *; — ce qu'il connaissait des Pères, 417.

Fraisier (Le), IV, 334.

Fraisiers (Les), partie du jardin de P.-R. des Ch., V, 271.

Français (Les) d'Écosse, III, 582, 588; — (De l'esprit) en religion, IV, 332-3; — (Caractère des Saints), IV, 332-3; — ami des Jansénistes (Ce qu'est le) selon de Maistre, III, 257.

Français plus près du grec que du latin, III, 520, 521; — (Jansénistes accusés de vouloir ruiner le) au profit du grec, 527; — (On ne faisait pas commencer par le) mais par le latin ceux qui apprenaient à lire, 511; — (De la traduction de latin en), 533; — (Docteurs ne sachant guère le), 509; — (Du beau), 533; — (Le) ordonné par François Ier pour les actes publics, 524; — (Éloge du) par Montaigne, II, 447; — Il y a une langue centrale au XVIe siècle, 447-8; — (P.-R. commence les enfants par le), III, 515, 517; — fixé par les Provinciales, 51.

Française (Être chrétien à la), V, 234; — (Attitude) catholique, IV, 457-9.

Française (Langue); — ce qu'elle doit à Montaigne, II, 450; — littérature) en 1660, V, 484-5; — (La bonne tradition), III, [609]; — (Traité de poésie) par Lancelot, 505; — (Lire à la), V, 232; — Voy. Prose.

*France, III, [619]; — (Apothéoses en), 242 *; — Arnauld n'y peut revenir, V, 459 *; amour d'Arnauld pour elle, 468; éloges qu'en fait Arnauld, 457-8; — (Le bon sens en) doit beaucoup à P.-R., III, 254; — voyage de Burnet en 1683, V, 320 *; — (Cardinaux pensionnaires de), [538]; — (Conciles de), [610]; — défauts de la critique contemporaine courante, III, [605]; — (Guerre entre la) et l'Espagne, V, 459 — (Galanterie en), 53; — n'a plus de Gallicans, III, 456 *; — permet qu'on l'insulte si on l'amuse, 241; — (Mœurs de) meilleures que celles d'Italie, IV, [550]; — toujours hostile aux Jésuites, 144-5 *; — l'esprit catholique s'y confond trop maintenant avec l'esprit Jésuite, III, 145 *; — trouve grâce devant M. de Lamennais, V, 458 *; — n'est pas un pays de légalité, VI, 192; — (Leibniz a vu la), III, 302, 362; — (La) et M. de Maistre, 241 ; —(M. de Neercassel en), V, 303 ; — ce qu'elle a gardé de la méthode de discussion de Nicole, IV, 457-9; — (Point de), 367 *; — ses préjugés contre le Protestantisme, 458; — reçoit une façon de dire des Provinciales et d'Arnauld, [567]; — (L'élément de Saint-Cyran et d'Arnauld en), VI, 192; — (En) la tête et la raison entrent dans les choses de cœur, I, 139; — pays d'unité, V, 311; — (Bulle d'Urbain VIII mal reçue en), III, 9; — Voy. Sorcellerie.

France (Église de), sous Louis XIV, IV, [544]; — (Église d'Italie au dessous de celle de), [550]; — mémoire de Daguesseau, V, 153; — (Évêques de) et l'Immaculée conception, IV, 234 *.

France (Églises Réformées de), III, [619].

France (Enfants de); Louis XIV leur dit que les rois ne doivent user que de termes modérés, VI, 164'.

Francesca de Rimini, I, 138.

Francfort, III, 196, 565: — (Foire de) II, 94.

Franciscains (Morale des), I, [523]: — (Casuistes), III, 132, 141.

François Ier et la Suisse, I, 258, 259; — et le Concordat, 366; — son ordonnance sur l'usage du français dans les actes publics, III, 524; — fonde le Collège de France, 524; — mouvement littéraire, II, 432; — valeur de sa sœur, III, 359 *.

François (M.), nom de M. Jenkins; Voy. ce nom.

François de Neufchâteau ; « Essai sur les meilleurs ouvrages écrits en prose française », II, 432 *; — donne trop naïvement un brevet

de religion à Montaigne, 432* ; — son erreur sur le style de Pascal, III, 460.
Françoise-Agnès de Ste-Marthe (La M.); Voy. Sainte-Marthe.
Françoise-Julie (La Sœur), V, 115*.
Françoise-Madeleine de Sainte-Ide (La S.); Voy. Le Vavasseur.
Françoise-Madeleine de Sainte-Julie (La M.); Voy. Baudrand.
Françoise de Sainte-Agathe (La S.); Voy. Le Juge.
Françoise de Sainte-Thérèse de Bernières (La S.), fille de M. de Bernières : sa mort (1706), VI, 187.
Francus, I, 122.
Franklin ; ce qu'est pour lui la vieillesse, II, 430 ; — (Christianisme de), 353*; — son estime de la propreté, III, 324.
Frantin : tente la restitution du plan de Pascal, III, 419*; — édition des Pensées avec essai de restitution du plan primitif (1835), 394 ; — son édition de Pascal, la première qui ait essayé la restitution d'un plan méthodique. [615].
Frayeurs du chrétien, V, 115-8 ; — ridicules, 53 ; Voy. Sablé (Mme de).
Frédéric II; guerre de sept ans, VI, 150*; — et le Meunier de Sans-Souci, I, 80-1 ; — sa haine des subtilités, IV, 296 ; — perd à méconnaître complètement J. C., III, 451 ; — son mépris de la nature humaine, 432*, — sa critique de S. Augustin, II, 384* ; — ce qu'il dit des Jansénistes de son temps, VI, 80 ; — son admiration pour Athalie, 150* ; — valeur de sa sœur, III, 359*.
Fredon dans le plain-chant, V, 143.
Frémiot (Mlle) ; Voy. Chantal (Me de).
*Frênc en Vexin (Cure de); Voy. Eustace (M.).
Fréquente (La) ; Voy. Arnauld (Livre de la fréquente communion).
Frère (Le petit) ; désignation de M. Guelphe, V, 200, 324.
Frères (Sœurs plus grandes que les), III, 346, 358-60.
Frères Mineurs ; Voy. Cordeliers.
Frères (Les) de la dispersion, IV, [557].
Frères de la Grâce (Les petits), III, 472.
Fréret, III, 217.
Fresle (M. de), élevé à P.-R., III, 576.
*Fresné près Montoire (Vendomois), VI, [250].

Fresne (Le Frère de), nom supposé, V. 387*.
Fresnes, château de M. Du Plessis-Guénégaud, II, 289 ; III, [599]; — séjour d'Arnauld d'Andilly, III, 166.
*Fresnes en Vexin (Cure de); Voy. Eustace.
Fresque (Bel éloge de la) par Molière. I. 154 ; III, 293-5.
Fretat (Le P. de), jésuite ; sa bonne histoire avec son cousin M. Périer, III, 60-1.
*Fribourg; collège des Jésuites, III, 131.
Froc, III, 340 ; opposé à la coulle, V, 242*.
Froger (M.), curé de St-Nicolas à Paris, I, 429-30.
*Froidmont ; Voy. Hélinand.
Froissart, II, 246 ; — (Digressions de) I, 239 ; — loué par Montaigne, II, 446
Fromageau (L'abbé), vice-gérant de l'Officialité de Paris, V, 162 ; — sa politesse de forme, 166 ; — et l'épitaphe de M. Gibron, 167 : — entretien avec la M. Angélique de S. Jean (1679), 162-6.
Fromond (Libert); ami de Jansénius, II, 94 ; — Vie de Jansénius, 97 ; — approuve le Chapelet secret de la M. Agnès, I, 331.
Fronde, I, 870*. 469; II, 187, 198, 199*, 500. [539]; III, 190, 205, 428, 432 ; — (Les sermons de Retz sentent déjà la), V, [533] ; — (Guerre de la) IV, 293 ; — (Mauvais principes des auteurs de la), V, [526] ; — (Les Mémoires de Retz grandissent les auteurs de la), [589-90]; — (Les erreurs de la), [581] ; — (Scandales de la), III, 262. 272 ; — à Paris, 474. 475*; — (Misères de la) à Paris, II, [544-5] ; — aux environs de Paris, I, 406 ; II, 235*, 305-7, 309-11, 314 ; — (La) et P.-R., III, 159*; IV, 135 ; — P.-R. n'y est pour rien, V, [557] ; — (P.-R. souffrant de la), I, 17-9 ; II, 332 ; IV, 7 ; — P.-R. n'est mêlé à aucune, II, 198, 199*, 320-1; III, 190; —(Effroyables misères à la suite de la), II, 306-7* ; IV, [562-3] ; — (Guerre de la) en province, V, 26, 30*, 36, 37; — ruines dans les provinces, IV, 344 ; en Champagne, II, 293 ; en Guyenne, 221 ; — (La) et Corneille, I, 119 ; — et Rancé, V, [583] ; — et Retz, [583] ; — usée à partir d'un certain moment, [553] ; — (Nom-

breuses conversions après les mésaventures de la), III, 588 ; — lègue à Louis XIV un essaim d'esprits forts, 303 ; — sa littérature, IV, 413 ; — (Le Burlesque, lèpre des années de la), V, 487 ; — (La seconde), III, [599].

Fronde ecclésiastique, III, 205, 585, 585-6* ; — et Mazarin, 159-60 ; V, [558, 562].

Frondes (Intervalle des deux), IV, 291 ; — (Dangers des), 113.

Frondeurs (Traité des) avec Mazarin (1651), V. [537, 552].

Fronton du Duc (Le P.), Jés., I, [546].

Fruit (On reconnaît les gens à leur), V, 73 ; — défendu (Le) selon Malebranche. 386.

Fruits (Cadeau de) IV, [582] ; V, 96*, 210 ; — secs, VI, [320].

Fuite, moyen de vaincre des Saints et des faibles. IV. [539*].

Fulbert de Chartres. VI, 313 ; — cité par M. de Pontchâteau, V, 253.

Fulgence, I, 281.

Fumier (Petit procès du) entre les solitaires jardiniers, II, 332-3.

Furetière (Dictionnaire de), I, 177*.

Furstenberg (Le prince cardinal de) archevêque de Strasbourg, V, 305* ; — ses neveux élevés par Coustel, III, 575-6.

G

Gabriel (L'Ange), nom d'Anne de Gonzague dans les lettres de Mazarin, V, [537, 538].

Gabrielle (La belle), II, [573] ; Voy. Estrées.

Gabrielle (La Sœur), V, 59.

Gabrielli (Le cardinal) et Fénelon, VI, 231*.

Gache, ministre protestant ; conférence pour Mlle d'Aumale, VI, [289].

Gad (La tribu de), IV, 298.

Gadeau (Mlle) ; son logement à P.-R. de Paris, IV, 134.

Gagarin (Le P.), jésuite ; Études de philosophie et d'histoire, III, 31*.

Gageures (Les causes perdues devenant des), III 227.

Gaieté (La) est une vertu, V, 15.

Gaillard (Bailliage de) en Suisse, I, 258, 266, 67.

Gaillard (Le P.), jésuite ; ses prédications, III, [609] ; — oraison funèbre de M. de Harlay, V, 284*.

Galanterie, V, 53 ; — spirituelle (Une), IV, 515 ; VI, 58 ; — (La) des dévots est surannée, III, 287* ; — (Casuistes de la), V, 487.

Galanteries (Dévotion succédant aux), V, 103.

Galatée (La) de Virgile, V, 101*.

Galères (Peine des), appliquée à des prêtres jansénistes, V, 325, 327*, 328*.

Galèse (Le vieillard de), II, 261.

Galetites, secte des convulsionnaires, VI. 79.

Galiani (L'abbé) ; de l'école de Machiavel, III, 302 ; — défend le Tartuffe à Naples, 302 ; — ce qu'il dit des Jésuites, 131* ; — lettres, 302.

Galien, IV, 339.

Galigaï (Sébastien Dori-), archevêque de Tours, I, 307*.

Galilée. III. 105* ; — son tort de n'avoir pas eu pour lui les Jésuites. 140 ; — (Condamnation de), 77-8.

Galimatias de la vieille Cour, II, [529].

Galland : accompagne M. de Nointel à Constantinople, IV, 454* ; — ses recherches pour la *Perpétuité* de Nicole, 454* ; — traducteur des *Mille et une nuits*, 454*.

Gallia Christiana (Premier), I, 38, 320, 494 * ; — (Second) ; Voy. Sainte Marthe.

Gallican (Resistance du clergé) aux prétentions romaines, V, 312 ; — (Arsenal) de Louis XIV, 153.

Gallicane (Question), I, 314, 316, 320, 321 ; — (Église), III, 244 ; — (Les deux maximes de la théorie), II, 157-8* ; — (Libertés de l'Église), 185*, 186 ; IV, 152 ; V, 314, [610] ; — (Les libertés de l'Église et Mazarin, III, 26* ; et Louis XIV, IV, 363 ; — pressée entre Calvin et le bon sens philosophique, III, 215 ; — (Souche), IV, 273 ; — (Vraie disposition) 173* ; — (Morale chrétienne), III, 215, 216 ; — (Ce qui manque à la religion), IV, 332-3 ; — (Église) combattue par La Mennais, III, 257.

Gallicanisme (Le), V, [540-1] ; — et l'Évangile. 234 ; — affaire de jurisprudence et de coutume, 155* ; — voisin et différent du Jansénisme, II, 157* ; III, 229 ; V, 155*. — (Saint-Cyran se sépare du), I'

366 ; — Bossuet son oracle, III, 214 ; — devient une hérésie, V, 232-3.

Galli-ans, IV, 568 ; — (Caractère des). I. 15; — (Les) vis-à-vis de Jansénius, II, 149, 156-8 ; — font bon accueil à l'Augustinus, 95 ; — un moment Jansénistes, IV, [568] ; — (Il n'y a plus de) en France, III, 456*.

Gallier (Mlle) ; IV, 6*; grande amie des Jansénistes, IV, 499*; — et M Hamon, 499*;— et Nicole, 499-500; — et l'abbé d'Orval, V, [342] ; — et M. de Pontchâteau, IV, 499-500 ; VI, [139*]; lettres de M. de Pontchâteau, V, 262-3 ; — et la Sœur Élisabeth Le Féron, 249*.

Gallois (Toast des) et des Bretons, I, 317-8.

Gallois, notaire de M. de Saci, IV, 376.

Gallot (M.), docteur, I, 177, 178.

Gamache, docteur de Sorbonne, III, 133.

Gambart ; Vie symbolique de Saint François de Sales, I, 246*.

Gand (Arnauld à). V, 294 ; — (Echevins de), III, 495*.

Ganganelli; Voy. Clément XIV.

Ganière, marchand d'estampes, II, 334*.

Gants de S. Thomas de Cantorbéry, V, 243 ; — (Paire de) donnés comme dépens, IV, [592, 593] ; — d'Angleterre, V, [538] ; — portés par les religieuses de P.-R., I, 84.

Garasse (Le P.), jésuite ; Arnauld l'imite en une circonstance, V, 456 ; — et Balzac, II, 60 ; maître de Balzac, [525*] ; — réfuté par Saint-Cyran sur Charron, 383 ; — nature brouillonne, 344* ; — bizarrerie de son esprit, III, 395 ; — (Mauvais goût de), I, 312* ; — voit des impies partout, II, 419 ; — «Doctrine curieuse des Beaux Esprits du temps,» I, 311 ; — (La somme théologique du P.) réfutée par Saint Cyran, 310-3 ; (La Somme du P. et Saint-Cyran, III, 109 ; — (Belle mort du), 1, 313*.

Garat (Dominique-Joseph); tient de Montaigne, II, 451.

Garat (Comment le chanteur) découvrit sa voix, V, 358.

Gard (Le Pont du), VI, 101*.

Gardes (Le capitaine des), V, 175.

Gardes du corps, V, 238 ; — (Régiment des), 197, 197*; — chargés du blocus de P.-R. des Ch., IV, 282-3 ; — présents à l'affaire des chaises renversées, 285*.

Garnier (La *Cléopatre* de) jouée par des relig euses, I, 93*.

Garonne (La), VI, [295].

Gascon (Éloge du) par Montaigne, II, 447 ; — (Du langage) chez Montaigne, 447-8.

Gassendi, II, 148 ; III, 246, 513 ; — ne reconnaît que l'expérience des sens, II, 392 ; — (Arnauld contre), V, 356 ; — maître de Chapelle, III, 272; — objections à Descartes, V, 350; réponses aigres de Descartes, 351 ; — maître de Molière, qui ne prend que la morale de son système, III, 272 ; — et Saint-Évremond, 589; — meurt convenablement, II, 426.

Gassendistes ; disent non-matérielle l'immensité de l'espace au delà du monde, V, 408* ; — quidams factieux, 493*.

Gassion (M. de) et Condé, III, 102*; — et la révolte des Va-nu-pieds, II, 470.

Gaston, duc d'Orléans et frère de Louis XIII, dit Monsieur, I, 41 ; II, 209, 257-8* ; — Arnauld d'Andilly attaché à sa maison, 253-4, 257-8*. 275, 279; et Arnauld d'Andilly, 253, 257-8*, — Goulas, secrétaire de ses commandements, [555] ; — visite à P.-R. des Ch., I, 326, 489 ; — opinion de Saint-Cyran sur la cassation de son mariage, I, 335-6, 336*, 489-90* ; — sa mort, IV, 46.

Gâtinais ; Voy. *Saint-Ange.*

Gaudon (M.), l'aîné, l'un des premiers solitaires, I, 423*, 433, [557].

Gaufridi (Procès de Louis), I, 297*.

Gaule (Prêtres de la) ; Voy. Marseille (Semi-Pélagiens de).

Gaules (Patriarcat des), II, 216*.

Goulle (M. de), éditeur de Tillemont, IV, 100*.

Gaullieur (M.), VI, [248].

Gault, évêque de Marseille, I, 11 ; III, 210 ; — et M. Pal u, II, 225.

Gaumont (M. de), conseiller au Parlement ; ennemi du Jansénisme, II, 156 ; III, 235.

Gautier (M. Théophile), I, [558] ; — «*Grotesques,*» IV, 413*.

Gazette de Bruxelles, IV, 395*.

Gazette burlesque; Voy. Loret.

Gazette ecclésiastique; ce qu'en dit Voisenon VI, 82*.

Gazette de France, II, 296*; III, 180*; IV, 17*; VI, [367]; — ce qu'elle dit de la mort de Saint-Cyran. II, 304*, [537, 539]; — et la mort de Nicole. IV, 512*; — comment elle annonce la mort de Racine, VI, [259].
Gazette de Hollande, V, 265*.
Gazette de Renaudot; relate les condamnations des Provinciales, III, 211.
Gazettes criées par les rues, III, 159*.
Gazettes flamandes d'Utrecht et de Harlem, V, 317.
Gazettes de Hollande (Les), V, 322*; — et Retz, [576].
Gélase (Le pape), II, 147.
Gelées, V, 55.
Gélénius (Sigismond); traduction latine de Josèphe, II, 282*.
Généalogies; ce qu'en écrit M. de Pontchâteau, VI, [344].
Généalogiques (Minutes des recherches), III, [611-3].
Génebrard (Le docteur), de la Fac. de Paris, défend S. Augustin du reproche d'exagération, II, 133.
Généralités; supérieures aux *espèces*, V, 523*.
Générations (Les) passent, IV, 441; — (Du contraste des), II, 510*.
Génermont (Mlle de), pensionnaire à P.-R., V, 186*.
Générosité (Esprit de), IV, 221.
*Gènes (Passage de Saint-Amour à), III, 16.
Gènes (La Sœur Catherine de); Voy. Le Maître (Mme).
Genèse (La), III, 481*; — ch. XXXI. verset 40, III, 485; — Explications de M. de Saci, II, 360 ; — Commentaires de Du Guet, VI, 39.
*Geneston, abbaye, près de Nantes, II, 293 ; V, 249, 256, VI, [303, 305, 312]; — réforme, [307]; — pourquoi M. de Pontchâteau s'en défait. [315].
Genève, I, 258, 259, 262, 266, 438; III, 15; IV, 13; [592]; V, [311]; VI, 56; — (Confession de), I, 7; — (Jansénistes, traités de grenouilles de), III, 28 ; — voy. Aranthon, *Bibliothèque universelle*.
Genève (M. de); Voy. S. François de Sales.
Genevière (La M.); Voy. Le Tardif.
Geneviève (La S.), tourière du dehors, VI, 224.
*Genevois (Conseil du), I, 269.

Génies dramatiques (Deux familles de), I, 147-51.
Genièvre (Brûler du bois de) chasse le mauvais air, V, 63.
Genlis (Charles Brulart de), archev. d'Embrun de 1668 à 1714; hostile à la « Perpétuité » de Nicole, IV, 445*; — Voy Girard (Michel).
Genlis (Mme de); sot conte sur les os de Pascal accueilli par Michelet. III, 369*.
Génois (Mauvais offices des) contre la France, I, 65.
Genoux (Assister à la messe à), V, 28.
Génovéfains; Voy. Gouet (Le P.), Sconin (Le P.).
Gens de bien; leur déchaînement injuste, IV, 488 ; — (Défauts des) eux-mêmes, 476.
Gens de lettres; leurs recherches frivoles, IV, 99*.
Gentilhomme (Le) de Montaigne est *l'honnête homme* de Pascal, III, 545.
Gentilhommière calviniste (Bibliothèque d'une ancienne), V, 230*.
Gentilly (La rivière de), III, 35.
Gentils (Substitution des) aux Juifs, III, 447-8.
Gentilshommes (Différence des) ordinaires de la *Maison* ou de la *Chambre*, VI, [259].
Geoffroi (Mme), veuve d'un apothicaire; ses charités à P.-R. des Ch., VI, 199.
Geoffroi de Vendôme, I, 353.
Géographie, IV, 102.
Géométrie (Estime et mépris de Pascal pour la). III, 318-9; — (Éléments de) de Pascal et d'Arnauld, 556-7 ; — entre dans la composition de l'esprit de Malebranche, V, 396; — a le sceptre du monde physique depuis Newton, III, 319*.
Gérard, frère de S. Bernard, I, 370; — larmes de celui-ci à sa mort, IV, 27*.
Gerberon (Dom), bénédictin ; publie l'Exposition de la foi de M. de Barcos, VI, 58; — lettres de Jansénius à Saint-Cyran, I, 288*; — arrêté à Bruxelles et réclamé par Louis XIV pour le mettre en prison, III, 256*; — arrêté à Bruxelles avec le P. Quesnel, VI, 175 ; — « Histoire du Jansénisme », I, 35 ; II, 110, 195*; III, 20*; IV, 193*, [286]; — son Histoire de P.-R. s'arrête à la paix de l'Église, V, 159; — (Dires à la), III, 9.
Gerbet (L'abbé), I, 217; — son livre

sur l'Eucharistie, IV, 458-9*; — ses accents affectueux qui sauvent la dureté, 459*; — à de Fénelon, 458*; — aide de M. de Lamennais à un moment, III, 493*.

Gerbier ; son plaidoyer pour Port-Royal au XVIIIe siècle, I, 73, 375.

Gergy (Languet de) ; Voy. Languet.

Germigny, V. 366.

Gerson (Jean), I. 245 ; IV, 322*.

Gertrude (La Sœur) signe, IV, 241.

Géruzez ; Histoire de la littérature française, II, 266*.

Gervaise (Dom); querelles avec Rancé, IV, 88, 89*; — (Pièces manusc. provenant de), [517].

Gesner (Conrad); son mépris des traductions, III, 522-3, [620]; — son Mithridate, [620] ; — ce qu'il dit du mépris des Anciens pour les traductions, 521-2.

Gesner (J. M.) préfère Tillemont à Rollin, IV, 40*.

Gesvres (Le marquis de) réprimandé par Louis XIV, 291*.

Gesvres (Compagnie de), IV, 282.

Gex (Bailliage de), I, 264*.

Gibbon, I, 2, [556] ; — sa note à propos de la mort de S. Augustin, II, 106*; — étudie l'ironie dans les Provinciales, III, 290*; — Extraits de ses lectures, 522 ; — éloge et critiques de la Grammaire grecque de P.-R., 522*; — expression de son admiration pour Tillemont, IV, 32, 40 ; rapproché de Tillemont, 8 ; — « Décadence de l'Empire romain, » III, 290*; IV, 32; VI, 243; — Mémoires, III, 290*; IV, 32.

Gibert et Boileau, V, 519-20*; — Jugements sur les auteurs qui ont traité de la rhétorique, 520*; — son article sur le P. Rapin, III, [625].

Gibieuf (Le P.), de l'Oratoire, I, 279, 315.

Gibraltar (Rocher de), V, 93.

Gibron (M. de) le père, sénéchal de Narbonne, V, 165.

Gibron (M. de) le fils ; — sa vie coupable et sa conversion, V, 165; — se fait cuisinier des domestiques des religieuses; sa mort et ses legs à P.-R. des Ch.: y est enterré, 166 ; — son épitaphe et M. Fromageau, 167.

Gif (Abbaye de), I, 189 ; IV, 119, 120 ; — M. de Sainte-Marthe demeure auprès, 347, 348 ; — (Les religieuses de); formule de leur signature au mandement de 1705,

VI, 182; — défense d'y recevoir les pensionnaires de P.-R., V, 183.

Gilbert (Le président) ; Boileau à la thèse de son fils, VI, [263].

Gilbert (M.), grand vicaire de M. de Noailles ; Superieur de P.-R., VI, 182 ; — et les religieuses de P.-R. à propos de la bulle et du mandement de 1705, 182, 184-5, 186, 189, 190.

Gilbertins (Ordre des) ; — Voy. S. Gilbert.

Gillet (Le P.) ; traduction de Josèphe, II. 282*.

Girard (M Claude), licencié en Sorbonne ; différent de M. Girard le jeune, V, 208*.

Girard (M.) le jeune, licencié de la Faculté de théologie, IV, 180 : — dans l'accommodement d'Arnauld, 165 ; — et la signature du docteur de Sainte-Beuve, VI, [359, 360] ; — Nicole l'espère pour approbateur de sa doctrine de la grâce, IV, 503 ; — auteur avec Nicole des *cinq articles*, 421, 422 ; — et M. Feydeau, VI, [291-2] ; — son dévouement à P.-R., V, 208*; — son pèlerinage à N.-D. de Liesse pour les religieuses de P.-R., 208*.

Girard (Michel), abbé de Verteuil, auteur des Dialogues contre l'archevêque d'Embrun, IV, 382-3.

Girard (Mlle), sœur de M. Girard le jeune, religieuse à P.-R. des Ch., V, 208.

Girardot (Communication de M. de), V, 272*.

Giroust (M.), ancien ami de Retz, V, 168; — sa conversion, 168; — son épitaphe à P.-R. des Ch., 166-9 ; — ancien domestique de Retz, devenu prêtre à P.-R., [552].

Glacis (Le), partie du jardin de P.-R. des Ch., V, 271.

Gladiatorius (L'Animus), IV, [550].

Globe (Le), journal, I, 6*; — (École doctrinaire du), II, [513*].

Gloire ; quatrième degré de la vérité, IV, 322 ; — (Tout est-il de charité là où est la) ? VI, 51 ; — (La vraie) non séparable de la vertu, III, 499 ; — (De quoi se compose une), 309 ; — (L'insulte ajoute à la vraie), V, 481*; — (La nausée de la), III, 255.

Gloses interlinéaires (Défaut des), III, 521.

Gluck ; son *Armide* et le chanteur Garat, V, 358*.

Gluckistes (Querelle des), I, 148.

Glycera (La bouquetière), I, 209.
Gnomiques (Vers), III, 524 ; — sacrés (Les), II, 280.
Gobelin (Le président), II, 241*.
Gobillon (M.), docteur de Sorbonne ; loue Arnauld, VI, [366].
Godeau (Antoine), évêque de Grasse et de Vence, I, 142 ; II, 65 ; V, 121 ; — condamne *Polyeucte*, 123 ; — évêque dameret, II, 268* ; — et Arnauld d'Andilly, IV, 353-4* ; — et Henri Arnauld, 354* ; — ce que dit Arnauld de son ouvrage contre les Casuistes, II, 268-9 ; — et Balzac, 58, 75 ; — l'un des dix-neuf signataires de la lettre à Clément XI, IV, 365 ; — ce que Chapelain lui écrit sur la *Pucelle*, III, 270* ; — sa lettre à Louis XIV, IV, 354*, 371 ; — sa lettre au pape, 354 ; — écrit au pape contre la lettre des autres évêques, III, 12 ; — son approbation du Petrus Aurelius, II, 268 ; éloge du Petrus Aurelius, I, 319 20 ; — dans la mascarade de Pomponne, II, 254-5 ; — et P.-R., 267-9 ; reste l'ami de P.-R., IV, 354-5* ; — à l'hôtel de Rambouillet, II, 254 ; le *Nain* de la princesse Julie, 254, 255 ; IV, 354* ;—et Mme de Sablé, V, 73 ;—dans l'affaire de la signature, II, 269 ; — sa signature, IV, 353, 354*, 355* ; — pris à partie par le P. Vavassor, III, 528 ; attaques du P. Vavassor, II, 268 ; — son renom littéraire, 268 ; IV, 353 ; — éloge de ses Paraphrases, II, 75 ; Paraphrase de saint Paul, 58 ; — valeur de ses Odes, V, 18* ; — Poème sur la grande Chartreuse, VI, [352] ; — (Lettres de), II, [529].
Godefroy (Collection) : Voy. *Paris (Bibliothèque de l'Institut).
Godet des Marais (Paul), évêque de Chartres de 1692 à 1709 ; — ce qu'en dit Louis XIV, VI, 195.
Gœthe, I, 138, 148, 149* ; II, 90, 174, [525] ; — (Le principe de), III, 239 ; — le grand païen, 326 ; — sa compréhension de l'univers, II, 480* ; — n'a pas d'évanouissements par cause morale, III, 356 ; — perd à méconnaître complètement J. C., 451 ; — son estime pour la richesse, 326 ; — sait encore à 80 ans les *Systèmes* de Voltaire, 415 ; — *Faust*, III, 239* ; — *Wilhelm Meister*, 326* ; — correspondance avec Schiller, VI,

151 ; — traduit par M. Porchat, I, [514].
Goibaud Du Bois : Voy. Du Bois, de l'Académie française.
Goldast : Traités politiques, IV, 413.
Golfer (L'abbé) et M. de Pontchâteau, VI, [327].
* *Golgotha* (Montée du), III, 279.
Gombaud ; Lettres, II, [529].
Gombaud de Plassac ; Voy. Méré (Le chev. de).
Gomberville (Marin Le Roi de), II, 55 ; — et Balzac, 60 ; — beaux vers lamartiniens sur les tourterelles, V, 261 ;—Mot sur Louis XIII, I, 336* ; — Mémoires du duc de Nevers, II, 266* ; — et M. de Pontchâteau, V, 257*, 261 ; — quatrain sur M. de Pontis, II, 346 ; — janséniste et ami de P.-R., 265, 266-7* ; — on lui attribue la première Provinciale, III, 63 ; on lui attribue les Provinciales, [604] ; et le billet de l'Académicien dans les Provinciales, 68* ; — et Mme de Sablé, II, 267 ; — ce qu'il dit de M. Singlin et de M. Vitart, VI, 97 ; — et les solitaires de P.-R., V, 261* ; — ses romans, II, 265-6, 266-7* ; *Polexandre*, 60*.
* *Gomer-Fontaine* (Abbaye de), diocèse de Rouen, I, 188.
* *Gomorrhe*, IV, 139, 142, [544].
Gondi (Généalogie de la maison de), V, [596*] ; — (Série de portraits des), [575].
Gondi (François de), archevêque de Paris, oncle du cardinal de Retz, I, 177, 323, 328, 329, 333, 334, 503* ; II, 300, 309 ; III, 21, 191 ; — premier archevêque de Paris de 1623 à 1654, V, [530] ; — censure le P. Brisacier, III, 8 ; — force M. Du Hamel à reprendre sa cure, II, [548] ; — cède à la reine pour l'acceptation de la bulle d'Innocent X, III, 25 ; — a son neveu pour coadjuteur, V, [529] ; — au plus mal avec son neveu, [542] ; ce qu'en dit son neveu, [529] ; son portrait par son neveu, II, 202-3 ; — autorise le retour des religieuses aux Champs, 301, 303 ; — et la *Théologie familière* de Saint-Cyran, 200-2 ; — interdit la chaire à M. Singlin et l'y rétablit, I, 472-3, 308 ; — chasse les Solitaires de P.-R. de Paris, I, 495 ; — mandement pour la première bulle d'Urbain VIII, IV, [572*] ; comment il reçoit la bulle d'Urbain VIII,

III, 9 ; — sa mort (21 mars 1654), 25*; V, [555].

Gondi (Emmanuel de), auteur commun du cardinal et de ses nièces, V, [60*].

Gondi (Puilippe-Emmanuel de) le père; et Arnauld d'Andilly, V, [556]; — père du cardinal de Retz. I, 306, 472, [604] ; — ses vues ambitieuses sur son fils, [528]; — entre à l'Oratoire, [556]; meurt à l'Oratoire, [574] ; — s'entremet pour Saint-Cyran, 493, 494 ; — assiste au sermon de M. Singlin, II, 308.

Gondi (Jean-François-Paul de); Voy. Retz (Le cardinal de).

Gondi (Pierre de), frère aîné de Retz, V, [603].

Gondi (Le baron de) et Retz, V, [580].

Gondi (Mme de) mère du cardinal; ses vertus, V, [528].

Gondi (Françoise de), sœur de Philippe-Emmanuel de Gondi et tante du cardinal de Retz, V, [604*].

Gondi (Paule de), nièce de Retz ; Voy. Lesdiguières (La duchesse de).

Gondi (Marguerite-Catherine de), Supérieure des religieuses du Calvaire; parente au 3ᵉ d gré du cardinal de Retz et son heritière, V, [604*].

Gondi (Catherine de), nièce du Cardinal, V. [604].

Gondrin (M. de), archevêque de Sens de 1646 à 1678 ; — dérèglements de sa jeunesse, IV, 365*; galant dans sa jeunesse, 392*; — présente Arnauld au Nonce, 394, 395*; — l'un des dix-neuf signataires de la lettre à Clément XI, 365 ; — et l'accommodement de M. de Commineres, VI, [363]; — publie la bulle d'Innocent X avec des explications, qu'il rétracte ensuite. III, 25 ; — et les Jésuites, IV, 393-4*; — concerte ses démarches avec Mme de Longueville, 367 ; — estime qu'en fait M. Le Camus, 393-4* ; — et Louis XIV, 392-3*; — ses histoires avec Mme de Montespan, femme de son neveu, 392-4*; — — et le Nonce, 369; — sa part dans la paix de l'Église 388, 389 ; et la paix de l'Église, 395*; — écrit au Pape contre la lettre des autres évêques, III, 12; — et Pavillon, IV, 369-70, 390 ; — ami de P.-R. 364-5 ; — propose de transférer P.-R. dans son diocèse, 373 ; — s'entremet pour M. de Saci, II, 353 ; — sa mort, IV, 393*, 394*.

Gonelieu (Le P. de) Jésuite; modeste et modéré, II, [575].

Gongorisme du style dévot, I, 240.

Gonod, éditeur des *Lettres* de Rancé, IV, 45*, 68.

Gonthier (M.); sa réimpression d'un ouvrage de Du Guet, VI, 50; Extraits de Du Guet, IV, 288-9 ; — (Vie de M.), I, 29.

Gonzague (Charles de), duc de Nevers et de Mantoue, II, 209.

Gonzague (Anne-Marie de), la première princesse Palatine; — son nom d'Ange-Gabriel dans les lettres chiffrées d'Anne d'Autriche, V, [537, 538]; — lettres de la M. Agnès, IV, [575] ; — liaison avec la M. Angélique, II, 206-11, 312; lettres de la M. Angélique, 209-10, 211, 248, 301, 302*, 303, III, 167-8, 172-3, 174-6, 180*, 322*, 324-5*, 472; V, 45*, 58 ; — et Bossuet, V, [536]; son oraison funèbre par Bossuet, II, 208 ; — et Cinq-Mars, 206; — lit en feuilles le livre de la Fréquente communion, 179*, 225*; — marraine de Mme de Luynes, 312; — et Mazarin, V, [537] ; — accepte la couronne de Pologne, II, 208-9 ; reine de Pologne, I, 360 ; II, 231; son peu de temps pour sa toilette, III, 322*, 325*; — à P.-R. de Paris, II, 206-7, 230 ; — sa liaison avec Retz, V, [537, 564]; et Retz, [536] ; — et Saint-Cyran, II, 206.

Gorge (Mme) et M. Feydeau, VI, [284, 292, 293].

Gorgias : Voy. *Platon*.

Gorgibus (Le bonhomme), IV, 181; V, 487.

Gorin, cocher de Louis XIII, père de M. de Saint-Amour, III, 14, [591].

Gorkum (Les martyrs de), VI, [324].

Gosselin; « Vie de M. Emery », III, [610].

Gotescalc condamné, II, 133.

Gothique (Différences du et du romain en impression, IV, [599].

Goths (Rudesse des), IV, [548].

Gouet (Le P.), procureur des chanoines réguliers de Sainte-Geneviève, VI. [323].

Gougourou (Le) de Nicole, III, 554*.

Goujet (L'abbé); Vie de Du Guet, III, [633]; — Vie de Nicole, 214, 266-7

474, 479; IV, 68, 69*, 463, 498*; — Vie de M. Singlin, I, 444*, 470*; — a raison sur le vrai auteur du Discours sur les Pensées de Pascal, III, 386*.
Goulos, secrétaire des commandements de Monsieur; — dans l'affaire des restitutions de M. de Chavigny, II, [555, 656].
Goulu (Le P.). Général des Feuillants, et Balzac, II, 60*.
Gournai (M. de), un des noms de M. de Saci pour ses correspondances, II, 346.
Gournay (Mlle de), fille d'alliance de Montaigne, II. 451, 452; son édition de Montaigne, 413; comment elle défend Montaigne sur l'article religieux, 426*; croit que Montaigne a fixé la langue, 449; sur l'influence de Montaigne, 430; — son mépris de la prose de Malherbe, [519]; — et Balzac, 59-60.
Gourville et les jansénistes, VI, [361]; — Mémoires, IV, 364*, 480*.
*Gousat (Le port de), en Italie (?), III, [593].
Goût (Du) dans l'ordre chrétien, II, 88-91; — en littérature et sens chrétien en religion sont du même temps au XVIIe siècle, I, 417; — littéraire (Du), à propos de l'Augustinus; tient-il à la concupiscence, II, 160-4; — (Manque de) en matière morale, III, 322-3; — (Variations du), IV, 465; — Société des femmes nécessaire au), IV, 515; — (Nécessité de compter avec le) d'autrui, VI, [266*]; — (Mauvais), arrive à sophistiquer les faits, IV, [574]; — avant la lettre, III, [613]; — (Mauvais) des gens farcis de procédures, II, 336.
Goutte (La), V, [592, 593].
Gouttes d'Angleterre, IV, 512*.
Gouvernement (Jésuites ont le défaut d'être un), III, 144*; — spirituel (Don du), I, 188, 189.
Gouverneur (Le) selon Montaigne, III, 517*; — (L'Émile de Rousseau a un), 545.
Goy (M.); ce qu'il dit de Pascal, 1850, III, 453*.
Gozlan (Léon), I, [558].
Grâce (La), est la Muse des Grecs, III, 121; — antique (La) manque au Christianisme, 121.
Grâce (La), I, [531]; — (Ce qui est la matière de la), V, 130; — son ordre général immuable, 424-5; — (Figure de la) dans l'ordre Chrétien, 417*; — (L'organisme et le vitalisme de la), IV, 308; — (Deux sortes de), avant et après la chute, II, 100-1; — rendue par le baptême, III, 480, 482; — (Diverses espèces de), II, 127; — (Toutes les espèces de) discutées dans le 3e livre de l'Augustinus, 147-8; — (Définition de la) en abrégé, I, 357, 409*; — de lumière et de pure raison, de Dieu créateur et père, V, 432; — (Dieu cause méritoire et première, J.-C. cause occasionnelle et seconde de la), selon Malebranche, 427-31; — de Jésus-Christ, IV, 243; délectante de J.-C., V, 432-3; — (De la doctrine de la) sans déguisement, III, 491*; — (Le courant de) ne diffère pas de celui de la Charité, 337*; — (Le triomphe par la) seule, VI, 36; — (La vie de la), IV, 323*; Systèmes subtils, V, 84-5; — (Labyrinthe de la), IV, 227; — (Doctrines sur la), V, 308; — (Doctrine de la), peut réunir plusieurs communions, III, [595*]; — (Nécessité de la) pour l'homme, 240; — (De la correction et de la), II, [531]; — est-elle donnée à tous? [532]; — (La) est-elle refusée à quelques personnes? IV, 141; — dépend de Dieu seul, II, [533]; — (Inamissibilité de la), V, 319; — elle peut manquer aux justes, III, 32, 34; — (Un juste prédestiné ne perd jamais la), V, 319; — commune imperceptible, IV, 504; — générale, 421; — sanctifiante ou surnaturelle, I, [537*]; — pouvoir prochain et pouvoir éloigné, III, 42; — pouvoir prochain, 54, 81; — efficace, I, 255*; II, 102, 136; III, 17, 82. 84, 91, 92, 355; IV, 271, 505; V, [534]; — (La correction de la) efficace par elle-même, VI, [304]; — suffisante, II, 102; III, 64, 81, [622-3]; IV, 271, 505; V. [534]; — suffisante qui ne suffit pas, IV, 506, 507*; — existante, II, 102, — intérieure, 102, 105; — Augustinienne et Janséniste, 432, 433, 434; — (Sentiment de la), IV, 239; — (Fatalisme de la), V. 432; — (La) et le libre arbitre, II, [532-4]; — et la liberté, 102-5, 111-2; — n'annule pas la liberté de l'homme, I, 291; — (Vérités de la), VI, [270]; — lui trop accorder est-ce pécher contre

elle ? III, 237*; — (Omnipotence de la), I, 358, 410*; — (Cause occasionnelle de la), V, 428-30; — (Caractères fondamentaux de l'invasion de la chez tous les élus, I, 102-6; — Coups de foudre de la), II, 429, [526]; IV, 50-1; Coups de la), I, 123, 156; — (Cristallisation de l'âme par la), 102; — vient sans cause suffisante, 103; — l'obstacle y devient instrument, 103-4; — une certaine folie y est nécessaire, 104; — pas de milieu ni de réserve avec elle, 104-5; — état de la Grâce une au fond par l'esprit et par les fruits, 105-6; — (Miracle de la), IV, 79; — (Changements produits par la), V, 27-8; — (Effets graduels de la), IV, [533]; — (Diverses natures de) pour le sacerdoce, I, 445-6; — (Reprise de l'idée de la), III, 215; — (Les matières de la), V, [611]; — (Disputes sur la), IV, 71; — (Conférences ou duels théologiques sur les matières de la), III, [621-3]; — (Femmes de qualité dans les questions de la), II, 268*; — (Dames de la), IV, 493; V, 12, 158*; (Dames de la) au commencement du XVIIIᵉ siècle, VI, 72*; — (Appréciation de la) au sens psychologique et philosophique, I, 94-7; — (Questions de la) traitées sous une question de médecine, IV, [584]; — (La devise des neutres sur la), IV, 92, [525*]; — (Le tiers parti sur la), 505;
= et Anne d'Autriche, III, 160; — suffisante et Arnauld, IV, [572*]; — livre de M. Barcos, II, 219; — hésitation de Boileau, V, 13; — écrits de Bossuet, III, 306*; (Matières de la), ténèbres et abîmes selon Bossuet, V, 375; point toujours réservé par Bossuet vis-à-vis de P.-R., IV, 459; — (Le Calvinisme à l'endroit de la), V, 318; — (Catéchisme de la), VI, [292]; — (Lettres sur la) par le prince de Conti, V, 28; — (Corneille et les questions de la), I, 173; dans le *Polyeucte* de Corneille, 123-5; — (Les questions de la) et les Courtisans; — (La doctrine de) et Du Guet, VI, 36-8; (Les matières de la) et Du Guet, 60-4; pure (La doctrine de la) selon Du Guet, V, 116-7; — (La doctrine de la) d'après les Mémoires de M. Feydeau, II, [531-5]; — dans les romans de Gomberville, 266-7*; — (Sermon de M. Habert contre la), 21; — (M. Hamon exprime mieux que personne la doctrine de la), IV, 307-8; — efficace, non condamnée par elle-même dans la bulle d'Innocent X, III, 20; — (Jansénisme tiraillé entre la raison et la), IV, 201-2; (Le côté odieux du Jansénisme, sa doctrine de la), 503; (Jansénisme lutte dans l'affaire de la); II, 189; elle est pour Jansénius une sphère complète, I, 221; — suffisante (La) dans une comédie de Jésuites, III, 21; — (Conférence sur la) du P. Labbe et du Dʳ de Sainte-Beuve, 621-2; IV, [569]; — (La Fontaine et la), IV, 24; — et le Père Lessius, 505; — (Ordre de la), selon Malebranche, V, 364-5; comparée à la pluie par Malebranche, 417, 424, 431; — (L'homme dépourvu de la) selon Montaigne, II, 436-7; — (L'ordre de la) n'est rien dans Montaigne ni dans Molière, III, 272; — générale (La) de Nicole, V, 86-7; universelle de Nicole, IV, 475, 492; suffisante admise par Nicole, 418; Voy. Nicole; — (Les matières de la) et M. Olier, VI, [296]; — (Les papes et la doctrine de la), III, 92; — (La) selon Pascal, 107*; Voy. Pascal; — (La matière de la) et les Pères, V, [611]; — opinion des Pères Grecs et d'Origène, IV, 505; — (Les doctrines de la) et M. de Pontchâteau, VI, (304]; — (Doctrine de la) relevée par P.-R., I, 120; — et les Protestants, V, 318-20; — figure dans le Prologue de l'*Esther* de Racine, VI, 139; — Mandements de Retz sur la Grâce, V, [546]; efficace et Retz, [563]; suffisante et Retz, [563]; — (Sentiments de saint Augustin sur la) opposés à ceux de Jansénius, 334*; — (Croyance de Saint-Cyran à la), I, 343; — (Gratuité de la) reconnue par saint François de Sales, 253; — à propos de saint Pierre, III, 42; — (Sermon de saint Vincent de Paul sur la), I, [533*]; — et le docteur Jacques de Sainte-Beuve, III, 621-2; IV, [569, 572*]; — et le Père Thomassin, V, 333*; — (Les questions de la) et M. de Tréville, 84-5, 86-7.

Grâces (Distinction des deux), II, 129*; — (Les deux) un moment acceptées par Arnauld, III, 37, 38.

Grâces antiques (Les), II, 423; III, 121.; — (Les) grecques, 584*.

Grammaire (Les charlatans en), III, 528; — Comment Arnauld la crée, 535 6; (Ce que la) doit à Arnauld, II, 172, — (P.-R. en), III, 513.

Grammaire générale et raisonnée, etc., par Arnauld et Lancelot, I, 428; II, 456 7; III, 504, 513*, 534, 536; — de P.-R. republiée en 1810, I, 17*; — attaque les idiotismes des langues, III, 541; — *mise à la portée des enfants*, 540.

Grammaire française, en latin, par M. Mauconduy (1678), III, 564, 565-6.

Grammaires de P.-R.; Voy. Lancelot, Méthodes; — estime qu'en fait La Mennais. III, 258.

Grammaires françaises (Les) dignes de ce nom, III, 566.

Grammairien (Participe grec devenant un nom de), III, [626, 627]; — pur (Le), 544, 545.

Grammairiens (Défaut du commun des), III, 538; — (Prétentions trop prolongées des), V, 485-6; — (Querelles de), III, 523; — (Jansenistes), 247.

Grammont (Antoine, comte de Guiche, puis duc et maréchal de), mort en 1678; favorable au N. Testament de Mons, IV, 384-5, 387*; — Voy. Guiche (Le comte de).

Grammont (Philibert, d'abord chevalier, puis comte de), frère cadet du maréchal, mort en 1707, I, 163; — et l'Augustinus, II, 98, 109-10; — charme de sa conversation, III, 588; — et son mariage avec Mlle Hamilton, II, 106-9; — et les Marlys de sa femme, VI, 164; — et Louis XIV, VI, 163-4, 164*; — sa conversion, II, 109; — *Mémoires du Comte de*) par Hamilton, II, 106, 108*; IV, 128.

Grammont (La comtesse de), née Hamilton, élevée à P.-R., III, 580; VI. 164*; — et Louis XIV, V, 182-3, 184. VI, 163 5; — et Mme de Maintenon, 164*; — (Le monde de Mme de), 35*; — et Nicole, IV, 513*; — et la duchesse d'Orléans douairière, VI, 166*; — sa fidélité à P. R., V, 183, 184; VI, 36*; — son dévouement à P.-R., 164-5; — histoire de sa retraite à P.-R. des Ch. et des Marlys, 163-5; — amie de Racine, 36, [259].

Grammont (Mlle Marie-Elisabeth de), pensionnaire à P.-R.; II, 108-9.

IV, 128; V, 185'; — ses sorties à Versailles à sa sortie de P.-R., 182-4; — et Mme de Montespan, 183; — et la Duchesse d'Orléans, 183; — fille d'honneur de la Dauphine de Bavière, 184.

Grammont (Mlle de), chanoinesse et abbesse de Poussay en Lorraine, V, 184.

Gramond (Gabriel Barthélemy, seigneur de), président au Parlement de Toulouse : « Histoire de France sous Louis XIII », II, 257-8.

Grana (Le marquis de), gouverneur des Pays-Bas Espagnols; protecteur d'Arnauld, V, 346, 459.

Grand (Tout est) à ceux qui ne le sont pas, IV, 482.

Grand-Chambre ; Voy. Parnasse.

Grand-Conseil, I, 371; VI, [294*]; — Voy. Belisi.

Grand Écuyer de France; Voy. Armagnac, Harcourt.

Grand homme (Tout) qui pense commence par être grand écrivain, III, 463-4.

Grand Prévot, IV, 366*.

Grand Seigneur (Le) et les Maronites, V, 141*.

Grandeur (Néant de la), II, 399; — naturelle de la race grecque, III, 339, 357; — morale, 356.

Grandeurs charnelles, spirituelles, et saintes (Échelle des), III, 452; — morales (Les deux) païenne et chrétienne. 357.

Grandier (Urbain), I, 495, 498.

Grandier (M.), syndic de la Faculté de théologie ; ce qu'il dit au Dr de Sainte-Beuve, IV, [571-2*]; — et M. Amiot, VI, [364].

Grands (Ambition dépravée des), IV, 433; Voy. Fronde ; — (Dieu, masqué en roi, plus puissant sur les âmes des), IV, 445; — (Enseignement des), II, 318; — (L'esprit railleur nuit auprès des), III, 589; — bien connus de Massillon, 200*; — (Discours de Pascal sur la condition des), 392-3; — (Difficultés de la pénitence des), V, 190; — (Conduite de P.-R. avec les), I, 466-7; (Théologie pour les), III, 109; — (La vanité des) malmenée dans la logique de P.-R., 551-2.

Grands-Ducs de Toscane; Voy. Médicis.

Grands hommes (On ne peut demander aux) que de ne pas s'entrechoquer entre eux, III, 392; —

(Des discordes entre), rêve d'un Élysée, 306-10 ; — trahis par les seconds et disciples, 384* ; — (Les seconds des) ont bon dos, IV, 424* ; — (Les sœurs des), III, 358-60.

Grands jours de Clermont, V, 521.

* *Granges* (Les) ferme sur les hauteurs voisines de P.-R. des Champs, I, 47, 495 ; II, 8 31*, 291, 304, 306*, 307, 314 ; V, 164, 277 ; — (Enclos des), 273 (Plan) ; — (La montagne des), VI, [320] ; — (Vigne de la montagne des) [319] ; — (Domestiques des), IV, 313* ;

= Demeure des Solitaires, II, 302, 303, 305 ; IV, 13* ; — maison d'Arnauld d'Andilly et d'Arnauld, V, 277 ; — propositions de MM. de Chavigny et de Liancourt, II, 264 ; — et M. Charles Duchemin, VI, [319, 320] ; — M. de Gibron se fait le cuisinier des domestiques des Granges, V, 166 ; — M. de la Rivière y meurt, II, [543] ; — « Le petit Pallu », 227, 293 ; — et M. de Pontchâteau, V, 257, 257* ; VI, 328, 331 ; M. de Pontchâteau en est jardinier sous le nom de Mercier, IV, [539] ; V, 186 ; VI, 319] ; l'habit de M. de Pontchâteau aux Granges, V, 258 ; [VI, 319, 322, 324, 337] ; (La maison de M. de Pontchâteau aux), [319] ; — le palais Saint-Gilles, II, 293 ; Voy. Floriot ;

= (Les Petites Écoles aux), III, 474, 475, 478* ; — Racine y est élevé, 475 ; — dispersées par ordre du roi, 475 ; — (Dispersion de l'École des) (1656), VI, 87 ; — visite du Lieutenant-civil Daubray, III, 169-70 ; — prise de possession par Mme de Château-Renaud, VI, 213.

Granier (Claude de), évêque de Genève, I, 258, 259.

Grasse (M. l'évêque de) ; Voy. Godeau.

Grassins (Les) ; Voy.* Paris (Collèges de).

Gratian, canoniste du XIIᵉ siècle, III, 206.

Graves ennuyeux (Les), V, 488.

Γράω, III, 525 *.

Grec (Sentiment) vis-à-vis des images de ses Dieux, IV, 323 ; — les Anciens en méprisaient-ils les traductions? III, 521-2 ; — plus près du français que du latin, 520, 521 ; — décadence de son étude, 520 ; = à P.-R., II, 361* ; III, 248, 542 ; IV, 103*, 126 ; V, 81 ; —

(L'effort de P.-R. pour le) trouve peu d'appuis, III, 520 ; — Jansénistes accusés de vouloir ruiner le français au profit du grec, 527 ; — (Le) aux Petites Écoles, 472 ; — Arnauld s'en préoccupe peu, III, 519-20 ; — et M. Bocquillot, V, 240 ; — et Du Guet, VI, 47 ; — (Le) et l'archevêque d'Embrun, IV, 384, 386-7 * ; — (Le) et M. Hamon, 298 ; — enseigné par Lancelot, I, 438 ; — et Nicole, IV, 419 ; — et M. de Pontchâteau, VI, [325] ; — et Racine, 96 ; — et Retz, V, [575] ; — (Le) et Rollin, III, 520.

= (Prononciation du), III, 526* ; — (Opinion de M. Dubner sur l'enseignement du), III, [619-20] ; — les enfants vis-à-vis de lui, 520 ; — (Faut-il apprendre le) avant le latin ? 520 ; — (Aborder le) directement et non par le latin, III, [620] ; — français (Premier dictionnaire, 525 ; — vulgaire, IV, 454* ; — Voy. Lancelot, Le Maître, Méthode, Tréville.

* *Grèce* (Recommencer la), II, 419*.

Grécourt (L'abbé de) ; *Philotanus*, II, 334.

Grecque (Admirable supériorité absolue de la race), III, 339-40 ; — (Phrase) plus facile que la latine, 521 ; — (Langue) et P.-R., II, 233, 241 *, 293.

Grecque (*Église*) et l'Eucharistie, IV, 453-4* ; — (Accord de l') et de la Romaine, 453, 454* ; — (Inquisiteur général de l'), 454 *.

Grecs (Religion des), III, 442 ; — leur valeur fait peur à Andromaque, IV, 493 * ; — (Les) ont la poésie, II, 36 ; — (La Grâce est la Muse des), III, 121 ; — font de *bonhomie* le synonyme de *bêtise*, 495 * ; — (Auteurs), IV, [599, 600] ; — (Comment on imite les), III, 45* ; — (Impuretés morales des auteurs), 503 * ; — (Auteurs) et M. de Tréville, V, 85 ; Voy. Pères ; — du XVᵉ siècle ; leur prononciation à suivre, III, 526 *.

Greenhill (Le Révérend) ; « Biographies des médecins chrétiens », IV, [586].

Greffier (Style de), grimoire de famille pour Boileau, V, 492.

Grégoire de Tours, I, 201.

Grégoire VII, I, 466.

Grégoire XIII (Bulle de) contre Baïus, II, 144, 147 *, 149 ; III, 9 ;

elle atteint saint Augustin, II, 134-5.
Grégoire XV, I, [523].
Grégoire de Valentia (Le P.), Jésuite, I, [546].
Grégoire (L'abbé), I, 19; II, 473*; III, 205; — esprit illogique, 244; — *Ruines de P.-R.*, I, 39*, 281*, 401*; III, 58, 362; défauts des *Ruines de P.-R.*, 244-5; son dénombrement des Jansénistes remarquables attaqué par De Maistre, 244; belle prosopopée terminant ses Ruines de P.-R., II, 31-2; — remarque que l'abbé Boileau a parlé le premier en 1737 de l'*abîme* de Pascal, III, 362; — se trompe en mettant La Bruyère avec les gens de P.-R., II, 401*; —[Lettres de M. Silvy à), II, 200*.
Grenade (Louis de), IV, 297.
Grenet (M. Pierre), curé de Saint-Benoît de 1653 à 1680; sa naïveté confiante, V, 191-2; — et la M. Angélique de Saint-Jean, 191-3; forcé d'assister à la réélection de la M. Angélique de Saint-Jean, 207*; — et les Confesseurs de P.-R. des Ch., 202; — et M. de Harlai, 188, 189-90, 203; ses conversations sur P.-R. avec M. de Harlai, 166-7, 190-5; (Lettres de M.) mourant à M. de Harlai en faveur des Religieuses, 246*; — au service du cœur de Mme de Longueville, 139*; — et M. de Péréfixe, 190; — envoie M. Poligné comme nouveau confesseur à P.-R. des Ch., 189; — n'est pas proprement de P.-R., 237; comment il n'est pas de P.-R., 190-1, 193; — Supérieur de P.-R. des Ch., IV, 410; V, 166, 190; bénit en 1670 la première pierre du cloître de P.-R. des Ch., 11*; interrogatoire de M. de Harlai sur P.-R. des Ch., 166-7, 190-5; —et l'affaire des trois postulantes reçues, 179-80; — sa vraie situation vis-à-vis des Religieuses de P.-R., 190-1; — sa mort, 246.
* *Grenoble*, IV, 343; V, [608];—Assemblée de la Charité des pauvres, IV, [546]; — Carmes déchaussés, [551]; — Collège des Jésuites, [546]; (Les Lettres-patentes de Louis XIV pour l'enseignement de la théologie au) tenues pour non avenues par M. Le Camus, [554*]; — (Le P. Du Breuil à), [544]; — difficultés de son évêché, [540-2]; Voy. Le Camus; — (L'évêque est prince de), [550]; — Jésuites dominent à), [541, 545-6]; — (Nicole à), V, 152*; — (Parlement de), IV, [540]; — (Retz à), V, [592] : — Séminaire, IV, [543, 544, 546].
* *Grenoble* (Diocèse de), IV, 431*, [540]; — état des villages, [541-3]; — (Évêché de) va jusqu'en Savoie, [540].
Grenoble (M. de); Voy. Le Camus.
Gresset; élevé chez les Jésuites, V, [624]; — naturellement espiègle, [624]; — le Code mignon des Religieuses, [619].
Griffet (Le P.), jésuite, III, 130; — « Histoire de Louis XIII », II, 253*, 292*; — relève les inexactitudes des Mémoires de Pontis, 292*.
Grignan (M. de), III, 71; V, 372;— sa première femme, fille de la marquise de Rambouillet, III, 570*; — (La première ou la deuxième Mme de), 71; — (Mlle de Sévigné, troisième femme de M. de), 71*.
Grignan (Mme Pauline de), II, 243*, 401; IV, 264, 466, 467, 468, 469; V, 11, 507*, [587, 587*]; — pour le Cartésianisme, III, 231; — cartésienne malebranchiste, V, 371; — enthousiaste de Malebranche, 371, 373; — (Lettres de sa mère à), 371-2, [591]; sa discussion sur le libre arbitre avec sa mère, III, 231-2; — filleule de Retz, V, [594, 605]; et Retz, [586]; et la dernière maladie de Retz, [599, 604]; présente à la mort de Retz, [603]; devait hériter de Retz, [594*, 602, 603]; — lit saint Augustin, III, 231; — lit saint Paul, 232.
Grignan (Mlle de), fille du premier lit, III, 570*.
Grimald (M.), précepteur du chevalier de Rohan, III, 581*.
Grimaldi (Le cardinal), archevêque d'Aix, et M. Le Camus, IV, [548].
Grimm (Jacob); crée la méthode naturelle des langues, III, 542.
Gris (Nuances du), IV, 349; — (Habit) de religieuses, V, [619].
* *Grisons* (Le lac des), VI, [311].
* *Gros-Bois* (Château de), V, [587].
Groseillers (Allée des) à P.-R. des Ch., V, 271.
Grosley (M.), le père; — ami de la vieillesse de Du Guet, 77.

Grosley, de Troyes ; son allure provinciale et ses sentiments du xvie siècle, V, 480-1 ; — son admiration pour Arnauld, 481 ; — son précieux témoignage sur Du Guet, VI. 77 ; — l'ennemi constant des Jésuites, V, 481 ; — son éloge des frères Pithou, IV, 34-5* ; — favorable aux Mémoires de Pontis, II, [572-3] ; — son éloge de Tillemont, IV, 35* ; — son bizarre et touchant testament (1785), V, 481 ; — « Œuvres inédites », VI, 77* ; — sa vie par lui-même, mutilée par la censure, V, 464-5*.

Gros-René de l'*Étourdi*, I, 164.

Grossissement (Le) nécessaire au théâtre, III, 293*, 295, 296.

Grotefend (M.), éditeur de la Correspondance de Leibniz, V, 370*, 443*.

Grouvelle: — son édition de Mme de Sévigné, V, [602] ; — discussion de ses doutes sur la mort du cardinal de Retz, [602-3].

Grues (Comparaison des), I, 293.

Guays (M.) ; chargé du soin de pourvoyeur à P.-R. des Ch., 97 ; — se fait religieux à l'abbaye de Saint-Cyran, VI, 97.

Guébriant (Mlle de), rapporte un corps saint des Catacombes, III, [594].

Guédreville (Le président de) et M. de Harlai, à propos de la sortie de ses deux filles pensionnaires, V, 181-2.

Guédreville (Mlles de), pensionnaires à P.-R., V, 181, 183, 185*.

Guelphe (M.) ; de Beauvais, V, 302 ; — son appellation de *petit frère*, 200, 324 ; — secrétaire d'Arnauld, IV, 488*, [593, 594] ; V, 324, 460 ; — ce qu'il dit de la saisie de ballots de livres d'Arnauld, 220* ; rapporte à P.-R. le cœur d'Arnauld, 324 ; *Relation de la retraite de M. Arnauld dans les Pays-Bas*, 326-7* ; — son nom déguisé de D'Urval, IV, 488*, [593*, 594] ; — et Nicole, 488* ; — et M. de Pomponne, V, 200.

Guéménée (Le prince de) et Nicole, IV, 478 ; — son chateau du Verger en Anjou, 478.

Guéménée (Madame de), II, 20*, 231 ; — côté faible de sa réforme, V, 57 ; — pénitente raffinée, III, 587 ; — et ses directeurs, II, 166-8 ; — et Arnauld d'Andilly, 256-7* ; — son mot à la Reine dans l'affaire d'Arnauld, III, 39 ; — cache M. de Barcos, VI, 187* ; — malheureuse en fils, III, 581 ; voy. Montauban (Le comte de) et Rohan (Le chev. de) ; — traitée de fondatrice du Jansénisme, II, 168* ; — Mlle de La Roche-Guyon un moment chez elle, V, 65* ; — et le mariage de la petite-fille de M. de Liancourt, 47 ; — amie de P.-R., IV, 162, 165 ; s'entremet pour P-R, 149 ; — et P.-R. de Paris, II, 198, 207, 208, 256 ; détails sur son logement à P.-R. de P., IV, 135, 204, 205 ; — (Mme de) et Retz, II, 75, 256-7* ; V, [529] ; — S.-Cyran et P.-R., I, 359-63, 467* ; II, 5, 41*, 166 ; intervient en faveur de la « Théologie familière » de Saint-Cyran, II, 200 ; — et M. Singlin, I, 466 ; — et Tartuffe, III, 268.

Guéménée (Le prince de) le fils, I, 466.

Guénaud (M.), médecin, II, 296* ; — soigne M. Feydeau, VI. [291].

Guéneau de Mussy (M). I, 17*.

Guénégaud (Les fils de M. de) élevés à P.-R., III, 577, 578 ; — voy. Montbrison (M. de).

Guénégaud (L'hôtel) ; Voy. *Paris.

Guéranger (Dom ; ultramontanisme de ses « Institutions liturgiques », V, 233.

Guérin, médecin, II, 212 ; — médecin de Saint-Cyran et du Collége des Jésuites, [537] ; III, 22.

Guérin (Le P.) de l'Oratoire ; peu croyant aux reliques de N.-D. de Lorette, III, [594] ; — défend les Convulsionnaires, VI, 77.

Guérin (Maurice de), III, 493*.

Guérin (Eugénie de), sœur de Maurice, III, 360* ; — Lettres, I, [550*].

Guérir ; le seul mot d'ordre de Saint-Cyran, I, 342, 343 ; — (On espère toujours), III, 319*.

Guérit (On) comme on peut, V, 33.

Guerre (Misères de la), II, 306-7* ; 310 ; — opinion de Napoléon, III, [611].

Guerre intérieure, V, 33.

Guerres (Dans les) de doctrine tout est moral, III, [611] ; — civiles (La religion ne peut que perdre aux), V, 234.

Guet (Le chevalier du) ; arrestation de Saint-Cyran, I, 484-5.

Guez (Guillaume), père de Balzac, II, [524*] ; — attaché au duc d'Épernon, [525] ; — vit 97 ans, [524].

Guez (François de), second fils de Guillaume, II, [524*].
Guez; Voy *Balzac*.
Guibert (Le P.) de l'Oratoire, III, [607].
Guiche (M. de); élevé avec Louis XIV, V, 82*; — de la débauche de Roissy, IV, [529].
Guichet (Journée du), VI, 228*; — (Histoire de P.-R. commence à la), VI, 242; — voy. Angélique (La M.).
Guilbert (L'abbé); *Mémoires historiques et chronologiques sur l'abbaye de P.-R. des Champs* (1755-9) I, 37-8, 49, 53*, 92*, 284*, 375*; II, 199, 369*, [574]; III, [632]; IV, 218*; V, 207*; — sources et valeur, VI, 206-7*; — aveuglement janséniste dans son Histoire, 194*; — sentiments de fidélité royaliste, II, 199.
Guillard (M.), le chirurgien, VI, [288*].
Guillaume le Conquérant, II, 471*.
Guillaume d'Orange, II, 376; — pamphlet d'Arnauld, 199.
Guillebert (M.), I, [557]; — désapprouve le ton de l'Apologie des religieuses de P.-R., IV. 345, [595]; — lettres d'Arnauld, II, 217; — demeure chez M. de Barcos, IV. [560]; — et M. de Bernières, [560, 562]; — et M. Nicole, [595]; — directeur de la famille Pascal, II, 481; — présente Jacqueline Pascal à la Mère Angélique, 484; — à la cure de Rouville, I, 106, 118; II, 477; réveil chrétien à Rouville, VI, [283]; — maître de M. de Saci, II, 326 ; — dirigé par Saint-Cyran, 5-6, 481; (Lettre de Saint-Cyran à M), I, 273, 343*, 357, 445 ; fait connaître Saint-Cyran à M. Le Pelletier des Touches, 430*; continue l'esprit de Saint-Cyran, 437; — à l'abbaye de Saint-Cyran, II, 221 ; — lettre sur sa mort, 220; — sa morale, 15*.
Guilloré (Le P.), Jésuite, attaqué par Nicole, IV, 443
Guillotin (Le docteur); son nom donne un mot à la langue, III, 117*.
Guinée (Nouvelle-), VI, 20
Guinonville (Mlle de); pensionnaire à P.-R., V, 186*.
Guirlande de Julie (La), IV, 442*.
Guise (Meurtre du duc de), I, 55.
Guise (Procès de M. de), I, 65
Guise (Le duc de) a M. Du Bois pour précepteur, V, 469*.
Guise (Mme de) et Arnauld, V, 330.

Guise (La duchesse de); Voy. Lorraine (Marie de).
Guise Mademoiselle de), V, 469*.
Guise (Mesdemoiselles de), I, 181.
Guise Voy. *Paris (Hôtels).
Guitaut; lettre de Mme de Sévigné sur la mort de Retz, V, [596, 599, 602-3, 604].
Guitton Jean), maire de La Rochelle, II, [570].
Guizot (M.); son éloge de l'ambition, III. 499.
Gustave-Adolphe, roi de Suède; allié de Richelieu, I. 487.
Guttinguer (M. Ulric) ; son *Arthur* donne des fragments de la traduction de S. Jean Climaque par d'Andilly, II, 286*.
Guy Patin; rapporte un mot plaisant de Roquelaure, VI, 173.
Guy abbé des Vaux de Cernay, I, 42.
Guyart (Claude), docteur de Navarre, III, 53; — syndic de la Faculté de théologie et moliniste, 32; — on lui dénonce la seconde lettre d'Arnauld, 32; — dans l'affaire d'Arnauld, 37, 38.
**Guyenne* Le prince de Conti, gouverneur de), V, 25.
Guyon (Mme , I. 3; — dans le diocèse de Grenoble, IV. 431*; — renfermée à la Visitation, 431*; — et M. Boileau, de l'hôtel de Luynes, 430*; — et le P. La Combe, 431*; — et le P. de La Tour, 430*; — et Nicole, 508 509*; De ses relations avec Nicole. 429-31*; ses comparaisons louées par Nicole, 430*; — réfutée par Nicole, 442; — sa Vie par elle-même, 430*; — « Moyen court de faire oraison, » 430*, 431*; — son livre sur le Cantique des Cantiques, 431*.
Guyon (Une Mme) janséniste, VI, 56.
Guyonisme (M. de Chevreuse dans les voies du), II, 563-4*.
Guyot M. Thomas), un des maîtres à P.-R., III. 574-5; — maître aux Petites Écoles, 471. 506; — remarque qu'on néglige le grec, 520; — ne persévè e point à P. R., 575; — son pseudonyme de Le Bachelier, 575; — « Avis touchant la conduite des enfants. » 506; — « Methode pour conduire un écolier dans les Lettres humaines, » 506, 511, 512*; — Des études par rapport aux mœurs. 506; — sur l'utilité des traductions françaises, 506, 515; ses traductions diverses, 506, 511; —Lettres de Cicéron, 533,

575 ; — petites Lettres de Cicéron (1666), 575 ; — pourquoi il n'a pas d'article dans les Nécrologes, 575 ; — notice par Barbier, 575.

H

Habert (M.), d'abord théologal de Notre-Dame de Paris, et l'Augustinianisme, IV, [565*] : — et le Jansénisme, [565*] ; — attaque en chaire le premier les cinq propositions, [565,.566] ; — ses sermons contre l'Augustinus et la grâce, II, 21, 96-7; III, 1 ; VI, [282] ; —devenu évêque de Vabres III, 11 ; —et Arnauld, IV, [565*] ; — sa *Théologie* jugée par Fénelon, VI, 232 ; — et Saint-Cyran. IV, [565*] ; — son livre contre la première Apologie. approuvé par le docteur de Sainte-Beuve, [572*] ; — son approbation d'un livre du P. Sirmond, [565*] ; — (Beau zèle pour M.), [565*].
Habiles (Ce qui déconcerte les). V, 175 ; — (Les), qui ne haïssent personne, t nus de ne pas être cruels, 338* ; — (Sagesse des), III. 434 : des demi-habiles, 4 3, 434-5.
Habit (Prêtres après la Ligue ont honte de porter leur), 1, 415* ; — (Changement d') des Religieuses de P.-R., II, 298-9.
Habit blanc des Religieuses de P.-R., IV, 257, 259 ; VI, 224* ; —commun aux pensionnaires et aux novices, IV, 116.
Habit blanc et noir, III, [594*].
Habit commun, VI, 316].
Habit gris (L'), VI, 198 ; — des ecclésiastiques, V, 211.
Habit séculier. V, [560] ; VI, [311].
Habits de Religieuses, V, [619].
Habitude (orce de l'), IV, 243.
Hachette(MM.); Collection des grands Écrivains de la France, VI, [248].
Hacqueville (L'abbé de); ami de Retz, V, 576, 577. 580, 587. 589].
Hagiographie de P.-R, due à la M. Angélique de Saint J-an. IV. 227
Hahn (M.), de Luzarches, II, 388*
Hainaut (Conseil souverain de), V, 292.
Haines religieuses (Violence des), II, [540, 552].
Hallé (M.), V, 418.

Hallé (Pierre), professeur au Collége de France. III, 515*.
Haller trace de ses luttes intérieures dans ses « Pensées, » IV, 35-6.
Hallier (M. François), docteur de Sorbonne et syndic de la Faculté, I, [542] : — d'abord janséniste, 109* ; — passe au molinisme, 109*; — poursuit la condamnation contre les cinq propositions, II, 157* ; III, 19* ; — envoyé à Rome pour y faire condamner les cinq propositions. V, [555] ; poursuit les cinq propositions à Rome, III, 13, 109*; souvenirs de son voyage à Rome sur les députés jansénistes, [592-3] ; et Innocent X, V, [555]; — raillé par Pascal, III, 109* ; — sa polémique avec le P. Pinthereau, 109 ; — et Retz, V, [555] ; — sa colère contre Jacques de Sainte-Beuve, III, 156-7* ; — devient imbécile, aussitôt évêque, VI, [294*]; — mort évêque de Cavaillon, II, 157* ; III, [593].
Halphen (M. Ach.), éditeur du Journal inédit d'Arnauld d'Andilly, II, 250-1
Hamelin (M.), Contrôleur général des ponts et chaussées ; cache Arnauld chez lui, II, 187*, 472* ; IV, 417 ; — cache Nicole, 417.
Hamilton (Les), I.I, 8 ; — amis de P.-R., 581.
Hamilton (Antoine), II, 110 ; — charme de sa conversation, III, 588 ; — et Mlle de Grammont, V, 181 ; — « Mémoires du comte de Grammont, » II, 106, 108*; IV, 128.
Hamilton (Mlle), depuis comtesse de Grammont, II. 107-9; IV, 128 ; — nourrie par charité à P.-R., V, 184 ; — élevée à P.-R., II, 107 ; III, 580 ; — et Louis XIV, II, 108 ; — devient la comtesse de Grammont, III, 580 ; Voir ce dernier nom.
Hamlet, IV, 241 ; — (Amertume du rire d'), II, 436.
Hamon (M. Jean), I, [557] ; II, 32*, 43*, 175 ; III. 244 ; IV, 6, 410 ; V, 418 ; — sa conversion, IV, 290 ; — ses repentirs, 294-5 ;— ses voyages dans l'été de 1677. 338 ; — ses voyages à pied, [534] ; — voyage en pénitent. 478 ; — et son âne, 297, 351 : — simplicité de son costume, 287 8, 338-9, 340 ; — évite la lettre de cachet en se sauvant, 223, 287 ;—dernières années, 337-8;

— sa mort, 339; V, 247; — mort en février 1687, VI, 158; — son épitaphe par lui-même, IV, 340; — son portrait à l'École de médecine de Paris. 342;

= Voyage à Aleth, IV, 372*; — oraison funèbre de M. Amelot, [584]; — et la M. Angélique, 293-4; la Mère Angélique l'engage à écrire, 312; — beau recit de la mort de la Sœur Anne-Eugénie, 316-9; — et M. Arnauld, 290, 295*, 312, 313; jugement d'Arnauld sur ses traités, 301*; critique d'Arnauld sur ses ouvrages, 301*, 502*; — et M. Bocquillot, V, 239; — vers de Boileau sur lui, IV, 340; — ce qu'en dit le P. Comblat, V, 141-2; — et M. Des Touches, IV, 594*; — ce qu'en dit Du Guet, VI, 22; — et M. Du Hamel, IV, 290; — M. Charles Du Moulin veut être enterré à ses pieds, III, 170*; — (Lettres de Fontaine à M.), II, 351-3; — et Mlle Gallier, IV, 499*; — précepteur de M. de Harlai, IV, 290, 339; — et M. Hilterin, 290; — son pseudonyme de Jean le Normand, 301; — et J.-C., 325; — et M. Le Camus, [541, 550]; — Nicole recherche sa conversation, 463; ses ouvrages revus et publiés par Nicole. 502-3*; (Les *Prières* de M.) revues et adoucies par Nicole, III, 379*; éloge et défense de ses ouvrages par Nicole, IV, 503*; écrit contre l'*Hérésie imaginaire* de Nicole, [595]; — il a du Pétrarque, 298; — sa *Prière continuelle* et M. de Pontchâteau, VI, [350]; M. de Pontchâteau copie ses écrits non imprimés [320]; — entre à P.-R. des Champs, IV, 291, 292; à P.-R. des Champs, II, 228, 292; laissé comme médecin à P.-R. des Ch., V, 188; rappelé aux Champs comme médecin, IV, 287-8; — le rayon de P.-R. dans l'adversité, 309; — et le petit Racine, VI, 87; maître de Racine, IV, 306, 339-40; Racine veut être enterré à ses pieds, III, 170*; VI, 157, [258]; — soigne M. de Rancé, IV, 338; devait être consulté comme médecin par M. de Rancé, [534]; lettre de Rancé sur sa mort, V, 114*; — n'est à ses propres yeux que le serviteur des Religieuses, IV, 312; son dévouement aux Religieuses, 287-8; la consolation des Religieuses, V, 189; — et M. de Saci, II, 340; IV, 312; au convoi de M. de Saci, II, 370*; lettre sur la mort de M de Saci, 373 — et le tombeau de Saint-Cyran, 205; rapproché de saint François de Sales, IV, 325-6; continue à P.-R. le genre mystique de saint François de Sales, I, 245; — et le miracle de la Sainte Épine, III, 176, 180, 181; — un vrai fils de Salomon, IV, 297; — son épitaphe du chev. de Sévigné, V, 98; — et M. Singlin, IV, 290, 343-4; — médecin de Mlle de Vertus, V, 114;

= Profondément chrétien, IV, 307; — (Spiritualité de M.), 323*, 331-2; — son sentiment de symbolisme, 334, 337; — ce qu'il a d'oriental dans la pensée, 307; — a le sens des emblèmes, 297; — sa joie en religion, 333; — subtilité et politesse de ses scrupules, 313-4; — son rôle de Tyrtée sacré, 309; — son respect pour l'Église, 319; — n'aime pas la polémique, 301; — son bonheur à exprimer la doctrine de la Grâce, 307-8; — sa charité, 313; — sa modestie, 313-4; — le lieutenant de tout le monde, V, 189; — douceur de sa vie, III, 358; — sa bonté, 1, 223*; — un des seuls de P.-R. qui ait des fibres tendres, IV, 459*; — son ascétisme, I, 24; — ses jeûnes excessifs, IV, 313*; — exagérations de son ascétisme, III, 322; — sa foi aux miracles, IV, [550]; — théologien de la captivité, 301, 302; — sa pensée sur ce que tous les fidèles sont ministres de J.-C., 449*; — sur l'enfance, 326-7; — ce qu'il dit de l'interdiction des sacrements, 310-2, 317; — sur la solitude, 320-2; — se défendait du charme des lieux, I, 29; — son goût pour les sentences, III, 289-90; (Belles sentences de), IV, 310;

= comme médecin, II, 228; IV, 338-9, 340*; — sa médecine est une théologie, et sa théologie une physiologie, 303; — le parfait médecin chrétien, 340-1; — modèle des médecins chrétiens, [585]; — ses malades, 338-9; — ses écrits médicaux, [583-6]; — médecin et directeur, 292-6; — médecin des âmes, 286; — directeur malgré lui, 312-3;

= Sa connaissance des langues, IV, 297-8; — et le latin, 289, 298, 299*; — et l'Ecriture, III, 302; IV, 336*, 463; — son amour pour la Bible, 295; — comment il fut induit à écrire, III, 298-301; — son style, IV, 333; — avait peu à faire pour être toujours un écrivain, 305 : — fertile en comparaisons, 305; — n'a pas le style triste, III, 541; — sa prolixité, II, 43;*— sa répugnance à écrire, IV, [595-6]; — et son commentaire du Cantique des Cantiques, III, 299-301; manque de sens commun de ce commentaire, IV, 300-1*; — petits traités de piété, III, [633]; IV, 320, 346; leur unité, 306; — petits traités pour les religieuses, 300-12; — Recueil de lettres et opuscules, III, [633]: — Opuscules, IV, 320, 323*; — Soliloques en latin, 324; — Traité de la prière continuelle, 320; — Lettres, 323-7, 324*, 333-6, 499*; — (Lettre de M.) sur la mort du petit jardinier, I, 492*; — élegance de ses épitaphes latines, II, 8; III, 248*; IV, 290, 318; — (Relation de plusieurs circonstances de la vie de M.) faite par lui-même sur le modèle des Confessions de saint Augustin, III, [633[; IV, 288, 324; ses Confessions, IV, 288, 290-300, 312, — Vie manuscrite par Dom Clémencet, 295*.

Hanovre, III, 361; V, 370*.
Haquet; inventé par Pascal, II, 501.
Harangues de présentation, I, 371.
Harcourt (Le prince d'); épouse Mme de la Roche-Guyon, V, 45*; — depuis duc d'Elbeuf, 45*.
Harcourt (La princesse d'), V, [589].
Harcourt (Henri de Lorraine, comte d'), grand écuyer de France; — mari d'une sœur de M. de Pontchâteau, VI, [302*, 353*]; — leurs enfants, [353*]; — gouverneur d'Alsace, [306]; — répond de la fidélité de M. de Pontchâteau, [311].
Harcourt (La comtesse d'); sœur de M. de Pontchâteau, V, 248; VI, [302*, 334, 353*]; a un soin particulier de son frère M. de Pontchâteau, [307]; veut emmener M. de Pontchâteau en Alsace, [306]; sa mort et M. de Pontchâteau, V, [258-9]; — sa terre de Pagni, VI, [311]; — Voy. Cambout (Marguerite du).

Harcourt (L'abbé d'); neveu de M. de Pontchâteau, VI, [353*].
Harcourt (Henriette de Lorraine d'), abbesse de Notre-Dame de Soissons; nièce de M. de Pontchâteau, VI, 12, [302*]; — et Du Guet, 12*.
Harcourt (Collége d'): Voy. *Paris.
Hardi, poète dramatique, I, 122.
Hardouin (Le P.). jésuite, III, 130; IV, 35; — son esprit bizarre, III, 395; — son Pline, 254; — chrétien encore hébraïque, V, 426; — Athei detecti (1733), III, 395, 397; met Pascal parmi les athées, 395, 396, 397, 398; ses Athées dévoilés critiqués par Saint-Hyacinthe, 395*.
Hardouin; Voy. Péréfixe.
Harlai, ancienne orthographe du nom, IV, 208*.
Harlay (Achille de), premier président au Parlement de Paris, mort en 1616, I, 66.
Harlay (François de), archevêque de Rouen de 1615 à 1651, mort en 1653; oncle du suivant, II, 481.
Harlay de Champvallon (François de), neveu du précédent; d'abord archevêque de Rouen, de 1651 à 1671, IV, 111; VI, 305; — archevêque de Rouen et la lettre des Curés, III, 204; — archevêque de Paris de 1671 à 1695, I. 325*; II, 203; V, 138*, [528]; — sa'mort soudaine (août 1695), 279, 280, 344-5; VI, 205; sa mort sans sacrements, V, 281-2, 283*; — On dit jansénistes sur sa mort, 283*; propos jansénistes, 280-4; — oraison funèbre par le P. Gaillard, 283, 284*; — luxe de ses obsèques, 284*.

= (Rôle et portrait de M. de), V, 154-60; — son éloquence, 169*, 172; — ses mœurs légères et décriées, III, 308-9*; V, 196-8; — sa domination, 330; — archevêque politique, 154-5, 160; — ennemi de l'éclat et pour la douceur, 165; - sacre évêque un de ses curés pour en débarrasser Paris. IV, [572-3*]; — habile par excellence. V, 155; — son art de dire obligeamment des choses pénibles, 168; — Mandements. 216; — ses serments et ses assurances, 191-3; — oublié d'être bon chien de chasse, 203, 206; — veut être chancelier de France, 157*; — ce qu'il a contre lui quand il aspire au Ministère, 157 ; — veut être cardinal, 151 *.

= et le chevalier d'Armagnac, V, 265 * ; — et Arnauld, 174, 175, 314, 323, 346, 347 ; ses éloges d'Arnauld, [613] ; variation de ses dispositions d'esprit vis-à-vis d'Arnauld, [613] ; mal avec Arnauld, 157 ; lettre d'Arnauld (1679), 292 ; ce qu'il dit à M. Bellot sur Arnauld, [613-4] ; a-t-il voulu faire arrêter Arnauld ? 325 ; ce qu'en dit Arnauld, 338 * ; ce qu'en écrit Arnauld, IV, 489 ; Arnauld ne veut lui rien devoir, V, 466 ; — son aventure à l'Assemblée du Clergé de 1695, 283 * ; mène les Assemblees du Clergé, IV, 359 ; — lettre inutile de M. d'Aulone en faveur de M. Feydeau, VI, [298] ; — et M. Bellot, V. [613, 614] ; — et M. de Bretonvilliers, 197 * ; — son Bréviaire de Paris et M. Le Tourneux, 219 ; — et les confesseurs de P.-R. des Ch., 237 ; ce qu'il veut pour les nouveaux confesseurs de P.-R., 188-9 ; traite par-dessous jambe la question des confesseurs à envoyer à P. R. des Ch., 189-90 ; — son portrait par Daguesseau, 155-6 ; — s'oppose à la publication de la réponse du P. Daniel aux Provinciales, III, 222 * ; — empêche le P. Du Breuil d'être élu Général de l'Oratoire, V, 331, 332 ; ses duretés à-vis du P. Du Breuil lui doivent être imputées à crime, 338 ; Du Breuil (Sentiments du P.) à sa mort, 344-5 ; — et Du Guet, VI, 28 ; — ce qu'il dit à M. Feydeau sur la nécessité d'être du sentiment actuel de l'Église, II, [534] ; — le Gallicanisme de son Bréviaire de Paris traité d'hérésie, V, 232-3 ; — et M. Grenet, 188, 189-90, 203 ; interrogatoire de M. Grenet, 166-7 ; ses conversations avec M. Grenet sur P.-R., 190-5 ; lettre de M. Grenet mourant, en faveur des Religieuses, 246 * ; — et le président de Guedreville, 181-2, — a M. Hamon pour précepteur, IV, 290 ; élève de M. Hamon, 339 ; — son titre plaisant de « Visiteur de l'Ile Notre-Dame », V, 197 * ; — et les imprimeurs, 155 ; — et M. Issali, 180 ; — son rôle contre le Jansénisme, IV, 110-1 ; propos Jansé-

niste contre lui, V, 157-60, 280-4 ; — et les Jésuites, 156, 176 ; — et l'épitaphe de M. de Launoi, III, [596] ; — et M. Le Camus, IV, [552] ; ce qu'en dit M. Le Camus, V, 151 * ; — et M. Lemoine, V, 203, 204, 205 ; — libelles de M. Le Noir, V, 327 * ; — et M. Le Tourneux, V, 206, 209, 222-7, 228-9 ; confirme une sentence de l'Official contre la traduction du Bréviaire romain de M. Le Tourneux, 228 ; défend la vente de l'Année chrétienne de M. Le Tourneux, 221 ; — et Louis XIV, V, 157, [614, 617] ; sollicite Louis XIV pour rendre l'arrêt du camp de Ninove (1676) 150-1 ; — et l'épitaphe du prêtre qui n'avait jamais dit la messe, 167, 168 ; — sa conduite dans l'enterrement de Molière, III, 308-9 ; — rompt les conférences sur la version de Mons, II, 360 ; — et Nicole, IV, 499, [594] ; V, 323 ; permet que Nicole revienne à Chartres, puis à Paris, IV, 498 ; ce qu'en dit Nicole, [597] ; lettre d'explication de Nicole, 484, 485, 489 ; supprime à cause de Nicole le livre du P. Daniel contre les Provinciales, 510 ; — gouverne sous main l'Oratoire, V, 332, 333-4 ; — sa part dans la Paix de l'Église, 155 6 ; — la visite du renvoi des pensionnaires est sa première visite à P. R. des Ch., 167, 172 ; — plus habile que Peréfixe, 177 ; — et M. de Pontchâteau, IV, 500 ; V, 265 *, 347 ; VI, [325, 327, 349] ; et l'enterrement de M. de Pontchâteau, [338-9] ; — dès l'abord antipathique à P.-R., V, 154-5 * ; ses vraies raisons contre P.-R., 193-5 ; n'a pas d'animosité contre P.-R. ; il est politique, 154-5 ; sa conduite perfide vis-à-vis de P.-R., IV, 262 ; se plaint de ne pas être l'archevêque de P.-R., V, 190, 192, 193, 195 ; parle de P.-R au passé, 193-4 ; persécuteur cauteleux de P.-R., IV, 485 ; ses éloges de l'éducation de P.-R., V, 181 2 ; — sa visite à P.-R. des Champs (12 mai 1670), 291 ; VI, 132 ; Racine y est présent, 132 ; va à P.-R. des Ch. donner l'ordre de renvoi, [323] ; — ce qu'en écrit le P. Quesnel, V, 196-8 ; — et Racine, 169-70, 280 ; — et le cardinal de Retz, 187 ; — et M. de Roannès, 209, [613] ; —

et M. de Saci, V, 167-8, 177, 179, 186, 215-6; interdit P.-R. des Ch. à M. de Saci, II, 356; et le convoi de M. de Saci. 369*; — comparé à saint Basile, V, 198; — son portrait par Saint Simon, 156-7; — et le P. Abel-Louis de Sainte-Marthe, Général de l'Oratoire, 332, 333; — et M. Thaumas, [614]; — lettre de M. Tronchai sur sa mort, 282-3*;
= et la M. Angélique de Saint-Jean, V, 198, 208, 209, 217-8; et la réélection de la M. Angélique de Saint-Jean, 206-8; sa conversation avec la M. Angélique de Saint-Jean, 170-6; — son sobriquet de Mme des Arquins, 198; — et la petite Du Gué 184-5; — et la duchesse d'Épernon, VI, [325, 327]; — et sa nièce Mme de Harlay, V, 280, 281*, 282; — et Mme de Lesdiguières, 282; ses relations avec Mme de Lesdiguières, 284*; — ses rapports très-froids avec Mme de Longueville, 157-60; — et la présidente de Nicolaï, 225; — autorise et refuse ensuite l'entrée de trois postulantes, 173; dans l'affaire des trois postulantes reçues, 179-80; — et les Religieuses de P.-R., 198*; gracieusetés pour les Religieuses, 216; — et la Sœur Rose, VI, 56; — et Mme de Saint Loup, V, 157-8; — à la prise d'habit de Mlle de Soubise, 196-7; — et les derniers Supérieurs de P.-R., 246; — fait donner à sa maîtresse, Mlle de Varenne, une pension par le Clergé, 283*; son aventure avec Mlle de La Varenne et M. Pierrepont, 197-8; — et Mlle de Vertus, 175-6, 215.

Harlay (M. de), intendant de Paris, VI, 241*.

Harlay (Achille III de), conseiller d'État, puis procureur général; ne se sent guère d'avoir été élevé à P.-R., III, 580; — veut remplacer Le Tellier, V, 157*.

Harlay de Champvallon (Mme de), sœur de l'archevêque; abbesse d'une abbaye du diocèse du Mans, puis de P.-R. de Paris, I, 325*; V, 280; — donne un bal dans son parloir, VI, 165.

Harlay (Mme de), nièce de l'archevêque; succède à sa tante comme abbesse de P.-R., V, 280-1; — assiste son oncle mourant, 282.

*Harlem (Arnauld à), V, 301, 460; — (Gazette flamande de), 317; — (Le lac de), 460.

Harmonie préétablie, V, 364*.

Haslé, professeur de théologie à Beauvais, IV, 15, 16.

Haucourt; Voy. Aumale.

Hauranne (Mme de), mère de l'abbé de Saint-Cyran, I, 281.

Haute-Fontaine (Abbaye de), près Châlons en Champagne. IV, 51, 52; VI, [273]; la réforme de M. Le Roi, VI, [293]; —(Nicole à), - IV, 444; —(M. de Pontchâteau à), V, [337]; VI, [325-7, 347]; — sa nouvelle colonie de Religieux d'Orval, [326, 327]; — visite de Rancé, IV, [519]; — visite de M. Vuillart, VI, [316]; — visite de la maison et des papiers, [325]; — Voy. Le Roi, Rigobert (Dom).

Hautefort (Mme de); et sa belle-sœur, Mme de Liancourt, V, 48.

Hauteville (Nicolas de); Peintures de la Vie du B. François de Sales, I, 246*.

Hautville (Abbaye d') près de Reims, VI, 180.

Havart (M.); confesseur des Religieuses, VI, 194.

Havet (M.); son édition des Pensées de Pascal, III, 434*.

*Havre (Garnison du), II, 6; — (M. Métayer envoyé au) VI, [325].

Heard (M.), IV, [530].

Hébraïque (Chrétien encore), V, 426; — (Langue, II, 126-7*, 233, 234; Voy. Buxtorf.

Hébraïques (Rites) chez les Athéniens, II, 419*.

Hébreu, III, 542; IV, 103; — points massorétiques, IV, 335; — (S. Jérôme et l'), 294; — à P.-R., III, 248*; on le savait peu à P.-R., II, 361*; — Arnauld l'abandonne vite, III, 520*; — (M. Le Maître étudie l'), I, 392; — (L') et Nicole, IV, 419*; — (L') et Retz, V, [575, 590]

Hébreux (Le génie des), VI, 151*; — (Le Dieu des), IV, 256; — (Théocratie des) changée en Angélocratie par Malebranche, V, 435*.

Hécate (Brebis noire sacrifiée à), I, 282*.

Hecquet (M.), le père, médecin de P.-R.; II, 228; VI, [339*]; — médecin de Nicole, IV, 511; — lettre de Mlle de Vertus sur sa mort, V, 114*.

Hecquet (M.), le fils, médecin, et

P.-R. des Ch., V, 114 ; — médecin de Mlle de Vertus, IV, 340 ; V, 114-5* ; — explique naturellement les convulsions, IV, 341*.
Hector, I, 122 ; — (Mot d') à Andromaque, IV, 493.
Hegel (Georg. Guil. Fréd.), II, 442* ; — (*Logique* de), III, [617] ; — Malebranche y mène, V, 437.
Heidelberg, IV, 451*.
Heine (Henri) ; ses dernières paroles, IV, 161.
Hélène, I, 312 ; — (La belle), V, 76 ; — (Éloge d'), I, 277.
Hélinand de Froidmont, I, 353 ; IV, 322*.
Héliodore d'Emèse, évêque de Tricca en Thessalie ; un Florian Grec, VI, 91 ; — Théagène et Chariclée, II, 461 ; III, 531 ; IV, 8 ; (Racine commence avec), VI, 4, 91.
Héliopolis ; Voy. Pallu.
Hellénisme (L') intime de Fénelon, VI, 47 ; —(Reprise de l'), II, [522].
Helléniste ; le mot inventé par le P. Labbe, III, 526*.
Hellénistes (Les) des XVe et XVIe siècles méprisent les traductions, III, [620] ; — (La secte des) à P.-R., 524, 526*.
Hémine de vin (Dissertation sur l') des Bénédictins, I, 439* ; IV, 54*.
Henin (Le comte d') et son petit frère ; enterrés enfants à P.-R. des Ch., V, 247.
Hennezon (Dom), bénédictin ; abbé de Saint-Avaux, puis de Saint-Mihiel, V, [578] ; — ami des Jansénistes, [578] ; — et le cardinal de Retz, [578-9, 583, -584, 587 ; à Rome avec le cardinal de Retz, [578] ; confesseur de Retz, [579, 583, 598, 600] ; présent à la mort de Retz, [598] ; — ce qu'en dit Dom Calmet, [578] ; — et la duchesse Marie de Lorraine, [578, 579] ; — et Mme de Sévigné, V, [579, 587].
Henri II ; vogue des Amadis sous son règne, IV, 380*.
Henri III, I, 55, 70 ; — ses confessions, III, 125 ; — (Du *phébus* contemporain de), II, [529].
Henri IV, I, 8, 119, 190, 260, 264 ; II, [573] ; III, 322* ; — et les Arnauld, II, 251 ; — assiste à la conférence de Du Plessis-Mornay et du cardinal Du Perron, III, [622] ; — ce que dit M. Du Vaucel de sa conversion, V, 457 ; — visite Gabrielle à l'abbaye de Bertaucourt, I, 78 ; — ce que son style a

de Gascon, II, [528*] ; — lettre à Mme de Grammont, 1586, [528] ; — lettres patentes de 1604 portant rétablissement des Jésuites, V, 456 ; — (Changement de la langue sous), II, [522] ; — se sert de La Varenne Fouquet dans ses intrigues galantes, V, 99 ; — (Lettres de), II, [518] ; — sa première femme Marguerite, 431 ; — ami de M. Marion, I, 74-5 ; — à l'abbaye de Maubuisson, matière de fabliau, I, 78-81 ; — sa visite à P.-R. en 1602, 86 ; — (Prosateurs sous), II, [517, 518] ; — « Question royale », I, 276 ; — mène le duc de Savoie au Parlement, I, 66 ; — rencontres de son style, II, [528] ; — renaissance du théâtre, I, 122 ; — morale des honnêtes gens celle du Tiers-parti, III, 262 ; — Université restaurée sous lui, 508 ; réforme l'Université, I, 10 ; — son fils naturel le duc de Verneuil second mari de la fille du chancelier Seguier, VI, [302*] ; — et Zamet, I, 322 ; - (Mort de), 280 ; — (Enterrement de). 184 ; — (Oraison funèbre de), 62*.
Henriciens (Les) et le dogme de l'Eucharistie, IV, 449.
Henriette-Marie de France, fille de Henri IV et femme de Charles Ier, I, 307, 314.
Henriette d'Angleterre (Mme), fille de Charles Ier et femme du frère de Louis XIV ; sa société intime, V, 80 ; — M. de Tréville assiste à sa mort, 80, 82 ; — morte sans sacrements, IV, [537, 537*] ; l'oraison funèbre de Bossuet, II, 36 ; IV, [537].
Henriettes (Les) de Molière, V, 486.
Henschenius (Le P.), jésuite ; sollicite le privilége pour l'Augustinus, I, [521].
Héraclite (L'humeur d'), V, 523.
Hérault (M.), Lieutenant de police, VI, 68* ; — veut faire écrire à Voltaire des *Anti-Provinciales*, III, 142 ; — et les Nouvelles ecclésiastiques, III, 58.
Herbe (Communion avec trois brins d'), IV, 449*.
Hercule, III, 14 ; — (Travaux d'), 215-6 ; — au mont Œta, II, 414*.
Hercule (Le P.), ami de Balzac, IV, 63*.
Hereau (Le P.) ; sa *Morale* condamnée en 1644, III, 109.

Hérésiarques; ne se convertissent pas, III, [592].

Hérésie (Incrédulité, la grande) des derniers temps, IV, 460*; — (Philosophie mère et sœur de l'), V, 355*; — (En cas d') chaque chrétien juge, I, 318*; — (L'équivoque cause des), V, 515; — débauchées ou sévères, II, 65; — accusent leur séparation, III, 230.

Hérétique; ce qu'on en pense à Rome, III, [594].

Hérétiques de for intérieur, distincts des hérétiques notoires ou dénoncés, I, [530-1*]; — déclarés (Opinion nulle des), IV, [549]; — (Des prescriptions contre les), 450; — (Lesquels sont), selon saint Augustin ? I, [529]; — (Les Catholiques), III, 367*.

Hérissant, domestique de M. de Saci; sauve un paquet de papiers compromettants, II, 345*; — mis à la Bastille avec M. de Saci, 348; — son occupation de miniaturiste, 352.

Herluison (L'abbé Pierre-Grégoire), bibliothécaire, IV, 103-4*.

Hermance (Le baron d'), I, 259.

Hermant (M. Godefroy), chanoine de Beauvais; IV, 169*; — son anagramme de Ménart, 16*; — encourage l'entêtement d'Arnauld, 174; — maître de Baillet, III, 301; — Régent à Beauvais, 567, 568, 572; — Relation de ce qui se passa à la mort de M. de Chavigny, II, [552-69]; — sa part aux Requêtes des Curés, III, 207; — aidé dans ses Vies de Saints des premiers siècles par M. Le Maitre et Tillemont, 567; — sévère pour Nicole, IV, 485; — son étroite liaison avec P.-R., III, 567; — Lettre sur la mort de M. de Saci, II, 373; — ce qu'en dit Santeul, V, 245*; — son récit de la séance de Sorbonne sur les cinq propositions IV, [585-6*]. — et Tillemont, 15, 16-7, 16*; assiste aux premières messes de Tillemont, 19*; — maître de M. Walon de Beaupuis, III, 567, 568, 572; ce qu'il dit du *fagot* de M. Walon de Beaupuis, 570; correspondant de M. Walon de Beaupuis, 568; — sa lettre sur la mort de la M. Angélique, IV, 160; — sur la guérison de la fille de Champagne, 147-8; — directeur de Mlle Des Lions, [591]; — entretien populaire sur une borne de la rue de Saint-Antoine, V, 245*; — sa mort, III, 572; ="Vies de saints", II, 27; III, 567; —Vies des docteurs de l'Église grecque, IV, 16; — son saint Jean Chrysostome, 17*; — Mémoires mss., III, 568*, 585-6*; IV, [555]; — Histoire ms. du jansénisme, I, 220-1*; II, 27*, 153*, 181, 182, 265*, [546*]; III, 182*, 184*, 187, 192-7, 212*, 213*, 214*, 477*, IV, 110*, 111*, 135*, 151*, 354*, 359-60*, [571*, 584, 585]; VI, [289*, 290-1*]; — son défaut de voir le doigt de Dieu partout, III, 477*.

Herminie, VI, [267].

Herminius, nom de Pellisson dans la *Clélie*, II, 270.

Hernnhout (Frères Moraves de), I, 106.

Hérode (Le roi), I, 300-1; III, 448; V, 457.

Hérodote; ouvre des parenthèses sans les fermer, III, 174.

Héros (Les) malgré eux, IV, 426.

Hersan (Marc-Antoine); attaché à l'éducation de l'abbé de Louvois, V, 272*; — professeur au Collège du Plessis, 272*; — récit de la visite à P.-R. des Ch. en 1693, 271-7; — maître de Rollin, IV, 103, V, 272*.

Hersant (Jean), ami des jansénistes, V, 272*; — Principal des Grassins, 272; — maître de philosophie de M. Le Tourneux, 208, 210, 272.

Herse; Voy. Vialart.

Herse (La présidente de); quête pour Retz parmi les jansénistes, V, [558].

Hersent (Distinction des trois), V, 278*; — Voy. Hersan (M. A.), Hersant (J.) et Hersent (Ch.).

Hersent (Charles); un moment à l'Oratoire, V, 272*; — prédicateur de profession, 272*; — peu janséniste, 272*; — et le livre de la Fréquente Communion, 272*; veut être médiateur dans la querelle du livre de la Fréquente Communion, II, 184; — ce qu'en disent Richard Simon et le Père Rapin, V, 272*; — auteur de l'*Optatus Gallus*, 272*; — mort chanoine de Sens, 272*.

Herses à porter des cierges, VI, [339*].

Herzog (M.) professeur à Lausanne, I, 514.

Hésiode, II, 272.

Hesnault, le poëte; condisciple de

Molière, III, 272 ; — esprit-fort 301 -
*Hesse-Rhinfels (Le Landgrave de); Voy Ernest.
Hêtre (Le) de M. de La Mennaïs, IV, 337.
Hêtres, IV, 482.
Heures Canoniales, III, 570 : — (Les petites). IV, 297 : — (Les) de P.-R., IV. 386 ; VI. 93 *.
Heureux (Ce qu'il faut pour être), III, 327.
Hexaples (Les), V, [612*].
*Hibernie; Voy. Irlande.
Hilaire, discip'e d'Abélard, V, 3-4.
Hilaire (M.) ; agent fidèle de P.-R., V, 215, 216 ; — seul laïque au discours de la levée de l'interdit, IV, 406*.
Hilarion Le Monnïer (Dom), bénédictin de Saint-Vannes ; réfutation de la Grâce générale de Nicole, IV, 504, 505-6.
Hillerin (M.); curé de Saint-Merry, I, [557]; II, 225, 323 ; — est converti à la pénitence par M. Singlin, I, 464-5; — sa démission, 465 ; II. 242 ; — se retire dans un hermitage en Poitou, I, 465 ; II, 293 ; — hésite s'il retournera à sa cure, I, 465 ; — ramène Fontaine à P.-R. des Champs, II. 243 ; — sa retraite comme solitaire, [544] ; — et Saint-Cyran. [544] ;— et M. Singlin, II, [544] ; — et M. Hamon, IV, 290.
* Himalaya (L'), VI, [356].
Hippocrate, II, 508 ; — (Aphorismes d'), I, 344, 358 ; IV, 289 ; — et M. Hamon, 335, 336*, 339.
Hippolite (Mme); Voy. Clément (Antoinette-Hippolite).
Hippolyte, fils de Thésée, II, 458; — (L') de la Phèdre de Racine; Voy. Racine.
*Hippone la Royale, ville d'Afrique, I, 39-40; III, 108; Voy. Saint-Augustin ; — (Tour d') des Jansénistes, II, 117, 154.
Hiram ; sa part au Temple de Salomon, VI, 145.
Hirondelle (Une) ne fait pas le printemps, II, [528].
Histoire : pour être dite a besoin d'être finie, IV, 251 ;—(Le langage de l'), V, [595]; — (L') et les lois s'éclaircissent l'une par l'autre, IV, 34-5*; — Bossuet y suit un dessein, III, 104;—Pascal la sait en chrétien, 104; — peu goûtée par Mme de Sablé, V, 69 ; —comment Saint-Cyran l'étudie, III, 104.
Histoire amoureuse des Gaules, IV, 120.
Histoire Auguste, IV, 32.
Histoire ecclésiastique, IV, 250 ; — (Peu de goût de Malebranche pour l'), V, 358, 359 ; — (Saint-Cyran se sert peu de l'),I; 344-5; — Voy. Baronius, Fleury, Tillemont, Usserius.
Histoire générale de P.-R.; Voy. Clemencet (Dom).
Histoire littéraire (Erratas perpétuels de l'), II, [524*].
Histoire de P.-R.; Voy. Besoigne, Clémencet(Dom) et Guilbert(L'abbé).
Histoire des persécutions des Religieuses de P.-R. écrites par elles-mêmes, 1753, III, [633].
Histoire du livre des Réflexions morales sur le Nouveau Testament et de la Constitution Unigenitus, V, [612*].
Historiques (Preuves); prônées et employées par Pascal, III, 421.
Hiver (Approches de l'), V, 4 ; — de 1661-2, V, 38 * ; — (Grand de 1669-70, V. 5 *; —(Dureté de l')de 1684, II, 367, 368, 369*.
Hobbes : fermeté de son esprit, III, 236 ; — grand observateur positif, 238; — athée pur, II, 392 ; — (Système de), 104*; — Ob ection contre la 2e Méditation de Descartes, III, 548-9; V, 350; réponses aigres de Descartes, 351*; — et Jansénius. III, 432; (Jansénius complice de), 250*; (De l'analogie de) et de Jansénius, III, 149-50 ; (Analogie de) et de Jansénius d'après De Maistre, 235-8 ;— son analogie avec Pascal, V, 524* ; (Pascal près d'entendre le Droit comme). III, 382; en quoi Pascal se rapproche de lui, 430, 431, 432; — et Saint-Évremond, 589; — et saint Thomas, 238 ; — « Traité de la Nature humaine, » 235 *; — (École de), 382*.
Hocquincourt (Conversation du maréchal d') et du P. Canaye, III, 47-8*: Voy. Saint-Évremond.
Hocquincourt (Armand de Mouchy d'), évêque de Verdun ; — et le cardinal de Retz, V, [571, 576]; — lettre de Bussy-Rabutin, [586].
Hodencq (M. de), vicaire de Paris, et le miracle de la Sainte-Épine, III, 182.

Hollandais (Les), V, 295.
Hollande, II, 293, 293*; III, 403, [593]; IV, 427, 480; V, 516*; VI, [251, 315, 316]: — (Arnauld en), V, 294, 300, 490; — (Voyage de Balzac et de Théophile en), II, 51, [525*]; — (Calvinistes de), 94; — (Catholiques non romains de, VI, [300]; — (Collège de) à Louvain, I, 282; — voyage de Du Guet, VI, 68-9; — (Église de., V, 301; — (États de), I, 290, 299, 300; — (Les Évêques de) et l'Immaculée Conception, IV, 234*; (Cause des Évêques de), V, 308; — (Fonds placés en), II, 18*; — (Guerre de), V, 75; — (Impressions faites en), II, 359; — son sentiment janséniste, V, 310; — (Manuscrits jansénistes en), IV, [528, 596]; VI, [247, 300]; (Documents jansénistes en), I, vi; — (Propos de libraires de), III, 561-2*; — (Conquête de) par Louis XIV, V, 303; — (Relations des Marchands de), IV, 454*; — (Missions des PP. de l'Oratoire en), II, 306; — l'Apologie manuscrite de Nicole y va, IV, 493; — (Poêles de), III, 422*; — voyage de M. de Pontchâteau, IV, 380*; second voyage de M. de Pontchâteau, V, [318]; — (Rapports de P.-R. avec la), IV, 20*; — (Ports de), V, 19*; — (Intolérance des Protestants en), 310; — (Le P. Quesnel en), VI, 171; — pays de refuge, V, 311, 457; — séjour de Retz, III, 188, 191; V, [563, 566]; — voyage de M. de Sainte-Marthe, IV, 348; — (Savants de), 99*; — (Voyage de Tillemont en), 20; — (Visite des vaisseaux de), V, 326; — Voy. Elzevier.
Holopherne, V, 110*.
Holstein (Côtes du), IV, 375.
Holstein (Duché de), VI, [314].
Holstein-Gottorp (Le duc de) et l'île de Nordstrand, IV, 375, 513*; — rachète les parts des Jansénistes, 377*; — (Le duc de) et M. de Pontchâteau, [314, 316].
Homélie (L'), le talent propre de M. Letourneux, V, 214, 234.
Homélies (Grand régime d'), V, 234; — plus utiles que des sermons, IV, [547]; — Voy. Bocquillot, Le Tourneux.
Homère, II, 272; — Iliade (Ier livre), III, [626]; liv. V^e vers 441, 493-4*; 15e chant, V, 452*; — Odyssée, II, 160*, 247*; — Hymne à Apollon, 423*; — cité, 17*; — Rire des Dieux, 335; — son Jupiter inspire Phidias et Euphranor, III, [626]; — (Les coursiers des Dieux d'), 291; — son Achille, 339; — (Les Sirènes dans), II, 160*; — ce qu'il dit des morts douces, 247*; — comment il emploie le mot de démon, III, 495*; — le plus grand des poëtes, VI, 45; — expliqué dans les écoles d'Athènes III, [626]; — (Vers d') viendraient à l'esprit d'une Grecque, IV, 256; — Sorts homériques, 202; — (Parallèle d') et de Virgile par le P. Rapin, III, [624, 625, 626-7]; — (Discours sur) de Pellisson, [624]; — et Fénelon, VI, 47; — Myrmidons scandalisent les lecteurs de Cour, V, 365*; — critiqué par l'abbé Faydit, IV, 39; — sa gloire peu de chose au point de vue chrétien, VI, 45; — (Nicole blâme M. de Tréville pour trop aimer), IV, [600]; —, Domat et Pascal, [600]; — cité par Nicole, 493; Nicole y cherche les faussetés, 416*.
Homme (Chute de l'), V, 515; — déchu, III, 426, 432, 444*; — son crime d'être enfant d'Adam, 444*; — (Chaque) a la forme entière de la condition humaine, II, 408; — (Néant de l'), IV, 46; — (Corruption native de l'), III, 481-2, 482-4; — Malice de l'), 342*; — (L') toujours soumis à l'état de suspicion de crime, IV, 234*; — borné et incomplet, I, 302; — (Faiblesse de l'), II, 385; III, 200; — incurablement malade en lui-même, I, 342; — sa brutalité naturelle, III, 382*; — peut-il de lui-même arriver à Dieu? II, 385; — (Comparaison de l') aux animaux, 437-8; — (Dans l') trois ordres, charnel, intellectuel et de charité, III, 408; — (Croyance à l') souverain en tête de son ordre, VI, 118; — (L') en lui-même, III, 407-8; — (L') devant la Nature, 424-7; — (L') dans la société, 432-3; — (L') charnel, 407-8; — (L'enfant, abrégé de l'), 496; — (Misère de l'), 435-7; — (Misères morales de l') déchu, 444*; — Incertitude et angoisse universelle de l'), 435-40; causes de ses erreurs, V, 388; — (L') en quête du salut, III, 440-1;

— (Abandon de tout l') à la merci de Dieu, V, 116; — (Les quatre fins de l'); Voy. Nicole; — restes de dignité, III, 426; — ses contradictions, 420, 426, 443; — son égoïsme, 239-40; — (Sottise de l'), 431; — difficultés de sa réforme morale, II, 385-6; — (Grandeur et liberté de l'), 385; — (Comment l') s'élève au-dessus de lui-même, III, 336-7; — aux prises avec la coutume, 431, 432; — naturel L') va dans le sens de l'amour-propre, VI, [346]; — Foi à l'infaillibilité d'un), III, 137*; — (La valeur d'un) se juge-t-elle d'après des pièces officielles? VI, 381*; — généreux (L') garde du lion, III, 143-4; — (Le bon) et l'habile homme, V, 190; — le dernier acte de la pièce toujours sanglant, II, 424;
= (L') de Descartes est celui du cabinet, III, 422*; — (L'esprit de l') tout entier le sujet de la « Recherche de la vérité » de Malebranche. V, 389*; — ses misères dans Montaigne et Pascal, II, 437-8; — Pascal se refuse à le scinder, III, 423-4; — (Les Philosophes modernes ne réussissent pas à relever l'). 341; — Logique de P.-R. faite pour le former, 544; — (L') à P.-R. se confond dans le chrétien, 545; — (La terre est faite pour l') selon Sebond, II, 436*; — aimable (De l') au xviie siècle, III, 588-9; — selon Voltaire, 399-402; — Voy. Hommes. Honnête homme, Honnêtes gens, Nature humaine.

Homme de lettres (Type exagéré de l'), II, 53; — chrétien (Nicole l'), IV, 432, 511.

Hommes (Obéir à Dieu plus qu'aux), V, 60*; — (Ingratitude des) envers Dieu, II, 284-6; — (Tous les) peuvent-ils être sauvés? III, 470: — Saints mettent leur dévotion à les fuir, V, 269: — (Paix naturelle des), IV, 473; — plus malheureux qu'ils ne croient, III, 404-5; — (Misères infinies des) impuissants contre la mort et la vieillesse, II, 423*; — (Vanité de l'esprit des), IV, 434; — (Les préventions des) de diverses sortes, 494-6; — (Comment les) sont faits, V, 458*; — aiment ce qui leur ressemble, 425; — méprisés par les plus grands d'entre leurs maîtres, III, 431-2; — non frappés par les preuves métaphysiques, 420-1, mais par les morales et historiques, 421, 423; — (Avec quoi l'Antiquité fait des), 357; — (Faire des) un des buts de P.-R., 248*; — (Grands) ne sont pas des dieux, 242*; — (Carrière de beaucoup d') se coupe par moitié; IV, [569, 570); — se ternissent et se dissipent plus que les femmes, III, 358; — ont besoin d'acquérir la netteté dans le tour, IV, 515.

Hongrie (Guerre de), III, 583.

Honnête homme (L'), III, 545; 589; — (L'air et le sourire d'), 584*; — (Éducation de l'), 492, 497; — (L') du xviie siècle, [611]; V, [596]; — ou l'extrême ambition ou l'extrême liberté, 91.

Honnêtes gens (Les vrais) complets, III, 509; — (Ce que la morale des) a de forces et de faiblesses, 260-2; — Montaigne leur bréviaire, II, 421; — au sens du xviie siècle, 379-80; — au sens de Pascal. 78-9; — (Inconséquence bienveillante des) vis-à-vis du Jansénisme, I, 166*; — selon le monde comment jugés à P.-R., III, 57*; — (Les enfants d') seul fonds des Écoles de P.-R., 497.

Honnêteté des gens du monde (P.-R. accusé de manquer de l'), IV, [522].

Honneur (L') se perd par le sujet, non par le fait, IV, 273.

Honneurs (Grands) achetés par la perte de la liberté, V, 91.

Honoré III (Bulle d'), I, 46-7.

Honorer (Se faire) en se méprisant, IV, [543].

Honorius, IV, 250.

Honte (La mauvaise), sujet de la 3e épitre de Boileau, V, 493-8.

Horace, I, 22; II, 70; — sa philosophie, V, 92; — et la doctrine d'Aristippe, 92; — (Vœu habituel d'), III, 327; — (Impuretés morales d'), 503*; — (Le bouclier d'), IV, 514; — (Poétique d'), II, 83; — (Sentences morales d'), III, 507; — Satires, IV, [599]; — Épitres, [599]; — Art poétique, V, 516*; — contre-sens du P. Rapin, III, [626]; son Art poétique et celui de Boileau, V, 516*; — citations, II, 117*; III, 143, 181*; VI, [600]; — (Ceux qui ont de l'esprit avec), VI, [275]; — et Montaigne, II, 413; — l'exemplaire d'Arnauld et de Nicole. IV, [599]; — Nicole le sait par cœur, [599]; — aux Petites Écoles, III, 485; — et Fénelon, VI, 47; — (Épître de Voltaire à), II, 414-5.

Orgni (M. d'), prêtre de la Mission; voyage à Rome, 1, [534]; — (Lettre de saint Vincent de Paul à M. d') sur Saint-Cyran, II, 191*, [531*, 534-5].

Horloge; nécessaire aux Religieuses, I.48.

Horloges (Les bêtes sont-elles des)? II, 316, 317*.

Hormisdas (Le pape), II, 147.

Horrible (L') se pardonne par la passion, IV, 473.

Hortense; Voy. Mazarin (La duchesse de).

Hortense (La reine); II, 211.

Horthemels (Mlle) ; — ses estampes de P.-R. saisies, VI, 236.

Hospitalières; Voy. *Coutances.

Hostie Adoration de l'), IV, 447.

Hosties consacrées de la suspension, VI, 228; — demandées par lettre, II, 346*; — envoyées par lettre, IV, 217*.

Hôtels; Voy. *Paris.

Houbigand (Le P.); « Traité des études », IV, 102*.

Houel (La Sœur Marie-Gabrielle) à la journée des chaises renversées, IV; 285*.

Houteville (L'abbé); son éloge par D'Alembert, III, 411*.

Hubert (Le P.) de l'Oratoire ; son éloquence, III, [607, 608, 609].

Huet, évêque d'Avranches; tout à l'avidité de savoir, IV, 35 ; — voit Moïse partout, II, 419; — son scepticisme inconscient, 418; — du tiers parti sur la Grâce, IV. 505 ; — sa *Démonstration évangélique*, II, 418-9*; — Arnauld contre lui, V, 356*; — dans son évêché d'Avranches, II, 92-3; — un des sujets des études de l'abbe Flottes, III, [605*]; — ami de Mme Le Roi, IV, 54; — son éloge de Montaigne, II, 450; — ce qu'il dit de Mme de Motteville, 248; — son élégie sur le thé, VI, 22*.

Hugo (Victor). II, [514]; — (Le monde de), [513*]; — premières Odes, IV, 327 ; — sa pièce « Dieu est toujours là », V, 471 ; — sa pièce du *Feu du Ciel*. VI, 148: — — sur les enfants, IV, 327, 328, 329*; — prédilections scéniques, I, 155; — son admiration pour Pierre Mathieu, 67*; — ce qu'il dit de P.-R., [551]; son erreur sur les gens de P.-R., V, 471*; — en face de Racine, VI, 118, 146; — Réponse à M. Sainte-Beuve le jour de sa réception, V, 470-1*.

Huguenots (Les) et l'Apologie des Religieuses, V, [613]; — et Arnauld, [613], — (Les) du Midi et les Petites Lettres de Pascal, VI, 99 ; — Mot plaisant de Roquelaure, 178 ; — Voy. Protestants.

Huiles (Cérémonie des saintes), V, [533].

Humanité; quantité négligeable dans l'ordre souverain de l'Univers, III, 414*; — (Certaines lumières naturelles indispensables à l'); V, 524*; — (De l') réduite à elle seule, III, 277 ;— capable de tout, V, 14; — (L') antique, III, 341; — cherche midi à quatorze heures pendant des siècles, IV, 301*; — encore dans l'enfance sur certains points, [551].

Humanités (Deux) en toutes choses, III, 270.

Humanités (Classe d') aux Petites Écoles, III, 472.

Humbles (Les), V, 30*; — (Sainteté des) à P.-R., III, 343.

Humboldt (Guillaume de); sa compréhension de l'univers, II, 480*; — crée la méthode naturelle des langues, III, 542; — Longueur et liaison de ses phrases, V; 7*.

Hume (David), I, [556]; — sceptique pur, II, 392.

Humeur (Part de l'), dans la doctrine, III, 241.

Humiliation, en style ascétique, IV, 53-4*, 54, 56*, 57, 58-60. [527] ; — (Différence de l') philosophique ou chrétienne, II, 386; — chrétienne (L') s'appuie sur la Grâce, II, [532, 533] ; — nécessaire dans les travaux faits pour Dieu, 37-8 ; — moyen de défense, IV, 346 ; — (La vraie) s'ignore elle-même, V, 258*; — n'est pas toujours de paraître humble, IV, 193 ;— (Vanité travestie en), V, 117; — doit-elle aller jusqu'à se faire battre ? 34; — (Justes sentiments d') exprimés par la M. Angélique, IV, 153-6, 157 ;— (Comment Saint-Cyran entend l'), I, 346, 351, 355-7.

Hurault de Cheverny; Voy. Aumont (La Marquise d').

Huré; termine le commentaire de la Bible de M. de Saci, II. 360.

Hyacinthe (Le P.), I, [555*].

Hydropisie, V, 63, [539]; VI, [306].

Hylas, I, 144*.
Hymnes; Voy. Aristote, Cléanthe.
Hymnes de l'Église, IV, 232 : — sur les saints Innocents, 328-9 ; — Jacqueline Pascal veut les traduire en vers. II, 485 ; — traduites en vers ; Voy. Racine, Saci, Santeul.
Hypate en Thessalie, V, 46*.
Hypocrisie (Ce qu'il y a d') dans le cœur de chacun, III, 341; — son progrès dans les siècles couverts du Moyen-âge, 341*; — (L') au xviie siècle, 288 ; — sermon de Bourdaloue, 306-7 ; — (A chaque reprise de l') *Tartuffe* triomphera, 274 ; (Développement nouveau de l'), 455*.
Hypocrite ('La profession d'), III, 281; —(Rôle de l') sous Louis XIV, 263 4; (L') dans la littérature française, 288 ; — son portrait dans un sermon du cardinal de Retz, V, [551-2].
Hypothèses; énormes dans les débats métaphysiques, V, 349.

I

Ibbers ; personnage des Lettres Persanes, III, 202*.
Iconographie de P.-R.; serait à faire, VI, [368].
Idéal (L') dépend-il du Christianisme? III, [615].
Idéalistes : font parfois les affaires des Sceptiques, V, 442.
Idée (On n'a pas une) dont on ne sert pas, II, [521].
Idées (Formation des), première partie de la « Logique » de P.-R., III, 540, 546, 548, 556;—différents sens dans lequel Malebranche prend le mot, V, 398-400 ; — (Traité des vraies et des fausses) ; Voy. Arnauld ; — (Réfutation des) comme images intermédiaires, le grand cheval de bataille de Reid, 400 1*; — présentes ' L'esprit n'est fait que pour apercevoir les), 402 : — (Lettres posthumes d'Arnauld sur les) et les Plaisirs, 440.
Idéologue, une des grandes injures de Napoléon, III, 256, 257*.
Idylle biblique (L'Esther de Racine une), VI, 137.
Idolâtre, IV, 249.
Idolâtres dévoilés (Les), piquant chapitre à écrire, III, 397.
Idolâtrie, brisée en bloc dans l'Évangile, se retrouve en monnaie courante chez les Chrétiens, I, 358*.
Idolâtries (L'équivoque, cause des), V, 515.
Idoles favorites (Les), I, 100*.
Ile de France; Voy. Prévôt.
Iles Fortunées (Les) des Anciens, III, 326 ; V, 301.
Ilion, I, 129, 312.
Ilissus, fleuve, II, 393.
Illusion (L') humaine, III, 426, 430, 432. 434; — moyenne (L') est le sens commun, 491*.
Ilote ivre donné en exemple, III, 431.
Images (Saint François de Sales plein d'), II, 419.
Imaginaires ; Voy Nicole.
Imagination (L') n'est donnée qu'à l'origine et dans la jeunesse, I, 186-7 ; — (L') a toujours sa part, III, 298, 299 ; — cause des erreurs de l'homme, V, 388 ; — (Raisonnement par), II, 384*; — (Part de l') dans la vertu, IV, 403 ; — (Points de contact de l') et de la Foi, 310*; - contagieuse ; ce qu'en dit Malebranche, V, 394-5 ; — son rôle dans le mouvement religieux du xixe siècle, 233.
Imbretun (Le P. Le Porc d'); Voy. Le Porc.
Imitateurs (Le troupeau des), IV, [600].
Imitation, mieux acceptée par ceux qu'on imite que la rivalité, II, 462*.
Imitation de Jésus-Christ, I, 185*, 228 ; 231 ; II, 286 ; IV, 294; — la perfection du style chrétien, III, 463*; — (Mot de Fontenelle sur l'), I, 133*; — le chapitre sur l'amour, V, 133 ; —traduite par M. de Saci, II, 374 ; — et Du Guet, VI, 42*; — et M. de Pontchâteau, V, 257 ; — Voy. Corneille.
Immaculée Conception (Dogme de l'), IV, [567] ; — (Dévotion à l') idolâtre aux yeux de P.-R., I, 236 ; — repoussée par P.-R., IV, 233-4 ; — au xixe siècle, 2 4*; — et les évêques du xixe siècle, 234*.
Immortalité (De l', IV, 318.
Immortalité de l'âme; Voy. Ame, Nicole.
Immutabilité, caractère des vrais chrétiens, IV, 342.

Imparfait, avec le sens de mal conformé, bossu, I, 327.
Impertinence (L'), nécessaire à certains ouvrages, III, 249.
Impies selon le P. Garasse, II, 419.
Impiété raffinée du xviie siècle, IV, 350.
Imposteur (L'); Voy. Molière (Tartuffe).
Impression (L'effroi de l'), IV, [570].
Imprimer (Tout) indistinctement, V, 522.
Imprimerie (L') et le Jansénisme, III, 243, 244, [629-30]; — (Préoccupation à propos de l') des Jansénistes, 170; — clandestine, V, 453: secrète (Jansénistes accusés d avoir une), III, 192-6.
Imprimeur à la Bastille, IV, 194-5.
Imprimeurs (Les) et M. de Harlay, V, 155*.
Improvisation (De l') des maîtres de la parole, III, 441*.
Inaction (Sainte), IV, [559].
Incarnation (Mystère de l'), III, 149, 151; — (Ce que Dieu a voulu dans l'), II, 367; — (De qui est venu le dessein de l')? V, 420*.
Incertitude et angoisse universelle de l'homme, III, 435-40.
Inclinations, cause des erreurs de l'homme, V, 388; — des esprits ont leur cause en Dieu, V, 392.
Incognito (Date de l'expression), II, 70*; — employé par le comte de Grammont, 109; par *Balzac*, 109*.
Inconnu (Défaut d'aller de l'inintelligible à l'), III, 515; — (Aller du connu à l'), V, 394.
Inconséquence universelle, II, 420*.
Incourt (Cornet d'); Voy. Cornet.
Incrédule (Manière d'attaquer un), III, 239-40; — priant sans le savoir, V, 416.
Incrédules (Véritables) au xviie siècle, VI, [365]; — servant de compère aux Jansénistes, III, 181; — confondus par le miracle de la Sainte Épine, IV, 185; — vis-à-vis du Christ, III, 451*; — (L'injure ne sert à rien contre les), 457*.
Incrédulité ; suite ininterrompue pendant le xviie siècle. III, 302-6; — Bossuet en a-t-il vu les progrès? 305-6; — la grande hérésie des derniers temps, IV, 460; — intelligente (Argument possible vis-à-vis de l'), III, 240.
Inde (Gigantesque nature de l'), VI, [356].
Indes (Voyage des), II, 51, 57; —
(S. Thomas l'apôtre des), III, 135; — S. Ignace y pense dès le premier jour, 138; — (S. François-Xavier aux), 135; — (Missionnaires jésuites aux), 349; — (Décision supposée aux). III, 224*.
Index (Livres mis à l'), II, 157*; V, 234; — on y est mis pour manquer à des rubriques prescrites par le Saint-Siège, III, 225-6*.
Indienne (Anecdote), IV, 434.
Indiennes (Mères), IV, 327-8.
Indiens (Austérités des, III, 325.
Indifférence (Impossibilité de l'), III, [615].
Indifférence finale ; ce qu'en dit Bossuet, III, 305*; — plus grave que le sacrilège, III, 303*.
Indifférent (L'honnête), III, 289.
Indignation (Honneur de l') morale III, 144; — pousse au fanatisme, VI, 206.
Individus, chez les Jésuites, différents du corps et meilleurs, III, 144*.
Indulgence ; de bon goût entre les esprits supérieurs, V, 357*; — pour autrui, III, 573.
Indulgence plénière, V, 340.
Indulgences, IV, [541].
Industrie (L'), I, 359.
Infaillibilité, IV, 221; — (Tendre à l') sans y prétendre, V, 385; — du Pape (Thèses sur l'), IV, 152; — romaine, II, [540].
Infâme (L'écrasons l') de Voltaire, III, 398; — (Du mot d'écraser l'), IV, 473.
Infanterie (Payer de son), aller à pied, IV, [534].
Infidèles (Les œuvres des) sont des péchés, II, 144.
Infinis (Deux), de grandeur et de petitesse, III, 425-6.
Infinitif (Du temps) du verbe, III, 538.
Inflammation de poitrine, V, 63.
Ingeburge, femme de Philippe-Auguste, I, 40.
Ingres Jean-Augustin-Dominique), peintre, I, [557].
Inhumanité (L') n'est jamais permise, V, 338*.
Inintelligible (Défaut d'aller de l') à l'inconnu, III, 515.
Iniquités (La chaîne des), III, 447.
Initiateurs (Valeur des), II, 521, 522.
Injudicieux (Manque de mesure des esprits), III, 32*.
Injure ; commune à tous les dévots, II, [514]; — (Inutilité de l'), III,

INJURE — INSTITUTION

457*; — (L') solide et véridique, V, 297.

Injures (Emploi des) dans les discussions, I, [522*]; — (Les) en érudition, III, 528*; — ne sont pas des raisons, IV, 481; — (Du droit de dire des), II, 170*, 336; — dévotes, III, 8.

Injustice (Saigner directement à la vue de toute), V, 455; — pousse à l'indignation, VI, 206; — (L') générale d'autant plus sensible qu'on est touché personnellement, II, 473-4, 495; — (L') appelle les défenseurs, II, [549]; — (Sentiment du chrétien sous l'), VI, [299*].

Innocence opprimée (L'). V, [620*].

Innocent (Type de l'excellent), II, 247-87; — (Condamnation d'un), IV, [570].

Innocent (Le pape), II, 147.

Inocent III, I, 40.

Innocent X, pape (1644-1655), I, 384*; II 103*; — d'abord le cardinal Pamphili, III, [594]; — avénement, 9; — son caractère, 10-1*; — plus canoniste que théologien, 18; — sa mort, V, [541*, 559]; = Bulle de condamnation sur les cinq propositions et l'Augustinus de Jansénius (juin 1653), I, 475, 507, [542-3, 544, 545]; II, 98, 150, 333; III, 18-9, 80, 87*, 91, 92; IV, 353; V, [554, 562], n'entend condamner ni la Grâce efficace, ni S. Augustin par sa bulle de 1653, III, 20; sa bulle reçue sans restriction et comme au nom de tout le Clergé, 24; acceptation générale de sa bulle, 25; sa bulle précisée et dépassée par les explications de M. de Marca, 24-5; — (Bulle d'), point de départ de la persécution de P.-R., 21: confirmée par Alexandre VII, V, [563]; Voy. Alexandre VII; = et le cardinal Chigi, V, [541]; — et le Dʳ Hallier, [555]; — hostile au jansénisme, [592]; — et les députés jansénistes (1654), III, [592-4]; — audience de M. de Lalane et de M. Des Mares, I, [542]; sa belle-sœur Olimpia Maldachini, V, [539]; — et Mazarin, [535]; déteste Mazarin, [537]; son ressentiment contre Mazarin, [551]; — nomme une congrégation pour l'examen des cinq propositions, III, 16; ses hésitations à propos des cinq propositions, 17-8; — et Retz, V, 542-3, 544, 552,

558]; et le chapeau du cardinal de Retz, VI, [360]; n'insiste pas pour avoir une déclaration de Retz sur le jansénisme, V, [551]; comment il nomme Retz cardinal avant la révocation de Louis XIV, [551]: promet d'appuyer l'interdit de Retz, [556]; dépêche lui expliquant les motifs de l'arrestation de Retz, [553]; et l'arrestation de Retz, [554], — oncle de la princesse de Rossano, [538]; — son indulgence pour Saint-Amour, III, 15, 16-7*.

Innocent XI, pape, de 1676 à 1688, III, 92; — (Conclave où est nommé), V, [592]; — son pontificat, IV, 489; — lettre de la M. Angélique, V, 179; — et Arnauld, 291, 312; voulait faire Arnauld cardinal, 477; — et Henri Arnauld, VI, [322]; — et l'affaire des casuistes relâchés, IV, 484-5; condamne les casuistes, III, 214; — (Affaires de l'Église sous), VI, [322]; — et M. le Camus, IV, [553]; — sa lettre, III, 233; — et M. de Neercassel, V, 310*; — (Affaire de la lettre de Nicole à) sur les casuistes relâchés, IV, 479, 480, 484; — favorable à la Paix de l'Église, V, 153; — et M. de Pontchâteau, 179; VI, [322, 323, 324]; — et P.-R., V, 179.

Innocent XII, pape, de 1692 à 1700, IV, [554*]; — favorable à la Paix de l'Église, V, 153; — Bref sur le Formulaire, III, 573; — éloges qu'en fait Quesnel, 92; — et les erreurs du cardinal Sfondrate, V, [611]; — conclave après sa mort, VI, [274].

Inquiétudes (La vie ne doit pas se passer toute en), VI, [309].

Inquisiteur général de l'Église grecque, IV, 454*.

Inquisition (Procès de l'); III, 140*; — (L') et Escobar, 117*; — (Galilée prisonnier de l'), 140*; — en France, 195*; — (Sur l') de Maistre prend le contre-pied du Commun, 245; — Voy. *Milan, *Rome.

Inscriptions anciennes, IV, 71.

Instincts (Logique secrète des), V, 130.

Institut; Voy. *Paris.

Institut de l'Enfance; Voy. *Toulouse (Filles de l'Enfance).

Institution (Maison de l'); Voy. *Paris.

Insule (M. de l'), nom donné au P. Du Breuil, V, 335*.
Instruction (Mouvement moderne de l'), III, 544; — publique (Le pire des résultats en fait d'), 509.
Insulte (L') ajoute à la vraie gloire, V, 481*; — Voy. Injures.
Insulter ; mot nouveau au XVIIe siècle, II, 449*.
Intellectuel (Obstacle) a plus de force qu'un autre, II, 479*.
Intention (La direction d'), III, 110.
Intérêt (Sophismes d'), II, 402 ; — (Esprit jésuite toujours dans le sens de l'), III, 140, 141.
Intériorité (Manque d'), IV, 274.
Internonce (L') à Bruxelles, II, 94.
Interprétations ; prodiguées à P.-R., II, 27*, 29-31.
Interrogatoire (L') poli, V, 166.
Interrogatoire des Religieuses par M. Bail, IV, 140-3.
Intolérance religieuse de la jeunesse, II, 481*.
Inventions (Valeur des) selon Pascal, III, 319*; — des hommes progressent toujours, 261.
Invicem (L') dans les lettres de M. Vuillart, VI, [272, 273].
Invisible (Puissance de ce qui est), IV, 388 ; — (L') le seul réel, 304, 306, 307.
Iphigénie (Biche brûlée à la place d'), III, 212 ; — Voy. Racine.
Irénée (Paul), « le Pacifique », pseudonyme de Nicole, III, 213 ; IV, 417-8.
Iris (Conseil d') à Neptune, V, 452*.
Iris (Les), V, 121, 121*.
Irlandais (Catholiques) dépouillés sous Cromwell, IV, [566]; — (Cordeliers) à Louvain, I, 298*; — (Grands seigneurs) amis de P.-R., III, 8. 91, 581.
*Irlande (Débarquement en), I, 439.
Ironie des saints, IV, 211 ; — (L') honnête, insupportable aux Grands, III, 589 ; — (L') de Pascal, 431, 434, 457.
Iroquois (Jésuites chez les), III, 129.
Isaac, IV, 198 ; — Jacob dérobe sa bénédiction, 283.
Isaac (Saci est l'anagramme d'), I, 401*.
Isabelle-Agnès de Châteauneuf (La Sœur) emmenée par la Mère Angélique à Maubuisson et morte jeune, I, 192, 193*.
Isaïe, II, 338 ; — chap. 14, verset 12, [550] ; — chap. 35, verset 1, IV, 320; — chap. 66, verset 12, II,

40; — commenté par Du Guet, VI, 48.
Isambert, docteur de Sorbonne, III, 133.
Isidore (Le P.), consulteur à Rome, III, [593].
Isle (Dom de L'); Voy. De L'Isle.
Isocrate, I, 277, 411*; — rapproché de Balzac, II, 74.
Israël (La tribu d'), III, 580*.
Israël; pris pour les Juifs, VI, 89; — (Les Forts d'), IV, 260 ; — Délivrance d'), V. 416.
Issali (M.) l'avocat, VI, [275*] ; — solitaire, 186 ; — penche pour les airs mitigés, 221*; — désapprouve la fameuse clause restrictive, 186; — et M. de Harlay, V, 180 ; — et M. de Noailles, VI, 186 ; — et P.-R., [358] ; — consulté dans l'affaire des restitutions de M. de Chavigny, II, [556] ; — et M. Le Maître, VI , 186, [357*]; éditeur des Plaidoyers de Le Maître, I, 372; VI, [356]; — conseils de modération aux Religieuses, 186, [356] ; — son testament, [356] ; — Remerciment en recevant son cœur à P.-R. des Ch. [356-8].
Issali (Mesdemoiselles), VI, [275*, 276].
Issali (Mlle) l'aînée ; religieuse à P.-R. sous le nom de Sœur Marie de Sainte-Catherine, V, 180 ; VI, [358] ; — cellérière, exilée à Meaux, 222 ; — distribue son argent aux domestiques, 223-4 ; — fait prévenir à Paris de la dispersion dernière de P.-R., 230.
Issali (Mlle) la cadette ; postulante reçue, ne peut devenir professe, V, 180 ; — intervient pour P.-R. auprès de Noailles, VI, [275, 356]; — fait transporter à St-Étienne du Mont les corps de M. Le Maître, de M. de Saci et de Racine, V, 180*.
*Issoire (Siége d'), I, 56.
Issoudun en Berry, III, 468 ; — lieu d'exil de M. de Bernières, IV, 171, [556-7].
Italianisme; son invasion sous les Valois. II, [522].
Italie (Guerres d'), V. 95 ; — (Vices du clergé en), IV, [541] ; — (Éducations en), III, 492; — (Église d') au-dessous de celle de France, IV, [550 ; — (Flottes d'), V, 343; — ce qui conduit Leibniz en Italie, 447 ; — Voyage de Mabillon, IV, 68 ; — (Mœurs d') plus mauvaises

que celles de France, [550]; — (Voyage de Montaigne en), II, 428*; — Voyage de Retz. III, 188; —(Savants d'), IV, 199*.
Italien (L'), III, 511; — et M. Hamon, IV. 297-8; — et M. de Pontchâteau, VI, [3i5]; — et Retz, V, [575]; — Voy. *Méthode*.
Italienne (Tour à l'), V, [551]; — (Langue), II, 233, 267 ; — (Traité de poésie) par Lancelot, III, 505.
Italiens (Indévotion des), III, [594]; — accusent les Français de corrompre leur langue, II, [519]; — (Poëtes) lus par Racine, VI, 96;— (Caractère des saints), IV, 332-3.
Ithaciens (Secte des), IV, 92 [525].
Ivresse, commune en Bretagne, IV, 495.
*Ivry (Bataille d'), I, 56.

J

Jacob (Le patriarche), I, 474 ; IV, 140; VI, 151*; — dérobe la bénédiction de son père, IV, 283 ; — (Verges de), I, 243; — (Les troupeaux de), IV, [533]; — (Lutte de), I, 461 ; — (Echelle de), VI, 244 : — (Prophétie de), II, 207; —(Le Dieu de), III, 452.
Jacobins (École des) opposée aux Jésuites, I, 292 ; — personnages des Provinciales, III, 268; — thomistes, 110; tonnent contre Arnauld, 53. 54 ;—sujet de la 2ᵉ Provinciale, 64-5; — Voy. Nolano.
Jacques (Frère), abbé de Cîteaux, I, 48, 50.
Jacques, médecin empirique, IV, 292.
Jacques I, roi d'Angleterre, I, 290.
Jacques II; Pamphlet d'Arnauld en sa faveur, II, 199; la défense qu'en fait Arnauld, V, 456; — et Esther, VI, 135 ; — sa rencontre avec Lancelot, I, 439 ; — sa visite, dans une chasse, à P.-R. des Ch., V, 278*; — et la cour de Rome, 457 ; — (Triste cour du roi) à Saint-Germain, III, 223.
Jal; « Dictionnaire de biographie », III, [591].
Jambe coupée (Histoire d'une), VI, 166-8.
Jamin (M.), II, 62.
Janin (M. Jules); « La religieuse de Toulouse », V, 455*.
*Jansénie (Le pays de), IV, 375.

Jansénisme (Ce livre ne plaide pas le), il le raconte, II, 419-20*; — (Origines du), III, 78; — a sor principe dans un dogme, V, 155*, — son point de formation, I. 294*; —commence par une indigestion de science, 294 ; — (Simplicité du) organique, 460*, [539]; — (Caractère général du), 294-5*;—(Nouveautés dans l'Église, le caractère du), V, 72*;— ôte au Père pour donner au Fils, II. 114-5*; — (Le secret du) c'est *Jésus-Christ en nous*, IV, 278*; — son opinion extrême de la rareté des élus le rejoint aux libertins, le rend odieux aux philosophes et l'éloigne de Rome, III, 366-7*; — prétend demeurer dans l'Église malgré l'Église, 348*; — Sur la vanité de sa querelle, IV, 433-4 ; — a-t-il voulu faire un Ordre? III, 473; — sa prétention qu'il n'y a point de jansénisme, 230 ; — prétend ne pas même exister. VI, 61 ; — erreur de vouloir le faire passer pour un fantôme, 181 ; — situation fausse de la doctrine, III, [619]; — (Le demi-), V, 7 ;—(Frontières absolues du), II, 416-7; — ses deux aspects, vers le monde et vers le désert, IV, 83 ; — tiraillé entre la Raison et la Grâce, 201-2 ; — (Explications purement défensives du), III, 86; — sa pente vers le fatalisme, 235-7 ; —resserré et sans expansion, I, 294*; — déviation et gloire, 108-9 ; — sa monotonie habituelle, V, 17 ; — sa qualité d'avoir grand air, 127; — (La dévotion du), I, 371*; — pour les femmes une dévotion raffinée, V, 127-8*;
= Son côté malade , VI, 244 ; — son côté odieux est sa doctrine de la Grâce, IV, 503; — verdeurs et crudités, 331*; — sa dureté pour les enfants morts sans baptême, 331-2; — sa faute a été d'être un anachronisme, II, [534] ; — n'est pas hérétique, mais contre le sentiment *actuel* de l'Église, [534-5] ; — et ses miracles, III, 177 ; — extrême et sa folie, VI, 73-4 ; — son tort de s'engager aux résistances extrêmes, IV, [558-9] ; — cadre d'opposition politique pour les mécontents, VI, 177 ; — foyer d'opposition ecclésiastique, V, 160; — (Toucher au) rend suspect, 189 ; (L'anti) remédie à toutes sortes de défauts, IV, 434; — directions

JANSÉNISME

occultes, V, 72 ; — son air de cabale et son activité clandestine, VI, 179-81 ; — (Voie équivoque du), III, 20, 87* ; — (Coulisses du), 192 ; — son habileté à s'insinuer dans la place, V, 202 ; — informations des amis en Cour, 154 ; — diplomatie secrète, II, 195* ; — doubles et triples fonds, V, 330 ; — petites pièces et intermèdes, III, 169-71 ; — (Finances du), II, 18-9* ; — la caisse du parti, IV. 513* ; — la boîte à Perrette, III, 243, 244 ; — ses rodomontades, 194* ; — a trop d'esprit, 171 ; — ne peut s'empêcher d'écrire, IV, 173 ; — et les romans, VI, 109 ; — et le théâtre, 105-6, 107-8*, 109 ; — ses variations, IV, 418 ; — l'extrême gauche du parti, V, 327* ; — battu dans l'affaire spéculative de la Grâce, vainqueur dans l'affaire pratique de la Pénitence, II, 189-91 ; — (Préjugés répandus contre le), IV, 141 ; — (Calomniateurs du), II, [535, 537, 539-40] ; — méthode des ennemis, V, 151-2 ; — traité d'œuvre du démon, III, 235 ; — accusé de déisme et d'athéisme, III, 149-50 ; — odieux de la persécution, V, 330 ; — n'est plus craint, 151* ;
= et Alexandre VII, V, [561-3] ; — songe, dit-on, à aller en Amérique, I. 294* ; — dans le diocèse d'Angers, I, 385* ; — et Anne d'Autriche, III, 160 ; V, 482* ; — (Position fausse d'Arnauld et du), III, 20-7 ; tentative d'accommodement avec le Molinisme rendue impossible par l'obstination d'Arnauld, IV, 162-76 ; danger de l'entêtement d'Arnauld, 170-2 ; — (Vues sages et modérées de M. d'Aubigny sur les affaires du), IV, [558-9] ; — (Bossuet par rapport au), II, 151*, 154, 155* ; — et le duc de Bourgogne, VI, 177* ; — (Histoire secrète du), manuscrit de Brienne à retrouver, III, 14-5* ; V, 20-1 ; — convaincu dans l'avocat du S. Callaghan, III, 8 ; — comment il va au Calvinisme, IV, 199 ; point de jonction avec le Calvinisme et le Luthéranisme, II, 106* ; — et Cartésianisme ; inconséquence, V, 349-57 ; — (Clément XI et le) hollandais, 310 ; — et M. Colbert, évêque de Montpellier, 200* ; — et la Cour, IV, 100* ; — influencé par la méthode de Descartes, II, 317 ; se mettra à la suite de Descartes, 120 ; — et Fénelon, VI, 65-6 ; surveillé par Fénelon, 175-7 ; — rejeté par la France, IV, 332 ; — n'est pas le Gallicanisme, II, 157 ; III, 229 ; différent du Gallicanisme, V, 155 ; et Gallicanisme se côtoient seulement, II, 157 ; — et M. Habert, IV, [565*] ; — (Les vraies raisons de M. de Harlai contre le), V, 193-5 ; — (Inconséquence bienveillante des honnêtes gens vis-à-vis du), VI, 166* ; — ses imprimeurs, III, 243 ; (L'imprimerie et le), 244 ; — perdu par la voie double où il s'engage depuis la bulle d'Innocent X, 20 ; — fort par son antagonisme avec les Jésuites, IV 374 ; due) à mort avec la morale des Jésuites, III, 108 ; — défini par Mme de Longueville, IV, 367-8 ; — et Louis XIV, 363 ; V, 482*, [572] ; (Pensée arrêtée de Louis XIV contre le), 153-4 ; — et Mazarin, IV, 110-1 ; n'a, selon Mazarin, de ressource que dans la confusion et le désordre, V, [561] ; — (Le) et les Ministres de Louis XIV, 151* ; — bon jugement de Mme de Motteville, II, 276-7 ; — hérésie imaginaire selon Nicole, IV, 418 ; mitigé de Nicole, V, 87 ; Nicole l'inclinerait au Thomisme, IV, 421 ; Nicole à la fin en croit la cause à peu près perdue, 507 ; — ses historiens contemporains s'arrêtent à la Paix de l'Église, V, 149-50 ; — la famille Pascal marque son second temps et sa seconde jeunesse ; II, 455 ; Pascal en est le grand éclat et la fin, III, 68* ; confiance que lui donnent les Provinciales, 194* ; les Protestants le jugent du dehors, Pascal le dénonce du dedans, 94-7 ; empêche Fénelon et Bossuet de citer Pascal, 392 ; — Pomponne craint de s'y compromettre, V, 200-1 ; — son histoire différente de celle de P.-R., I, 35-6, 442* ; — son rapport avec le Protestantisme, IV, 222 ; tendances voisines du Protestantisme, III, [619] ; — les Prophéties sont le faible du) dans les persécutions, et il remonte à Pascal, 448* ; — (Histoire du) par le P. Rapin ; Voy. ce nom ; — et Retz, V, [544-9] ; relations avec Retz postérieure à son emprisonnement,

[557-8] ; et Retz pendant sa fuite, III, 188-97 ; avoir été pour Retz son péché originel pour Louis XIV, III, 283 ; — (Sentiments du) pour Rome, I, 487; a tort de contrarier Rome sur un point de détail, II, 145; ne convient pas qu'il se sépare de Rome, III, 230 ; veut rester fidèle à Rome malgré le Saint-Siège, I. 295 ; où il se sépare de Rome, III, 90; — de P.-R. sort de Saint-Cyran, V, 300 ; valeur de Saint-Cyran dans le Jansénisme, II, 212-3 ; — se charge à la fois de saint Paul et de saint Augustin, I, 295* ; précise et outre la doctrine de saint Paul, III. 237 ; — tire à soi saint Thomas, 55 ; — et le miracle de la Sainte-Épine, IV, 185-6 ; — d'Utrecht et de Hollande, V, 300 ; — et Versailles, VI, 181*. = Nécessité de distinguer les époques, III, 244 ; — (Premier), IV, 401, 418, [563] ; — primitif (Révolution voulue par le), II, 128 ; — ne date pour quelques-uns que du livre de la Fréquente Communion, 168* ; — période envahissante, VI, 77 ; — (Déviation du) en 1668, IV, 400-1 ; — (Le second). V, 197* ; (Second) rétréci, IV, 401; (Le second) très-modifié par Nicole, II, 219; (Tactique du second), 129* ; — la première partie de ses contentions roule sur l'Augustinus, la seconde sur les Reflexions morales du P. Quesnel, 98 ; — du dix-huitième siècle. III, 135 ; V, 483; politique du dix-huitième siècle, VI, 242* ; du dix - huitième siècle (Misères du), 79-80* ; — (Le) et Voltaire, III, 141-2 ; ce qu'en dit Voltaire, 252-3 ; — au dix-huitième siècle et au commencement de la Révolution, I, 16 ; — réquisitoire de Petitot contre lui, III, 582 ; — n'a pas de postérité moderne comme les Jésuites, VI, [291*].

Janséniste, V, 13 ; — (Grâce), 432 ; (Morale), III, [601] ; — loin d'être un déiste, est un redoublement de chrétien, V, 233* ; — (L'image du) vrai, 471* ; — (Le thème) en face de l'Homme, III, 210 ; — calviniste disant la messe, [595] ; — (Le maintien des droits et le procédé méthodique inhérents à la nature), IV, 260 ; — (Persévérance, caractère du petit trou-

peau), [575] ; — (Le *bonhomme*) de la première Provinciale, III, 53, 54-5 ; — (Bossuet connaît bien les origines de la querelle), IV, [565-6] ; - (Retz pouvait-il être) ? V, [534] ; — (Position de M de Tréville dans le parti), 87-8 ; — (Boileau le plus) de ceux qui ne le sont pas, 518 ; — (Gens qui tiennent à sentir le), 74* ; — qui a signé, 518 ; — (La dernière génération), VI, 172 ; — Catalogue d'une petite bibliothèque), III, [631-4] ; — ce qu'il signifie pour les gens du commun, VI, [279] ; — (Anecdote de l'Athée et du), III, 255 ; — synonyme de diabolique pour De Maistre, 257 ; — une des grandes injures de Napoléon, 256, 258.

Jansénistes, IV, 71, [568] ; — leur discrétion et leur gravité, 197-8 ; — ont-ils deux morales ? 377* ; — cherchent l'ombre, V, 471 ; — aimables dans la conversation, III, 233 ; — tenus pour plus malins qu'ils ne sont, 203 ; — ont leurs défauts, mais ne sont pas plats, [628] ; — leur cabale, IV. 81-3 ; — à un moment pensent à beaucoup de choses à la fois, III, 196* ; — ont leur police, 169 ; — leurs intrigues, II, 294 ; — les meneurs politiques, III, 584-5 ; — ont le don du secret, IV, 424 ; — leur Aréopage mystérieux, V, 88 ; — savent éluder les formalités, IV, 379 ; — manquent d'humilité, 92 ; — leur orgueil un peu naïf, III, 162 ; — leur confiance en leurs opinions, IV, 91 ; — hérétiques de *for intérieur*, I, [530*] ; — n'admettent qu'une voie pour les élus, I, [524*] ; — voient trop le doigt de Dieu partout, III, 477 ; — ne reçoivent pas les sacrements, IV, 572-3 ; V, 138* ; — violents (Les), 345 ; — louent ou blâment le même homme par rapport à eux-mêmes, VI, 110 ; — amateurs (Les), III, 70, 201, 234, 560, 586* ; — font trop passer leurs amis pour des pénitents, 189 ; — savent tirer parti de la presse, IV, 395* ; — accusés d'avoir une imprimerie secrète, III, 192-6 ; passés maîtres en impressions clandestines, 58 ; — tiennent à dire de belles choses, V, 271 ; — ne peuvent pas ne pas écrire, 186* ; — ont trop d'esprit, 186 ; — les beaux esprits, III, 584-5 ; — les

discoureurs, 584-5 ; — ont la phrase et la plaisanterie longues, VI, [271]; (Phrases) trop longues, V, [607]; (Éditeurs) ont l'air de chercher l'ennui, VI, 13*; — peu ont eu de la portée dans les vues, III, 94 ; — (La bonne foi des) en la citation des auteurs, 125 ; Voy. Annat (Le P.); — (Le Rabat-Joie des), 186-7; — fanatiques de la troisième génération, IV, 341*; — (Faiblesse des) du dix-huitième siècle, III, 409-10 ; — (Convient-il d'écrire contre les) ? I. [544-7].
= Ce qu'en dit D'Aguesseau, V, 285-6* ; — sont des Alcestes chrétiens, III, 13*; — fortement accusés près d'Alexandre VII, V, [560-1] ; — (Les) et Anne d'Autriche, II, 262*; VI, [364] ; — (Ce que M. Arnauld appelle des) sauvages, V, 174; — leurs diverses espèces selon M. d'Aubigny, IV, [556]; libre jugement de l'abbé d'Aubigny, III, 584-5 ; — Augustiniens par excellence, 490 ; — (Les et Baïus, 527 ; — (Les) et la Bastille, [629-31]; VI, 180*: — n'ont aucun rapport avec Bayle, IV, 436-7*; — Boileau leur a ule gaieté littéraire, V, 513 ; (Boileau et les) outrés, 510-1 ; — trop acharnés après le P. Bouhours, II, [576]; — attaqués par Bourdaloue, V, 40 ; — et Brienne, 18-23 ; — leur tort d'avoir eu recours au Burlesque contre les Jésuites, II, 333-7 ; — veulent écrire contre les Calvinistes, IV, 368 ; — (Les) philosophes sont cartésiens, II, 317 ; Nicole et Arnauld seuls à se préoccuper de l'accord du cartésianisme et du jansénisme, V, 352; (Tous les) ne sont pas cartésiens, III, 396 ; — et l'affaire des restitutions de M. de Chavigny, II, 20, 264-5*; — et Mme de Choisy, V, 72*; — ont. ils secouru d'argent le prince de Conti ? 35*; — (Correspondances), IV, 480*; — ennemis de la Cour, V, [554] ; — accusés d'intelligence avec Cromwell, III, [592] ; — ont pour eux les Curés, contre eux les Évêques, 205 ; — (Derniers) ; Voy. Royer-Collard, Silvy, l'abbé Grégoire ; — Desmaretz se donne à tâche de les poursuivre personnellement, IV, 432 ; — et l'Écriture, [519]; — (Écrivains); nuancés. dans leur uniformité, 411 ; ne sont pas un parti séparé de l'Église, [524] ; — (Gallicans un moment), [568] ; — traités de grenouilles de Genève, III, 28 ; — et Gourville, VI, [301] ; — rivaux heureux des Jésuites en littérature dans la France, III, [610] ; aggresseurs des Jésuites, I, [521] ; être ennemi des Jésuites, leur caractère en avançant, III, 311*; (Accusations des Jésuites contre les), I. [528-41] ; les Jésuites ont eu le devoir de les combattre, [531-2] ; estampe satirique des Jésuites contre eux, II, 333-4; la gorge leur enfle quand ils parlent des Jésuites, III, 156*; — et La Bruyère, II, 400-1 ; — ce qu'en dit La Fontaine, V, 24; — accusés de vouloir ruiner le Latin et le Français au profit du Grec, III, 527; — désignés comme les amis de Mme de Longueville, V, 138; — et Louis XIV, 468-9; (Mot de Louis XIV sur les Jésuites et les), 154 ; selon Louis XIV, meurent tous sans sacrements, IV, [573]; (Mot plaisant de Louis XIV sur les athées et les), 490 ; — et M. de Marca, V, [573-4] ; — et Mazarin, III, 27-8*, 28 ; V, [556,.558, 560-1, 567] ; VI, [361-2]; Mazarin veut tenir la balance égale entre eux et les Jésuites, III, [629]; Mazarin s'en préoccupe bien moins que de Retz, 195-6; (Mazarin ne poursuit dans les) que les amis de Retz, V. [561] ; — ce qu'ils ont opéré à l'égard des mondains, 72*; — (Miracles), VI, [257]; et le miracle de la Sainte-Épine, III, 177 ; — (Mémoire du P de Montezon sur les) et les Jésuites, I, [520-40]; — et M. de Noailles, V, 284-5; croient l'avoir pour eux, II, [576]; mécontents de l'Ordonnance de M. de Noailles ; bon sens de Du Guet à ce propos, VI, 60-4 ; — et l'île de Nordstrand, IV, 374-8 ; — savent les intentions des Papes mieux qu'eux-mêmes, III, 8 ; — Pascal dans les Provinciales se suppose en dehors d'eux, 288-9; Pascal sépare leur interprétation de celle de Calvin et la rapproche de celle des Thomistes, 80-1 ; reconnaissants pour la défense de Pascal par M. Boullier, 409 ; — à la Pontchâteau, V, 513 ; — espèrent toujours relever P.-R., VI, 235-6 ; — (Auteurs) restent lus

des Protestants, 50 ; — relations avec Rancé, IV, 45-6, 50, 51, [517-25]; tirent Rancé à eux, [518. 520] ; comment estimés de Rancé, 90, 91 ; (Lettre de Rancé sur les). V. 463-4* ; se plaignent de la lettre de Rancé au maréchal de Bellefonds, IV. [523] ; ce que dit Rancé d'eux et de Retz, III. 190 ; — repoussés par les Jésuites comme hérétiques et tirés à eux par les Réformés, [619] ; — et Retz, 24, 150. [607] ; V, [565-6, 567-9, 581]; Retz vis-à-vis d'eux, [539-40]; n'ont pas été les complices politiques du cardinal de Retz, III, 189, 190 ; mesure de leur liaison avec Retz, 197 ; n'ont pas d'engagement avec Retz avant sa fuite, [557] ; quête pour le cardinal de Retz, [558] ; n'ont secouru Retz d'argent que pendant sa persécution, [535] ; quand ils assistent le cardinal de Retz de leur argent, [554, 555]; (Séparation des) de Retz, [570-1]; leur soin à se blanchir de leurs relations avec Retz. III. 196 ; (Le cardinal de Retz et les), mémoire de M. de Chantelauze, V. [526-605] ; — et Richelieu, VI, [296] ; — Inconséquence des) vis-à-vis de Rome, III, 90-1 ; (Voyage à Rome des députés), [591 6], — mot plaisant de Roquelaure, VI, 178 ; — condamnés par deux principes de saint Augustin, I, [529-30] ; — ont-ils tenté d'empoisonner le curé de Saint-Jacques du Haut Pas ? II, [539] ; — (Santeur entre les) et les Molinistes, V, [622-5] ; — et le Chancelier Séguier, VI. [364]; — ceux du dix-huitième siècle ne se sont pas aperçus de la valeur de Voltaire. III, 361*, 410*.

Jansénius (Corneille), 1585-1638, I, 11, 13, 14, 296, 297, 336, 365, 425; III, 117*; IV, 63*, 112, 145, 193 ; V, 300 ; — ses études à Louvain, II, 275; — précepteur à Paris, 279; — à Paris, 279, 281, 282 ; — Principal du Collége de Hollande à Louvain, 282; — Conférences de Bourg Fontaine, 288-9* ; — ses voyages politiques à Madrid, 304, [521]; — (Fanatisme politique de) toujours en faveur des Flandres, 300*; — nommé évêque d'Ypres (1636), 301, [521]; II, 92; — sa mort en 1638, 93; — son testament, 94; — son tombeau, IV, 62*; — son tombeau détruit dans l'église d'Ypres. III, 149; — anagramme fait sur son nom, II, 94; — (Portrait de), V, 307; — sa Vie par Libert Fromond, II, 97;

= De la grande génération de P.-R., III, 94; — profondeur de ses principes, II, 154, 166 ; — se préoccupe surtout de la vérité absolue, I, 302 3 ; songe surtout à la vérité dans la doctrine, 343 ; — sa réforme, III, 108 ; — se charge de la partie d'érudition, I, 296 ; — son tour d'esprit dur. 297, 298 ; — sa définition du péché, II, 142-3; —(L'Adam de), 135 40, 143-4; III, 237, 238 ; — son opinion sur la Grâce, I, 221 ; moteur de la restauration de la Grâce, IV, 400 ; a-t-il su ce qu'était la vraie Grâce ? II, [551]; fondement de son système sur la Grâce, 99-101; — belle définition de la liberté, 139*; — et les sacrements, III, 97 ; — et l'Eucharistie. 97 ; — damne les enfants morts sans baptême, I, 222, 298 ; — ses trois sens, [592] ; — son sentiment de terreur, V, 385; — accusé de déisme, I, 245*; — tentative d'accommodement en n'insistant pas sur le fait de Jansénius, IV, 163*; — concupiscence de la curiosité, II, 460, 478-80; — sur la concupiscence de l'esprit, III, 250 ; — ce qu'il pense des directions de filles, I, 236 ; — exècre la magie, II, 479 ; — sur la vanité du théâtre, 479 ; — méconnait les progrès de l'esprit humain, 479-80*; — erreur de sa haine contre l'étude des secrets de la nature, 479-80 ; — conclut plutôt du sens aux mots. 427 ; — sa méthode de tradition et d'autorité, 120, 121 ; ne distingue pas la méthode d'autorité de celle de charité, 122-3; de la méthode à appliquer en théologie. 121-3, 125 ; confond et condamne les méthodes scolastique et philosophique, 121 ; (Méthode historique de), 99 ; — remonte aux Pères et à l'Écriture. 99 ; — (Contradictions de), 131*; — trop logique, 145, 147 ; — habile dans les choses de la politique, I, 299-300 ; — son esthétique, II, 160-2; — (Style de). I, 296 ; — comparaisons. II, 155 ; — sa préoccupation des dangers de l'avenir, 154-5 ; — devient illisible, 159 ;

= *Mars Gallicus*, I, 300, 301, 301-2*, 336; II, 92, 95, 197; — *Petrus Aurelius*; M. de Montchal, un de ses « approbateurs, » III, 12*; — *Réformation de l'homme intérieur*, trad. par d'Andilly, II, 478; III, 250*;

= *Augustinus*, I, 35, 294, 296, 298, 304, 316-7, [521, 530]; II, 19, 91, 92-164; — imprimé à Louvain (1640), 93; — réimprimé à Paris (1641), 94, à Rouen (1643), 96; — premier effet produit; fortune du livre, 93-7; — examen de l'Augustinus, 110-2; — première partie sur les Pélagiens, 113-5; sur les semi-Pélagiens, 115-20;—deuxième partie. Liber proemialis, 125*, 126*, 135; — second traité; sur la chute de l'homme, 121, 135-47; de statu naturæ lapsæ, 142*, 145*, 145-7, 160*, 478 ;—troisième traité; sur la grâce du Christ sauveur, 101*, 102*, 104*, 105*, 121, 147-8; — voulait dédier l'Augustinus à Urbain VIII, 94 ; — efface l'*Augustinus* derrière saint Augustin, 148; — déclare soumettre l'*Augustinus* à Rome, 148; — trouble à l'apparition de l'Augustinus, 149; — (La première partie des contentions du Jansénisme roule sur l'), 98; — l'appendice attire l'orage, 148 ; — aveu de Lancelot sur les contestations qu'il produisit, 128-9; — répandu par le livre de la Fréquente communion, 165 ; — les Provinciales le popularisent, 98 ; — dénoncé en Sorbonne, 149-50; — le docteur Cornet y dénonce sept propositions, 149 ; — (Le sens des cinq propositions de), III, 82-4, 91, 93*; — les cinq propositions 109, 110, [551]; première proposition, 95-6, 101 ; les quatre autres, 101 ; seconde proposition, 102 ; troisième, 102-3; quatrième, 104-5; cinquième, 105; y sont-elles en fait ?, II, 101-6, [541]; III, 77, 82-4; IV, 433 ; — sont extraites par Cornet et la Sorbonne, II, 153; — (Le docteur Cornet et Bossuet sur l'), 149 54; — les cinq propositions : distinction du droit et du fait, 128-9, 129*; — la question de fait, VI, 64*; — les cinq propositions repoussées par les Gallicans, II, 157*;—les cinq propositions sont dans S. Augustin; on le condamne en les condamnant, 129*; — condamnation des cinq propositions, 309, 332, V, 320*;

= Première condamnation (mars 1642 et juin 1643), I, [534] ; II, 96*; — deuxième condamnation (1653), I, [534, 543-4]; — (La bulle contre), V, [611]; (La bulle contre) sollicitée à Rome par le P. Maillart, capucin, VI, 111 ; (La bulle contre) et M. Feydeau,[291]. Voy. Urbain VIII (Bulle d'); — l'*Augustinus* et les cinq propositions condamnées par la bulle d'Innocent X (1653), III, 18-9 ; V, [554]; — la bulle d'Innocent X atteint pleinement l'Augustinus, III, 19; — et la signature du Formulaire, 344-5 ; — (La signature du Formulaire condamne), 84; — (La signature du Formulaire emporte de juger) infecté d'hérésie, VI, 174; — (Signer le Formulaire, c'est accepter la condamnation du vrai sens de) sur la Grâce efficace, III, 355 ; — les cinq propositions condamnées dans la signature des Religieuses, IV, 405-6; — Bourdaloue sur l'*Augustinus*, II, 155-6; — l'*Augustinus* remis en vue par la bulle Unigenitus, 98 ; — du goût littéraire à propos de l'*Augustinus*, 160-4;

= Approuve le *Chapelet secret* de la M. Agnès, I, 331 ; — (Le sens d'Aristote, allusion au sens de), III, 554*; — Arnauld s'épuise à prouver que Jansénius n'a pas été condamné, V, 464; — son livre postérieur à la « Fréquente Communion, » VI, [282]; — maître de M. de Barcos, II, 215; — soutient M. de Berulle dans sa querelle avec les Carmes, I, 306 ; — points de contact de Bossuet avec lui, II, 138*, 143*; — Traité de « Calvin rebouilli, » 96; s'efforce de se séparer de Calvin sur la liberté, 105-6*; — n'eût pas admis Descartes, 396; son malheur d'avoir ignoré Descartes, 121-2; mis en parallèle avec Descartes, 120, 121; — son influence sur Gomberville, 266*; — attaqué en chaire par M. Habert, IV, [565] ; — complice de Hobbes, III, 250*; (Analogie de Hobbes et de , 432; accusé d'analogie avec Hobbes, 149-50; (Analogie de Hobbes et de) d'après De Maistre, 235-8 ; — (Pour les Jansénistes, Innocent X n'ayant pas condamné S. Augustin, n'a pas condamné, 20 ; — n'est pas reçu chez les Jésuites, I, [521] ; accusé de vol par les Jésuites, 289 ; chargé de fers dans une comédie des Jésuites de Mâcon ; III, 21 ; représenté par les Jésuites avec des ailes de diable, II. 333, 334* ; emporté par les diables dans les comédies des collèges de Jésuites. III, 21 ; les Jésuites le font déterrer, V, 474* ; — Poëme du P. Labbe contre lui, IV, [569] ;— ce qu'en dit La Fontaine, V, 24 ; — et le système de La Rochefoucauld, II, 140-1 ; en face de La Rochefoucauld, 140 ; III, 429* ;— erreur de De Maistre en le rapprochant de Hobbes, 236-7 ; (Ce que De Maistre oublie en parlant du *fatalisme* de), 237-8 ; — ce qu'en dit Mazarin, VI, [361-2] ; son portrait chez Mazarin, [361] ; — opposé à Molina, II, 317 ; — ses rapports avec Mathieu de Mourgues, I, 299* ; — et l'Ordonnance de M. de Noailles (1696), VI, 61 ; — (Sentiments de) repoussés par l'Oratoire, V, 334 ; — se serait soumis au pape, IV, 178 ; — (Le fait de) et les constitutions des papes, VI, 168-9 ; — et les décrets des papes, II, 144-7 ; — maître de Pascal, IV, 400 ; ce qu'en a Pascal, III, 454 ; ses traces dans Pascal, II, 478-80 ; (Hérésies de) passées dans les Provinciales. III, 213 ; vengé par Pascal, 149 ; plaisanteries sur un livre sortent des Provinciales, 48 ; — ce qu'il dit de Pélage, II, 110-2 ; pressent le Vicaire Savoyard dans Pélage, 403-4 ; — son *Hæreo, fateor*, à propos de la bulle de Pie V, 156 ; III, 15 ; — entreprise de Pilmot, 78 ; — après sa mort persécuté à P.-R., IV, 137-8 ; — remplace au XVIIIe siècle par Quesnel, II, 159 ; — et les sentiments de l'abbé de Rancé, IV, [518, 520] ; — les Religieuses de P.-R. résistent à la signature contre Jansénius à cause du souvenir de Saint-Cyran, IV, 136-7 ; — (L'opinion de) et Retz, V, [534, 545] ; — Richelieu voulait le faire censurer, IV, [571-2*] ; — a tort de montrer à Rome ses contradictions, II, 145, 146-7 ; se rapproche d'une rupture avec Rome, III, 90-1 ; se rapproche des plus opposés à Rome sur la Grâce, 97 ; condamné à Rome, 78 ; — adversaire de Jean-Jacques Rousseau, II, 146 ; — et S. Augustin, IV, 505 ; VI, [282] ; son admiration pour S. Augustin, I, 291-4, 299 ; lit dix fois tout S. Augustin, 293 ; remonte à S. Augustin, II, 124, 125 ; éloge de S. Augustin, 125-6 ; S. Augustin est tout pour lui, 331-2 ; sa doctrine est celle de S Augustin, III, 87 ; considère l'opinion de S Augustin comme perdue depuis lui et modifiée, II, 134 ; ses doctrines augustiniennes, I, 507 ; se sert toujours de S. Augustin contre Pélage, II, 113, 114 ; met son génie propre à développer S. Augustin. 122, 128 ; considéré comme exagérant S Augustin, 152 ; impuissant à lui seul à mettre en lumière la doctrine de S. Augustin, [531] ; la réforme augustinienne repoussée par la fin du XVIIe siècle, 158-9 ; « Antithesis Jansenii et divi Augustini. » III, [622*, 623] ; (*Sentiments de S. Augustin sur la grâce opposés à ceux de*), V, 334* ; — revoit Saint-Cyran à Péronne, I, 303 ; (Entente de) et de Saint-Cyran, [531*] ; sa correspondance avec Saint-Cyran saisie, VI, 177-8 ; (Lettres de) à Saint-Cyran, I, 287 90, 295-6, 300, 303 ; 304*, [531*, 544*] ; I, 125 ; ce qu'il écrit des femmes à Saint-Cyran, V, 501 ; — montre le Saint-Siège en contradiction avec lui-même, II, 144-5, 146-7 ; soumet d'avance ses doctrines au jugement du Saint-Siége, I, [530*] ; soutenir son orthodoxie est téméraire et injurieux au Saint-Siége, III, 34 ; — et le docteur de Sainte-Beuve, IV, [571-2*] ; — réfuté par le P. Vavassor, II, 268* ; — défendu dans des thèses calvinistes à Zurich, III, [592].

Janson ; Voy. Forbin.

*Japon (Saint François-Xavier au), III, 135 ; — (Jésuites au), 129, [610].

Japonais ; comment parlé par saint François-Xavier, III, 139.

Jardin des Olives, IV, 203*, 242.

Jardin (Le) des racines grecques ; Voy. Racines.

Jardinier (Lettre de M. Hamon sur la mort du petit), IV, 326-7 ; — (M. de Pontchâteau). IV, 500.

Jardins cités par La Fontaine, V, 43 ; — (Les dessins de) et la duchesse de Liancourt, 44 ; — Voy. *Liancourt, Maisons royales, *Port-Royal des Champs, * Vaux.

Jars (Le chevalier de), gracié sur l'échafaud, IV, 160.

Jarsan (M. de) et Balzac, II, 60.

Je (Le), dans Pascal, est le genre humain, III, 435 ; — Le) trop évité par les jansénistes, II, 389*, 402; — (Comment le) s'est introduit dans les Mémoires de Pontis; [571].

Jean II (Le pape), II, 147.

Jean XXII; bulle sur le capuchon des Cordeliers, IV, 438, 440.

Jean Casimir; roi de Pologne, III, 167*; — anciennement Jésuite, 167.

Jean d'Avila (Œuvres du Bienheureux), II: 281 ; IV, 297 ; — son opinion sur la rareté des confesseurs; V, 189.

Jean de Jérusalem et S. Jérôme, IV, 250.

Jean le Normand; pseudonyme de Nicole, IV, 301.

Jean (Monsieur); IV, 351*.

Jean Rose, domestique de P.-R. des Ch., IV, 313*.

Jeanne Fare (La Sœur); Voy. Lombard.

Jeanne d'Arc; Voy. Chapelain.

Jeanne de Jésus (La M.); Voy. Séguier.

Jeanne de Sainte-Apolline (La Sœur). Voy. Le Bègue.

Jeannin (Le président), II, [517]; — et les Catholiques de Hollande, V, 301.

Jehan de Saintré (Le petit), IV, 73*.

Jenkins (M.), gentilhomme anglais, jardinier à P.-R. de Paris, IV, 210-1; domestique à P.-R. des Ch., sous le nom de M. François, II, 370*; V, 188; — au convoi de M. de Saci, II, 370*; — meurt à P.-R. des Ch., IV, 211.

Jérémie (Le prophète), IV, [600] ; — traduit par M. Feydeau; VI, [293]; — (Lamentations de), IV, 334; VI, 95; ch: v; verset 21, I, 436*; ch. XVII, verset 9. III, 401*; — Prophéties, ch. xxxvi, verset 14, I, 484*; — cité; IV, 154 ; — et M. de Pontchâteau, VI; [329-30]; — (Mots de) qui sont la note dominante de l'histoire de P.-R., IV, 262; — passage tiré au sort exprime le sentiment même des religieuses de P.-R., 256-7.

*Jéricho (La trompette de), III, 416.

Jéroboam (Les veaux de), VI, [357].

Jérôme (Le prêtre), I, 543.

*Jérusalem, II, [574]; IV, 232; — (Le Temple de), VI, [357]; visite de Pompée, VI, 146; le vrai Temple et celui de l'*Athalie* de Racine, 145-6; le Temple vu par un chrétien dans *Athalie*, 145-6, 149; — (Deuil de), IV, 309; — (Entrée à) III. 463*; IV, 297; — (Prise de), 153; — (La poussière de), 286; — amour des Juifs pour ses ruines, 115; — (Ruine de), VI, 73, [345]; — en face de Babylone, 51 ; — Voy. Jean, Jésus-Christ, *Sion.

Jérusalem céleste (La), V, 421 ; VI, [306].

Jérusalem délivrée, I, 143-4.

Jessé (Tige de), I, 353.

Jésuite (Le bon) des Provinciales, III, 111*.

Jésuites (Les), II, 68, 110, 317; IV, 43, 221, [568]; — abolition de l'Ordre, I, [553, 555]; — exaltent volontiers les aïeux des gens, III, 552; — (Almanach des), 470 ; (Application des Règles des Pères à l'Almanach des), II, 335; — n'ont guère les mains garnies pour secourir leurs amis, V, 35*; — et l'amour de Dieu, 508*, 509; — ce qu'en pense la M. Angélique, I, 210; — en Angleterre, III, 129 ; anglais, I, 314-5, [523, 544*]; on leur demande en Angleterre d'avoir un Général anglais, IV, [558]; d'Angleterre défendus par M. d'Aubigny, [557-8]; — anniversaire de leur premier siècle, III, 219*; — directeurs des Annonciades, IV, 244; — et la famille Arnauld, 232, — et Arnauld, III, 153 ; V, 461-2, 471*, 478-9, 503, 504; ce qu'ils reprochent à Arnauld écrivant le livre de la Fréquente communion, II, 167-8*; ce qu'ils font contre le livre de la Fréquente communion, 179-85; accusent Arnauld de calvinisme, 180*; comment, selon Nicole, ils auraient pu tuer Arnauld, III, 557*; bien réellement les auteurs de la fourberie de Douai ou du faux Arnauld, V, 464-5; ce que dit Arnauld de la manière de discuter avec eux, II, 130*; leur suppression prophétisée par Arnauld, V, 455-6 : ignorent les retraites d'Arnauld, IV, [587]; — veulent empêcher l'impression de l'Augustinus, II, 93, 94 ; effet sur eux de l'Augustinus, 149 ; — (Balzac élève des), [525]; — Bataille vers 1843, III, 4 ; — leurs rapports avec Bayle, IV, 436*; — bel esprit de collège, caractère de leurs auteurs, III, 258 ; — (Les) et Boileau, 112, V, 475*, 493, 503, 504*, 586-7, 509, 514, 516-7* ; (Boileau aux prises avec les) en 1706, 517* ; harcèlent Boileau, 458* ; et les éditions de Boileau, V, 517 : — sujets à manquer de bonne foi, II, 181* ; — ce qu ils disent de la conférence de Bourg-Fontaine, I, 288-9* ; — calomniateurs ; Voy. le P. Rapin ; — ne retirent jamais une calomnie, I, 289* ; — parallèle entre eux et les Calvinistes, III, 207-8 ; — (Le *canif* des), 219 ; — (*Catéchisme* des), 116* ; — défèrent à Rome le catéchisme d'Angers, VI, [322] ; — catholiques romains et orthodoxes par excellence, III, [619] ; — règnent à Chambéry, IV, [541, 545, 550, 554] ; — ce qu'en dit Chateaubriand, III, 218*. — (Les) et l'affaire de M. de Chavigny, II, [552-3, 554] ; — et le cardinal Chigi, V, [541] ; — en Chine, III, 349 ; — ont souvent procédé vis-à-vis du christianisme comme s'il était faux, 141* ; le christianisme facilite leur triomphe, IV, [545] ; — *Histoire de leur chute au* XVIIIe siècle, III, 218 ; — (Comédies contre les jansénistes dans les collèges des), 21 ; — supprimés par Clément XIV, V, 481 ; (Confesseurs), 39* ; — leur estime pour Corneille, I, 173, 174* ; — coup d'œil sur leurs débuts, III, 134-40 ; — désavouent facilement les leurs, II, 182* ; — et Descartes, V, 351* ; — destruction en France, consommée en 1764, III, 218-9 ; — leurs directeurs sévères ou relâchés, 224* ; — discussions avec les Dominicains sur la Grâce, I, 254 ; — diversités des décisions, III, 134* ; — ont des docteurs pour le goût, I, [526*] ; — tout le monde ne peut pas écrire contre eux, VI, 110 ; — écrivent relativement peu contre les Jansénistes, I, 545 ; — écroulement de toutes parts dans le XVIIIe siècle, III, 218 ; — l'éducation qu'ils donnent transige avec le siècle, 482 ; — brillantés en éducation, 524 ; — les plus grands ennemis de l'Église, VI, [296*] ; fléau et ruine de l'Église, III, 210-1 ; — (Enseignement des), 508 ; IV, 101 ; — (Esprit des), III, 140-1 ; (Leur esprit dans le sens de l'intérêt), 140, 141 ; leur esprit toujours reconnaissable, 140-1 ; — esprit général de la Société, 209-10 ; — leur estampe satirique contre les Jansénistes, II, 333-4 ; — emploient l'Évangile avec les honnêtes gens, III, 209 ; se servent dans la chaire des auteurs plus que de l'Évangile, I, 471* ; — (Entreprise des) contre les Évêques, V, 308 ; — soutenus par les Évêques de France, I, [528*] ; ont contre eux les Évêques les plus réguliers ; III, 210-1 ; — font détruire les Filles de l'Enfance, V, 456, 457 ; — le sentiment de la France leur est toujours hostile, III. 144-5* ; — forcent à prouver qu'on n'est pas fripon, II, [570] ; — eussent laissé dire Galilée, III, 140* ; — leurs contes sur M. de Gondrin, VI, 393-4* ; — leur vrai défaut est d'être un gouvernement, III, 144* ; — prière pour eux par l'abbé Grégoire à la fin de ses *Ruines de P.-R.*, II, 31, 32* ; — dominent à Grenoble, IV, [541, 545-6] ; — Grosley leur ennemi constant, V, 481 ; — et Guy Patin, III, 180-1 ; Guy Patin en voit partout, I, 302* ; — (Les) et M. de Harlai, V, 156, 176 ; — Lettres patentes de rétablissement par Henri IV (1604), V, 546 ; — (*De la nouvelle hérésie des*), I, [545] ; — leur estime pour M. Hermant, IV, 17* ; — aux Indes, III, 349 ; — individus bons, ensemble du corps mauvais, 131 ; on doit leur accorder tous les mérites honnêtes à l'état d'individus, 144* ; — bons côtés de leur indulgence, IV, [546*] ; — leurs attaques contre l'Institut de l'Enfance, V, [621] ; — les intérêts de la Compagnie plus chers que la vérité, III, [599] ; — (École des) opposée aux Jacobins, I, 292 ; — suivent le Jansénisme dans la restauration de la pénitence, II, 189 ; le Jansénisme est-il une chimère créée par eux ? III, 230 ; calomniateurs du Jansénisme, II, [535, 557, 539-40] ; — leur définition d'un janséniste, III, [595] ; — repoussent les Jansénistes comme hérétiques, [619] ; ont eu le devoir d'attaquer les Jansénistes, I, 531-2] ; (Accusations des) contre les Jansénistes, [528-41] ; La gorge enfle aux Jansénistes parlant des), III, 156* ; l'emportent sur les Jansénistes hors de France, [610] ;

— font déterrer Jansénius, V, 474*; — pour eux la croyance en J. C. suffit au salut, IV, [331*, 546*] ; — et La Bruyère, II, 400-1*; — mis par La Mennais au-dessous des Jansénistes, III, 258 ; — Lancelot veut y entrer, I. 418; — protégés par M. de La Rochefoucauld, grand aumônier de France, 316; — et M. Le Camus, IV, [554*] ; contraires à M. Le Camus, [528] ; ennemis de M. Le Camus, [545-6, 550] ; — (Mandements de M. Le Tellier contre les Thèses des), V, [610] ; — faillite de leur libraire, III, 57*; — ont facilement dans le monde la louange excessive, [628] ; — et Louis XIV, V, 483*; (Mot de Louis XIV sur les) et les Jansénistes, 154 ; — mettent l'abbé de Louvois en disgrâce, [611] ; — leur machiavélisme, III, 131-3 ; — De Maistre est pour eux contre les Jansénistes, 243 ; — leur mauvais goût littéraire, II, 333 ; — Mazarin veut tenir la balance entre eux et les Jansénistes, III, [6:9] ; l'oreille basse après la mort du neveu de Mazarin, 477 ; — place chez eux pour les meilleurs, 144*; — leur sans façon en fait de miracles, 139; contestent le miracle de la Sainte-Épine, 180-1 ; — missionnaires, [610]; héroïsme de leurs travaux comme missionnaires, 129-30; — (Molière étudie chez eux), 272 ; croient d'abord que les jansénistes sont joués dans le Tartuffe, 267; ce sont eux-mêmes, 268 ; — leurs attaques contre Mme de Mondonville, V, [621] ; — ce qu'en dit Montesquieu, III, 217; — (Mémoire du P. de Montézon sur les Jansénistes et les), I, [520-48] ; — (Morale des), [523-8]; III, [601]; V, 183 ; La décadence de leur morale commence-t-elle à l'origine ? III, 134*; ont mérité de payer pour tous dans la corruption de la morale, 133-4 ; Morale (Premières attaques contre leur), 109; morale attaquée par Arnauld, 109; leur morale et les Provinciales, 59; (Morale des), attaquée par Pascal, 100-1; leur morale attaquée par les Provinciales dès la 4ᵉ, 58 ; sont morts de la morale relâchée, 217; (Moral des), amnistiée et préconisée par la préface (1834) des Bénédictins de Solesmes à Liguori, 455-6*; — (Morale pratique des), extraite de leurs livres, 216, 216-7*; par M. de Pontchâteau, V, 248*; — transigent avec la nature, III, 13*; — (Les), et Nicole, IV, 511; hostiles à la grande Perpétuité de Nicole, 445*; seuls à ne pas respecter Nicole, 510 ; — et M. de Noailles, V, 478. 485*, 517; mécontents de son Ordonnance, VI, 60; — obéissance absolue au dedans, ambition absolue au dehors, III, 135-8; — opinion générale de l'auteur du livre, 130-45 ; — ont pour règle de suivre les opinions les plus communes, I, [524*]; — leur peu d'orateurs, III, [609] ; — et l'Oratoire, V, 332*; on essaye de leur opposer l'Oratoire, 309; (Semblant d'accord entre les) et les Oratoriens, I, 469 *; — l'Ordre n'est pas responsable des erreurs de quelques membres, [524*, 526*] ; — (Orthodoxie des), II, [540] ; — on se cache d'eux pour arriver à la Paix de l'Église, IV, 388 ; surpris et désolés de la Paix de l'Église, 391 ; et la médaille de la Paix de l'Église, 400 *; — (Conséquences de la surprise du pape par les), III, 88, 92; — arrêt de bannissement par le Parlement de Paris, V, 456 ; — sont partout, III, 217 ; — et Pascal; (Première prise de Pascal avec les, à propos du vide (1647), II, 473-6; toujours sur le chemin de Pascal, III, 316 ; leur duel à mort avec Pascal et le Jansénisme, 108-9 ; commençaient à exploiter la prétendue dissidence de Pascal et de MM. de P.-R., 369; réfutent Pascal après coup, II, 244; l'ensemble des coups de Pascal est juste, III, 130 ; Pascal s'en est moqué pour l'éternité, 149*; critique, au sens des Jésuites, des *Pensées* de Pascal, 395*; — et le péché philosophique, V, 461-2 ; — accusés d'être pélagiens ou semi-pélagiens, I, [521, 522] ; III, 482; — et les *Hommes illustres* de Perrault, V, 479*; — la morale des Jésuites, ouvrage du Dr Perrault, VI, 160*; — leurs poursuites contre les petites Écoles, III, 473, 475 ; — (Politique des), 131, 132; — leur sentiment toujours politique, IV, [546*]; — (Parallèle de P.-R. et des), III, [609-11]; — et M. de Pontchâteau, VI, [303] ; — attaques incessantes contre P.-R.,

III, 7-11 ; hostiles aux efforts de P.-R. pour l'enseignement, 503 ; l'oppression de P.-R. présentée comme une expiation en leur faveur, IV, 308 ; on ne leur livre pas les papiers de P.-R., VI, 229* ; on leur attribue de vouloir faire un séminaire à P.-R. de P., VI, 235 ; — leur postérité moderne [291] ; — sur le *pouvoir* des justes, III, 55 ; — principes dans le meilleur temps, 137* ; — conséquences de leur probabilisme, 88 ; n'ont pas été les seuls à défendre le probabilisme et le régicide, 144 ; la doctrine de la probabilité leur est-elle propre ? 126-7 ; — personnages des Provinciales, 268 ; leur façon de biaiser, aux Indes et en Chine, attaquée dans la 5ᵉ Provinciale, 349 ; étourdis sous le coup des Provinciales, 28 ; leurs réponses aux Provinciales en partie fondées 126-8 ; ont perdu depuis les Provinciales leur centre d'action, 48* ; la plaie des *Provinciales* est toujours ouverte, 219 ; — leurs qualités, 130-1 ; — ce qu'en dit le P. Quesnel, V, 482 ; et les papiers du P. Quesnel, 483* ; VI, 180 : — (Ce que dit Racine des) et de P.-R., VI, 109 ; — inobservations de leurs règles, I, [547] ; — ne sont pas toujours en mesure de répondre, III. 221 ; ressort principal de leur société, 135, 137* ; défendus sous la Restauration par un parent du docteur Cornet, II, 149 : leur influence funeste sous la Restauration, III, 141 ; — leur retour moderne en faveur, V, 481 ; — Retz élevé chez eux, [529] ; et Retz [534, 554, 561, 564] ; — 65 propositions de leur morale condamnées à Rome (4 mars 1679), VI, [323] ; — et Mme de Sablé, V, 73*, 76, 79-80 ; — toute la vie de Saint-Amour, une campagne contre eux, 320* ; — pour eux, saint Augustin ne doit être lu qu'avec précaution, II, 134* ; — et saint Bernard, III, [598] ; — loués d'abord par Saint-Cyran, I, 313 ; III, 109* ; ce qu'ils disent de Saint-Cyran, I, 274 ; contre la « Théologie familière » de Saint-Cyran, II, 200-1 ; publient aussitôt que Saint-Cyran est mort sans sacrements, [537] ; veulent que Saint-Cyran soit mort en athée, [540] ; nient que Saint-Cyran ait été administré, 204* ; discussion de ce point [535-40] disent qu'on a corrigé les lettres de Saint-Cyran, I, 344 ; font imprimer les lettres de Saint-Cyran, 284 ; publient les *Reliques de Saint-Cyran*, II, 197* ; — (Comment les) modernes traitent la question du Saint-Cyranisme, I, 506* ; — Règles de saint Ignace, III, 135-6 ; — biographies de saint Vincent de Paul, I, 506 ; — se défient toujours du Dʳ de Sainte-Beuve, IV, [571*] ; — (Les) et Santeul, V, [622-5] ; — (Savants), IV, 35, [568] ; — (Les) et M. Savreux, III, 56* ; — semi-pélagiens, 482 ; — où Mme de Sévigné va plus loin qu'eux, V, 14 ; — ce qu'ils sont au XIXᵉ siècle, III, 144-5 ; — se moquent des travaux manuels des Solitaires, I, 590 ; — Mot de M. de Solminihac sur eux, VI, [296*] ; — (Querelles de la Sorbonne et des), I, 279, 280 ; jugement de la Sorbonne sur leur Institut (1554), V, 456 ; — leurs railleries sur les *souliers* faits par ces Messieurs, II, 235 ; — ce qu'en dit Sully, V, 456 ; — et Sulpiciens en face, VI, 235 ; — Dévotion au Supérieur, inhérente aux), III, 135, leur dévotion absolue au Supérieur, III, 135-7 ; — doivent avoir un collège à Thonon, I. 261 ; — leurs éloges de Tillemont, IV, 17*, 40 ; — honnêtes côtés de leur tolérance, 331* ; — prennent tous les tons, [545-6] ; — comment ils se traitent entre eux, III, [624-7] ; — leur ordre n'a pas vécu tant qu'on croit, 218 ; — à louer des vertus qu'ils ont suscitées contre eux, 145* ; — et Voltaire, 141-2* ; =Voy. les PP. Amelotte, Annat, Ayrigny, Bauny, Boucher, Bougeant, Bouhours, Bourdaloue, Bras, Bresson, Brisacier, Buffier, Cahours, Canaye, Castel, Castillon, Caussin, Champs (De), Charlevoix, Cheminais, Comitolo, Commire, Cotton, Crommius, Daniel, De Champs, Desbillons, Dinet, Du Cerceau, Escobar, Ferrier, Fretat, Fronton du Duc Gagarine, Gaillard, Garasse, Gonnelieu, Grégoire de Valentia, Griffet, Guilloré, Hardouin, Henschenius, Herault, Hereau, Hercule, Ignace de Loyola (Saint), Jouvency, Labbe, La Chaise, Lallemand, Lallouère, La Rue, La Valterie, Le Jay, Le Las-

seur, Lessius, Maimbourg, Mascaron, Meynier, Montézon, Montferrand, Neuville, Noël, Nouet, Oliva, Petau, Pinthereau, Porée, Prémare, Rapin, Ravignan, Sanadon, Sirmond, Talon, Tambourin, Tellier. Tournemine, Vavassor;
= Aubineau, Cramoisi, le comte de Dunois, Jean Casimir, Journal de Trévoux ;
= * Angleterre, * Caen, * Canada, * Chambéry, * Chine, * Clermont, * Dijon, * Grenoble, * La Flèche, * Montferrand, * Paris, * Trévoux.

Jésuites de Rome, III, 11,
Jésuites de Trévoux, V, 500; — (Querelle des) et de Boileau, 514, 516-7*.
Jésuitisme, rejeté par la France, IV, 332 ; — (Le) dénoncé par Pascal est poussé à bout par Molière, III, 288.
Jésus-Christ (Création et chute en vue de), V, 422-3 ; — preuves tirées des prophéties, III, 445-7 ; — l'accomplissement des prophéties, 451; — le commencement des voies du Seigneur, V, 414 ; — incarnation, 420*, 423, 425 ; — des animaux présents à sa naissance, IV, 28; — adoration des Anges à la crèche, III, 477 * ; — (Baptême de), II, 329* ; — (Que) n'a pas ri, 335 ; — circonstances de ses miracles, III, 450 ; — style de ses discours, 450 ; — entrée à Jérusalem. 463*; IV, 297 ; — Dernière Cène (Discussion sur la date de sa), IV, 38 ; — la Passion, 231; Passion (Scènes de la), 207; Voy. Calvaire; simplicité du récit de la Passion, 157; — au Jardin des olives, I, 490; IV, 203*; prière au Jardin des olives, V, 233*; — guérit les blessures de l'épée de saint Pierre, IV, 252;— (La robe de), 291 ; — (La Croix de), V, 342, 436; — (Corps de) crucifié, IV, 307 ; — (Plaies de), 149; — de l'utilité de sa mort en personne, III, 239; — (Tombeau de), V, 335 ; — crucifié (Suivre), IV, [533] : — (Souffrances de), V, 30*; — est-il mort pour tous les hommes? I, 291 ; II, 105 ; III. 470; IV, 141, 143 ; — dans l'Eucharistie, V, 352 ; mystère de son sang et de son corps dans la communion. Voy. Eucharistie, Nicole, Perpétuité.
= Question de sa divinité,-V, 233*; question des deux personnes en lui, II, 243 ; sa personne divine et humaine, III, 450 ; — en le mettant dans l'humanité tout change, II, 424 ; — à partir de quel moment a-t-on été obligé de le connaître? VI, 73 ; — seule guérison de la nature mauvaise de l'homme. I, 342, 343 ; — (La grâce de), IV, 243 ; — (Grâce délectante de), V, 432-3; — (Grâce *médicinale* de), II, [532]; — anéanti si l'on soumet sa grâce au libre arbitre de l'homme, [532, 533] ; — (Grâce que nous fait Dieu en), VI, 49 ; — Grâce du Christ sauveur ; Voy. Jansénius, article de *l'Augustinus*; — croire en lui suffit-il au salut? IV, 331 *, [546*]; — nous mérite la délectation prévenante, V, 388 ; — à l'ordre de la charité, III, 423-4 ; — caractère de sa doctrine, 450, 451 ; — (Morale de), VI, [270] ; — le confesseur du cœur, IV, 310-1 ; — le maître des cœurs, V, 436 ; — médecin du cœur, 342, 346 ; — c'est lui qu'il faut voir dans les Saints, IV, 296; — (Être de l'école de), I, [516] ; (Simplicité dans l'école de), IV, 199 ; — (Joug de), II, 363 ; douceur de son joug, IV, [577] ; — et la vraie dévotion. V. [532] ; — le prêtre éternel, IV, 249; — (L'évêque le vrai docteur en), 358 ; tous les fidèles sont ses ministres, 311 ; — se professant lui-même à un disciple fidèle, V, 362 ; — et l'Église, 428 ; — union avec son Église, VI, [254] ; — (L'esprit de) vrai lien de l'Église, III, 347 ; — (Marques de la seule vraie Église de), IV. 451 ; — ne doit pas être plus défendu que la moindre vérité de la Foi, III, 350 ; — qui a son esprit n'en peut être séparé, IV, 310 ; — (La santé dépend de), II, 508 ; — (Neuvaine à), IV, 201 ; — il manque quelque chose à qui le méconnait complètement, III, 451 ;
= Sa divinité attaquée par les Ariens. II, 125, — le Pélagianisme mène à n'y pas croire, 111-2 ; — P.-R est un redoublement de foi à sa divinité, I, 358 ; on reproa P.-R. de supprimer *omnium* à la suite de *Christe redemptor*, II, 325 * ; — *en nous*, est le secret du Jansénisme, IV, 278 ; — est toute l'histoire pour Saint-Cyran, I,

345 ; — (Seize vertus de) commentées dans les articles du *Chapelet secret* de la M. Agnès, 330 ; —ce qu'en dit M. de Ciron, V, 30* ; — son rôle dans le grand livre de Pascal, III, 450-2 ; passionnément aimé de Pascal, II, 509 ; Pascal s'y arrête, Bossuet va plus loin, III, 448 ; — et M. Hamon, IV, 325 ; — *Histoire de sa vie* par M. Le Tourneux, V, 212 ; — (Requêtes et appel des Religieuses de P.-R. à), 177-8 ; — Du Guet ne le distingue jamais de Dieu, 436 ; — dans Malebranche. 433-5 ; dans le système de Malebranche, 364-5 ; ses intentions particulières selon Malebranche, 430-1 ; pour Malebranche très-distinct du Père et de Dieu, 431-2 ; (Rabaissement de) comme *fils* dans Malebranche, 422, 431-2, 433-5 ; — et les miracles dans Malebranche, 435* ; (Miracles de), P.-R en rapproche les siens propres, 268 ; ses miracles rapprochés de ceux du Diacre Pâris, VI, 78 ; — Voy. *Imitation*.

Jésus (La M. Jeanne de) ; Voy. Séguier.

Jeu (Aventure de), V, 18, 22 ; — (Chances du), III, 436 ; — (Règles du) dans les débats métaphysiques, V, 349.

Jeudi saint, VI, [314] ; — cérémonie des saintes huiles, V, [533] ; — et M. de Pontchâteau, V, 256.

Jeûne (Le), II, 18 ; VI, 227 ; — un des vengeurs de Dieu offensé, IV, 308 ; — (Cas de conscience sur le), III, 123-5 ; — (Jours de), VI, [330] ; — des Bénédictins, IV, [548*] ; — (Le) à P.-R., 407* ; (Fin charitable du, à P.-R., I, 105*.

Jeûnes, II, 233 ; III, 334, 336 ; V, 28.

Jeunesse (Élévation première de la), III, 239 ; — (Courage d'esprit de la), IV, [570] ; — (Éloges hypocrites de la), III, 286 ; — (La) ne doit pas s'émanciper, VI, 88 ; — (Nécessité pour la) des éditions *expurgées*, III, .503.

Jeux divers aux petites Écoles, IV, 8.

Joad et Joas ; Voy. Racine (Athalie).

Job, IV, 239, 242 ; — (Le livre de), II, 362 ; — (Angoisses de), I, 490 ; II, 124 ; — (Lamentations de), III, 436, 437 ; — (Les amis de), II, 35* ; — (Paroles de l'Éternel à), III, 426, 427 ; — ch. xxxi, verset 23, II, 329 ; — (Citation de), VI, [343] ; — (La note intime de chacun sort quand il est à l'état de), IV, 484 ; — et M. de Pontchâteau, V, 259 : — commentaires de Du Guet, VI, 39 ; — Le sonnet de Benserade, II, 54 ; IV, 268.

Jocaste, I, 173*.

Jocelyn, I, 231 ;

Jocelyns (Les), III, 273*.

Joconde (La) ; Voy. Vinci.

Jodelle (École de), I, 121-3.

Johnson (Le D^r) IV, 8, 9.

Joie (La déesse de la), II, 423 ; — (De la) en religion, IV, 333 ; — le propre de Mme de Sévigné et de La Fontaine, V, 507.

Joinville ; parmi les livres de M. de Saci, II, 388*.

Joli (M.), d'abord curé de St-Nic. des Champs à Paris ; cité par Boileau comme prédicateur, IV, [585] ; — assiste Mazarin à son lit de mort [585] ; — évêque d'Agen, VI, [286*].

Joly (Guy) ; secrétaire de Retz pendant la Fronde, V, [538, 539, 551, 565] ; — reproche aux Jansénistes de ne s'être adressés à Retz qu'après la Fronde et pour eux seuls, II, 320-1 ; — historien des caravanes de Retz, III, 188, 189 ; — se trompe sur la lettre de Retz à l'abbé Charrier, V, [549] ; — Mémoires, III, 191, 192, 196-7 ; IV, 112 ; V, [537, 551, 559, 561, 562, 566, 571, 573*, 574, 578, 580].

Joly, libraire ; successeur de Courbé, III, 270*.

Joly, biographe bourguignon ; sa notice du Chev. de Méré, III, [611, 612].

Jonas (Le cantique de), III, [608].

Jonathas et David, VI, [273] ; — (Le miel de), 46.

Joncoux (Mlle de) de la dernière génération de P.-R., II, 245 ; —sa valeur dans le parti, VI, [279-80] ; — va chez M. d'Argenson, 193 ; — et M. de Crès, 198 ; — et Du Guet, 64* ; — traduit la préface de Nicole sur les Provinciales, III, 100* ; succès de sa traduction des dissertations latines ajoutées par Nicole aux Provinciales, 246-7 ; — et M. de Noailles, VI, 231 ; amusante conversation avec M. de Noailles, 198-9 ; ses entretiens avec le cardinal de Noailles, [275-9] ; — trouve l'affaire de Nordstrand une folie, IV, 376* ; — fait sortir M. Vuillart de la Bastille, VI, 180* ; —

et la S. Briquet, [279] ; — et la M. Du Mesnil, 199* ; Lettre de la M. Du Mesnil, 211*; — le génie et le bon démon des derniers temps de P.-R., 198 ; — et les papiers de P.-R., 229*; — s'agite à propos du sort dernier des bâtiments de P.-R. des Ch., 235-6 ; — sa mort (1715), VI, 180*, — *Histoire abrégée du Jansénisme*, VI, 64-5 ; — travaille à l'*Histoire du Cas de Conscience*, 172 : — auteur de la traduction des notes de Wendrock, I, 405*.

Jonin ; ses vers latins, III, [625].

Jonquière (M. de) se trompe en mettant la lecture du Tartuffe chez Mme de Longueville, III, 267*.

Josabeth ; Voy. Racine (Athalie).

*Josaphat (Vallée de), V, 247.

Joseph (Le patriarche), I, 303 ; — et ses frères, IV, 140, 235 ; — (La prison de), V, 342.

Joseph, désignation de Saint-Cyran, II, 128, 374* ; III, 86.

Joseph d'Arimathie, II, 318 ; — (Racine le) de P.-R., V, 288.

Joseph (Le P., capucin, II, 257* ; III, 464 ; — et Saint-Cyran, I, 236*, 274*, 308-9, 494 ; II, 27* ; — fait l'épitaphe de M. Arnauld Du Fort, I, 57.

Joseph ; Voy. Bonaparte.

Josèphe ; Histoire des Juifs, traduite par Gélénius, II, 282* ; — par d'Andilly, II, 281, 282-3, 290 ; — traduite par le P. Gillet, II, 282* ; — préface d'Arnauld d'Andilly, V, 8.

Josset (Élie), libraire, II, 244* ; V, 223 ; — et la défense de vendre l'*Année Chrétienne*, 221-2.

Josset (Mme) et le cœur de M. Le Tourneux, V, 228.

Josué, I, 293 ; — (Le livre de), chapitre xxii, IV, 298.

Jouarre (Abbaye de), II, 213-4 ; — et Bossuet, 314*.

Joubert (Athéisme de M.). II, 83* ; — rapproche de M. de Tréville, V, 92 ; — Pensées, I, 272 ; II, 35-6 ; — son estime pour le style de Balzac, 82-3* ; — fait saillir le point central du Jansénisme, 114* ; — son jugement favorable à Nicole, IV, 441 ; — ce qu'il dit de la Bible de M. de Saci, II, 362* ; — Son étude sur Reid, V, 401* ; — sa philosophie se passe du Chistianisme, 356* ; — son éloge des valétudinaires, III, 328.

Joulet ; traduction du *Sacerdoce* de S. Chrysostôme, I, 497.

Jour (Le Grand) contribue beaucoup à faire faire le bien aux gens du monde, II, 476-7.

Jour du Seigneur (Le), VI, 216.

*Jourdain (Le) fleuve, IV, 298.

Journal ms. de P.-R, II, 369*, [542, 574] ; IV, 19*, 122 ; V, 10, 11*, 141*, 216, 236*, 237, 246, 247 ; — processions y tiennent une grande place, 271 ; — récit du convoi de M. de Pontchâteau, VI, [339].

Journal de Saint-Amour ; Voy. Saint-Amour.

Journal (Le) échappe presque toujours à ses fondateurs, VI, 78* ; — quotidien (Exigences littéraires du), VI, [260] :

Journal encyclopédique, II, [572*].

Journal de Trévoux, III, 130 ; IV, 40 ; — et Boileau, V, 514, 516-7 ; — analyse d'un livre de Nicole, IV, 432

Journal des savants (Ancien), III, 199-200*, 403* ; — son correspondant M. Bocquillot, IV, 239 40 ; — ce qu'il dit de l'*abîme de Pascal*, III, 363 ; — et l'article de Mme de Sablé sur les Maximes de La Rochefoucauld, V, 67 8 ; — approuve les réserves de Nicole sur les miracles modernes, 268* ; — sur l'abbaye de Sept-Fonts, IV, [527] ; — sur les ouvrages historiques de Tillemont, IV, 24, 31*.

Journal des savants (Le nouveau), II, 473*.

Journalistes pour P.-R., III, 180*.

Journaux manuscrits de P.-R., IV, 406*, 481*, [588] ; V, 98, 139*, 162, 188*, 273*.

Journée des barricades, I, 114.

Journée des chaises renversées, IV, 284-6*.

Journée des dupes, I, 114 ; II, 52*.

Journée du guichet, I, 96, 98, 106-13, 114, 115, 116, 118-9, 124, 126-7, 129, 131, 145, 172, 175 ; II, 75 ; IV, 285* ; V, 270.

Jouvancy (Le P.), jésuite, III, 130 ; — traduit en latin la réponse tardive du P. Daniel aux Provinciales, III, 223 ; sa traduction mise à l'Index, 225 ; — et Santeul, V, [622, 623] ; — *Ratio docendi*, IV, 101 ; — précédé par M. de Saci dans l'expurgation des auteurs latins, III, 503

Jouy (Montée de), III, 57 ; — (Scène de la montée de), IV, 259 ; — (Descente de), III, 169.

Jouy (M. de), le La Bruyère du premier Empire, III, 283*.

Joyeuse (Le P. Ange de), capucin, ami du P. Archange. I, 178*.
Joyeux (Sens du *Soyez*) de l'apôtre, II, 508.
Juan (Don), V, [533] ; — (Type de Don), VI, [267].
Jubilé pour les malades, V. 216, 218.
Juda, frère de Joseph. IV, 235.
Judaïque (Le Dieu), III, 396*.
Judaïsme (Quels livres tiennent du), II, 37.
Judas ; nomination de son successeur, V, 444.
Judith, III, 58 ; V, 110.
Jugement (Règles pour former le) ; Voy. Logique de P.-R. ; — ne se doit soumettre que dans les choses de la foi, V, 491-2 ; — d'un peu loin et de souvenir, V, 21.
Jugement dernier (Le, V. 245* ; — (Trait oratoire de Pascal sur le), III, 147-8 ; — dans Nicole, IV, 472-3 ; — (Prosopopée du) dans Boileau, V, 507-8.
Jugements (Les), seconde partie de la Logique de P.-R., III, 547, 556 ; — (Causes de l'erreur dans les), V, 388 ; — du monde (Contrariétés des), [585] ; — singuliers de l'esprit de clocher, VI, 83-4 ; — téméraires (Les), IV, 476 ; — du jour et de l'avenir différents, IV. 438 ; — divers sur le premier volume de P.-R., I, [548].
Jugements de Dieu ; leur crainte à l'excès est de l'orgueil ; V, 182-3.
Juger (La manière de) dépend de celle de sentir, III, 401.
Juif (Le peuple) et l'Écriture, III, 442-4 ; — (Pascal arrive au peuple) après une exploration historique des religions, [615] ; — (Un) et la « Prière universelle » de Leibniz, V, 443.
Juifs (L'Ange prince des), V, 435* ; — Jugements de Dieu sur son peuple, III, 447 ; — considérés par Pascal comme dépositaires de la vraie religion, 445-7 ; — (Pâque des), IV, 38 ; — n'adorent pas d'images, VI, 146 ; - frères germains des Spartiates, II, 419* ; — demandent des signes sensibles, I, 457 ; — Gentils substitués aux), III, 447-8 ; — (Pensée de saint Augustin sur les), I, 358 ; — leur amour pour les ruines de Jérusalem, IV, 115 ; — idées étranges de Du Guet sur leur future conversion, III, 448* ; (La conversion future des) signal d'une ère nouvelle pour Du Guet, VI, 53, 54, 55.

Juilly (Collège oratorien de), III, 580, 581 ; IV, 101-2* ; VI, 78 ; — on y a gardé la tradition du passage de Ma'ebranche, V, 396.
Juin (Mois de), V, 270.
Jules (Le petit) ; Voy. Villeneuve (M. de).
Juliard (Jeanne de), épouse M. de Turle de Mondonville, V, [617] ; Voy. Mondonville (Mme de).
Julie (La princesse), nom de Mme de Rambouillet. II, 254, 354* ; Voy. Angennes, Godeau.
Julien (L'Empereur) ; traduction de son Misopogon, IV. 40*.
Julien, disciple de Pélage ; I, 220-1* ; II, 113.
Jumeauville (La dame de), religieuse à P.-R. ; prête à la jeune Mère Angélique un livre de Méditations, I, 90 ; — couchait dans la chambre de la jeune Mère Agnès, 93 ; — avertit Ant. Arnauld des projets de réforme de la jeune Mère Angélique, 94.
Jumièges (Abbaye de), VI, 49.
Junie (Funérailles de), V, 479*.
Junius Saint Cyran est le) de la théologie gallicane, I, 321.
Jupine, servante d'Arnauld, V, 460.
Jupiter (Courroux de), V. 452* ; — (Le) d'Homère, de Phidias et d'Euphranor. III, [626].
Jurements (Sermons contre les) ; IV, [551*].
Jurieu (Le prince d'Orange, le héros de), V, 456 ; — accuse P.-R. d'être autant cartésien que catholique, 352 ; — et Arnauld, 352, [623] ; (Arnauld ne veut pas être l'écuyer de Goliath), 320 ; sa discussion avec Arnauld, 317-20 ; — L'Esprit de M. Arnauld, I. 344* ; III, 95* ; V, 198*, 317-8, 329* ; — et Nicole, 352 ; L'Unité de l'Eglise de Nicole dirigée contre lui, IV, 498, 499* ; — ce qu'en dit Voltaire, III, 95*.
Jurons d'archevêque, IV, 180*.
Jussieu et la méthode naturelle ; III, 542.
Juste (Le) vit de la foi, V, 117 ; — prédestiné (Un) ne perd jamais la grâce, 319.
Juste-Lipse ; son opinion sur Saint-Cyran, I, 275-6 ; — Lettres, 276*.
Juste milieu ; insupportable aux esprits féminins extrêmes, V, 131 -

— un des caractères de P.-R., III, 523, 548, 572.
Justes (Pouvoir des) vis-à-vis de la Grâce, III, 54, 55 ; — (La fête des), V, 343.
Justice (Le sentiment de la) est inventé, puis s'acquiert et s'enseigne. III, 382* ; — Montaigne et Pascal sur la), II, 397* : — humaine et justice naturelle selon Pascal, 381-3 ; — (Théorie de la), V, 524*.
Justification (Les matières de la), V, [611].
Justine (L'Impératrice) et saint Ambroise, III, 188.
Justine (La Sœur), converse, exilée à Chartres, VI, 221.
Justinien, III, 35 ; — sa haine contre trois auteurs, IV, 437.
Juvénal, I, 22 ; — 1re satire, vers 45, III, 207* ; — 3e satire, III, 340 ; — citation, VI, 65* ; — son vers sur le respect des enfants, III, 502 ; — imité par Boileau, V, 516*.

K

Kaergrek (Famille bretonne des) ; Voy. Brice (Mlle).
Kant (Doctrines de), II, 392.
Karsten (M C.), professeur au séminaire catholique d'Amersfoort, V, 307, 308, 309 ; — (Remerciements à M.), I, VI.
Kellermann (Chargé de) à Marengo, III, 40.
Kemnitz, adversaire des Jésuites, I, [546].
Kentucky, I, 274.
Khan de la petite Tartarie, désignation du roi de Suède Charles X, III, 167.
Kœrner, poëte allemand, I, [555].
*Klarenburg (Archives de la maison de) ; Voy. *Utrecht.
Klostermall, libraire, V, 602*.

L

Laballie, employé par P.-R. et depuis calviniste, II, 197*.
La Barde (M. de), chanoine de Notre-Dame, II, 15, 15-6*.
La Barde (M. Denis), évêque de Saint-Brieuc, son frère, II, 15*, 127-30 ; — thomiste, III, 36 ; — lettre d'Arnauld (déc. 1656), 36-7, 38, 54.
La Barre (M. De), ami intime de Retz, V, [538].
La Baume de Suze (Louis-François de), évêque de Viviers de 1621 à 1690, IV, [552].
Labbe (Le P. Philippe), jésuite ; né à Lyon, III, [622] ; — défauts et qualités de son caractère, 528* ; — précepteur de M. Du Gué de Bagnols qui devient janséniste, [622] ; IV, [569] ; — son poëme contre Jansénius, [569] ! — raillé indirectement dans la Logique de P.-R. (1662), III, 528*, 554* ; — sa conférence sur la Grâce contre le Dr de Sainte-Beuve (1652), IV, [569] ; il y est très faible, III, [621-3] ; — son mauvais français, IV, [588] ; — ses grandes collections bonnes autant qu'il n'y met pas du sien, III, [621] ; — ses plagiats, 527-8 ; — son « Elogium divi Augustini » entièrement contre les Jansénistes, [622] ; le réimprime après être convenu de le supprimer, [622, 623] ; — ses critiques contre le Jardin des racines grecques, 524-7 ; — Les étymologies de plusieurs mots français contre les abus de la secte des Hellénistes de P.-R. (1661), 526* ; — Bibliotheca anti-janseniana, II, 325*.
Labitte (M. Charles) communique des lettres inédites de Camus, I, 241*.
La Bléterie ; — son éloge de Tillemont, IV, 39-40 ; — ses remarques sur le Misopogon, 40*.
La Boderie (Famille), II, 251-2* ; Voy. Le Fèvre de La Boderie.
La Boétie (Et. de), l'ami de Montaigne, III, 333 ; — Montaigne appliqué au regret de sa mort un vers de Virgile, 584*.
La Boissière (Le P. de), de l'Oratoire, III, [607].
Laborde (Le marquis Léon de) ; communique une lettre, VI, 241*.
La Boulerie (M.) ; s'aventure à soutenir le christianisme de Montaigne, II, 428*.
La Bouttillerie, gentilhomme médecin, soigne le père de Pascal, II, 477 ; — son influence sur la conversion de Pascal, 481.
La Brille, port de mer en Hollande, II, 294.

Labrune, protestant refugié ; ce qu'il dit de Saint-Cyran et de Pascal, II, 196-7*.

La Brunetière, grand vicaire de l'archevêque de Paris; son discours le jour de la levée de l'interdit de P.-R., IV, 406.

La Brunetière; Voy Du Plessis.

La Bruyère (Jean de), I, 83, 154, 377 ; II, 162 ; III, 185 ; IV, 465.

= Ses *Caractères* ne sont pas sortis du *Recueil des portraits* faits dans la société de Mademoiselle, III, 420*; — ses premières éditions, II, 413*; — différence des éditions, III, 291*; — chap. des ouvrages de l'esprit, II, 401*; portrait d'Arsène, V, 83 ; — chapitre de la Mode, III, 291 ; portrait de Diphile, 111 ; son Onuphre, III, 112, 113, 202, 263-4; onomatopée confuse du nom, 288*; Onuphre (Le peintre d') héritier des Provinciales, 263; Onuphre est-il ou non une critique du Tartuffe? 292, son portrait d'Onuphre étudié, 291-2; costume de son Onuphre, 288 ; Onuphre raffine sur Tartuffe et ne le vainc pas. 295 ; son Onuphre n'est pas scénique, 292, 293*: passages de Dangeau qui l'expliquent, 291*; — chapitre de la Chaire, V, 214; — Cartésianisme religieux de son dernier chapitre sur les esprits forts, II, 418 ; ses pensées sur la religion comme ajoutées après coup, I, 409 * ; termine par un chapitre chrétien un livre non chrétien jusque là, II, 401*; — Clefs de ses *Caractères*, 400*.

= et la langue française, III, 566 ; — peintre de chevalet, 293, 295, 296 ; — son goût délicat, IV, 465; — sévérité de sa prose, III, 101 ; — précision de son style, V, 360 ; — on y sent l'effort, II, 446 ; — son procédé de mosaïque, III, 291 ; — son procédé d'additions, 291 2*; — ce qu'il dit du joug du latinisme, 49; — condamne indirectement le style janséniste, II, 85 ; — sa hardiesse et sa prudence, III, 291-2*, 304 ; — (Jansénisme de), 244 ; — ni janséniste, ni jésuite, II, 401*; — son peu de goût pour la controverse théologique, 401* — Dialogues sur le quiétisme sont-ils de lui? III, 202*; — son point de vue moral, 260; — mélange indissoluble de la morale des honnêtes gens et du Christianisme, 274; — a aimé avec son cœur, II, 501*; — de ceux qui préfèrent le succès à la victoire, III, 292*; — se laisse entraîner à la satire, II, 418 ; — amertume de sa pensée, I, 4 8 ; — sa façon de railler, 409 ; — fait-il allusion à Balzac à propos de Montaigne? II, 400*; — Du Guet rapproché de lui, VI, 22 ; — parle peut-être de M. Letourneux, V, 214; — son jugement sur Molière, III, 292, 298, 300 ; aurait plus *filé* Tartuffe que n'a fait Molière, 285 ; — tient de Montaigne, II, 400*, 450, 451; son éloge de Montaigne, 400*; fait merveille à imiter Montaigne, III, 202 ; allusion possible à la critique de Montaigne par Nicole, II, 400; — sa rhétorique conforme à celle de Pascal, III, 460 ; ce qu'il doit aux Provinciales, 202, 203 ; — n'a aucune liaison avec P.-R., II, 400*; — ce qu'il dit de Ronsard et de Balzac, 80, 81 ; — portrait de M. de Tréville, V, 80, 83 ; sa rancune contre M. de Tréville, 83, 89 ; — estime qu'en fait Vauvenargues, II, 400 ; — (Pas de place pour) sous le premier Empire, III, 283.

Lac (M. Du); Voy. Akakia Du Lac.

La Calprenède; « Pharamond », III, 270*.

La Capelle (Siége de), I, 400.

Lacédémone, I, 313 ; — (L'ilote ivre de), III, 431.

Lacépède (M. de), I, [556] ; — sa politesse, III, 29.

La Chaise (Le P. de), jésuite, II, 176*; IV, 123 ; — ses qualités bienveillantes, V, 156 ; — accessible et poli. 517 ; — doucereux, III, 285 ; — (Arnauld et le), V, 466; — et l'hérésie de Beauvais, III, 568; — et Boileau, V, 494*, 504 ; et l'Épitre XII de Boileau, 509-10 ; — craint la publication de la réponse tardive du P. Daniel aux Provinciales III, 222; — et le P. Du Breuil, V, 345 ; — et Du Guet VI, 29-30 ; — et les Filles de l'Enfance, V, 454*; — et M. de Harlai, 176 ;— et M. Le Camus, IV, [546] ; — fait défendre la vente de l'Année Chrétienne de M. Le Tourneux, V, 221 ; — confesseur de Louis XIV, 200, 201, 466, pendant 35 ans, III, 266; importance de son règne, 216; — et P.-R., VI, 201 ; — (Le pot *au noir* du P.), 180-1; —

et l'Esther de Racine, 135, 136 ; — ce qu'il dit des papiers du P. Quesnel, 178 ; — mot qui lui échappe sur S. Augustin, II, 134* ; — et Santeul, V, [622].

La Chaise. Voy. Filleau de La Chaise.

La Chaise-Dieu (Abbaye de) en Auvergne, VI, [307].

La Charité (L'abbé de), moine de Citeaux, fait faire sa profession à la M. Angélique, I, 81.

La Chaume (Abbaye de) possédée par Retz, V, [577].

La Chesnaye, séjour de M. de La Mennais, IV, 337.

Lacon (Portrait de), ou du petit homme, II, 400.

La Condamine, correspondant de Voltaire, III, 402.

Lacordaire (L'abbé) ; ce qu'il pense de S. Augustin, II, 130-1.

La Chapelle (M. de), receveur général des finances de La Rochelle, VI, [263] ; — fait, comme directeur de l'Académie, l'éloge de Racine en réponse à M. de Valincour et n'y dit rien de Boileau, [262-3] ; plaintes et épigramme de Boileau, [263-5].

La Combe (Le P.), barnabite, et Mme Guyon, IV, 431* ; — réfuté par Nicole, 442, 508.

La Croisette, favori du duc de Longueville, V, 103* ; — sa terre près de Louviers, 103*.

La Croix, abbé de Citeaux, permet de jouer Cléopâtre aux Dames de Saint-Antoine, I, 93* ; — se prête à nommer avant l'âge les filles d'Ant. Arnauld, 74-5 ; — bénit comme abbesse la Mère Angélique à onze ans, 84.

La Croix (L'abbé de la) ; Vie de M. Walon de Beaupuis, III, 193*, 474*, 479 ; — Vies des amis de P.-R., 1, 433*.

La Croix (Charles de), cordonnier, devient Solitaire, II, 8.

La-Croix-Christ (M. Anillet), III, 27* ; — ses rapports avec M. Feydeau, VI, [285-6] ; — et Mlle Saujon, [285] ; — son exil et sa mort, [286*].

Ladvorat (Mlle) ; Voy. Pomponne (Mme de).

Laerte (Vieillesse de), II, [537*].

La Fare ; passion de Mme de Sablé pour lui, III, 231* ; — ce qu'il dit de M. de Tréville, V, 80 ; — méprisé par Boileau, 519.

La Fayette (Mlle de) ; sa liaison avec Louis XIII, I, 488 ; — au couvent de Chaillot, IV, 315.

La Fayette (Mme de), II, 286 ; — fille de Mme de La Vergne, V, 95 ; — belle-fille du chevalier de Sévigné, 95 ; — (Le cercle de Mme de), IV, 514 ; — ce qu'elle devait penser de la *Pauline* de Corneille, I, 140 ; — et Du Guet, VI, 5 ; a Du Guet pour directeur, 33, 36* ; lettre de Du Guet, V, 34-7 ; Du Guet l'aide à mourir, 121 ; assistée par Du Guet, 68 ; — amie de Mme Du Plessis-Guénégaud, III, [599] ; — sa liaison avec La Rochefoucauld, V, 68 ; effet sur elle de la mort de La Rochefoucauld, VI, 33 ; — en face de Mme de Longueville, 33 ; — de la société de Madame, V, 80 ; — et Mme de Maintenon, VI, 135 ; — trouve Montaigne le plus agréable voisin, II, 401 ; — goûte peu Nicole, IV, 465 ; — sa profonde estime pour les Pensées de Pascal, IV, 475 ; expression de cette estime, III, 392 ; — amie de M. de Pomponne, 359 ; — ce qu'en dit Racine, VI, 36* ; peu favorable à l'Esther de Racine, 135 ; — et Retz, V, [576] ; et sa dernière maladie, [599, 604] ; — et Mme de Sévigné, 6 ; — sa conversion, VI, 33-4, 35-6 ; — avait raisonné sur la foi, 32 ; — tristesse de sa vieillesse, 33 ; — sa réforme dans les romans, II, 170 : — coupe court au style embrouillé, V, [607] ; — « La princesse de Clèves », I, 246* ; IV, 413 ; V, 121 ; VI, 5.

La Ferrière Percy ; les La Boderie, II, 251-2*.

La Ferronnays ; Voy. Craven.

La Ferté (L'abbé de), I, 93* ; — enfermé à Saint-Lazare comme Brienne, V, 22*.

La Ferté-Milon, VI, 102* ; — Grenier à sel, 84 ; — Registres d'état civil, 86* ; — les Solitaires s'y retirent, I, 498, 501 ; VI, 84.

La Ferté-Senneterre, gouverneur de Lorraine, III, 159*.

La Feuillade (Le duc de) ; sa plate flatterie, VI, 237 ; — et la statue de Louis XIV, 24 ; — sa part aux poursuites de son frère contre les Dialogues de deux paroissiens, IV, 383* ; — veut couper le nez de tous les Jansénistes, 387 ; — à Utrecht, V, 304*.

La Feuillade (La duchesse de), IV,

264 ; — son testament et Louis XIV, V, 180* ; — Voy. Roannès (Mlle de).

La Feuillade (Georges d'Aubusson), archevêque d'Embrun, frère du duc ; — novice chez les Jésuites, IV, 381 ; — ses ambassades, 381, 382, 385, 386* ; — son ignorance, 381 ; — M le Prince parie qu'il ne sait pas le grec, 384 ; — amusantes histoires de sa requête au roi contre le Nouveau Testament de Mons, 383-7 ; interdit le Nouveau Testament de Mons, 381 ; VI, [362} ; pamphlets contre cette interdiction, IV, 381-8 ; — mis en parallèle avec Pavillon, 382 ; — veut être archevêque de Reims, VI, [362].

La Fin (Jeanne de), la tante, abbesse de P. R., I, 47, 48.

La Fin (Jeanne de), la nièce, abbesse et réformatrice de P.-R., I, 43, 47-8 ; — son tombeau, 47.

*La Flèche, collège des Jésuites, IV, 478.

La Fontaine (Jean de), I, 313* ; II, 246, 290 ; V, 121, 519 ;

= et Arnauld, V, 24 ; — Captivité de S. Malc prise des Vies des Pères d'Arnauld d'Andilly. II, 286-7 ; V, 16, 23-4 ; — et Boileau, 24, 513* ; — à l'hôtel de Bouillon, 24 ; — et Brienne ; 16, 18, 23 ; — dédie le Recueil de Poésies chrétiennes au jeune prince de Conti, 16-7 ; — et la philosophie de Descartes, II, 316 ; — ballade à propos de la dévotion aisée, 167 ; III, 47 ; — se moque d'Escobar, V, 24 ; ballade sur Escobar (1664), III, 271 ; — se moque de Jansénius, 24 ; — et Mme de La Sablière, 24 ; — fait comme les Grecs, en imitant Marot et Rabelais, III, 45* ; — à Melun, VI, 155 ; — et ces Messieurs, V, 16, 17, 23, 24 ; — tient de Montaigne, II, 451, 452 ; — et l'édition des Pensées de Pascal, III, 389 ; — ami de P.-R., 70 ; un moment débauché par P.-R., V, 23-4 ; auxiliaire et collaborateur de P.-R., 16-7, 22-4 ; — et Racine, 24, 96, 121, 155 ; et la profession de la fille de Racine, VI, 155 ; lettres de Racine, 98 ; — imite saint Jérôme, V, 23-4 ; — Philémon et Baucis singulièrement dédié au duc de Vendôme, 24 ;

= Fables II, 317*, 414 ; louées par Arnauld, 24 ; premières fables, III, 390 ; le Lapin et la Belette, 403* ; l'Homme aux deux maîtresses, 380 ; le rat de la fable, II, [525] ; sa hardiesse de touche dans les Fables, VI, 125-6 ; dialogues de ses Fables, III, 113 ; — vers pleins de joie et de lumière, V, 17 ; — Psyché, 43 ; — Contes. I, 144 ; V, 24 ; tire un conte de l'Écriture, 24 ; veut dédier un conte à Arnauld, 24 ; Joconde, I, 81 ; V, 17 ; Pâté d'anguilles, 24 ; — (Citations de). II, 417 ;

= (La nature chez), I, 219 ; — adonne à la nature, V, 24 ; — et la chasteté, 23 ; — se conduit mal vis-à-vis de son fils, III, 275* ; — dormeur en causant, V. 513* ; — dormait quelquefois, 513* ; — ses distractions. IV, 464 ; ses distractions même en écrivant, V, 23 ; — le divin negligent, 507 ; — avait son démon, VI, 123* ; — son don de joie et de charme, V, 507 ; — pendant de Henri IV en poésie, I, 81 ; — poëte du seizième dans le dix septième siècle, I, 144.

La Force (Le maréchal de), II, 254.

La Fuie (Mlle de) et Nicole, IV, [598].

La Garde (La marquise de) ; correspondante de la marquise d'Uxelles, VI, 227*.

Lagault (M.) ; envoyé à Rome contre les Cinq Propositions, III, 13.

*La Grange, près Pézenas ; terre du prince de Conti, V, 38-9.

La Grange (M. de) ; donne sa démission de Supérieur de P.-R., V, 280.

La Granrivière (M. de) et M. de Pontchâteau, VI, [311].

La Harpe ; jugement sur Corneille, I, 120 ; — (Conversion de), II, 73 ; — converti (Plaisanteries sur), I, 482.

La Haye, II, 294 ; VI, [251] ; — et M. de Neercassel, V, 305.

La Haye (M. de) ; pourquoi il sort de la Communauté de Saint-Sulpice, VI, [295-6].

La Houssaye (M. de) et Nicole, V, [581] ; — ami de Retz, [558, 576, 581].

La Houssaye (Mme de), VI, [252].

Laigues (M. de) ; meneur politique du Jansénisme, III, 585 ; — ami d'Arnauld d'Andilly, IV, 210* ; — ami de Retz, V, [566].

*Lailly, seigneurie, IV, [589].

Lainez, le poëte; esprit fort; III, 303.
Laïque (Ton) dans la discussion, IV, 186; — (Le) ne doit pas enseigner, 313.
Laisné (Le corps du *Frère* Jean), domestique de P.-R. des Ch., VI, 239.
Lalane (L'abbé de), docteur de Sorbonne, IV, 189, 215*; — abbé de Val-Croissant, V, 105*; — dans l'accommodement d'Arnauld, IV, 165; auteur avec Arnauld de la contre-requête contre les attaques de l'archevêque d'Embrun, 383, 385; — va, avec l'abbé d'Aubigny, voir M. Feydeau dans son exil, III, 586; — présenté au nonce Bargellini, IV, 395*; — accusé d'accointances calvinistes, III, [592, 593]; — et la distinction du fait et du droit; IV, 418; — et M. Feydeau, VI, [291]; — va à Rome défendre le livre de Jansénius; III, 13; reçu en audience par Innocent X, I, [542]; développe devant le pape « l'écrit à trois colonnes, » III, 17; — caché à l'hôtel de Longueville, IV, 366*, 394; — aux Conférences sur la version de Mons, II, 360; — et l'affaire de Nordstrand, IV, 375; — présenté à M. de Péréfixe, 399; — et la signature du docteur de Sainte-Beuve, VI, [359].
Lallemand (Le P.), jésuite; se vante d'être l'auteur des fausses lettres d'Arnauld, V, 465*.
Lallouère (Le P.), jésuite; concourt sur les problèmes de la roulette proposés par Pascal, III, 316.
Lallouette : « Abrégé de la Vie du cardinal Le Camus, » IV, [539*, 548*].
*La Marfée (Bataille de); II, 225.
Lamartine (M. Alphonse de), II, [514]; — enfant à Milly, VI, 90; — (Le style de) rapproché de celui de saint François de Sales, I, 225, 228, 229, 231, 246*; — vers lamartiniens de Gomberville, V, 261; — en face de Racine, VI, 118, 120; — Adieux à la mer, III, 104*; — *Méditations* citées, IV, 48-9*; — vers cités, I, 317-8; — profile des Jocelyns partout, III, 273*; Jocelyn (La sœur de), 359; — (Vers de) venant à la mémoire pour exprimer des sentiments modernes, IV, 256; — ce qu'il dit du collège de Belley, III, 131; —

n'approuve guère le sujet de P.-R., I, [550].
Lambert (M); loge les Petites Écoles à Paris, III, 472*.
Lambert (L'abbé) : valeur de son « Histoire littéraire du règne de Louis XIV, » IV, 418-9*.
Lambin; devient un mot de la langue; III, 117*.
La Meilleraye (M. de), grand maître de l'artillerie en 1659 et maréchal de France, VI, [364]; — parent du cardinal de Retz; V, [556].
La Meilleraye (Mme de) et la princesse de Conti, V; 32*; — sa liaison avec Retz, [529].
Lamennais (L'abbé François de), I, 217, [554]; II, [513*]; — séjour à la Chesnaye, IV, 337; — son nom de M. Feli, III, 493*; — éducations faites par lui, 493*; — inquiétudes de ses inspirations, IV, 336 7; — combien peu il était un prêtre, I, 454; — écrivain polémique, 441;
= Rapproché du grand Arnauld, II, 174; — bon conseil de Béranger, IV, 493*; — son estime pour Nicole, 462; — belle expression de son estime pour P.-R., III, 257-8; — injurieux pour les Protestants, IV, 458;
= « Essai sur l'Indifférence, » II, 121, 174; — «Paroles d'un Croyant, » IV, 337; — « Esquisse d'une philosophie, » II, 432; — éloges de la France, V, 458*; — (Le Hêtre de M.), IV, 337; — Lettres, V, 458*; — son article dans les « Portraits contemporains » de M. Sainte-Beuve, 396*.
La Mesnardière et Chapelain, V, 54.
Lameth (Mme de); peuple la faisanderie de Retz, V, [575].
Lami (Le P.) de l'Oratoire, V, [615]; — maître excellent, VI, 5; — « Traité de la Pâque des Juifs, » IV, 38; — « Harmonie évangélique, » 38; — « Entretiens sur les Sciences, » 101; — critique de ses opinions dans les Provinciales, III, 118*, 119; — et Tillemont, IV, 75; sa discussion avec Tillemont sur la dernière cène de J. C., 38.
Lamoignon (M. de), maître des requêtes, puis premier président, II, 17*; III, 201; IV, 167, 168, 169; — grand lecteur des anciens, V, 85; — et Arnauld, 491; fait con-

naître Arnauld et Boileau, 489 ; — (Les Arrêtés de), [523] ; ses Arrêtés ne sont que pratiques, 523* ; — a Baillet pour bibliothécaire, III, 301 ; — son estime pour M. Benoise, 579 ; — et Boileau, V, 85, 489, 491, 492, 498, 506 ; Épître de Boileau, 498 ; donne à Boileau le sujet du Lutrin, 499 ; — et Christine Briquet, IV, 192-3 ; — consulté dans l'affaire des restitutions de M. de Chavigny, IV, [556] ; — Conférences académiques tenues chez lui, III, [624, 624*] ; — et le renouvellement d'arrêt qui eût chassé Descartes pour laisser intactes toutes les doctrines d'Aristote, V, 491 ; — (La scène du diner chez M. de), 505-7 ; — present à la conférence sur la Grâce du P Labbe et du docteur de Sainte-Beuve (1652), III [622] ; IV, [569] ; — arbitre dans l'affaire du *Lutrin*, [592] ; — et Nicole, V, 489 ; — et l'arrêt contre Pavillon, IV, 361-2 ; — ami du P. Rapin, III, 624*, 626, 627 ; — et la salade de Mme de Sablé, V, 76 ; — « Le *sublime* de la condition de la Robe, » III, [628] ; — défend la représentation du Tartuffe, 281.

Lamon (L'abbé de) et Retz, VI, [360] ; — *Bibliotheca Lamoniana*, vendue en 1784, IV. [517].

La Monnoie (Bernard de), II, 415 ; — son épitaphe de l'abbé Nicaise, IV, 77.

*La Mothe, maison de M. de La Mothe-Arnauld, I, 56.

La Mothe (Mme de), gouvernante du Dauphin, et les Heures de P.-R., IV, 386.

La Mothe le Vayer, II, 396 ; — son livre sur la vertu des païens, I, 220-1* ; — *Éloquence françoise de ce temps*, II, [519] ; — (École surannée de), V, 361*.

La Motte (Le sieur de), pseudonyme de Du Fossé, IV, 17.

La Motte (Antoine Houdart de) et Boileau, VI, 122* ; — Lettre à Fénelon sur la Grâce et la Liberté, II, 104 ; — (Le ton d'un), VI, 23.

Lampe (Cadeau d'une), V, 96*.

Lance (La) de la Passion, V, 342, 436.

Lancelot (Claude), né à Paris en 1612, I, 35, 335, 337, 346, 397, 413-40 ; II, 30, 32* ; III, 244 ; IV, 6, 103*, 219 ;

 = Veut entrer chez les Jésuites, I, 418 ; — entre à P.-R., 433 ; — vient loger à P.-R. de Paris, 432-3 ; - reste peu de temps à P.-R. des Champs et revient à P.-R. de Paris pour l'éducation des petits Bignon, 501 ; — était pour qu'on ne signât pas, mais sans mot dire, 476* ; — va à la Ferté-Milon avec les Solitaires, 498, 501 ; VI, 84 ; — à P -R. des Ch , III, 562 ; — à Vaumurier, 562 ; — son voyage à Aleth, 372 ; IV, 372, [524*] ; V, 19, 20 ; — à l'abbaye de Saint-Cyran, II, 221 ; — se fait à la fin bénédictin, I, 438-9 ; III, 566 ; — exilé à Quimper, II, 373 ; — son exil à Quimperlé, III, 566 * ; — sa mort (avril 1695), 566* ; VI, 158 ;

 = Nature seconde et saintement famulaire, I, 439 ; — modestie de sa vocation, 418 ; — seulement sous-diacre, 440 ; resté sous-diacre, II, 291 ; — son ascétisme, I, 24 ; — sa sainteté, III, 343 ; — sa disposition momentanée aux larmes, I, 427-8, 435* ; — (Véracité de), II, 181* ; — sa gaieté innocente, 335 ; — sa joie en religion, IV, 333 ; — sa voix pas assez puissante, III, 86 ;

 = L'humaniste de P.-R., I, 428 ; — plein d'à peu près, 550* ; — et la Comédie, 562 ; — voit trop l'épigramme en vue de l'enfance, 529 ; — ce qu'il dit des périphrases, 523* ; — est un maître, I, 454 ; — sa vocation de maître plus que de pénitent, 438, 441 ; — ses éducations particulières, 438, 501 ; — ce que deviennent ses élèves, III, 562-4 ; — chargé de l'éducation des enfants, I, 438 ; — modèle entre les maîtres de P.-R., III, 574 ; — le maître de P.-R. par excellence, I, 413-41 ; III, 558 ; — le maître essentiel des Petites Écoles, 471, 492 ; — maître de grec et de mathématiques aux Petites Écoles, 472 ; — maître des Petites Écoles aux Granges, 475 ; — sa connaissance du grec, 248* ; — « Le jardin des Racines grecques, » 505 ; dispose les Racines grecques, I. 428 ; y adopte la mauvaise prononciation du grec, III, 525* ; le premier dictionnaire grec-français, 525 ; y suit Budé et Lazare de Baïf, 526-7 ; attaques et critiques, 523 7 ; seconde édition, 1664 ; la préface répond au P. Labbe,

527, 528* ; ce qu'en dit M. Dubner, [620-1]; Note critique de M. Rossignol, 526-7* ; ses trois mille Racines grecques sont trop nombreuses, [621]; ses erreurs sur le principe des mots racines, 525-6* ; ses « Racines grecques » tiennent trop peu de compte de l'usage, ont trop de mots poétiques, et à cause de la rime faussent souvent le sens, [621]; — ses Grammaires, 565 ; — auteur des Méthodes grecque et latine, 504 ; — « Méthode grecque, » I, 428 ; III, 522, 565; Jugement de Gibbon, 522* ; bonnes raisons de sa préface pour separer l'étude du grec de celle du latin, 520-1 ; — « Méthode latine, » I, 428 ; III, 522, 565 ; — dégoût de Jean-Jacques pour ses règles rimées, 524 ; — son idée inexécutée de Grammaire française, 565, 566 ; — « Méthode italienne,» I, 428 ; II, 267 ; III, 505 ; part de Chapelain, 558, 560, 561, de M. Brunetti, 560 ; — « Méthode espagnole, » I, 428 ; II, 267 ; III, 505 ; publiée sous le nom de M. de Trigny. 561 ; part de Chapelain, 558, 560-1 ; dédiée à Marie-Thérèse, 561 ; — ses Grammaires particulières sont la cause de la Grammaire générale d'Arnauld, 534-5 ; — Grammaire générale, I, 428 : rédige la Grammaire de P.-R., III, 504 ; — importance littéraire de sa suite de Méthodes et de Grammaires. 558 ; — Traités de Poésie Latine, Françoise, Italienne et Espagnole, 505 ; - travaille à l'*Epigrammatum delectus*, 507 ; — *Mémoires sur la Vie de M. de Saint-Cyran*, I, 281*, 307*, 313, 335, 352*, 364, 365, 366, 379*, 380*, 381*, 396*, 400*, 403, 405, 416, 420, 423, 424, 429-41, 432-3, 433*, 434, 435, 436, 437*, 443, 444, 453, 463. [517, 532*, 5_9]; II, 22, 23, 29-31, 46, 49, 83, 84, 85*, 87, 95*. 181*, 183*, 194, 197-8, 204, 204*, 205*, 221, 281*; III; 87*, 479*, 486*, [632]; IV, [524*] ; date de ses Mémoires, III, 87*; — Relation d'un voyage à Aleth, IV, 44* ; — Dissertation sur l'hémine de vin de S. Benoît, I, 439* ; IV, 54* ; — n'a pas traduit Don Quichotte, III, 561-2*.

= Ce qu'il dit des contestations sur l'Augustinus, II, 128-9, 129*, 130* ; — ce qu'il dit de Balzac, II, 65-6*; — son education des deux jeunes Bignon, III, 469 ; — discours de M. Bourdoise à sa prise de soutane, I, 415 ; — et Brienne, V, 19, 20; — en relation avec Chapelain, III, 479 ; correspondant de Chapelain, 531 ; — et M. Charpentier, II, 193-4 ; — précepteur en titre du duc de Chevreuse, III, 562 ; - précepteur en titre des jeunes princes de Conti, 562-3 ; V, 17, 39 ; — et Du Guet, VI, 5 ; — ce qu'il dit de M. Du Hamel, II, [544]; ses réserves à propos de M. Du Hamel, [549] ; — refuse de faire pour Elzévir une Grammaire française, III, 564-6 ; — son honnêteté sur les intentions des Jésuites, II, [539] ; — entre dans la chambre de M. Lemaître, I. 432 ; présent au dernier entretien de M. Lemaître et de Saint-Cyran, II, 38-9; — (Dialogue de) et du duc de Luynes par Brienne, V, 21 ; — a M. Ménard pour chirurgien, II, [535]; — aux sermons du P. Nouet, II, 183*; — conversation avec M. de Péréfixe sur la signature, IV, 177-9; — lettres à M. Périer, V, 20 ; — sacristain à P.-R. de Paris, III, 469 ; — sent la déviation de P.-R., II. 374; la signale, III, 86-7 ; — maître de Racine, 475, [604] ; et le petit Racine, VI, 87, 91 ; — dispose les Racines grecques pour M. de Saci, II, 332-3 ; écrit ses Mémoires à la sollicitation de M. de Saci, I, 436 ; sur la mort de M. de Saci, III, 86* ; lettre sur la mort de M. de Saci, II, 373-4* ; — chargé du jeune Saint-Ange, 7 ; — et Saint-Cyran, III, 135 ; disciple de Saint-Cyran avant de le connaître personnellement, I, 422-3 ; accueilli par Saint-Cyran, 423-5; ses rapports avec Saint-Cyran, 416, 419-20, 421 7, 441 ; II, 374* ; ce que lui dit Saint-Cyran de sa gaieté, I. 435 ; II, 508, ce que lui dit Saint-Cyran sur un enfant prodige, III, 494-5 ; son rôle à la messe d'actions de grâces pour la sortie de Saint-Cyran. II, 29 ; dernières conversations avec Saint-Cyran, [535]; récit de la mort de Saint-Cyran, [535-7]; l'Élisée de Saint-Cyran, II, [535]; III, 86 ; continue l'esprit de Saint-Cyran, I, 437 ; — assiste à la vêture de sa sœur, 425-7 ; — et le petit Vitart, VI, 84.

Lancelot (Profession de Mlle) aux Cordelières de l'Ave Maria, I, 425-6, 427.
Lancelot (Le neveu de); écrit une vie de M. de Pontchâteau, VI, [301].
Langage (Physiologie du), III. 542 : — la simplicité du premier fond y importe, 516.
Langlade (M. de); secrétaire du cabinet, VI, [361] ; — ses relations avec P.-R. et Mme de Saint-Loup, qui le convertit plus tard ; IV. 480-1*.
Langlois, libraire, III, 195.
Langres ; lieu d'exil de M. Du Hamel, II, [546] ; III, 27* ; — Voy. Caulet, La Rivière, Zamet.
Langue (Ce qu'il faut pour réformer une), II, [528] : — (Danger du progrès philosophique dans une), III, 541* ; — morte (Comment faire revivre une), 514, 515 ; — vulgaire (L'Église permet la prière privée en), V, 231.
Langue française; nécessité de l'affranchir des latinismes du seizième siècle, III, 515-6 : - changement sous Henri IV, II, [322] ; — (Progrès de la), I, 61-3 ; — en quoi P.-R. la sert, III, 516, 524 ; — (Remarques sur la), 1660, 504 ; — (Mme de Sablé consultée sur la), V, 54*.
Languedoc, II, 51, 75, 197* ; — et le gouvernement du prince de Conti, V, 25, 34-5, [617] ; — (Etats de), IV, 358 ; V, 27.
Langues (Règles générales des), II, 456-7 ; — (Comment l'usage est le maître des), III, 538-9 ; — (Naissance de la méthode naturelle des), 542 ; — (Étude des) à P.-R., 248 : — (Dans l'enseignement des) P.-R. se sépare autant de l'Université que de l'Académie, 536 ; — (Les idiotismes des) attaqués par la Grammaire générale, 541 ; — (Intelligence des) nécessaire aux discussions, IV, 450 ; — vivantes s'apprennent surtout par l'usage, III, 514 : — (Les) s'apprennent-elles bien toutes à la fois dans la première enfance ? 516* ; — (Don des) donné à saint François-Xavier, 139 ; — Édition des Provinciales en quatre), VI, [325].
Languet de Gergy (J.-J.), évêque de Soissons de 1715 à 1730, III, 393.
Lannoi(Mlle de), mariée à M. de La Roche-Guyon, puis au prince d'Harcourt, depuis duc d'Elbeuf, V, 45*.
La Noue, maréchal de France ; ce qu'il dit de la vogue d'Amadis, IV, 380*.
La Noue (M. de); nom déguisé de M. de Pontchâteau, VI, [317].
Laon, V, [60*].
La Palme (L'abbé de) ; a bien jugé Massillon, III, 200*.
La Petitière (M. de), Poitevin, II, 307, 314 ; — attaché au Cardinal, dont il tue en duel un des parents, 234 ; — grand ami de Saint-Cyran, [542] ; — sa conversion et sa pénitence, 234-5 ; — solitaire, I, 406 ; — fait des souliers pour les religieuses, II, 235 ; — son aventure avec les voleurs de son âne, 235* ; — contraste avec le jeune Lindo, 248 ; — forcé de quitter P.-R., [542] ; — son amitié pour Arnauld, [542] ; — date de sa mort, [542].
La Place, l'astronome, II, 464* ; — Essai sur les probabilités. III, 183* ; — et le miracle de la sainte Épine, 183* ; — perd à méconnaître complètement J. C., 451.
La Planche (M. de), trésorier des bâtiments du roi, VI, 288*, 289 ; — et M. Feydeau, [289, 290].
La Planche (Mme de) ; sa mort, VI, [290].
La Planche (Mlle Catherine de); entre en religion, VI, [290].
La Porte (M. de) ; au service de M. Le Maître, II, 237*.
La Poterie ; Voy. Le Roi de la Poterie.
Laquais (Nombre de), V, 140* ; — (M. de Ciron se charge de l'instruction des) d'une des Assemblées du Clergé, 29*.
La Quintinie et Retz, V, [575].
La Reynie (M. de) ; juge dans l'affaire des ballots saisis, V, 328*.
La Rivière (L'abbé de), évêque de Langres, favori de Gaston, V, [540*] ; — on lui manque de parole pour le cardinalat, [540] ; — ce que dit à propos de sa mort l'abbé Le Camus, IV, [533].
La Rivière(Le P Louis de) ; Vie de saint François de Sales, I, 222-3*, 228, 229*, 233*, 246, 256.
La Rivière (M. de), cadet de la famille d'Éragny, I, 406; II, 233, 314 ; solitaire à P.-R. des Champs, 233 ; ses études linguistiques,

233-4 ; garde les bois de l'abbaye, 233 ; traduit sainte Thérèse, 234 ; à la réception de M. Manguelen, 241 ; — sa mort, 350, [542-3] ; — ne peut pas être enterré à P.-R. des Ch., [543].

Larmes, II, 237, 237*, 318, 331, 364, 371, 372 ; — (Différence entre les), I, 427-8 ; IV, 246-8 ; — (Ne pas s'abandonner aux), I, 350 ; — des hommes austères leur font honneur, 303 ; — (Vraies), IV, 229 ; — profondes (La vie s'écoule avec les), III, 357 ; — (Douceur de certaines), VI, [347] ; — ce qu'en dit Tillemont, II, 27.

*La Roche-Bernard (Baronnie de), V, 248 ; VI, [302].

La Roche-Bernard (Barons de) ; fondent Saint-Gilles des Bois, VI, [303].

La Rochefoucauld (François III, comte de), contemporain de Montaigne, III, 544.

La Rochefoucauld (François VI, duc de), III, 68 ; IV, 465 ; — et la Fronde, III, 428 ; — n'a la morale des honnêtes gens que dans la seconde moitié de sa vie, 275 ; — meurt convenablement, II, 436.

= Consulte Arnauld d'Andilly sur son style, II, 279 ; — (Le cercle de M. de), IV, 514 ; — ce qu'il dit de Chavigny, II, 20* ; — rapproché de Jansénius, 140-1 ; en face de Jansénius, II, 140 ; III, 429* ; — neveu du duc de Liancourt ; ce qu'il en dit, V, 46 ; — Nicole en face de lui, IV, 514 ; — son originalité vis-à-vis de Pascal, III, 427-8 ; où Pascal s'en sépare, 428-30 ; en écrivant ne connaissait pas les Pensées de Pascal, 427* ; et l'édition des Pensées de Pascal, 389 ; — n'entre jamais dans P.-R., V, 68 ; — ce qu'il dit de Retz, [585] ; se trompe sur Retz, [527] ; — Saint-Évremond à côté de lui, III, 589 ;

= Ami de Mme Du Plessis-Guénégaud, III, [599] ; — sa liaison avec Mme de La Fayette, V, 68 ; sa mort et Mme de La Fayette, VI, 33 ; — et Mme de Longueville, V, 68, 125 ; ce qu'il pouvait penser de Mme de Longueville convertie, 131 ; — de la société de Madame, 80 ; — ami de Mme de Sablé, 57 ; son estime de l'esprit de Mme de Sablé, 69 ; consulte Mme de Sablé pour ses Maximes, 54, 67-8 ; Mme de Sablé a part aux Maximes, II, 207 ; — et Mme de Sévigné, V, [585] ; un de ses mots appliqué autrement par Mme de Sévigné, 41 ; — et Mlle de Vertus, 100, 102-3 ; — ce qu'il appelle les fondatrices du Jansénisme et les Mères de l'Église, II, 168* ; V, 103*.

= Son goût fin, V, 485 ; — précision de son style, 360 ; — sa concision, IV, 514 ; moraliste, I, 83 ; — son système en morale, II, 104* ; — son point de vue moral, III, 260 ; — grand observateur positif, 238, 239 ; — sa clairvoyance de moraliste, VI, [264] ; — (Principe de), III, 239 ; — (Le point de vue de), V, 69* ; — trop consommé en expérience humaine, 68 ; — son infinie variété, III, 429 ; — sa pensée fixe et exigeante, IV, 465.

= Maximes, II, 213 ; III, 390 ; V, 46 ; — premières éditions, II, 413 ; — l'article louangeur de Mme de Sablé, V, 67-8 ; — ses Maximes sont les proverbes des gens d'esprit, III, 428, — citées, 16 ; — examinées au point de vue chrétien, V, 68 ; — nature de son égoïsme dans les Maximes, III, 238 ; — son amertume sans mélange, I, 408, 409 ; — ce qu'il dit de la révérence des coutumes mauvaises, III, 383 ; — son erreur que toute modération soit une faiblesse, VI, 107 ; — sa maxime sur le manque de volonté, V, 468 ; — peut étudier l'amour de soi dans saint Jean Climaque, II, 286 ; — ce qu'il dit des déguisements de l'amour-propre, V, 132 ; — ce qu'il dit de la mort, III, 343* ; — est à tort pour Mme Du Deffand le seul esprit fort du dix-septième siècle, 301 ; — jugé par M. Vinet, V, 68* ; — Mémoires, [526] ; publication de ses Mémoires, II, 279* ; — article de M. Sainte-Beuve, V, 68 ; — Voy. Marsillac.

La Rochefoucauld (Le cardinal de), grand aumônier de France, mort en 1645, I, 316 ; II, 182*.

*La Roche-Guyon (Mme de Liancourt à), V, 48.

La Roche-Guyon (M. de), fils du duc de Liancourt, V, 45 ; — mari de Mlle de Louvois, 196 ; — tué à Mardick, III, 29 ; V, 45.

La Roche-Guyon (Mme de); remariée au prince d'Harcourt, depuis duc d'Elbeuf, V, 45*.

La Roche-Guyon (Mlle de), petite-fille de M. de Liancourt; pensionnaire à P.-R., III, 29, 30; V, 45*, 46; — Règlement pour sa conduite par sa grand'mère, 47-8; — va de P.-R. de P. chez Mme de Guéménée, 65*; — n'épouse pas un neveu de Mazarin, 45-6; — épouse M. de Marsillac, fils de La Rochefoucauld, 45; — anecdote sur son mariage avec M. de Marsillac, 47.

La Roche-Guyon (Mlle de); arrière petite-fille de Mme de Liancourt, V, 49*.

La Rochelle, VI, 173*; — (La Mère Angélique veut se réfugier chez ses tantes à), I, 89; — (Siége de), 57, 120, 324, [556]; II, 52*, [570]; — Voy. La Chapelle, Laval (M. de).

La Rocheposay (M. de); Voy. Chateignier.

La Roche-Posay (Mlle de); mariée à M. Le Page de Saint-Loup; Voy. Saint-Loup (Mme de).

La Roche-sur-Yon (François-Louis, prince de), cadet des jeunes princes de Conti, III, 562-3; Voy. Conti.

La Rue (Le P. de), jésuite, III, 130; — son éloquence, [609]; — fait représenter l'Andrienne sous le nom de Baron, I, 173; — et Santeul, V, [623].

La Sablière (Mme de), II, 317*; — et La Fontaine, V, 24.

La Salette (Miracle de), IV, [551*];

La Salle (Antoine de); « Jehan de Saintré, » IV, 72*.

La Serre; « Sainte Catherine », I, 143.

Lassay; ses campagnes comme volontaire, V, 91*; — ses rapports avec M. de Tréville, 91-2.

Latin, III, 531, 542; — (Le beau) pousse à l'exagération, V, 590-1]; — et les enfants, III, 493, 496; — (Façon d'apprendre à lire en commençant par le), 511, 515; — (Ne pas aborder le grec par le), [620]; — (De la traduction du) en français, 533; V. 54*; — plus éloigné du français que le grec, 520, 521; — (Jansénistes accusés de vouloir ruiner le) au profit du grec, 527; — pour l'Église, V, 231; — (Le) et M. Hamon, IV, 289, 298, 299; — à P.-R., II 361*; IV, 126, 248, 248*; — (Raisons de P.-R. pour ne pas commencer les enfants par le), III, 515 6, 517; — et M. de Pontchâteau, VI, [325]; — et sainte Lutgarde, IV, [580]; — et le chevalier de Sévigné [581-2].

Latine (Phrase) plus difficile que la grecque, III, 521; — (Traité de poésie) par Lancelot, 505.

Latines (Vestiges d'habitudes), III, [627].

Latinisme (Reprise du), II, [522]; — (Joug du), [518]; — (Joug du) en fait de style, III, 49.

Latins (Auteurs), IV, 413, [599, 600]; — (Impuretés morales des auteurs), III, 503; — (Vers), 510, 518-9, 552, au seizième et au dix-septième siècle, [624, 625].

La Tour (Le P. de), de l'Oratoire; proposé comme coadjuteur de l'évêque d'Angers, VI, 32; — ses variations à propos de la bulle, 70-1*; — et Du Guet, 9-10, 70-1*; — ce qu'en dit Fénelon, 176; — et Mme Guyon, IV, 430*; — accusé de jansénisme par Louis XIV, pour avoir été le confesseur de Mme de Fontpertuis, [590*]; — mot de Louis XIV à son propos [590*]; — conseil de M. de Noailles, VI, 176; et M. de Noailles, 176; — nommé Général de l'Oratoire, IV, [590]; — Supérieur de Saint-Magloire, VI, 9-10.

La Tour-Maubourg (Mlle de), pensionnaire à P.-R., V, 185.

La Trappe, II, 236, [551]; IV, 514*, [554]; VI, 9, 10; — visites d'Arnauld et de Nicole, IV, [519]; — visite de Du Guet, V, 29 30*; — (Les fictions à), IV, [522]; — et M. de Gibron, V, 165; — visite de M. Hamon, IV, 338; — et M. Le Camus, [542]; voyage de l'abbé Le Camus, [534]; récit qu'il en fait à Louis XIV, [365] — réserve de Rancé à y recevoir des jansénistes, IV, [524]; — M. de Pontchâteau y est-il allé? VI, [337]; — Voy. Rigobert (Dom); — (La Sœur Rose va à la), VI, 57; — (Saint-Simon à la), 57-8.

La Trémouille (Présentation de M. de) au Parlement, I, 65; — son abjuration, IV, 445.

La Trémouille (Le cardinal de) et la bulle de Clément XI, VI, 202.

Laubardemont; refusé, comme n'étant pas juge ecclésiastique, d'abord par M. de Condren, I, 490*,

par Saint-Cyran, 502, et par saint Vincent de Paul, [532] ; — saisit les papiers de Saint-Cyran, 287* ; — interrogatoire des Solitaires à P.-R. des Champs, I, 495-7 ; II, 346 ; III, 169, 171 ; — son apologie par lui-même, 503*.
Laubardemont (Mlle), sa fille, Ursuline à Tours, I, 287*.
Laudes, V, 78 ; VI, [339*] ; — (Hymnes de) traduites par Racine, VI, 91-2, 141.
Launay (Mlle de) et M. de Maison-Rouge, II, 348*.
Launoi (Jean de), docteur de Sorbonne, II, 132 ; — ses dispositions à la méthode critique, IV, [600] ; son sentiment de la critique, III, 139, [596] ; ses hardiesses mal vues ; — histoire de son épitaphe, [595-6] ; — du tiers-parti en matière de Grâce, 36* ; IV, 505 ; — défend Arnauld, III, 36* ; — ce qu'il dit des Jésuites, 219 ; — et Nicole, IV, [599-600].
Laurea (Tullius) affranchi de Cicéron, III, 530*.
Laurent, le serviteur de Tartuffe, III, 295.
Lausanne, I, 3, [513, 552] ; II, [513] ; III, 401*, [616] ; — (L'Abraham de T. de Bèze écrit pour les étudiants de), I, 122* ; — (Gibbon à), VI, 243 ; — Conseil d'État, I, [513] ; — (Méthodistes de), II, [514*] ; — française en littérature, I, 138* ; — (Gymnase de), [514*] ; — Conseil de l'instruction publique, [513, 514] ; — (Académie de) ; III, [616] ; (Proposition du Cours de l'Académie de Lausanne, I, 1-2, [516] ; — (L'Académie de) en 1837 [513-7] ; discours d'ouverture, 5-30, [517-9] ; — (Cours de), II, 286* ; III, 1, 88*, 298* ; — (Auditeurs de), I, 97*, 253*, [516-7] ; IV, 288-9 ; VI, 48-9.
Lauthier (M.), avocat ; ce que la duchesse d'Orléans lui dit sur P.-R. des Ch., VI, 166*.
Lauzun et Mademoiselle, II, 278* ; — à la Bastille, 353*.
Laval (M. de), évêque de La Rochelle, fils de Mme de Sablé, IV, 365 ; — l'un des 19 signataires de la lettre à Clément XI, 365.
Laval ; Voy. Boisdauphin.
Laval (Le sieur de), pseudonyme du duc de Luynes, II, 318.
La Valette (Le cardinal de), fils du duc d'Épernon, II, 51 ; — archevêque de Toulouse, [525] ; — Balzac son agent à Rome, [525].
La Valette ; Voy. Épernon.
La Vallée (Catherine de), abbesse de P.-R., I, 48, 50, 51.
Lavallée (M. Théophile) ; — Histoire de Saint-Cyr, VI, 135* ; — complet sur les représentations d'Esther à Saint-Cyr, 135*.
La Vallette (Miracle au village de), IV, [551].
La Vallière (Mlle de), III, 265 ; IV, 113 ; — mère de la princesse de Conti, VI, 166.
La Valterie (M. de), ancien Jésuite, I, 471*.
Lavardin (L'abbé de) ; accusé d'être athée, V, [529] ; — défendu par Retz contre saint Vincent de Paul, [529].
La Varenne-Fouquet (Le marquis de) ; cuisinier de Catherine de Navarre, V, 99 ; — son rôle peu honorable près de Henri IV, 99 ; — père de la comtesse de Vertus, 99 ; Voy. ce nom.
La Varenne (Mlle de) ; maîtresse de M. de Harlay, qui lui fait donner une pension par le Clergé, V, 283* ; — son aventure avec M. de Harlay et M. de Pierrepont, 196-7 ; — devenue Mme de Vieuxbourg, 196*.
Lavau (L'abbé de), de l'Académie française, V, [572*] ; — agent de Louis XIV à Rome, [572].
La Vau ou Lavaux (L'abbé de) ; sa lettre arrogante à M. Le Tourneux, V, 222-3.
Lavaur ; Voy. Raconis.
Laverdet (M.), I, [533*].
La Veryne (L'abbé de), II, 256 ; V, [607].
La Vergne (Mme de) ; mère de Mme de La Fayette, V, 95 ; — épouse en secondes noces le chevalier de Sévigné, 95.
*La Vieuville ou Laviéville (Abbaye de), près de Rennes, V, 249 ; VI, [303, 312] ; — comment s'en défait M. de Pontchâteau, [315].
L'Avocat ; grand vicaire janséniste de Retz, V, [562].
Lavoisier (École de), IV, [551].
La Vrillière (MM. de) et M. de Pontchâteau, IV, [532] ; — Voy. Phelyppeaux.
*La Victoire (Abbaye de), V, 70.
La Victoire (L'abbé de) ; et Mme de Sablé, V, 69-70 ; — et ces Mes-

sieurs, 70 ; — traduit les lettres de Cicéron, 70.

Laya ; son amour des périphrases au lieu des mots simples, IV, 523 *.

Lazare (Résurrection de), VI, [257].

Lazaristes, I, [533*, 534] ; — (Missionnaires) bons pour les campagnes. IV, [545] ; — ce qu'en dit M. Le Camus, [545] ; — Voy. Saint Vincent de Paul.

Le Bègue (La Sœur Jeanne de Sainte-Apolline), exilée à Compiègne, VI, 222.

Lebeuf (L'abbé) et M. Bocquillot, V, 240 ; — Histoire du diocèse de Paris, I, 36, 37.

Le Blanc (M.), intendant de Rouen ; révoqué pour l'affaire des livres saisis d'Arnauld, V, 326, 327*.

Le Blanc (L'abbé), I, 365*.

Le Blond ; docteur de Navarre, VI, [291] ; — vicaire de M. Amiot à Saint-Merry, [287].

Le Boucher, notaire, IV, 513*.

Le Bouthillier (Claude), surintendant des finances, IV, 44.

Le Bouthillier (Sébastien), évêque d'Aire ; oncle de Rancé, I, 283, 305 ; II, 20*, 253 ; IV, 45 ; — et Balzac, 51, 57 ; — ami de Saint-Cyran, 19-20*.

Le Bouthillier (Victor), archevêque de Tours, II, 180 ; IV, 45 ; — et son approbation du livre de la Fréquente communion, II, 180-1.

Le Bouthillier ; Voy. Chavigny, Rancé.

Le Bretonneux ; Voy. *Voisins.

Le Brun (Ponce-Denis Écouchard) ; ses éloges de l'épitre XI de Boileau, V, 505 ; — ami d'André Chénier, 505 ; — ses épigrammes, VI, 120.

Le Camus (L'abbé Étienne), puis évêque de Grenoble, et cardinal), I, VI ; III, 244 ; — reçu docteur, IV, [529] ; — ses premières années mondaines, [536] . — son ancienne vie relâchée, [539*, 540] ; — n'était pas de la débauche de Roissy, [529] ; — aumônier du Roi, VI, [365] ; d'abord aumônier du Roi et courtisan, IV, [529] ; — exilé par Anne d'Autriche, [529*] ; — date précise de sa conversion, VI, [365] ; — illustre pénitent, V, 359* ; — l'un des grands convertis du XVIIe siècle, IV, [528] ; — demeure à l'Institution de l'Oratoire, [529, 531] ; — veut quitter Paris, [533] ; — ses hésitations, [533-4] ; — aux Vaux de Cernay. [533] ; — voyage à la Trappe, [534] ; — son carrosse, [534] ; — nommé à l'évêché de Bazas qu'il refuse, VI, [365] ; — nommé évêque de Grenoble, IV, [538] ; ses hésitations pour accepter, [539-40] ; — sacré aux Chartreux de Paris, [539] ; — reste pénitent en étant évêque, [554-5] ; — sa vie frugale, [548*] ; — (Les légumes de M), [548*, 555*] ; — veut être oublié à Paris, [541, 542, 548] ; — évite de revenir à Paris, [552, 553] ; — ses raisons pour ne pas venir aux Assemblées du Clergé, [552-3] ; — ses difficultés dans l'évêché de Grenoble, [540-6] ; s'attache à la réforme de son diocèse, [529] ; — ce qu'il dit de son clergé, [541] ; — *visites* de son diocèse, [542, 543, 547, 551*, 552] ; — ses Ordonnances [541, 543, 547] ; — bâtit un séminaire, [543, 544] ; — à Chambéry, V, [586*] ; — bon succès de son voyage à Turin, IV, [550] ; — voyage à Aleth, [548, 550] ; — fait cardinal en 1686, [553] ; V, 310* ; — vigueur de ses dernières années, IV, [554*] ; — ne meurt qu'en 1707, [553] ;

= A de l'esprit et de l'agrément, IV, [530] ; — sévère pour lui, indulgent aux autres, [531] ; — la critique n'est pas née pour lui, [551*] ; — sa foi robuste, [551*] ; — sa croyance aux sorciers et aux miracles, [550-1] ; — son opinion sur les vœux [548*] ; — passe aux neutres de la Grâce, [528] ; — et la Messe, [535] ; — sa modestie, 541, 542] ; — son zèle à se prodiguer [547] ; — mortifications exagérées, [535] ; — rigide, mais pratique [534] ; — sa méthode pratique, [547] ; — pour le vieil esprit chrétien, [554*] ;

= Ce qu'il dit d'Arnauld d'Andilly, V, 16* ; — et Arnauld, IV, [539, 549] ; V, 16 ; connaît bien son Arnauld, V, 376* : sa confiance dans Arnauld, IV, [540] ; consulte Arnauld [540, 542, 550, 552] ; — ce qu'en dit le président Bouhier, [555*] ; — ce qu'il dit de Bourdaloue, [545] ; — sa sévérité contre le P. Bras, [546] ; — son jugement de Brienne, V, 19* ; — ce qu'en dit Bussy, IV, [529] ; — préfère l'Alcoran aux mauvais Casuistes, [554*] ; — ce qu'il dit de M. de

Coislin, évêque d'Orléans, V, 260*; — et le P. Comblat, [608] ; — son jugement sur les diverses Communautés, IV, [545] ; — et M. de Cosnac, [553, 554] ; son estime pour Cosnac, comme évêque, V. 33* ; son jugement favorable par M. de Cosnac, IV, [552] ; — et la Cour, 92* ; — et le P. Du Breuil, [544] ; — ce qu'il dit de l'Écriture, II, 358-9* ; — ce qu'il écrit de dom Eustache de Beaufort, IV, [526] ; — et M. Feret, [539] ; — son estime pour M. de Gondrin, 393-4* ; — et le cardinal Grimaldi, [548*] ; — et Mme Guyon, 431* ; — et M. Hamon, [542, 550] ; — et M. de Harlay, [552] ; son opinion sur M. de Harlay, V, 151* ; — opposé à l'Immaculée Conception, 234* ; — (Innocent XI et M.), IV, [553] ; — accusé de Jansénisme, 92*, [545] ; neutre vis-à-vis du Jansénisme , 91-2 ; — et les Jésuites, [554*] ; peu agréable aux Jésuites, [528] ; ses démêlés avec les Jésuites, [545, 550] ; — traversé par le P. La Chaise, [546] ; — et la Trappe, [542] ; VI, 365 ; — ce qu'il dit de Launoi, III, [596] ; — et Mme de Longueville , IV, [552] ; — et Louis XIV, [538, 539, 540, 544, 546, 552, 553, 554*] ; VI, [365] ; sa visite à la Trappe, récit qu'il en fait à Louis XIV, VI, [365] ; anecdocte du tableau de Louis XIV avec une Armide nue, III. 266 ; — et M. de Lyonne, IV, [541] ; — — son récit de la mort de Madame , [536-7] ; — et Madame Royale, [550] ; — cite Montaigne [549] ; — et la Morale relâchée [554*] ; — ce qu'en dit Mme de Motteville, [529*] ; — visite de Nicole, V, 132* ; conduit Nicole à la Grande Chartreuse, IV, 478 ; — et l'Oratoire, [544, 545] ; — son Approbation des Pensées de Pascal donnée comme Docteur (1668), III, 378-9 ; — et Pavillon, IV, [540] ; se modèle sur M. Pavillon, 478, [547] ; visite Pavillon, [548] ; — et M. de Pericard, [552] ; — et M. de Pomponne, [541] ; — et M. de Pontchâteau, [530, 532, 538, 539, 541, 542, 546*, 547, 550, 552, 554, 555] ; plus indulgent que M. de Pontchâteau, [532-3] ; — sa liaison avec P.-R., [528, 555] ; sa juste vue de l'état vrai de P.-R. en 1676, V, 151-2* ; et P.-R. des Ch., IV, [555] ; et les fossés de P.-R., [537-8] ; visite au désert de P.-R. des Ch.,[529-30] ; son lien intérieur de charité avec P.-R., [555] ; — et le Provincial de Lyon, [544] ; — et Rancé, 538, 542 ; — et les Religieuses de P.-R., [539, 542, 555] ; — son témoignage sur Retz, V, [586, 592-3] ; — et Rome, IV, [553] ; pour ses réformes regarde plus Rome que Versailles , [552] ; — et M. de Sainte-Beuve, [539, 540] ; le consulte, VI, [365] ; — et le P. de Sainte-Marthe, IV, [544] ; — ce qu'en dit Saint-Simon, [529, 530] ; — et le duc de Savoie, [540] ; — et le P. Senault, [544] ; — et M. Vialart, évêque de Châlons, [539] ; — et M. de Villars, archevêque de Vienne [555*] ;

= Son discours à propos d'une ordination, IV, [554] ; — ses Homélies, [547] ; — Lettres, 393* ; ses lettres inédites, [528-53] ; — lettre à Rancé, 91-2 [525*] ; lettres à M. de Pontchâteau, 478, [526, 528-53 ; V, 16*, 19*, 151-2*, 154-5*, 260* , 376 , [586*, 592-3 , 608] ; Homme d'esprit dans ses lettres, IV, 478, — ses bons mots ne sont que de la gaieté d'esprit, [555] ; — parle la bonne langue de la Cour, [541*] ; — sa vie par Lallouette, [539].

Le Camus (Nicolas), premier président de la Cour des Aides de 1672 à 1715, III, [596].

Le Camus de Bouloyer de Romainville (La Sœur Françoise) ; sa mort, V, 177, 178.

Le Cerf (La S. Madeleine de Sainte-Candide) ; belle parole, IV, 276*.

Le Clerc ; ode sur la guérison du Roi, VI, 104*.

Le Clerc, docteur de Sorbonne ; doyen de Roye, VI, [367] ; — fidèle à Arnauld, [367].

Le Clerc (M.), un des noms de M. de Saci pour ses correspondances, II, 346.

Le Clerc (Jean), II, 282* ; — « Bibliothèque universelle », 106*.

Le Clerc (M. Joseph-Victor) ; les notes de son Cicéron, III. 533*.

L'Écluse (Alexandre de), pseudonyme de Saint-Cyran. I, 310-1.

Le Coigneux (Les), VI, [252].

Le Coigneux (Le président) ; reçoit chez lui le P. Des Mares, II, 309*.

Le Coigneux (La présidente), cousine de la marquise de Roucy, IV, [587].

Leconte (La Sœur Dorothée de l'Incarnation), II, 210*, 304*.

Le Comte (La M.); Prieure à P.-R. des Champs ; — une Relation de la Sœur Sainte-Euphémie lui est adressée, II, 489.

Le Coq, médecin du XVIᵉ siècle, III, 76*.

Lecteurs de Cour (Susceptibilité des), II, 365*.

Lecture (Difficultés premières de la) pour les enfants, III, 511-3 ; — (La) selon M. Hamon, IV, 321, 322 ; — en commun à P.-R., V, 143 ; — (Abstinence de) en dehors de P.-R., II, 383 ; — (Ne s'endormir que par la), V, 66.

Lectures (Dangers des), pour ceux qui n'ont pas un grand esprit, II, 390-1 ; — en petit comité, V, 84.

Le Dieu (L'abbé) et Bossuet, V, 463* ; — Journal de Bossuet, I, [530*] : IV, 126*.

Le Faucheur, ministre protestant, II, 27*.

Le Febvre (Mme), tourière ; sa dureté envers les Religieuses, IV, 316-7 ; vaincue par la mort de la S. Anne-Eugénie, 317, 318.

Le Febvre d'Étaples (Jacques); son Nouveau Testament français, II, 357*.

Le Febvre de Saint-Marc ; son édition de Boileau, V, 491*, 518* ; — éditeur du Supplément du Nécrologe, 518*.

Le Féron (M.), docteur en théologie, I, 316* ; — ami du grand Arnauld, II, 16.

Le Féron (La S. Élisabeth de Sainte-Agnès) ; ce qu'elle dit des larmes de la M. Angélique de Saint-Jean, IV, 247-8* ; — le dernier archiviste de la maison, VI, 187 ; — cellérière de P.-R., 187 ; — et Mlle Gallier, IV, 249* ; — trouve les pensées de M. Hamon parfois outrées et trop fortes, III, 379* ; — Lettres, 379* ; — et les plumes de cuivre, III, 513* ; — et M. de Pontchâteau, V, 249 ; Mémoire sur la vie de M. de Pontchâteau, 249*, 251, 253, 257, 259, 264-6* ; — ce qu'elle dit du départ forcé de P.-R. de Paris, IV, 280-1 ; — sa peine à s'accoutumer à P.-R. des Champs, II, 304* ; — et Nicole, IV, 503 ; — comprise dans le second enlèvement des Religieuses, 220 ; — et la signature à la Bulle et au Mandement de 1705, VI, 183, 187 ; — ce qu'elle écrit sur la mort de Mlle de Vertus, V, 122-3* ; — sa mort, VI, 187.

Le Fèvre (M.); un des maîtres aux Petites Écoles, III, 474.

Le Fèvre (M.), syndic de Sorbonne ; trouve qu'on ne doit pas nommer M. Arnauld en Sorbonne, VI, [366] ; — sa querelle théologique avec Arnauld, 319-20.

Le Fèvre (Tanneguy) ; grand ennemi de la méthode des collèges, III, 515* ; — père de Mme Dacier, [625] ; — ami du P. Rapin, [625].

Le Fèvre ; Voy. Caumartin (M. Le Fèvre de).

Le Fèvre de la Boderie (Guy), ambassadeur, beau-père d'Arnauld d'Andilly. II, 251, 252 ; — ses poésies, 252.

Le Fèvre de la Boderie (Mlle) ; Voy. Arnauld d'Andilly (Mme).

Le Franc de Pompignan et le P. Tournemine, V, 465*.

Le Gallois (M.), IV, 409*.

Légat du pape (1598), I, 260, 261 ; — Voy. Nonces.

Légat (M. le), en 1667, et Tartuffe, III, 282.

Le Gendre (L'abbé) ; son portrait de l'abbé Boileau le prédicateur, VI, 59*.

Légions (Celui qui commande à trente) est plus savant que tout le monde, V, 440.

Le Grand d'Aussy ; « Fabliaux, » I, 80 ; III, 128*.

Le Gras (Nicolas), libraire, V, [569].

Légumes (Ne manger que des), IV, [548*, 555*] ; VI, [317].

Leibniz (Godefroid-Guillaume), I, 263 ; — ses voyages en France, III, 302, 362 ; en Angleterre, 302 ; à Paris (1672-5), V, 443-4 ; — ce qui l'amène à Rome, 447.

= En face d'Aristote, V, 448 ; — relations avec Arnauld, III, 362 ; V, 369-70 ; le vrai de leurs relations, 442-8 ; considérables du côté de Leibniz, 442-9 ; sa prière universelle et la réflexion d'Arnauld, 443-4 ; Arnauld trop occupé pour entrer réellement dans l'examen de ses vues métaphysiques, 445-7 ; ce qu'Arnauld trouve de plus important pour lui, est de rentrer dans l'Église, 371 ; Arnauld renvoie ses papiers sans les examiner, 445, 447 ; différence

radicale entre lui et Arnauld, 445, 447; ce qu'en dit Arnauld, 444-5, 445-7; singulière appréciation d'Arnauld, III, 361; son opinion sur Arnauld, 361; — commence, avec Bossuet, une ébauche de la Réunion des Chrétiens, 310; — Remarques sur la Vie de Descartes de Baillet, V, 351*; — affinités avec Malebranche, 364; ressemblance avec Malebranche, 371; en face de Malebranche, de Pascal, d'Aristote et de Bacon, 448; — jeune, Nicole et Saint-Amour, 443; et Nicole, III, 362; — entre moins bien que Pascal dans la morale selon saint Paul, 362*; se préoccupe surtout du géomètre dans Pascal, 362; parle seulement de Pascal comme « scrupuleux jusqu'à la folie, » 360-1; — et la famille Périer, 362; — et le duc de Roannès, 362; — et Voltaire, 399; railleries de Voltaire, V, 371;
= Merveilleux dès l'enfance, V, 448; — son ardeur de science et d'érudition, 447-8; — esprit étendu, 445; — largeur de son esprit, III, 362*; — philosophe par-dessus tout, V, 448; — son génie mathématique, III, 317*; — sa machine arithmétique, V, 444; — sa montre portative, 444; — ses vues métaphysiques, 443, 445; — son système, 364*; — le moins janséniste des esprits, III, 362; — déjà déiste, 362; en face de l'athéisme, demande que tout le monde soit au moins déiste. 302-3;
= *Opera omnia*. 362*; — Œuvres philosophiques édition Erdmann, V, 364*; — Essais de Théodicée, 364*; — (Mélanges de), III, 360, 361; — (Lettre à Arnauld), II, 390*; — ses lettres au landgrave Ernest de Hesse-Rhinfels, V, 371*, 443*, 444*, 445*; — lettre à M. Remond, 364*; — Nouvelles Lettres, III, 361*; — Correspondance inédite publiée par M. Grotefend, V, 443*; — Lettres et Opuscules inédits publiés par M. Foucher de Careil, 351*, 370*; — son Histoire de la maison de Brunswick, 447.

Λειπογνώμων, III, 526*.

Le Jay (Le P.), jésuite, III, 130.

Le Jeune (Le P.), de l'Oratoire; devient aveugle en prêchant, I, 468-9*; — auxiliaire de P.-R. pour l'austérité de la morale, 468*; — adversaire des Jésuites, 469*; — cache Arnauld et Nicole, IV, 417; — caractère de son éloquence, I, 468-9, 468*.

Le Juge (La Sœur Françoise de Sainte-Agathe); exilée à Chartres, VI, 221, 223.

Le Kain; dans le rôle de Wenceslas, I, 170.

Le Lasseur (Le P.), Jésuite; annotateur des Mémoires de Rapin, IV, [588, 590].

Lélia, I, 185.

Lelong (Le P.), de l'Oratoire, V, [615]; — « Bibliothèque sacrée, » II, 357.

Lélut (M.); va trop loin quand il fait de Pascal un halluciné, II, [576].

Le Maître (M. Isaac), gendre d'Antoine Arnauld, I, 370*; — sa conduite avec sa femme, 368-9; — lettre que son fils, M. Le Maître, lui écrit sur sa retraite, 389-90; — sa mort, 391.

Le Maître (Catherine Arnauld, fille aînée d'Antoine Arnauld, mariée à Isaac), née en 1590, I, 368-9; II, 11; — se sépare d'avec son mari, I, 369; — se donne à P.-R., 369-70; — à la journée du Guichet, 106, 107, 109, 129; — se fait religieuse, 130*, 131*, 369, 391; — en religion, Sœur Catherine de Gênes ou de Saint-Jean, 369, 370*; — son amour pour ses fils, 401; — différence de ses enfants, III, 490-1; — sa joie de la retraite de son fils, I, 382, 462; — fait bâtir un petit logis à P.-R. de Paris, pour la retraite de ses fils, 385; — et M. Issali, VI, [357]; — engage M. de Saci à la traduction des Hymnes, II, 325; — et saint François de Sales, I, 207, 369; IV, [577]; — et Mlle de Longueville, II, 297; — et l'habit des Religieuses de P.-R., 298; — et son éducation de Mme de Nemours, I, 370-1*; — et Mme de Sablé, V. 64*; — et la Sœur Angélique de Saint-Jean, 64*; — sa mort, I, 391; assistée à sa mort par M. de Saci, II, 330-1; — Voy. ses fils, M. Le Maître, M. de Saint-Elme, M. de Séricourt, M. de Saci, M. de Vallemont.

Le Maître (M. Antoine), avocat, fils d'Isaac Le Maître et petit-fils d'Antoine Arnauld, I, 71, 73, 129, 207,

335, 346, 399, [517, 557]; II, 69, 159, 190, 275, 300, 323, 376; III, 490; IV, 6, 9, 100*, 210.

= Ses débuts au barreau, I, 371-2; — veut se marier, 482*; — (Retraite de M.), 120, 364, 367, 379-84, 397*, 400, 401, 403, 413, 424, 431-2, 433, [519-20]; II, 67, 70, 166, 325, 477*; — sa conversion, cause de l'aversion de Richelieu pour Saint-Cyran, V, 82; — le premier des ermites, I, 477; — solitaire laïque, V, 164; — Chef des Solitaires, I, 439; — chef des Pénitents, VI, [260]; — chef des Terribles, II, 250; — seulement pénitent puissant, mais non un chef, III, 23; — son interrogatoire à P.-R. des Champs par Laubardemont, 1638, I, 495-7; II, 346; III, 169; — n'assiste ni à l'enterrement de son père, ni à la prise d'habit de sa mère, I, 391; — avec l'épée et le mousquet, 407; — sa mort, II, 237*; — les Religieuses trop émues pour pouvoir l'enterrer sur-le-champ, 237*; — son service funèbre, 237*, VI, [288]; M. de Saci célèbre sa messe funèbre, II, 330; IV, 27*; — son corps transporté à S.-Étienne du Mont, VI, 238*, par les soins de Mlle Issali, V, 160*; — jour de sa fête, II, 351;

= (Caractère de M.), I, 392-5; — son caractère de grandeur, VI, [260*]; — est un pénitent, I, 454, [519]; — sa pénitence rigoureuse, IV, [578]; — (Ascétisme de M.), I, 24, 392; — (Charité de M.), 435; — ses travaux manuels, 392; — travaille comme jardinier, 500; — son mot sur les Saints, 413; — son soin des enfants, 394-5; — écrit, comme memento, deux mots sur lui qui l'ont frappé, II, 503*; — son étonnante humilité, 236-7, 304*; — voyage en pénitent, IV, 478;

= Revoit les traductions d'Arnauld d'Andilly, IV, 14*; Arnauld d'Andilly enterré près de lui, V, 15; — et son oncle Arnauld, III, 154; élevé avec Antoine Arnauld, son oncle, II, 17; — et Balzac, 62-4, 67*, 70; ce qu'écrit Balzac de sa retraite, 62-3, 64, 67*; — se réfugie à Bourg-Fontaine, VI, 87; — son portrait fait par Champagne sur un plâtre de la M. Angélique de Saint-Jean, IV, 253; —

(Opinion de Chapelain et de ses amis sur la retraite de M.), I, 388*; après sa retraite et Chapelain, III, 559; — la suite de ses confesseurs, I, 393-4; — maître de Du Fossé, III, 574; aidé dans ses travaux par Du Fossé, IV, 12-3*, 14*; une de ses nièces femme du frère puîné de M. Du Fossé, IV, 160*; — ce que M. Feydeau dit de sa retraite, I, [519-20]; — à la ferme des Granges, II, 302, 305; — aidé M. Hermant dans ses Vies des Saints des premiers siècles, III, 567; — et M. Issali, VI, 186; — retiré à la Ferté-Milon, I, 498; II, 33-4, 84; — et Lancelot, I, 431-8; — à la réception de M. Manguelen comme confesseur, II, 240-1; — forcé de se cacher à Paris, III, 75*; — et Pascal, 75*, 76; aurait-il recueilli la conversation de Pascal et de M. de Saci? II, 382; — à P.-R. des Champs, 225, 228; ses vers d'adieux à P.-R. des Champs, I, 497; revient incognito à P.-R. des Champs (1639), 499; et les murailles de P.-R. des Champs, II, 814; — maître de Racine, III. 574, [604]; VI, [260]; et le petit Racine, 87; bonne lettre au petit Racine, 67, 112; veut détourner Racine de la poésie, 93; torts de Racine envers lui, VI. 88; ce qu'en dit Racine, I, 373*; plaisanteries inconvenantes et ingrates de Racine, VI, 112; ce qu'en dit malignement Racine, 113-4; — en face de Rancé, IV, 44; — hésite à entrer sous la direction de son frère M. de Saci, I, 393; II, 330; assisté par son frère, M. de Saci, 331; — chargé du jeune Saint-Ange, 7; — sa dévotion à saint Bernard, III, 192; — ce que dit Saint-Cyran de son éloquence, I, 430-1; n'est pas traité en commençant par Saint-Cyran, 479-80; conversation avec Saint-Cyran sur la vanité de la science, 480; laissé par Saint-Cyran dans la condition de solitaire, 441, [519]; veut se renfermer dans sa cellule, blâmé de Saint-Cyran, II, 34-5; conversation avec Saint-Cyran sur les enfants, III, 468, 469; ce que lui dit Saint-Cyran la veille de son arrestation, I, 484; ce que lui dit Saint-Cyran à propos de Richelieu, II, 21*; derniers entretiens de Saint-Cyran avec lui, 32-42; prend les mains du cadavre de Saint-Cyran, 205; — ses rapports d'enfant avec saint François de Sales, I, 369; — son analogie avec saint Paulin, 497; — ses lettres sur sa retraite au chancelier Séguier et à son père, I, 380-91; II, 63. 63*; — sa conversation avec son frère, M. de Séricourt, après sa retraite, I, 402; réuni à M. de Séricourt par Saint-Cyran, 403; M. de Séricourt craint d'être trop heureux d'être avec lui, 412; son frère, M. de Séricourt, copie ses ouvrages, 404; — publie ses plaidoyers malgré l'avis de M. Singlin, 475;

= Ce que lui écrit sa tante, la Mère Agnès, quand il veut se marier, I, 375-7; IV, [578-9]; — et la M. Agnès de Sainte-Thècle Racine, VI, 88; — et la M. Angélique, II, 210, 311*, 314*; ce que la M. Angélique lui dit sur la bulle d'Innocent X, III, 19*; écrit les conversations de sa tante, la M. Angélique, I, 85, 197*, 210, 258. 396*, [542]; Lettres de la M. Angélique, VI, 85; — et Mme Racine, la grand'mère, 88; — son respect et son affection pour les Religieuses de P.-R., II, 236-7, 304;

= Originairement de l'école académique, III, 461; — conversations, II, 364; — ses plaidoyers, VI, 114; caractère de ses plaidoyers, I, 372-5, 391, 394, 396-7*; II, 69; style de ses plaidoyers, 121; plaidoyers publiés par M. Issali père, VI, [356]; ses *Plaidoyers* parus l'année des Provinciales, III, 269; leur insuccès, 269; reste sensible à ses plaidoyers, 315; — son éloquence fait précisément qu'on ne le fait pas le prédicateur de P.-R. I, 472, [519]; — défauts de son style, III, 50; son activité littéraire, I, 392, 396*; — ses vers, VI, 112; — étudie l'hébreu, II, 234; — sa connaissance du grec, III, 248;

= Ses traductions, II, 318; VI, 112; — ses règles d'élégance dans les traductions, III, 461; — (Conseil de M. de Saci sur le style et les traductions de M.), II, 327; — son style comparé par Balzac à celui de saint François, 63; — traductions moquées par Racine, VI, 114; — sa traduction des Offices de Cicéron, II, 35-6; — un des auteurs du Nouveau Testament de Mons, IV, 379*; — ses traductions des Pères, II, 85; — traduit pour Mme de Luynes le Traité de la mortalité de saint Cyprien, 313; — traduit le traité du sacerdoce de saint Jean Chrysostome, I, 462, 463-4*; II, 239;

= Ses livres, ce qu'en dit Saint-Cyran, 38; — « Tradition de l'Église sur la Pénitence et la Communion, » II, 188; — *L'Aumône chrétienne* est l'idée du livre de M. Feillet, IV, [562]; — « Portrait de l'Amitié chrétienne, » I, 393-4; — Justification de Saint-Cyran contre le Mémoire de M. Zamet, 498; — ses Mémoires sur l'origine et le nombre des Pénitents, II, 248; — Récit d'une visite de MM. de Chavigny et Liancourt à P.-R. des Champs, 264; — auteur probable de la Lettre d'un Avocat qui figure quelquefois comme XIXᵉ Provinciale, III, 195*; — l'un des auteurs de la Réponse au « Rabat-Joie des Jansénistes, » 187; — Vie d'Étienne de Bascle, I, 477*; — Office du Saint Sacrement, son dernier travail, IV, 444; — Lettres, II, 304; — livres de sa bibliothèque, I, 497, et soins à en prendre, VI, 87-8; — Voy. Saci, Saint-Elme, Séricourt, Vallemont.

Le *Maître* (Mlle); au convoi de son oncle, M. de Saci, II, 369*.

Le *Maître* (Mlle), nièce de M. Le Maître et cousine de M. de Pomponne; Voy. Bosroger (Mme de).

Le *Maître* (Charles), docteur de Sorbonne; accompagne M. de Pontchâteau aux États de Bretagne, VI, [310-1]; et M. de Pontchâteau, [337].

Le *Maître de Claville* (Ch.-François), président du Bureau des finances de Rouen : « Traité du vrai mérite, » 1734, II, 400.

Le *Masdre*, aumônier de l'archevêque de Paris; escorte le convoi des Religieuses, IV, 256, 257.

Lemercier (Népomucène); son opinion sur Polyeucte, I, 134; — « Pinto, » 163.

Le *Moine* (M. Alphonse), professeur de théologie, III, 53, 54; — ancien directeur du séminaire d'Aleth, V, 203; — lettre d'adieu à la M. Angélique de Saint-Jean, 205; — Arnauld réfute l'attaque de M. Le Moine contre Descartes, 355-6*, 374 ; — menacé de la Bastille, 204 ; — interrogé par M. de Châteauneuf, 203, 204 ; — ses faux sentiments sur la Grâce, VI, [304]; — et M. de Harlay, V, 203 ; 204, 205 ; — et M. Le Pelletier des Touches, 203-4 ; — et Louis XIV, 204, 205 ; — maître de Nicole, IV, 414 ; — et son affaire de Pamiers, V, 203-4 ; — disciple de Pavillon, 203 ; — et M. de Pontchâteau, VI, [304] ; — et les Religieuses de P.-R., V, 205-6 ; — forcé de cesser d'être confesseur de P.-R. des Ch., 203-6 ; — déclaré confidentiaire après sa mort, VI, [294*].

Le Moine (Le P. Pierre), jésuite, I, 244 ; — docteur moliniste, III, 14 ; — et Pascal, II, 476 ; raillé par Pascal, III, 285 ; — sa dévotion galante. 127 ; — *La dévotion aisée*, citations rapprochées de passages du Tartuffe, 285-6 ; — Les Peintures morales, 285 ; — trop éventé de style, 221.

Le Monnier (Dom Hilarion); Voy. Hilarion.

Lemontey ; Extraits de Dangeau, III, 303*.

Le Nain (Famille des), II, 232.

Le Nain (Jean), Maître des Requêtes, III, 572 ; — père de M. de Tillemont, IV, 7 ; — à la translation processionnelle des Religieuses, II, 307 ; IV, 7 ; — sa lettre sur le refus d'accommodement d'Arnauld, 166-8 ; réponses d'Arnauld, 168-9 ; — son avis sur les restitutions de M. de Chavigny, II, [559] ; — présent à la Conférence sur la Grâce entre le P. Labbe et le docteur de Sainte-Beuve (1652), III, [622] ; — son désir de la paix, II, 7* ; — lettre à M. de Pontchâteau, V, 258 ; — son amitié pour son fils, IV, 24 ; survit à son fils, 16, 24.

Le Nain (Mme) ; Voy. Le Ragois.

Le Nain (Dom Pierre), frère de M. de Tillemont ; aux Petites Écoles, IV, 7 ; — ce qu'en dit Bossuet, 43 ; — à la Trappe, II, 7 ; IV, 74-5 ; sous-prieur à la Trappe, III, 571 ; — lettre de Tillemont sur la mort de leur mère, IV, 27 ; — élève de M. Walon de Beaupuis, III, 571 ; dureté de Rancé à empêcher M. Walon de Beaupuis de le voir, 571 ; — Voy. Tillemont.

Lenglet-Dufresnoy ; ce qu'il dit des Mémoires de Pontis, II, [572-3].

Le Noir (M.), chanoine de Notre-Dame, frère de l'avocat, VI, 197* ; — confesseur de Boileau, V, 518 ; — signe le Formulaire vers 1697, 518 ; — au service de M. de Pontchâteau, VI, [339*] ; — et M. de Tillemont, V, 518 ; — et M. Walon de Beaupuis, 518.

Le Noir de Saint-Claude (M.), frère du chanoine et avocat, V, 518 ; — demeure à P.-R. des Ch. dans la maison de M. de Sainte-Marthe, VI, 196 ; — l'avocat ou plutôt l'avoué des Religieuses de P.-R., 196 ; — plaisante aventure avec un confrère à cause de son costume de paysan, 196-7* ; — mis à la Bastille comme agent de P.-R., V, 518 ; en sort à la mort de Louis XIV, VI, 196 ; — meurt, en 1742, le dernier des Solitaires, 196.

Le Noir, théologal de Séez ; auteur de libelles contre M. de Harlay, V, 327* ; — gravité de la liaison de M. Du Bois avec lui, 328*.

Lennox (Les) ; amis de P.-R., III, 581, 582.

Lenormand (M. Charles), I, [518] ; IV, 328*.

Lenormand (Mme Charles), I, [518] ; — « Livre de poésie à l'usage des jeunes personnes, » IV, 328-9*.

Lentule, dans *Saint-Genest*, I, 166.

Léon (Le pape), II, 147.

Léon X (Concordat de), I, 366.

Léon l'Arménien, IV, 314.

Léonidas de Tarente ; épitaphe d'Aristocratès, III, 584* ; son épitaphe d'un suicide, IV, 47.

Léopards (S. Ignace voyage avec dix), V, 339.

Léopold Ier, empereur d'Allemagne ; son élection en 1657-8, III, 565.

Le Page, financier, épouse Mlle de la Roche-Posay et achète une terre de Saint-Loup, V, 159 ; — Voy. Saint-Loup (Mme de).

Le Pailleur, ami du père de Pascal, II, 456, 460-1.

Le Peletier (Claude), contrôleur général des finances ; passe le carême aux Chartreux de Paris, III, 579* ; — sa retraite chrétienne, VI, [266] ; — et Arnauld, 136*.

Le Pelletier des Touches ; Voy. Des Touches.

Le Petit (Pierre), libraire de P.-R., II, 281* ; — sauvé de la Bastille par son confrère Vitré, III, [629-30].

Le Picard (Les), VI, [252].

Le Porc d'Imbretun (Le P.) de l'Oratoire : professeur de théologie à Saumur, V, 334*; — jugements différents d'Arnauld et du P. Adry, 334*; — « Sentiments de S. Augustin sur la Grâce opposés à ceux de Jansénius, » 334*.

Le Prévost (M. Auguste), I, [518].

Ler (M.), curé de Magny près P.-R.; son amitié dévouée pour les Religieuses de P.-R., IV, 406.

Le Ragois (Marie), mère de M. de Tillemont, IV, 7, 16 ; — sa mort, 26-7 ; — sa messe funèbre est célébrée par son fils Tillemont, 26, 27*.

Le Ragois de Bretonvilliers, curé de S.-Sulpice, III, 30.

*Lérins (îles de), V, 339; — (Couvent de), I, 22; — (Solitaires de), 298; — (Semi-Pélagiens de), II, 116, 119.

Le Roi (M.), abbé commendataire de Haute-Fontaine, II, 222*; V, 105*; VI, [321]; sa réforme de Haute-Fontaine, [293] : — abbé de S. Nicolas de Verdun, V, 19*; — chanoine de Notre-Dame de Paris, IV, [519]; — son Gallicanisme, 55 ; — comment il pratique la solitude, 52-3; — ses amis, 65 ; — sa maison de Merentais ou Merenci, VI, [288, 316, 321]; — conférences chez lui, [316]; — sa mort (19 mars 1684), [327];
= Ce qu'en dit Bossuet, IV, 65*; — et M. Feydeau, VI, [292-3]; — ami de Huet, IV, 52; — ami de Lancelot, I, 439*; — ami de Nicole, IV, 444; injuste pour Nicole, 485, 486 ; — possède la bibliothèque de Peyresc, 52; — et M. de Pontchâteau, VI, [316, 325, 326, 337]; — ami de P.-R., IV, 51 ; — M. de Préfontaine, son frère, VI, [250] ; — [250] ; — on lui attribue un moment les Provinciales, IV, 53 ; se défend d'être l'auteur de la 1ʳᵉ Provinciale, I, I, 63 ; appelle les Provinciales une gazette, 66*; — et Rancé, IV, [519]; rudoyé par Rancé, 485 ; contestation avec l'abbé de Rancé sur les *humiliations* et les *fictions* monacales, 51-67 ; — et Dom Rigobert, [538*]; — ce qu'il écrit à Mme de Sablé sur la 6ᵉ Provinciale, III, 116-7*; — visites à Véretz et à la Trappe, IV, 53 ; — et son secrétaire M. Vuillart, VI, 180*, [249, 255].

Le Roi (Marin); Voy. Gomberville.

Le Roi de la Poterie, prêtre, et les reliques de P.-R., III, 174.

Le Rond d'Alembert (Jean); Voy. D'Alembert.

Le Roy de Saint-Charles (M.), acolyte d'Utrecht ; n'a pas lu Boileau, V, 513 ; — M. d'Étemare lui conseille de lire Boileau, 513* ; — notes manuscrites, IV, 297*; — Souvenirs de Rhynwick, V, 308*; — Voy. *Troyes.

Le Sage (Alain René), l'écrivain, III, 304 ; — Boileau injuste pour lui, V, 519.

Lescœur (M. Léon); de l'ouvrage de Pascal contre les athées, 1850 ; se rapporte au *règlement* mathématique *du parti*, III, 439*.

Lescot (M. Jacques), prêtre, puis évêque de Chartres de 1643 à 1656 ; confesseur de Richelieu, II, 12; — professeur de théologie du grand Arnauld ; peu augustinien, 12-3; — chargé de l'interrogatoire de Saint-Cyran, I, 502 ; II, 12; — dans l'affaire d'Arnauld, III, 35*, 39.

Lesdiguières (Doutes de Mme de Sévigné sur la conduite des), à la mort de Retz, V, [604-5].

Lesdiguières (François Emmanuel de Blanchefort de Créquy, duc de), V, [603-4]; — et le service funèbre de Retz, [600, 601].

Lesdiguières (La duchesse de), IV, 264; — et la Mère Angélique de S.-Jean, V, 187; — nièce de la M. du Fargis, 187; — ses relations avec M. de Harlay, 284*; assiste M. de Harlai mourant, 282, 283*; — et Mme de Longueville, 187; — s'entremet pour P.-R., 187 ; — nièce de Retz, [576]; et son oncle le cardinal de Retz, [596]; parente au 3ᵉ degré du cardinal de Retz et son héritière, [604*] ; — ses préparatifs et son zèle pour le convoi de M. de Saci, II, 369*; V, 383*; et le convoi de M. de Saci, IV, 501; — fait venir la sainte épine, III, 182.

Lesdiguières (Le duc de), le fils, V, [604].

Lesdiguières : Voy. *Paris, à l'article Hôtels ; Saulx.

Lèse-majesté (Crime de) peut tenir à une lettre, II, 346.

Lessius (Le P. Léonard), jésuite, I, 275 ; II, 148 ; — et la Grâce, IV, 505 ; — attaqué dans les Provinciales, III, 125, 148.

L'Estang (Le sieur de), pseudonyme de Gaspard de Tende, III, 533*.

L'Estoile (Journal de Pierre de), I, 70*, 74*; IV, [567]

Le Sueur (Eustache), peintre, II, 240; IV, 148.

Le Tardif, avocat; ses délations contre Saint-Cyran, I, 502-3*.

Le Tardif (La M. Geneviève), I, 502*; — une des novices venues de Mauhuisson, envoyée à l'abbaye du Tard, 326; — première abbesse élective de P.-R., 326, 333; — scène de sa mort, II, 299-300.

Le Tellier (Michel), secrétaire d'État et chancelier de France; favorable à la conciliation, IV, 363, 369, 388, 389; — et Arnauld, 396, 397; V, 292, 297, 328; — son oraison funèbre par Bossuet, [543-4, 585, 593]; — fait sortir Du Fossé de la Bastille, II, 347; — et Mme de Guémené, IV, 149; — et M. Le Camus, [544]; ce qu'en dit M. Le Camus, V, 151*; — protège M. Letourneux, 210, 219; — ce que Mazarin lui écrit sur des poursuites contre des Jansénistes, III, [629]; — protège l'Institut de l'Enfance de Mme de Mondonville, V, [621]; — sa crainte de la venue de Pavillon à Paris, IV, 371; — et les Provinciales, III, 212-3; — et Retz, V, [535; 536]; ce qu'il écrit de Retz à Mazarin, [535]; — et M. de Saci, II, 355; — et Jacques de Sainte-Beuve, III, 157*; — prétendants à sa succession, V, 156, 157*.

Le Tellier (Charles Maurice), fils du chancelier, archevêque de Reims en 1671; M. Le Tourneux mis près de lui, V, 210; — coadjuteur de Reims (1668), IV, 394; — et l'archevêché de Reims, VI, [361]; — prévôt de son chapitre, V, [610]; — président de l'Assemblée du Clergé de 1700, [610]; — **sa mort** en 1710, [610, 611].

= Son *approbation* d'un livre d'Arnauld (1668), IV, 396; présente Arnauld au Dauphin, 397; — et M. Faure, son grand vicaire, V, [610]; — dénonce à Innocent XII les erreurs du cardinal Sfondrate, [611]; — ses Mandements contre les Thèses des Jésuites, [610-1]; — frère de Louvois, IV, 388; — oncle de l'abbé de Louvois, V, [610]; — son opinion sur la traduction du Bréviaire romain de M. Le Tourneux, 229*; — et le Nouveau Testament de Mons, IV, 384; — sa disgrâce pour ses rapports avec le P. Quesnel, VI, 180; — et M. Targni, V, [611].

Le Tellier (François); sa conduite scandaleuse comme curé de Saint-Séverin, IV, [572-3*]; amusante histoire de sa nomination à l'évêché de Digne, [572-3*].

Le Tellier (Le P. Michel), jésuite; Voy. Tellier.

Le Tourneux (M. Nicolas), I, 25*; II, 163, 244*; — Humbles origines, V, 210; — né à Rouen (1640), 210; — d'une petite famille de Rouen, VI, 173*; — sa laideur physique, V, 213-4; — élevé aux Jésuites de Paris, 210; — entre dans les ordres de bonne heure, 211; — fait sa philosophie aux Grassins, 210; — chapelain aux Grassins, 211; — mis jeune auprès des fils de M. Le Tellier, 210; — vicaire à Saint-Thomas de Rouen, 211; — ses appuis puissants, 210, 220*; — son fameux Carême prêché à Saint-Benoît; vogue immense, 213-4, 217, 222, 224, 225, 229, 230; — appelé le prédicateur de Saint-Benoît, 229; — à Versailles, 219; — ses trois bénéfices, 219-20; — chanoine de la Sainte-Chapelle, 219; — **son** prieuré de Villiers, VI, [331].

= Son jansénisme, V, 210, 214; — compromis dans l'affaire des livres saisis, 220*, 326; — ses ennemis, 214, 219, 220, 221, 224, 228, 230; — interdit, III, 248*; — mis en dehors de la prédication, V, 214; — on se donne l'air de ne pas lui interdire la chaire, 222, 225; — on lui reproche ses commerces et de s'être montré dans des lieux publics, 222, 225; — ses réponses à l'avertissement arrogant de l'Archevêché de Paris, 222-7; — mis à l'*index* et traité comme un mécréant, 234; — disgrâce et retraite, 219-20; — on lui ôte sa pension du roi de 300 écus, 221; — se retire à Villers, 222, 223, 225; sa vie dans son prieuré de Villers sur Fère, 220-1; — emploie ses revenus à élever des jeunes gens, 221; — sa mort subite (9 nov. 1686), 115, 227; VI, 157, [332]; — enterré à Saint-Landry, V, 228; — son épitaphe, 221*; — son cœur à P.-R. des Ch., 227-8; — poursuivi même après sa mort, VI, 228, 230, 234; — son cœur sauvé de la ruine de P.-R. des Ch, 238*;

= et le prix d'éloquence de l'Académie française, V, 212; —

admiré par Arnauld, 47 ; affaire de la saisie des ballots de livres d'Arnauld, 220*, 326 ; — M. Bocquillot suit ses traces dans l'homélie, 237 ; — jugement de Boileau sur son éloquence, 213-4 ; — balance Bourdaloue, 214 : — et l'évêque de Soissons, Charles Bourlon, mort en 1685. 222, 225 ; — et le duc de Chevreuse, 241 ; — et M. Colbert, archevêque de Rouen, 219 ; — continue le P. Des Mares, 214 ; — visité à Villers par Du Fossé, 220-1 ; ce qu'en dit Du Fossé, 211, 228 ; — et Du Guet, VI, 4 ; — odieux d'une insinuation de Feller contre lui, V, 233* ; — estime de Fénelon pour lui, 230 ; — et M. de Harlai, 206, 209, 222-7, 228-9 ; et le Bréviaire de M. de Harlai, 219 ; réprimandé par M. de Harlai ; belle réponse du juste, 221-7 ; — disciple de M. Jean Hersant, 272* ; — et le libraire Josset, 221-2, 223 ; — allusion élogieuse de La Bruyère, 214 ; — protégé par le chancelier Le Tellier, 210, 219 ; — et M. Le Vayer, Maître des Requêtes, V, 211 ; — maître de M. Louail, 272 ; — et Louis XIV, 213-4, 221, 222 ; — on a tort de lui proposer Nicole en exemple, 223, 225 ; — et le Pape, 221 ; — ami de Pellisson, 212, 219 ; — et M. de Pontchâteau, 264 ; VI, [331, 331-2] ; — comment en rapport avec P.-R., V, 211 ; une des vraies figures de P.-R., 229 ; vient à P.-R. par M. de Saci, II, 356 ; — à P.-R. des Ch., V, 217 ; confesseurs des Religieuses à P.-R. des Ch., 206, 209-10, 214-5 : n'allait pas secrètement à P.-R., 209*, 222, 224 ; son départ comme confesseur, 237 ; remplacé à P.-R. des Ch. par M. de Sainte-Marthe, 269 ; legs à P.-R., 228 ; — la condamnation de ses livres est un triomphe pour les Protestants, 231-2 ; — et M. de Roannez 209 ; — et M. de Saci, 214 ; a M. de Saci pour directeur, 211 ; Lettre sur la mort de M. de Saci, II, 373 ; remplaçant de M. de Saci, V, 229 ; — successeur direct des Sainte-Marthe, des Singlin et des Saci, 210 ; — et Santeul, 241-2 ; et les Hymnes de Santeul, 219 ; (Plaisante histoire de Santeul à propos des Sermons de M.), 245* ; — demeure avec Tillemont, IV, 17 ; V, 211 ; — et M. de Vert, 219, 225 ; — ce qu'en dit Voisenon, 210 ; — (Voltaire profite de la guerre faite à M.), 234 ;

= et la M. Angélique de Saint-Jean, V, 209 ; elle demande qu'il devienne confesseur régulier, 217-8 ; — Mme Brinon rapprochée de lui, 229 ; — et Mme de Caylus, 229, 231 ; — et la M. Du Fargis, 227 ; — son exhortation chez la présidente de Nicolaï permise par M. de Harlay, 225 ; — et Mme de Sévigné, 230, 231 ; — directeur de Mlle de Vertus, 115 ;

= Étude et austérités, V, 220-1 ; — nourri des Écritures, 214 ; — sa science ecclésiastique, 219 ; — sa connaissance des cérémonies de l'Église, VI, [331] ; — ses talents, sa vocation de sermonnaire, V, 210-4 ; — né prédicateur, 210, 226 ; grand prédicateur, VI, 7 ; — son éloquence, I, 469 ; III, 248* ; — avait un don, V, 249 ; — simplicité de son éloquence, 211, 213, 214 ; — don instructif et populaire, 211, 212, 132, 229 ; — l'Homélie, son talent propre, 214, 229, 234 ; — son talent, l'explication populaire de l'Évangile, 225-6, 229 ; — son exposition de la chute et de la Rédemption, 212 ; — sermons à P.-R. des Ch., 139* ; — son esprit de soumission, 219-20 ; — sa raison vigilante au sein du christianisme, II, 858 ; — ce qu'il voulait, V, 231-2, 234 ; — acharnement contre ses écrits ; considérations à ce sujet, 228-34 ; — et les censeurs de ses livres, 223, 225 ; — sottise de ceux qui l'accusent de n'avoir pas cru à la divinité de J.-C., 233 ; — « Histoire de la vie de J.-C., » 212, 233* ; — « Principes et règles de la vie chrétienne, » 230 ; — son « Année chrétienne, » 212-3, 219, 225, 227, 230*, 231, 232 ; défenses de la vendre, 221-2 ; — « Avent » imprimé, 231 ; — « Carême chrétien, » 212, 213, 219, 231 ; — « Office de la Semaine Sainte, » 211, 231 ; — ses traductions condamnées, 228 ; Voy. Messe ; — sa traduction du Bréviaire romain condamnée par l'Official, 228-9 ; VI, 91 ; — les hymnes traduites par Racine pour lui et publiées dans son Bréviaire, 91, 134 ; — le produit de ses ouvrages, V, 221, 228.

Lettre d'un Prêtre des Frères Mineurs à un Évêque, V, 141*.

Lettres; une partie de leur intérêt dans la personne à qui elles s'adressent, IV, [579] ; — comment on écrivait dans la première moitié du dix-septième siècle, II. [530-1] ; — (*Conseils pour bien écrire les*), V. [609] ; — (Auteurs disciples de Balzac dans le genre des), II, [529-30] ; — passées au feu, V, 65 ; — (Confessions et hosties envoyées par), IV, 217* ; — (Secret des), V, 19* ; — doivent être vues des Supérieures, 113 ; — interceptées, IV, [556] ; — anonymes, mauvaise habitude de tous les partis, VI, 205.

Lettres; Voy Agnès, Angélique, Arnauld d'Andilly, Arnauld, Balzac, Boileau, Cicéron, Du Guet, Hamon, Leibniz, Napoléon, Nicole, Pontchâteau, Quesnel, Voiture, Voltaire, Vuillart. etc

Lettres (Foi aux). II. 77-8.

Lettres humaines (Règlement des études pour les), III, 501, 511 : — (Méthode pour conduire un écolier dans les), 506.

Lettres de cachet, III, 157*, 256 ; IV, [557, 570, 594*] ; V, 19*, 20, 206 ; VI, 97, 221, 225*, [269*, 286, 288-9, 293, 299, 300] ; — (Bulle signifiée par), III, 9.

Lettrés (Esprits) manquent de notions physiologiques et physiques, IV, [551].

Levallois (M. Jules) ; note sur les portraits gravés d'Arnauld, V, 476-7* ; — son aide pour les derniers volumes de P.-R., 477*.

Le Vasseur (L'abbé) ; ami de Mme Vitart, VI, 95 ; — et Racine, 121 ; correspondant de Racine, III, 197 ; VI, 94, 95.

Le Vassor (Le P. Michel) ; quand à l'Oratoire, son mot sur Jansénius, II, 108* ; — présent à la conférence de Malebranche et d'Arnauld, V, 363*.

Le Vavasseur (La S. Françoise Madeleine de Sainte-Ide), exilée à Nevers, VI, 222.

Le Vayer (M.), Maître des Requêtes ; son amitié pour M. Le Tourneux, V, 211-2, 213.

Le Vayer (M.) ; marguillier de Saint-Benoît, V, 213.

Le Vayer : Voy. Boutigny.

Le Verrier (M.), docteur de Sorbonne ; fidèle à Arnauld, VI, [367].

Lévi (Tribu de), II, 362 ; — (La famille Arnauld forme une tribu de), I, 129.

Lévitique; Explications de M. de Saci, II, 360.

*Leyde (Arnauld à), V, 301, 460.

Leydecker (Melchior) ; *Historia Jansenismi*, I. 276, 344* ; III, 230 ; — Histoire de Jansénius, III, 91, 95*, 96 ; Quesnel y répond. 91 ; — attaque la souveraineté des rois, II, 199.

L'Hermite (M.) ; un moment confesseur de P.-R. des Ch., V, 189, 202.

L'Hôpital (Le chancelier de), II, [521].

Lhuillier; Voy. Chapelle.

Liancourt en Beauvaisis ; le caveau des seigneurs, V, 50 ; — la duchesse de Liancourt y est enterrée, 48-9.

Liancourt (Château de), I, 28-9 ; — beauté de ses jardins, V, 43, 45 ; — (La terre de) embellie, et pourquoi, 43-4, 49 ; — (Les carpes de) 47 ; — ce qu'en dit Mme de La Roche-Guyon, 45 ; — (Hôtes familiers de), 44 ; — M. Jenkins s'y retire, IV, 211 ; — toujours conservé avec respect par M. de Marsillac, V, 50.

Liancourt (Les), II, 231 ; — (L'ancien levain de), V, 50*.

Liancourt (Le duc et la duchesse de), V, 41-9 ; — la conférence sur la Grâce tenue chez M. Olier est faite pour eux, III, [623] ; — le Philémon et Baucis de P.-R., V, 51 ; — enterrés à Liancourt, 50* ; — souvenir qu'en garde leur petit-gendre, 49-50* ; — Voy. La Roche-Guyon, Marsillac.

Liancourt (Le duc de), I. 472 ; III, 165 ; IV, 211 ; — sa jeunesse à la mode, V, 42-3 ; — son étroite liaison avec Théophile, I, 312* ; V, 42 ; — d'abord duelliste, 43 ; — conduite de sa femme vis-à-vis de ses premières infidélités, 43 ; — comment sa femme le ramène à elle, 44 ; — et son régiment de Picardie, 42-3 ; — toujours malade, 44, 46 ; — et ses procès, 46 ; — son extrême politesse, III, 29, V, 46 ; — garde toujours ses façons d'*honnête homme*, 47 ; — on lui refuse l'absolution à la paroisse de Saint-Sulpice, III, 29, V, 46 ; Histoire de son refus d'absolution, III, 29-30 ; son récit de cette affaire, 31* ; — sa mort, six semaines après sa femme, 49 ;

= et le maréchal d'Albret, V, 47 ; — et Arnauld d'Andilly, 44 ; — et Arnauld, 46, 47 ; — se refuse au *machinisme* des bêtes, 352 ; historiette pour prouver l'âme des bêtes, II, 316, 317* ; — et M. de Chavigny, V, 45 ; — et l'accommodement de M. de Comminges, VI, [363] ; — cache chez lui le P. Des Mares, II, 309* ; — sa maison de Duretal, IV, 478 ; — ce qu'en dit M. de La Rochefoucauld, son neveu, V, 46 ; — ce qu'il pense des galanteries de M. de Marsillac, son petit-gendre, 47 ; — et Mazarin, VI, [361-2] ; — et ces Messieurs, V, 46 ; — et Nicole, IV, 478 ; — Conférences de M. Olier pour le ramener, III, 31 ; a M. Olier pour confesseur, VI, [364] ; — et M. de Pontchâteau, [315] ; — ami de P.-R., III, 29 ; — visite à P.-R. des Ch., II, 264 ; à P.-R. des Ch., III, 29 ; son pied-à-terre à P.-R. des Ch., V, 46 ; sa dernière retraite à P.-R. des Ch., 49 ; — comment la cause occasionnelle des Provinciales, III, 29 ; V, 46 ; — mot plaisant de Roquelaure, VI, 178 ; — fait un moment faiblir Saint-Cyran, II, 19-20 ; ses visites à Saint-Cyran à Vincennes, V, 44 ; — assiste au sermon de M. Singlin, II, 308 ; — sa collection de tableaux, V, 45 ; — Voy. *Paris (Hôtels).

Liancourt (La Duchesse de), née Jeanne de Schomberg, I, 28-9 ; II, 264, 313 ; III, 29*, 31* ; V, 41 ; — sa forte éducation, 41, 43 ; — son mariage avec le comte de Brissac rompu judiciairement, 41 ; — épouse le duc de Liancourt, 41 ; — obtient le tabouret, 45 ; — sa retraite, I, 47 ; — sa belle âme, V, 48 ; — l'épouse chrétienne, 43-4 ; — comment elle ramène son mari à elle, 43-4 ; — fait les dessins de ses jardins, 43 ; — modèle de l'amitié conjugale, 44 ; — sa jalousie du devoir, 48 ; — et ses procès, 48 ; — Règlement particulier pour elle-même, 48 ; — valeur du Règlement écrit pour sa petite-fille, 47-8 ; — et son arrière petite-fille, 49* ; — sa mort (1674), 25, 48-9 ; — et l'article du Nécrologe, 52* ;
= et les corps des Catacombes, III, [594] ; — et le P. Des Mares, V, 44, 49 ; — (Lettre de M. de Barcos à Mme de) sur la Signature, II, 217-8* ; — et Fénelon, V, 47 ; — refuse l'alliance de Mazarin pour sa petite-fille, 45 ; — et son confesseur, M. Olier, VI, [364] ; — amie de P.-R., IV, 201 ; — sa chambre à P.-R. des Ch., V, 49* ; — et Retz, V, [549, 558] ; — et sa belle-sœur, la seconde Maréchale de Schomberg, 48 ; — ce qu'en dit Tallemant, 41-2.

Liancourt (M. de), leur fils ; Voy. La Roche-Guyon.

Liancourt (La marquise de) ; amie de Mme Du Plessis Guenégaud, III, [599].

Liban (Le), VI, 27 ; — (Cèdres du), 145 ; — (Les Maronites du), V, 141*.

Libera (Les), V, 78, 247 ; VI, 233.
Libéralisme chrétien (Le), I, [515*].
Liberté, V, [593] ; — première puissance du dix-huitième siècle, IV, 212* ; — (Écrire en) tient lieu de tout, III, 253 ; — (Rude régime de la), 416* ; — morale, II, 132* ; — chrétienne (Esprit de), IV, 221 ; — sacerdotale, 170.

Liberté de l'âme, I, 409 ; — de l'homme, II, 385 ; — (La) chez Adam, 137-42 ; — (Belle définition de la) par Jansénius, 139* ; — d'élection, III, 235 ; — son essence est-elle dans la volonté ? 238 ; — en Dieu, IV, 307 ; — (La) et la Grâce, II, 102-5, 111-2, 128.

Liberté humaine (La), IV, 474 ; — (Exaltation de la), I, 358 ; — (Trébuchements de la), III, 278 ; — (Variations de Mme de Sévigné sur la), V, 14 ; — (La) dans Malebranche, 387, 388.

Liberté d'examen, II, 132* ; — arrive souvent à restreindre la liberté morale, 131-2*.

Liberté de penser (De la), V, 491-2.
Liberté de la presse, III, 212*.
Libertés (Toutes les) également désagréables aux maîtres de la terre, III, 257.

Libertés gallicanes (Affaire des), IV, 114 ; — Voy. Gallicanisme.

Libertin, au sens du dix-septième siècle, I, 105*, 311.

Libertinage ; pris dans le sens d'esprit critique, III, [596] ; — (Ce que M. Le Camus traite de petit), IV, [552].

Libertins (Esprits), II, 396 ; — ont comme le Jansénisme l'opinion de la rareté des élus, mais avec

un autre but, III, 366*, 367*; — (Les) au dix-septième siècle, IV, [529]; V, [528-9]; — (Amis) de Molière, III, 272.
Libertins tenus d'être bons, V, 388*.
Libraire à la Bastille, III, 194-5.
Libraires convoqués pour une recherche d'imprimerie clandestine, III, 192.
Libre arbitre, I, 253, 254*; II, 116, 128; — Voy. Grâce, Liberté.
Libri (M.); « Histoire des sciences mathématiques en Italie, » III, 140*; — ce qu'il dit des expériences de Pascal, II, 473*.
Licence de théologie, II, 14.
Liège : lieu de refuge, V, 459*; — (Arnauld à), 464; (Arnauld n'est pas mort près de), 474; — (Nicole à), IV, 480, 498; [593, 596]; — (Pays de), V, 200; — Voy. Ruth d'Ans.
Lien (Le), journal protestant, III, [612].
Liesse; Voy. Notre-Dame de Liesse.
Liesse (Religieuses de) amenées à P.-R. des Ch., V, 217; — (Histoire des Filles de), [614]; — (Les Religieuses de) et la Signature, [614]; — (Les Filles de) et M. Arnauld, [614].
Lieutenant civil; transmet les ordres du roi à P.-R., V, 171.
Lieux (De l'influence des), III, 303-4; — (La tentation des), IV, 294.
Ligne (Le prince de) et le grand Frédéric, VI, 80*; — son amitié pour le P. Griffet, III, 130*.
Lignon (Le fleuve du), II, 278.
Ligny (M. de), évêque de Meaux de 1659 à 1681, IV, 149; — se rattache à P.-R., 122; — visite à P.-R. des Ch., V, 75; — propose de transférer P.-R. dans son diocèse, IV, 373; — et Arnauld, 399; — l'un des dix-neuf signataires de la lettre à Clément XI, 365-6.
Ligny (La M. Madeleine de Sainte-Agnès de); sœur de l'évêque de Meaux, IV, 365; — abbesse de P.-R. de Paris après la M. Agnès, 149, 204, 409; — de la première génération, III, 351; — du premier enlèvement des Religieuses, IV, 208.
Ligny (M. de), Maître des Requêtes, IV, 149.
Ligny (Mlle), nièce du chancelier Séguier, I, 334.
Ligue (La), II, [520]; — (Influence des sermons sous la), 96, 186*; —

(Fanatisme paroissien de la), III, 306; — (Guerre de la) en Auvergne, I, 56; — (Influence des troubles de la) sur les études, III, 508; — (Désordres de la prêtrise après la), I, 414, 415*.
Liguori; Voy. S. Alphonse de Liguori.
Liguoristes, I, [527*].
Lille en Flandres, I, 297*; V, 189; VI, 181*.
Lille (Camp de) en 1667, III, 281.
Lillebonne (M. de) et Retz, V, [577].
Limoges; Voy. Dubédat.
Limours, II, 275.
Lindamir (La princesse), II, 274.
Lindo (M.) le père, II, 247; — mort douce de M. Lindo le fils, le plus jeune des Solitaires, 247-8.
Linge (Plissures du) dans les couvents, I, 327.
Lingendes (Le P. Claude de), prédicateur jésuite, mort en 1660, I, 61*; — familier du prince de Condé et ennemi de Retz, V, [541].
Lingendes (Jean de), poëte de l'école de Malherbe, mort en 1616, I, 61*.
Lingendes (Jean de), prédicateur et évêque de Sarlat, puis de Mâcon, mort en 1665, I, 61*, 62.
Linguet; trouve les Provinciales presque mortes, III, 255.
Linus, II, [521].
Lion (Ce qu'il faut du) dans tout véritable cœur, III, 143-4.
Lionne (Hugues de), secrétaire d'État, III, [630]; — vrai original de Don Juan, 303.
Lire (Façon d'apprendre à) par le latin avant le français, III, 511; — (Méthode de Pascal pour apprendre à), 155-6.
Liron (Dom); « Aménités de la critique », IV, 39; — relève avec convenance des erreurs de Tillemont, 39.
Lis (M. Du); Voy. Akakia Du Lis.
L'Ile Adam; la princesse de Conti veut en décorer l'église, V, 37.
Lisieux, I, 28*; — Voy. Cospeau.
L'Isle (Dom de); Voy. De L'Isle.
L'Isle-Aumont, près de Troyes, IV, 428.
Lisola (F. Pa., baron de); Traités politiques, IV, 419.
Lit (Bénédiction du) nuptial, VI, [253]; — (Le) de M. de Pontchâteau, [329, 334].
Litanies, III, 569-70; — du sage, V, 267.

Litière, VI, 27, 218.
Litolfi ; Voy. Maroni.
Littéraire (L'Histoire), selon Saint-Cyran, a le beau avant J.-C. et le vrai après, II, 35-6 ; — (Dévotion) des modernes, III, 388.
Littéraires (Mœurs) passées et modernes, III, 416*.
Littérature (La) et l'esprit chrétien, II, [514] ; — (Saint-Cyran n'accorde rien à la), I, 344 ; — forcée (Système de), IV, [574].
Littré (M. Émile) ; son *Dictionnaire*, V, 242*.
Livre (Ce qui est bon pour un) ne l'est pas au théâtre, III, 293* ; — (Hommes d'un seul), II, 384.
Livres (La plupart des) ne sentent que l'esprit de l'homme, IV, 503* ; — fine remarque de Nicole sur ce qu'on y trouve ou ce qu'on n'y trouve pas, 448 ; — L'histoire des livres aussi intéressante que les livres, V, 442 ; — (De la longueur et de la brièveté des), 449-50 ; — (Le succès des), 296* ; — (Les hommes de beaucoup ou de peu de), VI, 413 ; — (Saisie de), V, 326-8 ; — (Inutilité de la condamnation des), III, 212* ; — (Précautions pour garder les) des souris, VI, 88 ; — (Examen des) de M. Le Maître, I, 497.
Livres classiques de P.-R., III, 504-7.
Livres divins (De l'usage des), 247*.
Livry, II, 243*, 292* ; — habitation de Mme de Sévigné, 401 ; — (Bois de), V, 371 ; — Voy. *Sevran.
Lizot (M.) ; singulière histoire de sa nomination à la cure de Saint-Séverin de Paris, IV, [572-3*] ; — confesseur de Mademoiselle, [572*] ; — et le mariage de la fille de Racine, VI, [252-3*].
Loches (Château de), III, 256*.
Locke (John), II, 112 ; III, 541*.
Locmelius (L'Éponge de), I, 318*.
Locutions (Le Camus à croire en fait de), IV, [541*].
Lodève ; Voy. Bosquet.
Logements de guerre appliqués aux Protestants, V, 321*.
Logicien (Le) pur, III, 544, 545.
Logique (La) scolastique et Montaigne, III, 543 ; — (Montaigne et P.-R. ennemis de la) scolastique, II, 421-2 ; — (P.-R. en), 513.
Logique de P.-R., ou l'art de penser, III, 534 ; — le livre le plus célèbre et encore le plus utile de P.-R., 542 ;
— ses précédents en France, 543 ;
— circonstance de sa naissance, 542-3 ; — faite d'abord pour le duc de Chevreuse, II, 422 ; III, 542-3, 547*, 551 ; — ce qu'elle doit aux petits écrits, alors inédits, de Pascal, 543 ; — œuvre commune d'Arnauld, II, 402 ; III, 504 ; IV, 10 ; et de Nicole, III, 504, 554* ; IV, 10 ; Voy. Arnauld, Nicole ; — Discours préliminaires, III, 543, 546, 554 ; sa bonne division, 556 ; Première partie : *Concevoir*, 546, 548, 556 ; ch. VIII, 554* ; ch. X, 552 ; Deuxième partie : *Juger*, 547, 556 ; Troisième partie ; *Raisonner*, 547, 556 ; ch. XX, 252* ; Quatrième partie : *Ordonner*, 547, 550, 553, 556 ; — esprit du livre, 542-6 ; sa voie moyenne et sa modération, 546-8 ; son bon sens, 549-50 ; son indépendance et sa modestie, 550-2 ; — faite pour former l'homme, 544 ; — n'est pas éprise d'elle même comme les autres Logiques, 555 ; — expérimentale et rationnelle, 548 ; très-pratique, 549 ; — allusion à Montaigne, II, 400* ; injuste pour Montaigne, 402 ; III, 550 ; — le *Je pense, donc je suis*, et les quatre règles de Descartes lui suffisent, 548-9 ; en quoi elle diffère du *Discours sur la Méthode*, 544 ; — le P. Labbe raillé indirectement dans le premier *Discours*, 528* ; — élévation finale, 553-5 ; — conclusion chrétienne, 555 ; — critique de M. de Tracy, 540 ; — comment malmenée par M. de Maistre, 246 ; — (Bossuet a fait une), 548 ; — ce que pourrait être aujourd'hui une « Logique, » 555-7.
Loi (Ancienne) ; idée charnelle de Dieu, III, 396.
Loi (Nouvelle) ; spiritualise l'idée de Dieu, III, 396.
Loi naturelle (Retour à la), II, 419*.
Loire (La), fleuve, II, 70.
Loiret (Le), rivière, II, 70.
Lois (Les) et l'Histoire s'éclaircissent l'une par l'autre, IV, 34-5*, — ce qu'en dit Montaigne, III, 381 ; — du pays (Force des), 431 ; — civiles (Traité des) ; Voy. Domat.
Lois générales ; aimées de Malebranche, V, 363-4, 387-8, 416-7, 418, 424, 431, 435*.
Loisir (État de saint), V, 88.

Lolotte ; petit nom de Charlotte de Pompoune, V, 5*.

Lombard (La Sœur Jeanne Fare) à l'affaire des chaises renversées, IV, 285*.

Lombart (Le P.) ; auteur des Lettres d'Eusèbe à Polémarque, II, 183-4.

Lombert (M. Pierre) ; Histoire de Saint-Cyprien, IV, 18.

Londres, I, 290 ; — (Incendie de) III, 421 ; — (Serge de), VI, [319] ; — selon Voltaire, III, 400, 404.

Longuerue (Louis Du Four, abbé de), IV, 176* ; — son estime pour Despautère, III, 518* ; — se trompe sur les rapports de Tillemont et de Du Fossé, IV, 18* ; — « Longueruana, » III, 270*, 520*, [624*].

Longueville (Henri II d'Orléans, duc de), mort en 1663, I, 370* ; II, 298 ; — son favori La Croisette, V, 103* ; — sa femme veut se remettre avec lui, 103*.

Longueville (Louise de Bourbon, fille du comte de Soissons, première duchesse de), morte en 16 , I, 202*, 205*, 328 ; — fondatrice du Saint-Sacrement, II, 297 ; — mère de la duchesse de Nemours, I, 370 ; Voy. ce nom.

Longueville (Anne-Geneviève de Bourbon, seconde duchesse de), mariée en 1642, I, 18, 19, 363*, 370* ; II, 8, 168*, 231*, 298, 313 ; — sœur du grand Condé, V, 112* ; — (Le nez de Mme de), IV, 387 ; — sa jeunesse, V, 123, 126 ; — veut, jeune, se faire Carmélite, 123 ; — dans les guerres civiles, 123, 128 ; — à Rouen, II, 295 ; — son accommodement particulier à Bordeaux, V, 128* ; — causes humaines de sa conversion, 128-31 ; — ce que disent les indiscrets de la perte de ses charmes, 129 ; — quand elle commence à se donner à P.-R., III, 208 ; V, 124* ; — sa conversion, II, 295 ; V, 105, 107 ; ce qu'en eut dit La Rochefoucauld, 131 ; bonne foi de sa conversion, 130-1 ; sa conversion complète, 124 ; sérieux de sa réforme, 57 ; — son examen de conscience, IV, 366* ; V, 124 ; — ses confesseurs, 124 ; — veut se remettre avec son mari, 103* ; — austérité de sa pénitence, 124 ; — veut réparer le mal fait par elle dans la Fronde, II, 293 ; — ses restitutions, V, 124 ; — (Retraite de Mme de), I, 47 ; — et la Paix de l'Église, V, 109 ; sa part dans la Paix de l'Église, IV, 366-8 ; V, 123 ; — quitte son hôtel, 124 ; — n'a plus que deux laquais, 140* ; — son aumônier, 139, 160 ; — son testament, 138 ; — sa mort (1679), IV, 479-80, 482, [592, 597] ; V, 25, 78, 105*, 114, 123, 134, 140*, 150, 160 ; VI, [323] ; — meurt sans sacrements, IV, [573] ; — sa mort chrétienne, V, 124 ; — ne reçoit pas les derniers sacrements en toute régularité, 138 ; — obsessions à son lit de mort du P. de Mouchy, 138-9* ; — enterrée aux Carmélites du faubourg Saint-Jacques, 124 ; — son article dans le Nécrologe, 52*, 128* ; — son cœur à P.-R. des Ch., 124 ; — son cœur transporté à Saint-Jacques du Haut-Pas, VI, 238*.

= Marraine de Brienne, V, 18 ; — et l'abbé de Ciron, VI, [361] ; — gouverne son frère, le prince de Conti, V, 25-6 ; — ce qu'en dit Cosnac, 126 ; — Cour (Organe de Port-Royal à la), 137-8 ; — et M. Esprit, 69 ; — veut dépouiller son fils de ses abbayes, IV, [360] ; — cruellement éprouvée dans ses deux fils, V, 136-7 ; — ses relations avec ses frères, 126 ; — ce qu'elle dit de M. de Gondrin, IV, 393* ; — ses rapports très-froids avec M. de Harlai, V, 157-60 ; — et La Rochefoucauld, 68, 125 ; — sa paix avec Louis XIV, 123, 128* ; devait présenter à Louis XIV un mémoire sur les infractions à la Paix de l'Église, 40 ; par considération pour elle, Louis XIV diffère ses exécutions contre P.-R., 154* ; ses assemblées désapprouvées par le Roi, 161 ; — son opinion sur le second mariage du duc de Luynes, II, 319* ; — et l'abbé de Roquette, 160* ; — et *Tartuffe*, III, 268 ; le Tartuffe ne paraît pas avoir été lu chez elle, 267* ; — et Tréville, V, 80, 85 ; — son admiration pour Voiture, II, 530-1 ; V, 126 ; pour le sonnet d'Uranie de Voiture, IV, 268 ; son portrait par Voiture, V, 126* ;

= et Arnauld, II, [541] ; IV, 176* ; son admiration pour le livre de la Fréquente Communion, II, 185 ; cache Arnauld et Nicole, IV, 425 ; ce qu'en écrit Arnauld, V, 123-4 ;

sa **mort** laisse Arnauld sans protecteur, III, 253 ; — et M. de Bernières, IV, [558] ; — lettre au pape Clément XI, 367-8 ; — ce qu'elle écrit de l'affaire des Curés de Rouen et de Paris, III, 208* ; — et M. Des Lions, VI, [363] ; — a pu connaître Du Guet, 12 ; — n'a pas demandé à Lancelot de traduire Don Quichotte, III, 561-2* ; — et l'abbé Le Camus, VI, [365] ; — assiste aux sermons de M. Le Tourneux, V, 139 ; — et Nicole, III, 384* ; IV, 429, 477, 479, [595] ; utile à Nicole, 515, 516 ; Nicole chez elle, 425 ; V, 105* ; et les distractions de Nicole, IV, 464* ; — et le Nouveau Testament de Mons, 378, 379 ; — envoie à Rome le P. Poisson, VI, [322] ; — et M. de Pontchâteau, V, 258 ; VI, [321] ; ce qu'écrit M. de Pontchâteau sur la profondeur de sa pénitence, V, 133-5 ; — l'une des princesses de P.-R., 99 ; une des Mères de l'Église, 41 ; appelée *Madame* tout court à P.-R., 139* ; P.-R. la force à rester dans le monde, 110 ; s'entremet pour P.-R., IV, 182, 201, 364, 366 ; la tranquillité dernière de P.-R. finit avec sa vie, V, 123, 129 ; défend encore P.-R. après sa mort, 187 ; — et la grille de P.-R. de Paris, IV, 135 ; — pousse à la translation de P.-R. des Ch. à Mondeville, 373 ; — ce qu'en dit Racine, V, 104 ; — ce qu'elle dit de Saint-Amour, III, 14* ; — et M. Singlin, V, 102, 105-6, 107, 124, 125, 127 ; convertie par M. Singlin, I, 474, 509 ; sa confession générale à M. Singlin, IV, 366* ; ce qu'elle écrit sur la mort de M. Singlin, II, [530] ; passe de M. Singlin à M. de Saci, 340 ; — s'entremet pour M. de Saci, 353 ;

= et la princesse de Conti, V, 71 ; excuse sa belle-sœur, la princesse de Conti, 32* ; — assiste à la profession de la M. Du Mesnil, VI, 234 ; — et la duchesse d'Épernon, V, 140* ; — en face de Mme de Lafayette, VI, 33 ; — et Mme Le Camus, IV, [552] ; — et Mme de Lesdiguières, V, 187 ; — ce qu'en dit sa belle-fille. Mme de Nemours, 125 ; — désapprouve le ton de l'Apologie des Religieuses. IV, 345, [595] ; — et Mme de Sablé, V, 71 ; éclipse Mme de Sablé dans la Paix de l'Église, 67 ; lettres à Mme de Sablé, IV, 393*, 395* ; V, 32*, 57-8*, 67*, 111, 158-9*, 331, [606-7] ; ce qui distingue sa conversion de celle de Mme de Sablé, 133 ; — ses rapports avec Mme de Saint-Loup, 158-9* ; — et Mlle de Vertus, IV, [560] ; V, 101, 103*, 104, 105, 106, 110-1, 258, [606] ; VI, [321] ; amie de Mlle de Vertus, IV, 364 ; Mlle de Vertus, sa confidente inséparable, V, 112 ; sa séparation matérielle d'avec Mlle de Vertus, 111, 112* ; assiste à la prise d'habit de novice de Mlle de Vertus, 113 ; Mlle de Vertus chargée de lui apprendre la mort de son fils, 112 ; lettre à Mlle de Vertus, 110 ;

= Se loge dans les dehors des Carmélites du Faubourg Saint-Jacques, V, 124 ; son logis des Carmélites, 161 ; chez les Carmélites, IV, 477 ; — se partage entre les Carmélites du Faubourg Saint-Jacques et P.-R., des Ch., V, 138 ; — retirée à P.-R., III, 561* ; veut se retirer à P.-R. de Paris, s'il est rendu à P.-R., IV, 408* ; — visite à P.-R. des Ch., V, 110-1 ; à P.-R. des Ch., IV, 470 ; V, 74, 140* ; VI, [321] ; — sa tribune grillée à P.-R. des Ch., V, 107* ; — son petit hôtel dans le vallon de P.-R., IV, 409 ; — fait bâtir à P.-R. des Ch., V, 111 ; son petit hôtel à P.-R. des Ch., IV, 282 ; sa maison à P.-R. des Ch., V, 124, 164 ; galerie à P.-R. des Ch., 273 (plan) ; son hôtel réuni aux maisons des Religieuses, 273 (plan), 277 ; sa vie à P.-R. des Ch. était la prière, 139* ;

= Son *caractère* malheureusement anonyme, V, 85, 135-6 ; — ses sentiments de bienveillance, 135-6 ; — son besoin de se distinguer, 125-6 ; — son horreur du médiocre, 128 ; — sa passion de l'*esprit*, 125 ; — sa conversation, 85 ; — mérites et charmes de sa conversation, 135-6 ; — son manque de jugement, 125, 126 ; — son mauvais goût littéraire, 126* ; — s'engoue et se dégoûte vite, IV, 429 ; — ses subtilités et ses scrupules, III, 208* ; — pénitente raffinée, 587 ; — sa dévotion raffinée, V, 127-8* ; — toujours raffinée et extrême, 131 ; — son amour pour l'Église et pour les pauvres, 134 ; — ses austérités excessives, 125, 134 ; — mot plaisant sur ses chenets de fer, 131 ; — son salon re-

ligieux, III, 384*; IV, [591, 593] ; V, 161 ; — sa charité envers les pauvres, 124 ; — comment elle nomme à ses bénéfices, 124 ; — appelée *Thémis*, IV, [592, 593] ; — (Un arbitrage de Mme de), [591-3] ;
= Lettres du commencement de sa conversion, V, 134 ; — lettre sur l'enlèvement des Religieuses, IV, 215-6*; — style de ses lettres, 368 ; — ses phrases interminables, V, [607] ; — embarras et incorrection de son style, II, [530-1] ; — ce qu'en dit M. de Baussét, III, [610] ; — son ancien *Portrait* par M. Sainte-Beuve, V, 106* ; — son *ortrait* par M. Sainte-Beuve, 124*; — Voy. Cousin, Dunois (Le comte de), * Paris (Hôtels), Saint-Paul (Le comte de).
Longueville (Le jeune duc de); Voy. Saint-Paul (Le comte de).
Lope de Vega ; imité par Rotrou, I, 170.
Loret (Jean) ; « Gazette ou Muse royale ; » passage sur le Jansénisme, III, 162-3*; allusion dans la Gazette à la discussion du fait et du droit, IV, 151-2*.
Lorette (*Notre-Dame de*), III, [592, 593] ; V, [311] ; — ses reliques suspectes, III, [594].
Lorges (Le comte de), II, 353* ; — et la *Relation des dernières campagnes de Turenne*, III, 578 ; — son abjuration, IV, 445.
Lorimier, notaire, IV, 513*.
Lorraine (Henriette de) ; nièce de M. de Pontchâteau et abbesse de Notre-Dame de Soissons, VI, [353-4].
Lorraine (Louis de) ; neveu de M. de Pontchâteau, VI, [353*] ; — chevalier du Saint-Esprit, [344].
Lorraine (La princesse Marie de), duchesse de Guise, et Dom Hennezon, V, [578, 579] ; — a un Conseil de conscience, [578].
Lorraine (Maison de) ; I, 436* ; VI, [302*].
Lorraine ; Voy. Harcourt, La Ferté-Senneterre, Poussy, Séri.
Lorraine (Filles de), Postulantes à P.-R., I, 501.
Lorrains (Crainte inspirée par les), II, 310.
Loth (L'ange de), VI, [297].
Lotos (Le pays du), III, 429.
Louail (M. Jean-Baptiste) ; de la dernière génération de P.-R., II, 245 ; — revoit la traduction de Mlle de Joncoux, III, 226 ; — élève de M. Le Tourneux, V, 272 ; — attaché au jeune abbé de Louvois, 272, 273*; — ami de P.-R., VI, 198; — acolyte à une messe à P.-R. des Ch., V, 274 ; — pèlerinage à P.-R., [609] ; — touchant récit de sa visite à P.-R. des Ch. en 1693, 271-7 ; — pages dignes de Racine, 277 ; — ce qu'il raconte des conversations de Santeul, 243-5 ; — et M. Tronchai, 282*; — « Histoire abrégée du Jansénisme. » VI, 64-5 ; — Histoire de la Constitution *Unigenitus*, V, [609] ; VI, 67* ; — travaille à l'*Histoire du cas de conscience*, 172.
Louandre (M. François César), le père ; bibliothécaire d'Abbeville, V, 114*.
Loudun (Procès des Religieuses de), I, 297 ; III, 171.
Louis XI, III, 495* ; — ses confessions, 125.
Louis XII ; commencements bourgeois de la morale des honnêtes gens, III, 262.
Louis XIII, I, 190, 320, 324 ; II, 9, 27, 27*, 78*, 251, 292*, [525, 573] ; III, [591] ; V, 82 ; — voyage en Bretagne, II, 252 ; — à la journée des Dupes, 52* ; — sa liaison avec Mlle de La Fayette, I, 488 ; — malade à Lyon, 328 ; — a surtout peur du Diable, 336*; — sa crainte et son manque d'amour de Dieu, 488-9 ; — (Mort de), II, 200, 235, 257;
= et Arnauld d'Andilly, V, 9 ; — son amitié pour son confesseur, le P. Caussin, I, 488-9 ; — met en musique les Psaumes de Godeau, II, 268 ; — ce que dit Jansénius de son surnom de Juste, I, 300-1, 301* ; — et Jacqueline Pascal, II, 467 ; — a eu pour cocher le père de M. de Saint-Amour, III, 14 ; — consent à l'arrestation de Saint-Cyran, IV, 190* ; fait arrêter Saint-Cyran, I, 485 ; lui fait demander de signer une déclaration générale, 503* ; (Sentiments de Saint-Cyran à la mort de), II, 197-8 ;
= (Littérature), II, 61, 264-74; — (Genre) analogue aux rhéteurs Gallo-romains, I, 65* ; — (Idéal du mauvais goût) en dévotion, 323.
Louis XIV, I, 434, [544, 546, 552, 553, 556] ; II, 77, 133*, 180*, [553] ; III, 10* ; IV, 6*, 70* ; — le dernier roi non parvenu qui trône, V, 369 ; — jeunes seigneurs élevés

LOUIS XIV

avec lui, 82*, 90; — commence par paraître avoir peu d'esprit, 82*; — et la Fronde, III, 262; — entre botté au Parlement, I, 114; — à Saint-Jean-de-Luz, II, 277; — son mariage (Ode de Racine pour), VI, 93; — Entrée à Paris, IV, 14; — éblouissement qu'il donnait, V, 9; — sa naïveté de monarque-dieu, 4-5*; — « Le sublime de la vie publique et sur le trône en la personne du Roi, » III, [628]; — dans le premier feu de ses maîtresses, 268, 280; — un lever du Roi, IV, 384-7; — n'avait que huit chevaux à ses carrosses, II, 380; — (Un chantre de chez), V, [614]; — son équité naturelle, 206; — esprit sincère, mais étroit, IV, [537]; — équitable quand bien informé, V, [617]; — refuse de mettre à la Bastille quelqu'un pour avoir fait l'aumône, I, 430*; — ne veut pas de démenti à ses ordres, VI, 201; — ne veut pas de ralliement, V, 173-4; — sa haine des unions dans l'État, 181-2; — son besoin d'unité par le pouvoir absolu, IV, 113; — et ses ordres d'exil, V, 63; — lettres de cachet, VI, [269*]; — actes sous lui qui rappellent 1793, 239; — n'aime pas ce qui fait du bruit, V, 173; — n'aime l'éclat que s'il se rapporte à lui, 143; — grand moment de son règne, III, 282-3; — ses ennemis invisibles, 202-3; — division de son règne par les Traités de paix, les Maîtresses et les Confesseurs, 264; — voyage du Roi (1659), VI, [364]; — à l'armée de Flandres, V, 150-1; — son voyage en Flandres, VI, [348]; — conquête de Hollande, V, 303; — à Zeist, 304*; — Odes sur sa guérison (1663), VI, 104-5*;

= Les choix de l'Académie soumis à son agrément, V, 90; — et M. d'Armagnac, VI, [348-9]; — et Arnauld d'Andilly, IV, 210*; et la traduction de Josèphe d'Arnauld d'Andilly, II, 282, 290; protestations de soumission d'Arnauld d'Andilly, III, 158; sa bonne grâce à la réception d'Arnauld d'Andilly, V, 8-9; — et Arnauld, IV, 479; V, 151, 161, 173, 289, 290, 292, 295*, 312, 313, 328, 329, 330, 455, 466-8, 504; dans l'affaire d'Arnauld, IV, 164; et la présentation d'Arnauld, 395-7, 398*, 402; V, 10*; et le projet d requête d'Arnauld (1677), 175; *Remontrances* d'Arnauld, 314, 315, 323-4; le manuscrit en est perdu, 315*; et le livre d'Arnauld contre le prince d'Orange, 458-9; demande des nouvelles d'Arnauld, 201, 467; (Mot de Boileau sur) et Arnauld, 325; bonne opinion qu'en a Arnauld, 201; affection d'Arnauld pour lui, 467-8; ce qu'en dit Arnauld, VI, [617]; — lettre d'Henri Arnauld, IV, 353*; — et les Assemblées du Clergé, 358-9; — comparé à Assuérus, V, 455; — mot plaisant sur les Athées et les Jansénistes, IV, 490; — (et la Bastille, III, [629-30]; — et M. de Bernières, IV, [558, 562]; — et Boileau, V, 504, 514, 517, 518; VI, 127-8*, [262, 263]; ce que dit Boileau de sa jeunesse, V, 82*; défend d'imprimer la XIIe Satire de Boileau, 517; — et Bossuet, 83*, 86*, 329, 369; Bossuet faible devant lui, I, 350*, Bossuet n'a pas le courage de lui rien représenter, V, 463; — et Brienne, 22*; — (Chactas et), VI, 20; — autorise la tentative d'accommodement de M. de Choiseul, l'évêque de Comminges, IV, 162; — et Clément XI, VI, 201; — et le cardinal de Coislin, V, 269*; — et Colbert, [571]; — ses Confesseurs, III, 264-6; V, 156, 617; voir Annat, Ferrier, La Chaise, Sirmond, Tellier; passe des Maîtresses aux Confesseurs, III, 291; suite de ses Confesseurs opposés au Jansénisme, 21; ses Confesseurs et Boileau, V, 494; — et l'affaire du marquis de Créqui, [574]; — et Daguesseau, 513; — et l'éducation du grand Dauphin, III, 562; — appelle Domat à Paris, V, 521; — et le P. Du Breuil, 345; — et Du Guet, VI, 66, 67*; — sa sévérité envers Ellies Du Pin, 175; — et les Enfants de France, 164*; — et la lettre des 19 Évêques au Pape, IV, 368; — fait saisir les papiers de M. Feydeau, VI, [292]; — et M. de Fleury, V, 513; — lettre de Godeau, IV, 358*; — ce qu'il dit de l'évêque de Chartres, Godet des Marais, VI, 195; — et M. de Gondrin, IV, 364, 392*; — et le comte de Grammont, II, 109; — et le chevalier de Grammont, VI, 163-4; — et M. de Harlai, V, 157, 614, [617]; — et l'abbaye de Haute-Fontaine, VI, 325, ; — et ses Historiographes en titre, [260-1, 263]. Racine, 133, et Boileau, 127*, 133 ; — et le Jansénisme, V, 482*, [572] ; VI, 176, 177 ; mal disposé pour le Jansénisme, III, 256-7 ; hostile au Jansénisme, I, 15, 16 ; sa haine du Jansénisme, V, 482* ; ses préventions d'enfance contre le Jansénisme, 154 ; (Le Jansénisme pour Rome contre), I, 487 ; ce qui nuit au Jansénisme dans son esprit, V, 152* ; ses déclarations personnelles contre le Jansénisme, IV, 110-1, 112-3 ; (Pensée arrêtée de) contre le Jansénisme, V, 153-4 ; relâchement de sa dureté vis-à-vis du Jansénisme, IV, 402 ; — l'anecdote de sa préférence de l'athée sur le Janséniste, III, 255 ; — ne pardonne pas aux Jansénistes d'avoir été pour le Coadjuteur, III, 283 ; — (Fidélité des Jansénistes à). II, 262* ; (Voy. Arnauld, Pontchâteau, etc.) ; et les Mémoires des Jansénistes, V, 138 ; son emportement sur le sujet des Jansénistes, 187 ; son mot sur les Jansénistes mourant *tous* sans sacrements, IV, [573] ; V, 138 * ; ses rigueurs contre les Jansénistes trop défendues par De Maistre, III, 255-6 ; — plus que Jésuite contre les Jansénistes, V, 154 ; — et les Jésuites, 468-9, 483* ; son règne moins favorable aux Jésuites qu'il ne semble, III, 218 ; prié par les Jésuites d'être le fondateur de leur collège de Grenoble, IV, [554*] ; — son mot à propos du P. de la Tour, [590*] ; — la statue de M. de La Feuillade, VI, 24 ; — et M. Le Camus, IV, 92*, [538, 539, 540, 544, 546, 552, 553, 554*] ; VI, [365] ; le nomme évêque, IV, [538] ; — et M. Lemoine, V, 204, 205 ; — et M. Le Noir de Saint-Claude, VI, 196 ; — beau mot à propos des charités de M. Le Pelletier Des Touches, V, 205 ; — et M. Le Tourneux, 213, 221, 222 ; — employé en syllogisme dans la Logique de P.-R., III, 551 ; — et Malebranche, V, 357* ; — et le Dr Mallet, 295* ; — et Maréchal, son premier chirurgien, VI, 166-8 ; — et M. de Marsillac, le courtisan parfait, V, 49-50* ; — à Marly, 36* ; — et les Maronites, 141* ; — Massillon prêche devant lui, III, [607] ; — envoie son premier chirurgien (1657)

au neveu de Mazarin, 476 ; sa préoccupation à propos de la mort de Mazarin, IV, [585] ; — et ces Messieurs, V, 173-4, 175 ; — ses ministres, 156 ; — et Molière, IV, 402 ; et le *Tartuffe*, III, 263, 271, 280, 281-3 ; ses louanges dans le Tartuffe, 283-4 ; n'intervient pas pour Molière mort, 308 ; — et Monseigneur, VI, 164* ; — et Monsieur, 164 ; — ce qu'en dit Montesquieu, III, 202 ; — un moment plus libéral que Napoléon, 283* ; — et M. de Néercassel, V, 303-6 ; — et Nicole, IV, 479 ; V, 153, 289 ; — et M. de Noailles, archevêque de Paris, IV, [590*] ; VI, 186-7, 193, 201-2 ; fait avoir à l'archevêque de Paris, M. de Noailles, ses bulles gratis, V, 283* ; mécontenté par M. de Noailles, 284, 288 ; refuse à M. de Noailles le rétablissement du noviciat à P.-R., VI, 163 ; — et le Nouveau Testament de Mons, IV, 380 ; bonnes scènes de cour de son lever à ce propos, 384-7 ; — Parlement mal reçu par lui, V, 513 ; — et les Provinciales, III, 212-4 ; et la première Provinciale, 56 ; — et Pavillon, IV, 358*, 359-61, 362, 363, 370-1 ; — et M. de Péréfixe, 402 ; a Péréfixe pour précepteur, 151, 177* ; — et M. de Pomponne, V, 4-5*, 8, 198-201 ; VI, [266] ; son jugement sur Pomponne, V, 198-9 ; — et M. de Pontchâteau, 201, 265*, [311, 339] ; VI, [348, 349] ; ce que M. de Pontchâteau dit des flatteries de Racine, V, 262-3 ; — et P.-R., II, 198, 199* ; III, 167 ; IV, 135, 487 ; V, 4 ; utilité des Méthodes de P.-R. pour la grandeur de son règne, III, 510 ; apprend le latin avec la *Méthode* de P.-R., 509*, 510 ; la Méthode latine lui est dédiée, 504 ; presque tous ses grands poètes en relation avec P.-R., V, 25 ; défavorable à P.-R., 82 ; sa prévention ancienne contre P.-R., VI, 168 ; P.-R. laisse à ses yeux une tache originelle, IV, 123 ; MM. de P.-R. retardent par rapport à lui, II, 375* ; sa politique religieuse servie un moment par P.-R. avant Bossuet, IV, 445 ; sa pensée fixée contre P. R., VI, 163 ; jaloux de la réputation de P.-R., V, 181 ; son duel personnel avec P.-R., VI, 203 ; — et P.-R. des Ch., V, 163 ; contraste de sa cour et de P.-R. des Ch., IV, 314 ; con-

LOUIS XIV 213

sentait à une translation de P.-R. des Ch. (1668), 373; ses ordres pour murer une porte à P.-R. de Paris, V, 60; refuse de faire faire un nouveau partage entre P.-R. des Ch. et P.-R. de Paris, VI, 165-6; ennuyé des pensions à payer pour les filles prisonnières à P.-R. IV, 280*; son ordre de renvoi des Pensionnaires, V, 170, 171-2; et l'arrêt défendant à P.-R. de prendre des Novices, VI, 186-7; son ordre de renvoyer Pensionnaires, Novices et Postulantes, III, 344; projet d'enclore P.-R. des Ch. dans son parc, V, 279; son impatience d'en finir avec P.-R., VI, 193, 200-1; ses derniers ordres contre P.-R. des Ch., 217; et les derniers visiteurs du vallon, 241*; — et les papiers du P. Quesnel, V, 483*; — et Racine, 229*; VI, 128*, 151, [248, 256*, 258, 259, 260]; est, avec Racine, le plus beau visage de la Cour, 124; et Athalie, 142-3; et l'Esther de Racine, 135; (Racine, la perfection de la langue de), 128; se fait faire la lecture par Racine, I, 172; suivi par Racine à Namur, VI, 151; trouve lui-même les louanges de Racine trop fortes, V, 10*; VI, 133-4; Racine en demi-disgrâce auprès de lui, 153-4; et le testament de Racine, 157; ses bontés pour la famille de Racine, [261]; — et Racine le fils, [251]; — et Rancé, IV, 75, 88; VI, [365]; — et Retz, V, [533, 553, 565, 571, 573, 574, 577]; VI, [360]; enfant et les sermons de Retz, V, [533]; et le cardinalat de Retz, [551]; vis-à-vis de Retz, se brise contre l'investiture sacerdotale, (558]; comment il reconnaît la démission pure et simple de Retz, [573]; aide Retz à payer ses dettes, [577]; ses passages en Lorraine et Retz, [581-2]; emploie Retz dans les Conclaves, [582, 592]; ne s'oppose pas à la démission de Retz du cardinalat, [585, 591*]; et Retz vieux, [596]; — entre Rome et P.-R., IV, 363; ses agents diplomatiques secrets à Rome, V, [572, 572*]; — et M. de Saci, 168, 176, 215-6; loue la vertu de M. de Saci et le garde deux ans à la Bastille, II, 347; lettre relative à la détention de M. de Saci, III, [630]; consent à l'élargissement de M. de Saci,

II, 354; — et les disciples de saint Augustin, VI, [268-71]; — et Saint-Cyr, 151; — l'esprit railleur de Saint-Évremond cause de sa disgrâce, III, 589; Saint-Évremond élude son pardon tardif, V, 479-80; — comment Saint-Simon en est historien, IV, 51*; — révoque Jacques de Sainte-Beuve, III, 156, 156-7*; — sa pension à Santeul, V, [622]; — et les ambassadeurs de Siam, VI, 24; — et la dispersion des Solitaires (1656), III, 161; — et M. Targni, V, [612]; — et le P. Tellier, VI, 217; — et M. de Tréville, V, 90; — et la conversion de M. de Tréville, 83*, 86; refuse son agrément à la nomination de Tréville à l'Académie, 90; mauvais vouloir persistant pour Tréville, 82, 90; — et Utrecht, 304*; — et l'emprisonnement de M. Vuillart, VI, [250]; ce qu'en dit M. Vuillart, V, [617];

= Ce qu'il aurait dit d'une lettre de la Mère Agnès, IV, 128-9; — approuve la M. Angélique de Saint-Jean d'avoir rasé Vaumurier, II, 320; — et les « Questions d'amour » de Mme de Brégy, IV, 268; — courtise un moment la princesse de Conti, V, 27; ses regrets de la princesse de Conti, 40; et sa fille naturelle, la princesse de Conti, VI, 166; — va au-devant de la nouvelle Dauphine (février 1680), V, 195; — et les Filles de l'Enfance à Toulouse, 453; — son mot sur Mme de Fontpertuis, IV, [589-90]; — et la comtesse de Grammont, II, 108; VI, 163-5; — et le testament de la duchesse de La Feuillade, V, 180*; — et Mme de Longueville, 40; n'approuve pas les assemblées qui se font chez Mme de Longueville, 161; retarde ses exécutions contre P.-R. à cause de Mme de Longueville, 154*; — ses égards pour Madame, duchesse d'Orléans, IV, [536]; — et Mme de Maintenon, V, 127*; VI, 180; — et Mme de Montespan, IV, 392-3*, 402; — et les Religieuses de P.-R., 149-50; V, 517, 518; VI, 164, 189, 190-1, 193, 227, [278]; sa guerre contre les Religieuses de P.-R., V, 154; Religieuses (Sentiment des) de P.-R. vis-à-vis de lui, VI, 167; — et Mlle de Vertus, V, 215-6;

= (Siècle de), au point de vue religieux, IV, 349-50; — Église de

France sous lui [544]; — et ses quatre affaires à l'égard de l'Église, V, 315-6*; — et les libertés de l'Église gallicane, V, 314; — Lettres-patentes pour recevoir sans restrictions la bulle d'Innocent X (4 juillet 1653), III, 24; — force le Parlement à enregistrer la bulle d'Alexandre VII et l'ordre royal de signer le Formulaire, III, 26; — Déclaration sur la signature(1664), IV, 360, 361; — et la Paix de l'Église, 369; et la médaille de la Paix de l'Église, 400; — (Différends du Saint-Siége et de), V, 179; — et l'affaire de la Régale, 153-4; — et l'affaire du Cas de conscience, VI, 170, 173-4; — et la bulle de 1705,184; — sa maxime de détruire les Communautés suspectes de nouveauté, V, 453; — sa disposition à vouloir qu'on fût dévot, III, 280; — tient à ce qu'on fasse ses Pâques, 291*; — son ascendant sur la conversion des grands seigneurs, IV, 445; — influence des Tartuffes sous son règne, VI, [250]; — lutte, sous lui, entre les faux dévots et les honnêtes gens, III, 263-4; — nomme, sans le savoir, un coquin à un évêché, IV, [572*]; — et le Protestantisme, 113; — révocation de l'Édit de Nantes, 445; — ordonne la conversion en masse des Protestants, III, 304*; — impose des sages-femmes catholiques aux mères protestantes, V, 320; — son règne miné par l'incrédulité, III, 303; — infamies païennes de la jeune Cour, 304;
= (Siècle de), II, 159; — divorce entre les gens du monde et les savants sous la Régence, III, 509; — bel éclat littéraire vers 1670, V, 484-5; — (Originalité du siècle de), I, 22; — (L'originalité unie à l'imitation, cachet composé de la littérature sous), 416; — Nouveauté d'élégance dans le style, II, 357; — (L'homme du monde selon), III, 289; — fleur poétique des neuf premières années de son règne, V, 18*; — le *français* à sa majorité, III, 524; — la littérature de son règne nuit à celle de P.-R., V, 194; — libéralités envers deux savants italiens, VI, 104*; — reforme des études sous son règne, III, 508; — trouve que les rois doivent toujours user de termes modérés, VI, 164*; — choqué d'un mot peu noble, 127-8*; — achète et rend publique la recette du quinquina, V, [599]; — Jurisprudence (La) sous lui, 523*; — liberté d'esprit seulement dans les hautes classes, III, 306; — de la liberté de la presse avant lui, 60*;
= (Fin de), V, 514; sa mort, [612], VI, 67*; elle fait sortir de la Bastille, V, 518; VI, 196, [279]; elle n'est pas la délivrance pour tout le monde, VI, 234; — « Mémoires,» IV, 113; — (Journal historique de), [585*]; — Voy. Lambert (L'abbé), Voltaire.

Louis XV; attentat de Damiens, II, 199.

Louis XVI, III, 359*; VI, 50.

Louis (L'abbé), partisan des idées de Quesnay, III, 257.

Louise-Eugénie (La Mère); Voy. Fontaine.

Louise de Sainte-Anastasie du Mesnil (La M.); Voy. Du Mesnil.

Louvain, I, 11, 288, 331, [521]; II, 215; — (Bible française de), II, 357*; — Collége de Hollande, I, 282; — Collége des Jésuites, 275, 299; — Cordeliers irlandais, 298*; — (École de), 275, 276; V, 300; — (Jansénius à), I, 279; — (PP. de l'Oratoire) à l'île de Nordstrand, IV, 375; — (Saint-Cyran à), I, 279, 295; — (Siége de), 301*; — (Université théologique de), I, 279, 290, 299, [521]; III, 9, 132; (Théologiens de), I, 281*; (Thèses de), 35; (Pensée première de), II, 219; (Tort de P.-R. de se séparer des théologiens de), III, 15; et l'Augustinus, II, 93, 96; Approbation du N. Testament de Mons, IV, 379; (Université de); une querelle forçe Arnauld à quitter momentanément Bruxelles, V, 459-60; — Voy. Lupus.

Louviers (Terre voisine de), V, 103.

Louvigny; Voyez Bernières (M. de).

Louville (Le marquis de); Mémoires, jolies anecdotes sur Arnauld, III, 156*.

Louvois (Famille de); alliance avec les Noailles, V, [612].

Louvois (F. M. Le Tellier, marquis de), fils du chancelier; — et Arnauld, IV, 397-8; — favorable à la conciliation, 388, 389; — M. Letourneux mis près de lui, V, 210; — et M. de Néercassel, 306*; —, le N.-Testament de Mons et l'archevêque d'Embrun, IV, 384, 385, 386;

— épouse une des nièces du cardinal de Noailles [612]; — sa mort, IV, 460 ; — (Histoire de), 306*.
Louvois (Mme de), V, 272.
Louvois (Camille, l'abbé de), V, 272; — neveu de M. Le Tellier, archevêque de Reims, [610]; — a M. Hersan pour maître, 272*; — M. de Targni attaché à son éducation, 273*; M. Targni, son directeur théologique. [610]; — intendant de la Bibliothèque du Roi, [612]; — et M. Boivin, [612]; — mis en disgrâce par les Jésuites, [611].
Louvois (Mlle de); épouse M. de La Roche-Guyon, V, 196.
Loyola; Voy. S. Ignace de Loyola.
Loyolistes (Les), III, 180; Voy. Jésuites.
Loysel (Antoine), I, 60.
Loysel (M.), curé de Saint-Jean en Grève; prononce en chaire l'éloge funèbre du père de Pascal, II, 486; — envoyé à Rome contre les cinq propositions, III, 13.
Loyson (Charles), poëte moderne, I, [555]; — (L'abbé), son neveu, I, [555*].
Lucain et Montaigne, II, 410; — (Romains de Corneille en restent à), I, 153; — (Citations de), IV, 243*; VI, 161*.
Lucifer, II, [550]; IV, 205*.
Lucilius. ami de Sénèque, IV, 324*.
Lucius (Le) d'Apulée, V, 46*.
*Luçon ; Voy. Bussy, Du Plessis (Alphonse), Richelieu.
Lucrèce (Le poëte): a-t-il été fou? III, 360 ; — sa mort, IV, 47 ; — V° livre, III, 105*; — livre V, vers 1027, 536*; — ce qu'il dit de l'enfance, 482*; — (Le chant éternel de), V, 278*; — (École de), IV, [551]; — ce qu'en dit Montaigne, II, 446; — Molière s'exerce sur lui, III, 272, 278 : — cité par Voltaire, 399.
Lucullus (Le) de P.-R. des Champs, II, 263.
Lygo (Le cardinal de), II, 189.
Lulle (Raymond), critiqué dans la Logique de P.-R., III, 556.
Lumière et amour s'engendrent l'un l'autre, II, 122.
Lumières naturelles; admises par les uns et refusées par les autres, V, 523-4*; — (Péché contre les), III, 127.
Lumineux, mot inventé par P.-R., II, 448*.
Lunettes, V, 240*; — (Les) de couleur, VI, 102*.

Lupus (Le P.), docteur de Louvain, II, 110.
*Lutèce (La grande), III, 241.
Luther (Martin ,I, 7, 217, 336, 343*, 493*, [546]; II, 65, 117*; IV, 413; — (Le père de), III, [620]; — (Contradictions de), II, 131*.
Luthéranisme. III, 302.
Luthérienne (Point de jonction des doctrines), Calviniste et Janséniste, II, 106*.
Luthériens Allemands, IV, 233 ; — (Nombre des) à Nordstrand, IV, 378*.
Lutrin: Voy. Boileau.
Lutte intérieure même dans les cœurs les plus simples, IV, 35-7.
*Luxembourg (Le), province des Flandres, IV, 491.
*Luxembourg (La ville de), VI, [328, 334].
Luxembourg (M. de) et M. de Néercassel, V, 306*; — gouverneur d'Utrecht, 303.
Luynes (Les), II, 231.
Luynes (Le Connétable de), II, 252.
Luynes (Louis Charles d'Albert, duc de), fils du Connétable (1620-1690), II, 8, 252; III, 163, 172, 560*; IV, 208*; — n'a plus de rôle politique, II, 320 ; — comparé à Joseph d'Arimathie, 319; — la lettre d'Arnauld à un Duc et Pair lui est adressée, III, 32 ; — et Colbert, II, 319*; ce que lui dit Colbert sur ce qu'il a ses filles à P.-R., V, 181; — et la philosophie de Descartes, II, 311, 383 ; son Cartésianisme, 317-8; — (Dialogue du duc de) et de Lancelot par Brienne, V, 21 ; — au service de M. Le Maitre, II, 237*; — La « Logique » écrite pour son fils, 422; et la Logique de P.-R., III, 542; — et les médecins de P.-R., IV, 292; — veut entrer à l'Oratoire; se fait solitaire, II, 314; - Pascal part avec lui après sa seconde conversion, III, 507; loge Pascal à Vaumurier, II, 149; — sa part aux constructions de P.-R. des Champs, II, 296, 310, 314*, 315, 316; — et Retz, V, [558]; — et M. Singlin, I, 467 ; — fait bâtir Vaumurier, II, 310; V, 277; abrite à Vaumurier les derniers restes des Petites Écoles, III, 479; — a Vitart, le cousin de Racine, pour intendant, III, 42; IV, 84, 85; — ses trois mariages, II, 318-20; — aimait ses femmes, mais surtout le mariage, 319; — ses sept enfants, V, 181; — père du duc de

Chevreuse, 277 ; — et la sortie de ses filles de P.-R. IV, 121 ;
= A le génie de la traduction, II, 318 ; — traduit pour sa femme des extraits de S. Augustin, II, 312 ; — traduit l'Office du Saint-Sacrement, IV, 444 ; — traduit en français les Méditations de Descartes, V, 352 ; — Voy. *Paris (Hôtels), *Vaumurier.

Luynes (Louise Séguier, première duchesse de) et P.-R., II, 311-4 ; — (Retraite de Mme de), I, 47 ; — sa mort (1652), 314, 320 ; — (La sépulture de la première Mme de), V, 247 ; — ses trois filles, IV, 121.

Luynes (Anne de Rohan, seconde duchesse de) (1661-84), II, 319.

Luynes (Mme d'Albert de) et Mme de Maintenon, II, 260*.

Luynes (Mlle de), dite Madame de Luynes, première fille de la première duchesse IV, 121 ; — seulement postulante à P.-R., II, 319 ; — ses rapports d'amitié avec la M. Angélique, IV, 121-2, 123, 127 ; — religieuse à Jouarre, II, 213* ; IV, 122 ; — rétracte sa signature, 407 ; — liaison avec Bossuet, II, 313-4 ; correspondance de Bossuet avec elle, IV, 122, 123-4, 126* ; Bossuet écrit pour elle la Vie cachée, 123 ; — nommée prieure de Torcy, 122-3.

Luynes (Mlle de), dite Madame d'Albert, seconde fille de la première Duchesse, IV, 121 ; — seulement postulante à P.-R., II, 319 ; — religieuse à Jouarre, 213* ; IV, 122 ; — rétracte sa signature, IV, 407 ; — Bossuet prononce son sermon de vêture, IV, 124 ; correspondance de Bossuet avec elle, 122-3, 124-6 ; liaison avec Bossuet, II, 213-4*.

Luynes (Mlle de), dite Mademoiselle de Chars, troisième fille de la première Duchesse, pensionnaire à P.-R., IV, 121.

Luynes (Mlles de), du second lit, pensionnaires à P.-R., II, 312, 319-20 ; — leur sortie forcée de P.-R., V, 180-1, 185*.

Luynes (Charlotte-Victoire de), pensionnaire à P.-R.; épouse le prince de Beurnonville, V, 247 ; — Voy. Hénin (Le comte d').

Luynes (Charles Philippe d'Albert, duc de), 1695-1758; « Mémoires », IV, 51* ; VI, 8*.

Luz (Baron de), gouverneur du pays de Gex, I, 264.

Luzanci (M. de), fils d'Arnauld d'Andilly; d'abord militaire, puis Solitaire, II, 6-7, 238 ; III, 169 ; V, 10; — cousin germain de M. de Saci, frère de la M. Angélique de S. Jean, 246 ; — à Pomponne II, 372 ; — à P.-R. des Champs, 228 ; s'occupe du soin des petites constructions de P.-R. des Champs, IV, 19-20* ; sa sortie de P.-R. des Champs, V, 186 ; — et M. de Saci, 217 ; au convoi de M. de Saci, II, 369* ; sa mort suit celle de M. de Saci, 372 ; — sa mort à Pomponne (1684), V, 246 ; VI, 157 ; — porté à P.-R. des Champs, V, 246.

Luzarches, II, 388.

Luzarches (Robert de), architecte, I, 43.

Lyon, I, 328, 353, 438 ; II, 295, 296 ; III, 116, 242 ; IV, 14, 413* ; VI, [294, 311] ; — (L'Autel de), III, 217* ; — (Auteurs nés à), III. [622] ; — (Le Cardinal de); Voy. Du Plessis (Alph. de) ; — (Du Guet à), VI, 27 ; — (La troupe de Molière à), V, 33 ; — (Nicole à), IV, 478 ; — Officialité, VI, 197, 209 ; — Primatie de (Appels des Religieuses de P.-R. à la), IV, 193, 194, 197, 204, 207, 208, 210 ; — (Le Provincial de) et M. Le Camus, IV, [544].

Lyonne (Hugues de), secrétaire d'État, 1611-1671, IV, 410 ; — et Arnauld, 395-6, 396* ; — favorable à la conciliation, 363, 369, 388, 389 ; — regrette de M. Le Camus, [541] ; — le N. Testament de Mons et l'archevêque d'Embrun, IV, 384 ; — envoyé à Rome pour demander la condamnation de Retz, V, [561-2] ; détache Alexandre VII de Retz, [561] ; — dépêche sur Retz [572-3] ; — remplacé à sa mort par M. de Pomponne, 4-5, 199.

Lyonne (M. de) (le fils), et la survivance de son père, V, 4*.

Lyriques (Poètes), III, 113* ; — latins modernes, [625].

Lys (Abbaye du), près Melun, I, 187, 202 ; V, 196.

Lysias, I, 372*.

M

Mabille (M.), docteur de Sorbonne ; ami de P.-R., VI, 198 ; — pour les mesures énergiques, 211* ; — retiré à Palaiseau, 206*; — conseiller habituel de P.-R. dans les derniers temps, 184*; — auteur de la clause restrictive, 184*; — auteur des lettres anonymes à M. de Noailles, 206.

Mabillon (Dom Jean), bénédictin, II, 236; IV, 21; — visite à la Trappe, 68-9; — voyage d'Italie, 68; — sur l'hémine de vin, I, 439*; — sa défense des Études monastiques contre Rancé, IV, 68-9, 71; — lettre de Quesnel sur sa dispute avec Rancé, 70; V, 340; — Tillemont comparé à lui, IV, 35.

Mac Callaghan; Voyez Callaghan.

Macédonius, solitaire de la Thébaïde, I, 392.

Macette; Voy. Regnier.

Machabées (Les), I, 278; — (Mère des), II, 25; — (Mme Arnauld, comparée à la mère des), I, 129.

Machault (M. de), en 1644, II, 185*.

Machiavel, II, 76; — grand observateur positif, III, 238; — (École de), 302; — son analogie avec Pascal, V, 524*; — (Pascal près d'entendre la politique comme), III, 382; — politique de Pascal voisine de la sienne, 433.

Machiavélisme à l'ombre de la Croix, III, 133.

Machines de théâtre, II, 9-10.

*Mâcon, VI, [311]; — (Collège des Jésuites de); Jansénius y figure chargé de fers, dans une comédie, III, 21.

Macon, huissier, VI, [325].

Macrobe, II. 415.

Madame (Sens du mot), I, 177*; — (Du), dans les traductions de P.-R., III, 533; — tout court, à P.-R., est Mme de Longueville, V, 139*.

Madame, Duchesse d'Orléans; son voyage d'Angleterre, IV, [536]; — son influence sur son frère Charles II, [536]; — ses confesseurs, [537]; — était esprit fort, [536, 537]; — ce que nous apprend sur sa mort l'abbé Le Camus (1670), [536-7]; — Voy. Henriette d'Angleterre.

Madame, Duchesse d'Orléans, dite la Princesse Palatine; Nouvelles lettres, V, 136*.

Madame de France, depuis reine d'Espagne, I, 88, 119.

Madame Royale, duchesse de Savoie, et M. Le Camus, IV, [550].

Madeleine (La); le poëme ridicule du P. de Saint-Louis, IV, 413*; — (Héroïsme de), V 133.

Madeleine Sainte-Christine (La Sœur), sixième fille de M. Arnauld l'avocat, II, 11.

Madeleine de Saint-Joseph (La Mère), carmélite, I, 205*.

Madeleine de Sainte-Candide (La Sœur); Voy. Le Cerf.

Madeleine de Sainte-Gertrude Du Valois (La Sœur); Voy. Du Valois.

Madeleine de Sainte-Julie (La M. Françoise; Voy. Baudrand.

Madeleine de Sainte-Sophie Flexelles (La Sœur); Voy. Flexelles.

Madelon (Les), V, 487.

Mademoiselle (Sens du mot), I, 177*, 388*; — (Du), dans les traductions de P.-P., III, 533.

Mademoiselle (Mademoiselle de Montpensier, fille de Gaston d'Orléans, dite la Grande), I, 117, 119; II, 236; — cadeaux de fruits d'Arnauld d'Andilly, 262-3; — sa petite Histoire du Jansénisme, 275; — et Lauzun, 278*; — fait nommer M. Lizot, son confesseur, curé de S. Séverin, IV, [572*]; — et Jacqueline Pascal, II, 466, 467; — Deux visites à P.-R. de P., 275; III, 188; IV, 135; — visite à P.-R. des Ch. (1657), II, 275-8; — a M. de Préfontaine pour secrétaire, IV, [250]; — son rêve d'abbaye dans la solitude, II, 277-8; — le Recueil de Portraits faits dans sa société n'est pas l'origine des Caractères de La Bruyère, III, 420*; — « Mémoires », II, 275-6; III, 477*; V, 26*.

Madot (L'abbé); son examen des livres à P.-R. des Ch., VI, 226-7; — ne trouve rien dans les papiers de P.-R., 229*.

*Madrid, IV, 381, 382; — (La Cour de) et Jansénius, I, 300, 301; (Voyages de Jansénius à), 304.

Ma trigaux de spiritualité, VI, 23.

*Maestricht, VI, [289]; — Arnauld pense à y aller, V, 460; (Arnauld à), 464.

Magasin encyclopédique, III, 506.

Magdalenet; ses vers latins, II, [625].

Magellan, II, 57.

Magie, II, 500*; — (Jansénius contre la), 479.

Magistrat (Réponse à un), amateur de P.-R., contenant le catalogue d'une petite bibliothèque janséniste, III, [631-4]; VI, [368].

Magistrature, passionnée par le Jansénisme contre les Jésuites, III, 218.

Magnet (M.), docteur moliniste; précepteur de M. de Pontchâteau, VI. [303, 304]; — veut éloigner M. de Pontchâteau de ses idées de réforme, [305] et de MM. de P.-R., [306]; — et M. de Pontchâteau, [303, 304, 305, 306, 307].

Magnificat, IV, 94.

Magnin (M. Charles), I, 310*.

Magny-l'Essart, cure voisine de P.-R. des Ch., IV, 52; VI, 173, 218; — M. de La Rivière y est enterré, II, [543]; — on y porte, en 1711, les corps de MM. de Pontchâteau et de Coislin, VI, [342]; — Voy. Besson, Ler, Retard.

Magny (Le curé de), I, 27; — donne l'hospitalité aux corps de beaucoup de gens enterrés à P.-R. des Ch., VI, 238*.

Mahomet (Existence de), III, 421; — (Religion de), 442; — Voy. Alcoran.

Mahomet (Le grand), nom donné par les Protestants au vaillant Zamet, I, 322.

Mahométan (Un) et la prière universelle de Leibniz, V, 443.

Mai (Mois de), V, 270.

Maignard (Le P.), de l'Oratoire, I, 489; — curé de Sainte-Croix-Saint-Ouen, à Rouen, II, 220.

Maignart de Bernières ; Voy. Bernières.

Maignelay (La marquise de), tante du cardinal de Retz, II, 177.

Mail (Le) de Boileau, V, 518.

Maillard (Le P.), capucin, sollicite à Rome la bulle contre Jansénius, VI, 111.

Maillart (Olivier), prédicateur burlesque, I, 241.

Maimbourg (Le P.), jésuite, et M. Le Duc, IV, 387 ; — et la messe, VI, [363]; — Sermons contre le N. Testament de Mons, II, 359; IV, 380; — à Rome, VI, [363].

Maine (M.), secrétaire de M. de Rancé, IV, 75.

Maine de Biran, I, [555].

Mains (Pas de travail curieux des) à P.-R., IV, 149.

Maintenon (Mme de); son règne, III, 291 ; — son bon sens, V, 127*; — sa mesure, I, 172; — coupe court au style embrouillé, V, [697] ; — se rend ennuyeuse par dévotion, II, 260*;
= et Arnauld, V, 330; — et Boileau, 501*; — peu encline au Jansénisme, 127-8*; trouve que le Jansénisme n'est pas un fantôme, VI, 181*; — et Louis XIV, V, 127*;
VI, 180; — et M. de Noailles, 143; — et les papiers du B. Quesnel, V, 488 ; VI, 180; — et Racine, 132, 133, 153, [256*]; demande à Racine pour Saint-Cyr une pièce sans amour, 134; allusions flatteuses d'Esther, 137-8; ses sentiments sur Esther, I, 25; et Athalie, VI, 142, 143 ; — à Saint-Cyr, V, 127;
= Lettres à Mme de Caylus, V, 483*; — et Mme de Château-Renaud, VI, 214-6; — et la comtesse de Grammont, 164*; — et Mme de La Fayette, 135; — et Mme de Luynes, II, 260*; — Lettres, VI, 143.

Mairat (M.), élevé à P.-R., III, 578.

Maison (Différence des Gentilshommes de la) et de la Chambre, VI, [259].

Maison du Baigneur (La), II, [573].

Maison-Rouge (M. de) et Mlle De Launay, II, 348*.

Maisons religieuses (Inconvénients et avantages des) pour l'éducation, III, 492, 493.

Maisons (Le président de), et les restitutions de M. de Chavigny, II, [557, 558, 559, 560]; — débiteur de M de Chavigny, [559-60].

Maisons Royales (Jardins des), V, 43.

Maistre (Les de), I, 270.

Maistre (Le comte Joseph de), II, 384*; — traits essentiels, III, 241; — esprit platonicien, 240; — son absolutisme, II, 91; — a toujours l'esprit de qualité, IV, 83; — sa verve paradoxale, III, 227-8; — le plus osé des fils de l'Église, IV, 464*; — ses inexactitudes qui falsifient, III, 234; — toujours exagéré, 249, 250-1 ; — son horreur des noms philosophiques, 230; — sa faculté de l'outrage au comble, 251; — son procédé d'impertinence, 249; — sa haine de ce qu'il appelle le médiocre, 245, 254; — a besoin d'avoir affaire à un vainqueur, 243; — sa recherche du contre-pied du commun, 245-6; — comment il choque, 241; — son amitié pour le nom du bourreau, 213; — ce qu'il était en conversation, 251*; — sa connaissance du grec, 252; — ce qu'il dit de ce que devient notre pensée après nous, 380*; — ce qu'il serait *corrigé*, 380.
= Sur Bossuet par rapport au Jansénisme, II, 155*; attaque Bossuet, III, 242*; — écrit pour la France, 241; — se fie trop à l'abbé

Gregoire sur P.-R., 244-5, — analogie d'Hobbes et de Jansénius, 149-50, 237-8, 432 ; — son jeu, en confondant Jansénisme et Gallicanisme, est de ruiner le second par le premier, 229 ; — son injustice envers Jansénius, 237-8 ; — justifie trop Louis XIV de ses rigueurs contre les Jansénistes, 255-6 ; — sa critique de Molière, II, 335 ; son opinion sur Molière, I, 254* ; — ménage Nicole, IV, 432 ; — son réquisitoire contre Pascal, III, 228-30 ; et les Provinciales de Pascal, 413-4 ; ce qu'il dit des *Provinciales*, 255 ; traite les Provinciales de *menteuses*, 77 ; ses colères contre Pascal prouvent que Pascal l'avait emporté, 215 ; ce qu'il dit des scènes de la sortie des pensionnaires de P.-R., IV, 115 ; — injustice et violence de ses attaques contre P.-R., III, 243-8, 252-6, 258 ; ce qu'il reproche à la science de P.-R., II, 361* ; sa recette pour fabriquer un livre de P.-R., III, 246 ; entame P.-R. et ne ruine pas Pascal, 228 ; — injurieux pour les Protestants, IV, 458 ; — à du Rivarol en lui, III, 252 ; — chevalier de la Rome papale, 241 — son erreur de prendre Mme de Sévigné comme exposant le vrai *dogme* janséniste, 230-5 ; — son dogme favori de la solidarité, IV, 308 ; — ce qu'il a de Voltaire, III, 241-2 ; plus léger que Voltaire à propos de P.-R., 245, 252-3 ; — « Le Pape », III, 249 ; — « Église gallicane, » I, 254 ; III, 149*, 214*, 227, 229, 233*, 234*, 236*, 243*, 248, 249* ; IV, 32* ; — ce qu'il y dit de l'analogie de Hobbes et de Jansénius, III, 149-50, 237-8, 432 ; — « Anti-Bacon », II, 335, 428 ; — « Soirées de Saint-Pétersbourg, » II, 393 ; III, 77*, 248* ; — Lettres inédites, 242* ; — son style, 241, 242.

Maistre (Xavier de) ; plus homme du monde que son frère, III, 251.

Maistre (M. Rodolphe de), fils du comte Joseph, III, 251*.

Maître (La faveur du), la religion du courtisan, V, 50* ; — (On abuse quand on est le), III, 130* ; — (Toutes les Écoles outrent la pensée du), [616] ; — (Tendances du) s'étudient mieux dans le disciple, II, 214, 222 ; IV, [526] ; — (La vocation de) est une « tempête de l'esprit », III, 481, 493.

Maîtres (Gravité des ruptures entre élèves et), VI, 108 ; — (Les) à P.-R., III, 557, 558-76 ; Voy. Écoles (Petites), Éducation, Enseignement.

Maîtres d'école, doivent signer le Formulaire, IV, 112.

Maîtres de la terre (Les) n'aiment jamais la pensée, même non politique, III, 257.

Majeure ordinaire, troisième des quatre thèses, II, 16.

Majeures doivent être générales et nécessaires, V, 398.

Mal (Explication chrétienne du), IV, 143 ; — originel (Théorie du), II, 144 ; — (Le) créé et entretenu par l'erreur, V, 384 ; — (Croyance de Saint-Cyran au), I, 343 ; (Le sentiment du) préoccupe surtout Saint-Cyran, 214 ; — humain (Étendue du), II, 420* ; — (Confusion de l'idée du) et de celle d'esprit, III, 495* ; — (Le), qui ne saute pas aux yeux, souvent nié, III, 262 ; — (Gens qui font du) sans jamais en dire, V, 169 ; — (La question du moindre), 458 ; — principal passé, il faut guérir du remède, III, 342*.

Maladie de l'homme, irrémédiable sans la Grâce, II, [532] ; — (La), état naturel des Chrétiens, 508 ; III, 327, 340, 365 ; — Réflexions de l'état de), IV, 586 ; — (La) rend meilleur, III, 328-9.

Maladies, bienfait de Dieu, [535] ; — (Analogie des erreurs et des), IV, 447.

*Malampcco, VI, [311].

Malchus (Histoire de l'oreille de), IV, 252.

Maleclerc (M.), écuyer du cardinal de Retz, V, [578].

Maldachini (Dona Olympia), belle-sœur d'Innocent X, III, 9 ; V, [539].

Malebranche (Le P. Nicolas) de l'Oratoire (1638-1715), I, 271, [517] ; — dates de sa naissance et de sa mort, V, 357* ; — déshérité du côté du corps, 357, 375, 395 ; — entre à l'Oratoire, 358 ; — on a gardé à Juilly la tradition de son passage, 396 ; — signe, puis se rétracte, IV, 407 ; sa rétractation de sa signature du Formulaire, V, 382-3 ;

= De l'Académie des sciences, V, 357* ; — ses adversaires, 372-3 ; — traité surtout au point de vue d'Arnauld, 441* ; sa liaison avec Arnauld, 348 ; conférence avec Arnauld chez M. de Roucy (1679),

363*; Arnauld s'appuie d'un passage de la « Recherche de la Vérité », 374-5; Arnauld se prépare à le réfuter, 376-8 ; déclaration de guerre d'Arnauld, 363*; entrée en campagne d'Arnauld contre lui, 376-9; sa guerre avec Arnauld, III, 96; V, 347, 348, 363, 371*, 397-435; caractère de la dispute entre lui et Arnauld, 409-12 ; réfuté par Arnauld, IV, 508 ; motifs de la réfutation d'Arnauld, V, 437 ; (Ce qu'Arnauld oppose au tout voir en Dieu de), 404-5, 406 ; prétend qu'Arnauld ne l'entend pas, 365*; emploie un moment, et par ironie, la méthode géométrique d'Arnauld, 441; trouve Arnauld terre à terre, 438 ; comment il se plaint d'Arnauld, 412 ; caractère de ses réponses à Arnauld, 438, 440; ce qu'en dit Arnauld, 450 ; critiques d'Arnauld, 381-2 ; Arnauld combat chez lui le développement de Descartes, II, 396 ; objections d'Arnauld, V, 427 ; résumé des arguments d'Arnauld, 433-5 ; son nouveau système de la Nature et de la Grâce effraye Arnauld, 377 ; Arnauld ne veut pas intervenir dans l'examen de ses livres à Rome, 462-3 ; (les *Réflexions philosophiques et théologiques* d'Arnauld (1685-6) contiennent la réfutation de), 437 ; (Parallèle d'Arnauld et de), 449-50 ; est, pour son parti, vainqueur d'Arnauld, 440; — Bayle témoin et railleur, 441-2 ; — Étude de l'abbé Blampignon, 396*; — et Boileau, 365*; — et Bossuet, IV, 508 ; V, 363; effroi qu'a Bossuet de ses principes, 366-9 ; son soulèvement contre Mal., 437; Bossuet se révolte contre son système, 426; colère et lettre éloquente de Bossuet, 365-7 ; attaqué par Bossuet, 392*; — comment jugé par le P. Bouhours, 390 ; — étudié complétement par M. Francisque Bouillier, 441*; — son développement exagéré du cartésianisme dans le sens de l'idéalisme, 354; pousse plus loin la métaphysique cartésienne, 357 ; — et M. d'Aligre le fils, abbé de Saint-Jacques, 359-60; — admiration de Daunou pour lui, 374*; — son explication du Déluge va contre le miracle, 366 ; — sa conversion à la philosophie de Descartes, 358-9 ; effet sur lui du livre de *l'Homme* de Descartes, 358-9 ; anecdocte sur Descartes, 391*; sorti de Descartes, II, 396 ; III, 423 ; V, 358-9, 374*; a eu plus de succès mondain que Descartes, 373 ; en expliquant le monde se trompe à la suite de Descartes, 417 ; — directeur de conscience, 440*; — et l'Écriture, 388*; son moyen d'accorder l'Écriture avec la raison, 426; — ce que dit M. d'Étemare de sa conversation, 439*; — et l'Évangile, 374*; — joli vers de Faydit sur lui, 397; — Fénelon réfute le Traité de la Nature et de la Grâce, 364*, 372; — son éloge par Fontenelle, 357*, 358-9, 360, 361-2, 440; ce que dit Fontenelle de la « Recherche de la Vérité, » 360; ce que dit Fontenelle de sa querelle avec Arnauld, 379-80; objections de Fontenelle, 428*; louange et critique indifférentes de Fontenelle, 369; — défendu par Mme de Grignan, 373; — mène à Hegel, 437 ; — (Leibniz en face de), 448 : ses affinités avec Leibnitz, 364 ; ressemblance avec Leibniz, 371 ; — et Louis XIV, 357*; — ce qu'il dit de Montaigne, II. 446; son portrait sévère de Montaigne, V, 390-1, 392, 396 ; — opinion de M. de Néercassel sur son système, 437-8; — (Nicole dans la guerre d'Arnauld et de), 383; ce qu'en dit Nicole à Arnauld, 451-2; moraliste comme Nicole et Pascal, 390; — mis en face de Pascal, III, 363 ; n'est pas un copiste de Pascal, V, 390 ; — accusé de Pélagianisme, 368 ; — traité de Platon du Christianisme, 373, 374*; — fait des portraits, 390, 391 ; — et le marquis de Roucy, 376 ; — a certaines choses de saint Augustin, 1, 421; s'appuie sur saint Augustin, V, 388*, 393 ; s'appuie sur l'opinion de saint Augustin que la sagesse éternelle éclaire tous les esprits immédiatement, 403 ; — s'appuie sur saint Paul, 393 ; ce qu'il dit des expressions de saint Paul, 425 ; — son portrait de Sénèque, 390-1, 392, 396 ; — Mme de Sévigné le lit, III, 231 ; railleries de Mme de Sévigné, V, 371-2 ; — et Richard Simon, 358 ; plus près qu'il ne croit de Richard Simon, 364 ; — par où son idéalisme confine au Spinosisme, 408; — railleries de Voltaire, 371, 415, 423 ; — sa grande place dans son

siècle, 373; — enthousiasme des jeunes disciples, 439*; — n'a pas eu d'école, 409 ;
= (Vocation philosophique de), II, 9; — sa vocation métaphysique, V, 357-9; — son sentiment vraiment métaphysique et intuitif, 410; — grand méditatif, 384, 424*; son caractère de profond méditatif, 357 ; surtout méditatif, 373 ; — génie pacifique, 380; — son génie spéculatif, 375; — son peu de goût pour la critique et l'histoire, 358, 359; — composé de platonisme, de géométrie et de christianisme, 396; — moins philosophe que théologien, 387-8*; — beauté d'imagination ; architecture mystique, 412-3; — son palais dans les nuages, 439; — ses prévisions hautes et hardies, 417; — philosophe contre l'expérience et néglige les faits, 393; — divorce absolu entre lui et les philosophes d'expérience, 395 ; — veut expliquer la religion par la philosophie, 361 ; veut unir la religion et la philosophie, 362; — sa confusion des recherches de la philosophie et des mystères de la foi, 360-1 ; — sa métaphysique, IV, 508 ; — nouveauté de doctrine, V, 426-7 ; — altération du Christianisme, 437-8; — veut élargir le christianisme, 412-3; — innovations théologiques, 363-5, 437-8; — contraire au catéchisme, 426 ; — son sens chrétien, inverse du sens orthodoxe, 436; — sa théologie semi-pélagienne, 433; — il veut raccorder son système avec l'orthodoxie, 435, 436; — va du révélé au naturel, 394 ; — et la Révélation, 388*; — se met au lieu et place de Dieu, 394-5 ; Dieu selon lui, 363-4; le métaphysicien qui voit tout en Dieu, 392-6 ; son idée de ne rien voir qu'en Dieu ne se forme qu'à mesure, 361 ; son principe de voir tout en Dieu, 379; ce qu'il entend par tout voir en Dieu, 402-4, 405-6; sa seconde explication de voir tout en Dieu, 405 ; son idée du miroir universel, 403 ; ne voit pas qu'il exige de Dieu une révélation continuelle à chaque accident nouveau, 404 ; contraire à des volontés particulières chez Dieu, 424, 425, 426 ; justification du *Père* aux dépens du *Fils*, 364-5 ; met en Dieu les corps par leurs essences, 403 ; fait le Père cause méritoire et première, le Fils cause occasionnelle de la Grâce, 427-31 ; éloignement et relégation de Dieu le Père, 431-3 ; éloigne les objections de Dieu pour les reporter sur le Christ, 365 : — (Le Verbe selon), 414, 415, 419-20; son J.-C., 433-5, 436-7 ; J.-C. est pour lui le commencement des voies du Seigneur, 414 ; pour lui J.-C. très-distinct du Père et de Dieu, 431-2 ; intentions particulières de J.-C., 430-1; création et chute en vue du Christ, 422-3; son Christ borné qui ne pense pas à tout, 433-5 ; — réinvente le Monde, 396 ; — son étendue intelligible infinie, 405, 406, 408 ; — son sentiment de l'harmonie du Monde, 387-8*; — contraire aux miracles, 419; lois générales naturelles; économie de miracles, 413 ; et les miracles du Nouveau et de l'Ancien Testament, 435*; pour le moins de miracles possible, 366 ; aime les lois générales, 363-4, 387-8, 416-7, 418, 424, 431, 435*; — son idée du mal et de la chute, 385-6 ; sa théorie de la chute, 385-7, 387-8*; déclare nécessaires le péché et la mort, 421, 422 ; — ses explications métaphysiques étranges, 388*, 393; ses explications plus difficiles que la difficulté première, 430 ; — idée singulière sur la création d'un ange, 393 ; — rôle qu'il prête à l'archange Michel, 435*; — veut savoir ce qu'Adam a su, 359 ; — (La liberté humaine dans), 387, 388 ; — Ordre de la Grâce selon lui, 364-5; ses variations d'opinion en matière de Grâce, 382-3*; ses causes occasionnelles de la Grâce, 428-30 ; sa contradiction de vouloir expliquer philosophiquement la Nature et la Grâce, 375 ; le temple de la Nature et de la Grâce, 413 ; fatalisme de sa Grâce, 432-3 ; — la prière naturelle selon lui, 415 ; que devient le *Pater* et le Sermon sur la montagne, 415, 427; — prend les idées tantôt avec le sens de pensées, tantôt avec celui d'êtres représentatifs des esprits, 398-400; réfutation d'Arnauld, 400 ; pour lui l'âme répand des sensations sur des figures d'idées, 405 ; — des erreurs de l'imagination, 388-91; — ne trouve pas les sens

si corrompus, 387 ; n'a pas eu de peine à se démêler de la glu des sens, 385 ; — son système se fait peu à peu et s'allonge, 401 ; — dans la discussion, demande toujours de l'espace, 402, 438-9 ; — le contraire d'Antée, 438 ; — a beaucoup tâtonné, 402 ; — sa forme préférée est l'exposition, 362*; — ses anthropologies quintessenciées, 419* ; — son don de reproduction inépuisable et plus étendue, 362* ; sa puissance de reprise et de recommencement, 439 ; — étendue et détail de ses exemples, 389 ; — faible dans la lutte logique et le champ clos, 362* ; — le raccourci ne lui est pas favorable, 412 ; — s'adresse aux philosophes et aux raisonneurs, 412 ; — où mènent ses larges avenues, 431 ; — germe de panthéisme, 414 ; — les idéalistes comme lui font les affaires des sceptiques, 442 ; — l'objection chrétienne contre son système, 418 ; objections chrétiennes contre lui, 426-7 ; — innocent malgré tout et invulnérable, 439-40 ; — philosophes naturalistes à (Objections des), 387-8* ; — se présente comme moraliste, 384 ; — s'adresse aux esprits plus philosophes que chrétiens, 378 ; — n'a pas de sentiment de terreur, 385 ; — sa physiologie, 390 ; — pour le *machinisme* des animaux en théorie et en fait, 395 ; et sa chienne, II, 316 ;

= *Recherche de la Vérité*, 1674, II, 446* ; V, 359-61, 383, 384-96 ; publiée en 1674 et 1675, 360 ; premier volume court en manuscrit, 359 ; Approbation, 359-60 ; 6e livre : Méthode des raisonnements, 398 ; le chapitre des passions, 391 ; l'esprit de l'homme tout entier en est le sujet, 339* ; poursuite des causes d'erreurs dans les divers ordres, 388-9 ; le dessein de l'auteur, 389-90 ; est une reprise plus étendue du Discours sur la Méthode de Descartes, 389 ; son mérite, la critique des erreurs, 390 ; Arnauld d'abord favorable, 361 ; n'est pas ce que lit Mme de Sévigné, 372 ; (Caractère et mérite de la), 384-90 ; critiquée par S. Foucher (1675), 360-1 ; Éclaircissements postérieurs (1678), 361 ; 378, 401 ; (La) et la réfutation d'Arnauld vivent ensemble, 409 ;

= *Conversations chrétiennes* (1676), V, 362 ; entreprises à la sollicitation du duc de Chevreuse, 361 ; ce que lit Mme de Sévigné, 372 ; — *Traité de la Nature et de la Grâce* (1680), 362, 378, 384, 384* : Arnauld est pour la bon publication, 375, 376 ; Bossuet aussi, 375 ; *Stances* du texte primitif, 413, 415 ; Premier Discours : Lois générales de la Nature et de la Grâce, 413-27 ; Second Discours : Lois des Grâces de J.-C. et du Créateur, 427-37 ; réfuté par Fénelon, 364* ; — *Méditations chrétiennes et métaphysiques* (1683) ; II, 446 ; V, 362, 384*, 440* ; — *Entretiens sur la Métaphysique et la Religion* (1688), 362, 439 ; — noms des personnages de ses Dialogues, 361, 362 ; — son traité de la *Prévention* dirigé contre Arnauld, 440-1 ; — répond aux lettres posthumes d'Arnauld sur les idées et les plaisirs, 440 ; — soignait assez peu ses éditions, 420* ; — renvoie toujours à ses livres, 440* ; — examen de ses écrits, 384-96, 402-5 ; — son style, 390 ; son style critiqué à tort par Arnauld, II, 446 ; — sa langue excellente, 409 ; — sa langue n'est pas toujours strictement correcte, 429* ; — sa grandiloquence, 419 ; — son air grand et magnifique, 377, 378, 385 ; — a quelquefois la grâce, III, 121.

Malebranchistes (Les) fervents, V, 365.

Malherbe (François de), I, 312*, 313* ; II, [523] ; V, 16 ; — et la langue française, III, 509 ; — grammairien en permanence, II, [516] ; — poète, [515, 516] ; (Réforme de) en poésie, 170, 252 ; les Stances à Dupérier trop longues à venir, III, 222 ; beau vers cité, I, 158 ; son opinion sur le métier de poëte, III, 319* ; — prosateur, II, 515-6, 519-20, 522] ; réformateur en prose, [519-20] ; nécessité de son excès de sobriété en prose, [519] ; défauts de sa prose, 55 ; — ce qu'il dit de sa traduction du XXIIe livre de Tite-Live, [519] ; —(Esprit dans), 78 ; — (Mauvais goût de, I, 240 ; — (Locutions basses de), II, [516] ; — ses Lettres, 72*, [516].

= (Antoine Arnauld est un) en théologie, I, 248 ; — et Balzac, II, 76, 77 ; son horoscope sur Balzac, [520] ; maitre de Balzac, [519-20] ;

ce qu'il dit de Balzac, 55-6; son principal service est d'être le maître de Balzaé, [516]; Balzac continuateur de son œuvre pour la prose, 56; — (La chambre garnie de), [523]; — dégasconne la Cour, 448; — Lettres à Peyresc, 253, [516]; — sa vie par Racan [516]; — ce que Vaugelas critique chez lui, [520]; — (École de), [516].

Malice (La) du monde reste la même, III, 261-2; — dans le sens d'esprit, 495*.

*Malines (Arnauld à), V, 460; — Oratoire (PP. de l') à l'île de Nordstrand, IV, 375; — (Prisons de l'archevêque de) à Bruxelles, VI, 175; — Voy Precipiano.

Mallet (M.), docteur en Sorbonne, chanoine et archidiacre de Rouen: ses attaques contre le Nouveau Testament de Mons, V, 175*; — Arnauld défend contre lui le Nouveau Testament de Mons, 295-7; sa réfutation par Arnauld, 376; les livres de M. Arnauld contre lui, [613]; saisie de livres contre lui, 220*; — deuxième et troisième Réponses distribuées par M. de Pontchâteau, VI. [325]; — et Louis XIV, V, 295*; — sa mort, 297.

*Malnoue (L'abbesse de), fait transporter dans son abbaye le corps de Mlle de Vertus, sa sœur, VI, 237.

*Malplaquet (Défaite de), VI, 205.

*Malte (Île de), V, 93.

Malte (Ordre de), IV, [581]; VI, [302]; — (Grand Maître de), Voy. Vignacourt.

Manassé (La demi Tribu de), IV, 298.

Manchon, porté par les hommes au XVIIe siècle, IV, 464*.

Mancini (Alphonse), neveu de Mazarin; sa mort et conséquences pour les Jésuites; éloges funèbres qu'ils en font, III, 475-7.

Mancini (Philippe-Julien); Voy. Nevers.

Mancini (Les), nièces de Mazarin, V, 25.

Mandements des vicaires généraux sur le Formulaire (1661); Voy. *Paris.

Mandricard, personnage de l'Arioste, VI, 96.

Manessier (M.), son voyage à Rome, III, [592-3]; va à Rome défendre le livre de Jansénius, 13; — et la signature du docteur de Sainte-Beuve, VI, [359].

Manguelen (M.), chanoine de Beauvais et docteur de Sorbonne, II, 247; — orthographe et prononciation de son nom, 239*; — institué par M. Singlin confesseur des Solitaires, 240, 302; — sa réception, 240-2; confesseur des solitaires, I, 393; — directeur de P.-R. des Champs, 394; — et le jeune M. Lindo, II, 241; — et M. Walon de Beaupuis, III, 567; — suit M. de Bazas dans son évêché, II, 239-40; III, 568; — sa mort, II, 329.

Manheim, III, 130.

*Manicamp; de la débauche de Roissy, IV, [529].

Manichéens, II, 116; — (Hérésie des), 389; — (Les) et Bayle, 434.

*Maniérés (Styles), faciles à pasticher, III, 459.

*Manipule (Le), V, 471.

Manne (Miracle de la), V, 435.

*Mans (Le), II, 69; Voy. *Paris (Collège du Mans).

*Mans (Diocèse du), V, 280.

Manteau court de médecin, V, 106.

Manteaux des Religieuses de P.-R. des Champs, IV, 285*, 406*; — manteaux de chœur, 259.

Mantes (Assemblée du Clergé à) en 1641, I, 320; II [511-3]; III, 12; — (Ursulines de), VI, 234*.

*Mantoue, II, 238.

Mantoue (Le duc de) envoie des gendarmes à Henri III, II, 238.

Manuel catholique, I, 545.

Manuel (M.), de Lausanne, VI, 49

*Manzoni; ses romans, VI, 120.

*Maquet (Auguste); drames historiques, II, [573].

Marais (Matthieu), I, 73; — «Journal», III, 303*; V, 515*; — correspondant de Bayle, IV, 436*; — son admiration pour Boileau, V, 515*; — lettres au président Bouhier, III, 303*; — ce qu'il dit de l'habileté des Jansénistes, 703*; — ce qu'il dit de Massillon, [609]; — ce qu'il dit du chevalier de Méré, [612]; — méchants propos sur M. de Pontchâteau, V, 262*; — admire les Sarcellades, II, 336.

*Marans, en Poitou, II, [528].

*Marans (La), II, 278.

*Maraude intellectuelle (La), II, 417.

*Marbre noir (Tombes en losanges de), VI, 239.

Marc (Mme) et M. de Pontchâteau, VI, [324, 339].

Marc-Aurèle Antonin (L'Empereur), I, 135, 358; II, 380; — Nicole y cherche les faussetés, IV, 416.

Marca (M. de); d'abord magistrat et gallican, III, 24; — archevêque de Toulouse, IV, 151*; — ennemi des Jansénistes, V, [556, 573]; — lettre à Innocent X sur la réception de sa bulle, III, 24-5; son modèle de mandement pour la réception de la bulle d'Innocent X, 24; — imagine le Formulaire, 25-6 — on parle de lui pour l'archevêché de Paris, V, [556]; — nommé archevêque de Paris à la place de Retz, meurt sans avoir ses bulles, III, 21; V, [573, 574]; — meurt trois jours après la réception de ses bulles d'archevêque de Paris, IV, 150-1; joie injurieuse des amis de P.-R., 151*.

Marcel (M.), curé de Saint-Jacques du Haut-Pas, III, 554*; — ami de Nicole, IV, 490; confesseur de Nicole, 484*; porte sa lettre à M. de Harlai, 484.

Marcelle: son amitié dévouée pour S. Jérôme, IV, [589].

Marcelle (La comédienne) dans « Saint-Genest », I, 155, 160, 168.

Marcelle (La Sœur), aidée par M. de Pontchâteau, VI, [317].

Marchands (Familles de) et les Écoles de P.-R. III, 497.

Marche (La), exercice familier à P.-R., III, 570-1*; IV, 339.

Marcilly (Mlle de), VI. [274].

*Mardick (Siège de), III, 29; V. 45.

Mardochée, V, 455; et Esther, VI, 137*.

Maréchal, premier chirurgien du Roi: succède à Félix, VI, 166; — et les malades de Versailles, 166; — rapport favorable qu'il fait à Louis XIV sur P.-R. des Ch., 166-8.

Maréchaux de France; pensions de leurs veuves, VI, 8*.

*Marengo (Bataille de), III, 40.

Margotin, garçon du libraire Petit, et la seconde Provinciale, III, 57*.

Margouillistes, secte de Convulsionnaires, VI, 79.

Marguerite (La première reine), comme sœur de François Ier, III, 359.

Marguerite de Navarre, la seconde reine Marguerite, sœur de Henri III, et Montaigne, II, 431, 439; — et S. Vincent de Paul, 431; — (Du phébus contemporain de), [529]; — Mémoires, [518].

Marguerite (La Sœur); Voyez Sainte-Gertrude.

Marguerite (La) de Gœthe, I, 138.

Marheineke; son ouvrage sur les textes des Pères sur la présence réelle, correctif de la *Perpétuité* de Nicole, IV, 457*.

Mariage; état de déchéance, IV, [578]; — (Sacrement de), VI, [254]; — chrétien (Traité du), III, 492; — chrétien (Un), VI, [254-5]; — (Lettres de la M. Agnès sur le) de son neveu, I, 376-7; — mystique, 181; — des Prêtres, [543].

Mariages d'intelligence, IV, 476.

Mariamne; Voy. Voltaire.

Marie, femme de Cléophas, IV, 28.

Marie-Angélique de Sainte-Madeleine; Voy. Angélique (La Mère).

Marie-Angélique de Sainte-Thérèse (La Sœur); Voy. Angélique de Sainte-Thérèse d'Andilly.

Marie-Claire (La Sœur), cinquième fille de M. Arnauld l'avocat, née en 1600, II, 11; — à la journée du Guichet, I, 109, 129; — rêve de la Thébaïde, 179; — sa petite vérole, 180*; — détachée aux îles d'Auxerre, 188; — emmenée à Maubuisson par la M. Angélique, 192, 193; — a la fièvre tous les jours, 193*; — son affection pour M. Zamet, évêque de Langres, 346, 364; — ce qu'en dit Saint-Cyran, 354-5; (Conseils de Saint-Cyran à la Sœur), 234*, 346-55, 446; — sa dévotion à la Vierge, 347, 352-4; — sa tâche favorite est de servir de copiste, 406; — sa mort (1642), II, 25-6.

Marie-Élisabeth (La M.); Voy. Rantzau (Mme de).

Marie-Gabrielle (La Sœur); Voy. Houël.

Marie-Madeleine de Sainte-Cécile (La Sœur); Voy. Bertrand.

Marie-Marguerite de Sainte-Lucie Pépin (La Sœur); Voy. Pépin.

Marie-Thérèse d'Autriche, femme de Louis XIV; son entrée à Paris, IV, 14; — et l'abbé Le Camus, VI, [365]; — Lancelot lui dédie sa Méthode espagnole, III, 561.

Marie d'Agreda, de l'ordre des Récollettes, et par là de l'ordre de S. François, VI, [366]; — Propositions et maximes condamnées en Sorbonne, [366*]; — défendue par les Cordeliers, [366].

Marie de Médicis, femme de Henri IV, I, 299*, 307*, 308, 322, 488; II, 20*, 251; — à Angoulême, [525]; — et Balzac, 51, 52-3*, 53; — sa visite à P.-R. de Paris, I, 324.

Marie de Sainte-Catherine (La Sœur); Voy. Issali.

Marie de Sainte-Euphrasie (La Sœur); Voy. Robert.

Marie de Sainte-Geneviève Racine (La Sœur), sœur ou cousine germaine du poëte. VI, 85-6*.

Marie des Anges Suyreau (La Mère), abbesse de Maubuisson, I, 79-80, 205*; IV, 502; — de la première génération, III, 351; — reste au faubourg S.-Jacques pendant la Fronde, II, 308; — se modèle sur la Mère Angélique, I, 442; — son gouvernement de Maubuisson, III, 167*; — tante de Nicole, I, 187*, 415; sa vie écrite par Nicole sur les mémoires de la Sœur Eustoquie de Brégy, IV, 502; — abbesse de Port-Royal, III, 167*: IV, 502; — et le miracle de la Sainte Épine, 175*.

Marignier (M.), confesseur des Religieuses, et la signature des Religieuses pour la réception de la bulle et du mandement de 1705, VI, 182-3, 189; — et M. de Noailles, 189; — sa mort, 190, 194.

Marillac (M. de), Garde des sceaux; Mémoire contre les Carmes, I, 306; — consent à l'érection de la Maison du S.-Sacrement, 328.

Marillac (M. de), intendant de Poitou, III, [612].

Marine (Promotions de la) se font à Fontainebleau plutôt qu'à Paris, VI, 158.

Marinisme du style dévot, I, 240.

Marion (Simon), avocat; beau-frère d'Antoine Arnauld, I, 60, 64, 71*, 83, 129, 372, [557]; II, 231; — ennemi des Jésuites, I, [546]; — diplomatie pour les bulles de ses petites filles, 73-5; sa conduite dans cette affaire, 74, 76, 81*, 82; — le premier du Palais qui ait bien écrit; ce que cela veut dire, 60-3; — son épitaphe faite par le cardinal Du Perron, 61.

Marionnettes (Les), V, [566].

Marivaux; son nom donne un mot à la langue, III, 117*.

Marlborough (Le duc de), II, 10.

Marlowe (Christo he), I, 149.

Marly, près de Saint-Germain, IV, [572]*; — et P.-R., les deux amours de Racine, VI, 36*; — (On ne va pas à) quand on va à P.-R., 163, 164*; — (M. de Grammont et les), 163-5.

Marmontel; parle de l'Augustinus, II, 98; — ce qu'il dit des Plaidoyers de M. Le Maître, I, 374*; — retouche « Wenceslas », 170.

Marmoutiers (Abbaye de), IV, 33.

Marne (La), rivière, VI, [326].

Marolles (L'abbé de), II, 415; — ses recueils d'estampes, V, 256*; — ce qu'il dit du livre de la Fréquente Communion, II, 179*, 225*; — et M. de Pontchâteau, V, 256*; — et Saint-Cyran, II, 206*; — son Nouveau Testament français, 357*; — « Mémoires », 9-10, 210*; V, 256.

Maroni, commandant des gendarmes du duc de Mantoue, père du suivant, II, 238*.

Maroni de Suzarre (Henri *Litolfi*), évêque de Bazas de 1634 à 1645, II, 238, 242, 512; III, 472; — veut abandonner son évêché; contraint par ses Directeurs d'y retourner, il y devient l'un des évêques selon P.-R., II, 238-9.

Maronite (Prêtre) visitant P.-R. des Champs, V, 141*.

Marot (Clément); Épîtres, III, 76*; — ses médecins, 76*; — imité par La Fontaine, 45*.

Marques de libraires, III, 116.

Mars (Le dieu), I, 373.

Mars (Mlle), dans le rôle d'Elmire, III, 300*.

Marsan (Le comte de), neveu de M. de Pontchâteau, VI, [353*]; — conserve ses bénéfices en se mariant, [354]; — ses pensions sur l'évêché de Cahors, [354].

Marseille; — Saint-Victor (Abbaye de), VI, [307]; — (Semi-pélagiens de), II, 113, 115, 116, 116*, 117, 117*, 119, 132, 148; — Voy. Belzunce, Gault.

Marsillac (M. de), fils de M. de La Rochefoucauld; épouse la petite-fille du duc de Liancourt, V, 45; — ce que dit M. de Liancourt de sa liaison avec Mme d'Olonne, 47; — le courtisan parfait, 48, 49-50*; — son ancien levain de Liancourt, 50*; — son souvenir du duc et de la duchesse de Liancourt, 49-50*; — ne veut pas qu'on change rien à Liancourt, 50*; — et le P. Des Mares, 50*; — ce qu'en dit Saint-Simon, 50*; — sa fille, Mlle de la Roche-Guyon, 49.

Marsillac (Mme de), petite-fille du duc de Liancourt, V. 45.

Marsillac; Voy. La Rochefoucauld.

Marsilly (Paul Antoine de), pseudonyme de M. de Sacy, II, 374.

Marsollier; « Vie de S. F. de Sales », I, 260, 261*, 265*; II, 197*.

Martène (Dom), bénédictin, I, 439.
Marthe (La) de l'Évangile, I, 458 ; V, 212*.
Martial (Épigrammes de), III, 434*; — (Citation de), V, 442;— Livre V, épig. 37, III, 530*; — comment traité par P.-R., 530; — (Choix d'épigrammes de), 507; — Epigramme (Vers pris d'une) de, V, 450. citée dans l'*Epigrammatum delectus* de Nicole, p. 46; — édition de M. de Saci, II, 374.
Martineau (M.), évêque de Bazas (1646-69), VI, [280-1].
Martines (Les) de Molière, V, 486.
Martinozzi (Anne-Marie); Voy. Conti (Princesse de).
Martyre (Le baptême par le), IV, 310 ; — (L'ardeur du), VI, 185 ; — (Religieuses cherchant le), III, 347, 349, 350; IV, 231, 273 ; — (La M. Angélique se défie de la gloire du), 154.
Martyres au théâtre, I, 122.
Martyrs (Supplices des), III, 148*; — (Le tombeau des), V, 244* ; — (Le Roi fait tout ce qu'il veut, même des), IV, 149-50.
Mascambruni, Sous-dataire, exécuté pour ses malversations, V, [539].
Mascarade d'écoliers, III, 21*.
Mascarades à l'abbaye de P.-R. I, 84.
Mascarille, II, 47*.
Mascaron (Le P.), jésuite ; sa violence en chaire contre M. de Saci, prisonnier, II, 349.
Mas.ue (Le théâtre doit changer la figure en), III, 293* ; — (On prend le), mais non la physionomie, V, 515.
Masques portés par les Religieuses de P.-R., I, 84.
Masquès (Le P. François) de l'Oratoire ; « Exercices pour honorer le Saint Sacrement », traduits par M de Pontchâteau, VI, [326].
Massi (Cure de), près Palaiseau, III. 156.
Massillon (J.-B.), évêque de Clermont en 1717; a été à l'Oratoire, III, 199; — ses habitudes mondaines, 200; — anecdotes piquantes, 199-200 ; — deux temps très-marqués dans sa carrière, [606]; — sa foi tempérée et sans fanatisme, 199; — sa seconde carrière de moraliste et de sage [609]; — cite peu les Pères [607]; se sert plus de l'*Écriture* que des Pères, [607, 608]; — disciple d'Arnauld sur l'article de la Pénitence, II, 190 ; — assiste au sacre de Dubois, I, 364; III, 199 — (Parallèle de) et du P. Maur, [607-8]; contrebalancé au début par les sermons du P. Maur, [607-9]; — son bon procédé envers la sœur de Pascal, à son lit de mort, 199 ; — influence de Versailles, [608]; — Sermons, 199-200 ; — Petit Carême. 200*, [609] ; — (Éloge de) par d'Alembert, 200*.
Massin (M.), marchand à Provins, et l'affaire du Nordstrand, VI, [316, 338].
Masson (Le Rév. Claude), abbé de Morimond ; Voy. *Morimond.
Matérialistes empiriques, II, 392.
Mathan, personnage d'Athalie, IV, 209*.
Mathanasiana, III, 536*.
Mathématiciens (Jansénistes), III, 248* ; — (Grands) Jésuites, 144*.
Mathématiques, IV, 102 ; — (Le signe en), V, 131-2 ; — (Raisons tirées des) singulières en philosophie, III, 439 ; — (Esprits), parfois de bons esprits *faux*, 547* ; — (Récréations), II, 501*; — enseignées par Lancelot, I, 438; — (Les) aux Petites Écoles, III, 472.
Mathieu (Pierre); Histoire de Louis XI, I, 67* ; — Histoire d'Henri IV, 66, 67; — note sur sa valeur littéraire, 67-8*; — défauts de son style, II, [519].
Mathilde de Garlande, fondatrice de P.-R., I, 36, 38. 40, 41-3, 44, 45.
Mathon (Madame), VI, [284].
Mathurins (Ordre des), I, 40.
Matines (Office de), IV, 245; V, 244*; VI, 216, 218, [320, 329, 330, 331, 332, 339*]; — à P.-R., I, 433-4 ; V, 207, 221, 228; — (Hymnes de), VI, 41; Voy. Racine ; — des Religieuses de P.-R. à onze heures du soir, IV, 255.
Maturité (Nécessité de la), IV, [579].
Maubert (Mme) et son fils, à la Bastille pour l'affaire des ballots, V, 220*.
Maubuisson (Abbaye de), I, 76, 283, 321, 359*; II, 308 ; — (Visite de Henri IV à), I, 79-80 ; — (La visite de Henri IV à P.-R. pendant de celle de), 87; — (Réforme de), 190, 202, 304; — visites de S. François de Sales, 206, 208 ; — sous le gouvernement de Mme de Soissons, 205*; — divertissements et vie des Religieuses, 195-6 ; — Voy. Angelique (La M.), Estrées (la M. Angélique d'), Marie des Anges (La M.).
Mauconduy (M. de); « *Nova gram-*

maticâ gallica », 1678, faite au défaut de Lancelot, III, 564, 565-6.

Maupas du Tour (M. de), évêque d'Evreux ; interdit le Nouveau Testament de Mons, IV, 381* ; — ennemi de Rancé, [523] ; — Vie de S. François de Sales, I, 178*.

Maupeou (M. de), curé de Nonancour; sa Vie de Rancé, IV. 48.

Mauperluis (P. L. Moreau de) ; sa querelle avec Voltaire, III, 76*.

Maupertuis (M. de , abbé de Melun, et le prix d'éloquence de Balzac, V, 212.

Maupertuy ; Voy. Drouet.

Maur (Le P.), de l'Oratoire ; a débuté de façon à contrebalancer Massillon, III, [607-9].

Maure (Le comte de), V, 71-2.

Maure (La comtesse de) ; sa mort, V, 77 ; — et Mme de Choisy, 72* ; — son amitié intime et orageuse avec Mme de Sablé, 71-2 ; — ses lettres publiées par M. Aubineau, 73*.

Maurepas (M. de) ; lettres à propos des visites aux cimetières de P.-R., VI, 240-1.

Maures (Galanterie des), V, 53.

Maurice (Maitre), VI, 97.

Maury (L'abbé) ; « Essai sur l'éloquence de la chaire », V, 317*.

Mauvais goût (Le) dans le profane et le sacré, V, 487 ; — Voy. Malherbe.

Maximes (Chacun a ses), V, 313* ; — (Mode des) III, 420* ; — Voy. Esprit, La Rochefoucauld. Sablé (Mme de).

Maximien-Galère, I, 152, 153, 154, 157*, 158, 160, 168, 169.

Maximi-n-Hercule, I, 152.

Maximus, correspondant de Pline le Jeune, III, 328.

Mayenne (Le duc de), I, 56.

Maynard (François) ; belle ode à Alcipe, II, 414 ; — beau vers cité, I, 158 ; — (Lettres de), II, [529].

Maynard (L'abbé) ; son édition des Provinciales (1851), III, [602*].

Mazarin (Le cardinal), II, 20*, [556] ; — au fond, très-peu prêtre, V, [561] ; — son peu de passion dans les débats ecclésiastiques, III, 27-8* ; — assez ladre, V, 33 ; — origine douteuse de ses grands biens, 36 ; — se sert de pamphlets, [563] ; — sa douceur en public et sa rudesse dans le domestique, III. 476* ; — son retour imminent, V, [539] ; — sa juste habileté de créer un tiers parti, [553] ; = et Alexandre VII, V, [560-3] ; — lassé des instances du P. Annat, III, 26 ; — et Anne d'Autriche, V, [553] ; VI, [360] ; ce qu'il dit d'Anne d'Autriche vis-à-vis des Jansénistes, II, 262 ; se défend de pouvoir dissuader la Reine mère sur les affaires ecclésiastiques, III, 160* ; lettres à la Reine, V, 530*, 534, 536] ; — et Anne de Gonzague, [537] ; — et Arnauld d'Andilly, II, 262, 288, 289; III, 158, 160-1, 162, 163, 164, 165, 166; appelle ses fruits des *fruits bénis*, I, 501 ; — dans l'affaire d'Arnauld, III, 34, 39; son rôle, après la Censure d'Arnauld, 158-61; et le livre de la Fréquente communion, II, 181, 184*, 185, 185*, 186 ; — Henri Arnauld, son négociateur à Rome, III, 10-1* ; — et les députés Augustiniens, [593] ; — et Balzac, II, 61, 61* ; — favorable aux Barberini, III, 10* ; — et M. de Bellièvre, V, [556] ; — retiré à Bruhl, [534] ; — et le P. Ciron, 29 ; — Colbert, son homme de confiance, 31* ; — (Comparaison des *hémisphères* de), III, 93* ; — et le P. de Conti, V, 26 ; — et sa nièce, la princesse de Conti, 27 ; — et les Curés de Paris, [559] ; — et Mme Du Plessis-Guénégaud, III, [600] ; — n'aime les éclats en aucun sens, V, 27 ; — et l'abbé Fouquet, son âme damnée, IV, [556] ; V, [536, 537, 559] ; — (Traité des Frondeurs avec), [552] ; — et les libertés de l'Église gallicane, III, 26* ; — s'oppose à la nomination d'Innocent X. V, [535] ; détesté d'Innocent X, [537] ; fait recevoir la bulle d'Innocent X sur les cinq propositions, [555] ; l'Assemblée, qui reçoit la bulle d'Innocent X, se tient chez lui, III, 24; son intérêt tout politique dans l'affaire de la bulle d'Innocent X, 23-4 ; — et le Jansénisme, IV, 110-1, 112 ; — et les Jansénistes, III, 27-8*, 28 ; IV, [556, 558, 560-1, 567-8] ; VI, [361-2] ; ses dispositions vis-à-vis des Jansénistes, [361-2] ; mal disposé pour les Jansénistes à cause de Retz, III, 24 ; honnête vis-à-vis des Jansénistes, 27-8* ; indifférent vis-à-vis des Jansénistes et des Protestants, 158-9 ; — et son portrait de Jansénius. VI, [360-1] ; — et les Jésuites, V, [561] ; veut tenir la balance égale entre les Jésuites et les Jansénistes, III, [629] ; — veut marier un de ses neveux à Mlle de La Roche-Guyon, V, 45-6 ; — ce que Le Tellier lui écrit sur Retz, [535] ; — et le duc de Liancourt, VI, [361] ; — logé au Louvre, IV, 109, 110 ; — ses sentiments à la mort de son neveu. III, 476-7 ; — (Nièces de), V, 25 ; — et M. de Pontchâteau, VI, [307] ; — et P.-R., II, 199 ; et la cause de P.-R., V, 29 ; — et la liberté des Princes, [536] ; — et les cinq propositions [556] ; — et les Provinciales. III, 60 ; et la septième Provinciale, 62 ; — et Retz, III, 60 ; V, [527, 533, 536, 537-8, 559, 567, 569, 570, 571, 573] ; connaît le vrai Retz, [536] ; sa présence à Paris rendue impossible par Retz, [535] ; et les sermons de Retz, [533] ; Retz songe à le remplacer [553] ; a bien plus à cœur Retz que les Jansénistes, III, 195-6 ; voit très-juste sur les relations de Retz avec les Jansénistes, V, 534 ; ce qu'il é rit de Retz à la Reine [532] ; fait brûler par le bourreau la lettre de Retz au Clergé de France, [559] ; et le chapeau de cardinal de Retz, [535, 536, 537, 551] ; VI, [360] ; et la démission de Retz, V, [556] ; jugé par Retz, [595] ; — sa reconnaissance pour Richelieu, IV, 177* ; — comprend peu qu'on puisse vouloir s'opposer aux ordres de Rome, III, 26* ; — Rose avait été à lui, 303* ; — lettre de M. de Sablé, V, 56-7* ; —(Saint-Évremond perdu près de) par son esprit railleur, III, 589 ; — à Saint-Jean de Luz, II, 277 ; — donne audience aux prêtres de Saint-Merry, VI, [287] ; — fait donner une pension à Mlle de Vertus, V, 101 ; — son testament, [51t] ; — (Mort de), IV, 112 ; V, 36, [558, 571], — détails sur sa mort pieuse, IV, [585] ; — sentiments de sa famille à sa mort, III, 476*.

Mazarin (Hortense Mancini, duchesse de), sœur du duc de Nevers ; attaquée par Racine dans son sonnet à propos de Phèdre, VI, 129 ; — ses Mémoires, III, 76*.

Mazure (M.), docteur de Sorbonne, curé de Saint-Paul à Paris, II, 264* ; — son rôle dans l'affaire des restitutions de M. de Chavigny, II, [553-4, 556-8, 559, 560, 561, 562, 563, 564-5, 566, 567, 568].

Meaux (Évêques de), IV, 149 ; — lieu d'exil des Religieuses de P.-R., VI, 222, 224 ; — Voy. Bissy, Bossuet, Ligny, Seguier.

Meaux (Diocèse de), IV, 122.

Méchants (Les faibles plus à craindre que les), II, 202 ; VI, 231.

Mecklebourg (Le duc de) et Brienne, V, 20.

Mecklebourg (La duchesse de), auparavant duchesse de Châtillon, V, 129*.

Médaille ; devenant monnaie courante, III, 49 ; — (Questions sur la) de la Paix de l'Église en 1668, IV, 399-400.

Μηδαμός, III, 525*.

Médecin (Dieu, le) tout-puissant, VI, [256] ; — (J.-C.) du cœur, V, 436 ; — (La dignité du), IV, 288 ; — (Costume de), V, 106.

Médecin des pauvres à P.-R., I, 105*.

Médecine (Théologie de la), IV, 303 ; — Voy. *Paris (Faculté de médecine).

Médecins : pensent surtout à la santé du corps, V, 35-6 ; — leur complaisance pour le vieil homme, IV, [534] ; — (Consultations des), VI, 70-1* ; — et le duc de Liancourt, V, 46 ; — donnant des attestations de miracles, 266, 268* ; — Parabole des médecins dans la seconde Provinciale, III, 64 : — Voy. Fagon, Guy Patin, etc., Saignée.

Médecins chrétiens (Livres à l'éloge des), IV, [505-6].

Médecins pieux, IV, 286.

Médecins de P.-R., II, 228 ; IV, 292-3 ; Voy. Dodart, Guérin, Hamon, Hecquet, Moreau, Pallu.

Mèdes, II, 209.

Médicis (Ferdinand de), deuxième du nom, grand-duc de Toscane de 1621 à 1670 ; et Retz, V, [538].

Médicis (Côme de, troisième du nom, grand-duc de Toscane de 167 à 1723 ; — fait avoir à M. de Noailles ses bulles gratis, V, 283*.

Médicis : Voy. Catherine, Marie, Pie IV.

Medina, casuiste, III, 124.

Médiocre (L'horreur du), V, 126.

Médiocres (Des gens), V, 91.

Médiocrité (Éloge de la), I, 351.

Médisance (Sermon sur la), III, 220*.

Méditatifs (Les) se croient à tort le droit de mépriser les faits, V, 393 ; — Voy. Malebranche.

Méditation ; second degré de la vérité, III, 322.

Méditerranée (La), V, 332.

Méduse (La tête de), V, 476*.

Meilhan ; Voy. Sénac de Meilhan.

Meilleur (Ce qui est) est le plus ordinaire, V, 5*.
Mélanchton, I, 217, 417; IV, 413; — se sépare de Luther sur la prédestination, II, 117*.
Mélancolie moderne de certaines héroïnes poétiques, I, 138.
Melchi-édech, I, 447.
Méléagène, personnage de Clélie, II, 270.
Méléagre (La *Couronne* de), III, 529; — (Idylle de), I, 44*.
Melhilde (La S.); Voy. Du Fossé.
Melun, II, 244; — Bénédictins de Saint-Pierre. 244-5; — (M. Feydeau à), VI, [288]; — (M. de Maupertuis, abbé de), et le prix d'éloquence de Balzac, V, 212*; — (Racine à), 155, [251]; Profession de Mlle Racine, 155; — Ursulines, 155*, [262].
Même (Tout part du) et y revient, III, 409.
Mémoires (Dangers, quand ils sont calomnieux, des) publiés trop tard, II, [549].
Mémoires historiques et chronologiques sur l'Abbaye de P.-R. des Champs; Voy. Guilbert (l'abbé).
Mémoires de littérature (Continuation des); Voy. Desmolets (Le P.).
Mémoires pour servir à l'Histoire de P.-R. et à la Vie de la M. Angélique, I, 114*, 192*, 197*, 200*, 210*, 243*, 258*, 324*, 325*, 327*, 328*, 332*, 351*, 370*, 394*, 510*, [541-2*, 543]; II, 211*, 380*, 499*; — Voy. Angelique (La M.). à l'article *Vie de la R. Mère Marie-Angélique*, etc., Du Fossé et Fontaine; — dus en partie à la S. Angélique de Saint-Jean, IV. 227.
Mémoires du Clergé (Collection des), V, [610].
Mémoires ♦ Voy. Trévoux.
Mémoires personnels (Erreurs de dates des), II, [572].
Ménage (Gilles). II, 415; — on lui attribue un quatrain sur Arnauld, V, 477*; — son « Cabinet. » II. [523]; — sans philosophie du discours, III. 539; — ce qu'il dit du chevalier de Méré, [611]; dédie ses Observations sur la Langue française au chevalier de Méré, [612]; — ses vers, II, 70; — *Menagiana*, III, [612, 627].
Ménagerie (La) de Retz, V, [591].
Ménard (M.), chirurgien, II, [535].
Ménars (Le château de), près de Blois, V, 29.
Ménars (Jean-Jacques Charon, seigneur de) et beau-frère de J.-B Colbert, VI, 28; — son château de Ménars près Blois, V, 29*; — et Du Guet, VI, 30*, 67; — sa maison de Neuville près Pontoise, V, 29*; VI, 67*.
Ménars (La Présidente de) et Du Guet, V, 29.
Menart, anagramme du nom de M. Hermant, IV. 16*.
Mendiants (Docteurs Augustiniens et Moines), IV, [565-6*]; — (Ordres) appelés pour faire majorité, III, 54, 69.
Ménerbe (Le comte Guillaume de) en 1210, I, 41.
Ménilles (Mlle de), pensionnaire à P.-R., V, 185*.
Menjot; médecin de Mme de Sablé, IV, 444*; — demande à voir la foi des quatre premiers siècles, 455.
Menot prédicateur burlesque, I, 241; — prêche contre la largeur des manches, 49, 50*.
Mensonge (On ne peut consentir au) sans nier la vérité, III, 349-50; — (Horreur de P.-R. pour le), 470.
Menteur (Le); Voy. Corneille.
Mentiris (Le, vu des deux côtés dans les disputes théologiques, III, 80; — *impudentissime* (Le), 148.
Menuisiers (Solitaires), II, 293.
*Méobec (Moines de), II, 221.
Méphistophélès, I, 149*.
Mépris (L'ambition du), V, 131.
Méprisant (Se faire honorer en se), IV, [543].
Mer d'airain dans le Temple, VI, 145.
Mercier (M.); nom déguisé de M. de Pontchâteau, IV, 500, [530]; V, 186, 256, 257*; VI, [339].
Mercœur (Laure Mancini, duchesse de), nièce de Mazarin, V, 25.
Mercredi saint, VI, [327, 329, 330].
Mercure galant; défense qu'en fait Arnauld, V, 322*; — et ce qu'il dit des Protestants, 322*.
Mercure de France, I, 119*.
Méré (Le chevalier de), II, 500*, [577]; — était Gombaud de Plassac, III, [612]; — esprit fort, 303; — ses défauts de précieux, [612]; — correspondant de Balzac, [612]; — s'entendait aux choses du jeu, 439*; — cite le mot sur les chenets de Mme de Longueville, V, 131; — et Ménage, III, [612]; — son éloge de Montaigne, II, 450*; — et Pascal, III, [610]; ami de Pascal, 422*; pose à Pascal des questions

sur le problème des *partis*, II, 501 ; ses conseils à Pascal, III, 99, 102 ; — frère cadet de M. de Plassac-Méré, [611] ; — (Lettres du), II, [529] ; — œuvres posthumes, III, 460*, 509 ; — ses biographes, [611-2].

Mérency ou *Mérentais*, près de P.-R. des Ch., II, 237* ; IV, 52 ; — maison de campagne de l'abbé Le Roi, VI, [288, 316, 321] ; — (M. Feydeau à), [292-3].

Mères de l'Église (Les) de P.-R.; nom donné par La Rochefoucauld, V, 103* ; — à P.-R., 12, 41.

Méridionaux (Vivacité des), VI, 99.

Mérimée (Prosper) ; « Clara Gazul, ». I, 163.

Mérite (Il n'y a pas de) au sens de P.-R., II, 498*.

Mérite (*Traité du vrai*) ; Voy. Le Maitre de Claville.

Merlin de Thionville ; ce qu'il dit d'un couvent, IV, 73* ; — sa correspondance, 73*.

Mersan ; publie des Pensées de Balzac, II, 82*.

Mersenne (Le P.), minime, III, 395 ; — et Arnauld, V, 350 ; — ami de Descartes, 350 ; — ami du père de Pascal, II, 456 ; — et Pascal, 472, 483.

Mesenguy, III, 405, [632] ; — seulement simple acolyte, I, 440 ; IV, 103 ; — garde la tradition de P.-R., III, [633] : — Port-Royaliste attardé, [633] ; VI, 242* ; — maitre de la lignée de P.-R., IV, 103 ; — Doctrine chrétienne, 103* ; V, 230* ; Mémoire justificatif de l'Exposition de la Doctrine chrétienne, III, [633] ; — sa raison vigilante au sein du Christianisme, II, 358 ; — « Histoire de l'Ancien Testament, » III, 396*.

Mesme (M. de) et les restitutions de M. de Chavigny, II, [560].

Mesnard (M. Paul) ; Vie de Racine, I, 499* ; VI, 85*, 86*, [248] ; — indulgent pour les Hymnes de Saci, 93 ; — éditeur de Mme de Sévigné, V, [603].

Mesnil (Le) et Mme de Sévigné, V, 11.

Mesnil-Saint-Denis, IV, [585*].

Messe, IV, 350 ; — Collecte, VI, [272] ; — Post-communion, [272] ; — (Traité de la) par M. Bocquillot, V, 239 ; — différence d'un Calviniste et d'un Janséniste, III, [595] ; — conventuelle, V, 203 ; — courte, III, [605*] ; courte en Italie, [594] ; — moyen de ne pas s'y ennuyer, IV, [535] ; — (Explication gallicane de la), V, 234 ; — (Assister à la) à genoux, 28 ; — (Louis XIV tenant compte de la conduite des gens à la), III, 291* ; — (Mention des morts à la), IV, 318 ; — prestement dite, VI, [363] ; — le prêtre et le lieu doivent être indifférents aux auditeurs, IV, 323* ; — (Prêtre loué de n'avoir jamais dit la), V, 167, 168 ; — (On attrape des puces à la), 53 ; — de la Sainte-Épine, III, 187 ; — traduite en français, fait défendre l'Année Chrétienne de M. Le Tourneux, V, 221.

Messes (Utilité des) dans les maladies, II, [535-6].

Messie (Prophétie sur le), II, 207 ; — (Tradition depuis le), III, 404.

Messieurs de P.-R. (Les) ; importance de leur réunion, V, 164-5 ; — (Portraits des), VI, [638] ; — (Premier renvoi des), [310] ; — (Sortie des), V, 186-8 ; — et Louis XIV, 173-4, 175 ; — traités au passé par M. de Harlay et par Bossuet, 193-4 ; — loués par Madame Élisabeth, VI, 50.

Métamorphoses graduelles, IV, 446-8, 454.

Métanéocarpies et *Métanées*, ouvrages de Camus, I, 242.

Métaphore (Usage de la) dans saint Augustin, II, 384* ; — (Abus de la), 45-6, 57-8.

Métaphores sont un mal nécessaire, I, 311 ; — (Les) chez Montaigne, II, 444-5.

Métaphysicien (Portrait du) qui voit tout en Dieu, V, 392-6.

Métaphysiciens ; souvent plus écrivains et poëtes que philosophes, V, 402.

Métaphysique (Inutilité de régler par arrêt les opinions en), V, 491.

Métaphysiques (Pascal ne s'attache pas aux preuves), III, 420-1 ; — (Comment il faut entrer dans les debats) rétrospectifs, V, 349 ; — (Bossuet et Arnauld craignent à tort l'invasion de la philosophie dans les hauteurs), 409 ; — Le danger de l'Église est en dehors des hauteurs), 369.

Métayer (M.) et M. d'Estrées, VI, [323, 324] ; — envoyé d'Évreux au Havre, [325] ; — et M. Eustace, [325] ; — et M. de Pontchâteau,

[323, 324] ; accompagne M. de Pontchâteau à Rome, [325].

Méthode affective de sainte Thérèse, IV, [532] ; — d'attaque, II, 113 ; — catholique, IV, 449-52 ; — chrétienne, II, 122-3 135 ; differente de celle des philosophes, 98-9, 124 ; — critique (La), IV, [600] ; — (Contradiction de) entre Descartes et saint Augustin, V, 354-5 ; — de discussion, IV, 450, 452, 453 ; — expérimentale et critique, 453 ; — géometrique, V. 441 ; — à appliquer en théologie selon Jansénius, II, 121-3, 125 ; — naturelle des langues (Naissance de la), III, 542 ; — logique en matière de réfutation, V, 449 ; — des philosophes, II, 121, 122 ; — de prescription, IV, 450, 452, 453, 455 ; — de prévention, 456 ; — (La) dans le raisonnement ; quatrième partie de la Logique de P. R., III, 547, 556 ; — scolastique, II, 99, 121 ; — de tradition et d'autorité, 120, 121, 122-3 ; IV, 450 ; confondue avec celle de charité, 122-3 ; — Voy. Descartes.

Méthode Espagnole par Lancelot, I, 428 ; III, 505.

Méthode Grecque par Lancelot, I, 428 ; III, 502-3, 504, 507, 534 ; — (Abrégé de la), 504.

Méthode Italienne par Lancelot, I, 428 ; III, 505.

Méthode Latine par Lancelot, I, 428 ; III, 502-3, 504, 507, 515*, 534 ; — dédiée au Roi, 509 ; — (Abrégé de la), 504.

Methode pour conduire un écolier dans les Lettres humaines, III, 506.

Méthodes humaines ont des phases, II, 120 ; — de raisonnnement, 384 ; — positives, V, 349 ; — nouvelles à P.-R., III, 156 ; — de P.-R. sont autre chose qu'une compilation ; leur nouveauté, 523-4 ; — (Ce que dit de Maistre des) de P.-R., 254.

Méthodisme, II, 131, [513*] ; — (Doctrine et force du), I, 294-5*.

Méthodistes, I, 343.

Métier (Différence du devoir et du), III, 308 ; — (Chacun son), IV, 385.

*Metz (Parlement de), I, 372 ; — Voy. Angran de Fontpertuis, Bossuet.

*Meudon, V, 273 ; — (Château de), 272.

Meulan (Prieuré de), VI, 180.

Meurtre spirituel, IV, 151.

*Meuse (La), IV, 480 ; — (Trous creusés dans les rochers de la), 483.

Meynier (Le P.), Jésuite, III, 8 ; — ses accusations contre le Jansénisme, 149, 150 ; — (Les Pères) ne manquent jamais, 281.

Mézeray, I, 171 ; — il n'y en a plus dans le style de Pascal, III, 296.

Michallet (Étienne), libraire à Paris, III, 491*.

Michaut (Le meunier), I, 80.

Michée (Le prophète) ; citation, VI, 228.

Michel (L'archange) ; Malebranche lui fait faire les miracles de l'Ancien Testament, V, 435*.

Michel-Ange, II, 90 ; son Jugement dernier ; I, 233-4 ; — (Sentiment chrétien d'après), IV, 323* ; — ce qu'il écrit de la naissance et de la mort, 329-30.

Michelet ; accueille et accepte un sot conte de Mme de Genlis sur les os de Pascal, III, 369 ; — *Révolution française*, 369*.

Michelin (M.) ; nom déguisé de M. de Pontchâteau, V, 256 ; VI, [302*].

Mickiewicz (Adam) ; professeur à Lausanne, I, [514*].

Midi (Voyage de la Cour dans le), II, 252-3 ; — (Guerre civile dans le), 292.

Miel (Rayon de), I, 253 ; — (Le) de Jonathas, VI, 46 ; — (Martyrs frottés de), III, 148*.

Migeot (Gaspard), libraire de Mons, II, 359*.

Mignard (Pierre) ; la Gloire du Val de Grâce de Molière, III, 273*, 293-5.

Mignet (M.) ; « Négociations de la Succession d'Espagne, » IV, 381* ; — « Révolution française, » I, [555].

Mignon (Type de), VI, [267].

Migraine, V, 58.

Mijaurée, mot du dix-septième siècle, IV, 205.

Mil huit cent quarante huit (Evénements de), IV, 1.

*Milan ; Invention des SS. Gervais et Protais, III, 188 ; — Inquisition, [593].

Milice spirituelle (La), IV, 309, 310*.

Milieu (La question du), II, 424 ; — (Le) meilleur que les extrêmes, V, 13.

Militaires devenus Solitaires à P.-R., I, 406-7 ; II, 314-5, 315* ; IV, [581] ; Voy. Solitaires.

Mille et une Nuits (Les), IV, 454*.

*Milly (Lamartine enfant à), VI, 90.
Milon (Paroisse de), près de P.-R. des Ch., en proie aux Convulsionnaires, VI, 79.
Milton, poëte chrétien, II, 88, 90; — poésie miltonienne, 97; — son Satan, 112, 136; — un peu arien et pélagien, 112*; — ses Anges déchus, 141; — (L'Adam de), III, 426; V, 393.; — son Ève, II, 135, 136-7; — rapproché de Jansénius, 135-7; — eût gagné à avoir connu l'Augustinus, 135; — ce que lui reproche Saint-Martin, II, 137.
Minerve (La) de Phidias, II, 90.
*Minerve (Siége du château de), I, 41-2.
Mineure ordinaire, seconde des quatre Thèses, II, 16.
Mineures doivent être certaines, V, 398.
Mineurs (Frères); Voy. Comblat.
Minimes; Voy. Bocquillot (Le P.); Mersenne (Le P.), S. François de Paule.
Ministère pastoral, tempête de l'esprit, I, 438
Ministre (La pourpre nécessaire au premier), V, [530].
Ministre; converti par un livre de Nicole, IV, 499.
Ministres (Les) de Louis XIV et le Jansénisme, V, 151*.
Ministres Réformés et Jansénistes, III, [592-5]; — (Le bannissement des), V, 321*; — convertis (Pensions aux veuves des), 321*.
Minos; identifié avec Moïse, II, 419*.
Minutoli; correspondant de Bayle, III, 222.
Mirabaud, III, 217.
Mirabeau, I, 19; — dernier d'une forte famille, 145*; — sa réponse à M. de Brézé, 198*; — la Vie de son aïeul, 57.
Miracle continuel; ordinaire de la vie pour un croyant, V, 419: — (Amour de P.-R. pour le), VI, [274]; — à P.-R., V, 71, 159*; VI, 188.
Miracles, I, 457; III, 188, 303*, 445; — de J.-C., 450; — marques de la mission extraordinaire, IV, 451; — de l'Ancien et du Nouveau Testament dans Malebranche, V, 435*; Malebranche en diminue le nombre autant que possible, 419; — (Faut-il juger des, par la doctrine? III, 449; — n'ont pas cessé dans l'Église, 183; — jansénistes de P.-R., 448-9; IV, 97, 118, 127, 139, 145-8, 233; VI, [256-7]; — (Sans façon des Jésuites en fait de), III, 139; — (Les faux) dans la Logique de P.-R., 550, 553; — jugés par Montesquieu, 186; — du diacre Pâris rapprochés de ceux de J.-C., VI, 78; — (Rôle des) dans le grand livre de Pascal, III, 420*, 445, 449: preuves positives pour Pascal, [616]; (Pensées de Pascal sur les), 393; — de M. de Pontchâteau, V, 266-7; — prodigués à P.-R., II, 27*; — (Nicole révoque en doute les) de P.-R., IV, 502*; — se tiennent, III, 186*; — (Tous les) se touchent, IV, [551*]; V, 268*; — œuvre du démon, III, 183; — Voy. Pâris (Le diacre).
Miracles modernes (Croyance de M. Le Camus aux), IV, [550-1]; — imprudence de confondre ceux de J.-C. et les miracles modernes, V, 268*; — (Danger d'expliquer les) par des causes naturelles, VI, 78.
Miraculeuses (Guérisons) à P.-R., V, 103*; VI, 234*.
Mirame; Voy. Buckingham, Richelieu.
Miramion (Mme de) et l'Esther de Racine, VI, 135.
Miramont (M. de), président au Parlement de Toulouse, IV, 164.
Miroir (Comparaison du), II, 50, 281; — universel (Le) de Malebranche, V, 403.
Miroirs (Les) du pont Notre-Dame, IV, [598].
Misopogon; Voy. Julien, La Blèterie.
Missel (Traduction du), II, 358.
Mission (Les gens sans), IV, 458; — (Caractères de la) ordinaire et extraordinaire, 451; — (Pays de), V, 308.
Mission; nom de l'Église catholique d'Utrecht, V, 460*.
Missionnaires jésuites, III, 129, 130, [610].
Missions (Les) fondées par saint Vincent de Paul, I, 10, 335, 504-5; — jansénistes, VI, 77.
Mithridate, II, 24.
Mitton, II, 500*; — esprit fort, III, 303; — son Traité de la mortalité de l'âme, 303*; — (Lettre du chevalier de Méré à), II, 450*.
Mnémoniques (Vers), III, 524.
Modène (Marie de, seconde femme de Jacques II, et Esther, VI, 135.
Modération (Justice et charité de la), IV, 497; — un des caractères de P.-R., I, 23.

Moderne (Saint-Cyran et le), III, 496-500.

Modernes (Les Anciens et les), V, 354 ; — (Querelle des Anciens et des), II, 36 ; IV, [600] ; — (Prééminence des) en philosophie et en science soutenue par Arnauld, V, 356* ; — Voy. Perrault.

Moerdyck (Arnauld à), V, 460.

Mœurs; moins importantes que la foi, IV, [554] ; — (Conséquences littéraires du progrès des), III, 503 * ; — (Des études par rapport aux), 506.

Moi (Le) dans l'homme, III, 428-32 ; IV, 469 ; — (Le cri irrésistible du), III, 499 ; — (Ceux qui s'appuient sur le) sont l'un des deux camps de la philosophie, II, 392 ; — (Écrits inspirés par le, II, 404 ; — (Montaigne c'est le), 412 ; — (Le), anéanti par la piété, est caché par la civilité, 402 ; — (Le) est haïssable, 395 ; — (Le, par un repli secret peut intéresser les autres, 402.

Moine (Le) ne doit pas enseigner, IV, 313 ; — (Opiner du bonnet comme un) en Sorbonne, III, 64.

Moines (Le XVIIe siècle n'est plus le temps des grands), IV. 69-70 ; — (Direction d'une communauté de filles par des) fertile en inconvénients, I, 323-4* ; — (Infusion de) en Sorbonne, III, 33, 39, 54, 64, 69 ; — (Débauche des), IV, [541, 543].

Moïse, III, 446 ; VI, 151* ; — dans le désert, VI, [281] ; — tue l'Égyptien à bonne fin, I, 313* ; — (Douceur de), V, 474* ; — (Loi de), II, 35 ; elle est figurative, III, 445; — (Morale de), 444 ; — identifié avec Pan, Apollon, Priape, Esculape, Minos, Rhadamante, Orphée, Aristée, Protée, II, 419* ; — (Restes d'éclairs de), III, 426, 427 ; — chrétien (Un), V, 362 ; — (Arnauld comparé à). 474* ; — (Bossuet comparé à), II, 362* ; — (Discours sur les preuves des livres de) par M. Filleau de La Chaise, III, 386* ; — (Les livres de), affirmés par Pascal, 445 ; — on lui compare M. Picoté, 32* ; — Voy. Genèse, Deutéronome.

Moisson (La) dans le Midi, VI, 101*.

Mol (Mme), nièce de Du Guet, VI, 68*, 72 ; — et sa colère à propos du charivari de Troyes, 80*.

Molanus (Jean); « Medicorum ecclesiasticum diarium, » IV, [586].

Molé le père, membre du Parlement ; travaille aux statuts de l'Université de 1600, III, 08.

Molé (Mathieu), procureur général, I, 202* ; II, 27 ; — premier président de 1641 à 1653, VI, [287] ; — chancelier garde des sceaux en avril 1651 et de septembre 1651 à 1656, II, 334* ; VI, [288] ; — et les restitutions de M. de Chavigny, II, [560, 565] ; — parrain de M. Feydeau, VI, [288] ; et M. Feydeau, [287-8] ; — altération de ses rapports avec P.-R., II, 194-5*, 202 ; — mot plaisant sur Retz, V, [533] ; — et Richelieu, I, 27* ; — et Saint-Cyran, II, 206 ; soutien ordinaire de Saint-Cyran, 203 ; s'entremet pour Saint-Cyran ; ce qu'en dit à ce propos Richelieu, I, 494 ; recommandations à Saint-Cyran sur les précautions à prendre dans le procès-verbal de son interrogatoire, I, 505 ; lettre sur la sortie de Saint-Cyran, II, 27-8* ; visite de Saint-Cyran, 28 ; son intérêt pour l'ouvrage de Saint-Cyran contre les Calvinistes ; anecdotes à ce sujet, 194-5 ; — Mémoires, 27*.

Molé (M. le comte), mort en 1855 ; son estime pour Balzac, II, 82*.

Molerets (Les), hauteurs qui dominent P.-R. des Ch., IV 282, [356].

Molière (Jean-Baptiste Poquelin de), I, 83, 148, 150, 157, [551, 557] ; V, 519 ; — enfant de Paris, III, 272, 306 ; — au Collége des Jésuites, 272 ; — jeune pendant la Fronde, II, 500 ; — son éducation multiple, III, 272 ; — élève de Gassendi, 272 ; — ses amis *libertins*, 272 ; — et le prince de Conti, 267 ; — ses conversations avec Chapelle, 277 ; — suppléance de son père comme valet de chambre du roi, 272 ; — en province, 269, 272 ; — sa troupe à Lyon en 1657, V, 33 ; — a eu des amis chez les Jésuites, III, 267 ; — et P.-R., V, 514 ; aucun rapport personnel avec P.-R., III, 266 ; V, 25 ; — postérieur aux Provinciales, III, 55 ; — mène un moment les gaietés de la Cour, 265 ; — et Louis XIV. IV, 402 ; — (Faveur de), III, 266, 281. 282 ; — et Boileau, V, 513*, 514 ; en face de Boileau, 484, 485 ; Boileau lui vient en aide comme Satirique et comme Critique, 488 ; tenu par Boileau pour être l'un des trois génies du siècle, VI, 122-3*; — et Racine, III, 267; VI, 104; moins parfait que Racine, 123; — et Retz, V, [576]; — mort à 51 ans, III, 269; — sa mort insultée par Bossuet, 308, 309; — son enterrement par grâce, 308-9; — (La populace et le cercueil de), V, 267; — son épitaphe par le P. Bouhours, II, [575]; III, 267; — (La maison de), IV, [564]; — (Du visage de), III, 274*.

= (Caractère de), III, 272-7; — son rôle, V, 484, 485-6; — génie d'ensemble, II, 445; — avait son démon, VI, 123*; — son admirable franchise, III, 274; — facilement contemplateur, V, 513*; contemple en causant, 513; — est la nature même, III, 274; de quelle façon, 272-7; — mis en face de Montaigne, 272-6; en quoi supérieur à Montaigne, 272-4; — songe peu à la religion, II, 88; — non entamé par le Christianisme, III, 272; — s'exerce sur Lucrèce, 272, 273; — ne prend que la morale d'Épicure et de Gassendi, 272; est la morale des honnêtes gens, 272, 274; sa morale, suffisante pour se conduire vis-à-vis des autres, ne le console pas, 275-7; — supposé en face de Pascal, II, [515]; rencontre fictive avec Pascal, III, 277-9; et l'édition des *Pensées* de Pascal, 389; Pascal est son devancier, V, 487; — trop consommé en clairvoyance humaine, 68; — (Tristesse de), III, 274, 275-7, 297; — souffrances de son amour, 276, 278; — (Amertume du rire de), II, 436; son rire triste, III, 276-7, 431; son rire gai, 296-7; — où s'arrête sa raillerie, I, 409;

= Sa poétique, III, 295; — ne fait pas de portraits, mais des tableaux, 292; — peintre à fresque, 293; — pour l'ampleur du jet se peut rapprocher de Bossuet, 300; — son style, 297; — de sa rhétorique en face de celle de Pascal, 460; — accord des contemporains pour critiquer son style, 298-9; — accusé de barbarismes et de jargon, 298, 299*; — son style a encore du Rotrou, 298; — a de mauvais vers, 299-300; — n'est pas classique comme Pascal en fait de style, 298; — sa hardiesse de touche, VI, 125; — sa prose excellente, III, 282; — ne craint pas les répétitions de mots, 459; — Fénelon préfère sa prose, 299; — ses incorrections insignifiantes, 282*; — a frappé le mauvais goût dans le profane, V, 487; — et la queue des mauvais romans, 486-7;

= Son génie éminemment dramatique, III, 295; — mis en face de Térence, 298, 299; — en face de Shakespeare, 274; — en face de Scarron, V, 488; — et les Précieuses, 485-6; — sot conte qui fait de MM. de P.-R. des *correcteurs* de ses comédies, III, 267; — Dorine la part la plus soudaine de sa muse comique, 276-7; — *L'Étourdi* (1653). 269; — *Le Dépit amoureux* (1654), 269; — *Les Précieuses ridicules* (1659), III, 269, 270*, 271; V, 486; leur succès fait valoir la netteté des Provinciales, III, 270; (Pascal et les) sont les deux grands précédents modernes et les modèles de Boileau, V, 486-7; Boileau assure en détail leur succès d'emblée, III, 270, 271; Gorgibus, IV, 181; V, 487; Madelon, 487; Cathos, 487; les Précieuses citées, II, 47*; — *Sganarelle* (1660), III, 271; — *Don Garcie* (1661), 271; — *École des maris* (1661), 271; — *École des femmes* (1662), 271; (1668), Stances de Boileau, V, 488; l'anathème de Bossuet sur les équivoques grossières semble s'y rapporter, III, 307-8;

= *Tartuffe* (1664-1669), III, 93, 112, 279, 390; IV, 113; V, 13*; — fait d'indignation, 274; — lectures à Paris, III, 271; premières lectures en ville (1664), 267-8; — lu chez Ninon, 268, 269; — lecture du *Tartuffe* un moment tolérée par les Jansénistes d'après les Provinciales, 268; *Tartuffe* dans un salon janséniste, 267-8; lecture du *Tartuffe* interrompue à cause de l'enlèvement de nos Mères, 267; VI, 113; — essayé en trois actes dans les Fêtes de Versailles (1664), 263, 271, 280; — joué à Villers-Cotterets chez Monsieur, 271, 280; — joué en entier au Raincy chez Condé, 271, 280; — le *Tartuffe* et Louis XIV, 263, 271, 280, 281-4; placets au roi, 281-2, rappellent les premières Provinciales, 282; — risqué à Paris (1667), 263, 268, 281; — *Tartuffe* déguisé en *Panulphe* et avec le titre de *l'Impos-*

teur (1667), 281 ; — arrêté par une défense de le jouer, VI, [363] ; — second placet, III, 288 ; — joué à Paris, en 1669, et joué alors quarante-quatre fois, 282 ; — premières représentations de *Tartuffe*, 61 ; — traduit Escobar sur le théâtre, 268 ; — le Tartuffe du cardinal de Retz, V, [531-2] ; — *Tartuffe* héritier des Provinciales, III, 263 ; donne la main aux Provinciales, 266 ; combien il a profité des Provinciales, 287-8 ; la onzième Provinciale, préface de *Tartuffe*, 147 ; et les Provinciales, 150 ; qu'en eût pensé Pascal ? 268-9 ; — *Tartuffe* achève Escobar, 301 ; — *Tartuffe* pousse à bout le Jésuitisme dénoncé par Pascal, 288 ; — le vrai dévot n'y est que pour la forme ; le faux y passe à l'état de type, 289 ; — les traits vont au delà du Casuisme, 269 ; — le plus haut point de la comédie en France, 301 ; — les persécuteurs des Provinciales recommencent sur le *Tartuffe*, 280 ; — violemment attaqué, 301 ; — il est naturel que les âmes chrétiennes en aient été scandalisées, 301-2 ; — la Préface de Molière rappelle la onzième Provinciale, III, 284 ; — Molière s'appuie des pièces saintes de Corneille pour le *Tartuffe*, 284 ; — le cinquième acte entièrement sur la justice de Louis XIV, 283-4 ; — style du *Tartuffe*, 300 ; — Panulphe ; onomatopée confuse des deux noms, 288* ; — onomatopée confuse du nom, 288* ; — beautés de l'entrée tardive de Tartuffe, 295-6 , son costume, 288 ; au premier abord semble rigoriste, 284 ; exagéré et précipité à cause du théâtre, 284-7 ; passages rapprochés d'autres de la Dévotion aisée du P. Le Moine. 285-6 ; Molière a mis dans son langage le suranné de la galanterie des Dévots, 287* ; — l'Onuphre de La Bruyère en est-il ou non une critique ? 292, 295, 296 ; — Cléante, l'honnête homme, fait contre-poids à Tartuffe, 288-9 ; — Orgon, 277, 384, 299 ; Orgon loué de n'avoir pas été Frondeur, 283 ; — Dorine, 93, 284, 296-8 ; il y en a dans Mme de Sévigné, 297* ; — Mme Pernelle, 284, 297 ; — Elmire, 284, 287, 299, 299-300* ; — Laurent, 295 ; — Marianne, 296-7 ; — anathématisé par Bourdaloue dans son sermon sur l'Hypocrisie, 267, 306-7 ; — l'abbé Galiani en défend la représentation à Naples (1777), 302 ; — Bonaparte déclare qu'il ne l'aurait pas laissé jouer, 283* ; — qui fait *Tartuffe* fera *Don Juan*, 302 ; — *Tartuffe* triomphera à chaque reprise d'hypocrisie, 274 ;

= *Le Festin de Pierre* (1665), III, 56. 278*, 281 ; *Don Juan* sort du *Tartuffe*, 302 ; Lionne, Retz, Rose, vrais originaux de Don Juan, 303, 303* ; Don Juan, 281 ; Sganarelle, 278, 281 ; le mot sur le pauvre, II, 428* ; Don Juan et M. Dimanche, V, [578] ; — *Misanthrope* (1666), 279, 281, 300, 390 ; le Philinte du *Misanthrope*, 263 ; — *Médecin malgré lui* (1666), 308 ; — *Amphitryon* (1668), 282, 283 ; le Sosie dans *Amphitryon*, IV, 399* ; — *Georges Dandin* (1668), III, 282 ; — *L'Avare* (1669), 282, 299 ; — *Monsieur de Pourceaugnac* (Chœurs de), (1669), 297 ; — *La gloire du Val de Grâce* (1669), I, 154 ; III, 273*, 293-5 ; — *Femmes savantes* (1672), 300, 390 ; V, 486 ; Chrysale, IV, 181 ; — *Le Malade imaginaire* (1673), II, 176* ; III, 308 ; (Chœur du), III, 297 ; — (Les Martines de), V, 486 ; — (Les Henriettes de), 486 ; — (Citations de), I, 164 ;

= (Pamphlets contre), III, 281 ; — attaqué par Subligny, 309 ; par Montfleury, 309 ; — Bossuet a des paroles terribles contre lui, 301 ; personnellement anathématisé par Bossuet (1694), 307-8 ; — attaqué en chaire par Bourdaloue, 301 ; anathématisé par Bourdaloue, 267 ; — jugement de Fénelon, 298-9, 300 ; — opinion de Racine, 300 ; — jugement de La Bruyère, 292, 298, 300 ; — critique de Bayle, 299 ; — un des plus dangereux ennemis de J.-C., selon Baillet, 302 ; — critiques de Vauvenargues, 299 ; — défendu par Voltaire contre Fénelon, 299, 300 ; — ce qu'en dit De Maistre, II, 335 ; — ouvrages récents sur sa langue, III, 298* ; — étudié dans les *Portraits littéraires*, III, 273*, 298*.

Molina, I, [553] ; III, 117, 148, 150 ; IV, 250 ; — *De concordia*, I, 253-4 ; — opposé à Jansénius, II, 317 ; — M. Olier ne l'a jamais lu, VI, [296] ; — opinion de J. de Maistre sur lui, I, 254*.

Moliniennes (Armées), IV, [566*].

Molinisme (La cause du) contre le Jansénisme, III, 142*; — (Tentative infructueuse d'accommodement entre le) et le Jansénisme, IV, 162-76; — (Le) désolé des miracles jansénistes, VI, [257]; — et Bayle, IV, 4 6*.

Molinistes, I, 522, 542; III, 92, 288; IV, 71, 466, [558]; V, 13; — (Doctrines et opinions), I, 291; II, 103*, 104, 106*; — (Sentiments), V, [610]; — manquent de charité, IV, 92; — et Arnauld, III, 153; VI, [366]; (Commissaires) nommés dans l'affaire d'Arnauld, III, 32, 34; — (Évêques), 13; — (Docteurs), 14; Voy. Magnet; — leur tactique à propos de la bulle d'Innocent X, 25-6; — (Prélats), 202*; — atteints par les Provinciales, 48; — et Rancé, IV, [523, 525]; accusent Rancé d'être janséniste, [519, 520-1]; — (Santeul entre les Jansénistes et les), V, [622-5].

Molossus, fils de Pyrrhus et d'Andromaque, III, [626].

Mombrigny, pseudonyme de Nicole, IV, 462.

Monarchie de Juillet, I, [556-7].

Monastique (Perfectionnement de l'esprit), IV, 53; — (Grandeurs et misères de l'état), 72-3*; — (Devoirs de la vie), 67; — (Vie) donne de l'ordre à la vie solitaire, VI, [352].

Monastiques (Vieilles coutumes), IV, 54*; — (Idées) sur le mariage, [578]; — (Études); Voy. Études, Mabillon, Port-Royal, Rancé.

*Moncalvo en Piémont, V, 34.

*Monceaur, V, 366.

Monchesnay; rapporte l'opinion de Boileau sur Polyeucte, I, 132.

Monchoix (La petite Mlle de), II, 311*.

Mondains (Les) et les questions de la Grâce, V, 72*; — (Égards des habiles) quand ils n'ont rien à craindre d'être honnêtes gens, III, 569*.

Monde (Pourquoi Dieu a fait le), II, 338-9; — ce qu'il est pour Descartes, 339; — (L'Harmonie du) dans Malebranche, V, 387*; — (Le) est l'eucharistie retournée, II, 338; — (Tout le) peut-il être sauvé? IV, 141.

Monde (Le) mené par les esprits démons, III, 495; — (Esprit du), 355; — (Le) aime les combats vifs les résultats nets, 108; — (Il faut une grâce pour quitter le) et point pour le haïr, V, 57; — (Le beau) Chrétien, ci-devant Précieux, 71.

*Mondeville (Terre de); on propose d'y transférer P.-R. des Champs, IV, 373; — (Cure de), occupée par Claude de Sainte-Marthe, 344.

*Mondonville (Seigneurie de), V, [617].

Mondonville (Mme de); une Angélique non cloîtrée, V, 453; — et M. de Ciron, [617, 618, 620]; — sa tache de Jansénisme, 620]; — protégée par M. Le Tellier, [621]; — et Pavillon, [620, 621].
= Fonde l'Institut des Filles de l'Enfance à Toulouse, V, 29*, [618-9]; — Supérieure des Filles de l'Enfance, 453; — son importance de Supérieure, [618-9]; — met le Confesseur au-dessous d'elle, [619]; — son Institut persécuté comme une succursale janséniste, [620]; — attaques des Jésuites contre son Institut, [621]; — son Institut détruit, [621]; — exilée à Coutances, 454; où elle meurt, [621]; — parodie satirique contre elle, [619]; — Voy. Turle.

Mondory, l'acteur, et Jacqueline Pascal, II, 468.

Monfrein (M. de), nom déguisé de M. de Pontchâteau, IV, 219; V, 256, 257*; VI, [316].

Monglat (Mémoires de), II, 470.

Monime, personnage de « Mithridate », III, 315.

Moniteur universel, IV, [574, 583*]; V, 95; — son utilité pour les dates contemporaines, II, [572].

Monmerqué (M. de); publie les Mémoires de Coulanges, V, 4*, 9*; — a publié la lettre de Louis XIV à M. de Pomponne, 4*; — éditeur de Mme de Sévigné, IV, 264*; — « Les carrosses à cinq sols, » II, 501*.

Monmouth (Le duc de), fils naturel de Charles II; élevé à Juilly et au Chesnai, II, 580-1; — n'a pas été vraiment élevé à P.-R., 582; — décapité, III, 581-2.

Monnard (M.), professeur à Bonn, I, 6*; — professeur à Lausanne, [514, 514*].

Mons (Arnauld à), V, 292, 294, 295; les amis d'Arnauld, 300; — (M. de Pontchâteau à), VI, [327]; — (Siège de), V, 91; Voy. Nouveau Testament.

Mons (M. de), nom d'emprunt de Pascal, III, 60.
Monseigneur, fils de Louis XIV, II, [576]; — son éducation, IV, 100*; — Louis XIV lui dit que les rois ne doivent user que de termes modérés, VI, 164* ; — chasse dans les bois de P.-R., V, 277.
Monserve (M. de) ; loge Nicole, IV, 428.
Monsieur (De l'appellation de) à P.-R., III, 232, 364* ; IV, 287-8 ; — (De l'usage de la qualification de) à P.-R., III, 135 ; — (Du) dans les traductions de P.-R., 533.
Monsieur ; Voy. *Gaston.*
Monsieur, frère de Louis XIV, et Arnauld, IV, 397 ; — et Louis XIV, VI, 164 ; — fait jouer le *Tartuffe* à Villers-Cotterets, III, 271.
Monstres (Juste idée de Malebranche sur les), V, 417.
Monstruosités des Religions, III, 442.
*Mont-Valérien, entre Saint-Cloud et Paris ; — (Les Prêtres du), I, 10 ; II, 193 ; — *Retraite* de M. de Noailles, VI, 163*.
Montaigne le père, II, 409, 457 ; III, 333 ; — son fils traduit, d'après son vœu, la *Theologia naturalis* de Raymond de Sebond, II, 432, 433.
Montaigne (Michel de), I, 7, 46, 49, 68*, 71*, 83, 240, 241 ; II, 53, 509 ; — son père, 409, 457* ; III, 333 ; — ses parrain et marraine ont été de petites gens, 333 ; — éveillé au son d'un instrument, II, 409, 423 ; — sa première éducation, 409 ; — contraste de son éducation et de celle de Pascal, 457 ; — son voyage en Italie, 428* ; — en voyage, 428* ; — Conseiller au Parlement, 403, 410 ; — marié, 411 ; — son amitié pour La Boétie, III, 333* ; — meurt *convenablement*, II, 426 ; — (Du visage de), III, 274 * ;
= (La sagesse de), III, 275, 276 ; — l'homme qui a su le plus de flots, II, 420-1 ; — son détachement, III, 332-3* ; — prêche le peu d'attache aux siens, 332-3 ; — s'excuse sur son peu de mémoire, II, 427 ; — sa solitude toute tournée à son profit, III, 332, 333-4 ; — n'est pas un système de philosophie, II, 409, 412 ; — (Le paganisme dans), 420 ; — (Pyrrhonisme de), 402, 409 ; — son scepticisme, 91, 387, 409, 431, 431* ; — sergent de bande des sceptiques, 392 ; — son épicuréisme, 403, 415 ; — ce qu'il est dans ses maladies, III, 329-30 ; — (Épictète, contre-pied de), II, 386 ; — rapproché de Spinosa, 431 ; — (Spinosisme de), 440, 442 ; — panthéiste, 440 ; — non entamé par le Christianisme, III, 272 ; — (L'oreiller de), 437 ; — (Rire amer de), II, 428, 435, 441 ; — ses maximes, 407 ; — ne croit pas la vérité démontrable, 422 ; — n'est pas pour les causes finales, 436* ; — croit peu au coup de la Grâce, 429* ; — a peu d'idée d'immortalité, 430 ; — ce qu'il dit de la raison pour démontrer la foi, 433-4 ; — met à part la foi, la religion, 415 ; met trop à part la religion, 426 ; — impuissance de la raison par rapport aux croyances, 434 ; — met Dieu si haut qu'il s'en passe, 440 ; — méthode perfide contre la religion, 425-6, 433-5 ; — (Le Christianisme de), thèse sans sujet, de Dom de Vienne et de M. de La Bouderie, 428, 431 ; — plus catholique *romain* que Réformé, 426 ; plus catholique que chrétien, 428 ; — préfère les pays où la cérémonie faite, on est libre, 426 ; — combat les hérétiques par son doute universel, 389 ; — son unité d'idée au fond, 431* ; — tous moyens lui sont bons pour arriver, 407 ; — n'est pas de ceux qui appuient, 401* ; — en suspens sur les questions métaphysiques, V, [593] ; — ce qu'il dit de la coutume, III, 433 ; — ce qu'il dit de la justice des lois, 381 ; — ce qu'il dit de la pauvreté, 333 ; — tire plaisir de sa bonté, 333 ; — ce qu'il dit de la vieillesse, II, 412, 430 ; — sur l'excès de la vertu, III, 331, 334 ; — mots qui jugent et qui décèlent, II, 427-8 ; — accommode ses entretiens à ses interlocuteurs, 340 ; — (Le souffle de), III, 512 ; — triste conclusion de sa philosophie, II, 441-2 ; — sa morale en action, 407 ; — notre propre miroir, 421 ; — est la nature, III, 271 ; de quelle façon, 272-4 ; est la nature même, II, 408-9, 412 ; — est l'homme tout entier, 408 ; — c'est le *moi*, 412 ; — est partout, hors à P.-R., 417-21 ; — (Le) en chacun, 412 ; — (Ce qui est du) chez des hommes d'ailleurs chrétiens, 417-20 ; — humilie l'homme avec plaisir, 428 ; — son éloquence poignante sur les misères de l'homme, 437-8 ; — en quoi il s'est trahi et a fait peur, 415 ; —

(Les trois-quarts de) ne diffèrent pas de ce qui a cours en littérature, 413 ; — le venin ne s'y reconnaît pas, 403, 412; — va s'insinuant, 396; — ce qui n'est pas grave ailleurs, grave chez lui par la réunion, 415-6 ; — le dernier quart est le centre de la place, 425 ; — augmente à mesure les phrases de précaution en doublant la dose de malice, 427*; — ses façons de dire en ne disant pas, III, 422*; — ses mots et ses pensées demeurent vivants, II, 450-1; — attaque toute certitude humaine, 435, 441; — raille les sectes des philosophes, 438-9; — son opinion sur l'histoire, III, 104; — ne garde pas non plus le juste milieu, II, 423-4; — sur l'homme, III, 336-7 ; — ramène l'homme, selon Nicole, à la vie brutale, II, 399 ; — ne réussit pas à relever l'homme, III, 341; — peinture de l'homme sans la Grâce, II, 436-40 ; — ce qu'il dit des enfants, III, 489; recommande de laisser les enfants parler à leur tour, 517*; veut qu'on rende la logique aisée aux enfants, II, 422; III, 343 ; — veut former le gentilhomme, 544-5 ; — *distinguo* est le plus universel membre de sa logique, II, 435, 436 ; — regrets qu'on a de lui faire son procès, 442*; — le face à face difficile avec lui, 394 ; — le danger n'est plus dans ses écrits, 405-6 ; — et l'amitié, 410; — ne connaît pas l'amour-passion, 410; — (Royalisme de), III, 433; — (Vanité de), II, 403; — (Le *page* de), 403; — selon P.-R., ne rougit point de ses vices, 404 ;

= (Part de l'érudit dans), II, 415; — sur Socrate, III, 341; — ses premiers auteurs latins, II, 409-10; — parallèle de Virgile et de Lucrèce, 446 ; — applique à la mort de La Boétie des vers de Virgile, III, 584*; — et Horace, II, 413 ; — et les « Métamorphoses » d'Ovide, 409, 461*; III, 272; IV, 8 ; et Ovide, Lucain, Virgile, II, 411 ; — parallèle de Sénèque et de Plutarque, 446 ; — ce qu'il a de Plutarque, 446 ; — ce qu'il a de Sénèque, 446; — son estime pour Froissart, Commynes et Amyot, 446-7 ; — ce qu'il dit de Rabelais, 407 ; — son estime pour Du Bellay, Ronsard et Pasquier, 448 ;

= Part de l'écrivain amoureux de bien dire, II, 415 ; — (Le style de), 443-5, 446-7; (Style de) individuel, I, 62; — sa verve d'écrivain qui s'anime, III, 251-2 ; — écrivain au complet, 101 ; — son peu de rapport avec la langue académique; II, 449* ; — (Pointe gasconne de), I, 274 ; — éloge du français et du gascon, II, 447 ; — ne tient pas compte des critiques de son style, 448 ; — n'a pas fixé la langue, 449 ; — ce qu'il en est passé dans la langue, 450-1 ; — sottes critiques de son style, 443 ; — son style amusé, 445-6 ; — rapports de son style avec Ovide et l'Arioste, 445 ; — son style de l'École de Sénèque, [518] ; — ses métaphores, 444-5 ; — son style, cause de son succès, 442-3 ; — (Le lyrisme de), 447* ; — son hymne à la Sagesse, 423-4 ; — (Le pastiche de'est possible, III, 458;

= Sa traduction de la *Theologia naturalis* de Raymond Sebond parait en 1569, II, 432; — *Essais;* dessin primitif plus visible dans les premières éditions; désordre et système des dernières, II, 413*; différences des éditions des Essais, 413*; l'exemplaire de Pascal, IV, [599]; ses Essais se doivent traduire par *lusus* et non par *conatus*, II, 446*; le Bréviaire des honnêtes gens, 421, 450 ; — Livre I, chap. XXV, de l'Institution des enfants, III, 545; chap. XXXVIII, de la Solitude, 330; chap. XLVII, de l'Incertitude de notre jugement, II, 415; chap. XLVIII, des Destriers, 417 ; philologue dans le chapitre des Destriers, 417 ; chap. LI, de la Vanité des paroles, 448*; chap. LVI des Prières, 426, 426-7*; — livre II, chap. X, des Livres, 446-7; chap. XII, de l'Apologie de Raymond Sebond, 397*, 426, 430 41 ; III, 440 ; l'Apologie pour Sebond donnerait lieu à un *Dogmatisme de Montaigne*, II, 431; sous le prétexte de défendre Sebond, il traite la question religieuse, 433 ; défend peu et réfute beaucoup Sebond, 433, 436 ; — livre III, chap. II, du Repentir, 426, 429*, 431*; chap. V, sur les vers de Virgile, 405*; chap. VIII, de l'Art de conférer, III, 543 ; — *Essais* (Citation des), I, 239 ;

= Pasquier lui reproche ses gasconismes, II, 448 ; — et Mlle de Gournay, 413*; — rapproché de S. François de Sales, 394 ; cité avec éloge « quoique laïque » par S. François de Sales, I, 239; (S. François de Sales rapproché de), 208, 215, 239; — ce qu'en dit Balzac, II, 78; qu'en a pensé Balzac, 400*; Balzac rhétorise sans Montaigne, 449; — Vaugelas lui préfère Amyot, 449; — attaqué par Baudius sur l'article religion, 426*; — et P.-R., 394; P.-R. n'en a pas trace, 421; à la barre de P.-R., 395-6; est-il calomnié par P.-R? 425; (Saint-Cyran, défendant Charron, ne remonte pas à), 383; moins heureux que Descartes à P.-R., 396-7; son seul point commun avec P.-R. est contre la Scholastique, 421-2; la clef de la condamnation janséniste est que Montaigne est l'homme naturel, 408-9; les Jansénistes y haïssent l'homme naturel, 409; représente pour P.-R ce que sera la philosophie du xviiie siècle, 395; — Arnauld d'Andilly effleuré par lui, 421; — allusion malveillante dans la Logique de P.-R., 400*, 422; page violente de la Logique de P.-R. contre lui, 402-4, III, 550; Réponse aux injures de la Logique contre lui, livre plat de G. Béranger, II, 404*; — étudié vis-à-vis de M. de Saci, [515*]; son contraste avec M. de Saci, 406, 461. 452-3; jugement de M. de Saci, 387-9, 394; M. de Saci aurait pu se borner à y dire de tout: Où est le Christianisme? 416; M. de Saci ne permettait pas de l'étudier, 405; M. de Saci le réfute par S. Augustin, 389; — et Pascal, III, 543; (Conversation de Pascal et de M. de Saci sur Épictète et), I, 396*; II, 340, 381-93, 439; III, 111, 354, 440; son étude rejaillit sur Pascal, II, 394; en face de Pascal, III, 309; opposé à Pascal, II, 420*, 482; la préoccupation de Pascal, 397-8; une des grandes lectures de Pascal, 383; (On prend du) dans les papiers de Pascal, V, 70*; Pascal l'imite, III, 66; son gentilhomme est l'honnête homme de Pascal, 545; (La pensée de Pascal est souvent une note de) fortifiée d'un trait, 430; ce qu'il en reste dans les Pensées de Pascal, 381; les idées que Pascal lui a prises n'ôtent rien à Pascal, 384*; loué par Pascal, II, 398; son influence sur Pascal, 500; copié par Pascal, I, 358*; contre pied de Pascal, III, 330, 332, 336; en quoi Pascal le rencontre et l'accompagne, II, 437-8; III, 430; de sa rhétorique en face de celle de Pascal, 460; ce qu'en dit Pascal, II, 78; son duel avec Pascal, 454; peine de Pascal à s'en débarrasser, 412; ce qui passe de son style dans Pascal, 449-50; Pascal garde de son style, VI, 127; représailles de Pascal contre son influence sur lui, II, 397-8; le démon de l'incrédulité pour Pascal, 386; dénoncé par Pascal comme un adversaire à P.-R., 395, 396, 397, 404; les Pensées de Pascal refont son chapitre sur Sebond, 439; s'égaye là où Pascal est sérieux, 440; inférieur d'accent à Pascal, III, 426; (Sa pensée se couronne dans Pascal), III, 438; (Montalte voisin de). III, 47*; eût été gagné par les Provinciales, 70; — employé par Arnauld sur les inconvénients de l'esprit de dispute, II, 422; — Arnauld et Nicole prévoient dans les Essais les écrits inspirés par le moi, 404; — page fulminante de Nicole, 398-9, 422; Nicole y touche quelquefois, IV, 496; — mis en face de Molière, III, 272-6, en quoi inférieur à Molière, 272-4; — M. de Plassac Méré, son critique malencontreux, [612]; — éloge de son style par Mme de Sablé, II, 450*; — Mme de La Fayette le trouve le plus agréable voisin, 401; — amitié de Mme de Sévigné pour lui, 401-2; Mme de Sévigné en a un grain, V, 14; — loué par Huet, II, 450; — cité par M. Le Camus, IV, [549]; — loué par La Bruyère, II, 400; (La Bruyère fait merveille à imiter), III, 202; — son portrait par Malebranche, V, 390, 392, 396; Malebranche n'y voit que le bel esprit, II, 446; — ce que dit le P. Niceron des différences de son texte, 413*; — a déjà du Fontenelle, III, 273; — esprits qui le continuent au xviie siècle, II, 396, 400, 401, 451, 452; au xviiie, 451; — son convoi idéal, 451-3; — mène à Bayle, 396; — (Le) de Coste, 413*; — loué par Montesquieu, 395; — Rousseau en change le ton, non le principe, 404*; — François de Neufchâteau lui donne trop naïvement un brevet de religion, 432*; — vers de Mme Desbordes sur lui, 442-3*; — Voy. Gournay (Mlle de).

Montalte (Louis de); pseudonyme de Pascal, III, 47*, 60, 113*, 118, 211, 213; — Voy. Dettonville (Amos).
Montalte-Wendrock; Traduction latine des Provinciales de Pascal, III, 211-4.
Montanus (Hérésie de), II, 65.
Montargis, VI, [282]; — (Bénédictines de), V, 103.
*Montauban (Siége de), II, 253, IV, [535]; — Voy. Berthier.
Montauban (Le comte de), fils aîné de Mme de Guéméné; triste sire, III, 581.
Montausier (M. de) et Arnauld, V, 291; — et Chapelain, III, 558; — précepteur du Dauphin, 247*; sa dureté matérielle vis-à-vis du Dauphin, 486, 562; — et l'abbé Le Roi, IV, 62; — grand-père et beau-père du duc de Luynes, II, 319; — sa défense devant le roi du Nouveau Testament de Mons, IV, 384, 385, 386; — et Mme de Sablé, V, 75; — et la Vie de S. Louis de Tillemont, IV, 100*; — protecteur du P. Vavassor, III, [626]; — son autorité surannée et chagrine, V, 489.
Montausier (Mme de), dame d'honneur de la Reine, IV, 393*.
Montbazon (Mme de); sœur aînée de Mlle de Vertus, V, 100; — et ses frayeurs des puces enragées, 53; — sa liaison avec Rancé, IV, 45, 46; V, 114*; — sa mort, 1657, III, 48*.
Montbazon (MM. de); élevés au Collége des Jésuites, III, 575.
*Montbrison (Du Guet né à), VI, 4, 27; — Collége des Pères de l'Oratoire, 4; — Présidial, 4.
Montbrison (M. de); fils aîné de M. de Guénégaud, III, 578.
Montchal (Charles de), archevêque de Toulouse de 1627 à 1651, II, [512]; — allié seulement de rencontre pour P.-R., III, 12*; — Mémoires sur l'Assemblée du Clergé, II, [512, 513]; ses *Mémoires* hostiles à Richelieu, III, 12*; — écrit au Pape contre la lettre des autres évêques, 12.
Montempuys (M. de), chanoine de Notre-Dame; Janséniste et professeur de philosophie au Collége du Plessis, V, 262*; — son aventure burlesque chansonnée par les Jésuites, 262*; — Notes sur un exemplaire du Nécrologe, V, 239*.
Montespan (Mme de), III, 265; IV, 113, 402; — et Louis XIV, 392-3*; — Emportement et disgrâce de son mari, 392, 393*; — sa sœur, l'abbesse de Fontevrault, V, 184; — ses histoires avec son oncle, M. de Gondrin, IV, 392-4*; — et la petite Grammont, V, 183; — reconnaissable dans l'*altière* Vasthi, VI, 138.
Montesquieu (Charles de Secondat, baron de), I, 14, 18, 365*; II, 117; — a 21 ans à la mort d'Arnauld, V, 520; — jeune à la mort de Boileau, 520; — ce qu'il dit des Jésuites, III, 217; — ce qu'il dit de Louis XIV, du Jansénisme et des Jésuites, 202-3; — éloge de Montaigne, II, 395; profite du style de Montaigne, 450; — (La morale des honnêtes gens chez), III, 274; — son éloge de Rollin, IV, 33, 34*; — ce qu'il pense des poëtes, III, 113*; — plus qu'observateur ironique, I, 409; — Pensées sur la religion, III, 186; — (Pointe gasconne de), I, 274; II, 448; — (Prose de), 56; — son pastiche est possible, III, 458; — « Dialogue de Sylla et d'Eucrate, » II, 393; — « Lettres persanes, » III, 61, 113, 202-3; V, 369; préface des Lettres persanes, III, 53*; le jeu de mots d'Usbek, 54.
Monteuil (Le P. de), de l'Oratoire, III, [607].
Montézon (Le R. P. F. de), Jésuite; sa Dissertation apologétique annoncée, I, 506*; — Mémoire sur les Jansénistes et les Jésuites, [520-48]; — sa Dissertation en appendice, III, [619].
*Montferrand (Jésuites de) et Pascal, 473, 476; Voy. *Clermont-Ferrand.
Montfleury; attaque Molière, III, 309.
*Montfort (Forêt de), I, 46.
Montfort (Jean, comte de); donne la terre du petit P.-R., I, 46.
Montfort (Simon de) et les Albigeois, I, 41-3.
Montgaillard; Voy. Percin.
Montglat (Le marquis de); ses Mémoires, IV, 119.
Montglat (Mme de), sa femme; sa liaison avec Bussy, 119, 120.
Montglat (Mlle de), leur fille, IV, 258*; — sa conduite au moment de sa sortie de P.-R., 118-9, 127; — reste toujours l'amie de P.-R., 119-21; — abbesse de Gif, 122.
Montguibert (Dom Charles de), sa-

cristain à P.-R. des Ch.; se retire à Sept-Fonds, IV, [527]; — sa mort, [528].
Montholon (Les), VI, [252].
*Montigny, près P.-R. des Ch., VI, 218.
Montlosier (Il y a du) dans les Arnauld, I, 54-5.
Montluc (Le maréchal de); son amitié pour son fils, II, 401.
Montmartre (L'Esprit de) et Raconis, II. 184.
*Montmédy; Voy. Vandy (Le marquis de).
Montmor (M. de), IV, [585*].
*Montmorency (M. de Harlay à), V, 187.
Montmorency (Famille des), I, 45.
Montmorency-Marly (Mathieu 1 de), fondateur de P.-R., I, 36.
Montmorency (Henri II, dernier duc de), I, 359; — et Mme de Sablé, V, 53, 56; — ami de Théophile, I, 312*; — décapité à Toulouse, V, 53.
Montmorin (M. de), archevêque de Vienne ; témoigne de l'aversion de saint Vincent de Paul pour les doctrines de Saint-Cyran, I, [533].
Montmouth Le duc de) et M. de Bernières, IV, [556].
*Montoire en Vendomois, VI, [250].
Montpellier, III, [604] ; — (Auteurs nés à), [605] ; — Bibliothèque de la ville, [605*]; — Faculté des Lettres, [605*]; — Peyrou (Le), [605*] ; — (Les précieuses d»), V. 457 ; — Saint-Paul, III, [605*] ; — (Le siége de), I. 322*; — Voy. Colbert.
Montpensier (Le duc de), I, 65.
Montpensier Mlle de), fille de Gaston ; Voy. Mademoiselle.
Montpezat de Carion (Jean de), archevêque de Sens (674-85), convertit M. Du Hamel, II, [551].
Montpezat de Carbon (Joseph de), archevêque de Toulouse (1675-1687), et les Filles de l'Enfance, V, 454.
Montrave (M. de), premier président au Parlement de Toulouse, II, 258.
Montre de Leibniz, V, 444.
*Montréal (Yonne), V, 239.
Montres, V, [538].
Montreuil-sous-Bois, près Vincennes, III, 570, [620] ; IV, 20.
*Montreux en Suisse, I, [516].
Montufar; Voy. Scarron.
Moquerie sanglante (Supplice de la), III, 148-9*.

Moral (Bien et Mal), III, 236.
Morale (Toute la) se rapporte à la pratique, II, 156-7 ; — Difficultés de la réforme) de l'homme, 385-6; — la simplicité du premier fonds y importe. III. 516; — (Nécessité du raffinement dans la), [613] ; — de l'Écriture. 444 ; VI. [358]; — de J. C., [370] ; — chrétienne selon saint Paul, III, 362*; - sévère, IV, [568] ; — (Corruption de la) par les Jesuites. III, 131-4; Voy. Jésuites ; — (Casuisme en) tué par P.-R., 524; — et Pascal, VI, 160*; (La scolastique en) tuée par les Provinciales, III, 259 ; — philosophique au dix-huitième siècle, I 410.
Morale facile : sort de la pensée de la faiblesse de l'homme, II, 385 ; — (Succès nouveau de la), III, 455-6*.
Morale pratique (La) des Jésuites, VI. 172* ; — part de M. de Pontchâteau, III, 216 ; V. 248 ; — saisie du second volume, 326.
Morale relâchée, III, 129, 217, 264*, [601, 609]; IV, [523, 524, 568]; — (Gain de cause de Pascal à propos de la), III, 214-5 ; — ce qu'en pense Bossuet, IV, 67 ; — et le cardinal Le Camus, [554*]; — (Requête des Curés contre les propositions de) des Casuistes, III, 204-10; — Soixante-cinq propositions de) condamnées à Rome (4 mars 1679), V, 170, 174 ; VI, [323].
Morale des honnêtes gens; comparée chez divers grands auteurs, III, 274-5 ; — ce qu'elle a de forces et de faiblesses. 260-2 ; — compromis de résultats philosophiques et de maximes chrétiennes, 261 ; — ses commencements bourgeois. 262 ; — (Consequence des Provinciales sur la), 204 ; — (La) toute dans Molière, 272, 274, 275 ; — devient plus forte en face des Faux Dévots, 262-3; ses luttes avec eux, 263-4 ; — (Droiture de la , II, [540].
Morale des Jésuites (La); Voy. Perrault (le Dr).
Morales (Duel entre les deux), III, 40; — (Les Jansénistes ont-ils deux) ? IV, 377* ; — des Religions différentes, III, 442; — (Pascal pretere les preuves), III, 421.
Moraliste (Le) ordinaire de P.-R. IV, 514; Voy. Nicole.
Moralistes chrétiens et Moralistes naturels, VI, 107; — (Les) de P.-R., IV, 420-1 ; — Voy. Arnauld,

Jansénistes, Jésuites, La Bruyère, La Rochefoucauld, Massillon, Montaigne, Nicole, Pascal, Saint-Évremond.

Moralité(La) ; dépend-elle du Christianisme? III, [615] ; — humaine a fait un pas depuis J.-C., 451 ; — (Saint-Cyran craint l'émulation sans), 496-7 ; — relative des écrits, II, 405-6.

Moramber (M. de) le père, VI, [251, 252, 253] ; — Voy. Riberpré.

Moramber (Mme de) ; — ses parentés, VI, [252].

Moramber (Mlle de), VI, [252] ; — soigne Racine, [256].

Morangis (M. de), II, [544] ; — frère cadet de Barillon, III, [600] ; — au Conseil d'État et à la Direction des Finances, VI, 287] ; — marguillier à Saint-Merry, [287] ; — son avis juridique sur les restitutions de M. de Chavigny, II, [555-6] ; — présent à la conférence du P. Labbe et du docteur de Sainte-Beuve (1652), III, [622].

Morares (Frères, I, 106.

*Moravie (Guerre de), I, 407.

Morceaux (Boileau procède volontiers par), V, 495.

More (Miss Hannah) ; son admiration pour Nicole, IV, 495.

Moreau (M.), chirurgien, l'un des Solitaires de P.-R., II, 228 ; — à la réception de M. Manguelen, 241, 241* ; — sa mort, 350.

Moreau (Jean-Baptiste) le musicien ; met en musique les Cantiques de Racine, VI. 152*.

Morel (M.), docteur moliniste ; dans l'affaire d'Arnauld, III, 38 ; — traite les amis d'Arnauld de gens à mettre aux galères, 35* ; — et Boileau, V, 489-90 ; et l'Arrêt burlesque de Boileau, 492-3 ; — Doyen de la Faculté de théologie et le renouvellement d'un arrêt pour chasser Descartes de l'École, 491 ; — et la première Provinciale, III, 63 : sa colère contre les Provinciales, 56.

Morel, imprimeur, I, 319.

Morel (La Sœur) ; refuse d'abord de mettre en commun son petit jardin, I, 100 ; — à la journée du Guichet, 108.

Moréri ; son Dictionnaire, IV, 100*, 208* ; — (Date du) rectifiée, III, 476.

Moreuil en Picardie, IV, [564].

Morimond (L'abbé de), grand vicaire de M. de Cîteaux ; assiste chez les Dames de Saint-Antoine à une représentation de Cléopâtre, I, 93* ; — prévient M. Arnauld des projets de réforme de sa fille, 93.

Morin ; médecin de Nicole, IV, 511.

Morisset (M.), avocat ; relation des dernières années de Balzac, II, 72.

Mort (La) ; fin de tous, V, 121 ; — (Idées philosophiques différentes sur la), IV, 160-1* ; — (Beauté de la) dans la race grecque, III, 339 ; — (Idée de la) pour les Épicuriens, 343* ; — (La pensée de la) mort parait plus pénible qu'elle-même, 343* ; — est-elle un mal ? II, 386 ; — (Douceur de la), 247* ; — (Le désir de la), V, 119 ; VI, 49 ; — soudaine ; désirable au philosophe, redoutable au chrétien, V, 227 ; — (Vivre en vue de la) est ce qui sépare le Christianisme du Paganisme, III, 329 ; — (La) au point de vue chrétien, IV, 47-8* ; — une des fins du chrétien, 227 ; — évangélique (La), [536] ; — (Idée terrible de la), 316, 318 ; — (Terreur exagérée de l'idée de la), 158-61 ; — (Crainte de la), V, 115-6 ; — (Ceux qui ne craignent pas la) embarrassent les rois, 469* ; — chrétienne (Vraie idée de la), IV, 157-8 ; — chrétienne (*Le Bonheur de la*) ; Voy. Quesnel Le P.) ; — des enfants (Sur la), 328-31 ; — (La) des Saints, 339* ; — grand moment de la vie du vrai chrétien, III, 343 ; — les chrétiens la regardent en face, les autres évitent de le faire, 343 ; — (La seconde), IV, [205] ;

= Le point de vue de Buffon contraire au point de vue chrétien, III, 343*, 414* ; — (Réponse d'un chartreux sur la), IV, 46 ; — (Nécessité de la) selon Malebranche, V, 421, 422 ; — ce qu'en écrit Michel-Ange, IV, 329 ; — selon Pascal et selon Saint-Évremond, III, 438 ; — (Pensées de Saint-Cyran sur la), II, 204.

Mort civile (Affection de Nicole pour la), V, 452.

Mort (Résurrection d'un), miracle réservé à J.-C., VI, [257].

Mortemart (Mlle de) ; sœur de Mme de Montespan, V, 184 ; — abbesse de Fontevrault, 184 ; — et le Nouveau Testament de Mons, IV, 384.

Mortifications physiques, IV, 98 ; — religieuses, 58 ; — exagérées, [535], V, 124.

Morts (Nocturnes des), IV, [588]; — (Brebis égorgée présentée dans l'Office des), I, 282*; — (De la prière des), IV, 319 ; — des hommes illustres toujours fardées, [585*] ; — Voy. Anne-Eugénie, Agnès, Angélique, etc.

Morts (La prière utile aux), II, 510*; — sans sacrements, IV, [537*, 543, 573]; V, 138 ; VI, 206, [365] ; — (Discours inutiles faits sur les), 157-8; — (La voix des) ne diffère guère du silence, III, 514.

Mot (Le dernier) des questions ne se trouve jamais, III, 556 ; — (Le) simple l'emporte sur les périphrases, 523*.

Mots (Les) une des puissances de l'esprit des enfants, III, 521 ; — (Les mêmes) expriment des choses toutes différentes, 539-40*; — (Savoir le prix des), IV, 432 ; — (Influence des) sur le sens, III, 460; — (Des) qui jugent et décèlent, II, 427-8; — (Jeux de) utiles pour les questions de prononciation, 527*; — (Noms propres devenus des) de la langue, 117*; — (Des répétitions de), 459-60 ; — de MM. de P.-R. attaqués par le P. Bouhours, II, 375*.

Motteville (Mme de), II, 236; IV, 272; — *Mémoires*, I, 119 ; II, 5, 209, 276-7 ; III, 264*; IV, 268*, [529*]; — et la Sœur Anne-Eugénie, 315; — ce qu'elle dit de la mort de M. de Chavigny, II, [570*] ; — ce qu'en dit Huet, 246, 247 ; — son bon jugement sur les disputes du Jansénisme, 276 ; — et Mademoiselle, 277, 278* ; — ce qu'elle dit de la débauche de Roissy, IV, [529*]; — ce qu'elle dit de Mme de Sablé, V, 53 ; — et Mme de Sévigné, 6.

Mouchard, expression déjà usitée au XVIIe siècle, III, 68.

Mouche (Une) pour étrennes, V, 61.

Mouchy (Le P. de), de l'Oratoire; ses obsessions au lit de mort de Mme de Longueville, V, 138-9.

Mouchy; Voy. Hocquincourt.

Moules (Nécessité d'avoir de beaux) dans l'esprit, IV, [599, 600].

Moulins, en Bourbonnais, IV, [526]; — (La duchesse de Longueville à), V, 103.

Mourants (Tortures morales infligées aux), VI, [290-2]; — (Derniers devoirs aux), IV, 449*.

Mourgues (Mathieu de), abbé de Saint-Germain; Lettre contre Jansénius, I, 299*.

Mourir (Être trop pressé de), IV, [585].

Mousquetaires (Régiment des), V, 80, 82*, 89.

Mouton (Le) de saint François, VI, 27.

Moutons (Anecdote des) et de Pascal, II, 501-2*.

Mouvements de la Matière ont leur cause en Dieu, V, 391* ; — (Lois de la communication des), 417, 424.

Moyen âge, III, 288 ; — toutes les rouilles et toutes les barbaries s'y accumulent, 340; — (Le Dieu du), 397 ; — son culte pour la Vierge, I, 353-4; — (Le dogme de l'Eucharistie et le), IV, 446, 449; — son mysticisme, 322* ; — (Influence des sermons au), II, 96 ; — (Romans religieux du), I, 242* ; — (Restes du goût écolâtre du), III, 21; — (Idées renouvelées du), 456*; — (Essai de résurrection des choses du), V, 233.

Muet (Le), nom sous lequel on désigne le cardinal de Retz, V, [536].

Muller (Jean de), historien suisse, I, 6*, [514*].

Mulsey (Honorat de), curé de S.-Jacques du Haut-Pas, II, 538 ; témoigne que Saint Cyran a reçu les sacrements, [537, 538].

Mummius (Le Proconsul), III, 340.

Murat (Les) de la métaphore, II, 45-6.

Muret (Antoine); ses tragédies latines, II, 410.

Muse antique (La), III, 519*.

Muse royale; Voy. Loret.

Musée (Le poëte), II, [521].

Muses (Chœur des), II, 423*; — (La Renommée aux), ode de Racine, VI, 104-5.

Musiciens (Solitaires), II, 293.

Musique (La) à P.-R., I, 26-7 ; II, 351; V, 261 ; — négligée à P.-R., IV, 149; — sévérité de Du Guet, VI, 43; — (La) du cardinal de Retz, V, [575].

Muskerry (Les) ou *Muskry*, III, 8; — amis de P.-R., 581; — (Milord), Irlandais réfugié en France, II, 107; — (Mme de), 108; — (Mlle de), élevée à P.-R., 107 ; — (Hélène de), novice à P.-R., 108*; IV, 128.

Musset-Pathay; son travail sur Retz, V, 581*, 602 ; — croit à tort à un suicide ou à une mort anti-religieuse de Retz, [602-3].

Mystères (Dangers du comment des), II, 121; — (L'indifférence des), III, 305*; — de la foi doivent être reçus par la philosophie, V, 355-6.

Mystères (Chute des) dramatiques, I, 121, 122; — (Polyeucte et S. Genest, ricochet des), 145.

Mysticisme; favorisé par le cloître, IV, 322*; — (Imaginations confinées au), V, 172-3.

Mystique (Analogie de la pensée) et de la pensée orientale, VI, 307; — (M. Hamon est un), 296.

Mystiques (Familles des) solitaires, IV, 322-3*; — (Série des écrivains), I, 245-6, 248; — (Les) sur l'amour de Dieu, IV, 93; — français du xvii° siècle, IV, 333*; — (Application des sens), 207; — (Petit moyen des) pour avoir prise sur les âmes, III. 502*; — (Maison dirigée par des), 502*.

Mythologie chrétienne, IV, 329*.

N

Naïades, IV, 330.
*Nainvilliers (Château de), en Beauce, II, [543].
Naissance; ce qu'en écrit Michel-Ange, IV, 329; — (Des avantages de la), III, 434; — (La) *du Jansénisme découverte*; Voy. Pinthereau et Préville.
Namur (Campagne de), VI, 151; — (Siège de), V, 200; — (Prise de), IV, 70; V, 91*; — (L'Ode de), de Boileau, 500.
Nanon, III, 192.
Nancy; passage de Louis XIV, V, [581].
Nantes, II, 252; III, 154; — Château; évasion du cardinal de Retz, III, 585*; V, [556, 558. 601]; VI, [287]; — (M. de Pontchâteau à), V, [311]; — lieu d'exil des Religieuses de P.-R., 222, 226; — Voy. Édit, *Geneston, *Saint-Gildas-des-Bois.
*Nanteuil, près Paris, maison de campagne de Fabert, III, [597].
*Naples (Églogue sur), II, 420; — l'abbé Galiani y défend la représentation de *Tartuffe* (1777), III, 302.
Napoléon; son mépris de la nature humaine, III, 432*; — opinion sur la guerre, [611]; — moins libéral que Louis XIV vers 1669, 283*; — sa haine du Jansénisme, 256-7; — confond l'économiste Quesnay et le P. Quesnel, 257; — valeur de style de ses lettres, 464; — Voy. Bonaparte, I, déologue.
*Narbonne (Le Sénéchal de), V, 165; — Voy. Du Ferrier, Fouquet.
Narcisse; nom fictif, II, 71.
Narcotique d'une nouvelle espèce, IV, 492.
Nassau; Voy. Orange (Prince d').
Natalie, dans « Saint-Genest », I, 159, 160, 161-2, 164, 165, 166.
Nations (Perfection et décadence littéraire des), VI, [262].
Nativité (Tableau de la), texte du « Socrate chrétien », II, 74.
Nature (La), ennemie du Christ, II, 480*; — (Ruine ou phase de la), les deux explications du Christianisme, V, 435-6; — (Dieu dans la), III, 103-4; — (Dieu s'est figuré dans l'ordre de la), II, 35; — (Prendre la) à l'envers, IV, 470-1; — (L'homme devant la), III, 424-7; — (De l'imitation de la) dans l'art, VI, 43-4; — (Jansénius sur l'état de pure), II, 145-6; (La) est, pour Jansénius, non une diminution mais une subversion du bien, I, 221*; (Erreur de la haine de Jansénius contre l'étude des secrets de la), II, 479-80; — le dieu de La Fontaine, V, 24; — (Montaigne est la) même, II, 408; (Comment Montaigne et Molière sont la), III, 274; — (La) pousse à ne pas penser à la mort, IV, 161; — (Pensées de), IV, 243; — (Priape et Pan, les deux formes de la), II, 480*; — (Marche des progrès de la), III, 435; — (Sentiment de la) chez Racine, VI, 89-90; — (La) secouant la religion, III, 399; — (Nulle distraction de Saint-Cyran vers la), I, 345; — (Hymne à la) par Théophile, 312*; — (La) suffit selon Voltaire, III, 409.
Nature (On change sa direction, non sa), V, 33. 131.
Nature champêtre: comment sentie à P.-R., V, 277-8*.
Nature humaine (Duplicité de la), III, 406; - (Vice de la), bien connu par le Christianisme, IV, 59; — (La condition de *duplicité* dans la) forcerait-elle de recourir au Christianisme? III, 402; — (L'explication de la) par le Christianisme

ne démontre pas sa partie surnaturelle, 402; — mauvaise pour P.-R., IV, 9-10; — en la proclamant mauvaise, les théologiens et certaines philosophies disent-ils la même chose? III, 237-8; — son infimité selon Pascal, [615]; (Tableau de la) de Pascal, ce qui reste le plus de lui, [617-9]; — est-elle si mauvaise? 240; — mauvaise pour le XVII° siècle, bonne pour le XVIII°, I, 409, 410*; — ceux qui la maintiennent suffisante, l'un des deux camps de la Philosophie, II, 391-2; — Voy. Homme.
Nature pittoresque (Sentiment de la), I, 219, 219-20*, 246*; IV, 255; — S. François de Sales la ramène à l'édification, 229-30.
Naturel (Aller du révélé au), V, 394; — (Du) en fait de style, III, 459.
Naturellement (Ce qu'on appelle parler), III, 462.
Naturelles (Lumières), V, 524*.
Naturistes (Doctrines), II, 392.
Naudé (Gabriel), II, 76, 78*; — disciple de la méthode de Montaigne, 441*; — ce qu'il dit du changement des méthodes, 120; — sceptique officiel, 451; — ce qu'il dit de Camus, I, 242-3, 244*; — « Mascurat », II, 441*.
Navailles (Le duc de), ami de Retz, V, [576].
Nararre; Voy. Catherine, *Paris (Colléges).
Navi'le (M. Ernest); « L'apologie de Pascal a-t-elle vieilli? », III, [617-8].
Né (Ce qui résulte d'être bien) est à peu près la morale des honnêtes gens, III, 260-1.
Néarque, dans Polyeucte, I, 123, 124-5, 137, 159, 163.
Necker (M.), IV, 274.
Necker (Mme); mot sur les discussions, I, 23-4.
Nécrologe de l'Abbaye de N.-D. de P.-R. des Champs, *Amst*. 1723 (par Dom Rivet), I, 360-1*, 396*, 405; II, 8, 330, [542]; III, 170*, [631]; IV, 97*, 104*, 218, 280*, 289, 316*, [528]; V, 53*; — monuments qui l'illustrent, 160*; — exemplaire avec notes manuscrites, VI, 239*; — son article de Mme de Longueville, V, 128*, 138; — sur M. de Pontchâteau, VI, 266-7; — sec sur Mme de Sablé, V, 52*.
Nécrologe (Supplément au) *de l'Abbaye de N.-D. de P.-R. des Champs* (1735), II, 224*, 228*, 237*, 239*, 294*; III, 469*, 473*, 479, 485*, [631]; IV, 97*, [592]; V, 26, 124*, 518, 248*, 359*; VI, 85*, 170*, 238-9*, [32^*]; — édité par Lefebvre de Saint-Marc, V, 518*; — passage sur les Petites Écoles, IV, 346*; — l'article de Boileau, V. 518.
Nécrologe des plus célèbres Défenseurs et Confesseurs de la vérité des XVII° et XVIII° siècles (1760); connu sous le nom de Petit Nécrologe; précieux pour les hommes du XVIII° siècle, III, [632]; — (Le petit), III. 189*, 211*; — (Erreur des grand et petit), V, 303*.
Nécrologes, IV, [589, 590]; VI, 84*; — (La légende dans les), 188; — l'article de Domat, V, 523; — ce qu'ils disent de Racine, VI, 83; — (Les) et Mme de Saint-Loup, V, 159*, 160*; — (Les) et M. de Tréville, 89; — (Erreurs des), VI, 86*; — (Omissions des), IV, [557*]; V, [607]; VI, [286*].
Neercassel (M. Jean de), III, 210*; IV, 331*; V, 460; — ancien P. de l'Oratoire, 302; sorti de l'Oratoire, 309; — évêque de Castorie *in partibus*, 305*, 310*; — vicaire apostolique et archevêque à Utrecht, IV, 20*; V, 305*; — (Les prédécesseurs de M. de), 308; — aurait pu être cardinal, 310*; — et la M. Angélique de Saint-Jean, 302-3; — et Arnauld, 300, 306, 312; — et Bossuet, 300, 307; lettres de Bossuet, 375; — en France, 303; — et Innocent XI, 310*; et Louis XIV, 303-6; — et Louvois, 306*; — et M. de Luxembourg, 306*; — son opinion sur Malebranche, 437*; — son voyage à Paris, 306*; — et l'affaire du Norstrand, IV, 376-7; — et M. de Pontchâteau, VI, [334]; lettres de M. de Pontchâteau, IV, 445*, 448*, 454*, 486*, 493*; V, 252-3; — visite à P.-R. des Champs, 303; — auxiliaire de P.-R. en Hollande, IV, 20*; — bien avec Rome, V, 310*; — lettres de M Ruth d'Ans, 327-8; — sa mort (1686), 303; — son portrait, 307; autre portrait à Amersfoort, 309; — son successeur, 460*; — son *Amor pœnitens*, 300, 310*; — sa correspondance, 307; — sa valeur, 309; — sa discrétion dans la bonne fortune, 305*; — son caractère apostolique, 302-3.

Neff (Effets de la grâce sur Félix), I, 97, 106.
Négligés (Boileau n'aime pas les poëtes), V, 519.
Négrepelisse (Siége de), II, 292, [572].
Néhémie (Le prophète), VI, [345].
Némorin, VI, 91.
Nemours (Le duc de), I, 246*, 265*, 266*, 267.
Nemours (Marie d'Orléans de Longueville, fille du duc de Longueville et de sa première femme, depuis duchesse de), I, 370, 370-1*; — ses Mémoires, 370*; — ce qu'elle dit de Mme de Longueville, sa belle-mère, V, 125; — et P.-R., II, 297; — et Retz, V, [536]; — Voy. Longueville (Mlle de).
Néo-Cartésiens (Les modernes), III, 422*.
Népotien; Voy. S. Jérôme.
Neptune, I, 373; — (Conseil d'Iris à), V, 452*.
Néron (L'Empereur), IV, 9; V, 457; — il lui a manqué d'être janséniste, III, 257*.
Nervèze (A de) a part au progrès de la langue, 61, 62*.
Nesmond (Le président de) et les restitutions de M. de Chavigny, II, [557].
Nestor (Éloquence de), III, [612].
Nestorius (Hérésie de), II, 243; III, 13*; IV, 250.
Netteté dans le tour, naturelle aux femmes, acquise chez les hommes, IV, 515.
Netz (M. de), évêque d'Orléans; ce qu'il dit des Jésuites, à la mort de Saint-Cyran, II, [540].
*Neuilly (Pont de); accident de Pascal; Voy. ce nom.
Neutre (Être), crime aux yeux des ardents, IV, 91; — (Qui veut demeurer) est le Pyrrhonien par excellence, III, 440.
Neutres (Les) de la Grâce, IV, [528]; — (La devise des) sur la Grâce, 92, [525*].
Neuvaines, IV, 201; — (Efficacité des), 146; — pour M. Arnauld, 152.
Neuville, près Pontoise, maison du Président de Ménars, V, 29; VI, 67*.
Neuville (Le P. de), jésuite, prédicateur; sur l'hypocrisie, III, 341-2*.
*Nevers; lieu d'exil des Religieuses de Port-Royal, VI, 222, 224.

Nevers (Mémoires du duc de), II, 266*.
Nevers (Philippe-Julien Mancini, duc de), II, 476; — de la debauche de Roissy, IV, [529]; — sa querelle avec Racine et Boileau à propos des deux Phèdres, VI, 128-9.
Ney (Procès du maréchal), II, 130*.
Newton (Isaac), 1642-1727; — (Profondeur de), III, 408; — dépasse, dans son explication, Descartes et Malebranche, V, 417; — a donné à la géométrie le sceptre du monde physique, III, 319*; — (Effets de la Grâce sur), I, 97, 106; — (Fatigue physique de), II, 482.
Newton (John), 1622-1678; I, 29; IV, 495*.
Nicaise (L'abbé), correspondant d'Arnauld, IV, 76-7; — correspondant de Rancé, 54*, 514; — publie la lettre de Rancé sur la mort d'Arnauld, 76; V, 478.
*Nicée; Voy. Conciles.
Niceron (Le P.), de l'Ordre des Barnabites, I, 242; — (Mémoires de), III, 386*, [627].
Nickel (Le P.), Général des Jésuites; — sentiments modérés de sa circulaire sur la condamnation de l'Augustinus, I, [543, 544*]; — se plaint qu'on ait imprimé un ouvrage de Jésuite sans approbation, [547*].
Nicolaï (La Présidente de); M. de Harlay permet à M. Le Tourneux de faire une exhortation chez elle, V, 225.
Nicolas IV, pape; bulle sur le capuchon des Cordeliers, IV, 438.
Nicolas (L'empereur), I, [557].
Nicole, Avocat au Parlement et Chambrier de Chartres, père de Pierre Nicole, IV, 413, 414; — ses relations et ses ouvrages littéraires, 412.
Nicole (Pierre), né à Chartres (1625-1695); I, vi, 21 [515]; II, 32*, 163, 446; III, 70, 76, 156, 195*, 244, 258, 275, 310, 405; IV, 137, 171, 216, 261*, 332, 394; V, 85.
= Sa famille, IV, 411-2; — neveu de la Mère Marie des Anges, I, 187*; — son éducation, IV, 412-4; — et le doctorat, 414, 416; — ne dépasse pas le degré de bachelier ou clerc tonsuré, I, 439-40; IV, 416, 446; — et la Sorbonne, 414, 416; — élève de M. de Sainte-Beuve; ce qu'il en garde, 414; — élève de M. Le Moine, 414; — aux

conférences de la version de Mons, II, 360; — années de vie cachée, IV, 445; — caché loin de P.-R. des Champs, 286; — depuis la Paix de l'Église, 477-511; — négocie un accommodement particulier, 427-8; — son juste manque de confiance dans la Paix de l'Église, V, 139-40; — procès de famille, IV, 498; — fonde une Communauté pour l'éducation des filles du peuple, 501*; — vieillesse douce et honorée, IV, 508-11; — (Dernière maladie), 512*; — sa mort en 1695, 511-3; VI, 158; récit de sa mort par M. Vuillart, IV, 511-2*; — sa tête moulée après sa mort par Coyzevox, 513; — enterré au cimetière de Saint-Médard, 512*; VI, 80; — voulait que son cœur fût porté à P.-R. des Champs près de celui d'Arnauld, IV, 513*; — on ne fait rien sur sa mort, 512*; — (Dispositions, exécuteurs testamentaires et légataires de), 512*, 513*; à qui il lègue ses livres et ses papiers, 512*; nomme M. de Beaubrun son exécuteur testamentaire. III, 33*; codicille et contestations, IV, 513*; fidéicommis à Mme Angran, 513*; — son portrait par Mlle Chéron, [598]; son portrait peint à la dérobée, 513; gravé après sa mort, 512-3;

= et les voyages, IV, [596]; — ses tournées en France, 477-80; — voyages en France et en Allemagne, 418-9, 424; — rentrée en France, 498-9; — son voyage à Aleth pour aller voir Pavillon, 372*, 478; — à Angers, 477-8; — réfugié dans les Ardennes, 155*; — à Beauvais, 477, 479, 480, 482; son petit bénéfice à Beauvais, 479, 480; — fuite en Belgique, 480; — à Bruxelles, 480, 498, [594]; V, 292; — à Chartres, IV, 477, 479, 480, 482; permission de demeurer chez lui à Chartres, 490, 498; — à la Grande-Chartreuse, 478; — caché à Châtillon près Paris, 425; — à l'abbaye de Chatillon-sur-Marne, 480; — son voyage à Cologne (1658-9) est révoqué en doute, III, 457*; — à Corbeil, IV, 510; — en Flandre, [594]; — à Grenoble, 478; — à la Flèche, 478; — Voyage à la Trappe (vers 1673), 89*; — à Liége, 480, 498, [593, 596]; — à l'abbaye d'Orval, 491, 498, [596]; — sa demeure à Paris, III, 384*; ses logements à Paris, IV, 419*, 477; logé au faubourg S.-Jacques, V, 76; forcé de se cacher à Paris, III, 75*; ses retraites à Paris, IV, 417, 424-5, [586-7]; caché à l'hôtel de Longueville, 366*, 389, 394, 425, 516; V, 19; 122*; logé chez Mme Angran, rue Ste-Avoye, IV, [587*]; revient à Paris, 497, 498, 499; ses derniers logements à Paris, 510-1; retraite finale près de la Crèche, 510-1; anecdote de la tour de S.-Jacques du Haut-Pas, 428, [597]; — veut aller à P.-R. des Champs, 499; à P.-R. des Champs, V, 164; son union de cœur avec P.-R. des Ch., IV, 503; — à l'abbaye de Saint-Denis, 477, 480, 482; V, [581]; — à Sedan, IV, 480; — à Sens, 403; — à Troyes, III, 554*; IV, 477, 479, 480, 482; Essais de morale écrits à Troyes, 428;

= Ses distractions, IV, 463-4; — son surnom de Monsieur l'abstrait, 464*; — anecdotes sur sa timidité physique, III, 554*; ses frayeurs singulières, IV, 428; — exécrable cavalier, 478; — recette pour dormir, 491-2; — faiblesse de ses yeux, 419*, 463, 511; — ses médecins, 511; — (La toilette de), [598]; — (Cachet et devise de), 495; — ses scrupules à propos des portraits, 513, [598];

= Grand causeur, IV, 429, 479, [598]; causeur agréable et facile, 429; son talent de causeur, 514; — un peu indiscret, 430-2; — parlait un peu trop, 499; — différence de sa parole et de sa plume, 428-9; — mauvais polémiste de vive voix, [599];

= et M. d'Aranthon, IV, 478; — présenté au nonce Bargellini, 395*; — son jugement sévère de Bayle, 435-6; — d'accord avec Bossuet contre Richard Simon, 508-9; — son portrait du P. Bouhours, V, 462*; — point dupe de Brienne, V, 19; pourquoi Brienne ne l'aime pas, IV, 429; son portrait de Nicole, 413, 418, 419-20, 443; V, 21; — et M. de Caumartin, le Conseiller, IV, [598]; et M. de Chandenier, V, 14; — et Descartes, 352; parmi les rares cartésiens de P.-R., 491*; applique la méthode de Descartes à la grammaire et à la logique, 357; accusé d'être aussi cartésien que catholique, 352; — son attaque contre Desmaretz de Saint-

Sorlin, VI, 107-8*; combat Desmaretz, IV, 328*; — subtilité de sa réponse à Domat. III, 96 ; — et M. Du Bois, V, 469 ; — et le P. Du Breuil, IV, 509 *; — et Du Guet, VI, 5, 17, 71; (Du Guet voisin de), VI. 30 ; — et Fénelon, IV, 508 ; — et Fléchier, 510 ; — et le prince de Guéméné, 478 ; — et M de Harlai, 499, [594] ; V, 323 ; bons procédés de M. de Harlai, IV, 510 : ce qu'il dit de M. de Harlai, [597]; — ses réserves sur les miracles modernes, approuvées par le *Journal des savants*, blâmées par D. Clémencet, V. 268*; — et M de Lamoignon, 489; — historiette de M. de Launoi et lui, IV, [599-600]; — et l'évêque Le Camus, 478; en visite à Grenoble chez M. Le Camus, V, 152*; — et le jeune Leibniz, 443; visité par Leibniz, III, 362 ; — et Louis XIV, IV, 479; V, 153, 289; — dans la guerre de Malebranche et d'Arnauld, 383; Malebranche moraliste comme lui, 390 ; — se moque des visions de M. Olier, III, 30-1*; attaque M. Olier, IV, 442 ; — et le petit Racine, VI, 87 ; et Racine, IV, 510; V, 490; c'est son mot dur sur les auteurs de romans et de comédies qui fait écrire à Racine les deux *Lettres* sur Port-Royal, III, [602-3]; IV, 443; VI, 107-8 ; sa page en réponse à la première Lettre de Racine, 113 ; visite de réconciliation de Racine t29.[365]; — et Rancé, IV, 68, 69*, 70; son estime pour Rancé, 79, 80*, 90*; visite à l'abbé de Rancé, [519]; — et l'abbé Renaudot, 510, 512 ; — et le cardinal de Retz, 477 ; reçoit à Saint-Denis l'hospitalité de Retz, V, [581]; — ses dévotions au tombeau de S. François de Sales, IV, 478; — et l'abbé de Saint-Pierre, 510; — et Richard Simon, 509*; — et le P. Thomassin, 510 ; — et M. de Tréville, 504, 510; V. 88-9*; préfère l'esprit de M. de Tréville à celui de Pascal, III, 384; V. 85 ;
= Ses trois sœurs, IV, 414, 498; — et sa sœur Charlotte, III, 359-60; — les Religieuses et les Dames de la Grâce, IV, 494 ; — ce qu'il dit des Religieuses, 501-2 ; — et la M. Angélique de Saint-Jean, 227, 228, 497 ; — et Mme Angran, 478; — écrit la Vie de la M Marie des Anges sur les Mémoires de la S. Eustoquie de Brégy, 502 ; — Mme de Bélisi, V, 259*, 267* ; — son jugement sur la S. Eustoquie de Brégy, IV, 272 ; — sa sagesse dans l'affaire de Mlle Perrette des Lions, [592] — et Mlle Gallier, 499, 500 ; — et la comtesse de Grammont, 512*; — et Mlle de La Fuie, [598]; — et la S. Élisabeth Le Féron,, 503 ; V, 122-3; — et Mme de Longueville, III, 384*; IV, 368, 429, 477, 479, 480, 482, 515, 516, [595] ; chez Mme de Longueville, V, 105*; serait-il l'auteur du charmant *Caractère* de Mme de Longueville ? 135 ; — et Mme de Sablé, IV, 515 ; V, 76 ; — ami de Mme de Saint-Loup, IV, 480, 494 ; — n'a rien écrit sur Mlle de Vertus, V, 121* ; — (La servante de), IV, 512*;
= N'est pas de la droite lignée de P.-R., II, 371* ; — ses premières relations avec P.-R., IV. 414-5 ; — Janséniste de par Arnauld, 516*; — son monde de Théologiens et de Solitaires, 514; — sa part dans l'affaire du Nordstrand, 190-1, 375, 513*; la voyait en beau, 376 ; veut vendre sa part, 377 ; — et les comptes du Nordstrand, VI, [331] ; — de quel parti à P.-R., IV, 347 ; — peu porté aux exagérations, 501-2 ; — plus séculier que les autres Port-Royalistes, 501 ; — plutôt cousin germain de P.-R., 502 ; — querelles de famille au dedans de P.-R., 423-4 ; — les gens qui criaillent contre lui, V, 295 ; — modifie beaucoup l'esprit du second Jansénisme. II, 219; — son Jansénisme mitigé et sa diplomatie scolastique, IV, 421-3 ;— mitige tout le Jansénisme, V, 87 ; — amoindrit le Jansénisme pour le sauver, IV, 418 ; — son innovation de tactique, 421-3 ; — sa thèse favorite est que le Jansénisme est une hérésie imaginaire, 418 ; — pourquoi blâmé un moment à P.-R., 418, 423-4 ; — et la signature du Formulaire, III, 82 ; dans l'affaire de la Signature, II, 217 ; son bon sens modéré sur la signature des Religieuses, IV, 403 ; son sentiment modéré finit par l'emporter à P.-R., 401 ; derniers sentiments sur la Signature, II, 573 ; — auteur de la restriction au second mandement sur la Signature, 355; dissidence avec Pascal sur cette restriction, 355-6 ; — dresse les *Cinq articles*, IV, 421, 422 ; —

NICOLE 249

pour l'accommodement de M. de Comminges, 421 ; — pour tout ce qui maintiendrait la Paix de l'Église, V, 152* ; contribue sans le vouloir à rompre la Paix de l'Église, 152* ; — ses ennuis pour avoir rédigé la lettre à Innocent XI sur les Casuistes relâchés, IV, 479, 480, 484 ; — et le projet de lettre des Évêques au Pape, V, 153, 170, 174 ; compromis dans la lettre des Évêques au Pape, 289 ; — sa position finale dans le parti IV, 514* ; — d'avis de chercher l'obscurité pour P.-R., V, 140 ; — voit la cause du Jansénisme à peu près perdue, IV, 507-8 ; — accusé d'être le diplomate voyageur du Jansénisme, 479 ; — ne veut pas aller à Rome, 485 ;

= et Arnauld, III, 558, [597] ; IV, 476, 477-8, 486-7, 488-91, 500* ; — son union avec Arnauld, 417-8 ; — Arnaldin, 443 ; — vis-à-vis d'Arnauld, 513* ; distinct d'Arnauld, 411 ; — et Arnauld amis à la mort et à la vie, 487-91, 500* ; — le second inséparable d'Arnauld, III, 154 ; — aide et second d'Arnauld, 417, 424 ; — encourage l'entêtement d'Arnauld, 174, 176 ; — accusé de gâter M. Arnauld, 424 ; — on se décharge sur lui de ce qu'on reproche à Arnauld, 424 ; — on craint qu'il n'affaiblisse Arnauld, 485, 486 ; — tempère Arnauld, III, 548 ; — influence adoucissante sur Arnauld, IV, 227-8 ; — ses conseils pacifiques à Arnauld et au P. Quesnel, V, 451-2 ; — écrit avec Arnauld la lettre de soumission des quatre Évêques, IV, 389 ; — plus juste pour les femmes qu'Arnauld, V, 502 ; — son différend avec Arnauld, 292 ; — quand il se sépare d'Arnauld, IV, 427 ; — son divorce d'avec Arnauld, 480-91, [597] ; lettre à l'Archevêque de Paris, 484 ; colère des amis et lettres fulminantes, 484-5 ; agréables réponses, 485-7 ; — déchirement en se séparant d'Arnauld, I, 440-1 ; — remplacé auprès d'Arnauld par le P. Quesnel, IV, 504 ; — se mêle des projets d'accommodement pour Arnauld, V, 323 ; — ce qu'il dit d'Arnauld, III, 557* ; — bien loué et bien défendu par Arnauld, IV, 491 ; — ce qu'Arnauld lui écrit sur Malebranche, V, 380-2 ; — survit à Arnauld, IV, 508 ; — (Témoignage de) mourant sur Arnauld, 512* ;

= et M. de Barcos, II, 216, 220 ; IV, [595] ; ses dissidences avec M. de Barcos, 415, 423-4 ; Réfutation manuscrite de la *Grandeur Romaine* de M. de Barcos, 415 ; réfute M. de Barcos sur l'Oraison dominicale, II, 219 ; — attaque M. Bernières de Louvigny, IV, 442 ; — et M. Bocquillot, V, 240 ; — ami de M. de Buzanval, IV, 479, 480 ; — avait des portraits de Champagne, 511 ; — et M. Fouillou, VI, 172* ; — et son secrétaire, M. Giot, IV, 512* ; — et M. Guelphe, 488* ; — et M. Guillebert, [595] ; — recherche la conversation de M. Hamon, 463 ; son éloge des ouvrages de M. Hamon, 503* ; — et M. Hermant, 485 ; — ami de l'abbé Le Roi, 62, 65, 444 ; — proposé à tort comme exemple à M. Le Tourneux, V, 223, 226 ; — et le duc de Liancourt, IV, 478 ; — et M. Marcel, [597] ;

= et Pascal, IV, 503 ; — conversation de Pascal sur la condition des Grands, II, 463 ; — a-t-il assisté à l'exposition par Pascal du plan de son grand ouvrage ? III, 457 ; — comprend son Pascal, IV, 419 ; défend les citations de Pascal, III, 124 ; — visite Pascal au lit de mort, 368 ; — traité de Pascalin, IV, 419, 443 ; — comment il reprend les dernières Provinciales, 418 ; — Les Imaginaires inspirées des Provinciales, 185, 432-3 ; — en face de Pascal, 465, 466, 470 ; — disciple de Pascal en morale mais non asservi, 475 ; — ses différences avec Pascal, 421, 423 ; — a volontiers le ton différent de celui de Pascal, 475, 476 ; — ce qu'il dit de Pascal, II, 462-3 ; — juge de Pascal, IV, 475-6 ; — a dû faire ses réserves à bien des témérités des Pensées de Pascal, III, 450* ; — fait pour trouver Pascal étrange et presque sauvage, 384 ; — se plaint du ton despotique de Pascal, 457 ; — a tort de trouver le style de Pascal orné, 460* ; — singulier propos sur Pascal, qu'il traite de ramasseur de coquilles, 384-5* ; IV, 431 ;

= et Pavillon, 425-6 ; consulté par Pavillon, 362 ; — et M. Périer, 488*, [594] ; — et M. Pirot,

512*; — et M. de Pomponne, V, 289 ;
= et M. de Pontchâteau, IV, 287, 493*, 498-9*, 500 ; VI, [331, 334, 350] ; — vis-à-vis de M. de Pontchâteau, V, 250 ; — son livre de l'Oraison et M. de Pontchâteau, VI, [348] ; — M. de Pontchâteau injuste pour lui, IV, 485, 486* ; — ce qu'il dit de M. de Pontchâteau, V, 259* ; — son récit de la mort de M. de Pontchâteau, VI, [334] ; — sage réserve à propos de la mort de M. de Pontchâteau, V, 267-8* ; — ne croit pas aux miracles de M. de Pontchâteau, VI, 71* ; — moins hardi vis-à-vis de la mort que M. de Pontchâteau, [350] ;
= (Quesnel, émule de), V, 338 ; — et M. de Saci, IV, 497-8, 498*, 500 ; secret antagonisme avec M. de Saci, II, 371* ; trouve de l'excès aux démonstrations des Religieuses au convoi de M. de Saci, 371* ; ce qu'il écrit sur les funérailles de M. de Saci, IV, 501-2 ; juge de M. de Saci, 501-2 ; — tient peu de Saint-Cyran, 414 ; comment il le juge, 415 ; son opinion sur Saint-Cyran, I, 273, 274, 278 ; étranger aux vues de Saint-Cyran, IV, 418 ; s'éloigne de l'esprit de Saint-Cyran, I, 437 ; — et M. de Sainte-Marthe, IV, 349, [596] ; — a M. Singlin pour directeur, 417 ; — a recours à la science de Tillemont, 11 ;
= Un des maîtres à P.-R., III, 558 ; IV, 415 ; — plus moniteur que maître aux Petites Écoles, [599] ; — son emploi aux Écoles, 415-7 ; — s'occupe aux Écoles de P.-R. de philosophie, I, 428 ; — maître de philosophie et d'humanité aux Petites Écoles de Paris, III, 471, 472 ; — maître des Petites Écoles aux Granges, 475 ; — un des auteurs de la Logique, 554* ; travaille à la Logique, II, 402 ; travaille avec Arnauld à la *Logique*, III, 504 ; elle est plus de lui que d'Arnauld, IV, 415 ; — maître de Racine, III, 475 ; VI, [260] ; — un des maîtres de Tillemont, III, 508, 553 ; IV, 10, 415 ;
= et les Jésuites, IV, 511 ; — ce qu'en aurait dit le P. Annat, 448* ; — ouvrage contre la morale des Jésuites, III, 216 ; — aurait profité du P. Comitolo dans sa campagne contre la Probabilité, 126 ;

— son livre contre le P. Amelotte, IV, 432 ; fait visite au P. Amelotte pour le mieux peindre, 431 ; — attaque le P. Guilloré, 442 ; — pourquoi vieux il n'écrit plus contre les Jésuites, 511 ;
= Grand adversaire des Calvinistes, 445-5 ; — écrit contre le Calvinisme, 410 ; — discute de haut en bas contre les Protestants, 455-7 ; — a eu l'attitude catholique envers les Protestants, 458 ; — veut écrire contre les Protestants, II, 195 ; — compagnon d'armes de Bossuet, IV, 457-9 ; trop d'accord avec Bossuet sur l'expulsion des Protestants, 508 ; — Préjugés légitimes contre les Calvinistes (1671), 446 ; — « Prétendus Réformés convaincus de schisme » (1684), 446 ; — et le livre du ministre Aubertin sur l'Eucharistie, 446, 449 ; querelle avec le Ministre Claude sur la Transsubstantiation, II, [541] ; en désaccord avec Claude sur l'Écriture et les Pères, IV, 453, 455, 456 ; — et Jurieu, V, 532 ; De l'Unité de l'Église (1687) dirigé contre Jurieu, IV, 498 ; son succès, 499* ;
= et le Quiétisme, IV, 511 ; — écrit contre le Quiétisme, 431* ; — Bossuet le fait écrire contre le Quiétisme, 508 ; — et Mme Guyon, 508, 509 * ; de ses relations avec Mme Guyon ; discussion à ce sujet, 429-31* ; attaque Mme Guyon et le P. La Combe, 442 ;
= (Qualités de), IV, 458, 460 ; — ce qu'il a d'élevé, 441 ; — comment le dernier des Romains, 513-4 ; — son ton sérieux habituel, 437, 439 ; — charme par les contrastes, 514 ; — raisonne plus qu'il ne sent, 416 ; — mélange de curiosité et de mystère, 479 ; — (Les *mœurs* de), 432 ; — son sentiment de justice et de vérité, 439 ; — son amour de l'exactitude, 416 ; — sa simplicité de mœurs, 510 ; — sa délicatesse d'argent, 425 ; — sa timidité, 416-7*, 481, 516*, [594-6, 596-7] ; — âme timide, 425-6 ; — (Les larmes de), [600] ; — ses scrupules, 426-9, 489, 490 ; — ses frayeurs, 426-9 ; — embarqué malgré lui, 427 ; — adoucit et affaiblit tout, III, 358 ; — actif dans le cabinet, IV, 429 ; — son désir de la solitude, 425-6 ; — son besoin de repos, 425, 427-8 ; — ses lassitudes, 425 ; — son goût personnel

pour la mort civile, V, 452; VI, 17; — cherche à se faire oublier, IV, 479, 480, 484; — ne demande qu'à mourir en paix, V, 226; — a quelque chose du sage, IV, 433; — sa modération, 510; sa modération sensée, 401; — (Docilité de), V, 223; — le moins prédicateur des hommes, 226; — répugne aux conséquences extrêmes, III, 367*; — ses essais de concilier les vérités redoutables avec les vraisemblances raisonnables, 233; — de l'ordre de Boileau contre les extravagances, IV, 442; — ne donne pas dans les austérités excessives, 432; — craint le ridicule pour les exagérations dévotes, 501; — de son sentiment sur les vœux et les reliques, VI, [351]; — son inconséquence sensée sur les miracles modernes blâmée par Dom Clémencet, V, 268*; — sa modération charitable, IV, 497-8; — se défend des applications personnelles, 462-3; — son esprit de conciliation le met aux prises avec tout le monde, 503; — son système d'éviter les contestations réglées, V, 383; — ses plaintes contre la diversité des jugements humains, VI, 10; — toujours ingénieux, IV, 485; — bon sens ingénieux, III, 548*; — a l'œil curieux en voyage, IV, 478; — voyait net dans la mêlée, 433-4; = Nature seconde, V, 514; — aide de camp fidèle, 424-5; — inférieur à Arnauld et à Pascal, 514; — n'est pas un grand théologien, 506; — accusé de scolastique, 424; — bornes de son esprit, III, 94; — point de la faiblesse de son esprit, IV, 460*; — ses crédulités, [600]; — esprit à courte vue, 438; son esprit un corridor, 435*; — donne sa mesure en traitant Pascal de ramasseur de coquilles, III, 384-5*; — ce qu'il a d'un peu commun, IV, 436; — (Le bien commun chez), 464, 465; — son peu de goût pour les textes, 448, 449, 453, 455, 456, 457; — son erreur de nier les métamorphoses graduelles, 446-8, 454-5; — ce qui a manqué à son talent, 514; — n'a pas de fibres tendres, 458*, 459*; — images effroyables; l'oreiller de serpents, 472-4; — l'horrible ne peut pas lui être pardonné, parce qu'il est froid et réfléchi, 473; = Croyant solide, IV, 439; — ce que sont pour lui Dieu et le Diable, 439; — sa piété judicieuse et raisonnable, 442; — à lire avec un désir de pratique, 441; — attitude française catholique, 457-9; — entend mal la spiritualité, 509*; — et les doctrines mystiques, 508; = Controversiste, IV, 425-6. 438, 443-5, 450-2; — son habileté et son innocence de controversiste, 459-60*; — petite académie de controverse chez lui, 511; — controversiste ordinaire de P.-R., 514; — aisément discursif, 435; — se défend en vain d'être un défenseur d'office, V, 88*; — sa répugnance à certains genres d'écrits, IV, [596]; — son art de dialecticien, 448-55; — dialecticien successif, 435; — sa méthode contre les Calvinistes la même que celle de Bossuet, 457; — sa méthode de prescription, 450-2; — ce que la France a gardé de sa méthode de discussion, 457-9; = Ses contradictions à propos de la Grâce, IV, 474; — admet la Grâce suffisante d'Alvarès, 418; — son peu d'attache aux questions de la Grâce, 516*; — son système de Grâce générale (Comment amené par Tréville à), V, 86-7; — essaye de tempérer les opinions jansénistes sur la Grâce, II, 117; — sa Grâce universelle, IV, 474-5, 516*; — Grâce générale, Nicole s'y amuse plus qu'il n'y tient, IV, 506-7; — Traité de la Grâce générale analysé dans le Journal de Trévoux, 432; — sa Grâce générale et M. Eustace, VI, 169; — sa Grâce générale réfutée par Dom Hilarion, IV, 504, 505-6; — sa Grâce générale réfutée par Du Guet, 504; VI, 65; — répond aux objections sur sa Grâce générale, IV, 492; — dernière controverse sur la Grâce, 503-7; = Pointe d'ironie, III, 31*; — ce qu'il a de sceptique dans la foi, IV, 514; — ce qu'il a de presque sceptique, 434-5, 438, 449; — dans quelle mesure sceptique, 435; — ses retours involontaires au sens commun, 507; — sagement réservé sur les miracles qu'on attribue à M. de Pontchâteau après sa mort, 502; V, 267-8; — comment il fait les affaires de l'incrédulité, IV, 460*; — touche quelquefois à Montaigne, 496; — le Bayle chrétien, 507; rapproché de Bayle, 435-6; — mène à Daguesseau, 476; — ce que, sans le savoir, il a de Voltaire, 434-5 ;

= La morale, son penchant propre, IV, 463 ; — moraliste, 460 ; — surtout moraliste, 506; V, 373 ; — psychologiste, IV, 466, 506 ; — le moraliste ordinaire de P.-R., 420, 464*, 514 ; — moraliste (Cause de sa tristesse comme), 515; — sa finesse comme moraliste, 485 ; — moraliste fin et moyen, 435 ; — meilleur moraliste que combattant. 499 ; — moraliste (Lettres de parfait), 494-8 ; — ce qu'il dit des femmes, 515-6 ; — devine et redoute les femmes, 515 ; — ce qu'il dit de la galanterie spirituelle, VI, 58 ; — moraliste (Défauts de), IV, 471-3, 474 ; — second de Pascal comme moraliste, I, 440 ; IV, 475 ; émane de Pascal, 420 ; — en face de La Rochefoucauld, 514 ; — mis au-dessous de Rodriguez, 471* ; — ce qu'il dit du moi, V, 56 ; — prévoit dans les Essais de Montaigne les écrits inspirés par le moi, II, 404-5 ; — se plaint de l'athéisme de son temps, III, 302 ; — (L'abbaye de fantaisie de, V, 105* ; — ses sentiments sur l'exil, IV, [594-5] ; — devait aimer la propreté, III, 325* ; — sur les concurrences des auteurs, 416* ; — son opinion sur les portraits, 513, [598];

= Sa curiosité de lecture, IV, 413-4, 435 ; — sa bibliothèque, 510; — et l'Écriture, 463 ; — n'entend pas la critique scripturale, mais en voit le danger, 509* ; — apprend et laisse l'hebreu, 419 ; — et S. Augustin, 479, 505 ; — et le grec, 419 ; — et les auteurs anciens, 413 ; ce qu'il sait par cœur des Anciens, [599]; comment il aimait les Anciens, [598-600] ; — cite Homère, 493 ; blâme M. de Tréville pour trop aimer Homère, [600] ; — son estime pour le style de Térence, III, 211 ; relit Terence pour traduire les Provinciales, IV, 419 ; — et l'Énéide, [598-9]; — sait Horace par cœur, [599]; son exemplaire d'Horace, [599]; — ne cherche que des faussetés dans les Anciens, 416*; — manque de son goût vis-à-vis de la belle Antiquité, 416*; — la Préface de l'Epigrammatum de lectus, III, 507, 529 ; IV, 416 ; « De la vraie et de la fausse beauté »,

III, 507 ; sa preface latine au Delectus Epigrammatum attaquée par le P. Vavassor, 528-31, [625]; erreurs de sa dissertation sur la vraie et la fausse beauté, 529-31 ; — voit trop l'épigramme en vue de l'enfance, 529 ; — sa sévérité pour le théâtre, V, 338 ; — élégance de son style latin, III, 248; IV, 416, 419, 479, 489 ; — ses vers latins et français, 419 ;

= L'homme de lettres chrétien, IV, 432, 511 ; — sa vocation passagère pour écrire, 511 ; — écrivain, 419, 432-3 ; — (Du style de), IV, 467-8, 514, 516* ; — sa vivacité relative de style, V, 17 ; — ne hait pas la prolixité, II, 85 ; — fin, malgré son ton gris, 400 ; — le fond supérieur chez lui à la forme, IV, 436, 441 ; — son aversion pour la poésie, 420 ; — fait un succès au poëme ridicule du P. de Saint-Louis, 413* ; — travaillait-il beaucoup ses ouvrages ? 420 ;

= Son appareil de mystere, IV, 428-9 ; — son pseudonyme de Barthélemy, 444 ; — son nom déguisé de M. de Bercy, 498 ; — son pseudonyme de M. de Betincourt, 425, 499, 500 ; V, [620*] ; de Chanteresne, IV, 462 ; — prend quelquefois de sa mère le nom de Constant, I, 401* ; — son pseudonyme de Paulus Irenæus, III, 213 ; IV, 417-8 ; de Franciscus Profuturus, 418 ; de Mombrigny, 462 ; de Recourt, 425* ; — son nom de M. de Rosni, 425*, [587*]; — son nom déguisé de Saint-Vast, 490 ; — son pseudonyme de Wendrock, III, 100*, 211 ; IV, 419, 504, 505, 506 ;

= Le rédacteur en renom, IV, 479 ; — sa part dans beaucoup d'ouvrages, 432 ; — le grand reviseur et repasseur des ouvrages de P.-R., III, 379* ; — corrige trop les ouvrages de Saint-Cyran, 380 ; fait des cartons aux « Considérations sur les Fêtes » de Saint-Cyran, 379 ; — travaille au Nouveau-Testament de Mons, IV, 432 ; et la Préface du Nouveau-Testament de Mons, II, 348 ; — sa part aux Requêtes des Curés, III, 207 ; — sa part aux Provinciales, 75*, 76 ; sa préface historique sur les Provinciales, 99-101 ; traduction latine des Provinciales, 99-100*, 211-4 ; IV, 419, 419*, 420 ; succès de sa traduction latine des Provinciales

III, 211 ; anecdote de l'édition du Wendrock passée en fraude, IV, [598] ; *Disquisitiones sex Pauli Irenæi*, 417-8; Disquisit'ons jointes à sa traduction des Provinciales, III, 213 ; la sixième, IV, 418 ; ses dissertations latines sur les Provinciales traduites par Mlle de Joncoux, III, 226-7 ; — travaille à l'édition des « Pensées, » 371*, 374, 375*, 376, 378, 379, 384* ; — publie en 1670 le discours de Pascal sur la *Condition des Grands*, 392-3 ; — un des auteurs de l'Apologie des Religieuses de P.-R., IV, 345-6 ; collabore à l'Apologie des Religieuses (1661), III, 345*. 348* ; IV, 432; elle est peu goûtée de Mme de Longueville, [595] ; — revoit la dernière lettre de la M. Angélique, 158 ; — publie le commentaire de M. Hamon sur le Cantique des Cantiques, 300, 301* ; — corrige la réponse de Mabillon à Rancé, 68 ; — revoit le *Théodose* de Fléchier, 510 ; — peut être l'auteur de la préface des « Poésies chrétiennes, » V, 17 ; — n'est pas l'auteur de la Réponse à l'Arrêt contre la liberté de penser, 491* ;

= Son *Belga procontator* sur l'Assemblée du Clergé de 1656, IV, 418 ; — *Traité de la foi humaine* contre le mandement de M. de Péréfixe, 432 ; — son *Abrégé de théologie* (1679) réfuté plus tard par Arnauld, 504 ; — « Traité sur l'existence de Dieu et l'immortalité de l'âme », 476 ; — « Réflexions sur les Épîtres et sur les Évangiles ». 510; — *De l'Unité de l'Église* (1687), 446 ; VI, 172* ; — *Perpétuité de la foi sur l'Eucharistie*, IV, 396. 410, [599] ; la *Petite* et la *Grande Perpétuité*, 445-57 ; — *Grande Perpétuité*; qualités et défauts de construction, 453 ; documents orientaux et renseignements officiels qui lui sont transmis sur les églises d'Orient, 453-4* ; il y tranche du généreux dans la discussion, 455, 456; l'ouvrage de Marbeineke en est le correctif, 457* ; publie sa Grande Perpétuité sous le nom d'Arnauld, 446; l'Épitre dédicatoire à Clément IX est d'Arnauld, 445-6; Préface, 454* ; Premier volume ; Approbations : son effet, 444-5 ; deuxième livre, 453 ; Deuxième volume, 455-6 ; Troisième volume, 454*, 457 ; le Cinquième volume est de l'abbé Renaudot, 454* ; devance l'Histoire des variations de Bossuet, 445 ; — Petite Perpétuité ; est d'abord une préface manuscrite à l'*Office du Saint Sacrement*, 443-4 ; réponses du ministre Claude, 444, 446-9; effets du livre, 445* ; — « Méditations » ; M. de Pontchâteau désire les voir, VI, [351] ; — « Essais de morale », II, 398-9, 400, 400* ; III, 30*, 384*, 392*, 552, [633] ; IV, 417*, 460, 461. 511, 512*, 513*, [597] ; V, 194, 390, 462* ; Origine, IV, 462-3 ; Premier volume, 462, 466, 477 ; 2e, 462 ; 3e, 462, 468 ; 4e, 462, 474 ; 5e, 462 ; 6e, 462 ; 7e. 462; 8e, 462 ; VI, [334] ; ce qu'ils étaient pour Mme de Sévigné, 465-9 ; ce qu'ils sont pour nous, 464-5 ; — Traités de morale, 420; les petits Traités de morale, 495*, 497; les petits Traités ont souvent pour point de de départ un fait réel, 462-3, 468, 498 ; — De la connaissance de soi-même, III, 258 ; IV, 462, 464 ; — Immortalité de l'âme (De l'), 476; — Les quatre fins de l'homme, 417*, 436, 472-3, 473-4 ; Les quatre fins de l'homme et M. de Pontchâteau, VI, [351], et M. de Saci, [351]; — « Moyens de conserver la paix entre les hommes, III, 258 ; IV, 461-2, 466, 476 ; — « Le procès injuste », 498 ; — « Les arbitrages », 498 ; — le « Jugement » et M. de Pontchâteau, VI, 350 1] ; — Sur les dangers des contestations, IV, 497; — Traité de la Comédie, I, 172 ; « Éducation d'un prince », III, 392; — son Choix de petits Traités par M. de Sacy, IV, 465 ; — la Logique; voir Logique de P.-R. ; — les Imaginaires, I, 312* ; III, [602]; IV, 185, 301, 432-4, 437-43 ; Imaginaires (Dix), 441 ; la première lettre, 433-4, 437-41; dans celle-ci, histoire du pain et du capuchon des Cordeliers, V, 499 ; édition de Hollande avec les Réponses à Racine, VI, 113, 114 ; louées par Mme de Sévigné, IV, 433 ; ses *Imaginaires* rapportent cinq cents écus, 407 ; — *Visionnaires* (Huit), suite des *Imaginaires*, 441-3 ; VI, 107 ; — son « Apologie », IV, 491-5 ; histoire de son Apologie, 492-3 ;

= Lettres, III, 302*, 384*, 392* ; IV, 435*, 462, 465, 468*, 477, 480-3, 485-6, 487, 490, 492, 493, 494, 495*, 496, 497, 501-2 ; V, 259*, 267* ; — Nouvelles Lettres, III, 30*, 367*,

416*, [633]; IV, 424*, 426*, 439*, 468*; — lettres conservées à Amersfoort, V, 307; — « Lettres sur l'Hérésie imaginaire »; M. Hamon écrit contre elles, IV, [595]; — Lettre des Évêques rédigée par Nicole, V, 153, 170, 174, 289; — sa lettre d'explication à M. de Harlai, IV, 484, 485, 489, 498; — lettres à Arnauld, 488; V, 383; sa première lettre à Arnauld après leur séparation. IV, [593-6]; — lettres au P. Quesnel, 507, 516*; — lettre à M. de Pontchâteau, 487; — lettres à Mme de Belisi, V, 267-8*; = Recueil de particularités sur lui, IV, [596-7]; — sa Vie par Besoigne, [597]; — sa Vie par l'abbé de Beaubrun, 516*, [587*]; V, 307*; — sa Vie par l'abbé Goujet, III, 214, 266-7; 474, 479; IV, 463*, 498*; — « Esprit de M. Nicole », III, [633]; — son portrait par Brienne, IV, 413, 418, 419-20; V, 21; — son portrait par l'abbé de Beaubrun, IV, 516*; — ce qu'en dit l'abbé de Rancé, 514*; — peu goûté de Mme de La Fayette, 465; — estime constante qu'en fait Mlle de Vertus, V, 123*; — admiration de Mme de Sévigné, IV, 462, 465, 466-9, 471*, 495; estime de Mme de Sévigné pour lui, II, 401; — Mme de Grignan l'estime moins que ne fait sa mère, 401; — tancé par le Marquis de Sévigné, 400; — grande estime de Bossuet pour lui, IV, 459, 508; — ce qu'en pense M. de Barcos, II, [541]; — ce qu'en dit M. Le Tourneux, V, 226; — ce qu'en dit M. de Pontchâteau, IV, 431*; M. de Pontchâteau effrayé au sens propre par certains Traités, 473-4; — ce qu'en dit Richard Simon, 431*; — estime de Boileau pour lui, 510; — ce qu'en dit Racine, 429; tancé par Racine, II, 400; — (Lecteurs de) satisfaits par Bourdaloue, 156; — ce qu'en dit Du Guet, IV, 506; — ce qu'en dit le Dr Petitpied, 506; — maltraité par le P. Daniel, 510; — loué par Bayle, 459; ce que Bayle trouve dans les Traités de controverse de Nicole, 460*; — estime de Daguesseau, 462*; — appréciation sévère de Vauvenargues, II, 400; — loué par Voltaire, IV, 461-2; — Fondation défendue par Gerbier, I, 73; — ménagé par de Maistre, IV, 432; — pour Joubert est un Pascal sans style, 441; jugement favorable de Joubert, 441; — caractérisé par Daunou, 432; — cité par Bonald, 432; — estime qu'en fait Lamennais, III, 258; IV, 462; — critiqué par Mme Swetchine (?), 471*.

Nicole (Charlotte), sœur de Pierre; sa valeur, IV, 414; — son frère emprunte sa plume, III, 359-60.

Nicole (Parents de); il leur laisse son bien de Chartres, IV, 512*.

Nicole (Le Président), cousin de Pierre Nicole, IV, 412.

Nicomédie, I, 154.

Nimègue (Paix de), III, 284; V, 154, 199; — Trêve qui suit son infraction, VI, 178, 179.

Nîmes, IV, 62*; — (Arènes de), VI, 99, 100; — et la rivière d'Eure, 101, 101*; — aqueduc d'Agrippa, 101; — (Nicole à), IV, 478; — (Racine à), VI, 199; — Voy. Fléchier.

Ninon de Lenclos, II, 109*; — esprit fort, III, 303; — (Le monde de), 269; — Tartuffe lu chez elle, 268, 269, 302.

Ninove (Arrêt du camp de), V, 151, 153.

Niort (Les prisons du château de), VI, 138.

Nisus, III, 64.

Nitrie, solitude de la Basse-Égypte, IV, 61.

Nivelle (Pierre), évêque de Luçon de 1637 à 1661, I, [534].

Nivelle (M. de), Général de Cîteaux, peu sympathique à P.-R., I, 323.

Nivernais (Le duc de); son article dans les Causeries du lundi, VI, 129*.

Noailles (M. de), d'abord évêque de Châlons, V, 284; VI, [256]; — sa nomination au siège de Paris, V, 284-5; a ses bulles d'archevêque de Paris gratis, 283*; archevêque de Paris, II, 203; V, 509; VI, [265]; — ses sentiments opposés à la Constitution, V, [611]; — son accommodement, III, 363*; — fait cardinal, 363*;

= Ses vertus et ses défauts, V, 284-6; — charitable aux pauvres, 283*; — porte sa méthode jusque dans ses rigueurs, VI, 193-4; — son système indécis de neutralité et de bascule, 171; — ambiguïté de son rôle, V, 288; — est et n'est pas Augustinien, 287-8; — se défend d'être Janséniste, VI, 201-2; — et les lettres d'obédience, 218, 230-1; — lettres jansénistes anonymes,

205-6 ; — son Ordonnance sur le Cas de conscience, 169-71 ;

= et l'Alcoran, II, [576] ; — Alexandre VIII lui donne gratis ses bulles d'archevêque de Paris, V, 283* ; — disciple du P. Amelotte, VI, 64* ; — et M. d'Argenson, 217-8 ; — son Ordonnance bizarre contre l'*Exposition de la foi* de M. de Barcos (1696), V, 152, 153, 287-8 ; due à Bossuet et à l'abbé Boileau, 59 ; soutenue par Du Guet, 60-4 ; censure l'ouvrage et défend S. Augustin, 59 ; son Ordonnance à double face ; opinion des Jansénistes sévères, 64-5* ; part de Bossuet, 64-5* ; — et l'abbé Boileau, III, 362-3* ; VI, 56-7*, 59*, 176 ; — et l'épître XII de Boileau, V, 502-3, 509-10, 512* ; et la satire de Boileau sur l'Équivoque, 517 ; — imprime avec Mandement, en 1709, la lettre non envoyée par Bossuet sur la signature des Religieuses, IV, 275* ; VI, 207-8 ; — fait examiner le Nouveau-Testament du P. Bouhours et défend d'y mettre son nom, II, [574-6] ; — et Clément XI, VI, 170, 171 ; Mandement de publication de la bulle de Clément XI, 174 ; — et le cardinal de Coislin, V, 269* ; — et Du Guet, VI, 68* ; — jugement de M. d'Étemare, V, 285 ; — et M. Eustace, 288 ; — ce que dit Fénelon de lui et de ses conseils, VI, 176 ; jugement de Fénelon, V, 285 ; Instruction pastorale de Fénelon contre lui, VI, 197 ; — et M. Issali, 186 ; — les Jansénistes croient l'avoir pour eux, II, [576] ; les Jansénistes se réjouissent trop de sa nomination, V, 285-6 ; favorable aux Jansénistes, 152 ; passe sa vie entre les Jansénistes et les Jésuites, 285 ; — jugement du cardinal Janson, 285* ; — et les Jésuites, 517 ; — et Louis XIV, IV, [590*] ; VI, 186-7, 193, 201-2 ; sollicite du roi le rétablissement du Noviciat de P.-R. des Ch., V, 288 ; mécontente à la fin Louis XIV, 284 ; — alliance avec les Louvois, V, [612] ; — et M. Marignier, VI, 189 ; — sa *retraite* au Mont-Valérien, 163* ; — M. Pirot, son vicaire, 169 ; — son estime de P.-R., VI, 163 ; — et Racine, V, 286 ; VI, 132 ; l'Histoire de P.-R. de Racine est écrite pour lui, 153 ; — et M. Targni, V, [611] ; — Adrien de Vignacourt, Grand Maître de Malte, lui fait avoir ses bulles gratis (1695), 283* ; — et M. Vivant, son grand vicaire, VI, 169-70 ;

= et Mlle Issali, VI, [275, 356] ; — et Mlle de Joncoux, 198-9, 231 ; ses entretiens avec Mlle de Joncoux, [275-9] ; — et la S. Rose, 56-7, 58 ; — une de ses nièces épouse le marquis de Louvois, V, [612] ;

= et les Religieuses de P.-R., V, 288 ; VI, 163, 165, 168, 189, 194-5, 201-2, [276-8] ; — ses louanges des Religieuses des Champs, 208 ; — ne veut pas qu'on élise une nouvelle abbesse, 188, 190 ; — demande au roi le rétablissement du Noviciat, V, 288 ; VI, 163 ; — son Mandement de 1705 et la résistance des Religieuses de P.-R., 182-97 ; et la M. Boulard, dernière prieure de P.-R., 188 ; — et la M. Du Mesnil, 233 ; — et la M. Élisabeth de Sainte-Anne, l'abbesse de P.-R. des Ch., 186 ; — et la M. Gertrude Du Valois, 234* ;

= Juste entre P.-R. de Paris et P.-R. des Champs, VI, 165 ; — visite à P.-R. de Paris, 208 ; — veut transférer P.-R. de Paris aux Champs, 235 ; — visite à P.-R. des Champs (20 octobre 1697), 163 ; — la bulle de suppression de P.-R. lui est adressée, 203, 204, 205 ; — son décret d'extinction de P.-R. des Champs, 208 ; — et les profanations à P.-R. des Champs, 228.

Noailles (Le Maréchal de), frère du Cardinal ; sa mort, VI, 206.

Noailles (Le duc de), neveu du Cardinal, VI, 241* ; — transmet à son oncle les plaintes de Louis XIV, 201 ; — et Mme de Maintenon, 143.

Noblesse (La) et les Écoles de P.-R., III, 497.

Noces (Parabole des), I, 376.

Nocturnes des Morts, IV, [588].

Nodier (Charles) ; De la liberté de la presse avant Louis XIV, III, 60*.

Noé (Arche de), II, 305 ; V, 515 ; — (Dispersion des fils de), II, 418.

Noël (Fête de), III, 476 ; IV, 125 ; V, [591] ; VI, [333].

Noël (Le P.), jésuite ; Traité du Plein du vide, contre Pascal, II, 473 ; — (Correspondance avec Pascal), II, 474-6, 483.

Noëls satiriques, III, 308-9*.

Noémi, II, 250.

Nogent-le-Roi, IV, 314.

Nointel (M. de) ; son ambassade à Constantinople, V, 238 ; — s'entre-

met pour les documents nécessaires à la Perpétuité de Nicole, IV, 454*.
Noir (Habit) des Religieuses de P.-R., II, 298; V. [619].
Noires (Les) ou Signeuses, IV, 217, 220.
Nolano, jacobin, emprisonné par l'inquisition, III, [592].
Nole; Voy. Saint Paulin.
Nolin (Mme), ennemie de M. Feydeau, VI, [297].
Nombres (Proportions des), vérités éternelles dépendantes d'une première vérité qu'on appelle Dieu, III, 420.
Noms (De l'autorité d'une suite de grands), IV, 449.
Noms propres (Orthographe incertaine des), IV, 208*; — (Travestissement des) dans les traductions de P.-R., II, 533.
Noms de guerre, fréquents dans le Jansénisme, VI, 179.
*Nonancour (Cure de); Voy. Maupeou.
Nonce du Pape (Le); fait défendre la vente d'un livre de M. Le Tourneux; V, 221; — en 1643, II, 180*; — en 1651, III, 12; V, [541]; — en 1652, IV, 173*; — en 1653, et Retz, V, [554]; — en 1656, ou 1657; son irritation contre la *Lettre d'un avocat*, III, 195*; — en 1659, III, 210*; en 1678, V, 333*.
Nonces; Voy. Bargellini, Cusani.
Nonces du Pape en Savoie, IV, [550].
Nonchalance de bel air, III, 439.
None (Office de), V, 14, 216, 276; VI, [330, 331].
Nord (Les Cours du), III. [600].
Nordstrand (L'île de) et le Jansénisme, IV, 374-8; — (Affaire du), V, 308. 309; — (Fonds placés à), II, 18; — (Comptes du), VI, [331, 333]; — (Affaire du) et M. Massin, VI, [316]; — (Les affaires du) et Nicole, IV, 490-1, 513*; — (Affaire du) et M. de Pontchâteau, V, [314, 315, 316, 338, 354]; voyage de M. de Pontchâteau, V, 256; VI, [318]; (Les comptes du) et M. de Pontchâteau, [331, 333]; — (Les comptes du) et M. de Saint-Amour, [331, 333]; — et le duc de Holstein, IV, 513; — Histoire de son Église catholique, 375, 377-8*; — on y a le libre exercice de sa religion, 375; nombre, en 1835, des diverses communions, 378*.
Normand (Gentilhomme), arrêté et embastillé avec M. de Saci, II, 347.
Normand (Jean le), pseudonyme de M. Hamon, IV. 301.
Normandie, IV, 521, 563, 564]; — la révolte des Va-nu-pieds, II, 470*; — Voy. *Rouville, *Rouen.
*Normandie (Basse), IV, 289; — Voy. *Caen.
Normands; dévots à la Vierge, IV, [567]; — naturellement complaisants, III, 377.
Notairerie (La) sentimentale, IV, [564].
Notaires au Châtelet, IV, 513*; — Procès-verbaux d'acceptation ou de refus de doctrine, VI, [291-2]; — (Procès-verbal des) à l'extinction de P.-R., VI, 211, 212-3, 214.
Notre-Dame (Fête de), VI, [327]; — (Congrégation de), IV, 189*; — Voy. *Paris, *Soissons, Vierge.
*Notre-Dame de la Victoire,. près Senlis, I, 39.
Notre-Dame de Liesse (Pèlerinage à), V, 208; — Voy. *Liesse (Religieuses de).
Notre-Dame des Ardillières (Charente-Inférieure), IV, [562].
*Notre-Dame des Vertus; Voy. *Aubervilliers.
*Notre-Dame du Tard; Voy. *Tard.
Nouet (Le P.), professeur de rhétorique aux Jésuites de Paris, III, 567; — prononce huit sermons contre le livre de la Fréquente communion, II, 179-80, 181*, 183*, 203, 359; III, 8; IV, 234; parait en avoir rédigé l'Approbation pour l'archevêque de Tours, II, 180-1, 181*; forcé à un désaveu public, 182; — Directeur des Filles-Bleues, IV, 234; — confesseur de Bussy-Rabutin, III. 221, 221-2*.
Nourrices (Les) ne doivent pas parler mal, III, 516*.
Nouveau Testament (Le), I, 345, 497; IV, 297*; VI, [283]; — on lui préfère les nouveaux livres de piété, I, 417-8; — consulté par les Religieuses, IV, 202-3; — et Retz, V, [590]; — (Traductions françaises du), II, 357; — (*Réflexions morales sur le*), V, [612*]; — Voy. Bouhours (Le P.), Évangiles; Quesnel (Le P.).
Nouveau-Testament de Mons, II, 359-60; VI, 226; — (Version du), II, 357, 358*, 359-60; — traduit dans les conférences de Vaumurier, II, 348; — conférences pour

l'examiner tenues chez Mme de Longueville, II, 360; VI, [317]; — ses auteurs et ses correcteurs, IV, 378 9*; VI, [317]; — Arnauld offre d'en faire reviser le langage par l'Académie, II, 375-6*; — Nicole y travaille, IV, 432; — et M. de Pontchâteau, V, 256; VI, [317]; — affaire des corrections de M. de Tréville, V, 81; — imprimé aux frais de M. de Pontchâteau, VI, [318]; — Préface de M. de Saci, II, 346, 348; — Approbations et Privilege, IV, 379; — son succès à Paris, 379-80; — (Affaire du), 378-87; — complot contre la foi, V, 233; — attaqué par M. Mallet, 175*, 295-7; — défendu par Arnauld, 295-7; projet de Requête au roi par Arnauld, 175*; — Mandements et Bref défavorables, II, 359; — et M. de Péréfixe, VI, [362]; — condamné par l'Ordonnance de l'archevêque d'Embrun, M. de la Feuillade, [362]; — nécessité d'une permission pour le lire, VI, [363]; — les reproches de Bossuet portent sur le style, II, 359-60, 366*; — et le P. Bouhours, 375*.

Nouveauté (On court toujours à la), V, 213; — (La) en théologie a le caractère de l'erreur, 374-5; — proscrite en matière ecclésiastique, 223.

Nouveautés (Fuir les), V, 128; — (Horreur des), [552, 554-5].

Nouvelle Angleterre, IV, 374.

Nouvelle Revue de théologie, III, [619].

Nouvelles ecclésiastiques, journal janséniste, III, 130, 410*; VI, 67, 74*; — part de Du Guet à leur origine, 78*; — et le Lieutenant de police Hérault, III, 58; — sont pour la divinité des Convulsions, VI, 71-2; — lettre de Du Guet (1732), 77, 78.

Nouvelles de la République des lettres, III, 529.

Novembre, VI, [265*].

Novice (L'habit blanc de), V, 113; — (Vêture d'une) à P.-R., IV, 296.

Novices de P.-R., III, 188, 343; VI, [251]; — perpétuelles, V, 113; — on ne peut leur ôter l'habit, IV, 128-9, 129-30; — (Multiplication des), III, 7; — (Renvoi des), 1661, 344; — (Nombre des) en 1679, V, 163, 167; — (Sortie des), IV, [557]; — (Arrêt du Conseil de prendre des), 186-7; — (Interdiction de recevoir de nouvelles), V, 208-9 230; VI, 162; — Voy. Angélique de S. Jean.

Noviciat de P.-R., V, 142*, 173; — (Postulantes au), 170; — M. de Noailles demande qu'on le rétablisse, 288; (M. de Noailles demande en vain au roi le rétablissement du), VI, 163.

Novion (Le président de), II, [544]; — et les restitutions de M. de Chavigny, [560]; — veut remplacer Le Tellier, V, 157*.

Noyon (Étudiants du Collége de), V, [610]; — Voy. Targni.

Numa (Livre de), I, 39; — (Vie de), I, 239.

Nyon (Suisse), I, 262; — (Traité de paix de), 260.

O

O (Le marquis d'); Voy. Séguier

Oates, II, 199; — (Conjuration de Titus), V, 317.

Obédiences; permettant la translation des Religieuses, VI, 218*, 230-1; — (Service des diverses), 162-3; — Voy. Lettres d'obédience.

Obéir (L'art de ne pas), IV, 153.

Obéissance (Trois sortes d'), III, 136; — due par les Religieux, V, 194; par les Religieuses, IV, 136; — aveugle, 221; — passive, caractère spécial des Jésuites, III, 137*; absosolue au dedans, caractère des Jésuites, 135; — indirecte (Explication subtile de l'), IV, 269*.

Oberlin (Effets de la Grâce sur), I, 97, 106.

Oberman (Les) chrétiens, IV, 334.

Objectif, pour Arnauld, a le même sens que plus tard *subjectif*, V, 400*.

Objets (Idées et perceptions des), V, 399-400.

Obligation (Distinction de l') rigoureuse et de la Perfection, I, [524-5].

Obliger (Des manières d'), VI, 20-1.

Observance (PP. de l'étroite), V,[583].

Occid-nt (Église d'), IV, 437.

Occidentaux; leur mauvaise prononciation du grec, III, 526*.

Océan (L'), IV, 322, 323*; — (Irruption de l') en 1634, 375.

Octobre, III, 473; VI, [265].

Odes, V, 18*; — lyriques dans le théâtre, I, 126.

Odieux (L') trouvé *délicat*, VI, 206.
Odon, abbé de Corbeil, II, 263*.
Odon de Souillac (Le vénérable), V, 242*.
Odorat (Perte de l'), II, 208* ; IV, [580]; V, 62.
OEil ; employé dans le cachet de Pascal, III, 184.
OEta (Le mont), II, 414.
OEufs au miroir (Plaisante histoire d'un plat d'), V, 245*.
OEuvres (Les), I, 502, 510 ; — (Salut par les) admis par les Pères grecs, II, 133.
Office (Beauté de l') à P.-R., V, 142-3.
Office du Saint-Sacrement, IV, 443-4.
Offices (Traité des); Voy. Cicéron.
Official ; Voy. Du Saussay.
Officialité ; Voy. *Lyon, *Paris.
Ogier (François), prieur, I, 311 ; — (*Sermons* de M.), II, 70.
Ohio, I, 294.
Oisif, se croyant au-dessus de tout, parce qu'ils savent un peu de latin, II, 496-7.
*Oleron (Citadelle d'), V, 332, [615].
Olier (M. Jean-Jacques), I, 10; — son mysticisme et ses visions, III, 30-1*; — ses visions et ses révélations, VI, [295-6]; — visionnaire et fanatique, [364]; — et les matières de la Grâce, [296]; — son association contre les duels, III, 30 ; — fondé la maison de S. Sulpice, 30; — (Esprit de M.) subsiste à Saint-Sulpice, VI, [364]; — Extraits de ses lettres, III, 30-1*; — sa Vie par l'abbé Faillon, I, VII ; III, 32* ; VI, [285*, 296] ;
= Sa modération à la suite de la condamnation de l'Augustinus, I, [544*] ; — maître de M. Caulet, IV, 355 ; — n'était point à Saint-Sulpice lors de la maladie de M. Feydeau, VI, 290-1*, 292 ; — la conférence sur la Grâce du P. Des Mares et de dom Pierre de Saint-Joseph a lieu chez lui, III, [623] ; — ce qu'il dit, en les confessant, à M. et à Mme de Liancourt, VI, [364] ; ses conférences pour ramener M. de Liancourt, III, 31; son rôle dans le refus de sacrement à M. de Liancourt, 30, 31* ; — Nicole se moque de ses visions, 30-1* ; attaqué par Nicole, IV, 442 ; — compare M. Picoté à Moïse, III, 32*; — d'avis que Mlle Saujon reste à la Cour, VI, [285*].
Olimpia (Donna) ; Voy. Maldachini.
Iiva (Le P.), Général des Jésuites,
I, [543*]; — ses lettres avec le P. Annat sur les Jansénistes, [544-6].
Olivet (Pierre Joseph Thoulier, abbé d') ; « Histoire de l'Académie française, » II, [524*]; — notice sur M. Du Bois, IV, 18* ; — critique grammaticale du style de Racine, III, 53 : — correspondant de Voltaire, 399.
Olivétan (Pierre-Robert) ; sa traduction française de la Bible, II, 357*.
Olivier (M. Juste), professeur à Lausanne, I, [513, 514, 514*].
Olivier (Mme Juste), I, [513].
*Olney en Angleterre, I, 106.
Olonne (Mme d') ; sa liaison avec M. de Marsillac, V, 47.
Olympe (L'), IV, 330; — (L') des Dieux, II, 423*.
Ombre (Dangers de l'), IV, 336, 337.
Omnibus ; entrevus par Pascal, II, 501.
On (Le) de P.-R., V, 298* ; — (Le) trop employé par les Jansénistes, II, 389*.
Onction de l'esprit, I, 318* ; — dans l'éloquence, III, [608].
Onguent pour la brûlure (L'), II, 334 : IV, 110.
Onuphre ; Voy. La Bruyère.
Opéra (L') et Arnauld, V, 502 ; — anathème de Boileau, 501.
Ophélie, I, 138.
Opinion ; modèle à son usage les choses célèbres, III, 539-40* ; — (Ce que dit Pascal de l'), II, 427 ; — (Divergences d') emportent l'amitié, V, 379-80 ; — probable (Méthode pour confectionner une nouvelle), III, 246.
Opinions (Des) communes, III, 553; — populaires (Des), 434-5 ; — d'Ordres, de Corps, de Congrégations en particulier, IV, 422 ; — (Inutilité de régler par Arrêt les) en Physique et en Métaphysique, V, 491-2 ; — ce qu'en fait Descartes, III, 422* ; — ne sont point l'affaire de Pascal, 398 ; — (On n'attaque les) que par les personnes, 241-2* ; — contestées (Sentiments de P-R. sur les), IV, 233.
Oppède (M. d'), premier président d'Aix, et les Provinciales, III, 212*.
Opportune (La Sœur), converse ; exilée à Chartres, VI, 221.
Opposition ecclésiastique (Le Jansénisme, foyer d'), V, 160.
Oppression (L') crée la ferveur, V, 304*.
Or (L'), image de la Charité, II, 499*.

ORAISON — ORGUES

Oraison (L') chez les Carmélites, IV, [532]; — (Croyance de Saint-Cyran à l'), I, 350*; — (*Moyen de faire*); Voy. Guyon (Mme).
Oraison funèbre peu tendre, V, 478.
Oraisons funèbres, I, 61*; IV, [584]; — (Les vraies), VI, 161*; — Voy. Arnauld d'Andilly, Arnauld, Bossuet, Cornet, Henriette d'Angleterre.
Orange (Guillaume Henri de Nassau, prince d'), I, 300*; — méconnu et insulté par Arnauld, V, 456-7; — et la Cour de Rome, 457.
Oranger (Devise de l'), I, 270.
Orante (Portrait de la prude) dans Tartuffe, III, 298.
Orateurs anciens, IV, 10; — (Jansénistes), III, 248.
Oratoire (Ordre de l'), III, 200; — fondé par M. de Bérulle, I, 10, [518]; — coup d'œil dans cette Congrégation, V, 332-5; = Assemblée de 1678, V, 332*, 333*, 491*; Assemblée de 1684, 334*; VI, 8, 11; — (Bibliothèque manuscrite des écrivains de l'), 334*; — (Enseignement à l'), IV, 101, 102-3; (PP. de l'), bons pour les hautes classes [545]; décret pour les études et l'enseignement, V, 491*; sévérité du décret réglementaire sur les études, VI, 8, 11; nouveau formulaire d'études, V, 334; introduction en Flandre, I, 306; — nomination du Général, V, 331-2; — gouverné sous main par M. de Harlai, 332-3, 333-4; — (Jansénisme tente la Congrégation de l'), I, 297, 305-6; — et les Jésuites, V, 332*; on essaye de l'opposer aux Jésuites, 309; — et M. Le Camus, IV, [544, 545]; — célèbre en orateurs, III, [607-9]; — et les principes de P.-R., VI, 5; — (Visite des Pères de l') à P.-R. des Ch., III, 57*; — séjours de Rancé, (1661-3), IV, 90*; — Révolution intérieure de 1684, V, 333 *; — veut fonder une maison à Strasbourg, VI, 7; — testament en leur faveur cassé par arrêt, II, [555]; — et la bulle *Unigenitus*, VI, 69-71:
= Voy. les PP. Adry, Amelotte, Bain, Bourgoing, Bousquet, Byzance, Chappuis, Charmel, Chevigny, Colloredo, Condren, Cort (De), Desmolets, Du Breuil, Du Guet, Esprit, Fouquet, Gibieuf, Gondi, Guérin, Guibert, Guillard, Hubert, Hyacinthe, La Boissière, Lamy, La Tour, Lejeune, Lelong, Le Porc d'Imbretun, Maignard, Malebranche, Marquès (François), Mascaron, Massillon, Maur, Monteuil, Mouchy (De), Pierrecourt, Pinel, Pinette, Poisson, Quesnel, Rufin, Saillant (De), Sainte-Marthe, Séguenot, Senault, Thomassin; — * Clermont, *Juilly, *Louvain, *Malines, *Montbrison *Paris (Institution, Oratoire, Saint-Magloire), *Pontoise, *Rome, *Rouen, * Strasbourg; — Bérulle (Le cardinal de), Brienne (Le comte de), Charmel (Le comte de), Daunou, Gondy, Hersan (Charles), Luynes (Le duc de), Néercassel (M. de), Simon (Richard).
Oratoire Romain (L'); Voy. Colloredo (Le P.).
**Orbitello* (Siége d'), 1649, III, 10*.
Ordinaire (Ce qui est meilleur est le plus), V, 5*.
Ordre dans les choses divines, IV, 199.
Ordre (Sacrement de l'), I, 446-7.
Ordre (*Le nouvel*) *monastique des disciples de Saint-Cyran*, pièce apocryphe, I, 503*.
Ordre social (L') jugé par Pascal, III, 441, 432-3.
Ordre (Le Jansénisme a-t-il voulu faire un)? III, 473.
Ordres, charnel, intellectuel et de Grâce dans l'homme, III, 408-9; — de sainteté, 452-3; — de vénération et de royauté, 452.
Ordres; abusent quand ils sont les maîtres, III, 130*.
Ordres Mendiants (Voix des) en Sorbonne, III, 33-4*.
Ordres (Les trois) chez les Filles de l'Enfance, V, [618].
Ordres du Roi, VI, [302].
Oreille; marque dans un livre, III, 111.
Orelli (Jean Gaspard d'), érudit suisse, III, 388.
Orgni (L'abbé); Voy. Horgni.
Orgon : Voy. Molière (Tartuffe).
Orgueil (De l'), IV, 466; — compagnon de la solitude, 60*; — s'attache aux vertus, V, 83; — se transformant en ange de lumière, 127; — qui se déguise en sainteté, II, 25*; — humain, II, 111, 118, 155, 160, 385, 386; est l'Antechrist pour Jansénius et Saint-Cyran, 155; — naturel (L') subsiste, V, 66; — de l'esprit, III, 250; — spirituel (De l'), II, 37-8.
Orgues (Pas d') à P.-R., IV, 149.

Orient (L'Âne en), III, 463 * ; — (Église d'), IV, 427 ; et l'Eucharistie, 453-4* ; — (Langues de l'), III 542 ; — (Rancé veut remonter à l'), IV, 71 ; — (Toilette et costume des Religieux en), III, 323*.
Orientale (En quoi M. Hamon se rapproche de la pensée), IV, 307.
Orientaux (Tourments des), III, 325.
Origène (Hérésie d'), II, 65 ; IV, 250 ; — (Comment s'est perdu), II, 121 ; — (Histoire d'). IV, 17 ; — son opinion sur la Grâce plausible, 505.
Origenistes, IV, 250.
Originalité (Marque de l'), II, [521].
Originaux (Copies inférieures aux), IV, 420.
Orléans, II, 70 ; III, 544 ; IV, 371 ; — Séminaire, V, [315] ; — (Trois Thèses distribuées à) font mettre l'auteur à la Bastille, III, [630] ; — voy. Barré (M.), Coislin, Elbène (D'), Netz.
Orléans (Gaston, duc d') ; rappelle l'abbé Charrier, V, [544, 548] ; — et son favori, l'abbé de La Rivière. [540*] ; — et Mazarin, [553] ; — prête une maison au poète Patrix, III, 60 ; — demande la liberté des Princes, V, [536] ; — et Retz, [536, 538, 545] ; — et Mlle Saujon, VI, [285].
Orléans (Ph. d'), Régent, III, 563* ; — anecdote de l'Athée et du Janséniste, 255 ; — (Le duc d') et le mot de Louis XIV sur Fontpertuis, IV, 490*, [589].
Orléans (Le duc d'), plus tard Philippe-Égalité ; sot conte accueilli par M. Michelet, III, 369*.
Orléans (Antoinette d'), I, 308.
Orléans (La duchesse d'), douairière, et P.-R. des Ch., VI, 165-6 ; ce qu'elle dit à M. Lauthier sur P.-R. des Ch., 166* ; — tente de faire faire un nouveau partage entre P.-R. des Ch. et P.-R. de P., 165-6 ; — et Mme de Grammont, 166* ; — et la petite Grammont, V, 183 ; — Voy. Palatine (La seconde).
Ormesson (Journal de M. d'), II, 180*, 182*, 184*, 185-6*.
Ormois (Allée de l') dans le jardin de P.-R. des Ch., V, 271.
Ornano (Le colonel d') et Arnauld d'Andilly, II, 253, 258*.
Orose (Paul), II, [521].
Orphée, II, [521] ; — identifié avec Moïse, 419*.

*Orsay (Paroisse d'), IV, 348.
Orthodoxie (Réputation publique d'), IV, 421.
Orthographe fantastique du vieux temps, II, [528, 530].
*Orval(Abbaye Cistercienne d') entre Sedan et Luxembourg, IV, 6 ; VI, [328] ; — (Nicole à), IV, 491, 498, [596] ; — (Vie de M. de Pontchâteau dans l'abbaye d'), VI, [328-31, 332, 333, 347] ; service de M de Pontchâteau, [342-3] ; devait avoir le cœur de M. de Pontchâteau, [338] ; legs de M. de Pontchâteau, [338] ; — (Colonie de Religieux d') ; leur réforme de Haute-Fontaine, [327] ; — Voir M. Eustace.
Orval (Le R. P. Charles-François, abbé d'), et Mlle Gallier, VI, [342] ; — et M. de Pontchâteau, [328, 332, 333, 334, 337, 347] ; ce qu'il écrit sur la mort de M. de Pontchâteau, [342-3].
Osa (Témérité d'), IV, 213.
Osée ; chap. II, verset 14, I, 182.
Ossat (Armand d'), cardinal, 1536-1604, II, [517] ; — lettre à propos des Bulles de la Mère Angélique, I, 81.
Otaïti (L') de l'âme, II, 412.
Otway (Le poète Thomas), I, 171.
Oublier et recommencer, méthode de l'écrivain artiste, II, 419*.
Οὐδαμός, III, 525*.
Outrage (L') prend pied jusqu'entre l'élite des mortels, III, 309 ; — (Faculté de l') à son comble chez De Maistre, 251.
Ouvrages de l'Esprit (De la vraie et de la fausse beauté dans les), III, 507 ; Voy. Nicole.
Ouvrier (Bon) proportionne son action à son ouvrage, V, 416.
Over-Issel (Zwoll en), V, 303, 303.
Ovide, I, 241 ; — ses crimes en vers, V, 22* ; — chez les Scythes, VI, 99 ; — Métamorphoses, II, 144* ; IV, 8 ; V, 132* ; vers cité, I, 397 ; et Montaigne, III, 272 ; — Fastes ; parmi les livres de M. de Saci, II, 388* ; — L'art d'aimer. IV, 412 ; — Héroïdes ; ce qu'en dit Du Guet, VI, 43 ; — est un Arioste antique, II, 409 ; — et Montaigne, 272, 411, 445 ; — (Les Amours d'), projet de pièce de Racine, VI, 96.
*Oxford, IV, [586].
Ozanet (M.), avocat ; consulté dans l'affaire des restitutions de M. de Chavigny, II, [556].

P

Pacatus (Panégyriques de), I, 65*.
Pacifique (Le P.); Directeur de P.-R., 1, 177, 214; — son opinion sur les désirs de réforme de la jeune Mère Angélique, 92-3.
Pacolet (Le Cheval de), III, 14.
Pacôme (L'ermite), 11, 266-7*.
Pactole (Trésors du), II, 414.
Padoue, I, 233*; VI, [311].
Paganisme (Efflorescence du), VI, 118; — (Immortalité du), II, 420, 425; — (Pensées d'éternel), IV, 243; — minimum du Christianisme pur, [546]; — (Quels livres tiennent du), II, 37.
Pages de l'Assemblée de 1655 instruits par M. de Ciron, V, 29*.
Pagni, terre de la comtesse d'Harcourt, VI, [311].
Païen priant sans le savoir, V, 416.
Païen (Le P.); sa mort, V, 372.
Païenne (Éloge de la raison) par Saint-Cyran, II, 35; — Limites de la sagesse), III, 329.
Païens (Vertu des), I, 220-1; IV, 40; — (Les) méritent de Dieu quelque chose, I, 253; — ne sont pas justes, selon saint Augustin, I, [529*]; — ce qu'ils reprochent aux Chrétiens, IV, 81; — ce qu'en dit M. Le Camus, [547]; — (Poètes naturellement), V, 502*; — (Les Catholiques), III, 367*.
Pain de son, IV, 313*; — (Histoire du) des Cordeliers, V, 499; — bénit, VI, [317].
Pain quotidien de l'année (Le), VI, [326].
Paix (La sagesse amie de la), VI, 63; — (Moyens de conserver la) dans la société, traité de Nicole, IV, 461-2, 466; — (La) de l'abbé de Saint-Pierre, 461.
Paix; Voy. *Nimègue, *Nyon *Pyrénées, *Riswick,*Utrecht, *Vervins.
Paix de l'Église, IV, [519, 524, 534]; V, 186*, 211, 294*, 489; VI, 179, [295]; — suite de Papes qui lui sont favorables, V, 153; — (Négociation de la) (1662), 60; — de Clément IX (1668), II, 188, 343; III, 282, 371, 467, 478; IV, 348, 392, 394-400; V, 153; VI, 5, 173, 183, 268, [581]; — Arrêt fondamental (23 octobre 1668), V, 150; — médaille, IV, 399-400; — (1669), II, 195, 221, 287, 290, 359, [573]; III, 42*, 172, 558; IV, 17, 18, 100*, 218-9*, 260, 444, 445, [527]; — (Neuf années de la), 338 : les neuf années suivantes sont la belle époque déclinante de P.-R., 516; — (1670), 113, 122; — trop préconisée, V, 150;
 = Part de Mme de Longueville, IV, 366-8; V. 73, 109, 123; — et Mme de Sablé, 67, 73; — et Mlle de Vertus, 109;
 = Comment elle dépend d'Arnauld, V, [615]; Arnauld n'en profite pas pour retourner au désert de P.-R. des Champs, 5; — explication de la Paix de l'Église par Fontaine, 109, 110; — et M. de Harlai, 155-6; — et M. de Pontchâteau, VI, [318, 348]; le *Recueil de la Paix*, imprimé par M. de Pontchâteau, [324]; — les historiens contemporains de P.-R. s'y arrêtent, V, 149-50; donne dix ans de dernière gloire à P.-R., IV, 409; ne couvre P.-R. que pour un temps, V, 137; — commencement du déclin de P.-R., 3; — et Retz, [581]; — M. Varet, son historien, II, 355: III, 487*; IV, 368*.
 = (Écrits courant depuis la), V, 174; — Arrêt explicatif (30 mai 1676) qui en restreint la portée, 150-1; — (Infractions à la), 40; — première infraction: l'Ordonnance sur la signature d'Henri Arnauld, 150-2, 153; — la seconde infraction, publication en 1698 de l'Exposition de la Foi de M. de Barcos, 152-3; — l'infraction de Rome seulement en 1705, 153.
Palais (Affaires du), I, 388*, 390; — préfère les « espèces » aux généralités, V, 523*; — Voy. Arnauld, Le Maître, Marion.
Palaiseau, III, 156*; — (Retraite de M. Bertin à), VI, 206*; — (M. Mabille retiré à), 184*, 206*.
Palatinat (Incendie du); ce qu'en dit Arnauld, V, 458*.
Palatine (La première princesse), III, 163*, 428; — essaie en vain de brûler un morceau de la vraie croix, 303; — sa conversion, 303*; — guérie par la Sainte Épine, 182*; —son amitié pour l'abbé d'Aubigny, 586*; — son oraison funèbre par Bossuet, 167*, 305.
Palatine (La seconde princesse),

mère du Régent; Mémoires, III, 563*.

Palestine, III, 138; VI, 14; — (La Provence une petite), III, [608].

Paley; livre sur la religion, II, 432.

Palinods (Les) de Rouen, I, 117-8.

Pallavicino, membre de la Congrégation d'examen des cinq propositions, III, 17; IV, 405.

Pallium (Le), marque d'investiture, V, [599].

Pallu (M.), évêque d'Héliopolis ; son témoignage contre Saint-Cyran, I, [535-6]; — son éloge par Fénelon. [535*].

Pallu (M. Victor), docteur en médecine, seigneur de Buau en Touraine, II, 224; — ses commencements, 224-5, 227-8; — et Saint-Cyran, 225;— sa conversion, 225-6; — le cinquième ermite, 228; — solitaire à P.-R. des Champs, 225, 227, 228 ; — son portrait, 227 ; — « Quæstiones medicæ », 227; — vers latins, 227-8; — médecin de P.-R., IV, 292, 341 ; de P.-R. des Champs, II, 292; — ce qu'il dit de la mort de Saint-Cyran, [536, 539].

Palluau; Voy. Clerambault.

**Palmyre* (Ruines de), III, 413, 414.

Palombe, ou la Femme honorable, de Camus, réimprimée par M. Rigault, I, 242*.

**Pamiers*, VI, [318] ; — (Chanoines de) persécutés, V, 467; — (M. Lemoine et l'affaire de), 203-4 ; — (Les pauvres de), 203 ; — (La Régale dans le diocèse de), 315*; — Voy. Caulet, Sponde.

Pamphili (Le cardinal); Voy. Innocent X.

Pamphili (Le prince) ; Voy. Rossane (La princesse).

Pan: identifié avec Moïse, II, 419*; (Immortalité du grand), 420; — une des deux formes de la nature, 480*.

Pança (Sancho), III, 475-6.

Panégyriques officiels, IV, [537*, 545].

Pangloss, I, 411.

Panthéisme (Efflorescence du), VI, 118 ; — rejoint à certains égards par le Stoïcisme, II. 393; — (Germe de) dans Malebranche, V, 414.

Panthéistes (Doctrines), II, 392-3.

Panthéistique (Esprit), III, 106*.

Panulphe (Molière modifie un moment le nom de Tartuffe en), III, 281; — onomatopée confuse du nom, 288*.

Panzirolo (Le cardinal), premier Ministre d'Innocent X, et Retz, V' [535].

Papauté; comment en parlent Luther, Saint-Cyran et Pascal, III, 89*; — les ennemis du Saint-Siége, 243.

Pape; ce qu'il fait des Bénéfices, VI, [354]; — (Supériorité du Concile général sur le), V, 312; — valeur de ses condamnations, IV, 421; — juge de la doctrine, l'est-il des faits? IV, [567]; — (Domat demande un) chrétien sur la chaire de S. Pierre, V, 523 ; — se souvient trop de l'épée de S. Pierre, IV. 252 ; — en face des Évêques, [549]; — (Effroi de l'excommunication du), 252: — et l'Immaculée Conception, 234 *; — (Infaillibilité du), 168, 221; de son infaillibilité, 421; infaillibilité d'enthousiasme, III, 18; (Thèses sur l'infaillibilité du), IV, 152 ; — Jansénius le détruit en croyant le respecter, I, 318-9 *; — (Conséquences de la surprise du) par les Jésuites, 88, 92; (De l'obéissance au) du Général des Jésuites, 137*; — (Sur le) De Maistre prend le contrepied du commun, 245 ; — (De l'obéissance au), IV, 270*; — (Pascal sur l'orthodoxie du), III, 91 ; Arnauld la plaide, 91, et aussi Quesnel, 91-3 ; — (Mots hardis de Pascal sur le) 89*; — ce que dit Péréfixe de ses décisions, IV, 194-5 ; — et P.-R., VI, 109 ; omis dans la définition de l'Église des Catéchismes de P.-R., III, 348*; — (Puissance du) attaquée par l'archevêque de Spalatro, I, 290 ; — (Opinion de Saint-Cyran sur le), I, 366, [538] ; — nouveau Bref sur la nécessité de la signature (1663), IV, 175 ; — (Terres du), III, [592].

Papebroeck (Le P.), jésuite; «Annales Antuerpienses », I, [521*].

Papes. III, 54; IV, 8; — louent Arnauld, VI, [366]; — (Soumission aux Décrets des), IV, [570] ; — (Erreurs des) sur des points de fait, III, 77-8, 81-2; — (Distinction du fait et du droit dans le jugement des), IV, 249; — et la doctrine de la Grâce. III. 92 ; leur opinion sur la doctrine de la Grâce dans S. Augustin, II. [534]; — ont condamné le livre de Jansénius sur la Grâce efficace; 146-7 ; III, 18-9; — ce qu'en dit Luther, 89*; —

(Opinions des hommes les plus religieux sur les), I, 211-2 ; — (Suite de) favorables à la Paix de l'Église, V, 153 ; — ce qu'en dit Pascal, III, 88-90 ; — (Les) et les cinq propositions, 83 ;—Voy. Adrien VI, Alexandre VII. Alexandre VIII, Benoît XI, Boniface, Célestin, Clément V, Clément VIII, Clément IX, Clément X, Clément XIII, Clément XIV, Concile, Gélase, Grégoire VII, Grégoire XIII, Grégoire XV, Honoré III, Honorius, Hormisdas, Innocent, Jean II, Jean XXII, Léon, Nicolas IV, Paul V, Pie IV, Pie V, Pie VIII, Rome, saint Clément.

Paphlagonie (La princesse de) ; Voy. Scudéry (Mlle de).

Papiers de P.-R. (Sort des), VI, 229*.

Papillon (L'abbé) ; « Voyage littéraire en Bourgogne », V, 240*.

Pâque (La) des Juifs, IV, 38 ; — (Discussion sur la date de la dernière) de J.-C., 38.

Pâques, IV, [528] ; V, 38, 164, 217, [584, 598] ; VI, [281, 293] ; — (Faire ses), VI, [314] ; (Faire ses) nécessaire sous Louis XIV, III, 289*, 291* ; — (Les communions de), V, 72* ; — la bataille des enfants pour la clochette, IV, 496 ; — terme de location, V, [324].

Paraboles de l'Évangile, I, 376 ; IV, [578].

Paraclet (Le), V, 3.

Paradis (Le), III, 338 ; — terrestre (Le), V, 205, 206, 244*, 497 ; — (Le Chérubin à la porte du), IV, [582] ; V, 98 ; — chrétien (Le), IV, 93-4 ; — Voy. Milton.

Paradoxes (individus) de l'Espèce humaine, III, 366, 367.

Paraguante, II, [557*].

Parallèles (Manie des), III, [625].

Paralysie, IV, 511 ; VI, 158*.

Paralytique (Guérison du), I, 97 ; IV, 283.

Paranymphes, à la Faculté de médecine, IV, [584].

Paray en Charolais (Couvent de), I, 236.

Parchemins (Les) du Moyen âge et M. Bocquillot, V, 241.

Pardon gratuit (Doctrine du), IV, 249.

Parénétique (Le) de l'amour de Dieu, I, 242.

Parenté (La) ne confère aucun droit intellectuel, IV, [574].

Parents Éducation chez les), III, 492 ; — (Rapport des Précepteurs avec les), 506.

Paria (Le) ; Voy. Delavigne.

Paris (Jugement de), V, 76.

Paris, II, 57, 225, 229 ; III, 165, 564, [595, 621] ; VI, 102* ;
= Abbaye au Bois, VI, [313] ; (Monde de l'), I, [517-9] ; — Académies ; Voy. ce mot ; — affaiblit (Comment on s'y), IV, [552] ; — Annonciades, 232-3, 234, 235, 236-7 ; dirigées par les Jésuites, 244 ;
= Archevêché, V, 197, 197* ; VI, [257] ; (L') et Retz, III, 191 ; rempli par Retz de munitions de guerre, V, [560] : interrègne épiscopal, III, 205 * ; grands vicaires de Retz, V, [565] ; Mandement des grands vicaires de Retz sur le Formulaire d'Alexandre VII, [569] ; les grands vicaires de Retz et le Chapitre capitulent sur leur Mandement, [570] ; grands vicaires de Retz cassent un second Mandement entaché de Jansénisme, [573] ; (Arriéré des revenus de l'), [573, 574] ; (État de l'), [526] ; (Secrétariat de l'), 166, 206* ; et M. Le Tourneux, 222-7 ; (Le greffe de l') et la Signature, juin 1661, IV, [571*] ; Boileau (L'abbé), dit de l', VI, 59* ; Voy. Le Masdre ; — (Archevêque de), VI, 74* ; — (Archevêques de), II, 202-3 ; Voy. Beaumont, Gondy, Harlay, Marca, Noailles, Péréfixe, Retz, Vintimille ;
= Archives de l'Empire, V, 334*, [615] ; VI, 241* ; — Arnauld (Retraites d'), IV, 417, 424-5, [586-7] ; V, 160-1 ; VI, [316] ; Arnauld n'y peut revenir, V, 459* ; — Assemblées du Clergé (1660-1), IV, 109-11 ; 358-9 ; — Auberges, 367-8* ; — Augustins (Grands) du Pont-Neuf, I, 280 ; II, 307 ; — Augustinus (Édition de l'), 94, 96 ; — Aumônes (Grandes), V, 38* ; — (Auteurs nés à), I, 413, 442 ; II, 323 ; III, 272, 302, 306 ; IV, 7, 342, 355, [528] ; V, 357* ; VI, 59*, [280] ; — Ave Maria (Cordelières réformées de l'), I, 25 ;
= Babylone (Comparé à), IV, [561] ; — Balzac (Voyage de), II, 51 ; — la Barbe d'or au faubourg Saint-Jacques, asile momentané des Solitaires, I, 498 ; — Barricades de 1648, V, [533] ;
= Bastille, I, 430*, 490 ; II, 27*, 232* ; III, 153, 164 ; IV, [587] ; V, 29, 175, 332 ; (Menaces de la), 204, 206 ; on y met M. Akakia, IV 269-70 ; (L'abbé Brigode à la), VI' 181* ; (Bussy-Rabutin à la), III'

221 ; (Le P. Du Breuil à la), V, 220* ; M. du Ferrier y meurt, VI, [296*] ; (Gouverneurs de la); III, [630]; (Imprimeurs et libraire à la), 195 ; (Jansénistes à la), 256*; V, 518 ; (La) et les Jansénistes, III, [629-31] ; délivrance des prisonniers Jansénistes à la mort de Louis XIV, VI, [279] ; soufflet donné par M. de La Feuillade à un prévenu, IV, 383 ; (M. Le Noir de Saint-Claude à la), V, 196, 518; et la mort de Louis XIV, VI, 196 ; la mort de Louis XIV en fait sortir bien des gens, V, 518; (Mme Maubert et son fils à la), 220*; (M. de Saci arrêté devant la), II, 344-5 , 378 ; détention de M. de Saci, et de Fontaine, 347-54; (M. de Saci à la), II, 232*, 243 ; III, [680-1]; IV, 286, 378, 379*; V, 81, 110 ; les prisonniers de la chambre de M. de Saci, II, 353 *, 354; Saci y traduit la Bible, II, 348, 354, 360, 366* ; IV, 378, 379 * ; Voy. Saci, comment en sort M. de Saci, II, 355 ; IV, 399 ; M. de Saci en sort, V, 109 ; M. de Saci délivré intervient pour quelques prisonniers, II, 355 ; — emprisonnements de Savreux, 344; III, 57*; (M. Thaumas à la), V, [614] ; dom Jean Thiroux, VI, 180*; — (M. Vuillart à la), VI, 180*; —Voy. Chertemps, Dubois ;
= Bernardins avaient les chaises de chœur de P.-R., I. 43 ;
= Bibliothèques : du Roi (M. de Targni, Garde de la), V, 273*; *Imprimés*: exemplaire unique des épreuves de l'édition *ante-princeps* des *Pensées* de Pascal, III, 381*; (Catalogue de la), I, 310*; — *Manuscrits*, 405*, 406*; II, 256*; V, 491*, 516*; VI, [294*] ; Supplément français, II, 380; III, 33*, 61*, 373*, 478*; V, 79*· Fonds de l'Oratoire, I, 375*; II. 484*; Fonds de Saint-Germain, I, 220*; II, 27*; Résidu Saint-Germain, I, 177*, [524*]; III, 176*, 385*; IV, 70 ; V, 29*. 335*; VI, [280*]; Fonds de Sorbonne, II, 218*; Lettres manuscrites de la Mère Agnès, IV, [575]; papiers sur Pascal, II, 380*; papiers de P.-R., VI, 229 *; papiers de Mme de Sablé. V, 52*; — Voy. Bignon (l'abbé), Boivin (M.), Clément (M.), Targni, Claude (M.) : — de l'Arsenal, I, 241*, 275*; III, [629]; manuscrits, II, 251*; V, 249*; VI, [328*]; Lettres manuscrites de la M. Agnès,

IV, [575 V, 98; papiers de la famille Arnauld, III, 577 *, [598]; IV, 261, 386*; V, 4*, 12*, 57*; papiers de Conrart, II. 251* ; — de l'Institut; collection Godefroy. III, 212 * ; — Mazarine; manuscrits, 82-3*, 96*; IV, 11*, 91*, 424*, 426*, 488*, [571, 593]; VI, [280*, 357] ; — de Saint-Germain des Près, I, 405*, VI, 229*; — Sainte-Geneviève, I, 244 * ; — de la Sorbonne; exemplaire du Nécrologe avec notes, VI, 239* ; — du chancelier Séguier, IV, 13* ;
= Boileau (Demeures de), VI, [263, 264] ; — Bourbe (La), I, 322*; — Bréviaire de M. de Harlay, V, 219 ; — Burnet (Voyage de), 88-9;
= (Cachet de) nécessaire pour y être lu, III, 410 ; — Calvaire (Religieuses du), I, 308-9 ; V, [604*]; ont le cœur de Retz, [601] ; — Capucins (Jardin de la rue Saint-Jacques, IV, [581]; V. 96 ; — Carmélites du Fauxbourg Saint-Jacques ou Grandes Carmélites, I, 205* ; IV, [532] ; V, 88, 124; VI, [274]; Mme de Longueville y demeure, V, 138 ; son corps y est terré, 124, 138; le roi défend de louer le logis de Mme de Longueville, 161 ; ont le cœur de la princesse de Conti, 41 ; retraite de Mlle Saujon, VI, [285] ; Voy. Épernon (La duchesse d') ; — Carmes de la rue des Billettes, IV, 413 *; — Carmes de la place Maubert, [599] ; — Carrosses (Bruit du mouvement de ses), 245 ; — Caserne des Suisses, II, 344 ; — (La chaire de) dans l'affaire du livre de la Fréquente Communion, 186 * ; Voy. Nouet (Le P.) ; — Chambre des Comptes, IV, 44; — Chambre des Enquêtes, [584] ; — (De l'ordre de) en fait de Chant, V, 142 ; —Charité (Frères de la), VI, [335]; — Chartreux, I, 385, 423, 427, 479; II, 204*, [537-8]; IV, 255; sacre de l'évêque Le Camus, [539]; le ministre Le Peletier y passe le carême, III, 579 ; (Les) et M. de Ponchâteau, VI, [304]; Voy. Étienne (dom); — Châtelet, II, 293 ; IV, 116, 117; (Juges du), V, 328*; Procureur du roi au Châtelet en 1660, III, 467; en 1661. 344 ; (Arrêts du), II. 293; sa condamnation de M. de Saint-Gilles, III, 59; Voy. Daubray, — Christine (Passage de la reine), 1656, 264 ; — Cloîtres; Voy. Notre-Dame, Saint-Merry;

= Colléges: de Beauvais, II, 323 ;
— des Bernardins; Thèse sur l'infaillibillité du Pape, IV, 152; —
de Calvi-Sorbonne, II. 323; — des
Cholets dans l'affaire d'Arnauld,
III, 34*; (Société des Boursesdes),
VI, 97; — de Clermont; Voy. Collége
des Jésuites ; — de Daimville, V,
[610]; — de France, III, 515*;
fondé par François Ier, 524 ; — des
Grassins, I, 430 ; II, 5; III, 576 ;
V, 210, 211, 272*; — d'Harcourt,
IV, 414 ; VI, 87, 93; (Le) et l'impression des Provinciales, III, 61*;
— des Jésuites ou de Clermont,
ensuite de Louis-le-Grand, rue
Saint-Jacques, I, 35, 70, 288*; II,
[537]; III, 60, 130, 206, 499, 567,
575, 588; V, [623, 624]; (M. Le
Tourneux au), 210; (Molière au),
III, 272; M. de Pontchâteau y est
élevé, VI, [303]; Retz y est élevé,
V, [529]; (Les suites du jeu de
berne au), III, 475-7 ; (Thèses du),
I, [545]; ce que dit la reine Christine d'une de leurs tragédies, III,
264*; pièce de vers injurieuse contre les Jansénistes, 28 ; (Les Jésuites du) et Boileau, V, 514; — de
La Marche, I, 423 ; — de Lisieux,
II, 12 ; — de Louis-le-Grand; Voy.
Collége des Jésuites ; — du Mans,
14 ; cours de philosophie d'Arnauld, III, 567 ; — de Navarre, 36,
53, 126 ; (Bacheliers de), II, 97 ;
(Docteurs de), IV, 14 ; dans l'affaire d'Arnauld, III, 34 ; Voy. Copin, Le Blond ; — du Plessis, V,
262*, 272*; — Saint-Jean de Beauvais, VI, [250] ; — de l'Université,
III, 470*, 471, 499 ; V, 210 ; VI,
[303] ;
= Comédie italienne ; aventure
du chanoine en femme, V, 262*;
— (Communions à), II, 191*; —
Cordeliers du Grand Couvent, VI,
[366] ; — Cour des Aides, I, 371 ;
Voy. Angran ; — Cour des Comptes ; Voy. Aubery ; — Cour des
Flamands, VI, [288]; — Crèche (La),
place du Puits l'Hermite, III, 384*;
(Religieuses de la), IV, 510, 513;
— Croix du Trahoir, III, 243 ;
= (Curés de) persécutés à cause
de Retz, 585*; prennent d'eux-mêmes l'initiative contre les Casuistes, IV, 205*; Requête contre
les Casuistes, III, 204-5; (Avis des),
[598]; (Factums des) écrits en partie par Pascal, 313; (L'imprimeur
du *Huitième écrit des*) mis à la
Bastille, [629] ; (*Dixième écrit des*),
V. [565]; et le livre du P. Tambourin, [565] ; presque tous Jansénistes, [556]; (Retz et les), (529,
554); et les *Te Deum* pour l'évasion de Retz, [558, 559]; (Les) et
Mazarin, [559]; (Lettre aux), II,
[546] ;
= Dames qui ont soin des pauvres, V, 38*; — Descartes (Séjour
de) en 1644, III, 567-8 ; V, 351 ; en
1648, 351; — Dévots de (Les) aiment
à y rester, IV, [544] ;
= École de médecine ; portrait
de M. Hamon, IV, 340 ; — École
normale, II, 83*, [515, 520, 522] ;
— Église de (L') et Alexandre VII,
V, [560-1]; — (Église de) ; Voy.
Robert (Chancelier de l'); Voy.
Archevêché, Notre-Dame, Pirot ;—
Enfants trouvés, I, 518 ; — Enseignes, III, 60 ; Image Notre-Dame,
V, 306*; — Entrée de Louis XIV
(1680), IV, 14-5; — Évêques (Cérémonial de l'enterrement des),
V, [601] ;
= Faculté de Médecine, II, 224,
[537]; IV, 290, [583, 584]; thèses
anciennes, [584] ; et M. Hamon,
338-9, 340 ; — Faculté de Théologie ; Voy. les articles Faculté et
Sorbonne ; — Fauxbourg Saint-Antoine, II, 343, 344, 350; V, 256 ;
VI, [317]; — Fauxbourg Saint-Germain, [288*, 289]; — Fauxbourg
Saint-Jacques, I, 321 ; II, 212 ; III,
167, 175, 181, 182 ; IV, 7, 186, 212,
219, 274, 417, [591, 592]; V, 73,
74, 75, 76, 83, 88, 97, 252, 291 ;
VI, [295*]; pendant la Fronde, II.
307-8 ; IV, 7 ; Enlèvement des Religieuses (1664) et conduite d'Arnauld d'Andilly, II, 290 ; bien habité, VI, 6, 30*; Bureaux d'esprit
jansénistes, V, 75-6 ; Quartier-général du Jansénisme, 161 ; VI, [306,
307, 310, 322]; Écuries de Mme de
Longueville, IV, 477, 480; Maison
de Mme de Saint-Loup, V, 160-1 ;
Voy. Carmélites ; — Fauxbourg
Saint-Marcel, II, 187*; III, 193,
472; IV, 17, 182*, 367*, 417 ; V,
255; VI, 68, 85, [310]; Maison de
Mme Vitart, V, 105, 108*; VI,
97*; — Fauxbourg Saint-Michel,
IV, [598]; — Fauxbourgs, sous
Louis XIV, encore paroissiens jusqu'au fanatisme, III, 306 ; — Filles
Bleues, IV, 232-3, 234, 235, 236-7 ;
Voy. Rantzau (Mme de); — Filles
pénitentes, I, 191, 197; — Filles

Sainte-Marie, II, 349; IV, 315; — Filles du Calvaire, I, 236*; — Filous n'en veulent pas sortir, IV, [544]; — Fraude (Comment la traduction de Wendrock y entre en), [598]; — Fronde (Misère après la), [562-3]; — frondeurs (Sentiments), 1656, III, 159*;
= Guerre (Première) de Paris, III, 474; (Seconde) de Paris, 475*; IV, 344; (Misères de la) de Paris, II, [544-5]; et P.-R. des Ch., V, 273;
= Halles (Les), III, 272; — Hiver (Spectacles de l'), V, 91; de 1661-2, 38*; — Hôpital général, IV, [531]; — Hôpital Sainte-Catherine, VI, [290]; — Hôpital du Midi, IV, [581]; — Hôpitaux (Fonds placés sur les), 376; — Hospice de la Maternité, I, 322*; — Hôtel-Dieu, III, 334; (Chute d'une salle de l'), II, [545]; (Administrateurs de l'), [556, 565]; VI, [344]; (Pensions sur l'), [316];
= Hôtels: de Bonnaire, Bon-Air ou Bel-Air, III, 193; — de Bouillon, V, 24; — de Bourgogne, III, 272; (Le théâtre de l') et Racine, VI, 96; — de Bretonvilliers, V, 197*; — de Caumartin, II, [545]; — de Clagny, autrefois maison de l'architecte Pierre Lescot, I, 321; — de Condé, VI, 129; — de Conti, III, [599]; — d'Épernon, VI, [317]; — Guéménée, I, 361; — (L') Guénégaud et les *Petites Lettres*, IV, 45; — de Guise, I, 181; IV, [592*]; Voy. Du Bois; — de Lesdiguières (Retz à l'), V, [596, 597, 598*, 600, 604]; — de Liancourt. 29; IV, [592*]; V, [549]; VI, [289, 363]; mis en quarantaine par Saint-Sulpice, [364-5]; — de Longueville, I, 370, 474; II, 343, 345, 355; III, 277; IV, 425, [592*]; V, 19, 107, 109, 122*; 124; (Jansénistes cachés à l'), IV, 366*; le cabinet du parti, 367, 389; (Arnauld à l'), 394, 395, 398*; (Nicole à l'), 394, 516; Distractions de Nicole, 464*; et le Nouveau Testament de Mons, 360; IV, 378, 379; VI, [317]; — de Luynes, IV, 430*; VI, 59*, 93; Voy. Boileau; — de Ménars, 28, 31, 67*; — de Nevers (Sur l') et Mme Du Plessis-Guénégaud, III, [599-601]; et les Provinciales, 62, 62*, 165*; — de Pomponne, I, 73*, 380*; — de Rambouillet; Voy. Rambouillet; — de Rohan, V, 101; — Saint-Paul II, [553*]; — de Souvré, III, 268; V, 73*; — des Ursins (Arnauld caché à l'), III, 155; — de Ville (Rentes sur l'), II, 455, 465; — Zamet, I, 322*;
= Ile Notre-Dame, maintenant Saint-Louis, V, 197*; — Ile Saint-Louis, II, 265; IV, [586]; VI, [306]; Arnauld et M. de Pontchâteau y logent, [316]; (Arnauld caché dans l'), [316]; — Imprimerie royale, II, [575]; — Incurables (Hospice des), I, 299*; IV, 376*; (Pascal veut se faire porter aux), III, 336; — l'Institution de l'Oratoire (Maison de), VI, 5; l'abbé Le Camus veut s'y retirer un moment, IV, [529, 531];
= Jacobins (Église des), IV, 19*; (Sermon aux), I, 113; — Jardin du Roi, IV, 510; — (Jésuites de), III, 129; — Jésuites (Maison professe des) de la rue Saint-Antoine, I, 70; II, 179, 181*, 183*, 184*, 191*; V 465; VI, [324]; leur dôme, II, 349; Sermons contre le Nouveau Testament de Mons, 359; IV, 380; on leur confie l'examen des papiers du P. Quesnel, VI, 180; Voy. Collèges; — (Journaux de), III, [605];
= (Leibniz à), V, 443-4; — Libraires, 489; — Ligue (La), IV, [567*]; (Dévotion du peuple pendant la) regrettée par certains, V, 482*; — livres prohibés (Entrée des); [318]; — Louvre (Quartier du), [307]; — Louvre, I. 312*, 328; II, 355; (Médailles jetées dans les fondements du nouveau), 1669, IV, 400*; (Assemblées au), V, 126*; (Cercle de la Reine au), III, 39; appartement de Mazarin, IV, 109, 110; arrestation du cardinal de Retz, V, [553]; (Domesticité du), III, 272; (Colonnade du), 41; Musée de peinture, IV, 143; — Lutèce (La grande), III, 241; — Luxembourg (Le), I, 308, 385*, 423; Mme de Choisy y loge, V, 72*; (Jardin du), III, 60;
= Madeleine (Curé de la); Voy. Chassebras; — (Revenu des maisons de) diminué, V, 281*; — (M. de Maistre écrit pour), III, 241; — Mandements aux Paroisses, II, 200; — Marais; Voy. Calvaire; — Minimes de la Place Royale; Histoire de l'épitaphe de M. de Launoi, III, [596]; — Ministère des Affaires étrangères (Archives du), V, [555*]; — Ministère de l'instruction publique; Commis-

PARIS 267

sion des livres classiques, III, [621];
— Monnaie (Médaille frappée à la), IV, 399-400; — (Monsieur de); Voy. Gondi, Harlay, Péréfixe;
= Nicole (Séjours de), IV, 419*, 477; (Retraites de), 417, 424-5, [586-7]; (Retour de), 497, 498, 499; (Derniers logements de), 510-1;
= Notre-Dame, II, 355, [536]; V, 305 *; VI, [315]; son Chapitre n'est guère augustinien, III, 586 (Chanoines de), II, 550-1*; III, 582, 583; IV, 51, 52; (Retz et les Chanoines de), V, [529]; le Chapitre et Retz, [556]; Chapitre (Le devouement du) à Retz, 583-6*; actions de grâce pour l'évasion de Retz, III, 585*; les prétendus grands vicaires de Retz, V, [559] les grands vicaires de Retz, [562]; Mandement des grands vicaires sur la Bulle, VI, [291]; (Écrits de P.-R. pour les grands vicaires de), III, 191; rôle des grands vicaires dans l'affaire du remplacement de M. Singlin à P.-R., IV, 130-2; Sermons de M. Habert, II, 21; Sermons contre l'Augustinus, 96; luxe des obsèques de M. de Harlai, V, 284*; Notre-Dame (Cloître), I, 304, 306, 320, 321, 385*, 422, 482*; IV, 186; VI, [263, 313]; M. de Pontchâteau y loge chez M. de Coislin, V, 253, 255; VI, [315, 316]; (M. de Bernières et M. d'Aubigny au), IV, [556]; (Maisons canoniales du Cloître), III, 581*, 582; Boileau y meurt, V, 518; Voy. Archevêché, Aubigny (D'), Contes (M. de) De Hodencq, Du Saussay, Fourcault, Le Noir, Le Roi, Montempuys;
= Observatoire, V, 97; — (Official de l') en 1647 (L'), II, 298; — Officialité, V, 162, 330; VI, [287]; Voy. Du Saussay; — Opéra (Louange de l') par Voltaire, IV, 253*; — Oratoire; Voy. l'article dans l'ordre général, et l'article *Paris : Institution (Maison de l') et Saint-Magloire; — Oublié (Être) à Paris, IV, 541, 542, [548];
= Paix de l'Église (1668), IV, 391; — Palais (Quartier du), V, 489; (Galerie du), 489; (Saint Michel dans le), 219; (Gaietés et Bazoche du), III, 206; — Palais-Cardinal (Ballets au), II, 9-11, [512]; — Palais-Royal (Chapelle du), 209; — (Parlement de); Voy. Parlement; — Pascal (Demeures de) à, II, 483-4; III, 60-1, 335-6, 367*; — pas-

ser (On peut s'en), IV, 483; — (Pauvres de) et M. de Noailles, V, 283*; — (La liberté du pavé de), 323; — Périer (La famille) à, III, 568; — Petites Lettres (Succès des), III, [601]; — Pitié (Hôpital de la), I, 443; IV, 510;
= Places : Dauphine, V, 489; — Maubert, IV, [599]; — du Puits-l'Hermite, III, 384*; — Royale, I, 361; IV, 254; hôtel de Rohan, V, 101; — des Victoires; la statue de M. de La Feuillade, VI, 24;
= Plaire (Ce qu'il faut pour) à, III, 99; — Polonais (Ambassade des), II, 209; — (M. de Pontchâteau à), IV, 499*; VI, [305, 306, 307, 310, 311]; Pontchâteau (Logements de M. de) à, VI, [316, 317, 324, 325, 327, 331]; Pontchâteau (Aversion de M. de) pour, [325, 333]; — Pont-Neuf, III, [599]; — Pont Notre-Dame, II, 339; (Les miroirs du), IV, [598]; — Pont-Rouge de l'île Saint-Louis, V, 197*; — Port-Libre, prison révolutionnaire, I, 322*; — Port-Royal (Le quartier de), V, 85; Voy. *Port-Royal de Paris; — Porte Saint-Antoine, II, 369 *; entrée de livres prohibés, IV, 380 *; VI, [318]; — Porte Saint-Michel, III, 60, 367*; — Prédicateurs à la fin du XVIIᵉ siècle, [607-9]; prédicateurs interdits à propos des matières de la Grâce, V, [546]; — processionnelle (Translation des Religieuses de P.-R.), II, 307-8; — Promotions de la Marine faites en hiver, VI, 158; — Puits l'Hermite (Place du), IV, 510;
= Quartier latin, I, 11; IV, 186, 382; — Quesnel (Voyage secret du P.) en 1700, VI, [271-5];
= (Racine et), VI, [256]; Racine (Demeures de), [253]; — Rentes sur la Ville, IV, 512*; — On y veut retourner bien vite, [535]; — Retz (Venues incognito du cardinal de), V, 576, 584, 587]; — revenir (M. Le Camus évite d'y), IV, [552 3]; — Rose (La Sœur) renvoyée par M. de Noailles, VI, 58.
= Rues : Basfroi, VI, [317]; — des Billettes, IV, 413*; — Coquillière, I, 328; — d'Enfer, II, 204*; III, 367*; IV, [598]; V, 97; — de La Chaise, VI, [289]; — des Maçons-Sorbonne, I, [253*]; — des Marais, [253*]; — Neuve-Saint-Étienne-du-Mont (Pascal meurt), III, 367*; — Pavée, IV, [564, 568*]; — des Pe-

tits-Champs, III, 268*; V, 73*;
—des Poirées, III, 60, 75;— des Postes, IV, 14, 15, 425 ; V, 252 ; VI, [310, 311]; — Quincampoix, [292*];
— Saint-André-des-Arts, II, 307; IV, 7; (La maison du Dr Jacques de Sainte-Beuve). [564, 568-9, 574*];— Saint-Antoine, IV, 272, 499*; V, 245*; VI, [324, 325, 331, 334]; Voy. Jésuites; — Saint-Denis, IV, 367*; VI, [290]; — Saint-Dominique d'Enfer, V, [307, 310]; (Les Petites-Écoles au cul-de-sac de la), II, 295; III, 471, 472, 473, 474, 498, 566, 568, 574; — Saint-François au Marais, 42 ; — Saint-Honoré, V, 396; Voy. Oratoire ; — Saint-Jacques, II, 334*; (Arnauld, rue), V, 443; (Libraires de la rue), 358 ; — Saint-Martin, IV, 367*; — Saint-Thomas-du-Louvre, IV, 425 ; VI, [317]; — Saint-Victor, IV, 17, 18; V, 220 ; maison de Tillemont, 211; — Sainte-Avoye, IV, 425, [586, 587, 587*] ; — Sainte-Geneviève, III, 193; — du Temple (Vieille), VI, [316, 331, 334]; — de la Verrerie, I, 73*; IV, [587] ; — (Embarras des rues de), 6e satire de Boileau ; Voy. ce nom ;
= Sablé (Mme de) y fait vœu de stabilité, V, 74 ; ses demeures à Paris, III, 267-8*; V, 73*, 75 ; — Saci (Le corps de M. de) le traverse, IV, 500 ;
= Saint-André-des-Arts, III, [607]; IV, 95 ; VI, [288]; (Tillemont transporté à), VI, 237*; entrailles de M. de Conti y sont transportées, 238 * ; (Quartier), IV, [564, 572*, 574*]; — Saint-Antoine-des-Champs, I, 75 ; (Dames de), 93 ; — Saint-Benoît, desservi par un Chapitre de Chanoines, V, 190*; (Le Prédicateur de), 229; Carême de M. Le Tourneux, 213-4, 217, 222, 224, 225 ; et le P. Quesnel, 213 ; Voy. Grenet, Le Vayer (M.) ; — Saint-Denis de la Chartre, II, [536] ; - Saint-Denis du-Pas, derrière le chœur de N.-D, VI, [264-5, 315] ; — Saint-Dominique-d'Enfer (Cul-de-sac), I, 438 ; Voy. Rue Saint-Dominique-d'Enfer ; — Saint-Étienne-des-Grès, I, 232, 233; — Saint-Étienne-du-Mont, III, [607, 608]; VI, [303, 357*] : Pascal y est enterré ; sot conte à ce sujet, III, 369 ; le Dr Perrault et M. Du Fossé y sont enterrés, VI, 160*; les corps de M. Le Maître, de M. de Saci et de Racine y sont transportés par les soins de Mlle Issali. V, 180*; VI, 238*; Voy. Beurier; — Saint-Eustache (Sermon de M. Feydeau à), [284-5] ; — Saint-Germain-l'Auxerrois, III, [607] ; — Saint-Germain-des-Prés (Bibliothèque de), I, 405*; VI, 229*; — Saint-Gervais, III, [607, 609], 579*; VI, [331*, 334]; (Le curé de) et M. de Pontchâteau (1690), VI, [335, 336]; et la mort de M. de Pontchâteau, V, 266-7; VI, [339, 356]; (Les pauvres gens de) tiennent M. de Pontchâteau pour un saint, [339, 356]; service de M. de Pontchâteau, [339]; le curé veut y garder le corps de M. de Pontchâteau, [338]; (Harangue du vicaire de) remettant à P.-R. des Champs le corps de M. de Pontchâteau. [340] ; — Saint-Hilaire-du-Mont (Dialogues entre deux Paroissiens de), IV, 381-3 ; — Saint-Honoré, III, 199; Voy. Oratoire; (Chanoines de), III, 362*; Voy. l'abbé Boileau de l'Archevêché ; — Saint-Jacques, II, 184*; (Remarques sur l'Arrêt du Curé de), II, [556] ; — Saint-Jacques-la-Boucherie, III, [609], sa tour employée par Pascal pour ses expériences, II, 472 ; — Saint-Jacques de l'Hôpital, VI, 198; — Saint-Jacques (Quartier), VI, [250]; Voy. Fauxbourg Saint-Jacques; — Saint-Jacques du Haut-Pas, II, 299-300; VI, [3, 2]; le curé de) en 1684; II, 369*; paroisse des Jansénistes, III, 554*; (Nicole dans la tour de), 554*; IV, 428 ; (Le curé de) administre Saint Cyran, II, 204, [537, 538] ; Voyez Mulsey et Pons; Saint-Cyran y est enterré, 205; IV, 299*: détails du service, II, 206; culte du tombeau de Saint-Cyran, 211-2; dépôt du corps de M. de Saci et son service solennel, 368, 369*, 452; (Cimetière de), Mme de Sablé y est enterrée, 157*; affaire des derniers sacrements de Mme de Longueville, V, 138*; on y transporte le cœur de Mme de Longueville, VI, 238*; (Jésuites prenant vis-à-vis de Santeul le nom du curé de), V, [624]; Voy. Marcel ; — Saint-Jean, III, [607, 609] ; — Saint-Jean en Grève, II, 486; (M. Taignier enterré à), IV, [557]; — Saint-Landry, V, 228; — Saint-Lazare (Maison de), I, 306 [535*], II, 55 ; VI, [294*] ; (Con-

férences de), V, [529]; (Retraite de Retz à), [576]; Voy. Brienne, Cassagne; — Saint-Leu (Paroisse de), III, [607]; VI, 184*; — Saint-Louis (Maison professe de); Voy. Jésuites de la rue Saint-Antoine; — Saint-Louis-en-l'Ile, V, 225, [613, 615]; (Le curé de), 203 ; — Saint-Magloire, IV, 512; V, 204*; (Maison de), dépendance de l'Oratoire, III, 85*; V, 18-9, 20, 22*, 88; (Brienne à la Maison de), 257*; (Séminaire de); Conférences publiques de Du Guet, VI, 6-7; (Enseignement du P. Thomassin à), V, 333*; — Saint-Médard (Nicole à), IV, 512*; VI, 80 ; (Du Guet et le diacre Paris, enterrés au cimetière de); Convulsions au cimetière de), 240*; — Saint-Merry, I, 61, 199, 237*; 247*; II, 323; (Curé de), IV, 290; rivalité avec Saint-Sulpice, VI, [296]; ses riches paroissiens, II, [544]; Cure de M. Du Hamel, [543-4]; sa charité pour les pauvres, [544-5]; ses prônes, [545] ; ses dissentiments avec son collégue M. Amiot, [545]; a deux cures à la fois, [544*]; guerre des deux curés, [545-50]; VI, [286-8]; M. Beauvais y remplace un moment M. Du Hamel, II,[548]; sermons du P. Des Mares, 308*;(Le Catéchisme de), VI, [284]; Catéchismes de M. Feydeau, II, [545]; Conférences, III, [592]: Assemblées de charité, VI, [288]; ses ecclésiastiques reçus par Mazarin, [287]; départ de ses ecclésiastiques, [286*, 287, 288]; conte des *disciplineuses*, II, [548] ; chapelle Saint-Laurent, I, 181 ; (Cloitre), II. [545]; (Malebranche né sur la paroisse), V, 357*; Voy. Amiot, Barri, Beauvais, *Belleville, Buzanval, Du Hamel, Feydeau, Hillerin, Le Blond, Morangis, Tournon ; — Saint-Michel dans le Palais, V, 219; — Saint-Nicolas-des-Champs, III, [609]; (Le curé de), II, [548]; IV, [585]; — Saint-Nicolas-du-Chardonnet, II, 191*, 345*; VI, 194; (Communanté de), VI, [283]; Voy. Feret; — Saint-Paul, dans la rue de ce nom, II, 349, [542] ; (Le curé de) et Retz, V, [559]; (Le curé de) harangue à l'enterrement de Retz, [600]; Voy. Mazure; — Saint-Roch (Registres de), III, 304*; Voy. Rousse; — Saint-Sacrement (Maison du), I, 328-9, 331, 332-4; — Saint-Sauveur (Chapelle des Coislin à), VI, [338]; —
Saint-Séverin, II, 334*; (Le curé de), grand-vicaire janséniste de Retz, V, [562]; scandale de la conduite de son curé, M. François Le Tellier, IV, [572-3*]; (Le curé de), en 1695, demandé par les Religieuses de P.-R., V, 286; (Le vicaire de) et le cœur de M. Le Tourneux, V, 228; Voy. Lizot; — Saint-Sulpice, II, 191*; III, 334, 364, [623]; IV, 343 ; (Communauté de), IV, 350; ceux qui quittent la communauté, VI, [295-6]; (MM. de) glorieux et ingouvernables, IV, [545]; rivalité avec Saint-Merry, VI, [296]; (MM. de) et M. Feydeau, [290-2]; affaire du refus d'absolution de M. de Liancourt, III, 29; V, 46; met en quarantaine l'Hôtel de Liancourt, VI, [364-5]; paroisse de Racine, 157; et Racine, [621]: mariage de la fille de Racine, [253]; service de Racine, [258]; (MM. de) obtiennent du roi la destruction des bâtiments de P.-R. des Champs, 236 ; Voy. Cambiac, Emery, Faillon, la Haye, Le Ragois, Olier, Liancourt, *Paris (Séminaires), Poussé (De); — Saint-Thomas-du-Louvre (Chanoines de), V, 248; Voy. Chertemps; — Saint-Victor, 225 ; (Religieux de), I, 306 ; (Chanoines de), V, 242*; sa parenté avec P.-R. des Champs, 242; reliques, 241-3; Voy. Santeul, Taconnet ;

= Sainte-Beuve (Les) de Paris, IV. [564];— Sainte-Catherine-de-la-Couture, VI, [290]; — Sainte-Chapelle, IV, 343 ; V, 219; (Boileau, voisin de la), 498; Voy. Boileau (*Lutrin*), Cahours (Le P.);— Sainte-Croix-de-la-Bretonnerie (Sermons de M. Pavillon à), IV, 356; — Sainte-Geneviève, II, [536]; V, 14*; (Chanoines réguliers de), VI, 98; (Congrégation de), [307]; Voy. *Auteuil; — Sainte-Marguerite, VI, [317]; M. Baudry d'Asson de Saint-Gilles y est enterré, [318]; — Sainte-Marie (Couvent de), de la rue St-Antoine, IV, 254, 272, 273; (Filles de), IV, 181 ; — Sainte-Marie du Fauxbourg Saint-Jacques, 255, 256, 258*, 274, 280*; V, 13, 14 ;

= Séminaire de Saint-Nicolas-du-Chardonnet, VI, 194; — Séminaire de Saint-Sulpice, III, 30, 334; VI, 235; — Siége de 1589, II, [521]; — Société de l'Histoire de France, IV, 100*; — Sorbonne, I,

274; III, 60; (Logements en), II, 13, 17, 23; (Cours de la), 1, 242*, 315; Voy. Sorbonne; — Sous-pénitencier (Charge de), VI, 97 ;
= Tartuffe (Le) à; Voy. Molière; — Temple (Le), III, 304; — Terrain (Jardin du), VI, [263, 264]; — Tuileries, II, 355*; (Jardin des), VI, [251]; (Le jardin des) et Colbert, III, 41 ;
= Université, IV, [584] ; (Recteur de l'), VI, [284]; Voy. Saint-Amour, Sorbonne; — Ursulines du faubourg Saint-Jacques, IV, 128, 181; VI, 295*];
= Val-de-Grâce, I, 119, 155; IV, [581] ; V, 138*; VI, [315, 336] ; logements séparés, III, 570*; Fontaine des Carmélites, 570*; (Anne d'Autriche au), IV, 268-9 ; (Personnes enterrées au), [573*], La duchesse d'Épernon s'y retire, VI, [322]; et la duchesse d'Épernon, V, 141* ; VI, 321-2, 323, 336, 342; (La duchesse d'Épernon au), VI, 21; y meurt, V, 140*, et y est enterrée, 141*; (La gloire du) de Molière, III, 273*, 293-5 ; service de M. de Pontchâteau, VI, [342]; — Vicaires-généraux de Paris ; premier Mandement sur le Formulaire concerté avec P.-R., III, 344-5, 352; 352*; second Mandement (nov. 1661) ordonnant la signature pure et simple, 352; addition proposée, 353-4; dissidence de Pascal et de MM. de P.-R., 353-6; Voy. *Paris, (Archevêché-Notre-Dame); — Visitation de la rue Saint-Jacques (La Mère Agnès à la), IV, [583]; (Visite de Mme de Sévigné à la), [583]; (Mme Guyon renfermée à la), 431*; — Visitation (Monastère de la), rue Saint-Antoine, I, 204, 205*, 488; IV, 343 ; — Vivres (Cherté des), III, 475* ; — selon Voltaire, III, 400, 404, 406; — Walon de Beaupuis (Visites de M.), III, 570*.

*Paris (Diocèse de), V, 205 ; (Misère des environs de) après la Fronde, IV, [562-3].

Paris (M. de), Maître des requêtes, Intendant en Normandie pour les gens de guerre. II, 470.

Paris (M.). prêtre, auteur de la Vie de Pavillon. IV, 357*.

Paris (Le diacre), II, 470*; IV, 356*; — et la sœur de Pascal, Marguerite Périer, III, 198-9; — enterré au cimetière de Saint-Médard, VI, 80 ; — miracles, III, 198 ; — ses miracles rapprochés de ceux de J.-C., VI, 78.

Paris (M. Paulin); son édition de Tallemant, III, [612].

Parjures (Les timides valent les), III, 350.

Parlement (Villes de), IV, [549]; Voy. *Aix, *Bordeaux, *Grenoble, *Metz, *Rouen.

Parlement de Paris, I, 371; II, [549]; III, 578 ; — n'enregistre que forcé la bulle d'Alexandre VII et la déclaration du roi pour la signature du Formulaire, 26 ; — et l'Arrêt burlesque de Boileau, V, 491, 493; — bulle de 1705, VI, 184; — enregistre la bulle de Clément XI contre P.-R., 204; — Notes sur son personnel adressées à Colbert, III, 578-9*; — primé par le Conseil du roi, IV, 215 ; — Conseillers d'honneur, III, 578; — (Le) et la Cour, 579*; — (Le) et les dix-neuf Évêques, IV, 368-9 ; —(Le) et le livre de la Fréquente communion, II, 185*, 186 ; — Grand' Chambre (Retz à la), V, [533]; — Arrêt de 1595 portant bannissement des Jésuites, 456; — et Louis XIV, 513; mal reçu de Louis XIV, 513; —(Le) et Mazarin, [553] ; — Arrêt contre Pavillon (1665), IV, 361-2; (Arrêt du) en faveur de P.-R. de Paris, août 1709, VI, 208-9 ; — supprime le premier essai de censure contre les cinq propositions, III, 11 : — ordonne que la lettre de Retz au Clergé de France soit brûlée par le bourreau, V, [559] ; — d'abord favorable, puis contraire dans l'Appel de Saint-Amour contre la Sorbonne (1655), III, 34 ; — Arrêt de défense en faveur de M. de Saint-Gilles, 59.

Parlement Anglais: abroge les lois contre les Catholiques, IV, [558].

Parlementaire (Arsenal) de Louis XIV, V, 153; — (Gouvernement) en théologie, II, 14; —(Dévotion), IV, 273.

Parlementaires (Les Religieuses de P.-R. bien filles de), VI, 192 ; — (Familles) et les Écoles de P.-R., III, 497.

Parlementaires Anglais, V, 457.

Parlements (L'étude des auteurs prépare aux), III, 519.

Parler (Art de); Voy. Grammaire générale.

Parnasse (Grand Chambre du), V. 492*; — (L'abbé Nicaise, facteur du), IV, 77.

Parole (Invention de la), III, 536; — (Différence de la) angélique et de la parole mortelle, II, 329; — (Importance de la), V, 323; — (La) ce qu'il y a de plus grand, les paroles ce qu'il y a de moindre, II, 49; — (La) a plus de vivacité que le style, V, 523; — (Les maîtres de la) n'improvisent jamais mieux qu'après avoir écrit quelques points, III, 441*.

Parole de Dieu (La) fausse littéralement, vraie spirituellement, III, 446.

Parthénice, I, 242; — (Stances de Racine à), VI, 102-3, 103-4*.

Parthénie, nom de Mme de Sablé, V, 77*.

Parti (Les dévotions de), V, 128*; — (Danger pour un écrivain d'appartenir à un), III, 380; — (Chacun passe pour vainqueur dans son), V, 440.

Partialité naturelle aux hommes, IV, 475.

Participe (Un) grec pris pour un nom de grammairien, III, [626, 627].

Particules françaises (Usage des), II, [519].

Particulier (Ce qui est) ne peut pas devenir populaire, III, 289, 291; — (De l'opinion d'un) contre celle de plusieurs ou de tous, 553.

Partie, avec le sens d'accusateur, II, [512].

Partis (Les) qui triomphent usent des occasions de nuire, II, [576]; — (La queue des), III, 217; — (Dans tous les) des transfuges, V, [612].

Pascal (Famille bourgeoise des), II, 231, 232, 454-5; — (La famille) à Clermont-Ferrand, 455; — leur maison de campagne de Bienassis, III, 318; — (Les) à Rouen, II, 469-72, 477-8; — (Conversion de la famille), 477-8, 481; — (La famille) sous la conduite de M. Guillebert, 481; — (Famille) connait la famille Arnauld, 455; — (Les) et Domat, V, 521; — (La Famille) au sein de P.-R., III, 183-4.

Pascal (Étienne), anobli par Louis XI, II, 455.

Pascal (Martin), trésorier de France, grand-père de Blaise, II, 455.

Pascal (Étienne), père de Blaise, II, 455; III, 63; — ses sacrifices pour un de ses frères, 496; — Élu, puis Président à la Cour des aides de Clermont, 455; — son mariage, 455; — vient s'établir à Paris en 1631;

455; — et l'émeute des rentiers (1638), 465; — et Richelieu, 465, 467; sa visite à Richelieu avec ses enfants, 469; — Intendant de Normandie pour les tailles, I, 117; II, 6, 465, 469-70; — se casse la cuisse (1646), soigné par des amis de M. Guillebert, 477-8; — revient à Paris (1648), et nommé Conseiller d'État, 484; — ses relations avec les savants, 455-6; — conférences avec ses amis, premier noyau de l'Académie des sciences, 456, 461; — et le chancelier Séguier, 468, 469;

= Ses enfants, II, 455; — le maître de son fils, 456-7, 464; devance pour son fils les méthodes de Port-Royal, 456*, 461; veut empêcher son fils d'étudier trop tôt les mathématiques, 460-1; sa lettre au P. Noël, en défense de son fils, commence les Provinciales, 475-6; — en veut à son fils de pousser sa fille à être religieuse, 484; s'oppose à la profession de sa fille Jacqueline, 484; — commence l'éducation de son petit-fils Étienne Périer, III, 386*; — son éloge funèbre prononcé en chaire, II, 486.

Pascal (....), frère d'Étienne, achète sa charge de président à Clermont, II, 455; — sacrifices de son frère pour lui, 496.

Pascal (Blaise), né en 1623, mort en 1662, I, 3, 13, 14, 21, 46*, 376*, [515, 527, 557]; II, 8, 162, 171, 175, 181*, 376; III, 230, 240, 258, 309; IV, 137, 143, [598]; — un des deux caps du sujet, 105; — (L'Histoire de P.-R. se repose à son milieu sur), VI, 242; — Troisième livre : II, 379-510; III, 7-464;

= Sources sur sa vie, I, 380-1*; — trop peu louées et citées de notre temps, 381*; — *Relations* de sa sœur, la Sœur Sainte-Euphémie, 380*; — sa Vie par Mme Périer, sa sœur; Voy. Périer; — Mémoires sur lui et les siens, d'après les papiers de Mlle Marguerite Périer, 380; — sur sa vie, les manuscrits donnent moins qu'on n'a dit, 381*;

= Famille et origines, II, 454-6; — était *écuyer*, 455; — éducation sous son père, 455-7, 464; — contraste de son éducation et de celle de Montaigne, 457; — et le latin, 456, 459, 461, 464; — jeune, connu de Corneille à Rouen, I, 118; II,

471-2 ; — (Le jeune) et Richelieu, 469;

= Forme d'esprit, vocation, II, 457-8; — sa première application aux sciences, 464 ; — ses barres et ses ronds, 457*, 459*, 460 ; IV, 8; — sa réinvention personnelle de la géométrie, II, 459-61; — trente-deuxième proposition d'Euclide, 460-1; — à douze ans, fait un petit Traité sur les sons, 458 ; — Traité des sections coniques écrit à seize ans, 461-2; ce qu'en pense Descartes, 462 ; manuscrit des sections coniques, III, 362 ; — inventions pratiques, haquet, brouette du vinaigrier, omnibus, II, 501 ; — anecdote des moutons; sa promptitude aux nombres, 501-2*; — le P. Rapin en fait un libertin dans sa jeunesse, III, [601];

= Ses deux conversions, II, 500; — premier ébranlement donné par Jansénius, 478: (Page de Jansénius à l'adresse de), 478-81; — première conversion (1646), 478-81, 505 * ; — sa dénonciation d'un Capucin de Rouen, 481*;

= à Paris, II, 483-4; — expériences sur le vide (1647), 472-6. 482; — première prise avec les Jésuites à propos du vide (1647), 473-6; III, 49 ; — recommence à se dissiper dès 1648, II, 500; — et ses liaisons avec les libertins, 500*; — retourne à la géométrie, 501 ; — années mondaines, 380, 486, 495, [577]; — son humeur bouillante, 504 ; — sa première préoccupation du point d'honneur, 476 ; — a-t-il aimé? n'a pas la marque des amants, 500-1*; n'a point aimé humainement, 509 ; — a-t-il été joueur? 501, [576-8]; — son train de vie fastueux, 490*, 499-500 ; — (Carrosse de), [577]; III, 47 ; (Les chevaux de), II, 380*, 502 ; — ses besoins d'argent pour vivre selon le monde, 495 ; — ce qu'en dit la M. Angélique par rapport à sa conduite mondaine, 494, 495; — belle lettre sur la mort de son père (1651), 486*; III, 352-3;

= Accident du pont de Neuilly. II, 380, 381. 502-3, 504*; — a-t-il eu une vision au pont de Neuilly ? 502-3; — commentaire d'un Carme, ami des Périer, sur la soi-disant vision de Pascal, 502; — (L'abime de), III, 184*; — il n'est question de l'abîme que dans une lettre de l'abbé Boileau, III, 503; — (L'abîme imaginaire de); ce qu'en disent : l'abbé Boileau le premier, en 1737, III, 362-3, 364, le Journal des Savants, 363*, Voltaire, 360-1, 363*, et l'abbé Grégoire, 362; — Leibniz ne parle pas de l'abîme de Pascal, le dit seulement « scrupuleux jusqu'à la folie », 360. 361; — discussion de sa prétendue folie, II, 503; III, 360-5, 369*; — malade des nerfs, mais non fou, 364-5; — du petit papier et du parchemin (23 nov. 1654) qu'il portait toujours sur lui, II, 502, 503*, 508; — (L'amulette de) date de Condorcet, III, 412;

= Sa seconde conversion (1655), II, 381; III, 389, 422*; — part de sa sœur de Sainte-Euphémie dans sa seconde conversion (1654), II, 503-4 ; — lettre de la même à Mme Périer sur cette seconde conversion, 504-7 ; — Mme Périer passe légèrement sur les circonstances de sa seconde conversion, 495*; — joies de sa conversion à P.-R. des Champs, III, 587*; — première gaîté après sa seconde conversion, II, 508 ; — son entrée en scène en 1656 III, 40; — son tous les jours en 1656, 76 ; — se jette dans les bras de M. Singlin, II, 381 ; entre par M Singlin dans l'esprit de P.-R., I, 470, 474 ; envoyé à P.-R. des Champs par M. Singlin, II, 381, 506-7 ; — son départ pour P.-R. connu seulement des ducs de Roannès et de Luynes et de Mme Pinel, II, 507; — sa conversion amène celle de M. de Roannès, 509, et de Domat, 509-10; — changement de son caractère, 504, 506 ; — séjour à P.-R. des Champs, III, 75; — à P.-R. des Champs au commencement des Provinciales, VI, 115*;; — à P.-R. de Paris, II, 503-4 ; — passe des mains de M. Singlin à M. de Saci, 340, 507; — première conversation avec M. de Saci, 311; a M. de Saci pour second introducteur dans l'esprit de P.-R., I, 474; n'éblouit pas M. de Saci, II, 340; M. de Saci nous y introduit. 379; bel esprit en regard de M. de Saci, 380; — aux conférences de Vaumurier, 361 ; — dans les Mémoires de Fontaine, 246;

= Sa mauvaise santé, II, 472, 474, 504; — ses souffrances physiques, III, 313-4, 319, 320, 327, 331, 350*, 355-6, 361, 364, 367; — maladie et infirmité, II, 48?, 508; — ses rigueurs pour lui-même, III, 320; — sa ceinture à pointes de fer, 320, 321; — sa charité de pénitent, 320; — son trop grand zèle de néophyte (1655), 321; — ses excès de charité vis-à-vis des pauvres, 334-6, 367-8; — délicatesse de sa charité vis-à-vis d'une jeune fille, 334-5, 364; — son amour de la pauvreté, 320, 327, 330-1;

= Va loger chez sa sœur pour y mourir, III, 367-8; — veut mourir en compagnie des pauvres, 336; — se plaint d'être trop soigné par les siens, 331, 335-6; — visité par Arnauld et Nicole dans sa dernière maladie, 368 : — au lit de mort, 335-6; — confessé au lit de mort par M. de Sainte-Marthe, 368; — assisté par M. Beurier, son curé, 368; déclarations et rétractations de celui-ci sur les soi-disant rétractations de Pascal, 369-70, 389-90; — n'a jamais rétracté ses sentiments jansénistes, 369; — sa dernière communion, 368-9; — Domat présent à sa mort, V, 521; — meurt dans un ravissement de joie, III, 368-9; — sa mort à 32 ans 2 mois (19 août 1662), 97*, 269, 271, 369; — lettre de M. Walon de Beaupuis sur sa mort, 568; — ses demeures à Paris, 60-1, 75, 367*; — enterré à St-Étienne-du-Mont, 369; sot conte à ce sujet, 369*; — son épitaphe, II, 455; III, 369;

= Traité de Bienheureux, III, 372; de Saint, 373, 377; — le dernier des grands saints, 340-1, 343; — ce qu'il a de saint Jean, 451, 453*; — comparé à saint Augustin par Tillemont, 391; — sorte de Socrate chrétien, 122;

= Son cachet, III, 106*; cachet (Emblème de son), 184; — ses tablettes, 115, 123; — écrit à la promenade sur ses ongles, IV, [599]; — sa légende, II, 500*, 503; — faussetés du P. Rapin qui dit la jeunesse de Pascal adonnée à la magie, 500*; — accusé d'avoir fait des souliers, I, 500*;

= Son estime d'Archimède, IV, 335*; et Archimède, III, 451, 452, 457*; place Archimède au plus haut de l'échelle des esprits, 319*;

— Machine arithmétique perfectionnée par lui, II, 80, 437, 443, 464-5, 470, 471-2; III, 49, 362; Avis sur sa machine arithmétique, 49; — sur le mouvement de la Terre et sur le vide, 105*; — correspondance avec le P. Noël sur le vide, II, 474-6, 483; — expériences sur le vide, III, 49, 269; — sa lettre à M. de Ribeyre répondant aux Jésuites de Montferrand, II, 476; III, 49; — ses problèmes de la Roulette (1657-8), accident passager. 315-7, 319; son histoire du Concours de la Roulette, 316; se cache sous le nom de Amos Dettonville, anagramme de Louis de Montalte pour le concours de la roulette, 316; — sa correspondance avec Fermat, II, 501; sa lettre à Fermat (1660), III, 317-9; — ce qu'il dit de la Physique de Descartes, 422; — ce qu'il écrit de son estime et de son mépris pour la géométrie, 318-9; — la géométrie se réveille en lui, 315; — sa curiosité scientifique réprimée par Jansénius, II, 478-80; — à un moment, trouve les sciences abstraites non faites pour l'homme, 481; — la règle des partis et non des paris, III, 439; — importance pour lui de l'application du calcul à la question de la destinée humaine, 439*; — De l'esprit géométrique, 543; — ses Éléments de géométrie et ceux d'Arnauld, 556-7; — quelle est la valeur de son génie mathématique vis-à-vis de son génie d'écrivain et vis-à-vis des autres géomètres? 317*; — Leibniz s'occupe surtout dans Pascal des inventions du géomètre, 362; — invente une méthode pour apprendre à lire, 155-6, 512; — « Discours des passions de l'amour », II, 500-1*; III, 368; IV, 185; — « De l'art de persuader, III, 543; « Art de persuader » peut-être antérieur à sa grande conversion, II, 398*; — ce que la Logique de P.-R. doit à ses petits écrits alors inédits, III, 543; — Discours Sur la condition des grands, publiés par Nicole en 1670, II, 463*; III, 392-3; — (Papiers de), 114*;

= Son petit monde, III, 355; — et l'Académie française, V, 90*; loue l'Académie, III, [603]; flatte l'Académie, VI, 109; raille la langue de l'Académie française, III, 67-8; — son remerciment au Président de Bellièvre, 57; — (Influence énorme de) sur Boileau, V,

498-9, 500; Boileau dans le même courant moral, 498-9; et « Les Précieuses ridicules » sont les deux grands précédents modernes et les modèles de Boileau, 486-7; l'idéal de la perfection pour Boileau, 498; — mot de l'abbé Boileau sur ses *bottes* aux Jésuites, I, 500*; — (Rapports de Descartes et de), II, 473*, 483; Descartes repoussé par lui, II, 396; en complète contradiction avec Descartes, III, 421-2; aurait fait à Descartes d'autres objections qu'Arnauld, V, 350; a fait plus avancer la langue que Descartes, 373*; — et Domat, III, 355; IV, [600] : en face de Domat, V, 523-4*; différence de son principe avec celui de Domat, 523-4*; — et M. Hallier, III, 109*; — (Leibniz en face de), V, 448; — et M. de Luynes, II, 507; — (Malebranche n'est pas le copiste de), mais son émule original, V, 390; — et le chevalier de Méré, III, 99, 102, 422*, [610]; — et le P. Mersenne, II, 472, 483; — suppression et rétablissement de son article dans les *Hommes illustres* de Perrault. V, 479; — en face de Racine, VI, 127; (Racine connut-il)? V, 115*; et les petites Lettres de Racine, VI, 110, 115, 120.; — et M. de Roannès, II, 463, 501*, 507; III, 317, 355, 356, 362, 377-8; logé un moment chez M. de Roannès, II, 509; amitié pour lui du duc de Roannès, III, 315-6; (Fidélité de M. de Roannès à), II, 509; — et la Sorbonne, III, [603, 604]; parodie la Sorbonne, 112; persécuté la Sorbonne. VI, 109; — (Anecdote de) et du P. Thomassin, III, 85*; — mis en parallèle avec M. de Tréville, III, 384; V, 85, 87;

= Et sa sœur Jacqueline, IV, 414; sa mauvaise volonté pour le noviciat et la profession de sa sœur Jacqueline, II, 486-7; chicanes de partage à ce propos, 487-90, 491-2; les abandonne, 497-9; s'oppose à la profession de sa sœur Jacqueline (1653), 381, 486-8; dans les partages, sa sœur Jacqueline lui donne de sa part, 490*; décide sa sœur Jacqueline à ne pas se marier, 481; soutient sa sœur Jacqueline qui veut être religieuse, 484; ce qu'il dit de la mort de sa sœur Jacqueline, III, 352; complété par sa sœur, II, 488; III, 358, 359;

— lettre à Mlle de Roannès, III, 275*; — ce que le P. Daniel raconte de lui et de Mme de Sablé, V, 79*;

= (*L'honnête homme* chez), III, 90*; — son Honnête homme est le Gentilhomme de Montaigne, 545; — Honnêtes gens selon lui, II, 78-9, 379; — ce qu'il a de l'honnête homme à la mode, III, 47; — était des *honnêtes gens* en abordant, II, 379-80; — prétend qu'un honnête homme ne doit dire *je* ni *moi*, 402; — (Entre-deux de), I, 249-51, [557-8]; II, 352*; III, 249; ce qu'il en dit, IV, 24; — d'un chapitre à écrire sur lui, III, 338; — un des individus paradoxes de l'espèce humaine, 366-7; — n'a pas de masque, mais une physionomie, V, 515; — ce qui prépare à en mieux voir les proportions, II, 376;

= Luttes intérieures, II, 481-2; — il a le tourment, III, 429; — n'a rien de paisible ni de rassis, IV, 439; — moments et alternatives de doute, II, 500; — (Doute de), IV, 241; celui de la M. Angélique de S.-Jean en est rapproché, IV, 243; — sa Genèse philosophique, III, 424; — son passage de la philosophie à la religion, II, 393; — déclare la philosophie impuissante à réformer l'homme, 386; — n'admet pas de lumières naturelles, V, 524*; — ne compte pas sur la certitude métaphysique, III, 424; — ne se paie pas d'abstractions, III, 383; — ne croit pas aux preuves naturelles et métaphysiques, III, 420-1; leur préfère les morales et historiques, 421-2; — sa préférence pour les preuves morales, 439; — son raisonnement ne se sépare pas du sentiment, 411-2; — n'est pas un fauteur d'opinions nouvelles, 398; — l'athéisme, selon lui, marque d'esprit, mais jusqu'à un certain point seulement, 411; — ses raisonnements contre les athées, II, 197*; — sa critique du libre examen, III, 433; — ne trouve l'issue de son effroi que dans le Christianisme, 238;

= Étant chrétien et non philosophe, l'idée de son *scepticisme* est absurde, III, 415; — aborde la philosophie et la théologie par le côté pratique, II, 385; — la théologie devient pour lui le centre de toutes les vérités, 389; — son besoin d'être chrétien, III, 383; — le

Christianisme est pour lui le fondement et le sommet, 383 ; — le point de vue chrétien tempéré lui est hostile, 395* ; — pour lui, pas de milieu entre l'abîme et le Calvaire, 383 ; — son christianisme dépasse et choque celui d'Arnauld et de Nicole, 383 ; — règle de sa foi, 107-8 ; — sa définition de la foi, II, 122 ; III, 423 ; — sa connaissance théologique, 85 ; — n'est pas un théologien de profession, 391, — et la Grâce, II 502, 504, 506 ; — ce qu'est pour lui la Grâce, III, 107 ; — fidèle à la doctrine de l'Élection et de la Grâce selon saint Paul, saint Augustin et Jansénius, III, 454 ; — ne se rapproche jamais de Pélage, 454 ; — sur la Grâce « suffisante sans l'être », 37 ; — son désir de conciliation sur la doctrine de la Grâce, IV, 503 ; — son degré de foi comme catholique romain, III, 74, 77, 79 81, 88-90, 95-7 ;

= et l'Écriture, III, 85; ce qu'il dit de l'Écriture, 442-3, 444* ; — capable de traduire la Bible, II, 360 ; — son exégèse morale de l'Ancien Testament, III, 444 ; — affirme les livres de Moïse, 445 ; — son tableau des Juifs dépositaires de la vraie religion, 445-7 ; — importance pour lui des *Figures*, 445, 449-50 ; — son accent singulier au sujet des miracles, 445 ; — (Le Thabor de), 449, 450 ;

= Le contraire d'un panthéiste, III, 106* ; — vis-à-vis de l'univers, 105-7 ; — n'a pas encore la compréhension de l'univers, II, 480* ; — ce que sont pour lui les animaux, 437 ; — son amour de Dieu, III, 444 ; — pourquoi son Dieu est personnel, 397 ; — a besoin du Christ pour remonter au Père, II, 115* ; — preuves de Jésus-Christ par les prophéties, III, 445-7 ; — redouble de preuves sur Jésus-Christ, 450 ; — malade, sensible aux souffrances physiques de Jésus-Christ, II, 508 ; — sa préoccupation de Jésus-Christ sur la croix, III, 330 ; — et la croix, 106 ; — son amour pour la croix, 279 ; — n'a aimé de passion que Jésus-Christ, II, 509 ; III, 368 ; — l'un des grands apologistes chrétiens, 392 ; — une apologie vivante, [618] ; — son apologie a-t-elle vieilli ? [616-9] ; — a dans sa foi un pressentiment d'alarme, V, 356 ; — chimère de son soi-disant calvinisme, II, 197* ; — lien réel de son inspiration chrétienne intérieure avec celle des grands Reformés, III, [619] ; — tiré à eux par les Protestants, II, 196-7* ;

= Ses premières attaches à P.-R., II, 6 ; — élevé chez les disciples de saint Paul, III, 453* ; — ancienneté de son Jansénisme, 68-9 ; — de la grande génération de P.-R., 94 ; — le grand éclat et la fin du Jansénisme, 68* ; — son importance aux yeux des saints du parti Janséniste, 177 ; — excède par son génie le cadre de P.-R., s'y enferme par le cœur, 367 ; — n'a pas exagéré, mais réalisé P.-R., 367 ; — a toujours le sentiment janséniste sur la Grâce, 454 ; — disciple posthume de Jansénius et de Saint-Cyran, IV, 400 ; — et Saint-Cyran, II, 500* ; se rapproche finalement de Saint-Cyran, III, 86-90 ; ressaisit l'esprit de Saint-Cyran, 86 ; donne les derniers éclairs de l'esprit de Saint-Cyran, 357, 358 ; — non littérateur, mais pénitent, V, 90* ; — plus prompt à s'émouvoir qu'Arnauld, 353 ; — et M. Le Maître, III, 75*, 76 ; — et M. de Saci, III, 508 ; — sa confiance dans M. de Sainte-Marthe, IV, 349 ; — et M. Singlin, II, 504, 506, 507 ; reproche à M. Singlin de n'être pas théologien, I, 475 ; — et Nicole, IV, 503 ; ses différences avec Nicole, 421, 423 ; Nicole en face de lui, 465, 466, 470, 514 ; Nicole en émane, 520 ; Nicole, son disciple en morale, mais non asservi, 475 ; (Nicole un) sans style, 441 ; le ton de Nicole, volontiers -différent du sien, 475, 476 ; (Nicole juge de), III, 392* ; IV, 475-6 ; singuliers propos de Nicole sur lui, III, 384-5* ; traité par Nicole de ramasseur de coquilles, 384-5* ; IV, 431 ; mis par Nicole au-dessous de M. de Tréville, 384* ; — en présence de la M. Angélique, II, 499 ; — et la M. Angélique de Saint-Jean, IV, 227 ; la M. Angélique de Saint-Jean à côté de lui, 266 ; — consulté sur l'affaire de Nordstrand, 376 ; — l'affaire d'Arnauld l'excite, III, 85 : — croit au miracle de la Sainte-Épine, 151, 175* ; — influence sur lui du miracle de la Sainte-Épine, 184-5 ; et la Sainte-Épine, 312, 317 ; — traité de secrétaire de P.-R., III, 206-7 ;

— secrétaire des Curés contre les Casuistes (1658), 209-11 ; sa part dans les Factums des Curés, 207 ; le second tout entier de lui, 207-8; sa marque dans le IVe, 209-10 ; les factums des Curés de Paris ne prennent pas tout son temps, 313 ; — a peut-être collaboré au premier Mandement de M. de Contes (1661), IV, 131 ; passe pour avoir écrit le premier Mandement des vicaires du cardinal de Retz (1661), III, 82* ; sa part dans le premier Mandement des vicaires-généraux (1661), 344, 346. 352, 354 ; — n'a pas écrit la Réponse au *Rabat-joie des Jansénistes*, IV, 186-7 ; — sur la Signature, III, 91 ; son opinion sur la Signature, IV, 421 ; pensées sur la Signature dites avant lui par sa sœur, III, 88, 346 ; fidèle à l'esprit de sa sœur et dissidence avec P.-R. dans l'affaire du second Mandement, 353-5; son évanouissement, 355, 356, 357 ; — dissidence entre lui et MM. de Port-Royal sur un seul point, 368, 369-70, 385 ; — sa discussion périlleuse sur les cinq Propositions, 77-81 ; son changement d'avis, 81-4 ; — sa grande variation sur la méthode de défense, 82-7 ; — écrit sur la signature du Formulaire (1661), 82-4 ; — polémique avec Arnauld de 1661 et 1662, 97*; en guerre avec Arnauld sur le sens des Bulles, 90-7 ; Arnauld essaie de le réfuter sur la Signature, 91 ; lutte contre Arnauld, 95-6 ; faiblesse de la réfutation d'Arnauld, 96; — opposé à la Signature, IV, 403; petit écrit sur la Signature, III, 82-4, 86 ; ses variations sur la signature du Formulaire expliquées et défendues, 84-6 ; — ce qu'il dit des Évêques, 89 ; — ce qu'il dit de Rome, 88-90; sa pensée sur Rome et le sens des Bulles, 90; nie l'orthodoxie du Pape, 91 ; se rapproche d'une rupture avec Rome, 90-1; ses accents indignés contre Rome, IV, 423* ;

= Solitaire *amateur*, III, 90* ; — en quoi il n'est pas de P.-R., 75, 89-90* ; — dénonce le Jansénisme du dedans, 95-6 ; — crée un goût dominant nuisible au Jansénisme, II, 159 ; — son génie contribue à faire sortir P.-R. de sa voie calme, I, 477 ; — le moraliste de génie de P.-R., IV, 420 ; — Nicole est son second comme moraliste, I, 440 ; — préoccupé des dangers de l'avenir, II, 154 ; — (La queue de), III, 217;

= Son jugement sur l'ordre social, III, 431, 432-3 ; — pour lui, l'édifice social n'est fondé que sur le fait, 433 ; — donne plutôt la main à Hobbes et à Machiavel, V, 524* ; — près d'entendre la politique comme Machiavel, III, 382-3, 433 ; — près d'entendre le droit comme Hobbes, 382 ; en quoi il se rapproche de Hobbes, 430, 431, 432; — (Royalisme de), 433 ; ses sentiments de fidélité royaliste, II, 198 ; — et la Fronde, III, 428, 432 ; — a médité sur Cromwell, 432 ;

= Grandeur de son âme, III, 417; — tout humain, 457 ; humain avant tout, 434 ; — préoccupé surtout de la personne humaine, 106; — la nature humaine selon lui, [615]; — ne veut pas scinder l'homme, 423-4; — humilie l'homme avec douleur, II, 428, 440 ; — (Humilité de), 504, 506; — son étude de l'homme le mène à la religion, 481 ; — misère de l'homme selon lui, III, 435-6 ; — imite saint Paul dans sa peinture de la nature humaine, 414; tient l'homme par l'impossibilité de l'indifférence, 437-40 ; — exagère le désordre de la nature humaine pour lui faire accepter le remède, [615]; — met l'humanité dans le milieu, II, 424; — sa misanthropie, III, 400; misanthrope sublime, 434 ; — ses violences contre la raison humaine, II, 389 ; — le *je* dans Pascal c'est l'homme et le genre humain, 435 ; — (Ironie de), III, 434 ; IV, 382; ironie première et foncière amertume, III, 383 ; hauteur tranquille de son ironie, 431 ; — a-t-il beaucoup ri ? II, 379; — moins triste que Molière, III, 275, 276 ; rencontre fictive avec Molière, 277-9 ; qu'eût-il pensé de Tartuffe? 268-9 ; — tendresse de l'esprit, 451 ; — sa tendresse dans la sainteté, 339, 342 ; — n'est pas *égoïste* comme La Rochefoucauld, 238 ; — sa dureté n'est qu'apparente, 353 ; — son amour de la charité, 452-3 ; — ne se trouve jamais assez pauvre, 331 ; — son detachement, 332-3*; — sa passion pour la morale, III, 107-8 ; moraliste, V, 390 ; défenseur de la morale chrétienne, VI, 160*; entre plus que Leibniz dans la morale selon saint Paul, III, 362*; positif et rigoureux en morale, 383 ; sa morale respire un Dieu personnel et vivant, 396 ; — comment sa volonté de se détacher des siens diffère de celle de Montaigne, 332 ; — sa préoccupation de consoler, 429, 434, 444 ; — sur la concupiscence et la force, 431 ; — ce qu'il dit de l'Opinion, II, 427 ; — ce qu'il dit de la coutume, III, 433, 434 ; — (Force des paroles finales de), 89* ; — sa pensée chrétienne sur la maladie, 327-8, 331 ; — son amour de la douleur, 327 ; — son ascétisme exagéré, 320-1, 325, 334; — ce qu'il dit de la mort, 343*; — ce qu'il dit des morts, 353 ; — en face de l'idée d'éternité, IV, 47 ;

= Son génie, III, 101, 103; IV, 432 ; limites de son génie, III, 103-6 ; surtout moral, 103, 106-9 ; — (La Muse de), 315 ; — manque de grâce, 121 ; — en quoi il ressemble aux Anciens, 110-1 ; — et Homère, IV, [600] ; — sa *pensée* sur Platon et Aristote, V, 391* ; — Méthode sévère, IV, 420 ; — n'était pas cartésien, III, 396 ; sa méthode le contraire de celle de Descartes, 421-4 ; pressent les conséquences du cartésianisme dès 1658, V, 369 ; — limites de son esprit en histoire, III, 104 ; en physique, 104-5 ; — sait l'histoire en chrétien, 104 ; — (Mémoire prodigieuse de), II, 462-3 ; — n'est pas nourri des Pères, 340 ; — se souvient-il de Pline le Jeune ? III, 328* ; — rempli de la lecture des philosophes, II, 382 ; — cite saint Bernard, III, 78 : — en littérature n'a lu qu'au hasard, II, 383 ; — Épictète et Montaigne, ses deux lectures, 383 ;

= Sa préoccupation de Montaigne, II, 397-8 ; — Conversation avec M. de Saci sur Épictète et Montaigne, I, 396*; II, 340, 381-93, 439, 507-8; III, 111, 254, 440; sa portée de fond, II, 391-3; beauté du dialogue, 391, 393 ; publiée par le P. Desmolets en 1728, III, 393, défigurée par les éditeurs, II, 382 ; — a-t-il exagéré Épictète ? 386; — son démon de l'incrédulité a été Montaigne, 386 ; son exemplaire de Montaigne, IV, [599] ; — ses éloges de Montaigne, II, 398 ; l'étude de Montaigne l'éclaircit, 394 ; ce qu'il dit de Montaigne, 78 ; supérieur d'accent à Montaigne, 426; (On prend du Montaigne dans les papiers de), V, 70* ; opposé à Montaigne, II, 420*, 482 ; son duel avec Montaigne, 454 ; est sérieux là où Montaigne s'égaie, 440 ; coordonne Montaigne, 427 ; (La pensée de Montaigne s'achève dans), 438 ; sa pensée est souvent un souvenir de Montaigne relevé d'un trait, III, 430 ; en quoi il rencontre et accompagne Montaigne, II, 437-40; III, 430 ; imite l'art de Montaigne, 66 ; copie Montaigne, I, 358*; sauve des formes de style de Montaigne, II, 449-50; sa peine à se débarrasser de Montaigne, 412, 500; contre-pied de Montaigne, III, 330, 332, 336 ; en face de Montaigne, 309; dénonce Montaigne à l'attaque de P.-R., II, 395, 396, 397, 404 ; ses représailles contre Montaigne, 397-8 ; calomnie-t-il Montaigne ? 425 ; — son originalité en face de La Rochefoucauld, III, 427-8; (Où) se sépare de La Rochefoucauld, 428-30; ne connaissait pas les *Maximes*, 427* ;

= Qualités de son esprit, II, 463-4 ; III, 105-6 ; — son esprit mis au-dessous de celui de M. de Tréville par Nicole, 384 ; V, 85 ; — maitre de ses facultés, II, 458 ; — hardiesse de son esprit, III, 449, 450 ; — ses témérités de raisonnement, 449 ; — ses pensées à l'état extrême, 365, 381-4 ; — déborde à tout moment, 322 ; — ce qu'il a de la colère du lion, III, 143-4 ; — ses menaces lugubres excusées parce que passionnées, IV, 473 ; — (Abondance et verve de), II, 390-1 ; — en quoi il est décousu à dessein, III, 435 ; — netteté de sa décision, 431 ; — a, comme Saint-Cyran, l'intelligence interprétative et l'expression concise, 446-7 ; — sa détermination de tirer parti de tout et de l'objection même, 449, 450 ; — sa qualité de recommencer en augmentant, II, 390 ; — et le sens commun, III, 434, 435 ; — peu préoccupé de la gloire et de la réputation, II, 462 ; — en garde contre les conversations, III, 318-9, 320, 321, 330 : — préoccupé de la raison des choses, II, 457 : — sa faculté de recherche des causes, 458 ; — la vérité est le seul objet de son esprit, 457-8 ; — le vrai, son instinct avant d'être sa loi, 462 ; — *poinçon* de vérité, 463-4 ; — un peu de son accent dans quelques passages de la Logique de P.-R., III, 552 ; — ouvre en religion la porte à la raillerie, 47-8 ; — (Pensée définitive de), 97 ;

= Sa théorie littéraire, III, 101-2*, 459-61 ; — esprit de sa rhétorique, 102*, 460 ; — et la poésie, 112-3, 113* ; — sa poétique, 114-5 ; — sa fuite du *poétique*, 460 ; — son peu d'estime pour la poésie, II, 466 ; III, 103-4, 113, 113*, 364 ; — ses *Reines de village*, 113* ; — ménage les faiseurs de romans, VI, 109 ; — sa tendresse pour la Comédie, III, 113-4 ; — part du génie dramatique chez lui, 113-4 ; — le devancier de Molière, V, 487 ; Molière supposé en face de lui, II, [515 ; — orateur, III, 121 ; — son éloquence, 110-1 ; son éloquence naturelle, 44 ; — ce qu'il dit de l'éloquence, II, 79, 79* ; III, 102* ; — son accent souverain, 432 ; — (Grands accents de), II, 509 ; — ses accents passionnés, III, 384 ; — ses *éclairs pressés* le montrent surtout lui-même, 391* ; — sa parole ne s'oublie pas, II, 463 ; — son ton tranchant, III, 365, 457-8 ; — le premier des satiriques français, V, 498 ; — sa rhétorique insinuante, III, 114 ;

= De son style, III, 85, 458-64 ; — son art de style, 118-20 ; — reste maître de son style, II, 445-6 ; — éloge de son art merveilleux, 44 ; — son style rapproché de celui de Platon, III, 45* ; — peu de durée de ses premières incorrections de style, 51 ; — pauvreté des critiques du P. Daniel contre son style, 52-3 ; — aussi peu gaulois que possible, 51* ; — son estime pour les règles, 461 ; — fonde le style régulier sans tomber dans l'académique, 53 ; — où écrivain au complet, 101-2 ; — n'a d'abord pas de style personnel, 49 ; — par nature un grand écrivain, 463 ; — sa qualité d'artiste comme écrivain, [616-7] ; — surpris à l'état de grand écrivain involontaire, 457, 463 ; — son style garde du Montaigne, VI, 127 ; — a peut-être pastiché le style de Balzac, III, 67 ; — trouve un peu arriérée la langue de l'Académie, 67 ; — (Sobriété du style de), I, 376-7* ; — son amour de la mesure dans la composition littéraire, III, 102, 292-3* ; — son sentiment de la proportion en écrivant, 110* ; — rien n'est moins orné que lui, 460* ; — son style n'est pas de P.-R., mais individuel, 463 ; — son style n'a plus rien de Mézeray, 298 ; — la perfection de la prose française, VI, 127 ; — son style plus classique que celui de Molière, III, 298 ; — son style digne d'être apprécié de Bossuet, 389 ; — ce qu'il dit du style trop noble, II, 82 ; — tient pour le mot propre, fût-il rude, VI, 128* ; — sa parole fait empreinte, II, 382 ; — la M. Angélique est pour son *fort parler*, IV, 227-8 ; — ne craint pas les répétitions de mots, III, 459 ; — pourquoi on ne peut pas imiter son style, 458-9 ; — pourquoi il ne s'imite pas, V, 515 ; — Boileau ne réussit-on pas à imiter son style, 514-5 ; — a-t-il la perfection du style chrétien ? III, 462-3 ; — Comparaisons, 436, 438 ; — réformateur de la prose, II, 170 ; — fixe la prose française, I, 62, 63, 114, 118, 215 ; III, 101, [610] ; — son art du dialogue, 54, 110-1, 113, 115-6, 118-9, 121 ; — où loue-t-il les faiseurs de romans ? [603] ; — ce qu'il dit des petits écrits volants, 83 ; — expédients polémiques, II, 129 * ; — joue sur les mots, III, 54 ;

= Toujours des Jésuites sur son chemin, III, 316 ; — sa lutte avec le P. Annat, 81, 264, 309, 313 ; — et le P. Bauny, 111 ; — attaqué par le P. Brisacier, 309 ; — et les Casuistes, V, 487 ; — effet d'Escobar sur lui, III, 108 ; — rangé parmi les athées par le P. Hardouin, 395, 396, 397, 398 ; — et le P. Lemoine, II. 476 ; se moque du P. Lemoine, III, 285 ; — ses railleries de Molina, I, 254* ; — comment malmené par le P. Pirot, III, 206-7 ; — le P. Rapin le brouille avec Arnauld, [601] ; le P. Rapin n'y comprend rien, [601-2] ; — son duel avec les Jésuites, 207-8 ; — sa guerre à mort contre l'esprit jésuite, 140-1 ; — et la Dévotion aisée, I, 244 ; II, 167 ; — et les Casuistes, III, 122 ; — sa colère généreuse contre les Jésuites, 142-3 ; — pour la rendre sensible, rejette dans le passé son accusation

contre les Jésuites, 133-4; — sa division entre les Directeurs Jésuites sévères ou relâchés, 224*; — l'ensemble de ses coups sur les Jésuites est juste, 130; — blâme la politique des Jésuites, 131, 132; — en attaquant le casuisme, atteint la confession même, 290;
= PROVINCIALES, I, 114, 118, 247, 316, 317*, 374; II, 43, 73, 87, 121, 179, 197*, 248, 290, 291, 321, 453, 477; III, 184; V, 194; — (Mauvaise situation extérieure de P.-R. à la veille des), III, 7-12; — (Jansénisme à la veille des), 33*; — (1656, heure décisive des), V, [617]; — (Comment le duc de Liancourt est la cause occasionnelle des), III, 29; V, 46; — le refus d'absolution à M. de Liancourt, leur cause première, III, 30; — jugement de la Sorbonne contre Arnauld, cause première des Petites-Lettres, V, 46; — à qui en vint l'idée, III, 41-4; — a-t-il eu besoin de conseil? 102*; — commence les Provinciales à P.-R. des Champs, 43; — écrit une partie des Provinciales à Vaumurier, 149; — commencées dans la guerre des Jésuites contre Pascal à propos du vide, II, 475-6; — part des Perrault à l'origine des *Provinciales*, III, 42, 52; — ce qu'elles doivent à Arnauld, 147; — part d'Arnauld et de Nicole, 75*, 76; — part de Nicole, IV, 417; — M. Vitart, très-mêlé à leur naissance, III, [604]; Vitart, le cousin de Racine, des premiers à pousser à leur publicité, VI, 115*; — Les notes fournies aux Provinciales, et les idées prises à Montaigne n'ôtent rien à Pascal, III, 384*;
— — Circulent d'abord en copies manuscrites, III, [597, 600]. — par qui imprimées, 59; — M. de Saint-Gille, agent de leur impression, 76; imprimées par les soins de Saint-Gille, 195; — particularités de leur impression, III, 110*; — (M. Périer et l'impression des), anecdote, 60; — (Impression des) et le Proviseur d'Harcourt, 61*; — plusieurs premières éditions, 59*; — particularités de leur publication, II, 293; — chiffres du tirage et de la vente, III, 59, 61-2; — édition originale, 119*; — chacune se tient dans huit pages in-4°, 110*; — sont une gazette qui a paru une année, 66*; — envoyées par la poste en province, 62; — (Moment et éclat des), 27, 28; — le Voyage de Chapelle paraît en même temps qu'elles, V, 487;
— — (Succès des), III, 55-8, 59, 61-3; — lettres de d'Andilly et de Fabert à leur propos, 62*; — propagande en leur faveur, 62; — propagande d'Arnauld d'Andilly, [598]; — leurs succès auprès des femmes, 62, 65; — (Les salons à la mode et les), 62; — l'hôtel Du Plessis-Guénégaud pousse à leur succès, 165*; — succès travaillé par Mme Du Plessis-Guénégaud et l'hôtel de Nevers, [599-602]; — Rancé aide au succès des Petites-Lettres, IV, 45; — prix de leur succès dans le monde, III, 71-2; — leur succès sanctionné par le miracle de la Sainte-Épine, 317; — créent à P.-R. les indifférents favorables, 70; — revanche de la Bulle, 99; — leur triomphe, IV, 171; — (Les) et Arnauld, II, 220-1*; et M. de Barcos, 220*; et Louis XIV, III, 212-4; et Mazarin, 60; — défendues d'avoir parlé de Retz, 60; — (Les) et la reine Christine, II, 220-1*;
— — Les premières tout à fait anonymes, III, 63; - leur mystère, 63-4; — son pseudonyme de Louis de Montalte, 63; — ses noms d'emprunt Mons et Montalte, 60; — Montalte, voisin de Montaigne, 47*; — à qui attribuées d'abord, 54; — attribuées d'abord à l'abbé Le Roi, 117*; IV, 53; — on les attribue à Gomberville, III, [604];
— — Premières Provinciales; Pascal s'y suppose en dehors des Jansénistes, III, 288-9; — Pascal jésuitique sur un point, 75-8; Pascal jésuitique en disant qu'il n'est pas de P.-R., 74-6; — Pascal s'y loue lui-même indirectement, 65-6; — ce que disent les Mémoires de Saint-Gille des premières, 75-6; — Mlle de Scudéry louée, sans être nommée, dans les premières, II, 269*; — les Placets de Molière les rappellent, III, 282;
— — Première lettre à un Provincial (23 janvier 1656), III, 39, 45-7, 53-5, 63, 79, 81, 100, 110*, 155; sur le pouvoir, prochain ou éloigné, de la Grâce, 42; ce qu'elle dit des cinq propositions, 46; nouveauté de son style, 49; son succès, 55-7; (Lectures de la première) en Sorbonne 62-3 · — Deuxième

Provinciale, 57, 63, 70*, 71, 81, 100, 110*; chiffres du tirage, 58; est contre les Jacobins Thomistes, 64-5; (Effets de la Deuxième), 153-4*; — les deux premières imprimées chez Petit, 58;— Réponse du Provincial entre la deuxième et la troisième, 65-8; — Troisième lettre, 65, 68-9, 70, 110*, énigme de la souscription, 63; et la Lettre qui la précède, VI, 109*; Note sur la Réponse du Provincial, qui est en tête, et sur les deux billets qui sont de Mlle de Scudéry et de Chapelain, III, [602-6]; Chapelain doit être l'auteur du premier billet élogieux inséré dans la Réponse du Provincial, [604, 606]; le second billet élogieux cité dans la Réponse du Provincial est de Mlle de Scudéry, [602-3]; — les trois premières, 81, 100; (Le P. Rapin attribue les à Arnauld, [601]); ce que dit Courier des trois premières, 44-5*; — le Provincial y disparaît bientôt, 110; — 1re, 2e, 8e, 17e, 18e, seules relatives à la querelle d'Arnauld avec la Sorbonne, 44; — Quatrième Provinciale, 100, 101, 102, 109*, 109-10, 110*; transition de la querelle de Sorbonne à la morale des Jésuites, 45; la quatrième tourne et va droit contre la morale des Jésuites, 73, 98; sa sévérité contre le péché philosophique, V, 461; — Provinciales à partir de la quatrième, III, 98-101; — Quatrième à Dixième, III, 110; — Quatrième (Le bon Jésuite de la), 111*; — Cinquième Provinciale, 115, 116, 123-5, 127, 132, 140; (Le Casuiste de la cinquième), 111*; un de ses raisonnements attaqués par la sœur de Pascal, 349; — Cinquième à Seizième sur la morale casuistique des Jésuites, 73-4; — treize contre la morale des Jésuites, 45; — Sixième Provinciale, 115, 116, 116-7, 246; la sixième à l'hôtel de Nevers, chez M e Du Plessis-Guénégaud, [599-601]; — Septième Provinciale, 118-20; Tartuffe l'a lue, 288; — Septième et Huitième Provinciales, 61; — Septième à Dixième imprimées par M. de Saint-Gilles, 59;— Huitième Provinciale, 57, 116-8; — Neuvième Provinciale, 127; — Dixième Provinciale, 65, 120-1, 126*: éloquente péroraison, V, 507; l'Épître sur l'amour de Dieu de Boileau en est une dépendance directe, 505, 507-8; — Onzième Provinciale, III, 67*, 110; la Préface de Tartuffe la rappelle, 284; ce qu'elle doit à un livre antérieur d'Arnauld, III, 335*: justifie la raillerie en matière sérieuse, 146-7; préface du Tartuffe, 147; — Onzième à Seizième, 110-1; — Douzième Provinciale, 147; — les douze premières données à la reine Christine, 264*; — Treizième Provinciale, 134*, 147-8, [598]; — Quatorzième Provinciale, III, 65; sur l'Homicide, 148, [598]; — Quinzième Provinciale, 148, [598]; (La) et les suivantes attribuées à Arnauld par le P. Rapin, [601]; — Seizième Provinciale, 65, 101, 110*, 149-51; apostrophes à propos de la sainte Épine, 177, 184; résultat oratoire du miracle de la sainte Épine, 188; — les seize premières condamnées par le Parlement d'Aix, 211-2; — Dix-septième Provinciale, 61, 74, 74-5, 77, 79, 81, 89*, 230, [598]; le Dr de Sainte-Beuve y est nommé, IV, [574]; — Pascal n'est pas l'auteur de la Réponse au P. Annat qu'on appelle quelquefois la dix-septième lettre, III, 211-2*; — Dix-huitième Provinciale, 74, 74-5, 77, 79, 81, 140, 230, [598]; récrite treize fois, 101, 374, 462; — Dix-septième et Dix-huitième rapprochées des trois premières, 73-89; — dernières Provinciales, 83*; — Provinciales terminées au printemps de 1657, 313; — le texte original un peu retouché depuis, III, 45*, 67*; — — Une Dix-neuvième dans quelques éditions; paraît être de Le Maître, II, 195;—(Suite et ricochet des), IV, 251; — La Conversation du maréchal d'Hocquincourt est la dix-neuvième et devrait se joindre aux autres, VI, 114-5; — l'édition des Elzévirs, V, [565]; — comment Nicole reprend les dernières, IV, 418; inspirent les Imaginaires, 185; (Les Imaginaires de Nicole dans le goût des), 432-3; différence entre une Provinciale et une Imaginaire, VI, 108 9; — les deux Lettres de Racine devraient y être jointes, 115; les deux Lettres de Racine contre P.-R. sont des Contre-Provinciales, 110, 120; — Provinciales (Scène digne des), IV, 142;

— — Succès de la traduction latine de Nicole, III, 211; IV, 419,

420; traduction latine condamnée par le Conseil d'État (septembre 1660), 88*; — anecdote du Wendrock passé en fraude, IV, [598]; — les *Dissertations* de Wendrock, traduites par Mlle de Joncoux, III, 226-7; voir Nicole; — l'édition en quatre langues (1681) soignée par M. de Pontchâteau, VI, [325];

— — Provinciales condamnées par le Conseil du Roi, III, 213; — mises à l'Index, 225*; — condamnées par l'*Index* à Rome, 211; par le Parlement d'Aix, 211-2; à Paris, 213-4; — comment brûlées à Aix, 211-2; — (Brûlement des), 213; brûlées par le bourreau, 301; — Bordeaux se refuse à les condamner, 212; — (Les) et les Premiers-Présidents bibliophiles, 212*; — le livre brûlé; les conclusions triomphantes, 213-6; — (Victoire décisive des), 216; — suite de leur victoire, [609]; — la plaie faite par elles aux Jésuites est toujours ouverte, 219; leur graine fructifie, 271; — la seconde génération des Religieuses de P.-R. s'y est formée, 351;

— — Examen du fond, III, 122-30; — ouvrent brillamment la décadence de P.-R., III, 3; — le grand exploit de P.-R. au dehors, 166, 171; — sont un point d'appui pour le Jansénisme, 194*; — excitent et contrarient la persécution de P.-R., II, 343; — leur succès peu fait pour arrêter les rigueurs contre P.-R., III, 156; — pourquoi Pascal les a écrites d'une façon lisible à tous, 143; — ne sont pas faites pour divertir, 141*;

— — Inexactitude des citations, III, 122-6; — comment Pascal n'a pas lu tous les livres cités, 143; — ce qu'il aurait dit lui-même des citations qu'il employait, V, 79*; — a lu Escobar deux fois, III, 142; prend Escobar comme verre grossissant, 133; — son procédé en citant, 125-6; — exactitude des citations, 204;

— — Marche de leur raisonnement, III, 110-1; — leur offensive et leur défensive, 110; — leur fonds de jugement, d'indignation et de plaisanterie, V, 498; — Pascal inexact sur quelques points, III, 79-82; — popularisent l'Augustinus, II, 98; — rôle du bon Père, III, 118-9; — (La contre-partie des Capucins des), VI, 110; —. renferment les hérésies de Jansénius, III, 213; — Pascal n'y reste pas sur les matières de la Grâce, 102-3; — atteignent la théologie autant que les théologiens, 70; — leur esprit de plume à P.-R., IV, 388; — la lecture d'Escobar le décide à donner contre la morale des Jésuites, III, 100-1; — et la morale des Jésuites, 59; — (le Père Casuiste des), 110-2; son Casuiste trop particulier pour être populaire, 290, 291; — son faux dévot est trop particulier, trop casuiste pour être un type, 289-90, 291; — son hypocrite et son homicide, VI, 139, 144;

— — Tuent la scolastique en morale, 259; — apportent le glaive dans le procès de la Morale chrétienne gallicane, 216; — leur valeur d'entrer dans la morale universelle, 103; — s'adressent au public mondain et lettré, 40; — gagnent dans le public l'affaire d'Arnauld perdue en Sorbonne, III, 39; — ce que Saint-Cyran en aurait pu signer, 65; en dehors de l'esprit de Saint-Cyran, I, 437; rompent avec l'esprit de Saint-Cyran, III, 55; — devient de l'esprit de P.-R., 61; — presque entièrement dans le sens d'Arnauld et non de Saint-Cyran, 129, 129*; — sont, en un sens, un échec à Arnauld, III, 68-70; — le cri le plus éloquent sur le miracle de la sainte Épine, 448-9*; — Pascal rapproche un moment l'interprétation des Thomistes et celle des Jansénistes, 80-1;

— — Conséquences théologiques, III, livre III, ch. XIII et XIV, p. 204-58, 258; — leurs conséquences morales, 258, 259-60, 263, 266, 287, 289, 290; conséquences morales dans le monde, 204; — la sainte Épine y ouvre la perspective des Convulsionnaires, 198; — légèreté de leur conclusion, 78; ce qu'elles ont de légèreté, 46*, 47*; — source des plaisanteries sur Jansénius, 48; — les plaisanteries sur les censures de Sorbonne datent de là, 68; — les Protestants s'en gaudissent, VI, 99; — dénoncent le Jésuitisme que Molière pousse à bout, III, 288; — font œuvre de goût en matière de mœurs, 259; — ont flétri le mauvais goût dans le sacré, V, 487; — hâtent l'établissement de la morale des honnêtes gens, III, 260; — vont plus loin qu'elles ne veulent, 290;

— — (Style nouveau des), III, 44, 49-51, 63; — modèle achevé de concision, II, 271*; — mélange d'enjouement et d'éloquence, III, 64-5; — ironie de Pascal, 457; — passent de l'ironie à l'indignation, 120-1; — eussent gagné Montaigne, 70; — apprennent une façon de dire à la France, IV, [567]; — modèles pour les écrivains polémiques, III, 203; — (Les) et Retz, V, [565]; (Style de Retz six ans avant les), [544]; belle langue de Retz un peu antérieure [531]; — leur goût sévère et fin suranné du coup Mlle de Scudéry, III, [603]; — leur forme vieillit du coup celle d'Arnauld, 69-70; — fixent la langue, 51; — écrites avant Molière, 55; le succès des *Précieuses ridicules* en fait valoir la netteté, 270; — ton comique et jeu, 53-5; — (Ironie des), 431; — (Le Pascal des), prédécesseur de Molière et de La Bruyère, 263; — leur élément de comédie, 55; une semi-comédie, 269; Pascal y est semi-dramatique, 112-3; — leur dialogue, 120-1; — défauts contre les règles du dialogue, 115-6; — combien Molière en a profité dans *Tartuffe*, 287-8; (Les persécutions des) recommencent sur le *Tartuffe*, 280; — Racine y signale l'élément comique, 55; comparées par Racine aux Comédies, 268; — leur raillerie blâmée, II, 87; — comment ne pouvaient être un titre à l'Académie française, V, 90*; — n'a jamais rétracté les Provinciales, 85-6; — sa réponse définitive sur ce qu'il se serait repenti d'avoir écrit les Provinciales, 142-3;

— — (Divers jugements sur les), III, 202-3; — ont été rapprochées à tort de Rabelais, I, [553-4]; — à peine mentionnées par la M. Angélique, III, 173, 175*; — M. Singlin les trouvait trop railleuses pour être chrétiennes, I. 475; — correspondance du maréchal Fabert à leur sujet, III, [596-8]; — (Les) et Boileau, V, 498-9; bien antérieures à Boileau, 485; estime qu'en fait Boileau, III, 202; (Admiration de Boileau pour les), V, 503-4, 506-7; la Satire XII de Boileau sur l'Équivoque en est presque la table rimée, 515-6; Boileau veut un moment faire une lettre dans leur manière, 514-5; comment Boileau les reprend dans sa satire sur l'Équivoque, 514-5; — estime qu'en fait Bossuet, III, 202; — estime de Mme de Sévigné, 146; — la raillerie de Pascal louée par Racine, II, 336; — Fénelon veut en refaire en sens inverse, VI, 65; — l'éloge de Perrault, III, 222; — adversaires longs à se remettre de leur surprise, 78; — sont de ces livres auxquels on ne répond pas, 51; tous les essais d'Anti-Provinciales ont manqué, 142*; — essai de réponse du P. Annat, 74-5; — pauvreté de la *Première réponse aux lettres des Jansénistes*, 220; — Essais de réfutation : Bussy-Rabutin, 221-2; le P. Daniel, 222-5; le comte Joseph de Maistre, 227-31, 235-7, 240; — la réfutation du P. Daniel, IV, 510; (Jugement du P. Daniel sur les), III, 255; les critiques du P. Daniel portent peu, 115; critiques grammaticales du P. Daniel, 51-3; le livre du P. Daniel les fait relire, 223; — réponses des Jésuites en partie fondées, 126-8; les Jésuites réfutent Pascal après coup, II, 244; — (Apologie des) par dom Mathieu Petit-Didier, III, 221*; — allusions de Bourdaloue, II, 169*; III, 219-20*; — estime de Daguesseau, 148; — Voltaire jette au feu une refutation commencée des Provinciales, 142*; éloges de Voltaire, [610]; ce qu'en dit Voltaire, 74; Voltaire n'en a pas vu le fond sérieux, 141*; — la supériorité morale de Pascal méconnue par Voltaire et Condorcet, 412-3; — ce qu'en écrit D'Alembert, 411; — enseignent l'ironie à Gibbon, 290*; — Condorcet contre lui renchérit sur Voltaire, 412; — ses Œuvres complètes publiées par Bossut (1779), 395; — presque mortes aux yeux de Linguet, 255; — Beaumarchais leur doit quelque chose, 291; — et M. de Maistre, 214, 215; traitées de menteuses par de Maistre, 76-7; sont un *joli libelle* pour de Maistre, 255; — (Travail de François de Neufchâteau sur les), 460*; — ce qu'en dit dédaigneusement Châteaubriand, 218*; — justes critiques de l'abbé Dumas, 78-82; — (Éloge des) par M. Villemain, 55;

— — Se sont atténuées en triomphant, III, 48-9; — lien supérieur qui unit les Provinciales aux Pensées, 455*; — Pascal fait deux seules choses, combat les Jésuites dans les « Provinciales », ruine Montaigne dans les « Pensées », II, 398;

= PENSÉES, I, 249; II, 36, 43, 437-8, 439, 453; III, 66, 88, 105*, 107, 121, 143, 184, 275*, 276*, 587*; IV, 423; V, 194; — (Du livre des), livre III, chapitres XIX à XXI, III, 371-464; — (Les) ne sont pas sorties de la mode des Maximes, 420*; — (Racine profonde de P.-R. au cœur des), 455; — le dessein de son grand ouvrage contre les Incrédules lui vient pendant les Provinciales, à la suite de la Sainte-Épine, 312-3; — (Son doute au moment des), II, 500;

— — Leur caractère dans l'ensemble, III, 451; — (Fermeté des), V, 390; — (Indépendance absolue du Pascal des), hardiesse suprême, III, 97; — (Force finale des), 97; — dépassent en force les Provinciales, 97; — violence de l'idée fondamentale, 87-90; — choquent quelquefois, IV, 475; — mots excessifs et imprudents, qui résultent de leur qualité de notes, III, 449-50*; — Pascal eût adouci des traits de ses notes pour les Pensées, 456-7*; — (Tendresse donnée aux) par son état de maladie, II, 508;

— — Entretien sur le plan de son grand ouvrage. III, 316, 417-21, 446, 449, 450*, [616]; Nicole y assistait-il? 457; le lieu de sa conversation sur son grand ouvrage, P.-R. de Paris, ou le salon de Mme de Sablé, 419-20. 441*; — leur but, dissiper les ténèbres qui cachent Dieu, 453*; — les Pensées, fragments de son ouvrage apologétique, 85; — suite inégale de fragments, 391; — nous n'avons pas l'idée du livre définitif pour l'artifice de sa composition littéraire, 456-7; — Plan ressaisi de son grand ouvrage: Prolégomènes sur la valeur des Preuves: 1° l'Homme devant la nature, 424-7; en lui-même, 427-8; le moi dans l'homme, 428-32; l'homme dans la société, 432-3; des opinions populaires, 434-5; incertitude et angoisse de l'homme, 435-9; 2° l'homme en quête du salut, la philosophie, 440-1; les Religions, 442; le peuple Juif et l'É. criture, 442-4; rôle des miracles, 445, 449; des prophéties, 446-9; de Jésus-Christ, 450-2; de la charité, 452-3; — devancent visiblement le Bossuet de l'*Histoire universelle*, 447, 448; — leur propos tout dirigé vers la conclusion pratique, 424; — leur caractère de livre édifiant, [614, 615]; — jugement final sur la composition de son livre et le style des parties écrites, 453-64; — seraient, si achevées, un des plus beaux monuments de l'art chrétien du XVII° siècle, VI, 151; — ce qu'il fallait pour accomplir l'œuvre, III, 453-4; — s'il vaut mieux que ses Pensées soient un ouvrage inachevé, 456-8; — l'accident du non-achèvement est un bonheur pour leur style, 456-7, 458, 463, 464; — les citations surtout faites d'après les leçons non affaiblies, II, 385*, 387*;

— — Exemplaire unique d'épreuves (1669), III, 381-2*; — parues après sa mort, V, 90*; — paraissent après la Paix de l'Église, IV, 419; — parues en janvier 1670, III, 389; — première édition (1670), 381*, 392, 425*, 427*;

— — Le premier texte donné par P.-R., II, 379*; — travail et esprit de l'édition première, III, 371-7; — rôle de chacun; esprit qui y préside, 377-88; — difficultés du travail de l'édition, 372, 377-9, 385, 387-9; — le duc de Roannès, Arnauld, Nicole, M. de Tréville, Du Bois, Filleau de la Chaise, Étienne Périer travaillent à l'édition, 371-2 (Voir tous ces noms); — impossibilité d'un autre comité, 388-9; — lettre de Brienne à Mme Périer au sujet de l'édition des *Pensées*, 372-7; — (M. Du Bois et l'édition des), V, 469; — éclaircissements et *embellissements* des premiers éditeurs, III, 374-6; — additions des premiers éditeurs, 407; — mesure de correction où l'on prétendait se tenir, 373-9; — défense des premiers éditeurs, 115*, 388-9; — justes adoucissements des premiers éditeurs, 450*; — Pascal lui-même les aurait revues, 374; — on tient à ne les publier que comme fragments, 374-5, 376; — est, au XVII° siècle, non une publication littéraire, mais un livre pour la conversion et l'affermissement des lecteurs, 387-8; — les changements

n'ont rien de littéraire, 375*, 377; — changements des premiers éditeurs par scrupule d'orthodoxie et pour ne pas donner prise aux ennemis de P.-R., 382*; — révisées jusqu'au dernier moment par les premiers éditeurs, 381-2*; — suppressions des premiers éditeurs, 381*; — les altérations des réviseurs faites au point de vue religieux et non pas littéraire, 378, 379; — pas d'addition des premiers éditeurs, 374-5, 376; — première édition, la seule possible à son moment, 372; — d'autres éditeurs auraient-ils fait mieux au xviie siècle? 387-9; — résiste aux mutilations de texte, II, 382;
— — La question des *Approbations*, III 376, 378-9, 380, 391-2; — n'avaient besoin du *brevet* de personne, 392; — approbation de M. de Ribeyran, 456, 458; — approbation de l'évêque d'Aulonne *in partibus*, 458*; — ont-elles manqué des grands suffrages ecclésiastiques? 391-2;
— — Solution de la discussion bibliographique sur les vrais auteurs des deux Préfaces, III, 385-7; — Préface de M. Filleau de la Chaise d'abord supprimée, 313*, 375*, 418*, 419, 451*, 453*; — Préface officielle par Étienne Périer, son neveu, 313*, 375*, 385-7, 389, 418, 419, 443*, 444*; — leur publication et M. de Péréfixe, III, 389-90; — pourquoi on donne à la première édition le titre de seconde, 390; — éditions anciennes, 89*, 261*;
— — Inaugurent pour P.-R. une dernière période de gloire, III, 390; — trace de Jansénius dans les *Pensées*, II, 478-9; — ce qu'il y reste de Montaigne, III, 381; — refont le chapitre de Montaigne sur Sebond, II, 439; — phrases de Montaigne laissées comme étant de Pascal, 397; — pensées sur les religions, III, 420, 422; — arrivent au peuple Juif après une exploration historique des religions, [615]; — Chapitre des miracles, 449; pensées sur les miracles, 184, 185, 420, 445, 449; — Chapitre des Prophéties, 449; pour Pascal, miracles, figures, prophéties, sont des preuves positives, [616]; — les prophéties sont le faible de P.-R., et il est dû à Pascal, 448*; — Cha-

pitre du Mystère de Jésus, 368*, 451; — l'analyse morale, le meilleur des Pensées, 450; — voit dans l'homme trois ordres : charnel, intellectuel et de Grâce, 408-9; ordre du cœur, 423-4, de l'esprit, 423-4, de la charité, 423-4; — Chapitre des Puissances trompeuses, 430*; — ressemblance de sa *pensée* sur les grandes robes des philosophes avec une autre de Malebranche, V, 391; — ce qu'il y dit avec violence sur la justice humaine et naturelle, III, 381-3; — pensée sur les langues, II, 456 7; — Chapitre de l'art de persuader, III, 459; — Chapitre du style et de l'éloquence, 459 61; — pensée sur la comédie, 113, 276; une pensée sur la Comédie est donnée par quelques-uns à Mme de Sablé, 114*; sa page sur la Comédie mise dans les Maximes de Mme de Sablé, V, 69-70*;
— — Très-grands succès du livre, III, 390-1, 392; — profonde estime de Mme de La Fayette, IV, 475; — jugement de Nicole, 475; — ce qu'en dit Tillemont, III, 454; admiration de Tillemont, 390-1; désaccord de Tillemont et de M. de Ribeyran sur leur brièveté incomplète, 391*; — Bossuet comble des lacunes de Pascal, 444*; — critiquées par l'abbé de Villars (1671), 395*; — publication, postérieure à celle des Pensées, (1670-1728), de divers fragments de Pascal, 392-3;
— — Édition de 1700, III, 392; — réaction contre elles, 395-402, 410-1; — chicanes de M. de Tencin, archev. d'Embrun (1733), 395; — ses contradicteurs directs au xviiie siècle, VI, 82; — éditions, depuis qu'elles sont tombées dans le domaine public, III, 394; — Remarques critiques de Voltaire, publiées en 1734 à la suite des « Lettres philosophiques », 361*, 395, 400; ce qu'en dit Voltaire, V, 498: c'est dans sa Correspondance qu'il en parle le mieux, III, 361*, 402; — Éloge de Condorcet, II, 461*; III, 411; édition de Condorcet (1776), 261*, 388*, 394, 395, 411; édition de Condorcet avec les Remarques de Voltaire (1778), 394; (Caractère des notes de Condorcet sur les), 411; — Vauvenargues proteste contre la critique de Voltaire, 410; — valeur des *Sentiments de M.* (Boullier) *sur la critique*

des *Pensées* de Pascal par M. de Voltaire (1741), 403-10; — ce qu'en dit D'Alembert, 411; — torts des éditeurs du XVIIIe siècle, 388; — réaction en sa faveur au commencement du XIXe siècle, 413; — Édition Lefèvre, II, 432; — Édition de M. Frantin (1835), tentant de restituer le plan primitif, III, 394; la première qui ait essayé la restitution d'un plan méthodique, [615]; vantée par les hommes religieux, 388*; — M. Cousin dénonce les changements du texte des Pensées, 387, 388; éclat des travaux de M. Cousin, 2-3; — le manuscrit autographe, 114*, 115*; — écrites sur des bouts de papiers, 374; écrites en petites notes, 313-4; — M. Sainte-Beuve en avait une copie manuscrite, 88*; — Pensées retranchées; cahier manuscrit de Brienne, 376; celui de M. Sainte-Beuve, 376-7*; — édition de M. Faugère, 1844, I, [558]; III, 88*, 89*, 115*, 261*, 275*, 373*, 377*, 381-2*, 388*, 425*, 434*, 441*; IV, [576]; aucune édition jusqu'à M. Faugère n'a pensé au manuscrit original, III, 394-5 ; l'édition moderne est un bon texte, mais de lecture difficile, 388*; n'est pas définitive, [614]; — édition de l'abbé Maynard (1851), [602*]; — édition de M. Havet (1852), III, 434*; — l'édition systématique de M. Astié (1857) est toute dirigée contre les *naturalistes*, 401*; note spéciale sur elle, [614-9]; M. Astié renverse l'économie du plan en mettant les preuves morales avant la démonstration positive, [615-6]; — leur sort est-il lié à celui du Christianisme ? [615]; — ne sont plus un livre d'édification, 415; — partie faible et arriérée, 615; — la restitution de l'état primitif de son livre le ruine en un sens, 414-5; — gagnent aux éditions modernes, mais la cause de Pascal y perd, 415; — leur argumentation fléchit d'autant plus qu'on trouve meilleur l'homme et le monde, 401, [615, 617]; — leurs coups ne portent plus, quand le surnaturel est mis en doute, [617-8];

= Jugement de Mme de La Fayette, III, 392; — jugement de Leibniz, 362*; — attaqué par Bourdaloue, V, 40; — ce que dit Bayle de ses exagérations religieuses, III, 365; — mis en face de Malebranche, 363; — article de Dom Clémencet, 56*; — estime qu'en fait Vauvenargues, II, 400. Vauvenargues est son disciple, I, 407; ce qu'il aurait appris à Vauvenargues, 408; (Morceaux de Vauvenargues imités de), 410*; — loué par Voltaire, III, 111'; Voltaire l'attaque parce qu'il est au cœur du Christianisme même, 398-9; point de la difficulté entre Voltaire et lui, 402; les vraies objections contre lui de Voltaire et de Condorcet, toujours aussi fortes, 413-4; — antagonisme de Buffon, 105*; — réquisitoire de De Maistre, 228-30; n'a jamais eu de jouteur plus fort que De Maistre, 228; M. de Maistre lui reconnaît le génie, 244; malmené par M. de Maistre, 243; loué par M. de Maistre, 248, 254; n'est pas de P.-R. pour De Maistre, 248*; selon De Maistre, a seulement *logé* à P.-R., 244; (Sur) De Maistre prend le contre-pied du commun, 245; — belle phrase de Chateaubriand, 413; — un des maîtres de Paul-Louis Courier, 290; — la Préface des Bénédictins de Solesmes à Liguori (1835), le contre-pied de Pascal et la préconisation de la morale Jésuite, 455-6*; — très au complet dans la bibliothèque de l'abbé Flottes, [605*]; — mal compris de notre temps par Balzac, [557-8]; — M. Cousin dur pour lui, III, 360; — son Éloge mis au concours par l'Académie française, 2; — ce qu'en dit M. Goy (1850), 453*; — *De son ouvrage contre les athées*, par M. Léon Lescœur (1850), se rapporte au règlement mathématique du parti, 439*; — M. Rambert (1857) trouve qu'il ne subsiste plus de Pascal que son tableau de la nature humaine, [617]; — Analyse critique de son apologie par M. Ed. Scherer (1858), [618-9]; — M. Ern. Chavannes (1859) résume la discussion des protestants sur la valeur de l'apologie de Pascal, [619]; — polémique moderne entre les Protestants à son endroit, 401*, [614-9]; — a fait son temps comme apologiste, 415; — n'est plus un apologiste, mais seulement un moraliste, [618]; — resté vivant, II, 172; III, 258; — le travail moderne sur lui est philologique et littéraire, 414; — sa figure personnelle grandit plutôt

mais où est le triomphe de sa cause, 361*;
= Voyez Bégon (Antoinette), Périer, Sainte-Euphémie.

Pascal (Gilberte), second enfant d'Étienne Pascal et sœur aînée de Blaise, II, 455 ; — épouse M. Florin Périer ; Voy. Périer (Mme Gilberte).

Pascal (Jacqueline) IV, 414; sœur cadette de Pascal, II, 455; — sa petite vérole, 467 ; — sa jeunesse et ses rapports avec Corneille à Rouen, I, 117-8; — et Corneille, II, 470-1 ; — son talent de versification, 465-8; — sa comédie en vers, 467*; — vers sur la grossesse d'Anne d'Autriche, 466 ; — son compliment à Richelieu, 468* ; — vers à Mademoiselle, 466; — joue dans « l'Amour tyrannique » de Scudéry, 447-8 ; — stances sur l'Immaculée Conception, 471; — lettre sur l'entrevue de Descartes et de Pascal, 473 ; — refuse de se marier, 481; — présentée par M. Guillebert à la M. Angélique, 484; — veut être religieuse à P.-R.; opposition de son père, 483-4; — dirigée par M. Singlin, 484 ; — s'ouvre à sa sœur de sa résolution persistante, 486-7; — lettre à son frère pour son consentement pour entrer en religion, 487; — et la M. Agnès, IV, [579-80]; (Lettres de la M. Agnès à), II, 484-6; sa facilité pour les vers condamnée par la M. Agnès, IV, [579-80]; — *Lettres, Opuscules et Mémoires*, publiés par M. Faugère, III, 349, 352*, 360* ; — Voyez la suite à l'article *Sainte-Euphémie* (La Sœur Jacqueline de).

Pascal (Neveux de), élevés à P.-R. par M. Walon de Beaupuis; III, 568, 577.

Pascal (Nièces de); Pascal traite de déicide leur mariage, III, 197-8*.

Pascalins (Les), IV, 419-20, 443.

Pasquier (Étienne), I, 311; — le premier adversaire des Jésuites en France, [546]; III, 145*; — « Catéchisme des Jésuites », 116*; — sa langue, II, 448; — reproche à Montaigne ses gasconismes, 448; — ses *Lettres* jugées, [528]

Pasquin; satire contre Clément XIV, V, 311*.

Passart (La Sœur); Voyez Flavie.

Passé (Les points de vue du) s'arrangent toujours de plus en plus, III, 189*.

Passerat (Jean); V, 481.

Passion (L'heure de la), V, 133 ; — (Langueur brûlante et complaisance à la douleur, caractère de la), III, 368, — (Sophismes de), II, 402; — (Se déterminer par), IV, 451, 452; — principale (Malheur à ceux qui entravent la) d'un autre, VI, 97-8; — (La) seule fait pardonner l'horrible, IV, 473.

Passion (Instruments de la), III, 177; — (Dimanche de la), VI, 183.

Passionei (Guido), Secrétaire du sacré Collège, V, [591*]; — la réponse au désir de Retz de se démettre du cardinalat, [590-1].

Passions; sont-elles nées du péché? V, 386 ; — cause des erreurs de l'homme, 388 ; — toujours triomphantes, III, 277 ; — changent les jugements, IV, 438 ; — (Le vague des), 295; — excitées par la Comédie, III, 113-4.

Pasteur (Le bon, IV, 582; V, 95, 96*; Voy. Champagne (Phil. de), Sévigné (Le chevalier de).

Pasteur (L'office de), la plus redoutable tempête de l'esprit, IV, [554].

Pastiche; facile quand les écrivains ont une manière, II, 79-80.

Pastiches de style (Opinion de Boileau sur les), III, 458-9*.

Pastour (M.), Directeur imposé à P.-R., IV, 284*.

Patelin; devient un mot de la langue, III, 117*.

Patelin (L'avocat), I, 121.

Patelinage (Le) de dévotion, IV, [543].

Patenôtre (Le simple) suffit à Montaigne, II, 426.

Pater (Le), V, 245; — il n'y est point fait de commémoration du Christ, 444; — (La morale du), IV, 89*; — (Que devient le) dans Malebranche? V, 415 ; — anecdote sur la prière universelle de Leibniz, 443-4.

Pathelin, III, 112.

Patin (Guy), III, 36*; — Lettres, I, 244*; II, 175, 296*; III, 39 40, 181*; — Index inédit, I, 244*; — son portrait d'Arnauld, II, 175; — ce qu'il dit de l'Augustinus, 95; — son jugement du Président de Bellièvre, III, 57*; — et l'émétique, II, 296*; — ce qu'il dit de l'habileté des Jansénistes, III, 203*; — pour P.-R. contre les Jésuites, 180; — ce qu'il dit du « Mars Gallicus, » I, 301-2*; — ce qu'il dit du miracle de la Sainte-Épine, III, 180-1.

*Patmos, rocher de S. Jean, V, 339.

Patois; employé dans les Sarcellades, II, 336; — picard, 324.
Patriarcat gallican rêvé par Richelieu, II, 216*.
Patriarche; Voy. *Arménie, *Constantinople, *Russie.
Patrie (La vraie), III, 429.
Pâtrix (Le poëte) et Pascal, III, 60; — son épigramme, 51*.
Patru, I, 372; a part au progrès de la langue, 62; — (Factum de), 246*; — emploie le mot *romancer*, II, 274*; — sans philosophie du discours, III, 539.
Paul V; dans la question de la Grâce, I, 255, [523*]; — (Bref de), II, 94.
Paul et Virginie, I, 231.
Paule; son dévouement pour S. Jérôme, IV, [589].
Paulin, appellation du Prince de Conti, V, 35.
Pauline, femme de saint Pammaque, II, 318.
Pauline, personnage de Corneille dans « Polyeucte », I, 125, 127-8, 131, 134, 135, 137-41, 160, 161, 173*; — (Songe de), 151; — la raison est le fond de son caractère, 139.
Pauline; Voy. Grignan (Mme de).
Paume (Jeu de la), III, 527.
Pauvre (Impuissance du) dans l'Antiquité, III, 326.
Pauvres (Attrait de s'employer pour les) abandonnés, V, 29*; — comment ce qu'on fait pour eux ne leur arrive pas toujours, VI, 6; — (Pascal et les), III, 334-6; — (Les) et P.-R., II, 305-7, 316; — (Travail donné aux) à P.-R., I, 104-5*.
Pauvres; Conférences de Saint-Rémy de Troyes, VI, 48.
Pauvreté, sœur jumelle de la Charité, III, 324; — (Le Christianisme se tourne tout d'abord du côté de la), 326; — chrétienne, I, 357, 358-9; — (Pensées de S. Jean Chrysostôme sur la), IV, [530, 531]; — (Sentiment de Montaigne sur la), III, 333; — (L'esprit de), un des caractères de P.-R., 323-4; — (L'esprit de) d'après les Constitutions de P.-R., 324*; — (Points sur la); Voy. Saint-Cyran; — thème favori de M. de Pontchâteau, IV, [530-1].
Pavies d'Arnauld d'Andilly, II, 262-3, 275.
Pavillon (Balthazar), ecclésiastique; son opinion sur S. Augustin, II, 133*.
Pavillon (Nicolas), évêque d'Aleth, I, 28, 438; III, 210; — disciple de S. Vincent de Paul, IV, 355; — et l'Écriture, 355; — sous-diacre avant l'âge, 356*; — ne veut pas être Docteur, 355-6; — son uniformité de vie, [549]; — nommé évêque par Richelieu (1637), 356; — quand il devient Janséniste, [518]; — Port-Royaliste antérieur, 362; — son crédit moral, 355; — ses qualités de parole et de prédication, 356; — sa fermeté, 358-9, 361, 370-1, 389-90; — sa charité, 357; — son calice, II, 371*; — un des évêques selon P.-R., 239; le véritable évêque, IV, [548]; le père des évêques, [548]; son sentiment rigoureux du principe épiscopal, V, 311; — traité de *prélat taré*, 482*; — est pour les œuvres, non de faste, mais de charité utile, 37; — éclairé jusque dans ses étroitesses, 28;

= Dans son diocèse d'Aleth, I, 106; — sa répugnance à la signature, IV, 403; — et le Formulaire, 82, [518]; — interdit la signature dans son diocèse, 360-1; — Mandement explicatif sur la Bulle d'Alexandre VII, 362; — succès de son Mandement explicatif, 362-3; — Mandement condamné par le Pape, [549]; — affaire du Rituel d'Aleth, [549]; son Rituel d'Aleth accusé de complot contre la foi, V, 233; — sa difficulté à signer la lettre de soumission des quatre Évêques, IV, 389-90; — sa résistance à la Régale, V, 203; et l'affaire de la Régale, IV, 359, 478; V, [613]; compromis dans l'affaire de la Régale, 153; — condamné par Arrêt du Parlement, IV, 361-2; — projet de voyage, IV, 364; V, 109; — on le détourne de venir à Paris, IV, 363-4; — ne veut pas venir à Paris, 370-1;

= et Arnauld d'Andilly, IV, 356; — et Arnauld, 362; — et M. de Barcos, II, 219; — et Brienne, IV, 356; V, 19, 20, 21*; — charge M. de Ciron de la direction du Prince de Conti, 28-9; pourquoi il blâme M. de Ciron, V, [620]; — et le P. Comblat, [608]; la Relation du P. Comblat ne peut pas lui être adressée, 141*; — et le Prince de Conti, 27-9, 39*; beau côté de sa direction du Prince de Conti, 37-8; empêche le Prince et la Princesse de Conti de renoncer à leurs charges publiques et à leur vie de princes,

37-8; — réconcilie Domat et la famille Périer, 521; — et M. Du Vaucel, V, 21*; — soigné par M. Hamon, IV, 338: — s n exemple sert à railler l'archevêque d'Embrun La Feuillade. 382; — et M. de Lamoignon, 361-2; — et M. Le Camus, [540]; pris pour modèle par Le Camus, 478, [547-8]; — et M. Lemoine, V, 203 ; — et Louis XIV, IV, 358*, 359-60, 361; — et les Messieurs de P.-R., 370, 372-3; — et Nicole, 425-6; consulte Nicole. 362; — et M. de Péréfixe, VI, [296] ; — réconcilie les Périer et Domat, V, 521 ; — envoie à Rome le P. Poisson, VI, [322]; — et M. de Pontchâteau, [322-3. 328]; — premiers rapports avec P.-R., IV, 362; son beau mot sur P.-R., 44; — et le P. Quesnel, VI, [274, 275] ; — et l'abbé de Rancé, IV, 50, [518, 520]; — défend M. Talon, VI, [295]; — et M. de Tréville, IV, [520]; V, 88 ;
= Visité par Brienne, III, 372; V, 19, 20, 21*; — visité par M. de Comminges et de Pamiers , IV, 390-1; — visité par le Prince et la Princesse de Conti, V, 36, 38 ; — visite de M. Feydeau, VI, [295]; — visité par M. Hamon, IV, 338 ; — visite de Lancelot, III, 372; — visité par M. Le Camus, IV, [548]; — visité par beaucoup de Messieurs de P.-R., 372*; — voyage de Nicole près de lui, 478;
= La M. Angélique lui envoie sa Relation, 229; — en correspondance avec la M. Angélique de S.-Jean, 133; — et la Princesse de Conti, V, 25, 31, 39*; — et son établissement des Filles-Régentes, [620-1]; — et Mme de Mondonville, [620, 621]; — et les Religieuses de P.-R., 370, 372-3; voulait faire comprendre les Religieuses dans la Paix de l'Église, 402; — et Mlle de Vertus, 364; V, 109;
= Sa mort (1677), V. 153; — Vie de M. Pavillon, 36*, [621]; — Lettres, IV; [520]; lettre au Roi (1664), 360-1 ; lettres à M. de Saci, II, 345-6*.

Pays-Bas, IV, 381; — (Arnauld aux), II, 199; IV, 70; (Relation de la retraite de M. Arnauld dans les), V, 226-7*; Arnauld y meurt, III, 253 ; — (Gouverneurs des); Voy. Agurto, Castañaga, Grana ; — (Le Jansénisme des), VI, 175; — (Universités des) reçoivent les Provinciales par la traduction latine, III, 211 ; — Voy. Quesnel, Retz.

Paysages de Ph. de Champagne, I, 26.

Péché (Le sentiment du), III, [615]; — (La doctrine du), [618]; — a-t-il créé les sens et les passions ? V, 386-7 ; — originel, III, 232 ; (Doctrines du), IV, [584]; — définition de S. Augustin, II, 142-3, de Jansénius, 142-3; — (Nécessité du), selon Malebranche, V, 421, 422 ; — philosophique (Le) est-il moins grave que le théologique? 461-2.

Pécher (Histoire du), II, 262*, 263*.

Péchés, VI, [282] ; — les seuls malheurs véritables, II, 490.

Péchés mortels (Réveil des) endormis, IV, 472; — d'habitude, II. 189; — inconnus (Traité des), IV, 474*.

Pédanterie ; vice d'esprit, non de profession, III, 545-6; — (Définition de la) selon P.-R., 528*.

Pédantesque (Esprit), ingénieux à se créer des difficultés, III, 511.

Pédantisme; tué en éducation par P.-R., III, 524; — (Dérouiller le) sans nuire à la solidité, 510.

Πέφυκα, III, 525*.

*Pégu (Le roi de), IV, 434.

Peigne de saint Thomas de Cantorbéry, V, 243.

Peint (Jeune homme qui) sans avoir appris, VI, 88.

Peintres (Les) communs se peignent eux-mêmes partout, III, 273*.

Peintres amateurs ; la Duchesse de Liancourt, V, 43.

Peinture à l'huile et à fresque; ce qu'en dit Molière, I, 154; III, 293-5; — Voy. Boullongne, Champagne.

Peintures de nudités, III, [594].

Pélage, I, 14, [529]; III, 13*; — sa profession de foi, [622]; — relève l'homme actuel et déprime l'Adam de la Création, II , 136; — sa doctrine sur la Grâce, [533] : — est pour la liberté contre la Grâce, [533]; — réfuté par saint Prosper, III, [622-3]; — attaqué par Jansénius, II, 110-2, 146; (Jansénius se sert toujours de S. Augustin contre), 114; — terrassé par Arnauld, V, 476*; — Pascal ne s'en rapproche jamais, III, 454; — «Vicaire savoyard» en sort, II, 404; — humanité de la doctrine, III, [622] ; — (Facilité d'en arriver à), 239.

Pélagianisme, II, 100, 114, 114*, 116, 121, 124, 132*, 136, 146, 195*, 392; — (Doctrines du), I, 13, [521-2,

529]; — (Église Catholique accusée de), III, 91 : — (Les Jésuites en sont accusés), I, [521 *. 522] ; — (Malebranche accusé de), V, 368; — mène à ne pas croire à J.-C., II, 111-2.

Pélagianisme (Semi-), II, 100, 104, 105, 106*, 111, 113, 115-8, 121, 124, 131, 132*, 136, 158, 284 ; — (Doctrine du semi-), I, 13, [521-2, 529] ; — Église Catholique en est accusée. III, 91 ; — Jésuites semi-pélagiens, 482 ; — (Semi-) vague, 215.

Pélagien, IV, 249 ; V, 13 ; — (Bon sens) du monde et de l'avenir, III, 102 ; — (Aux XVIᵉ et XVIIᵉ siècles, l'univers Catholique presque semi-), II, 131.

Pélagienne (La théologie semi-) de Malebranche, V, 433 ; — à la seconde génération, une idée semi-pélagienne devient une morale philosophique, 157 *.

Pélagiennes (Doctrines semi-), I, 291.

Pélagiens (Erreur des) de croire aux puissances intérieures de l'homme, II, 385 ; — persécuteurs, I, 543 ; — mot de saint Jérôme contre eux, V, 382 ; — combattus par saint Augustin, I, 293 ; — réfutés au XIVᵉ siècle par Th. Bradwardin, II, [532] ; — (Les trois quarts des chrétiens) en fait d'éducation, III, 482 ; — (Les catholiques), 367*.

Pèlerinages à P.-R. des Champs, V, 141, 143.

Pèlerins (Théâtre des) à Paris, I, 133.

Pelletier (M.), chanoine de Reims, correspondant de l'abbé Fleury, II, 156.

Pelletier Des Touches ; Voy. Destouches.

Pellico (Les Silvio), V, 226.

Pellisson, II, 162 ; — secrétaire de Fouquet, III, [600] ; — à la Bastille, II, 353* ; — son abjuration entre les mains de M. de Choiseul, évêque de Comminges, IV, 163* ; — converti de la veille, V, 305* ; — convertisseur après sa conversion, II, 364 ; — et Arnauld, V, 462* ; — ami de Mme Du Plessis-Guénégaud, III, [600] ; — ami de M. Letourneux, V, 212, 219 ; — (L'élégance à la), VI, 98 ; — s'appelle Herminius dans la Clélie, II, 270 ; — Discours sur Homère, III, [624] ; — passages des Pères recueillis contre les Hérétiques, II, 364 ; — « Histoire de l'Académie », I, 71* ; II, 375* ; —

Lettres historiques, V, 303*, 304*.

Pembroke ; Voy. Archange (Le P.).

Pendus (Gens) pour avoir pillé une église, V, 34.

Pénitence (La), II, 18 ; — Haute idée de la), [543] ; — (Doctrines sur la), V, 308 ; — (Sévérité de la), 40 ; — Maximes ultra-évangéliques sur la pénitence, [608] ; — (Maximes de l'Église dans l'administration de la), IV, [551*] ; — (Image vivante de la) ancienne, II, [543-4] ; — canonique (La), IV, [533] ; — publique incompatible avec le sacerdoce, I, 462 ; — (La) un second baptême, V, 252-3 ; — (Le désagrément, une partie de la), IV, 291 ; — (Joies de la), III, 275 ; — différée jusqu'à la mort, reste douteuse, I, 504 ; = (Instructions de saint Charles Borromée sur la , III, 205 ; — (Doctrine restaurée de la), II, 166, 188 ; — Jansénisme vainqueur sur ce point, 189-91 ; — (Réforme de P.-R. dans la) admise, III, 215 ; — selon P.-R., VI, [301] ; — (La) à P.-R., I, [519-20] ; — (Originalités de la) à P.-R., V, 166 ; — (Sentiment de) des Solitaires, II, 33 ; — prêchée par M. Le Tourneux, V, 211 ; — ardeur de Rancé et limites de P.-R., IV, 90* ; — (Femmes, comment ennemies de la), 515 ; — (Progrès de l'indulgence dans la), III, 455* ; — par procuration, V, 180* ; — Voyez Psaumes.

Pénitence (Sacrement de), I, 343, 347-8, 349-51, 354, 446-7.

Pénitencier (Grand) ; Voy. Charton (M.), Robert (M).

Pénitent (Le) ne doit pas enseigner, IV, 313.

Pénitentes (Les demi-), III, 559 ; — (Les) raffinées de P.-R., 587.

Pénitents (Les), VI, [351] ; — (Habits des anciens), I, 351 ; — (Voyages de), IV, 478, [534] ; — (Tous les grands) se rapprochent un moment de P.-R., [534] ; — (Les) de P.-R., V, 259* ; — (Être des), état de Messieurs de P.-R., III, 247*, 248* ; — proprement dits, domiciliés à P.-R., II, 295 ; — leurs excès, modérés par les Directeurs à P.-R., III, 323 ; — cuisiniers, V, 166 ; — (Portraits perdus des) par Brienne, 21.

Pensée (Tout est dans la), II, 351 ; — (La) réduite à elle-même, III, 421 ; — (Les oppositions de vues donnent à la) toute son ouverture, 414* ; — (La) de derrière, 434, 435 ;

— (Le discours, image de la), 539;
— (Impunité de la) blâmée par les Jansénistes, I, 221*; — (Que devient notre) après nous? III, 380.
Pensées; achevées par la brièveté, IV, 436; Voy. Pascal; — (Dissidence des), charité des cœurs, I, 506-11.
Penser (De la liberté de), V, 491-2
Penser (Art de); Voy. Logique de P.-R.
Pension des élèves riches aux Petites-Écoles, III, 475, 497*.
Pensionnaires dans les couvents, I, 327.
Pensionnaires (Jeunes filles) à P.-R., III, 188, 478 ; IV, 414; V, 154*; — (Petites) de P.-R., VI, [295*]; — à P.-R. des Champs, IV, 409;— (Multiplication des), III, 7;—source de revenu, V, 171 ; — neuvaines pour M. Arnauld, III, 152;—(M. de Saci confesseur des), V, 185 ; — (Ce qu'il y a de politique à propos des), 174; — (Premier renvoi des), VI, [310] ; — (Renvoi des), 1661, III, 344; — (Nombre des) en 1679, V, 163, 167, 173 ; — retirées de nouveau, IV, 262;— (Ordre de renvoyer les), V, 167; — (Sortie des), 180-5; — (Nombre des) à la sortie, 188*;—leur sortie au nombre de trente-quatre, 187, 188*; — (Départ des), IV, 154 ; — Incidents de la sortie, V, 180-6 ; VI, 289 *; — (Noms des quarante-deux) au moment de la sortie, V, 185-6 *; — Voy. Daguesseau, Grammont, La RocheGuyon, et cf. V, 185-6*.
Pensions ; payées par le Roi pour les Religieuses prisonnières, IV, 280*.
Pentateuque (Le) ; Notes de M. Du Fossé, VI, 159*.
Pentecôte (La), IV, 384, [530] ; V, [598]; VI, [281, 282, 314].
Pepin (Guil.) prêche contre les longues manches, I, 50*.
Pepin (M.), ami des Perrault, III, 41-2.
Pepin (La Sœur Marie-Marguerite de Sainte-Lucie); exilé à Autun, VI, 221.
*Perche, IV, [520].
Percin de Montgaillard (Pierre-Jean-François), évêque de Saint-Pons de 1665 à 1713 ; — lettre au pape en 1677, V, 289, 468*; — fait écrire par Nicole la lettre à Innocent XI sur les Casuistes, IV, 479, 480, 484.
Perdreau (La Sœur Dorothée), tourière à P.-R.; sa signature, IV, 216, 217.
Perdrix (La) de Saint Jean, VI, 27;

— (Comparaison des), I, 219.
Père et mère (Précepte d'honorer ses), IV, 89-90*.
Père (Grâce de lumière du), V, 432; — (Justification du) aux dépens du Fils, V, 364-5; — Voy. Fils, Jésus-Christ, Malebranche.
Père aveugle (Le); Voy. Lejeune. (Le P.)
Péréfixe (Hardouin de Beaumont de), archevêque de Paris de 1664 à 1670, II, 203; III, 21; IV, 262; — d'abord évêque de Rodez, 151; V, [574]; — nommé à la place de Retz, [574]; — attend deux ans ses bulles d'archevêque de Paris, IV, 151; — et le Formulaire, 399 ; — Mandement sur la Signature (juin 1664), 185-6; — laissé en dehors des négociations de la Paix de l'Église, 402; — son côté plaisant, 194-5, 197; — son habitude de jurer, 180*; — son manque de tact, 204-5, 209, 214, 219 ; — ses colères ridicules, V, 169; — ses qualités de bon homme, IV, 178, 179-82;
= et Arnauld, IV, 399 ; et son ancienne admiration pour la Fréquente communion d'Arnauld, VI, [296-7]; dans l'affaire d'Arnauld, III, 35*, 39 ; — empêche un temps de porter le cœur de M. Benoise à P.-R. des Champs, 579*; — et Bossuet, IV, 275 ; consent à nommer Bossuet censeur de la Version de Mons, II, 359; — prépose M. Chamillard, III, 347*; — et M. Feydeau, VI, [296-7]; — et M. Grenet, V, 190; — un niais à côté de M. de Harlay, 177 ; — et M. de Lalane, IV, 399; — M. de la Petitière intervient auprès de lui pour P.-R., II, [542] ; — défend que M. de La Rivière soit enterré à P.-R. des Ch., [543]; — précepteur de Louis XIV, IV, 151, 177*: apprend le latin à Louis XIV avec la méthode de P.-R., III, 509; et Louis XIV, IV, 402; — son système et son livre de « La foi humaine » raillés par Nicole, 186, 432; — et le Nouveau-Testament de Mons, VI, [362]; interdit le Nouveau-Testament de Mons, IV, 380-1; pamphlets contre son interdiction du Nouveau-Testament de Mons, 381-3; sa mort rompt les conférences sur la Version de Mons, II, 360; — a les petits écrits de Pascal sur le Formulaire, III, 354*; s'enquiert des circonstances de la mort de Pascal, 369; et la

publication des *Pensées* de Pascal, 389-90; — et M. Pavillon, VI, [296]; — M. de Pontchâteau lui demande la liberté de M. de Saci, II, 353; VI, [318]; — et P.-R., VI, 202; persécuteur de P.-R., II, 343, 349, 349*; — envoie à P.-R. des Champs celles qui n'ont pas signé, IV, 280*, 281; consentait à une translation de P.-R. des Champs (1668), 373; neuvaine à P.-R. pour sa santé, 201; — visite à P.-R., 139; sa visite à P.-R. et son interrogatoire des Religieuses, 186-98; — maître de chambre chez Richelieu, I, 493*; II, [542]; IV, 176-7*, 190; ce qu'il rapporte de Richelieu sur Saint-Cyran, 190-1; à Richelieu, VI, [296]; — fait sortir M. de Saci de la Bastille, II, 355; IV, 399; reçoit M. de Saci sortant de la Bastille, II, 355; conduit M. de Saci au Roi, 355; — belle lettre de M. de Sainte-Marthe en faveur des Religieuses, IV, 182-4, 345;
= Ce qu'il dit de sensé sur la signature des Religieuses, IV, 177-82; — et les Religieuses de P.-R. des Champs, VI, 194, 195; — et la signature des Religieuses après la Paix, IV, 404-7; — défend aux Religieuses de chanter à haute voix, 285*; — sa visite aux Religieuses de P.-R. des Champs, 223; — vient lui-même interdire les sacrements aux Religieuses, 202-3; — les Religieuses de P.-R. ses prisonnières, 256, 257; — ses malheurs avec les Religieuses de P.-R., 217*; — et l'affaire des chaises renversées, 286*; — et l'exécution des Religieuses, 231; — et la Mère Agnès, [577, 538]; — et la Sœur Angélique de S.-Jean, 233, 249-50; — et la Sœur Anne-Eugénie, 315; — et la Sœur Briquet, 274; — ses conversations avec la Sœur Eustoquie de Brégy, 269-71; il la ménage, 266; — prépose la Mère Louise-Eugénie au gouvernement de P.-R., 213-4; — et Mme de Saint-Loup, VI, [296-7]; — et la Sœur Sainte-Thérèse d'Andilly, IV, 276-7; — sa fin, VI, 205.

Pères (Les) *de l'Église*, I, 279, 345, 379, 392, 492, 502*, [524*, 538]; II, 37, 127*, 166, 175, 188, 191, 201, 214*, 243*, 336, [541]; III, 54, 268, 569; IV, 11, 170, 223*, [568]; V, 307, 333*, 375, [547]; VI, [305]; — des trois premiers siècles, III, 410*; — des six premiers siècles, IV, 456, 457; — ont fait la guerre par esprit de paix, II, 335; — (Côté pénitent et studieux des), I, 404; — leur étude la seule saine, VI, 46; — (Apologie des saints), 87; — ils ont écrit peu d'apologies, IV, 492; — (Homélies des), [531]; — (Traités des), 53; — (Symbolisme mystique des), 301*; — et la matière de la Grâce, V, [611]; sur la Grâce, II, 96, 127*; — et le dogme de l'Eucharistie, IV, 446; et la Transsubstantiation, [599-600]; et la Présence réelle, [600]; Réunion chronologique de leurs textes sur la Présence réelle, 457*; — (Office du Saint-Sacrement fait avec des leçons des), 444; — on ne peut se dispenser de les suivre pour le règlement des mœurs, [554*]; — (Sentences tirées des), III, 473; — (Sentences des) appropriées aux fêtes des Saints, V, 256*; — (Recueil de) passages pour convertir les hérétiques, II, 364; — (Exemples de raillerie tirés des), 335; — (Renaissance de la lecture des) au XVIIe siècle, I, 416-7; — (Traductions des), II, 318; — (Citation des) dans les plaidoyers, I, 272-3;
= Désaccord à leur sujet de Claude et de Nicole, IV, 453, 455; — et Du Guet, VI, 46; — et M. Fouillou, 172*; — sont l'idéal de Lancelot, I, 416, 418; — peu cités par Massillon, III, [607]; — étrangers à Pascal, II, 340; — M. de Pontchâteau en fait des extraits, VI, [320]; — lumières qu'y trouve M. de Saci, II, 381; — origine de Saint-Cyran, I, 415; (Saint-Cyran remonte aux), II, 99; Saint-Cyran veut y retremper le Christianisme, IV, 423; — M. de Tréville les lit méthodiquement, V, 86; (*Précis des*), par M. de Tréville, 84.

Pères de l'Orient, IV, 53, 61.
Pères du Désert (Vie des), II, 496; — Voy. Arnauld d'Andilly.
Pères Grecs et Latins, I, 276*; II, 327.
Pères Grecs, IV, 16, 325; — leur opinion sur la Grâce plausible, 505; — admettent la Grâce soumise à la liberté, II, 132-3, 145; — préférés par M. de Tréville, 327; V, 87.
Pères Latins, IV, [568]; — préférés par M. de Saci, II, 327; V, 87.
Pères; Voyez Doctrine chrétienne, Jésuites, Oratoire.
Péreyret, docteur Moliniste, III, 14.
Perfectibilité morale, III, 261*.

Perfection(La) est-elle de nécessité? IV. [533]; — (Distinction de l'obligation rigoureuse et de la seule), I, [524-5].

Péricard (M. de), évêque d'Angoulême, et M. Le Camus, IV, [552*].

Périclès, II, 62.

Périer (Famille) en Auvergne, III, 568; — ses manuscrits de Pascal, 354, 362, 373; — ses scrupules dans l'édition des « Pensées » de Pascal, 371-2, 375*, 377, 385, 393; lettres qu'elle reçoit sur l'édition des *Pensées* de Pascal, 390-1; — (Séjour de Brienne à Clermont dans la), 372; — en rapport avec Leibniz, 362; — Pavillon réconcilie Domat avec elle, V, 521.

Périer (M. et Mme); leur séjour à Rouen, II, 481; — leur conduite dans l'affaire de la dot de Jacqueline Pascal, 488, 489-90, 495, 496, 498.

Périer (M. Florin); Conseiller à la Cour des Aides de Clermont-Ferrand, beau-frère de Pascal, II, 455; — chargé par Pascal d'expériences sur le vide, 472; imprime la lettre de Pascal à M. de Ribeyre, 476; et l'impression des Provinciales, III, 59*; anecdote à ce sujet, 60-1; et la dix-septième Provinciale, 62; — et l'édition des Pensées, 373, 376, 378, 380, 387, 390*; la maladie l'empêche de s'occuper de l'édition des Pensées de Pascal, 372*: la Préface de son fils aux Pensées donnée comme de lui au comité des premiers éditeurs, 387; — et le miracle de la Sainte-Épine, 174-5*, 175; — et Brienne, V, 20; — et Lancelot, 20; — et Nicole, IV, 488*, [594].

Périer (Mme), de son nom Gilberte Pascal et sœur de Blaise: présentée à Richelieu, II, 469; — son mariage avec M. Florin Périer, 455; — élève sa jeune sœur Jacqueline Pascal, 465-6: lettre de Jacqueline à elle sur l'entrevue de Descartes et de Pascal, 473*; — sa sœur s'ouvre à elle de sa résolution persistante, 486-7; lettre de sa sœur sur la seconde conversion de leur frère (1654), 504-7; — passe légèrement sur les circonstances de la seconde conversion de son frère, 495*; — et le miracle de la Sainte-Épine, III, 176-7; — ses soins de son frère malade, 331, 335-6; — Pascal meurt chez elle, 367; — Vie de Pascal, II, 198, 380*, 456, 457-8, 459-62; III, 44, 314, 320-1, 334-5, 335-6, 353; on n'imprime pas sa Vie de Pascal avec les Pensées, 385; — ses préoccupations jalouses à propos de l'édition des Pensées, 371, 372-7; sa vraie pensée à propos des corrections faites aux Pensées de Pascal, 374-5*;
= Lettres d'Arnauld, IV, 408; — lettres de Brienne au sujet de l'édition des Pensées, III, 372-7; — lettre à Mme de Sablé sur l'auteur de la Préface des Pensées, 385-7; — Vie de la Sœur Sainte-Euphémie, II, 465*; — et M. Vallant, V, 521*; lettre à M. Vallant, 521*; — demeurait rue Neuve-Saint-Etienne-du-Mont, III, 367*; — incorrections de son style, II, 406.

Périer (Les deux Demoiselles), élèves de la Sœur Flavie, III, 354*.

Périer (Jacqueline); comment Pascal traite de désordre une proposition de mariage pour elle, III, 197-8*; — fidèle à P.-R., IV, 127.

Périer (Marguerite), nièce de Pascal; III, 200; — guérie par la Sainte-Épine, 354*; VI, [257]; miracle de la Sainte Épine, III, 174-6; — (Mémoires sur Pascal et les siens d'après les papiers de), II, 381*; sa Relation sur Pascal, III, 355, 386*; anecdote sur l'impression des Provinciales, 61*; son témoignage sur le soi-disant repentir de Pascal d'avoir fait les Provinciales, 142-3; — ses scrupules quand on publie quelque chose de son oncle, 393; — son inquiétude sur l'authenticité de la conversation de son oncle et de M. de Saci, II, 382-3*;
= sa lettre sur la sortie des postulantes, IV, 114-5; — sur Descartes, III, 105*; — et Domat, V, 522; ce qu'elle dit de Domat, 521; — son témoignage sur Tillemont, IV, 11; — retirée à Clermont, II, 382*; — sa longue vie à Clermont; par là et la Sainte-Épine joint les Provinciales et le diacre Pâris, III, 197-9; — sa fidélité à recueillir les traditions de sa famille et de P.-R., IV, 127; — bon procédé de Massillon à propos de ses derniers sacrements, III, 199; — meurt seulement en 1733, 198; — ses papiers, V, 522.

Périer (Les), neveux de Pascal, élevés à P.-R., III, 577.

Périer (Étienne) le fils, neveu de

Pascal; né à Rouen, III, 377*; — élevé par son grand-père et son oncle, 386*; — et Pascal. 355, 356; — représente la famille dans l'édition des Pensées de Pascal, 371-2, 373, 375, 377 ; — véritable auteur de la Préface officielle à la première édition des Pensées, sous le nom de Du Bois de La Cour. 313*, 375*, 385-7, 389; Préface de M. Périer, 313*, 375*, 385-7, 389, 418, 419, 443*, 444*; de M. Filleau, 418, 419, 451*, 453*; — lettre de Tillemont, 390-1.

Périer, non de la famille, agent des Jansénistes à Nordstrand, IV, 377*.

Périgny Le Président de), VI, [252].

Péripatéticiens (Arrêt burlesque en faveur des), VI, 179; Voy. Boileau.

Péripatétisme Scolastique, III. 395*.

Périphrases souvent inférieures au mot simple, III, 523*.

Perles Collier de), V, 38.

Pernelle (Mme), personnage du *Tartuffe*, III, 284.

Péronne, V, [559]; — Saint-Cyran et Jansénius s'y revoient, I, 303-4; — (La Cour à), III, 585*.

Perpétuité (La Petite et la Grande); Voy. Arnauld et Nicole.

Perpignan (Siège de), II, 25.

Perquisitions, V, 325-6.

Perrault (Les ; leur part à l'origine des Provinciales, III, 42, 52.

Perrault (M.) le père. III, 42.

Perrault (M. Pierre), l'aîné, Receveur des Finances de la Généralité de Paris, III, 42.

Perrault (Nicolas), docteur en théologie, frère du précédent, III, 155; — exclus de la Sorbonne pour refus de signer la censure d'Arnauld, 41-2*; — auteur de « La Morale des Jésuites », 216; VI, 160*.

Perrault (Claude), frère des précédents, III, 154; — colonnade du Louvre, 41.

Perrault (Charles), frère des précédents ; applique la méthode de Descartes à la critique des arts et des lettres, V, 357; — ses opinions sur les Anciens, 502; — « Parallèle des Anciens et des Modernes », III, 41, 52, 222 ; y loue les Provinciales, 52; — suppression et rétablissement des articles Arnauld et Pascal dans ses *Hommes illustres*, V, 479 ; — et Boileau, III, 560; « Lettre de Boileau », V, 85; (Boileau est d'accord avec) sur un point de la querelle des Anciens et des Modernes, 506*; (Arnauld réconcilie Boileau et), III, 202 ; V, 502; — et le P. Bouhours, 479; — et le médecin Dodart, 502 ; — et les Jésuites, 479*; — son estime pour Pascal, III. 202 ; son estime pour les Provinciales, 121; ce que disent ses « Mémoires » de l'origine des Provinciales, 41-2, 43 ; — et Racine, VI. 121; et l'Ode de Racine sur le mariage du Roi, 93-4; ce qu'il dit des premiers essais poétiques de Racine, 92-3*; — son poëme de S. Paulin, V, 502; — ses curieux « Mémoires », III, 41-2, 43; — « Contes des Fées », 41.

Perrette (La boite à), II, 19*; III, 243, 445 ; IV, 513*.

Perroquet (Histoire d'un), V, 64*.

Perrot d'Ablancourt; Voy. Ablancourt.

Perruque (La) de Nicole, IV, [598]; V, 106; — (Grande), VI, [316].

Perruques, IV, 367*.

Persan (Mme de), abbesse de Saint-Jacques près Vitry; sa conversation avec M. Feydeau sur la Grâce, II, [531-4].

Perse, I, 22; — (Pêcher originaire de) II, 262*.

Perse, le poëte satirique; son mot sur les vieux centurions, V, 410.

Persécuteurs (Pardon des), II, 31;— (Victimes de la veille devenant), VI, 206.

Persécution (Le silence, la plus grande), III, 88 ; — un des caractères de P.-R., V, 229; — (Le meilleur de la) selon la M. Angélique, IV, 157; — des trente dernières années (Caractère de la), V, 159 ; — (La) polie et à l'amiable, 160 ; — (1661-1665), IV, 136, 137; — de huit ans (1660-9), 109; — (Apaisement de la), octobre 1668, III, 371 ; — (Répit dans la), IV, 151-2; — de 1678, 76; — de 1679, 338; — (La dignité de la) elle-même baisse après la mort d'Arnauld, V, 478.

Perses, II, 209.

Persévérance, caractère du petit troupeau Janséniste, IV, [575].

Personne (Fausse confusion entre la fortune et la), III, 551-2; — humaine (Sentiments de prédominance de la), III, 106, 107.

Personne; Voy. Sainte-Domitille (La Sœur Jeanne de).

Personnes (Rien contre les opinions sans l'attaque des), III, 241-2*.

Perspectives (Les) changent en s'éloignant, III, 388*, [614].
Pérugin (Le), peintre, I, 178.
Peste (Eloge de la), I, 277.
Pétau (Le P.), Jésuite, III, 130; — camarade de Saint-Cyran, I, 274, 275*; — savant en antiquité ecclésiastique, IV, [568]; — et saint Augustin, 505; — cité avec éloges dans la Logique, III, 550; — ses « Dogmes théologiques », 254; IV, 505; — ses attaques contre les premiers Pères, III, 410*; — son livre « De la pénitence publique », réfutation du livre « De la Fréquente communion », II, 179, 182-3; réplique d'Arnauld, 188; — « Doctrine des temps », 183; — son style français arriéré, 183.
Petit, appellation appliquée à un jeune homme de dix-huit ans, VI, 88*.
Petit (M.), intendant des fortifications; ses expériences sur le vide avec Pascal, II, 472, 481.
Petit (M.), médecin, V, [599]; — poèmes latins à la louange du Roi, VI, 104*.
Petit, libraire de P.-R., II, 388*; III, 57; — imprime les deux premières Provinciales, 58.
Petit (Mme) et la seconde Provinciale, III, 58.
Petit-Didier (Dom Mathieu), Bénédictin; — Apologie des Provinciales, III, 221*, 223-4; le P. Daniel y répond, 225.
Petit Nécrologe; Voyez *Nécrologe des plus célèbres*, etc.
Petitpied (M. Nicolas), docteur en théologie, IV, [278]; — disciple de Du Guet, VI, 172*; — maître de Galland, IV, 454*; — ce qu'il dit de Nicole, 506; — exclu de Sorbonne pour avoir maintenu sa signature au Cas de conscience, VI, 171; — exilé à Beaune, rejoint le P. Quesnel en Hollande, 171; — travaille à l'*Histoire du Cas de conscience*, 172.
Petit-Radel, « Recherches sur les bibliothèques », II, 263*.
Petite vérole (La), III, 563*; IV, [53t].
Petites (Lettres des) de P.-R. à Arnauld, II, 173*.
Petitesses des grands hommes, I, 487-8; — à P.-R., IV, 284.
Petitot (Claude Bernard), mort en 1825; édition des Mémoires de Mademoiselle, II, 275*; — Notice sur P.-R., 151, 206*; — sur Retz et les Jansénistes, III, 189; — son réquisitoire contre le Jansénisme, 582; — (Réfutation d'une opinion de), I, 17*; — blâme Jansénius de sa conduite politique, 299; — insinuations perfides contre Saint-Cyran, 467*; — accuse à tort P.-R. d'avoir pris part à la Fronde, II, 320; — son tort de dire que M. de Saci spécule, IV, 376.
Pétrarque; écrit sur sa veste de cuir, IV, [599*]; — le dernier des Troubadours, I, 145*; — (Des Portes est notre), 227; — (M. Hamon a du), IV, 298; — Racine en a quelque chose, VI, 90, 102.
Pétrone; Saint-Évremond préfère sa mort à celle de Socrate, III, 438; (Saint-Évremond est le) moderne, 407.
Peuple (Comment les opinions du) sont saines selon Pascal, III, 434-5; — quand il est las, tend les mains à la servitude, V, [553]; — secoue le joug dès qu'il le reconnaît, III, 433; — (Être) en manière de préjugés, IV, [551]; — (Communauté pour l'éducation des filles du), 501*.
Peur; maladie difficile à guérir, V, 460*; — (La) n'est jamais salutaire, IV, 473; — (La) fait faire bien des choses, V, 73.
Peyresc (Lettres de Malherbe à), II, 78, 253; — (Livres de) chez l'abbé Le Roi, IV, 52; — (Manuscrits de), III, 140.
Pézenas; États du Languedoc, V, 27; — Voy. *La Grange*.
Pharamond; Voy. *La Calprenède*.
Pharan, personnage d'Abufar, I, 185.
Pharaon (Les gens de) et Sara, III, 224*.
Pharsale (Bataille de), IV, 487.
Phœbus (Le style de), IV, 299; — de la vieille cour, II, [529].
Phèdre, femme de Thésée, I, 22, 138; — Voy. Racine.
Phèdre (Fables de); traduites par M. de Saci, II, 374; III, 502, 505, 507, 514.
Phélypeaux (Antoine), Secrétaire d'État; sa signature sur l'Arrêt de condamnation des Provinciales, IV, 213, 214.
Phélypeaux (Michel), archevêque de Bourges de 1677 à 1694, et M. Feydeau, VI, [299, 300].
Φίνω, III, 525*.
Phidias (Dieux de), IV, 328*; — sculpte son Jupiter d'après Ho-

mère, III, [626] ; — met son nom sur sa Minerve, II, 90.

Phidon, fils de Critus, IV, 47.

Philanthe, II, 162, 163.

Philanthropie, I, 359.

Philémon et Baucis, V, 51 ; — Voy. La Fontaine.

Philérème (qui aime le désert), pseudonyme de M. de Barcos, II, 219*.

Philinte ; reste honorable, III, 263 ; — (Le Tartuffe), V, 177 ; — (Caractère des), III, 13*.

Philippe, père d'Alexandre, I, 145* ; — (Démosthène en face de), III, 150-1.

Philippe Auguste, I, 40, 44 ; — prétendu fondateur de P.-R., 38-9.

Philippe II; ses confessions, III, 125.

Philippe IV, roi d'Espagne, III, 159*.

Philippe V, V, [598*] ; Voy. Anjou (Le duc d') ; — fait arrêter le P. Quesnel, VI, 175.

Philippiques, III, 110 ; Voy. Démosthène.

Philipsbourg (Prise de), I, 58-9, 399, 401.

Philologie (Dangers de la) pour le chrétien, II, 417.

Philopœmen, III, 339.

Philosophe (Du naturel), IV, 9-10 ; — (Le vrai) n'a pas d'esprit de parti, III, 535 ; — (Manière d'attaquer un), 239-40.

Philosophes (Métaphysiciens plus souvent écrivains et poëtes que), V, 402 ; — (Dieu abstrait des), III, 396 ; — (Tous les) sortent d'une des trois concupiscences, II, 478 ; (Les prétendues vertus des) sont des vices, 144 ; — leur estime de la propreté, III, 324, 325* ; — (Les) à grande robe, II, 380 ; V, 358*, 389* ; — (Variations des), II, 438-9 ; — danger pour eux de dire des nouveautés en théologie, V, 374 ; — (Méthode des) différente de la méthode chrétienne, II, 98-9 : — le Jansénisme leur est odieux à cause de son opinion de la rareté des élus, III, 366-7* ; — (Malebranche s'adresse aux), V, 412 ; (Malebranche s'adresse aux esprits plus) que chrétiens, 378 ; — naturistes (Objection des) à Malebranche, 387-8 * ; — d'expérience (Divorce absolu entre Malebranche et les), 395.

Philosophie (En) l'Humanité joue aux quatre coins changés, II, 384* ; — partagée en deux seules séries, ceux qui s'appuient sur le *moi*, et les Sceptiques, 391-3 ; — (La) a tort, pour honorer l'homme, de le flatter, IV, 59 ; — fausse, ou philosophie solide et chrétienne, V, 355* ; — d'école et philosophie de cabinet, III, 422* ; — à la mode parmi les dames, II, 317 ; — et Religion en présence, III, 336-7 ; — (Accord de la) avec la Religion, V, 349 ; — en face de la Foi, 356 ; — (Application de la) à la Religion, 361-2 ; — (Toute) antichrétienne ou hérétique à la seconde génération, 355 ; — l'Ultramontanisme travaille pour elle, 232-4 ; — il faut l'étudier dans les collèges de l'Université, 210 ; VI, [304] ; — (Nudité de la) pure, V, 121 ; — apprend seulement à souffrir les maux, III, 587 ; — (Le principal de la) est la manière de raisonner, V, 354 ; — impuissante à réformer l'homme selon Bossuet, II, 386 ; — (Classe de) aux Petites Écoles, III, 472 ; — du XVIe siècle, II, 395-6 ; — profite seule des discussions sur la Bulle Unigenitus, III, 403 ; — du XVIIIe siècle, II, 395-6.

Philosophies (Tableau des) par Pascal, III, 440-1, 442.

Philosophique (Le sens) triomphant du sens anthropologique, V, 437 ; — (Péché), infraction aux seules lumières naturelles, III, 127 ; — (Église gallicane pressée entre Calvin et le bon sens), 215 ; — (L'invasion), crainte par Bossuet et Arnauld, ne s'est pas faite dans les hauteurs métaphysiques, V, 409.

Philotanus, II, 334.

Philothée ; Voy. Saint François de Sales.

Philtatos, IV, 330.

Phœbée ; disciple de saint Paul, V, 302.

Phormion (Le) ; Voy. Térence.

Phosphorescence (Phénomène de), III, 170*.

Photius (Mort de), IV, 151.

Φωνεύω, III, 525*.

Phrase (Préoccupation de la), II, 45-6, 57-60 ; — (Les Jansénistes ont la) longue, I, 377*.

Phrases (L'esprit d'un écrivain juge ses), I, 68* ; — sauvent en apparence la misère du fond, III, 197 ; — (Danger des livres scolaires des), 523 ; — (Longues), V, 7*, [607].

Phryné (La courtisane), I, 318*.

Physiologie du langage, III, 542 ; — de la Foi, IV, 303.
Physiologique (École), II, [513*].
Physiologiques (Notions) étrangères à l'Église, IV. [551];
Physionomie (On prend le masque, mais non la), V, 515.
Physique (Inutilité de régler par Arrêt les opinions en), V, 491 ; — (Limites de l'esprit de Pascal en), III, 104-5.
Physiques (Notions) étrangères à l'Église, IV, [551].
Pibrac, II, [529].
Picard (Le), VI, [252].
Picard, valet de Pascal, et les Provinciales, 61*.
Picardie, III, 170 ; IV. [564] ; V, 219 ; — (Famine en), 38 ; — M. du Hamel y envoie des aumônes, II, [545] ; — (Régiment de) au duc de Liancourt, V, 42 3.
Picards (Vers moitié) et moitié français, II, 324.
Picart, Commissaire au Châtelet, IV, 117.
Piccinistes (Querelle des), I, 148.
Picoté (M.), prêtre de Saint-Sulpice ; confesseur de M. Olier, III, 31* ; — refuse l'absolution à M. de Liancourt, 29-30 ; lui refuse les sacrements, 31* ; — cause première des Provinciales, 30 ; — comparé à Moïse, 32*.
Pie IV (Ange de Médicis, pape sous le nom de), II, 177*.
Pie V (Bulle de) atteint saint Augustin, II, 134 ; — (Bulle de) contre Baïus. 144, 146, 147*, 149 ; III, 15.
Pie VIII, I, [527*].
Pièce (Les grands hommes, même avec un caractère dominant, ne sont pas tout d'une), I, 250-1.
Pièces philosophiques et littéraires ; Voy Boullier.
Pied-de-Vache (M.) ; Voy. Boisbuisson.
*Piémont, I, 231.
Pierre de liais (Tombes en losanges de), VI, 239.
Pierre (La), maladie, V, 523,
Pierre des Celles, IV, 322*.
Pierre des Vaux de Cernay, I, 41.
Pierre le Grand, I, [557].
Pierrecourt (Le P.) de l'Oratoire ; défend les Convulsionnaires, VI, 77.
Pierrecourt (M. de), le même que M. de Pierrepont, V, 197*.
Pierrepont (M. de) ; son aventure avec M. de Harlay et Mlle de La Varenne, V, 197-8.

Pierreries ; vendues pour les pauvres, V, 38.
Piété (Comment la) est garantie dans l'éducation, III, 492 ; — (Voies de la), V, 33 ; — (Vrais devoirs de la), 201 ; — (La) pleure quelque temps, II, 318 ; — intérieure, IV, 93 ; — (*La*), personnage du Prologue de l'Esther de Racine, VI, 138.
Pilate ; Voy. Ponce Pilate.
Piles (Roger de) ; « Traité sur la Peinture » ; ce qu'en dit Du Guet, VI, 43-4.
*Pilmot (Entreprise de) ; Voy. Jansénius et Saint-Cyran.
Pimbèche, mot du XVIIe siècle, IV, 205.
Pinchesne, neveu de Voiture, II, 54.
Pindare ; deuxième Olympique sur l'éloge de la richesse, III, 326 ; — familier à M. de Maistre, 252. 254.
Pinel (Le P.), de l'Oratoire de Juilly ; « Lettre de Du Guet sur les Nouvelles ecclésiastiques, » VI, 78.
Pinel (Mme) ; amie de Pascal, II, 507.
Pinette (M.) ; fondateur de la Maison de l'*Institution* de l'Oratoire, V, 97 ; VI, 7 ; — et M. de Ciron, V, 30* ; — et Du Guet, VI, 7.
Pinon du Martrai (M.) ; ami intime de Retz, V. [538].
Pinthereau (Le P.), Jésuite ; Naissance du Jansénisme, I, 287-8* ; — Progrès du Jansénisme découvert, 284*, 496* ; — sa polémique avec M. Hallier, III, 109.
Piron (Alexis) et le P. Tournemine, V, 465*.
Pirot (Le P.), Jésuite ; Apologie pour les Casuistes, III, 148-9*, 206-7 ; condamnée à Rome, 210 ; — docteur et professeur de Sorbonne, Chancelier de l'Église de Paris, Grand-vicaire du cardinal de Noailles, IV, 169 ; — et le Cas de Conscience, 169 ; — censeur des livres, IV, 512* ; chargé d'examiner le Nouveau-Testament du P. Bouhours, II, [575-6] ; et Nicole, IV, 512* ; — comment il malmène Pascal. III, 206-7 ; — manque de charité de M. de Pontchâteau à propos de sa mort. 210*.
Pisani (Le marquis de), fils de Mme de Rambouillet ; — bon mot sur Mme de Sablé, II, 261.
Pisieux (Mme de), en religion la Mère Marie des Anges. I, 79.
Pithou (Les frères) ; éloge de leurs travaux sur le droit romain, IV, 34-5*.

Pithou (Pierre), I, 316 ; V, 481.
Pittoresque dans la littérature française, I, 219, 219-20*, 246*.
Placards Frondeurs, III, 159*.
Plaideurs (Les mauvais) plaident toujours. V, 467.
Plaideuse chrétienne (Une), V, 48.
Plain-chant, V, 261 ; — romain, 142.
Plaisanterie (Les âmes innocentes peu difficiles en fait de), II, 324, 3:6.
Plaisir, village près de Marly, IV, [572].
Plaisirs ; deux manières de s'y adonner, II, 398-9 ; — (Abstinence des) est un plaisir, III, 586-7 ; — (Discussion d'Arnauld avec Bayle sur les), V, 442, et de Malebranche contre Arnauld, 440.
Plan gravé de P.-R. des Ch., V, 273.
Plan et méthode de l'ouvrage, I, 33-6.
Plancien (Le Préfet) dans le Saint Genest de Rotrou, I, 167.
Plassac-Méré (M. de), frère aîné du chevalier de Méré, III, [611] ; — ses ouvrages, [612] ; — critique malencontreux de Montaigne, [612] ; — ce qu'en dit Sorel, [612] ; — trouve que Montaigne a méprisé l'élocution, II, 448*, 450* ; — (Lettres de), [529] ; — correspondant de Balzac, III, [612] ; — Voy. Méré (Le Chevalier de).
Platon, I, 220, 448* ; — « Alcibiade, » IV, 342 ; — « Gorgias, » III, 388 ; — beauté du « Phédon, » II, 393 ; — (Le « Socrate » de), 393 ; — spiritualité de sa philosophie, V, 356* ; — (L'idéal du monde pour), VI, 118 ; — son idée des deux natures dans l'homme, III, 402 ; — (Personnages de la caverne de), II, [577] ; — le plus beau modèle de l'idée de la sainteté. III, 340 ; — (L'humilité dans), II, 386 ; — beau mot sur l'orgueil, IV, 60* ; — n'était pas toujours sérieux, II, 379 ; — (École de) pour la phrase, [518] ; — dialogue socratique, III, 113, 121 ; — ironie de son dialogue, 110*, 113 ; — sa supériorité dans la grâce, 151 ; — (Parallèle de) et d'Aristote, [625] ; — ce qu'en dit Pascal, V, 391* ; style de Pascal rapproché du sien, III, 45*, 110, 113 ; — Nicole y cherche les faussetés, IV, 416* ; — (Malebranche traité de) du Christianisme, V, 373, 374*.
Platonisme ; Malebranche en a, V, 396.
Plaute, I, 154 ; — traduction des « *Captifs* » par Guyot, III, 502 505-6 ; — (Sentences morales de), 507 ; — et Montaigne, II, 410.
Plein (Le) et le vide. V, 352.
Plessis-Guénégaud, Voy. Du Plessis.
*Plessis-Josseau-L'Épinay (Seigneurie du, VI, [302].
Plessis-Praslin ; Voy. Du Plessis.
Pletteau (L'abbé), vicaire à Angers, I, 385*.
Pleurésie, V, 265 ; VI, [334].
Pleurs des enfants ; ce qu'en dit Tillemont, IV, 22-3.
Pline le naturaliste ; ce qu'il dit de l'homme, III, 406* ; — conclut de la misère de l'homme contre Dieu, II, 114, 115* ; — ce qu'il dit de l'enfance, III, 482* ; — (Le) du P. Hardouin, 254.
Pline le Jeune, II, 77 ; — (Beau mot de), IV, 294 ; — sa lettre sur les avantages de la maladie achemine au christianisme, III, 328-9 ; — amoureux de bien dire, II, 415 ; — supérieur à Balzac, [528] ; Voy. Trajan.
Plume (Règne de la) après celui de l'épée, II, 45.
Plumes de cuivre inventées à P.-R., III, 513*.
Pluralité (Force de), III, 431, 433.
Plutarque, I, 111 ; — ce qu'il dit des thons, 68 ; — (Fables à la), II, [519] ; — ce qu'en a et ce qu'en dit Montaigne, 446 ; — traduit par Amyot, I, 239 ; — (Esprit jésuite empoisonneur de), III, 141 ; — (La jeune Mère Angélique lit les Vies de), I, 83 ; — (Racine lit) à Louis XIV, 172.
Pluviers en Beauce, II, [543].
Poésie (La) dépend-elle du Christianisme ? III, [615] ; — confondue avec la Religion même, IV, 255, 256 ; — (Comment on juge la) à différents temps, VI, [266-7].
Poésie (La) et Pascal, III, 112-3, 113* ; — condamnée par la Mère Agnès, IV, [579-80] ; — ce qu'en pense Montesquieu, III, 113* ; — (La) exercice dangereux à la jeunesse pour P.-R., 532.
Poésie française ; inégale et inférieure, III, 298, 300-1 ; — (Racine centre incontestable, mais non unique, de la), VI, 124.
Poésie Latine, Française, Italienne et Espagnole par Lancelot, III, 505.
Poëte (Opinion de Malherbe sur le métier de), III, 319*.
Poëtes (Punition des mauvais) à

Lyon, III, 207; — (Épicuréisme des), II, 415; — naturellement païens, V, 502*; — mal faits pour gouverner le monde, VI, 152; — (Louanges des) toujours hyperboliques, V, 100; — (Jansénistes), III, 248*; — négligés (Le groupe des), V, 519; — heureux de retrouver des relais d'admirateurs, 515*; — (Intérêt des) inachevés, VI, [266].

Poetice (Ce qui est écrit), III, [623].

Poétique; Voy. Boileau, Bossuet, Horace, Fénelon, Pascal, Saint-Cyran.

Poétique et Rhétorique de P.-R, II, 83-8.

Poignard (Enfoncer le) en soupirant, V, 173.

Point (Ne pas dépasser le), IV, [574].

Point d'Alençon ou *de France*, IV, 367*.

Point d'honneur (Contradictions violentes du), V, 130-1.

Poire de bon chrétien due à saint François de Paule, II, 263*.

Poires et pavies, II, 262-3; — d'Arnauld d'Andilly, 262.

Poiriers (Route de), V, 273.

Poisons servant de remède, II, 390*.

Poisson (Le P.), de l'Oratoire, envoyé à Rome pour les affaires de l'Église, VI, [322].

*Poissy (Abbaye de), I, 188.

Poissy (Plaidoyer contre Mlle Madeleine de), I, 373-4.

Poitiers, II, 253; III, 562; V, 159*; — (Auteurs nés à), 386*; — Calvaire (Religieuses du), I, 308; — Réquisitoires contre les Jansénistes, 288*; — (Peste à), 313*; — troubles des Protestants, 278; — (Saint-Cyran à), 282; — Voy. Châteignier, Clérambault.

Poitou, I, 282, 307*; II, 234, 292, 393; III, [612]; IV, 219*, 342*; — (Branle du), 366*; — (Frontières du), VI, [303]; — Voy. Dreux du Radier, *Saint-Loup.

Polémarque (Lettres d'Eusèbe à), II, 183-4.

Polémiques (Jansénistes) éternels, III, 247; — (Écrivains); leur éducation par les Provinciales, 203.

Polexandre, roman de Gomberville, II, 60. 265, 266*.

Poligné (M.), breton; confesseur rude et grossier, V, 189, 202.

Politesse (Extrême) de M. de Liancourt, V, 46.

Pommeraye (Le P.), Bénédictin, V, 35*.

Politesses maladroites, V, 105*.

Politique (Théorie de la), V, 524*; — spiritualisée, IV, 91.

Politiques; ennemis de la Cour, V, [554].

Pollet (M.), vicaire de Saint-Nicolas du Chardonnet; envoyé par M. de Noailles à P.-R. des Ch., VI, 194; sa modération, 194*; acte capitulaire contre lui, 195.

Pollion (La naissance du fils de), VI, 94.

Pologne (Couvents de), I, 93; — (Confesseur de la Reine de), II, [543]; — (Correspondance de la Mère Angélique avec la Reine de), I, 85, 470; Voy. Agnès, Angélique, Gonzague (Marie de); — offerte comme refuge aux Religieuses de P.-R., 360; — (Nom de) toujours émouvant, II, 209; — Voy. Gonzague (Marie de), Jean Casimir.

Polybe; Histoire Grecque, III, 339*.

Polyeucte; Voy. Corneille.

Polygamie spirituelle, IV, 151.

Pomereu (Mme de); sa liaison avec Retz, V, [529, 576].

Pommiers (Route de), V, 273.

Pompée, I, 120; II, 438; III, 448, 506; — son étonnement en entrant dans le Temple de Jérusalem, VI, 146.

Pomponius; devient « M. de Pomponne » dans les traductions de P.-R., III, 533.

Pomponne (Terre de), I, 285, 485; II, 67, 251-2, 254, 279, 283*; III, 560*; IV, 210*, 410; — (Amusements et mascarade à), II, 254-5; — pillé pendant la Fronde, 310; — (Enchantement de l'exil de), V. 6-7; — exil d'Arnauld d'Andilly (1656), III, 166; (Arnauld d'Andilly à), V, 8*; Arnauld d'Andilly s'y retire deux fois, II, 289, 290; quand le quitte Arnauld d'Andilly, V, 10; — (Arnauld ne veut pas être interné à), 466; — (M. de Luzanci à), II, 372*; V, 186; M. de Luzanci y meurt, 246; — (M. de Saci à), II, 356, 363-4, 372; IV, 486, 500; V, 186, 216, 217; première messe de M. de Saci, après sa sortie de prison, II, 355*; conversation de Saci et de Fontaine sur la Bible, 363-7; (Livres de M. de Saci à), 388*; il y meurt, 368, 452; V, 245; — Mme Clément s'y retire, 186*, 217; — (Curé et Chapelain de), II, 369*; — Église de la paroisse, 369*.

Pomponne (Simon Arnauld, marquis de), second fils d'Arnauld d'Andilly ; II, 251-2, 282*, 290 ; III, 158, 577*; IV, 166 ; — s'appelle un moment M. de Briotte, II, 238 ; — son mariage, 278 * ; V, 7*; — nommé ambassadeur en Hollande, IV, 395; — ambassadeur en Suède, V, 4*, 199* ; — ses disgrâces de Cour, 15 ; — (Disgrâce de M. de), 199-201; — atteint par la disgrâce de Fouquet, 18*; — exilé à Saint-Nicolas de Verdun [1662], 19*; — remplace M. de Lyonne comme Secrétaire d'État, 4-5, 198 ; — fait Secrétaire d'État (1671), IV, 264, 265*; — Secrétaire d'État, 454*, 479 ; — sa disgrâce (1679), V, 198-200 ; ce qu'en disent, sa sœur la M. Angélique de Saint-Jean, IV, 264, 265*, et Mme de Sévigné 264-5 ; — M. de Croissi lui succède, V, 200 ; — son rappel et sa rentrée à la Cour, 465-6 ; — au siége de Namur, 200; — assiste à la mort de son père, V, 15 * ; — reste courtisan, VI, [266] ; — sa mort en 1699, 159 ;
= et son oncle Arnauld, IV, 453* ; V, 200-1, 289, 290, 291, 293, 315 ; VI, 136* ; présente Arnauld au Roi, IV, 395-7 ; n'ose pas parler au Roi de la rentrée d'Arnauld, V, 466-8 ; — un Arnauld honoraire, 201 ; —(Lettre inutile de M. d'Aulone à) en faveur de M. Feydeau, VI, [298]; — ce qu'en dit l'abbé de Choisy, V, 199* ; — apprend à M. Daubray ce qu'est M. de Saci, II, 347 ; — et M. Du Fossé, VI, 158*; — et M. Guelphe, V, 200; — craint de se compromettre dans le Jansénisme, 200-1 ; — présent à la conférence sur la Grâce entre le P. Labbe et le docteur de Sainte-Beuve (1652), III, [622]; IV, [569]; — et l'évêque Le Camus, [541] ; — et Louis XIV, V, 4-5*, 8, 198-201 ; VI, [266] ; jugement de Louis XIV sur lui, V, 198-9; sa plate flatterie pour Louis XIV, VI, 237 ; — son frère, M. de Luzanci, meurt chez lui, II, 372 ; — et Nicole, V, 289 ; son crédit utile à Nicole pour des renseignements sur l'Église grecque, IV, 453*, 454*; — on traduit par son nom celui de Pomponius dans les traductions de P.-R., III, 533 ; — ses conseils de prudence à propos de P.-R., V, 315 ; — cause des exhumations de P.-R. des Ch. en demandant à transporter les corps des membres de sa famille, VI, 237 ; — et la mort de Racine, 159*; — s'entremet pour M. de Saci, II, 353 ; fait délivrer M. de Saci, 354-5 ; au convoi de M. de Saci, 369*; — et Saint-Simon, V, 199*; — beau-père de Torcy, 200 ;
= et sa sœur, la M. Angélique de Saint-Jean, V, 199 ; inférieur à sa sœur, la M. Angélique de Saint-Jean, III, 359 ; ce qu'il dit de l'esprit de sa sœur, la M. Angélique de Saint-Jean, IV, 228 ; — et Mme de Choisy la mère, V, 199* ; — ami de Mme Du Plessis-Guénégaud, III, [599] ; — et Mme de Sévigné, V, 11, 199 ; ami de Mme de Sévigné, III, 359 ; lettres de Mme de Sévigné, IV, 513-4 ; V, 6, 13 ;
= Charmes de sa conversation, V, 199, 199* ; — Lettres, 199* ; — (Papiers de M. de), IV, 20 ; — langue de ses dépêches comme secrétaire d'État, 410 ; — son Ode sur la Sagesse, V, 18-9*.

Pomponne (Mlle Ladvocat, femme de M. de); s'entremet pour M. de Saci, II, 353*, 354 ; ses visites à son cousin, M. de Saci, à la Bastille autorisées par le Roi, III, [630-1]; au convoi de M. de Saci, II, 369* ; — dédicace ms. de son beau-père, V, 7*.

Pomponne (Messieurs de); assistent à la mort de leur grand-père, V, 15.

Pomponne (Antoine-Joseph Arnauld, dit le Chevalier de), VI, 159*.

Pomponne (Henri-Charles-Arnauld de), dit l'Abbé de Pomponne; neveu de M. Le Maitre et de Henri Arnauld, évêque d'Angers, I, 384*; — petit-neveu d'Arnauld ; est à Rome au moment de la mort de son oncle, V, 477.

Pomponne (Mlles de): assistent à la mort de leur grand-père, V, 15*; — pensionnaires à P.-R. des Ch., IV, 409 ; V, 185, 185*.

Pomponne (Charlotte de), V, 5*.

Ponce-Pilate, IV, 207 ; — (Rôle de), III, 64.

Poncet (M.), VI, [295*, 361] ; — intendant de Mme de Longueville, IV, [592].

Poncet (M.), archevêque de Bourges, et M. Feydeau, VI, [299].

Pons (L'abbé de), curé de Saint-

Jacques du Haut-Pas ; dévoué à la Cour, II, [539]; — administre Saint-Cyran, [538]; lettre où il fait une déclaration contraire, [538]: ment-il ou non ? [539]; — on tente de l'empoisonner ; le P. Rapin attribue cela aux Jansénistes, [539].

Pons (M. de), le frère, attaché au service de la Reine, II, [538].

*Pont-du-Diable (Le), II, 245.

Pontac (M. de), premier président à Bordeaux, et les Provinciales, III, 212*, 213.

Pontcarré (L'abbé de) ; ami de Retz, V, [576, 580, 587].

Pontcarré (Mme de); dévote de bel air, I, 324-5, 436* ; — pose la première pierre de P.-R. de Paris, 325 ; — vers de Mme Deshoulières, 325*.

Pontchartrain; Écuries et Communs construits avec des pierres de P.-R. des Ch., VI, 240.

Pontchartrain; Voy. Phelypeaux.

Pontchartrain (Louis Phelypeaux, comte de), Chancelier de France, VI, 67*, 225* ; — ses représentations contre la Bulle de Clément XI, 204*; — et l'affaire du Cas de conscience, 173 ; — et Arnauld, 136*; — avait voulu épouser la M. Du Mesnil, 234.

Pontchartrain (M. de), fils du Chancelier, et M. d'Argenson, VI, 217*.

*Pontchâteau (Baronnie de), V, 248; VI, [302].

Pontchâteau (Sébastien-Joseph de Coislin du Cambout de Pontchâteau, dit l'abbé de), né en 1648, mort en 1690; troisième et dernier fils du marquis de Coislin, I, vi ; III, 157, 244; IV, 9, 46 ; V, 248 ; VI, [302];

= Ce qu'Arnauld écrit de sa famille, VI, [302-3*]; — ses parrain et marraine, [302] ; — petit-neveu, à la mode de Bretagne, de Richelieu par sa grand'mère paternelle, II, 295; V, 248, 254*; VI, [302*, 336] ; — et son oncle, à la mode de Bretagne, Alphonse Du Plessis, archevêque de Lyon, V, 251, 254*; VI, [306, 336] ; — et sa tante, la M. Marie de Saint-Benoît de Burges, [315-6, 321] ; — perd sa mère de bonne heure, [343] : — sa belle-mère, [343]; — transige avec son frère aîné pour la succession de leur père, [315] ; — frère de la duchesse d'Épernon, IV, 473 ; V, 115, 134, 248; VI, [302*] ; et la du-chesse d'Épernon, V, 253-4, 260* 265* ; VI, [335] ; et la duchesse d'Épernon au moment de la mort de son mari, [313] ; brouillé avec sa sœur pour ses idées de mariage, 253-4 ; se réconcilie avec Mme d'Épernon, VI, [315]; ses rapports avec Mme d'Épernon depuis qu'elle s'est retirée au Val-de-Grâce, [321-2 ; — et Mme d'Épernon, la Carmélite, [335] ; — frère de la comtesse d'Harcourt, V, 248 ; VI, [302*]; et sa sœur, la comtesse d'Harcourt, V, 248 ; VI, [302*, 336, 353*] ; — et la mort de la comtesse d'Harcourt, V, 258-9 ; — les enfants de sa sœur, la comtesse d'Harcourt, VI, [353] ; — cinq de ses neveux dans la promotion du Saint-Esprit de 1688, [344]; — oncle du duc de Coislin, V, 248, 266, 267 ; VI, [367] ; — le duc et la duchesse de Coislin, ses neveux, [335, 336] ; — oncle du cardinal de Coislin, évêque d'Orléans, IV, [532] ; V, 248 ; VI, [367] ; et son neveu, l'abbé de Coislin, V, 253 ; VI, [313] ; et son neveu, l'évêque d'Orléans, V, 201, 260 ; — et le marquis de Coislin, VI, [335] ; — et son neveu, le chevalier de Coislin, [321] , — et son neveu, le comte d'Armagnac, V, 265*; VI, [336] ; — ce qu'il dit de sa nièce, Henriette de Lorraine, abbesse de N.-D. de Soissons, [353-4] ; — se refuse à voir sa famille, V, 258, 266 ;

= Sa sœur, la comtesse d'Harcourt, en a soin dès son enfance, VI, [307] ; — bons côtés de l'éducation de son père, [343] ; — Richelieu lui fait donner trois abbayes, [303*] ; — abbé à sept ans, [303, 304-5] ; — Bulles du pape Urbain VIII lui conférant ses abbayes, V, 249 : VI, [303, 304-5] ; — sa jeunesse, V, 248-50 ; — élevé au collège de Clermont à Paris, 249 ; VI, [303] ; — et les Jésuites, V, 249 ; VI, [303] ; — fait sa philosophie dans l'Université, V, 249, sous M. Ruault, VI, [303] ; — fait sa théologie, V, 249-50 ; — son précepteur moliniste, le docteur Magnet, IV, [303, 304]; M. Magnet veut le détourner de ses idées de réforme, [305], et de MM. de P.-R., [306] ; M. Magnet veut l'emmener à Rome, [306] ; — abbé de Géneston, II, 293 ; — abbé de Géneston, La Vieuxville et Saint-Gildas des Bois,

V, 249 ; VI, [303] ; — et la bulle d'Urbain VIII, V. 249 ; — et ses abbayes, VI, [307, 310, 312, 315] ; — refuse la Coadjutorerie de Dol, [307] ; — balance entre la Trappe et la Chartreuse, IV, [554] ; — sa longue fièvre quarte, V, 258 ; VI, [312];— son séjour près de son oncle à Lyon, V, 250-1 ; VI, [306-7] ; — aux États de Bretagne, V, 251 ; VI, [310-1] ; — à la Cour, [307] ; — chute et rechute, V, 249-54 ; — ses idées de mariage, 251 ; — sa conversion, VI, 313-4 ; sa troisième conversion, V, 255, 256 ; — son revenu en bénéfices, VI, [303] ; — se dépouille de ses abbayes, [303*]; — se démet de ses bénéfices, V, 254. 256 ; VI, [343, 344, 353, 354]; — dissuadé de se faire Religieux par Dom Étienne, [308-10], et par Pavillon, [322-3] ; — pourquoi on ne lui conseille ni accorde de se faire Religieux à Orval, [328] ; — et la Régale, V, 263 ; — craint qu'on ne l'engage à la prêtrise, 252;

= et M. d'Autingues ou d'Aubigny, VI, [312] ; — et le Nonce Bargellini, [318] ; — et M. Benoise, [321] ; — et M. du Boichevel, [311] ; — et M. Boué, [337] ; — et le frère de Mlle Brice, V, 254 ; VI, [315] ; — et Brienne, V, 257* ; — et M. Brusseau, son dernier confesseur, VI, 335, 337, 339 ; — et le P. Chappuis de l'Oratoire, [324] ; — sa rigueur fanatique contre M. de Contes, IV, 131 ; — et le curé de Saint-Gervais, VI, [335, 336] ; — et Elzévir, V, 256 ; VI, [317] ; — et l'abbé d'Espinose, [311] ; — et le duc d'Estrées, [323-4] ; — et Dom Étienne, chartreux, [304, 307-8, 312] ; Dom Étienne le déconseille d'être chartreux, [308-10] ; — et les projets des quatre Évêques pour la paix, [318] ; — et M. Favoriti, [322, 323] ; — et l'abbé Golfer, [327] ; — et M. de Gomberville, V, 257*, 261 ; — et le P. Gouet, genovéfain, [323] ; — et M. de Harlai, IV, 500 ; V, 265*, 347 ; VI, [325, 327, 349] ; visite à M. de Harlai, V, 347 ; ne se montre pas lors de la visite de M. de Harlai à P.-R., VI, [323] ; — et le duc de Holstein, [316] ; — et le pape Innocent X (1858-9), VI, [312]; — et Innocent XI, V. 179 ; VI, [322, 323, 324] ; — et M. de la Granrivière, [311] ; — et MM. de la Vrillière, IV, [532] ; — et M. Le Camus, II. 358* ; IV, [530, 532, 538, 539, 541, 542, 546*, 547, 550, 552, 554, 555] ; correspondant de M. Le Camus, [528] ; Lettres manuscrites de l'évêque Le Camus, 393*, 478*, [526, 528-53] ; V, 16*, 19*, 151-2*, 154-5*, 260*, 376, [586*, 592-3; 608] ; — et M Le Nain, 258 ; — ce qu'il écrit à M. Le Roi sur sa contestation avec l'abbé de Rancé, IV, 65-7 ; — et M. de Liancourt, VI, [315] ; — et Louis XIV, V, 201, 265* ; VI, [311, 339, 348, 349] ; — et M. Magnet, [303, 304, 305, 306, 307] ; — distribue la deuxième et la troisième Réponse à M. Mallet, [325] ; — et l'abbé de Marolles, V, 256 ; — et M. Massin, VI, [316] ; — et Mazarin, [307] ; — et M. Métayer, [325] ; — ce qu'il dit de l'Oratoire, V, 332*, 333* ; — son acharnement au souvenir de la mort du P. Pirot, III, 210* ; — et le P. Purban, bénédictin, VI, [323] ; — et Rancé, IV, [538] ; VI, [337] ; — et le cardinal de Retz, V, [525-6] ; VI, [322] ; — ce qu'il dit de la mort de ses deux oncles de Richelieu, V, 254* ; — et le comte de Rochebonne, VI, [311-2] ; — et M. Taignier, IV, [557*] ; VI, [312] ; — et le marquis de Vandy, [329] ;

= Ses premières liaisons avec P.-R., V, 250 ; VI, [304-5, 307] ; affecte un temps d'oublier P.-R., [311, 312-3] ; son amour profond pour P.-R., [345] ; — et la Paix de l'Église, V, 257 ; VI, [318, 348] ; imprime le Recueil de la Paix, [324] ; greffier de la Sainte Épine, III, 187 ; — employé à transcrire les écrits de ces Messieurs, VI, [317, 320, 325] ; — copie les écrits non imprimés de Saint-Cyran et de M. Hamon, [320] ; — la Gazette de Hollande lui fait abjurer le Jansénisme, V, 265* ;

= et M. Akakia du Mont, V, 252 ; VI, [310, 311] ; — et M. Akakia Du Plessis, [338, 339*] ; — et M. Arnauld, V, 263, 264, 264* ; VI, [310, 325] ; son excès d'humilité blâmé par Arnauld, V, 258* ; fait porter sa bibliothèque chez Arnauld, 255 ; VI, [316] ; ses inquiétudes sur le lieu de séjour d'Arnauld, en 1689 ; V, 459* ; visite Arnauld à l'étranger, 324 ; lègue ses livres à Arnauld, VI, [338] ; Arnauld paraît croire à ses mira-

cles après sa mort, V, 268*; — et Henri Arnauld, VI, [322]; — et M. Bocquillot, [339*]; — et M. Boué, [325, 327, 331, 333, 334]; — et M. Dodart, [340]; — et M. Du Chemin, [319, 320]; — et M. Du Hamel, [304]; — et M. Eustace, [325]; — et Fontaine, V, 255, 258; sa sortie contre Fontaine, II, 244*; — ce qu'il dit des ouvrages de M. Hamon, IV, 503 *; et « La Prière continuelle » de M. Hamon, VI, [350] ; sur la mort de M. Hamon, IV, 339* ; — et M. Le Maitre, docteur en théologie, VI, [337]; — et M. Le Noir, [339*] ; — et l'abbé Le Roi, IV, 61 ; VI, [316, 320, 325, 326, 327, 337]; — et M. Le Tourneux, V, 264 ; VI, [331, 331-2] ; — et M. Métayer, [323, 324]; — et l'évêque de Néercassel, [324]; — et Nicole, IV, 478-9*, 487, 493, 493*, 500 ; VI, 334 ; lettre de Nicole, IV, 487; son estime pour les œuvres de Nicole. VI, [350-1]; et les Traités de Nicole sur le Jugement et les Quatre Fins de l'homme, [350-1]; desire que Nicole révise les *Prières* de M. Hamon, III, 379 ; intermédiaire de la controverse de Nicole sur la Grâce, IV, 504; effrayé par certains traités de Nicole, 473-4 ; injuste pour Nicole, 485, 486*; veut faire aller Nicole à Rome pour l'affaire des Casuistes, 484-5 ; Nicole (Ce que) en écrit, V, 259*; Nicole ne croit pas à ses miracles, VI, 71* ; — et l'abbé d'Orval, [328, 332, 333, 334, 337, 347]; — et l'impression des *Provinciales* de Pascal, III, 59*; — et M. Pavillon, VI, [322-3, 328] ; — et « le Bonheur de la mort chrétienne » du P. Quesnel, [350] ; — Racine (Le talent de) peu de chose pour lui, IV, 6*; V, 262-3 ; — et M. De Rebours, 250 ; VI, [304]; — et M. de Saci, [320, 327]; s'entremet pour M. de Saci, II, 353 ; belle lettre à M. de Péréfixe pour la liberté de M. de Saci, VI, [318] ; — et M. de Saint-Amour, [315, 331, 333, 354]; — s'emploie à la distribution du « Journal » de Saint-Amour, [314]; — et M. Baudry d'Asson de Saint-Gilles, V, 252, 256 ; VI, [313, 314, 316, 318] ; son amitié pour M. de Saint-Gilles, [305-6]; succède à Saint-Gilles comme *prote* de P.-R., III, 195* ; — et M. de Sainte-Marthe, V, 256, 257, 269 ; VI, [315, 316, 320, 324' 331, 332, 339] ; — et M. Singlin, V, 250, 251, 252, 254-5 ; VI, [305, 311, 312, 313, 314, 316]; et les sermons de M. Singlin à P.-R. de Paris, [304, 307]; sous la conduite de M. Singlin, [307-8, 310, 314 ; — ce qu'il écrit de la mort de M. Thiboust, V, 248 ; — et M. Vuillart, VI, [316];
= et les Religieuses de P.-R., V, 257, 262*; VI, [317-8, 320, 337, 340, 341, 345, 346]; — et la M. Angélique, V, 251; VI, [312] ; — et la M. Angélique de Saint-Jean, [325]; — et Mme Angran de Fontpertuis, [339]; — et Anne d'Autriche, [307]; — et Mme Barbereau, [324] ; — et Mlle Brice, V, 254, 254*; VI, [313-4]; — et la M. Du Fargis, [312-3, 320, 332]; — et Mlle Gallier, V. 249; VI, [339*, 342]; — et la Sœur Elisabeth Le Fèvre, V, 249; — et Mme de Longueville, 258 ; VI, [321] ; — et Mme Marc, [324, 339*]; — et la Sœur Marcelle, [317]; — et Mlle de Vertus, V, 258, 264*;
= Grand voyageur, V, 248, 256, 263-5 ; VI, [311-2, 315-6, 318, 322, 325-6, 327, 331, 332, 333] ; — ambassadeur et négociateur ordinaire de P.-R., II, 295 ; V, 248, 256 ; — habile à faire passer des livres, VI, [318]; — ses voyages en 1683, 326-7; — à Aix-la-Chapelle, V. 264 ; VI, [332]; — voyage à Aleth, IV, 372*; — à Amsterdam, V, 256 ; — en Bretagne, 251 ; VI, 312 ; — à Bruxelles, V, 263, 264; VI, [327, 330, 333]; — à Chatillon, [327]; — dans le désert de Conques, près d'Orval, [328, 331]; — à Corbeville, [331, 332]; — à Dijon, [311]; — à Évreux, [325]; — en Flandre, [327, 327-8, 330, 332, 333]; — à Frêne en Vexin, [325] ; — à l'abbaye de Haute-Fontaine, V, 263. 264, VI, [325-7, 337, 347] ; — voyage en Hollande, IV, 380*; en Hollande pour l'impression du Nouveau-Testament de Mons, II, 359 ; voyage en Hollande avec M. de Saint-Amour, VI, [316]; second voyage en Hollande, [318]; troisième voyage en Hollande, [324] ; — n'a pas été à la Trappe, [337] ; — à Lyon, V, 250, 251* ; VI, 306, 311 ; — à Mons, [327] ; — passe un hiver à Nantes, [311] ; — et l'île de Nordstrand, VI, [354], et les comptes du N., [331, 333]; place des fonds dans l'affaire

de l'île de Nordstrand, [314-5, 316]; voyage à l'île de Nordstrand, V, 256; VI, [318]; et l'affaire de Nordstrand, IV, 375; VI, [338]; y va pour le procès, 376; veut vendre sa part, 377; et les comptes du Nordstrand, [331, 333]; — à Orval, V, 263, 264, 265, 265-6*; VI, [332, 333, 352]; sa vie pendant sa retraite à l'abbaye d'Orval, V, 264*; VI, [328-31, 332, 333, 347]; — à Paris, IV, 499*; V, 263, 264, 265, 265*; ses logements à Paris, V, 252, 253, 255, 266; VI, [316, 317, 324, 325, 327, 331, 333, 337]; et les Chartreux de Paris, [304]; logé au Cloître Notre-Dame, chez son neveu M. de Coislin, V, 253, 255; VI, [315, 316]: logé avec Arnauld dans l'Île, [316]; retiré au faubourg Saint-Antoine, II, 350 : V, 256-7 ; fait entrer à Paris le Nouveau-Testament de Mons, IV, 380*; son amour pour la solitude et son aversion pour Paris, VI, [325]; meurt chez un marguillier de Saint-Gervais, V, 266; — à Reims, VI, [332]; — son premier désir d'aller à Rome, V, 250; son premier voyage à Rome en 1658-9, 251*, 252; VI, [311-2]; son voyage à Rome, III, 187 ; V, 179, 186; à Rome, IV, 486*; citoyen romain, II, 353; fait le voyage de Rome avec M. Métayer, VI, [325]; son second voyage à Rome en 1677, pour la Régale et les affaires de l'Église, V, 263 ; VI, [322-4]; troisième voyage à Rome, en 1679, dans l'intérêt de P.-R., V, 252, 263 ; VI, [323-4]; — visite à l'abbaye de Saint-Cyran, [310]; — ce qu'il dit de l'église d'Utrecht, V, 301 ; — à Valognes, VI, [325] ; — à Villers, en Normandie, V, 264; VI, [331];

= Son désir de cacher son nom, VI, [347] ; — son nom déguisé de M. Du Vivier, V, 256; — voyage sous le nom de Marquis Élie, VI, [311]; — son nom déguisé de M. Fleuri, V, 256, 264*; VI, [328, 329]; — son nom déguisé de M. de La Noue, [317]; — son nom déguisé de M. de Maupas, V, 256 ; son nom déguisé de Mercier, IV, 500, [530]; V, 186, 256. 257*; VI, [339]; — son nom déguisé de M. Michelin, V, 256; VI, [302*]; — déguisé sous le nom de M. de Monfrein, IV, 219; V, 256, 257*; VI, [316] ;

= Premier séjour à P.-R. des Champs, V, 251*, 257* ; VI, [305]; — Solitaire, II, 295; V, 252; — à P.-R. des Champs, IV, [534]; V, 250, 251, 252; VI, [324, 325, 327, 330, 332, 333]; — son amour pour P.-R. des Champs, [326, 327]; — sa comparaison de P.-R. et de Jérusalem, IV, 286; — prête son carrosse à tous les besoins de P.-R. des Champs, V, 251; — donne des reliques à P.-R. des Champs, 251; VI, [324]; — et les Granges, V, 257, 264; VI, [328, 331]; se retire aux Granges, [319] ; aux Granges, V, 257, 257*, 277 ; VI, [328, 331]; jardinier des Granges sous le nom de Mercier, IV, [539]; V, 186, 257; VI, 319; — jardinier des Religieuses à P.-R. des Champs, V, 262*; VI, [303*]; — jardinier, II, 291, et vigneron, V, 258; travaille comme un vrai jardinier, 257, 258, VI, [320-1]; n'est pas un jardinier riant, V, 260-1; chansonné comme jardinier, 262 *; jardine aussi à Haute-Fontaine, VI, [326], et à Conques, [329, 330, 331]; travaille au jardin de la rue Basfroi, [317]; — sert de fossoyeur, VI, [321] ; — ses visites secrètes à P.-R. des Champs, 262, 264*, 265 ; — demande à l'archevêque de Paris de retourner à P.-R. des Champs, V, 265 ; VI, [325];

= Dernière maladie (pleurésie), V, 265; VI, 335-8; — sa mort (27 juin 1690), V, 248, 266 ; VI, 158, [336]; — récit de sa mort par Nicole, V, 265-6; VI, [334-5] ; — lettre de M. Boué sur les circonstances de sa mort, [336-8]; — veut être enterré à P.-R. des Champs, V, 267; — son service à Saint-Gervais, V, 267; VI, [339]; — traité après sa mort comme un saint par les pauvres gens de la paroisse Saint-Gervais, V, 266-7 ; VI, [339, 356] ; — fait des miracles après sa mort, V, 266-7; Nicole doute des guérisons miraculeuses faites après sa mort, IV, 502 ; sage réserve de Nicole à propos des miracles après sa mort, V, 267-8*; discussion sur ses miracles après sa mort, 268*; — le lieu de son enterrement et M. de Harlay, VI, [338-9]; — porté à P.-R. des Champs, V, 267-8 ; — amis qui accompagnent son corps, VI, [339*]; — harangue du vicaire de Saint-Gervais et réponse de M. Eustace, à la remise de son corps, [339*, 340-1]; — récit de son convoi dans le Journal manuscrit de P.-R., [339] ; — son service au Val-de-Grâce, [342] et à l'abbaye d'Orval, [342-3] ; — son épitaphe faite par M. Dodart, [342] ; — enterré à P.-R. des Champs devant la grille du chœur, [340-1, 367] ; — son cœur, qui devait être à l'abbaye d'Orval, [338], reste à P.-R. des Champs, [339-40]; V. 268-9; — son corps porté, en 1711, dans l'église de Magny-Lessart, VI, 238*, [342] ; — son Testament, [334] : ses dispositions testamentaires, [338] ; son legs à P.-R. des Champs, 196* ;

= Mémoire sur sa vie par la S. Le Féron, V, 249*, 251, 253, 257, 259, 264-6* ; — autre Mémoire dans le Recueil d'Utrecht, 249*, 255*; — sa vie dans l'*Histoire de P.-R.* de Besoigne, 250-1* ; — ce qu'en dit Fontaine, 255, 260; — le neveu de Lancelot en avait écrit une Vie, VI, [301] ; — méchants propos de Mathieu Marais, V, 262*; — Racine devait en écrire la vie, VI, [301]; — Vie manuscrite, V, 249*, renvoyée au VI⁰ volume, [609, 625-6] ; (La Vie de M. de), VI, [301-55]; probablement l'œuvre de M. Beaubrun, [300] ; — récit du Nécrologe, 266-7; — son article dans l'Histoire littéraire de P.-R. de Dom Clémencet, 268* ;

= Ses papiers à Amersfoort, V, 307; — ses papiers à Utrecht, 459*; — Lettres, IV, 331*, 339*, 376-7, 473-4 ; V, 134-5, 140*, 248, 257*, 260*; VI, [326-7, 333, 344, 350, 352, 353, 354, 355]; — Lettres à Arnauld, V, [620*]; — à M. de Brienne, 261*; — à M. Du Vaucel, IV, 431* ; — à M. de Neercassel, 445*, 448*, 454*, 493*; V, 252-3, 332*; — à M. Ruth d'Ans, 248, 264*, 324-5*, 477* ; — à M. de Saint-Gilles, III, 62; V, 253 ; — à Mme d'Épernon, 263; — à Mlle Gallier, IV, 499-500; V, 262-3; — ses Journaux manuscrits, 307; — Journal manuscrit, II, [551]; III, 75, 153, 165, [596] ; IV, [573]; V, 35, 138*, 333*, [613-4]; – Journal manuscrit de son premier voyage à Rome, VI, [312]; — Mémoire, III, 75* ;

= Ce qu'il sait de langues anciennes et étrangères, VI, [325]; — et l'Écriture, VI, [319, 348] ; — et « les Figures de la Bible », [345, 348]; — et les Psaumes, [321, 348]; — son souvenir de Jérémie, [329];

— sa dévotion à un passage de Job, V, 259 ; — sa part aux conférences pour la correction du Nouveau-Testament de Mons, VI, [316]; fait les frais du Nouveau-Testament de Mons, V, 256; VI, [318]; — fait des extraits des Pères, [320]; — et « les Vies des Pères du Désert », [303, 304, 345]; — étudie S. Augustin, [307] ; et les « Confessions » de S. Augustin, [304, 345, 346] ; — et « l'Imitation de J.-C. », V, 257; — travaille à une Vie des Saints de l'Ordre de Cîteaux, VI, [347] ; — traduit des endroits de Rodriguez, [333]; — et les Provinciales, III, 56*, 62*, 64 ; — et le livre de Nicole sur l'Oraison, VI, [348]; — on lui attribue une part dans « la Morale pratique des Jésuites », III, 216 ; V, 248*;

= L'un des grands convertis du XVIIᵉ siècle, IV, [528]; — son honneur moral d'avoir résisté aux grandeurs de sa famille, VI, [303*]; — ses dispositions intérieures, [343-55]; — sa fidélité au Roi, [349]; — comment il était avec ses amis, [354]; — ses mérites comme homme de qualité, V, 263 ; VI, [306]; — (Gaîtés de M. de), [317] ; — fougueux dans la dissipation et dans la pénitence, V, 250; — abdication de grandeur, 258-9 ; — son effroi de la grandeur de sa famille, 259; VI, [344, 353] ; — ce qui lui reste malgré lui de sa politesse première, VI, [344-5]; — son opinion contre la pluralité des bénéfices, V, 249, 250, 260 ; VI, [353, 354]; très-opposé à la pluralité des bénéfices, IV, [532]; VI, [343, 353, 354]; — se défait d'une pension, IV, [532]; — ses revenus après la résignation de ses bénéfices, VI, [315, 316]; — son démon d'orgueil caché, V, 259*; — son humilité, VI, [347] ; — pénitence violente; fureur d'humilité, V, 255-7; — ses excès d'humilité, 258-9; — se regarde toujours comme un grand pécheur, 252-3; VI, [344, 346, 347] ; — son amour de la solitude, [326, 333, 347; 351-2]; — cas qu'il fait du silence, [352-3]; et la règle du silence, [326, 329, 331, 347]; — ce qu'il dit de la prière, [348]; — son attachement à la vérité, [351]; — ses rudesses, V, 254*, 260*; — son *Memento* sur un livre de piété, 259*; — sa sévérité, IV, [531] ; — rareté et va-

leur de ses éloges, V, 133; — sa foi dure et robuste, 250; — instruit, mais peu éclairé, 250; — son désir de la mort, 260*, 265-6; VI, [335, 349-50]; trop pressé de vouloir mourir, IV, [535]; — la pauvreté, son thème favori, [530-1]; son amour de la pauvreté, VI, [354, 355]; — voulait mourir avec les pauvres, V, 267; VI, [335]; — simplicité et austerités, V, 266-7; VI, [319-20];
= et les doctrines de la Grâce, VI, [304]; — son intérêt pour les anciennes cérémonies de l'Église, [331, 332]; — son amour pour les pratiques traditionnelles de la piété, [351]; — et la Messe, IV, [535]; — et le Jeudi-saint, V, 256; — et le culte de la Vierge, VI, [329]; et l'Immaculée-Conception, IV, 234*; — sa dévotion à saint Arsène, V, 261*; VI, [319, 330]; — sa vénération pour les reliques, [351]; — sa crédulité à tous les bruits, IV, 448*; — la critique n'est pas née pour lui, [551*]; — sa foi robuste, [551*]; — sa naïve et grossière intolérance, 331*; — ses opinions intolérantes, [331*, 546*]; — son ascétisme exagéré, I, 24; III, 322; — mis vis-à-vis de Cakia Mouni, VI, [355-6]; — ses austérités pénitentes, [326, 329, 330, 334]; — (Le lit de M. de), V, 257, VI, [329, 334]; — couche sur des fagots, IV, 485; — sans feu en hiver, V, 257; — (Être janséniste à la), 513;
= Ses tableaux et miniatures, V, 255; — images de sa chambre, VI, [329-30, 353]; — (Livres de M. de), V, 255, 256; VI, [331]; tenait à ses livres, IV, 414*; reliure de ses livres, V, 255; VI, [315]; — sa sévérité pour la musique, V, 261; — son cachet, VI, [351]; — Voy. Armagnac, Cambout, Coislin, Épernon, Harcourt.

Pontigny (L'abbé de), près Auxerre, I, 93; (probablement Pierre de Lyon).

Pontis (Louis de), 1583-1670, I, 58, 120, 406; III, 244; — son existence niée par Voltaire et Daunou, II, 292*, [572, 573]; — resté lieutenant, 291; — arbitre dans son regiment, 291; — ami de M. d'Andilly, [571]; — Solitaire et l'un des premiers, 291, 292, 315*, [571]; — jardinier, 292; — quatrain sur sa retraite, 340; — meurt et est enterré à P.-R. de Paris (1670), [573-4]; — (Service funèbre de M. de), [574]; — son testament et ses legs à P.-R., [574]; — son article, dans le Nécrologe, écrit par la M. Angélique de Saint-Jean, [571, 574];
= (Mémoires de), I, 322*; écrits par Du Fossé, II, 291*, 292*, [571-2, 574]; question de leur authenticité, 291-2; comment le je y est substitué à la troisième personne employée d'abord, [571]; opinion de D'Avrigny, Lenglet-Dufresnoy et Grosley, [572-3]; preuves de leur authenticité, [570-4]; (Vie et valeur de ses), [573].

Pontmartin (M. de), III, [619].

Pontoise, I, 191, 204; VI, 29; — Assemblée du Clergé, IV, 109; — (Carmélites de), VI, [364]; — Jésuites (Église des), I, 199; — (Le Lieutenant de), 199; — maison de l'Officialité, 200; — (Maison de l'Oratoire près de), V, 396; — (La peste à) en 1619, I, 199; — (Réception et conduite des Religieuses de P.-R. par les habitants de), 200-1; — Saint-Martin (Moines de) dansant avec les Religieuses de Maubuisson, 196; (Bénédictins réformés de Saint-Martin de), VI, [295]; — Voy. Des Lions.

Ponts-et-Chaussées; voyez Hamelin.

Pope: « la Dunciade », VI, 120.

Popilius (Le cercle de), IV, 179; VI, 133.

Poquelin, le père, valet de chambre du Roi, III, 272; — Voy. Molière.

Porchat (M.), professeur à Lausanne, I, [514, 514*].

Porchat (M. J.), traducteur de Goethe, I, 5*.

Porée (Le P.), jésuite, III, 130; — maître de Voltaire, 141-2*.

Pormorant (M. de); son témoignage contre Saint-Cyran, I, [538*].

Porphyre (Les Éons de), V, 410.

Porrais, nom ancien de P.-R., I, 38.

Porrasium, nom ancien de P.-R., I, 38.

Porréal, nom ancien de P.-R., I, 38.

Porrenium, nom ancien de P.-R., I, 38.

Porretum, nom ancien de P.-R., I, 38.

*Porrois, territoire où fut fondé P.-R. des Champs, I, 36-7.

Port-Réal, I, 38*. (Cette orthographe de Chapelain montre quelle était la vraie prononciation du XVIIe siècle.)

Port-Royal et Jansénisme ne sont

pas la même chose, I, 35-6, 442*; — il est bon d'y distinguer les époques, III, 244; — âge d'or et catacombes, I, 434-6; — la période de M. Zamet, 322-33, 346; II, 26; — période de S. François de Sales, 214; visite de S. François de Sales, 206-7; — (Printemps de), II, 303, 304; — Origines et renaissance; Livre premier : I, 33-337;
= primitif, III. 350; — période de Saint-Cyran, I, 214, 436, 437; premier P.-R. de Saint-Cyran, III, 40; (Le) de M. de Saint-Cyran ; Livre deuxième : I, 341-511; II, 5-376; — importance de l'année 1636, III, 40 ; — sa grande génération, 94; — (Le grand esprit de), VI, 242; — (Premier), IV, 88 ; — première génération, 414; — (Esprit du premier), I, 475; IV, 196; — Œuvres du premier P.-R. dans le sens de l'action, I, 187; — (Accents du premier), IV, 235; — (Républicanisme et presbytérianisme primitifs de), III, 190;— premier vrai manifeste du P.-R. de Saint-Cyran, II, 166; — dans son premier esprit s'abstient des lectures en dehors, 383; — le vrai moment de sa floraison, V, 194; — quand finit son côté sublime, III. 357, 358 ; — distinction de deux époques, II, 128; III, 86*; — esprit ancien et esprit nouveau, IV, 409; — dévie après la mort de Saint-Cyran, II, 128-9; déviation du premier esprit, I, 436-7, 476-7; II, [541]; III, 71-2; reconnue par Lancelot, II, 374*; — son tort de sortir de la droiture de Saint-Cyran et des théologiens de Louvain, III, 15;
= Le second commence en 1656, III, 40; — dévoyé par le grand Arnauld dans le sens de la dispute, II, 25; — perdu par la polémique, caractère de sa seconde période, I, 477; — (Le second), II. 219, 255; III, 351; — (Seconde génération de), IV, 228, 266; Livre cinquième : IV, 107-516; V, 1-145; Appendices, IV, [516-600]; V, [525-609]; — deuxième génération fille d'Arnauld, III, 94; — la seconde génération plus scientifique que la première, I, 179; — la jeune génération ne s'entend pas avec M. de Barcos, II, 216-9; — à partir de la Paix de l'Église, n'est plus qu'à P.-R. des Champs, V, 74; — la fin de la seconde période, pleine de nuances, III, 358; — (Les neuf années 1669, 78, la belle époque déclinante de) IV, 516; — différence entre sa situation en 1674 et en 1679, 487; — (L'automne de), V. 3-4; — (Décadence de l'esprit de), VI, 241-2;
= Troisième génération, fille de Quesnel, III, 94; — dernière génération postérieure à Quesnel, II, 245; — au XVIIIe siècle, on est dans la contention janséniste, III, [633]; — prépare le XVIIIe siècle en étant un défi à la philosophie et à la liberté, I, 20-1;
= Qualité mâle de son christianisme, III, 134, 135 ;— (La religion de) la plus haute distinction du moment, V, 127;—n'a pas d'autel pour les opinions contestées, IV, 233; — son mérite d'avoir souvent raison, III, 248; — ôte toute joie au christianisme, IV, 263*; — combat toujours au nom de l'indépendance chrétienne, I. 487; — (L'état de MM. de) est d'être chrétiens et pénitents, III, 247*, 248*; — (Héroïsme chrétien de), I, VII; — miracles de grandeur morale, IV, 46; — (Esprit de) se révolte contre les manières serviles, 221 ; — utilité de son ascétisme, III, [613-4]; — (Juste milieu de), 548, 572; — sa valeur théologique, I, 12-4, 358; civile, 14-6; politique, 16-9 ; philosophique, 19-21, 358 ; littéraire, 21-2, 247; morale, 22-4, 358; poétique, 24-30; — son caractère, la délicatesse et la civilisation unies à la foi, VI, 151*; — dans l'usage des choses incompréhensibles veut le plus de raison possible, V, 231 ; — met les cœurs au-dessus des esprits, III, 494-5; sa poésie toute en dedans, IV, 245; — son aspect le plus vrai, c'est le plus recouvert, V, 237 ; — (Quand on est bien avec Dieu, on retrouve partout), VI, 222 ; — sa science n'est ni très-profonde, ni très-spéciale, II, 361*; — les modérés sur la Grâce, IV, [522]; — et la croix, II, 421; — et l'adoration du Saint-Sacrement, III, 150, 151; — sa dévotion pour la Vierge, V, 207-8; limites de son culte à la Vierge, IV, 233-4; — de son sentiment sur les reliques, VI, [351]; — sa définition peu romaine de l'Église, III, 347, 348*; — principe d'effroi, IV, 125 ; — ses sentiments terribles à propos de la mort, 158-61; — son

besoin d'équité, III, 550, 552-3 ; — son horreur du mensonge, 470 ; — hostile à tout ce qui s'adresse aux sens, IV, 323* ; — ascétisme (Exagérations de son), III, 321-5 ; — (La pénitence et la solitude selon), VI, [301] ; — tous les grands pénitents s'en rapprochent un moment, IV, [534] ; — ses limites en fait de pénitence, 90* ; — excès des pénitents modérés par les directeurs, III, 323 ; — sa qualité de juste milieu, 523 ; — surtout moral et pratique, V, 424* ; — son côté moral, IV, [583] ; — produit une vraie révolution morale, V, [568] : — (Le moraliste ordinaire de), IV, 514 ; — sainteté des humbles, III, 343 ; — division intérieure de sentiments, IV, [522] ; — ses guerres civiles tempérées de charité, II, 220 ; — les divergences n'y atteignent ni l'estime ni l'amitié, IV, 500 ; — ne prescrit pas la non-propreté, mais la non-propriété et l'esprit de pauvreté, III, 323-4 ; — désintéressement et charité, II, 487, 499 ; — miracles de charité et d'aumône, I, 104* ; — son idée de l'enfance, IV, 26 ; — austérité de sa morale, I, 468* ; — à l'abri des distractions, III, 248* ; — comment on s'y conduit avec les Grands, I, 467* ; Voyez Saci, Saint-Cyran, Singlin ; — oblige les Grands à rester dans le monde, V, 110 ; — à l'égard des Rois, II, 197-200, 210-1 ; — fidélité monarchique (Sentiments de), VI, 167 ; — royaliste et catholique quand même, II, 200, 314* ; — respect de la prêtrise, V, 211 ; — respect du sacerdoce à P.-R., VI, [319] ; — plus attirant avec sa réserve que d'autres avec leurs avances, V, 182 ; — dévotions domestiques, III, 187-8 ; — (Le pur régime de), 324 ; — sa race directe en dévotion, IV, 315 ;

= (Côtés divers de), II, 236 ; — (Petit côté de), 298 ; — part de la crédulité à P.-R., IV, 233-4 ; — croit aux démons, II, 222, 314* ; — (Superstitions de), III, 139 ; — foi aux présages, IV, 279 ; — voit trop de rapports mystérieux et d'harmonies, VI, 189* ; — (Les prophéties sont le faible de), et il remonte à Pascal, III, 448* ; — son insistance sur les signes et sa façon de tout rapporter à soi, VI, 205-6 ; — prodigue les interprétations, les prédictions à P.-R., II, 27* ; — (Miracle à), V, 71, 159* ; VI, 188 ; — rapproche ses miracles de ceux de J.-C., 268* ; — et les fictions, IV, [522*] ; — ce qui manque à sa religion, 322-3 ; — peu ont eu de la portée dans les vues, III, 94 ; — son monde un peu fermé, 227* ; — a souvent la crainte des pensées trop fortes, 379, 379* ; — se trompe quand il ne remonte pas aux sources, 526* ; — les à peu près sont dans sa manière, 550* ; — s'arrête à mi-chemin, 531 ; — accusé de manquer de charité intellectuelle, IV, [522] ; — variations de ses théologiens, III, 81-2 ; — ses inconquences, 531-2 ; — ses inconséquences de logique, IV, 233-4 ; — est parfois le contraire de la raison et de la philosophie se faisant jour dans la religion, III, 540 ; — gâté par les grands esprits, IV, 225 ; — écrit et imprime tout, 204-5 ; — persistance de la qualification de Monsieur, III, 134 ; — disposition à l'orgueil, IV, 231-2 ; — (Amour des louanges à), 129 ; — ne loue que ce qu'il fait, VI, 109 ; — son défaut dominant de procès-verbaux, de relations, d'actes écrits, IV, 157 ; — répond toujours, III, 8 ; — son controversiste ordinaire, IV, 514 ; — ce qu'il y a, comme partout, de médiocre et du peuple, 220 ; — les modérés et les zélés, VI, 63-6 ; — l'art y est une exception, III, 461, 463 ; — erreur de croire qu'il fait tige, VI, 81) ; — (Caractère d'une École qui serait issue de), 192 ;

= en face des Protestants, II, 194-7 ; — points communs avec le Protestantisme, III, 94-5 ; — ce qu'il a de voisin du Calvinisme, V, 230* ; en quoi se rapproche et s'éloigne du Calvinisme, II, 195 ; — ses services à Rome contre les Calvinistes, IV, 459 ; — écrit contre les Calvinistes, 445-6 ; — sa méthode générale contre les Calvinistes la même que celle de Bossuet, 457 ; — à chaque moment de liberté reprend la guerre contre les Protestants, II, 195-6 ;

= (Lignée des hommes de), III, 21 ; — suite d'hommes de Dieu, II, 421 ; — les derniers Saints sont chez lui, III, 342-3 ; — lignée de caractères parents de ceux de Corneille, I, 118-9, 120 ; — sœurs plus grandes que les frères, III, 358-60 ; — échappe par ses beaux caractères aux fautes de ses théologiens, 21 ; — ses hommes surtout maîtres et divulgateurs, II, 361* ; — (Hommes vénérables dont on abuse contre), IV, 42-3 ; — ses médecins, II, 228, 292 ; — améliore ses adversaires, III, [610] ; = N'est pas représenté à l'Académie française, II, 88 ; III, 510 ; V, 90 ; — son estime tiède d'Aristote, III, 549-50* ; — l'esprit d'Arnauld y survit jusqu'au bout, VI, 184 ; — Balzac n'y tient que par la curiosité littéraire, II, 70 ; — autorité et dissidences de M. de Barcos, 216-7 ; — et Boileau, III, 112 ; V, 25 ; et Boileau, son ami littéraire, 475-6, 483, 489-518 ; son influence morale sur Boileau, 500 ; (La ruine de) et Boileau, [514] ; — Bossuet. vis-à-vis de lui, réserve toujours le point de la Grâce, IV, 459 ; — Bretagne et Pologne offertes comme refuge aux Religieuses, I, 360 ; — sa philosophie du discours branche du Cartésianisme, III, 539 ; (Les seuls Cartésiens ou semi-cartésiens à), V, 491* ; — tue le Casuisme en morale, III, 524 ; — et les Catholiques Anglais, 581* ; — et M. de Chassebras, curé de la Madeleine, V, [560] ; — Justification adressée à Colbert (1663), II, 198-9* ; — n'est pas juste pour Corneille, I, 172-3 ; — et la Cour, III, 160*, 164 : — (Embarras de la Cour entre Rome et), IV, 363 ; les gens de Cour ne s'y rattachent qu'un temps, II. 231 ; tache indélébile aux yeux de la Cour, IV, 123 ; — haine active de Desmaretz contre P.-R., 443 ; — n'a que trois Directeurs en chef : MM. de Saint Cyran, Singlin et Saci, II, 341 ; — comment Du Guet se rattache à P.-R., VI, 3-4 ; — remet les Écritures en honneur, I, 418 ; — Éloges qu'en écrit Dom Étienne, [308-10] ; — et les Évêques, IV, 487, [521] ; — (Les quatre Évêques patrons de), 352-5 ; — accusé d'écrire pour Fouquet, II, 198-9* ; — et la Fronde, III, 159* ; n'est pas dans la Fronde, II, 198, 199* ; III, 190 ; V. [557] ; n'est mêlé à aucune des deux Frondes, II, 320-1 ; — (M. Hamon, le rayon de), dans la persécution, IV, 309 ; — et M. de Harlai, l'archevêque de Paris, 485 ; — non en mesure pour une défense commune contre la Bulle d'Innocent X, III, 22-3 ; — et Innocent XI, V, 179 ; — et M. Issali, VI, [358] ; — (Parallèle de) et des Jansénistes, III, [609-11] ; — (Opinion publique auxiliaire de) contre les Jésuites, 40 ; — et les Jésuites ; ce qu'en dit Racine, VI, 109 ; — estime du P. Labbe pour sa réforme en théologie, III, 528* ; — La Bruyère n'y tient pas du tout, II, 400-1* ; — (La Fontaine auxiliaire et collaborateur de), V, 16-7, 22-4 ; — La Rochefoucauld n'y entre jamais, 68 ; — et l'abbé de La Victoire, 70 ; — liaison avec M. Le Camus, IV, [528] ; lien intérieur de charité avec M. Le Camus, [555] ; — et Louis XIV, III, 167 ; IV, 487 ; V, 4 ; sert un moment la politique religieuse de Louis XIV, IV, 445 ; et les poëtes du règne de Louis XIV, V, 25 ; — et Marly sont incompatibles, VI, 163, 164* ; — et Mazarin, V. 29 ; VI, [361-2] ; — (Médecins de), IV, 292-3 ; — (Miracles de) ; Nicole les révoque en doute, 502* ; — et Molière, V, 514 ; — n'a pas trace de Montaigne, II, 421 ; Voy. Arnauld d'Andilly, Montaigne, Nicole, Pascal ; — Nicole, son moraliste ordinaire, IV, 420, 464*, 514 ; — ses principes pénètrent à l'Oratoire et dans l'Université, VI, 5 ; — entrée en scène de Pascal en 1656, III, 40 ; Pascal en est le secrétaire un moment, 206, 207 ; (Dissidence de MM. de) et de Pascal dans l'affaire du second Mandement sur le Formulaire, 353-7 ; (Dissidence de Pascal avec) sur le seul point de la Signature, 368, 369-70, 385 ; n'a fait que loger Pascal, 244 ; (Pascal n'a pas exagéré, mais réalisé), 367 ; les « Pensées » de Pascal inaugurent pour lui une dernière période de gloire, 390 ; sa racine profonde au cœur des « Pensées » de Pascal, 455 ; — premiers rapports avec Pavillon, IV, 362 ; — (Les Messieurs de) et Pavillon, 370, 372-3 ; — et M. de Péréfixe, VI, 202 ; — reproduit le côté studieux et pénitent des Pères, I, 404 ; aide à la renaissance de la lecture des Pères, 417 ; — et Racine, IV, 41 : V, 25 ; (Petites lettres de Racine contre) ; voy. Racine ; Racine donne en vain l'excellent conseil

du silence, V, 287 : et les leçons de l'Esther de Racine, VI, 137*; son arrière-pensée dans Athalie, 143-4 ; (Athalie, la gloire de), 151*; — et l'hôtel de Rambouillet, III, 559; — ses Pénitents dépassés par Rancé, IV, 42 ; — sa morale, selon le P. Rapin, II, [548] ; — et le cardinal de Retz, IV, [521] ; V, [533-5]; VI, [286] ; ignore tout à fait les intentions secrètes de Retz, V, [559]; ses rapports avec Retz postérieurs à la Fronde, II, 320-1 ; relations avec Retz postérieures à son emprisonnement, V, [557-8] ; — place de refuge pour les mécontents de Richelieu, I, 359 ; — en quoi il a eu le ton de la grande maison Romaine, IV, 450 ; — et le Royalisme, V, 9-10*; — (La vie de M. de Saci est la ligne droite de), II, 323 ; M. de Saci en est la règle vivante de 1650 à 1684, 330 ; M. de Saci, malgré son éloignement, en reste le père spirituel, IV, 262 ; — et saint Augustin, III, 455; ce qu'est pour lui saint Augustin, 391 ; met saint Paul et saint Augustin sur le rang des Évangélistes, II, 126 ; infaillibilité de saint Augustin à P.-R., 126-7 *, 135 ; (Moment où) s'éloigne de saint Augustin, IV, [522 ; — place d'armes de Saint-Cyran, I, 297 ; — et saint Paul, II, 126 ; III, 455 ; — tue la Scolastique en théologie, 524; — relations avec l'abbaye de Sept-Fonds, IV, [527-8]; — le gouvernement de M. Singlin, I, 473-5 ; — incline un moment au Thomisme, IV, [522] ; — (Relations de) et de l'église d'Utrecht, V, 308 ; = et Anne d'Autriche, III, 173; V, 29; — et Mme de Bélisi, IV, [590]; — et la princesse de Conti, V, 41 ; — refroidissement avec Mme de Sablé, 73-5, 78, 79-80*;
= Son parti extérieur, III, 70-1; — ramifications dans les familles considérables du royaume, V, 174; — (Haute bourgeoisie de), II, 231-2, 247*, 455 ; — étrange réunion de toute une famille dans un couvent, I, 131-2 ; — les amis du dehors, III, 562*, 581, 586*; IV, [575]; — illustres amis dans le monde, 410 ; — ses associés libres, V, 520; — amis indirects, III, 160*; — (Amis efficaces et cachés de), I, 430*; — ses chevaliers invisibles, V, 208*; — les indifférents favorables créés par les Provinciales, III, 70; — liste des amis morts de 1679 à 1700, VI, 157-61; — (Amies, protectrices et bienfaitrices de), V, 25, 41; — (Hommes d'affaires de), III, 76*; —(Agents de); Voy. Bagnols, Bernières, Pontchâteau, Saint-Gilles; — a pour soi les Journalistes, III, 180*; — bonnes informations de ses donneurs d'avis, V, 184 ; — leurs amis du monde forcés par leur situation de se refroidir à son endroit, II, 202*, 203 ;
= Partie financière, II, 18-9*; — (Les finances de), VI, 196*; — revenus, II, 310*; — bienfaiteurs, 310 ; — (Dons d'argent à), I, 430*; — ses affaires d'argent et l'île de Nordstrand, IV, 375-7 ; Voy. Nordstrand;
= Sa persécution part de la bulle d'Innocent X (1653) et du Formulaire d'Alexandre VII (1657), III, 21 ; — sa doctrine condamnée à Rome, [601]; — sa demi-victoire à Rome sur la morale relâchée le fait écraser en France, V, 170 ; — accusé de déisme, I, 245 ; — accusé de ne pas faire cas des saints, des chapelets ni des reliques, II, 276 ; — motifs de ses adversaires, V, 195 ; — (Raisons d'État contre), 181-2; — gouvernement occulte, 194; — (Sentiments secrets de), I, 210-3 ; — armée bien rangée, V, 179 ; — veine secrète d'indépendance au temporel, II, 200; — son caractère indépendant, I. 363-4 ; — son mépris de l'autorité, III, 253 ; — son manque d'humilité, V, 193-5; — son manque de soumission, III, 244; V. 193-5; — son indépendance vis-à-vis des Grands, III, 551-2 ; — (C'est la *république* de) qu'on veut supprimer, V. 174 ; — a trop de réputation, 181 ; — sa mauvaise politique sort de ses craintes, III, 89 ; — (Ce que signifiait être hostile ou favorable à), IV, 388 ; — peu aimé de la race des doux, III, 31 ; — paie les dettes qu'il n'a point faites, II, 509-10*; — (L'oppression de) présentée comme une expiation pour les autres Communautés et Sociétés, IV, 308 ; — cherche parfois des ennemis nouveaux, III, [603]; — s'est brisé à cause de la juridiction des archevêques de Paris menés par la Cour, I, 324; — les prudents

sont d'avis de chercher pour lui l'obscurité, V, 140 ; — ne pourrait se tirer d'affaire que par le silence, 151-2 * ; — dates successives des persécutions de P.-R., II, 342-3 ; — (Plus d'un humble martyr à), III, [630] ; — ses veines de malheur, V, 198 ; — ses historiens contemporains s'arrêtent à la Paix de l'Église, 149-50 ; — Paix de l'Église, commencement de son déclin, 3 ; — n'est couvert par la Paix de l'Église que pour un temps, 137 ; — persécution renaissante, IV, 261-2 ; — apaisement de la persécution (oct. 1668), III, 371 ; — derniers jours de paix, I, 479-84 ; — sa tranquillité dernière finit avec la vie de Mme de Longueville, V, 123, 139 ; — vraie situation en 1676, 151-2* ;— persécution de 1679, II, 356 ; III, 172 ; — éloignement des *Confesseurs*, 172, 176 ; — toujours sous le coup de changement de Directeurs, II, 201, 202 ; — (Les Directeurs de) forcés de se cacher, V, 331 ; — à l'état de blocus, IV, 281-2 ; — baisse et dépérissement, V, 235-6 ; — extrême déclin, 288 ; — les années funèbres, 244-8 ; — lent à mourir, VI, 201 ; — dernière persécution et ruine, II, 343 ; —(Chute de), V, 514 ; — derniers excès contre P.-R., III, 574 ;

= (La littérature de), IV, [575] ; —(La littérature de) et celle de Louis XIV, V, 194 ; — sa *littérature*, le propre sujet de tout le livre, I, viii ; — sa fonction littéraire de vulgariser la raison, III, 254 ; — vaillant surtout avec la plume, 190-1 ; — et la prose française, II, [516] ; — (Théorie des ouvrages littéraires sortis de), 42-4 ; — ses *Écrits volants*, III, 83* ; — (Poétique et rhétorique de), II, 83-8 ; — (Style de), IV, 12* ; — n'a rien d'academique, 101 ; — néglige trop la fleur, III, 529 ; — — uniformité dans la teinte, VI, 242 ;— qualité de clarté de MM. de P.-R., III, 244-5 ; — a le style clair et triste, 541 ; — défauts de son style, 50-1 ; — son côté ennuyeux, IV, 464*, 465 ; — n'a le style que suffisant, II, 85 ; opinions sur le style suffisant, 327 ; — (Absence de couleur, le ton même de), V, 15-6 ; — son style long et fatigant, IV, 235-6 ; —

ses phrases interminables, V, [607] ; — (Les locutions de), VI, [297*] ; — ordinaire (Excellente page du), III, 405 ; — modestie des auteurs et des éditeurs, IV, 30* ; — (Style de) jugé par Bossuet, 333 ; — caractère général de ses livres, selon Du Maistre, III, 245-6 ; — (Étude des langues à), 248 ; — et le grec, V, 81 ; ses efforts pour le grec trouvent peu d'appuis, III, 520 ; — et la Comédie, V, 514 ; — traductions, III, 254 ; — valeur donnée aux traductions, 227* ; — libertés de ses traducteurs, 532-3 ; — s'engage dans la voie périlleuse de la traduction des Écritures, II, 358* ; — traduit et popularise les Écritures, 357 ; — attaqué pour ses traductions, 358, 375-6* ; — mérite de son œuvre d'expurgation des auteurs latins, III, 503* ; — esprit de son éducation, 479-94 ; — tue le pédantisme en éducation, 524 ; — Méthodes devancées par le père de Pascal, II, 436* ; 461 ; — Méthodes nouvelles, III, 156 ; —(En quoi), en grammaire, se distingue de l'Académie, 536-9 ; — sa part dans l'histoire de l'Éducation, IV, 99-104 ; —Petites Écoles (Méthode aux), 10 ; — (Les Maîtres à), III, 557, 558-76 ; — ses livres classiques, 504-7 ; — (Les élèves de), 557, 576-88 ; IV, 97, 100 ; — et l'invention des plumes de metal, 513* ; — séculariseç l'éducation, 524 ; Voy. Écoles, Éducation, Enseignement ; — en quoi il se sépare de l'Université, 536 ; pénètre dans l'Université par Rollin, III, 511 ; — jeunes filles pensionnaires, 478 ; Voy. Filles, Pensionnaires ; nombre des pensionnaires, IV, 128 ; — (Injustice de M. de Maistre sur l'enseignement de), III, 254 ;

= Ses manuscrits circulent longtemps en copies manuscrites, I, 405 ; — (Sort des manuscrits de) après la destruction, 405 * ; — (Sort des Papiers de), VI, 229* ; — (L'imprimerie à), III, 376, 379 ; — (Libraires et imprimeurs de), 56-7 ; — ses impressions clandestines, II, 293 ; — (Livres de) ; ce qu'il en faut dans la bibliothèque d'un homme de goût, IV, [583] ; — (Livres nécessaires pour connaître la vie des Messieurs de), III, [633-4] ; —(*Hagiographie* de),

IV, 227 ; — portraits gravés, IV, [319] ; — (Histoire de) ; Voy. Besoigne, Dom Clémencet, l'abbé Grégoire, Guilbert ;
= Ce qu'en dit le grand Frédéric, VI, 80* ; — ce qu'en dit Châteaubriand, 80* ; — attaques générales de M. de Maistre, III, 243-5 ; peu entamé par M. de Maistre, 228 ; — estime qu'en fait La Mennais, 257-8 ; — un des sujets d'études de l'abbé Flottes, [605*] ; — désir de faire son histoire, I, [513] ; points de vue littéraires forcément particuliers de ce livre sur P.-R., II, [515] ; — jugé par Proudhon, III, [613-4] ; — jugement de M. Renan, IV, 333*.

Port-Royal des Champs, I, 11, 84, 86 ; II, 205, 210* ; III, 32, 166 ; VI, [276] ;
= Étymologie du nom, I, 36-8 ; — (Fondation de), 36-40 ; — (Terre du petit), 46 ; — du diocèse de Paris, V, 142 ; — sa parenté avec Saint-Victor de Paris, 242 ; — (Constitutions de), VI, [323] ; — — nécessité d'une réforme à la fin du XVIe siècle, I, 48-52 ; — etat précis au moment de la nomination de la Mère Angélique (1602), 83-4 ; — dans les premiers temps a une fleur d'imagination et un sourire de dévotion, 179, 186, 187 ; — trop étroit ; transporté à Paris, 321-2 ; transféré à Paris dès 1626, 189*, 369 ; — on n'y laisse en 1626 qu'un chapelain, 322 ; — commencements de la réforme, 99-101 ; — premier vœu de pauvreté fait en commun par les Religieuses, 99-100 ; — affaire du vœu de clôture, I, 101 ; clôture exacte des lieux réguliers, II, 302-3, 304-5 ; effets de la clôture, I, 104-5* ; — menacé pendant la Fronde, 406 ; atteint par les guerres de la Fronde, II, 235*, 305-7, 309, 310-1 ; dans la guerre de Paris, V, 273 ; asile pendant la Fronde (1649), II, 305-7 ; — fièvre passagère de cartésianisme, 316 ; V, 352-3 ; — dispersion de 1656, II, 13-4 ; — belles années, V, 140-3 ;
= Sainteté répandue à la ronde, V, 11 ; — témoignage des fermiers voisins, VI, 207 ; — adoration du Saint-Sacrement, 228 ; — processions, IV, [582] ; processions solennelles, 406-7 ; V, 257 ; une procession en 1693 ; belle description par M. Louail, 271-7 ; — (La musique à), 261 ; — lecture en commun, 143 ; — et l'anecdote des Capucins racontée par Racine, VI, 110-1 ; — (Le carrosse de), V, 242 ;
= Solitaires, II, 8, 228 ; — projet de douze ermitages, 315-6 ; — nombre des ermites, 314 ; — les Solitaires s'y réfugient (1638), I, 495 ; — première dispersion des Solitaires (14 juillet 1638), 498 ; II, 325-6 ; — le désert se repeuple, III, 188 ; — les Solitaires y reviennent incognito, 1639, I, 499-501 ; — les Solitaires s'y mêlent aux travaux de construction, 474 ; II, 332 ; — d'Andilly obtient (1656) de changer l'expulsion des Solitaires et des enfants en départ volontaire, III, 161-6 ; — Les Religieuses apprennent le départ des Solitaires parce qu'on apporte leurs meubles, 169 ; — le vin des Messieurs, VI, 111 ; — défense d'y recevoir des Solitaires et des hôtes à demeure, V, 237 ;
= (Domestiques de), IV, 313* ; V, 188 ; — domestiques de l'Abbaye, VI, [320, 321] ; — filles de service, V. 188* ; — domestiques du dehors instruits par M. Floriot, IV, 89* ;
= Arnauld d'Andilly reste longtemps sans y retourner, V, 5-6 ; — et Arnauld, 294* ; (Arnauld à), III, 152-3, 154 ; V, 352 ; séjour d'Arnauld, 1648, II, 188, 302 ; — cordiale union avec M. de Barcos, V, 161 ; — vu en songe par M. de Bascle, I, 477* ; — et la famille Benoise, III, 580* ; — (Le chirurgien de), VI, 166 ; — (M. d'Étemare à), 197-8 ; — M. Feydeau y prêche un Avent, [299] ; — sermon de M. Fouillou, 172* ; — (M. Hamon à), IV, 334, 338-9 ; — M. Jenkins y meurt, 211 ; — (Le vacher de) et M. de Liancourt, V, 46 ; — ses Médecins, IV, 340-1 ; — Nicole y veut aller, 499 ; (Union de cœur de Nicole avec), 503 ; — et M. Pallu, II, 225, 227 ; — (Pascal à), 381-2, 506-7 ; III, 75, 587* ; — premier séjour de M. de Pontchâteau, VI, [305] ; (M. de Pontchâteau à), IV, 500, 500*, [534] ; V, 250, 251, 252 ; VI, [324, 325, 327, 330, 331, 332, 333] ; et le carrosse de M. de Pontchâteau, V, 251 ; M. de Pontchâteau y est jardinier, IV, 500 ; VI, [303*] ; — Racine y est écolier,

III, [604]; (Racine jeune à), VI, 90, 115*; — (M. Ruth d'Ans à), V, 324; — (M. de Saci à), II, 356, 370*; et la première messe de M. de Saci 330; (Livres de M. de Saci à), 388*; apparition de M. de Saci, joie muette, V, 215-7; M. de Saci a la permission d'y aller quelques jours pour Mlle de Vertus, 215-7; — (M. de Sainte-Marthe à), VI, [324]; — premières retraites du chevalier de Sévigné, V, 97*; — M. Singlin s'y retire (1637), I, 443-4; séjour de M. Singlin, II, 381; = La duchesse d'Épernon s'y retire, VI, [323]; — (Histoire de la retraite de Mme de Grammont à) et de ses Marlys, 163-5; — et Mme Hippolyte, V, 217; — (Mme Lemaitre au premier), I, 369; — (Mme de Longueville à), V, 74, 140*; cérémonies intérieures auxquelles assiste Mme de Longueville, 139*; — et la duchesse d'Orléans douairière, VI, 165-6; — et Mme de Roucy, IV, [588, 589]; — Mlle de Scudéry dans sa description joue sur le nom de *port*, II, 271; — Mme de Sévigné n'y va pas, V, 74; — (Mlle de Vertus à), 74; première retraite de Mlle de Vertus, 110-1; retraites de Mlle de Vertus, 111;
= Consulté sur les restitutions de M. de Chavigny, II, [557, 559, 564]; — dernière retraite du duc de Liancourt, V, 49; — et Louis XIV, 163; — éloge qu'en fait Maréchal à Louis XIV, VI, 167; — (Justice de M. de Noailles vis-à-vis de), 165; — la soi-disant proposition de Retz de s'y retirer, V, [564]; — Éloges qu'en fait Santeul, 243-4*;
= Affluence des visites, V, 140-1, 143-4; — n'aime pas les visites sans nécessité, 241; — carrosses et visites qualifiées, 140-1; — visites d'anciennes élèves mariées, 269; — (Pèlerinages à), 141, 143; — M. de Sainte-Marthe contraire aux visites mondaines, 269-70; — visites d'ecclésiastiques, 270-1; — visites d'évêques nuisibles, I, 151*; — Religieux y sont reçus assez froidement, VI, 111; — (Visites interdites à), V, 269-79; — nouvelle fermeture des portes aux visites, 270; — visites de la M. Angélique (1646-7), II, 300-1; — visites de Mme Angran de Fontpertuis, IV, [588]; — Arnauld d'Andilly en visite (1671), V, 6*; — visite de Mme de Bélisi, IV, [588].; — visite de M. Bocquillot, V, 270; — visite de MM. de Chavigny et de Liancourt (1647), II, 264; — *Relation* de la visite du P. Comblat, V, 141-3; — visites de la duchesse d'Épernon, 140*; — visite de Jacques II, dans une chasse, 278*; — visites des évêques de La Rochelle et de Meaux (1670), 75; — visite de l'abbé Le Camus, IV, [529-30]; — visite de Mme de Longueville, V, 10-1; — visite de Mademoiselle (1657), II, 275-6; Mademoiselle étonnée d'y voir des images de saints et de saintes, 276; — visite d'un prêtre maronite, V, 141*; — visite de Monsieur, I, 326; — visite de M. de Néercassel, V, 303; — visite de Retz (1673), [584]; visite du cardinal de Retz (1674), 14-5; — récit détaillé de la visite de MM. Rollin, Hersan et Louail en 1693, VI, 271-7; — (Visite de Saint Cyran à), I, 234*; II, 229; visites fréquentes de Saint-Cyran, 1638, I, 479; visite de Saint-Cyran après sa sortie de Vincennes, II, 32; — visite de Santeul, V, 270; (Conversations de Santeul à), 243-5*; — visite et mort de Savreux, III, 57*; — visite de M. Walon de Beaupuis, V, 270; visite annuelle de M. Walon de Beaupuis jusqu'à sa mort, III, 570, 570*, 571;
= Cartes de la Visite de décembre 1604, I, 86; — descente du lieutenant civil Daubray 1656), III, 581; — Visite de MM. Bail et de Contes, IV, 143; — Visites de M. Chamillard et de La Brunetière, IV, 223-4; — Visite de M. de Harlay (mai 1670), V, 291; Racine y est présent, VI, 132; — (Visite à) en 1678, III, [633]; — Visite de M. de Noailles (20 octobre 1697), VI, 163; — Visite de M. Voysin en 1706, 190, 196*; — dernière visite en avril 1709, 207;
= Les Petites Écoles y sont, II, 230, 232; III, 469, 471, 472, 474, 475; — commencement des Petites Écoles, I, 433; — le retour des Religieuses en chasse les Petites Écoles, III, 471, 474;
= Dénoncé dès 1644 comme un foyer dangereux, II, 248; — partage de 1660, VI, 196*; — l'Arrêt du partage entre les deux monas-

tères, 190 ; — (Partage régulier entre les deux), 203 ; — Réunion aux Champs, IV, 279-80 ; — on propose de le transporter à Mondeville, diocèse de Sens (1668), 373 ; — on prête à M. de Harlai le projet de le dépouiller encore en le réunissant à P.-R. de Paris, V, 280-1 ; — projet de réunion des deux monastères sous la sœur de Colbert, 200*; — projet de réunion des deux maisons (1680), II, 319*; — P.-R. de Paris endetté veut revenir sur l'ancien partage, VI, 165; — ancien partage des deux maisons révoqué ; opposition et procédure, 190-3 ; — M. de Noailles veut y transférer P.-R. de Paris, VI, 235 ; — (Dernière réunion des deux), 208 : — on veut le donner aux dames de Saint-Cyr, 235 ;
= Revenus, I, 84 ; — question de son revenu, V, 171, — son revenu peu considérable, 182 ; — chiffre de ses revenus, IV, 408-9*; — ses revenus en 1707, VI, 196* ; — affaire du temporel après la Paix de l'Église (1669), IV, 407-8 ; — bienfaiteurs, 481 ; — (Aumônes des amis de), V, 182 ; — legs de M. Benoise, III, 580* ; — legs du duc et de la duchesse de Liancourt, V, 48-9 ; — legs de M. de Pontchâteau à la M. Abbesse, [338] ; — legs de Racine, VI, 156, [258] ; — legs de Mme Savreux, III, 57* — soins des pauvres, II, 302, 305-7 ; — (Les pauvres de), VI, 225*;
= Jours d'épreuves, I, 394 ; — communications secrètes avec P.-R. de Paris, IV, 218 ; — activité d'information de ses amis, V, 166, 167 ; — scène de la levée de l'interdit (1669), IV, 406-7 ; — moment d'éclaircie, 214-6 ; — période d'oppression paisible, 288 ; — on y envoie les rétractations de signature du Formulaire, 383*; — calme apparent et perfide où on le laisse se détruire à partir de 1679, 236-7 ; — ceux qui y ont leurs filles pensionnaires peuvent s'attendre à ne point faire leurs affaires à la Cour, 181 ; — la Sœur Sainte-Euphémie y est Maîtresse des Novices, III, 343 ; défense de recevoir des Novices, V, 208-9 ; — on a l'air un moment d'en rouvrir l'entrée, 217 ; — sortie des Pensionnaires (1661), IV, 114, 117 ; renvoi des Pensionnaires (17 mai 1679), VI, [323], et des Postulantes, [323] ; — sortie des Confesseurs et des Messieurs, V, 186-8 ; renvoi des Confesseurs et Ecclésiastiques (17 mai 1679), VI, [323] ; — difficultés pour remplacer les Confesseurs, V, 186, 188-90, 193; (Confesseurs donnés à), 202-3 ; les nouveaux Confesseurs officiels, V, 188-90 ; — 1684, 1685, années funèbres, 244-5, 246-8 ; — la destruction des Filles de l'Enfance (1686) avertissement pour P.-R., 455 ; — double jeu partant du dépérissement, résultant de la non-inscription des Novices, pour aller au dépouillement des revenus, VI, 191 ; — on procède contre lui par extinction, V, 196 ; — sa destruction par le non-renouvellement, VI, 162-3, 165-6 ; — la Communauté vieillit assez pour finir toute seule, V. 246 ; — à la fin, intérieur très-affaibli, VI, 211 * ; — son exténuation graduelle, V, 288 ; son exténuation sénile, VI, 168 ; — meurt petit à petit par extinction, V, 281*; — quand n'est-il plus qu'une nécropole, 247 ; — (Dernier répit accordé à), VI, 162-3 ; — ses ennemis, manquant de patience, tournent à la vengeance féroce, V, 236; — gardé et surveillé militairement, IV, 282-3 ; (Garnison mise à), II, [543] ; gardé par des soldats, V, 256 ; gardé par des archers, 133 ; — événements du dehors : le cas de Conscience, VI, 168-74 ; — meurt par suite de la signature demandée au certificat sorti du Cas de conscience, 174 ; — excommunication et séquestre, 195-6, 198 ; — appels inutiles à la Primatie de Lyon, 204, 207, 208, 210 ; — comment les amis travaillent à sa destruction, 235-6 ; — les deux bulles d'extinction de Clément XI, 203-4 ; — Décret d'extinction, 208 ; — finit sous une Prieure, V, 236 ; — scènes et relation de l'expulsion dernière (29 oct. 1708), VI, 217-28 ; — (Le saccage de) dû au P. Tellier, V, 517 ; — on y établit une garde contre les visiteurs, VI, 241*;
= (Vallée de) II, 374*; — (Le vallon de), II, 312*, 314 ; IV, 409-10 ; V, 11 ; VI, 90 ; (Orages et sorte de tremblement de terre dans le vallon de), 218-9 ; — (Le vallon de) et Racine, VI, 141; (Le paysage

de) dans Racine, 89-90; — ses collines, III, 111; — tristesse du site, V, 163; — ce que dit saint Cyran de sa solitude, II, 301*; ce qu'en dit la Mère Angélique, 303-4; — (Désert de) I, 495. 497; — rappelle l'idée de la Thébaïde, VI, 215; — (Page de la Clélie sur le Désert de), III, 66*; — mauvaises conditions physiques, IV, 284; — très-marécageux, I, 183; — (Les crapauds de), II, 311*; — (L'air de) VI, 207; Air humide de), V, 294*; étangs (Mauvais air des), 74; — incomplètement assaini, IV, 282;
= Plan gravé, V, 273; — vues gravées, IV, [526]; — Enceinte et tours, V, 273; murailles et tours de l'enceinte, II, 310, 314, 314*; — entrée et grande cour du dehors, V, 273 (plan), 273; — basse-cour, 273 (plan); — (Clefs de), VI, 219, 227; (Portier de), 218. 219; (Les tourières de), V, 140*; — cours du dedans de l'abbaye, 273 (plan); — travaux aux bâtiments, II, 296, 301, 310;
= Sa chapelle dédiée à saint-Laurent. I, 443; — église, II, 303; V, 273 (plan), 273, 274, 278*, VI, 225*; — (Baptême à l'église de), V, 114*; — Asile, pendant la Fronde, des récoltes des paysans et des livres des Messieurs, II, 306*; — Amende honorable des voleurs de l'âne du couvent, 235*; — estampe de l'église, VI, 236; — travaux de l'église, II, 315; — sa description, I, 43-4, 47; — plaque du bénitier, V, 140*; — maitre-autel, 274; — chœur, 139*, 274, 275; avant-chœur, 275; — Chœur des Religieuses, VI, [339]; — grande grille du chœur, IV, 285*, V, 207, 274; bas-côté du chœur, 165; — chapelle, 207; — chapelle de la Vierge, IV, 96; — (Reliques à), VI, [324]; reliques de sainte Agnès et de sainte Thérèse, V, 251; voyage et fête de la cuculle de saint Bernard apportée par Santeul, 241-3; reliques données par M. de Néercassel, 303; M. de Pontchâteau lui donne des reliques, VI, [351]; chapelle des Reliques, V, 228; exposition des reliques, 207; — tableaux de Champagne, 274; — Porte des Sacrements, IV, 259, [582]; V, 99*, 216, 275; — tribune de la duchesse d'Épernon, V, 140*; tribune grillée de Mme de Longueville, 167*; tribune du chevalier de Sévigné, IV, [582]; V, 99*; — sacristie, 167; — chandeliers et herses, VI, [339*]; — clocher, V, 178; cloches, II, 302; IV, 285*, 406; V, 139*; VI, 214, 219; — Destruction de l'église, 236-7; — (Le saccage final de), V, 517; — profanations, 227-8;

= Cloître, V, 273 (plan), 273, 275-6; est le cimetière des Religieuses, III, 580*; V, 274, 275; — (Reconstruction du) prise sur les jardins, 5-6*; — sa première pierre n'est pas posée par Mme de Sévigné, 11; — bâti aux frais du chevalier de Sévigné, IV, [582]; V, 98; trois côtés du cloître bâtis par M. de Sévigné, IV, 409; — (Processions autour du), V, 98; — (Estampe du) VI, 236; — (Pierres du) transportées à Pontchartrain, 240*;

= Chapitre, VI, 219-20, 223, 224, 225, 225*; — (Converses n'assistent pas aux), 220; — (Estampe du), 236; — cellules, 223, 227; nombre de cellules, II, 315;

= Dortoir des Religieuses, V, 273 (plan); — dortoir, VI, 225; (Lampes du), 216; — Réfectoire des Sœurs, 228; (Estampe du), 236; — Infirmerie, I, 193; V, 115*, 273 (plan); sa cour spéciale, 273 (plan); (Estampe de l'), VI, 236; — Bibliothèque, 227; — archives, V, 244; archives et dépôt, VI, 219; — parloir, V, 245, 278*; parloirs, 273 (plan), 273; Tour, parloir de l'abbesse, 273 (plan); parloir de Sainte-Madeleine, II, 305; grand parloir, VI, 209, 218;

= On y porte les corps et les cœurs de tous les amis, V, 274; — (Nombre de personnes enterrées à), VI, 237-8; — tombes de l'église, V, 275, 277; — épitaphes, 165-6, 274; — église (Personnes enterrées dans l'), IV, 127; — la Mère Agnès enterrée dans l'église, V, 10*; — cimetière du dehors, 273 (plan); — Arnauld d'Andilly enterré près de M. Lemaître, 15; — le fils de M. de Bernières y est enterré, III, 572; IV, 96; — le chevalier de Coislin y veut être enterré, VI, [367]; le roi permet que le chevalier de Coislin soit enterré aux pieds de son oncle M. de Pontchâteau, V, 269*; — Mme d'Espinoy y est enterrée, 260*; —

épitaphe de M. Gironst, 168; — jardinier (Mort du petit), IV, 326-7; — défense d'y enterrer M. de la Rivière, II, [543]; — la première Mme de Luynes enterrée dans l'église, V, 247; — M. de Luzanci y est porté, 246; — M. de Pontchâteau y est enterré, VI, [338]; le corps de M. de Pontchâteau, V, 267-8; — Racine veut être enterré aux pieds de M. Hamon, VI, 156, 157; enterré dans le cimetière du dehors près de M. Hamon, IV, [258], 340; discours sur la tombe de Racine, VI, [261]; — M. de Saci y est enterré, II, 368, 452; belles scènes de l'enterrement de M. de Saci, 368-71; ce qu'en dit Nicole, IV, 501-2; — le corps de M. de Sainte-Marthe y est enterré, V, 269; M. de Sainte-Marthe enterré à l'intérieur de la maison, IV, 351; on y enterre ensemble le cœur de M. de Pontchâteau et le corps de M. de Sainte-Marthe, VI, [339-40]; — le chevalier de Sévigné enterré dans le Cloître, IV, [582]; — Tillemont veut y être enterré à côté du fils de M. de Bernières, III, 572; Tillemont y est enterré, IV, 95-6; — M. Varet y meurt et y est inhumé, III, 487*; — le Cloître est le cimetière des Religieuses, 580*; V, 274, 275; — cimetière des domestiques, VI, [258];

= A le cœur d'Arnauld, IV, 513; on y rapporte le cœur d'Arnauld, V, 324, 474; le cœur d'Arnauld célébré par Santeul, 505; — et l'affaire du cœur de M. Benoise; III, 579*; — le cœur de M. Issali y est apporté, VI, [356-9]; — a le cœur de M. Le Tourneux, V, 227-8; — le cœur de Mme de Longueville y est porté, V, 124; cérémonies à l'apport du cœur de Mme de Longueville, 139*; — cœur du jeune duc de Longueville, 139*; — le cœur de Nicole n'y est pas porté, IV, 513; — le cœur de M. de Pontchâteau, V, 268-9; — le cœur de M. Singlin, IV, 182*; — à partir d'un moment les cœurs suspendus à la grille du Chœur, V, 247; — le cœur de M. du Fossé dans l'église, VI, 160*; — a les entrailles de la princesse de Conti, V, 41;

= Services pour les personnes à qui la maison a obligation, IV, 481; — service pour M. Angran de Fontpertuis, IV, [588], et pour l'autre M. Angran, [588]; — bout de l'an d'Arnauld, V, 284; — office funèbre dit pour la duchesse d'Épernon, 141*; — le service de M. Le Maître, VI, [288]; — service de M. de Pontchâteau, [339*]; — prières pour Mme de Sablé, 78;

= Morts déterrés, V, 236; — les morts arrachés des tombes, 517; — scène des chiens dévorant les corps, VI. 238-9*; — horreurs des exhumations. 237-40; — destruction totale; sort du corps de M. de Pontchâteau. [342]; — le corps de M. de Coislin porté en 1711 à Magny l'Essart, [342];

= Les dehors de la maison, V, 241; — estampe de l'aspect du dehors, VI, 236; — écuries, forge, menuiserie, V, 273 (plan), 273; — ses logements extérieurs, 182; — grands logements, 164; — logement et jardin des Messieurs, 273 (plan), 273; — logements pour les visiteurs, 140*; — salles des hôtes, 273 (plan), 273; — logements des dames, 273 (plan), 273; — chambre de la duchesse d'Épernon, 140*; — petit appartement de M. de Liancourt, III, 29; (Pied à terre de M. de Liancourt à); V, 46; chambre de Mme de Liancourt et de son arrière-petite-fille, 49*; — le logis de Mme de Longueville, 124; maison de Mme de Longueville, 164; hôtel de Mme de Longueville dans le vallon, 111; petit corps de logis attenant bâti par Mme de Longueville, 111; hôtel de Mme de Longueville, 277; son logement bâti dans la cour de l'abbaye, IV, 19, 19-20*; petit hôtel de Longueville, VI, 229; galerie de Mme de Longueville, V, 273 (plan); — chambre de Saint-Thibauld, I, 45; V, 273 (plan); — maison de M. de Sainte-Marthe, 273 (plan); VI, 196; — le chevalier de Sévigné s'y retire dans les dehors, IV, [582]; — logement de Mlle de Vertus, V, 164; bâtiment de Mlle de Vertus, 111*, 273 (plan); le parloir de Mlle de Vertus 258.

= Jardins, I, 183; II, 332; — le jardin, V, 257, 258; — grand jardin. 273, (plan), 273; — noms des parties et des allées du jardin, 271; — les jardins sont ceux de personnes pénitentes, 260; — le

jardin bouleversé par les maçons, 5-6 *; — marais desséché et embellissements des jardins, II. 261 ; — processions dans les jardins, V, 257, 271, 274-6 ; — prédications de M. de Sainte-Marthe par-dessus le mur du Jardin, I, 28 ; IV, 346-7, 351 ; — (Le châtaignier de), IV, 334-6 ; — Jardin des simples, V, 273 (plan) ; — Potagers, I, 500-1; II, 332 ; les fruits vendus ou offerts, 262-3 ; — Étang, V, 273 (plan) ; — chaussée de l'étang, 273 (plan) ; — Canal, V, 273 (plan), 273 ; — ses Fermes, IV, 407 ; — — (Les foins de) et l'abbé Le Camus [537-8] ; — Grange, V, 273 (plan) ; — Moulin, 273 (plan) ; — trop voisin de Versailles, 143 ; — menacé d'être enclos dans le parc du Roi ; 279 ; doit être rasé et annexé au parc de Versailles, 282 * ; — (Bois de) VI, 218 ; — Bois de la solitude, V, 271, 273 ; — bois de l'abbaye gardés par un des Solitaires, II, 233 ; — (Chasses dans les bois voisins de), VI, 230 ; (Chasses royales dans les bois de), V, 277, 278 ; — localités voisines, IV, 52 ;
= Voir : Confesseurs (Akakia Du Mont, Alençon (D'), Bocquillot, Eustace, Havart, Le Moine, Le Tourneux, L'Hermite, Marignier, Poligné, Saci, Sainte-Marthe, Singlin) ; — Du Mesnil (La Mère) ; — — *Granges ; — Histoire de P.-R. des Champs (l'abbé Guilbert) ; — Nécrologes ; — Pensionnaires ; — — Religieuses ; Religieuses de P.-R. des Champs ; — Supérieurs (Grenet, Gilbert, Roynette, Taconnet) ; — *Vaumurier :
= (Le vallon de), souillé de convulsionnaires, VI, 79 ; — convulsions qui refluent au vallon, 240-1 *.
= Erreur de voir dans sa destruction un fait universellement capital, 240.
Port-Royal de Paris: I, 197*, 361*, 385* ; II, 152-3*, 187 ; VI, [276] ; — d'abord presque inconnu, I, 424, 427 ; — uni par M. Zamet, l'évêque de Langres, à l'abbaye du Tard de Dijon, 325-8 ; — l'Institut du Saint-Sacrement y est réuni, II, 297, 298 ; — les Religieuses de Tard et du Saint-Sacrement y reviennent, I, 333, 334 ; — histoire intérieure, II, 297-300 ; — rentrée de la Mère Angélique (1636), I, 334 ; — solemnité du changement d'habit (1647), II. 298-9 ; — Religieuses peu disposées à aller aux Champs, IV, 276, 279-80 ; le Coadjuteur assiste au départ d'une partie des Religieuses pour les Champs, II, 301 ; — pendant la Fronde les Religieuses vont rue Saint-André-des-Arts (1649), 307-8 ; IV, 7 : —les Religieuses de P.-R. des Champs s'y réfugient (1652), 309 ; Ce qui blesse la clôture, V, 79 *; — vœu des Religieuses à saint Joseph, IV, 137 ; — Visites de M. de Péréfixe et interrogatoire des Religieuses, 186-98 ; 269-70 ; — les Religieuses et le Formulaire, III, 345 ; signent avec des réserves, 345 ; — signature des Religieuses (1661), IV, 131 ; — nombre des Religieuses, II, 309 * ; — les Religieuses malades, V, 63-4 ; — morts nombreuses de Religieuses, III, 167 ; — simplicité des enterrements de Religieuses, II, 26 ;
= Ses conquêtes, II, 300 ; — pour certains, image de la patrie du chrétien, V, 97 ; — Mme de Crevecœur seule nie son désintéressement, IV, 224 ;
= Solitaires, I, 479 ; II, 204, 302 ; — pas de communications entre les Solitaires et les Religieuses, I, 495 ; — les Solitaires forcés de quitter leur petit logis, juin 1638, 495 ; — ses confesseurs, II, 6 ; — arrestation de M. Akakia, IV, 269 ; — M. de Barcos le trouve à un moment trop ouvert et trop séculier, II, [541] ; — on y porte le cœur de M. de Bernières, IV, [562] ; — Lancelot y est sacristain, III, 469 ; — prières à la mort de Louis XIII, II, 198 ; — (Pascal à), 507 ; Pascal y a peut-être eu sa conversation sur le plan de son grand ouvrage, III. 419, 441* ; — affligé du départ de M. de Pontchâteau pour Rome, V, 252 ; — Pontis y meurt, II, [573] ; il y est enterré, [573-4] ; — (M. de Saci à), 356 ; — Saint-Cyran en retire ses papiers, II, 201 ; messe d'action de grâces pour la sortie de Saint-Cyran, 29 ; (Les entrailles de Saint-Cyran enterrées à), 205 ; IV, 182 ; — visite pour y chercher M. de Saint-Gilles, III, 194 ; — Sermons de M. Singlin, II, 198, 308, 483 ; III, 472 ; VI, [304] ; ne prêche que là, I,

469; Il en est le directeur, 394; — les amis des Religieuses s'éloignent de leur voisinage pour ne pas leur nuire, VI, [310]; (Journal de), IV, 19*;
= La marquise d'Aumont s'y retire, IV, [579]; — mort de Mme Arnauld, II, 23-4; — (Mme Clément, tourière de), V, 186*; — (La reine de Pologne, Marie de Gonzague, à), II, 207, 210*; — (Mme de Guéméné à), I, 466; II, 207; — (Mme Lemaître à), I, 369-70; — visite royale de la Grande Mademoiselle, III, 188; — (Mme de Sablé à), II, 207-8; (Mme de Sablé bienfaitrice de), V, 52*; — visite de Mme de Sévigné, 13, 14;
= Visites de Daubray (avril et mai 1661), III, 344; la Mère Angélique arrive à P.-R. de Paris pour la première visite du lieutenant civil (avril 1661), IV, 153; visite du jardin et de la clôture, 210-1; — visites matérielles des dehors du couvent (1661), 134-6; — sortie des Pensionnaires (1661), IV, 114, 116-7, 117*; VI, [239*]; — scène de l'interdiction des sacrements, 202-6; — protestation, 205-7; — premier enlèvement des Religieuses, 207-10; second enlèvement, 219-20; enlèvement des Religieuses (26 août 1664), III, 267*; VI, 316, 317; — pendant la captivité des Religieuses, communications secrètes avec le dehors, IV, 217-8; — Expulsion des Religieuses (1665), II, 315; — enlevé à P.-R., IV, 309; — depuis 1669, Abbesse perpétuelle nommée par le Roi, 408; — première messe à sa réouverture en 1669, I, 27-8; — forcé, depuis la Paix de l'Église (1669), de rendre le temporel pris à P.-R. des Ch., IV, 407-8; — devient étranger à l'histoire de P.-R. de puis 1669, 409; — Abbesses; la Mère Dorothée (voir ce nom), puis Mmes de Harlai, sœur et nièce de l'Archevêque, V, 210; — bal donné au parloir par l'abbesse Mme de Harlai, VI, 165; — visite de MM. Bail et de Contes, IV, 139-43; visite de M. de Noailles, VI, 208; — endetté veut revenir sur l'ancien partage, 165; — demande à nouveau et obtient le plus clair du revenu de P.-R. des Champs, 190-1; — son état de gêne; M. de Harlay veut détruire P.-R. des Champs en le réunissant à celui de Paris, V, 280-1; — M. de Noailles veut le transférer aux Champs, VI, 235; — visite de 1709, 207; — dernière réunion des biens de P.-R. des Champs à P.-R. de Paris, 203-4; — sa ruine, III, 87;
= Pose de sa première pierre, I, 325; II, 297; — austérité de l'église, IV, 149; simplicité de sa décoration, 244; — Chœur, III, 174; avant-chœur et crèche, IV, 147; chœur des Religieuses, II, [573]; — Porte des sacrements, IV, 213; — Reliques, III, 174; succès et miracles de la Sainte-Épine, 176; Voy. Sainte Épine; — chapelle du chevalier de Sévigné, IV, 231; — Ouverture de la grille, 200; — ornement blanc des grandes fêtes, 19*; — premières messes de Tillemont, 19*; — tribunes de l'église, 135, V, 75; loge de M. d'Andilly, VI, [284]; la petite tribune de Mme de Sablé, V, 63, 79*; — les Petites Écoles y vont à vêpres, III, 472; — (Le clocher de), V, 97; — préau du Cloître, II, 298-9; IV, 182*; processions autour du préau, II, 298-9; — Chapitre, IV, 148; salle du chapitre, V, 64-5; — parloir de Saint-Jean, II, 28; — Cellules du Noviciat, V, 65*; — Infirmerie, 65*: apothicairerie, IV, [581]; — histoire de cire, de bougie et de Mme de Sablé, [580-1]; — basse-cour, [581];
= Logis du dehors, II, [573]; — logement d'étrangers, IV, 134-5; — corps de logis extérieur bâti par le chevalier de Sévigné, V, 96; — Mme de Crèvecœur y demeure, IV, 224; — affaire de la grille de Mme de Guéménée, 135; Mme Arnauld et Mme Lemaître y font bâtir de petits logis pour la retraite de leurs fils, I, 355, 432; — lieux affectés à Mme de Sablé, V, 65*, affaire des jours et vues de Mme de Sablé sur les jardins, 58-9; — jardins, IV, [581]; — son jardinier, IV, 210-1; — murs du jardin, 134, 135; — portes murées du côté des jardins, IV, 156; V, 75; — affaire de la porte murée et démurée, 60-1; le jardin de Mme d'Aumont, IV, 218.

Port-Royaliste (Bibliothèque); IV, [683].

Port-Royalistes (Nicole et Duguet

ne sont pas des) purs, IV, 502; — éclairés, 341*; — attardés, VI, 242.
Portalis; préfère Domat à Pothier, V, 523.
Porte à barreaux (La) dans les jardins de P.-R. des Ch., V, 271.
Porte rouge (La) de Sainte-Antoine dans le jardin de P.-R. des Ch., V, 271.
Portes (Corps glorieux entrent les) fermées, V, 60; — ténébreuses, IV, 239, 240, 242.
Portraits (Différence des) et des tableaux, III, 102, 292-3 *, 295; — (Scrupules de Nicole sur les), IV, 513, [598]; — (De la vérité des) peints, III, 116.
Portraits écrits, V. 77*; — (Les) trop nombreux de Mlle de Scudéry, V, 486; — (Malebranche fait des), 390; — (*Recueil des*) faits par la société de Mademoiselle; il n'est pas l'origine des *Caractères* de La Bruyère, III, 420*; — (Biographie brusquées en) suppriment trop les intervalles, IV, [529].
Portugal (Catherine de); Voy. Catherine.
Portus Regius, nom latin de P.-R., I, 36.
Positifs (Esprits soi-disant) parfois de bons esprits faux, III, 547.
Positives (Méthodes et connaissances), V, 349.
Possédées (Filles), I, 297-8; — (Femmes), 140, 142.
Post-Scriptum (Valeur du), V, 176.
Poste (Infidélités de la), VI, [254]; — (Profits de la) avec les Provinciales, III, 62.
Poste de Flandre, V, 19*.
Postérité (Ne plus avoir en vue que la), V, 452; — n'a que faire de certains détails, IV, [564]; — (La) juge, III, 308.
Postulante (Petit habit de), IV, 387*.
Postulantes, VI, [275.*]; — à P.-R. des Champs, V, 275; — Novices en 1679, 163; — (Entrée de trois) autorisée puis défendue, 173, 179-80; — (Impossibilité de recevoir de nouvelles), VI, 162; — (Renvoi des), III, 344; V, 170; — retirées de nouveau, IV, 262; — de chœur (Sortie des treize), V, 187.
Potages (Les) de Mme de Sablé, V, 55*.
Pothier; en face de Domat, V, 523*.
Potier (Comparaison de Dieu et du), III, 232.
Potier (René), év. de Beauvais; son testament cassé, II, [555].
Potitien, I, 431.
Poudre à canon, II, 457.
Poultier (Le P.), capucin; plaisante aventure avec Santeul, V, 245*.
Pour et le *contre* (Le), caractère des gens de bons sens, V, 14.
Poupiche (Le sieur); son inintelligence vis-à-vis des Religieuses de P.-R., IV, 284, 284*.
Pourpre de Cardinal nécessaire pour être premier ministre, V, [530].
Poussay (Abbaye de) en Lorraine, V, 184.
Poussé (M. de), curé de Saint-Sulpice, et les obsessions dont il entoure M. Feydeau, VI, [290-2].
Pouvoir; est dans le corps de l'État et non ailleurs, V, 457; — absolu (Plénitude du), 4*; — physique (Le) IV, 507*; — prochain (Le), III, [604].
Pradon, V, 519; — et Boileau, 518-9; — (Querelle des deux Phèdres de) et de Racine, VI, 128-9.
Prædestinatus (Le manuscrit appelé), II, 216.
Praslin; V. Choiseul et Du Plessis.
Pratique (Puissance de la), II, 123; — (Difficultés de la), IV, [531]; — discréditée par les attaques de Pascal contre le casuisme, III, 290; — réelle (La) plus facile que les solutions générales, I, 194*; — (Le mieux dans la), IV, 401.
Pratiques excessives (Des), III, 320-5; — criminelles des religions, 442.
Pratiques (Esprits) détestent les subtilités, IV, 296.
Précautions exagérées (Sottise des), III, 554-5.
Précepte (Distinction du) et du conseil, I [524-5*].
Préceptes; ne valent pas l'usage, III, 523.
Précepteur (Le) selon Érasme, III, 492-3.
Précepteurs (Les bons) travaillent à se rendre inutiles, III, 557; — (Les Maîtres de P.-R. plutôt), 501-2; — (Rapports des) avec les parents, 506.
Prêcher (Diverses manières de), IV, [547].
Précieuse (Natures de), IV, 267-8, 269, 273.
Précieuses (Utilité des), V, 485; — (Les bonnes), 487; — (Style de), II, 324; — (Avec les) on n'est jamais sûr du sens positif, V, 77*;

PRÉCIEUSES — PRÊTRES

de province (Les), 407 ; — (Les) et Molière, 485-6.

Précieux (Le beau monde chrétien, ci-devant), V, 71.

Précipiano (Humbert de), archevêque de Malines, II, 67*.

Précipiants; Voy. Soye.

Précipitation (La) condamnée par Singlin et Saint-Cyran, IV, [579].

Précisément (Importance de dire), IV, 432.

Précurseurs (Belle parole des), II, 329*.

Prédestinatiens (Hérésie des), sortie de la doctrine de Saint-Augustin, II, 116, 208.

Prédestination, I, 253, 409-10 [524*, 531]; II, 100-1, 106*, 115, 117, 117*, 133, 136, 156, [451]; IV, 474 ; V, [593]; VI, 60;— absolue (La), V, 510* ; — sa fatalité n'ôte rien à la sollicitude des efforts, II, 40 ; — à propos de l'enfance et de l'éducation, III, 491; — Livre de M. de Barcos, 219 ; — (Saint François de Sales formel contre la), I, 223 ; — (Les Jansénistes et la), IV, 507 ; — Comment la prêche Mme de Sévigné, III, 231-3 ; — Voy. Grâce.

Prédicateurs (De l'éloquence des),V, 469-70 ;— (Bons) Jésuites, III, 144.

Prédication (Pensées de Saint-Cyran sur la), 448-50; — (Caractère de la) dans la première moitié du XVIIe siècle, 468-9 ; — (État général de la) à la fin du XVIIe siècle, III, [606-9].

Prédictions prodiguées à P.-R., II, 27* ; IV, [600].

Préface générale, I, 104 ; du second volume, II, 1-2 ; du troisième, III, 1-4 ; du quatrième, IV, 1-2.

Préfaces (Éloge des) par Chapelain, III, 561; — (Les) de P.-R. sont souvent de gros livres, VI, 114.

Préfontaine (M. Louis de), frère de l'abbé Le Roi, II, 16*; IV, 62*; — secrétaire de Mlle de Montpensier, II, 278*; VI, [250] ; — ses craintes à propos du séjour de M. Feydeau, [293] ; — ce que lui écrit M. Vuillart sur Massillon, III, [606 9] ; — (Lettres de M. Vuillart à M. de), II, 574; III, 226-7, 564*, 570*, 579*; IV, 98-9* 511-2, [553-4*, 590*]; V, 159-60*, 269*, 278*, 284*, 478*, 479*, 512*, 523*; VI, 30*, 64-5*, 155*, 160, [250, 271-5, 366, 367-8].

Préjudicielles (Raisons), IV, 455.

Préjugés (Des), IV, 435* ; — (Être peuple en matière de), [551].

Prélat (Le grand seigneur), V, 168-9.

Prélats; cédant au plus fort, IV, 358-9 ; — assistant à des ballets, II, [512]; — de la Paix (Les) IV, 395*.

Prémare (Le P.), jésuite, III, 130.

Préoccupation (Ce que fait la), V, 13.

Pres (Nécessité de voir de), I, 77-8.

Présages (Foi de P.-R. aux), IV, 279 ; — Arnauld les craint peu, V, 219*.

Presbytérianisme particulier à P.-R., III, 190.

Prescription en fait de *Réponses*, III, 222, 223*.

Présence (Supériorité de l'absence sur la), IV, 302-3, 309.

Présence reelle. V, 352, 374; VI, [363]; — (La) et les Pères, IV, [600] ; — Réunion chronologique des textes des Pères, 457* ; — (Arnauld veut concilier la *substance* de Descartes avec la), V, 350, 352.

Présentation d'Officiers de la Couronne au Parlement, sont des harangues extraordinaires I, 65.

Présidents ; Voy. Bellièvre, Lamoignon, Maisons, Molé, Nesmond.

Presles (Raoul de); sa Bible française, II, 357*.

Presse; Jansénistes savent en tirer parti. IV, 395* ; — (De la liberté de la), III, 60*, 212*.

Pressensé (M. de), II, 50-1*; — directeur de la « Revue Chrétienne », III, [616] ; — intervient dans le debat sur la valeur de l'apologie de Pascal, [617-8].

Prêt à intérêt. IV, [542].

Prétendus Réformés convaincus de schisme, IV, 446, 498.

Pretot (M. de) lieutenant de vaisseau, neveu de M. Du Fossé, VI, 158* ; — et le fils de Mme de Bosroger, 158*.

Prêtre (Grande idée du), IV, 235 ; — (Idée que Saint-Cyran se fait du), I, 366, 445-51 ; — supérieur au roi et à l'ange, 447-8, 458 ; — (Miseres et grandeurs du), 458 ;— inférieur au théologien, 450 ;— chrétien (Marque du), 454 ; — loué de n'avoir jamais dit la messe, V, 167, 168 ; — sa personne indifférente, IV, 323* ; — Voy. Sacerdoce.

Prêtres (Puissance des) d'après Cicéron. II, 35 ; — (Rareté des bons), I, 273, 445-6 ; — obéissent malaisément aux Religieux, IV, [545]; — (Mariage des) [543]; — (Débauche des), [541, 542, 543]; —jansénistes aux galères, V, 327*, 328*;

Prêtrise (Respect de la) à P.-R., V, 211 ; — redoutée à P.-R., III, 568 ; — M. de Pontchâteau s'en trouve indigne, V, 25 *l*.

Preuves (Ce que dit Nicole des) métaphysiques, IV, 476 ; — (Pascal ne croit pas aux) rationnelles et métaphysiques, III, 420-1 ; — naturelles Des) pour Nicole, IV, 476, — morales et preuves positives, III, [615-7] ; — morales préférées par Pascal , 439 ; — nouvelles à des vérités anciennes, V, 412.

Prévention (Se déterminer par), IV, 452 ; — (Effets de la), V, 13 ; — humaine ne fait que changer d'objet, 46 *.

Préventions de diverses sortes, IV, 494-6 ; — (Esprits sans), III, 589 ; — (Préoccupation de P.-R. de faire la guerre à ses propres), 549, 552-3.

Préveray ou *Preuveray*, qui imprime pour P.-R., est mis à la Bastille, III, [629] ; il en sort sur la recommandation de Vitré, [630].

Préville (Le sieur de) ; « Le progrès du Jansénisme découvert », I, 284*, 287-8*, 296* ; — Voyez Pinthereau.

Prévost (L'abbé), III, 66* ; — élevé chez les Jésuites, 131.

Prévot de l'Hôtel ; chargé du blocus de P.-R. des Ch., IV, 283.

Prévot de l'Ile de France, IV, 207, 210 ; — Visite pour trouver une imprimerie secrète des Jansénistes, III, 192-3.

Priam (Le vieux roi), V, 515.

Priape, une des deux formes de la nature, II, 480 * ; — identifié avec Moïse, 419 *.

Prière (Nécessité de la), VI, [348] ; — (La) un des vengeurs de Dieu offensé. IV, 308 ; — une des forces du maître, III, 489-90, 498 ; — est-elle un équivalent du *ressort* humain ? 498 ; — (Qu'est-ce que croire en Dieu, si on ne croit pas en la), 498 ; — (La) continuelle, IV, 320 ; — continuelle (Traité de la), 297* ; — publique (Traité de la). Voy. Du Guet ; — (L'attention métaphysique, une) pour Malebranche, V, 415 ; — (Différence de la), à P.-R. des Ch. et aux Carmélites. IV,[532]; — (Inspirations puisées dans la), condamnées par le P. Rapin, I, 482*.

Prières, où il n'est pas fait de commémoration du Christ, V, 444 ; — du Carême, 212; — traduites en vers, IV, 329* ; — (Confiance dans les) des morts, 319 ; — pour six personnes non dénommées, 137.

Prières (L'abbé de), I, 274*, 315, 335, 336* ; — son témoignage contre Saint-Cyran, 302, [538*, 547].

Prieure (La dernière) de P.-R., VI, 188.

Priezac (M. de), logé chez le Chancelier, III, 193-4.

Primatie de Lyon ; Voy. *Lyon.

Prime (Office de), V, 274, 471 ; VI, 217, 218, [329, 331].

Prince (Éducation d'un) ; Voy. Nicole.

Prince (M. Le) ; Voy. Condé.

Princes (Les) devant Dieu, III, 247* ; — (Difficulté de contenter deux), IV, [540] ; — et princesses converties (P.-R. oblige les) à rester dans le monde, V, 110 ; Voy. Conti, Longueville ; — du sang (Le roi fait des), IV, 149.

Princes (Prison des), I, 370 ; — (La liberté des) demandée par le duc d'Orléans, V, [536].

Princes de l'intelligence, IV, 335 *.

Princesses (Les) de P.-R., V, 99.

Principe (Volonté de partir d'un), IV, 272-3.

Principes (On raisonne plus sur de faux) qu'on ne raisonne mal sur ces mêmes principes, III, 547.

Printemps (Description chrétienne du), V, 278 ; — (Fleurs du) méprisées par Saint-Cyran, I, 285..

Priscillianistes (Hérésie des), IV, 92, [525].

Prises d'habit, V, 139 *.

Prisme (Le), traité de Nicole, IV, 462 *.

Prison comparée à une cellule, V, 335.

Prisonnier (Le) *de J. C.*, nom donné au P. du Breuil, IV, 70*.

Prisonniers : on leur faisait des aumônes, III, 295.

Prisons (Il n'y a point de belles), V, 45 *.

Privilége expédié *gratis*, V, 360. — (Sentiments différents sur le) des ouvrages, VI, 74*.

Probabilisme, III, 132; IV, [568]; — (Le) de Liguori, I, [527] ; — soutenu par d'autres que par les Jésuites , III, 144 ; — (Conséquences du), 88.

Probabilité (Doctrine de la). III, 110; IV, 422 ; — (La doctrine de la) est-elle propre aux Jésuites ? III, 126-7.

Probabilités (Des) dans la Logique de

PROBABILITÉS — PROPOSITIONS 321

P.-R., III, 553-4 ; — (Calcul des), 439 * ; — Voy. La Place.
Procédé (Le) se saisit vite chez les écrivains de parti pris, II, 80.
Procédure (Parodie des formules de la) humaine, IV, [592] ; V, 178.
Procès (Opinion de P.-R. en fait de), IV, 376-7 ; — (Les) du duc et de la duchesse de Liancourt, V, 46, 48 ; — *(Le) injuste*, traité de Nicole, IV, 462 *. 498.
Procès verbal imprimé de l'enlèvement des Religieuses, IV, 215, 220.
Procès verbaux, l'un des défauts de P.-R., IV, 157.
Processions divines (Ordre des), V, 420 *.
Processions, VI, [317] ; — (Pompes des), IV, 447 ; — leur grande place dans le Journal de P.-R., V, 271 ; — à P.-R. des Champs, IV, [582*] ; V, 98 ; — (Les petites) de M. Walon de Beaupuis, III, 569.
Prochain (Amour du), IV, 302 ; — (Ce que dit Saint-Cyran de l'amour du) en Dieu, I, 304-5.
Procureur général (Le *Soit montré au*), III, 208 *.
Procureur du Roi (1653), II, 334 * ; — (juillet 1661) ; visite matérielle des dehors de P.-R. de Paris, IV, 134.
Procureur du Roi au Châtelet, III, 214.
Prodiges présageant la mort des princes, IV, [551].
Profane (Confusion du saint et du), V, 64* ; — (Mauvais goût dans le), frappé par Molière, 487.
Profaner une chapelle, lui enlever régulièrement son caractère de consécration, V, 454 *.
Professe (La dernière) de P.-R., V, 180*.
Professes (Impossibilité d'avoir de nouvelles Religieuses), VI, 162.
Professeurs ; ont besoin d'être gens d'esprit, III, 508-9 ; (Les Maîtres à P.-R. moins) que précepteurs, III, 501-2.
Professions, V, 139 *.
Profondeur (La) ne s'enseigne pas, III, 549.
Profuturus (Franciscus), *le profitable*, pseudonyme de Nicole, IV, 413.
Programmes d'histoire (Omissions des), IV, [563].
Progrès (Le) peut-il être égal en tout ? III, 261-2.
Progrès philosophique (Origine et filiation du), II, 117.

Progrès du Jansénisme découvert à M. le Chancelier ; Voy. Pinthereau et Préville.
Prohenques (Mlle de), s'échappe de l'Institut de l'Enfance, V, [621].
Prolixité (Dangers de la), IV, 436 ; — des écrivains de P.-R., II, 43.
Prométhée chrétien (Le drame du), III, 437.
Prône (Le), V, 229 ; — (Genre du) purement chrétien, I, 470-1 *.
Prononciation (Belle) à P.-R., V, 143 ; — Chartraine, IV, [598].
Prophètes, II, 75 ; IV, 239 ; — (Petits) ; explications de M. de Saci, II, 360.
Prophéties, III, 104 ; — (J. C. l'accomplissement des), 450, 451 ; — (Rôle des) dans le livre de Pascal, 420 *, 446-9 ; preuves positives pour Pascal, [616] ; — l'écueil de P.-R., 448* ; — le faible du jansénisme dans les persécutions, 448* ; — (Les) et Du Guet ; VI, 55 ; (Les explications chimériques des), blamées à la fin par Du Guet, viennent d'abord de lui, 53-5.
Propositions (Les cinq), extraites de l'Augustinus, I, [534] ; II, 291 ; III, 92 ; IV, 175, 433-4 ; 439, 440 ; — dénoncées par Cornet, III, 11 ; — le Dr Cornet en propose la censure, IV, [565-6] ; — Congrégation d'examen nommée par Innocent X, III, 16-7 ; — (Bulle sur les cinq), I, 475, 507 ; — (Condamnation des cinq), 18 août 1653. V, [555] ; — condamnées comme hérétiques dans la bulle d'Innocent X (1653), III, 19 ; — séparabilité du droit et du fait, 77-84 ; et la distinction du fait et du droit, 82-4 ; V, [569] ; — (L'écrit à trois colonnes sur les), II, 103* ; III, 17 ; — *Histoire des cinq*) ; Voy. Dumas (L'abbé) ; — (Histoire des cinq) au point de vue anti-Janséniste, IV, 392* ;
= Arnauld les condamne, où qu'elles soient, III, 37 ; doute qu'elles soient dans Jansénius, 32 : reproduit la première, 32 ; Arnauld annonçant leur condamnation à la Mère Angélique, I, 542-3] ; Arnauld invente et éternise la question du fait et du droit, III, 29 ; — et Boileau, V, 499 ; — et le Dr Hallier, [555] ; — et Innocent X, [554] ; Bulle d'Innocent X contre les cinq propositions, [562] ; —, le Formulaire les condamne comme expressément dans Jansénius, III, 26, 81-4 ; — sont-elles dans Jansénius ?

VII — 21

III, 79-80; — Marca (Lettre des prélats à Innocent X) dit les cinq propositions *extraites* de Jansénius, 24-5 : — et Mazarin, V, [555] ; — et Nicole, IV, 422-3 ; — discussion périlleuse de Pascal à leur propos, III. 77-81 ; Pascal change d'avis sur cette question, 81-4 ; ce qu'en dit la première Provinciale, 46-7 ; — et Retz, V, [573] ; — (Les cinq) à Rome, III, [592-3] ; — voyage de Saint-Amour à Rome, II, 217 ; — Voy. Arnauld, Cornet, Formulaire (Signature du), Habert, Marca, etc.

Propositions (Les cent et une), V, [611]

Propreté, une vertu pour les philosophes, III, 324, 325 * ; — (La non-) n'est nullement dans les prescriptions de P.-R., 323.

Propriété (La non-) caractère de l'esprit de P.-R., III, 323.

Prose de la Sainte-Épine, III, 187.

Prose française, II, 162, 178 ; — supérieure à la poésie, III, 298 ; — (Établissement de la), II, [515-20] ; — Est-elle fixée par les Jansénistes? III, [610] ; — fixée par Pascal, 101, [610] ; (Pascal la perfection de la), VI, 127 ; — Voy. Balzac, Coëffeteau, Du Perron, Du Vair, Molière. Montaigne, Pascal, etc.

Prosper, I, 481 ; — dénonce les Semi-pélagiens de Marseille, II, 115.

Prospérité apparente et sans lendemain, V. 3-4.

Prost (Procès criminel à la suite du meurtre de Jean), I, 66-7.

Protê (Épitaphe de), IV, 330.

Protectrices de P.-R., V, 25, 41.

Protée; identifié avec Moïse, II, 419 *.

Protestant (C'est un) qui défend Pascal contre Voltaire, III, 403.

Protestantisme, III, [595] ; — (Tentative aristocratique du) au seizième siècle, I, 16 ; — (Préjugés contre le), IV. 458 ; — rejeté par la France. 332 ; — ceux qui s'appuient sur l'Écriture en sont bien près, 274 ; — rapport avec le Jansénisme, 222 ; — points communs avec P.-R.. III. 94-5 ; — (Le) et Louis XIV, IV, 113.

Protestantisme moderne; met les preuves morales au-dessus des preuves positives, III, [616-7] ; — (Opinion du jeune) sur l'apologétique de Pascal, [614-9].

Protestants (Question des alliés), I, 299, 300 ; — (Arnauld et les), V, 312, 316-21 ; (Injustice d'Arnauld envers les) des Cévennes, 346 ; — Comment en parle Balzac, II, 65*; — (Traduction de la Bible par les), II, 357, 357*, 358*; — (L'expulsion des) et Bossuet, IV, 508-9*; — affaires du Chablais, I, 258-62 ; — conversion en masse par ordre du Roi, (1685), III, 304 *; — (Les gazettiers), V, 322 * ; — leur intolérance en Hollande, 320 ; — jugent le Jansénisme du dehors, III, 94-5 ; tirent à eux le Jansénisme, II, 196-7 * ; —.continuent à lire les auteurs jansénistes, VI, 50 ; (Les derniers Jansénistes de Nordstrand se font), IV, 378 * ; — triomphent de la condamnation des livres de M. Le Tourneux, V, 231 ; — indifférents à Mazarin, III, 158-9 ; — en face de P.-R., II, 194-7 ; — (Retz hostile aux), V, [532] ; —(Ressemblance des idées de Saint-Cyran avec celles des), I, 318-9*; — au XVIII° siècle, IV, 509 * ; — (Sociniens mêlés aux), V, 369 ; — nombreux à Vitry, VI, [296] ; — (Des) et du livre de « Port-Royal », II, [513-4] ; — Voy. Calvinisme, Calvin, Luther, Réformés.

Proudhon ; son honnête opinion sur P.-R., III, [613-4].

Prouver par raison, V, 350 *.

**Provence*, II, 292*; IV, 413*; V, 112*; — pays originaire des Arnauld, I, 53; — (Comédiens se retirant en); V, 35 ; — (Fruits de la), III, [608] ; — on lui doit Massillon et le P. Maur, [607, 608] ; — (Arrêt du Parlement de) contre les sorciers, I, 297 *.

Proverbes (Le livre des); ch. x et xi, II, 26 ; — Voy. Salomon.

Proverbes (Vers devenus), III, 49.

Providence, III, 404, 406 ; — (Y a-t-il une)? IV, 242 ; — (Doutes sur la), 240.

Provinces (Difficultés des évêchés à la tête des), IV, [549] ; — (Famine et misère dans les), V, 38 ; — (Misères causées dans les), par les guerres de la Fronde, 26, 30*, 36, 37 ; — Œuvres de charité pour les femmes. 37.

Provincial (Le); Voy. Pascal.

Provincial (La charge de); Voy. *Lyon.

**Provins*, VI, [316, 338] ; — Saint-Jacques (Abbaye de), III, 578 ; V, 359 ; — (Miracles de la Sainte-Épine à), III, 192.

Proyart (L'abbé); « Vie du duc de Bourgogne », VI, 177*.
Prude; Voy. Orante.
Prudence différente selon les ordres d'idées, III, 496; — (La) humaine, V, 293; — (La) souvent timide, VI, 136-7*.
Prudentius, son hymne sur les saints Innocents, IV, 328.
Psalmodies à P.-R., I, 433-4; IV, 244-5.
Psaumes, II, 138*, 362, 370, 426; IV, 239, 245; V, 279; — cités, III, 490; V, 426-7.
— Psaume IX, I, 491; XXIV, VI, 219; choisi par le hasard le jour de la messe d'actions de grâces pour la sortie de Saint-Cyran, II, 29-31; XXIX, verset 8, I, 456*; L, 350; LXVI, VI, [345]; LXVII, verset 14, I, 227*; LXX, verset 17, II, 362*; LXXI, verset 3, IV, 37; LXXII, V, 471, 473; LXXXV, III, 173; verset 11, I, 481*; V, 277*; LXXXVIII, I, 348*; VI, [314]; verset 1, V, 256*; XCIV, verset 2, II, 362*; CI, verset 14, VI, 240*; CVI, IV, 238; verset 7, I, 455*; CXIII, VI, 220; CXIV (In exitu), V, 10*; CXVII, verset 24, IV, 207; CXVIII, III, 153; VI, [347]; verset 32, II, 231*; verset 153, III, 566*; CXXVII, verset 3; III, 468*; CXL, verset 3, I, 203*; = d'actions de grâces, III, [631], — de la Pénitence, I, 350; II, 34; (Traduction des), II, 357*; — paraphrases des, II, 75;
= et Arnauld, V, 471, 473; — et Boileau, VI, [265]; — (Chants des), I, 434; II, 352; — Commentaires de Du Guet, VI, 39; — mis en musique par Louis XIII, II, 268; — et M. de Pontchâteau, VI, [321, 335, 338, 348]; — (Chant des) à P.-R. des Champs, V, 143; VI, 218.
Psautier (Le), IV, 297*; V, 257*; VI, [330, 332]; — (Sainte Lutgarde refuse de Dieu le don d'entendre le), IV, [580].
Pseudonymes fréquents à P.-R., II, 243, 374; — Voy. Arnauld, Jansenius, Nicole, Pascal, Pontchâteau, Saci, Saint-Cyran, etc.
Psychologie (Toute) commence depuis Descartes par une exposition de méthode, V, 398; — Gallo-Germanique, 400*.
Psychologistes (Doctrines), II, 392.
Ptolémées (Les), V, 126.
Public (Les Provinciales mettent le débat de la Grâce dans le), II', 43-4, 45.
Publics (Deux) en toutes choses, III, 270.
Pucelle (La); Voy. Chapelain.
Puces enragées, V, 53.
Puisieux (Mlle de), pensionnaire à P.-R., V, 185*.
Puissances de la terre n'aiment pas qu'on les reprenne, IV, [549]; — temporelles (Complaisance vis-à-vis des), III, 392.
Pulchérie, nom du Collège de Hollande à Louvain, I, 282.
Pupitre adapté à un fauteuil, I, 281.
Purban (Le P.), Procureur des Bénédictins de France, VI, [323].
Pure (L'abbé de) et Boileau, V, 487.
Pureté de l'esprit et du corps, V, 212*.
Purgatoire, IV, 273.
Purgon (M.), II, 176*.
Purification (Fête de la), I, 347; III, 56.
Puritanisme (Sève propre du), IV, 374.
Pussort, rapporteur du procès entre P.-R. des Champs et P.-R. de Paris, IV, 408, 409*; — veut remplacer Le Tellier, 157*.
Puy de Dôme; Expériences sur le vide, II, 472, 473.
Puylaurens (Le duc et la duchesse de), VI, [353].
Puys, compagnies littéraires du Moyen-âge, II, 471*.
Pygmalion, (Les chambres de), II, 441.
Pyrame, VI, 91.
*Pyrénées (Monts), II, 277.
*Pyrénées (Paix des), VI, 94.
Pyrrhonisme, III, 440; — (Triste conclusion du), II, 442; — condamné par P.-R., II, 402; — aimé de Bayle, IV, 436*.
Pyrrhus (Molossus, fils de) et d'Andromaque, III, [626].
Pythagore; sur le renouvellement de l'âme, II, 429*.

Q

Q. (Monsieur de), V, 14.
Quadrat; le premier Apologiste chrétien, VI, 73.
Quadrisyllabe, toujours dérivé, III, 525*.
Quakers (Illuminisme des), I, [538].

Qualité (Retenues imposées par la), V, 108.
Qualités originelles (Les) ne s'extirpent pas, II, 429.
Quarante heures (Prières des), V, 207.
Quarré (Mémoire sur les tombeaux de), V, 239.
Quasimodo (Dimanche de), VI, [258].
Quatre Temps de la Pentecôte, IV, [573*].
Quatre-vingt-neuf politique, III, 205; — ecclésiastique, 205.
Queras (M.) et la signature du Dr de Sainte-Beuve, VI, [359].
Querelles ; peuvent être futiles et importantes à la fois, IV, 439-40.
Quersaillou (Maître de), I, 99*; — Voy. Vauclair.
Quesnay, l'économiste, III, 257.
Quesnel (Le P.), (1634-1719), II, 245; III, 230; — sort du cadre de ce livre, V, 483; — (Un mot sur), 482-3; — quitte l'Oratoire, 332, 334-5; — signe et se rétracte, IV, 407; — approuve la clause restrictive, VI, 185-6; — remplace au XVIIIe siècle Jansénius, II, 159; — père de la troisième génération de P.-R., III, 94; — influence agressive du dernier Jansénisme, VI, 64*; — à Bruxelles, V, 332, 335, 336-7*, 337, 347; VI, 179, [253*, 275]; — sa retraite aux Pays-Bas, IV, 90; — en Hollande, VI, 69; rejoint en Hollande par le Dr Petitpied, 171; — son voyage secret à Paris en 1700, [271-5]; — son retour à Bruxelles (1700), [274]; arrestation, 175-81; — ses papiers saisis en 1703, IV, 90; VI, 175-81, 268; ses papiers livrés aux Jésuites, 177, 180; leur gravité; 177-81; — projet de traité saisi dans ses papiers, [268-71]; — se sauve de sa prison de Bruxelles, 185; — à Amsterdam, 185;
= Ramène tout au point de vue chrétien, V, 340; — Maître spirituel, VI, [271]; — son ingénieuse subtilité chrétienne, V, 340, 341; — bienveillance et charme de ses rapports personnels, VI, [272, 273, 275]; — et Arnauld, V, 332, 335, 337-8, 347, 460; VI, 69, 179, [272, 274]; — disciple d'Arnauld, III, 92; informe Arnauld de ce que prépare Malebranche, V, 376; lettres à Arnauld, 196-8; lettres d'Arnauld, 384*; aux Pays-Bas avec Arnauld, IV, 70*; assiste à la mort d'Arnauld, III, 253; V, 483; comment il écrit à Rancé sur la mort d'Arnauld, IV, 77; ce qu'il écrit sur la mort d'Arnauld, V, 340; récit de la mort d'Arnauld, 472-4; recueille les relations hollandaises d'Arnauld, 309; après Arnauld la figure la plus importante des Jansénistes réfugiés, 357; l'oracle après Arnauld, VI, 186; — et le projet plaisant d'une paix des Jansénistes traitée avec le comte d'Avaux, 178-9, [268]; — et M. de Barcos, II, 219; — n'est pas janséniste selon Brienne, IV, 420*; — et les Carmélites du faubourg Saint-Jacques, VI, [274]; — ce qu'il dit de la mort du grand Condé, V, 337*; — et la Congrégation de l'Index, V, 312; — lettre du Père Du Breuil, II, 134; V, 310*, 335-41, 472; — et Du Guet, VI, 10, 176, 179; Du Guet (Ses différences avec), V, 341-2; on lui attribue à tort une réponse à Du Guet, VI, 64; — on a pu le prendre un moment pour Fénelon, VI, 155; ce que dit Fénelon de son arestation, 175-6; — jolie lettre sur une aventure légère de M. de Harlai, V, 196-8; — ce qu'il dit des Jésuites, 482; — visite à la Trappe vers 1670, IV, 91; — ses rapports avec M. Le Tellier, l'archevêque de Reims, VI, 180; — présent à la conférence de Malebranche et d'Arnauld, V, 363*; — Nicole (Émule de), 338; conseils pacifiques de Nicole, 451-2; lettres de Nicole, IV, 516*; opposé à la Grâce générale de Nicole, 504; remplace Nicole auprès d'Arnauld, 504; — plaide l'orthodoxie du pape, III, 91, 92, 93*, 95; — et Pavillon; VI, [274, 275]; — arrêté par les soins de Philippe V, VI, 175; — et Racine, 155; sa lettre pour le mariage de la fille de Racine, [253]; son admiration pour les Cantiques spirituels de Racine, 152; ce qu'il dit d'*Esther*, V, 337-8; — ses relations avec Rancé, IV, 90-1; Mémoire sur les relations de P. R. et de Rancé, 90; et Rancé à propos de la mort d'Arnauld, 90; son bon jugement dans la discussion entre Rancé et Mabillon, 70-1; — désigné sous le nom de M. de Rebecque, VI, [273, 274]; — fait imprimer les Relations, IV, 230; — défend la souveraineté des rois, II, 199; — et M. Ruth d'Ans, V, 460; — sur saint

Augustin, II, 134 ; — ne veut pas de théâtre, même à Saint-Cyr, V, 338 ; — et M. Vuillart, VI, 180 *, [250] ;
= « Réflexions morales, » III, 573 ; VI, [250] ; « Réflexions morales sur l'Écriture sainte, » V, 337 ; « Réflexions morales sur le Nouveau Testament, » VI, [226, 272] ; la seconde partie des contentions du Jansénisme roule sur elles, II, 98 ; cent-une propositions sont condamnées par Clément XI, 98 ; — « Traité de la Grâce générale, » IV, 421 ; — « Défense de l'Église Romaine », III, 92-3 ; — sa Réfutation de l'Histoire de Jansénius de Leydecker, 91-3, 96 ; — ses écrits causent la Bulle *Unigenitus*, V, 483 ; — « Le bonheur de la mort chrétienne, » V, 474, et M. de Pontchâteau, VI, [350] ; — Histoire du grand Arnauld, II, 14 ; — travaille à l'*Histoire du Cas de conscience*, VI, 172 ; — ses distractions littéraires, V, 337, 341 ;
= Lettres, VI, 152 ; — lettre aux Religieuses de la Visitation pour défendre P.-R., I, 237*, 509 ; — Humble remontrance à l'archevêque de Malines, 67* ; — sa lettre sur la dispute de Rancé et de Mabillon, IV, 70 ; V, 340 ; — Quesnellii Epistolæ mss., 196* ; — correspondance avec le P. Du Breuil, 335-41 ; lettres au P. Du Breuil, 310*, 472 : — jolies lettres à Nicole, IV, 507* ; — agrément de ses lettres, V, 335, 337 ; — lettres (Valeur de ses), 482 ; — confondu par Napoléon avec l'économiste Quesnay, III, 257.

Questions éternelles, II, 117 * ; — délicates ne doivent pas être vulgarisées, V, 72*.

Queue (Confesseur portant la) d'une Abbesse, I, 324*.

Quiétisme (Subtilités du), V, 84-5 ; — et Nicole, IV, 511 ; — (Dialogues sur le), III, 202 ; — Voy. Fénelon, Guyon (Mme), Nicole.

Quiétistes, VI, 56 ; — Instruction de Bossuet contre eux, IV, 93.

Quilles (Le jeu de) de Boileau, V, 518.

*Quimper-Corentin (Auteurs nés à), III, 395 ; — le P. Caussin y est exilé, I, 488 ; — lieu d'exil de M. Du Hamel, II, [546] ; — Lancelot y est exilé, 373 ; — Sainte-Croix (Abbaye de), I, 439 ; — lieu d'exil de M. Singlin, IV, 129 ; M. Singlin doit y être envoyé, VI, 97 ; — (M. Thaumas exilé à), V, [614].

*Quimperlé (Abbaye de) ; possédée par Retz, V, [577], et donnée par lui à l'abbé Charrier, [580].

Quinault et Boileau, V, 487 ; — Réponses aux cinq questions d'amour de Mme de Brégy, IV, 268.

Quinquempoix (Lucrèce de), deuxième femme du marquis de Coislin, VI, [302, 303].

Quinquempoix (M. de), son fils, VI, [302, 303].

Quinquina ; remède apporté en France par un médecin anglais, V, [599*].

Quintilien, IV, 10 ; — « Institutions oratoires, » 412 ; — « Déclamations, » 412 ; — cité, III, 516* ; — blâme les impuretés morales des auteurs de l'antiquité, 503*.

Quintilius (Nécessité d'un) comme juge littéraire, VI, 121.

Quintus, frère de Cicéron, III, 506.

R

R... (L'abbé) ; communication d'une lettre du P. Du Breuil, V, [615].

Rabaut-Saint-Étienne, V, 150.

Rabelais (François), I, 7, 49, 185* ; III, 288 ; — résume les conteurs antérieurs, I, 144 ; — abbaye de Thélème, IV, 73* ; — traité par Montaigne d'auteur simplement plaisant, II, 407 : — son style rapproché à tort par Balzac de celui des Provinciales, I, [553-4] ; — imité par La Fontaine, III, 45* ; — (Jugement sur), 1697, 117 * ; — (Qualités et défauts de), II, 421 ; — qualités et supériorités de son style, [518].

Rabutin ; Voy. Bussy, Chantal (Mme de).

Rabutinades (Les), V, [597].

Rabutine (Évangélistes à la), II, 375*.

Racan (Honorat de Bueil, sieur de) ; vers superbe cité, I, 158 ; — Ode à Bussy, II, 413-4 ; — « La Retraite, » 413 ; — Ode à Balzac, 57 ; — loue le P. Garasse, I, 313* ; — « Vie de Malherbe, » II, [516].

Races (Explication physiologique -des), III, 491.

Racine (La famille) ; dans ses relations avec P.-R., VI, 84-6.

Racine (Jean), Contrôleur au Grenier

à sel de La Ferté-Milon, VI, 84 ;
— grand'père de Racine, 84.
Racine (Marie Desmoulins, femme de Jean), grand'mère du poëte, I, 499 ; VI, 84 ; — se retire à P.-R. des Ch., I, 499 ; VI, 84-5 ; — et M. Le Maître, 88 ; — ce qu'en écrit la M. Angélique, 85.
Racine (Claude), oncle du poëte, VI, 86*.
Racine (La M. Agnès de Sainte-Thècle), tante de Racine ; — Voy. Agnès.
Racine (M.), père du poëte : épouse Jeanne Sconin, VI, 86* ; — épouse en secondes noces Madeleine Vol, 86.
Racine (Jean), I, 157, 228, 241, 395, 404, 433, 497, [557] ; II, 90 ; III, 244, 309 ; V, 519 ;
= Né en décembre 1639, VI, 84 ;
— neveu de Claude Racine, 86* ;
— frère de Mme Rivière, 86 * ; — est-ce une de ses sœurs ou une de ses cousines germaines qui se fait religieuse à P.-R.? 85-6 * ; Voy. Marie de Sainte-Geneviève Racine ; — petit-neveu de M. Vitart, 84 ; — cousin de M. Vitart, III, 42*, [604] ;
= Orphelin de bonne heure, VI, 86-7 ; P.-R. lui tient lieu de famille, 89 ; — ses affinités domestiques avec P.-R., I, 498-9 ; — ses premières études au collége de la ville de Beauvais, VI, 87 ; — enfant à P.-R. des Ch., I, 499 ; V, 87 ; — élevé à P.-R., III, 532, 497* ; VI, 87 ; — élevé aux Granges, III, 475 ; — était à 16 ans aux écoles de P.-R. des Ch., 168 ; — sa place comme élève de P.-R., IV, 5-6 ; — enfant, élève chéri de ces Messieurs, 86-8 ; — (Le petit) et Lancelot, III, 475, [604] ; VI, 87, 91 ; — élève de Nicole, III, 475 ; VI, 87, [260] ; — élève de M. Hamon, III, 574 ; IV, 306, 339-40 ; VI, 87 ; — reçoit enfant les leçons de M. Le Maître, I, 395 ; III, 574, [604] ; IV, 339 ; VI, 87, [260] ; — (Bonne lettre paternelle de M. Le Maître au petit), 87, 112 ; — fait sa philosophie au collége d'Harcourt, 87, 93 ; — jeune ; légéretés et libertinage, 95-6 ; — premiers essais profanes, 93-4 ; — M. de Saci et M. Le Maître veulent le détourner de la poésie, 93 ; saute par dessus les interdictions, II, 532 ; — à Chevreuse, VI, 95 ; — doit à un moment entrer dans les Ordres, 98-100 ; pense à se faire Chartreux, 129 ;
— séjour à Uzès, V, 34-5 : ce qu'il y a fait et vu, VI, 98-102 ; — à Nîmes, 99 ; — retour d'Uzès à Paris, 104 ; — ses demeures à Paris, [253] ;
= Sa conversion, VI, 129, 132 ;
— sa croyance aux miracles contemporains, [256-7] ; — son mariage bourgeois et chrétien, 129 ;
— fausseté de sa disgrâce, [248] ;
— demi-disgrâce de Racine, 153-4 ; atteint au cœur par sa demi-disgrâce, 154* ; — ses sentiments de pénitence, [249, 255-6, 258] ; — son renoncement au théâtre, [259] ;
— reste sensible à la tragédie, III, 315 ; — ses sentiments finaux, VI, [262, 263, 264, 267] ; — dernières années, 151-3 ; — (Le) des derniers temps. 129, 132-3 ; — particularités inédites, I, vi ; — sa dernière année bien touchante, VI, 154-5 ; — le mariage de sa fille aînée, dernière joie de son cœur, [251-5] ; cadeaux du prince de Condé pour le diner de noces de sa fille, [253] ; — la Profession de sa seconde fille, [251] ; — « Les cinq derniers mois de la vie de Racine, » I, vi ; V, 513* ; VI, 155*, [247-67] ; — (Maladie de), 155-6, 159*, 160* ; — sa dernière maladie, 155-6 ; 155* ; — sa mort (21 avril 1699), V, 513 ; VI, 155-6, 156, 159, [258-9, 267] ; son courage à sa mort, VI, [260] ; assisté par l'abbé Boileau, le chanoine de Saint-Honoré, 59* ;
— son corps porté à Saint-Étienne du Mont, 238* ; — regrets de sa mort [259] ; — mort à temps, 157 ; — son testament, VI, 156-7, 157*, [258, 259] ; et Louis XIV, 157 ; — veut être enterré à P.-R. des Ch. aux pieds de M. Hamon, III, 170* ; IV, 339-40 ; IV, 156, 157, 258 ; — ses legs à P.-R. des Ch., 157 ; — lègue 800 livres à P.-R., [258] ; — singulier article du Nécrologe, 83 ; — ses enfants en bas âge, 259, 261-2] ; — bontés du Roi pour sa famille, [261-2] ; — son corps transporté à Saint-Étienne du Mont par les soins de Mlle Issali, V, 180* ;
= Craint la foule d'Auteuil, V, 511 ; — et Boileau, 502, 505, 513* ; VI, 155, 475-6 ; 497 ; (Le) d'avant Boileau, 90, 94 ; sans Boileau, 43 ; liaison avec Boileau, 104-5 ; action efficace de Boileau, 121-2 ;

Boileau l'empêche de publier sa seconde Lettre, I, 113 ; Boileau lui apprend à faire difficilement des vers faciles, VI, 123* ; Boileau le détourne de consentir à écrire pour Saint-Cyr, 135 ; contrastes avec Boileau, [262-6] ; différences avec Boileau, VI, 114 ; différence de nature première avec Boileau, 90 ; s'observe plus que Boileau, V, 513* ; ce que dit Boileau de son tempérament, VI, 106* ; traité par Boileau non de génie, mais de très-bel esprit, 122-3* ; les beaux vers de Boileau sur lui, 123*, 129 ; plus augustinien que Boileau, V, 510 ; et le jardinier de Boileau, 511 ; (Mot de) mourant à Boileau, VI, 105 ; Lettres de Boileau, IV, 510 ; V, 509-10 ; — et M. de Bonnac, VI, 154 ; — égale les grandeurs bibliques de Bossuet, VI, 150 ; — et M. de Cavoye, 35*, [256*] ; — et le marquis de Chandenier, 31 ; — et Chapelain, 121 ; son début et Chapelain, 93, 94 ; ce qu'en écrit Chapelain à Colbert (1663), 104* ; — et Colbert, 94 ; — et M. le Duc, fils du grand Condé, 129 ; — et son parent Ellies Du Pin, 129 ; — témoignage de Fénelon sur lui, 133* ; — et M. de Harlai, V, 169-70, 280 ; — et les Jésuites, VI, 109, 110 ; — et le P. de La Chaise, 135 ; — et la Fontaine, 96, 121, 155 ; empêche La Fontaine de dédier un conte à Arnauld, V, 24 ; — et l'abbé Le Vasseur, VI, 121 ; — et Louis XIV, V, 229* ; VI, 128, 151, [248, 256*, 258, 259, 260] ; lecteur de Louis XIV, I, 172 ; V, 504 ; Gentilhomme de la Chambre, VI, [259] ; Historiographe du Roi, 161*, [260, 263] ; nommé Historiographe en 1677, 133 ; suit Louis XIV à la campagne de Namur, 151 ; ses louanges du Roi, V, 10* ; un éloge de Louis XIV trouvé exagéré par Arnauld et par le Roi, VI, 133-4 ; dévot à P.-R. et à Louis XIV, 132 ; lutte en lui de P.-R. et de Louis XIV, 153 ; est, avec Louis XIV, le plus beau visage de la Cour, 124 ; de l'avis de Louis XIV contre Boileau, 128* ; en demi-disgrâce auprès de Louis XIV, 153-4 ; — et Molière, III, 267 ; VI, 104 ; son opinion sur Molière, III, 300 ; plus parfait que Molière, VI, 123 ; — et M. de Noailles, archevêque de Paris, V, 286 ; VI, 132 ; Histoire abrégée de P.-R. écrite pour M. de Noailles, 153 ; — et Perrault, 121 ; à son début et Perrault, 94 ; ce que Perrault dit de ses premiers essais poétiques, 92-3* ; — et l'abbé Renaudot, [255] ; — on lui attribue à tort la traduction du *Santolius pœnitens* de Rollin, V, [623] ; — et son oncle Sconin, VI, 104 ; — et M. de Sillery, évêque de Soissons, V, 280 ; — et Turenne, VI, 119 ; — préféré par Vauvenargues à Molière, III, 299 ; — et son cousin Vitart, VI, 95 ;

= et ses billets galants à Mlle de Beauchâteau, VI, 96 ; — ce qu'il dit de Mme de Caylus, 35* ; — et la Champmeslé, 104* ; et les Champmeslé, 132 ; — attaqué par Mme Deshoulières, 128 ; — et Mlle Duparc, sa première passion, 104* ; — et la comtesse de Grammont, [259] ; — son sonnet contre le duc de Nevers et sa sœur Hortense, 128-9 ; — et Mme de Maintenon, 132, 133, [256*] ; Mme de Maintenon lui demande pour Saint-Cyr une pièce sans amour, 134 ; son Mémoire sur la misère du peuple écrit pour Mme de Maintenon, 153 ; — et Mme de Miramion, 135 ; — et sa tante Vitart, 99 ;

= et P.-R., V, 25 ; — en quelles années à P.-R. des Ch., VI, 115* ; — le poëte de P.-R., I, 25-6 ; II, 43 ; chante le marais de P.-R. des Ch., 261 ; et le vallon de P.-R., VI, 141 ; ses vers sur sa patrie des Champs, 88-9 ; descriptions de P.-R. des Ch., 89-90 ; — traité à tort de Solitaire, 83 ; — et la Sainte Épine, [257] ; — sa peine à se dégager de P.-R., 94-5 ; — touché par les attaques de P.-R. contre le Théâtre, III, 267-8 ; — premier feu de sa révolte contre P.-R., IV, 443 ; — rupture et guerre avec P.-R., VI, 106-8 ; — railleries et ingratitude vis-à-vis de P.-R., 97-8 ; — prend, en 1661, le malheur de P.-R. en plaisanterie, 96 ; — son mépris pour les *Enluminures*, 110 ; — le Voltaire de P.-R., mais resté en chemin, III, 588 ; — sa rupture avec P.-R. dure près de treize ans, VI, 116 ; — revient à P.-R., 98 ; — réconcilié avec P.-R., 129-31 ; — ce qu'il dit des fruits de P.-R., II, 262 ; — ce qu'il dit de l'éducation des filles à P.-R., IV, 115 ; — devient utile à P.-R., V, 246 ; — son dévouement à P.-R., VI, 132-3 ; — son dévouement courageux pour P.-R., 157* ; — lettre et conseil sur P.-R. en 1695, V, 286-7 ; — le solliciteur de P.-R. auprès des puissances, VI, 132 ; — le Joseph d'Arimathie de P.-R., V, 288 ; — et les changements de Confesseurs des Religieuses, VI, 132 ; — souvent à P.-R. des Ch., 132 ; — à P.-R. des Ch. le jour du renvoi des Pensionnaires, V, 169-70 ; ses allusions aux Pensionnaires de P.-R., 185 ; — présent à la visite de M. de Harlai à P.-R. des Ch., VI, 132 ; — entre P.-R. et Saint-Cyr, 216 ; — P.-R. et Marly, ses deux amours, 36* ; — son peu d'importance dans P.-R., IV, 6* ; — n'a brillé qu'en étant infidèle à P.-R., III, 500 ; — compté dans P.-R. pour ses services, non pour ses écrits, VI, 83 ; — le Jansénisme n'en est fier qu'au XVIIIe siècle, IV, 6* ;

= et Arnauld, VI, 112, 136-7* ; son admiration pour Arnauld, V, 297 ; Arnauld veut lui faire revoir le Nouveau Testament de Mons, II, 375-6* ; Lettre d'Arnauld, V, 10* ; touchante réconciliation avec Arnauld, VI, 129-30 ; son épitaphe d'Arnauld, V, 475-6 ; VI, 126 ; — Barbier d'Aucour répond à sa Première Lettre, 113, 114 ; — M. Dubois répond à sa Première Lettre, 113, 114 ; — et Du Fossé, 156 ; — ami de Du Guet, 82 ; — son ingratitude de plaisanter M. Le Maître, déjà mort et qui ne lui a rien fait, 112 ; ses torts envers M. Le Maître, 88 ; — (Pages de M. Louail dignes de), V, 277 ; — ce qu'il dit du duc de Luynes, II, 318 ; — et Nicole, IV, 510 ; V, 490, ce qu'il dit de Nicole, IV, 429 ; tance Nicole, II, 400 ; l'attaque de Nicole contre le Théâtre cause de ses Petites Lettres, VI, 107-8 ; réponse des amis de Port-Royal et même de Nicole à la Première Lettre contre P.-R., 113, VI, 114 ; sa réconciliation avec Nicole, 129 ; accompagné par son cousin Ellies Du Pin dans sa visite de réconciliation avec Nicole, 129, [365] ; — en face de Pascal, 120, 126 ; a-t-il connu Pascal ? 115* ; ce qu'il dit des Provinciales, III, 268 ; pourquoi ses deux Lettres devraient être jointes aux Provinciales, VI, 115 ; — trouvé profane par M. de Pontchâteau, IV, 6* ; V, 262-3 ; ses flatteries de Louis XIV blâmées par M. de Pontchâteau, 262-3 ; devait écrire une Vie de M. de Pontchâteau, VI, [301] ; — et le P. Quesnel, 155, [253] ; — et M. de Saci, II, 325 ; — (M. Vuillart, ami de), III, 608 ; V, 278 ; VI, 180*, 293 ;

= et sa tante, la M. Agnès de Sainte-Thècle Racine, abbesse de P.-R., V, 86*, 169 ; VI, 99, 132, 154, 155, 156, 157 ; lettre de rupture de sa tante la Religieuse encore bien tendre, 105 ; — se moque de la M. Angélique, 111, 112 ; ses plaisanteries sur la M. Angélique, 129 ; — ce qu'il dit de la M. Angélique de Saint-Jean, IV, 227-8, 228 ; — son épitaphe de Mlle de Vertus, V, 122 ; ce qu'il dit de Mlle de Vertus et de Mme de Longueville, 104 ;

= Propre et habile à tout, VI, 119-21 ; — (L'âme de), [249] ; — sa sensibilité, 87 ; — né docile, 121 ; — sa note fondamentale, 103 ; — (Originalité de), I, 22, 164 ; — (Génie de), 172 ; originalité de son génie, VI, 103 ; — avec lui la critique et l'éloge se fondent, 127 ; — cachet de son génie, perfection et unité, 117-9 ; — sa qualité d'ensemble parfait, 144-5 ; — sa façon de penser à tout, IV, 209* ; — son premier fond de goût et de savoir antique, VI, 87 ; — son goût n'appartient pas à P.-R., II, 43-4 ; — son culte délicat pour la belle antiquité, IV, 416 ; — son sentiment de la nature pittoresque, VI, 68-9 ; — son bel esprit naturel, 122 ; son premier bel esprit, 90, 94 ; sa tendresse dans le bel esprit, 102 ; — son libertinage littéraire, 96-7 ; — son talent de lecteur, [249] ; — a l'esprit satirique, I, 250 ; II, 336 ; — art et malice, VI, 114-5 ; — eût été facilement méchant, 106, 112 ; — ennemi peu commode, 114 ; — excellent dans l'épigramme, [264] ; doucereux passé maître dans l'épigramme, 114, 115 ; — signale l'élément comique dans les Provinciales, III, 55 ; — aurait pu être un satirique, VI, 120 ; — (Faiblesses de), [264, 265-6] ; un peu douillet et peureux, [260] ; — s'observe en causant, V, 513 ; — reste courtisan, VI, [265-6] ; — se justifie du crime de Jansénisme, 153 ; — facilement découragé, 142 ; — son dégoût de la gloire, 45 ;

= et le grec, VI, 96 ; — et le roman d'Héliodore, 91 ; commence avec Théagène, 4 ; et Chariclée, 141 ; effet sur lui de Théagène et Chariclée, II, 461* ; IV, 8 ; — lit Virgile, VI, 99 ; son infériorité vis-à-vis de Virgile, 128 ; — et l'Écriture, 31, 136* ; — lit S. Thomas, 99 ; — lit les poëtes Italiens et Espagnols, 95-6 ; — a quelque affinité avec les Troubadours, 99, 102 ; — descend de Pétrarque sans le savoir, 90 ; a quelque chose de Pétrarque, 90, 102 ; son coin de Pétrarque, 122 ; — lit l'Arioste, 95-6, 99 ; — son coin de Tasse, 120, 122 ; — n'a plus rien du gaulois, 127 ; — n'abuse pas de la description, 145-6 ; — n'a pas le défaut de l'exagération du détail, 117-8, 145-6 ; — et la couleur locale, 145-6 ; — se moque des traductions, 114 ; — juste milieu suprême ; est-ce le drame ou le style unique ? 123-7 ;— la perfection de la langue de Louis XIV, 128 ;— perfection de la Poésie française, 127 ; centre incontesté de la Poésie française, 124 ; — grand dramatique par vocation, 118-9, 120-1 ; — en face de Corneille, 117, 119 ; — qu'aurait-il été en s'abstenant du théâtre ? 106-7 ; — ses scrupules de diction poétique, 152, 156 ; — son fils ne comprend pas certaines de ses belles hardiesses de style, 127* ; — son plein éclat, 116-7 ; — rebuté de son métier d'auteur dramatique, 128, 129 ; — marche et dernier progrès du poëte, 143 ; — rajeunissement chrétien de son génie, V, 288 ;

= Seul de P.-R. à l'Académie, II, 88 ; — son discours de réception, I, 133 ; — excellent orateur académique, VI, 120 ; — reçoit à l'Académie Th. Corneille et Bergeret, V, 10* ; son discours à cette occasion, VI, 133-4 ; — son fauteuil à l'Académie, [261] ; — à l'Académie des inscriptions, 114 ;

= Vers latins, VI, 88-9 ; — Paysage ou Promenade de P.-R. des Ch., I, 183 ; VI, 89-90 ; — sonnet au cardinal Mazarin, 94 ; — sonnet sur la naissance du fils de Mme Vitart, 94 ; — stances à Parthénisse, 102-3, 103-4* ; — ses Odes, 89-90, 120 ; — son Ode de la Nymphe de la Seine pour le mariage du Roi (1660), 93-4 ; — Ode sur la convalescence du Roi (1663), 104 ; — la Renommée aux Muses (1663), 104-5 ; — idylle sur la Paix (1685), IV, 6* ; V, 262, 263* ; VI, 99, 134 ;

= et son projet de pièce des *Amours d'Ovide*, VI, 96 ; — et l'hôtel de Bourgogne, 96 ; — la Thébaïde ou les Frères ennemis (1664), III, 271 ; VI, 83, 84*, 101*, 105 ; Thébaïde commencée à Uzès, 104 ; — Alexandre (1665), IV, 443 ; VI, 105 ; — Andromaque (1667), 105, 116-7, 121 ; jouée à Saint-Cyr, 134 ; — Les Plaideurs (1668), I, 169, 373 ; VI, 120 ;— Britannicus (1669), III, 380 ; VI, 100, 116, 120 ; — Iphigénie (1669), V, 112 ; VI, 116, 121 ; — Bérénice (1670), III, 390, 532 ; V, 112 ; VI, 116, 121 ; (Le) de Bérénice, 43 ; (Note de), 103 ; — Bajazet (1672), III, 390 ; VI, 116 ; — Mithridate (1673), VI, 116, 120, 121, ; rôle de Monime, III, 315 ; VI, 121 ; — Phèdre (1677), I, 172, 463 ; V, 498 ; VI, 116, 121 ; citation de Phèdre, I, 138 ; Épitre de Boileau au lendemain de Phèdre, V, 498 ; sa Phèdre et celle de Pradon, VI, 128-9 ; sa querelle avec le duc de Nevers à propos de Phèdre, 128-9 ; opinion favorable d'Arnauld, 130-1 ; Arnauld blâme qu'Hippolyte soit amoureux, 130, 131 ; raison de Racine, 130* ; défense qu'en fait Boileau au point de vue des théologiens, 130-1 ; froideur d'Aricie, inutilité du récit de Théramène, 131 ; la fatalité s'y rapproche du sentiment chrétien, 121, 131 ;

= Étudié ici comme tragique sacré, II, [515] ; — (Différence du S. Genest avec la tragédie sacrée de), I, 171-2 ;

= Esther (1689), I, 25, 126, 171, 171* ; II, 325, [515] ; VI, 82, 83, 84* ; — citée, I, 36 ; — le prologue d'Esther, V, 263 ; VI, 138, 139 ; — mot délicat d'Assuérus, 137-8 ; — allusion à Mme de Montespan dans le personnage de Vasthi, 138 ; — le personnage d'Aman, 138, 139, 142, 144 ; on veut reconnaître M. de Louvois dans Aman, 138 ; — on voit le grand Arnauld dans Mardochée, 139 ; — allusion à Mme de Maintenon, 137-8 ; — chœurs d'Esther, 89 ; tiennent de M. Hamon, IV, 306 ; — les filles de Sion dans Esther, VI, 139 ; — ce que Mme de Caylus nous apprend sur son origine, 134-5 ; — prodigieux succès, 135-6 ; — Note d'Esther, 103 ; — sa première beauté de cœur, 143 ; — Esther, une idylle biblique, 137 ; — fidélité biblique et allusions, 137-9 ; — ses retours involontaires aux souvenirs de P.-R., 139-40 ; — conformités avec le sort de P.-R., 137* ; — arrière-pensée vers P.-R., 139-41 ; — influence du souvenir de la M. Angélique, 140 ; évanouissement de la jeune M. Angélique rapproché de celui d'Esther, I, 110-1, 128 ; — y pense autant à P.-R. qu'à Saint-Cyr, IV, 115 ; — Esther et le grand Arnauld, V, 461, 470 ; — Arnauld ne tarit pas sur son éloge, VI, 136-7* ; — et Jacques II, 135 ; — et les Jésuites, 135 ; — et le P. La Chaise, 136 ; — Mme de La Fayette lui est peu favorable, 135 ; — Esther et Louis XIV, 135 ; — Esther et Marie de Modène, femme de Jacques II, 135 ; — ce qu'en écrit le P. Quesnel, V, 337-8 ; — éloge parfait de Mme de Sévigné, VI, 141-2* ; — M. Lavallée complet pour ses représentations à Saint-Cyr, 135* ;

= Athalie (1690), I, 25, 126, 171, 174*, 387 ; II, 36, [515] ; VI, 82, 83, 84*, [267] ; — citations d'Athalie, I, 17* ; VI, 257 ; — citation du Songe, 238 ; — rôle de Joad, IV, 209* ; VI, 143, 144, 146, 147-8, 149 ; Talma dans Joad, 143 ; — rôle d'Athalie, 147-8 ; — rôle de Joas, 144, 147, 148, 149 ; — rôle d'Abner, 147 ; — rôle de Josabeth, 147 ; — rôle de Mathan, 144, 146 ; — le Temple vu par un chrétien, 145-6, 149 ; fausseté des objections au temple d'Athalie, 145-6 ; — chœurs d'Athalie, 148 ; — omniprésence de Dieu, 146-9 ; participe à l'esprit de l'Éternel, 136 ; — Athalie et Louis XIV, 142 ; — Athalie et Mme de Maintenon, 142, 143 ; — représentée à Versailles, 142, 143 ; — succès moindre, 142-3 ; — beau vers blâmé par Racine fils, 127* ; — refuse Esther et Athalie aux Comédiens, [259] ; — Athalie, son chef-d'œuvre, 128 ; — supérieure à Phèdre, 131 ; — un des trois plus beaux monuments d'art chrétien du XVIIe siècle, 150-1 ; — ce qu'il fallait pour écrire Athalie, 151, 155 ; — grandeur unique, 143 ; — Athalie en face de Sophocle, 150 ; — aurait-elle existé sans P.-R. ? 151 ; Athalie sort de P.-R., III, 248* ; arrière-pensée flottante de P.-R., VI, 143-4 ; Racine s'y souvient de P.-R., IV, 209* ; a l'esprit, mais non le style de P.-R., III, 463 ; l'histoire de P.-R. s'épanouit et se couronne dans Athalie, VI, 242 ; Athalie, la gloire de P.-R., 151 ; — mise par Arnauld au-dessous d'Esther, 136 ; — opinion de Boileau, I, 133 ; VI, 151 ; son chef-d'œuvre selon Boileau, 142 ; — admiration de Mme du Deffand, 150* ; — du Guet auditeur d'Athalie, 31 ; lettre de Du Guet sur Athalie, 42* ; admiration de Du Guet, 144, 151 ; — admiration de Fénelon, 150* ; — admiration de Frédéric II, 150* ; — admiration de Chateaubriand, 151* ;

= Invité à la poésie sacrée, VI, 134-5 ; — et ses vers de piété, V, 229* ; — ses dernières œuvres en vers, VI, 152-3 ; — Hymnes de Laudes et de Matines, 141 ; — Hymnes du Bréviaire, I, 25 ; II, 325 ; VI, 91-2 ; ses traductions d'Hymnes pour le Bréviaire de M. Le Tourneux, 134 ; ses Hymnes parues d'abord dans la traduction du Bréviaire Romain ; anecdote à ce sujet, V, 229* ; ses Hymnes faites pour le Bréviaire condamné de M. Le Tourneux, VI, 91-2 ; — Cantiques spirituels, 83 ; — ses quatre Cantiques pour Saint-Cyr, 151, 152, 153 ; admiration pour eux du P. Quesnel, 152 ; et Louis XIV, 152* ; mis en musique par Moreau, 152* ; — Cantique de saint Paul, I, 25 ;

= Historien, 121 ; — Abrégé de l'histoire de Port-Royal ; cité, I, 28, 46, 59*, 85*, 105*, 204*, 335* ; [553, 554] ; II, 270 ; IV, 510 ; VI, 83, [257] ; ne parle pas de la grande journée du guichet, I, 111, 172 ; son Histoire de P.-R. s'arrête à la Paix de l'Église, V, 149, 150 ; — ses notes pour son Histoire de P.-R., IV, 271, 510 ; — Note sur les partis à P.-R., 347 ; sa note sur les revenus de P.-R., 408* ;

= Les deux petites Lettres contre P.-R., I, 373*; III, 66*; VI, 108-14, 120; — poussé à ses deux lettres par un mot dur de Nicole, III, [602]; IV, 443; — Petites Lettres; la jolie anecdote des Capucins à P.-R., VI, 110-2; — Il faut se fier aux renseignements de ses deux petites Lettres, III, [604-5]; — Lettre sur P.-R. à l'auteur des Hérésies imaginaires (1666), II, 336; VI, 108-12; — réfutée par Barbier d'Aucourt, II, 270; riposte de Du Bois et de Barbier d'Aucourt, III, 267; IV, 443; — la seconde Lettre, VI, 113-4; sa seconde Lettre antijanséniste (1667), III, 267-8; — sa seconde Lettre en réponse à Barbier d'Aucourt et à M. Du Bois ; Boileau le détourne de la publier, V, 490; — sa seconde Lettre publiée plus tard, VI, 113; — ses deux Lettres, la perfection dans leur genre, 114; — ses deux Lettres contre P.-R. sont des Contre-Provinciales, 110; — retourne contre P.-R. l'ironie des Provinciales, III, [602]; = Correspondance, VI, 86*; — Lettres de jeunesse, III, 197; — ses premières lettres, VI, 121; — ses lettres d'Uzès, 98-100; — ses lettres mêlées de vers, 96; — le paysage dans ses lettres, 101-2*; — lettres à l'abbé Le Vasseur, 94, 96, 98; à M. Vitart, 98, 101*; — lettres à sa tante l'abbesse, 155-6; lettres à sa tante l'abbesse sur les dispositions de M. de Noailles, V, 286-7; — lettres à Boileau, VI, 152; — lettres à La Fontaine, 98; — lettre à M. de Bonrepaux, 35-6*; — lettres à son filsaîné, 154-5, 156; = Jugement injuste des Mémoires de Spanheim, VI, [248-9]; — critiques puériles de l'abbé D'Olivet, III, 53 ; — (Génération de), 510; — toute sa postérité littéraire, ne lui prenant pas sa force, est nécessairement faible, VI, 126-7; — l'écueil du style racinien, 126; — attaqué par Schlegel, III, 242*; — en face des poëtes modernes, VI, 118; — Lamartine rapproché de lui, 90.

Racine (Marie), sœur cadette du poëte, VI, 86*.

Racine (Mme), femme du poëte, VI, 154*, 155, 155*, [251, 253, 262]; — — sa sœur, Prieure à Variville, [262]; — pension du Roi, [261].

Racine fils aîné; attaché à l'ambassade de Hollande, VI, 154; — emmené par M. de Bonrepaux en Hollande, [251]; — et Louis XIV, [251, 260]; — à Versailles, [251, 255, 261]; — pension du Roi, [261]; — a la *survivance* de son père, [259, 262]; — ce qu'il dit des corrections de son père sur un exemplaire de ses œuvres, 156.

Racine (Louis); de l'école de P.-R., III, 248*; — Mémoires sur son père, I, 499; VI, 86*, 87; [247, 248], défense de son récit sur la dernière disgrâce de son père 154*; — lettre à l'abbé D'Olivet sur son père, 127*, 156; — publie le testament de son père, [259]; — (Distance des) fils aux Racines pères, 126, 127*; — ne comprend pas les hardiesses de style de son père, 127*; — loué par De Maistre, III, 248*.

Racine (Mlle) l'aînée, VI, 155; — d'abord novice à P.-R., 155*; — son mariage avec M. de Moramber le fils. [251-5]; — sa dot, [252]; — Voy. Riberpré (Mme de).

Racine (Mlle) la seconde fille; sa Profession à Melun, VI, 155, [251]; — Religieuse à Melun, [255, 262].

Racine (Mlle) la troisième; postulante à Variville, VI, [262].

Racine (Mlle) la quatrième; à P.-R. pour sa première communion, VI, [262].

Racine (Mlle), la cinquième, VI, [262].

Racine (Le petit), cadet de tous les enfants de Racine, VI, [262].

Racine (L'abbé), II, 473*; « Abrégé d'histoire ecclésiastique, » 101, 130*; III, 448*; V, 327*.

Racine (Qu'est-ce qu'une) en linguistique? III, [620-1]; — (Toute) monosyllabique, IV, 525*; — doit être le sens fondamental des dérivés, III, 525-6*.

Racines (Deux) ne peuvent avoir un sens identique, III, 526*; — meilleures à classer par leur fréquence que selon l'ordre alphabétique, [621].

Racines grecques, I, 428; — (Le Jardin des) par Lancelot et M. de Saci, III, 505; — Voy. Lancelot, Saci.

Raconis (Abra de), évêque de Lavaur, I, 184-5; — « Brève anatomie du libelle, etc. », contre le livre de la Fréquente Communion, II, 185; — traite Arnauld de calviniste,

184*; — raillé par Boileau dans le Lutrin, 184, 344*; III, 112 ; — son mauvais goût, II, 184*; IV, [588]; —nature brouillonne, II, 344*;

Ragot (M.), archidiacre d'Aleth ; exilé à Brives, IV, [594*].

Raige-Delorme, bibliothécaire de la Faculté de médecine de Paris, IV, [583].

Raigecourt (Mme de), amie de Madame Élisabeth, VI, 50.

Raillerie (Justification de la) en matière sérieuse, III, 146-7 ; — (Si la) est légitime dans les discussions religieuses, II, 334-6 ; — (La) dans les écrits selon P.-R., 87-8 ; — (La) en fait de religion, III, 47-8 ; — (La) ne s'arrête pas, 291.

Railleur (Dangers de l'esprit), III, 589.

Raimond (Denis); pseudonyme, I, [545].

*Raincy ; Condé s'y fait jouer Tartuffe (1614), III, 271.

Raison (Introduire une part de) est traité de crime, V, 233 ; — seul juge des choses de fait, IV, 437 ; — (Impuissance de la) par rapport aux croyances, II, 434 ; (La) impuissante à démontrer l'existence de Dieu, III, 411 ; — (La) en face de la foi, V. 360* ; — (La) en face de l'autorité, IV, 198-9; — (Ce que dit Montaigne de la) pour démontrer la foi, II, 433-4 ; — (Jansénisme tiraillé entre la) et la Grâce, IV, 201-2 ; — P.-R. lui donne tout contrôle sur les branches humaines de l'enseignement, III, 513 ; —(Violence de Pascal contre la) humaine, II, 389 ; — (Supériorité de la) sur la coutume dans l'enseignement, III, 494 ; — (Le mérite d'avoir), 248; — (Prouver par), V, 350* ; — (Comment il faut avoir), III, 553 ; — (Rapport vrai de la) et des sciences, 544 ;—(L'inconnue, nommée la), V, 493*.

Raison humaine ; Arnauld s'y confie intellectuellement, V, 356 * ; — (Contradictions métaphysiques de la), III, [617, 618] ; — mère de la philosophie et des hérésies, V, 355.

Raisonnement (Règles particulières et Méthode générale du), troisième et quatrième parties de la « Logique de P.-R. , » III, 547, 556; — humain (Dangers du), II, 121.

Raisonnements (Mauvais) des discours ordinaires, III, 552.

Raisonner (La manière de), le principal de la Philosophie, V, 354.

Raisons (Injures ne sont pas des). IV, 481 ; — humaines ; gardées par les Catholiques, III, [595] ; — naturelles (Valeur des), V, 349-50*; — préjudicielles, IV, 450 ; — trop subtiles (Les chercheurs de), V, 438.

Ralliement (Ce que M. de Harlay entend par le), V, 174.

Rambert (M. Eugène) ; sa critique de l'édition des Pensées de Pascal de M. Astié, III, [616-7, 618].

Rambouillet (La marquise de) et la Mascarade de Pomponne, II, 254-5 ; — et Godeau, IV, 354* ; — mère de la première femme de M. de Grignan, III, 570* ; — son petit-fils soigné par Voiture, V, 53 ; — Voy. Pisani.

Rambouillet (Mlle de); la Guirlande de Julie, IV. 442*.

Rambouillet (Hôtel de), I, 58, 117, 139, 141, 161 ; II, 69, 254 ; III, 559 ; IV, 62, [576, 592] ; V, 75 ; — aide à l'œuvre de la langue, II, [528] ; — condamne Polyeucte, I, 123, 132; — (Les Précieuses formées autour de l'), V, 485 ; — (Dévotion genre), IV, 273.

Rameaux (Dimanche des), VI, 216*.

Ramillies (Défaite de), IV, 285; VI, 205.

Ramus, III, 513 ; — préfère l'usage aux préceptes, 523 ; — sa part dans la sécularisation de l'instruction, 524 ; — sa Dialectique, précédent de la Logique de P.-R., 543, 550 ; — Lancelot s'en sert pour sa « Méthode grecque, » 522.

Rancé (Armand Jean Le Bouthillier de), II, 159, 180, 236 ; III, 165, 240 ; — sa famille, IV, 44-5 ; — neveu de l'évêque d'Aire, II, 20*; — filleul de Richelieu, IV, 45 ; — son édition d'Anacréon, 45 ; — sa jeunesse, I, 277, — et la Fronde, V, [533] ; — premier aumônier de Gaston, IV, 46 ; — son abdication, I, 326 ;

= Ce qu'il dit de lui-même, IV, 87-8 ; — son caractère propre, 43-6 ; — définition de son caractère, 44 ; — illustre pénitent, V, 359*; — l'un des grands convertis du XVIIe siècle, IV, [528] ; — le dernier des grands moines, 69-70 ; — appelé le grand Armand, [527] ; — plus de foi que de charité, V, 478 ; — opposé à la morale relâchée, IV, [523, 524] ; — Député à l'Assemblée de 1656, 91 ; — se déclare pour saint Thomas, [523]; — et le Formulaire, 91; — et la Signature, [518. 520, 523, 524]; il signe le Formulaire, III, 165*; ce qu'il dit de sa signature du Formulaire, IV, 76 ; — ses idées sur la mort, 48* ; — ce qu'il dit de l'opinion des hommes, 78* ;

= Visite à Cîteaux, IV, [519]; — à Commercy, V, [583*]; — sa réserve à recevoir à la Trappe des Jansénistes, IV, [524]; — ses séjours à l'Oratoire (1661-3), 90* ; — voyage à Rome, V, [583]; — retraite à Véretz, IV, 48-9 ; ses années de Véretz, 90* ; vend Véretz, 90*;

= Ami de Mme Du Plessis Guénégaud, III, [599]; — et Mme de Montbazon, V, 114*; — et la S. Rose, VI, 57 ;

= et le pape Alexandre VII (1665), V, [583] ; — admiration de Bossuet pour lui, IV, 42, 43 ; — ce qu'en dit Bussy, V, [598]; — accusé par l'évêque d'Évreux, IV, [523] ; — querelle intestine avec Dom Gervaise, 88, 89*; — sa discussion avec M. Floriot, 89-90*; — et M. Le Camus, IV, 538, 542; lettre du cardinal Le Camus, 91-2, [525*]; — et l'abbé Le Roi, [519]; contestation avec l'abbé Le Roi sur les *humiliations* et les *fictions* monacales, 51-67 ; rudoie l'abbé Le Roi, 485 ; — et Louis XIV, 75, 88 ; VI, [365]; — et les Molinistes, IV, [523, 525]; accusé par les Molinistes, [519, 520-1]; — et le cardinal de Retz, [521]; V, [583-4]; ami de Retz, III, 165*; IV, 83 ; lié avec Retz, 45, 46 ; ce qu'il dit de Retz et des Jansénistes, III, 190 ; — jugement de Saint-Simon, IV, 51 ; — l'abbé de Sept-Fonds l'imite dans sa réforme, [526-7]; — et M. de Tréville, [520*];

= et P.-R., III, 571 ; IV, 41 ; — en face de P.-R., 42-3; — surpasse les pénitents de P.-R., 42; — accusé de Jansénisme, 92*; — et les Jansénistes, [517-25]; — son estime pour les Jansénistes, 90, 91 ; — son estime pour les personnes et les écrits de P.-R., [518, 519]; — ses relations avec les Jansénistes, 45-6, 50, 51, [517-25] ; — mesure de ses relations avec P.-R., 45-6, 50, 51 ; — neutre vis-à-vis du Jansénisme, 91-2; — tiré à eux par les Jansénistes, [518, 520]

— suite de ses démêlés avec le Jansénisme, 74-93; — discussion avec P.-R. sur les études monastiques, 67-72 ; — jugements injustes de P.-R., 42-3 ; — rapports avec Arnauld d'Andilly, 50 ; — et M. d'Andilly, [518, 519] ; — ne signe pas la Censure d'Arnauld, III, 165*; reste neutre dans l'affaire d'Arnauld, IV, 78*; visites d'Arnauld, [519] ; ce qu'en écrit Arnauld, 80*; ce qu'il écrit de la mort d'Arnauld, 76-7 ; — et Henri Arnauld, [518] ; — et M. Duhamel, II, [551]; — veut consulter M. Hamon comme médecin, IV, [534] ; soigné par M. Hamon, 338 ; — et les sentiments de Jansénius, [518, 520] ; — et Nicole, 68, 69, 70; ce qu'il dit de Nicole, 514*; visite de Nicole, [519]; — et la sixième Provinciale, III, [600] ; — et Pavillon, IV, [518, 520]; — et M. de Pontchâteau, [538] ; VI, [337]; — ses relations avec le P. Quesnel, 90-1 ; et Quesnel sur la mort d'Arnauld, 77 ; lettre de Quesnel sur sa dispute avec Mabillon, 70 ; V, 340 ; — ami de Saint-Cyran, IV, 45 ; — et la lettre de Tillemont sur M. Walon de Beaupuis, III, 571 ; IV, 41 ; lettre de Tillemont, 79-86, et réponse de Rancé, 86-9 ; affaire de son refus, par ordre de la Cour, de laisser entrer M. Walon de Beaupuis à la Trappe, III, 571-2;

= « Sainteté et devoirs de la vie monastique, » IV, 67-8 ; — grandeur de son style, 58 ;

= Correspondance, IV, 78*; — Lettres, 55, 56, 57 ; — sa lettre sur la mort d'Arnauld publiée par Nicaise, 76 ; V, 478 ; — lettre au maréchal de Bellefonds, IV, 76, 79-80*, [517, 520*, 523]; est-elle purement politique? [523]; — lettre sur la mort de M. Hamon, V, 114*; — sa lettre sur les Jansénistes, 463-4 ; — lettres à l'abbé Nicaise, IV, 54*, 69*; — projet de lettre à Tillemont, [517]; publication posthume de sa lettre à Tillemont, 86 ; — lettres publiées par Gonod, 45*, 68 ;

= « Histoire de Rancé et de sa réforme, » V, [583*]; — sa Vie par M. de Maupeou, IV, 48 ; — sa Vie par Châteaubriand, 43, 45*.

Randan (Le comte de), tué au siége d'Issoire, I, 56.

Rinke ; « Histoire d'Allemagne pendant la Réformation, » I, 444*.

Rantzau (Le maréchal de), IV, 232-3.

Rantzau (Mme de), veuve du maréchal, en religion la M. Marie-Élisabeth ; convertie et convertisseuse, IV, 233 ; — aux Filles bleues, 232 ; — et la M. Angélique de Saint-Jean, 232-3, 237 ; prise de doctrine avec la M. Angélique de Saint-Jean, 249-54 ; — son ton de Madame la Maréchale, 249-50 ; — sa bonté, 251.

Rapardeau (Le P.), II, 167.

Râpe ; Voy. Ceinture.

Rapetti (M,) ; « Antoine Le Maître et son historien, » I, 397*.

Raphaël (L'ange), VI, [252, 254].

Raphaël (L'archange) ; traité de médecin, IV, [586].

Raphaël Sanzio, III, 359 ; — (Vierges de), I, 234 ; — (Les divines enfances dans), IV, 328, 329 ; — (Sentiment chrétien d'après), 323*.

Rapin (Le P.), jésuite, III, 130, 310 ; — il est facile d'être plus chrétien que lui, V, 104* ; — obséquieux avec les grands, VI, [363] ;
= Poésies latines, III, 476, 477* ; — son élégie sur la mort d'Alphonse Mancini, 476, 477* ; — poëme des Jardins, [624] ; V, 43 ; — le Delille de son temps, 43 ; — plate exagération de ses louanges à des personnes dans son Traité du Grand et du Sublime, III, [628] ; — Réflexions sur la poétique, [624, 625] ; — Mémoires, I, VI, 275*, 280, 282*, 287*, 297*, 299*, 312, 312*, 443*, 469*, 482-4*, 490*, 493*, [519, 540-1] ; II, 29*, 133, 181*, 185*, 204*, 212*, 222*, 300*, 374*, 500*, [537-40] ; III, 31*, 62*, 476*, [611] ; IV, 267, 393*, [528, 586-91, 623-4] ; V, 103-4*, [539, 552*, 554, 555*, 556, 558, 561, 564*, 567*, 568*, 570*, 571, 573, 579] ; VI, 291, 292*, 363] ; les livres sept et huit, contre-pied du Journal de Saint-Amour sur la bulle d'Innocent X, III, 19* ; publiés par M. Léon Aubineau, V, 481-2* ; jugement de ses Mémoires, II, [549] ; ses assertions sans preuves, V, [535] ;
= et l'accommodement de 1663, VI, [363] ; — et M. Amiot, [294*] ; se fait l'écho des faux rapports de M. Amiot, [286] ; — comment il invente un Apion grammairien, III, [626] ; — ce qu'il nous apprend sur M. de Barcos, II, [540-2] ; — caractère de sa correspondance avec Bussy Rabutin, III, [627-8] ; — ses calomnies à propos de l'affaire de M. de Chavigny, II, [552, 569-70] ; — ce qu'il dit de la résipiscence du prince de Conti au lit de mort, V, 39* ; — ses calomnies contre M. Du Hamel, I, [547-9, 550-2] ; — extrait de ses Mémoires sur la part de Mme Du Plessis-Guénégaud dans le succès des Petites Lettres, III, [599-602] ; — son portrait de M. Esprit, V, 31* ; — son séjour à Fontevrault, II, 133 ; — ses contes sur M. de Gondrin, IV, 393* ; — tout ce qui est contre les Jansénistes lui est bon, III, [599] ; — mot plaisant de l'abbé de La Chambre, [624-5] ; — protégé par M. de Lamoignon, [624*, 626, 627] ; et le premier président (1663), VI, [363] ; — à l'hôtel de Liancourt, [363] ; — récit des Conférences de M. Olier, III, 31* ; — ses faussetés sur la jeunesse de Pascal, II, 500* ; ne voit dans Pascal qu'un railleur et un bouffon, III, [601-2] ; — veut faire passer Pontis pour un déserteur de P.-R., II, [573] ; — son peu d'autorité pour ce qui est le dedans de P.-R., III, [601] ; — ce qu'il dit de Retz, V, [534-5, 566, 581] ; assertions erronées sur Retz, [538] ; — fournit ses propres extraits à Richelet, I, 483* ; — et Mme de Sablé, V, 73*, 76 ; — ce qu'il dit des aventures de la doctrine de saint Augustin, II, 133 ; — son témoignage contre Saint-Cyran discuté, I, 482-3* : mauvais vouloir de son récit de la mort de Saint-Cyran, II, [537-9] ; — ce qu'il dit du docteur de Sainte-Beuve, IV, [568-9*, 572] ; — traite M. de Sainte-Marthe d'aventurier, IV, 183* ; — et Santeul, V, [623] ; — ami de Mlle de Scudéry, III, [627] ; — ami de Tanneguy Le Fèvre, [625] ; — pris à partie par le P. Vavassor, 528 ; peu heureux dans son duel avec le P. Vavassor sur les choses de l'antiquité, [624, 625-7] ; — ce qu'il dit de Mlle de Vertus, V, 103-4*.

Rare (Ce qui est) frappe plus les sens, V, 5*.

Rastignac, janséniste, III, 244.

Rationalisme absolu de Descartes,

III, 421-3 ; — (Le) dans l'exégèse, V, 358.
Rationaliste (École), III, [613].
Ravaisson (M. François), de la B⁰ de l'Arsenal; « Archives de la Bastille, » III, [629, 630].
Ravenel (M. Jules); éditeur des Lettres de Mazarin, V, [530, 534, 536].
Ravenne, III, 183.
Ravignan (Le P. de); « Clément XLII et Clément XIV », I, [528*] ; III, 130*; — « Existence de l'Institut des Jésuites, » I, [524*] ; opinion de Royer-Collard, du duc de Broglie et de M. Dupin, III, 144-5*.
Réappelants (Les); se prennent pour l'Église, VI, 73 ; — M. d'Asfeld chef des Réappelants, 75*. »
Rebecque (M. de); pseudonyme du P. Quesnel, VI, [273, 274].
Reboul (Jean) ; sa description du paysage d'Uzès, VI, 101*; — L'Ange et l'Enfant, IV, 329*.
Reboulet, protestant réfugié; ce qu'il dit de Saint-Cyran et de Pascal, II, 196-7*.
Rebours (M. Antoine de), I, 438*, 455, 459*, 460*, [557] ; — confesseur des Religieuses, 473; de P.-R. de Paris, II, 6 ; ordinaire de P.-R., IV, 137 ; — et M. de Pontchâteau, VI, [304] ; — dirigé par Saint-Cyran, II, 6 ; Lettre de Saint-Cyran, 422-3 ; III, 468-9, 493 ; son rôle à la messe d'actions de grâces pour la sortie de Saint-Cyran, II, 29 ; — sa déférence pour M. Singlin, I, 473 ; II, 6 ; — et M. Walon de Beaupuis, III, 567 ; — jour de sa fête, II, 351 ; — meurt de chagrin, IV, 134; — meurt chez Mme Vitart, V, 105 ; — n'a jamais été abbé, 105*; — (Vue basse de M. de), II, 28.
Rebouteurs gentilshommes, II, 477-8*.
Rebrousser chemin (Boileau défend l'expression), VI: 127-8*.
Rébus dans une épitaphe, I, 48.
Récamier (Mme), I, [518, 518*] ; — son salon, V, 105*.
Recherche des anciens crimes, V, 35.
Récollètes (Les), de l'Ordre de Saint-François, VI, [366] ; — Voy. Marie d'Agreda.
Récollets (Les) et la « Fréquente Communion, » VI, [281-2] ;—Voy. Comblat (Le P.), *Dauphiné.
Réconciliation (Délais de), VI, [547]; — générale, IV, 189*.
Recourt (M. de); pseudonyme de Nicole, IV. 425*.

Recueil de pièces, qui n'ont pas encore paru, sur le Formulaire, Avignon, 1754, III, [632].
Recueil de plusieurs pièces pour servir à l'Histoire de P.-R., Utrecht, 1740; connu sous le nom de Recueil d'Utrecht; I, 396, 477*, [535]; II, 5, 380*, 469*, 507*; III, 75*, 86*, 143*, 176*, 179*, 198*, 344*, [632] ; V, 249*.
Recueil de Poésies chrétiennes, V, 16-7, 17-8*, 22-3.
Recueil des pièces d'éloquence présentées à l'Académie française, V, 212*.
Recueil des pièces qui justifient la vérité de ce qui s'est passé dans l'affaire de la Paix de l'Église, VI, [324*].
Redemesurer d'amitié (Se), V, 158*.
Rédempteur (Question du), II, 114-5*.
Rédemption ; exposée par M. Le Tourneux, V, 212 ; — surnaturelle (Nécessité de la) pour P.-R., I, 13-4.
Rédemption des Captifs (Ordre de la), I, 40.
Redingote grise (Une) monastique, V, 242*.
Réfectoire (Différence de places au), VI, [329].
Réformateurs (Conditions essentielles communes à tous les chrétiens), II, 132*.
Réforme (Simplicité chrétienne de la), IV, 199 ;—(Burnet exagère les tendances à la), V, 89; —(Foyers divers de) au XVIIᵉ siècle, IV, [534] ; — (La); Discours de Balzac en sa faveur, II, [525*].
Réformes (Nécessité pour les bonnes) d'être armées, II, [522] ; — (Le défaut de) amène une révolution, III, 395 ; — à la Dragonne, V, 35.
Réformés (Pour les), chaque fidèle est son pape, I, 459-60*; — s'attaquent surtout aux sacrements extérieurs, 446-7 ; — (Liens réels entre l'inspiration chrétienne intérieure de Saint-Cyran et de Pascal et celle des grands), III, [619]; — ennemis de la Cour, V, [554] ; — tirent à eux les Jansénistes, III, [619].
Réfugié (Style), III, 404*, 407*.
Refugiés (Écrivains), III, 403.
Réfutation (Méthode logique en matière de), V, 449.
Réfute (On) tout, bien ou mal, V, 452.
Réfuter (Méthodes pour), III, [617-8].
Régale (Droit de), V, [577] ; — (Af-

faire de la), I, 430*, 487; IV, 114, 359; V, 303, 290, 315-6*, [613]; VI, [294, 296*]; — les évêques amis des Jansénistes y sont compromis, V, 153-4; — (Doctrine déclarée d'Arnauld sur la), 311-4; (Part d'Arnauld dans l'affaire de la), 311, 313-4; — (Les Filles de l'Enfance englobées dans l'affaire de la), 453; — (La) et Pavillon, IV, 478; — (La) et M. de Pontchâteau, V, 263.
Régence (La), III, 264; — (Libertinage de la), commencé sous Louis XIV, 304; — (Athalie jouée au théâtre sous la), VI, 143; — (Les hommes de la), IV, 25.
Régences (Dangers des), IV, 113.
Régent (Le); aide à l'invasion du socinianisme. V, 369.
Régents de collége (Crasse et morgue des), III, 502; — (Histoire de deux) dans Montaigne, 544-5; — doivent signer le Formulaire, IV, 112.
Régicide; soutenu par d'autres que les Jésuites, III, 144*.
Régiment (Le) Corinthien de Retz, V, [560].
Régiment des Gardes, II, 291; III, 159*.
Régiment (Le) d'Asfeld, ou des Docteurs réappelants, V, 76*.
Régiments; Voy. *Picardie, Schomberg.
Réginald (Le P. Valère), casuiste; loué par saint François de Sales, III, 128; — maltraité par Pascal, 128.
Régis, Janséniste, III, 244.
Registres baptistaires, III, 304*.
Règle des partis et non des paris, III, 439.
Règlement des études des Petites Écoles, II. 479.
Règlement d'une dame de qualité pour sa petite fille, V, 47-8.
Règles universelles (Les) pour Pascal, III, 431; — (Estime de Pascal pour les), 461; — rimées (Défauts des), 524; — des Jésuites, 135-6; — Voy. S. Benoit, S. Bernard.
Regnard, III, 304; — méprisé à tort par Boileau, V, 519.
Regnier (Mathurin), I, 68*, 155, 157, 171; — sa Macette, III, 112, 288; — beau vers cité, 297*.
Regnier des Marais (L'abbé); sa Grammaire française, III, 566.
Reid (Thomas); sa réfutation de la théorie des idées comme images intermédiaires, V, 400-1*; — son estime pour Arnauld, 400-1*; — — (Le) de M. Jouffroy, 401*.
*Reims (Archevêché de), [362]; — (Chapitre de), V. [610]; — Notre-Dame, VI, 66; Trésorerie de Notre-Dame, V, [610]; — (M. de Pontchâteau à), VI, [332, 334]; — Voy. Barberin, * Hautville, Le Tellier, Pelletier.
Reine (Bal de la), II, 107, 108*.
Reine Mère (La); Voy. Anne d'Autriche.
Relatif (Du) en grammaire française, III, 537, 538.
Relation de la visite du P. Comblat à P.-R. des Ch., V, 141-3.
Relation de l'expulsion dernière, VI, 217-28, 232; — (Autre) sur la dispersion dernière des Religieuses de P.-R., 224-5*.
Relations de P.-R., II, 26, 301, 305; III, 30*, 158, 355, [632]; IV, 118*, 136*, 137*, 145, 150, 179, 180, 187, 192, 196, 198, 200-1, 202, 209*, 215, 215*, 223*, 226, 228 9, 243, 254, 257, 259*, 266-7, 270, 272, 274, 275*, 276, 285, 315; V, 95, 207, 216, 227, 241, 245; — l'un des défauts de. P.-R., IV, 157; — (Caractère des) de P.-R.. I, 416; — trop pleines d'indiscrétions ascétiques, III, 321-3, 325; — écrites avec trop de suffisance, IV, 272.
Relations imprimées de M. de Bernières pour exciter la charité sur les misères causées par la Fronde, IV, [563].
Relations des Religieuses de P.-R. (Divers actes, Lettres etc.) touchant la persécution et les violences qui leur ont été faites au sujet de la signature du Formulaire, III, [633]; — imprimées par les soins de Quesnel, IV, 230.
Religieuse traitée d'Altesse, VI, [354].
Religieuses (Les Directeurs de), IV, 501, 502; — (Ce que dit Nicole des), 501-2; — (Toutes les) doivent signer le Formulaire, 112; — ne sont pas des docteurs, 178; — dangers de la musique, IV, 43; — le Code mignon de Gresset, V, [619]; — (Habits des) de l'Institut de l'Enfance, [619]; — envoyées à P.-R. des Ch., 97; — on amène à P.-R. des Ch. trois Religieuses de Liesse, 217.
Religieuses de P.-R. et de P.-R. des Champs, V, 57, 115*; — filles de saint Bernard, 207-8, 243, 261,

279 ; — leur dot empêche d'approuver à Rome les Constitutions de P.-R., VI, [323] ; — (Constitutions des) et le Saint-Sacrement, IV, 235 ; — leur changement d'habit, II, 298-9 ; — habit des Religieuses des Champs, VI, 224* ; — première génération, III, 351 ; — seconde génération, son caractère raisonneur, 351 ; — la seconde génération s'est formée aux Provinciales, 351 ; — (Livres sur la biographie des), [632-3] ;

= Leur éloge universel, VI, 208 ; — (Régime plus étroit pour les), III, 324 ; — (La cuisine des), V, 166 ; — beauté de leur chant, 142-3 ; — curieuses de savoir comment on pratique la prière aux Carmélites, IV, [532] ; — force de cohésion, 138 ; — obstination et mérites, VI, 200-1 ; — leur charité, 207 ; — pauvreté et charité des Religieuses, I, 435-6 ; — filles reçues gratuitement, I, 430* ; — Religieuses ; ardeur de leur vie morale, IV, 182 ; — « Examen de conscience » à leur usage, III, 324* ; — générosité et point d'honneur, IV, 137-8 ; — pureté et orgueil, 205 ; — leur ténacité esclave de la lettre, 284 ; — (Cause des) liée à celle du Jansénisme 367, 370 ; — leur moment de calvinisme inconscient, 249 ; — n'auraient dû rien avoir à faire avec les doctrines, 171-2 ; — sont-elles dressées à la discussion ? 114-5, 133-4 ; — ont lu les écrits de leurs docteurs, 597 ; — opinion que les Religieuses sont en rapport avec les chefs du parti, 134 ; — stylées à débiter les sentiments de saint Augustin, II, [541] ; — à un moment plus difficiles que les docteurs, IV, 373 ; — traces de légères dissensions intérieures, 261-2* ; — principe de leur résistance, 184-5 ; — l'idée du martyre les tente, 150 ; cherchent le martyre, III, 347, 349, 350 ; IV, 187, 198, 231, 273 ; prêtes au martyre, 281 ; — songes et prédictions, [600] ; — écrivent tout, 204 ; disent tout à force d'écrire, 185 ; — plaideuses autant que martyres, VI, 192 ; — (Portraits des), [368] ;

= (Retour des) à P.-R. des Ch., I, 325* ; — retour de quelques Religieuses (mai 1648), à P.-R. des Ch., II, 227, 236, 296, 302-4 ; — les Religieuses se réfugient au couvent de Paris dans la seconde guerre de la Fronde (1651), 309 ; — les Religieuses reviennent à P.-R. des Ch. (septembre 1653), 311 ; — celles de P.-R. des Ch. ; moins éprouvées que celles de Paris, IV, 223 ; — enlèvement des Religieuses à P.-R. des Ch. (26 août 1664), VI, [316, 317] ; — Religieuses gardées par des soldats, [317] ; — dispersion des Religieuses, III, 172 ; — (Histoire des Persécutions des) de P.-R., IV, 118* ; — Récits de leur captivité, 228-9 ; — translation des Religieuses de Paris (1665) à P.-R. des Ch., 119, 276 ; — rentrée des Religieuses à P.-R. des Ch., 259-60 ; — les Religieuses sont réunies à P.-R. des Ch., 240-1 ; — on interne à P.-R. des Ch. toutes les Religieuses de P.-R., 225 ; — première messe à P.-R. des Ch. après le rétablissement des Religieuses, [530] ; — et la Paix de l'Église, VI, [318] ; — leur requête et leur déclaration à l'archevêque pour la signature à la Paix de 1668, IV, 404-7 ; — restent seules exposées à la persécution, [561-2] ; — leur situation meilleure en 1679, 487 ; — et les sacrements, VI, 81 ; — traitées d'asacramentaires, V, 276 ; privées des sacrements, VI, 195, 197-8 ; — (Sacrements interdits aux) de chœur, IV, 283 ; — (Sacrements aux) mourantes, V, 139* ; — communions secrètes, VI, 197-8, 199 ; — et leur résistance à la Bulle et au Mandement de 1705, VI, 182-99 ; — vis-à-vis du second Mandement et de l'addition proposée, III, 353-4* ; — Sentences de l'Officialité contre elles, VI, 193 ; leurs appels à la Primatie de Lyon, 193, 194, 197 ; — leurs oppositions et leurs procédures, 192-5 ; — leurs requêtes à J.-C. confiées à des morts, V, 177-8 ; — leur acte de protestation contre leurs signatures futures, VI, 193 ; — actes d'opposition à l'acte d'extinction, 214, 216 ; — veulent protester au dernier moment, 229 ; — lieux d'exil qui leur sont assignés, 221-2 ; — leurs pensions quand on les envoie en exil, 225* ;

= Leur droit à l'élection de l'abbesse, V, 206 ; abbesse élective, VI, 212 ; élection triennale de l'ab besse, IV, 408; V, 236; — Religieuses de chœur, VI, 203, 204, 220; Religieuses professes de chœur, V, 163; — Religieuses converses, 163; — leur service funèbre, 15; — (Tombes des) de P.-R. des Ch., VI, 239-40; — nombre des Religieuses aux Champs, II, 309*, 315; IV, 409; — (Nombre de) doit être proportionné au revenu, V, 171; — (Nombre de) à P.-R. des Ch. en 1679; 163, 167, 171; — réduction du nombre des professes et des converses, 170; — diminution croissante de leur nombre, 256; — leur nombre en 1708, VI, 203; — dernier nombre des Religieuses, 220; — P.-R. des Ch. réduit à 36 personnes en tout, 191; — (Morts successives des dernières) de P.-R., V, 246, 246-7; — (Mort des anciennes) et la dernière abbesse, VI, 187-90; — la dernière professe, V, 180; — (Cinq) mortes pendant la captivité, IV, 347;

= Les Religieuses et le Formulaire, III. 26, 345, 346; VI, [316]; — et la Signature, V, 60 *; — (De la signature des), IV, 177-81; — pourquoi les Religieuses résistent tant à la Signature, 136-8; — leur première signature insuffisante, 201; — signent le 28 novembre 1661, 144; — remords d'avoir signé et rétractations, 189*; — leur répugnance à signer, même à la Paix de l'Église, 402-7; — scènes de la signature des Religieuses (1669) à P.-R. des Ch., 405-8; —dernières signatures, VI, 211 *; — et le certificat demandé à la suite de l'affaire du Cas de Conscience, 174 : (Certificat demandé aux); clause qu'elles y ajoutent; cas de guerre, 174, 181-5; — finissent par signer, sauf deux, 232;

= Départ de la M. Angélique de P.-R. des Ch. (avril 1661), IV, 153; — bien filles et sœurs d'Arnauld et de Parlementaires, VI, 192; Arnauld est leur vrai archevêque, V, 195; leur correspondance avec Arnauld, IV, 281; — ce qu'en dit Boileau, V, 518; — la belle lettre de consolation de M. Feydeau, VI, [299*]; — et M. Grenet, Supérieur de P.-R. des Ch., V, 190-1; — et M. Hamon, IV, 293-4; soignées par M. Hamon, 338; — clef de leur résistance à propos de Jansénius, 137; — et M. Le Camus, [539, 542, 555]; — craignant la destruction, rendent à ces Messieurs les fonds placés à fonds perdu à P.-R., 375; — et M. de Néercassel, V, 303; — et Nicole, IV, 494; un moment contre Nicole, 424; — et Racine, VI, [265]; — et Mme de Sablé sur la signature, V, [605-6]; — et le chevalier de Sévigné, IV, [582]; V, 96-7; — et M. Singlin, 257, 262*; VI, [317-8, 320, 337, 340, 341, 345, 346]; — et M. Thaumas, [614];

= Bons conseils de Bossuet, IV, 184; — et M. de Harlay, V, 198*; prient pour M. de Harlay, 282-3*; — et M. Lemoine, 206; — leur bonheur d'avoir M. Le Tourneux pour confesseur, 214-5; — et Louis XIV, IV, 149-50; V, 517, 518; VI, 164, 189, 190-1, 193, 227, [278]; leurs sentiments vis-à-vis de Louis XIV, 167; ne profitent pas de la mort de Louis XIV, 234; — dans l'affaire du transfèrement à Mondeville, IV, 373; — et le cardinal de Noailles, V, 288; VI, 163, 165, 168, 189, 194-5, 201-2, [276-8]; heureuses de la nomination de M. de Noailles, V, 285-6; louées par M. de Noailles, VI, 208; ce qu'en dit le cardinal de Noailles, 201-2; — demandent à M. de Noailles le curé de Saint-Séverin, V, 286; — et Pavillon, IV, 370, 372-3; — et M. de Péréfixe, VI, 194, 195; — et Santeul, V, 241-3, 244*; — Voy. Apologie, Confesseurs,*Paris(Port-Royal de),*Port-Royal des Champs, Vies Édifiantes, etc.

Religieuses du Calvaire; Voy. Gondi (Marie-Catherine de), * Paris, article Calvaire.

Religieux (Efforts) du commencement du XVIIe siècle, I, 9-11; — (Les esprits) doivent rentrer dans la doctrine de la Grâce, III, 491*; — (Conflit) prenant une couleur politique, V, [558].

Religieux; prêtres leur obéissent malaisément, IV, [545]; — doivent tous signer le Formulaire, 112; — reçus assez froidement à P.-R. des Ch., VI, 111.

Religieux en Orient (Toilette et costume des), III, 323*.

Religion; son poids sur la nature, III, 399; — a-t-elle plus à craindre des athées que des déistes? 412; — (De la véritable), II, [531]; — (La vraie) perd aux guerres civiles, V, 234; — (Ce qui trouble la) trouble l'État, IV, 191; — et Philosophie en présence, III, 336-7; — (Accord de la Philosophie et de la), V, 349; — (Application de la Philosophie à la), 361-2; — (Avantages de la) pour l'homme vraiment religieux, III, 586-7; — apprend à jouir des maux, 587; — (La) rend les préventions plus fortes, IV, 495-6; — (La qualité en), V, 127; — railleries de Bassompierre, VI, [365]; — (Sermon de Bossuet sur la divinité de la), III, 305*; — (Énervement de la) au XVIIIe siècle, IV, [454*].

Religions (Morale des) différentes, III, 442; — (Ce qu'il faut examiner dans les) est si elles sont révélées ou non, 402; — (Exploration historique des) dans Pascal, [614]; — (Tableau des) dans les « Pensées » de Pascal, 442.

Reliquaires (Sculptures de), IV, 253; — Jansénistes, III, 135.

Reliques, II, 276; III, 135, 174; — suspectes, [594]; — (Épître de la fête des saintes), II, 26 ; — (Sentiments de P.-R. sur les), VI, [351]; à P.-R., IV, 233*; à P.-R. des Ch., [324]; — (Vénération de M. de Pontchâteau pour les), VI, [351].

Reliques (Les nouvelles et anciennes) de messire Jean Du Verger de Hauranne, I, 277*, 502*.

Reliures, VI, 87; — de M. de Pontchâteau, V, 256; — du cardinal de Retz, [575].

Rembrandt (Paul), II, 375.

Remède (Il faut guérir du) après la fin du mal principal, III, 342*.

Remèdes (Danger des) qui ne font qu'émouvoir, IV, 142; — (Saint-Cyran opposé aux'), II, [535].

Remicourt (La sœur Anne-Julie de Ste-Synclétique); exilée à Rouen, VI, 221.

Rémond (Histoire scandaleuse du jeune) et de M. Amiot, curé de Saint-Merry, VI, 294*, [364].

Rémond (M.); correspondant de Leibniz, V, 364*.

Remontrances ; en quel cas impossibles, V, 171.

Rémusat (M. de); son drame d'Abélard, V, 3-4; — note sur l'opinion de Reid sur Arnauld, 400-1*; — de la liberté de la Presse, III, 212*;

— rapproché de M. de Tréville, V, 92.

Renaissance (La), II, [522]; — remet trop en honneur les formes latines oratoires, [518].

Renaissance chrétienne du XVIIe siècle, V, 16*.

Renaissance ecclésiastique postérieure à la Renaissance littéraire, I, 417.

Renan (M. Ernest); le plus récent et plus ferme adversaire du surnaturel, III, [617-8]; — sur saint François d'Assise, IV, 333*; — sur P.-R., 333*; — (La sœur de M.), III, 360 *.

Renart (Le roman de), III, 288; — (Scène digne du roman de, V, 192*.

Renaudot, médecin, l'un des deux rédacteurs de la Gazette après Théophraste leur père, II, 296*; — (Les frères Isaac et Émile), médecins, fils de Théophraste, et le miracle de la Sainte Épine, III, 189*, 181.

Renaudot (Isaac), fils aîné de Théophraste ; médecin ordinaire de P.-R. de Paris, III, 181.

Renaudot (L'abbé), fils d'Eusèbe et petit-fils de Théophraste ; sa connaissance des langues orientales, IV, 454*; — son volume sur la conformité des Églises grecque et latine, 454*; — du groupe des Jansénistes honnêtes gens, V, 509 ; — sa liaison avec P.-R., IV, 454; — et Boileau, V, 508 ; — et Bossuet, 508 ; — et Nicole, IV, 510; 512 ; — ami de Racine, VI, [255]; son article nécrologique sur Racine, [259].

Rendu (M.), I, 17*.

*Rennes; Voy. La Vieuxville.

Renommée (Bonne) doit être conservée autant que la conscience, V, 467, 470; — aux Muses (La), ode de Racine, VI, 104-5; — littéraires (La résultante des) est seule importante, II, 58-9.

Rentiers (Émeute des) (1638), II, 465.

Repentir (Le) ne doit pas se contenter de la spiritualité contemplative, V, 37-8; — (Coup du), II, 429*; — Voy. Montaigne, Pénitents.

Répétitions (Des) de mots, III, 52-3 ; 459-60.

Réponse à un écrit sur le miracle de la Sainte Épine, III, 179*.

Réponses tardives (Inutilité des) III, 222, 225.

Repos (Du), V, 91.

Républicanisme; particulier à P.-R., III, 190.
République chrétienne (Idéal de), I, 366 ; — (Penchant des Réformés pour la), 259-60.
Requêtes à J.-C., V, 177-8.
Requêtes (Maîtres des), II, 295.
Requiem (Messe de), VI, [339*].
Réquisitoires (Rengaine de tous les), III, 582.
Résignation naturelle positive, V, 121.
Ressort humain (La prière équivaut-elle au)? III, 498.
Ressorts (Importance de l'étude des) et des instruments, V, 332-3*.
Restauration (La), 217 ; IV, 181 ; — — (Chambres de la), II, 33, 36*, 51; — (Influence des Jésuites funeste à la), III, 141 ; — (La) et la liberté de la presse, 60* ; — réaction contre elle, 61.
Restitutions, II, 296 ; — un des actes de la pénitence, V, 28, 30*, 34, 36, 38, 39* ; — Voy. Chavigni, Conti, Jansénistes, Singlin.
Restrictions ; nécessaires à la justice des louanges, II, [523].
Retard, curé de Magny; a quelques élèves de P.-R. chez lui, III, 574*; — reçoit les Petites-Écoles, 474.
Retardement (La dévotion du), IV, [579].
Retenue (Brevet de), V, 4,
Retirer (Sens de *se*), II, 18*.
Retraite chrétienne, IV, 53.
Retz (Jean-François-Paul de Gondi, cardinal de), 1614-79, I, 18, 19, 177, 306, 397*; II, 199*; III, 68, 160*, 200; IV, 223; VI, [305] ;
= Élevé au collège de Clermont, V, [529]; — a saint Vincent de Paul pour précepteur, [528]; — destiné à être archevêque de Paris, [528]; — deux membres de sa famille évêques de Paris et cardinaux, [530] ; — ses succès en Sorbonne et son doctorat, [529] ; — belles résolutions de sa retraite à Saint-Lazare, [529-30]; — au Conseil de conscience, [529]; — archevêque de Corinthe, 94 ; — coadjuteur de son oncle, [529, 530]; comme coadjuteur, VI, [281] ; ce qu'il dit de ses actes comme coadjuteur, V, [546] ; — au plus mal avec son oncle, l'archevêque de Paris, [542] ; — sa démission de coadjuteur, III, 24; — veut être archevêque pour se passer de la Cour, V, [535];

= Veut être cardinal à tout prix, V, [530]; — et le chapeau de cardinal, [534, 535, 536, 537, 538, 539, 540, 541, 542, 543, 544, 545, 549, 550, 551]; — et l'affaire de son chapeau, [580]; — n'a pas acheté son chapeau, VI, [360]; — comment il obtint le chapeau de cardinal, V, [539]; VI, [360] ; — sa promotion au cardinalat, 18 février 1652, V, [549], le même jour que Chigi, [541*]; — ce qu'il dit officiellement de son cardinalat, [548-9]; — veut faire croire qu'il n'a pas demandé le chapeau, [550]; — causes de son attitude hostile aussitôt après la réception du chapeau, [551];
= Sa part aux barricades de 1648, V, [533]; — chef de la Fronde, [536]; — et le Parlement, [552]; — à la Grand'Chambre, [533]; — son régiment corinthien, [560] ; — à l'Assemblée du Clergé de 1645, [532]; — flatte le Clergé en s'élevant contre les subsides qu'on lui demande, [533]; — démarches des Curés de Paris en sa faveur auprès de Mazarin, III, 27-8*; — arrêté au Louvre, V, [553] ; — protestation contre son arrestation, III, 24*; — son emprisonnement à Vincennes, 24*; V, [553]; — son emprisonnement, III, 190; — ne peut aller voir son père mourant, V, [574]; — son évasion du château de Nantes, II, [546]; III, 24*, 527*, 585*; V, [556, 558, 601]; VI, [287]; — *Te Deum* pour son évasion, V, [558, 559]; — sa fuite, III, 190; elle le rétablit dans l'indépendance de ses droits, V, [558] ; — sa radiation en Sorbonne, III, 189 ; V, [559];
= et l'Archevêché de Paris, III, 191 ; — et la question de son suffragant, V, [561]; — dévouement de son Chapitre, III, 585-6*; — et ses Grands Vicaires, V, [562, 565]; — adresse de Rome à ses Grands Vicaires l'ordre d'administrer pour lui, III, 585; — ses Grands Vicaires et l'Apologie des Casuistes, V, [565]; — Mandements de ses Grands Vicaires sur le Formulaire, III, 82*; — et le mandement de ses Grands Vicaires sur le Formulaire d'Alexandre VII, V, [569-70]; — ses prétendus Grands Vicaires de Paris, [559]; — et les chanoines de No-

tre-Dame, [529]; — n'ose pas jeter l'interdit pendant la semaine sainte, [559]; — et les Curés de Paris, [529, 554]; — Lettre aux Curés de Paris, II, [546]; — et le curé de Saint-Paul, V, [559]; — et les cinq Propositions, [573];. — n'a pas à se prononcer sur la condamnation des cinq Propositions, [555]; — ses Mandements sur la Grâce, [546]; — lettre au Clergé de France rédigée à P.-R. et brûlée par le bourreau. [559]; — refuse qu'on mette à Paris des troncs pour quêter pour lui, [565]; — ses protestations de soumission au Saint-Siége, [546-8]; — et la Paix de l'Église. [581]; — et la question de l'échange de son siége, [556]; — affaire de sa démission, [570-1]: — crainte des Jansénistes qu'il ne donne sa démission, [556]; — ce qu'il demande pour sa démission, [556]; — sa démission réglée, IV, 150; — se démet de l'archevêché de Paris sans conditions, [560*]; — habileté de sa démission pure et simple vis à vis du roi, [573]; — pendant les retards de la nomination de son successeur, M. de Peréfixe. [574]; — ses partisans persecutés, VI, [286]; — les exilés pour lui restent exilés, IV, [560*]; — veut un moment se démettre du cardinalat, VI, [322, 584-93, 597]; — a-t-il voulu renvoyer son chapeau? V, [525-6]; — comment le pape rend inutile la révocation de son cardinalat par Louis XIV, [551]; — la réponse du sacré collège à sa démission du cardinalat, [590-1]; — — a huit voix pour la papauté, [592];

= Sa dernière maladie et sa mort, IV, 480, 482; V, [598-600, 601-5]; — demande qu'on lui donne le remède du medecin anglais, [599-600, 603, 604]; — (Les médecins de), [599, 603, 604]; — le silence de Mme de Sévigné et de Dom Calmet est-il une raison pour ne pas croire à sa dernière confession générale? [600, 603]; ce qu'en disent Dom de l'Isle et Corbinelli [600]; — discussion des suppositions de Grouvelle et de Musset-Pathay sur sa mort, [602-3]; explication du passage de Mme de Sévigné, [603-5]; — son enterrement, [600-1]; — harangue du curé de Saint-Paul de Paris (1679) à l'enterrement de Retz, 600; — son cœur aux Religieuses du Calvaire de Paris, [601]; — mort sans testament, [598, 603, 604];

= Ses seigneuries, V, [575, 577]; — ses abbayes, [577]; — damoiseau souverain de Commercy, [582]; à Commercy, [576, 573, 574, 575, 576, 577, 578, 579, 580, 581, 582, 583*, 589, 591, 593, 596, 597]; VI, [322]; sa petite cour à Commercy, V, [576]; (Luxe de) dans son château de Commercy, [575-6]; sa table à Commercy, [375, 579]; sa Ménagerie, [591]; et ses truites, [594]; vend sa terre de Commercy au duc de Lorraine Charles IV, [577]; — et les passages du roi en Lorraine, [581-2]; — sa puissance à Paris, [536]; à l'hôtel de Lesdiguières, [596, 597, 598, 600, 604]; sa retraite à Saint-Lazare, [576]; voyages à Paris, [584]; vient à Paris pour son procès. [596, 597]; ses venues incognito à Paris, [576, 584, 587]; abbé commandataire de Saint-Denis, IV, 477; et son abbaye de Saint-Denis, V, [589]; dans son abbaye de Saint-Denis. [596, 597, 598]; son administration de Saint-Denis, [576]; ses revenus de Saint-Denis. [584]; — au couvent de Saint-Mihiel, [584, 588-91, 592, 594]; veut s'y faire religieux, [579, 584];

= Voyage en Italie et à Rome, III, 188, 191; — visité par Nicole à Chambéry, IV, 478; — à Rome, V, [592]; au collège de la Sapience, [546*]; son palais, [583]; ses dépenses, [564-5]; ses voyages de Rome lui sont nuisibles, [593]; quitte Rome, [563]; ce qu'il en dit, III, 18, 99; — séjour en Brabant, 191; — Voyages et caravanes en Allemagne, 188, 191; — en Hollande, V, [563]; séjour en Hollande, III, 188; sa vie en Hollande, V, [565]; et les Gazettes de Hollande, [576]; à Rotterdam, [565-6]; — (Rapatriement de), VI, [361];

= et Alexandre VII, V, [559-60, 560*, 570, 571, 572, 573, 581[; (Sa part dans le conclave de la nomination d'), [562]; reçoit le pallium d'Alexandre VII, [559-60]; mécontente Alexandre VII, [562-3]; — et les Assemblées du Clergé, [565, 567]; — et l'abbé d'Aubigny, [565]; ami de l'abbé d'Aubigny,

[566]; son témoignage sur l'abbé d'Aubigny, III, 585; — et l'évêque de Coutances Claude Auvry, V, [535]; — et Balzac, II, 75, 76; — et le cardinal Barberini, V, [572]; — et son domestique Beauchêne, [581]; — et M. de Bellièvre, [556]; ami de M. de Bellièvre, [566]; — et Boileau, [576]; — et le cardinal Borromée, [572]; — et Bossuet, [536]; — et le P. Boucher, [541]; — et le cardinal de Bouillon, [576]; — le comte de Brienne son ennemi, [560, 562]; — et son ami M. de Caumartin, [538, 558, 576, 580, 587]; — sa visite à Charles II, [571]; — et l'abbé Charrier, [537, 538, 574, 576, 580]; et son âme damnée, l'abbé Charrier, [537]; instructions à l'abbé Charrier, [539-43, 550]; l'abbé Charrier détruit sa lettre sur le Jansénisme, [549, 550]; donne à l'abbé Charrier son abbaye de Quimperlé, [580]; — et Chigi, depuis Alexandre VII, [544, 545]; — et le second cardinal Chigi, [572]; — et le pape Clément IX, [588-9, 590-1]; — et Colbert, [571]; — et le prince de Condé, [559]; pousse à emprisonner le prince de Condé, [535]; le prince de Condé son juste ennemi, [541]; Condé lui envoie des animaux pour sa ménagerie; [575]; — et Corbinelli, [576, 599, 600]; — et Corneille, [576]; — et Dom Desgabets, [593, 594]; — et le P. Des Mares, 550]; — destitue Du Saussay, son Grand Vicaire, [562]; — et les Espagnols, [538]; — Le Formulaire dirigé contre sa faction, III, 344; — l'abbé Fouquet propose à Mazarin de l'assassiner, V, [537]; — et son ancien domestique Giroust, 168, [552]; — et le baron de Gondi, [580]; — son portrait de son oncle l'Archevêque de Paris, II, 202-3; — et le Grand-duc de Toscane, 1651, V, [538]; — a Guy Joly comme secrétaire pendant la Fronde, [538, 539, 551, 565]; — et l'abbé de Hacqueville, [576, 577, 580, 587, 589]; — et le docteur Hallier, [555]; — s'entremet pour P.-R. près de M. de Harlay, 187; — et Dom Hennezon, [578-9, 583, 584, 587]; l'emmène à Rome, [578]; a Dom Hennezon pour confesseur, [579, 583, 598, 600]; — et Innocent X, [535, 542-3, 544, 552, 558]; VI, [360]; ce qu'il dit du pape Innocent X, III, 11, 17*; (L'arrestation de) et Innocent X, [554]; perte qu'il fait à sa mort, [559]; — au conclave où est nommé Innocent XI, [592]; — et les Jésuites, [534, 541, 554, 561, 564]; — et M. de La Houssaye, [558, 576, 581]; — ami de M. de Laigues, [566]; — et son parent M. de La Meilleraye, [556]; — et La Quintinie, [575]; — trompe La Rochefoucauld lui-même, [527]; — ami de M. de Laval, évêque de La Rochelle, [576]; — et l'abbé de Lavardin, [529]; — sa déclaration à Le Tellier, [535, 536]; — et l'évêque de Meaux Dominique de Ligni, [576]; — et M. de Lillebonne, [577]; — et le P. de Lingendes, [541]; — et Louis XIV, [533, 553, 558, 565, 571, 573, 574, 575]; VI, [360]; le soupçon d'avoir épousé ses intérêts, péché originel du Jansénisme pour Louis XIV, III, 283; sa demande au roi d'aller à Rome, V, [553]; employé par Louis XIV dans les conclaves, [582]; reçoit Louis XIV à Commercy, [582]; — attaqué par Lyonne à Rome, [560, 561]; dépêche de Lyonne sur Retz, [572-3]; — son écuyer Malclerc, [578]; — et M. de Marca, [573]; — et Mazarin, [527]; rend impossible la présence de Mazarin à Paris, [535]; songe à remplacer Mazarin, [553]; Mazarin voit clair sur ses relations avec les Jansénistes, [534]; Mazarin poursuit bien plus ses pièces imprimées que celles des Jansénistes, III, 195-6; son chapeau et Mazarin, VI, [360]; (La démission de), et Mazarin, [556]; — et Molière, [576]; — et M. de Mouchy d'Hocquincourt, évêque de Verdun, [571, 576]; — et le duc de Navailles, [576]; — et le Nonce du pape (1653), [554]; — et le duc d'Orléans, [536, 538]; bien avec le duc d'Orléans, [545]; — et le cardinal Pancirolo, [535]; — et l'abbé de Pontcarré, [576]; — et la liberté des Princes, [536]; — hostile aux Protestants, [532]; appel au bras séculier contre les Protestants et les Blasphémateurs, [533]; — et l'abbé de Rancé, III, 165*; IV, [521]; V, [583-4]; lié avec Rancé, IV, 45, 46; ami de M. de Rancé, 83; — ce qu'il dit de Richelieu, I, 487; — on demande en vain à Rome de le condamner comme criminel de lèze-majesté, V, [560-1]; accusé

à Rome d'être Janséniste, [541-2]; le secret de son jeu vis à vis de Rome, [541-3]; comment il se disculpe à Rome du soupçon de Jansénisme, [542]; et les matières de la Grâce à Rome, [563]; répand l'argent à Rome, [538]; ce qu'il dit de la Cour de Rome, III, 18; — et le cardinal Rospigliosi, V, [572]; — Saint-Evremond à côté de lui, III, 589; — marie son cousin, issu de germain, Henri de Sévigné à Marie de Chantal, V, [604*]; — et le docteur Taignier, [566]; — ce qu'il dit du Tiers état, [540, 541]; pense au Tiers-état avant Sieyès, [595]; — ami de Turenne, [587]; son portrait de Turenne; VI, 119; — et son secrétaire Verjus, V, [559]; — et M. Vialart, évêque de Châlons, [558, 580]; son intime ami l'évêque de Châlons, [563, 564, 576]; — et Vincent de Paul, [530];
= et Anne d'Autriche, V, [530, 533, 535, 551, 552, 559, 565, 567-8, 573, 581]; VI, [360]; un moment reconcilié avec la reine, [535]; — et la princesse Palatine Anne de Gonzague, [536, 564]; sa liaison avec Anne de Gonzague, [537]; — et Mme de Bracciano, [598]; — et Mme de Caumartin, [550, 576]; — ami de Mme de Chevreuse, [530, 535, 564], VI, [361]; confidente de Retz, V, [536]; — et Mme de Coulanges, [586]; — oncle de la M. Du Fargis, VI, [322]; — sa tante Françoise de Gondi, V, [604]; — sa nièce, Marie Catherine de Gondi, Supérieure des Religieuses du Calvaire, [601]; — et Mme de Grignan, [586]; parrain de M. de Grignan, [594, 605]; voulait laisser sa fortune à Mme de Grignan, [594*, 602, 603, 605]; — sa liaison avec Mme de Guéméné, [529]; ce qu'il dit de Mme de Guéméné, I, 359, 360, 361*; — et la Présidente de Herse, V, [558]; — et Mme de la Fayette, [576]; — sa liaison avec Mme de La Meilleraye, [549]; — et Mme de Lameth, [575]; — et sa nièce, Mme de Lesdiguières, [576, 596]; — et Mme de Luynes, [558]; — et la duchesse de Nemours, [536]; — sa liaison avec Mme de Pomereu, [527, 529, 578]; — et la princesse de Rossano, [538-9]; VI, [360]; — et Mme de Sévigné, V, [575, 576, 580, 582]; récit de sa mort par Mme de Sévigné, [598-9]; (Doutes de Mme de Sévigné sur les Lesdiguières à la mort de), [604-5];
= et l'opinion de Jansénius, V, [534]; (La doctrine de Jansénius et), [534, 545]; — et le Jansénisme, [544-9]; on l'accuse surtout de Jansénisme, [560, 561]; toujours accusé de Jansénisme, [559, 571, 571-2, 572]; accusé à Rome de Jansénisme, [555]; son double jeu à propos du Jansénisme, [550-1]; n'a reçu de secours d'argent du Jansénisme qu'après sa fuite, [557]; propose de sacrifier le Jansénisme, [572, 573]; — comment il ne pourrait pas être Janséniste, [534]; n'a jamais été Janséniste que par ambition et cabale, [573]; — et les Jansénistes, III, 24, 159, [607], V, [565-6, 567-9, 581]; vis-à-vis des Jansénistes, [538-42]; ne se rapproche des Jansénistes que pour s'en servir, [534-5], et par politique, [552]; menace Rome des Jansénistes comme d'une machine de guerre, [557]; n'a jamais été gouverné par les Jansénistes, [534]; les Jansénistes n'ont pas été ses complices politiques, III, 189, 190; son double jeu avec les Jansénistes, V, [552-3, 563]; mesure de sa liaison avec les Jansénistes, III, 197; ne profite pas des ouvertures des Jansénistes, 196-7; change de conduite avec les Jansénistes après sa promotion au cardinalat, V, [552]; n'a été secouru d'argent par les Jansénistes que pendant sa persécution, [535]; quand assisté d'argent par les Jansénistes, [555]; quête pour lui parmi les Jansénistes, [558]; sa pension de 8000 livres faite par les Jansénistes, [565]; (Séparation des Jansénistes et de), [590-1]; cherche à se refaire en proposant de sacrifier les Jansénistes, [567-8]; — et P.-R. II, 320-1; VI, [286]; coadjuteur, ami de P.-R., II, 349, 342; favorable à P.-R., I, 472, 473; pourquoi il recherche P.-R., V, [533-5]; P.-R. ignore tout à fait ses opinions secrètes, [559]; n'a pas d'engagement avec P.-R. avant sa fuite, [557]; ses relations avec P.-R. postérieures à son emprisonnement, [557-8]; ses rapports avec P.-R. pendant sa fuite, III, 188-97; sa lettre au Clergé de France écrite à P.-R., V, [571];

= et la M. Angélique, II, 301 ;
— et Arnauld d'Andilly, V, 14, [569] ;
— et Arnauld, II, 301*; apologie
de sa conduite par le grand Arnauld, V, [569] ; Lettre sur son
droit d'archevêque attribuée à Arnauld, IV, 111-2 ; — M. de Barcos
n'a pas confiance en lui, [560] ; —
M. de Bernières accusé de conspirer
pour lui, [556] ; — et M. Du Gué de
Bagnols, V, [558] ; ami de M. de
Bagnols, [566] ; — dévouement de
M. Du Hamel, II, [545-6] ; force
M. Du Hamel à reprendre sa cure,
[548] ; — et M. Giroust, V, 168, 552 ;
— et M. de Liancourt, V, [549] ;
— et M. et Mme de Liancourt, [558] ;
— ami de Nicole, IV, 477, 478, 480 ;
donne l'hospitalité à Nicole à Saint-Denis, 477, V, 581] ; — les Provinciales, [565] ; les Provinciales
défendent de le soutenir, III, 60 ;
— et M. de Pontchâteau, VI, [322] ;
— avait donné à P.-R. le droit de
présenter leurs abbesses, IV, 130 ;
— visite à P.-R. des Ch. (1673),
V, [584] ; visite à P.-R. des Ch.,
(1674), 14-5 ; sa soi-disant proposition de se retirer à P.-R. des Ch.,
[564] ; — et M. de Saint-Gilles, II,
294 ; reçoit M. de Saint-Gilles envoyé par les Jansénistes, V, [565-6] ;
— et le miracle de la Sainte Épine,
III, 182 ; — institue M. Singlin
inspecteur des deux maisons, III,
188, V, [563] ; dans l'affaire de
M. Singlin, I, 472-3, V, [551] ; —
et les Solitaires, [564] ;

= Ce qu'en dit Anne d'Autriche,
V, [536] ; — ce qu'en dit le P. d'Avrigny, [585] ; — mot plaisant (1649)
du premier président de Bellièvre
sur lui, [533] ; — ce qu'en dit Bossuet, [580] ; portrait qu'en fait Bossuet dans l'Oraison funèbre de Letellier, [543-4, 585] ; — ce qu'en dit
Bussy, [586, 596, 587, 598] ; — ce
qu'en dit Dom Calmet, [582, 591,
600] ; — ce qu'en dit Dom de l'Isle,
[591, 598] ; — ce qu'en dit La Rochefoucauld, [585] ; — ce qu'en dit
M. Le Camus, [586] ; témoignage
sur lui de M. Le Camus, [592-3] ;
— ce que Le Tellier en écrit à Mazarin, [535] ; — ce que Mazarin écrit
de lui à la Reine, [532] ; — ce que
Rancé dit de lui et des Jansénistes,
III, 190 ; — ce qu'en dit le P. Rapin, V, [534-5, 566, 581] ; assertions
erronées du P. Rapin, [538] ; —
ce qu'en dit Saint-Amour, [567] ;

— ce qu'en dit Saint-Evremond,
[585] ; son *portrait* attribué à
Saint-Evremond, [577-8*, 580,
581*] ; — ce qu'en dit Mme de
Scudéry, [586] ; — ce qu'en dit
Mme de Sévigné, [586-7, 589, 590,
591, 592, 593, 594, 596-7, 598,
601-2] ; — ce qu'en raconte Tallemant, [529] ; — n'a pas eu d'oraison funèbre, [601] ; — le travail de
Musset-Pathay, [581] ; — recueil
sur lui chez M. de Chantelauze,
[545*, 549] ; — Note de M. de Chantelauze sur ses relations avec P.-R., I, VII ; V, [518-605] ;

= De la génération des héros
de Corneille, V, [587] ; — qualités
et défauts, [526] ; — (Le principe
de), III, 239 ; — l'acte d'accusation contre lui, V, [560] ; — son
prestige, [593] ; — son sentiment
de libéralité, [580-1] ; — tient à
réussir et à paraître homme d'esprit, [526] ; — charmes de sa conversation, [576] ; — tour particulier de son amour-propre, [526] ;
le plus pénétrant des hommes de
la Fronde, [527] ; — sa mobilité,
[568-9] ; — son désir de faire du
bruit, [590] ; — son peu de scrupules et sa duplicité, [568] ; —
parti pris d'hypocrisie, [529-33] ;
— ses boutades violentes, [574] ;
— ses hauteurs et ses ressentiments, [581] ; — ses amis, [576] ;
— ses amis intimes, [566] ; ses
amis intimes et jusqu'à la bourse,
[538] ; — très fidèle aux particuliers, [580] ; — ses moyens audacieux, [543] ; — ses blancs-seings,
[542-3] ; — sa fougue de conspirateur, [536] ; — son amour de la
correspondance chiffrée, [566] ; —
son chiffre compliqué, [537, 539] ;
— Le *Muet*, nom sous lequel on le
désigne, [536] ; — se sert de pamphlets, [563] ; — son manque de
caractère dans l'adversité, [553-4] ;
— un moment complètement démoralisé, [566] ; — ses airs de Romain, [589] ; — ses faux airs de
Romain et de Stoïque, [554] ;

= En suspens comme Montaigne
sur les questions théoriques, V,
[593] ; — subit l'influence des libertins, [528-9] ; — sans foi religieuse ni politique, [553] ; — son
indifférence sur les questions religieuses, [529] ; — son indifférence sur les matières de la Grâce,
[534] ; — s'occupe peu de la Grâce

et de S. Augustin, [567]; — nul attachement aux matières de dogme, [544]; — son indifférence sur les sacrements et le dogme, [530]; — l'âme la moins ecclésiastique de l'univers; [528]; — théologien. III, 189; — et le Nouveau Testament, V, [590]; — ne se confesse pas avant de dire la messe, [532]; — ne lit pas son bréviaire, [553]; lit son bréviaire en hébreu, [590]; — et la confession, [530]; accusé de divulguer les confessions, [530, 532]; — et les jours maigres, [588, 589]; — et les dévots, [529]; — et la métaphysique, [593]; — et le Cartésianisme, III, 189; V, [593, 594]; — et les livres de badinerie, [566]; — sa vie relâchée, [531]; — vrai original de Don Juan, III, 303; sa vie à la Don Juan; V, [560]; ses duels, [569]; — ses crapules, III, 191, 192; — ses plaisirs indignes, V, [564]; — n'a pas toujours eu la morale des honnêtes gens, III, 274-5; — amateur de beaux livres, V, [565]; — et sa belle bibliothèque, [575]; — pour lui-même indifférent à la table, [575]; — sa ménagerie, V; [591]; — sa faisanderie, [575]; — et ses truites, [575. 594]; — sa vaisselle plate, [575, 577]; — (La *Musique* de), [575]; — ses grandes dettes, [536, 602]; — (Créanciers de), [574, 575, 576-7, 578]; son parti de sortir de ses dettes, [577-9]; ses créanciers en 1672, [558]; et ses dernières dettes, [596, 597]; — infirmités, [582, 592, 593]; — sa vue basse, [575, 582]; — vieux, est l'honnête homme du xvii⁰ siècle, [596]; — ses sentiments finaux de pénitence, [582-3]; — ses sentiments religieux de la fin ont-ils été sincères? [525-6]; — son repentir de sa conduite vis-à-vis du Saint-Siège, [549-50];

= Valeur de sa parole et de son style, V, [543]; — son style six ans avant les Provinciales, [544]; sa belle langue avant les Provinciales, [531]; — ses Sermons, [531-2, 534]; ses sermons prêchés, II, 75; ses sermons sentent déjà la Fronde, V, [533]; ses sermons précurseurs de ceux de Bossuet, [531]; — son Panégyrique de saint Louis (1648), [532]; — ses correspondances secrètes, [536]; — Lettres aux cardinaux ses amis, [592]; — texte de sa lettre à l'abbé Charrier sur le Jansénisme qui n'a pu être montrée à Rome et qu'il a cru perdue, [545-9]; sa lettre sur le Jansénisme assez habile pour pouvoir être interprétée dans les deux sens, [550-1]; comment il parle dans ses Mémoires de sa lettre à l'abbé Charrier sur le Jansénisme, [549-50]; — Mémoires, II, 20*, 202-3; IV, 365*; V, [538, 549, 549-50, 551*, 554]; manuscrit de ses Mémoires, II, 256-7*; moment de leur composition, V, [594-5]; quand il écrit ses Mémoires, [582]; date de la composition de ses Mémoires, [590*]; dédiés à Mme de Caumartin, [594]; écrits pour Mme de Caumartin et pour la postérité, [550]; sont une apologie, [595]; leurs franchises calculées sauvent les réticences, [526-7]; ses Mémoires grandissent les acteurs de la Fronde, [589-90]; suppression des passages les plus risqués, [594*]; valeur de ses Mémoires, [595]; Senac de Meilhan les rapproche de Tacite, [595-6*]; admirés de Benjamin Constant, [595]; — édition de Champollion, [572*].

Reuchlin (Le docteur Hermann), auteur d'un livre sur Port-Royal; — Dédicace du livre troisième consacré à Pascal, II, 378; — renseignement, V, 444*.

Réveils chrétiens (Les) s'opèrent diversement, I, 97.

Révélation (La) et Malebranche, V, 388*.

Révélé (Aller du) au naturel, V, 394.

Réverbération (Raisonnement par), II, 384.

Révolution toujours amenée par le défaut de réformes, III, 395.

Révolution de 1789, V, [595]; — française (Historiens de la), 150.

Revue chrétienne, II, 50*, [514]; III, [616, 618, 619].

Revue européenne, II, [515*].

Revue française, IV, [575*].

Revue de Paris, V, 162*.

Revue parisienne; Voy. Balzac (Honoré de).

Revue rétrospective, V, 284*.

Revue suisse, II, 406.

Revue d'Aquitaine, II, [570*].

Revue de Paris, VI, 101*.

Revue de théologie chrétienne, III, 180*.

Revue de théologie de M. Colani, I, J 453*.

Revue des Deux-Mondes, I, 4, [514, 515], 515*, 518, 549].
Rey (M.), directeur imposé à P.-R. des Ch., IV, 284*, 318.
Reynolds (Sir Joshua) nie à tort les vocations, IV, 8-9.
Rhadamante identifié avec Moïse, II, 419*.
Rhétorique (Les matières de), IV, 102; — (La) continue en changeant de forme, II, 45-6; — et Poétique de P.-R., II, 83-8; — (*Jugements des savants sur les auteurs qui ont traité de la*), V, 520*.
Rhin (Le), IV, 418; — (Passage du), V, 124, 137; (Étude sur le passage du), 498; — (Guerre sur le), 1634, III, 254.
*Rhodes : Voy. Péréfixe.
*Rhône (Le), fleuve, I, 264; V, 35; VI, 294; — funeste aux mauvais poètes, III, 207.
Rhumatisme, V, [582]; — des membranes, [592].
Rhumes (Grands), causent la perte de l'odorat, V, 62.
Rhynwick en Hollande (L'abbé d'Etemare à), V, 308; — (*Anecdotes écrites à*), III, 199*; V, 197*; viennent de l'abbé d'Étemare, 283*; —(La petite école de), 308*; VI, 74.
Ribadeneira, « Vita Ignatii », III, 136.
*Riberpré, fief près d'Éclaron (Haute-Marne), VI, [152].
Riberpré (M. de), fils de M. de Moramber, épouse la fille aînée de Racine, VI, [252-5]; — soigne Racine [256, 258].
Riberpré (Mme de), fille aînée de Racine, VI, [255, 256, 262]; — Voy. Racine.
Ribeyran (M. de), archidiacre de Comminges; son intelligente Approbation des *Pensées* de Pascal, III, 391*, 456, 458.
Ribeyre (M. de), président à la Cour des Aides de Clermont, et Pascal, II, 476; — (Lettre de Pascal à), III, 49.
Rica, personnage des « Lettres Persanes », III, 113*, 202*.
Riccoboni (L'acteur), I, 148.
Richart, maître de la Poste de Flandre, V, 19*.
Richelet; ce qu'il dit du Joseph d'Arnauld d'Andilly, II, 282, 283*; — particularités de la vie des auteurs, [525*]; — Le P. Rapin et le P. Bouhours fournissent leurs propres extraits à son « Dictionnaire », I, 483*.
*Richelieu (M. Feydeau et M. de Péréfixe à), VI, [296].
Richelieu (Armand-Jean du Plessis, cardinal de), I, 378, 434, [556]; II, 28*, 77, 184, [521];
= Exil d'Avignon, I, 307*; — journée des Dupes, 114; — et l'émeute des rentiers (1638), II, 465; — ses confesseurs et aumôniers, 10, 12; ses pages, 6; — sa maison de Rueil, I, 493*; II, 469; — sa dernière maladie, VI, [303]; — (Mort de), II, 26, 235;
= N'aime pas le régime des assemblées, II, [512]; — en quoi sont liés pour lui l'Église et l'État, IV, 191; — veut être maître de l'Église comme de l'État, I, 316, 486-7; — son faible de ne pas mépriser les petites choses, 487-8; — vis-à-vis de ses prisonniers, II, 354; — répand l'impulsion du mouvement moderne en instruction, III, 524; — Pamphlets contre lui, I, 299*; — Le Mars Gallicus, 300-2;
= A Beaumont de Péréfixe pour maître de chambre, IV, 176-7*, 190*; — sa confiance dans Chavigny, II, 20; — cousin germain du marquis de Coislin et oncle à la mode de Bretagne de M. de Pontchâteau, VI, [302*, 303]; — persécute Mme Du Fargis la mère, [313]; — sa cruauté vis-à-vis du chevalier de Jars, IV, 160; — responsable des procédés de Laubardemont, I, 497; — désire la nullité du premier mariage de Gaston, 335; — déteste Mme de Guéménée, 359; — nomme Pavillon évêque d'Aleth, IV, 356; — parent de M. de Pontchâteau, II, 295; grand-oncle de M. de Pontchâteau, III, 56*; V, 248; VI, [336]; fait donner trois abbayes à M. de Pontchâteau, [303*]; — parrain de Rancé, IV, 45; — jugé par Retz, V, [595]; — a Richard Smith pour maître de controverse, I, 314; — et S. Vincent de Paul à propos de Saint-Cyran, [532-3]; force S. Vincent de Paul à produire une lettre de Saint-Cyran, 503-5;
= (Théologie de), I, 336; — (Bible, dite de), I, 357*; — controversiste et bel esprit, I, 487; — évêque de Luçon, 307; II, 51; VI, [307]: « Catéchisme de Luçon », I, 336; — et la Sorbonne, III,

[604]; — piqué contre Rome, I, 212, 487; — projet de Patriarcat, III, 12*; rêve un Patriarcat en France, II, 216*; veut être Patriarche en France, I, 486-7;

= Hostile au Jansénisme, I, 15, 16, 40, 301; II, 23; III, 256; — et les Jansénistes; VI, [292]; — et Arnauld d'Andilly, II, 253, 279; — — Proviseur de Sorbonne vis-à-vis du grand Arnauld, 23*; et la « Fréquente Communion » d'Arnauld, VI, [296]; — veut faire censurer Jansénius, IV, [571-2*], et le « Mars Gallicus », II, 197; veut faire censurer l'Augustinus, 95; l'*Optatus Gallus* dirigé contre lui, V, 272*; — ses rapports avec M. de La Petitière, II, 234; — et le père de Pascal, 465, 469; — partage avec Rancé le nom de grand Armand, IV, [527]; — et Saint-Cyran, II, 469; ses rapports avec Saint-Cyran, et ses griefs contre lui, I, 306-8, 335-6, 380-1*, 486-8; Garasse lui dédie sa Somme et Saint-Cyran sa réfutation, 313; en veut à S. Cyran de la conversion de M. Le Maître, V, 82; (Opinion de) sur Saint-Cyran, I, 274*; ce qu'il dit au prince de Condé de Saint-Cyran, II, 23; ses raisons pour mettre Saint-Cyran en prison, IV, 190-1; ce qu'il dit de l'arrestation de Saint-Cyran, I, 493-4*; ne vainc pas Saint-Cyran, 287; Saint-Cyran et le P. Séguenot ne sortent de prison qu'après sa mort, 490; silence de Saint-Cyran à son propos, II, 21*; pas de relâchement de Saint-Cyran à l'égard de sa personne, 21; — et le Docteur de Sainte-Beuve, IV, [571-2*]; — Zamet lui adresse un mémoire contre Saint-Cyran, I, 335, 498; M. Le Maître lui adresse une réponse justificative contre M. Zamet, 498;

= Son goût du beau langage, II, [523]; — et Balzac, 51-3, 60; Balzac à Angoulême, [525]; évêque de Luçon, et Balzac, 51; son premier éloge de Balzac, [523]; refuse une dédicace de Balzac, 61; et *le Prince* de Balzac, 53, [527]; — et les cinq auteurs, I, 153; — fondateur de l'Académie française, II, [523]; III, 67, [604]; (Académie de) postérieure à celle de S. François de Sales, I, 270; et les Statuts de l'Académie, II, 279; — Le ballet et la comédie au Palais cardinal,

[511-3]; Ballets au Palais cardinal, 9-11, [512]; « Mirame », 9, 10*, [512]; — comédie jouée par des enfants, 467-8; — et le Cid, I, 487; — grand écrivain en causant avec le P. Joseph, III, 464; — « Mémoires », I, 301.

Richelieu (M. et Mme de). III, 71.
Richemond (Le duc de), père de l'abbé d'Aubigny, III, 582.
Richer (Edmond), syndic de la Faculté de théologie, I, 279, 316; — travaille à la réforme de l'Université, 10; IV, 102.
Riches (Le bien des) bon à mettre en circulation, III, 528*.
Richesse (Estime de la) bien comprise, III, 326.
Richesses (Les) devant Dieu, V, 522*.
Ridicule (Danger d'être), III, 254.
*Rieux; Voy. Berthier.
Rigault (M. H.); appréciation de sa réédition de Palombe, I, 242*; — ce qu'il dit à tort de l'hypothèse de Pascal joueur, II, [576-8]; — jugé [578].
Rigobert (Dom), maître des novices à Clairvaux, IV, [538*]; — et l'abbé Le Roi, 54; — Prieur de Haute-Fontaine, 53, 54, [538*]; — meurt à la Trappe, [538*].
Rigueur en douceur, V, 170-7.
Rime (Malheurs causés par la), V, 22*.
Rimes latines agréables aux oreilles monachales, VI, 244-5*.
Riom en Auvergne, III, 30; — (M. Chardon exilé à), IV, [594*].
Rippert, messager de Mme de Sévigné, IV, 467.
Rire humain, l'opposé du sourire, II, 335; — des grandes âmes, 508; — (Le), thèse de médecine de J. Palu, 227; — (Amertume du) des grands esprits, 435-6; — (Le) de Molière, de Voltaire, de de Maistre, III, 276-7.
Rituel d'Aleth, V, 232; — censuré par le pape, IV, [549]; — Pourquoi M. Le Camus s'excuse de l'approuver [549].
Rivale (Un mot d'ancienne), V, 129*.
Rivarol; il y en a chez de Maistre, III, 252.
Rivet (Dom), auteur du *Nécrologe* de P.-R. des Champs, III, [631]; Voy. Nécrologe.
Rivière (Mme), sœur cadette de Racine, VI, 86*.
Roannès (Les), II, 231, 509-10*.
Roannès (Le duc de); paye les dettes

de son grand-père, II, 509 ; — et les pêches de la M. Angélique de Saint-Jean, V, 210* ; — encourage l'entêtement d'Arnauld, IV, 174, 176 ; Lettre d'Arnauld, V, 346-7 ; — et les confesseurs de P.-R., 209 ; — ami de Filleau de la Chaise, III, 386* ; — et de M. de Harlay, V, 209, [613] ; — visité par Leibniz, III, 362 ; — et M. Letourneux, V, 209 ; — le fidèle ami de Pascal, II, 501*, 507 ; III, 355, 356, 362, 377-8 ; sa conversion amenée par celle de Pascal, II, 509 ; sa conversation avec Pascal, 463* ; son orgueil tout entier dans Pascal, III, 315-6, 317 ; sa part dans l'édition des « Pensées, 371, 372, 373, 374, 376, 377, 378, 387 ; — sa fidélité à Pascal et à P.-R., II, 509 ; — agent officieux et grand nouvelliste de P.-R., V, 209 ; voulait transporter P.-R. dans une île d'Amérique, IV, 374 ; - son admiration pour M. de Tréville, 379* ; — sa mort en 1696, VI, 158.

Roannez (Mlle de) postulante à P.-R., V, 180* ; — et Pascal, III, 184 ; lettre de Pascal, 275* ; — infidèle à P.-R., IV, 337* ; — épouse le duc de la Feuillade, 387* ; V, 180* ; — Voy. La Feuillade (Duchesse de), IV, 264.

Robert (M.), avocat ; son discours pour un boulanger, I, 66-7.

Robert (M.), conseiller au Parlement ; élevé à P.-R., III, 578 ; — conseiller à la Grand'Chambre, VI, 220 ; — et le cardinal de Noailles, 231.

Robert (M.), grand pénitencier de l'Église de Paris ; obtient le retour de Nicole à Chartres, IV, 498, puis à Paris, 498.

Robert, président du Conseil de Hainaut ; — et Arnauld, V, 292, 294 ; — et l'arrestation du P. Quesnel, VI, 175, 176.

Robert (M.), procureur du roi ; — juge dans l'affaire des ballots saisis, V, 328*.

Robert de Mauvoisin en 1210, I, 41.

Robert (La M. Marie de Sainte-Euphrasie), sœur du Conseiller ; vieille et paralytique, VI, 220 ; — exilée à Nantes, 222 ; — part la dernière de P.-R. des Champs, 225-6.

Roberval, ami du père de Pascal, II, 456.

Robespierre, I, [556].

Roccoly (Le P.), jésuite, I, 287*.

Rochebilière (M.) ; travaille un moment à une édition de Mme de Sévigné, IV, 264*.

Rocheblanche (Le P. de), cordelier ; sa défense de Marie d'Agreda, VI, [366].

Rochebonne (Le comte de) à Rome avec M. de Ponchâteau, VI, [311-2].

Rochechouart de Chandenier (L'abbé) témoigne de l'aversion de saint Vincent de Paul pour les doctrines de Saint-Cyran, I, [533].

Rochechouart (Gui de Sève de), évêque d'Arras de 1670 à 1721 ; Lettre au pape, 1677, V, 289, 468* ; — fait écrire par Nicole la lettre à Innocent XI sur les casuistes, IV, 479, 480, 484.

Rochers (Les), habitation de Mme de Sévigné, III, 231 ; IV, 466* ; V, 371*.

Rocroy, III, 304* ; — (Bataille de), 102* ; IV, 285 *.

Rodez ; Voy. Péréfixe.

Rodriguez (Le P.), jésuite ; « Exercices de la perfection », IV, 471* ; — « Exercices de la vertu et de la perfection chrétiennes », traduits à P.-R., III, 137* ; — Extraits traduits par M. de Pontchâteau, VI, [333] ; — mis au-dessus de Nicole, IV, 471*.

Rogations (Fête des), V, 270.

Roget (M.) de Genève ; article sur les Arnauld Huguenots, I, 60*, 69* ;

Rohan (Le chevalier de), second fils de Mme de Guéménée, I, 363* ; III, 581 ; — n'a pas été vraiment élevé à P.-R., 582 ; — élevé avec Louis XIV, V, 82* ; — le plus beau danseur de la Cour, III, 582* ; — décapité pour rébellion, 581-2 ; V, 82*.

Rohan (Le cardinal de), archevêque de Besançon, I, 329* ; — protecteur de la Constitution, V, [611] ; — et M. Targni, [611, 612].

Rohan (Mme de) la mère ; fille de Sully, V, 101* ; — très-galante, 101.

Rohan (Anne de), seconde duchesse de Luynes ; Voy. Luynes.

Rohault (M.) ; M. de Pontchâteau étudie la philosophie sous lui, VI, [303].

Roi (Qui sert bien Dieu sert bien son), V, 8 ; — (Dieu, masqué en), plus puissant sur les âmes des Grands, IV, 445.

Rois (Fête des), II, 507 ; IV, 146.

Rois (Indépendance absolue des), V, 312 ; — (Les) doivent toujours user de termes modérés, VI,

164*; — (Avec qui les) se trouvent embarrassés, V, 469*; — (Port-Royal à l'égard des), II, 197-200, 262*; —(La race des) propres aux parties de chasse, aux sacristies et aux exils, V, 546; — (Déposition et meurtre des), VI, [270].

*Roissy (Affaire de la débauche de), IV, [529].

Roland, l'un des douze Pairs, II, 90.

Roland l'amoureux, III, 218*.

Roland des Marets; Voy. Des Marets.

Roland (Mme) rappelle Pauline, I, 140-1.

Rolland (Le président); « Plan d'éducation », III, 511.

Rolland (M.), ami de Proudhon, III, [613].

Rolle, sur le lac de Genève, II, 80.

Rollin, I, [556], III, 310, [632]; — disciple de Marc-Antoine Hersan. V, 272*; — seulement clerc tonsuré, IV, 416*; — nommé Principal du Collége de Beauvais, VI, 38-9; — traité de Janséniste, IV, 34; — acolyte à une messe de P.-R. des Ch., V, 274; récit de sa visite à P.-R. des Ch. en 1693, VI, 271-7; — de l'École de P.-R., III, 248*; influence de P.-R. sur lui, IV, 101-2; fait pénétrer P.-R. dans l'Université, III, 511;
= Rapproché d'Arnauld d'Andilly, II, 284; — exagération de son estime pour Arnauld, III, 535; — et l'abbé d'Asfeld, VI, 39; — et Boileau, V, 520; — et Du Guet, VI, 38-9; et les Conférences de Du Guet, 56; ce qu'il dit de Du Guet, 5, 38, 50; — sa discussion avec Gibert, III, 528; — ami de Racine, VI, [257]; — et son Santolius Pœnitens, [623]; —son estime pour M. de Tréville, V, 85; — et M. Vuillart, VI, 180*;
= Son modèle du maître accompli, I, 440; — maître excellent, VI, 5; —ses idées sur l'enseignement, III, [620]; — l'abeille de la France, IV, 33; — « Histoire Ancienne », V, 85; VI, 39; — « Traité des études », IV, 101, 511; — comment savait-il le grec? III, 520; — surtout compilateur, IV, 33-4*; — charme l'enfance, III, 247*; — (J. M. Gesner préfère Tillemont à), IV, 40*; — éloge qu'en fait Montesquieu, 33; — jugement injuste de Voltaire, 34*.

Romain (Mourir ou ne pas mourir), V, 139*; —(Airs de), [589]; — (Le) littéraire du premier xviie siècle, I, 121.

Romain (Le plain-chant), V, 142.

Romain (Différence du gothique et du) en impression, IV, [599].

Romaine (Grossièreté et corruption de la race), III, 340; — (La jeune Mère Angélique lit l'histoire), I, 86.

Romaine (Accords des Églises grecque et, IV, 453, 454*; — (Religion trop exclusivement), V, 482*.

Romaines (Prétentions), V, 312.

Romains (Les), III, 448; —(Religion des), 442; — du temps d'Auguste, IV, 514; — de la Clélie, II, 255, 274.

*Romainville; Voy. Le Camus.

Romancé, expression de Patru, II, 274*.

Romanesque, qui suit le rit romain, V, 241*.

Romans (La jeune Mère Angélique lit des), I, 86; — religieux de Camus, 242-3; — n'ont rien à faire avec le Jansénisme, VI, 109; —Pascal ménage les faiseurs de), 109; — (Les) et Arnauld, V, 502; — (Anathème de Nicole contre les auteurs de), III, [692]; condamnés par Nicole, IV, 443; — (Les mauvais) balayés par Boileau et par Molière, V, 486-7; — Anathème de Boileau, 501.

Romantique (Question), VI, [266]; — (Enthousiasme de), V, 233.

Rome, III, 421; — Agents diplomatiques secrets de Louis XIV, V, [572, 572]; — ne condamne pas, mais supprime le Chapelet secret de la M. Agnès, I, 330; — (L'air de) contagieux au moral, V, 263; —Ambassadeur à Rome en 1654, III, [594]; — Voyage de M. Amelot en 1714, [612]; — (L'appel à), III, [594]; — difficulté d'y avoir les bulles des deux jeunes filles d'Ant. Arnauld, I, 75, 76; — du voyage que devait faire Arnauld à Rome, II, 185-7; on y croit qu'Arnauld va rentrer en France, V, 468; — (De l'Augustinianisme de), III, 92; — (Effet de l'Augustinus à), II, 149; — (Voyage de Balzac à), II, 51; (Balzac, agent à) du cardinal de La Valette, II, [525]; — Voyage de M. Bourgeois à), 38, 188; — n'est plus dans Rome par la Bulle Unigenitus, VI, 73; — mauvaise réputation des Cardinaux, III, 171-2*; — Carrosses du Pape, [594]; — Christine (La reine), VI,

[312*]; — ambassade de Colbert, V, [571]; — fait des conversions par contraste, III, 487*; — (Esprit de la Cour de), III. 12; (Désordre et corruption de la Cour de), I, 211-3, 257, 258; III, 19*; (La Cour de), Jacques II et le prince d'Orange, V, 457; — (Embarras de la Cour de France entre) et P.-R., IV, 363; — affaire de l'ambassadeur marquis de Créquy, 151; V, [574]; — (Docteurs Augustiniens à), III, 87*; — où il est le moins permis d'être dupe, 18, 99; — (Voyage de M. Du Vaucel à), IV, 485; V, 314; — et l'Église sont deux, IV, 151-2*; — estaffiers, VI, [311]; — et la lettre des Évêques, V, 170; — voyage du cardinal Forbin-Janson, III, 569*; — Nouvelle Bulle sur le Formulaire, IV, 229*; — son décret contre Galilée, III, 77-8; — (Caractère du respect gallican pour), IV, 173*; — questions de la Grâce soulevées avant la fin du XVIe siècle, 1, 253-4; — juge de l'Hérésie, [529-30]; aime mieux l'hérésie franche que la désobéissance, V, 310-1*; — et les hérésies, III, 230; — n'approuve point de voir imprimer tant d'écrits, I, [546]; — Index (L'), III, 225; — Indulgence plénière, V, 340; — (L'Inquisition à), II, 185, 186, 188, 216; — et le Jansénisme, 333; (Sentiments du Jansénisme pour), I, 487; incompatible avec le Jansénisme, 15; éloignée du Jansénisme par son opinion de la rareté des élus, III, 366-7*; a un moment besoin d'être encouragée contre le Jansénisme, VI, 176; — Mémoire envoyé par les Jansénistes sur les cinq Propositions, IV, 175-6; — (Sur le voyage à) des députés jansénistes, III, [591-6]; — Jésuites, 11; — — Jubilé de 1650; 15; — (Voyage de M. de Lamennais à), II, 187; — et M. Le Camus, IV, [553]; — (Ce qui amène Leibniz à), V, 447; —Malebranche, Examen des livres de), 462-3; — Bulles de M. de Marca et de Péréfixe, IV, 150-1; — Mignard loué d'en rapporter la fresque, III, 293-4; — (Soixante-cinq propositions de morale relâchée condamnées à), V, 170; — (Mot d'ordre venant de), III, 145*; — et M. de Neercassel, V, 310*; — Nicole n'y veut pas aller, IV, 485; — (Mauvaises nouvelles de), V, 107; — l'infraction à la Paix de l'Église n'y éclate qu'en 1705, 153; — (Parler contre) quand on écrit qu'elle se trompe, III, 88; — ce qu'en dit Pascal, 88-90, 92; (Pensée de Pascal sur) et le sens des Bulles, 90; — (Plaisirs de), VI, [311-2]; — Voyage de M. de Pontchâteau, III, 187; IV, 485, 486*; V, 179, 186, 251*, 252, 263; VI, [311-2, 322-4, 325]; premier voyage de M. de Pontchâteau en 1658-9; [311-2]; — P.-R. lui rend des services contre les Calvinistes, IV, 459; louanges inutiles qu'on y fait de P.-R., V, 179; P.-R. y est condamné, III, [601]; — et les cinq Propositions, II, 129*, 342; Voyez Propositions; — Rancé (Voyage de), V, [583]; — et la Régale, 313; — Retz (Voyage de), III, 188, 191; (Retz à), V, [592]; (Retz et les matières de la Grâce à), [563]; Retz y est accusé de Jansénisme, [555]; Retz la quitte, [563]; Histoire du chapeau du cardinal de Retz, [535, 537-8]; — a raison de ne pas faire de réjouissance pour la révocation de l'Édit de Nantes, 321-2*; — (Vaincre les Romains dans), III, 108; — Sacré collège (Protestation de Retz au), 24*; — Les trois voyages de Saint-Amour, 15; Voy. Saint-Amour; — (Peu de complaisance de Saint-Cyran pour), I, 365-6; — S. Ignace (Voyage de), V, 339; — dangers de Rome pour le salut, VI, [312]; — sa défiance des traductions de la Bible, II, 358*; — consent aux transactions avec la nature, III, 13*; —(Utrecht suspect à), V, 309-10; — Voy. Valençay (Le Bailli de); — (Voyage de) danger pour la foi, V, 250;

= (Archives de), VI, 231*; — séances des Assemblées de auxiliis (1598-1607), I, 254; — Capitole, 2, 39; — Catacombes, VI, [312]; (Les corps saints des), III, [594]; — Champ de Flore, I, 291*; — Château Saint-Ange, 291*; — Chiffre (Secrétariat du), V, [591]; — Collège de la Sapience, [546]; — Collège des Jésuites, III, 140; — Congrégation de l'Index, V, 312; condamne les Provinciales, III, 211; — (Congrégations tenues à), I, 95; — Consistoire, V, [591*]; (Lettre du) à Retz, [590-1]; (Louanges d'Arnauld en plein), 477; — Daterie (La), [571]; — Galerie Spada, III, [594]; — Gran-Giesu (Les clefs du), V, 481; — Inquisition, III, 89; — Obélisque élevé en réparation de l'affaire du marquis de Créquy, V, [574]; — Oratoire (PP. de l'), III, [594]; VI, [326]; — Palais Barberini, I, 384*; — Palais de Retz, V, [583]; — Prisons de l'Inquisition, III, 15; — Saint-Office (Le), V, 462; — Saint-Philippe de Néri, VI, [326]; — Tibre (Le), I, 291*; — Vatican, V, [560].

Rondeau, II, 471*.

Rongeart, nom caché de Saint-Cyran, I, 296.

Ronsard; sa langue, II, 448; — École de), I, 121-2; — (Desportes, le Racine de l'École de), VI, 103*; — (Balzac rapproché de), II, 80; — (Saint-Cyran rapproché de), I, 273.

Roquelaure (Bons mots de), I, 241; — Son mot plaisant sur les Jansénistes, les Huguenots, les Athées et sur lui-même, VI, 178.

Roquette (Gabriel de), évêque d'Autun, II, [530*]; V, 239; — et Mme de Longueville, 160.

Rosamel, officier français, V, 303-4*.

Rosbach (Défaite de), IV, 285.

Rose, secrétaire du cabinet, III, 303*; — croyait à peu de chose, 303*.

Rose, domestique de P.-R., VI, [339*].

Rose; Voy. Roze.

Rose (La Sœur), appelée Sœur de Sainte-Croix, VI, 56; sa vie de béate, 57-8; — ses prophéties, 56; — et Du Guet, 55-8; la Madame Guyon de Du Guet, 55-6; — et M. de Harlai, 56; — et M. de Noailles, 56-7; — et Rancé, 57; — ce qu'en dit Saint-Simon, 57-8.

Roseau pensant (Le) de Pascal, III, 426, 427.

Rosmadec (Sébastien de), parrain de M. de Pontchâteau, VI, [302].

Rosny (M. de), nom sous lequel se cache Nicole, IV, 419*, 425, [587*].

Rospigliosi; Voy. Clément IX.

Rossano (La princesse de), nièce d'Innocent X, V, [538]; — femme du prince Pamphili, [312*] — Aventure de la queue coupée de ses chevaux et de la reine Christine [312*]; — et Retz, V, [538-9]; VI, [360].

Rossignol (M. J.-P.); critiques de détail sur les « Racines grecques » de Lancelot, III, 525-6*; observation de M. Dubner sur cette note, [620-1].

Rotrou, II, 214; — son degré de parenté avec Corneille, I, 147, 151, 241; — il y en a encore chez Molière, III, 298; — et Molière parlent de la peinture de la même façon, 293; — plein de vers qui peignent, I, 156; — qualité de son style, 157-8; — « Don Bernard de Cabrère », 170; — « Wenceslas », 170; — étudié ici dans la tragédie sacrée, II, [515*]; — « Saint-Genest » I, 126, 133, 143, 145; III, 293; Analyse du S. Genest, I, 151-70; (La comédie dans), 155, 163, 167; — (Mort de), I, 313*.

*Rotterdam, II, 294, 320; III, 196; — (Arnauld à), V, 460; — (Retz à), [565-6].

Roucy (L'abbé, depuis marquis de), mari en secondes noces de Mme Angran, IV, [587]; — devenu par alliance le cousin d'Arnauld, V, 376; Arnauld lui adresse son traité des vraies et des fausses idées, 379, 406; Lettre d'Arnauld sur Malebranche, 376-7, 379, 398, 399; conférence d'Arnauld et de Malebranche se tient chez lui, 363*; — grand ami de Malebranche, 376.

Roucy (Mme la marquise de), précédemment Mme Angran et cousine d'Arnauld, V, 476, [587]; — devient en secondes noces marquise de Roucy, IV, [587, 588]; — affaire de son second mariage, [587]; — Correspondante d'Arnauld, V, 22*; — figure dans le Testament d'Arnauld, IV, [589]; — et Brienne, V, 22*; — et P.-R. des Ch., IV, [588, 589];

= Brouillée avec sa cousine Mme Angran de Fontpertuis à cause de son second mariage, IV, [588-9]; — et Mme de Belisi, [590]; — cousine de la présidente Le Coigneux, [587].

Rouen (Archives de), V, [615]; — (Livres d'Arnauld saisis à), 326; — Édition de l'Augustinus, II, 96; — Chambre des comptes, VI, 60; — (Corneille élevé chez les Jésuites de), I, 115; — (Requête des Curés de) contre les Casuistes, III, 204-5, 208*; — (La douane de), V, 326; — expériences sur le vide, II, 472; — (Jésuites de), I, 115; V, [623]; — Le P. Lejeune y devient aveugle en prêchant dans la cathédrale, I, 468*; — M. Le Tourneux en estoriginaire, VI, 173 ; (Son enfance à), 210 ; — (La Ligue à), II, 231 ; — Oratoriens, V, [615]; — (Parlement de), II, 470*; IV, [562]; VI, [363] ; — (Les Pascal à), II, 469-72, 477-8, 481 ; —·(Famille Périer à), III, 377*; — et P.-R., II, 229, 230-1, 295 ; — (Prisons de), V, 332; — (Religieuse de) et Arnauld, I, 441*; — lieu d'exil des Religieuses de P.-R., VI, 224; — Saint-Étienne des Tonneliers, V, 211 ; — Saint-Maclou, III, 204; (Cure de), VI, [283]; — Sainte-Croix-Saint-Ouen, II, 229 ; Voy. Du Breuil (Le P.); — (La Sœur Sainte-Synclétique exilée à); VI, 221 ; — vaisseaux (Visite des) de Hollande, V, 326 ; — Voy. *Bois-Guillaume, Harlay de Champvallon, Mallet (Le Dr), Saint-Ange.

*Rouen (Diocèse de), V, 237; — (Abbayes du), I, 188.

Rouge (Habit des Religieuses blanc et), I, 329.

Rougeole, V, 63, 65*.

Rouland (M.), ministre de l'instruction publique, III, [621].

Roulette (Problèmes de la); Voy Carcavi, Dettonville, Lallouère (Le P.), Pascal, Wallis.

Roulland (M.), docteur de Sorbonne, — loue Arnauld, VI, [366].

Rousse (M.), docteur de Sorbonne et curé de Saint-Roch; — et les restitutions de M. de Chavigny, II, [560, 561, 562, 563, 564, 566, 567]; — son rôle dans l'affaire d'Arnauld, III, 37.

Rousseau (J.-B.); disciple de Boileau, V, 519; — disciple des écrivains du XVIIe siècle, 519 ; — ses infamies païennes, III, 304 ; — et Brossette, V, 474*; Lettres à Brossette, III, 267*; écrit à Brossette sur le manuscrit de la seconde Lettre de Racine, VI, 113*; — à Bruxelles, V, 474*; — comment Voltaire répond à ses attaques, III, 399-400.

Rousseau (Jean-Jacques), I, [553]; II, 54, 174; IV, 101, 274; — profite du style de Montaigne, II, 450, 451; change le ton de Montaigne, non son principe, 404*; — ses analogies avec Balzac, 56; — son dégoût pour les règles rimées de la « Méthode latine », III, 524; — ce qu'il doit aux Provinciales, 203 ; — se prend à Voltaire, 399*; querelles avec Voltaire, 310; — en Suisse, I, 2 ; — mélange d'héroïsme et de souillures, III, 341; — son principe d'orgueil humain, II, 386; — sa religion relative, I, 409-10; — sur l'état de nature, II, 146 ; — sa croyance à la conscience, 392; — peintre de la nature, I, 246*; — victime de son imagination, II, 482; — « Émile », 386, 409; Émile (Phrase initiale de l'); III, 481-2*; l'Émile fait pour former l'homme, 545; l'homme d'Émile est un gentilhomme, 545 ; Émile (Le Vicaire de l') est Pélagien, 482; — Le vicaire Savoyard, I, 14, 136; III, 103; sort de Pélage, II, 404-5; III, 239; — « Lettre à l'archevêque de Paris » M. de Beaumont, III, 61, 203; — « Confessions », II, 405*; III, 399*; V, [595]; leur première phrase, II, 403-4*; — (Style de), 81, 82*; — de l'École de Balzac, [524] ; — son pastiche est possible, III, 458.

Rousset (M. Camille); « Histoire de Louvois », V, 306*.

Routine (Esprit de) dans les vieux Corps, III, 510; — (La) étrangère à P.-R., 523.

*Rouville (Cure de) en Normandie, I, 106, 118 ; II, 5-6; VI, [283]; Voy. Guillebert.

Rouvillistes (Les), II, 6.

Rovenius, V, 308 ; — (Portrait de l'évêque), 307.

Royalisme. Effusions de), V, 9, 9-10*.

Royaumont (Le sieur de), pseudonyme de Fontaine; — « Figures de la Bible », II, 243, 374*; — charme l'enfance, III, 247*; — Opinion de De Maistre, 247.

Royauté (Éblouissement de la), V, 9.

*Roye; Voy. Le Clerc.

Royer-Collard, I, [559]; — (Ancêtres de) se reconnaissent à une même marque, VI, [359]; — neveu de M. Collard, III, 634 (Voir ce nom); — où logé à Paris, 60*; — esprit formé à l'école de P.-R., IV, [554*]; — élève de l'esprit de P.-R., IV, 104-5; — son cours, V, 401*; — qualités de son rire, IV, 195; — cite la journée du Guichet comme une des grandes pages de la nature humaine, I, 111; — son opinion sur les gens de P.-R., VI, 192; — son mot sur P.-R., I, 23; III, 3; se réserve trente volumes comme fonds suffisant d'une bibliothèque port-royaliste, III, [631]; — se réduit à un certain nombre de livres sortant de P.-R., IV, [583]; — sa joie de l'éloge d'Arnauld par Reid, V, 401*; — s'ennuie à la lecture des « Instructions chrétiennes » de M. Singlin, I. 470; — son affection pour l'esprit gai et souple de la Sœur Christine Briquet, IV, 195-6; — son jugement sur Mésenguy, 103*; — son mot sur le clergé Français d'avant la Révolution, [554*]; — (Mot de) sur ce que dit Victor Hugo de P.-R; I, [551]: — sa lettre imprimée à M. de Ravignan et son opinion parlée sur le livre de l'Institut des Jésuites, III, 144*.

Roynette (M.); Supérieur de P.-R. des Champs, VI, 182.

Roze ou *Roosen*, président au Conseil de Brabant; — *Mars Gallicus*. I, 300. 301-2*; — ce qu'il dit de l'Augustinus, I, [521].

Rubens, V. [538]; — d'Angleterre couleur de feu, VI. [360].

Ruben (La tribu de), IV, 298.

Rubens (Les sirènes de), III, 296.

Rubicon, (Le) fleuve, IV, [565, 566*].

Rudiment (Un abrégé de) suffit pour commencer, III, 517.

Rueil, VI, [286]; — maison de Richelieu. I. 493*; II, 469.

Ruelles (La philosophie dans les), II, 317; — (Les) et la théologie, III, 206.

Rufin (Le P.), de l'Oratoire; peut-être l'aute r du « Recueil de diverses choses » sur Nicole, IV, [597].

Rufin (M.); — nom donné au P. Du Breuil, V. 335*.

Rulhière; ses tentatives d'historien, VI, 120.

Russie, I, [557]; — (Patriarche de l'église de), IV, 454*.

Rutebeuf, cité, I, 46*.

Ruth d'Ans (M. Ernest), II. 244*; IV. 339*; — ecclésiastique de Liége. 324; — un des fidèles d'Arnauld, V, 324; rapporte et présente le cœur d'Arnauld à P-R. des Champs. 324, 475; lettres d'Arnauld, 461; visite Arnauld aux Pays-Bas, 327*; — (M.) déguisé sous le nom de M. Ernest, 459*; — et M. Eustace, VI, [325]: — a-t-il écrit de sa main le projet plaisant d'une paix des Jansénistes traitée avec le comte d'Avaux? 179; — lettres à M. de Neercassel, V, 327-8*; — lettres de M. de Pontchâteau, 248, 264*, 324-5*, 477*; — un moment à P.-R., 324; — et l'Esther de Racine, 461; — attaché un moment à M. de Tillemont, 324; — se retire à Tillemont, 186.

Ruth d'Ans, pseudonyme d'Arnauld, IV, 503*.

Rutules (Les), III, 64.

Ryswick (Paix de), III, 580.

S

Saba (La reine de), I, 383*.

Sabbatier (Le P), confesseur à Maubuisson, I, 198.

Sabins (Les) laboureurs, III, 340.

Sablé (Mme de), I, 275*, 361, 378*; II, 231, 286, 300; III, [599]; IV, 201, 210*; - née Madeleine de Souvré, V, 52, 77*;
= Traitée de fondatrice du Jansénisme, II, 168*; — amie du dehors, IV, [575]; — allusions de la Logique de P.-R., III, 554*; — amie de P.-R., mais non convertie, V, 77; — caractère de ses relations avec P.-R., II, 207, 262; V, 51-2; — n'intrigue pas politiquement, 56-7*; — sa part dans l'accommodement de Monsieur de Comminges, 60, 60*, 66-7; — et la Paix de l'église. 73-4; — refroidissement avec P.-R., 73-5, 78, 79-80*; — faiblit pendant les années de persécution, 73-5; — reste malgré tout amie de P.-R. à distance, 75; — et la signature des Religieuses, [605-6];
= et Arnauld d'Andilly, V, 73-4*; lettres d'Arnauld d'Andilly, II, 267-3, 269; estime qu'en fait Arnauld d'Andilly, V, 69; — et Arnauld, IV, 176*; V. 54*, 66-7; intermédiaire d'Arnauld lorsqu'il consulte l'Académie pour sa Grammaire, III, 537-8; — grand-mère de M. de Bois-Dauphin, 577-8; et la mort de son petit fils, V, 75; — et le P. Bouhours, 79-80*; — ne rompt pas avec M. Chamillard, 73, 73-4*; — et Chapelain, 54; correspondante de Chapelain, III, 559; — et le prince de Conti, V, 71-2; — l'Étude de M. Cousin, 52*, 68*; M. Cousin la surfait un peu, IV, [580]; — ce que le P. Daniel dit d'elle et de Pascal, V, 79*: — et M. Esprit, 69; — veut que M. Feydeau loge près d'elle, VI, [289*];

— Fontaine n'en dit rien, V, 52*; — et Godeau, 73; — et Gomberville, III, 267; — et les Jésuites, V, 73*, 76, 79-80; — sa passion pour La Fare, II, 231*; — et la Rochefoucauld, II, 207. V, 69; amie de La Rochefoucauld, 57; son salon et la mode des *Maximes*, III, 420*; et les Maximes de La Rochefoucauld, V, 54, 67-8; sa collaboration aux Maximes de La Rochefoucauld, II, 207; V, 67; son projet d'article pour le Journal des Savants sur les *Maximes*, 67-8; — mère de M. de Laval, IV, 365; et son fils l'évêque de la Rochelle, V, 67; — et l'abbé de la Victoire, 70-1; — le Tartuffe de Molière peut avoir été lu chez elle, III, 267-8*; — son estime du style de Montaigne, II, 450*; — et Monsieur de Montausier, V, 75; — et M. de Montmorency, 53, 56; — et Nicole, IV, 515; V, 76; — et les Provinciales, III, 62; son estime pour les Provinciales, 211; son historiette sur les Provinciales, 142; la conversation de Pascal sur le plan de son grand ouvrage a-t-elle eu lieu chez elle? 419-20; et une pensée de Pascal, V, 70*; (Le lien de Pascal et de La Rochefoucauld par Mme de) supposition pure, III, 427*; — bon mot du marquis de Pisani sur elle, II, 261; — et le P. Rapin, V, 79-80*; ce qu'en dit le P. Rapin, 73*, 76; — M. de Saci officie aux prières pour elle, 78; — consultation sur ses doutes par le docteur de Sainte-Beuve, II, 207-8*; — et le chevalier de Sévigné, V, 73, 74, 74-5; — et M. de Singlin, 66, 77; — confirmation de Tallemant, IV, [580]; — Gaspard de Tende lui dédie son traité de la traduction, III, 533*; V, 54-5; — et Voiture, V, 53; ce qu'en dit Voiture, 53-4; son éloge du style de Voiture, II, 450*;

= et la M. Agnès, II, 207, 208*; V, 60, 61-2, 73, 74, 75; lettres de la M. Agnès, IV, [580-1]; — et la M. Angélique, III, 428; V, 58-9, 61, 61*, 62-3, 63-5, 66*, 69; lettre de celle-ci, V, [605-6]; — et la M. Angélique de Saint-Jean, 61, 62-3, 75; — et la Sœur Anne-Eugénie [606]; — et Mlle d'Atrie, IV, [581]; — et les compliments de Mme de Brégy, V, 55*, 76-7; — et la Sœur Catherine, 64*; — lettre de Mme de Choisi sur elle, 72-3*; — lettre de la M. Dorothée sur sa mort, 78-9*; — et Mme de Longueville, III, 14*; V, 71; amie de Mme de Longueville, II, [530]; différence de sa conversation et de celle de Mme de Longueville, V, 133; éclipsée par Mme de Longueville dans la Paix de l'Église, 67; lettres de Mme de Longueville, IV, 393*, 395*; V, 32*, 57-8*, 67*, 111*, 158-9*, 331, [606-7]; — son amitié intime et inquiète avec la comtesse de Maure. 71-2. 77; — ce qu'en dit Mme de Motteville. 53; — et Mlle Soyer, 58, 65; — et Mlle de Vertus, 67, 77, 102; lettres de celle-ci, IV, 134*; V, 105, 106, 107-8;

= Ses logements, III, 267-8*; — retenue à Paris, V, 74-5; — avait fait vœu de stabilité à Paris, 74; — son salon, 67, 73*, 75-6; — son salon du faubourg Saint-Jacques, VI, [289]; — ne va pas à P.-R. des Champs, V, 74; — logée tout contre P.-R. de Paris, IV, [580], V, 95; fait bâtir une maison près de P.-R. de Paris, 58; à P.-R. de Paris, II, 207-8; bienfaitrice de P.-R. de Paris, V, 52*, 61; voisine de la salle du Chapitre de P.-R. de Paris, 64*; son appartement, sa tribune et sa porte de communication à P.-R. de Paris, IV, 134, 135, 135*, sa tribune à l'église de P.-R. de Paris, V, 63, 75; porte murée et démurée de son logement de P.-R. de Paris, 59-61. 75; jour de souffrance sur les jardins de P.-R., 58; ne reçoit pas toujours à P.-R., 71*; — à Auteuil à cause du bon air, 63;

= Galante dans sa jeunesse, V, 53; — (Le *moi* de), 56; — a jusqu'à la fin besoin qu'on lui en conte, 77; — discrète sur son âge, 52; — bel esprit, 67; — sa politesse parfaite, 32-3*; — distinction de son goût, 53-4; — solidité et délicatesse de son goût, II, 208; sa solidité d'esprit, V, 54; — sa curiosité, III, 335; — a les primeurs en tout, IV, 444*; — consultée sur la langue, V, 54*; — blâme le tutoiement en poésie, III, [627]; — ne s'endort qu'avec la lecture, V, 66; — sa valeur en analyse morale, 68-9; — goûte peu les faits et l'histoire, II, 282, V, 69;

= Ses défauts, V, 51-3; — son mélange de toutes choses, 72*; —

et son directeur jésuite, II, 166-8 ;
— son médecin protestant, IV, 444* ; — monde et retraite, V, 55-6 ; — du côté des accommodants, 66-7 ; — ses velléités d'austérité, [606] ; — sa pénitence, 75 ; — côté faible de sa réforme, 57 ; — pénitente raffinée, III, 587 ; — sa religion raffinée, V, 127 ; — ses mille petits démons, 62 ; — ses défiances 59-65 ; — ses inquiétudes d'amour-propre, 52 ; — de celles qui commandent en conseillant, 53 ; — se figure perdre l'odorat, II, 208* ; V, 62 ; ses rêves à propos de son odorat, II, 208* ; — sa gourmandise, 261 ; — ses recherches de cuisine, V, 55 ; — habile dans la confection des potages, 55* ; — recette de sa salade, 72*, 73*, 76 ; — par trop peureuse, III, 554* ; — ses frayeurs, V, 53 ; — ses douilletteries, IV, [580-1] ; — ses frayeurs et ses lubies, [580-1] ; — bonne histoire de cire et de bougie, [580] ; — ses peurs des malades, V, 53, 59 ; et sa peur des malades et des morts de P.-R. de Paris, 59, 63-5 ; ses frayeurs de la mort et ses manies, II, 207, 207-8* ;

= Son testament, V, 52* ; IV, 157* ; — veut être enterrée dans un simple cimetière, V, 52* ; VI, 157* ; — sa mort (1678), 25, 77-8 ; — enterrée dans le cimetière de Saint-Jacques du Haut-Pas, VI, 157* ; — sécheresse du Nécrologe à son propos, V, 52* ; — on n'en a pas de portraits gravés, 77 ;

= Ses propres «Maximes et Pensées» (1678), II, 462* ; III, 114* ; V, 69, 69-70*, 71 ; — écrit contre la Comédie, III, 114* ; — sa lettre à Mazarin, V, 56-7* ; — (Papiers de) à la Bibliothèque du Roi, III, 71, 114 ; V, 52* ; — Voir Bois Dauphin (Le marquis de) ; Cousin (Victor).

Sabotiers, nom donné aux Solitaires par les Jésuites et les Capucins, I, 500.

Sacerdoce (Sacrement du), I, 343 : — (Pénitence publique incompatible avec le), 462 ; — (Haute idée du) II, [543] ; — (Respect du) à P.-R., VI, [319] ; — (Respect et crainte du), à P.-R., III, 170* ; — (Pensées de Saint-Cyran sur le), I, 444-8, 450, 451, 456* ; — (Lettre sur le) ; Voy. Saint-Cyran.

Sacerdotale (Liberté), IV, 170.

Sacerdotale (La Robur), IV, [554*].

Saci (Isaac-Louis Le Maître de), petit-fils d'Antoine Arnauld et second fils de M. Le Maître, I, 22, 129, 335, 337, 409 ; II, 31-2*, 376, 379 ; III, 244 ; IV, 6, 137, 141, 154, 208* ; V, 210 ; — fils de M. Le Maître, III, 490 ; — son enfance, II, 323-4 ; — élevé avec Antoine Arnauld, son petit-oncle, 12, 323 ; — sa répugnance à étudier en Sorbonne, 325, 326 ; — ne veut pas être un docteur, 337* ; — mis sous la direction de Saint-Cyran, I, 401 ; II, 325 ; — conduit par M. Singlin, I, 473 ; — sa première messe (1650), II, 330 ; — refuse des bénéfices, 355 ; — n'a jamais été abbé, V, 105* ; — son nom de Saci anagramme de son prénom Isaac, I, 401* ; II, 323 ;

= De quel parti à P.-R., IV, 347 ; — son rôle dans P.-R., II, 356 ; — directeur de P.-R. avec Arnauld, IV, 341 ; longtemps gouverneur de P.-R., II, 310, 321, 322 ; un des trois directeurs en chef de P.-R., 341 ; III, 7 ; — âme et règle vivante de l'intérieur de P.-R., II, 330 ; — sa direction de P.-R. stricte mais peu étendue, I, 477 ; — n'a pas débrouillé, mais n'a jamais obscurci les affaires de P.-R., II, 332 ; — a la charge des âmes au Désert, 356 ; — décide les petits procès du fumier entre les Solitaires jardiniers, 332-3 ; — confesseur des Solitaires, 242, et des Religieuses, 302 ;

= Forcé de se cacher (1661-6), II, 343-4 ; — découvert et arrêté par les soins de Desmarets, IV, 442 ; — son arrestation (1666), II, 344-5 ; IV, 378 ; — ne prend pas, le jour de son arrestation, son petit saint Paul, II, 345 ; — saisie de ses papiers, 345-6 ; IV, 217 ; lettres de directions saisies avec ses papiers, II, 346, 346* ; — conduit à la Bastille, 347 ; — à la Bastille, 232*, 243 ; III, 630-1 ; IV, 286, 378, 379* ; V, 81, 110 ; — son interrogatoire lu en plein Conseil, II, 347 ; — à la Bastille, reste trois mois séparé de Fontaine, 347 ; — privé à la Bastille de tous les sacrements, 349-50 ; — sa prison chrétienne, III, 358 ; — (La fosse de), V, 245 ; — sa joie à la Bastille en reconnaissant trois amis parmi les porteurs du dais d'une procession, II, 350-

1; — sort de la Bastille, III, 559; V, 109 : — ses visites à sa sortie de la Bastille à l'archevêque de Paris et au Roi, II, 355; — n'aime pas à parler de sa prison, 356;
= Signe dans le diocèse de Sens, IV, 399; — reste, malgré son éloignement, le père spirituel de P.-R., 262; — à P.-R. des Ch., V, 216-7; ordre de quitter P.-R. des Ch. 176; sa sortie de P.-R. des Ch., 186; réapparition à P.-R. des Ch., joie muette, 215-7; chargé de transmettre l'ordre de renvoi des Pensionnaires, 167-8, 169, 170, 176; — ne donne pas dans l'affaire de Nordstrand, IV, 375, 376; replace ses fonds sur les hôpitaux de Paris, 376, 377; — ses quinze dernières années, II, 358; — ses cinq dernières années sans aller à P.-R. des Ch., II, 370; — à Pomponne, 356, 363-4, 368, 372; IV, 486, 500; V, 186, 216, 217; — sa fièvre quarte (1683), II, 364; — sa mort, III, 358; — sa mort à Pomponne (7 janvier 1674), IV, 500; V. 245; — Lancelot sur sa mort, III, 86*; — récit de sa mort par Fontaine, IV, 262; — sa belle mort, II, 232*, 368; — son service et son convoi, I, 27, [518]; II, 368, 369*, 451, 452; V, 383*;—enterré à P.-R. des Ch., II, 368; — belles scènes à ses funérailles, 369-71, 452-3; V, 245; ce qu'en dit Nicole, IV, 501-2; — inventaire et saisie de ses livres après sa mort, II, 388*; — avec lui, l'Isaac de P.-R. est mort, II, 373; — morts qui suivent la sienne, 371-4, 452; — ses remplaçants, V, 229; — son corps transporté à Saint-Étienne du Mont par les soins de Mlle Issali, 180*; VI, 238*;
= Le quatrième volume des « Vies édifiantes » lui est consacré, II, 273; — sa complexion délicate, 326; — sa sainteté, III, 343; — respecté de la calomnie même, V, 215; — trait distinctif et genre de beauté, II, 327 8; — finesse et grâce, 332-3; — sa finesse attique, 388*; — ses belles qualités d'aménité et de douceur dans l'austérité, III, 488 9; — ennemi des excès d'ascétisme, 323; son entre deux, II, 352; — n'est excellent qu'au gouvernement intérieur, III, 23 : — manque de la vue de l'ensemble, II, 327, 332; — comme directeur, IV, 228, 417; — sa préoccupation de Dieu, II, 328-9; — cherche l'idée de Dieu dans l'Écriture, 328; — direction et vie toutes appuyées à l'Écriture sainte, 331 2, 337; — cherche dans saint Augustin l'idée de Dieu, 328; — unité et uniformité de sa vie, I, 325-9, 337-8, 351 2; — retranche de sa vie tout ce qui ne regarde pas la piété, II, 337, 416; — retranchement et sobriété, 337; — caractère de sa prière, 251-3; — larmes de sa prière, 350, 352; aime l'uniformité, 361; — manière égale, 363; — humilité de son espérance, 368; — sa véracité, 181*; — méthode d'esprit et sourire, 337-40; — fuit la controverse, 337; — est pour les causes finales, 339*; — tourne le sentiment de la mort en celui de la délivrance, 350; — ce qu'il dit du diable et des voyages, 338, 416; — sa décision sur la défense à main armée, 311; — Socrate chrétien, 393; — homme de peu de livres, IV, 413; — accommode ses entretiens à ses interlocuteurs, II. 340, 382; — avec les Grands, I, 467;
= Directeur, conseille à Arnauld d'Andilly plus de réserve par rapport aux visites, II, 288; — différences avec Arnauld, 325, 326; encourage l'entêtement d'Arnauld, IV, 174; — et M de Barcos, II, 326; il faut M. de Barcos pour le décider à accepter la prêtrise, 330; — désapprouve le mélange du Cartésianisme et de la foi, V, 352-3; — et la philosophie de Descartes, II, 311; ne repousse pas Descartes, 317; ce qu'il dit des opinions de Descartes sur la physique, 338-9; — une de ses nièces femme du frère puîné de M. Du Fossé, VI, 160*; — en face de Du Guet, 32; — et Fontaine, III, 135; et son secrétaire Fontaine, II, 232*, 243, 244, 260*; son entretien avec Fontaine sur l'éducation des enfants, III, 488-90 497, 503; veut placer de l'argent sur la tête de Fontaine, IV, 376*; dans les « Mémoires » de Fontaine, II, 246, 364, 365-7, 370-1, 372, 375; le commencement et la fin de tout pour Fontaine V, 109; — et M. Guillebert, II, 326; — et M. Hamon, IV, 293, 312; — et M. de Harlay, V, 167 8, 177, 179, 186, 215-6; — fait écrire les

Mémoires de Lancelot, I, 436 ; — fait le service de M. de La Petitière, II, [542] ; — devient le confesseur de M. Lemaitre, son frère aîné, I, 393-4 ; conseille à M. Le Maître d'être moins délicat en fait de style, III, 461 ; ce qu'il dit du portrait de M. Le Maître, IV, 253* ; — et Le Tellier, II, 355 ; — et M. Le Tourneux, V, 214 ; directeur de M. Le Tourneux, 211 ; donne M. Le Tourneux comme confesseur aux Religieuses, 214 ; — pension léguée par le duc et la duchesse de Liancourt, 49 ; — et Louis XIV, 168, 176, 215-6 ; ce qu'il dit des pompes de l'entrée de Louis XIV, IV, 14-5 ; lettre de Louis XIV relative à sa détention, III, [630] ; présenté à Louis XIV par M. de Péréfixe, II, 355 ; — et M. de Luzanci, V, 217 ; — et Montaigne, II, [515*] ; son jugement de Montaigne, 387-9, 394 ; n'avait pas de Montaigne, 388* ; son contraste avec Montaigne, 406, 451, 452 3 ; ne permettrait pas d'étudier Montaigne, 405 ; aurait pu se borner à dire de tout dans Montaigne : Où est le christianisme ? 416 ; — et Nicole, IV, 497-8, 498*, 500 ; (Estime de Nicole pour M. de), 502 ; secret antagonisme avec Nicole, II. 371* ; et le livre de M. Nicole sur l'Oraison, VI, [348] ; et les « Quatre fins de l'homme » de Nicole, [351] ; conseils pour l'*Epigrammatum Delectus*, III, 507 ; — et Pascal. II, 508 ; III, 356* ; première conversation avec Pascal, II, 311 ; le second introducteur de Pascal dans l'esprit de P.-R., I, 474 ; donné par M. Singlin comme directeur à Pascal, II, 507 ; et Pascal à P.-R. des Champs, 381-2 ; n'est pas ébloui par Pascal, 380, 381-2 ; Pascal bel esprit en regard de lui, 380 ; conversation avec Pascal sur Épictète et Montaigne, I, 396* ; II, 340, 361-93, 439, 507 ; III. 111, 254, 440 ; prend le rôle de Socrate dans la conversation avec Pascal, II, 387 ; présenté à M. de Péréfixe en sortant de la Bastille, 355 ; IV, 399 ; — préfère les Pères latins, II, 327 ; V, 87 ; s'étonne qu'on préfère les Pères grecs, 327 ; — et M. de Pontchâteau, VI, [3.0-327] ; M. de Pontchâteau demande sa liberté à M. de Péréfixe, [318] ; — veut détourner Racine de la poésie, 92 ; ses Hymnes en face de celles de Racine, 92-3 ; — s'appuie sur saint Augustin, II, 387 ; — et Saint-Cyran, 336* ; son rôle à la messe d'actions de grâces pour la sortie de Saint Cyran, 29 ; ne continue pas en tout l'esprit de Saint-Cyran, I, 437 ; — ce qu'il dit du miracle de la Sainte Épine, IV, 185 ; — tempéré par M. de Sainte-Marthe, 410 ; — logé avec le chevalier de Sévigné, V, 96 ; ses traductions transcrites par le chevalier de Sévigné, 96 ; — et M. Singlin, II, 326 ; forcé par M. Singlin à devenir prêtre et directeur, 310, 329-30 ; prépare la matière des Sermons de M. Singlin, I, 471 ; successeur de M. Singlin, II, 337, 343 ; — et Tillemont, IV, 14* ; directeur de Tillemont, 15-6 ; fait prendre les ordres à Tillemont, 18-20 ; à la première messe de Tillemont, 19* ; et la Vie de saint Louis par Tillemont, 100 ; veut avoir Tillemont pour successeur, 26-7 ; — et M. de Tréville, II, 327 ; V, 87 ;

= Le dernier Saint-Cyran des Religieuses, II, 356 ; — et la signature des Religieuses, IV, 405 ; — Mémoire à M. de Harlai en faveur des Religieuses de P.-R., V, 179 ; — sa première messe après le rétablissement des Religieuses, IV, [530] ; — confesseur des Pensionnaires, V, 185 ; — et la M. Angélique de Saint-Jean, II, 371 ; la M. Angélique de Saint-Jean à sa mort, 371 ; IV, 262-3 ; — assiste Mme Arnauld mourante, 24 ; assiste sa mère, Mme Le Maitre, à son lit de mort, 330-1, 391 ; célébrant le service funèbre de sa mère, 330 ; IV, 27* ; — dirige Mme de Lesdiguières, II. 369* ; zèle de la duchesse de Lesdiguières à ses obsèques, 369 ; V, 383* ; — directeur de Mme de Longueville, II. 340, 343 ; — sa reconnaissance pieuse pour la première visite de sa cousine, Mme de Pomponne, à la Bastille, III, [631] ; officie aux prières pour Mme de Sablé, V, 78 ; — et Mlle de Vertus, 109-10 ; directeur de Mlle de Vertus, 115 ; fait la bénédiction du bâtiment de Mlle de Vertus à P.-R. des Ch., 111* ; à la vêture de Mlle de Vertus, 113 ; il lui est permis d'aller confesser Mlle de Vertus, 215-

6 ; — caché chez Mme Vitart, 105, 108*; VI, 85 ;
= Ses pseudonymes, II, 374 ;
— noms supposés sous lesquels on lui écrivait, 346 ; — souvent appelé *M. l'abbé*, 345-51 ; — collaborateur versificateur aux Racines grecques de Lancelot, III, 505 ;
— s'applique avec une charité ingénieuse à *expurger* les auteurs latins, 503 ; — éditions de Térence et de Martial, II, 374 ; — traduction de trois comédies de Térence, III, 502, 505 ; — traduction des Paradoxes de Cicéron, 507 ; — traduction de Phèdre, III, 374, 502, 505 ; — écrivain élégant pour P.-R., II, 85 ; — ce qu'il dit de son style, 365-6 ; — ne craint pas les longueurs, 43, 391* ; — estime que le style peut être suffisant, 327 ; — le P. Bouhours attaque en détail le style de ses traductions, 375* ; — peu sensible aux critiques littéraires, 376*;
= et l'Écriture, IV, 413 ; — style mitoyen de sa traduction de la Bible, II, 361 ; — convenance de sa vie avec sa mission d'interprète des Écritures, 363-4 ; — sa croyance directe à la Bible sans autre traduction, 331-2 ; — ce qu'est pour lui l'Écriture, 331-2, 337, 356-7, 381 ; — traduction de l'Ancien Testament faite à la Bastille, 348, 354, 360, 366* ; IV, 378, 379* ; — conversation avec Fontaine sur sa traduction de la Bible, 363-7, 366* ; — ses scrupules sur sa traduction de la Bible, 364-7 ; — objections de M. de Barcos à sa traduction de la Bible, 366*, 367 ; — sa prudence dans la traduction des Écritures, 355*; — importance de sa traduction de la Bible, 356-62 ; — appréciation de sa traduction de la Bible, 360-7 ; — forcé d'ajouter des explications à sa traduction de la Bible, 360 ; — éclaircissements sur la Bible, 356 ; — s'accuse d'éclaircir les Écritures, 365-7 ; — ce que Saci dit lui-même de ses explications de la Bible, 365 ; — ses Explications ne dépassent pas les petits Prophètes, 360 ; — ses Explications de la Bible continuées par M. Du Fossé, VI, 160* ; — fruit de sa Bible, II, 363 ; édification produite, 365-7 ; — ce que dit M. Joubert de sa Bible, 362* ; — n'est pas l'auteur des « Figures de la Bibles, » 243 ; on lui attribue les *Figures de la Bible* de Fontaine, III, 247* ; — aux conférences sur la version de Mons, II, 360 ; — un des auteurs du Nouveau Testament de Mons, IV, 379* ; — et sa traduction du nouveau Testament, V, 81 ; — préface du Nouveau Testament, II, 346 ; IV, 378 ; — la préface du Nouveau Testament de Mons dans sa poche le jour de son arrestation, II, 348 ;
= et les Pères, II, 327, 381 ; V, 87 ; — Sermon traduit de saint Augustin, saisi par M. Daubray, I, 497 ;
— traduit saint Chrysostome sur saint Mathieu, II, 374 ; — Office de l'Église traduit, IV, 328-9* ; — traduit l'Imitation, II, 374, sous le nom de M. de Beuil, VI, 226 ; — sa Vie de Dom Barthélemy des Martyrs, II, 374, 375* ; — n'a pas traduit les lettres de Bongars, III, 507 ; — Lettres spirituelles, II, 337* ; — publication de ses Lettres chrétiennes et spirituelles, 372-3 ; — ses Lettres ont moins de succès que celles de Saint-Cyran, 373* ; — (Lettres de M. de) et de M. de Barcos, 366*, 367* ; — « Enluminures de l'Almanach des Jésuites », sa seule erreur, 87, 327, 343-7 ; III, 21 ; n'est contraire à l'esprit de Saint-Cyran que par les Enluminures, 333 ; mépris de Racine pour elles, VI, 110 ; son tort d'avoir commencé à P.-R. le ton de satire burlesque, II, 334 ;
= Ses premiers vers, II, 324-5 ;
— ses Œuvres poétiques, 336-7* ;
— n'est pas un poète, 324-5, 336-7* ;
— défauts de ses vers, 324-5 ; — estime jusqu'à la Pucelle, 337* ; — met en vers les *Racines grecques*, I, 428 ; II, 325, 332-3 ; — son poème de saint Prosper lu par Racine, VI, 93* ; — défenseur de sa traduction en vers des Hymnes de l'Église, 93* ; — sa traduction du *Veni, Creator*, 93*; du *Salvete flores Martyrum*, IV, 328 ; VI, 93 ; — son heureuse traduction en vers de l'Hymne des saints Innocents, IV, 328-9.

Sacramentaires (Les), appellation des Calvinistes, V, 353.

Sacré (Mauvais goût dans le) flétri par Pascal, V, 487.

Sacré-Cœur (Dévotion au), idolâtre aux yeux de P.-R., I, 236.

Sacrements (De l'admission aux), IV, [535] ; — (Respect des), II, 175-6, 190 ; — selon l'esprit, IV, 310-2 ; — (Croyance de Saint-Cyran aux), I, 343, 446-7, 489* ; — (Tempéraments à propos des), IV, [547] ; — (Abus des), [541, 542] ; — (Église romaine abuse des), I, 446-7 ; — (Suspension des), V- [556] ; — (Privation des), VI, 194, 5, 197-8, 233, 234* ; — (Interdiction des) aux Religieuses, 202-6, 223, 225, 237 ; — (Interdiction des) à P.-R. des Ch., 283-4, 309, 314 ; ce qu'en dit M. Hamon, 310-2, 317 ; — (Les derniers), V, 138* ; — (Morts sans), IV, [537*, 543] ; V, 282, 283* ; VI, 206, 233.

Sacrilège (Le) moins grave que l'indifférence finale, III, 303*.

Sacristain (Office de) pris par humilité, V, 168.

Sacristine (Fabliau de la), III, 128*.

Sacy (Silvestre de) ; valeur de sa « Grammaire générale mise à la portée des enfants, » III, 540 ; — en quoi il se rattache à la méthode de P.-R., 540.

Sacy (Samuel Ustazade Silvestre de) ; administrateur de la Bibliothèque Mazarine, IV, [571] ; — son édition de l'Introduction à la vie dévote, I, [525*] ; — ce qu'il a écrit sur Jacqueline Pascal, III, 360 * ; — son choix des Petits traités de Nicole, IV, 465 ; — réimprime l'ouvrage des six jours de Du Guet, VI, 45* ; — son article sur le premier volume de P.-R., I, [548].

Sadolet ; défend saint Augustin du reproche d'exagération, II, 183.

Sage (Litanies du), V, 267.

Sages (Les) ; aiment mieux le succès que la victoire, III, 292* ; — (Aridité de la sagesse des), IV, 318.

Sages-femmes catholiques imposées aux mères protestantes, V, 320-1.

Sagesse (La) ; amie de la paix, VI, 63 ; — (Hymne de Montaigne à la), II, 423-4.

Sagesse (Le livre de la) ; Voy. Salomon.

Saignée (Ennemis de la), III, 57 ; — pratiquée par les Religieuses, IV, 252.

Saignées, IV, 512* ; VI, 223 ; — (Abondance des), II, [561] ; III, 56 ; V, [599, 603, 604].

Saillant (Le P. de) ; — n'est pas nommé Général de l'Oratoire, V, 331.

Sainctot (Mme), II, 467.

Sainctot (Mlles) et Jacqueline Pascal, II, 467.

Sains (Marguerite de), Religieuse de Lille, I, 297*.

Saint (Rapports du) et du beau, II, [514] ; — (Confusion du) et du profane, V, 64*.

Saint (Profondeur de l'idée chrétienne du), III, 340-1 ; — (Chaque) est un monde à part, I, 413.

S. *Alexis*, I, 369 ; — tragédie, 143.

S. *Alphonse de Liguori*, évêque de Sainte-Agathe des Goths, à Ravenne. I, [541] ; — son catholicisme jésuitisé, III, [595*] ; — sa « Théologie morale » met en honneur la morale facile, 455-6* ; elle est approuvée dans son procès de béatification. I, [526-7] ; — Préface moderne de ses Œuvres complètes (1834), le contrepied de Pascal, III, 455-6*.

Saint-Amant ; son Ode de la solitude, VI, 90.

S. *Ambroise*, I, 381, 416, 450 ; II, 87 ; — et sa sœur Marceline, IV, 174 ; — (Persécution de), III, 188 ; — sa vie, par M. Hermant, 567 ; — ce qu'il dit de S. Augustin, III, [313] ; — son Traité des Offices, II, 86 ; — ce qu'il dit de l'affliction, IV, 306.

Saint-Amour (Louis Gorin de), III, 58 : — fils d'un *cocher du corps*, 14, [591] ; — Recteur de l'Université de Paris, 14, [591], puis de la Sorbonne, 14 ; — toute sa vie une campagne contre les Jé-uites, V, 320* ; — son voyage à Rome, II, 217, [533*] ; III, 13, 15, 87* ; — ses deux premiers voyages à Rome, 15 ; — passe par Genève, 15 ; — son voyage pour le parti à Francfort et à Amsterdam, 196* ; — voyage en Allemagne et en Hollande, (1657-8), 565-6 ; — voyage en Hollande avec M. de Pontchâteau, VI, [315, 316] ; — et l'affaire du Nordstrandt, IV, 375 ; VI, [554] ; mandataire des Jansénistes à Nordstrand, IV, 377 ; et les comptes du Nordstrand, VI, [331, 333] ;

= Dans l'affaire d'Arnauld. III, 38 ; domine le débat de l'affaire d'Arnauld, 35 ; son appel dans l'affaire d'Arnauld est rejeté par le Parlement, 34 ; documents sur l'affaire d'Arnauld en Sorbonne, 33* ;

blâme Arnauld de sa campagne violente contre les Protestants, V. 320 ; — son portrait par Brienne, III, 14, 15 ; — accusé d'accointances Calvinistes, [592] ; assez bien disposé pour les Calvinistes, [595] ; — ses rapports avec Daniel Elzevier, 564-5 ; — audiences particulières d'Innocent X, 17*, 17-8 ; indulgence d'Innocent X pour lui, 15, 16-7* ; — n'obtient pas une Grammaire française de Lancelot, 564-6 ; — et le jeune Leibniz, V, 443 ; — et la « Grammatica Gallica » de M. Mauconduy, III, 564, 565-6 ; — et M de Pontchâteau, VI, [315, 331, 333, 354] ; — ce qu'il dit de Retz, V, [567] ; — conseille de s'en tenir à S. Augustin, 15 ; — et le Docteur de Sainte-Beuve, IV, [570] ; ce que lui écrit le Docteur Sainte-Beuve, 173*.

= Son éloquence redoutable, III, 14 ; — son style suranné, 504* ; — Journal de son voyage à Rome à propos des cinq propositions, [592*, 596*, 621] ; IV, [570] ; V, 320* ; M. de Pontchâteau s'emploie à sa distribution, V, [514] ; Journal de son voyage imprimé en 1662, condamné en 1664, III, 14* ; les livres VII et VIII des Mémoires du P. Rapin, contrepied de son Journal, 19*.

S. *André* (Fête de), II, 355* ; V, 228 — Voy. *Paris.

Saint-André (M. de), curé de Vareddes, IV, 43*.

Saint-Ange en Gâtinais (Baronnie de), II, 6.

Saint-Ange (M. de), premier Maître d'hôtel d'Anne d'Autriche, II, 6 ; IV, 314.

Saint-Ange (La baronne de), II, 6 ; — fille de M. de Boulogne, IV, 314 ; — veut être carmélite à quinze ans, 315 ; — et Arnauld d'Andilly, II, 304 ; IV, 314 ; — et Saint-Cyran, 314 ; amie de Saint-Cyran, III, 469 ; — et M. Le Maître, II, 304 ; — ramène son mari, IV, 315 ; — mère de M. d'Espinoy ; Voy. ce nom ; — veuve, entre à P.-R. (1652), IV, 315.

= En religion, Sœur Anne-Eugénie, II, 6 ; — ce qu'elle dit de la M. Angélique, 300 ; — et Mme de Sablé, V, [606] ; — à la journée des chaises renversées, IV, 285*.

Saint-Ange (Le petit), élevé à P.-R. des Champs, II, 230 ; — (Le jeune) élevé à P.-R., III, 469.

Saint-Ange (M. de) le fils aîné, II, 6 7 ; — sa légèreté et ses désordres, IV, 315.

Saint-Ange (Mme de), la bru ; son historiette dans Tallemant, IV, 315*.

Saint-Ange (Les plus jeunes fils de Mme de), II, 7.

Saint-Ange (Le F.), capucin de Rouen dénoncé par Pascal, II, 481*.

Saint-Ange, personnage du « Mascurat II, 441*.

S. *Antoine*, I, 392, 462* ; — à Alexandrie, III, 188 ; — père des ermites, I, 431 ; — (Vie de), II, 573 ; — (Fête de), 351 ; — (La porte rouge de) dans le jardin de P.-R. des Ch., V, 271 ; — Voy. *Paris.

Saint-Antoine (Les dames de) jouent la Cléopâtre de Garnier avec cinq abbés de leur Ordre pour spectateurs, I, 93*.

Saint-Antonin (Siège de), II, 292.

S. *Apre*, II, 318.

S. *Arsène* ; dévotion de M. de Pontchâteau pour lui, V, 261* ; VI, [319, 330] ; — (Figure de) en tapisserie de natte, 319.

S. *Athanase*, I, 217, 394 ; IV, 81 ; V, [559] ; — ennemi de l'Arianisme, VI, 73 ; — (Persécution de), III, 188, 192 ; — son Apologie *de fugâ sud*, IV, 492 ; — (Vie de), II, 27* ; IV, 16* ; — sa vie par M. Hermant, III, 567.

*Saint-Aubin (Abbaye de), diocèse de Rouen, I, 188.

Saint-Aubin, pseudonyme de M. de Saci, II, 374*.

S. *Augustin*, I, 11, 140, 173, 217, 220-1*, 416, 435*, 447, 497 ; II, 145, 152, 190, 268* ; III, 82 ; IV, 81 ; VI, [305] ; — et les poires de ses voisins, III, 528* ; — tenté par la curiosité, IV, 480 ; — ses pleurs au théâtre, III, 114 ; — et sa mère sainte Monique, VI, [346] ; fils des larmes de sainte Monique, II, 25* ; — sa conversion, I, 380*, 381 ; — prend saint Paul pour guide, II. 389 ; — quitte l'hérésie des Manichéens, 389 ; — évêque d'Hippone, I, 39-40, 357, 358 ; — son corps retrouvé (1728), VI, 75 ; — (Vie de), II, 27* ; — (Fête de), I, 424 ; IV, 19*, 235 ; Sermon de M. Singlin, le jour de sa fête, I, 472-3 ; II, 308.

= Confessions, I, 431, 485 ; II, 161* ; [531] ; III, 369* ; V, [595] ; —

traduction d'Arnauld d'Andilly, II, 279, 281 ; — ses « Confessions » ont à P.-R. une postérité d'écrits, I. 416 ; — imitées par M. Hamon, III, [633] ; IV, 288 ; — (Ses) et M. de Pontchâteau, VI, [304, 344] ; — imitations orgueilleuses de ses Confessions, II, 405 ;

= Excuse le mensonge d'Abraham à propos de Sara, III, 225* ; — sur le Psaume CXVIII, 153 ; — Tractatus XLV in Joannem, I, [529*] ; — De la véritable religion. 479 ; — Opuscules sur la Grâce, II, 13 ; — « De la correction et de la Grâce ». [531, 534] ; — « De la Foi, de l'Espérance et de la Charité », II, [531] ; — son livre « de la Virginité » commenté par le P. Séguenot, condamné en Sorbonne et cause de l'arrestation de Saint-Cyran ; I, 489-90 ; — Soliloques, traduits par M. de La Croix-Christ, VI, [285] ; — Pensées sur la vie éternelle, traduites par M. de Luynes, II, 312 ; — Lettre sur un païen qui diffère de se convertir, V. 371 ; — « De la véritable religion ». II, [531] ; — Traités contre les Pélagiens, I, 293, 479 ; — contre Fauste, III, 225* ; — « Mœurs de l'Église catholique », II. [531] ; — ses petits Traités traduits par Arnauld, II, [531, 534] ; — Sermons, I, [529*] ; — la traduction de ses sermons par M. Du Bois, IV, 18* ; V, 469-70 ; — Sermon traduit par M. de Saci, 497 ; — ses traducteurs revus par M. Vuillart, VI, [250] ; — (Citations de), V, 437-8 ; VI, [256] ; — (Le goût de), V, 341 ; — comparaisons, 6, 83 ; — les défauts de son style viennent de son temps, I, 421 ; — *Sanctus Augustinus per seipsum docens*, VI, [304] ;

= (Doctrine de), VI, [281] ; — sévérité de sa doctrine, III, 455* ; — (Christianisme selon), VI, [282-3*] ; — (Chrétien selon). 47 ; — sa contradiction essentielle avec le Christianisme général, II, 130-1, 132-5 ; — le grand fondateur du raisonnement chrétien, V, 418 ; — et ceux qui le suivent circonscrivent et arrêtent le dogme, III, 13* ; — (Autorité conférée à), I. 20-1, 294 ; — et saint Paul, VI, [282-3*] ; — son sentiment de terreur, V, 385 ; — sur les contrastes en Dieu, III, 396* ; — le Dieu d'Augustin, VI, 60 ; — sa définition du péché, II, 142-3 ; — son idée de la chute, III, 480 ; — tire de la chute la nécessité du rédempteur, II, 114 ; — doctrine sur les enfants après la mort, I, 298 ; — son opinion sur la sagesse éternelle éclairant tous les esprits immédiatement, V, 403 ; — sur la justice, III, 381 ; — sur la charité, VI, [287] ; ce qu'il dit du royaume de la charité. [319] ; — ce qu'il dit de l'état de saint loisir, V, 88 ; — ce qu'il dit des yeux invisibles, IV, 310 ; — traite les arts de charmes ajoutés à la tentation, 253 ; — son opinion sur la raillerie, II, 335 ; — ses méthodes de raisonnement, 384* ; — son procédé de style et de raisonnement, IV, 296 ; — conclut plutôt du sens aux mots, II, 112, 427 ; — ciée la logique du surnaturel, 384* ; — (Subtilité de), 384* ; l'Aristote de la subtilité, IV, 302 ; sa subtilité dans l'émotion, IV, 247 ; — a réponse à tout, II, 384* ; — n'a jamais été soupçonné, IV, [549] ;

= et la Grâce, IV, 505 ; — (La Grâce selon), VI, [270] ; — fondement de son système sur la Grâce, II, 99-101 ; — docteur de la Grâce, IV, [568] ; — rigidité de son opinion sur la Grâce, II, 132 ; — sa doctrine sur la Grâce est-elle ou non catholique ? [534] ; — en partie novateur sur la question de la Grâce, 132-3 ; — est-il infaillible sur la Grâce ? a-t-il innové en son temps ? témoignages catholiques en divers sens, 132-5 ; — (Reprise de l'idée de la Grâce au pied de), III, 215 ; — sa doctrine sur la Grâce mise en lumière par Arnauld, II, [531] ; — ses sentiments sur la Grâce dans la bouche des Religieuses de P. R., [541] ; — sa doctrine et le Formulaire, VI, [360] ; — (La signature du Formulaire condamne), III, 84 ; — (Sentiments de) sur la Grâce opposés à ceux de Jansénius, V, 334* ; — sa doctrine sur la Grâce et le Père Chappuis, VI, [324] ;

= L'Augustinianisme, I, [533*] ; de l'Augustinianisme de Rome, III, 92 ; — défenseurs de sa doctrine, VI, [307] ; — Aventures de ses opinions sur la Grâce, II, 132-5 ; — qui l'on peut rapprocher de lui au XVIIe siècle, I, 420-1 ; — nombre de gens attachés à sa doc-

trine, VI, 177 ; — Jansénistes augustiniens par excellence, III, 490; — (*Les disciples de*), V, 230*; VI, 177, 178, [268-71] ; — ses disciples assez maltraités dans les Communautés, [509] ; — la réforme augustinienne repoussée par la fin du XVIIᵉ siècle, II, 158-9 ; — atteint par des Bulles expresses, II, 134; — les cinq propositions y sont; on le condamne en les condamnant, II, 129*;
= Mis au lieu et placed'Aristoste, II, 124-8; — l'oracle d'Arnauld, V, 448 ; son éloquence défendue par Arnauld, 470; (Parabole d'Arnauld sur le portrait de) comme étant dans un bloc de marbre, 406-8, 412 ; son autorité singulièrement invoquée par Arnauld, 321*; — l'abbé d'Aubigny ne l'a pas étudié, III, 586*; (La cause de) et M. d'Aubigny, IV, [558]; M. d'Aubigny un disciple buissonnant, [556]; — cité par Boileau, V, 13; — suivi par Bossuet, II, 143*; — Calvin s'appuie sur lui, 106*; — a des arguments analogues à ceux de Descartes, V, 350 ; distinction de l'âme et du corps commune avec Descartes, 353 ; contradiction de méthode entre lui et Descartes, 354-5; — sur le baptême contre les Donatistes, II, 125 ; ce qu'il dit des amendes imposées aux Donatistes, V, 321*; — M. Du Bois trouve ses sermons peu éloquents. 470; — cité par Du Guet, VI, 74*; défendu par Du Guet, 60-1 ; Du Guet rapproché de lui, 74, 75; — Épictète et Montaigne devant lui, II, 387-9; — sa doctrine et les Évêques de France, IV, 353 ; — un des sujets d'études de l'abbé Flottes, III, [605*]; — et M. Fouillou, VI, 172*; — peu estimé du grand Frédéric, II, 384*; — ce que dit Gibbon du sort de ses doctrines, 106*; — Mme de Grignan le lit, III, 231; — cité par M. Hamon, IV, 321 ; — son jugement sur la gloire d'Homère, VI, 45; — Innocent X ne voit pas dans sa bulle la condamnation de S. Augustin, ce qui crée les ambiguïtés de la *Signature*, III, 20; — se vend peu en Italie, IV, [550]; — (Jansénisme de), II, 91 ; — est le boulet au pied du Jansénisme, I, 294-5*; — pris pour arbitre entre les Jansénistes et les Jésuites, [529-30]; (Pour les Jansénistes, Innocent n'ayant pas condamné) n'a pas condamné Jansénius, III, 20 ; — et Jansénius, IV, 505 ; VI, [282] ; auteur favori de Jansénius, I, 291-4, 299 ; est tout pour Jansénius, II, 331-2; comment loué par Jansénius, 125-6; (L'Adam de) restauré par Jansénius, 136, 137; l'*Augustinus* est moins un commentaire qu'un autel à S. Augustin, 139*; (L'*Augustinus* n'est qu'un tissu de textes de), 99; (La doctrine de Jansénius est celle de), III, 87; développé par Jansénius avec son génie propre, II, 122, 128 ; le Formulaire décrète que Jansénius a faussé sa doctrine. III, 26 ; « Antithesis Jansenii et divi Augustini », [622*]; — comment le traitent les Jésuites, 22; — poème du P. Labbe sur son ombre, IV, [626]; le P. Labbe le réfute sans l'avoir lu, III, [622-3]; — ce qu'en dit le P. La Chaise. II, 134*; — l'Université de Louvain envoie à Rome le défendre, III, 9 ; — invoqué par Malebranche, V, 388*; Malebranche s'y appuie, 393, 403; — combat les Manichéens, II, 116; — Montaigne et Épictète devant lui, 387-9; — et Nicole, IV, 479, 505, 512*; cité par Nicole, 452; — et l'Ordonnance de M. de Noailles, V, 287-8; — M. Olier ne l'a jamais lu, VI, [296]; — repoussé par l'Oratoire, V, 334; — ce qu'en a Pascal, III, 454; Pascal comparé à lui, 391; — ce qu'il dit de Pélage, II, 111*, 112; — contre les Pélagiens, II, 115, 116; — s'écarte des Pères grecs, 132-3; — et le P. Petau, IV, 505; — cité par M. de Pontchâteau, VI, [347]; — et P.-R., III, 455; ce qu'il est pour P.-R., 391; traité d'évangéliste par P.-R., II, 126, 148; son infaillibilité à P.-R., 126-7*, 135; moment où P.-R. s'en éloigne, IV, [522] ; — hérésie des Prédestinatiens sortie de sa doctrine sur la Grâce, II, 116; — Ce qui, selon Racine, rend digne de la doctrine de), VI, 112; — trop fort pour le P. Rapin, I, 483*; — (Les disciples de) et Retz, V, [567]; — condamné par Rome, III, 91; à la fois suivi et condamné par Rome, II, 144-5; — le livre de M. de Saci, 383-4 ; M. de Saci y cherche l'idée de Dieu, 328 ; (M. de Saci réfute Montaigne par), 389; M. de

Saci s'y appuie, 387 ; — ce qu'en dit S. Ambroise, VI, [313] ; — (Conseil de Saint-Amour de s'en tenir à), III, 15; difficultés de Saint-Amour à réimprimer de ses traités à Rome, 16 ; — peu lu avant Saint-Cyran, I, 419 ; très-lu par Saint-Cyran, 479, 485 ; Saint-Cyran voulait que la doctrine de Jansénius fût montrée être celle de S. Augustin, II, 128-9 ; il s'en retrouve dans Saint-Cyran, I, 358*; ses noms d'Aurelius Augustinus donnent le titre des deux ouvrages de Saint-Cyran et de Jansénius, I, 316-7; ce qu'en dit Saint-Cyran, II, 38, 95, 96 ; — préféré à S. Paul, I, 294 ; — et le Dr de Sainte-Beuve, IV, 414 ; — et le Chevalier de Sévigné, V, 96 ; — (La doctrine de) et le P. Thomassin, 333 * : — savait par cœur le quatrième livre de l'Énéide de Virgile, IV, [542 *].

S.-*Augustin* (Ordre de), VI, [303] ; — Annonciades suivent sa règle, IV, 235.

*Saint-Avaux (L'abbé de); Voy. Hennezon (Dom).

**Saint-Avold,* V, 579 ; Voy. Saint-Avaux.

S. *Barthélemy,* I, 330.

Saint-Barthélemy (La), I, [556] ; — (Épisode de la), 53-4, 59.

S. *Basile,* I, 217, 281, 404 ; II, 318*; IV, 59, 304 ; — son canon contre les violations des tombeaux, VI, 19 ; — (Vie de), IV, 16*; — sa vie par M. Hermant, III, 567 ; — M. de Harlay comparé à lui, V, 198.

**S. Bénigne;* Voy. Dijon.

*Saint-Benoist (M. de) ; Voy. Grenet (M.), et *Paris.

S. *Benoît,* I, 44*, 439*, 462*; IV, 137 ; — sur son véritable esprit, 67 ; — son opinion sur l'obéissance due par les Religieux, V, 194 ; — (Pensée de) IV, [533] ; — (Fête de la), 1608, I, 99.
= (Règle de), II, 221, 222*, 298*, [542]; V, 99; VI, [349, 347];—celle de P.-R., II, 298*; — (L'hémine de) IV, 54*; Voy. Lancelot; — (Ordre de), I, 503*; Voir Cîteaux.

Saint-Benoît (La M. Marie de); Voy. Burges.

S. *Bernard,* I, 205*, 212, 217, 236, 277, 353, 370 ; II, 36 ; IV, 81, 137, 336*, 413, [527] ; — (Temps de), 349 ; — (Symbolisme mystique de),
301*; — son amour de la solitude, 52 ; — dans sa retraite de Châtillon, III, 48 ; — ses larmes après avoir fait le service funèbre de son frère, IV, 27 *; — son tombeau à Clairvaux, III, 192 ; IV, 201 ; — (Fête de), 207 ; V, 244*; VI, [333];— sermons sur le Cantique des cantiques, IV, 27*;—Hymnes anciennes et celles de Santeul, V, 244-5 * ; — (Citations de) I, 273-4; II, 507, 508; — son autorité invoquée sur l'esprit de pauvreté, III, 324 *; — sa direction des âmes, IV, 43 ; — et l'Eucharistie, 449 ; — son opinion sur l'obéissance des Religieux, V, 194 ; — met les monastères au fond des vallées, I, 44*; — ses Religieux défrichent les terres, 500 ; — (Abbayes réformées de l'Ordre de), II, 275, 276 ; — cité par M. Hamon, IV, 324 ; — cité par Pascal, III, 78 ; Pascal s'en sert contre les Jésuites, [598];— (La cuculle de) et P.-R., V, 241-3 ; fait des miracles à P.-R., IV, 118 ; — les Religieuses de P.-R. ses filles, V, 207-8, 243, 261, 279 ; — ce qu'en dit Saint-Cyran, IV, 38 ; — et le chevalier de Sévigné, V, 96.

*Saint-Bernard (Le mont), I, 259.

S. *Bonaventure* I, 217 ; IV, 322*; — louanges de la Vierge, I, 142 *.

S. *Boniface* (Reliques de), V, 303.

Saint-Bonnet (M. de), gouverneur d'Étampes et père de Camus, l'évêque de Belley, I, 244 *.

**Saint-Brieuc;* Voy. La Barde.

S. *Bruno,* I, 44.

S. *Césaire d'Arles* (Éloquence pratique de), I, 470 ; — (Citation de), V, 339.

S. *Charlemagne* ; — Voy. Charlemagne.

S. *Charles-Borromée,* I, 211, 212, 244 *, 268, 460, [541];— (Réforme de), 7, 11 ; — ses règlements, IV, [541] ; — restaurateur de la pénitence, II, 176 ; ses instructions sur ce point, 189 ; III, 205 ; — Traité aux Confesseurs et Curés, 128 ; — (Fête de), II, 237*; — comparaison qu'en fait Arnauld avec S. François de Sales, 176-8 ; — tableau de Ph. de Champagne, V, 476 ; — sermon de Retz, [531].

Saint-Charles (M. Le Roy de); Voy. Le Roy.

S. *Chrysostome;* — Voy. S. Jean Chrysostome.

**Saint-Claude,* IV, 343.

Saint-Claude; Voy. Le Noir de Saint-Claude.

S. *Clément.* pape, IV, 413.

S. *Clément d'Alexandrie,* II, 145.

Saint-Cloud; maison de M. Le Coigneux, II, 309*; — mort de Madame, IV, [537]; V, 80.

S. *Côme,* IV, [586].

S. *Cyprien,* IV, 48; — traité de la mortalité traduit pour Mme de Luynes, II, 313, 318*; — (Histoire de), IV, 18; — (Beau mot de). III, 226*; — (Mot de) sur le *Robur sacerdotale,* IV, [554*]; — cité, 360*; cité par Nicole, 451; cité par Tillemont, 93.

Saint-Cyr (Abbaye de), I, 189; — la petite Jeanne Arnauld en est nommée abbesse, 75.

Saint-Cyr (Institution de), I, 236; IV, 116; — la maison louée par Jacques II et sa femme Marie de Modène, VI, 135; — (Mme de Maintenon à), V, 127*; — éloges de Boileau, 501*; — la classe bleue, VI, 142; — Andromaque trop bien jouée à Saint-Cyr, 134; — représentations d'Esther, 135; allusions d'Esther, IV, 115; — Quesnel n'y approuve pas le théâtre, V, 338; inconvénients des représentations dramatiques, VI, 142; — les quatre cantiques de Racine, 151; — flatterie de Mme de Château-Renaud, 214, 215; — (On veut donner P.-R. des Champs aux Dames de), 235; — Voy. Mme Brinon, Racine (Esther et Athalie).

Saint-Cyran (Abbaye de) en Brenne, I, 282, 425, 437, 438, 455, 501; II, 194, 367*; III, 494-5; IV, 294; — Saint-Cyran y envoie des enfants, II, 39-40; — donnée à M. de Barcos, 215; réforme de M. de Barcos, 221, 222, 222*, [541]; — visites de M. Bartet, [540]; — visite de M. de Beaumont, 314*; — M. Guays s'y fait religieux, VI, 97*; — visite de M. Hamon, IV, 338; — M. Le Pelletier Des Touches s'y retire, V, 203, 204*; — séjour de M. de Pontchâteau, VI. [310]; — ses Solitaires, II, 221; — mêlée faussement à l'enquête contre P.-R., V, 161; — sa séparation des discussions du dehors, 161-2; — sa destruction, II, 222, 222*.

Saint-Cyran (Jean Du Vergier de Hauranne, abbé de), I, 11, 12, 13, 14, 16, 29, 50, 127, 194*, 397*, [555]; II, 5, 317, 376, [515*]; III, 3, 20, 21, 23, 240; IV, 6, 138, 274;
= Élève des Jésuites, I, [521]; — ses études à Paris, 274; — à Louvain, 295; — chanoine à Bayonne, 282; — défend à Bayonne la présentation d'une brebis égorgée dans l'Office des morts, 284*; — séjour à Poitiers, II, 46, 253; — chanoine à Poitiers, I, 282; — à Paris, 279, 282, 305-6, 385, 479; logé près des Chartreux, 423, 427, 479; Chartreux; communion en étole de Saint-Cyran, II, [537-8]; au cloître Notre-Dame, I, 385, 422, 482*; — Conférences de Bourg-Fontaine, 288-9*; — entreprise de Pilmot, III, 78; — abbayes et évêchés refusés par lui, I, 308, 336, 486; — on lui offre l'évêché de Bayonne, III, 12*;

= (Entente de Jansénius et de), I, [531*]; — pleure en quittant Jansénius, 303; — revoit Jansénius à Péronne, 303-4; — (Lettres de Jansénius à), 287-90, 300, 303, 304*; II, 125; V, 501; — sa correspondance avec Jansénius saisie, VI, 177-8; — ses lettres à Jansénius perdues, I, [532]; — Jansénius meurt huit jours avant son arrestation, II, 93; — l'Augustinus paraît pendant sa prison, 92; Augustinus (Censeurs de l'), 189; ce qu'il dit de l'Augustinus, 95-6; — plus pratique que Jansénius, I, 296; — voit le salut plus en dehors des livres que Jansénius, 296; — insistait pour qu'on montrât que la doctrine suivie n'était pas de Jansénius, mais de S. Augustin, II, 128-9;

= Tiré à eux par les Protestants, II, 196-7*; — (Presbytérianisme et républicanisme de), III, 190; — lien réel entre son inspiration chrétienne intérieure et celle des grands Réformés, [619]; — accusé de calvinisme, I, 446-7, 502, 510; — (Calvin et), 535, 536; — veut écrire un livre contre le calvinisme, II, 194-6; — ce qu'il a de commun et d'opposé avec le calvinisme, I, 343-4*, 444, 539; — exorcise les livres hérétiques qu'il lit, II, 195;

= Son trop de christianisme paraît menaçant, V, 162; — ses envieux, I, 429-30; — les témoignages contre lui, 502-3, [534-6]; — maximes hétérodoxes, [534-6]; —

SAINT-CYRAN

accusé de déisme, 245* ; — accusé de ne pas croire aux conciles, [534, 536, 538] ; — sa définition peu romaine de l'Église, III, 348* ; — son opinion sur l'Église de son temps, I, 315-6, 502, [535, 539*] ; II, 66 ; — ses sentiments secrets sur les désordres de l'Église, I, 211-3, 268 ; — Mémoire de M. Zamet contre lui et Réponse de M. Le Maitre, 498 ; — actes officiels de l'information contre lui ; Voy. « Reliques de M. Jean Du Verger » et Pinthereau ; — ses dénégations, I, [535] ; — saisie de ses papiers, 462 ; II, 27-8, 44*, 65 ; regrette un moment ceux qui ont été brûlés, I, 492-3 ; — craint une nouvelle saisie de papiers, II, 201 ; — le commentaire du P. Séguenot sur le traité de la virginité de S. Augustin, cause de sa prison, I, 489-90 ; — affaire de l'attrition, cause immédiate de l'arrestation, 486-490 ; — donne sa sévérité comme cause de sa prison, 458 ; — ce qu'il fait la veille de son arrestation, 484 ; — arrestation (4 mai 1638), 484-6 ; II, 344 ; — entremise de ses amis lors de son arrestation, 493-5 ;
= Emprisonné à Vincennes, III, 12*, 366*, 468, 469, 472* ; IV, 227, 316 ; — (Prison de), 1638, I, 120, 334, 335, 336, 354-5, 361*, 362, 363, 393, 403, 501, [553] ; II, 16, 65, 65*, 193, 194, 203, 326 ; — ses premières angoisses à Vincennes, I, 490-1 ; — écrit dans sa prison avec un crayon de plomb, 494* ; — Contraste de à Vincennes et de l'évêque de Chartres à la cour, II, [54, 512 3] ; — console à Vincennes des généraux prisonniers de guerre, 8 ; — à Vincennes s'occupe d'élever des enfants, 39 ; — au donjon, 349 ; — pense mourir au donjon, 22 ; — sa sortie du donjon, I. 494 ; II, 17 ; — visité à Vincennes par Arnauld d'Andilly et le duc de Liancourt, V, 44 ; — interrogé un an après son arrestation, I, 495 ; — son interrogatoire (14 mai 1639), 502-3, 505, [535] ; II. 12 ; — récuse Laubardemont comme étant juge séculier, I. 502 ; — se refuse à signer un désaveu à la suite de son interrogatoire, 53 ; — (Élargissement de), 27, 365 ; II, 26, 27 ; III, 468 ; — sortie de Vincennes, II, 26, 27,

265*, 290 ; — lettre de Mathieu Molé sur sa sortie, 27-8* ; — messe d'actions de grâces pour sa sortie, 29 ; — demande ensuite à rester seul pour chanter le psaume XXIV, 30-1 ; — ses visites en sortant de Vincennes, 29-30 ;
= et Balzac. II, 73, [528] ; (lettres de Balzac à), [524*] ; ses relations avec Balzac, 46 ; (Lettre emphatique de Balzac à), 46-9 ; scène du miroir avec Balzac, 50 ; jugement de Balzac sur Saint-Cyran, 65-6 ; — rapports avec le cardinal de Bérulle, I, 305-6, 446 ; II, 66 ; — ce que pense Bossuet de ses lettres, 213 ; allusion de Bossuet, 151 ; — ses rapports avec M. Bourdoise et la Communauté de S. Nicolas du Chardonnet, I, 415, 429-30 ; — chargé dans son procès par M. de Caulet, abbé de Foix, IV, 355 ; — ses rapports avec M. de Chavigny, II, 19-20* ; — ce qu'il dit de l'éloignement du P. de Condren à son égard, I, 489-90* ; — M. de Ciron en face de lui, V, 453 ; — aurait fait à Descartes d'autres objections qu'Arnauld, V, 350 ; — et la Somme du P. Garasse, III. 109 ; — son influence sur Gomberville, II, 266-7* ; — ses rapports avec les Grands, 1, 363-4, 460*, 467* ; — et M. Habert, IV, [565*] ; — d'abord sans parti pris contre les Jésuites, I, 313 ; III, 109* ; ce qu'il dit des Jésuites, I, [547] ; — ses accusations contre les Jésuites, [522-3] ; « Reliques de Saint-Cyran », publiées par les Jésuites, II, 197* ; — et le P. Joseph, I, 236*, 274*, 308-9, 336 ; — ses sentiments à la mort de Louis XIII, II, 197-8 ; — et l'abbé de Marolles, 206 ; — et Molé, 203 ; — ce que dit M. de Montchal de son arrestation, III, 12* ; — son opinion sur la cassation du mariage de Monsieur, I, 335-6, 489-90* ; opposé au divorce du duc d'Orléans, III, 12 ; — et Rancé, IV, 45 ; — et Richelieu, II, 469 ; ses rapports avec Richelieu, I, 306-8, 335-6. 380-1*, 486-8 ; et Richelieu, évêque de Luçon. II, 51, dédie à Richelieu sa réfutation de Garasse, I, 313 ; Richelieu lui en veut de la conversion de M. Le Maitre, V, 82 ; trouvé par Richelieu plus dangereux que six armées, II, 23 ; ce

que dit Richelieu de son ordre de l'arrêter, IV, 190-1 ; ce que dit le cardinal de son arrestation, I, 493-4* ; non vaincu par Richelieu, 287, 486 ; (Richelieu meurt le jour de la fête de), II, 26 ; — son peu de complaisance pour la Cour de Rome, I, 365-6 ; — se rapproche des plus opposés à Rome sur la Grâce, III, 97 ; se rapproche d'une rupture avec Rome, 90-1 ; — en face de S. Ignace de Loyola, 138-9 ; — (Contraste de) et de S. Vincent de Paul, I, 510-1 ; rapports avec S. Vincent de Paul, 306-7, 430, 505-6, [532-?] ; II, 190 ; dissidence avec S. Vincent de Paul sur des points de doctrine ; sa lettre et leur raccommodement (1637), I, 503-5 ; (Richelieu force S. Vincent de Paul à produire une lettre de), 503-5 ; discussion par le P. de Montézon du témoignage de S. Vincent de Paul contre lui, [532-6] ; — ses rapports et sa brouille avec Zamet, évêque de Langres, 331, 333-4, 335, 336, 364 ;

= Derniers temps ; II, 193-206 ; — dernières tracasseries, 201-3 ; — derniers mois de sa vie, 165 ; — soigné par M. Pallu, [536] ; — tient à communier avant de mourir, [536] ; assisté par M. Singlin [536] ; ne reçoit l'extrême-onction qu'après le viatique, [536, 539] ; ce qu'il dit à son lit de mort de ceux qu'il laisse après lui, III, 22 ; — sa mort, I, 465 ; II, 204-5, 225, 238, 265*, 290 ; — meurt près des Chartreux, 204* ; — récit de sa mort par Lancelot, [535-7] ; — les deux récits de sa mort, par Lancelot et l'abbé de Pons, inconciliables ; lequel ment? [539] ; — autopsie et partage des parties de son corps, 205 ; — son enterrement, 206 ; — enterré à S. Jacques du Haut-Pas, IV, 299* ; — Jésuites publient aussitôt qu'il est mort sans sacrements, II, [537] ; les Jésuites nient qu'il ait été administré, 204* ; discussion de ce point, [535-40] ; — son épitaphe, 212 ; — culte de son tombeau ; messe de confesseur en blanc, 211-2 ; — (Des thèses dédiées à la mémoire de) font mettre leur auteur à la Bastille, III, [630] ; — portrait peint, I, 285* ; — ses portraits gravés, II, 212 ; VI, 227 ; — *Mémoires* de Lancelot sur sa vie, III, [632] ;

= (Le temps de) pour P.-R., III, 244 ; — (L'histoire de P.-R. s'agrandit avec), VI, 242 ; — de l'esprit primitif de P.-R., IV, 401 ; — de la grande génération de P.-R., III, 94 ; — (Port-Royal de), IV, 88 ; — le premier P.-R. de Saint-Cyran, I, 436, 437 ; — sa valeur dans le Jansénisme, II, 212-3 ; — l'Eschyle du Jansénisme, III, 69 ; — le vrai directeur de P.-R., I, 176-7, 236, 321, 385 ; — le père spirituel du second P.-R., 40, 213 ; — (Jansénisme de P.-R. sort de), V, 300 ; — un des trois directeurs en chef de P.-R., II, 341 ; — a l'idée des Petites Écoles, III, 468, 469, 484 ; — et les premières Petites Écoles, I, 479 ; — visite à P.-R. des Champs, I, 284* ; II, 229 ; — contredit à P.-R., IV, 424* ; — n'est pas remplacé à P.-R., I, 476-7 ; III, 22 ; — ceux de P.-R. qui continuent ou non son esprit, I, 437 ; — tort de P.-R. de sortir de sa droiture invincible, III, 15 ; — aurait débrouillé les affaires subséquentes de P.-R., II, 332 ;

= et Arnauld d'Andilly, II, 253, 257 ; ses rapports avec Arnauld d'Andilly, I, 283-6 ; II, 27-8, 67* ; traite Arnauld d'Andilly d'académiste, 278* ; sa part dans les stances chrétiennes d'Arnauld d'Andilly, 281* ; — ses premiers rapports avec le grand Arnauld, 12 3 ; Arnauld, son fils spirituel, III, 567 ; et la chantrerie du grand Arnauld, II, 13* ; consulté par le grand Arnauld sur son sous-diaconat, 16-7 ; son vœu sur Arnauld vérifié, 178-9 ; aiguillonne le génie polémique d'Arnauld, 21-2 ; cause du livre de la Fréquente communion d'Arnauld, 19 ; suscite le livre de la Fréquente communion, 165 ; fait écrire à Arnauld le livre de la Fréquente communion, 167* ; son bonheur du livre de la Fréquente communion, 203 ; Arnauld sort souvent de son esprit, V, 9* ; — M. de Barcos, ses autres neveux et M. de Saci dans son logis près des Chartreux, I, 498 ; ses papiers brûlés par M. de Barcos, 492-3 ; — ses rapports avec M. de Bascle, 477-8 ; — et les jeunes Bignon, VI, 84 ; — et la famille Du Fossé, 229, II, 230 ; — Du Guet trouve ses *Lettres* un peu sèches,

VI, 32; — directeur de M. Duhamel, II, [543]; n'a pas une estime entière pour M. Du Hamel; [544]; ses réserves à propos de M. Du Hamel, [549]; n'a pas vu M. Du Hamel à Saint-Merry [544]; — et M. Hillerin, 242, [544]; — et Lancelot, III, 135; M. Ferrand le fait connaitre à Lancelot, I, 419; ses rapports avec Lancelot, 416, 419, 420-7, 429-31, 441; met Lancelot avec M. Singlin, 433; dernières conversations avec Lancelot, II, [535]; Lancelot son Élisée, III, 86; — et M. de la Petitière, II, [542]; — et M. Le Maître, I, 401, 413; ce qu'il en dit, 430; son rôle dans la retraite de M. Le Maître, 379, 380-1, 382, 383*, 388*, 397*, 413, [519]; réunit M. Le Maître et M. de Séricourt, 403; entretien avec M. Le Maître, II, 99; conversation avec M. Le Maître sur la vanité de la science, I, 480; sa conversation avec M. Le Maître sur les enfants, III, 468, 469; ce qu'il dit des livres de M. Le Maître, II, 38; — ses rapports avec M. Le Pelletier des Touches, I, 430*; — (Neveux de) élevés au commencement des Petites Écoles, I, 433; III, 469; — Nicole en tient peu, IV, 414; comment il le juge, 415; Nicole étranger à ses vues, 418; ses ouvrages trop corrigés par Nicole, III, 380; — et M. Pallu, II, 229; — et Pascal, 500*; a comme Pascal l'intelligence interprétative et l'expression concise, III, 446-7; maitre de Pascal, IV, 400; les Provinciales rompent avec son esprit, I, 437; III, 55; ce qu'il aurait pu signer dans les Provinciales, III, 65; Pascal ressaisit son esprit, 86; Pascal s'en rapproche finalement, 86-90; (Pascal donne les derniers éclairs de l'esprit de), 357, 858; sa parole reste à côté de Pascal, 327*; vengé par Pascal, 149; — estime de Pavillon pour lui, IV, 372; — M. de Pontchâteau copie ses écrits non imprimés, VI, [320]; — chargé de la direction de M. de Saci, I, 401; II, 325; fait traduire un poëme de S. Prosper à M. de Saci, 336; — et M. Singlin, I, 443; force M. Singlin à être directeur, IV, 19; son entretien avec M. Singlin en 1643, I, 454-61; — ses adieux aux Solitaires, II, 411-2; — et le jeune Vitart, VI, 84;

= La M. Agnès eût pu s'en passer, IV, [577]; défend le chapelet secret de la M. Agnès, I, 330-1; — bénit la M. Agnès de Sainte-Thècle Racine toute jeune, VI, 161*; — la M. Angélique rapprochée de lui, IV, 160; ses rapports avec la M. Angélique, I, 206, 213-4; II, 42; recommande à la M. Angélique de retourner à P.-R. des Champs, II, 300-1*; — et la Sœur Angélique de Saint-Jean, IV, 227; souvenir qu'il laisse à la Sœur Angélique de Saint-Jean, 191; — son opinion sur Mme Arnauld, I, 131; visite à Mme Arnauld à P.-R. des Champs, II, 32*; — assiste à la mort de Mme Arnauld d'Andilly, I, 378-9; II, 190; — ses rapports avec Mme de Guéménée, I, 361*, 362-3; II, 41*; — conseils à la Sœur Marie-Claire, I, 234*, 346-55, 367; — ce qu'il dit de la Mère Marie des Anges, 188*; — (Nièce de), I, 491-2*; — (Les Religieuses de P.-R. résistent à la signature contre Jansénius à cause de l'amitié de), IV, 136-7, — et Mme de Saint-Ange, III, 469; IV, 316; ses relations avec Mme de Saint-Ange, II, 6; directeur par lettres de Mme de Saint-Ange, IV, 314; — La Sœur Sainte-Euphémie en tient, III, 350, 351; ce que la Sœur Sainte-Euphémie a de son esprit, 358;

= Disposition première au paradoxe, I. 277, 278-9, 503*; — ses suppositions sur les suicides permis sont un jeu d'esprit, 277-8; — va par bonds et par volées, 316*; — est de ces arbres qui se décident tard, II, 41; — génie à part d'invention et de fondation, 322, 323; — son imagination mystique, I, 448; — profondeur de ses principes, II, 154, 166; — le mystère conforme à son genre d'esprit, 166; — puissance et magnificence de sa pensée, I. 451-2; — son sentiment terrible des choses, II, 40; — son sentiment farouche, I, 304-5, 353; IV, 316; — du côté austère et dur du christianisme, I, 214, 510; — intraitable dans la confession de la vérité, II, 201; — ne fléchit sur rien, I, 342-3; — aime à agir avec vigueur, mais en se tenant dans l'ombre, 310, - cherche la monarchie spirituelle, 287; vise à l'omnipotence spirituelle, 319*, [539]; — importance qu'il donne à l'intuition, 481-2; — ne reconnaît de règle que l'inspiration, [538-9]; — veut qu'on aille toujours à la source, II, 38; — touché surtout par la puissance de Dieu. I, 303; — sur le retardement de Dieu à ses grandes œuvres, II, 486*; — importance qu'il donne au Père dans la Trinité, 201; — sur l'amour du prochain en Dieu, I, 304-5; — son système théocratique, 459*; — moteur de la régénération de la Grâce, IV, 400; — son idée de la Chute, III, 480-1; — sa manière auguste de considérer la Vierge, I, 353; — sa croyance aux sacrements, 343, 444*; — ses communions, II, 29; — pensées sur le saint sacrement, I, 492-3; — une de ses dévotions était de chanter des hymnes, 1.434; — haute idée du sacerdoce et de la pénitence, II, [543]; — son sentiment rigoureux du principe épiscopal, V, 311; — ce qu'il pense de l'épiscopat, II. 215*; — (Ce que ne fait pas un chrétien selon). III, [628]; — don pour discerner les vocations, I. 441-2; — (Les conversions selon), II, 70; — comment il entend l'humilité, I, 348, 351, 355-7; — ce qu'il dit de l'orgueil spirituel, II, 37-8; — sa fierté, I, 364-5; [536]; — agonie et secours, 490-1; — son mépris de l'effet des sens dans la foi, IV, 323*; — défend de satisfaire deux sens à la fois, 253 : — recommande de rester peu avec les pénitents et les religieuses, I, 461*; — condamne la solitude du cabinet, II, 83, 84; — conseille de se déterminer lentement et de ne plus revenir, I, 466*; — condamne la précipitation, IV, [579]; — ce qu'il dit des larmes, I, 427-8; — insiste sur la nécessité d'un directeur, 459*; — le directeur chrétien par excellence, 341-3, 345-53, 354-5, 359-63, 441, [539]; — ses directions de consciences, 304, 308, 321. 335, 337, 341-3, 345-55, 361*, 388, 393; — chargé un moment de la direction des Religieuses du Calvaire, 308-9; — chargé de la direction des Religieuses du Saint-Sacrement, 331-3, 364, 503; — ses directions de consciences de sa prison, 494-5; II, 5-12, 166; — les directeurs qui sortent de lui, I, 442; — sa sévérité vis-à-vis des pénitents, 458; — ennemi des excès d'ascétisme, III, 323; — modère les travaux manuels. I, 500; — sa préoccupation de la pauvreté, II, [136; — ce qu'il dit de la maladie, [535]; III, 347; — n'est pas pour les remèdes, II, [535]; — son mot à son médecin, 212; — sa bonté pour ceux qui l'entouraient, [536]; — pour lui les faibles pires que les méchants, 202, III. 64; VI, 231; — sa réserve dans ses jugements sur les hommes, II, [544]; — et les enfants, IV, 22; voit dans les enfants l'Adam prêt à renaître, 23; — pensées graves sur l'enfance, I, 222*; II, 501; — son amour, sa charité et ses soins pour les enfants, 39-41; — sa dévotion pour l'éducation des enfants, III, 468-9, 484, 488; — comment il entend l'éducation des enfants, II, 39-41, 422-3; — sur l'article des châtiments sur les enfants, III, 486-7*; — son peu de goût pour les enfants prodiges, 495; — craint l'émulation sans moralité, 496-7; — son silence de gémissement, I, 212, 269; — (Régularité dans le silence marque de la pure race de), II, 576; — n'a jamais été ridicule, 486; — comment il étudie l'histoire, 104; — se préoccupe peu de l'histoire, I. 344-5; — n'a pas de distraction vers la nature, 345; — sa reforme, III, 108; — (Anecdote sur l'Ordre de), 473; — (Force des paroles finales de), 89*; — (Esprit de), 86, 358; — préoccupé des dangers de l'avenir, II, 154;

= Sa remarque sur la simplicité de l'Évangile, IV, 157; — son éloquence à propos de l'Évangile, I. 480; — (Voie de) decouverte dans les Pères et l'antiquité chrétienne, 415; — veut retremper le christianisme à la source des Pères, IV, 423; — ce qu'il dit de S. Paul et de S. Augustin, II, 95; — remonte aux Pères et à l'Écriture, 99; — est un démembrement de S. Augustin, I, 420-1; copie S. Augustin comme Pascal fait Montaigne, 358*; n'admet pas deux principes de S. Augustin, d'après lesquels les Jansénistes seraient hérétiques au moins dans le for intérieur, 530*; — la réforme augustinienne repoussée par la fin du dix-septième siècle, II, 158-9; — fait prier pour l'Ordre de S. François d'Assise, III, 413; — ce qu'il dit de la Scolastique et de S. Thomas, II, 99; — ne remonte pas à Montaigne, 383; — n'eût pas admis Descartes, 396; — La Mothe Le Vayer semble insulter à ses doctrines, I, 220; — Bayle dit la même chose que lui sur la rareté des élus, mais dans un autre ton, III, 366; — ce qu'il aurait appris de Vauvenargues, I, 408; — l'opposé de Voltaire, IV, 253*; — sorte de Sieyès spirituel, I, 309; — et le monde moderne, III, 496-500; combien facile de s'en éloigner, V, 14;

= Sa façon de parler, I, 67*; — conversations, II, 364; — son éloquence non préparée, I, 480; — comment il entend la préparation à la prédication, 449-50; — pourquoi il paraît plus éloquent dans ses discours que dans ses écrits, III, 380; — n'accorde rien à la littérature, I, 344; — ce qu'est selon lui la composition littéraire, II, 36-8; — son opinion sur le goût, 83-91; — son esthétique, 160, 161, 164; — son mépris du style pour ceux qui écrivent pour la vérité, II, 43, 84; III, 461-2; — force de ses jugements littéraires, II, 32, 35 8, 42; — blâme les railleries dans les écrits, 87; — son éloge de la raison païenne, 35; — ce qu'il dit des Offices de Cicéron, 35-6; — ce qu'il dit de Virgile, I, 479; II, 35; — sa confiance littéraire dans l'inspiration pieuse, 38; — obscurités de son style, I, 285-6, 344; — son style traité de galimatias par le P. Bouhours, I, 247; II, 163*; — Ronsard de la spiritualité, I, 273; — ses comparaisons, 345, 349, 351, 362, 448*, 451, 452, 460; II, 38, 41, 50;

= (Livres de), II, 478; — controverses, I, 268; — Vindiciæ adversus Spongiam, [522*]; — Apologie pour l'évêque de Poitiers 282*; 503*; — Question royale et sa décision, 276, 276-7, 282*, 503*; — réfute la Somme théologique du P. Garasse, 310-3; Somme des fautes de la Somme du P. Garasse, 310*, 312; réfutation de Garasse sur Charron, II, 383; — Œuvres chrétiennes et spirituelles, I, 358*; — « Petrus Aurelius, » 290 314, 316-7, 320, 345, [522, 539]; II, 65*, 157*, 206; V, 308; Anæreticus, I, 317*; Orthodoxus, 317*; son masque d'Aurelius, IV, [565*]; ne convient jamais qu'il est l'auteur de l'Aurélius, I, 320-1; est le Junius de la théologie gallicane, 321; Petrus Aurelius, probablement écrit par M. de Barcos sous sa direction, II, 215; Approbation de Godeau, 268; idée de l'Aurelius, I, 318-21; l'Aurélius, pur succès de théologiens, II, 179; — affaire de sa « Théologie familière » (1643), 200-3; Théologie familière employée comme catéchisme dans les Petites Écoles, 232; — son livre projeté sur le saint sacrement, 27-8*; — Vie mystique de la Vierge, I, 234*; — « Sentences.... appropriées aux fêtes des Saints, » V, 256*; — « Considérations sur les Dimanches et Fêtes. » corrigées par des cartons, III, 379; — Pensées sur le sacerdoce, I, 444-8, 450, 451, 456*; son Traité du sacerdoce a seul échappé aux corrections de Nicole, III, 380; — Points sur la pauvreté, I, 358; II, 300 1*; — pensées sur la prédication, I, 448-50; — ses Points sur la mort, II, [536]; — pensées citées, I, 451-2; — pensées 432*, 462, 481, 492, 493; II, 72, 204; — M. Vinet voudrait un recueil de ses pensées chrétiennes, I, [517]; — (Le « Nouvel ordre monastique des disciples de) est apocryphe, 503*; — Recueil de lettres (1644-7); II, 213*, 214*; — Nouveau recueil (1744), 214*; — lettres, I, 343*; 405, 432*, 434, 491*, 502*, [539*]; II, 7, 18*, 19, 20, 21-2, 41*, 66*, III, 366*, 468, 469*, 493; IV, 314, 316; — clef des noms de ses lettres, II, 5*; — lettres à la Mère Angélique, I, 304; — Lettres de) à Arnauld d'Andilly, I, 284, 285-6; II, 49; — lettres à Arnauld, 95-6; — lettres à M. Duhamel, [543]; — lettre à M. Guillebert sur le sacerdoce, I, 273, 343*, 357, 450; II, 6; V, 168; — lettre à M. Rebours, I, 438, 445, 459*, 460*; II, 422-3; — lettre équivoquée pour le cardinal sur l'attrition et l contrition, 20; — lettre à sa petite-nièce, 173-4*; — ses lettres ont plus de succès que celles de M. de Saci, 373; — lettres lues dans les établissements ecclésiastiques. 214; — leur lecture permise à l'occasion par Bossuet, IV, 126; — (Esprit de) à faire, I, 352.

Saint-Cyran (M. de), nom de M. de Barcos après la mort de son oncle, II, 214. 367*; Voy. Barcos.

S. *Cyrille*, I, 425 ; V, [559].

S. *Damien*, IV, [586].

S. *Denis*; apôtre des Parisiens, VI, [265*]; — (Été de la), [265*].

Saint-Denis (Abbaye de); le pêcher y est cultivé au VIIIᵉ siècle, II, 263; — tombeau de François Iᵉʳ, V, [601]; — tombeau du cardinal de Bourbon, [601]; — offerte à Retz, [573]; abbaye de Retz, [577]; l'administration de Retz, [576, 590]; et Retz, [589]; Retz à son abbaye de Saint Denis, [596, 597, 598]; — enterrement de Retz, [600-1]; Retz n'y a pas de tombeau, [601]; — (Nicole à l'abbaye de), IV, 477, 480 ; pompe funèbre d'Anne d'Autriche, 163*; — (M de Chevreuse a 50 000 francs de bénéfices sur), VI, [354]; — violation des tombes royales. 239.

Saint-Denis; Annonciades, IV, 189; — saisie de ballots de livres d'Arnauld, V, 220*, 326; — (Hôpital de), 326 ; — lieu d'exil de Religieuses de P.-R., VI, 222; — (Ursulines de), IV, 270, 272 ; — Visitation. 278*.

Saint-Denys (Dom André de), Prieur des Feuillants de Saint-Mesmin, I, 70-1; ami de Balzac, II, 60, 60*, 71.

Saint-Denys (M. de); pseudonyme d'Arnauld, III. 537.

*Saint-Dizier, VI, [316].

S. *Dominique*, I, 217; IV. 137.

Saint-Elme (Le Maître de), fils de M. et de Mme Le Maître, I, 401*, 478*; III, 490.

S. *Ephrem*. I, 404.

Saint Esprit (Le), I, 353; — (Dons divers du), 438 ; — ses obscurités, II, 365-7; — est le lieu des saints, IV, 304 ; — (L'école du), III. 226*; — habite dans l'enfant, 502 ; — (Valeur du témoignage du) pour le Protestantisme et le Jansénisme, [619].

Saint-Esprit (Ordre du), VI. [307] ; — on ôte son *ordre* pour n'être pas reconnu, II, 264; — promotion du 2 décembre 1688, VI, [344].

S. *Étienne*, premier martyr, V. 472; — Voy. Rouen, Paris.

S. *Eucher*, I, 404 ; V, 339 ; — Du mepris du monde. II, 281.

S. *Eustache*, tragédie, I, 122.

Saint-Évremond, II, 109*, 110, 396; — élevé au collège de Clermont, III, 588 ; — sa loupe. V, 480; — sa mort digne et indépendante, 480; .= En face d'Arnauld, V, 479-80; — ami de M. d'Aubigny, III, 584 IV; 359*; [556]; V, 92 ; son amitié pour M. d'Aubigny et ce qu'il en dit, III, 588-3, 588, 589 ; IV, 359*; ce qu'il dit de la religion vient en partie de l'abbé d'Aubigny, III. 586-8 ; — et le marquis de Canaples, V, 480 ; — et le maréchal de Créqui. III, 583*; — élude le pardon tardif de Louis XIV, V, 479; — ce qu il dit de Retz, [585]; on lui attribue un *portrait* de Retz, [577-8*, 580, 581*]; — et Mme de Saint-Loup, IV, 482;

= Ses raisons de ne pas quitter l'Angleterre, V, 480; — sa constance sous couleur d'indolence, 479; — sa clairvoyance de moraliste, VI, [264]; — esprit sorti de chez soi, III, 589; — esprit fort, 303 ; - préfère la mort de Pétrone à celle de Socrate, 438 ; jugement sur Pétrone, 438*; le Pétrone moderne, 407; — tient de Montaigne, II, 451 ; — son esprit railleur cause de ses disgrâces, III, 589; — un vrai moderne, 589 ; — et les philosophes, 589 ; — repousse le trop sérieux commerce avec soi-même, 407 ; — son goût fin, V, 485; — ses jugements littéraires, III, 589; — son livre était Don Quichotte, 589 ; — excellence de ses jugements historiques, 589 ;

= Œuvres, V, [581*]; — « Conversation du P. Canaye », III. 47. 584; écrite après les Provinciales. 48*; la XIXᵉ Provinciale, 48*; est la XIXᵉ Provinciale et devrait se joindre à elles, VI, 114-5 ; — Conversation avec le duc de Candale, IV, 482*; — anachronismes de ses Conversations, III, 48, 585*; — « Réflexions sur la Religion », V, [585*]; — défauts de son style, III, 589; — ses vers méchants, 589 ; — joli volume d'extraits à faire avec lui, 589; — (La monnaie de), II, 450*.

Saint-Félix (Jules de) ; description du paysage d'Uzès, VI, 100-1.

S. François d'Assise, I, 217, 225*, 462*; — (Le mouton de), VI, 27 ; — et les cigales, 102*; — son cantique des créatures, 333 ; — (Le style de), II, 63 ; — Saint-Cyran dit de prier pour son Ordre, III, 473.

Saint-François (Ordre de); Voy. Cordeliers, Récollètes.

S. François de Paule, I, 462*; — invente la poire de bon-chrétien, II, 263*.

S. François Xavier; rapproché d'Alexandre et de Fernand Cortez, III, 138; — sa tendresse pour S. Ignace de Loyola, 135 ; — comment il parle le chinois et le japonais, 139 ; — (Vie de), II, 375*; — selon le P. Bouhours, III, 134-5.

S. François de Sales, I, 11, 71*, 177*, 178, 186, 397*, 400, 508, [541, 558] ; II, 173*, 214; III, 127; IV, 158 ; — étudié ici en contraste avec Saint-Cyran, II, [515*] ; — élevé chez les Jésuites, I, 221 ; — jeune, séjourne à Padoue, 233*, 258 ; — étudiant à l'Université de Paris, 178*, 232-3, 258 ; — séjour à Paris en 1602, 208*; en 1619, 206-8, 223 ; — sa figure, 302 ; — mission du Chablais, moyens humains, I, 258-63 ; — nommé Prévôt de l'église de Genève, 258 ; — ses voyages à Maubuisson, 196 ; — à Thonon, V, 321*; — canonisation, I, 247*;
= et la famille Arnauld, IV, [577] ; — et Arnauld, V, 321* ; — sa tentative près de Th. de Bèze, I, 262-3 ; — ses rapports avec M. Bourdoise, 415 ; — vis à-vis de M. Hamon, IV, 325-6 ; — lettre d'éloges au P. Lessius, III, 128; — dévotions de Nicole à son tombeau, IV, 478; — eût été moins favorable à P.-R. à la fin du siècle, I, 215 ; sa postérité lui est hostile, 509 ; jugements injustes de P.-R., IV, 42-3; — controverses contre les Protestants, I, 240*; — son jugement sur Rome expliqué, 268-9; — comparaison qu'en fait Arnauld avec S. Charles Borromée, II, 176-8 ; — opinion de Saint-Cyran sur lui, I, 272-3, 445-6 ; — habileté politique; ses relations avec le duc de Savoie, 259-61 ; louange publique du duc de Savoie, 266-7, 364 ; ses griefs secrets contre lui, 257, 264-6 ;

= Son influence sur la M. Agnès, IV, [577] ; la M. Agnès porte sur elle une de ses lettres, [577] ; — et la M. Angélique, [577]; son influence sur la M. Angélique et sur P.-R., I, 206-10 ; — directeur et père de Mme de Chantal, IV, [577] ; — et Mme Le Maitre, [577] ; ses rapports avec Mme Le Maître et son jeune fils, I, 369 ; — cinquième évangéliste pour la Visitation, IV, 212 ;

= Ce qu'est chez lui le dogme, I, 218-27 ; — optimiste en religion, 226 ; — plus commode que saint Augustin, II, 118*; — son séraphisme, 91 ; — douceur de ses principes, VI, [285] ; — 'veut qu'on aille au salut « bellement », I, 298 ; — son indulgence invoquée, 459*; — sur l'article de l'amour de Dieu, 218-21 ; — son correctif dans sa doctrine de la Grâce, 253-5 ; évite de se prononcer complètement sur la Grâce, 254 ; — son culte pour la Vierge, 232-4 ; — touché surtout par la charité, 303; — (Aimable tendresse de), IV, 22 ; — son aversion des disputes, I, 254; — énergique dans sa douceur, 251; vertus du pasteur selon lui, 273, 445-6 ; — ce qu'il dit de la rareté des confesseurs et des directeurs, [539*] ; V, 189 ; — sa réserve auprès des femmes, I, 251-2 ; — son sentiment de l'univers visible, III, 103, 104*; — finesse de son jugement humain, I, 255-7, 342 ; — au complet, 249-57 ;

= Est un *écrivain*, I, 237-8 ; II, 80 ; — écrivain, est le Montaigne et l'Amyot de la Spiritualité, I, 215; — rapproché d'Amyot, 239 ; — rapproché de Montaigne, 329 ; II, 394, 419 ; — n'aime ni la pompe ni la tristesse du style, I, 238-9 ; — son abondance d'images, II, 419 ; ses comparaisons, I, 219-20*, 221, 223, 224-5, 226-7, 228, 235, 235*, 239, 252*, 256, 450*; II, 118*, 143*, 419, [518-9]; III, 103 ; — défauts de son style, I, 227-8, 241, 248; II, 80, [518-9] ; — mauvais goût de son style, I, 240, 344 ; — Traité de l'Amour de Dieu, 219, 220, 221, 225, 226, 227, 228, 238, 242, 255*, 266 ; II, [517]; — Avertissements aux confesseurs. III, 128 ; — Introduction à la Vie dévote, I, 10, 209, 228, 231, 417-8, 459 ; II, [517] ; réédité par M. de Sacy, I, [528*] son effet, II, 168, 169, 283 ; — Philothée, I, 179, 231, 232*, 235, 236 ; II. 283 ; — Théotime, I, 219, 221, 231, 240, 255* ; — Lettres à la M. Angélique, 201-2, 223, 235 ; — Lettres inédites, 207-8*, 238*, 253*, 260*, 262*, 265, 269*, 269 ; — (Origine et école de), 245-8 ; — Académie florimontane, 269-71 ; — modèle de Camus, 242 ; É-prit de) par Camus, 229, 232*, 255*, 352 ; V, [584] ; — livres à sa louange, I, 246-7*

Saint-Germain, VI. 28 ; — (Château de), I, 117 ; II, 57 ; III, 562 ; — château neuf, IV, 397 ; — terrasse, III, 562* ; — (Le Roi à), IV, 395 ; — La Cour à), V, 203, 215, 306* ; — présentation d'Arnauld au Roi et aux ministres, IV, 395-7 ; — (M. de Tréville et Bossuet à), V, 86 ; — menaces d'y envoyer et d'y pendre ceux qui communiqueraient avec P.-R. des Ch., IV, 282 ; — Cour du roi Jacques, III, 223.

Saint-Germain (L'abbé de) ; Voy. Mourgues.

*Saint-Germain (Résidu) ; (Voy. Paris (B« du Roi).

S. Gervais ; son corps trouvé à Milan, III, 188 ; — Voy. *Paris.

S. Gilbert de Sempringham ; fondateur de l'ordre des Gilbertins, IV, 84.

*Saint-Gildas-des-Bois (Abbaye de), près Nantes, V. 249, 256 ; VI. [303, 312] ; — donnée par M. de Pontchâteau à M. de Coislin, évêque d'Orléans, [315].

Saint-Gilles (Antoine Baudry d'Asson, dit M. de), gentilhomme poitevin, II, 292-4 ; III, 153*, 157 ; IV, 46 ; — ce qu'il a du Frondeur, III, 159* ; — l'agent de P.-R. et du Jansénisme, II, 195*, 293 ; III, 192 ; — sa facilité de voyager, II, 293, 294 ; — son voyage à Rotterdam auprès de Retz, 320 ; voyage en Hollande près de Retz, III, 192, 196-7 ; — voyage à Clairvaux, 192 ; — le prote de P.-R., 195* ; — forcé de se cacher, VI, [317] ; — joue bien de la flûte, II, 351 ; — ses défauts sont en dehors, 294* ; — sa mort (décembre 1668 , V, 256-7 ; VI, [318] ; — récit de sa mort, II, 294* ; — enterré à Sainte-Marguerite, VI. [318] ;

= Notes sur l'affaire d'Arnauld en Sorbonne. III, 33* ; sa présence d'esprit empêche Arnauld d'être arrêté, IV, 366-7* ; — Notes à propos du Gallia, III, 149* ; — fait entrer à Paris les livres jansénistes, IV, 366-7* ; retiré au faubourg Saint-Antoine, II, 350 ; — et les Provinciales, 293 ; agent de l'impression des Provinciales, III, 59, 76, 195 ; décrété de prise de corps à propos des Provinciales, 59-60 ; ce que disent ses Mémoires des Provinciales, 75-6 ; sa note sur les Provinciales. 61 ; ce que sa note nous apprend sur la publication des Provinciales, 58-9 ; ce qu'il dit du succès de la troisième Provinciale, 68 ; — son amitié pour M. de Pontchâteau, VI, [305-6, 313, 314, 316, 318] ; lettres de M. de Pontchâteau, III. 62 ; V. 253 ; — logé à P.-R. des Ch. quand on le cherche à Paris, III, 194, 195 ; — envoyé inutilement par les Jansénistes auprès de Retz. V, [565-6] ; ses intrigues avec le cardinal de Retz, II, 294 ; — Journal manuscrit, 194-5* ; III. 159*.

Saint-Gothard (Route du), III, 245.

S. Grégoire, pape, I, 404, 406*, 438 ; II, 41 ; — Enseignement aux personnes mariées, 318 ; — (Parole de), IV, 66 ; — Citation de), 6 ; — cité par M. Le Camus, [542].

S. Grégoire de Nazianze, I, 217, 281 ; II, 152 ; — poesies grecques louées par Du Guet, VI, 46 ; — sa Vie par M. Hermant, III, 223.

S. Grégoire de Tours, I. 384*.

Saint-Guelin (M. de) est M. Singlin, I, 442*.

S. Hilaire, évêque d'Arles, V. 339 ; — n'a pas pu faire un savant de S. Martin, I, 432.

S. Hilarion, I, 462*.

S. Honorat, V, 339.

Saint-Hyacinthe (Thémiseul de) : analyse de la Grammaire générale d'Arnauld, III, 536 ; — critique les « Athei detecti » du P. Hardouin, 395* ; — Mémoires littéraires, ou Mathanasiana, III, 395*, 536*.

Saint-Hydulphe (Congrégation de), III, 224.

S. Ignace, martyr (Ier siècle), I, 348 ; II, 22 ; IV, 358*, 413 ; — son voyage de Syrie à Rome à côté de léopards, V, 339

S. Ignace de Loyola, I, 7, 44 ; II, 22, [521] ; III, 129 ; IV, 62*, 63* ; — son caractère de conquérant, III, 138 ; — (Belle prière de), 137* ; — auteur des Règles des Jésuites, 135 ; — donne l'obéissance passive absolue comme caractère spécial de son ordre, 137*; — ce qu'il dit de l'obéissance au pape, 137; — caractère de la vénération pour lui pendant sa vie, 134-5; — (Vie de), II, 375*; — l'école d'Ignace, V, 504; — selon le P. Bouhours, III, 134-5; — en face de Saint-Cyran, 138-9.

S. *Jacques* (Épître de), ch. I, versets 23-4, II, 281*; — paraphrasé par Du Guet, VI, 63; — Voy. *Paris, *Provins.

Saint-Jacques (Abbaye de), près de Vitry, II, [531].

Saint-Jacques (L'abbé de); Voy. Aligre (M. d') le fils.

S. *Jean-Baptiste*, I, 301, 448, 477*; II, 33, 329*; — au désert, IV, 91; — grisaille de Ph. de Champaigne, V, 274.

S. *Jean l'Évangéliste*, I, 217; II, 69, 126;—à Patmos, I, 102; le rocher de Patmos, V, 339;—(La perdrix de), VI, 27; — Évangile, ch. III, V. 30, II, 329*; chapitre XVII, IV, 331*; — Épître I, chap. II. verset 16, II, 478; — Commentaire de S. Augustin, I, [529*]; — (La fête de), VI, [364]; — patron de Saint-Cyran, I, 298 *; — ce qu'en a Pascal, III, 451, 453 *.

S. *Jean Chrysostome*, I, 393, 416, 447; II, 38, 75, 76; III, 484; IV, 17*, 81; V, [559]; — (La mère de), I, 462; — se sauve pour ne pas être évêque, 462-4; — sa conversation avec son ami Basile sur la vie solitaire, 461-3; — sa vie par M. Hermant, III, 567; — ses œuvres en onze volumes, VI, 88;—condamne le mensonge d'Abraham, à propos de Sara, IV, 225*; — Homélies sur S. Mathieu, traduites par M. de Saci, II, 374; — Homélies sur S. Paul, traduites par Fontaine, II, 243-4; — Traité du Sacerdoce, I, 461-3, 463-4*, 497; traduit par M. Lemaitre, II, 239; — Pensées sur la pauvreté, IV, [530, 531]; — (Éloquence de), I, 22; — ce qu'il dit des larmes, 427;—imité par Bossuet, 104.

S. *Jean-Climaque*, IV, 53, 66; — (L'échelle de), II, 281, 284, 286; l'*Arthur* de M. Guttinguer en donne des extraits, 286*; — ses manuscrits. IV, 12-3*.

S. *Jean l'Aumonier*, V, 7; — (Histoire de) traduite par Arnauld d'Andilly, II, 284-6.

Saint-Jean (La Sœur Catherine de); Voy. Le Maître (Mme).

Saint-Jean-de-Luz, III, [629]; — mariage de Louis XIV, II, 277, 278*; III, 213.

Saint-Jean-des-Trous, près Chevreuse, château de M. de Bagnols, II, 296*; IV, 14. 15;— asile des Petites-Écoles, 296; — les Petites Écoles y sont un moment, III, 574*; — visite du Lieutenant-civil, 172; — les corps de M. et de Mlle de Bagnols y sont transportés, VI, 238*; — Voy. Burlugai.

S. *Jérôme*, I, 217, 392, 395, 404, 420, 434, 496; II, 318*; IV, 57; — sa caverne, 237; — et Jean de Jérusalem, IV, 250; — le directeur de Fabiole, V, 39*; — amitié dévouée des Paule et des Marcelle, IV, [589]; — Épître à Népotien, II, 214*; — Lettres sur la Virginité, I, 181; — et l'Hébreu, II, 234; IV, 294; — Commentaire sur S. Mathieu, 297*; — ce qu'il dit de l'Arianisme, II, 131;—son mot sur les Pélagiens, V, 382; — (Beau mot de), V, 322;—mot terrible, IV, 90 *; — son respect pour le sacerdoce, III, 170 *; — (Arnauld comparé à), V, 14;— imité par La Fontaine, 23-4.

S. *Joachim* (Jour de), V, 58.

S. *Joseph*, II, 314*; — (Vœu des Religieuses de P.-R. à), 1662, IV, 137.

Saint-Joseph (Dom Pierre de), feuillant; sa Conférence avec le P. Des Mares sur la Grâce, III, [623].

Saint-Joseph (Jeanne de) de Pourlans, Abbesse et réformatrice de l'abbaye du Tard, puis Prieure à P.-R., I, 326-7.

S. *Jude* (Fête de), VI, 218.

Saint-Lambert, village entre Chevreuse et P.-R. des Champs, I, 496; IV, 18; — (Moulin à eau à), III, 170 *; — on y transporte les corps du cimetière de P.-R. des Champs, VI, 238, 239*; — (On établit une garde au cimetière de), 241*.

S. *Landry*; Voy. *Paris.

S. *Laurent*, IV, 201; — patron de l'ancienne chapelle de P.-R. des Champs, I, 38, 43, 443.

Saint-Laurent, Exempt des Gardes du corps, IV, 282.

S. *Léon* et l'Immaculée Conception, IV, 234.

Saint-Lô (L'abbé de), c'est-à-dire M. Targni, V, 273.
S. Louis, I, 187*, 347; II, 314*; — bienfaiteur de P.-R., I, 46; — (Railleurs du temps de), 46*; — qui était bon, fit des choses dures, 262*; — ses Ordonnances contre les blasphémateurs, V, [533]; — et l'Eucharistie, IV, 449; — (Fête de), I, 423; II, 199*; IV, 19*, 206; VI, [271, 364]; — prière particulière de la messe de sa fête, VI, [272]; — (Panégyrique de), V, 225; — Voy La Chaise (Filleau de la), * Paris, Tillemont.
Saint-Louis (M. de); ami de Rancé, VI, 58*; — point dupe de la Sœur Rose, 58.
Saint-Louis (Le P. Pierre de), carme; son poëme ridicule de la Magdeleine, IV, 413*.
Saint-Loup (Terre de) en Poitou, V, 159.
Saint-Loup (Mme de); née La Roche-Posay, V, 159*; — épouse un financier, M. Le Page, à qui elle fait acheter la terre de Saint-Loup, 159*; — le pour et le contre sur elle, 160*; — sa première forme galante, IV, 482*; — ses airs de vanité, V, 158*; — chante trop victoire, 209; — bel esprit, IV, 480, 481-2; — sa dévotion raffinée, V, 127*; — la croix miraculeuse de sa main, 159*; — meurt à Poitiers, 159*; — et les Nécrologes, 159*, 160*;
= et Arnauld, V, [322]; loge Arnauld chez elle au faubourg Saint-Jacques, 160-1; — et Du Guet, VI, 27*; — et M. Feydeau, [296-7]; — s'entremet pour M. de Harlai près de Mme de Longueville, V, 157-8; — ses relations avec Langlade, IV, 480-1*; — et Nicole, 494; amie de Nicole, 480-1; — et M. de Péréfixe, VI, [296-7]; — affiliée considérable de P.-R., IV, 480*; la grande nouvelliste de P.-R., V, 208; à P.-R. des Champs le jour du renvoi des Pensionnaires, 167*; informée des dispositions menaçantes contre P.-R., 195; — ses rapports avec Mme de Longueville, 158-9*; — une Mme de Sablé inférieure, 76; — et Mlle de Vertus, 208; — Lettres, 158*, 160*.
S. Luc; Évangile, ch. xvi, verset 8, II, 349*; ch. xxii, verset 53, IV, 203*; — (Le bœuf de), IV, 35; — méde-cin, 286; — patron des médecins, [586].
Saint-Luc (L'abbé de), examinateur de la Bible de Saci, II, 360.
S. Maclou; Voy. *Rouen.
S. Magloire; Voy. *Paris.
S. Malachie et l'Eucharistie, IV, 449.
S. Malc, poëme de La Fontaine, II, 286-7; V, 16, 23-4.
*S. Malo, V, 332.
Saint-Marc; Voy. Lefebvre de Saint-Marc
Saint-Marc-Girardin (M.); Cours de littérature dramatique, I, 242*; — juste remarque, V, 338*.
Saint-Marin (République de), IV, 377.
S. Martin de Tours, I, 432, 456-7; — et les Priscillianistes, IV, [525]; — (Le jour de), 512*; — fête de sa translation, [562]; — (Été de la), VI, [265*]; — Voy. *Paris, *Tours.
*Saint-Martin-lèz-Tours; visite de M. Hamon, IV, 338.
Saint-Martin le théosophe, I, 378*; — ce qu'il reproche à Milton, II, 137.
S. Mathieu; Évangile, ch. vi, verset 34, II, 318*; — chapitre xii, IV, 297*; — ch. xiii, verset 26, [530*]; — ch. xix, versets 17 et 21, I, [524*]; ch. xxiv, verset 19, IV, 80*; — (Fête de), II, [550*]; — Homélies sur son Évangile, traduites par M. de Saci, 374.
S. Maur, père des Religieux en France, I, 431.
*Saint-Maur (Congrégation de), VI, [303]; — (Réforme de), I, 10; — Voy. Bénédictins.
*Saint-Maurice-aux-Riches-Hommes, arrondissement de Sens, Yonne; M. Du Hamel en est curé, II, 543-4; VI, [281, 282, 283]; — M. Du Hamel revient à sa cure et y meurt, II, [551]; — (Visite de M. Feydeau à), [551].
Saint-Maurice (Le marquis de), IV, [551].
S. Maurille; Voy. *Angers.
*Saint-Maximin (Prieuré de), VI, 98.
*Saint-Mesmin, près d'Orléans, (Feuillants de), II, 70, 72.
*Saint-Miel; Voy. *Saint-Mihiel.
S. Michel, archange, V, 435*; — (Pèlerinage à), protecteur de la France, II, 199*.
*Saint-Mihiel (Abbaye de) près Commercy, V, [578, 579, 596]; — déli-

vré d'une garnison par Retz, [588];
— (Retz à l'), (584, 598-9t, 594];
disputes sur le cartésianisme,
[593]; — Voy. De l'Isle (Dom de).
S. *Nicolas*; Voy. *Angers, *Paris.
Saint-Nicolas (L'abbé de); — Voir
Arnauld (Henri).
Saint-Nicolas du Chardonnet (Séminaire de), I, 413; — (Communauté
des prêtres de), 10, 413-4, 415,
418, 419, 421; — caractère étroit
de l'esprit de l'enseignement, 417-
8, 419, 424; — Lancelot en sort,
429-30; — Voy. *Paris.
Saint-Office; Voy. *Rome (Inquisition).
Saint-Omer (M.), V, 10.
S. *Pammaque*, II, 318.
S. *Paul*, I, 376, 459, [540]; II, 126,
148, 191, 372; III, 13*, 82, 250, 342;
IV, 81, 144, 183, 201; VI, [282]; —
(Conversion de), I, 154, 481; —
(Fête de la conversion de), II, 330;
(Vocation de), V, 431; — sa captivité, II, 349; — persécuteur, I,
457;
= Épîtres, II, 58, 360; III, 403;
— aux Hébreux, ch. XIII, verset 17,
28*; — Première aux Corinthiens,
[524*]; ch. II, verset 14, III, 408*;
ch. VII, verset 20, I, 456; ch. IX,
verset 17, 456*; ch. XII, verset 4,
I, 451; verset 28, 450*; ch. XIII, verset 12, II, 89*; ch. XIII, commenté
par Du Guet, VI, 50; ch. XIV,
verset 15, V, 142; Première aux
Corinthiens, plaisanterie de la
Fronde, 94 5; — Deuxième aux Corinthiens, ch. XII, verset 7, I, 456*;
— aux Éphésiens, ch. I, VI, 49;
ch. IV, I, 450; ch. V, verset 19,
434; — Épître aux Romains, II,
106*, 360; ch. I, verset 18, V, 117;
ch. VI, verset 4, 275-6*; ch. VIII,
verset 26, V, 143; verset 28, I,
435; ch. XI, III, 447; conversation
de Du Guet et de Bossuet, VI, 7;
son épitre aux Romains sur la
conversion des Juifs, sujet de la
conversation de Du Guet et de
Bossuet, 53; versets 33 et 34, I,
254 5; ch. XII, verset 1, V, 232;
ch. XIV, verset 17; sens de : « Son
soyez joyeux », II, 508; III, 275; —
Homélies sur ses Épîtres par S. Jean
Chrysostome traduites par Fontaine, II, 243-4; — tableau de la
corruption humaine, III, 403-4;
— on chapitre sur la charité, V, 133;
— accommode ses expressions à
tout le monde, 425; — cité, III,
227*; VI, 302; [359]; — sublime
misanthrope, III, 404;
= (Doctrine de), I, 294, 295 *,
[538 *]; — sévérité de sa doctrine,
III, 455*; — de sa doctrine de la
Grâce, II, [532]; — (La Grâce selon)
VI, [270]; — (Reprise de l'idée de
Grâce au pied de), III, 215; —
et le renouvellement de l'âme, II,
429*; — (Christianisme selon),
VI, [282-3*]; — (Chrétien selon),
V, 418; VI, 47; — (Les stricts
chrétiens selon), V, 116; — (Les fidèles selon), III, 410; — Pardonner
avec), IV, [578]; — a l'ordre de la
charité, III, 443-4; — (Charité de),
IV, 325; — charité chez lui, III,
453; — (La charité selon), VI, 50,
51; — sa règle dans la prédication de
l'Évangile, III, 416*, 417;
= Ne fait-il qu'un avec S. Pierre?
IV, 415; non séparé de S. Pierre
par P.-R., II, 314*; — (La proposition que) et S. Pierre sont deux
chefs de l'Église et ne font qu'un,
est censurée, 186, 215-6, 216*; — et
S. Augustin, VI, [282-3*]; guide de
S. Augustin, II, 389; S. Augustin
renchérit sur lui, 132; — (Disciples
de), V, 302; — et P.-R., III, 455; —
son mot *Jésus-Christ en nous* est le
secret du Jansénisme, IV, 278; —
précisé et outré dans sa rédaction
janséniste, III, 237; — ce qu'en
dit Saint-Cyran, II, 95; — suivi
par Pascal, III, 404; (Pascal entre plus que Leibniz dans la morale selon), 362*; ce qu'en a Pascal, 454; Pascal met un mot de lui
sur son cachet, 184; — (M. de Saci
porte toujours avec lui les Épîtres
de), II, 345; — (Esprit Jésuite empoisonneur de), III, 141; — ce
qu'en dit, sans le reconnaitre, un
évêque moliniste, 22; — condamné
par Rome, 91; — son panégyrique
par Bossuet, 463*; son style rude
loué par Bossuet, 463*; — et Fénelon, VI, 47; — Mme de Grignan le lit,
III, 232; — Malebranche s'y appuie,
463*; V, 393; — (Cantique de)
imité par Racine, I, 25*; — Voy.
*Angoulême, *Paris.
S. *Paul*, premier ermite, I, 385.
Saint-Paul (Le comte de), second
fils de Mme de Longueville, V,
137; — son ancien gouverneur, 112*;
— n'a pas toujours été bon pour
sa mère, 137; — tué au passage
du Rhin, 112, 124, 137; — son
cœur à P.-R. des Ch., 139*.

Saint-Paul (M. de); Voy. Mazure.
Saint-Paul (La M. Agnès de); Voy. Agnès de Saint-Paul.
Saint-Paul-de-Fenouillèdes (La Théologale de), VI, [293-4]; — M. Feydeau y reste quatre ans, [293-4, 295].
S. *Paulin*, évêque de Nole, I, 22, 382, 383 384*, 497; II, 228, 313; — sur la mort évangélique, IV, [536]; — sur l'humilité, 346; — (Lettres de), II, 318; — (Le petit jardin de) à P.-R. des Ch., V, 271; — particulièrement vénéré par M. de Bagnols, II, 296*; — poëme de Perrault, V. 502.
Saint-Pavin, le poëte; esprit fort, III, 303; — Sonnet de), I. 361.
S. *Pemen*, abbé en Égypte, IV, 23.
Saint Petersbourg De Maistre à), III, 249, 250, 251*; — Voy. Maistre (De).
S. *Philippe de Néri*, I, 175*; — Voy. *Rome.
S. *Pierre*, I, 217, 256*, 268*, 381; IV, 201; — (Paroles de), I, 193; — était marié, IV, [543]; — guérison miraculeuse de sa belle-mère, V, 268*; — sa promptitude à tirer l'épée, IV, 252; — son manque de foi, 246; — son reniement, I, 98, 457; — (Fête de) aux liens, V. 472; — délivré par un ange, VI, [275]; — son obstination immuable, IV, 355; — Épîtres, [557]; — première épître, ch. II, verset 8, III, 27*, 28*; — la question de la Grâce à son endroit, 42; — juste à qui la Grâce a manqué, 32; — que la Grâce ait manqué à S. Pierre est une hérésie, 34; — ne fait-il qu'un avec S. Paul? IV, 415; (La proposition que) et S. Paul sont deux chefs de l'Église et ne font qu'un est censurée, II, 186, 215-6, 216*; non sépare de S. Paul par P.-R., 314*; — (Les clefs de), IV, 400; — les évêques ses successeurs, 358; — Voy. *Melun, *Rome.
Saint-Pierre (L'abbé de) et Nicole, IV, 510; curieuse conversation de Nicole avec lui sur Pascal et M. de Tréville, III, 384*; — (La paix de); IV, 461.
Saint-Pierre en Thiérache; — Voy. Val.
Saint-Pons; Voy. Montgaillard.
Saint-Priest (Le comte de), le père; son opinion sur M. de Maistre dans le monde III, 251*.
Saint-Priest (Alexis de), le fils; « Histoire de la chute des Jésuites, » III, 218*.
S. *Prosper* d'*Aquitaine*, I, 274; 298; — poëme contre les ingrats, II, 336*; — citations de son poëme, contre Pélage, III, [622-3]; — poëme par M. de Saci, VI, 93*.
S. *Protais*; son corps trouvé à Milan, III. 188.
Saint-Réal, I, 270; — esprit fort, III, 303.
S. *Remalde* ou *Remacle*, évêque de Maestricht (La grotte de), VI, [329].
Saint-Remy (Jour de la), VI, [364]; — Voy. Du Guet, *Troyes.
Saint-René-Taillandier (M.) ce qu'il dit de l'Académie de Lausanne, I, [514*, 514-5]; — son article sur M Vinet, [515].
Saint-Romain (M. de), II, [550*].
Saint Sacrement (Le), II, 314*; IV, 235; V, 78*, 314*; VI, 225*; — (Tradition de l'Église sur le), poëme, II, 336-7*; — (Fête du), V, 140*, 244*, [598], à Rome, III. [594]; — Octave du), V, 75, 164, 186, 243, 270; VI, 163, 164*; — (Lampe devant le), VI. 216*; — (Offices du), IV, 407, 443-4; — (*Exercices de piété pour honorer le*) *tous les jours de l'année*, VI, [326]; — (Adoration du), IV, 147; VI, [320]; — (Adoration perpétuelle du), VI, 162, 228; — (Adoration perpétuelle et Maison du), I, 328-9, 364, 443. 503; — (Institut du), réuni à P.-R. de Paris, II. 297, 298; — (P.-R. institué pour l'adoration du saint), IV, 206; (Adoration du) et P.-R., III, 150, 151; — (Procession du), IV, [582*].
S. *Savinien*; Voy. *Sens.
Saint-Siége (Le), autorise la réunion à P.-R. de Paris de l'Institut du Saint-Sacrement, II, 297; — (Le) opposé à lui-même par Jansénius, 144-5, 146-9; — (Différends du) et de Louis XIV, 179; — (Arnauld défend les prééminences du), 315; — Voy. Papauté, Papes, *Rome.
S. *Simon* (Fête de), VI, 218.
Saint-Simon (Le duc de), II, 233; — à la Trappe; VI, 57-8; — comment il perce son monde, V, 156; — sa fougue de peintre, V, 529; — confusion de sa phrase, II, [524]; — Mémoires, III, 563, 580; IV, 490*; — Additions au Journal de Dangeau, 374*; V, 89, 156-7.
= Son portrait du prince de

Conti, III, 563; — et M. du Charmel, VI, 57; — et Du Guet, 57-8; ce qu'il écrit de Du Guet, 29-30*; — son portrait de M. de Harlai, V, 156-7; — ce qu'il dit de l'abbé Le Camus, IV, [529, 530]; — comment historien de Louis XIV, 51*; — ce qu'il dit de M. de Marsillac, V, 50*; — ce qu'il dit de la disgrâce de Pomponne, 199*; — ce qu'il dit des violences dernières contre P.-R., VI, 231; — sa lettre sur Rancé, IV, [525]; — portrait de M. de Tréville, V, 80, 89-90;— sur la duchesse de Bourgogne, I, 256*; — parle de l'exclusion de Marly de la comtesse de Grammont, VI, 164; — ce qu'il dit de la Sœur Rose, 57-8.
Saint-Simon (Mlle de), Religieuse à P.-R. des Ch., IV, 224.
Saint-Simonisme (Le), II, [513*].
Saint-Sorlin; Voy. Desmarets.
S. *Sulpice Sévère*, I, 382, 383; — et les Ithaciens, IV, [525]; — neutre sur la Grâce, 92, [525].
Saint-Sulpice (Communauté de), I, VII, 10; Voy.* Paris.
S. *Thibauld* (La chambre de) à P.-R. des Ch., I, 45; V, 273, (plan).
Saint-Thibault, près de Troyes, IV, 428.
S. *Thomas*, III, 54; — apôtre des Indes, 135.
S. *Thomas d'Aquin*, I, 217, 241, 293, 311, 315, [527]; — (*Somme* de), 280; — veut faire concevoir les mystères par des raisons naturelles, II, 432; — son idée chrétienne du Dieu créateur; V, 414; — (Doctrine de) sur la Grâce, I, 253-4; — il lui suffit de *l'altitudo* comme raison, V, 372; — son opinion sur les commendes, II, 222*; — Arnauld accepte un moment sa distinction des deux Grâces, 129-30; III, 36-7, 38; — opposé à Hobbes, 238; — trop tiré à soi par le Jansénisme, 55; — attaqué par Jansénius, II, 163*; — P. R. incline un moment de son côté, IV, [522]; — lu par Racine, VI, 99; — ce qu'en dit Saint-Cyran, II, 38, 99; — et le Dr de Sainte-Beuve, IV, 414; — Voy. Thomistes.
S. *Thomas de Cantorbery*, IV, 84; V, [559]; — sa mort, [533]; — ses gants et son peigne, 243.
Saint-Val (Prieur de), pseudonyme de M. de Saci, II, 374*.

Saint-Vanne (Congrégation des Bénédictins de), III, 224; IV, 69; — Voy. Hilarion (Dom), Viaixne (Dom Thierry de).
Saint-Vast; nom déguisé de Nicole, IV, 490.
S. *Victor* (Panégyrique de), V, 225; — Voy. *Marseille, *Paris.
Saint-Victor (Richard et Hugues de), I, 245; VI, 322*.
Saint-Victor; le traducteur d'Anacréon, I, [555].
S. *Vincent de Paul*, I, 334, 335*, 397, 415, [518]; III, 30; V, [528]; — plan détaillé manuscrit d'un sermon sur la Grâce; sa date, I, [533-4]; — fait taire son raisonnement dans le *Credo*, 507, [538]; — timide avec les Grands, 508-9; — touchante histoire de sa captivité, II, 284; — dissidence des pensées, charité des cœurs, I, 506-11, [533, 544]; — ce qu'il écrit de l'effet du livre de la Fréquente Communion, II, 191*, 192; — et Anne d'Autriche, III, 12; — sa modération à la suite de la condamnation de l'Augustinus, I, [544]; — son rôle charitable après la Fronde plus que partagé par M. de Bernières, IV, [563]; — maître de M. Caulet, 355; — lettre à M. d'Horgni, I, [531*, 534-5]; — plus opposé au Jansénisme qu'aux personnes, 507; — confesseur de la reine Marguerite, II, 431; — fonde les PP. de la Mission, I, 9, 10, 415, 504-5; — maître de Pavillon, IV, 355; — et P.-R., III, 31; peu sympathique à P.-R., I, 214, 502, [532-3]; P.-R. est parfois injuste envers lui, 509-10, [542]; IV, 42-3; — recueille des signatures contre les cinq propositions, III, 11; — et Retz, V, [530]; précepteur du futur cardinal de Retz, II, 431; V, [528]; — ses rapports avec Saint-Cyran, I 306, 315, 430, 494*, [532-3]; II, 190; (Contraste de) et de Saint-Cyran, I, 510, [538]; dissidence entre lui et Saint-Cyran sur des points de doctrine, lettre du second et raccommodement, 1637, 503-5. [532]; son interrogatoire dans l'affaire de Saint-Cyran, 505, [532]; recommandations à Saint-Cyran sur ses réponses à son interrogatoire 505. [532]; discussion de son témoignage contre Saint-Cyran par le P. de Montézon, [532-6]; son témoignage pour

Saint-Cyran, 505-6 ; ses bons rapports postérieurs avec Saint-Cyran, 505-6, [532-3]; — et Singlin, 442-3 ; — sa canonisation, 535; — ses biographes, 506, [534*]; — Vie d'Abelly. réfutée par M. de Barcos, II, 216-7.

S. *Virgile* et les antipodes, III, 77.

Ste Agathe, I, 178.

*Sainte-Agathe des Goths; village des environs de Ravenne; Voy. S. Alphonse de Liguori.

Sainte-Agathe (La Sœur Françoise de); Voy. Le Juge.

Ste Agnès, I, 178 ; — (Reliques de), V, 251.

Sainte-Agnès (La sœur Élisabeth de); Voy. Le Féron.

Sainte-Agnès (La Mère Madeleine de); Voy. Ligny (La M. de).

Sainte-Anastasie (La Mère Louise de); Voy. Du Mesnil.

Sainte-Anne Boulard (La Mère Élisabeth de); Voy. Boulard.

Sainte-Apolline (La Sœur Jeanne de); Voy. Le Bègue.

Ste Apollonia, I, 178

Sainte-Aulaire ; méprisé par Boileau, V, 519.

Ste Bathilde; faisait la cuisine à Chelles, V, [354].

Sainte-Baume (La) en Provence, IV, 413.

Sainte-Beuve (Pierre de), huissier au Parlement, père du docteur, IV, [564, 567].

Sainte-Beuve (Le docteur Jacques de), III, 593 ; — origines normandes, IV, [563-4, 567] ; — (Branche parisienne et bourgeoise des). [564]; — réellement Gallican, [568] ; — professeur en Sorbonne, [563, 568, 569] ; — son côté ferme et polémique, [568-70] ; — maître en escrime sorbonique, III, [624]; — pur sorboniste et modéré, IV, 414; — modéré de doctrine et de caractère, [568] ; — reste un Janséniste mitigé, [572-3] ; — croit maintenir le libre arbitre en faisant triompher la Grâce, II, [533*]; — et la Grâce suffisante, IV, [572*]; — circonspect sur la Conception, [567]; — casuiste et canoniste, [571*]; — son aversion pour ce qui est cabale et parti, [570]; — son effroi de l'impression, [570] ; — malheur de ceux qui sont contre la vérité, VI, [294*]; — Suétone chrétien, [294*];
— Sa conduite à propos de la Signature, IV, [563], 571]; — ses embarras sur la Signature, VI, [359-60]; — révoqué de sa chaire, IV, [570, 571*] ; — sa révocation de professeur de théologie pour se refuser à la signature de la censure d'Arnauld (1656), III, 156-7*; — signe le Formulaire sept fois, III, 157* ; — ses raisons et son empressement à signer, IV, [570-1]; — appréciation de sa soumission à la Signature, 172; — sa *signature* invoquée, 187 ;
= et Arnauld, IV, [569-70]; trèsferme dans l'affaire de la censure d'Arnauld, [569-70]; refuse de signer la censure d'Arnauld, III, 36*; cède et finit par la signer, 36*; — et M. Aubineau, IV, [591]; — consulté par Dom Eust. de Beaufort, [527]; — son honneur d'être nommé dans Boileau, [574]; — sa consultation et son rôle dans l'affaire des restitutions de M. de Chavigny, II, [556, 557, 561, 562, 563, 564, 566, 567]; — et M. Cornet, IV, [569]; — comment il prend la defense de la thèse de M. Dirois, °[569]; — confesseur de M Feydeau, VI, [289]; froid pour M. Feydeau, [298-9]; consulté par M. Feydeau, [296] ; — sa renommée reste engagée dans le Jansénisme, IV, [566]; n'a jamais été l'homme le plus important du Jansénisme, [564-5]; — incline aux Jansénistes et adhère à saint Augustin, II, 150; — fronde le premier contre Jansénius, IV, [571-2*]; — sa supériorité dans la Conférence sur la Grâce entre lui et le P. Labbe (1652), III, [621-3]; IV, [569]; — et M. Le Camus, [539, 540]; sur la conversion de l'abbé Le Camus, VI, [365]; consulté par l'abbé Le Camus, [365] ; — directeur de M. et Mme de Luynes, II, 312; — maître de Nicole, IV, 414 ; — son honneur d'être nommé par Pascal dans les Provinciales, [574]; — comment transfuge de P.-R., V, [612]; sa séparation de P.-R. suivie de méfiance vers ses anciens amis, II, [552]; consacre la clôture de P.-R. des Champs, II, 303; ne veut pas voir les Religieuses de P.-R., IV, 172; — et Richelieu, [571-2*]; — consultation pour Mme de Sablé, II, 207-8*; — et le docteur de Saint-Amour, IV, [570]; ce qu'il écrit à Saint-Amour sur les

affaires du Jansénisme,' 173* ; — soumis quand même au Saint-Siége, [570] ; — cas de conscience à propos du curé de Saint-Séverin, [572-3*] ; — a-t-il écrit le Mandement de Mgr de Paris sur la première Bulle d'Urbain VIII, [572*] ; — *approuve* le livre de M. de Vabres contre la première Apologie, [572 *] ; — ses lettres imprimées dans le Journal de Saint-Amour, [570] ; — sa lettre d'explication à Henri Arnauld, [570-1] ; — meurt subitement et sans sacrements, [573] ; V, 138* ; — Réponse aux critiques de l'étude publiée sur lui en 1865, IV, [563-74].

Sainte-Beuve (Mésdemoiselles de), sœurs du docteur ; mondaines et précieuses, IV, [568-9*].

Sainte-Beuve (M. de), magistrat au Tribunal de la Seine ; son étude sur le docteur Jacques de Sainte-Beuve, IV, [562-74].

Sainte-Beuve (Charles François de), père de l'auteur de *P.-R.*, IV, [564*].

Sainte-Beuve (M. Charles-Augustin), né à Boulogne-sur-Mer le 21 decembre 1804, mort à Paris le 13 octobre 1869 ; détails sur son origine de famille, IV, [564*] ; — sur l'auteur même de *Port-Royal*, II, [513-4] ;

= et le P. Cahours, V, 500* ; — mot de M. Cousin, III, 416* ; — et M. Auguste Desplaces, V, 162* ; — Cours de l'École normale en 1858, II, 83*, [515, 520, 522, 529] ; — et ses amis de Hollande, IV, [596] ; VI, [300] ; visite à Utrecht et à Amersfoort, V, 306-9 ; — réponse de M. Hugo le jour de sa réception, 471-2 ; — ses rapports avec La Mennais, III. 258 ; — Lausanne (Cours de) ; Voy. *Lausanne ; — ce que lui dit M. Portalis de Domat, V, 523* ; — note de M. de Rémusat, 400-1* ; — et M. Royer-Collard, I, 23* ; III, 3 ;

= *Consolations*, I, [513] ; églogue napolitaine, II, 420 ; — *Monsieur Jean* se rattache aux études sur P.-R., IV, 351* ;

= Divisions de l'*Histoire de P.-R*, VI, 242 ; — avertissement du troisième volume (1846), III, 1-4 ; avertissement du tome IV, IV, 1-2, — en-tête du Mémoire de M. de Chantelauze, V, [525-6] ; — postface de l'Histoire de P.-R., VI, 243-6 ; — la seule unité du livre de P.-R. de comprendre tout ce qui se rencontre, III, 589 ; — n'a pas voulu cacher les vilains détails de l'ascétisme exagéré de P.-R., I, 93, 95 ; III, 321-5 ; — réponse aux critiques de l'ouvrage sur Jacques de Sainte-Beuve, IV, [563-74] ; — son livre de P.-R. n'a pas l'intention de dispenser des sources, III. [631] ;

= « Portraits littéraires », II, [515] ; III ; 240*, [611] ; Étude sur Molière, 273*, 298* ; — « Portraits contemporains », IV, 45* ; Daunou, III, 513* ; La Mennais, V, 396* ; — « Portraits contemporains et divers », IV, 45* ; édition des Pensées par M. Faugère, III, 388* ; — « Derniers portraits littéraires », IV, 45* ; M. Vinet, III, 357* ; — « Portraits de Femmes », V, 68*, 124* ; Mme de Longueville, IV, 366* ; V, 106*, 124* ; — « Causeries du lundi », II, [515] ; IV, 1, 13* ; V, 455*, [617, 625] ; tome VI, 489 ; tome IX, V, 83* ; tome XIII, VI, 129* ; — « Nouveaux lundis », II, 428* ; V, 198*, 515* ; — Note dans le *Bulletin du Bibliophile* sur les billets de la Lettre du Provincial à l'auteur des Provinciales, III, [602-6] ;

= Méthode habituelle, II, [515*] ; — son désir, en revenant sur un sujet, de mieux marquer chaque trait, V, 95 ; — son désir de bien définir les situations et les doctrines, IV, [546*] ; — cherche à être un naturaliste des esprits, II, [514] ; — sur les vers latins, III, 519* ; — possède des lettres mss. de Chapelain moins l'année 1656, [605-6] ; — article sur La Rochefoucauld, V, 68* ; — son manuscrit des Pensées de Pascal, III, 88*.

Sainte-Candide (La Sœur Madeleine de) ; Voy. Le Cerf.

Ste Catherine (Tragédie de), I, 143 ; — Voy *Bruxelles.

Ste Catherine de Sienne, IV, 333.

Sainte-Catherine (La Sœur Marie de) ; Voy. Issali.

Sainte-Cécile (La Sœur Anne de) ; Voy. Boicervoise.

Sainte-Cécile (La Sœur Marie Madeleine de) ; Voy. Bertrand.

Sainte-Célinie (La Sœur Catherine de) ; Voy. Benoise.

Ste Cicilla, I, 178.

*Sainte-Croix (Abbaye de), à Quimperlé, I, 439.

Sainte-Croix (La Sœur de); Voy. Rose (La Sœur).

Sainte-Domitille Personne (La Sœur Jeanne de); lettre sur le gouvernement de la M. Angélique de Saint-Jean, IV, 261-2*.

Ste Élisabeth de Hongrie et l'Eucharistie, IV, 449.

Sainte-Épine (Miracle de la), III, 76; — récit de la M. Angélique, 174-6; de Jacqueline Pascal, 176-7; — miracle-modèle pour les Jansénistes, IV, 185-6; — suspend la persécution, III, 173, 176; — n'opère pas hors de l'église, 182*; — (Messe, Prose et Chapelet de la), 187-8; —.(Neuvaine à la, IV, 201; — point faible, III, 174*; — discussion du miracle, 178-83; — contesté par les Jésuites, 180-1; — aperçu d'explication physique, 178-80; — germe de tous les miracles jansénistes, 448-9*; — de grands esprits y ont cru, 303*; — (Miracles de la), II, 27*; III, 139, 151, 174, 189, 354*; IV, 114, 127, 145, 163 *; — quatre vingts guérisons et miracles, III, 182; — ricochets en province, 192; — a pour fin les miracles du diacre Pâris, 198; — et Pascal, 312, 317; influence sur Pascal, 184-5; — Racine y croit, VI, [257]; — vers de la Sœur Sainte-Euphémie, IV, [580]; — et Mlle de Vertus, V. 103*.

Sainte-Euphémie (Jacqueline Pascal, en religion Sœur), I, 179; III, 333*; — Voir l'article : Pascal (Jacqueline) pour sa vie avant son entrée en religion; — la « Jacqueline Pascal » de M. Cousin, III, 360*; — Religieuse à P.-R. malgré son frère, II, 321, 381; entre à P.-R. malgré son frère (1651), 486-7; — drame intérieur des chicanes du partage du son bien, 487-99; — mauvaise volonté de son frère sur ce point, 487, 489-90; — revient à de meilleurs sentiments 497-9; — Sous-Prieure et Maîtresse des Novices à P.-R. des Ch., III, 343; — et la Sœur Flavie, 354*; — complète Pascal, II, 488; III, 358, 359; sa lettre à Pascal pour le railler de son trop grand zèle de néophyte (1655), 321; sa part dans la seconde conversion de son frère (1654), II, 503-4; lettres à Mme Périer sur cette conversion, 504-7; direction de son frère au moment de sa seconde conversion, 506, 507; — c'est à P.-R. que son esprit achève de se former, III, 351; — tient de Saint-Cyran, 351; toute dans l'esprit de Saint-Cyran, 358; — et le miracle de la Sainte Épine, 183-4; — ses angoisses pour la signature, 345; admirable lettre sur ses doutes, 346-50; — son interrogatoire par M. Bail, IV, 143; — meurt à trente-six ans (4 oct. 1661), III, 85, 352; — sa mort, IV, 170; sa mort à la suite de sa signature, 132; meurt de douleur d'avoir signé le Formulaire, II, 488; III, 349, 352, 356, 357;

= Sa nature vaillante, III, 352*; — son talent poétique, 183-4; — veut traduire en vers les Hymnes de l'Église, II, 485; — ce qui lui reste de bel esprit au couvent, 449*; III, 183-4*; — « Pensées édifiantes », réimprimées par M Faugère, 331*; — ce qu'elle dit de la santé et des maladies, II, 508; — ce qu'elle dit de la pauvreté, III, 330; — ce qu'elle dit des Évêques, 347, 550; — Relation de l'affaire de sa dot, II, 489-97, 499*; — Lettre sur le miracle de la Sainte Épine, III, 176-7, 180*; — Relation écrite par elle-même, II, 380*; — (Vie de la Sœur) par Mme Périer, 380*, 465*; — ce qu'en a écrit M. Vinet, III, 360*; — ce qu'en a écrit M. de Sacy aux *Débats*, 360*;

Sainte-Euphrasie (La M. Marie de); Voy. Robert.

Ste Eustoquie, I, [542].

Ste Geneviève (Fête de), II, 367; Voy. *Auteuil, *Paris (Chanoines de S*.-G.)

Ste Gertrude; Voy. *Utrecht.

Sainte-Gertrude (La M. Madeleine de); Voy. Du Valois.

Sainte-Gertrude (La S. Marguerite de); Voy. Du Pré.

Sainte-Ide (La S. Françoise-Madeleine de); Voy. Le Vavasseur.

Sainte-Julie (La Mère Françoise-Madeleine de); Voy. Baudrand.

Sainte-Lucie (La Sœur Marie-Marguerite de); Voy. Pepin.

Ste Lutgarde; refuse de Dieu le don d'entendre le Psautier, IV, [580].

Ste Madeleine, II, 305.

Sainte-Madeleine (La Mère Henriette Marie de); Voy. Du Fargis.

Sainte-Madeleine Arnauld (La Mère

Angélique de); Voy. Angélique (La Mère).

Ste *Marceline*, sœur de S. Ambroise, IV, 174.

Sainte-*Marguerite* (M. de), frère de M. Pallu, II, 227.

Ste *Marie*, nièce du solitaire Abraham, II, 286.

Sainte-*Marie* (Filles de) ; IV, 181 ; préposées au gouvernement de P.-R. de Paris, 212-6, 220, 221 ;— Voy. *Paris*.

Sainte-*Marie* (La Mère de), de Paris, I, [535].

Ste *Marie-Madeleine*, IV, 201.

Sainte-*Marthe* (Famille des), I, 15 ; II, 232.

Sainte-*Marthe* (MM. de), I, 274 ; — (Les MM. de), historiographes de France, copiés par le P. Labbe, III, 527-8.

Sainte-*Marthe* (Le P. Abel-Louis de), Général de l'Oratoire (1672-1696), V, 331, [615] ; — contrecarré par M. de Harlai, 332, 333-4.

Sainte-*Marthe* (MM. de), Abel-Louis, Pierre Scévole et Nicolas-Charles, fils de Scévole ; — « Gallia christiana, » I, 38, 320, 494 ; V, 332 ; l'éloge de Saint-Cyran supprimé par l'Assemblée du Clergé (16.6), III, 149.

Sainte-*Marthe* (M. François de), avocat au Parlement, père de Claude, IV, 342.

Sainte-*Marthe* (M. Claude de), I, 469, 471-2, 474 ; IV, 137, 216 ; V, 210 ; — n'a jamais été abbé, 105* ; — forcé de se cacher, VI, [317] ; — retiré au faubourg Saint-Antoine, II, 350 ; — à P.-R. des Ch., V, 177 ; VI, [324] ; sa maison à P.-R. des Ch., V, 273, (plan) ; VI, 196 ; sa sortie de P.-R. des Ch , V, 186-7, 189 ; — voyages, IV, 343 ; — voyage en Flandre et en Hollande, IV, 348 ;
= Ne veut pas signer la contre-requête d'Arnauld, IV, 383* ; visite Arnauld à l'étranger, V, 324 ; — désapprouve le mélange du cartésianisme et de la foi, 352-3 ; — son nom déguisé de M. Du Vivier, IV, 490 ; — et M. Eustace, VI, [325] ; — engage M. Hamon à écrire, IV, 299, 300, 313 ; — et M. Le Camus, [544] ; — remplace M. Le Tourneux, V, 269 ; — se trompe en traduisant les *Essais* de Montaigne par *conatus*, II, 446* ; — et Nicole, IV, [596] ; — confiance de Pascal en lui, 349, dissidence avec Pascal sur la restriction au second Mandement sur la signature, III, 355 ; — confesse Pascal au lit de mort, 368 ; — belle lettre à M. de Péréfixe en faveur des Religieuses, IV, 182-4, 345 ; — et M. de Pontchâteau, V, 256, 257, 269 ; VI, [315, 316, 320, 324, 331, 332, 339] ; — confesseur ordinaire de P.-R., IV, 341-9 ; d'avis de chercher l'obscurité pour P.-R., V, 140 ; — traité d'aventurier par le P. Rapin, IV, 183* ; — tempère M. de Saci, 410 ; lettre sur la mort de M. de Saci, II, 373 ; — assiste M de Saint-Gilles, 294 ; — et M. Singlin, IV, 344 ; successeur de M. Singlin, 341 ;
= et les Religieuses de P.-R., VI, [318] ; — confesseur des Religieuses, IV, 182-4 ; — contraire aux visites mondaines à P.-R., V, 269-70 ; — peu du goût de la Mère Angélique de Saint-Jean, IV, 347 ; — et la Mère Du Fargis, V, 269 ; — sa conduite vis-à-vis des Religieuses, IV, 347-8 ; — rôde déguisé autour de P.-R., 286 ; — confesseur de P.-R., escalade les murs, I, 28 ; — ses prédications au jardin et par-dessus le mur de P.-R. des Ch., IV, 346-7, 351 ; — a-t-il administré des Religieuses par contrebande ? 347* ; — sa mort en 1690, IV, 350-1 ; V, 247 ; VI, 158 ; — enterré à l'intérieur de P.-R. des Ch., IV, 351 ; V, 269 ;
= Sa modestie, IV, 341-5 ; monotonie et vertus 348-51 ; — comme directeur, 417 ; — lettres, 348, 349 ; — petit écrit sur les Petites Ecoles et l'enfance, III, 482-4, 485* ; — collabore à l'Apologie des Religieuses (1661), 345* ; — auteur de la Défense et non de l'Apologie des Religieuses de P.-R., IV, 345-6.

Sainte-*Marthe* (Dom Denis), bénédictin, neveu de Claude ; — et le cardinal de Noailles, VI, 231.

Sainte-*Marthe* (Mlle de), pensionnaire à P.-R., V, 186*.

Sainte-*Marthe* (La Mère Françoise-Agnès) ; exilée à Blois, VI, 221.

Ste Menehould, VI, [297].

Ste *Monique* ; mère de S. Augustin, II, 25* ; VI, [346].

Ste *Paule*, I, [542].

Ste Perpétue; ses prières pour son petit frère, IV, 26*.
Sainte-Reine (Eaux de), V, 73*.
Sainte-Sophie Flexelles (La Sœur Madeleine de) ; Voy. Flexelles.
Sainte-Suzanne (Catherine de), fille de Philippe de Champagne, I, 26 ; — sa guérison miraculeuse, IV, 146-8, le tableau du Louvre, 148.
Sainte-Synclétique de Remicourt (La Sœur Anne-Julie); Voy. Remicourt.
Ste Thaïs, V, 36.
Sainte Thècle Racine (La M. Agnès de' ; Voy. Agnès.
Ste Thérasie, II. 313.
Ste Thérèse d'Avila, I, 88, 106, 186, 233, [541]; — (La grande), IV, 297*; — (Réforme de), I, 7 ; — sa Vie par elle-même, 183 ; IV, 315; traduite par Arnauld d'Andilly, II, 269-70*, 276, 277, 281 ; — Lettres traduites par M. de La Rivière, 234 ; — (Méthode tout affective de), IV, [532] ; — et l'Eucharistie, 449 ; — (Reliques de), V, 251 ; — (Estime de la Grande Mademoiselle pour), II, 276, 277 ; — (Héroïsme de), V, 133 ; — (La) de France, I, 205*.
Sainte-Thérèse (La Sœur Françoise de); Voy. Françoise de Sainte-Thérèse
Sainte-Thérèse (La Sœur Marie-Angélique de); Voy. Angélique de Sainte-Thérèse.
Sainte-Ursule (Filles de) à Paris, IV, 181.
Saintes; Voy. Du Plessis de La Brunetière, Foix (Mme de).
Sainteté (Scandales de), V, 166; — (Des formes diverses de), III, 338-43.
Saints (Les), IV, 8, 11*; V, 508*; — (Prédestination des), 425 ; — valeur de leur vocation principale, 259*; — (Le Saint-Esprit est le lien des), IV, 304; — de la terre et du ciel, 310; leur harmonie, 306; — (Sanctification des), V, 425; — cherchent leur satisfaction, III, 587; — leur recours à la fuite, IV, [539*]; — mettent leur dévotion à fuir les hommes, V, 269 ; — (Il faut voir J.-C. dans les), IV, 296 ; — (Communion des), VI, [272, 273]; — (Paroles des) dans l'Écriture, II, 329; — (Jamais les) ne se sont tus, III, 88 ; - (La mort des), IV, 339*; — encore hommes, 80; — (La folie des), II, 266*; — (Ironie des), IV,

211 ; — (Les) ont eu des défauts, 502 ; — (Histoire des), 30, 31, 46 ; — (Sentences appropriées aux) de chaque jour, III, 473 ; — (Sentences... appropriées aux fêtes des) par Saint-Cyran, V, 256*; — (Antienne des), 207 ; — (Adoration des), VI, [366] ; — (Pratiques autorisées par l'exemple des), [351] ; — (Profits à tirer de la fête des), II, 367 ; — (Fête de tous les), VI, 227 ; — (Les enfants des), [254] ; — (Union par les sens avec les), IV, 303 ; — (Images de) et de saintes à P.-R. des Champs, II, 276 ; — (Les derniers) sont à P.-R. III, 342-3 ; — (Maximes des); Voy. Fénelon — (Encore des) là où il n'y a peut-être plus de Dieu, III, 339.
Saints contre saints, VI, 56.
Saints Français (Différence des) et Italiens, IV, 332-3.
Saints Innocents (Hymne sur les), IV, 328 9.
Saints Jansénistes, III, 135; leurs miracles, VI, [257].
Saints de l'Ordre de Cîteaux, VI, [347].
Saints martyrs, IV, 84.
Saints médecins, IV, [586].
Salacroux (Le Dr); — exemplaire unique d'épreuves de l'édition ante-princeps des *Pensées* de Pascal, III. 381*.
Salade (La); recette particulière de Mme de Sablé, V, 72, 73*, 76.
* *Salamine* (Bataille de), III, 40.
* *Sales* (Le château de) en Piémont, I, 258.
Sales (M. de), père de S. François de Sales, I, 258.
Sales (Mort de Mme de), la mère de S. François de Sales, I, 238*.
Sales (Frères de S. François de) I, 264, 265.
Salique (Arrêt pour le maintien de la loi), II, [520].
Sallengre (Mémoires de) III, 515*.
Salmonnet (Remontrance de M.), II, 70.
Salomon, II, 57; — (Temple de) VI, 145 ; — (Splendeurs de) III, 427 ; — (Le lit de) IV, 260; — (Proverbes de), IV, 289, 290, 463; — La Sagesse, 297* 463, ; — (Morale de) III, 444 ; — M. Hamon, son vrai fils, IV, 297.
Salon janséniste (Un), III, [599-601]; — (Tartuffe dans un) 267-8.

Saluces (Marquisat de) I, 69, 260, 264.

Salut Entière gratuité du), V, 118; — (Rareté du), I, 348, 446; —(La science du). V, 212*; —(Croire en J.-C. suffit il au)? IV, [331*, 546*].

* Samarie, II, [574]; III, 575.

Samaritaine (Vendredi de la), III, 173, 176.

Samson perdant sa force, III, 361.

Samuel (Le prophète), I, 278; — sa mère, V, 449.

Sanadon (Le P.) jésuite, III, 130.

Sanchez (Le P.), auteur casuiste, III, 117*; — « De Matrimonio », I, [526*].

Sancho (Adages de), II, 408.

Sanci, I, 259.

Sanctius (L'Espagnol); — Lancelot s'en sert pour sa méthode latine, III, 522.

Sand (Mme Georges), I, 185; — de l'école de Balzac, II, [524].

Sandeau (M. Jules), I, [549].

Sang (Circulation du) II, 316.

Sanlieu (L'abbesse de); — pseudonyme d'Arnauld dans ses lettres, VI, 15.

Sanson, le géographe; — copié par le P. Labbe, III, 527.

Santé (Éloges de la) III, 327 ; — (Se défier de la), V, 116; — (Idée chrétienne de la), II, 508.

Santeuil, I, 25*; — son jugement de lui-même, V, 245*; — ses louanges de lui-même, 245*; — ce qu'il dit des Conciles, 244*; — son intolérance pour les solécismes, 244-5*: — sa vanité toujours à fleur d'eau; [625-6*]; — son jeu de parole, 243; toujours en verve burlesque, 243 ; — et le méchant vin, 244*;
= Son épitaphe d'Arnauld, V, 475; VI, 126; histoire de son épitaphe d'Arnauld, V, [622]; explique que ce qu'il dit de la victoire d'Arnauld est non sur les Jésuites, mais sur les Protestants, [623]; célèbre le cœur d'Arnauld revenu à P.-R. des Ch., 505; — et le P. Bourdaloue, [623]; réconcilié avec les Jésuites par Bourdaloue, [625] ; — et le P. Commire, [623]; — son estime pour M. Hermand, 245*; —entre les Jansenistes et les Molinistes, [625*]; — et les Jésuites [622-5]; au collège des Jésuites de Paris, [623, 624]; bons tours des jeunes Jésuites, [623-4]; —et le P. Jouvancy, [622, 623]; —et le P. La Chaise, [622]; —, et le P. La Rue, [623]; — et M. Le Tourneux, 241-2, 245*; — sa pension de Louis XIV, [622]; —, ou l'hôte jovial de P.-R., 241, 243-5*; —Visites à P. R. des Champs, 270; — sous-diacre à une messe de P.-R. des Ch., 274; ses éloges de P.-R. des Ch., 243-4*; — et le P. Rapin, [623]; — et les Religieuses de P.-R. des Ch,. 244*; — et le « Santolius pœnitens » de Rollin [623], traduit par Boivin et non par Racine, [623]; — et la cuculle de S. Bernard, 241-3; — ce qu'en dit M. Vuillart, [625-6*] ;
= Hymnes, V, 243*;—Ses hymnes de S. Bernard, 244* : — Sa plus belle hymne, celle des Docteurs, 245*; — Éloge de ses hymnes par Rancé, 244*; — Ses hymnes et M. Le Tourneux, 249; — (Lettres de), [625].

Santinelli devait épouser la princesse Ceri, VI, [312*].

Sanzai (Le Comte), épouse une des sœurs de l'abbesse de Maubuisson, I, 191; — aide celle-ci dans sa tentative de rentrée à Maubuisson, 197, 198, 199, 200, 202*.

Sapey (M.); « Guillaume Du Vair et Ant. Le Maitre, » I, 397*.

Sapientiaux (Les livres), IV, 297*, 463.

Sara (Le cas d'Abraham et de), III, 244-5*.

Sara, femme de Tobie, VI, [252, 254].

Sarbieuski; ses vers latins, III, [625].

Surcellades (Les), II, 334, 336.

Sardanapale, IV, 473.

*Sarmates, II, 209.

Sarment (Les gens qui couchent sur du), IV, 485.

Sarrasin, appelé Amilcar dans la Clelie, II, 270, 271; — commensal du prince de Conti, V, 26, 27.

Sarrasins (Turpin, fléau des) I, 278.

Sasbolt, V, 308; — (Portrait de l'évêque), 307.

Satan (Le) de Milton, II, 112, 136.

Satires; Voy. Boileau, Horace, Juvénal, Perse.

Satirique (L'humeur), V, 502*.

Satiriques Français (Rang des), V, 498.

Satisfaction (Hommes et saints cherchent leur) différemment, III, 587*.

Satyre Ménippée, I, 69 ; III, 61.

Saujon (Mlle) se retire aux Carmélites, VI, [285].

Saül (L'onction de), VI, 63 ; — (Fureurs de), III, 250 ; — tragédie, I, 122.

Saulx de Lesdiguières (Le comte de), élevé avec Louis XIV. V, 82*.

Saumaise, oncle de Mme de Brégy, IV, 267 ; — ce qu'il ignore manque à la science, VI, 29.

Saumur, I, 489 ; II, 194 ; — (Académie protestante de), III, 515* ; — (Assemblée de), II, 65 ; — Château de), III, 256* ; — Congrégation de l'Oratoire,V, 333* ; Thomassin (Enseignement du P.), 333 * ; (Enseignement du P. Le Porc à), 334* ; (Du Guet à), VI, 5.

Sauvage (Le P.) jésuite, II, 170* ; — « Réalité du projet de Bourg-Fontaine. », I, 245 *.

Sauvages Jésuites chez les), III, 129.

Savantes (Rien n'est pire que les demi-), VI, 189.

Savants italiens (Libéralité de Louis XIV envers deux), VI, 104*.

Savoie, I, 231 ; IV, 233, 343 ; —voyage de Du Guet, V, 29 ; VI, 58 ; — Philippique d'Antoine Arnauld contre le duc de;, I, 69 ; — et l'évêque Le Camus, IV. [540] ; — (Reception du duc de) au Parlement, I, 66-7 ; — Voy. *Annecy, *Chambéry, Charles Emmanuel II, Clergé, Emmanuel Philibert, Évêques, Nonces. Le Camus, S. François de Sales, *Tamied.

Savoie (Claude de), comte de Tende, V, 55*.

Savoir (Concupiscence et dangers du), I, 294, 449, 480 ; II, 18, 160 ; IV, 35.

Savreux (Charles) ; imprimeur et libraire de P.-R., III, 379 ; IV, 363 ; — et la vente des Provinciales, III, 59 ; — son arrestation à propos des Provinciales, 56 ; à la Bastille, II, 344 ; — sa mort, III. 57*.

Savreux (Mme), legs à P.-R. des Ch., III, 57*.

Sayous (M.), II, 384*.

Scaliger le père ; ses études sur la philosophie de la grammaire, III, 538.

Scaliger (Joseph), I, 283.

Scandale (Où mène la crainte du), IV, [573*].

Scapulaire, vêtement monastique, V, 242 * ; — blanc avec la croix d'écarlate des Religieuses de P.-R , II, 298, 308 ; VI, 224 * ; — noir des Bernardines, II, 298.

Scarron et Boileau, V, 487 ; — appelé Scaurus dans la Clélie, II, 270 ; — en face de Molière, V, 489 ; — son hypocrite s'appelle Montufar, III, 288 *.

Scaurus, nom de Scarron dans la Clélie, II, 270.

Scepticisme, l'un des deux camps de la philosophie, II, 392-3.

Sceptique (Analogies du chrétien et du) non sûr de son doute, II, 20 *.

Sceptiques (Les trouvent des raisons dans tout, IV, 460* ; — (Montaigne, sergent de bande des), II, 392 ; — (Jeux de l'esprit ont moins de conséquence chez les) que chez les Dogmatiques, III, 252 ; — (Idéalistes font parfois les affaires des), V, 442 ; — (Arnauld contre les), 356 *.

Scété, solitude de la Basse-Égypte, IV, 61.

Schenck (Prise du fort de), I, 301*.

Scherer (M. Edmond); son analyse critique de l'apologie de Pascal (1858); III, [618-9].

Schiller, I, 149, 150 ; — subtil à l'allemande, 150* ; — marque au moins la voie du grand drame, VI, 124 ; — Correspondance avec Goëthe, 152.

Schlegel (Guillaume de), I, 170 ; — ses attaques contre Racine, III, 242 *.

Scolastique (Le Dieu), III, 397 ; — (Aridité), I, 276* ; — (Péripatétisme), III, 395* ; — (Logique) malmenée par Montaigne, 543 ; — (Philosophie) et Malebranche, V, 358.

Scolastique en France, IV, 423, 424 ; — (Mauvaise) dans la morale, III, 133 ; — ce que dit Saint-Cyran de la), II, 99 ; — tuée en philosophie par Descartes, en morale par Pascal, III. 259 ; — tuee en théologie par P.-R., 524 ; — gardée par les Catholiques, [595].

Scolastiques Les', I, 279, 315 ; III, 100 : V. 333* ; — (Les esprits), III, 227* ; — (Théologiens), IV, 422 ; (Les) suivent S. Thomas d'Aquin, I, [527] ; — ce qu'en dit Saint-Cyran, II, 38.

Schomberg (Le premier maréchal de). Grand maître de l'artillerie et Surintendant des finances, I, 283 ; II, 253, 254 ; III, 29 ; — père de la duchesse de Liancourt, V, 41 ; et d'Andilly, III, 29 * ; — assiste au sermon de M. Singlin, II, 308 ; — épouse Mlle d'Aumale d'Haucourt, VI, 289 ; — (Régiment de), V, 165.

Schomberg (Le second maréchal de),

fils du premier, V, 41; — frère de Mme de Liancourt, III, [623].

Schomberg (Mlle Suzanne d'Aumale, depuis maréchale de); — quoique protestante, se sert de l'influence de P.-R., III, 71.

Schomberg (La seconde maréchale de), depuis Mme de Hautefort; — ses procès avec sa belle sœur Mme de Liancourt, V, 48.

Schomberg (Jeanne de), fille du premier maréchal; Voyez Liancourt (Duchesse de).

Sciatique, V, [582].

Science (Vanité de la), I, 480; — ardue (La) étrangère aux méthodes de P.-R., III, 523; — (Comment la) est garantie dans l'éducation, 492.

Sciences; ne se rangent pas sur l'étiquette, III, 550; — (Rapport vrai de la raison et des), 544; — (Inutilité des), II, 399; — physiques (Progrès des), III, 401.

Scioppius; Lancelot s'en sert pour sa Méthode latine, III, 522.

Scipion (Le songe de), III, 506.

Scipions (Les), I, 88.

Sconin (Jeanne) mère de Racine, VI, 86*, 98.

Sconin (Le R. P.), génovéfain; oncle de Racine, qui va chez lui à Uzès, VI, 9.; — et Racine, 104.

Scott (Walter), I, 143; III, 66*; — son « Antiquaire » V, 501.

Scribe (Eugène), IV, [567, 568].

Scrupule (Excès du) nuisible au style, III, 53.

Scudéry et Boileau, V, 487; — et Jacqueline Pascal, II, 468*; — « L'amour tyrannique », 468*.

Scudéry (Mme de); lettres de Bussy, V, 83, [585-6]; — lettres à Bussy, 84, [584*].

Scudéry (Mlle de), I, 118, 121; II, 236, 467; — est, malgré son mérite la personnification du faux genre des Précieuses, V, 486; — ses romans, 486, 487; — le Grand Cyrus, II, 209; V, 77*; — la princesse de Paphlagonie, 77*; — La Clélie, I, 88; II, 277, IV, 413; (Romaine de la), 255, 274; succès de la Clélie, III, 269; sa chute, 270, (Page de la) sur le Désert, 66*; tome VI; louanges de P.-R. postérieures à l'éloge de la Réponse du Provincial; le volume est envoyé au Désert, [603]; son portrait d'Arnauld d'Andilly dans la Clélie, II, 269-74; — et le prix d'éloquence de Balzac, V, 212*; —

louée sans être nommée dans les premières Provinciales, II, 269*; — son billet, III, [602-6], en tête de la troisième Provinciale, VI, 109*; allusion louangeuse des Provinciales, III, 66*, 68*; le billet à une dame est-il d'elle? 68*; éloges délicats de la Réponse du Provincial, qui désire un billet d'elle à l'éloge des Provinciales, [602, 604-5]; — amie du P. Rapin, [627]; — portraits de Mme de Sablé, V, 77*; — compliments à sa façon, III, 559; — le goût sévère des Provinciales suranne le sien du coup, [603]; — influence de ses romans, IV, 267.

Sculpture; la M. Angélique de Saint-Jean sculpteur de P.-R. en dedans, IV, 252-3.

Scylla, II, 59.

Scythes (Ovide chez les), VI, 99.

*Scythie, II, 209; III, 241.

*Sébaste (L'archevêque de); Voy. Codde.

Sebond (Raimond de); sa Theologia naturalis essaye de prouver naturellement Dieu et la nécessité de la foi, II, 432; — est pour les causes finales, 436; — objections faites à sa Theologia naturalis, 432-3; — (Apologie de Raimond) par Montaigne, 397*; 426, 430-41; III, 440; comment Montaigne défend sa méthode, II, 433-4.

Secondes (Caractère des natures), I, 439, 440-1.

Seconds (Traîtresse des) et disciples, III, 384*.

Secours (Sur les) de Dieu à l'homme, I, 254. — permis ou non permis, VI, 76*, 79.

Secret (Jansénistes ont le don du), IV, 424; — (Tout) se découvre, V, 60*.

Secrétaire du Cabinet; Voy. Langlade.

Secrétaire des Commandements du Roi; voy. Brienne.

Secrétaires d'État; Voy. Brienne, Châteauneuf, Chavigny, Du Plessis, Guénégaud, Pomponne.

Secretan (M.), philosophe suisse, I, [514*].

Sections coniques (Traité des), par Pascal, II, 461-2.

Séculier (Les maisons religieuses peuvent adresser des remontrances contre l'ordre transmis par un officier); V, 171.

VII — 25

Séculiers renvoyés de P.-R. des Ch., VI, 191-2.
Sedan, II, 225 ; III, 577 ; VI, [328, 337] ; — (Nicole à), IV, 480 ; — (M. de Pontchâteau à), VI, [334].
*Séez ; Voy. Le Noir.
*Séez (Diocèse de), VI, [286].
Segrais ; imitations de Virgile, V, 101* ; — ce qu'il dit du refus d'Arnauld d'Andilly de l'Académie, II, 278-9 ; — jolis vers de sa III* églogue dédiée à Mlle de Vertus, V, 100-1 ; — ses éloges d'Amire, 121 ; — et Mlle de Vertus, 121, 122 ; — Églogue de Climène, 101*.
Séguenot (Le P.) de l'Oratoire, I, 329 ; — son Commentaire sur le livre de la Virginité de S. Augustin condamné en Sorbonne et cause de l'arrestation de Saint-Cyran, 489-90 ; — mis à la Bastille, 490 ; II, 65*, 66.
Seguéran, méchant prédicateur, I, 468.
Seguier (Les), VI, [252].
Seguier (Le président), I, 221*.
Séguier (Le chancelier Pierre) neveu du président, I, 221, 383-4, 496* ; II, 312 ; IV, 361 ; — chancelier de 1635 à 1650, en 1651, de 1656 à 1672, I, [546] ; il n'était pas chancelier en 1652, mais comme il n'y eut en 1652 que Molé qui était garde des sceaux seulement, la mention de chancelier en 1652, II, [565], doit se rapporter à Séguier ; — assiste en Sorbonne aux séances de l'affaire d'Arnauld, III, 35, 35*, 37, 38, 39 ; et le livre de la Fréquente Communion, II, 185, 186 ; — assiste aux Assemblées de Sorbonne (1656), III, 165-6 ; — beau-père du marquis de Coislin, le frère aîné de M. de Pontchâteau, VI, [302*] ; et les Jansénistes, [364] ; poursuites contre des Jansénistes, III, [629, 630] ; fait chercher l'imprimerie secrète qu'il suppose aux Jansénistes, 193-4, 196 ; — ses rapports avec M. Le Maitre, I, 371-2, 378, 383-4, 386-7 ; lettre que lui écrit M. Lemaitre sur sa retraite, 386-7, 388 ; — refuse l'approbation à la traduction du Nouveau Testament, II, 359 ; refuse la permission d'imprimer le Nouveau Testament de Mons, IV, 379* ; — et le père de Pascal, II, 468, 469 ; — sa colère contre les Provinciales, III, 56, 62 ; et l'arrêt de condamnation des Provinciales, IV, 214 ; — et P.-R. (1656), III, 159*, 165 ; — (Le Chancelier) et les Religieuses du Saint-Sacrement, I, 333, 334, 335, 364 ; — et l'émeute des rentiers (1638), II, 465 ; — et les papiers de Saint-Cyran, I, 492 ; II, 44, 65* ; — sa bibliothèque, IV, 13*.
Séguier (Mlle), sœur du Chancelier, en religion la M. Jeanne de Jésus VI, [364] ; — Carmélite et Prieure de Pontoise, [364] ; — son bon témoignage en faveur de M. Amiot [364] ; — et Anne d'Autriche, [364].
Séguier (Mlle) l'aînée, fille du chancelier ; épouse le fils aîné du marquis de Coislin, VI, [302*].
Séguier (Mlle), la cadette, fille du chancelier ; épouse le duc de Sully et ensuite le duc de Verneuil, IV, [302*].
Séguier (Dominique), évêque de Meaux (1637-59), I, 334.
Séguier (M.), et M. Amiot, VI, [364].
Séguier, Marquis d'O, cousin du chancelier et beau-père de M. de Luynes, II, 312.
Séguier (Louise) ; Voy. Luynes (La duchesse de) et Chevreuse (Le duc de).
*Seine (Bateaux de la), VI, [281] ; — Voy. *Neuilly (Pont de) ; — (La Nymphe de la), ode de Racine, VI, 93-5.
Selles (M. de), maître des études des enfants à P.-R. des Champs, II, 230 ; maître pour les études aux Petites Écoles, III, 469.
Sem, I, 224.
Semaine sainte (La), V, 217 ; VI, [335] ; — et Retz, V, [556] ; — (Office de la) ; Voy. Le Tourneux (M.).
Semblançay (Mlle de), pensionnaire à P.-R., V, 185*.
Semeur (Le), journal, I, 60* 69*, [548] ; III, 360* ; — ses extraits de M. Olier, 30*.
Semi-Pélagiens ; Voy. Pélagiens.
Séminaire pour l'église (Les petites écoles devaient d'abord être un), III, 468-9.
Séminaires ; Voy. *Aleth, *Paris, *Orléans.
Semur (M. Bourricaut, exilé à), IV, [594].
Senac de Meilhan ; sa traduction des Annales de Tacite, V, [595-6*] ; — rapproche Retz de Tacite, [595-6].
Sénancour ; Voy. Oberman.
Sénat ; Voy. *Chambéry.
Senault (Le P.), Général de l'Ora-

toire, V, 331 ; — et M. Le Camus, IV, [544].

Senecé (La marquise de); très-opposée aux Jansénistes, III, 162-3*.

Seneque; « Hercule au mont Œta », II, 414* ; — lettres à Lucilius, IV, 324*; — on y sent l'effort, II, 416*; — (École de) pour la phrase, [518]; — ce qu'en a et ce qu'en dit Montaigne, 446 ; — son portrait par Malebranche, V, 390, 392, 396.

*Senez; Voy. Soanen.

Senfft (Le comte de), correspondant de La Mennais, V, 458*.

Senieur, titre d'un office en Sorbonne, III, 157*.

*Senlis, I, 39 ; — Voy. Deslions.

Sennachérib (Défaite de), V, 435*.

Senneterre; Voy. La Ferté.

Sens (Le pour et le contre, caractère des gens de bon), V, 14.

Sens (Influence des mots sur le), III, 460 ; — (Conclure du) aux mots, non des mots au sens, II, 427; — (Les trois) de Jansénius, III, [592]. — (Valeur du) individuel, IV, 199.

Sens (Des), II, 478; — sont-ils nés du péché? V, 386-7; — (Part des) dans les idées, IV, 548 ; — (Ce qui est rare frappe plus les), V, 5*; — (Plus on ôte aux), plus on donne à l'esprit, IV, [580] ; — cause d'erreur dans l'homme, V, 388 ; — (Effet des) dans la foi, IV, 323*; — (Union par les) avec les Saints, IV, 303 ; — (Explication cartésienne du témoignage des), V, 352 ; — (Expérience des), tout pour Gassendi, II, 392 ; — (Saint-Cyran défend de satisfaire deux) à la fois, IV, 253 ; — (P.-R. hostile à tout ce qui s'adresse aux), IV, 323*; — Voy. Odorat.

Sens commun (Le) est l'illusion moyenne), III, 491*; — (Rareté du), 546 *; — (Pascal et le), 434, 435; — opinion de Sieyès, 278 *; Voy. Talon.

Sens naturel (Idées venant du), IV, 242; —(Retours involontaires au), 507.

Sens, IV, 62; — Église métropolitaine (Décanat de l'), VI, 59; — Cathédrale; autel de saint Savinien, IV, 392 * ; — (Nicole à), 403 ; — patrie de l'abbé Boileau le prédicateur, VI, 59*; — Voir Bellegarde, Burlugai, Gondrin, Hersant (Jean), Montpezat.

*Sens (Diocèse de), IV, 344, 392, 399; — Voy. *Saint-Maurice.

Sensation (La) dans le Christianisme, IV, 323*.

Sensibilité (La) personnelle se retourne contre les autres, VI, 110.

Sensible (On reste) à ce qui vous a une fois touché, III, 315.

Sensualité, III, 250*.

Sentences (Du goût pour les), IV, 289-90 ;.—tirées de l'Écriture, etc., III, 473 ; — morales (Recueil de), 506, 507.

Sentiment doux et tendre qui n'est pas la charité, VI, 52.

Sentimentale (L'École critique et l'École), III, [619].

Sentimentalité (École de), V, 53.

Sentir (La manière de juger dépend de celle de), III, 401.

Septembre, V, 4.

Sept-Fonds, abbaye près de Moulins en Bourbonnais, IV, 73; — sa réforme, [526-7] ; — fille de la Trappe, [528]; — vêtement des moines, V, 242*; — vues gravées, IV, [526]; — relations avec P.-R., [527-8]; — Voy. Beaufort.

Sépulture (Privation de la), IV, 310, 311-2.

Séraphin (Le); nom déguisé d'Anne d'Autriche, V, [536].

Séraphins (Les), III, 30*.

Sercy; Recueil en prose (1662), V, 44*.

Serge de Londres et d'Aumale, VI, [319] ; — verte (Rideaux de), [319].

Seri (Charles de), grand-père de M. de Pontchâteau, VI, [302].

Séricourt (Simon Le Maître de); fils de Mme Lemaitre et frère cadet d'Antoine Lemaître), I, 385, 397, 399-408, [557]; II, 6, 41, 323; — ses campagnes, 379-401; — le premier militaire à P.-R., I, 406 , — sa retraite, 431-2, 433 ; II, 325 ; — le second des ermites, I, 477 ; — à P.-R. des Ch., II, 228 ; — à la ferme des Granges, 302 ; — chargé d'éveiller les Solitaires, I, 434 ; — travaille comme jardinier, 500; — se retire à la Ferté Milon, 498 ; VI, 84; — revient incognito à P.-R. des Ch., I, 499 ; — sa douceur, 435 ; — ses troubles et ses austérités, 412; — copie les ouvrages de ses frères, 404, 405-6 ; — et Lancelot, 431-2 ; — sa conversation avec son frère, M. Le Maître, 402; réuni à M. Le Maitre par Saint-Cyran, 403 ; — à la réception de M. Manguelen, II, 241; — assisté à sa mort par M. de Saci, 330 ; — sa lettre à Saint-Cyran est remaniée, I, 403 ; — rapproché de Vauvenargues, 407-8.

Serments politiques, IV, [571].

Sermon sur la montagne (Que devient le) dans Malebranche, V, 427.

Sermons, prêchés en français, mis en latin pour l'impression, I, 50*, 61*; — (Homélies plus utiles que les), IV, [547] ; — transformés en pamphlets, V, [533]; — Voy. Bossuet, Bourdaloue, Retz.

Serpens (L'oreiller de), IV, 472-3. -

Serpent, V, 515 ; — (Le) tentateur, 515 ; — (Aventure d'un blasphémateur et d'un), IV, [550].

Serres (Olivier de) ; « Théâtre d'agriculture », II, [517].

Serres (M. de), I, [555].

Serry (Le P.) ; reproche au P. Daniel sa mise à l'index. III, 225*; — (Lettre du P. Daniel au), 127*.

Sertorius, I, 120.

Servien (M.), secrétaire d'État, II, 254.

Servin, procureur général au Parlement, I, 67, 68*.

Servitude volontaire (La) de la Cour, IV, [536].

Sesmaisons (Le P. de) ; directeur de Mme de Sablé, II, 166-8, 176*, 179.

Seul (Le malheur d'être), VI, [310].

Sève: Voy. Rochechouart.

Sévère dans Polyeucte, I, 125, 128, 131*, 134-7, 138, 139, 161, 173*.

Sévérité de l'Évangile et de la Pénitence, V, 40 ; — évangélique (De la) ; Voy. Bourdaloue ; — pour soi-même, III, 573.

Sévigné (Le chevalier Renaud de); Breton, IV, [582]; V, 95 ; — un moment chevalier de Malte, 95 ; — sauve une petite fille d'un sac de ville et l'élève, IV, [582] ; V, 95; — ancien duelliste et frondeur, IV, [581]; — sa Première aux Corinthiens dans le siége de Paris, V, 93-4 ; — oncle de la marquise, IV, [583] ; — épouse en secondes noces Mme de La Vergne, mère de Mme de La Fayette, V, 95 ; — ses bizarreries, IV, [581-2]; — apprend le latin à 57 ans, [581-2]; V, 96; — son appellation de portier de J. C., IV, [581] ; V, 99*; — sa dévotion au bon pasteur, IV, [582]; V, 95, 96*; — son cachet, IV, [582]; V, 95, 96 ;

= Se loge dans les dehors de P.-R. de Paris, IV, [581]; V, 96;— son appartement à P.-R. de Paris, IV, 134, 135, 156 ; — sa chapelle à P.-R. de Paris, 231; — son parasol, et les gamins de son quartier, [581]; V, 96 ; — son carrosse, 96 ; — ses premières retraites à P.-R. des Ch., 97*; — se retire dans les dehors de P.-R. des Ch., IV, [582]; V, 74, 97; — sa tribune dans l'église de P.-R. des Ch., IV, [582]; V, 99* ; — bâtit trois côtés du cloître à P.-R. des Ch., IV, 469 ; bâtit à ses frais le cloître de P.-R. des Ch ; son désir d'y entrer, [582]; V, 97-8 ; — sa nièce le visite à P.-R. des Ch., 11 ;

= Champaigne peint pour lui un Bon Pasteur, IV, [582] ; V, 95 ; (aujourd'hui au musée de Tours); — et Fontaine, 96 ; — transcrit les traductions de M. de Saci, 96 ; — et M. Singlin, 95;

= et les Religieuses de P.-R., V, 96-7 ; — le chevalier d'honneur du monastère, IV, [582] ; V, 99; — sa correspondance avec la M. Agnès, IV, [581-3]; V, 95*, 97*, 98, 143; — et la M. Angélique, 97*; belle lettre à lui adressée par la M. Angélique, I, 467*; IV, 156-7; — et Mme de Sablé, V, 73, 74, 74-5;

= Mort en 1676, V, 94, 97 ; enterré dans le cloître de P.-R. des Ch., IV, [582]; V, 97, 98; — son épitaphe par M. Hamon, 98.

Sévigné (Henri de) ; parent du cardinal de Retz, V, [604*].

Sévigné (Marie de Rabutin Chantal, marquise de), II, 278, 287;

= et Arnauld, III, 155* ; — et Arnauld d'Andilly, IV, 241; V, 6, 8, 9, 11, 12-3 ; ce qu'elle dit d'Arnauld d'Andilly, II, 256 ; ce qu'elle écrit de l'audience d'Arnauld d'Andilly, V, 8 ; — et Boileau, 506-7, 508*; — parle du sermon de Bourdaloue contre Tréville, 82 ; — lettres de Bussy Rabutin, V, [578*, 597, 599, 602*]; — et son oncle, M. de Cessac, V, 6 ; — ce qu'elle dit du Polyeucte de Corneille, I, 139 ; Pauline a dû être son idéal, 140 ; — ce qu'elle dit des « Figures de la Bible » de Fontaine, II, 243 *; — et Dom Hennezon, V. [579, 587]; — son récit de la scène du dîner chez M. de La Moignon, 506-7 ; — et La Rochefoucauld, [585] ; — et les Règles chrétiennes de M. Le Tourneux, 230, 231; — lit Malebranche, III, 231; railleries contre Malebranche, V, 371-2; — son amitié pour Montaigne, II, 401-2. 451; — et Nicole, III, 155*; son admiration pour Nicole, IV, 495; son estime pour Nicole, II, 401; en guerre avec son fils sur Nicole, 401; traite Nicole de *dernier des Romains*, IV, 513-4; — et les « Essais de morale » de Nicole, 462, 465, 466-9, 471*; son éloge des Imaginaires de Nicole, 433; — son estime pour les Provinciales, III, 121, 146; — amie de M. de Pomponne, 359; IV, 264; et M. de Pomponne, V, 11, — et les Mémoires de Pontis, II. 291-2*; — son éloge parfait d'Esther, VI, 141-2*; — et Retz, V, [574, 576, 578, 580, 582]; ce qu'elle dit de Retz, [586-7, 589, 590, 591, 592, 593, 594, 596-7, 598, 601-2]; ce qu'elle dit de la retraite de Retz, [586-7]; partiale pour Retz, III, 275; fournit des modèles de meubles à Retz, V, [575]; et la dernière maladie de Retz, [599]; veut faire prendre du quinquina à Retz, [604]; son récit de la mort de Retz, [598-9]; explication de son passage sur la mort de Retz, [601-5]; — son jugement sur Saint-Cyran, II, 213*; — nièce du chevalier de Sévigné, IV, [583]; sa visite à son oncle le chevalier de Sévigné à P.-R. des Ch., V, 11; — et M. de Tréville, 87; — ce qu'elle dit de Turenne, [587];

= et Mme de Caderousse, V, 6; — et Mme de Caumartin, [594]; — Lettres de Mme de Coulanges, 84; — et Mme Du Plessis, 6; — sa discussion sur le libre arbitre avec sa fille, III, 231-2; — et Mme de La Fayette, V, 6; — et Mme de Motteville, 6; — ses visites au couvent de Sainte-Marie, 13, 14;

= Amie de P.-R., III, 70; IV, 110; — modèle de l'*amie* de P.-R., V, 12; — ses sentiments jansénistes, [592]; — Janséniste amateur, III, 234; — amie mondaine de P.-R. et libre parleuse, V, 12-4; — amie voltigeante de P.-R, 68; — ce qu'elle dit du Jansénisme, III, 201-2; — ce qu'en écrit la M. Agnès, IV, [583]; — ne va à P.-R. des Ch. qu'en 1674, V, 11, 11*; — visite à P.-R. des Ch., 11, 13, 14; — ce qu'elle dit du Désert et des Pénitents, 11; — ce qu'elle dit de Dieu, III, 232, 234; — comment elle prêche la prédestination, 231-3; — ses variations sur la liberté humaine, V, 14; — comment elle parle de quelques papes, [592]; — qui elle traite de *Mères de l'Église*. 41; — ce qu'elle dit de la Signature, 13; — erreur de J. de Maistre de la prendre comme exposant, le vrai *dogme* Janséniste, III, 230-5;

= Son goût fin, V. 485; — son goût vif resté simple, IV, 467; — a un grain de Montaigne, V, 14; — a de la *Dorine* en elle, III, 297*; — irrésistiblement badine, V, 373; — son don de joie et de charme, 507; — la divine railleuse, 507; — sa maxime : glisser sur les pensées, II, 401*; — ce qu'elle trouve *de bon lieu*, III, 513; — (Prose de Mme de), II, 56; — s'amuse avec sa plume, III, 231*;

= Lettres, III, 201-2; IV, 466-9, 513-4; V, 111*; — Lettres à Mme de Grignan, 371-2, 507*, [591]; — Lettres à Bussy Rabutin, [578*]; — Lettre à Guitaut sur la mort de Retz, [596, 599, 602-3, 604]; — Lettres à M. de Pomponne, IV, 513-4; V, 613; — édition de Grouvelle. [602]; — Lettres inédites, 1814, [602]; — édition de MM. Ad. Regnier et P. Mesnard, [603*].

Sévigné (Le marquis de) et Du Guet, VI, 54; — et l'abbé d'Eteman, 54; — n'a pas pour Nicole l'estime de sa mère, II, 400, 401; trouve Nicole ennuyeux, IV, 464, 465; lettre de Nicole sur les Pensées de Pascal, III, 384*, 392; — conversion dernière, VI, 54.

Sévigné (Mlle de), V, 6.

*Séville (Canons de), IV, 293.

Sevran près de Livry; — dernier reste des Petites Écoles, III, 479; — (Écoles de), 574, 578.

Sexte, VI, [320, 330, 331].

Seytres (Hippolyte de), l'ami de Vauvenargues, I, 407 8, 412.

Sfondrate (Erreurs du cardinal) dénoncées par cinq évêques de France, V, [611]; — Bossuet veut le réfuter, III, 306*.

Sganarelle (Déception des), III, 278.

S'Gravesande, le philosophe, III, 246; — lettre de Voltaire sur *l'Abîme* de Pascal, 360-1, 362, 363*.

Shakspeare, I, 138, 148, 150; V, [531]; — génie d'ensemble, II, 445;

— du grand côté du drame, VI, 124; — songe peu à la religion, II, 88; — en face de Molière, III, 274; — a besoin d'être compris tout à fait pour ne jamais choquer, VI, 123; — Hamlet (Type d') [267]; scène des acteurs dans Hamlet, I, 154; — « Much ado about nothing », III, 78.

Siam (Le roi de), IV, 434; — (Les ambassadeurs de) et Louis XIV, VI, 24.

Siècle (Ce que M. de Saci entend par le), II, 322; — (Le), au sens de laïques, I, 105*.

Siècles (Les trois premiers), IV, 457; — (Le IVe), 457; — (Le Ve), 457; — (Le VIe), 457; — (La foi des quatre premiers), 455); — (VIIe), 455; — (IXe), 453; — (Le Dieu des Xe et XIe), III, 397; — (XIe), IV, 446, 453, 455; — (XV et XVIe; (Grands Hellénistes des), III, [620].

= (Le XVIe), 288; — (Tristesses du), IV, 329; — tout entier à la Renaissance païenne, I, 417; — indigéré de grec et de latin, II, [522]; — et la langue Française, III, 515-6; — (Langue du), II, [517]; sa langue embarrassée de latinité, III, 515-6; — richesse et défauts de sa langue, II, [517-8];

= (XVIIe); foyers divers de réforme, IV, [534]; — (Religion du XVIIe), 458; — sa Renaissance chrétienne, V, 16*; — (Grands spirituels au XVIIe), IV, 280; — contrainte des mystiques français, 333*; — (Le symbolisme mystique au), 301; — la société encore chrétienne, V, 231; — a deux théologies en présence, IV, [568]; — ce qu'il croit du mal de la nature humaine, I, 408-9; — ses convertis célèbres, IV, [528]; — n'est plus le temps des grands moines, 69-70; —(L'hypocrisie au), III, 288; — (Le monde ecclésiastique du), IV, [554]; — (Un saint évêque au), 355-62, 371-2; — (Clergé du), V, [528]; — (Curé marié au), IV, [543]; — relâché aux yeux de ses contemporains, 349-50; — (Athéisme du), III, 302-4; — (Esprits du XVIIe) à la suite de Montaigne, II, 396, 400*, 401*; — (Libertins du), IV, [529]; — a une tradition ininterrompue d'incrédulité, III, 302-6; — (Véritables incrédules au), VI, [365]; — (L'honnête homme du), V, [596]; — (Effet de l'enchérissement dans les études sur le), IV, [574]; — (Enseignement au XVIIe) avant P.-R., III, 508-11; sa philosophie du discours due à P.-R., 539; — (Génie espagnol du XVIIe), 259; — beauté de sa langue, 516, 524; — (Notices littéraires sur le), V, 73*; — autorités littéraires en 1656, III, [604]; — littérature française en 1660, V, 484-5; — bel éclat littéraire vers 1670, III, 390; — un des points d'excellence littéraire, VI, [262]; — fleur poétique sérieuse, V, 17-8*; — (Langue du), 360; — prosateurs des premières années, II, [517]; — phrases interminables, V, [607]; — (Les trois génies du XVIIe) pour Boileau, VI, 122-3*; — grande place de Malebranche, V, 373; — Voy. Homme, Honnête homme, Littérature, Louis XIV, Prédication;

= XVIIIe (Approches du), V, 116; — (Signes précurseurs du), III, 212*; — continue le XVIe, I, 8; — ses caractères imprévus, III, 306*; — son génie nouveau, V, 520; — douceur de sa civilisation, III, 401-2; — (Esprit philosophique du); belles pages de M. Boullie, 403-5; — son système philosophique en face du Christianisme, I, 409-10; — (Religion du), IV, 458; — énervement de la religion, [554*]; —(Controverse énervée des apologistes chrétiens du), III, 392; — (Le Jansénisme du), V, 483; — l'esprit pur de P.-R. y disparaît, III, [633]; — son Jansénisme politique, VI, 242; — Dames de la Grâce, 72*; — abaissement de la discussion religieuse, III, 403; — (Protestants au), IV, 509*; — précision neuve de sa langue, V, 360; — sa philosophie du discours sort de P.-R., III, 539-40; — son estime pour le rôle de Sévère dans le Polyeucte de Corneille, I, 135; — ne voit Pascal qu'à travers Voltaire et Condorcet, III, 413; — (Le) et M. de Maistre, 241-2;

= (XIXe); règne de l'ambition, III, 499; — (Les esprits faux du), 546, 547*; — rôle de l'imagination dans son mouvement religieux, V, 233; — son Catholicisme jésuitisé VI, 24*; — anti-janséniste, 24*; — (Évêques au), IV, 358*;—comment il doit entrer dans les débats métaphysiques rétrospectifs, V, 349;— caractère de sa critique, VI, [267]; — (Analogies de Balzac avec l'art pour l'art en littérature du XIXe), II, 45-6, 58; — on est en littérature à une fin d'école, V, 484; — la saveur de la latinité lui est bonne, III, 516.

Siècles (Les manières de voir, même au physique, diffèrent selon les), VI, 101*.

Sienne; Voy. Brunetti, Ste Catherine.

Sieyès refuse le sens commun à l'humanité, III, 278*; — rapproché de Saint-Cyran, I, 309; — et le Tiers-État, V, [595].

Sigebert (Le roi), VI, [329].

Signature (La), III, 84, 87, 91, 573; IV, 269, 359, 391, [524]; — (Mystères et ambiguïtés de la), renfermés dans le sentiment d'Innocent X que sa bulle ne condamne pas S. Augustin, III, 20; — (Mandement sur la), IV, 185-6; — due par tous, 177; — de soumission au droit et d'indifférence au fait, 315; — pure et simple, 144, 149, 150; — le commandement en entraîne l'obligation, 252;
= Avis d'Arnauld, II, 217; — (Avis de M. de Barcos dans l'affaire de la), II, 217-8; M. de Barcos est d'avis que les Religieuses signent et non les Ecclésiastiques, 217; — (Raisonnable conduite de Bossuet dans l'affaire de la) des Religieuses, IV, 275-7; — (Godeau dans l'affaire de la), II, 269; — avis de Nicole, 217; — et Rancé, IV, [518, 520]; — ce qu'en dit sensément Mme de Sévigné, V, 13; — (M. Singlin dans l'affaire de la) est pour les partis mitoyens de la part des Religieuses, I, 475, 475-6*; — ce qu'en dit Tillemont, IV, 81; — d'enfants de sept ans, V, [620*]; — ce qu'elle a de différent pour les docteurs et pour les Religieuses, IV, 132; — (De la) des Religieuses, 144-5, 177-81, 280, 284; VI, 193, [317]; — (La) et les Religieuses de Liesse, V, [614];
— et les Religieuses de P.-R., V, 60*; VI, [278-9]; — Pourquoi les Religieuses de P.-R. y résistent tant, VI, 136-8; — (Première) insuffisante des Religieuses, IV, 201, — des Religieuses, 216-7, 217*; 272-3, 277; — (Progrès de la) des Religieuses, 237; — Rétractation, 407; — Rétractations des Religieuses, 217; — Voy. Arnauld, Brienne, Formulaire, Lancelot, Marca, etc.

Signatures de guerre lasse, IV, 241.

Signeuses (Les), IV, 217, 220.

Silence (Amour du), II, 352; — (Poésie du), IV, 245, 255; — Voix des morts ne diffère guère du), III, 514; — (Du) des âmes bienheureuses, IV, 94; — sur les matières de foi, [521]; — (Du) respectueux sur les faits condamnés par l'Église, VI, 173, 174; — (Remède du) IV, 293; — (Le) la plus grande persécution, III, 88; — Préparation à la prédication, I, 449;
= (Le) eût été indispensable à P.-R. pour se tirer d'affaire, V, 151-2*; — (Régularité dans le), marque de la pure race de Saint-Cyran, III, 576; — (Du) à P.-R., 169; VI, [326]; — (Loi du) à P.-R. I, 27, 203, 204, 393; — (Règle du) IV, 125; — (La règle du) et M. de Pontchâteau, VI, [326, 329, 331, 347]; M. de Ponchâteau en fait grand cas, [352-3].

Silhouette; son nom devient un mot de la langue, III, 117*.

Sillery (M. de), évêque de Soissons, et Racine, V, 180.

Silly (Marguerite de), femme de M. de Gondy et mère de Retz, V, [575].

Silvy (M.), propriétaire actuel de P.-R. des Champs, I, 37; — première lettre à l'abbé Grégoire, II, 199-200.

Siméon (Le Cantique du vieillard), V, 15.

Simon (Richard); introducteur du Rationalisme dans l'Exégèse, V, 358; — fondateur de l'Exégèse, II, 358*; — sa valeur critique, IV, 380*;
= Ce qu'il dit du Joseph d'Arnauld d'Andilly, II, 282; — ce qu'il dit du sentiment Janséniste en Hollande, V, 310; — sa critique des versions de Luther et des Jansénistes, IV, 380*; — et Malebranche, V, 358; comment Malebranche s'en approche, 364; — ce qu'il dit du projet de ces Messieurs de passer en Amérique, IV, 374*; — et Nicole, 509*; sa tendance rationaliste a contre elle Nicole et Bossuet, 509; ce qu'il dit de Nicole, 431, 509*; — ce qu'il reproche à la science de P.-R., II, 361*; — et M. de Tréville, V, 88*;

= « Bibliothèque critique, » II, 127 *, 133 *; IV, 380 *, 431 *; V, 88 *; — son Histoire critique du Vieux Testament supprimée, IV, 509 *; — « Lettres choisies, » 374 *; — mène au docteur Strauss, 509 *; — (Chemin fait depuis), III, [618].
Simonide (Vers de) sur les Thermopyles, III, 357.
Simple (Avantages de la vie), IV, [573-4].
Simplicité du premier fonds, importante en langage comme en morale, III, 516.
Sinaï, V, 437 ; — (Désert du), I, 22 ; IV, 61.
Sincère (Il n'est jamais bas d'être), IV, 440.
Sincérité qui laisse subsister toutes les faiblesses, V, 58.
Singlin (Mme) la mère, Econome de la Pitié, I, 443 *.
Singlin (Antoine), né à Paris vers 1607, mort à Paris le 17 avril 1664 ; I, 337, 378 *, 397, 430, 452, 495, [517, 555, 557]; II, 6, 23, 26, 30, 43 *; III, 76, 165; IV, 137, 140, 141, 154, 159; V, 210;
= Ses commencements, I, 442-3 ; — Catéchiste et Confesseur à la Pitié, 443 ; — se met sous Saint-Cyran, 443 ; — voyage à P.-R. des Champs, II, 381 ; — se retire à P.-R. des Champs (1637), I, 443-4 ; — dans l'exil des Solitaires à P.-R. des Champs, 495 ; — pendant la Fronde (1649), II, 308 ; — va à Rouen pour entendre une Religieuse, I, 441 ; — (Déposition et fuite de M.), VI, 96 ; — se retire à la Ferté-Milon, I, 498 ; — exilé à Quimper ; se soustrait à l'arrestation, IV, 129 ; — ses déguisements forcés, VI, [290] ;
= Confesseur de P.-R., I, 335 ; — des Religieuses, IV, 182 ; — aussi confesseur des Solitaires, I, 393, 3:4 ; redevient confesseur des Solitaires, II, 242 ; — premier maître des petites Écoles, I, 433 ; — directeur de P.-R., IV, 341 ; — un des trois directeurs en chef de P.-R., II, 341 ; — Grand Vicaire du cardinal de Retz dans le ressort de P.-R., I, 473 ; — institué directeur des deux maisons par Retz, III, 188 ; V, [563] ; — son gouvernement de Port Royal, I, 473-5 ; — veut se décharger de la direction de P.-R., 454, 455-61, 468 ; — forcé de se retirer comme Supérieur (1661), III, 344 ; — il est dépassé, I, 475-7 ; — insuffisant pour mener tout P.-R. dans la crise, III, 23 ;
= Dans l'affaire de l'accommodement d'Arnauld, IV, 164, 169-70, 171 ; (Lettre de M. Arnauld à M) sur la signature, I, 476 * ; — et M. de Barcos, II, 216 ; — et M. de Bagnols, 296 ; — et M. de Bazas, 239 ; — confesse M. de Chavigny au lit de mort, 264 *, 265 *, [553, 554]; dans l'affaire des restitutions de M. Chavigny, 20, 264-5, 555, 557, 558, 561, 562, 563, 564, 568 ; calomnies des Jésuites contre lui dans l'affaire de M. de Chavigny, [554, 569-70] ; — en face de Du Guet, VI, 32 ; — et Dom Étienne, [308] ; — et M. Feydeau, [283, 284-5] ; — et Fontaine, II, 330 ; — appelé de Saint-Guelin par Dom Gerberon, I, 442 *; — et M. Hamon, IV, 290, 343-4 ; — et M. Hillerin, II, [544]; sa direction de M. Hillerin, curé de Saint-Merry, I, 464-5 ; — Lancelot mis avec lui à P.-R., 433 ; — au service de M. Le Maître, II, 237 * ; apologie des motifs de la retraite de M. Le Maître, I, 383-4 * ; — et le jeune M. Lindo, II, 247 ; — et le duc de Luynes, I, 467 ; son opinion sur le second mariage du duc de Luynes II, 319 * ; — institue M Manguelen confesseur des Solitaires, 240-1 ; — rapporte de l'argent à M. Molé, 194 * ; — directeur de Nicole, IV, 417 ; — directeur de la famille Pascal, II, 498 ; — et Pascal, III, 356 * ; est l'introducteur de Pascal à P.-R., I, 474 ; hésite à se charger de Pascal, II, 381 ; envoie Pascal à P-R. des Ch. 381 ; directeur de Pascal, 504, 506, 507 ; effarouché par la première Provinciale, III, 55 ; trouvait les Provinciales trop railleuses pour être chrétiennes, I, 475 ; Pascal lui reproche de ne pas être théologien, 475 ; — et M. de Pontchâteau, V, 250, 251, 252, 254-5 ; VI, [305, 311, 312, 313, 314, 316]; ses sermons à P.-R. de P et M de Pontchâteau, [304, 307] ; ce qu'il dit à M. de Pontchâteau sur sa pluralité de bénéfices, [304-5]; directeur de M. de Pontchâteau, [307-8, 310, 314]; — le cardinal de Retz dans son affaire, I, 472-3 ; V, [551] ; — et M. de Saci, II, 326 ; force M. de Saci

devenir prêtre et directeur de P.-R., 310, 329 30 ; IV, 19; M. de Saci lui succède, II, 337 ; — et Saint-Cyran, 201 ; dit la messe d'actions de grâces pour la sortie de Saint-Cyran, 29 ; (Entretien de Saint-Cyran et de M.), I, 454-62, 463, 466; lettres de Saint-Cyran, III, 366*; forcé par M. de Saint-Cyran, 453-4; assiste Saint-Cyran à ses dernières heures, II, [536]; ce qu'il dit de l'éloquence de Saint-Cyran, I, 480; regrette l'époque de Saint-Cyran, III, 3; garde l'esprit de Saint-Cyran, I, 437; esprit de Saint-Cyran brisé et affligé chez lui, III, 86 ; — et M. de Saint-Gilles, II, 293; — injuste pour S. Vincent de Paul, I, 509; — et M. de Sainte-Marthe, IV, 344; remplacé par M. de Sainte-Marthe, 341; — dirige le Chevalier de Sévigné, V, 95; — les Solitaires disent les Matines dans sa chambre, I, 433; — et Tillemont, IV, 14; — et M. Walon de Beaupuis, III, 567 ; pousse M. Walon de Beaupuis dans les Ordres, 568 ; donne M. Walon de Beaupuis à l'évêque de Bazas, 472;

= Détermine la Mère Angélique à écrire sa vie, I, 85* ; — assiste Mme Arnauld mourante, II, 23-4 ; — directeur de Christine Briquet, IV; 192; — ses rapports avec Mme de Guéménée, I, 363, 466; II, 166; — et Mme de Longueville, V, 102, 105-6, 107, 124, 125, 127; convertit et dirige Mme de Longueville, I, 474, 509; II, 293; procuré à Mme de Longueville par Mlle de Vertus, V, 105, 106; directeur de Mme de Longueville, IV, 366*; — assiste Mme de Luynes, II, 313; — assiste la Sœur Marie-Claire, I, 354; — directeur de Jacqueline Pascal, II, 484, 485; sa conduite dans l'affaire de la dot de la sœur de Pascal, 491-2, 498 ; — d'abord confesseur des Religieuses du Saint-Sacrement, I, 334, 443 ; — dans l'affaire de la signature est, à propos des Religieuses, pour les partis mitoyens, I, 475; — et Mme de Sablé, V, 66, 77; — et Mlle de Vertus, 102, 107; visite de Mlle de Vertus à M. Singlin mort, 108-9; — et Mme Vitart, VI, 97 ; caché par Mme Vitart, V, 105; VI. 85; meurt chez Mme Vitart, V, 108.

= Mourant, veillé par Fontaine, V, 108; — sa mort (17 avril 1664); I, 476; II, 343; IV, 182-3*; V, 108, 109; VI. [316]; — Récit de sa mort par la M. Agnès et par Fontaine, V, 108-9; — lettres sur sa mort, II. 220; ce qu'en écrit Mme de Longueville, II, [530]; — sa fête, 351; — (Vie de M.) par l'abbé Goujet, I, 444*, 470*;

= Ses qualités de prédicateur, IV, 356; — prédicateur excellent, I, 468-72; — est le prédicateur de P.-R., 472; — (Sermons de M.), II, 198, 483, 485*, 504; III, 7; — ses sermons à P.-R. de P., 472; — son sermon à P.-R. de Paris qui lui vaut l'interdit, II, 303 ; — interdiction de prêcher, levée peu après, 308; — affaire de son interdiction, I 472-3; — prédécesseur de Bourdaloue, 469 ; — conversations, II, 364 ; — avait le don de toucher, I, 469-70;

= Ce qu'il est comme prêtre, I, 454 ; — n'a jamais été abbé, V, 105; — prêtre et directeur, I, 444-5, 464-7 ; III, 7 ; — institué directeur par Saint-Cyran, I, 444; IV, 19; — comme directeur, IV, 228 ; V, 66 ; — ses directions de conscience, II, 238 ; — type des directeurs à la suite de Saint-Cyran, I, 442; — médecin des âmes, V, 106; — sa méthode avec ses pénitents, II, 381-2; — connaît bien les ruses de l'amour propre, V, 127, 130-1; — sa défiance de la précipitation, IV, [579]; — sa méthode de lenteur et de résistance, V, 250; — attend le redoublement de la vocation, 66; — sa dureté, VI, [284-5] ; — sa modestie, I, 453-4 ; — son humilité, 435; — mélange de modestie et de fermeté dans son caractère, I, 465-6 ; — sa ligne de conduite avec les Grands, 466 7; 509 ; — vis-à-vis des gens de qualité, V, 250 ; — modère les travaux manuels, I, 500 ; — Troubles et craintes de M.), 456-61; — sa ferme doctrine suspectée, III, 306; son influence, I, 473-4 ;

= « Instructions chrétiennes, » I, 444*, 470 ; V, 230; — Maximes qu'on lui attribue sur la pénitence, II, [554]; — (Lettre de M.), II, 507; — lettres à M. de Pontchâteau, V, 254-5; — (L'esprit de M. de), IV, 343-4;

Singlin (M.) frère d'Antoine, Religieux à l'abbaye de Saint-Cyran, I, 455.

Sinnich, Docteur de Louvain, député à Rome pour défendre S. Augustin, III, 9.
*Sion, IV, 244, 255; VI, 95; — (Les rues de), IV, 334; — (Tour de), II, 348-9; — (Captivité de), III, 575; — (Les filles de) dans *Esther*, VI, 139-40; — (Port Royal comparé à), 235; — (Là) sur la terre, II, 316.
Sirène (La) Napolitaine, II, 420.
Sirènes (Les) dans Homère, II, 160*.
Sirmond (Le P.) Jésuite, II, 65*, 216; III, 130; IV, 35; — confesseur du Roi, I, 320; IV, [565*]; — oncle de Domat, II, 510; — savant en antiquité ecclésiastique, IV, [368]; — surtout critique érudit, I, 417; — (Lettre d'Aurelius au), I, 316-7; — « Antirrheticus primus et secundus, » 317*.
Six, nombre indiqué par Saint Cyran pour les éducations en commun, III, 469, 472*; — c'est aussi le nombre d'Érasme, 492, et de Lamennais, 493*.
Sixième (Les études des collèges commençaient par la), III, 470.
Sixte (Le pape), II, 147.
Slaves (Littératures), I, [514*].
Sluse (M); — nommé cardinal, V, 310*.
Smith (Richard), évêque de Chalcédoine; ses querelles avec les Jésuites en Angleterre, I, 314, [522-3].
Smyrne, IV, 256.
Soanen, Évêque de Senez; un des évêques selon P.-R., II, 239.
Sobriété spirituelle, II, 367.
Social (Le fait, fondement de l'édifice), III, 433.
Société (L'homme dans la), III, 432-3; — publique (Premiers devoirs envers la), V, 524*; — moderne (Morale de la), III, 261; — (Maximes à l'usage de la), V, 69.
Société des Bibliophiles (Mélanges de la), IV, 82*; VI, 156*.
Socinianisme; (Invasion du), V, 469.
Sociniennes (Doctrines), II, 392.
Sociniens (Les), VI, 60; — mêlés aux Protestants, V, 369; — (Les Protestants sont des) cachés, IV, 509*.
Socrate, I, 136, 220; III, 122; — sa mort mise par Saint-Evremont au-dessous de celle de Pétrone, 438; — (Avoir le) sans les Démoneries, 341; — M. de Saci prend son rôle dans la conversation avec Pascal, II, 387; — Chrétien (M. de Saci), 393; — Voy. Dialogues, Platon.

Sodome, IV, 139, 142, [544]; VI, [297].
Sœurs plus grandes que les Frères, III, 346, 358-60.
Sœurs converses de P.-R. des Ch., V, 275; — (Les) du voile blanc, VI, 162-3.
Soi-même (École du non-commerce trop sérieux avec), III, 407; — (Le triomphe sur), IV, 495*; — (De la connaissance de), traité de Nicole, 462, 464.
Soins (Le village de Petits), V, 61.
Soissons; — abbaye de Notre-Dame, VI, 12*, [302*, 353]; — et l'affaire de la saisie des ballots de livres d'Arnauld; V, 220*, 326; — (Évêché de), VI, 74*; — (L'intendant de) et l'affaire de la saisie des livres, V, 326; — Voy. Bourlon, Boutigny, Sillery.
Soissons (Le comte de), I, 202*, 359; — sa mort, II, 224.
Soissons (La comtesse de); ne laisse rien à Mlle de Vertus, V, 100, 101.
Soissons (Mme de); nommée abbesse de Maubuisson, I, 202; — son gouvernement, 205*.
Soit montré (De la formule du), III, 208*.
Solaire (Physionomie), V, 169*.
Solécismes (Des) de style, III, 53*.
Soleil (De la composition du), II, 316, 339; — (Les branches vont du côté du), IV, 335-6; — (Comparaisons prises du), I, 345, 353; — (L'île du), II, 266.
Solesmes (Bénédictins de), V, 233; — leur préface (1834) des Œuvres de Liguori, le contre-pied de Pascal et l'éloge de la morale des Jésuites, III, 455-6*.
Solidarité (Idée de la) chez M. Hamon et chez M. De Maistre, IV, 308.
Solidité (Dérouiller le pédantisme sans nuire à), III, 510.
Solitaire (Vie monastique donne de l'ordre à la vie), VI, [352],
Solitaire (La vue d'une ville agréable à un), VI, 14-5, 25.
Solitaires, I, 367, 393, 394, 433-4; II, 321; III, 70; IV, 67, 344; V, 12, [528]; VI, [309]; — le chapitre XIV du second livre, II, 224-49; — (Commencements des), I, 281*, 385, 391-2; — (Premiers) à P.-R. de Paris, 433-6, 477; Voy. Séricourt et Le Maître; — (Pas de Communauté de), III, 171; — leur sentiment de pénitence, II, 36; —

(Humilité des), 233, 235, 236-8 ; — ne sont qu'une douzaine en 1646. 248 ; — (Multiplication des), 290-6 ; IV, 291 ; — (Accroissement des) date du livre de la Fréquente Communion, II, 179 ; — (Nombre croissant des), III, 7 ; — (Nombre des), V, 164, 165* ; — (Vie des), VI, [317] ; — (Restes de la maitresse nature dans les), II, 429 ; — leur régime varié, III, 324 ; — déguisent leurs noms par anagramme, I, 401* ; — ecclésiastiques, V, 164, 164* ; — fermiers, III, 170 ; — guerriers à leur heure, II, 332 ; — jardiniers, 332 ; IV, 500 ; — laïques, V, 164, 164* ; — maçons à leur heure, II, 332 ; — militaires, I, 406-7 ; — vignerons, III, 170 ; — travaux matériels, II, 234, et manuels, I, 499-501 ; II, 235, 293 ; — (Les demi-), III, 559 ; — (Le dernier survivant des), VI, 196 ; — (Bibliographie des ouvrages des), III, [63 2] ;
= (Amis des), II, 156 ; — traités d'Arnauldistes, 248 ; — (Peinture des) dans la Clélie, 270-4 ; traités d'illustres dans la Clélie, III, [603] ; — résolutions de la Cour contre eux, 160*, 161 ; — persécutés par Des Maretz, II, 11 ; poursuivis personnellement par Des Maretz, IV, 442 ; — et Gomberville, V, 261 ; — un peu en retard sur Louis XIV, II, 375* ; — et Nicole, IV, 463, 514 ; un moment contre Nicole, 424 ; — (Pascal, le) amateur, III, 90* ; — (Vénération des) pour les Religieuses, II, 304 ; — (Les) et Retz, V, [564] ; pourquoi Retz les recherche, [533-6] ; — (Adieu de Saint-Cyran aux) de P.-R., II, 41-2 ; — ce qu'en dit Santeul, V, 244 ; — ce qu'en dit Mme de Sévigné, 11 ; — (M. Singlin, directeur des), I, 454 ;
= Forcés de quitter leur petit logis de P.-R. de Paris (1638), I, 495 ; — première dispersion (14 juillet 1639), 393, 498 ; III, 172 ; VI, 84 ; — (Dispersion des), IV, 309, [557] ; — à la Ferté Milon, I, 498-9 ; — reviennent au désert, III, 172, 188, 343 ; — deuxième dispersion, 1656, II, 289 ; III, 167-8, 172, 176 ; V, 252 ; — D'Andilly obtient pour eux (1656) de partir volontairement, III, 161-2, 165, 167-72 ; — (Dispersion des) en 1660, II, [543, 573] ; — (La grande dispersion des) en 1661, VI, 96 ; — reviennent en 1669, IV, 410 ; — troisième et dernière dispersion en 1679, III, 172 ; IV, 262, 334.

Solitaires (Les) de P.-R. des Champs, II, 8, 32-3 ; III, 567, 578 ; — se réfugient à P.-R. des Ch. (1638), I, 495 ; — reviennent incognito à P.-R. des Ch. (1639), 499, 501 ; — travaillent à l'assainissement de P.-R. des Ch., IV, 282 ; — le retour des Religieuses (1648) en force quelques-uns à revenir à Paris, II, 302, 303 ; — se retirent à Vaumurier (1651), 314, 316 ; — redevenus soldats pendant les guerres de la Fronde pour la garde de P.-R. des Ch., 307, 310-1. 314-5 ; — défense d'en recevoir, V, 237.

Solitaires de l'abbaye de Saint-Cyran, II, 221.

Solitude (Chrétiens ne trouvent le repos que dans la), V, 253 ; VI, 313 ; — (La) selon P.-R., [301] ; — (Ode sur la) d'Arnauld d'Andilly, II, 259, 280, de Saint-Amant, VI, 90 ; — (Traité de M. Hamon sur la), IV, 320-1 ; — (Amour de la) ; Voy. Pontchâteau ; — (Le bois de la) dans l'enclos de P.-R. des Ch., V, 271, 273 ; — (Effets de la), VI, 18-9 ; — (L'orgueil, compagnon de la), IV, 60* ; — mitigée, 52-3 ; — (La) rêvée par Balzac, II, 70-1 ; — du cabinet (De la), 63-4.

Solitudes (Les deux) avec leurs fruits, III, 331-6 ; — (Les) distraites, IV, 321.

Solminihac (Alain de), évêque de Cahors ; sa haine des Jésuites, III, 210-1 ; — son mot à son lit de mort sur les Jésuites, VI, [296*].

Somasques (Ordre des) ; Voy. Ubaldino.

Sombreval (Prieur de), pseudonyme de Fontaine, II, 374*.

Sommeil (Nécessité du), IV, 492 ; — (Temps de) désiré par la M. Angélique, I, 235 ; — (Retranchement du), V, 175.

Sompuis (Village de), I, 106.

Songe symbolique et prophétique, II, 299 ; IV, 250*.

Songes, I, 131*, 477*, 500 ; — à P.-R., IV, [600].

Sonnets de Job et d'Uranie (Lutte des deux), II, 54 ; IV, 268.

Sons (Mauvaise manière d'assembler les), III, 512-3.

Sophisme (Gravité du) qui marche triomphalement, III, 256.

Sophistes modernes, III, 122.
Sophocle, I, 154, 395, 404; — Œdipe-roi, VI, 150; — (Racine en face de), 150*.
Sorbonne, I, 35; II, 95, 97, 265*, 325, 326, [531]; III, 132, 181; IV, 171; — condamne (1633) le « Chapelet secret » de la M. Agnès. I, 330; — affaires à propos d'approbation, IV, (565*]; — Assemblée du 1er juillet 1649, [566*]; — Assemblée de décembre 1655 au 31 janvier 1656, III, 33; — (Assemblées de) contre Arnauld, 38-9, 45, 79; Assemblées de 1655-6 (La violence des), origine des Provinciales, 61; (La) et le livre de la Fréquente Communion, II. 185-6*, 186; vingt docteurs donnent des « approbations » au livre de la Fréquente Communion, 181; (Affaire d'Arnauld en), III, 28, 32-40; (Lettre d'Arnauld sur la grande affaire de) en 1655, II, 220; éclat contre Arnauld, 1656), 289, 290; condamnation d'Arnauld (31 juillet 1656), III, 155; et la condamnation d'Arnauld, 41-2, 62; nombre des voix dans la condamnation d'Arnauld sur le *fait*, 37-8; élimination et radiation d'Arnauld (1656), II, 173*, 189; amis d'Arnauld se retirent de l'Assemblée de Sorbonne, III, 45, 68*; le jugement de la Sorbonne contre lui, cause première des Provinciales, V, 46; poursuit les amis d'Arnauld, III, 156-7*; — Consultation sur l'affaire des restitutions de M. de Chavigny, II, 556, 557]; (Rôle des docteurs de) à propos des restitutions de M. de Chavigny, [553, 557, 560, 561-2, 564, 565, 566]; Voy. Charton, Duval, Mazure, Rousse, Sainte Beuve; — on ne demande rien de nouveau aux docteurs expulsés, V, 152*; — (Docteurs de); Voy. Barré, Boileau, Bourgeois, Burlugay, Chamillart, Cornet, Des Lions, Ellies Du Pin, Gobillon, Le Clerc, Le Maitre (Charles), Le Verrier, Manguelen, Magnet, Retz, Roulland, Saint-Amour, Sainte-Beuve (Jacques de), Taignier, Targni, etc.; — sa défiance des traductions des Écritures, II, 358; — (Querelle des Encyclopédistes et de la), I, 148; — son opinion sur le divorce de Gaston, 336*; — son jugement sur les Jésuites (1554), V, 456; (Querelle de la) et des Jésuites, I, 279, 280; — (Li-cenciés en); Voy. Girard (Claude); — ses batailles à propos de Marie d'Agreda, VI, [366-7]; — renfort de Moines, III 33, 39, 54, 64, 69; — (La) et Nicole. IV, 414, 416; — (Voix des Ordres Mendiants en) augmentées et contestées, III, 33, 39; — thèse sur l'infaillibilité du Pape, IV, 152; — et Pascal, III, [603, 604]; donne des personnages aux Provinciales, 268; persécutée par Pascal, VI, 109; parodiée par Pascal et par Boileau, III, 112; plaisanteries sur ses censures datent de Pascal, 69, 70; lecture de la première Provinciale, 62-3; laissée en dehors dès la quatrième Provinciale, 99; (Cinq seulement des Provinciales se rapportent à la querelle d'Arnauld avec la), 44; — (Professeurs de), 121; — récit de la séance où Cornet propose la censure des cinq Propositions, IV, [565-6*]; — (Docteurs de) se soucient peu des provinces, [544]; — parti des Réappelants contre la Bulle Unigenitus, VI, 75-6*; — rédiation du cardinal de Retz, III, 189; — ses raisons d'être contre Saint-Cyran, I, 430; — condamne le commentaire du P. Séguenot sur la *Virginité* de saint Augustin, 489; — (Statuts de la), II, 23*; — (Syndics de); Voy. Le Fèvre; — (Thèses de), IV, [569]; — en face de M. de Tréville, V, 87; — thèse de M. Walon de Beaupuis, II, 14-5; III, 567.
Sorbonnique; première des quatre thèses, II, 16.
Sorcellerie, II, 183; — (Épidémie de) en France, I, 297.
Sorciers (Croyance de M. Le Camus aux), IV. [550]; — brûlés au XVIIe siècle, [550-1].
Sorel (Charles); Bibliothèque françoise, I. 62; — son estime de la prose de Malherbe, II, [519]; — ce qu'il dit des Lettres de Balzac, 54, 54*, 59.
Sortiléges (Croyance de M. Le Camus aux), IV, [550-1].
Sorts d'Homère, IV, 202, de Virgile, 202; de la Bible, 256-7, et du Nouveau Testament, 202-3.
Sosie, IV, 399*; Voy. Molière.
Sosies (Les) en présence, I, 159.
Sottise de l'homme, III, 431.
Soubise (Mlle de); sa prise d'habit, V, 196-7.
Souffrance (Valeur de la), V, 30*;

— vaincue par la douceur, IV, 316-9 ; — (Explication chrétienne de la). 243 ; — (Ce que dit Du Guet des mérites de la). V, 342.
Souillac (Le vénérable Odon de), V, 242*.
Souliers des Religieuses, III, 322 ; — (Assister à certains offices sans), VI, [327, 330] ; — (MM. de P.-R. ont-ils fait des)? I, 500* ; — (Un des Solitaires faisant par pénitence les) des Religieuses, II, 235.
Soumission (Pour l'Église, aucune vertu sans la), III, 244 ; — aveugle, V, 21.
Soupçonné (Nécessité de ne pas être), IV, [549].
Soupçons injustes, IV, 476.
Souper (Le), VI, [320].
Source (Curiosité de remonter à la) blâmée par Bossuet, V. 86, 87 ; — (Danger de ne pas remonter toujours à la), III, 526*.
Sources (Remonter aux), IV, [568] ; — (Il faut toujours recourir aux), III, [631] ; — (Les esprits rigoureux doivent aller aux), 234.
Sourde, qui entend miraculeusement, VI, 188.
Sourdis (Le cardinal de), I, 190, 191*.
Sourire; le rire en est l'opposé, II, 335.
Souris (Précautions contre les), VI, 88
Souscription ; Voy. Formulaire et signature.
Soutane (La), V, 106, 211.
Souvenir (Jugements de), V, 22*.
Souverains (Volonté des) est une loi, V, 171.
Souvré (Le maréchal de) ; père de Mme de Sablé, V, 52.
Souvré (Mlle de), V, 77* ; Voy. Sablé (Mme de).
Souvré (Le commandeur de) ; frère de Mme de Sablé, III, 267-8* ; V, 56*, 57* ; — sa sœur, Mme de Sablé, un moment chez lui, 73 ; — son voyage à Rome en 1646, III, 15, [593].
Soye (Guil Henri de Précipiants de), arch. de Malines de 1690 à 1711 ; envoie à Paris les papiers du P. Quesnel, V, 483* ; — ses prisons à Bruxelles, VI, 175.
Soyer (Mlle), femme de compagnie de Mme de Sablé, V, 58, 65*.
Spada (Collection de tableaux du cardinal), III [594].

*Spalatro (L'archevêque de) ; Voy. Dominis.
Spanheim (Mémoires de) ; sur Racine, VI, [248-9].
*Sparte (Les mères de), I, 88 ; II, 24-5.
Spartiates chrétiens, III, 320.
Spartiates (Juifs, frères germains des). II, 419*.
Spectacles (Origine de la diversité des), II, 479.
Spence (Anecdotes de), VI, 150*.
Spinosa : en quoi il se rencontre avec Montaigne. II, 431, 442 ; — sorti de Descartes, 396 ; III. 423 ; — et Saint-Évremond, 589 : — Bayle lui rattache Mme des Houlières, 303 ; — et l'Exégèse, II, 358* ; —.opposé à la considération de la terreur de la mort, IV, 160-1.
Spinosisme (Triste conclusion du), II, 442 ; — (Par où l'idéalisme de Malebranche confine au), V, 408*.
Spinosistes (Doctrines), II, 392-3 ; (Famille d'esprits), 442*.
Spiridion, I, 242.
Spiritualité intérieure (De la), IV, 323* ; — chrétienne (Exercices de la), III, [613] ; — Voies de la contemplation trop commodes pour le repentir, V, 37-8 ; — (Madrigaux de), VI, 23 ; — (Mélange de) et de courtoisie, IV, [582] ; — (La) rend les préventions plus fortes, 495-6 ; — de la M. Agnès, [576, 577] ; — de M. de Ciron, V, 29-30* ; — morale (Le don de la', IV, 297.
Spirituels (Faut-il rendre tous les chrétiens)? IV, [533] ; — (Grands) au dix-septième siècle, 289 ; — (Les) ennemis de la Cour, V,[554].
Spon, II, 175* ; — (Lettres de Guy Patin à), III, 181*.
Sponde (M. de), évêque de Pamiers ; s'entremet pour Saint-Cyran, I, 493, 494.
Stabilité (Vœu de', V, [618].
Stace (Romains de Rotrou vont au), I, 153.
Stël (Mme de), I, 2.
Stafford (La mort du comte de), V, 317*.
Stagire (Université de), V, 492.
Staphile, nom de guerre (σταφύλη, niveau, fil à plomb) ; ce qu'il dit de la version de Luther, IV, 380*.
*Stenay, II, 293.
Stendhal (M. de) ; sur le pittoresque dans la littérature française, I, 246*.
Stockholm, II, 473.

Stoïciennes (Doctrines), II, 386.
Stoïciens (Erreur des) de croire aux puissances intérieures de l'homme, II, 385 ; — rigides, 391 ; — méconnaissent la chute, 390; — Arnauld en a quelque chose, III, 357 ; — ce qu'en dit Tillemont, IV, 27.
Stoïcisme; rejoint à certains égards par le Panthéisme, II, 393.
Stoïques (Tentation des âmes), IV, 243.
Strabon, III, [627].
*Strasbourg, VI, [316]; —(Du Guet à), 7-8 ; — Luthériens de (Les), 7 ; — l'Oratoire veut y établir une maison, 7-8 ; — Voy. Chamilly, Furstenberg (Le prince de).
Stratagèmes (Art des) développé par l'existence clandestine, IV, 429.
Strauss (Richard Simon mène au Dr), IV, 509*.
Stromates, II, 415.
Stuart (Jean); Charles VII lui donne la châtellenie d'Aubigny, III, 582*; Voy. Aubigny.
Stuarts (Les), I, 314.
Style; est le maître du monde, II, 443 ; — (Importance et puissance du), 443 ; — (Effets de livres de même) ou de style différent, III, 516 ; — (Belles hardiesses de), VI, 125-6, 127* ; — a moins de vivacité que la parole, V, 523 ; — périodique(Le)beau chez les maîtres, [607] ; — (Théorie classique du), III, 101 ; — Théorie de Pascal, 459-61 ; — chrétien (Cachet du, 463 ; — (Du) à P.-R., 461-3 ; Port-Royaliste, 50-1 ; jamais pressé de finir, IV, 85.
Styles absolument individuels, III, 458, 463 ; — maniérés (Les) se pastichent, V, 515.
Suaire (Le), V, 121.
Suard ; sur Vauvenargues, I, 410.
Subjectif (Objectif a pour Arnauld le même sens que plus tard), V, 400*.
Subligny attaque Molière, III, 309.
Subtilité des sentiments, IV, 247; — chrétienne (Ingénieuse) V, 340.
Subtilités odieuses aux esprits pratiques, IV, 296.
Subvenite (Le), chanté au lit de mort des Religieuses, II, 299.
Succès (Le), vaut mieux que la victoire, III, 292* ; — (Le revers et prix du), 71.

Succursales solitaires de P.-R., I, 465.
Sue (Eugène); « Jean Cavalier, » V; 46*.
Suède (Pomponne en), V, 199.
Suédois: envahissent la Pologne en 1655, III, 167.
Suétone (Un) chrétien, VI, [294].
Suffren (Le P.), jésuite, guide sincère de l'abbaye de P.-R., I, 177.
Suicide (Du), au point de vue païen ou chrétien, IV, 47-8 ; — permis (Cas de) supposés par Saint-Cyran, I, 276-7.
Suicides (Le bosquet des), dans l'Enfer de Virgile, II, 405.
Suireau; Voy. Marie des Anges (La M.).
Suisse, III, [595] ; — (Relations de la) avec François Ier, I, 258, 259 ; — (Voyage de), en 1686, II, 196-7; — (Couvents de), 1, 93* ; — (Méthodisme en), 295*.
Suisses proposés pour exemple aux Flamands, par Jansénius, I, 299.
Sully (Eudes de), évêque de Paris, I, 36, 40-1, 44 ; V, 242*.
Sully (Maximilien de Béthune, duc de), Surintendant des Finances, 1, 82, 83 ; — son fils n'épouse pas Mlle de Schomberg, V, 41 ; — père de Mme de Rohan, 101 ; — écrivain, II, [517] ; — « Mémoires », V, 456.
Sully (Le duc de), premier mari de la fille cadette du chancelier Séguier, VI, [302*].
Su'pice, nom caché de Jansénius, I, 296, 297.
Sulpice Sévère; Voy. S. Sulpice Sévère.
Sulpiciens et Jésuites en face, VI, 235.
Sulpicius, correspondant de Cicéron, III, 532.
Sulzer; ce que lui dit le grand Frédéric sur la nature humaine, III, 432.
Superbes (Les), IV, 321.
Supérieur (Dévotion absolue au), inhérente aux Jésuites, III, 135-7.
Supérieurs (Obéissance aux), IV, [570-1] ; — (Ce qui résulte de l'approbation des), III, 119-20.
Supérieures; doivent voir les lettres, V, 113.
Superstition Romaine (Esprits ressaisis par la), IV, [566-7].
Superstitions, III, 139.

Supplément au Nécrologe; Voy. Nécrologe.

Supplices (Cruautés différentes des), III, 148-9 *.

Surintendants des Finances, IV, 44; Voy. Fouquet, Schomberg, Sully.

Surnaturel (La question du), III, 402, [617]; — (Croyance au), IV, 233-4; — (Logique du) constituée par S. Augustin, II, 384 *; — (Les coups de Pascal ne portent plus quand le) est mis en doute, III, [617-8]; — M. Renan, son plus récent et plus ferme adversaire, [617-8].

Surprises (On a beau s'attendre à tout; il y a toujours lieu à des), V, 482 *.

Survivance (Difficultés d'argent d'une), V, 4 *.

Suyreau (Mr), avocat, I, 187.

Suyreau (Marie); Voy. Marie des Anges (La M.).

Suzanne, II, 17 *.

Suzarre; Voy. Maroni.

Suze; Voy. La Baume.

Swetchine (Mme), VI, 216-7 *; — sa critique de Nicole, IV, 471 *.

Swift (Ironie amère de), III, 278 *; — victime de son imagination, II, 482.

Sylla (Dialogue de) et d'Eucrate, II, 393; — vaincu par les poux, 437.

Syllogisme (Formes scolastiques du), II, 421; — (Le) dans la Logique de P.-R., III, 547, 551, 552.

Synagogue (La), I, 278.

Synclétique (La sœur Sainte-); Voy. Remicourt.

Syndérèses, ouvrage de Camus, I, 242.

Syndics de la Faculté; Voy. Grandin, Cornet, Sorbonne.

Synésius, I, 277.

Synode; Voy. *Dordrecht.

Syntaxe (Apprendre d'abord la) par l'observation, III, [620]; — en latin, 515.

* *Syracuse* (Lac de), III, 314.

Syriaque, IV, 454 *.

* *Syrie,* I, 464; — (Voyage de S. Ignace de) à Rome, V, 339; — (Ermites de la), II, 283; — (Monastères de), IV, 314.

Système (Tout) a ses difficultés, V, 440.

Systèmes; leur forme seule varie, II, 384 *; — prolongés (Petits tours de passe-passe dans les), V, 411.

T

Tableau (Différence du) et du portrait, III, 102 *, 292-3 *, 295.

Tableaux; collection du duc de Liancourt, V, 45.

Tablettes servant de memento, III, 115, 116 *, 123; V, 48.

Tabor, médecin anglais, apporte en France l'emploi du quinquina, V, [599].

Tabouret (Le), V, 45; — ce qu'en dit M. de Luynes, II, 312.

Tacite; Annales, livre III, V, 479 *; — ce qu'il dit de Pompée et du Temple de Jérusalem, VI, 146; — ses *Annales* mises en face des *Mémoires* de Retz, V, [595-6 *]; — son passage sur les images de Brutus et de Cassius comparées à celles d'Arnauld et de Pascal, 479; — (Le) de M. Le Maître, VI, 88.

Taconnet (M.) de Saint-Victor, un moment Supérieur de P.-R. des Ch.; sa mort, V, 246.

Taignier (M.), docteur en Sorbonne, III, 35 *; IV, 151, 164; — se prononçait *Tannier,* V, [566]; — et la signature, IV, [561]; — son exil, VI, [289]; — exilé à Castelnaudary, reste caché à Paris, IV, [556-7];

= Lettres d'Arnauld, IV, 406 *; — et M. d'Aubigny, [558]; — Lettres de M. de Bernières, [557-8, 559-62]; voyage avec M. de Bernières, III, 192; — et les Catholiques Anglais, III, 581 *; — et M. Feydeau, VI, [288]; — et M. de Pontchâteau, IV, [577]; VI, [312]; — tient Retz au courant, V, [566]; — enterré à Saint-Jean-en-Grève, IV, [557 *]; — avait écrit des Mémoires, [557 *].

Taire, (Se) le meilleur parti, V, 151 *.

Talent (Idée du) n'existe pas pour P.-R., IV, 235-6.

Tallemant des Réaux, II, 510 *; IV, 315 *; — curieux et non atrabilaire, [580]; — est médisant sans haine, II, [569-70]; — cité, I, 191 *, 242; II, 7 *, 42, 184 *, 207 *, 256, 266 *, 320, 465 *, 509; IV, 200, 208, 267; — cité sur les pensions des Arnauld, I, 82; son Article Arnauld, 56 *; ce qu'il dit de l'éloquence d'Antoine Arnauld, 64-5 ; — ce qu'il dit de la duchesse de Liancourt, V, 41-2 ; — ce qu'il raconte de Retz, [529]; — ce qu'il dit de Mme de Saint-Loup. 159*; — ce qu'il dit de Mlle de Vertus, 39, 100, 101.

Talleyrand (M. de ; n'a pas d'évanouissements par cause morale, III, 356.; — au nombre des habiles qui ne haïssent personne, V, 338 *; — homme de goût, II, 89, 90.

Talma, dans le Joad d'Athalie, VI, 143.

Talon (Omer), avocat général, IV, 361 *; — le plus beau sens commun du Palais, III, 581-2*; — rival d'éloquence de M. le Maitre, P, 381-2; — harangue contre l'infaillibilité du Pape, IV, 152; — — chargé de fulminer contre les dix-neuf évêques, IV, 368-9 : — ses conclusions dans l'affaire d'Arnauld, III, 34; — son récit de l'affaire du livre de la Fréquente Communion, II, 180*, 186*; — Réquisitoire contre Pavillon, IV, 361; VI, [295]; — ses Mémoires, III, 26*.

Talon 'le R. P.), jésuite, et Pascal, II, 474.

Tamburini (Le P. Thomas), jésuite; les Curés de Paris demandent la condamnation de son livre, V, [565].

* Tamied (L'abbaye de), en Savoie ; — Du Guet s'y réfugie, VI, 67, 67*.

Tamizey de Larroque (M. Phil.); son opinion sur les Mémoires de Pontis, II, [570, 571].

Tannier (M.); Voy. Taignier (Le docteur).

Tansillo (Mauvais goût du), I, 240.

Tapis de pied; honneur à l'église, V, 304*.

Tapisserie en natte avec sujets, VI, [319] ; — (Du Guet sait faire de la), 26.

Taquin (Le sublime du), III, 246.

Tard (Ridicule de ce qui vient trop), III, 222, 225.

* Tard (Abbaye des Bernardines de N.-D. du), en Bourgogne, I, 188, 189-90. 333, 375; II, 26, [530] ; — unie un moment à P.-R., I, 325-8, 346; — il y avait celle des Champs et celle de Dijon. 326*.

Tardieu (Le lieutenant criminel); interrogatoire à propos de la première Provinciale, III, 56.

Tardif; Voy. Tardieu, lieutenant criminel.

* Tarente ; Voy. Léonidas.

Targni (M. Louis), natif de Noyon, V, [610] ; — Gallican, [610] ; — — point Moliniste, [610 ; — et la Constitution, [610-1, 612] ; — d'ami devient adversaire du Jansénisme, 273*; — change à la fois de patron et de conduite, [611] ; — son nom lu à rebours, 273; — trésorier de N.-D. de Reims, [610] ; — abbé de Saint-Lô, 273*; — garde de la Bibliothèque du Roi, 273*, [612];

= Accompagne M. Amelot à Rome, V, [612]; — député du second Ordre à l'Assemblée du Clergé de 1700, [610] ; et sa pension de l'Assemblée du Clergé [610, 611]; — et M. de Bissy, év. de Meaux, [611] ; — et M. Bovin, [612] ; — et l'abbé de Broglio, [611] ; — et M. Faure, [610]; — et M. Le Tellier, arch. de Reims [611]; — et Louis XIV, [612]; — attaché à l'éducation de l'abbé de Louvois, 273*; directeur théologique de M. de Louvois [610] ; — et le card. de Noailles, [611]; — son vilain rôle vis-à-vis de P.-R., [609-13]; — visite à P.-R. des Ch., 273*; et le card. de Rohan, [611, 612]; — et le P. Tellier, [610, 611, 612];

Tarisse (Dom), I, 10.

Tarquin, II, 274.

Tersille (La Sœur); exilée à Saint-Denis, VI, 222.

* Tartarie (Petite): voy. Khan.

Tartuffe (Le) du cardinal de Retz, V [531] ; — Voy. Molière ; — (Le métier de), II, [547*]; — Philinte (Le) V, 77.

Tartufes (Influence des) sur Louis XIV, VI, [250].

Tascheieau (M.); Histoire de Molière, III, 282*.

Tasse (Le), I, 143-4 ; — victime de sa sensibilité, II, 482; — « La Jérusalem », III, 531, VI, [266, 267]; « l'Aminte », 56, 531; — rapproché de Racine, VI. 120, 122.

Tassin, bedeau de la Faculté de théologie, III, 153.

Tassin (Dom); son amitié pour dom Toustain, VI, 49.

Techener, libraire, IV, 465 *; VI, 45*.

Te Deum, II, 302; V, 172, 183 ; — chanté tout haut à P.-R., I, 434; — pour la sortie de Saint-Cyran, II, 29. — Pour le miracle de la

Sainte Épine, III; 182. — pour l'évasion de Retz. V, [558, 559].
Télémaque ; voy. Fénelon.
Telephus, fils d'Hercule, I, 66.
Tellier (Le P. Michel), jésuite ; — confesseur de Louis XIV, III, 21; — son règne, 264 ; — homme de sacristie, 266 ; — violent et grossier, 285 ; V, 517 ; — et Boileau, V, 517 empêche la publication de la dernière satire de Boil. au, 517; — et Du Guet, VI, 66 ; — envoie M. Madot visiter les livres de P.-R. des Champs, 226-7 ; — pousse Louis XIV à donner ses derniers ordres contre P.-R. des Ch., 217; fait faire le saccage de P.-R. des Ch., V, 517 ; — et M. Targni, [610, 611, 612].
Témoignage de la vérité ; attribué à tort à Du Guet, VI, 67*.
Témoignages (Les) sincères et secrets, les plus vraies oraisons funèbres, VI, 161* ; — (Discussion des) sur un miracle, III, 180-1.
Tempéraments (Explication physiologique des), III, 491.
Templiers (Les), IV, [544].
Temps (Du) et de la douleur pénitents, IV, [535] ; — passé (Éloge du), IV, 508; — (Crédulité de tous les), IV, [551].
Ténare (Le), fleuve de l'Enfer, IV, 47.
Tencin (M. de), archevêque d'Embrun ; ses chicanes aux *Pensées* de Pascal (1733), III, 395.
Tende (Gaspard de) et Mme de Sablé, V, 54*; — et son pseudonyme de sieur de L'Estang, 54-5 *; — singularité de ses règles de traductions publiées sous le nom du Sieur de L'Estang (1660), III, 533*.
Tende ; Voy. Savoie.
Tendes (Cœurs) ; tournent aux subtilités, IV, 296.
Tendresse (L'École de), V, 64*.
Tentations ; différentes selon les âmes débiles ou les âmes fortes, IV, 241.
Térence, I, 154 ; — « L'Andrienne », 173 ; — (Sentences morales de), III, 5 6 ; — mis en face de Molière, 298, 299 ; — et Montaigne, II, 416 ; — estime de Nicole pour son style, III, 211 ; Nicole le relit pour traduire les Provinciales, IV, 419 ; — parmi les livres de M. de Saci, II, 388* ; — édition de M de Saci, 374; traduction de trois comédies (Andrienne, Adelphes, Phormion) par M. de Saci, III, 502, 505, 507, 514.
Terminaison prise pour racine, III, 525*.
Ternier (Bailliage de) en Suisse, I, 258, 259, 266, 267.
Térouanne ; détruite par Charles Quint, V, 458*.
Terrasson ; applique la méthode de Descartes à la critique des arts et des lettres, V, 357.
Terre (Mouvement de la), III, 77-8, 105*, 140*.
Terre (Vaisselle de), V, 113.
Terre promise, V, 437.
Terre Sainte (P.-R. des Ch., la), V, 244*. — (Privation de la sépulture en), IV, 310, 311-2.
Terrille (Du) en religion, IV, 331, 332, 333.
Terrorisme spirituel, IV, 473.
Tertullien, II, 34 ; — des prescriptions contre les hérétiques, IV, 450 ; — sur les joies chrétiennes, III, 275*; — ce qu'il dit de la raillerie, II, 335 ; — Citations, III, 146, 147 ; — (Histoire de), IV, 17 ; — son portrait par Malebranche, V, 390, 391.
Testament (Ancien et Nouveau), II, 128 ; Voy. Bible, Évangile, Nouveau Testament, etc.
Testu (L'abbé) ; ami de M. Du Plessis-Guénégaud, III, [599, 600].
Testu (Mlle), IV, 272.
Textes (Querelles de), IV, [569] ; — (Méthode catholique néglige les), 450.
Thabor (Le), IV, 160 ; — (Les degrés du), 322.
Thalès (Le philosophe), II, 438.
Thalia (Ce que les Grecs appellent), II, 419*.
Thamar ; sœur d'Absalon, III, 562*.
Thaumas (M. Claude) ; greffier du criminel au Châtelet de Paris, IV, [61] ; — ami de P.-R., IV, 215-6*; — et M. de Bretonvilliers, V, [614]; — et M. de Harlai, [614]; — et les Religieuses de P.-R., [614] ; — à la Bastille, [614] ; — exilé à Quimper, [614].
Thé ; ce qu'en disent Du Guet, VI, 27, et Huet, 22*.
Théagène ; Voy. Héliodore.
Théalius ; Voy. Caffaro.
Théâtre (Le) ; veut du grossissement, III, 293*, 295, 295*; — obstrué par les spectateurs, II, 163; — (Abstention du), V, 28 ; — anathème de Bossuet, III, 308 ; —

anathématisé par Nicole, [602, 603]; IV, 443; (Attaque de Nicole contre le), cause des Petites Lettres de Racine, VI, 107-8; — (P.-R. proscrit le), III, 266; — attaqué par P.-R., défendu par Racine, 267-8.

Théâtre français moderne (Le) n'a encore que de grands essais, VI, 124.

*Thébaïde; I, 179, 182, 186, 392; IV, 66; VI, 27; — (Déserts de la), IV, 334; — (Ermites de la), II, 283; — (Sainteté de la), IV, 61; — rappelée par P.-R. des Ch., VI, 215; — (P.-R. des Ch. une), I, 22; V, 11.

Thébaïdes (Confusion des deux), VI, 83.

Thècle; disciple de saint Paul, V, 302.

Théiste (Le métaphysicien) voit un obstacle dans les lois de l'univers, II, 479*.

Théléme (Abbaye de), II, 278*; IV, 73*.

Thèmes (Opinion de P.-R. sur les), III, 510, 514-5, 519; — (Opinion de M. Dubner sur les), III, [620].

Thémis; nom donné à Mme de Longueville, III, [592, 593].

Thémiseuil; Voy. Saint-Hyacinthe.

Thémiste, nom de la Clélie, II, 274.

Théocratie changée en Angélocratie par Malebranche, V, 435*.

Théodore; personnage de Malebranche, V, 361, 362, 438.

Théodoret, IV, 250.

Théodose, sénateur romain, II, 318.

Théodose (L'Empereur), I, 392; — (Vie de), II, 375*; — Voy. Fléchier.

Théologal (Office de), VI, [293]; — Voy. Burlugai, Habert, Feydeau.

Théologie; remontant aux Pères, IV, [568]; — (La), suite de principes liés les uns aux autres, V, [610]; traitée par Pascal de centre de toutes les vérités, II, 390; — scolastique, IV, [568]; (tuée en) par P.-R., III, 524; — morale triomphe des Jésuites, IV, [545]; — (La) du cœur, 403; — (La) familière, III, 470; — aussi atteinte que les théologiens par les Provinciales, 70; — (Nécessité de remonter aux sources en), 528*; — (Ce que la civilisation exclut en), 406.

Théologien (Le) est supérieur au prêtre, I, 450.

Théologiens doivent n'employer que des expressions exactes, V, 416; — scolastiques, IV, 422, 423.

Théologique (Le tourbillon), IV, 433.

Théologiques (Esprits) manquent de notions physiologiques et physiques, IV, [551]; — (Factums) vieillissent vite, II, 401.

Théophile (Le poëte), II, 51, 77, [525*]; — voyage en Hollande, 51, [525*]; — son étroite liaison avec le duc de Liancourt, V, 42; — et Balzac, II, [525*]; — attaqué par Garasse, 77; — Pyrame et Thisbé, VI, 91.

Théotime; personnage de Malebranche, V, 362; — Voy. Saint François de Sales.

Théramène (Inutilité du récit de), VI, 131.

Thérasie, femme de saint Paulin, II, 318.

*Thermopyles (Vers de Simonide sur les), III. 357.

Théron, d'Agrigente, III, 326*.

Thésée, I, 173*.

Thèses (Noms des quatre) de théologie, II, 16; — (Des) dédiées à la mémoire de Saint-Cyran ° font mettre à la Bastille, III, [630]; — Voy. Infaillibilité du Pape.

Thèses de médecine (Anciennes), IV, [584].

Thessalie (Monts de), III, 241; — fertile en prodiges, V, 46.

Thévenot et Pascal, II, 500*; — garde de la Bibliothèque du Roi; aurait donné à ces Messieurs des renseignements sur l'Amérique, IV, 374*.

Thibauld, abbé des Vaux de Cernay, I, 45.

Thiboust (M.), chanoine de Saint-Thomas du Louvre; — ce que dit M. de Pontchâteau de sa mort, V, 248.

*Thiérache; Voy. Val.

Thierry (M. Augustin), I, 201; II, 455; — préface de « Dix ans d'études historiques », IV, 12*.

Thiers (M.), Histoire de l'Empire, V, 188*; — son joli mot sur M. Cousin, 396.

*Thionville, II, 8.

Thiroux (Dom Jean), Bénédictin de Saint Maur; — Prieur de Meulan, VI, 180*; mis à la Bastille pour Jansénisme, 180*

Thisbé, VI, 91.

Thomas (Gentien) pendant la Ligue à Rouen, II, 231.

Thomas; Voy. Du Fossé, Thaumas.
Thomas (Antoine-Léonard), I, 37*;
— Traité de la langue poétique, III, 541*; — son sot mépris de P.-R., 541*; — défaut de son style, 541*; — imite Balzac, II, 81.
Thomas Du Fossé (Famille); Voy. Du Fossé.
Thomassin (Le P.) de l'Oratoire, IV, 35; — et la doctrine de S. Augustin, V, 333*; — Mémoires sur la Grâce, 333*; — son ouvrage de l'Incarnation du Verbe, 423; — ne reste pas Janséniste, IV, 510; — son revirement contre le Jansénisme, V, 333*; — maître du P. Le Porc, 334*; — et Nicole, IV, 510; — son anecdote avec Pascal, III, 85*; — son enseignement à Saumur et à Saint-Magloire, V, 383*.
Thomisme, IV, 421; — Voy. saint Thomas.
Thomistes, IV, 422; — (Méthode sèche des), II, 99, 147; — (Chimères des), 129; III, 87; — discussion sur la Grâce, I, 254; — ce qu'ils pensent des anges et d'Adam, II, 136; — Arnauld et Pascal s'y appuient, contrairement au sentiment de Jansénius et de Saint-Cyran, 129, 129-30*; Pascal rapproche leur interprétation de celle des Jansénistes, III, 80-1; atteints par les Provinciales, 48, 64; — (Les docteurs) dans l'affaire d'Arnauld, III, 37-8; — Voy. Jacobins, La Barde.
Thonon, capitale de Chablais, I, 260, 266, 267; — (Coup d'état du), 261-2; — (S. François de Sales à), V, 321.
Thou (Jacques-Auguste de), I, 56*, 316; — son *Histoire* condamnée à Rome, 101; — se trompe en traduisant les Essais de Montaigne par *Conatus*, II, 446*; — membre du Parlement, et les Statuts de l'Université de 1600, III, 508.
Thou (Mme de), abbesse de Saint-Antoine, I, 95*.
Thoulier (P.-J.); Voy. Olivet (L'abbé d').
*Thuan (Archevêché de), en Irlande, I, 298.
Thucydide (Génie de), II, [524]; — (Parallèle de) et de Tite Live, VII, [625].
Thuillier (Dom), éditeur des œuvres posthumes de Mabillon, IV, 68*.
Tiberge (M.); d'une petite famille des Andelys, VI, 173*.

Tibre (Le), pris pour la Cour de Rome, III, 168.
Tibulle; parmi les livres de M. de Saci, II, 388.
Tibur (Ce qu'est un) chrétien, IV, 49.
Tierce (Office de), V, 78, 274; VI, 219, [330, 331, 339*].
Tiers-État, V, [540, 541]; — Retz y pense avant Siéyès, [595]; — supérieur composant le fonds de P. R., II, 232.
Tigrane (Le prince), II, 468*.
Tillemont (Terre de), à une lieue de Montreuil près Vincennes, IV, 20, 486; — M. Ruth d'Ans s'y retire, V, 186; — Visites de M. Walon de Beaupuis, III, 570*, 571.
Tillemont (Sébastien Le Nain de), fils de Jean Le Nain, né à Paris en 1637; I, 46; II, 156, 363, [573]; III, 310; IV, 5-41, 94, 98, 103, 288, 410, 486;
= Son enfance d'après Fontaine, IV, 7 8; — élevé aux Petites Écoles du Chesnai, III, 475; — élève de Nicole, 508, 553; IV, 415; — élève chéri de M. Walon de Beaupuis, 571, 572; — le parfait élève de P.-R., 500, 553; l'élève idéal de P.-R., IV, 6-7, 26; — ses études de jeune homme, 10-2; — reçoit la tonsure, 17, 19; — sa première messe (1676), 19*; — dit la messe funèbre de sa mère, 20, 27*;
= Sa joie en religion, IV, 333; — douceur de sa vie, III, 358; — régularité de ses journées, IV, 20-1; — (Ascétisme de), I, 24; — mortifications physiques, IV, 98*; — ses scrupules à propos de l'estime de l'évêque de Beauvais, 16, 17; — (L'entre deux de), 23-4; — sa fermeté malgré sa douceur, 74; — son amitié pour les enfants, 22-3; ce qu'il dit de la mort et des funérailles des enfants, 25-6; — sa charité pour les pauvres, 24-5; — sa modestie, 38; — ne veut pas devenir évêque, 16, 17; — et la signature, V, 518; ce qu'il dit de la signature, IV, 81; — excuse ceux qui signent le Formulaire, V, 518;
= marcheur, IV, 333; — ses marches à pied, 21, 33; — sa façon de voyager, 297; — voyage à pied, III, 570-1*; — ses voyages à pied, V, 278*; — sa maison rue Saint-Victor, 211; — à Beauvais, IV, 15-7; quitte Beauvais par scrupule, II, 17; — à P. R. des Ch., V, 164, 177; — sa visite à la

Trappe, IV, 75-6 ; — son voyage en Hollande, 20 ; — se retire à Tillemont, V, 186 ;
= son estime pour Arnauld, IV, 82* ; lettres à Arnauld, 82* ; visite Arnauld à l'étranger, V, 324; — et les Bénédictines de Boran, III, 570-1* ; — et Bossuet, IV, 93 ; trouvé trop modeste par Bossuet, 38 ; — et la Cour, 100* ; — travaille pour M. Du Bois, 18* ; — élevé avec Du Fossé, VI, 160* ; et Du Fossé, 156 ; travaille pour Du Fossé, IV, 17 ; — et Du Guet, VI, 4 ; — ami de M¹le de Grignan, III, 570* ; — ses travaux pour M. Hermant, IV, 16-7*, 18 ; aide M. Hermant dans ses Vies de Saints des premiers siècles, III, 567 ; — et le P. Lami, IV, 74 ; — et le chanoine Le Noir, V, 518 ; — et M. Letourneux, 211 ; — travaille pour M. Lombert, IV, 18; — Dom Montguibert meurt dans ses bras, [528] ; — son admiration des Pensées de Pascal, III, 390-1 ; ce qu'il dit du non Pélagianisme des Pensées de Pascal, 454 ; — dans l'affaire de Rome et de la visite à la Trappe de M. Walon de Beaupuis, 571 ; — (Le projet de lettre de Rancé à), IV, [517] ; — désaccord avec M. de Ribeyran sur la brièveté incomplète des Pensées de Pascal, III, 391* ; — M. Ruth d'Ans un moment attaché à lui, V, 324 ; — M. de Saci le force à prendre les Ordres. IV, 19 ; lettre sur la mort de M. de Saci, II, 373 ; successeur désigné de M. de Saci, IV, 26 ; remplaçant de M. de Saci, V, 229 ; — et M. Tronchai, IV, 20 ; V, 281* ; son secrétaire M. Tronchai, II, 245 ; aidé par M. Tronchai, IV, 20* ; Voy. Tronchai ; — aidé par M. Vuillart, 30* ;
= Sa mort (1698), VI, 156, 158 ; — ce que disent de sa mort Fontaine, IV, 97-8, Du Fossé, 98, M. Vuillart, 98-9* ; — circonstances de sa mort, 94-5 ; — son enterrement à P.-R. des Champs, 95-6 ; — M. Walon de Beaupuis, présent à sa mort, conduit son corps à P.-R. des Ch., III, 572 ; — ses dernières volontés, 572 ; IV, 95, 96* ; — son testament, 572 ; — veut être enterré à P.-R. des Ch. à côté du fils de M. de Bernières, 572 ; — son épitaphe, IV, 6, 10* ; — son corps transporté à Saint-André-des-Arts, VI, 237* ; — son portrait par Edelinck, IV, 95 ; — *La vie et l'esprit de M. Le Nain de Tillemont* (par M. Tronchai), 1713, III, [572*, 633] ; IV, 8*, 20, 22, 125.

= Sa vocation d'historien, IV, 8-9 ; — élève de Tite-Live, 290 ; — lutte dans son esprit entre sa piété et l'étude, 35-7 ; — son étude désintéressée, 12-3* ; — sa vaste lecture appliquée à la seule histoire ecclésiastique, 413 ; — sa modestie d'auteur, 24, 31-2 ; modestie de sa science, 99* ; — son humilité dans la discussion, 38 ; — autre chose qu'un compilateur, 33-4* ; — s'adresse surtout aux savants, 30-1, 34 ; — son procédé historique, 30-1 ; — découvre des sources, 34-5* ; — son sentiment critique, III, 139 ; IV, 28 ; sa critique relative, 12* ; valeur de sa critique, III, 244, 248* ; éloge et caractère de sa critique, IV, 34-5 ; — son exactitude est presque du génie; 32, 40 ; — son impartialité, 32, 40 ; — sa véracité, II, 181* ; — et l'examen des miracles, III, 553 ; — comparé à l'abbé Fleury, IV, 34 ; — comparé à Mabillon, 35 ; — loué par les Jésuites, 17*, 40 ; — loué par Bayle, 40 ; — loué par La Bletterie 39-40 ; — loué par Crosley, 35* — (J. M. Gesner préfère) à Rollin, 40* ; — admiration de Gibbon, 32, 40 ; — loué par Daunou, 40 ; — critiqué avec convenance par Dom Liron, 39 ; — critiqué par l'abbé Faydit, 38-9; traité de falsificateur par l'abbé Faydit, 39* ; — mépris injuste de M. de Maistre, 32, 33 ; loué par M. de Maistre, III, 244 ; — jugements sur son style, IV, 40 ;
— « Histoire des Empereurs, » 9-10, 24, 28-9, 30* ; chicanes de son censeur, 28-9 ; — « Mémoires sur l'histoire ecclésiastique, » I, 151, 165-6* ; IV, 11, 14*, 26*, 28-40, 99* ; ses scrupules, 80* ; relue par M. Vuillart, VI, [250] ; ses tables d'auteurs défendus, IV, 39* ; sa discussion avec le P. Lami sur la date de la dernière cène de J. C., 38 ; le cinquième volume ; 95 ; — « Vie des Saints, » II, 27* ; — ses recueils sur saint Louis, IV, 14*, 99 100 ; donne ses Mémoires sur S. Louis à Filleau de La Chaise, III, 386 ; — « Réflexions

chrétiennes », III, [633]; IV, 36, 37;
— lettre à Rancé sur l'affaire de
M. de Beaupuis, IV, 79-86 ; publiée
après sa mort, III, 571 ; IV, 41, 86.
Timante, nom d'Arnaud d'Andilly
dans la Clélie, II, 270.
Timides (Les) valent les parjures
III, 350.
Timothée, disciple de S. Paul, V,
302.
*Tirlemont (Prise et sac de), I, 301.
*Tiron (Abbaye de), I, 227.
Tite-Live, I, 38 ; — (Histoires de),
IV, 290; — (Parallèle de) et de
Thucydide, III, [625]; — XXIIe livre, traduit par Malherbe, II,
[519]; — auteur favori de Tillemont, IV, 8.
Tobie, IV, [586]; — mari de Sara,
VI, [252, 254].
Toilette (Le chapitre de la), III,
322*, 324-5*; — de corps se fait et
ne s'écrit pas, III,.323.
Tolérance (Ligne moderne de), IV,
[546*].
Tolle, lege, I, 98, 106.
Tombeaux (Les Anciens et les), VI,
19.
Tombes des Religieuses de P.-R.
des Ch., VI, 239-40.
Tonneliers ; Voy. *Rouen (Saint-
Étienne des).
Tonnerre (Coup de), IV, 279 ; —
frappe les lieux hauts, V, 178.
Tonsure, VI, 74; — (Bénéfice à
simple), IV, 479*.
*Torcy (Abbaye de). IV, 122-3.
Torcy (M. de), gendre de M. de
Pompone, V, 200.
Torrent (Gens qui suivent le), III,
410.
Torricelli; expériences sur le vide,
II, 472, 481.
Tortures physiques, III, 140* ; —
éternelles, IV, 473.
Toscane (Grands Ducs de) ; — Voy.
Médicis.
*Toul; (Évêché de), III, [593] ; —
Voy. Du Saussay, IV, 135.
Toulouse, II, 186; III, 265, [629] ;
VI, [295];—M. de Ciron y est renvoyé, V, 29; — patrie de Fermat,
III, 318 ; — Institut des Filles de
l'Enfance, V, 29*, [617-21] : Filles
de l'Enfance (Les trois Ordres chez
les), [618]; leurs habits simples
mais non uniformes, [619] ; nombre des religieuses et des élèves,
453-4; et Arnauld, 467; leur défense par Arnauld, 453-6; abus
qui s'y glissent, [621] ; et les Jésuites, 456, 457, [621] : englobées
dans l'affaire de la Régale, 453 ;
cassées par arrêt du Conseil (mai
1686), 453; scènes dramatiques de
la suppression, 454-5*; — (Parlement de), II, 257 ; V, [617 ; —
(Peste de), [620]; — (*La Religieuse
de* par M. Jules Janin, 455*; —
(Université de), 28, [617].
= Voy Ferrier (Le P.), La Valette, Marca, Miramont, Montmorency (M. de), Montpezat.
Toulouse (Le comte de); — chasse
aux environs de P.-R., VI, 230.
Touraine, I, 282; II, 224, 225,
[540] : III, [612] ; V, 211, 220; VI,
68*; — Voy. *Véretz.
Tourbillons de Descartes, II, 316.
Tourmenteurs des âmes pour le bon
motif, IV, [537].
*Tournai (Arnauld à), V, 294 ;—Voy.
Choiseul (M. de).
Tournebroche (Histoire de deux
chiens et d'un). II, 317*.
Tournemine(Le P.) jésuite, III, 130;
— ses relations intelligentes et
variées, V, 465*; — en correspondance avec *Bayle, 465*; — ce
qu'il dit de la querelle de Boileau
et des Jésuites, 516*; — et Brossette, 516*; — ce qu'en dit Grosley,
464-5*;—et le P. Lallemand, 465*;
— lettre sur le style de S. François de Sales, I, 232* ; — correspondant de Voltaire, III, 402 ; V,
465*.
Tournon (Mlle de), paroissienne de
Saint-Merry, VI, [288*].
Tourouvre (Mlle de), pensionnaire à
P-R., V, 186*.
Tours, I, 282 ; II, 224, 227, 227;—
devait avoir des États Généraux, V,
[540, 541] ; Hôpital général, III,
256* ; — (Jésuites de), I, 287*; —
Saint-Martin (-Abbaye de), VI,
[307] ; fête de la translation de
S. Martin, IV, [562] ; — Ursulines,
I, 287* ; — Voy d'Eschaux, Galigaï, Le Bouthillier.
Tourterelle, I, 354.
Tourterelles (Vers sur les), V, 261.
Toury (M. de), VI, [281].
Toussaint (Fête de la); II, 354,
355* ; V, 209 ; VI, [79].
Toustain (Dom) bénédictin; — ce
qu'il dit de Du Guet, VI, 49; — sa
mort, 49; — « Nouveau traité de
diplomatique », 49.
Tracy (Destutt de), II, [513*] ; —
son estime de Messieurs de P.-R.,
III, 539; — continue Arnauld en

grammaire générale, 539; — ses écrits compromis par son idéologie continue, 540.
Tradition se modifie insensiblement, IV, 449-9.
Tradition de l'Église; sa moindre valeur pour le Jansénisme et le Protestantisme, III, [619].
Traducteurs (Jansénistes), III, 247.
Traduction (Des méthodes de), II, 282, 283*; — (*De la*), ouvrage de Gaspard de Tonde, publié sous le pseudonyme du sieur de l'Estang, V, 54-5*; — (*Les règles de la*), III, 533; — parlée et traduction écrite, 514; — prend à P.-R. la valeur d'un original, 227*.
Traductions; partage des petits esprits, III, 522, [620]; — (Les Anciens méprisaient-ils les) du grec? 521-2; — comment Racine s'en moque, VI, 114; — ce qu'en dit Cousin, III, 45*; — à P.-R., V, 81; — de vive voix recommandées à P.-R, III. 516-7; — s'apprennent par cœur à P.-R., 516*; — de P.-R., 502, 505-6, 514; IV, 378, 380*; comment elles doivent être jugées, III, 532-3; — pieuses (Rôle des), à P.-R., V, 228-9; — françaises (Sur l'utilité des), par Guyot, III, 506; — (Supériorité des) françaises sur les latines comme utilité, 521; — règles de M. Le Maître, 461; — raisons de leur succès; II, 365; — (M. Du Bois recommence les) de P.-R., V, 469.
Tragédie; — ce qu'en a fait Racine, VI, 119.
Tragédies de la fin du XVIe siècle, I, 122; — de collège, II, 410; III, 264*.
Traits déterminants; III, 446.
Traité du vrai mérite; Voir Le Maître de Claville.
Trajan (Influence funeste du Panégyrique de), I, 65*.
Trajans (Triomphe des), IV, 297.
Tralles, en Lydie; Voy. Alexandre.
Transfiguration (Fête de la), IV, 160.
Transilvanie, V, 303*.
Transisalanie, V, 303.
Transitions (Les) dans Boileau, V, 495.
Transsubstantiation, II, [541]; — (Dogme de la), V, 352, 353, 374-5; — et les Pères, IV, [599-600].
Trappe (La), III, 190; IV. 33, 70-1, 79, 80, 82, 83, 91; — (Rigueurs de la), I, 24; - (Originalité de la), IV, 51; — deux neveux de M. Walon de Beaupuis y sont, III, 571; — un frère de M. Des Champs y est, 578; — vues gravées, IV, [516]; = Visites d'Arnauld et de Nicole vers 1673, 89*; — visite de M. Duhamel, II, [551]; — visite de l'abbé Le Roi, IV, 53; — visite de Mabillon, 68-9; — visite du P. Quesnel vers 1670, 91; — visite de M. de Tillemont (1696), 75-6; affaire du refus de l'entrée à M. Wallon de Beaupuis (1696), III, 571-2; IV, 74-5, 79, 83-6, 88; — Voy. Le Nain (Pierre), Rancé, *Sept Fonds.
Trappes employées par Nicole, IV, 428.
Travail (Le) paie le travail, IV, 462; — (Effet salutaire du), 493*; — (Le) est demandé et non le succès, II, 41; — (Le) intellectuel surmonte la douleur, III, 324; — chrétien (Effets du), II, 41; — manuel des anciens Solitaires, I, 406*; — manuel pour les Religieux, IV, 67; — des mains; ce qu'il est à P.-R., III, 324.
Travaux manuels, I, 392, 474, 500-1.
Trebatius, devenant M. de Trébace pour P.-R., III, 533.
Tréguier (Diocèse de), V, 268.
Tremblement (Les sentiments de) de M. de Saint-Cyran, I, 214, 224, 234.
Trentains (Les), V, 247.
Trente; Voy. Conciles.
Treuvé (M.); « Histoire de M. Du Hamel », II, [545* 547-8*].
Tréville (M. de) le père, capitaine des Mousquetaires, V, 82*, 89.
Tréville (M. de), originaire du Béarn; V, 88, 89; — peu propre à la guerre, 89; — ne fait pas la campagne de 1672, 83; — ses premières dispositions religieuses, 81-2; — et la mort d'Henriette d'Angleterre, 82; — ses études religieuses, 80-1; — lit méthodiquement les Pères, 86; — son *Précis des Pères*, 84; —, théologien volontaire et à ses heures, 88*; — sa conversion, 82-3, 83-4; — tour janséniste de sa conversion, 82; — sa première pénitence, 89; — veines et éclipses de religion, 91; — relâchement et inconstance, 89-92; ne persévère pas complètement dans sa dévotion, 80; — relâchement de sa pénitence, 90; — son rôle à P.-R. d'amateur zélé, 88; — avait-il des tendances à la Réforme?

89; — voisin de P.-R. de Paris, 80-1; — sa position dans le parti Janséniste, 87-8; — et les questions de la Grâce, 84-5, 86-7; — logé au faubourg Saint-Jacques, 76, 80; — oracle de la rue Saint-Jacques et théologien de qualité, 87-9; — forcé de quitter le faubourg Saint-Jacques, 88, — et le Nouveau Testament de Mons 81; ses corrections au Nouveau Testament de Mons déplaisent à P.-R., IV, 379*;
= et Arnauld, III, 520*; V, 81; fait à Arnauld l'application d'un passage de Tacite, 479*; connait les Pères mieux qu'Arnauld, 87; trouve Arnauld suranné, 296; — et Arnauld d'Andilly, 81; — et Boileau, 85; — et Bossuet, 83*, 86, 87; son mot sévère sur Bossuet, 464*; — attaqué par Bourdaloue, 40; mis en sermon par Bourdaloue, 82-3; — et M. Du Bois, 81; — et Du Guet, 85; ce qu'il eût pensé du style de Du Guet, VI, 21; — revoit le « Théodose » de Fléchier, IV, 510; — rapports avec M. de Lassay, 91-2; — élevé avec Louis XIV, 82*, 90; et Louis XIV, 82*, 83*, 86; rancune de Louis XIV contre lui, 82, 90; Louis XIV l'empêche d'être de l'Académie française, 90; — présent à la conférence de Malebranche et d'Arnauld, 363*; — et Nicole, IV, 510; V, 85, 88-9*; ses questions à Nicole sur la Grâce, IV, 504; comment il amène Nicole à son système de grâce générale, V, 86-7; mis par Nicole au-dessus de Pascal, III, 384*; blâmé par Nicole pour trop aimer Homère, IV, [600]; — mis en parallèle avec Pascal, III, 384; V, 85, 87; travaille à l'édition des « Pensées », III, 371; — et Pavillon, IV, [520]; V, 88; voyage à Aleth, IV, 372*; — et Rancé, [520*]; — et M. de Roannez, 379*; — et M. de Saci, II, 327; V, 87; — en face de la Sorbonne, 87;
= et les dames, V, 89, 90; — et Mme de Coulanges, 87; — la mort de Madame Henriette d'Angleterre le jette dans la dévotion, 80; — et Mme de Longueville, 80; sa conversation en face de celle de Mme de Longueville, 135; — et Mme de Sablé, 77-8; — et Mme de Sévigné, 87; elle parle du sermon de Bourdaloue contre lui, 82; — et Mme d'Uxelles, 77;
= Sa mort, V, 78; — dans les Nécrologes, 89;
= Opinions des contemporains sur son esprit, V, 84-6; — son portrait par Bourdaloue, 40, 80, 82-3; rancune de Bourdaloue, 89; — ce qu'en dit l'évêque anglican Burnet, 88-9; — ce qu'en dit Bussy, 83-4; — son portrait par La Bruyère, 80; appelé *Arsène* par La Bruyère, 83; rancune de La Bruyère contre lui, 89; — ce qu'en dit La Fare, 80; — ce qu'en dit Richard Simon, 88*; — son portrait par Saint-Simon, 80, 89-90;
= Sa supériorité, V, 84; — homme tout d'une pièce, 464*; — sa prétention d'originalité, 82-3; — sa science, 81; — blâmé de remonter à la source, 86, 87; — son goût littéraire, 87; — son goût exquis, VI, [600]; — grand lecteur des Anciens, V, 85; — et le grec, 81, 85; — préfère les Pères grecs, II, 327*; V, 87; — sa qualité de rendre clair, 84-5, 87; — son esprit, 84, 86, 87; — sa réputation d'esprit, III, 384*; — son esprit dédaigneux et sarcastique, V, 82*, 84; — sa délicatesse dédaigneuse, 84-6; — fonds d'épicuréisme, 90, 93; ce qu'il a d'épicurien, 90; — le bel esprit épicurien de P.-R., 90; — sa conversation, IV, 482; — sa qualité de beau parleur, V, 85; — ses lectures en très-petit comité, 84; — analogues modernes, 92-3.

*Trévoux, VI, [311]; — (Jésuites de), III, 130; V, 500; Voy. *Journal*; — (*Mémoires de*), I, 232, 506; — (Querelle des Journalistes de) et de Boileau, V, 514, 516-7*; — (Journalistes de) et le docteur Boileau, 517 8*.

Tribunal révolutionnaire (Le), IV, 208.

Trichâteau (M. de); — correspondant de Bussy-Rabutin, V, [597-8].

Tricheries parlementaires, III, 38.

Tricot ; l'un des passe-temps de M. Hamon, IV, 291 ; VI, 26.

Trictrac (Jeu de), IV, 8.

Trie, V, 111, [606].

Trie (M. de); Voy. Arnauld (Henri).

Trigny (M. de); pseudonyme de Lancelot, III, 561.

Trinité (La); appelée le Dieu d'Augustin, VI, 60; — prières où il n'en est pas fait mention, V, 444; —

Pascal en repousse les preuves métaphysiques, III, 420 ; — (Dimanche de la), IV, 185.
Trismégiste, I, 220.
Trissotin, II, [527].
Tristesse (La) ; livrée de la dévotion, V, [532].
Trisyllabe ; toujours dérivé, III, 525*.
Trirons (Les) de Racine, VI, 93.
*Troie (Prise de), III. [626] ; — (Le sac de) dans l'Énéide, IV, 310 ; — (L'embrasement de), V, 76.
Trosville (M. de), V, 89 ; Voy. Tréville.
Tronchai (M.) ; ami de P.-R., VI. 198 ; — lettres sur les projets de M. de Harlai contre P.-R. des Ch., V, 281* ; — éditeur des Mémoires de Fontaine, II, 245 ; IV, 20 ; revoit les Mémoires de Fontaine, II, 245-6, 338* ; — secrétaire de M. de Tillemont, 245* ; IV, 20, 86* ; compagnon d'études de Tillemont, V, 281* ; travaille au sixième volume des Empereurs de Tillemont, IV, 30* ; publie l'Histoire ecclésiastique de Tillemont à partir du vi⁰ volume, 29-30 ; ce qu'il dit de la mort de Tillemont, 95, 96-7 ; épitaphe de Tillemont, 6, 10* ; « Vie et esprit de Tillemont », III, [572*, 633] ; IV, 8*, 20, 22, 25.
Tronchai (Mlle), sa sœur ; religieuse à P.-R de Paris, V, 281*.
Tropologique, employé avec le sens de figuré, V, 364*.
Troubadours (Les), un peu les ancêtres de Racine, VI, 99, 102.
Troubat (M.) ; voyage dans les Cévennes, V, 46*.
Troupeaux (Les) de Jacob, IV, [533].
Trous (Château des) près de Chevreuse ; les Petites Écoles y sont, III, 467, 474, 478 ; — (M. Hamon aux), IV, 313* ; — visite de Daubray, III, 475 ; — Voy. *Saint-Jean des Trous.
Trouvères (Les), III, 288.
Troyens et des Troyennes (Le qu'en dira-t-on des), IV, 493-4.
Troyes, III, 554 ; — (Bibliothèque de), I, 406* ; manuscrits Port-royalistes, II, 366* ; III, 62*, 153*, 199* ; IV, 253*, 297*, 428, 500 ; V, 197* ; VI, 198. ; anecdotes manuscrites, III, 554* ; anecdotes de M. d'Étemare, VI, 234 ; souvenirs de Rhynwick par M. Le Roi de Saint-Charles, V, 308* ; lettres manuscrites de Du Guet, V, 21 ; VI, 13, 14, 24* ; manuscrits très-utiles sur

M. de Pontchâteau, V, 261* ; lettres de M. de Pontchâteau, 140*.
— Collége, IV, 103*, 104 ; cours de philosophie de Du Guet, VI, 5 ; — Communauté pour l'éducation des filles du peuple, IV, 501* ; — (Convulsionnaires de), VI, 77 ; — Du Guet (Les deux séjours de), VI, 68, 69, 77 ; vieillesse de Du Guet, 39 ; charivari de Du Guet, 77, 80* ; — École centrale du Département, IV, 103-4* ; — Faubourg Saint-Martin, 103' ; — Janséniste (Ville toute), VI, 77 ; — (Nicole à), IV, 428, 477, 479 ; — Saint-Martin-èz-aires (Abbaye de), 428 ; — Saint-Remy ; Catéchisme de Du Guet pour les Pauvres, VI, 5 ; (Conférences de), 48 ; — Séminaire, IV, 104* ; Grand Séminaire, VI, 77 ; —Voy. Aubry (Mlle), Barral, Boulogne.
Trublet (L'abbé) ; veut réhabiliter Balzac, II, 81.
Truchet ; articles de l'Ami de la religion, II, 192.
Truites (Les) du cardinal de Retz, V, [575, 594].
Tubeuf (M.) et les restitutions de M. de Chavigny, II, [560].
Tumeur lacrymale, III, 178 9.
Tunique, vêtement monastique, V, 242*.
*Tunis (Saint Vincent de Paul à), I, 508.
Turcs ; ce qu'en dit Montaigne, III, 331-2.
Turenne, I, [553] ; — son amitié pour l'abbé d'Aubigny, III, 586* ; — sur les auteurs de sa conversion, IV, 396* ; — de la société de Madame, V, 80 ; — converti par la Grande Perpétuité de Nicole, IV, 445 ; — rapproché de Racine, VI, 119 ; — ami de Retz, V, [587] ; son portrait par Retz, VI, 119 ; — mot plaisant de Roquelaure, 178 ; — sa modestie ; IV, 468 ; — « Le sublime dans les armes et dans l'épée, » III, [628] ; — sa dernière campagne, V, [587] ; — « Relation de ses deux dernières campagnes », III, 498*, 578 ; — (La mort de), V, 589] ; — oraison funèbre de Mascaron, II, 349.
Turin, I, 207, 259 ; III, 251* ; — assassinats fréquents, IV, [550] ; — IV, [550] : — (La Cour de), [541] ; — voyage de M. Le Camus, [550] ; M. Le Camus y est dénoncé comme Janséniste, [545] ; — prodiges an-

nonçant la mort de Charles-Emmanuel II (1675), [551].
Turle de Mcndonville (M. de); — épouse Mlle de Juliard, V, [617]
Turpin (L'archevêque), IV, 180, 402; — (Chronique de), I, 278.
Tutoiement (Le) proscrit dans les écoles de P.-R., III, 502; — (Opinions de Bussy, de Mme de Sablé et du P. Rapin sur le) en poésie, [627-8].
Type (Différence de ce qui est ou n'est pas un), III, 289-90, 291.
Types à doubles sens, VI, [267].
Tyrtée sacré (M. Hamon a le rôle d'un), IV, 309.

U

Ubaldino (Le P.), Général des Somasques; ce qu'il dit d'Innocent X, III, 18.
Ultramontain (Dangers de l'esprit), III, 145*.
Ultramontanisme; fait les affaires de la philosophie, V, 232-4; — des convertis, IV, 249.
Ulysse, II, 160*; — meurtrier d'Artyanax, III, [626].
Uniformité (Loi de l') chère à M. de Saci, II, 361.
Unigenitus (Bulle), I, 253; III, 92, 403; V, 240; — produite par les écrits du P. Quesnel, 483; — soi-disant prédite par les Écritures, III, 448*; — remet l'Augustinus en vue, II, 98; — tenue pour subversive du Christianisme, VI. 73; — et le P. de La Tour, général de l'Oratoire, 70-1*; — et Du Guet, 54, 55, 66, 67-9; — sentiments opposés du cardinal de Noailles, V, [611]; — ses historiens, VI, 39-40; — son article dans Voltaire, IV, 434; — Voy. Bulle, Louail.
Unité (Poids de l'amour de l'), IV, [570]; — (Les ennemis de l'), III, 243.
Univers (Grandeur incommensurable de l'), III, 425-6; — (Le Dieu), V, 403; — (L'humanité négligible dans l'ordre souverain de l'), III, 414*; — (Loi de l') obstacle à la croyance du chrétien, II, 479*; — (Pascal vis-à-vis de l'), III, 105-7.
Université, V, 490; — (Enseignement de l'), III, 508; IV, 101, 103; — (Divorce entre l') et le monde, III,

509; — Le Collége de France fondé contre elle, 524; — (Plaidoyer de M. Arnauld pour l') contre les Jésuites, I, 69-72; — Statuts de 1600 bien vite arriérés, III, 508; — (Restes gothiques dans l'), 523-4; — et les principes de P.-R., VI, 5; — et le livre de la Fréquente communion, II, 186; — en quoi P.-R. s'en sépare, III, 536; (P.-R. pénètre dans l') par Rollin, 511; — (Portrait de l'homme d') par Malebranche, V, 391; — renouvelée (Anciens errements de l'), III, 510.
Universités; Voy. *Louvain, *Poitiers, *Stagire, *Toulouse, *Utrecht.
Uranie, sonnet de Voiture, II, 54; IV, 268.
Uranies (Les), V, 121.
Urbain VIII (Le pape), I, 314, 328, [523]; III, 21; — Bref sur le changement de juri liction de P.-R. (1627), I, 323; — ses bulles à M. de Pontchâteau (1640), V, 249; VI, [303, 304-5]; — Jansénius voulait lui dédier l'Augustinus, II, 94; — (Bref d') sur la Grâce, 91; — (Bulle contre l'Augustinus)(1643), 96*,149, 162*; III, 8-9, 90; — Mandement de l'archevêque de Paris pour sa première bulle écrit par le docteur de Sainte-Beuve, IV, [572*]; — première condamnation du livre de Jansénius, I, [534]; — (Bulle d') contre Baïus, 365; — ses poésies latines, II, 162*; — sa mort, 1644, III, 9.
Urfé (Honoré d'); « L'Astrée, » IV, 269; — innovateur dans le roman, II, [517].
Uri (La mort d'), III, 562*.
Ursins (Princesse des); Voy. Bracciano (La duchesse de).
Ursulines; Voy. *Melun, *Paris.
Urval (M. d'), nom déguisé de M. Guelphe, IV, 488; Voy. D'Urval, Guelphe.
Usage; vaut mieux que les préceptes, III, 523; — le maître des langues, 539.
Usbek, des « Lettres Persanes », III, 113; Voy. Montesquieu.
Uscanus, évêque arménien; — s'emploie pour Nicole, IV, 454.
Usserius; Annales sacrées, IV, 11.
Usure (Forme d') particulière au Dauphiné, IV, [542].
Utrecht, I, 324; III, [632, 633]; IV, 331*, 493; — (Les amis d') V, [609]; — et Amsterdam, 304*; — (L'archevêché d'), VI, 74*; —

(Archives Jansénistes d'); Voy. dans ce même article : Klarenbourg (Archives de); — (Auteurs nés à), III, 403; — (Catholiques d') gardent l'église paroissiale de Nordstrand, IV, 378; — Catholiques romains, V, 306; — (Les catholiques non romains d'), 249*; — Appel du Chapitre d') au futur concile général, 310; — (Église d'), 301-2; (La grande église ou le Dôme d'), 303, 304-5 *; — son église catholique appelée la Mission, 460 *; — Église Janséniste, V, 196 *; — (Église d') et les lettres inédites de la M. Agnès, IV, [576]; — (Gazette flamande d'), V, 317; — Klarenbourg (Archives des catholiques non romains de Hollande dans leur maison de), I, 406 *; IV, 377 *, 445 *, 448 *, 454 *; V, 196 *, 272 *, 332-3 *; VI, 180 *, [300]; — et Louis XIV, V, 304*; — papiers de M. de Pontchâteau, 459*; — (Prédictions catholiques à propos d'), 303*; — (Prise d'), 303; — (Les Protestants d'), 304*; — quartier Janséniste, 306; — suspect à Rome, 309-10; — Sainte-Gertrude, 306*; — Trois-coins-Sainte-Marie, 306; — Université, 306*; — (Visite de l'auteur à) en 1849; tradition retrouvée de P.-R., 306-9; — Voy. Adrien VI (Le Pape), Barchmann, Neercassel (M de), Recueil de plusieurs pièces.

Uxelles (Mme la marquise d') et M. de Tréville, V, 77; — lettres à la marquise de la Garde, VI, 227*.

Uzès (Le paysage d'), VI, 100-2; — (Le parc de l'évêque d'). 100, 101; — (Charges de l'oncle de Racine dans l'église d'), 98; — (Racine à), V, 34-5; le pavillon Racine, VI, 100, 101*.

V

*Vabres; Voy. Habert.
Vachot (Le P.) de l'Oratoire, I, 401*.
Vaillantistes, secte de Convulsionnaires, VI, 79.
Vaincus (Les) ont tort, VI, 215.
Vainqueur (Chacun est) dans son parti, V, 440.
Vaisselle d'argent et de terre, V, 113; — plate, V, [575, 577].
*Val-Croissant, abbaye; Voy. Lalane (M. de).

Val Saint-Pierre en Thiérarche, IV, 73.
Valençay (Le Bailli de), ambassadeur de France près du Saint-Siége, III, 20; V, [538]; — joue dans la promotion de Retz au cardinalat, [551]; — fait valoir près du pape les raisons de l'arrestation de Retz, [553]; — témoigne des bonnes dispositions du Pape vis-à-vis de la cour de France, [554]; — sa correspondance, [538, 539, 541*]; — sa correspondance aux Archives du Ministère des affaires étrangères, [555].
Valençay; Voy. Étampes de Valençay.
*Valence (Diocèse de), IV, [553]; Voy. Cosnac.
Valenciennes; levée du siége (1656), III, 159.
Valérie, dans Saint-Genest, I, 151-2, 169.
Valets (Le pain des) à P.-R. des Ch., VI, 111.
Valétudinaires (Éloge des), III, 328.
Valincour (M. de); Boileau lui dédie sa satire xi, V, 500; — second de Boileau comme historiographe, VI, [261, 262, 263]; — incendie de sa bibliothèque, [261]; — sa réception à l'Académie, [262-4]; — chez Mme de Grammont, 35*.
Valladier, méchant prédicateur, I, 468.
Vallant (M.) et Arnauld, III, 537; — et Mme Périer, V, 521*; — Lettre de Mme Périer, 521; — médecin de Mme de Sablé, III, 385; — Lettre de la M. Dorothée sur la mort de Mme de Sablé, V, 78-9*; — ses portefeuilles, III, 385*.
Vallemont (.... Le Maître de), fils de Mme Le Maître, I, 401, 478*; III, 490.
Vallée (M. Oscar de); son ouvrage sur Antoine Le Maître, I, 396-7*.
Vallier (Lettre de Maurepas au sieur), VI, 241*.
Valloni (M.), pseudonyme de M. Du Vaucel, VI, [273].
*Valognes; Séminaire, VI, [325].
Valois (Invasion de l'italianisme sous les), II, [522].
Valot (M.), médecin; ce qu'il dit de la princesse de Conti, V, 31*.
Valricher (M. de), prêtre; durée de ses prisons comme Janséniste, III, 256*.
Van Bont (M.) ou Van Bort, V, 327*.
Van den Nesle (M.), curé de Sainte-

Catherine de Bruxelles; assiste Arnauld à sa mort, V, 472, 474.

Kandy (Le marquis de), gouverneur de Montmédy, et M. de Pontchâteau, VI, [329].

Van Erkel (M.) et Arnauld, V, 309, 460.

Van Heussen (M.) et Arnauld, V, 309, 460; — et ses sœurs, 302*.

Vanité; se travestit en humilité, V, 117; — la risée lui est due, III, 146; — ce qu'en dit Saint-Cyran, I, 378; — des écrivains, II, 82; Voy. Balzac.

Vanneroux, Exempt, VI, 68*.

Van Schuppen; portrait de M. Hamon, IV, 340.

Van Werckhoven (M.), curé de Sainte-Gertrude à Utrecht, V, 306*, 307.

Vardes (M. de); courtise la princesse de Conti, V, 26; — et Mme de Saint-Loup, IV, 482*.

Vareddes (Cure de), IV, 43.

Varenne (Mlle de); Voy. La Varenne.

Varet (M.), grand vicaire de M. de Gondrin à Sens, IV, 393*; — son voyage à Rome le convertit par contraste, III, 487*; — cache Arnauld et Nicole; IV, 425; — son récit de bonnes scènes de cour à propos de l'archevêque d'Embrun, M. de la Feuillade, 383-6; — ami de M. Le Roi, 65; — a-t-il traduit le P. Rodriguez? III, 137*; — « De l'Éducation chrétienne des enfants », 486-7*; — ouvrage contre la morale des Jésuites, 216 — « Relation de ce qui s'est passé dans la Paix de l'Église », II, 355; III, 487*; IV, 368*; — Histoire du Jansénisme, 396-7, 398*; — mort et inhumé à P.-R. des Ch., III, 487*.

Varin (M.) bibliothécaire à l'Arsenal, II, 251*; — son singulier livre de « La Vérité sur les Arnauld », V, 12*; — erreur et qualités de son livre, III, 576-7*; — jugement sur son ouvrage, IV, 50*.

*Variville (Abbaye de) près Clermont en Beauvoisis, I, 79, 80; VI, [262].

Vas (Je), employé par Du Guet, V, 343.

Vasari (Giorgio); (Lettre de Michel-Ange à), IV, 329-30.

Vascosan (Michel); édition expurgée de Martial (1554), III, 503*.

Vasquez, théologien, II, 148; III, 148.

Vassé (Lancelot de), mari de la tante de Retz, V, [604*].

Vassé (Marguerite de), cousine germaine de Retz et mère d'Henri de Sévigné, V, [604].

Vasthi; on y reconnaît Mme de Montespan, VI, 138; — Voy. Racine (Esther).

Vatable (Notes de) sur la Bible, II, 361.

Vauban; ce qu'il dit de Versailles et du Jansénisme, VI, 181*; — intercède pour Mme Brigode, soupçonnée de Jansénisme, 181*.

Vaubrun (L'abbé de), sur la maladie de Racine, VI, [256*].

Vauclair (M. de); son sermon est le coup de la Grâce pour la Mère Angélique, I, 98-9; — se mêle, étourdiment à la journée du Guichet, 112-3, 128; — cesse d'être directeur, 113.

Vaucouleurs (M. de), commis du secrétaire de l'Archevêché de Paris, V, 166.

*Vaud (Canton de), I, [516, 548].

Vaudois (Secte des), II, 358*; — (Bible des), 357*; — (Les) et le dogme de l'Eucharistie, IV, 449.

Vaugelas, I, 265; III, 52, 53*; — fils du président Favre, I, 270; — son « Cabinet », II, [523]; — « Remarques sur la langue » (1647); II, 449, [516*, 519]; — sans philosophie du discours, III, 539; — en quoi il a raison à propos des idiotismes de la langue, 541; — son utilité, V, 485; — ses services à la langue, II, 279; — sa prose, 178; — un peu arriéré comme style, III, 67; — (Ceux d'avant), 221; — cite peu Montaigne, II, 449; — son estime pour Amyot, 449; — (Disciple de Malherbe) [519]; ce qu'il critique dans Malherbe, [520]; — et Balzac, 57; — son estime pour Coeffeteau, 449; — ce qu'il dit des articles expliqués par Arnauld, III, 536-7*; — blâmé par Lancelot de croire que l'usage n'a pas de fondement raisonnable, 538-9.

*Vaugirard; Voy. Copin.

Vaumurier, village voisin de P.-R. des Ch., I, 496; — (Étang de), III, 170.

Vaumurier (Château de), II, 311, 312, 314; III, 163, 168, 560*; IV, 293; V, 164*; VI, 87; — bâti par le duc de Luynes, V, 277; — (Vie commune à), II, 316; — conférences sur le Nouveau Testament, 361; Nouveau Testament traduit dans les conférences de Vaumurier, 1657, 348; — (La philosophie de Descartes à), 311, 316-8, 321 ; — (Lancelot à), III, 562 ; — M. Le Maitre y a ses livres, VI, 88 ; — Pascal y écrit la seizième Provinciale, III, 149 ; — dernier reste des Petites Écoles, 479 ; — visite polie de Daubray, 172 ; — Le Grand Dauphin veut l'acquérir ; la Mère Angélique le fait raser, II, 320.

Vaurouy (Mlle du), pensionnaire à P.-R., V, 185*.

Vauvenargues ; ses souffrances physiques, III, 328 ; — sa morale philosophique mêlée de retours chrétiens, I, 410 ; — son talent a toujours tâtonné, 408 ; — rapproché de M. de Séricourt, 407-8 ; — disciple de Pascal, 407 ; ce qu'il aurait appris de Pascal, 408 ; son estime de Pascal contre Voltaire, III, 410 ; — sa pensée sur le goût, II, 89 ; — préfère Racine à Molière, III, 299 ; — son influence sur Voltaire, I, 411.

*Vaux (Jardins de), V, 43 ;

*Vaux (Faubourg de) à Vitry, VI, [297].

Vaux (M. de) ; Voy. De Vaux.

Vaux de Cernay (P.-R. relève de l'abbaye des), I, 45 ; — (L'abbé Le Camus aux), IV, [533].

Vavassor (Le P. François), jésuite ; force de ses études grecques et latines, III, 625* ; — poëte latin, 28-9 ; — spirituel en latin, 49 ; — ses reproches au style Port-Royaliste, 50-1 ; — valeur de son traité « de Epigrammate » (1669), 529 ; — ses « Remarques » publiées en 1675, [625] ; — Dissertatio... ad Ant. Arnaldum..., 50 ; — prend à partie Godeau et Rapin, 528 ; — son pamphlet contre Godeau, II, 268* ; — réfutation de Jansénius, 268* ; — protégé par M. d. Montausier, III, [625] ; — prend Nicole à partie pour sa préface du Choix d'Épigrammes, III, [625] ; sa réfutation de la Préface de Nicole, 529 ; IV, 416 ; justesse de ses attaques contre la préface latine de Nicole au « Delectus Epigrammatum », III, 528-31 ; — établit l'antériorité des éditions expurgées avant P.-R., III, 503* ; — classique plus solide que le P. Rapin, I, 483* ; ses épigrammes latines omises par le P Rapin, [625] ; a raison dans ses critiques des erreurs du P. Rapin sur les choses de l'Antiquité, III, [625-7].

Veaux (Les) de Jéroboam, VI, [357].

Velleius Paterculus, VI, [262].

Vence (Diocèse de), IV, 353.

*Vendée, II, 292, 294.

*Vendôme, III, 192 ; — Voy. Geoffroi.

Vendôme (Le Duc de), III, 304 ; — et le « Philémon et Baucis » de La Fontaine, V, 24

*Vendomois, VI, [250].

Vendredi saint, V, 30, 108* ; VI, [330] ; — (Le) de 1659 ; affaire de la débauche de Roissy, IV, [529].

Veni, Creator ; IV, 19* ; VI, 219.

Veni Sancte (Le petit), V, 207.

Venise, I, 400 ; II, 315 ; III, [594] ; IV, 454 ; VI, [311] ; — Ambassadeurs de) près d'Innocent X, III, 10* ; — ambassade de M. de la Feuillade, archevêque d'Embrun, IV, 381 ; — Patriarche (Jugement du), III, [594] ; — (La route de), [593] ; — (Sénat de), II, 196 ; — Saint-Laurent (Costume élégant des Religieuses de), III, [594].

Ventadour ; Voy. Aumale.

Vents (Les) le plus craints des hommes, II, 405*.

Vénus, III, [627] ; — dans l'Énéide, IV, 310* ; — (Chacun a sa), II, 17*.

Vêpres, V, 78, 245 ; VI, [327, 330, 331, 332, 333] ; — des morts, VI, 233, [339*].

Verbe (De la nature du) en grammaire, III, 548, 549.

Verbe (Le), V, 364 ; — de Dieu, II, 267 ; — (Divinité du), 126 ; — éternel (Nécessité pour le Chrétien de la préoccupation du, 417 ; — incarné (Rabaissement du), V, 431-2, 433-5 ; — (L'Incarnation du ; du P. Thomassin, 423 ; — (Le) selon Malebranche, V, 414, 415, 419-20, 422-3.

Verdun ; abbaye de Saint-Nicolas, V, 19 ; VI, [293] ; — passage de Louis XIV, V, [581] ; — (Siège de), II, 12 ; — Voy. Arnauld, Feuquières, Hocquincourt.

Veretz (Retraite de Rancé à), IV, 48-50 ; — visite de l'abbé Le Roi, 53 ; — vendu par Rancé, 90.

Verge ; non employée dans les Écoles de P.-R., II, 422*.

*Verger (Château du) en Anjou, au prince de Guéméné, IV, 478.

Verges (Des), III, 486-7*.

Vérité (Amour de la), IV, 193 ; — (Faces diverses et changeantes de l'incompréhensible), III, 423* ; — (La) seule délivre véritablement, III, 347 ; — réelle (Sentiment de la), VI, 243-6 ; — absolue (La) existe-t-elle ? III, 409 ; — (La) est-elle démontrable? II, 422; — (Les Amis de la), V, 518; — a besoin de toutes ses forces, IV, 456; — (Impossibilité de consentir au mensonge sans nier la), III, 349-50; — (Combat pour la), 153; — (Souffrir pour la), V, 100; — (Il faut mourir pour la), III, 350; — (La compagne de la charité, VI, 62; — (Faut-il juger de la) par les Figures? III, 449; — Ceux qui écrivent pour la) ont-ils besoin de style? 461-2; — habituée à ne pas triompher, V, 227; — (La production de la), la meilleure réfutation des adversaires, VI, [300]; — (Diverses façons de blesser la), IV, 497; — (Ménagement dans la), III, 553; = (La Cour, peu favorable à la), V, 39-40; — (P.-R. ami de la), IV, 149; — (Ce que dit Saint-Cyran de la), I, 364-5; — (Saint-Cyran hait ceux qui ne cherchent point la) religieuse, 432; — (Arnauld tout à la), V, 348-9; — comment Fontenelle la qualifie, 359*; — (Degrés de la) selon M. Hamon, IV, 322.

Vérité (Recherche de la); Voy. Malebranche.

Vérités (Les) sont liées, V, 118; — anciennes (Preuves nouvelles à des), 412.

Verjus, Secrétaire de Retz, V, 559].

Verneuil (Le duc de), fils naturel de Henri IV; — second mari de la fille cadette du chancelier Séguier, VI, [302*].

Verny (M. le pasteur); son opinion sur les Hymnes de Sacy, VI, 93.

Véron (Le P.), jésuite, curé de Charenton, I, 419.

Verrines; Voy. Cicéron.

Vers (Beaux) pleins et d'une venue, I, 156-8.

Vers latins, III, 510, 519, 552; — il suffit de montrer à les mesurer et à les assembler, 518-9; — aux XVIe et XVIIe siècles, [624, 625]; — de Nicole, IV, 419.

Versailles, I, 22; II, 232, 295; — pourquoi Louis XIV le préfère, à un moment, à Fontainebleau, VI, 392*; — Château; représentation d'*Athalie*, 142, 143; anecdote d'un tableau de Louis XIV avec une de ses maîtresses en Armide, III, 266; appartements, V, 280; — (Parc de); P.-R. doit y être annexé, V, 279, 282*; — (Prisons de), VI, 241*; — (Musée de), I, 302;
=Réception d'Arnauld d'Andilly, V, 8-10; — et les Assemblées du Clergé, IV, 358-9; — pris pour la Cour, V, 33, 513; — la Cour, IV, [590*]; V, 4*, 5; — charmes de la Cour, VI, [265, 266]; — (Air amollissant de), III, 199; — Dauphin (Éducation dure du grand), III, 486; — et le Jansénisme, VI, 181*; — centre du bon usage de la langue, III, 566; — M. Le Camus y est dénoncé comme janséniste, IV, [545]; M. Le Camus y regarde moins qu'à Rome, [553]; — (M. Le Tourneux à), V, 219; — (Les malades de) et Maréchal, VI, 166; — l'écureuil de Massillon, III, [608]; — (Visite de Parlementaires à), V, 513; — voisin de P.-R. des Ch., IV, 314; VI, 201, 225*; P.-R. des Ch. en est trop près, V, 143; (Une pensionnaire de P.-R. à), 162-4; — (Racine et Mme de Maintenon dans les jardins de), VI, 153-4; — (Racine le fils à), [251, 255].

Versions écrites (Opinion de M. Dubner sur les), III, [620].

Vert (M. de), religieux et trésorier de l'Ordre de Cluny, V, 241; — et M. Le Tourneux, 219, 225.

Verthamon (Mme de), parente de la Sœur Euphrasie Robert, VI, 226.

Vertu (Hymne d'Aristote à la), III, 357; — (La vraie gloire non séparable de la), 499; — (De l'ostentation de la), II, 491-2; — (La) rend les préventions plus fortes, IV, 495; — (Ennemis de la), III, 250; — (Doute de la), IV, 243*; — (Fausse), 264; — (Aucune) pour l'Église sans la soumission, III, 244; — moderne (État de rabaissement de la), 341.

Vertus (Les) sont liées, V, 118; — pastorales, I, 445-6; — (Catéchisme des), III, 324; — mélangées d'orgueil, V, 83; — humaines (De la fausseté des), V, 69*.

Vertus (Claude de Bretagne, comte de); épouse Mlle de La Varenne-Fouquet, V, 99; — père de Mme de Montbazon, 100; — de Mlle de Vertus, 99; 100; — Voy. Montbazon, Vertus, Clisson.

Vertus (La comtesse de), la mère; fille du marquis de La Varenne-Fouquet V, 99; — ses déportements domestiques, 99.

Vertus (Mlle de), II, 168*, 313; IV, 201; — traitée de princesse par le P. Comblat, V, 142; — sœur cadette de Mlle de Montbazon, V, 100, 114*; — (ses sœurs), 103; — sa première jeunesse très-pieuse, 99; — sait le latin, 100; — Tallemant lui trouve du mérite, 100, 101; — valeur sérieuse de son esprit, 104; — son charme, 104; — desservie par sa sœur, Mlle de Clisson, 104*; — doit un moment épouser le prince de Conti, 103*; — la comtesse de Soissons ne lui laisse rien, 100, 101; — et la duchesse d'Épernon, 140*; VI, [321, 323]; — et Mme de Longueville, IV, [560]; V, 101, 103*, 104, 105, 106, 110-1, 258, [606]; VI, [321]; amie de Mme de Longueville, IV, 364; sa sortie de chez Mme de Longueville, V, 111, 112*; — et Mme de Sablé, V, 67, 74, 102; — et Mme de Saint-Loup, 208; — feint voyage en Bretagne, 103*; — à Montargis et à Moulins, 103*; — son mauvais état de santé, 113, 114, 115; — ses maladies, 104*, 111, 122, 215; — ses médecins à P.-R., 114-5; — sa mort (1692), 122, 279; VI, 158; — ce que la Sœur Élisabeth Le Feron écrit de sa mort, V, 122-3*; — son épitaphe par Racine, 122; — et l'article du Nécrologe, 52*; — son corps transporté à l'abbaye de Malnoue, VI, 237;

— Noms qui lui composent une couronne, V, 122; — et Fouquet, 101-2; — et M. de Harlay, 175-6, 215-6; — et M. de La Croisette, 103*; — l'affaire de M. de La Rochefoucauld, 100, 102-3; — et Louis XIV, 215-6; — et Mazarin, 101; — ses pensions, 101-2; — consulte Rancé sur sa conscience, IV, 92-3; — cancans du P. Rapin, V, 103-4*; — et Segrais, 121, 122; célébrée par Segrais sous le nom d'Amire, 100-1, 121; — ce qu'en dit Tallemant, 99, 100, 101;

= Sa conversion, V, 103*, 105, 107; — comparée singulièrement à Judith, 110*; — et ses directeurs, 115*; — ses frayeurs chrétiennes, 115-21; — et la Sainte-Épine, 103*; — sa qualité d'aide de camp, 104; — et la Paix de l'Église, 109, 110;

= à P.-R. des Ch., V, 74, 140*; — (Retraite de Mlle de), I, 47; — retraites à P.-R. des Ch., V, 111; — première retraite à P.-R. des Ch., 110-1; — son petit hôtel dans le vallon de P.-R., IV, 409; sa maison à P.-R. des Ch., V, 164; — ses engagements comme demi-religieuse, 113; — prend le petit habit de novice, 113; — à P.-R. des Ch., lors du renvoi des Pensionnaires, 175-6; — chargée d'annoncer le renvoi des ecclésiastiques de P.-R. des Ch., 176; — recueille une des Postulantes de P.-R., 180; — finit sa vie à P.-R. des Ch., 141;

= et Arnauld d'Andilly, V, 102; — marraine de la fille du libraire Desprez, 114*; — et Du Guet, 115-21; VI, 3, 20; sottise des méchants propos sur ses rapports avec Du Guet, V, 121*; lettres de Du Guet, 132-3; VI, 49*, 50; — ce qu'en dit Fontaine, V, 107, 109-10, 111; — et M. Hamon, 114; soignée par M. Hamon, IV, 338; — et M. Hecquet, V, 114-5*; soignée par M. Hecquet, IV, 340; — et M. Lemoine, V, 205; — et l'abbé Le Roi, IV, 62; — et M. Le Tourneux, V, 115; — ne cesse de rendre justice à Nicole, 123*; — et M. Pavillon, IV, 364; V, 109; détourne Pavillon de venir à Paris, 364; — et M. de Pontchâteau, V, 258, 264*; — ce qu'en dit Racine, 104*; — et M. de Saci, 109-10, 111*; s'entremet pour M. de Saci, II, 353; M. de Saci son directeur, V, 115; confessée par M. de Saci, II, 370*; il lui est permis de faire venir M. de Saci pour la confesser, V, 215-6; — et M. Singlin, 107; procure M. Singlin à Mme de Longueville, 102, 105, 106; sa visite à M. Singlin mort, 108-9;

= Lettres, V, 114-5*; — lettre à la Mère Agnès, 110-1; — lettre à Mme de Sablé, IV, 134*; V, 105*, 106, 107-8; lettres à Mme de Sablé publiées par M. Cousin, 105*.

*Vervins (Le P. Comblat à), V, [609]; — (Paix de), I, 260, [528].

Vespéries, quatrième des quatre thèses, II, 16.

Veste de cuir (La) de Pétrarque, IV, [599*].

Vêtures (Cérémonies usitées dans les), V, 113.

Veufs (Modèle de) ayant des enfants, II, 295.

Veuillot (M. Louis), I, 206*; — son mépris pour Nicole, IV, 464*.

Veuve (L'obole de la), VI, 199*.

Veyras (M. et Mlle), III, 193.

*Vezelay, I, 438.

Viaixne (Don Thierry de), bénédictin de Saint-Vannes; emprisonné pour Jansénisme, V, 180*.

Vialart de Herse (Félix), évêque de

Chalons-sur-Marne (1642-1680), IV, 52, 56, 61*; — ami des Jansénistes, 50; — défend Arnauld en Sorbonne, III, 191; — s'entremet pour les quatre évêques, IV, 365, 389; demande M. Feydeau comme curé de Vitry, VI, [295]; défend peu M. Feydeau, [297, 298]; — et l'abbé Le Camus, IV, [539]; — et la Paix de l'Église, 395*; — et Pavillon, 369-70; — et Rancé, 50; — et Retz, V, [558, 580]; intime ami de Retz, [563*, 564]; intermédiaire entre Retz et l'Église de Paris, III, 191; — (Miracles au tombeau de M.), VI, [257]; — traité de prélat taré, V, 482*.

Viande, V, [317, 320]; VI, [337].

Viatique, II, 536, 539; V, 138*, 227; VI, [335, 337]; — (Privation du), IV, 310, 311, 317.

Viaud; Voy. Théophile.

Vicaire Savoyard; Voy. Rousseau (J. J.).

Vices à la mode (Les) passent pour vertus, III, 281.

Victime (Il suffit qu'une) souffre, V, 342.

Victimes de la veille devenant persécuteurs, VI, 206.

Victoire (La) moins importante que le succès, III, 292*.

Vide (Le plein et le), V, 352; — (Question du) en physique, III, 105*; — (Expériences de Pascal sur le), II, 472-6, 481; Voy. Noël (Le P.); — (État de) entre le ciel et la terre, I, 183*.

Vie humaine, illusion perpétuelle, III, 428; — (Orgueil de la), 250*; — (Prendre la) à l'envers, IV, 470-1; — (Inutilité de la) met l'âme en péril, V, 77; — (Récompense de la bonne), 100; — (La fin de la) toujours triste, 520; — cachée (Discours de la); Voy. Bossuet; — laborieuse, IV, 102; (Chaque jour se ressemble dans une), III, 568; — religieuse doit être différée ou interrompue par le devoir envers le père naturel, IV, 89-90*.

Vieillard (L'approche de sa liberté fortifie le), V, 293.

Vieillards (Le livre des vingt-quatre), III, 133.

Vieillesse (La) souvent injuste, V, 519; — ce qu'en dit Montaigne, II, 430; — ce qu'elle est pour Franklin, 430.

Vieillir (Natures qui gagnent à), V, 16.

Vieillit (Tout), III, 556.

Vienne, en Autriche, I, [521].

Vienne, en Dauphiné; — Voy. Villars.

Vierge (La), II, 314*; — (Présentation de la), IV, 192; — si Marie Cléophas est sa sœur, 28; — comparaisons à propos d'elle, I, 353; — dogme de l'Immaculée Conception, IV, 233, 234*, [567]; — ayant reçu le corps du Christ, est *l'idée du prêtre*, I, 448; — (Miracles de la), III, 128; — (Dévotion des Normands à la), IV, [567]; — (Adoration de la), VI, [366]; — douceur que le développement de son culte apporte dans la religion, III, 455*; — (Fêtes de la), V, 207; — (Fête de l'octave de la), I, 425; — (Neuvaine à la), IV, 201; — dévotion galante envers elle, III, 127; — stances en son honneur, V, 23.

Vierge (La); dévotion de P.-R. pour la), IV, 233-4; V, 207-8; — en grisaille de Ph. de Champaigne, 274; — dévotion de la Sœur Marie-Claire, I, 347, 352-4; — (Le culte de la) et M. de Pontchâteau, VI, [329]; — ce qu'elle est pour le Moyen-Age et pour Saint-Cyran, I, 353-4; — (Culte de S. François de Sales pour la), 232-4; — Voy. Immaculée Conception.

Vierges (Les) folles, VI, 165; — sages (Les), IV, [578]; VI, 165.

Vies mortifiées et dénuées ont leurs bonheurs, II, 350-1.

Vies intéressantes et édifiantes des Religieuses de P.-R. (1750), II, 299*, 353, 373; III, [633]; V, 109*; VI, [299*].

Vieuville, abbaye; Voy. Asfeld.

Vieuxbourg (La marquise de), dame de la Grâce, VI, 72*; — une des plus spirituelles du parti, 204; en vogue dans le second Jansénisme, V, 197*; — Voy. La Varenne (Mlle de); — ce qu'elle dit de Du Guet, VI, 72*; — ce qu'elle dit de l'interrogatoire de M. d'Asfeld, 76*.

Vigiles entières des morts, V, 78.

Vignacourt (Adrien de), Grand maître de Malte de 1689 à 1697; — fait avoir à M. de Noailles ses bulles gratis (1695), V, 283*.

Vigne de Virginie, IV, [575].

Vigneul-Marville; Mélanges, II, 279*, 281; — ce qu'il dit de son ami le P. Labbe, III, 528*; — a parlé du Chevalier de Meré, [611].

Vignon (M.), concierge de l'hôtel de

Liancourt, et MM. de Saint-Sulpice, VI, [365].

Vigor (Simon), I, 316.

Villars (Henri de), archevêque de Vienne de 1662 à 1692, IV, [552]; — et M. Le Camus, [555*]; — le cinquième de ses Dialogues, sur la Délicatesse, défend le P. Bouhours contre Barbier d'Aucour et critique les Pensées de Pascal, III, 395*.

Ville (La vue d'une) agréable à un solitaire, VI, 14-5, 25.

Villemain, I, 188*; — son éloge des Provinciales, III, 55; — sur Vauvenargues, I, 410*.

Villeneuve (M. de), ou le petit Jules, fils de M. Arnauld d'Andilly; élevé à P.-R. des Ch., II, 230; III, 469, 474; — dirigé par Saint-Cyran, II, 7-8; — sa mort, 7*; — meurt à sa première campagne, III, 577*; — la véri é sur ses rapports avec son père, 576-7*; — ce qu'en écrit Fabert, 577*.

Villeneuve-le-Roi (M. Le Camus à), IV, [536].

Villepreux (Seigneurie de) possédée par Retz, V, [575, 577].

Villeroy (Lettre du cardinal d'Ossat à M. de), I, 81*.

Villeroy (Le maréchal de) en 1652, II, [566].

Villers, en Normandie, prieuré de M. Le Tourneux, VI, [331, 332]; — (M. de Pontchâteau à), V, 264; VI, [331]; — M. Louail élevé à), V, 272.

Villers-Cotterets ; Tartuffe y est joué chez Monsieur (1664), III, 271; — (Forêt de), I, 288*.

Villers-sur-Fère, prieuré en Picardie, V, 219, 220-1.

Villes maudites (Description des), VI, 146.

Villes de Parlement, IV, [549].

Villesavin (M. de), père de Mme de Chavigny, II, [561, 564, 565].

Villesavin (Mme de), [561, 564, 566].

Villon, enfant de Paris, III, 306; — son nom devient un mot de la langue, I, 117*.

Vin, I, 439*; VI, [317]; — (Le) des Messieurs, 111; — (Santeul et le méchant), V, 244*.

Vinaigrette, sorte de chaise à porteurs, VI, [279].

Vincennes, III, 570*; IV, 20; — (Chanoines de), II, 28; — détails sur la mort de Mazarin, IV, [585]; — (Parc de), I, 485.

= (Prison de), I, 27, 120, 213, 337, 354, 361*, 362, 365, 381*, 434, 445, 454, 455, 465, 485, 490, 491*; II, 12, 25, 26, 27, 39, 65*, 423 ; — (Condé à), I, 501; — (Retz à), III, 24*; V, [553, 554]; — (Prisonniers de guerre à), II, 8-9; — donjon aperçu de la Bastille, II, 349 ; — (Jansénistes mis à), III, 256*; — — (Quatre chanoines de Beauvais à), 1689, III, 571; — l'abbé Brigode y meurt, VI, 181*; — (Saint-Cyran à), III, 12*; V, 44; prison de Saint-Cyran, III, 468, 469, 472*; IV, 316; Saint-Cyran au donjon, I, 485-6, 486, 494 ; II, 22 ; (Saint-Cyran s'occupe du petit-neveu du chantre de), 39; sortie triomphale de Saint-Cyran, 27-8; — (Dom du Viaixne emprisonné à), VI, 180.

Vincent (Le P.), aide de M. Le Camus. IV, [543].

Vinci (Lionardo da); la Joconde, III, 56.

Vineam Domini Sabaoth (La bulle), VI, 174, 231*.

Vinet (M. Alexandre), de Lausanne, I, [559]; VI, 49, 93; — professeur à Bâle, I, [514] ; — professeur à Lausanne, I, [514]; — de la postérité de Pascal, III, 356, 410 ; son discours sur les enfants de Dieu, II, 123*; — discours sur les *idoles favorites*, I, 100*; — ce qu'il dit de la moralité relative des écrits, II, 406*; — ce qu'il dit des Jésuites, III, 140*; — juge les Maximes de La Rochefoucauld au point de vue chrétien, V, 68; — ce qu'il a écrit sur Jacqueline Pascal, III, 360*; — ses articles sur les littérateurs de son temps, II, [514]; — ses relations avec M. Sainte-Beuve, I, [515-7, 548-9]; son article sur le premier volume de P.-R., [548-9]; sa lettre à M. Sainte-Beuve sur les articles de celui-ci, I, [515 6]; attaqué pour sa bienveillance pour l'auteur de *Port-Royal*, II, [514]; — sa mort, III, 357*; — (École de M.), [616]; — M. Astié est son disciple, 401*; — l'édition des Pensées de Pascal de M. Astié est dédié à sa mémoire, [616]

Vins (Science de Du Guet en fait de), V, 29.

Vintimille (M. de), d'abord archevêque d'Aix, puis de Paris, V, 283*; — et Du Guet, VI, 80.

Vinum germinans virgines, VI, [253].

Violences religieuses, III, 35*.

Violents (Brièveté des états) III, 549; — (Les) après les doucereux, 284.
Violette; le quatrain de Desmaretz, IV, 442*.
Vipère (Poudre de), VI, 23-4.
Viret, I, 3, 217.
Virgile; Églogues, II, 261; III, 477*; Églogue III, vers 72-3 imités par Segrais, V, 101*; Églogues (Traduction des), III, 502*; Églogues traduites à P.-R., III, 532*; (Le vieillard de), II, 261; Bucoliques (Traduction des), par Guyot, III, 506; — Géorgiques, livre II, IV, 336;
= Énéide, II, 410; VI, [266]; — Deuxième livre, IV, 599; le sac de Troie, IV, 310*; livre II, vers 724, [532]; — livre IV, IV, [599]; vers 340-1, IV, [542*]; — IVe livre traduit à P.-R., III, 532*; — traduction du IVe et du VIe livres de l'Énéide attribuée à d'Andilly, III, 502, 507; des quatre premiers livres, par Brienne, III, 584; — livre V, vers 49 50, III, 584; vers 406, V, 438; — livre VIe, vers 469, II, 21; IV, [599]; — livre VII, vers 312, V, [543]; — livre IX, vers 185, I, 482*; — Didon, VI, [267], voir ce nom; — (L'Enfer de), II, 405; - admiration de Nicole pour l'Énéide, IV, [599];
= (Citations de) I, 70, 72, 138, 144*, 307, 373, 392*; II, 84, 162, 405, III, 64; V, 301; — Sorts virgiliens, IV, 202; — ses scrupules de style, VI, 152; — veut brûler son Énéide, 156; — (Parallèle d'Homère et de) par le P. Rapin, III, [624, 625, 626-7]; — et S. Augustin, IV, [542*]; — les Maroni prétendaient en descendre, I, 238*; — et Montaigne, II, 410, 413, 446; (Chapitre de Montaigne sur les vers de), 405*; — ce qu'en dit Saint-Cyran, I, 479; II, 35; — aux Petites.Écoles, III, 488; — lu par Racine, VI, 99; sa supériorité sur Racine, I, 8; — critiqué par l'abbé Faydit, IV, 39; — (Ceux qui ont de l'esprit avec), VI, [275]; — (Étude sur), IV, 1.
* *Virginie* (Vigne de), V, [575].
Virginité; poème de la Fontaine à son honneur, V, 23.
* *Virginité* (La), abbaye du diocèse de Mans, V, 280.
Visages (Du dessin des), selon Molière, III, 273*.
Visaguet (M.) d'abord précepteur chez le Président Gobelin, puis Solitaire, II, 241*.
Visaguet (Mr de); voir l'article précédent.
Visionnaires; comment Dieu s'en sert, III, 31*; — (Les); Voy. Desmaretz de Saint-Sorlin, Nicole; — en littérature, V, 489.
Visions, II, 298, 503; III, 30-1*.
Visitation (Ordre de la); la dévotion au Sacré-Cœur y est née, I, 236*; — la Mère Angélique veut y entrer, 208*, 235; — (Querelles de la) et de P.-R., 237; — (Religieuses de la) hostiles à P.-R., V, 509; — Voy. * Chaillot, Chantal, Fontaine, Louise-Eugénie, *Paris (Sainte-Marie), *Saint-Denis, S. François de Sales.
Visites (Ancienneté des) dans la discipline de l'Église, IV, 139; — (Cartes des) de P.-R., en 1504 et 1572, I, 48; — Voy. *P.-R. de Paris et *P.-R. des Ch.
Vitart (Les) III, 163.
Vitart, père du petit Vitart et grand oncle de Racine, I, 498, 499, V, 34; — intendant de M. de Luynes, III, 42, 43; — se fait l'économe de P-R. des Ch., 499; — économe du monastère des Champs; VI, 85; — mêlé à la naissance des Provinciales, III, 42, 43, [604].
Vitart (Mme), I, 499; — exerce par charité l'office de sage-femme, VI, 85; — sa maison du faubourg Saint-Marceau refuge des plus purs Port-Royalistes, V, 105; — cache M. Singlin, VI, 85, 97*; — cache M. de Saci, 85; — M. de Rebours meurt chez elle, V, 105, et aussi M Singlin, 108; — grand' tante de Racine, VI, 84; et son neveu Racine le poëte, 99; (Sonnet de Racine sur la naissance d'un fils de), 94; — et l'abbé Le Vasseur, VI, 951.
Vitart (M. et Mme), reçoivent à la Ferté-Melun les Solitaires à leur première dispersion, VI, 84.
Vitart (Le petit), cousin de Racine, I, 433, 493; III, 42, [604]; VI, 84, 96, [367]; — (Le jeune), II, 39; — — élevé à P.-R., III, 497*; — élevé aux Champs avec les jeunes Bignon, VI, 84, 85; — intendant du duc de Luines, 84, 85; par l'hôtel de Luines connaît les auteurs en crédit, 93; — (Le fils), souvent à Chevreuse, 85; — et Saint-Cyran, 84; — (Le Petit) et Lancelot, 84;

des premiers à pousser à la publication des Provinciales. 115*; — porte la première ode de Racine à Chapelain et à Perrault, 93-4 aide Racine à se dégager de P.-R., 95; lettres de Racine. 98. 101*; — oncle paternel de Ellies Du Pin, 129*, [367].

Vitart (M), frère du cousin de Racine, VI, 96.

Vitray(Ant.), imprimeur, I, 319*; —arrêté à cause de l'*Aurelius*, 320.

Vitré (Le maréchal de) ; ce qu'il dit des attaques des Jésuites contre le livre de la Fréquente communion, II, 180.

Vitry (Cure de), VI, [295]; — elle est difficile, [296]; — Dames de la Charité, II, [550]; — porte et faubourg de Vaux, VI. [297]; — (Protestants à), [296]; — (Religieux de), [297]; — Voy. Feydeau, S. Jacques.

*Vitry le Brûlé, près de Vitry, VI [297].

Vittement, (M.), Lecteur des enfants de France, VI, 180; — Lecteur du duc d'Anjou, II, 133-4*.

Vivaldi (Cantates de), II, 81.

Vivant (Ce qu'on ne fait pas de son) mais après sa mort, VI, 157*.

Vivant (M.), grand vicaire de M. de Noailles, VI, 169-70; — et le Cas de conscience, 169-70; — chargé de la dernière enquête des deux P.-R., 207, 208; — sa modération vis-à-vis des religieuses de P.-R. des Ch., VI, 194.

*Vivarais (Le), VI, [300]; — voy. * Annonay, * Colombier

Vivonne (Le duc de), II, 79 *; — de la débauche de Roissy, IV. [529]; — (Les deux lettres de Boileau à M. de), III, 548*.

Vivre (La nature se flatte toujours de), III, 319*; — (Lassitude de), V, 115-6.

Vocation des Élus, II, 115; — première des vertus pastorales, I, 445-6; — (Crainte et danger de la méprise dans la), III, [607-8]; — naturelle (Marque de la) persiste sous la croix, IV, 335*.

Vocations (Hasard des), III, 183-4*; — (Réalité des), IV, 8-9; — forcées, V, [528].

Vœux (Opinion de M. Le Camus sur les), IV, [548*]; — (Mauvaise ·anté interdisant de faire des), V, 113; — perpétuels [618].

Voile (Grand), VI, 24; — (Formules en revêtant le), V, 113; — (Les distinctions sous l'uniformité du), IV, 316 ; — blanc (Les Sœurs du), ni novices, ni postulantes, VI, 162-3.

Voiles (Grands) des Religieuses, IV, 406*; — (Grands) pris par les Religieuses devant les hommes, 114; — refus de les lever, 200; —blancs (Les) à P. R., VI, [262].

Voisenon (L'abbé de); fausse anecdote sur Nicole de ses « Variétés littéraires » IV, 416-7*; — ce qu'il dit de Du Guet, VI, 82*; — ce qu'il dit de M. Letourneux, V, 210: — raconte le jugement de Boileau sur Racine, VI, 123*.

Voisin (M.), I, 496*; — sa visite à P.-R. des Ch., VI, 190, 196*.

Voisin le Bretonneux, entre Buc et P.-R. des Ch., I, 496; V, 273 ; VI, 218.

Voiture, II, 53 ; —(Le jargon de) V, 77 ; — son mauvais goût, 126*;— formes surannées, IV, [592] ; — son sonnet d'Uranie, II, 54; IV, 268; — (Lettres de), II, 54; V, 53; = et Balzac, II, 61*; — parallèle avec Balzac, 79 ; — pastiché par Boileau, III, 458*; V, 515 ; — son portrait de Mlle de Bourbon, V, 126*; —condamne le Polyeucte de Corneille, I, 123 ; — admiré de Mme de Longueville, II, [530-1]; — soigne le petit-fils de Mme de Rambouillet, V. 53 ; — et Mme de Sablé, V, 53 ; éloge de son style par Mme de Sablé, II, 450*; ce qu'il dit de Mme de Sablé, V, 53-4.

Vol (Madeleine), seconde femme du père de Racine, VI, 86*.

Volant (Saint-Cyran et Jansénius jouant au). I, 281.

Volney; donne trop à l'abstraction pure en grammaire, III, 542; — met la propreté parmi les vertus, 324.

Volonté, II, 131, 142-3; — à elle seule n'est capable que de mal, 100; — même chose que liberté pour Jansénius, 102-3; — (Du précepte pour l'homme de ne pas trouver sa , 353*; — (De la) et de la Grâce, [532-3] ; — (L'essence de la liberté est-elle dans la ? III, 238 ; — souveraine (Chappe-chutes de la) 278.

Volscens, III, 64.

Voltaire, I, 2, 14; II, 54, 110, [525]; III, 588 :
= Enfant de Paris, III, 306 ; —

de complexion frêle, 328; — (Le principe de), 239; — plus qu'observateur ironique, I, 409; — (Le rire de), III, 242, 249; — Amertume du rire de), II, 436; — tient de Montaigne, 451 ; — le grand héritier des discussions théologiques, III, 225; — de la nature des esprits-démons, 495; — son idée de l'homme, 399-402; — supprime dans l'homme les ordres spirituel et de Grâce pour n'y voir que le naturel, 408-9 ; — réponse à son tableau optimiste de l'homme civilisé, 404-5; — la nature lui suffit, 409; — sa hardiesse en philosophie, 398; — sa pensée insolemment vraie, IV, 435; — bon sens malin, 342 ; — l'organe le plus vif du bon sens humain, 361*; — gaieté de son point de vue, IV, 441; — son pseudonyme d'Akakia, III, 76*; — ton désintéressé; 585; — son autorité en fait de goût, IV, 461; — dit les choses plus nettement et à moins de frais que personne, III, 360; — met dans la circulation ce qui est dans les livres obscurs, 363*; — n'a pas toujours eu la morale des honnêtes gens, 274; — (Les manéges utiles à la), V. 296; — son affectation de maladie, II, 51; — (La queue de), III, 217 ;
= et les Jésuites, III, 141-2; — élevé chez les Jésuites, 131 ; — élève des Jésuites dans sa manière, II, 164; — se moque du rapprochement de Xavier et d'Alexandre, III, 138; — se moque du P. Garasse, I, 311; — et le P. Paris, III, 141*; — ridiculement accolé au P. Petau, 410*; — et le P. Tournemine, V, 465*; ami du P. Tournemine, III. 142*; — aide à l'invasion du Socinianisme, V, 369;
= Peu du côté des Jansénistes, III, 141-2*; — l'opposé de Saint-Cyran, IV, 253*; — ce qu'il dit sur la signature, IV, 216; — son estime de l'*esprit philosophique* d'Arnauld discutée, III, 535; — n'a pas bien soupçonné le sentiment sérieux des Provinciales, 141*; a voulu faire et n'a pas fait des lettres *Anti-Provinciales*, III, 142*; son éloge des Provinciales, 150, [610]; sa critique des Provinciales, 74; son éloge du style des Provinciales, 51; éloge qu'il fait de Pascal, 111; joue sur les mots après Pascal, 54; — nie l'existence de M. de Pontis, II, 292*, [572, 573]; — ce qu'en eût pensé P.-R., III, 532; ce qu'il a dit du style de P.-R., 50; trouve la phrase janséniste longue, VI. [271]; — son estime pour Nicole, IV, 461-2; — ce qu'il dit de Du Guet, VI, 48; — jugements contradictoires sur Rollin, IV, 34*; — ami de M. de Bernières, III, 577; — Bossuet ne l'a pas prévu, 305*; — profite de la guerre faite à M. Le Tourneux, V, 234; — les Jansénistes du XVIIIe siècle n'ont pas vu à qui ils avaient affaire, III, 361*, 410*;
= (Prose de), II, 56; — (Sobriété du style de), I. 377; — pourquoi sa prose est impossible à *pasticher*, III 458, 459; — (La phrase de), II, [524]; — disciple des écrivains du XVIIe siècle, V, 519; — et Boileau, 519, 520; a dix sept ans à la mort de Boileau, 520 ; ce qu'il dit de Boileau, 498; — comment il classe les satiriques français, 498; — son éloge de Molière, III, 299, 300; — ce qu'il dit à propos des attaques de J.-B. Rousseau, III, 399 400 ; — ce qu'il dit de Jurieu, III. 95*; — ce qu'il dit de Vauvenargues, I, 408; influence de Vauvenargues sur lui, 411, — sa querelle avec Maupertuis, III, 76*; — ce qu'il dit de la santé de Buffon, 327 ; — querelles avec J.-J. Rousseau, 310, 399*;
= « Lettres philosophiques, » III, 395, 398; — Remarques critiques sur les Pensées de Pascal, 400; imprimées à la suite des Lettres philosophiques (1734), 395 ; fortune de ses remarques sur Pascal, 410; réimprimées à la suite de l'édition de Condorcet, 361*, 394; — ce qu'il dit de Pascal, V, 498; attaque Pascal parce qu'il est le christianisme même, III, 398; se plaint du ton despotique de Pascal, 457; son tort de traiter Pascal de galimatias, 407 ; point de la difficulté entre Pascal et lui, 402, [617] ; son raisonnement contre Pascal développé, 400-1; traite Pascal de misanthrope sublime, 434; force de son objection contre Pascal, 405-6 ; force durable de ses objections contre Pascal, 413-4 ; méconnaît la supériorité morale de Pascal, 412-3; ce qu'il dit peu exactement de l'abîme et de la folie de Pascal, 360-1,

362, 363* ; c'est dans sa correspondance qu'il parle le mieux de Pascal, 361*, 402 ; Vauvenargues proteste contre sa critique de Pascal, 410 ; convenance et solidité de la réponse d'un protestant à ses critiques de Pascal, 402-10 ; Condorcet renchérit sur lui contre Pascal, 412; — et Leibnitz, 399; railleries de Leibnitz et de Malebranche, V, 371 ; — se moque de Malebranche, 415, 423 ; — « Dictionnaire philosophique, » III. 215*; IV, 434; — « Siècle de Louis XIV, » II, 292*; III. 51, 141*, 299; le chapitre sur le jansénisme, 252-3 ; — « Candide » III, 399 ;

= La Henriade. I, 80; III, 399; — « Temple du goût, » II 106-7 ; — Vers datés de Philipsbourg, I, 58*; — Vers cités, 39; II, 426; — « Épître à Horace », 414-5 ; — « Discours sur l'homme », III, 409; — « Le mondain, » 141, 399, 404*; IV, 253*; — sa pièce des Systèmes, V, 415; — joli vers de Faydit digne de Voltaire, 397; — « Alzire, » III, 399-400 ; — « Mariamme », VI. 126; — « Zaïre », I, 134; III, 399 400; — « Commentaire sur Corneille, » I, 119*; 134.

= et Gœthe, V, 415 ; — attaqué par M. de Maistre, III, 241-2; — (M. de Maistre plus léger que), à propos de P.-R., 245, 252-3.

Volupté (La) douloureuse dans sa profondeur, II, 401*; — charnelle (De la), 478-9.

* *Volvic*, près de Riom, III, 30*.

Vossius ; Lancelot s'en sert pour sa Méthode latine, III, 522.

Voyager, c'est voir le Diable habillé de toutes façons, II. 338.

Voyages (Relations de), IV, 413 ; — à pied, V. 277-8*.

Voyageurs; ce qu'en dit M. de Saci, II. 356; — (Solitaires), 293, 294, 295.

Voyelles (Prononciation des), III, 512-3.

Voyer; Voy. Argenson (D'.)

Voysin, conseiller d'État. depuis chancelier; — sa visite des deux P.-R. en 1706, VI, 190, 196*.

Vrai simple (Le) et le vrai idéal, VI, 43-4; — (Croire trop), pauvre condition pour l'imagination, IV, 256.

Vue (De la) et des lunettes, V, 240*.

Vuillart (M.); lettres, V, 159*; — — lettres à Utrecht, VI, 180*; —

(Correspondance originale de), I, VI ; — sa correspondance avec M. de Préfontaine, II, [574]; lettres à M. de Préfontaine, III, 226-7* 564*, 570*, 579*; IV, 98-9, 511-2*, [553-4*. 590]; V, 159-60*, 2-9*, 278*, 284*, 478*; 479*, 512*, 523*; VI. 30*, 64-5*, 155*, 160*, 163*, 164*, [250, 271-5, 366, 367-8]; — propriété de son style, VI, [260*].

= Ce qu'il écrit sur la mort de la Mère Agnès de Sainte-Thècle Racine, V, 161* ; et Arnauld, VI, 136*; son récit de l'action héroïque de M. Arnauld, II, 15-6* ; correspondant d'Arnauld, III, 154 ; — resté douze ans à la Bastille, III, 256*; VI, 180*; à la Bastille de 1703 à la mort de Louis XIV, [250]; — et Boileau, V, 512*; VI, [263-5]; détails sur Boileau, V, 512*, 513*; détails sur la fin de Boileau, 513*; — ce qu'il dit du P. Bouhours, II. [574-6]; — ce qu'il dit des copistes de P.-R., I, 405-6*; — ce qu'il dit de M. Des Lions, IV, [593]; — ce qu'il dit de la mort de Du Fossé, VI, 160*; — et M. Feydeau, [293]; — ce qu'il dit de Fléchier, IV. 62-3* ; — ce qu'il dit de M. Fouillou, VI, 173-2*; — et Mlle de Joncoux, 180*; ce qu'il écrit de sa traduction, III, 266-7; — secrétaire de l'abbé Le Roi, abbé de Haute-Fontaine, IV, 62-3*; VI, 180*, [249, 255. 293]; — ce qu'il dit de Louis XIV V, [617]; — extraits de sa correspondance avec M. de Préfontaine sur Massillon, III, [606-9]; — son récit de la mort de Nicole. IV, 511-2*; — et M. de Pontchâteau, VI, [316]; — ses rapports avec P.-R., [250]; — et son correspondant M. de Préfontaine, II, 574; II., 266-7*, 564*, 570*, 579*; lettres de M. de Préfontaine à M. Vuillart, IV, [553-4*, 590*]; — en prison, V, [617]; — et le P. Quesnel, VI. [250]; correspondant du P. Quesnel, 180*, [250]; lettres à M. de Préfontaine sur le voyage du P Quesnel à Paris, [271-5], — et Racine, 136*; voisin de Racine, 180*; ami de Racine, III, [608]; VI, v, 278*, [243];'sa part dans le mariage de la fille de Racine, [251-5]; lettres sur la fin de la vie de Racine, [247, 249, 250-65]; témoin de la mort de Racine, 159*;

— voisin de Rollin, 180* ; — et la traduction de S. Augustin, [250] ; — ce qu'il écrit sur la mort de Mme de Saint-Loup, V, 159-60* ; — ce qu'il dit de Santeul, [265-6*] ; — et Tillemont, VI, [250] ; ami de Tillemont, [265*] ; aide Tillemont pour son « Histoire ecclésiastique, » IV, 30* ; ce qu'il écrit de son ami M. de Tillemont, 98-9* ; — son récit de la réception de M. de Valincour, VI, [213-4] ; — M. Walon de Beaupuis vient tous les ans chez lui, III, 570 ; — sa mort (1713), VI, 180*.

Vulgariser la raison, la fonction littéraire de P.-R., III, 254.

Vulgate (La), II, 361.

Vulliemin (M.), historien suisse, I, 6*, [514] ; — son éloge de l'édition des Pensées de Pascal par M. Astié, III, [616, 617].

W

Walckenaer ; explique le procédé d'additions de La Bruyère, III, 291 ; — nie que les Dialogues sur le Jansénisme soient de La Bruyère, 202*.

Wallis, géomètre anglais, concourt pour les problèmes sur la roulette proposés par Pascal. III, 316-7, 319.

Walon (M.), le père, III, 472*.

Walon de Beaupuis (M.), le fils, IV, 103* ; — refait sa rhétorique au collège des Jésuites, III, 567 ; — suit le cours de philosophie d'Arnauld au Collège du Mans à Paris, 567 ; — étudie la philosophie sous le grand Arnauld, II, 14-5 ; sa thèse de tentative présidée par Arnauld, 14, 15-6* ; III, 567 ; — longtemps diacre, 568 ; — prêtre seulement en 1666, 568 ; — des dernières générations de P.-R., VI, 161 ; une des figures de P.-R., III, 566-7 ; — et la signature, V, 518 ; son sentiment sur la signature, III, 573 ; — excuse ceux qui signent le Formulaire, V, 518 ; — suspect à la cour, III, 571 ; — manque d'être mis à Vincennes, 571 ; — a deux neveux à la Trappe, 571 ; — a six nièces religieuses, 570-1 ; — dernière maladie et mort, 573-4 ;

= et Arnauld, V, 351 ; effet sur lui du livre de la Fréquente communion, III, 567 ; — a l'abbé d'Aubigny pour élève, 586, 588 ; — maître de Baillet, III, 301 ; — à Beauvais, V, 270 ; Supérieur du Séminaire de Beauvais (1676-9), III, 568-9 ; — persécuté par le nouvel évêque de Beauvais (1679), 569 ; visite qu'il lui fait en 1697, 569* ; — et les Bénédictines de Boran, 570-1* ; — le modèle de Coustel, 575 ; — et Descartes, V, 351 ; visite Descartes de la part d'Arnauld, III, 567-8 ; — Supérieur de l'école de la rue Saint-Dominique-d'Enfer, 566 ; — maître des Petites Écoles au Chesnai, 474, 475 ; principal maître des Écoles de P.-R., V, 351 ; directeur des Petites Écoles de Paris, III, 472 ; sa réponse au Lieutenant-civil, 473 ; ce qu'il dit de l'enseignement des belles-lettres aux Petites Écoles, 502-3 ; mémoire de son neveu sur une visite aux Petites Écoles, 473, 485* ; conserve quelques enfants au Chesnay, VI, 87 ; sur l'éducation des enfants, III, 492 ; ses douleurs de la mort de ses anciens élèves, 572 ; — et Mlle de Grignan, 570* ; — maître de dom Pierre Le Nain, frère de Tillemont, 571 ; — maître à P.-R., I, 433* ; III, 172 ; IV, 15 ; un des deux *maîtres* essentiels de P.-R., III, 566 ; modèle entre les maîtres à P.-R., 574 ; — et M. Manguelen, III, 567 ; suit M. Manguelen dans son évêché de Bazas, II, 239-40 ; III, 568 ; Mémoire des derniers actes de M. de Bazas, II, 239 ; — a le duc de Monmouth pour élève, 580 ; — présent à la mort de Pascal, 568 ; élève les neveux de Pascal, 568 ; — dit la grand'messe à P.-R. des Ch., V, 274 ; revient à P.-R. des Ch., II, 240 ; ses visites à P.-R. des Ch., V, 270 ; sa course annuelle à P.-R. des Ch. et à Paris, III, 570-1 ; — ce qu'en dit Rancé, IV, 88 ; — dureté de Rancé à l'empêcher de voir à la Trappe le frère de Tillemont, III, 571 ; affaire de sa visite à la Trappe, IV, 74-5, 79, 83-6, 88 ; — et M. de Rebours, III, 567 ; — et M. Singlin, 567 ; poussé dans les Ordres par M. Singlin, 567 ; — avec les Solitaires, 567 ; — maître de Tillemont, IV, 24 ; le père en Dieu de M. de Tillemont, 94, 95 ; lettre de Tillemont à Rancé sur son affaire, 41 ; présent à la mort de Tillemont, III, 572 ;

= Son caractère, IV, 85; — régularité de sa vie, III, 569-70; — ses austérités, 569-70; — voyage à pied, 570-1*; — Nouveaux Essais de morale, 573; — Mémoires sur sa vie par son neveu, 569, 570*; — sa Vie, par l'abbé de La Croix, 193*, 474*, 479.

Walon de Beaupuis (Mlle), son frère se retire chez elle, III, 569.

Walon (le jeune), élève aux Petites Écoles, III, 497*.

Wendrock (Guillaume), pseudonyme de Nicole, III, 100, 124, 126, 211, 213; IV, 248*; — traduction de ses notes par Mlle de Joncoux, I, 405*.

Werner, I, 149.

Wert (Jean de), prisonnier à Vincennes, II, 8; — ce qu'il dit à Richelieu, de Saint-Cyran, 10-1; — (Chansons sur), 10.

Werther (Cas à la), I, 277; — (Race des), II, 405.

Wiclef, II, 112, 133*.

Wolff, le philosophe, III, 246.

Womankind, V, 501.

X

Xénophon (Le Socrate de), II, 393; — Cyropédie, [513]; (La) et M. de Tréville, V, 85; — Nicole y cherche les faussetés, IV, 416*.

Y

Y: l'usage moderne le multiplie dans les noms, IV, 208*.

Ypres (Évêché d'), I, 301, [521]; — (Pensée première d'), II, 219; — cathédrale; destruction du tombeau de Jansénius, III, 149; — (Visite de Fléchier à), IV, 62; — Voy. Clérambault, Jansénius.

Z

Zacharie (Le pape); condamne les antipodes, III, 77.

Zamet (Sébastien); ce qu'on appelle l'ami du prince, I, 322.

Zamet (Jean), maréchal de camp, fils du financier, I, 322; — ami de d'Andilly, 57, 120, 322; — ami de Pontis, 322; — dans les prises d'armes contre les Protestants, 322.

Zamet (Sébastien), évêque de Langres, fils du financier, I, 322; — ses relations avec la M. Angélique et sa mauvaise direction de P.-R., 322-3, 325-9, 331, 333, 346, 377-8*, 436; II, 26; — ses rapports avec Mme de Pontcarré, 324-5; — fonde la maison du Saint-Sacrement, 328-9; — affection qu'il inspire à la Sœur Marie-Claire, 346; — causes de sa brouille avec Saint-Cyran, 333-5; conflit avec Saint-Cyran, 346, 498; son mémoire contre Saint-Cyran, 498, 502.

Zeghers (Jacob), imprimeur, I. [521];

* Zeist (Louis XIV à), V, 304*.

Zolle (L'abbé Faydit comparé à), IV, 38-9.

Zozime (Le pape), II, 134, 147.

* Zurich, III, [592]; VI, [311]; — (Ministres de), [592, 593).

* Zwoll en Over-Issel, V, 303, 303*.

FIN.

IMPRIMERIE GÉNÉRALE. — LAHURE
Rue de Fleurus, 9, à Paris

www.ingramcontent.com/pod-product-compliance
Lightning Source LLC
Chambersburg PA
CBHW070926230426
43666CB00011B/2334